Léon Wurmser

Die zerbrochene Wirklichkeit

Psychoanalyse als das Studium
von Konflikt und Komplementarität

Geleitwort von F.-W. Eickhoff

Zweite, unveränderte Auflage

Springer-Verlag
Berlin Heidelberg New York
London Paris Tokyo
Hong Kong Barcelona
Budapest

Léon Wurmser, M.D., P.A.
904 Crestwick Road, Towson, MD 21286, USA

ISBN 3-540-56204-4 2. Auflage Springer-Verlag Berlin Heidelberg New York

ISBN 3-540-18719-7 1. Auflage Springer-Verlag Berlin Heidelberg New York
ISBN 0-387-18719-7 1st edition Springer-Verlag New York Berlin Heidelberg

Die Deutsche Bibliothek - CIP-Einheitsaufnahme
Wurmser, Léon: Die zerbrochene Wirklichkeit : Psychoanalyse als das Studium von Konflikt und Komplementarität / Léon Wurmser. Geleitw. von F.-W. Eickhoff. - 2. Aufl. - Berlin ; Heidelberg ; New York ; London ; Paris ; Tokyo ; Hong Kong ; Barcelona ; Budapest : Springer, 1993
ISBN 3-540-56204-4 (Berlin ...)

Umschlaggestaltung: Design Concept, Emil Smejkal, Heidelberg
Umschlagillustration: Vratislav Ševčík
Datenkonvertierung: Appl, Wemding
Druck: Mercedesdruck, Berlin
Bindearbeiten: Lüderitz & Bauer, Berlin
26/3130-5 4 3 2 1 0 - Gedruckt auf säurefreiem Papier

Geleitwort

„. . . but his flaw'd heart,
Alack, too weak the conflict to support!
'Twixt two extremes of passion, joy and grief,
Burst smilingly."

(. . . aber sein zersprungenes Herz,
ach, zu schwach, den Widerstreit auszuhalten,
zwischen zwei Extremen der Leidenschaft,
Freude und Leid, barst lächelnd.)
(Shakespeare, *King Lear*, V. Akt, 3. Szene)

Die großen Vertreter der Wissenschaftskritik ernstnehmend, die der Psychoanalyse Schlimmes nachsagen, unternimmt Léon Wurmser den faszinierenden Versuch, Psychoanalyse als autonomen Bereich symbolischer Formen im Sinne Ernst Cassirers darzustellen. Er rechnet sie als Wissenschaft sui generis et sui juris weder den Natur- noch den Geisteswissenschaften zu. Sie bedarf vielmehr in seiner Sicht ihres eigenen Maßstabs der Validierung und muß ihre eigene Hierarchie der Symbolisierung aufbauen, bei welcher die Metapher die ausschlaggebende Rolle zu spielen hat. Wurmser versteht Psychoanalyse als systematische mikroskopische, oft Jahre der Erforschung benötigende Untersuchung des Menschen im Konflikt, v. a. im unbewußten inneren Konflikt, und hält Metaphern – insbesondere solche für Paradoxien – sowie aus Metaphern aufgebaute Modelle für das ihr gemäße Idiom. In tiefer Übereinstimmung mit Freuds Vorliebe für ausgefallene Metaphern und seiner Benutzung tragischer Gestalten der Literatur zur „metaphorischen Ordnung" von klinischem Material findet er in einem Hin und Her von klinischer Erfahrung und schöngeistiger Betrachtung ausgelesener literarischer Werke in wiederholten Spiegelungen eine wunderbare Konvergenz klinisch-therapeutischer und literarisch-philosophischer Beobachtungen tragischer Konflikte und ihrer Abwehr, z. B. der narzißtischen in Gestalt des Antitragischen. Statt des Pochens auf Dichotomien sieht Wurmser seelische Kausalität durch Konflikt und Komplementarität bestimmt. Freuds Begriff der Ergänzungsreihe verwandt, begreift Wurmser Komplementarität als ein viertes, die Theorien von Korrespondenz, Kohärenz und Pragmatik übergreifendes Wahrheitsverständnis, das die Alternative von Erklären und Verstehen ebenso zurückweist wie diejenige von transaktionellen Untersuchungen und solchen der intrapsychischen Vorgänge. Wurmser verteidigt mit Walter Benjamin – und in seinem Verständnis von Symbol und Metapher dessen Vertrauen in die Allegorie nicht unähnlich – methodische Inkohärenz als Notwendigkeit eher denn als Mangel und zitiert in einer tiefgründigen Paraphrasierung des genetischen Gesichtspunkts der traditionellen Psychoanalyse aus Benjamins *Ursprung des deutschen Trauerspiels:* „Der Ursprung steht im Fluß des Werdens als Strudel und reißt in seine Rhythmik das Entstehungsmaterial hinein." Es muß eine geistige Nähe zu Walter Benjamin sein, in der Wurmsers Buch mit der Erzählung der Geschichte von Resch Laqisch endet, der zu jeder Thorastelle 24 Auslegungen kannte.

Wurmsers Buch will als Kommentar zu seinem früheren Werk *Flucht vor dem Gewissen* nicht nur gelesen, sondern auch studiert sein. Jeder interessierte Leser wird persönliche Entdeckungen machen. Mir erscheint – angesichts der phänomenologischen Vielfalt und Genauigkeit und des Enzyklopädismus freilich willkürlich – der psychoanalytische Kommentar zu Pär Lagerkvists *Dvärgen* (unter 4.3) in seiner aufklärerischen, politisch-zeitgeschichtlichen Bedeutung ebenso besonders wertvoll wie der transkulturelle Vergleich von Typen der Verleugnung (6.4), der Wurmser auf der Suche nach dem Zwiespalt von Verleugnung und Absolutsetzung eines Ideals in zwei alten deutenden Kulturen zur Annahme einer Spannung zwischen der Teilhabe am Absoluten durch Lernen und einer ahistorischen Ontologie im Galuth-Judentum und einer Konfliktverleugnung bei gleichzeitiger Hochschätzung der Harmonie im neokonfuzianischen China führt. Besondere Aufmerksamkeit verdient nach meiner Überzeugung zudem die Warnung vor „bestimmte[n] Arten der Verleugnung in der modernen Gesellschaft" (6.2), nämlich der von Lawrence S. Kubie schon vor 20 Jahren ausgesprochenen „Flucht vor Patienten" und gegenwärtigen Gefahren, „der Psychoanalyse die Rechtsgrundlage als Behandlung ganz abzusprechen."

Ich halte es für einen Glücksfall, daß Léon Wurmser nicht nur seine Lehrtätigkeit auf die Bundesrepublik Deutschland und West-Berlin ausgedehnt hat, sondern mit seinem Buch Die zerbrochene Wirklichkeit neuerlich die deutsch-sprachige Literatur der Psychoanalyse bereichert; möge es dieser viele neue Anstöße geben!

Tübingen, im Frühjahr 1993

Dr. med. F.-W. Eickhoff
Psychoanalytiker

Vorwort zur 2. Auflage

"Into a thousand parts divide one man,
And make imaginary puissance"[1].

Mit großer Genugtuung sehe ich dieses zweite Werk in der nun vorliegenden Tetralogie neu herauskommen. Es bildet recht eigentlich die philosophische Grundlage für die anderen drei Bücher und stellt daher an den Leser größere Anforderungen als jene. Dennoch hat es ein sehr freundliches Echo im deutschen Sprachbereich gefunden. In tiefer Dankbarkeit sowohl dem Verlag wie der Leserschaft und meinen vielen Freunden und Kollegen gegenüber, die mir ihre Gedanken, Fragen und Gefühle mitgeteilt haben, übergebe ich diese nur leicht korrigierte Fassung der Neuauflage.

Towson, im Januar 1993 Léon Wurmser

[1] Shakespeare, „Henry V", „Prologue"

Vorwort zur 1. Auflage

εἰδέναι δὲ χρὴ τὸν πόλεμον ἐόντα ξυνόν, καὶ δίκην ἔριν, καὶ γινόμενα πάντα κατ' ἔριν καὶ χρεώμενα.

(Aber es ist notwendig zu wissen, daß der Kampf ein Gemeinsames ist und daß Recht Widerstreit ist und daß alles durch Konflikt entsteht und sich gegenseitig bedingt.)
(Heraklit)

Das vorliegende literarisch-philosophische Werk entstand, wie sein klinischen Problemen gewidmeter Vorgänger, der Band *Flucht vor dem Gewissen*, zunächst aus der Zusammenfügung einer Reihe von Vorträgen und Essays, die im Laufe der letzten Jahre – gewöhnlich für besondere Gelegenheiten, namentlich Vorträge in den USA, Schweden und der Schweiz – verfaßt wurden. Doch war von Anfang an die Absicht bei dieser Zusammenstellung, es nicht mit einer Aneinanderreihung gesonderter Arbeiten bewenden zu lassen, sondern diese, so weit wie möglich, zu einem sinnvollen Ganzen zu gestalten, selbst wenn dieser Versuch notwendigerweise fragmentarisch bleiben mußte. „Ist nicht der menschliche Geist selbst ein Torso?", heißt es in Lagerkvists *Zwerg*.

Allmählich schlossen sich dann die Ansätze zum Entwurf von etwas Neuem, Umfassendem und Überraschendem zusammen. Schritt für Schritt stellte es sich heraus, daß die Bedeutung, die dem Konfliktdenken als dem methodologischen und damit auch dem theoretischen Fundament der Psychoanalyse beigemessen wird, das Verschiedene zu einem Ganzen vereinigt und sich als roter Faden durch den ganzen Band hindurchzieht.

So haben die Jahrzehnte dieser Beschäftigung ihre Wirkung gehabt: Was zunächst nur wie einzelne Felsbrocken und Baumgruppen erschien, wuchs allmählich zu einem stattlichen Gebirge mit ansehnlichen Waldungen, mit reichen Wiesen und mit mannigfachen, oft beschwerlichen Pfaden, die doch immer wieder zu überraschenden Aussichten führten, zusammen. Plötzlich springt dann ein Bild der Ganzheit hervor, die großen Züge heben sich in schroffen Konturen ab.

Als Ausgangspunkt wird das Erlebnis der „Spaltung", die Beobachtung der zerbrochenen Wirklichkeit von Selbst und Welt gewählt – die Erfahrung schroffer Gegensätze, der Polarisierung in Gut und Böse, Gerechtigkeit und Ungerechtigkeit, Freuden und Leiden, Größe und Niedrigkeit, Vertrauen und Grauen, Ordnung und Chaos, Maß und Absolutheit. Daraus erwachsen die hauptsächlichen Fragen, die ich in den folgenden Kapiteln zu bearbeiten – wohl kaum voll zu beantworten – gedenke: Was ist das Erleben des Tragischen? Welches sind Ursprung und Natur des absolut Bösen? Was steckt hinter der durch Lüge und Verleugnung geschaffenen Doppelheit der Wirklichkeit? Parallel dazu stellen sich andere Fragen: Wie vermögen wir zu erkennen, was in unserer Innenwelt wahr und was falsch ist? Was ist die Natur der seelischen Ursächlichkeit? Wie lassen sich Freiheit und Determinismus im Psychischen zusammen verstehen – und als falsche Gegensätzlichkeit enthüllen?

Es sind gewiß schwierige Fragen, und die Antworten, die sich aus dem Nachdenken über die psychoanalytischen Erfahrungen ergeben, sind oft nicht einfach und eindeutig. Sicherlich sind sie nie endgültig. Wie können Fragen, die die Menschheit von Anfang an beschäftigt haben, je abschließend und endgültig beantwortet werden? Doch ist es deshalb müßig, zu einer psychoanalytischen Philosophie zu kommen, diese zumindest in Umrissen zu erkennen?

Sprachen, Dichtungen, Kulturen, Ideologien – sie geben uns Schlüssel zum Verständnis der menschlichen Natur; so wenig wie ein einzelner Patient können sie uns indes nur *eine* Antwort geben.

Die Aula der Universität Uppsala steht unter der vom Dichter Thorild verfaßten Devise: „Tänka fritt är stort – tänka *rätt* är större" („Frei zu denken ist groß – *richtig* zu denken ist größer").[1] Vielmehr beginnt die Größe erst dort, wo man sich zu fragen beginnt, was das Richtige, also was das Wahre sei und wie es sich wohl vom Falschen und der Lüge abgrenzen lasse. In den folgenden Seiten wird es wenig „Rechtdenken" – auf griechisch: „Orthodoxie" – geben, dafür um so mehr Fragen, Fragen, die trotz allen Bemühungen um Kohärenz nicht vor jedem Widerspruch zurückscheuen. *Die tiefsten Wahrheiten stellen sich oft als Paradoxien heraus.*

Zwei Mächte sind es gewesen, die unser Jahrhundert vor allem bestimmt haben: der Triumph der Naturwissenschaften und der Technik sowie die Stürme der ideologischen Fanatismen mit ihren unvorstellbaren Menschenopfern.[2] Es ist die *Macht des Wissens* und die *Macht des Ressentiments*, des Gefühls der verletzten Gerechtigkeit und Beschämung, das dann alle Rache und Grausamkeit zu rechtfertigen unternimmt.

---

[1] Ich verdanke das Zitat zwei Kollegen in Schweden, Erik Sundkvist in Uppsala und Wolfgang Rutz in Visby.

[2] Vgl. Berlin I (1988) On the pursuit of the ideal. New York Review of Books, 17. März, S 11.

Damit handelt es sich aber um die alles andere überschattende Größe und bezwingende Übermacht von zwei Problemgruppen, um zwei große Konflikte, die doch die ganze uns bekannte Geschichte der Menschheit begleitet haben: um den Gegensatz von Wahrheit und Unwissenheit und um die Antithese der Gerechtigkeit, der Wahrhaftigkeit und der Liebe gegenüber dem Leiden, dem Bösen und der Lüge. In diesen Formen des Widerstreits muß sich damit etwas entscheidend Wichtiges zur Kenntnis der menschlichen Natur auffinden lassen, namentlich wenn wir uns ihnen von der lebenslangen Erfahrung her nähern, die in der analytischen Arbeit mit schwerkranken Patienten gewonnen wurde. Das heißt aber zu versuchen, nicht so sehr aufgrund der Theorie als aufgrund des täglichen Umgangs mit den Kranken einen neuen Beitrag zu leisten. Diese beiden Problemgruppen oder Konflikte machen die beiden Teile des Buches aus.

Der zweite hauptsächliche Zugangsweg – neben der therapeutischen Erfahrung – besteht darin, daß ich mich als Analytiker in verschiedene gegenwärtige und alte Kulturen einzufühlen versucht habe. Nur zum kleinen Teil habe ich in diesen Ländern und Kulturkreisen gearbeitet. Doch habe ich mich, was mir wichtiger schien, immr wieder mit deren Ethos und Sprachen vertraut zu machen versucht. Am wichtigsten wurde es mir freilich, mich bei jeder dieser Kulturen in die Gedanken- und Gefühlswelt jener einzelnen, wenigen zu vertiefen, deren Werke als Fackeln ihren Gemeinschaften vorangeleuchtet haben, ohne jedoch die Dunkelheit je ganz zu erhellen.

Dabei ist die Prämisse doppelter Art: daß ein irreduzibler Pluralismus der Kulturen besteht und daß sich trotzdem eine tiefe Gemeinsamkeit zwischen den verschiedenen Kulturen und der „Natur" des Menschen finden läßt. Genauer soll damit gesagt sein, daß in jeder Kultur tiefe Wert- und Gewissenskonflikte bestehen, Gegensätze, die zwar zeitweise ausgesöhnt erscheinen, aber sich immer wieder entweder in gewaltsamen Ausbrüchen oder in teilweisen Verleugnungen der Wirklichkeit zeigen. Die Republik ist die Seele in Großschrift geschrieben – und wenn die Seele des Einzelmenschen durch Konfliktanalyse verstanden werden kann, so können vielleicht auch Staat und Kultur etwas besser durch die Beschreibung innerer Konflikte verstanden werden.

Wie beim Individuum wäre es auch bei den Kulturen falsch, die Erklärung nur in *einem* Gegensatz, in *einer* Konfliktkonfiguration zu suchen, wenngleich ich mich bei diesen Analysen meistens ganz auf das Wesentlichste beschränken mußte.

In *Flucht vor dem Gewissen* verglich ich klinische Erfahrung und Dichtung mit zwei Reihen von Spiegeln: „Beide Reihen reflektieren in mannigfachen Bildern und Brechungen das Wesen der Seele; doch ist keine allein fähig, es völlig zu erfassen." Die innere Welt läßt sich weder auf die dem Literarischen entnommenen Begriffe noch auf die klinische Theorie reduzieren. Es handelt sich bei beiden immer nur um Annäherungen an die Wahrheit.

Es geziemt sich, eine Haltung der Bescheidenheit gegenüber der ungeheuren Komplexität jedes individuellen Lebens, das sich vor uns entfaltet, anzunehmen. Und doch treten dabei auch wieder die großen, einfachen Linien hervor. Die seelische Welt des einzelnen gleicht dabei einem Baum, dessen Äste, Zweige und Blätter zwar unzählbar viele sind, doch ihrerseits mit einigen wenigen einfachen Formen, die sich in allen Skalen wiederholen, zu fassen sind, Formen, die wir in uns selber wiederfinden: „... to know a man well were to know himself".[3]

So mußte sich denn die Ehrfurcht vor dem Einzelnen und Individuellen, wie es sich in der praktischen Erfahrung immer wieder in neuer Gestaltung ergeben hat, mit der Ehrfurcht vor den in den großen Werken der Menschheit ausgesprochenen tiefen Wahrheiten über die menschliche Natur verbinden. Auch wenn diese zweierlei Wahrheiten einander zuweilen widersprechen, bleiben sie Wahrheiten und geben Wahrheitszusammenhänge, die ungestraft nicht verleugnet oder zerbrochen werden können. Es sei denn, daß man, statt der Ehrfurcht, der fanatischen Einseitigkeit und dem Wegwerfen des Andersartigen, Fremden das Wort reden will! Es paart sich daher die Absicht der Kohärenz mit der Ehrfurcht vor deren Grenzen. Gerade die unvermeidlichen Widersprüche führen zur großartigen Komplementarität alles Verstehens.

Ich kann Aufgabe und Leistung auch anders darstellen: Ich bemühe mich hier, die Ernte eines Lebens voll Arbeit und Studium einzubringen, ehe die Nacht fällt. Doch gleicht dieses Zusammenbringen dem Werk des Bergbauern, der das Heu mühsam von den saftigen Wiesen zwischen den Felsen heruntertragen will und dem dabei doch manches unzugänglich bleiben muß. Er hält dabei inne und sieht sich um, da er allein es plötzlich nicht mehr zu schaffen vermag und die Hilfe anderer braucht:

Der erste Dank gebührt Stephen Vicchio, dem Leiter des philosophischen Departements am College of Notre Dame in Baltimore. Großzügig, ja verschwenderisch mit seiner kargen Zeit und bei der Überfülle von Verpflichtungen, las er das Manuskript durch und half meiner Arbeit mit ungezählten Vorschlägen und Gesprächen nach;

[3] „... einen anderen Menschen von Grund auf kennen, hieße sich selbst kennen" (*Hamlet*, 5. Akt, 2. Szene).

so hat er es mir erst ermöglicht, dem Werk den nötigen philosophischen Rahmen zu geben.

Als ihn jüngst der Bürgermeister von Baltimore zur Beratung einer wichtigen Vorlage hinzuzog, fragte er ihn, ob er, Stephen, nicht Lust habe, für einmal ein Philosophenkönig zu sein. Stephen antwortete: „Baltimore ist nicht die Republik." Vielleicht nicht. Daß er aber dem platonischen Ideal der „Gemeinsamkeit freier Bildung", des Gesprächs, in dem „der Funke der Erkenntnis plötzlich vom einen auf den anderen überspringt" in besonderem Maße treu ist, dafür mag dieses Buch ein bescheidenes Zeugnis sein.

Die Diskussionen mit ihm und meinem Analytikerfreund Albert Dreyfus erwiesen sich dabei als eine stete Quelle der Anregung und Ermutigung.

An zweiter Stelle waren es meine Söhne Daniel, David und Yoram und meine Schwiegertochter Meyrav, die alle mit ihren unermüdlichen Fragestellungen und dem Aufweisen neuer Denkmöglichkeiten wie auch bei der Literatursuche in ihren eigenen Wissensgebieten beträchtlich zu meinem Werk beigetragen haben: Daniel half mir beim Verständnis des Komplementaritätsdenkens in der heutigen Physik und führte mich in die faszinierende neue Wissenschaft von Nonlinearität und „Chaos" ein, wobei mich namentlich nochmals die tiefe Ähnlichkeit der neuen Forschung mit Goethes Wissenschaftsphilosophie tief beeindruckte. David zeigte mir durch sein Studium der Verbindung von Ethos und Konfliktentscheidung im Politisch-Militärischen und Kulturellen neue Perspektiven des Geschichtsverständnisses, und Yoram erlaubte mir das begeisternde Miterleben des gleichzeitigen Erwachens von Originalität und Kreativität in manchen Gebieten der Begabung. Meyrav hat mir besonders bei den hebräisch-aramäischen Texten und Frau Beckie Hsieh mit dem Chinesischen geholfen.

Wie bei den vorangehenden Werken muß ich auch hier der unentbehrlichen praktischen Hilfe, die mir meine Frau Zdenka, oft unter Aufopferung ihrer eigenen Pläne, gegeben hat, in tiefer Dankbarkeit gedenken.

Dann war es drittens Frau Marianne Faxén in Stockholm, die mir in unserem sich über beinahe 40 Jahre hinstreckenden Dialog unablässig neue Anregungen gegeben, neue Sichtweisen gezeigt und neue Zugänge eröffnet hat. Die Jahre mögen einige dieser Spuren verwischt und verschüttet haben; doch wäre so manches gerade in diesem Werk ohne diesen mein erwachsenes Leben begleitenden Austausch mit ihr gar nicht denkbar gewesen. Sie und Anders Ryberg haben mir überdies Zugang zu sonst unerhältlichen schwedischen Büchern verschafft.

An vierter Stelle waren es zwei besonders wichtige psychoanalytische Lehrer, die wie auch beim klinischen Werk bei vielen der hier zugrundeliegenden Arbeiten wertvolle Anstöße gegeben haben: Paul Gray vor allem mit seinem tiefen Verständnis der seelischen Vorgänge als Ausdruck von innerem Konflikt und der Disziplin seines Denkens, sodann Joseph Lichtenberg, an dessen Diskussionsgruppe „Psychoanalyse und das Schöpferische" ich seit etwa einem Dutzend Jahre teilnehmen durfte; mehrere der diesem Band zugrundegelegten Arbeiten (die Aufsätze über Goethe, Dickens und Lagerkvist) wurden zunächst in dieser Gruppe vorgetragen.

All denen, die mich zu Vorträgen eingeladen oder zu früheren Fassungen dieser Arbeiten kommentiert haben und denen ich z. T. schon im Vorwort zu *Flucht vor dem Gewissen* namentlich gedankt habe, gehört mein Dank auch bei der Abfassung dieses Bandes, v. a. Herrn und Frau Berna, den Professoren André Haynal, Helmuth Thomä, Horst Kächele, Wolfgang Loch, Frau Dr. Zimmermann, Frau Dr. Laible, Frau Bergmann, den Herren Mats Fridell, Dr. Erich Franzke und Dr. Anders Ryberg; manche habe ich zudem bei den einzelnen Kapiteln erwähnt.

Doch gebührt es sich, in diesem Zusammenhang ganz besonderen Dank Frau Dr. Martha Eicke-Spengler in Zürich auszudrücken, die mir eigentlich erst richtig die Tore nach Europa geöffnet und mir immer wieder im Laufe eines Jahrzehnts die Lehrtätigkeit in Zürich vorbereitet und erleichtert und die Wege in der Schweiz und Deutschland geebnet hat, sowie Herrn Dr. Eickhoff, der mich bei einem breiteren, an der Psychoanalyse interessierten Publikum in Deutschland eingeführt hat. Ihre Freundschaft und Ermutigung war mir in den letzten Jahren eine große Hilfe bei meiner Rückkehr in die fremdgewordene Heimat der deutschen Sprache.

Schließlich bin ich dem Springer-Verlag, namentlich den Herren Dr. T. Graf-Baumann, L. Picht und F. Wolter, zutiefst für die freundschaftliche und verständnisvolle Zusammenarbeit dankbar. Ohne ihre großzügige Stütze wäre die Ernte wohl kaum eingebracht worden.

„Viel habe ich von meinen Lehrern gelernt. Mehr habe ich von meinen Kollegen gelernt. Doch von meinen Schülern habe ich am meisten gelernt."[4] Es ist ein Wort von Rabbi Chanina (*Talmud*traktat

---

[4] הרבה למדתי מרבותי, ומחבירי יותר מרבותי, ומתלמידי יותר מכולן.
Harbe lamadti merabotai , umechaverai joter merabotai, umittalmidai joter mikkulan. (Bei den Transkriptionen aus dem Griechischen, dem

Ta'anit 7 a). In einem sehr tiefen Sinn sind unsere Patienten den Schülern gleich, von denen wir doch stets am meisten und am wesentlichsten lernen. Keine Theorie und kein Lehrbuch ist mehr als eine Landkarte, keine Lehre der Weisheit und der Dichtung mehr als ein Kompaß. Die verschlungenen Pfade durch Leiden und Narretei müssen wir mit den Kranken zusammen doch letztlich immer wieder selber finden, und dabei gehen diese uns meistens voran. Doch ohne die Landkarten und den Kompaß verlören wir die Richtung.

„Geh hinaus und lerne" („Tze ulmad – צא ולמד), ist eine stehende talmudische Aufforderung. Sie bedeutet: Erarbeite es dir selbst, schau und denke es durch – das Wissen, das Können, die Weisheit. „Wenn ich *eine* Ecke zeige, und er [der Schüler] kann es [das Gemeinte] nicht auf die andern drei übertragen, so verzichte ich auf eine Wiederholung" (Konfuzius, *Lun Yü,* 7. Buch, 8. Kap.).

Die folgenden Kapitel stellen eine solche eigene Erarbeitung und Übertragung dar und erfordern vom Leser dieselbe Bemühung.

Towson, im November 1988 Léon Wurmser

Hebräischen und dem Chinesischen brauchte ich eine Schreibweise, die so nahe wie möglich an die deutsche Umschrift der *modernen* Aussprache heranreicht. Beim Chinesischen bediente ich mich der *Pin-Yin*-Umschrift.)

Inhaltsverzeichnis

1 *Einführung: Die Suche nach dem Absoluten und das Finden des Maßes* 1

1.1 Der Abgrund 1
1.2 Selbstquälerei 6
1.3 Doppelleben 9
1.4 Absolutheitsanspruch 12
1.5 Das Tragische als Wertverabsolutierung und Verleugnung in der Kultur 14
1.6 Kategorien des mythischen Denkens 17
1.6.1 Gegenstandsbegriff und Konkretheit der Symbole . . . 17
1.6.2 Der Kausalbegriff 18
1.6.3 Das Ganze und die Teile 19
1.6.4 Die dinglich-substantielle Natur von Wirken und Eigenschaften 19
1.7 Konflikt und Komplementarität in der Psychoanalyse . . 22
1.7.1 Die Frage an die Wissenschaft vom inneren Konflikt . . 22
1.7.2 Der Entwurf des Ganzen und die Frage nach den Ursprüngen 24
1.7.3 Der Brennpunkt für das Erklären 26
1.7.4 Die Frage des Kausalverständnisses 28
1.7.5 Über-Ich-Analyse und das Problem der Absolutsetzung 30
1.7.6 Die Gefahr von innen 32
1.8 Komplementarität und Metaphern als Mittel theoretischer Erfassung 33
1.9 „... wo wir den Kampf gewaltiger Naturen um ein bedeutend Ziel vor Augen sehn...“ 34

Teil 1: Verblendung und tragische Wahrheit

2 *Das Tragische und dessen Veruntreuung* 41

2.1 Der tragische Charakter 41
2.1.1 Tragischer Konflikt 41
2.1.2 Tragischer Charakter und die Scham-Schuld-Dialektik . 44
2.1.3 Der Zwang 48
2.1.4 Die Macht der Verleugnung 51
2.1.5 „Ate“ – die Verblendung 53
2.1.6 Das Opfer 57

2.1.7 Pathos und „tödliche Wunde“ 59
2.1.8 Hybris 62
2.1.9 Das Ressentiment 63
2.1.10 Die Sequenz 64
2.2 Das Antitragische 65
2.2.1 Die Psychophobie und das antitragische Vorurteil 65
2.2.2 Die Lüge 67
2.3 Das „zerbrochene Sollen“ 68
2.4 Der Zwang: die Kernkonflikte 71
2.5 Das Tragische und das Problem des Narzißmus 75
2.5.1 Hybris und Narzißmus 75
2.5.2 Absolutsetzung, Spaltung und Zwang 78

3 Der Schrei nach Gerechtigkeit – Das Tragische in der Kultur 80

3.1 Antigones Fluch und Kreons Wahl 80
3.2 Einige Bemerkungen zur Geschichte der Tragödie als Kunstform 83
3.2.1 Die ekstatisch-mythische Theorie vom Ursprung der Tragödie 84
3.2.2 Die Theorie vom Helden und vom Chor – Die individuellschöpferische, logosorientierte Theorie . 86
3.2.3 Tragödie als Konflikt von Charakter und Schicksal . . . 89
3.3 Das Phänomen des Tragischen in philosophischer und literarischer Sicht 91
3.3.1 Platon und Aristoteles 91
3.3.2 Einige moderne Deutungen 94
3.4 Die tragische Wahrheit und die Psychoanalyse 108
3.5 Das Wesen des Tragischen 110
3.6 Die Erscheinungsformen des Tragischen 112
3.7 Das Tragische als Kampf zwischen Gerechtigkeit und Weisheit 116
3.8 Die Doppelheit der Schau 120
3.9 „Die Schuld des Wählenden“ 122
3.10 Der Endpunkt des tragischen Bogens 124
3.11 „Meine Kinder haben mich besiegt“ 125

4 „Mein vergiftetes Blut“ – Der Geist des Ressentiments und das tragische Bewußtsein (Gedanken zu Pär Lagerkvists Zwerg) 128

4.1 Affekt und Haltung des Ressentiments 128
4.2 „Gefährliche Gedanken sind gleich Giften“ – Literarische Zeugnisse 133

4.3 Dvärgen . . . 142
4.3.1 Die sozial- und kulturkritische Deutung . . . 144
4.3.2 Der Zwerg als quasi-reale Figur . . . 146
4.3.3 Der Zwerg als Repräsentant einer allgemeinmenschlichen Wirklichkeit . . . 161
4.3.4 Der größere Zusammenhang . . . 175

5 *„Die Dinge sind nicht immer so, wie sie scheinen" – Doppelheit und Bruch in der Wirklichkeit bei Dickens* . . . 184

5.1 Der klinische Ausgangspunkt . . . 185
5.2 Der Roman als Enthüllung . . . 188
5.3 Vier Antithesen . . . 191
5.3.1 Verstocktheit und Großzügigkeit . . . 191
5.3.2 Falschheit und Echtheit . . . 197
5.3.3 Firnis und Substanz . . . 198
5.3.4 Die Verleugnung des Gewissens und die Rückkehr des Verleugneten . . . 200
5.4 Doppelheit als Stilelement . . . 203
5.4.1 Ironie . . . 204
5.4.2 Das Unheimliche und der Schrecken . . . 207
5.4.3 Die unerwartete Metapher . . . 210
5.4.4 Das Besondere und das Allgemeine . . . 212
5.4.5 Synthese und Analyse . . . 213
5.5 Die psychoanalytische Perspektive . . . 216
5.5.1 Die Stellung des Erzählers . . . 216
5.5.2 Überraschung und Angst . . . 217
5.5.3 Das Geheimnis der Doppelheit . . . 219
5.6 Konflikt, „Spaltung" und Gewissen . . . 225

6 *Die Rolle der Verleugnung in der Kultur* . . . 228

6.1 Umgrenzung des Verleugnungsbegriffs und seine Beziehung zum Tragischen . . . 228
6.2 Bestimmte Arten der Verleugnung in der modernen Gesellschaft . . . 233
6.3 Verblendung und tragische Wahrheit im Politischen . . . 244
6.3.1 „Denn seine Macht ist's, die sein Herz verführt" – Die Macht im moralischen Konflikt . . . 245
6.3.2 Zu erinnern, was über die menschliche Vorstellungskraft hinausgeht . . . 253
6.4 Der Zwiespalt von Verleugnung und Absolutsetzung eines Ideals in zwei alten Kulturen: Galut-Judentum und neo-konfuzianisches China . . . 255

6.4.1 „... ehe denn die silberne Schnur zerreißt und die goldene Ampel zerspringt“ – Das Gesetz im Gegensatz zur Geschichte 256
6.4.2 „Der Edle kennt keinen Streit“ 262
6.4.3 „Beschreiben und nicht machen, treu sein und das Altertum lieben“ 269
6.4.4 „Fac eas, Domine, de morte transire ad vitam!“ – Die Verleugnung der Sterblichkeit 272
6.4.5 Das Problem des Bösen 274
6.5 Die zerbrochene Wirklichkeit unserer Welt 276

Teil 2: Das Rad, der Pfad und ein Reich ohne Grenzen – Fragen von Wert und Wahrheit in der Psychoanalyse

7 Doppeltext und Kausalverständnis – Erkenntniskritische und wertethische Fragen in der Psychoanalyse 287

7.1 Das Bild vom Rad der Täuschung 287
7.1.1 Die Ordnung der Beobachtungen 287
7.1.2 Die Frage nach der Erklärung 290
7.1.3 Die Frage nach der Stellung der Psychoanalyse 292
7.2 Die Frage nach der Natur der psychoanalytischen Wahrheit 294
7.2.1 Die Komplementarität von Wert und Wahrheit 294
7.2.2 „Die Naturwissenschaft der Seele“? 294
7.2.3 Reflexionen in Rortys Spiegel 296
7.2.4 „Die Große Wasserscheide“ 300
7.3 Das Suchen nach der Wahrheit 307
7.4 Der Deutungsprozeß 310
7.5 Was der analytischen Erforschung am eigentlichsten zugehört 314
7.6 Was ist die spezifische Form der psychoanalytischen Kausalerklärung? 316
7.7 Psychoanalyse als Wissenschaft vom Konflikt 326
7.8 Wertphilosophische Erwägungen 331

8 „Durch die blauen zusammenschlagenden Felsen“ – Ein „Wesensbild“ der Psychoanalyse 336

8.1 Die Aufgabe 336
8.2 Wissenschaft, Kunst, Mythos 338

8.3 Das „Eidos“ der Psychoanalyse 340
8.4 Eine kritische Prüfung der Spezifität 347

9 „Alles Vergängliche ist nur ein Gleichnis“ – Plädoyer für die Verwendung von Metaphern in der psychoanalytischen Theoriebildung 356

9.1 Symbol und Abstraktion 356
9.1.1 Das Fürsichsein des Allgemeinen 356
9.1.2 Das Zerbrochene zusammenfügen 358
9.1.3 Abtrennung der Form, Abziehung des Individuellen . . 360
9.1.4 Abstraktion als „Grundform der Beziehung“, als „Form einer Reihe“ und als „Notwendigkeit der Verbindung“ . 361
9.1.5 Das Symbol als Brücke zwischen dem Sinn und dem Sinnlichen 363
9.1.6 Symbol als verhüllter Konflikt 365
9.2 Die Kritik an der Metapher als Instrument der Theoriebildung 367
9.3 Der Ort der Metapher in der Wissenschaft 371
9.4 Das Problem neuer Metaphern 377
9.4.1 Die Abstraktionshierarchie 378
9.4.2 Vorgänger 379
9.4.3 Cassirers vier Wissenschaftskriterien 381
9.4.4 Der Energiebegriff in der Naturwissenschaft und in der Psychoanalyse 383
9.4.5 Das Gesetz als Metapher 385
9.5 Die Notwendigkeit von Metaphern in der Psychoanalyse 386
9.6 Die Bedeutung der Metapher als Form der Konfliktsymbolisierung 389

10 Gedanken zum Problem des wissenschaftlichen Absolutismus 393

10.1 „Entweder-oder“ – Grünbaums radikale Herausforderung 393
10.1.1 Die Metapher der Verschmutzung 393
10.1.2 Der Eckstein des Kausalverständnisses – Die Unterminierung der Theorie der spezifischen Ursache . 395
10.1.3 Eine erste Antwort 397
10.1.4 Zu den Fragen „kausaler Beglaubigung“ und der Spezifität der Kausalität 399
10.1.5 Ursache von Traum und Träumen 405
10.1.6 Fälle und Beweise 406
10.1.7 Was wirkt? 407

10.1.8 Die unbefragten Voraussetzungen 408
10.2 Die Fragwürdigkeit der analytischen Situation als Forschungsinstrument 409
10.2.1 Das wirkliche Problem: die Qualität des Zusammenpassens und die Quantität der Daten 409
10.2.2 Der „gute Esel" der Suggestion, die Metapher vom geführten Schaf und die Weisheit der „docta ignorantia" 411
10.3 Die Frage der Verifizierung und die Metapher der Reinheit 417
10.4 Die philosophische Grundfrage – relative und absolute Wahrheit 422
10.4.1 Das pragmatische Kriterium der Wahrheit 422
10.4.2 Die Enge des Kausalverständnisses 428
10.4.3 Der Standpunkt entscheidet 431
10.5 Kohärenztheorie und Komplementarität 433
10.6 Wissenschaftliche Methode als Mittel zum Zweck, nicht als Selbstzweck 436
10.7 Die Verfehlung der Komplementarität 440

11 „Im heiligen Kreise lebendiger Bildung" – Innerer Konflikt und Komplementarität 444

11.1 Dialektische Weisheit und Idealisierung 444
11.2 Die Spannung der Widersprüchlichkeit 448
11.3 Analyse, Synthese und Form 451
11.4 Form, Metamorphose und Schauen 455
11.5 „Die Summe aller Weisheit" 457
11.6 Innerer Konflikt und Synthese in der Psychoanalyse . . 458
11.7 Komplementäre Paradigmen – Konfliktlösung gegenüber Psychagogik 463
11.8 „Denn nur also beschränkt war je das Vollkommene möglich" 469

12 „Übergewaltige Gäste aus einer fremden Welt" – Die Autonomie der Psychoanalyse als einer eigenen symbolischen Form 475

12.1 Neue metaphorische Systeme 475
12.2 Konflikt im Dialog, im Lernen und in der Treue 478
12.3 Die Form der theoretischen Symbole 483
12.4 Ein grundlegender Zweifel 486
12.5 Die Hierarchie der Abstraktionen in der Psychoanalyse 487
12.6 Die dritte Antinomie 493

12.7 Komplementarität und Konflikt als die das Seelische bestimmende Form der Kausalität 497
12.8 Sui iuris 499
12.9 Zentrum und Peripherie des Erkennens und Bewertens 500
12.10 Die Demütigung des Einzelnen 502
12.11 Die Doppelheit unserer Wirklichkeit 508
12.12 Schlußwort 511

13 Literatur 515

14 Personenverzeichnis 532

15 Sachverzeichnis 538

1 Einführung: Die Suche nach dem Absoluten und das Finden des Maßes

ἄφωνα σημανοῦσιν . . .
ὡς οὐχ ὑπέρφευ θνητὸν ὄντα, χρὴ φρονεῖν.
ὕβρις γὰρ ἐξανθοῦσ᾽ ἐκάρπωσεν στάχυν
ἄτης, ὅθεν πάγκλαυτον ἐξαμᾷ θέρος

(. . . stummberedte Zeugen . . . ,
daß nicht übermäßig sei des Menschen Sinn.
Unmaß nach kurzer Blüte setzt die Ähre an
Der Schuld, die bald zu tränenreicher Ernte reift.)
(Äschylus, *Die Perser*, 819–822)

1.1 Der Abgrund

„Wie Felsenabgrund mir zu Füßen
Auf tieferm Abgrund lastend ruht,
Wie tausend Bäche strahlend fließen
Zum grausen Sturz des Schaums der Flut,
Wie strack, mit eignem kräftigen Triebe,
Der Stamm sich in die Lüfte trägt:
So ist es die allmächtige Liebe,
Die alles bildet, alles hegt.“
(Goethe, *Faust*, 2. Teil, 5. Akt, 11866 ff.)

Die Empfindung, unsere innere und äußere Wirklichkeit sei gespalten oder zerbrochen, gehört recht eigentlich zur Grunderfahrung des Menschen. Ob wir im Psalm (34.19) von denen lesen, die zerbrochenen Herzens sind – nischbrei-lev – oder wenn die doppelte Entfremdung so beschrieben wird: „Meine Freunde und Genossen stehen abseits von mir, und meine Nächsten halten sich ferne . . . Denn ich bin nahe dem Falle, und mein Schmerz verläßt mich nie. Ja, ich bekenne meine Schuld und bin bekümmert ob meiner Sünde“ (Ps. 38.12, 18/19), so kündigt sich uns über den Abgrund der Jahrtausende dasselbe Erleben an, wir können es mitfühlen: die Welt scheint zerfallen zu sein, das eigene Innere zerspalten; eine Stimme erhebt sich, die uns anklagt und verurteilt.

„Unheilbar ist in mir der Kummer, und mein Herz ist krank. Horch! wie schreit um Hilfe die Tochter meines Volkes vom weiten Lande: ‚Ist denn der Herr nicht in Zion? Ist er, Zions König, nicht mehr dort?‘ ‚Warum haben sie mich mit ihren Bildern, mit fremden Götzen erzürnt?‘ ‚Vorbei ist die Ernte, der Sommer ist vollendet – und wir wurden nicht gerettet!‘ Gebrochen liegt die Tochter meines Volkes, darob bin auch ich gebrochen, traure, und Entsetzen hat mich ergriffen. Ist denn kein Balsam mehr in Gil'ad? Ist kein Arzt mehr dort? Warum will nicht heilen die Wunde der Tochter meines Volkes?"[1] Wiederum ist es das Gleichnis des Zerbrochenseins – „al-schever, haschbarti, schamma" –, das Verzweiflung und tiefste Trauer ausdrückt: „Warum erhebt sich nicht die Heilung?" Im Hintergrund steht die Antwort, gegeben im selben Bild: „Erkenne und sieh: böse und bitter ist dein Abfall von dem Herrn, deinem Gott; du hast keine Scheu vor mir, spricht der Herr der Heerscharen. Denn längst schon hast du dein Joch zerbrochen, deine Bande zerrissen;[2] du sprachst: ‚Sklavin will ich nicht sein!'" (Jer. 2.19/20) Die Empörung gegen das Gebot, der innere Aufstand gegen das Recht bringt mit sich „den Schmutzfleck der Schuld",[3] der sich nicht tilgen läßt – und zur Zerbrochenheit des Daseins führt.

Im *Lun Yü* (8.3) zitiert der kranke Philosoph Zeng aus dem uralten *Shi-Jing:* „Wandelt mit Furcht und Zittern, als stündet ihr vor einem tiefen Abgrund, als trätet ihr auf dünnes Eis".[4]

Angesichts des von „Verblendung", vom Wahnsinn verletzten Stolzes und der rachelüsternen Scham geschlagenen Ajax, gesteht Odysseus der die „Macht der Götter" zeigenden Athene zu: „Denn alle, seh ich, sind wir Lebenden ja nichts anderes als Scheinbilder oder ein nichtiger Schatten" (Sophokles, *Ajas*, 125/126); die Wirklichkeit des Lebens wird von etwas anderem, radikal Feindseligem zum Fremden und Unwirklichen gemacht; die Einheit des Erlebens von Selbst und Welt ist zerbrochen.

Die Seele gleiche der zusammengewachsenen Kraft eines geflügelten Gespanns und seines Wagenlenkers[5], erzählt uns der platonische Sokrates im berühmten Gleichnis des Dialogs *Phaidros*. „Und zwar was uns betrifft, so lenkt der Führer ein Doppelgespann; sodann ist ihm das eine der Rosse sowohl selbst edel und gut als von solcher [edler] Abkunft, das andere aber sowohl von gegenteiliger Abkunft als selbst das Gegenteil. Schwierig ist da notwendig die Wagenlenkung bei uns ... Denn das mit Schlechtigkeit behaftete Roß, wenn es von einem der Wagenlenker nicht gut genährt worden ist, beugt sich und drückt schwerfällig zur Erde hinab. Da ist nun wahrlich einer Seele Leiden und äußerster Konflikt auferlegt"[6]. Kosmischer Gegensatz und Kampf wird so zum innerseelischen Widerstreit ewiger Kräfte; das menschliche Dasein zerfällt in heftige Gegensätze; denn das Sein als ganzes erscheint gespalten.

Es ist eine gewaltige Reihe von Metaphern, diese Gleichnisse von der Spaltung, der Zerrissenheit, dem Abgrund im menschlichen Leben, die wieder und wieder nach einer Erklärung zu rufen scheinen, nach einer Erklärung im Äußern oder nach einer im Innersten des menschlichen Daseins.

Innig sind sie verknüpft mit dem Problem des Ursprungs und des Wesens des

---

1 Jeremias, 8.18–22; ich folgte im Zitat zumeist der Zwingli-Übersetzung.

2 Schavarti ullech, nittaqti mossrotaich.

3 Nichtam awonech.

4 „Zhànzhàn jīngjīng, rú lín shēn yüān, rú lǐ báo bīng" (Wilhelm, S. 77 f.; Legge, S. 97).

5 „Eoiketo de symphyto dynamei hypopterou zeugous te kai heniochou" (Platon, *Phaidros*, 246 a).

6 „Entha de ponos te kai agon eschatos psyche prokeitai" (*Phaidros*, 247 b) (In der deutschen Übersetzung folgte ich nur teilweise der von Georgii in der Heidelberg-Ausgabe gegebenen).

Bösen[7]; sie verweisen auf die Frage nach der Wurzel des Leidens, der Grausamkeit, der Lüge und der Ungerechtigkeit und damit auf die Möglichkeit von dessen Überwindung.

Das Erlebnis des Bösen gehört zur Grunderfahrung des Menschen; unablässig zwingt es zum Nachdenken über den Sinn des Ganzen.

Das Problem des Bösen kann weggewischt werden, verleugnet durch den Glauben an die Unwesentlichkeit jedes individuellen Daseins. Das ist der Glaube an die „Auflösung des Problems des Bösen", vertreten von den monistischen Religionen, namentlich dem Vedanta-Hinduismus und dem Hinayana-Buddhismus. Oder der Glaube besteht darin, daß die Spaltung des menschlichen Erlebens auf den Widerstreit absoluter, im Weltgrund wirkender Mächte von Gut und Böse zurückgehe, somit unreduzierbar sei; die Aufgabe des Menschen sei es, diese Spaltung dadurch zu überwinden, daß er dem Guten gegen das Böse zum endlichen Siege verhelfe. Es ist der Glaube an die „Lösung des Problems des Bösen" durch das Bündnis mit der Grundmacht des Guten – eine Lösung, die vom persischen Zarathustra aus das westliche Denken und Glauben zutiefst bestimmt hat.[8] Die dritte Lösung bestehe darin, daß das Paradoxon ausgehalten werde und unauflösbar sei – nämlich die Paradoxie zwischen einem als allmächtig, allwissend und allgütig bestimmten Gott und der Unheilbarkeit von Bosheit, Leiden, Ungerechtigkeit und Tod – in den „Religionen der Paradoxie", namentlich dem Judentum und dem Christentum.

Wie stellt sich aber das Problem, wenn wir uns von den Antworten, die uns die Religionen und die Metaphysik geben, abwenden und uns auf die *Natur des Menschen* als die Quelle des Zwiespalts besinnen?

Heißt es im *King Lear* zweimal in kurzer Folge, zuerst über den geblendeten Gloucester, wenn er die letzte Wahrheit erfährt: „But his flawed heart –/ Alack, too weak the conflict to support! –/ ‚Twixt two extremes of passion, joy and grief,/ Burst smilingly," und dann über den alten getreuen Kent: „Which in recounting/ His grief grew puissant, and the strings of life/ Began to crack" (V., III)[9], so steht das „Herz" für das Erleben überhaupt, und die Erklärung des Zerbrechens ist miteinbeschlossen: der *Konflikt zwischen zwei überwältigenden, doch gegensätzlichen Gefühlen.*

„Es liegt um uns herum/ Gar mancher Abgrund, den das Schicksal grub;/ Doch

---

[7] In den Ausführungen, die sich mit dieser Verbindung des Grunderlebnisses der Spaltung mit dem alten metaphysisch-religiösen Problem der Existenz des Bösen befassen, bin ich zutiefst dem Denken von Stephen Vicchio verpflichtet (s. v. a. sein Buch, 1987 c).

[8] Vicchio spricht vom „radical conflict between these two gods": „In the Zoroastrian view the conflict between good and evil on earth is an indication of the fundamental cleavage at the very root of being. The daily conflicts between good and evil in our characters and lives is only a manifestation of the universal war between these two eternal powers ... Zoroaster points to this fundamental split in reality" (Kap. 1; Seitenzahl ist noch nicht bekannt).

[9] „ ... doch sein zerspaltnes Herz – ach schon zu schwach, den Kampf noch auszuhalten zwischen Schmerz und Freud – im Übermaß der Leidenschaft brach lächelnd. ... im Sprechen ward sein Schmerz so übermenschlich, daß die Stränge des Lebens rissen ... "

hier in unserm Herzen ist der tiefste,/ Und reizend ist es, sich hinabzustürzen." So spricht der Herzog Tasso zu. „Ich bitte dich, entreiße dich dir selbst!/ Der Mensch gewinnt, was der Poet verliert" (*Torquato Tasso* 5.Akt, 2.Szene, Goethe, Bd.10).

Vom Anfang seines Lebens an sei sein Leben im Widerspruch mit sich selbst gewesen – „en contradiction avec moi-même" – sagt Rousseau; er sei „une âme déchirée", „mon cœur fut déchiré" zwischen der Schuld, ein armes unschuldiges Mädchen des von ihm begangenen Diebstahls bezichtigt zu haben, und der Scham der Bloßstellung, die er mehr als jede andere Bestrafung, mehr auch als den Tod fürchtete: „Je craignais peu la punition, je ne craignis que la honte; mais je la craignais plus que la mort, plus que le crime, plus que tout au monde" (*Confessions*, S.142).

In der *Phänomenologie des Geistes* spricht Hegel über den Gegensatz zwischen dem „ehrlichen Bewußtsein" und der „absoluten Zerrissenheit" des Bewußtseins, „dem Widerspruch im reinen Ich". Der Empfänger der Wohltaten des „edelmütigen Bewußtseins" ist zerrissen zwischen dankbarer Unterwerfung und „innerer Empörung": „Er [der Reichtum] steht unmittelbar vor diesem innersten Abgrunde, vor dieser bodenlosen Tiefe, worin aller Halt und Substanz verschwunden ist ... " „Die Sprache der Zerrissenheit aber ist die vollkommne Sprache und der wahre existierende Geist dieser ganzen Welt der Bildung" (S.368–370).[10] Die Kultur („Bildung") entfremde den Geist von sich selbst, setze ihn in Widerspruch und Widerstreit mit sich selbst.

Diese Erklärung wird vom modernen Philosophen aufgegriffen und neu formuliert:

> Cette raison si dérisoire, c'est elle qui m'oppose à toute la création ... Et qu'est-ce qui fait le fond de ce conflit, de cette *fracture entre le monde et mon esprit*, sinon la conscience que j'en ai? (Camus 1942, S.76) – Eben diese so höhnische Vernunft setzt mich in Widerspruch zur ganzen Schöpfung ... Und worauf beruht denn dieser Konflikt, dieser Bruch zwischen der Welt und meinem Geist, wenn nicht auf dem Bewußtsein, das ich von ihm habe? (S.47).

Es sei die Vernunft, es sei das Bewußtsein, das den Konflikt und die Spaltung *zwischen* Welt und Geist, zwischen dem Inneren und dem Äußeren schaffe. Es sei der ewige Streit, der Widerspruch zwischen dem Menschen und der ihm eigenen Dunkelheit, es sei seine Revolte *dagegen:*

> L'une des seules positions philosophiques cohérentes, c'est ainsi la révolte. Elle est un confrontement perpétuel de l'homme et de sa propre obscurité (S.78) – „Eine der wenigen philosophisch stichhaltigen Positionen ist demnach die Auflehnung. Sie ist eine ständige Konfrontation des Menschen mit seiner eigenen Dunkelheit (S.49).

Die einzige Wahrheit in diesem Bewußtsein und seiner Revolte sei der Trotz: „ ... car il sait que dans cette conscience et dans cette révolte au jour le jour, il témoigne de sa seule vérité qui est le défi" (S.80) – „Denn er weiß: in diesem Bewußtsein und in dieser Auflehnung bezeugt er Tag für Tag seine einzige Wahr-

[10] Vgl. dazu die wertvollen Bemerkungen von Lionel Trilling in „Sincerity and Authenticity" (S.26–60). Ich verdanke den Hinweis darauf Hrn. Dr. J.P. Haas in Tübingen.

heit, die Herausforderung“ (S. 50). Doch bleibt auch hier der Konflikt nicht äußerlich; er ist verinnerlicht:

> Les conflits spirituels s'incarnent et retrouvent l'abri misérable et magnifique du cœur de l'homme (S. 77) – Die geistigen Konflikte werden Fleisch und Blut und finden die armselige und großartige Heimstatt des menschlichen Herzens wieder (S. 48).

Nicht das Gewissen noch das Gefühl, sondern das Bewußtsein, die Vernunft seien es also, die der Absurdität, dem *tragischen Erleben* zugrunde liegen. Der sich des Absurden Bewußte fühle sich unschuldig: „Lui se sent innocent. A vrai dire, il ne sent que cela, son innocence irréparable. C'est elle qui lui permet tout“ (S. 77) – „Er fühlt sich unschuldig. Offen gesagt: er fühlt nur diese seine unersetzliche Unschuld. Sie erlaubt ihm alles“ (S. 48).

Worauf geht jedoch diese Spaltung des Daseins zurück? Es *ist* letztlich auch hier wieder zutiefst ein *innerer Konflikt:* der Wunsch für Einheit und Klarheit des Erkennens und des Erkannten und die Einsicht in dessen chaotische, irrationale Natur, dessen bewußte Annahme:

> Je peux tout nier de cette partie de moi qui vit de nostalgies incertaines, sauf ce désir d'unité, cet appétit de résoudre, cette exigence de clarté et de cohésion. Je peux tout réfuter dans ce monde qui m'entoure, me heurte ou me transporte, sauf ce chaos, ce hasard roi et cette divine équivalence qui naît de l'anarchie (S. 75) – Ich kann von diesem neuen Standpunkt aus alles leugnen, was von ungewissen Sehnsüchten lebt, nur nicht das Verlangen nach Einheit, den Wunsch, Entscheidungen zu treffen, den Anspruch auf Klarheit und Zusammenhang. Ich kann in dieser Welt alles widerlegen, was mich umgibt, mich vor den Kopf stößt oder begeistert, nur nicht dieses Chaos, diesen König Zufall und diese göttliche Gleichwertigkeit, die aus der Anarchie erwächst (S. 47).

Diese beiden unleugbaren Grundgewißheiten können nicht versöhnt werden.

> Et ces deux certitudes, mon appétit d'absolu et d'unité et l'irréductibilité de ce monde à un principe rationel et raisonable, je sais encore que je ne puis les concilier (S. 75 f.) – Und ich weiß außerdem: diese beiden Gewißheiten – mein Verlangen nach Absolutem und nach Einheit und das Unvermögen, diese Welt auf ein rationales, vernunftgemäßes Prinzip zurückzuführen – kann ich nicht miteinander vereinigen (S. 47).

Es ist der Konflikt zwischen dem *Willen für das Absolute, Kategorische, Totale* und dem *Bewußtsein des Relativen, Momentbezogenen, Individuellen, Zufälligen*, der dem Absurden zugrundeliege – „notre nostalgie de l'absolu“ (S. 57) – „unser Heimweh nach dem Absoluten“ (S. 35). Das als absurd erlebte und erkannte Dasein sei in seinem Wesen „Gegensätzlichkeit, Zerrissenheit und Scheidung – son caractère essentiel qui est opposition, déchirement et divorce“.

Wäre es vermessen zu sagen, das moderne Denken sei vom episodischen Gewahrwerden der Macht und Tiefe inneren Konflikts und damit der Gespaltenheit des Selbst- und Welterlebens ausgegangen und zu einem *Wissen* von dessen Zentralität gelangt? Es berge recht eigentlich eine *Philosophie des Konflikts*, namentlich des *inneren Konflikts?*

1.2 Selbstquälerei

Doch geht dies nicht die Psychoanalyse mehr als alle anderen menschlichen Unternehmungen an? Einige hauptsächliche Stichworte sind schon gefallen oder zumindest angetönt worden – Spaltung und Leiden, Lüge und Doppelheit, Konflikt und Entfremdung, Angst und Liebe, Ressentiment und Rache, Schuld und Scham. Machen sie nicht das Rüstzeug der psychoanalytischen Technik aus? Haben wir nicht insbesondere gelegentlich ein apodiktisches Wort vernommen, das behauptet: „Psychoanalyse ist das vom Gesichtspunkt des Konfliktes betrachtete menschliche Verhalten," (Kris, 1947/1975, S. 6)[11], und sie sei *die* Psychologie der innersten seelischen Vorgänge, vom Menschen im Konflikt – „*the* psychology of the innermost mental processes, of man in conflict" (1938/1975, S. 348 f.)? Sprechen wir also von der zerbrochenen Wirklichkeit und stoßen wir dabei auf die unausweichliche Gegenwart von innerem Konflikt, kann sich da der Psychoanalytiker der Mahnung: *Tua res agitur!* entziehen?

Ganz den Antworten der Religionen und Philosophen entsprechend finden wir jedoch auch in den psychologischen Zugängen zur Spaltung des Daseins und damit zum Problem des Leidens und des Bösen versteckte metaphysische Prämissen: daß dieses seinen Ursprung in der Abwesenheit des Guten habe, eigentlich illusorisch und durch die Gewahrwerdung des Selbst und des Weltsinns zu beheben sei – eine im Grunde monistische Auffassung; daß das Leiden und das Böse auf den Vorgang der Spaltung als primärer Abwehr im Kampfe zwischen zwei Grundkräften – Liebe und Todestrieb (oder Libido und Aggression) – zurückzuführen sei – mithin eine dualistische Sichtweise; oder aber daß das Böse, sowohl als Tun wie als Leiden, das unvermeidliche Ergebnis komplexer Vorgänge, in der Konfliktnatur des Menschen selbst begründet und unaufhebbar sei, daß wir es zwar vermindern, doch nie auflösen können, daß wir dem Menschen besseren Zugang zu den Konflikten, aber nicht deren Beseitigung zu geben vermögen – eine philosophische Grundhaltung der Paradoxie, der unauflösbaren Gegensätzlichkeit.

Das Bedürfnis nach Ordnung und damit nach Gerechtigkeit widerspricht dem Gewahrwerden der Gespaltenheit des Daseins unter der Gewalt des Bösen – sei dieses nun seelisches Leiden, Krankheit und Tod, sei es die Lüge und Bosheit des Menschen, seine Grausamkeit und Zerstörerischkeit, seien es Naturkatastrophe, Hunger und Seuche. Der Gegensatz bleibt schmerzlich, beängstigend und unaufhebbar. Keine Weisheit, keine Religion, keine Therapie scheint fähig, die Herausforderung endgültig zu beantworten.

Welches Recht hat nun aber ein Nichtphilosoph, einer der sich tagtäglich mit der Selbstquälerei schwerkranker Patienten abgibt und sich abmüht, Sinn im Unsinn und Einheit im Zerrissenen zu finden, Stellung zu einem Grundproblem des Menschen zu nehmen, das die Geschichte des Denkens, Dichtens und Glaubens seit Jahrtausenden bestimmt hat?

Das Recht, das er sich anmaßt, liegt darin, daß es ihm geraten scheinen muß,

[11] „Psychoanalysis is human behavior seen from the vantage point of conflict" (S. 38).

statt das Große und Ganze des Bösen und des Abgrunds, die Metaphysik dieser Spaltung und der zerbrochenen Wirklichkeit verstehen zu wollen, den Zugang dazu eher vom Einzelnen und Spezifischen aus zu finden. Er wird nach keiner abschließenden, umfassenden Wahrheit, sondern nach Teilantworten, nach Methoden des Beschreibens und Erklärens suchen, die der täglichen Erfahrung entspringen. Doch immer wieder wird er von jenem Mittelpunkt der Spaltung, der Zerrissenheit ausgehen, zu ihm zurückgehen, um ihn herum kreisen, wie er dies ja eben auch in seiner klinischen Tätigkeit als Psychoanalytiker tut.

Dies erweist sich aber gerade als der Ausgangspunkt seiner Arbeit: die Beobachtung unversöhnlicher Gegensätze, das scheinbare Zerfallen der inneren Welt des Kranken. Könnte ihm das nicht gestatten, jenes alte Problem von einer ganz neuen Warte aus zu betrachten? Gewiß wird er dabei nicht erwarten, globale Antworten in der Tradition jener Metaphysiken zu entdecken, hat er es doch gelernt, Teilantworten nicht zu verschmähen, ja, sie als wahrer anzusehen als die universalen Schemata.

Auch wird er sich fragen müssen, ob die Kulturwelten, an denen er als Wanderer durch das Reich des Menschengeistes Anteil genommen hat, ihm nicht gerade etwas jeweils Besonderes, Einzigartiges mitzuteilen vermögen, daß die Einzelsprachen Zaubergärten gleichen, deren Geschöpfe tiefe Antworten erteilen.

So öffnet sich im Erleben ein Abgrund, aber damit öffnet sich auch ein Abgrund im Handeln. Denken und Tun bedingen einander; sie ergänzen sich, verhalten sich zueinander komplementär. Manche der in meinem Buch *Flucht vor dem Gewissen* dargestellten Patienten sprachen oder klagten über ihr Doppelleben; alle zeigten sie eine merkwürdige Doppelheit oder Vielfalt ihrer Persönlichkeit. Sie sprachen über mehrere Ich-Gestalten (selves) und sahen auch die anderen oft als doppelt. Im Verlaufe langer und längster analytischer Arbeit entpuppte sich solche *Spaltung* stets als Ergebnis höchst komplexer, vielschichtiger Konflikte. Je schärfer diese Konflikte, je archaischer und umfassender, „globaler" die Affekte und Begehren und Abwehrvorgänge, desto massiver der Endzustand der Spaltung. Ganz dem entsprechend, was wir eben bei Camus angetroffen haben, läuft das Klinische oft ganz wesentlich auch auf einen Konflikt hinaus, wo das Absolute im Menschen dem Relativen entgegentritt: Zu Beginn mag es wohl ein Widerspruch und Kampf sein zwischen der das Absolute erstrebenden inneren Wirklichkeit und der begrenzten, das Individuum in seine Schranken weisenden äußeren Realität. Doch finden wir immer wieder, daß der entscheidende Konflikt nicht zwischen Innen und Außen stattfindet, sondern eben „im Geborgenen des menschlichen Herzens – à l'abri du cœur de l'homme".

Die Tatsache von äußerem Konflikt als einer zentralen Eigenschaft des Lebens ist eine triviale Feststellung, nicht aber die des inneren Konfliktes, und am allerwenigsten die Betrachtung des inneren Widerstreits zwischen gegensätzlichen Anteilen des Gewissens, widersprüchlichen Idealen, entgegengesetzter Pflichten und Werten.

Konflikt und Wahl, Leiden und schuldhaftes Handeln, die Frage nach der Zerrissenheit und Ungerechtigkeit des Daseins, gehören indes zum Wesen der tragischen Dichtung. Und ganz besonders ist es dabei der *Konflikt im Gewissen*, der zum Tragischen unabdingbar zu gehören scheint.

Recht eigentlich scheint es mir daher, daß das ganze, im folgenden näher auszuführende klinische, geschichtliche und wissenschaftliche Panorama des Tragischen und der Tragödie für uns als Psychoanalytiker wesentlich ist und bedeutenden Anteilen unseres Erfahrens und Überdenkens entspricht. Aus der Fülle des durch die Jahrhunderte und vom besten Geist westlicher Kultur Gebotenen lassen sich bestimmte, *vom Psychologischen aus wichtige Formen des Tragischen* unterscheiden: das *tragische Erleben*, der *tragische Konflikt*, die *tragische Weltbetrachtung* (tragic vision) und der *tragische Charakter*. Alle sind sie natürlich von der Kunstform der Tragödie abgeleitet, beziehen sich aber auf etwas grundlegend Menschliches, das durch das tragische Drama oder die tragische Literatur sowohl ausgedrückt wie auch hervorgerufen wird, sich aber doch von der Kunst als etwas Umgreifendes, Allgemeingültiges abhebt (Kap. 2 und 3).

Nicht umsonst hat die tragische Dichtung der Psychoanalyse die *mächtigsten Metaphern* geliefert. In der täglichen Arbeit gerade mit den Fällen schwerer Neurose kann sie weiterhin eine ständige Quelle fruchtbarer Gleichnisse sein, die sowohl für den Patienten wie für den Analytiker das Seelische in ergreifendster Weise zusammenfassen, dem mit Scham erlebten Leiden, der Zerrissenheit und Machtlosigkeit einen neuen Sinn, nämlich den der Universalität und Würde zu verleihen vermag. Der einzelne nimmt so an der Größe der dichterischen Gestaltung teil.

Wie es so oft auch Freud begegnet ist, ist es eher die Literatur, die ein neues Licht auf die Psychopathologie werfen dürfte, als daß wir mit dem Netz unserer analytischen Denkkategorien die Literatur einzufangen vermöchten.

Damit öffnet sich aber die tragische Dimension des menschlichen Daseins und der menschlichen Kultur überhaupt. Beim Tragischen handelt es sich, wie wir sehen werden, um 3 Arten der Absolutsetzung: 1. die Verabsolutierung eines Ideals und damit des Gewissens, das diese Idealforderung als Exekutivgewalt durchsetzen soll, miteinbegriffen die der Gerechtigkeitserwartung, 2. die der Affekte, insbesondere des Schmerzes, der Scham und der Schuld, und 3. die der Verleugnung und auch die anderer Abwehrformen. Solche Verabsolutierungen werden von verheerenden Konflikten geschaffen, da all diesen Gegenkräften eine derartige Radikalität innewohnt. Das Ergebnis ist das, was beschreibend in der klinischen Erfahrung als „Spaltung“ bekannt ist: absolut gut/ absolut böse, absolut rein/absolut unrein usw. Mit dieser *Polarisierung der Wertung* geht das Gefühl der Unentrinnbarkeit des Schicksals einher.

Diese drei miteinander aufs engste verknüpften Phänomene von *Absolutsetzung*, von *Polarisierung der Wertung* (*"Spaltung"*) und von *Zwangsläufigkeit* stellen Hauptthemen dieses Werkes vor, wie sie das ja auch im klinischen Band *Flucht vor dem Gewissen* gewesen sind. Dabei soll diese Thematik ins Kulturelle erweitert werden, ohne daß die Verankerung in der therapeutischen Beobachtung je völlig gelöst würde.

1.3 Doppelleben

Eben sprach ich von der Verleugnung als Teil der tragischen wie der klinischen Wirklichkeit. Verleugnung aber ist Teil des Urproblems der Lüge, die wie kein anderes ein Grundphänomen des Bösen ist und uns der Gespaltenheit des Daseins ausliefert.

> Weißt du denn nicht, sagte ich, daß die *wahrhafte Lüge*[12] – wenn man so sagen kann – alle Götter und Menschen hassen?
>
> Wie meinst du das? fragte er.
>
> So, erwiderte ich, daß mit seinem Wesentlichsten und in bezug auf das Wesentlichste niemand wissentlich lügen mag, sondern am allermeisten sich fürchtet, dort es zu haben.
>
> Noch immer verstehe ich dich nicht, erklärte er.
>
> Weil du glaubst, ich meine etwas Besonderes; ich meine aber, daß mit der Seele und in bezug auf das Wirkliche zu lügen und gelogen zu haben und unwissend zu sein und hier die Lüge zu haben und zu besitzen jedermann wohl am wenigsten gern hätte, und daß man in dieser Beziehung sie am meisten haßt.
>
> Bei weitem, versetzte er.
>
> Aber am richtigsten wird wohl dasjenige, wovon ich eben sprach, als die *wahrhafte Lüge* bezeichnet: die der Seele einwohnende Unwissenheit desjenigen, der gelogen hat; denn die Lüge in den Worten ist eine Nachahmung des Vorganges in der Seele und ein später entstandenes Abbild, durchaus nicht reine Lüge; oder ist's nicht so?
>
> Allerdings.
>
> Die wahre Lüge wird also nicht nur von den Göttern, sondern auch von Menschen gehaßt (Platon, *Der Staat*, 382).

Äußere Lüge und innere (unbewußte) Verleugnung führen paradigmatisch zum Doppelleben. Das Lügen schafft eine doppelte Wirklichkeit, eine vorgegaukelte, falsche und eine verborgene, richtige. Es spaltet das Dasein. Das absolut-Böse übt schamlos und ohne Hemmung die Macht der „Großen Lüge" aus. Doch die äußere Lüge ist, wie es Platon gesagt hat, nur eine Nachahmung (mimema), ein nachträgliches Abbild (hysteron gegonos eidolon) des in der Seele Erlebten, ja Erlittenen (tou en te psyche . . . pathematos).

Ein besonders eklatantes Beispiel: Dilecta (*Flucht vor dem Gewissen*, Kap. 7) vermag ihre Geheimliaisons allen Einsichten zum Trotz nicht aufzugeben. In einem Verhältnis verwickelt sie sich in die unlauteren Geschäften eines Politikers und fürchtet sich vor der Vergeltung; im zweiten hält sie die Bindung aufrecht, trotz ihrer gutbegründeten Ahnung, der Geliebte könnte an AIDS leiden, und entdeckt erst nach dessen Tod, daß sie die einzige gewesen war, die er vor seiner tödlichen Infektion nicht zu schonen versucht hatte; trotz tiefer analytischer Einsichten und der sich vertiefenden Erkenntnis der Verlogenheit auch ihr selbst gegenüber hält sie ihr Liebesverhältnis zu einem dritten Mann aufrecht, der ein regelrechtes Doppelleben mit anderem Namen und zweifacher Identität führt. Allen sich auftürmenden Gefahren und Demütigungen zum Trotz hält sie an der endlich offenbar gewordenen Affäre fest. Dem „charmanten Lügner" muß sie immer wieder Glauben schen-

---

[12] „τό γε ὡς ἀληθῶς ψεῦδος (tó ge hōs alēthōs pseũdos)."

ken. Sie selbst hält das *doppelte* Leben für wichtiger als Ehre, Sicherheit und Vertrauen. Sie selbst weiß kaum mehr, was in ihrem Leben Wahrheit, Täuschung, Übertreibung und Lüge ist.

Es ist eine zwanghafte Wiederholung von etwas ganz Archaischem, das aller analytischen Einsicht zu trotzen scheint – die Macht der Lüge, die Sehnsucht, nun selbst Herrin über das Geheimnis zu werden. Manche der Gefahren waren in den ursprünglichen Geheimnissen begründet, die hinter dem Doppelleben der Eltern flackerten. War es der mörderische Leichtsinn ihres Vaters, der mit seinen Drogen bei Frau und Schwester nahezu tödlich verlaufende Hirnblutungen veranlaßt hatte? War es die „doppelte Wirklichkeit" von seelischer Krankheit und doch physischer und sexueller Macht ihrer unsteten und sprunghaften Mutter? War es das Ausgeschlossensein vom Privatleben ihrer Eltern? Die Verhehlung ihrer brennenden Eifersucht und Wut auf die sie immer verantwortungslos sich selbst überlassenden Eltern, die Doppelheit des guten Kindes und des rachsüchtigen Kobolds in ihr? War es die Vortäuschung, selbst ein geheimes Geschlechtsorgan großer Lust und Macht zu besitzen, das sie von allen anderen unabhängig und über diese erhaben machte?

Was bedeutet ihr die Lüge? „Es ist nicht wahr, daß ich all diese beschämenden Dinge in mir habe – schmutzige, böse, rachsüchtige Gefühle und Wünsche. Was statt dessen wahr sein muß, ist diese wundervolle Beziehung mit einem Mann, der mich völlig bewundert, liebt, beglückt und alles für mich tut. Damit kann ich beweisen, daß jene Wahrheit nicht gilt und jeder Vorwurf darüber von mir abprallen muß. Verlöre ich ihn, stände ich vor dem inneren Nichts – der vollständigen Nichtswürdigkeit, der wortlosen Scham. Wer könnte mich dann noch annehmen?"

Teile der Symbolik von Verworfenheit und Bewunderung bilden die Überzeugung: „Meine Nichtswürdigkeit beruht darauf, daß ich kein zeigbares Genitale besitze", und die gegenteilige Beteuerung, die sie als 4jähriges Kind auch vom Fenster aus durch Zeigen ihrer Genitalien allen Zuschauern ad oculos demonstrierte: „Das ist gar nicht wahr: ich besitze wirklich einen Penis. Schaut nur her, was ich habe. Gebt zu, daß was ich zeige, es beweist, daß ich bewundert werden soll!"

Jetzt heißt es: „Ich habe die Macht des Geheimnisses, und damit besiege ich alle meine Rivalinnen und Verhöhner."

Das ist die Macht der Lüge und der Verleugnung, auf der sie bestehen muß, um nicht von Panik überwältigt zu werden. Und dies zwingt sie, ein Doppelleben zu führen; der Preis, den sie dafür bezahlt, ist der Bruch in der Wirklichkeit; denn die Lüge und die Erbärmlichkeit sind Geschwister. Die Strafe kann nicht ausbleiben: „I'm struck down for my hybris," sagt sie selbst (939)[13]. Von ihren Freundinnen wird sie belächelt, von ihren Söhnen Hure genannt, von ihrem Geliebten betrogen und von dessen Frau beschimpft. Doch sei all das ein geringer Preis, um nicht dem Terror der Verlassenheit und Verworfenheit anheimzufallen (940).

Die Übertragung? Mich mit den Spektakeln ihrer Abenteuer und Glorie zu unterhalten, mich durch den Mißerfolg der Behandlung zu unterwerfen und mir mein analytisches Instrument zu entwinden – und am Ende vor mir in aller Beschämung und Erniedrigung bloßgestellt dazustehen! Das Drama wird wiederholt, es

[13] Mit einer Zahl in der Klammer ist die jeweilige Therapiestundenzahl angegeben.

wird nicht analysiert. Die Einsicht erweist sich als schwächer als die narzißtischen Konflikte von analer Scham und Wunsch nach Bewunderung, von Niederlage und Wunsch nach Triumph, von Gefühlsüberschwemmung und dem Wunsch, gehalten und kontrolliert zu werden, von Selbstverwerfung und dem Wunsch, angenommen und respektiert zu werden.

So war denn ihre Wahrheit entzweigebrochen, die Wirklichkeit in zwei Stücke zerrissen: in *eine Wirklichkeit, die durch die verändernde Macht der Lüge bestimmt wurde*, und in *eine andere Wirklichkeit, in der sie die Schwache, Ausgestoßene, Beschämte und Getäuschte* war. Es war diese doppelte Wirklichkeit, die ihr ganzes Schicksal bestimmt hatte. Sie lebte immer in zwei Welten – der Welt der Allmachtsphantasie und der Welt der Hintansetzung und Ohmacht. Es war wohl all das zusammen, das zur bezwingenden Macht der Lüge in ihrem Leben führen mußte. Mußte? Ja, allen besseren Einsichten zum Trotz, eine stete, widervernünftige Wiederholung.

Es lohnt sich, auf dieses Thema des Lügens einzugehen:

Es ist die Lüge, die das Zerbrechen der Wirklichkeit schafft – die innere Lüge wie die äußere Lüge, das bewußte Lügen wie das verhohlene, sich selbst beschwindelnde Ersetzen der Wahrheit.

Es ist immer wieder erstaunlich, wie leicht allen das Lügen zu fallen scheint, wie gerne man bereit ist, an dem Seil der Wahrheit, an dem wir alle hängen, herumzuschneiden. Ich sage mehreren meiner Patienten: „Trust is the coin of the realm" („Vertrauen ist die Münze des Staatswesen", ein Wort von Bryce Harlow, das während der Iran-Contra-Hearings von US-Außenminister George Shultz zitiert wurde).

Aller menschliche Diskurs beruht auf dem Vertrauen zum Wort. Sobald man zu lügen beginnt, zerbricht man den Kontrakt des Glaubens zwischen den Menschen. „Stelle Loyalität und Glaubwürdigkeit zuoberst", heißt es bei Konfuzius[14].

Die Macht der Lüge – die Macht der Selbsttäuschung wie der bewußten Täuschung der anderen – das wird als das *Antitragische* das Gegenstück zum Tragischen bilden – das der tragischen Wahl und dem tragischen Leiden Entgegengesetzte: Man schützt sich durch die Lüge vor dem Gewissen.

Entfernen wir uns wiederum von der persönlichen Psychopathologie, so sind es gerade bestimmte Stilmittel, die beim Leser den Eindruck erwecken, daß die Welt, in der er sich befindet, anders sei, als sie scheint, daß sie eine Tiefendimension besitze, die ihn mit Grauen oder mit Spannung und mit Verwunderung erfüllt. Ich werde (s. Kap. 5) diese Doppelheit, also eben die hier als so wichtig gefundene Spaltung des Erlebens, sowohl im Inhalt wie im Stil von Dickens aufzeigen. Doch zeigt dies Beispiel aus der Literatur manche interessante Verbindungen mit den klinischen Arbeiten, namentlich Ähnlichkeiten mit der durchgehenden Doppelheit bei der in *Flucht vor dem Gewissen* (Kap. 7) beschriebenen Prometheus-Pandora-Konfi-

---

[14] Zhǔ zhōng xìn. *Lun Yü*, I,8.

guration – dem Bild der eigensinnigen, eigenwilligen, empörerischen *Überschreitung der Grenze in Wahrheit, Wert und Handlung.* Es ist, wie ich dort etwas eingehender ausgeführt habe, Prometheus, der das den Menschen vorenthaltene und geheime Feuer stiehlt und in einem Fenchelstengel verborgen davonträgt, so der Anordnung Zeus listig trotzend. Trotzig behauptet er damit *seine* Wirklichkeit, die Macht der eigenen Persönlichkeit, des „Gottes des Wollens", gegenüber der Wirklichkeit der traditionellen Autorität und äußeren Macht. Damit bewirkt auch er einen Bruch in der Realität, eine Doppelheit der Wahrheit, der des Menschen gegenüber der des Gottes. Die Bestrafung durch die Entsendung des Mädchens Pandora mit ihren verhüllten Plagen bleibt nicht aus, der Aufrührer und Verbrecher wird an den Felsen des Kaukasus „mit Ketten der Schmach" geschmiedet und seine Leber täglich vom Adler angenagt. Doch hinter dieser Doppelheit der Wirklichkeit, die mit dem Werkzeug der Lüge und dem Kunstgriff der Geheimnisverwaltung herbeigezaubert wird, steht der Wunsch, man selbst zu sein, derjenige, der sich gegen die Notwendigkeit der Unterwerfung unter die machtvolle Autorität und Willkür der Eltern aufbäumt.

Eine sublimierte Form dieser *Prometheus-Pandora-Konfiguration* ist die *Kunst* – und Prometheus selbst ist ja auch der Kunstfertige. Sie ist es, die uns eine zweite Wirklichkeit, die zum Schluß wirklicher wird als die Alltagsrealität, zu erschaffen erlaubt.

1.4 Absolutheitsanspruch

Ist es aber nicht auch so, daß die Wahrheit als etwas Absolutes, als eine Unbedingtheit empfunden wird? Verlangt man dann nicht, im selben Sinne unbedingt unverwundbar *gegen* die Wahrheit zu sein? Pocht man nicht auf unbedingte Gerechtigkeit, auf bedingungslose Achtung und Liebe, vom anderen wie vom eigenen Gewissen? Will man sich nicht angenommen und gebilligt sehen als derjenige, der man selbst ist, nicht als jemand, der seine Anerkennung nur dann erringt, wenn er einem dressierten Hunde gleich winselt und wedelt? Oder wie ein Äffchen auf Verlangen die Pauke schlägt?

Warum bricht aber die Lüge die Welt entzwei? Die Wahrheit will doch immer Ganzheit! Es ist so, weil die Lüge immer in Konflikt wurzelt, gewöhnlich in innerem Konflikt. Doch welche Art von Konflikt ist es, die diese Spaltung der Wirklichkeit durch die Lüge bewirkt? Die Erfahrung zeigt – und Rousseaus Erklärung trifft ins Schwarze – , daß es ganz besonders radikale Schamkonflikte sind, die zum zwangsmäßigen Lügen und Täuschen führen: „Wenn ich die Kraft habe, die anderen glauben zu machen, was nicht wahr ist, kann ich eine zu schmerzliche Wahrheit ungeschehen machen." Und das ist v.a. all das, was einem zur Beschämung gereicht.

Die Lüge soll Sicherheit schaffen durch die Vermeidung der Wirklichkeit. Doch der Konflikt ist die primäre Gegebenheit. Nicht jeder Konflikt schafft indes die Bereitschaft zur Täuschung und zum Sichtäuschen. Es ist, wenn man tiefer geht, eine Verwerfung sowohl des inneren Verlangens, man selbst zu sein, wie auch der

Notwendigkeit von Anpassung und Unterwerfung. Im Klinischen (s. *Flucht vor dem Gewissen*) sprach ich über den Gegensatz von Trennungsschuld und Abhängigkeitsscham; man mag auch über die Schuld sprechen, man selbst sein zu wollen, und die Scham über den Selbstverrat in der Angleichung und Unterworfenheit. Unvermeidlich handelt es sich dabei aber um eine Kluft zwischen *gegensätzlichen Vorbildern*, also nicht nur um die Antithese von Identifizierungen (und Gegenidentität), sondern ganz wesentlich um gegensätzliche und als absolut angemeldete Anforderungen, zuerst von außen, hernach von innen. Oder eher: immer zuerst zugleich von außen und von innen, und dann vielleicht auch nur von innen. Also das, was ich als absolute und widersprüchliche Über-Ich-Forderungen und als Konflikt innerhalb des Über-Ich bezeichnet habe, sei es in Form von Schuld gegen Scham, sei es als Loyalität gegen Loyalität. Es ist deren als *absolut empfundene Natur, die die zerbrochene Wirklichkeit schafft* und zum *Tragischen*, zum *Ressentiment* und zur *Lüge* führt.

Man kann den inneren Konflikt zwischen *absolutem Anspruch* und der *Einsicht in das Relative* auch anders formulieren: es sei der Streit zwischen *mythischer Erfahrung* und *philosophischer Erkenntnis*, zwischen dem *Erleben der Globalität* und dem *Empfinden des Maßes*, einer *Haltung der Mäßigung*. Das Mythische ist beseelt vom Wunsch für die ewige Substanz; es fürchtet und meidet das, was relativ, also beziehungsmäßig sein könnte. Es hat einen *Horror relationis*. Das Philosophische – und die Wissenschaft als Ganzes ist Theorie und Praxis gewordene Philosophie – sieht alles in Gegensätzen, die sich bedingen, die sich gegenseitig nicht ausschließen, sondern zusammen, miteinander, zu denken sind. Es denkt in Bezügen, nicht in absoluten Gegebenheiten.

Aus der *Spannung von Absolutem und Relativem* erwächst der *Vergleich*, und damit auch der wütende Widerspruch darüber, daß ich weniger bin (Scham) und mehr sein möchte (Neid), daß ich weniger habe (Schmerz) und mehr haben möchte (Eifersucht), daß ich das Ganze nicht verstehe und verwirrt bin (das Gefühl der Absurdität) und doch den Liedern (sind es Wiegenlieder?), die von ewiger Vernunftgesetzlichkeit singen, lausche (das Wagnis und der Hochmut der Vernunft), daß ich mich gegen die erlebte Ungerechtigkeit auflehne (das Ressentiment), aber schließlich an dieser Ungerechtigkeit in Leid und Verzweiflung zerbreche, ohne den absolutgesetzten Wert aufzugeben (das Tragische).

Alle diese Affekte und Einstellungen – und ich denke dabei vor allem an die Scham und das Ressentiment, an die Lüge und das Tragische –, alle sind sie aus gespaltener Wirklichkeit erwachsen. Sie alle wurzeln im Vergleich und damit im Widerspruch; sie alle drücken inneren Widerstreit aus und führen zu innerem und immer auch zu äußerem Konflikt. Sie lassen sich nicht bändigen und dazu zwingen, im Inneren allein zu verbleiben. Und in ihnen allen finden wir im Grunde die *Spaltung zwischen dem Absoluten und dem Relativen*.

Wie ist denn das? Blicken wir auf die klinische Erfahrung zurück, so finden wir doch eigentlich etwas anderes: Wir finden absolut sich gebärdende Wünsche und globale Affekte, namentlich die mannigfachen, das Innere überwältigenden Ängste, doch auch Wut und Scham und Schuld und andere mehr, die solchen Absolutheitsanspruch erheben. Dann begegnen wir den Abwehrvorgängen, die ebenso absolut, gleich radikal und allumfassend sind (man möchte beinahe und nicht ganz unzutreffenderweise hinzufügen: „sein wollen"). Und schließlich und ganz besonders werden Gewissen und Idealforderungen – also das Über-Ich – zu den leitenden Vertretern dieser inneren Absolutheit. *Die innere Polarität wird also insgesamt durch eine derartige Absolutheit gekennzeichnet.*

Insgesamt und durchgehend? Nicht wirklich. Es war nicht immer so, und es wird nicht immer so bleiben, daß der Mensch, sofern er nicht dem Wahnsinn verfallen ist, dem Relativen ganz absagt. Ganz im Gegenteil: weite Kontinente seines Alltagslebens und seine Alltagsmaske sind geprägt von dem Bedingten, dem Funktionellen, dem von den Umständen Abhängigen. Das zeigt uns das klinische Material in unzähligen Nuancen.

Es geschieht im Zusammenbruch, es geschieht im tragischen Erleben und Leiden, daß das Absolute und das Relative *im Inneren* wie auch hernach, sekundär, *im Äußeren* mit voller Wucht aufeinander prallen. So werden wir denn vom Tragischen ausgehen und dabei und im Fortgang immer wieder *das Empirisch-Klinische*, nicht *das Literarisch-Philosophische* zum Ausgangspunkt wählen.

1.5 Das Tragische als Wertverabsolutierung und Verleugnung in der Kultur

Damit ist aber der Umkreis der im folgenden – im Zusammenhang von Verblendung und tragischer Wahrheit – zu behandelnden Themen erst zur Hälfte abgegrenzt.

Hinter der Fassade der Ordnung, der Schönheit und des Erfolgs lauern die Gespenster der Geschichte. Welcher sensitive Mitlebende könnte heute ohne Schaudern Güterwagen oder Bluthunde erblicken, wer mag ohne stilles Grauen an die Errungenschaften der Technik und der Bürokratie denken, ohne an die Gejagten, die Gemordeten erinnert zu werden? Wer sieht die Macht der Staaten und die beseelende und schöpferische Stärke von Völkern, von Nationen, von Nationalkulturen, ohne an das Hohnlachen oder die Gleichgültigkeit der vielen zu denken? Wie kann man das Höchste menschlicher Schöpfung genießen, ohne des absolut-Bösen im Menschen mitgewahr zu sein?

Über das Studium der Einzelpathologie hinaus – und wohl in weit mächtigerer Weise – verstärkte sich über die Jahre meine Überzeugung, daß einerseits ganze Völker und Kulturen einem zutiefst tragischen Geschick zu unterliegen scheinen und daß es nötig wird, sich der Natur dieses Tragischen bewußt zu werden, um dem sonst Unerträglichen ins Antlitz sehen zu können; und daß anderseits die Macht der Verleugnung, beim einzelnen wie auch in der Kultur – das Nichtsehenwollen, das Nichtanerkennendürfen – sich mit ganz besonderer Vorliebe eben gegen die Wahrnehmung des Tragischen im Schicksal wendet – oder eher gegen die Annahme spezifischer Teile des Tragischen: der Vergänglichkeit und unentrinnbaren Schuldigkeit, der inneren Konflikthaftigkeit, der Tiefendimension des Seelischen.

Dabei werde ich (s. Kap. 6) von zwei gegenwärtigen Phänomenen ausgehen – die beide mit der Abwehr gegen die Wahrnehmung bestimmter Tatsachenbereiche, die einem bestimmten Idealbild widersprechen, zu tun haben. Das eine Beispiel ist die paradigmatische Einstellung in der amerikanischen Präsidentschaft im Konflikt zwischen dem Grundwert der amerikanischen Konstitution, nämlich dem System der „checks and balances“ und damit der „accountability“ (Verantwortlichkeit) einerseits, dem Ideal, die freie Welt um jeden Preis zu verteidigen und der aggressiven Ausbreitung totalitärer Systeme Einhalt zu gebieten („containment“) anderseits. In diesem Grundkonflikt der letzten vierzig Jahre ist es immer wieder zu tragischen Verkennungen der *ganzen* Wirklichkeit gekommen, zu Verblendungen, die zu tragischen Folgerungen führen *mußten*.

Das zweite Beispiel betrifft den unheilbaren Riß im Selbstbild des Menschen, der durch den Holocaust und das Verhalten der Kulturvölker während dieser Katastrophe verursacht wurde, und die immer wieder notwendige Abwehr gegen das Bewußt- und Gewahrwerden dieses unauslöschlichen Unheils.

In jeder Kultur finden wir zumindest die Neigung zur Verabsolutierung eines zentralen Ideals und damit die Notwendigkeit der Verleugnung, die dann zu Handlungen führen muß, welche jene mißachteten Lebensbereiche zertrampeln. Das muß sich früher oder später rächen. So stoßen wir auf etwas Ähnliches in Gesellschaft und Kultur wie das im Einzelschicksal als tragisches Element Vorgefundene. Verdichtet und verstärkt es sich zur tragischen Wahl, führt es wie dort meistens zum tragischen Schicksal.

Zwar entspricht gerade der Grundgedanke der Demokratie als System von sich ausbalancierenden Kräften – von „checks and balances“ – gegenüber allen anderen Herrschaftssystemen dieser Entwicklung vom Absolutheitsverlangen zum Maß und damit von der radikalen *Abwehr von Konflikt* und ebenso radikalen *Lösungen von Konflikt* zur *Erkenntnis* von Konflikt. Es besteht eine tiefe Beziehung zwischen einer Philosophie von Konflikt und der staatsgeschichtlichen und philosophischen Grundlage der Demokratie.

Dennoch finden sich absolut gesetzte Werte, radikale Konflikte und unlösbare Verstrickungen immer wieder im Geschick der Völker, sie sind ubiquitär, fast ungeachtet ihrer Verfassung. Das Entscheidende ist dabei die Ausschließlichkeit, d.h. die Absolutheit. So mögen Literatur und Kultur Ausschnitte aus der therapeutisch erfahrenen Wirklichkeit besser erleuchten und die aus dem Klinischen gewonnenen Einsichten ins Allgemein-Menschliche hinaus erweitern und vielleicht auch vertiefen.

Der Vorgang der *Verleugnung* ist zentral für das Verständnis schwerer Psychopathologie. Wir sehen ihn aber auch wirksam im Leben der Familien, aus denen die Patienten kommen; wir beobachten die enge Verbindung von Loyalitätskonflikten mit der Verleugnung. Die Frage stellt sich dann, ob dies nicht ein allgemeineres, auch kulturell und philosophisch interessantes Problem sein könnte, dem nachzugehen sich lohnen würde.

Jede Kultur hat ihre eigene Werthierarchie und ihre eigene Art und Weise, wie sie einen Fokus für die Erkenntnis der Wahrheit auswählt. Dabei bestimmt die Wahl der Wertprioritäten auch die der „Unwerte“, und der Fokus der Erkenntnis bedingt, was nicht gesehen werden kann. Nun liegt es eben im analytischen Begriff der Verleugnung, daß man vieles nicht sieht, was man nicht sehen *will*, da man es aus Angst nicht sehen *kann* und aus Werturteilen nicht sehen *darf*. Doch steht damit diese „wahrhafte Lüge" nicht allein; sie gehört einer Konstellation verschiedener Beziehungen und Vorgänge an, über die uns vielleicht auch die klinische Erfahrung belehren kann.

Im Zusammenhang mit der Untersuchung der schweren Neurosen (vgl. *Flucht vor dem Gewissen*) erlangten mehrere Konfigurationen eine besondere Bedeutung. Unter diesen war die umfassendste die Kombination von phobischer Vermeidung und globaler Verleugnung, von Glaubensstrukturen, die dem Gefürchtet-Gemiedenen entgegengesetzt sind, von gewissen Handlungsabläufen, die der Beschützung gegen jene Gefahren dienen sollen, und der daraus resultierenden Spaltung des Selbst- und Welterlebens (die Kassandra-Konfiguration).

So gäbe es dann auch eine Art kulturelles Kassandra-Syndrom: einen (phobischen) Kern der Angst, mit Glaubenssystemen, die einem Schutz gewähren, mit Handlungssequenzen, die der Abwehr dienen, und mit ganz bestimmten ignorierten, eben verleugneten Bereichen? Dieser Frage wird (in Kap. 6) anhand mehrerer Beispiele nachgegangen.

Als Ausgangspunkt nehme ich einige *oberflächliche* Beobachtungen über die Gegenwart, die aber auf tiefere Wertkonflikte und Probleme der Verleugnung in unserer Kultur hinweisen. Hernach sollen zwei uns zeitlich und kulturell fremd anmutende Paradigmen als Beispiele dienen, wie die unlösbare Gegensätzlichkeit des Daseins auf verschiedene Weisen angegangen wird. Das erste ist das der orthodox-jüdischen Abgewandtheit von der weltlichen Geschichte, das zweite das der chinesischen Vermeidung von Konflikt zugunsten der Komplementarität.

In der folgenden Untersuchung soll es sich erweisen, ob die klinisch beobachtbaren Konfigurationen, wie die Kassandra-Konfiguration, das tragische Dilemma, die Prometheus-Pandora-Konfiguration, die Flucht vor dem Gewissen und v. a. das Verfallen in die Absolutheit, nicht auch hier und dort eine Bedeutung für das Verständnis unserer eigenen Kultur haben könnten. Dabei wird uns aber auch das Studium der Entwicklungslinie von *Scham – Ressentiment – Grausamkeit* behilflich sein, wie uns die Vertiefung in Lagerkvists Werk, namentlich in die Novelle *Dvärgen* (*Der Zwerg*, 1944), zeigen wird (Kap. 4). Wie das tragische Bewußtsein bei Dickens zur Spaltung des Selbst- und Welterlebens führt, wird in Kap. 5 ausgeführt werden.

Dies soll uns dann erleichtern, an unsere Gegenwartskultur die *vertiefenden* Fragen zu stellen: Was wird bei uns verleugnet? Was sind die Ideale und Werte – die „Loyalitäten" –, um derentwillen wichtige Bereiche der Wirklichkeit nicht „gesehen", nicht in ihrer emotionellen Bedeutung erfaßt werden können? Aus welcher Art der Angst heraus – und warum? Was sind die Folgen solcher Verleugnung? Was sind die Handlungs- und Glaubenssysteme, die das Gegenstück zur Verleugnung und zum gemiedenen Angstkern ausmachen? Und wo steht die Psychoanalyse in all dem?

1.6 Kategorien des mythischen Denkens

Das Mythische ist der Grund und Boden, aus dem das Tragische gewachsen ist und noch immer wächst. Es ist aber auch das Gegenstück im Großen, Geschichtlichen für die Mächte unserer Innenwelt und damit für die Katastrophen seelischer Erkrankung, bei der die Konflikte nicht mehr bewältigt werden können.

Es spricht von eben jener Radikalität und Absolutheit des Konflikts, der wir sowohl beim einzelnen wie in den Kulturen als besonderes Verhängnis immer wieder begegnen. Je schwerer die Konflikte, desto mehr werden die Glieder der Konflikte zu Trägern von Absolutheitsansprüchen. *Absolutheit ist aber eines der Kennzeichen mythischen Denkens.* Doch besteht dieses mythische Denken aus weit mehr als jenem Stigma der Absolutheit.

Mythos kann am besten als ein *elementarer Glaube an die konkrete Gültigkeit einer metaphorischen Erzählung* beschrieben werden. Das mythische Denken bezieht sich auf eine ganze Weltanschauung und besteht aus eben den logischen Grundkategorien, die Freud als solche des Primärprozesses bezeichnet hat; Cassirer hat diese in gültiger Weise systematisch dargestellt. Das mythische Denken ist das kulturelle und soziale Äquivalent des innerpsychischen Primärprozesses. Was für den einzelnen gilt, ist auch wahr im großen: Je schwerer die zu bewältigenden Konflikte sind, umso ausgeprägter ist die Herrschaft dieser Art des Denkens. Auch hier begegnen wir wieder den beim Tragischen schon angetroffenen Grundphänomenen von Absolutsetzung, Spaltung und Unwiderstehlichkeit des Geschicks sowie intensiven, anderen mitgeteilten Affekten wie Angst, Schmerz, Ressentiment, Scham, Schuld, Zorn, Ekstase und Versöhnung. Dazu kommt der uns oft erzwungen erscheinende Versuch, eine neue Einheit des Verstehens zu schaffen.

Da die von Cassirer ausgeführten logischen Grundkategorien des mythischen Denkens in dieser Form wenig Aufmerksamkeit innerhalb der Psychoanalyse gefunden haben, fasse ich hier die 4 Hauptprinzipien des mythischen Denkens und damit auch des Primärprozesses knapp zusammen.

1.6.1 Gegenstandsbegriff und Konkretheit der Symbole

„Es gibt hier keine verschiedenen Realitäts*stufen*, keine gegeneinander abgegrenzten Grade objektiver Gewißheit“ (Cassirer 1923, b), S. 47 f.). „Es fehlt hier v. a. jede feste Grenzscheide zwischen dem bloß ‚Vorgestellten‘ und der ‚wirklichen‘ Wahrnehmung, zwischen Wunsch und Erfüllung, zwischen Bild und Sache“ (S. 48). Symbolische Darstellung erfolgt als Identifizierung mit den Dingen.

> Wo wir ein Verhältnis der bloßen „Repräsentation“ sehen, da besteht für den Mythos ... vielmehr ein Verhältnis realer *Identität*. Das „Bild“ stellt die „Sache“ nicht dar – es *ist* die Sache; es vertritt sie nicht nur, sondern es wirkt gleich ihr, so daß es sie in ihrer unmittelbaren Gegenwart ersetzt. Man kann es demgemäß geradezu als ein Kennzeichen des mythischen Denkens bezeichnen, daß ihm die Kategorie des „Ideellen“ fehlt und daß es daher, wo immer ihm ein rein Bedeutungsmäßiges entgegentritt, dieses Bedeutungsmäßige selbst, um es überhaupt zu fassen, in ein Dingliches, in ein Seinsartiges umsetzen muß (S. 51).

Nicht nur Bilder, sondern auch Wörter, Namen und alle anderen Symbole nehmen die Stelle des Gegenstands selbst ein, mit dessen Macht, Würde und Gefahr. Wer das Wort kennt, besitzt die Macht über den Träger des Namens; daher die magische Benutzung oder das Verbot, gewisse Worte und Namen auszusprechen. So besteht eine Form magischer „Heilung" darin, den Namen des Kranken zu wechseln.

Infolge der Identität von Darstellung und Sein wird im Ritual der Ausübende zu dem, den er darstellt: „Es ist kein bloßes Schaustück und Schauspiel, das der Tänzer, der in einem mythischen Drama mitwirkt, aufführt; sondern der Tänzer *ist* der Gott, *wird* zum Gott" (S. 52).[15] Die Könige und Priesterinnen, die diese dramatischen Kulte ausführen, die Bilder und die Embleme, wie die Dattelhaufen, die Torflügel der Speicher, die Doppelaxt, der Vogel und die Schlange, die Namen und die Tempelgebäude *sind* die Gottheit, sie sind nicht einfache Repräsentierungen davon. „Auch das Wort und der Name bezeichnen und bedeuten nicht, sondern sie sind und wirken" (S. 53).

Eine bedeutsame Ausdehnung dieser Gleichsetzung ist, was Freud die „Zeitlosigkeit des Unbewußten" genannt und Cassirer mit der Verschmelzung von „früher" und „später" gemeint hat. Die Vorausschau einer getrennten Zukunft widerspricht der konkreten Gegenwart des Mythischen. Besonders schön hat dies Thomas Mann in dem Roman *Joseph und seine Brüder* ausgedrückt:

> Was uns beschäftigt, ist nicht die bezifferbare Zeit. Es ist vielmehr ihre Aufhebung im Geheimnis der Vertauschung von Überlieferung und Prophezeiung, welche dem Worte „Einst" seinen Doppelsinn von Vergangenheit und Zukunft und damit seine Ladung potentieller Gegenwart verleiht. Hier hat die Idee der Wiederverkörperung ihre Wurzeln. Die Könige von Babel und beider Ägypten, jener bartlockige Kurigalzu sowohl wie der Horus im Palaste zu Theben, genannt Amun-ist-zufrieden, und alle ihre Vorgänger und Nachfolger *waren* Erscheinungen des Sonnengottes im Fleische – das heißt, der Mythus wurde in ihnen zum Mysterium, und zwischen Sein und Bedeuten fehlte es an jedem Unterscheidungsraum (S. 32).

1.6.2 *Der Kausalbegriff*

„Jede Gleichzeitigkeit, jede räumliche Begleitung und Berührung schließt hier schon an und für sich eine reale kausale ‚Folge' in sich" (Cassirer 1923b, S. 59), während in der wissenschaftlichen Weltauffassung Kontiguität nicht schon Kausalität bedeutet; in der letzteren werden Gleichzeitigkeit und Berührung durch logische Beziehungen ersetzt, welche die entferntesten Erscheinungen miteinander verbinden, z. B. bei Newton den freien Fall von Körpern, den Kreislauf der Planeten und die Gezeiten.

---

[15] Gute Beispiele dafür sind etwa die 4 Kultdramen, die im alten Mesopotamien vor etwa 5000 Jahren aufgeführt wurden: die heilige Ehe, die jährlichen Wehklagen für das Verschwinden der Fruchtbarkeit, das Kampfspiel zwischen Weltordnung und den Mächten des Chaos und die Reiseriten einer Gottheit zur Reinigung und Neuinvestierung mit Macht (Jacobsen 1976).

Überdies wird jedes einzelne Geschehnis im mythischen Denken durch einzelne Willensakte, nicht durch allgemeine Gesetze erklärt. „In der Tat hat man den Satz, daß nichts in der Welt durch Zufall, sondern alles durch bewußte Absicht geschieht, bisweilen geradezu als einen Fundamentalsatz der mythischen Weltansicht bezeichnet" (S. 63). Das wissenschaftliche Denken will das individuelle Geschehen als Spezialfall eines allgemeinen Gesetzes begreifen, während das mythische Denken „die Frage des ‚Warum' gerade auf das Besondere, auf das Einzelne und Einmalige" richte. „Es ‚erklärt' das individuelle Geschehen durch die Setzung und Annahme individueller Willensakte" (S. 63). „Alle ‚Kräfte' der Natur sind ihm nichts anderes als dämonische oder göttliche Willensäußerungen" (S. 64). Nur das „Hier und Jetzt" des Einzelfalles ist von Interesse, und dieses wird von der Einzelentscheidung einer mythischen Persönlichkeit abgeleitet: „Dieses Individuelle des Geschehens scheint erst dann ‚verständlich' zu werden, wenn es uns gelingt, dasselbe auf ein nicht minder Individuelles, auf einen persönlichen Willensakt zurückzuführen, der als freier Akt keiner weiteren Erklärung mehr fähig oder bedürftig ist" (S. 64 f.).

Alles Üble und Kranke wird einem bösen Willen zugeschrieben – dem bösen Auge, einer verheerenden dämonischen Kraft usw. Der Abweichende, der Unheimliche, der, welcher die soziale Ordnung gebrochen hat, wird, wie Ödipus in Theben, als eine Besudelung des Landes betrachtet. Sein ungewolltes Verbrechen wird zur Quelle schweren Unglücks und wirkt als ganz materieller Fluch; dieser ist völlig dem Begriff persönlicher Verantwortung entrückt.

1.6.3 Das Ganze und die Teile

„Das Ganze ‚hat' nicht Teile und zerfällt nicht in sie; sondern der Teil *ist* hier unmittelbar das Ganze und wirkt und fungiert als solches. Auch dieses Verhältnis, dieses *Prinzip des ‚pars pro toto'* hat man geradezu als ein Grundprinzip der ‚primitiven Logik' bezeichnet" (Cassirer 1923 b, S. 65). So bedeutet Macht über einen Körper*teil* Macht über den *ganzen* Körper. Die Teile sind, nach der Grundvorstellung der „sympathischen Magie", miteinander verbunden, auch wenn sie in Zeit und Raum getrennt erscheinen; abgetrennte Haare, Nägel, Exkremente, Spuren im Sand, sogar der Schatten oder das Spiegelbild, sie alle können vollgültig für das Individuum oder Tier stehen. Eine Folge davon ist die Gleichstellung von Ähnlichkeit mit Identität. Alle wahrnehmbare Ähnlichkeit bekundet eine Wesensgleichheit. Der Tabakrauch ist bei der Regenmagie nicht nur einer Wolke ähnlich, sondern ist ihr handgreifliches Bild und damit Ankündigung des Regens.

1.6.4 Die dinglich-substantielle Natur von Wirken und Eigenschaften

> Wenn die Erkenntnis, je weiter sie fortschreitet, sich um so mehr dabei bescheidet, nach dem reinen „Wie" des Werdens, d. h. nach seiner gesetzlichen Form zu fragen, so fragt der Mythos ausschließlich nach seinem „Was", nach dem Woraus und Wohin. Und beides: dies Woraus und dies Wohin verlangt er in voller dinglicher Bestimmtheit vor sich zu sehen (Cassirer 1923 b, S. 70).

Eigenschaften, Einflüsse und Vermögen werden als an ein dingliches Substrat gebunden betrachtet; sie können in konkreter Form übertragen und vernichtet werden, z.B. als Substanz der Sünde, die dem Sündenbock auferlegt oder physisch abgewaschen und ins Meer geworfen werden kann, als Substanz des Segens, die durch Handauflegung übertragen werden kann. Wie alle anderen Funktionen und Beziehungen, so werden auch Raum, Zeit, Zahl, Seele und seelische Funktionen substantiell erlebt oder sogar personifiziert.

> In diesem Sinne sieht z.B. die Alchimie die besonderen Körper als Komplexe einfacher Grundqualitäten an, aus denen sie durch bloße Aggregation entstehen. Jede Eigenschaft stellt für sich ein bestimmtes Elementarding dar – und aus der Summe dieser Elementardinge baut sich die Welt des Zusammengesetzten, die empirische Körperwelt auf ... Allen alchimistischen Operationen ... liegt der Urgedanke der Übertragbarkeit und der dinglichen Ablösbarkeit von Eigenschaften und Zuständen zugrunde ... Jede besondere Beschaffenheit, die die Materie besitzt, jede Form, die sie annehmen kann, jede Wirksamkeit, die sie auszuüben vermag, wird hier zu einer besonderen Substanz, zu einem Wesen für sich hypostasiert (S. 85 f).

Sowohl die mythische wie die wissenschaftliche Weltanschauung bezwecken eine Herstellung von Einheit und Schaffung einer hierarchischen Ordnung. Doch baut sich die mythisch geschaute Welt nicht auf idealen, abstrakten Formen von Beziehungen auf, sondern hier ist alles Sein in konkreten Details zusammengewachsen, zusammengeschweißt. Die einzelnen Glieder von Beziehungen, wie die vom Teil zum Ganzen, von Ursache und Wirkung, werden als miteinander identisch aufgefaßt. Während in der wissenschaftlichen Ansicht der Beziehungsbegriff *zwischen* den Elementen besteht, erscheinen in der mythischen Sicht die Elemente miteinander verschmolzen, so daß Cassirer (in seinem *Essay on man*, 1944) über die „concrescence or coincidence of the members of relations" und „das mythische Gesetz der Partizipation" spricht. Er führt diese Grundqualität des mythischen Denkens auf das umfassende Gefühl der „Sympathie des Ganzen" zurück, auf „die tiefe Überzeugung von der fundamentalen und unauslöschlichen Solidarität des Lebens, die die Vielfalt und Verschiedenheit seiner Einzelformen überbrückt."[16]

Alle diese Konzepte lassen sich direkt auf die mythische Psychologie übertragen:

> Auch die Seele erscheint als eine dämonische, den Leib des Menschen – und somit ihn selbst in der Gesamtheit seiner Lebensfunktionen – äußerlich bestimmende und äußerlich besitzende Macht (Cassirer 1923b, S. 188). ... in der Anschauung des Wirkens ist noch keine Scheidung prinzipiell- verschiedener Wirkensfaktoren, noch kein Sonderung zwischen „Stofflichem" und „Geistigem", zwischen „Physischem" und „Psychischem" vollzogen. Es gibt nur eine einzige ungeteilte Wirkungssphäre ... (S. 189) ... Das primitive Denken ist geradezu charakterisiert durch die eigentümliche Flüssigkeit und Flüchtigkeit, die die Anschauung und der Begriff des persönlichen Daseins in ihm noch besitzen ... Wie der Tod im ursprünglichen mythischen Denken gefaßt wird, bedeutet er keineswegs eine scharfe Scheidung, eine „Trennung" der Seele vom Leibe ... So ist ihm auch der Tod nirgends eine Vernichtung des Daseins, sondern nur der Übergang in eine andere

[16] „The deep conviction of a fundamental and indelible solidarity of life that bridges over the multiplicity and variety of its single forms" (S. 82).

Daseins*form* – und diese selbst kann, in den Grund- und Urschichten mythischen Denkens, wieder nur in durchgängiger sinnlicher Konkretion gedacht werden (S. 190 f.).

Selbst der Schatten des Toten besitzt volle Wirklichkeit und Ähnlichkeit. Schließlich wird die Seele in mehrere Einzelseelen aufgespalten (v. a. im alten Ägypten). Ein neuer Status, ein neuer Titel bedeutet ein neues Ich:

> Für das mythische Denken vollzieht sich im Nacheinander derselbe Prozeß der Spaltung wie im Nebeneinander: wie in ein und demselben Menschen, in demselben empirischen Individuum mythisch ganz verschiedene „Seelen" miteinander zusammen bestehen und friedlich nebeneinander wohnen können, so kann auch die empirische Folge der Lebensereignisse an ganz verschiedene „Subjekte" verteilt werden, deren jedes nicht nur in der Form eines besonderen Wesens mythisch *gedacht*, sondern als eine unmittelbar-lebendige Macht, die von dem Menschen Besitz nimmt, mythisch *empfunden* und *angeschaut* wird (S. 197 f.).

Cassirer spricht von einer „‚*Spaltung*', die sich im mythischen Ichgefühl und im mythischen Seelenbegriff immer wieder vollzieht" (S. 198).

Erst „aus den ethisch-prophetischen Gedanken der Zukunft heraus kommt es zu einer wahrhaften Entdeckung der Individualität, des persönlichen Selbst des Menschen" (S. 204), die sich schließlich zu Platons Begriff der Seele als der „Harmonie des Leibes" entwickelt:

> Und damit erst gewinnt die Seele Anteil am Gedanken des *Maßes*, als des Ausdrucks der Grenze und der Form schlechthin, der logischen wie der ethischen Ordnung. So wird die Zahl zur Herrscherin nicht nur über alles kosmische Sein, sondern auch über alle göttlichen und dämonischen Dinge. Und diese *theoretische* Bewältigung der mythisch-dämonischen Welt, diese ihre Unterstellung unter ein bestimmtes *Gesetz*, das sich in der Zahl ausdrückt, findet nun ihre Ergänzung und Entsprechung durch die Entwicklung, die das Grundproblem der *Ethik* in der griechischen Philosophie erfährt ... Jetzt erst ist der Mensch der Furcht vor dem Unbekannten, der Dämonenfurcht ledig geworden, weil er sein Selbst, sein Inneres nicht mehr von einer dunklen mythischen Macht beherrscht fühlt, sondern weil er sich fähig weiß, es aus klarer Einsicht, aus einem Prinzip des Wissens und des Wollens heraus, zu gestalten. So erwacht hier dem Mythos gegenüber ein neues Bewußtsein der inneren Freiheit (S. 205).

Es ist ein wesentlicher Gedanke, der im folgenden aufgegriffen wird, daß gerade das *Tragische* diese *Bewegung vom Mythischen zum Philosophischen*, vom Absolutheitsdenken und Gespaltenen zur Annahme von Maß und Relativität bedeutet, und zwar das Tragische als Ganzes, als gegenseitige Ergänzung des Erlebens des mythischen Helden und des philosophischen Chores. Es ist der Konflikt zwischen diesen beiden, der dem Tragischen erst seine tiefe innere Spannung verleiht.

Was von Cassirer ausgelassen wird, sind die Grundvorgänge der Seele, die hinter dieser Spaltung, hinter jenen mythischen Kategorien stecken. Und hier hat unsere Kenntnis des Seelenlebens etwas Entscheidendes hinzugefügt: Diese Denkkategorien werden gewöhnlich benutzt, um widersprüchliche Motivierungen gleichzeitig zum Ausdruck zu bringen. Das Symbolische selbst birgt die Widersprüche und Gegensätze innerer Konflikte.

Das Mythische v.a. ist keine minderwertige Art des Denkens, sondern der Versuch, die Gesetze der inneren Wirklichkeit faßbar und ausdrückbar zu machen. Das Mythische ist, wie die Kunst, die Sprache der Seele. Sie spricht von einer menschlichen Wirklichkeit, die der Realität der Natur und deren Wissenschaft ergänzend gegenüber tritt. Doch wie die letzteren (Natur und Naturwissenschaft) voll von Gefahren sind, so eignet dem Mythischen seine eigene Gefährlichkeit. Wird die Grenze zwischen beiden Wirklichkeiten verwischt, wird also diese Art der Spaltung durch die Auferlegung mythischer Denkweisen auf die Außenwelt aufgehoben oder umgekehrt, werden die Kategorien, die dem Aufbau der Naturwissenschaft dienen, so ohne weiteres auf das Innenleben angewendet, so kommt es zu massiven Verkennungen und Verzerrungen und zu neuen Brüchen im Verständnis und Erleben. Und wird der Tendenz des Mythischen zum Absoluten nachgegeben, wird es selbst als Erfassung der Wirklichkeit absolut gesetzt und bedient es sich dabei der Rationalität der äußeren Wirklichkeit, so zeigt es seine allzerstörerische Brisanz und kann zum Bösen schlechthin werden – der Rechtfertigung von Grausamkeit, Mord, Lüge und Vernichtung.

1.7 Konflikt und Komplementarität in der Psychoanalyse

Woher diese Doppelheit menschlichen Wesens, woher die innere Gespaltenheit, die Doppelheit im Leben der Kranken? Die klinische Erfahrung weist uns hin auf die Übermacht des Gewissens als Vertreter des Schicksals: Aus dem Vertreter der Erfahrung wird allzu oft der Botschafter des Verhängnisses; aus dem Botschafter wird der Richter, aus dem Richter der Henker, und aus dem angeklagten Ich wird der verurteilte und zu zerstörende andere. Was ist der Ursprung?

Gewiß mag es auch hier wieder die eben angetroffene, klinisch gut begründete *Spaltung zwischen Absolutem und Relativem* sein. Doch führt uns die Erfahrung mit den Patienten weit darüber hinaus. Obwohl wir immer wieder auf solche Gegensätze von absolut und absolut, oder von absolut und relativ zurückgeführt werden, ist diese aus der Behandlung schwerer Neurosen gewonnene Erkenntnis von großartiger Einseitigkeit. Viele andere wichtige Gegensätze und Widersprüche, die sich plötzlich verabsolutieren wollen, aber das nicht unbedingt müssen, bestimmen unser Innenleben. Das Entscheidende ist die *methodische Grundlage des Verstehens unseres Innenlebens als innere Gegensätzlichkeit, das Begreifen von Konflikt als der schroffen Opposition solcher Gegensätze und von Komplementarität als der gegenseitigen Ergänzung der Gegensätze.*

1.7.1 Die Frage an die Wissenschaft vom inneren Konflikt

Die Wurzeln der menschlichen Seele sind die Gegensätze, die widersprüchlichen Bestrebungen und Gefühle. Das Geschick des Menschen erwächst aus innerem Konflikt. Die Wissenschaft des inneren Konflikts ist die Psychoanalyse. Damit verschiebt sich der Brennpunkt vom gespaltenen Erleben und dem Abgrund im Handeln zur *Untersuchung* des Innenlebens, zur Wissenschaft vom Konflikt.

> Wir wollen die Erscheinungen nicht bloß beschreiben und klassifizieren, sondern sie als Anzeichen eines Kräftespiels in der Seele begreifen, als Äußerung von zielstrebigen Tendenzen, die zusammen oder gegeneinander arbeiten. Wir bemühen uns um eine *dynamische Auffassung* der seelischen Erscheinungen. Die wahrgenommenen Phänomene müssen in unserer Auffassung gegen die nur angenommenen Strebungen zurücktreten (Freud GW 11, S. 62).

Und wenig später in den *Vorlesungen zur Einführung in die Psychoanalyse* heißt es:

> Es ist wichtig, daß man rechtzeitig beginne mit der Tatsache zu rechnen, das Seelenleben sei ein Kampf- und Tummelplatz entgegengesetzter Tendenzen, oder nicht dynamisch ausgedrückt, es bestehe aus Widersprüchen und Gegensatzpaaren. Der Nachweis einer bestimmten Tendenz leistet nichts für den Ausschluß einer ihr gegensätzlichen; es ist Raum für beide vorhanden. Es kommt nur darauf an, wie sich die Gegensätze zueinander stellen, welche Wirkungen von dem einen und welche von dem anderen ausgehen (S. 72 f.).

Doch die Psychoanalyse findet sich selbst umstritten, in Konflikt von innen wie von außen. Sie selbst ist nicht nur Lenkerin der Kräfte der Seele und des Mythischen; sie wird immer wieder von diesen angegriffen – und nicht selten auch überwunden.

Daher wird die zerbrochene innere und äußere Wirklichkeit nicht nur zum Untersuchungsgegenstand der Psychoanalyse, sondern auch zu ihrem eigenen Schicksal. Der Bruch kann sich zu ihrem Verhängnis wandeln. Kann sie nicht erst dann bestehen und den Gefahren trotzen, wenn sie sich auf ihre philosophische Grundlage besinnt? Was ist die ihr eigene Philosophie?

Mag die Antwort nicht eben darin liegen: Es soll doch wohl auch eine Philosophie sein, die sich mit dem Gegensätzlichen auseinandersetzt und eine falsche Einheit und Absolutheit meidet? Eine Philosophie also, die ihr Zentrum in *Konflikt und Paradoxie, Polarität und Komplementarität* sieht und auf manchen Ebenen die Gegensätze des Wissens, des Handelns und des Fühlens aufspürt?

Ist es so, daß die Einheit gesucht werden muß, ja, daß die Einheit sich auch immer wieder auffinden läßt, doch fortwährend wieder zur Täuschung und Vortäuschung wird, die Wahrheit sich also in einem tiefen Sinne zur Unwahrheit, dann zur Lüge und schließlich zur Vernichtung wandelt?

Und handelt es sich nicht ganz besonders darum, daß das menschliche Bemühen auch in der Wissenschaft und der Philosophie unweigerlich dazu führt, einen Ruhepunkt aus allem anderen, aus „der Erscheinungen Fluß" herauszuheben, vom Hintergrund abzulösen – ihn also damit absolut zu machen? Und schleicht sich damit nicht immer wieder das Mythische durch das Hintertor des Wahrheitsverlangens in den stolzen Palast der Vernunft ein?

Die Wissenschaft selbst zeigt plötzlich einen Riß. Sie nimmt teil an der zerbrochenen Wirklichkeit. Das Innermenschliche und das Geschichtliche, ja, das Leben überhaupt fügt sich nicht ohne weiteres der mathematischen Gesetzlichkeit. Und doch muß es sich dabei der wissenschaftlichen Erfassung nicht ganz entziehen. Das

Mythische mag wohl die Sprache der Seele – vielmehr: eine der Sprachen der Seele – sein, doch kann es eben eine Wissenschaft auch dieser „Sprache", die der Struktur ihrer „verborgenen Grammatik" (Wittgenstein 1945, Vicchio 1987c) nachspürt, geben.

Besteht aber dann nicht eine tiefe, obwohl zumeist verborgene Feindseligkeit zwischen dem „Zählen und Trennen" und dem, was sich in unserem Inneren abspielt? Und doch: Muß man diese Feindschaft als unveränderlich annehmen? Ist es nicht eher wiederum eine sich gegenseitig ergänzende und bedingende Polarität?

1.7.2 Der Entwurf des Ganzen und die Frage nach den Ursprüngen

Die Psychoanalyse wirkt und denkt immer von einer Voraussetzung des Ganzen aus, von einem Gesamtentwurf des Verstehens. Was ist dabei das Entscheidende? Damit stellt sich die Doppelfrage: Was setzt die Analyse in Einklang mit dem neuzeitlichen Wissenschaftsbegriff? Was ist die Analyse im Gegensatz zum heutigen Wissenschaftsbetrieb?

Ist nicht eben der Wissenschaftsanspruch der Analyse selbst, wie überhaupt der der Medizin, etwas in sich Widersprüchliches? Kann sich der Widerspruch etwa zum Tragischen steigern? Wohnen wir daher ihrer inneren Selbstzerstörung bei?

Sie beschäftigt sich mit dem Irrationalen, also dem Mythischen, aber will und darf ihm nicht verfallen. Hat sie aber den Schritt des Tragischen vom Mythischen zum Philosophischen gemacht, oder ist sie selbst, ohne sich darüber immer ganz klar zu werden, in manchem dem mythischen Denken verhaftet geblieben, auch wenn sie gar eifrig das Gegenteil davon beteuert? Hat sie nicht, als Botschafterin und Anwältin der Innenwelt, einen immer schwierigeren Stand auf dem scharfen Grat zwischen den mythischen Mächten der Absolutheit und der wissenschaftlichen Erkenntniskritik, die eine viel schärfere Beweisführung und Kausalbegründung fordert?

Das Verstehen des Individuums im Verlauf der analytischen Behandlung ist auch immer nur dann möglich, wenn man einen Entwurf des Ganzen besitzt. Dieser Entwurf bestimmt, wie man die Zusammenhänge der Einzelheiten deutet.

Im Schlußkapitel des Buches *Flucht vor dem Gewissen* habe ich deswegen erwähnt, daß die Frage nach dem Wesen des Wiederholungszwangs sich unvermeidlich zu einem metapsychologischen Problem wandelt, auch wenn man nicht mehr dem spezifischen metapsychologischen Programm von Freud, Hartmann oder Rapaport zustimmen kann. Das Problem des Wiederholungszwangs greift über das Psychologische hinaus und weist auf die umfassendere, den Theorien zugrundeliegende und sie bedingende Weltanschauung. Selbst die von Freud zum Zeugnis gerufene wissenschaftliche Weltanschauung beruht auf unbeweisbaren Grundvoraussetzungen, denen nämlich, daß die logischen Kategorien bekannt und überall gültig sind, daß jeder Wahrheitsanspruch sich an diesen vorgegebenen Kriterien messen muß, und daß das Gesetz von Ursache und Wirkung die Voraussetzung alles Ordnens und Verstehens ist.

Im gleichen Zusammenhang erwähnte ich die Bedeutsamkeit der Unterscheidung von Beschreibung und Erklärung und wies auf die verführerische Leichtigkeit hin, mit der man unbemerkt von der einen in die andere gleiten kann. Die meisten unserer Theorien beinhalten daher eine subtile Verschiebung vom Anspruch des Beschreibens zu dem des Erklärens und bemänteln dieses Abgleiten nur zu oft mit dogmatisch vorgebrachten Behauptungen und Autoritätsansprüchen. Dabei wird übersehen, daß die meisten theoretischen Begriffe und Ausführungen beim Verstehen schwerer Fälle eigentlich überraschend wenig weiter helfen, also zwar beschreibend von Wert sein mögen, aber der erklärenden Wirkkraft ermangeln. Wenn aber etwas bei gewissen Krankheiten unwirksam oder ungenügend wirksam ist, so bedeutet dies, daß die kausalen Erklärungen nicht stimmen oder nicht zureichend sein können, um auf den Einzelfall genügend klar übertragbar und praktisch anwendbar zu sein, daß also mindestens etwas zu ihrer Vollständigkeit fehlt (Glover).

Wo diese Mängel schmerzlich bewußt werden – beim therapeutischen Versagen der Methode – muß dann oft die Suggestion einspringen, die *Benutzung* der Über-Ich-Übertragung zum Zweck der therapeutischen Veränderung statt deren *Analyse*. Dabei wird die eigene Autorität eingesetzt, um die erhofften inneren Wandlungen zu bewirken, welche die unspezifische „analytische Atmosphäre", v.a. die strikte Vermeidung der Verurteilung, sowie die Einsicht nicht zu erzielen vermochte (Gray).

Um so dringlicher stellt sich dann aber auch die Frage, welcher der für die Psychoanalyse relevante Kausalbegriff sei, d.h. was im wirklichen Sinne innerhalb ihrer Arbeit als erklärend angeschaut werden könne. Dies heißt freilich nicht ohne weiteres: Was hat Freud als Erklärung angegeben? sondern: Welche Arten der Kausalverbindung erweisen sich während der psychoanalytischen Arbeit faktisch und praktisch am wertvollsten? Wo hält man inne und sagt: „Hier erreiche ich in meiner Arbeit die Ursachen, und hiermit muß ich mich begnügen, ich darf und kann nicht weitergehen."

Also: Was sind die „Mütter"? Da ist dann die Verlockung fast unwiderstehlich, den Halt bei mythischen Entitäten zu suchen. Das wurde denn auch immer wieder getan: bei den Trieben (primärer Masochismus oder Todestrieb, primärer Narzißmus), bei der Abwehr (Spaltung, Verdrängung, Projektion), beim Über-Ich (der gegen das Ich bzw. das Selbst gerichtete Aggressionstrieb), bei einem bestimmten Affekt (Angst), bei einer bestimmten Art der Traumatisierung von außen. Bei all diesen Entitäten wurde von verschiedenen Autoren und zu gewissen Zeiten Halt gerufen und das Beobachtete zur Ursache hypostasiert – ähnlich wie die Philosophen und Religionsstifter bei bestimmten Wesenheiten anhalten: etwa beim Willen zur Macht, oder bei der göttlichen Gerechtigkeit, und nicht mehr weiter fragen.

Es ist zu bezweifeln, ob dies Vorgehen der psychischen Wirklichkeit Gerechtigkeit widerfahren läßt. Ich glaube, daß auch hier, wie in der Physik, der Substanzbegriff dem Funktionsbegriff weichen muß. Und zwar denke ich auch nicht, man könne so glimpflich damit wegkommen, wie es Rapaport versuchte, indem er einfach de jure Ich- oder Über-Ich-Prozesse als Funktionen proklamierte. Damit hatte er natürlich an sich völlig recht, aber de facto wurden diese seelischen Akte weiterhin, und gerade in der „Ich-Psychologischen" Literatur, so behandelt, als ob sie wirkliche Entitäten wären und als Ursachen, mithin der Erklärung dienen könnten. Kausalfaktoren sind allein noch keine Ursachen; sie selbst erklären noch nichts.

1.7.3 Der Brennpunkt für das Erklären

Ich ging von der Gespaltenheit des Erlebens und dem Absolutheitsdenken aus. Doch sind dies zwei Elemente, die sich in den letzten beiden Jahrzehnten zu neuen Kernen psychoanalytischer Theorie entwickelt haben und das Wesen schwerer Psychopathologie erklären sollen: Einerseits wird eine besondere – archaische – Abwehr der Spaltung postuliert, die den „Borderlinestörungen" eigen sein soll (Kernberg, Jacobson, Mahler, Meißner, Rinkley, Masterson u. v. a. m.); diese Abwehr soll primär der Abwehr tiefster Aggressionen, namentlich oralen Neides dienen. Andererseits ist es die Globalität und Absolutheit von Ansprüchen, die das Wesen narzißtischer Pathologie ausmachen und jenseits von Konflikten stehen sollen (Kohut, Wolf, Ornstein, Morrison u. v. a. m.).

In meinen klinischen Arbeiten versuchte ich darzustellen, daß diese beiden Theorien bedeutsame psychische Vorgänge *beschreiben*, daß aber sowohl die Spaltungstheorie wie die Narzißmustheorie *Aspekte* von innerem Konflikt hervorheben und als Faktoren der Erklärung isolieren, die in Wirklichkeit zum Wesen aller neurotischen Konflikte gehören und darüber hinaus allgemeingültige menschliche Wahrheit darstellen. Was als „Borderline" und als narzißtische Pathologie herausgelöst wird, sind einfach mannigfache, ja vielfältige Formen schwerer Neurosen, die uns den neurotischen Prozeß mit besonderer Radikalität vor Augen führen.

Erklären und Beschreiben sind jedoch relativ, nicht absolut. Phänomene, die als Folgen beschrieben werden, dienen selbst wieder als Ursachen für andere, können also ihrerseits zu Momenten der Erklärung werden. Was uns hier konkret angeht: Was psychodynamisch nicht als Letztes angeschaut und behandelt werden darf – Absolutsetzung und Spaltung – mag literarisch und philosophisch sehr wohl zum Ausgangspunkt neuer Entwicklungsketten werden, in dem Sinne also sehr wohl der Erklärung dienen.

Im folgenden werde ich indes von jenen klinischen Erfahrungen ausgehen, aber einen anderen Weg einschlagen, als sie einfach mit den gewohnten psychoanalytischen Begriffen – Narzißmus, Masochismus, Oralität, Analität, Spaltung, bipolares Selbst, Fragmentierung des Selbst, Wiederholungszwang – zu bezeichnen, zu „erklären", abzutun ... Diese Begriffe sind treffend und hilfreich, wenn man sie als beschreibende versteht und benutzt. Sie lassen sich in diesem Sinne auf das meiste, was ich darstellen werde (und in den früheren Werken dargestellt habe), anwenden. Werden sie aber, wie es gemeinhin getan wird, als Erklärungen genommen, d. h. als Haltepunkte für das Verstehen des inneren Lebens, dann handelt es sich bei ihnen, wie ich glaube, um Kurzschlüsse. An ihre Stelle müßten treffendere Erklärungssysteme treten. Welche sind diese?

Die Antwort ist nicht leicht, doch gibt uns die klinische Erfahrung die folgende, wenigstens teilweise zutreffende und hilfreiche Antwort: *Ursachen* sind mannigfache *Konflikte*, innere Konflikte auf vielen Ebenen der Entwicklung, innere Konflikte verschiedenen Grades der Bewußtheit. Vom Beginn der Behandlung an sehen wir mehr oder weniger bewußte Konflikte, die das Innere zu zerreißen scheinen. Diese Oberflächenkämpfe weisen zurück auf andere, radikalere, tiefere, teilweise oder weitgehend unbewußte Konflikte. Diese Konflikte werden neu belebt und wieder ausgelebt in den vielen Widerstands- und Übertragungsweisen, die sich in der lebhaften, individuellen Beziehung zum Analytiker und in mannigfacher, gewöhnlich verhüllter Gestalt mit anderen wichtigen Personen ausbilden. Einsicht in diese Konflikte ist *eine* Aufgabe der Behandlung, deren wirkliche Lösung eine andere, oft weit schwierigere (vgl. Cremerius' Gedanken dazu im Zusammenhang mit dem „Durcharbeiten", 1984).

Alle inneren Konflikte neigen dazu, zu äußeren Konflikten zu werden; alle inneren Konflikte haben Vorgänger, die auf Konflikte mit der frühen Umwelt zurückgehen, also ursprünglich äußerlich sind. Alle Konflikte haben nicht nur mit Wunschstrebungen – also Trieben – zu tun, sondern ganz entscheidend mit Affekten, mit Fragen von Gewissen, Idealen, Werten und auch mit Ideen. Vor allem kann die Affektpsychologie nicht mehr auf eine Triebpsychologie zurückgeführt werden, noch ist die letztere auf die erstere zu reduzieren.

Doch sind weder Affekte noch Triebe selbst Ursachen; ihre ursächliche Rolle für Psychopathologie und wohl für psychologische Prozesse überhaupt liegt lediglich darin, daß sie *Teile* innerer und äußerer Konflikte sind. Freud spricht im Zusammenhang mit der Konflikttheorie von der „Komplikation der Verursachung" (GW 11, S. 71). In bezug auf die Neurose als ganzes sagt er 1926 zwar: „ ... wir finden uns unversehens wieder vor der so oft gestellten Vexierfrage, woher kommt die Neurose, was ist ihr letztes, das ihr besondere Motiv? Nach jahrzehntelangen analytischen Bemühungen erhebt sich dies Problem vor uns, unangetastet, wie zu Anfang" (GW 14, S. 180). Doch ist es eine Frage, wie weit wir die „psychische Reihe" zurückverfolgen müssen, um durch unsere Intervention eine Änderung herbeiführen zu können. Der Punkt, wo wir innehalten dürfen, ist gewöhnlich der, wo sich ein bis dahin weitgehend unbewußter Konflikt der Erwägung und Lösung anbietet, und zwar nicht nur momentan, sondern, wie wir hoffen, mehr und mehr dauerhaft. Einsicht ist dabei wesentlich, aber die verändernden Interventionen können sich, wie ich in den Fallbeschreibungen dargetan habe, bei weitem nicht auf diese beschränken.

Konfliktpsychologie ist nicht Triebpsychologie; Konfliktpsychologie ist nicht auf ödipale Konflikte beschränkt. Strukturtheorie ist nicht ödipale Theorie. Das sind einige der Mißverständnisse und falschen Gleichsetzungen, denen ich immer wieder begegne.

Umgekehrt sind die topographischen, die Struktur- und Anpassungsmodelle der Psychoanalyse (Rapaport) nur Varianten des grundlegenden Modells, das mit inneren Gegensätzlichkeiten, also mit Konflikt zu tun hat – des dynamischen Verstehens. Kann es nicht andere brauchbare metaphorische Systeme geben, die diese komplexe Wirklichkeit von Gegensätzlichkeiten auszudrücken vermögen?

Ich halte dafür, daß nur eine konsequente Behandlung von Konflikten – und zwar von Konflikten, die sich von einem zum anderen Moment wandeln – zum Ursachenbegriff im Psychischen und so zur Erklärung taugen kann.

Innerer Konflikt ist wirklich ein funktioneller Begriff, und zwar einer, der dem Psychischen in eigentümlicher Weise gerecht wird. Er bezeichnet ein Gegeneinander innerer Akte, innerer (durch Mitteilung oder Introspektion) beobachtbarer Vorgänge – seien diese Akte nun Gefühle oder Wünsche, Werte, Ideen oder momentane Zielsetzungen, sei es ein Streben, das äußeren Einwirkungen entgegengesetzt wird, sei es der Widerstreit zwischen Systemen bewußtseinsfähiger Absichten und solchen, die unbewußt gehalten werden müssen. Auch dabei ist jedes Innehalten provisorisch; es ist relativ und pragmatisch, nämlich abhängig von dem Ziel, das man sich gestellt hat – ob es sich nun um eine gegebene Stunde oder um die ganze Behandlung eines Patienten oder aber um ganze Neurosentypen oder Kulturen handelt. Je nachdem bleibt man bei anderen Konfliktarten stehen.

Überdies ist es durchaus fraglich, ob verschiedene Arten von innerem Konflikt den einzigen Ursachentypus darstellen, nach dem man fahndet. Geht man über die aufdeckbaren Erinnerungen in den Neurosen zu den psychischen Grundstrukturen, also zu den affektiven Unterlagen von Persönlichkeitsstil und Charakter, oder zu den Psychosen, scheint das Konfliktdenken nicht mehr zu genügen. Andere Erklärungsprinzipien – etwa solche der Lerntheorie, der biologischen Natur – werden mit Gewinn herangezogen. Dabei scheint es heute, daß eine große Anzahl von Affekten, ebenso wie eine Reihe von als Triebe aufzufassenden wiederkehrenden Motivkräften, bestimmende ursächliche Rollen zu spielen und allen Konflikten vorauszugehen scheinen. Doch ist es nicht nur so, daß sich deren ursprüngliche Natur im dunkeln verliert, sondern daß, wo immer wir sie im Subjektiven antreffen, sie schon Teile von Konflikten oder doch von dynamischen Interaktionen mit anderen oder im Innern sind. Darüber kann man mit den uns heute zur Verfügung stehenden Methoden einfach nicht hinaus gehen.

1.7.4 Die Frage des Kausalverständnisses

Zwar ist Freuds Einfluß auf das Selbstverständnis des heutigen Menschen enorm. Sogar die Philosophen haben in den letzten Jahren begonnen, davon bewußt, entweder anerkennend oder verwerfend, Kenntnis zu nehmen, obwohl ihre Kritik oft selbst radikal zu werden droht und sich in absoluten Entweder-oder-Setzungen ergeht, da deren Maßstäbe entweder den Natur- oder den Geisteswissenschaften entnommen sind und insofern, auf die Psychoanalyse angewendet, den Eigentümlichkeiten der Innenwelt nur sehr bedingt Rechnung zu tragen vermögen. In diesen Debatten spielen die Schriften Freuds eine unverhältnismäßig größere Rolle als die therapeutische Arbeit und Erfahrung selbst, was notgedrungen zu unheilvollen Verzerrungen führen muß, um so mehr, als wir heute wissen, wieviel weiter Freuds de facto Technik und philosophisches Verständnis waren, als seine Schriften uns zeigen (vgl. Cremerius, 1984).

Im folgenden werde ich mich mit zwei derartigen, einander entgegengesetzten Versuchen, die von hervorragenden Philosophen in den letzten Jahren unternommen wurden, auseinandersetzen, und zwar in Form einer Diskussion der philosophischen Kritik von Adolf Grünbaum (Kap. 10) und der ihr entgegengesetzten Kommentare Rortys (Kap. 7). Dabei dient das klinische Werk, nämlich meine drei vorausgehenden Bücher[17], als Erfahrungsgrundlage und als Beleg für die Antwort auf die von den Philosophen erhobenen Fragen. Es stellen sich gerade auch bei der Arbeit mit diesen schweren Neurosen indirekt philosophische Fragen, die nutzbringend in die Diskussion mit den Philosophen gebracht werden können und sollen. Ich will und kann damit keine philosophisch abschließende Entgegnung geben, sondern greife die Hauptpunkte heraus, deren Behandlung im Zusammenhang der mir vorliegenden Erkenntnisse und Probleme in der gegenwärtigen Arbeit von Wert sein könnten.

Grünbaum hat völlig recht, wenn er den Rückzug des analytischen Wissenschaftsunternehmens auf eine Hermeneutik geißelt und sie dem Freudschen Versuch entgegensetzt, „Causae" zu finden und damit eine *Kausalwissenschaft* aufzubauen. Ob diese nun als Naturwissenschaft oder die Psychologie als eine Wissenschaft sui generis bezeichnet wird oder nicht, ist dabei von sekundärer Bedeutung. Überdies hat er mit seiner unermüdlichen Aufzeigung von epistemologischen Mängeln in den von Freud und seinen Nachfolgern vorgelegten Kausalbegründungen recht. Seine scharfe und wohlbegründete Kritik zwingt uns dazu, uns neu zu überlegen, worin denn eben das wirkliche *Kausalverständnis* in der *klinischen* Arbeit und damit auch indirekt in der *systematischen* Erforschung des analytischen Dialogs bestehe – das Kausalverständnis, das der Theorie von der Aufhebung der Verdrängung und damit von der therapeutischen Wirksamkeit der Analyse zugrunde liegt. Dabei werde ich mich auf das Kausalverständnis und allgemeiner auf die Erkenntniskritik berufen, die von Cassirer entwickelt worden sind (Kap. 7).

Spricht die klassische Physik von einer *mechanischen Kausalität* und die Quantenmechanik von einer *statistischen Kausalität*, so wäre es wohl am angemessensten, die von uns beobachteten und zu beeinflussenden Kausalbeziehungen als Ausdruck einer *Konfliktkausalität* zu verstehen. Trotz der Versuche in den ursprünglichen metapsychologischen Entwürfen, ein anscheinend physikalisches Kausalverstehen zu begründen, läßt sich diese nicht auf jene beiden reduzieren.

Ist jedoch diese Ansicht nicht bloß eine Abart der hermeneutisch studierten Sinn- und Motivzusammenhänge, der *„Kausalität" der Gründe*? Sind wir dabei nicht einfach zu einer neudefinierten Hermeneutik gelangt? Die Antwort müßte bejahend ausfallen, wenn wir einfach in Begriffen mehr oder weniger bewußt sinnhafter Motivationszusammenhänge dächten und die intensiven Affekte, die doch ganz bei dieser Arbeit im Zentrum stehen, außer acht ließen. Es dürfte dabei bald klar werden, daß der Zusammenhang umfassender ist; das Konfliktverständnis geht über das Motivationsverständnis weit hinaus, und das letztere wird zu einem Sonderfall des ersteren.

Im folgenden werde ich voraussetzen und nicht weiter begründen, daß *in der*

---

[17] *The hidden dimension*, das sich mit der Psychodynamik der Toxikomanie befaßt, *Die Maske der Scham*, das sich das Studium des Schamaffektes und der Schamkonflikte zum Ziel setzt, sowie *Die Flucht vor dem Gewissen*, einer Erprobung der Über-Ich- und Abwehrvorgänge in schweren Neurosen.

Erfahrung objektiv-kausales Erklären nicht prinzipiell vom psychologischen Verständnis der inneren Konflikte geschieden werden müssen, daß vielmehr die beiden sowohl klinisch wie auch extraklinisch immer wieder konvergieren, vielleicht am überzeugendsten in den Bereichen der Erforschung der Frühkindheit und der Prozeßnotizen, wie sie meinen klinischen Büchern zugrundegelegt wurden.

Dabei läßt sich aber umgekehrt auch nicht abweisen, daß der Analyse nie eine *hermeneutische Dimension* abgeht. Es besteht kein Gegensatz, sondern ein synergistisches Verhältnis zwischen dem *Verstehen der Form und der Sinnzusammenhänge* und der *Erklärung nach Ursachen.*

Schließlich erweist es sich gerade bei der Ergründung solcher Kausalität als besonders wichtig, daß die Dilemmata der *Wahrheit* unserer Theorie und des *Wertes* unserer therapeutischen Praxis immer wieder kritisch durchleuchtet werden, und zwar auf der philosophischen Ebene, der sie nun einmal angehören. Dies drängt aber auf eine „unified vision" – eine zwar nicht einheitliche oder einfache, aber doch geordnete Sicht. Wo sich aber diese finden läßt, stellt eine unabgeschlossene Aufgabe dar.

1.7.5 Über-Ich-Analyse und das Problem der Absolutsetzung

Je tiefer wir uns in die Erfassung schwerer Neurosen und Psychosen versenken, desto mehr müssen wir uns eingestehen, daß eine tiefe Beziehung zwischen dem tragischen Erleben – und zwar dieses im nichttrivialen Sinn verstanden – und dem psychoanalytischen Menschenverständnis überhaupt besteht.

Der Zugang zur tragischen Dimension des Erlebens hängt wesentlich davon ab, daß die dafür spezifischen Probleme der Absolutsetzung von Idealen und Werten und die Radikalität der Verurteilungsakte in der Übertragung untersucht werden können; dies ist jedoch nur möglich, wenn, wie erwähnt, die Über-Ich-Übertragung analysiert und nicht auf autoritäre Weise, also zu Zwecken suggestiver Einflußnahme, ausgenützt wird.

Grünbaums radikale Infragestellung hat die Gefahr der Suggestion für die psychoanalytische Theorie und für die ganze Grundlage der Psychoanalyse als Wissenschaft zum unausweichlichen Problem gemacht. Seiner Herausforderung können wir uns nicht entziehen, ohne unsere eigene intellektuelle Ehrlichkeit aufs Spiel zu setzen.

Und doch ist keine Veränderung ohne suggestive und andere erzieherische Maßnahmen denkbar, wie es Cremerius überzeugend anhand der *wirklichen* Freudschen Behandlungstechnik dartut, und wie wir uns bei allen Fällen schwererer Neurose überzeugen konnten. Diese Umstände machen es notwendig, daß sowohl das theoretische Verstehen der Dynamik als auch die Theorie der Technik den dadurch gestellten Problemen systematisch und sorgfältig nachgehen – dem technischen Konflikt also zwischen der Beförderung der Selbstbeobachtung und der Suggestion und damit den Fragen, inwieweit die Technik die innere Wahrheit verfälscht, die Theorien also zirkulär, selbstbestätigend, werden.

Freilich stellt Grünbaum seiner Herausforderung an die Verabsolutierung von

Methode und Erkenntnis innerhalb der Psychoanalyse seine eigene Verabsolutierung gegenüber, nämlich die eines Wissenschaftsideals und eines Wahrheitsbegriffes, der nicht einmal in den physikalischen Wissenschaften aufrechterhalten werden kann. Die beiden Absolutsetzungen sind offenkundig in dieser Form unversöhnlich. Wie kann die relative Berechtigung beider begründet werden, ohne daß sie in solcher Unvereinbarkeit von Widerspruch und Legitimität verharren müssen?

Du Bois-Reymonds Behauptung, daß es nur *eine* wahrhafte Form wissenschaftlichen Denkens gebe, nämlich die der mathematischen Physik[18], und seine Gegenüberstellung des Studiums einer geistigen Wirklichkeit, die *im Prinzip* der wissenschaftlichen Erfassung unzugänglich sei, wird auch heute von philosophischer Seite immer wieder als Anspruch gegen jede Aktivität erhoben, die sich wissenschaftlich zu gebärden versucht. Die Grundlage der modernen Auffassung der Wissenschaft ist ja die *Identität von Mathematik und Natur*. Diese grundlegende Identität wurde sowohl von Goethe wie auch später von Freud grundsätzlich in Frage gestellt. Sind Größe, Zahl und Maß wirklich die wahren Ursprünge, die ewigen und unwandelbaren Archetypen des Seins, „mathematica ut archetypos", wie es Kepler formulierte (Cassirer 1936, S. 145)? Ob diese Forderung nach Mathematisierung den systematisch studierten und beeinflußten Prozessen, mit denen wir es im Bereich der Innenwelt zu tun haben, Genüge tut, läßt sich mit Fug und Recht bezweifeln.

Wird die Mathematisierung, namentlich in Form der statistischen Erfassung und der Nivellierung in Gestalt des Durchschnittlichen, der Soziologie, der Geschichte und der Psychologie gerecht? Ist das, was mathematisch belegt werden kann, damit auch schon wissenschaftlich? Ist es dabei nicht so, daß es gerade die Extremfälle (an Zusammenhängen, Bedeutungen, Kausalverbindungen) sind, nicht notwendigerweise das Durchschnittliche, quantitativ Erfaßbare, was uns die Wahrheit vermittelt?

> Als Gestaltung des Zusammenhanges, in dem das Einmalig-Extreme mit seinesgleichen steht, ist die Idee umschrieben ... Das Empirische ... wird um so tiefer durchdrungen, je genauer es als ein Extremes eingesehen werden kann. Vom Extremen geht der Begriff aus. Wie die Mutter aus voller Kraft sichtlich erst da zu leben beginnt, wo der Kreis ihrer Kinder aus dem Gefühl ihrer Nähe sich um sie schließt, so *treten die Ideen ins Leben erst, wo die Extreme sich um sie versammeln* (Benjamin, S. 16).

Es scheint mir gleichermaßen verfehlt zu sein, die Psychoanalyse dem Kanon der Naturwissenschaft wie dem der Geisteswissenschaft unterwerfen zu wollen. Vielmehr müssen wir uns ernstlich fragen, ob das Psychologische nicht einer ganz eigenen Form der Wissenschaftlichkeit – der Kontrollen, der Kausalforschung, der Objektivität und damit der wissenschaftlichen Logik überhaupt – bedarf. Ist es nicht vielleicht so, daß wir es mit einer Wissenschaft „sui juris et sui generis" zu tun haben, die sich weder auf die Naturwissenschaften noch auf die Geisteswissenschaften berufen oder abstützen kann, sondern die ihren eigenen Weg der wissenschaftlichen Methode und der erkenntniskritischen Logik gehen muß (vgl. Kap. 8)?

---

[18] „Es gibt für uns kein anderes Erkennen als das mechanische, ein wie kümmerliches Surrogat für wahres Erkennen es auch sei, und demgemäß nur *eine* wahrhaft wissenschaftliche Denkform: die physikalisch-mathematische" (zit. von Cassirer 1936, S. 138).

Wie können wir diese Neuerung andererseits von einem irrationalen „free for all“ abgrenzen? Wie können wir sicher sein, daß wir ebensosehr den mystischen Ansprüchen von Reinkarnations- und Karmagläubigen, Archetypenjägern und Astrologen klar entgegentreten, wie uns auch den unkritischen und autoritätsgläubigen Strebungen in unseren eigenen Reihen (dem dogmatischen „Ipse dixit“) entgegenstemmen können? Die Herausforderung der Philosophen kann in der Tat für uns von größtem Wert sein, wenn wir uns dieser zu stellen wagen (Kap. 12).

1.7.6 Die Gefahr von innen

Doch drängt sich uns das Problem in noch radikalerer Formulierung auf:

Ich stellte schon die Frage nach der möglichen Selbstzerstörung der Psychoanalyse. Ich denke dabei nicht nur an die von Grünbaum aufgeworfenen und von mir in meiner Erwiderung darauf weitergeführten Fragen, sondern auch an die inneren Gefahren im psychoanalytischen und psychotherapeutischen „Betrieb“: an den erstaunlichen Geist des Dogmatismus und der Verurteilung, und damit an die immer wieder frappanten Spaltungen und Rankünen in allen Gruppen.

Dies kann doch nicht zufällig sein. Was ist der Wurm, der das Innere des Apfels benagt? Ich vermute, es hat sehr viel mit den hier vorgebrachten Themen zu tun: dem Pochen auf die Autorität, also der Annahme statt der Explorierung der Über-Ich-Übertragung, dem oft eklatanten Mangel an Takt, dem Glauben an die vermeintlich kausal wirkenden und substanziell aufgefaßten „Entitäten“ („Narzißmus“, „Spaltung“, „Libido“ und „psychische Energie“, „Todestrieb“ und „Aggression“, um nur ein paar dieser Hochstapler zu nennen), „Wesenheiten“, die eben wie Kaiser ohne Kleider herumstolzieren. Tollkühne Spekulationen triumphieren leicht in der Öffentlichkeit, wenn sie mit dem frisch aufpolierten Glanz der Neuheit und des Fortschritts auftreten.

Einen anderen Grund zur Selbstzerstörung der Psychoanalyse kann man in ihrer übermäßigen Kodifizierung und Selbsteinschränkung sehen, die ich in der *Flucht vor dem Gewissen* eingehend erörtert habe. Dabei wird die Erkenntnis zum einzigen Wert erhöht, statt sie als „primam inter pares“ zu sehen. Dies ist wiederum die Absolutsetzung eines Ideals, die den Kern der eigenen Vernichtung in sich birgt. Die eine praktische Folgeerscheinung dieses von Thomä, Kächele und Cremerius zu Recht kritisierten Methodenpurismus ist, paradoxerweise und de facto, das Primat der Autorität der Deutung, die andere die, daß man als „Borderline“ bezeichnet, was recht eigentlich die Heimatprovinz der Neurose ausmacht. Was man bei den schweren Neurosen besonders eindrücklich sieht – v. a. das, was ich als die tragische Trias von Absolutsetzung, Polarisierung und Nötigung beschreiben werde – macht im Grunde das Wesen emotioneller Krankheit jeder Art aus und gehört zum Grundbestand des menschlichen Wesens. Lediglich die Intensität dieser 3 Faktoren und ihr Zusammenhang mit anderen Aspekten der Pathologie sind verschieden. Die Antwort auf diese Entwicklungen bestünde darin: daß zwar die Deutung sehr wichtig ist, daß aber die Erziehung zur Selbstbeobachtung von weit nachhaltiger Bedeutsamkeit ist und daß der Neubesinnung auf die spezifische Kausalität eine Neubesinnung auf die spezifische therapeutische Wirksamkeit entsprechen muß.

1.8 Komplementarität und Metaphern als Mittel theoretischer Erfassung

Dies zwingt zu einer tieferen Besinnung auf die für die therapeutische Erfahrung selbst notwendigen philosophischen Voraussetzungen, die nicht immer noch mit den von Freud ausdrücklich gebrauchten übereinstimmen, sondern in manchen Hinsichten neue Ansätze erfordern, die besser mit der tatsächlichen analytischen Arbeitsweise übereinstimmen, und zumindest seit 1926 auch von Freud selbst in manchen Gedanken zur Abwehranalyse wenigstens implizit vertreten wurden. Eine Untersuchung der philosophischen Grundlage von Goethes wissenschaftlichen Bemühungen kann zu diesem Neudurchdenken der philosophischen Voraussetzung der analytischen Technik einen Beitrag leisten (vgl. Kap. 11).

Man spricht mit großer Leichtigkeit über das Komplementaritätsprinzip: Wenn 2 Sichtweisen unvereinbar erscheinen, beruft man sich dabei gerne auf den epistemologischen Durchbruch in der Quantenphysik. Dagegen haben Margenau (im Vorwort zur englischen Ausgabe von Cassirer, 1936) und Grünbaum (1957) energisch Einspruch erhoben. Man könne nicht so ohne weiteres ein methodologisch-epistemologisches Paradoxon aus dem Bereich der subatomaren Physik ins Makroskopische und Nichtphysikalische übertragen.

Andererseits ist der Begriff der Komplementarität weit älter als dieses spezifische und grundlegende Erklärungsprinzip. Als Hilfsbegriff für das Verständnis psychologischer Prozesse scheint er von größtem Wert und von immer wieder neuer Fruchtbarkeit zu sein. Die Frage stellt sich, ob wir heute schon so weit sind, ihm die gleiche grundsätzliche Bedeutung wie in der Atomphysik beizumessen. Er bedeutet, daß gegensätzliche und einander oft widersprechende Erklärungsweisen im psychologischen Bereich und beim Stand unseres heutigen Verständnisses notwendig und wirklich unumgänglich sind, wie wir es z. B. in Hinsicht auf Konfliktverständnis gegenüber Entwicklungs- und Defekterklärungen antreffen. Damit ist er dem in der Physik angewandten Komplementaritätsprinzip zwar analog, ja isomorph, aber wie alle Analogien darf auch diese nicht überschätzt werden. Sie dürfte eher metaphorischer Natur sein als auf einer echten Identität beruhen.

Doch stellt sich dann sogleich die Frage: Ist nicht alle Erfassung der Wahrheit letztlich in der metaphorischen Tätigkeit des Menschen begründet? Um dies genauer auszuführen, schließe ich einen Abschnitt über die Bedeutung des metaphorischen Denkens für die psychoanalytische Theoriebildung an (s. Kap. 9); sie ist in abgekürzter Form schon früher veröffentlicht worden (Wurmser 1977a, 1983).

Es ist ganz klar, daß man nicht so ohne weiteres Erkenntnisse aus einer Wissenschaft auf eine andere übertragen darf, im vorliegenden Fall solche der Physik auf die der Psychoanalyse. Selbst epistemologische Durchbrüche auf einem Gebiet können nicht geradeswegs verallgemeinert werden. Was dabei aber erlaubt und sogar wünschenswert ist, ist das Wegfallen von Schranken, die dem Denken gesetzt sind. Statt daß wir uns auf ein mechanisches Verstehen der Natur beschränken und durch absolut gesetzte Begriffe begrenzen müssen, können wir uns bei der wissenschaftlichen Ordnung der Beobachtungen und Begriffe einen größeren Freiheitsgrad gestatten. Eine solche größere Freiheit hat aber unübersehbare Folgen für die

Möglichkeiten von Theorie, Therapie und Forschung. In welcher Richtung die durch eine solche Befreiung angeregte Entwicklung führen könnte, werde ich hier höchstens andeuten dürfen. Die neuen Horizonte und die Wege, die in die neuen Weiten führen, sind uns von der Ferne her sichtbar, aber noch keineswegs klar und deutlich (s. Kap. 12).

1.9 „ ... wo wir den Kampf gewaltiger Naturen um ein bedeutend Ziel vor Augen sehn ... "

Dieses Buch bietet neue, andere metaphorische Systeme an, die nichts ersetzen sollen, aber uns eine größere Weite und Freiheit des Verstehens geben können.

Das erfordert freilich eine tiefere Besinnung auf die Natur unserer Theorien und damit auf die philosophische Basis der Psychoanalyse überhaupt. Die Absicht ist dabei, die Wissenschaft und Heilkunde der Psychoanalyse als Teil einer Anthropologie zu verstehen und umgekehrt die Lehre vom Menschen psychoanalytisch zu begründen.

Den aufgezeigten klinisch-therapeutischen, kulturgeschichtlichen und literarisch-philosophischen Themen, die sich, vom Leitmotiv des Tragischen ausgehend, alle um das zentrale Problempaar von Konflikt und Komplementarität gruppieren, wird dieses Buch nachzugehen versuchen, und zwar ohne „systematische Geschlossenheit" erreichen zu wollen oder zu können. Ob diese „methodische Inkohärenz" (Benjamin, S. 14) in diesem Unternehmen ein Mangel oder eine Notwendigkeit ist, weiß ich nicht mit Bestimmtheit zu sagen, aber ich glaube, sie ist das letztere.

Auch hier versuche ich, wie in *Flucht vor dem Gewissen*, von mehreren, ursprünglich voneinander unabhängigen Ansätzen auszugehen, die zunächst ohne manifesten Plan emporgewachsen waren und sich mit der Zeit als eigene Arbeitsbereiche entwickelt hatten. Das zugleich Reizvolle und Schwierige war es, in ihnen allmählich die verborgene Struktur auftauchen zu sehen, indem ich das Material wieder frisch zu mir sprechen ließ. Auch das hat zum dahinterliegenden Thema, einer Art Kontrapunkt des ganzen Buches, beigetragen: *gegenüber allem Absoluten und in sich Geschlossenen ein tiefes Mißtrauen zu hegen.* Dabei soll man freilich nicht von den Paradoxien gebannt und bezaubert werden, sie aber auch nicht scheuen, wenn sie sich nicht auflösen lassen.

> No doubt there are other important things in life besides conflict, but there are not many other things so inevitably interesting. The very saints interest us most when we think of them as engaged in a conflict with the Devil.[19]

Wir gelangten zur grundlegenden, letztlich philosophischen Erkenntnis, daß das menschliche Erleben der Innenwelt, namentlich auch dessen Pathologie, am besten durch die *Erforschung der Konflikte*, nicht nur oder sogar nicht so sehr durch die

[19] Es gibt im Leben zweifellos andere wichtige Dinge außer Konflikt, doch gibt es nicht viel anderes, das so unvermeidbar interessant wäre. Selbst die Heiligen interessieren uns am meisten, wenn wir sie als im Streit mit dem Teufel befindlich sehen (Robert Lynd, *The blue lion*).

der Entwicklung der Fähigkeiten und deren *Defekte*, erfaßt werden kann. Die Lehre vom Konflikt, von bewußtem oder unbewußtem, äußerem oder innerem Konflikt, ist eine radikale, umfassende und überaus fruchtbare Verstehensweise, die als Hebelarm für Theorie und Praxis zu wirken vermag. Diese konfliktzentrierte Sichtweise steht, als *Methode*, der tragischen Sichtweise als *Weltanschauung* gegenüber, und zwar in paralleler und korrespondierender Spiegelung. Darüber hinaus mag die konfliktpsychologische Orientierung sich – analogisch, metaphorisch – in eine *Konfliktphilosophie* erweitern lassen, die weit über das Feld der Psychoanalyse hinaus als eine Art *regulativer Idee* Bedeutung haben dürfte.

Was deshalb not täte, wäre eine sorgfältige Geschichte des Verständnisses für inneren Konflikt – ob dieser sich nun in der Beschreibung der inneren Vorgänge darstellt oder ob er direkt begrifflich erfaßt wird. Dabei müßte man manche Formen des Gegenspiels innerer Kräfte erwarten, doch wäre es wohl unvermeidlich, auch darauf zu stoßen, was wir heute als verschiedene Abwehrformen zu begreifen und auszudeuten gelernt haben.

Eine solche Geschichte könnte nur gegen den Hintergrund einer breiteren Geschichte der *dynamischen Weltauffassung* gedacht werden – der Auffassung auch der Außenwelt als Widerstreit von Kräften, von Werten und Idealen, und von philosophischen Auffassungen. Diese *Ideengeschichte des Konflikts* würde in eine Philosophie überleiten, die sowohl Außen- wie auch Innenwelt nicht nur als das Wirken von *Systemen*, sondern als *Spannungen von Gegensätzen* begriffe, mithin eine Weiterentwicklung der von alters her so verstandenen *Dialektik* wäre. Dabei würde sich dann zeigen, daß auch der moderne grundlegende Begriff der Komplementarität und dessen epistemologische Bedeutung Ausdruck einer solchen *Philosophie des Konflikts* wäre.

Eine solche Geschichte und philosophische Ergründung wäre zwar mein Wunsch; die Umstände aber erlauben es nur, kleine Ausschnitte, eine Reihe von Vorarbeiten zu einer solchen umfassenden Darstellung vorzulegen. Sie sollen lediglich umschriebene Durchblicke auf gewisse Aspekte dieses faszinierenden Themas geben, ebenso wie der Band *Flucht vor dem Gewissen* es sich nicht zum Ziel setzte, eine umfassende und schematische Ergründung des Problems der durch die Abwehr- und Über-Ich-Analyse studierten schweren Neurosen zu geben, noch ein Gesamtbild von deren Dynamik zu entwerfen, sondern zwar beschränkte, doch erfahrungsnahe und -getreue Einblicke zu gewähren.

Dabei soll gelten, was Walter Benjamin über seine Studie vom *Ursprung des deutschen Trauerspiels* gesagt hat:

> Für die wahre Kontemplation ... verbindet sich die Abkehr vom deduktiven Verfahren mit einem immer weiter ausholenden, immer inbrünstigern Zurückgreifen auf die Phänomene, die niemals in Gefahr geraten, Gegenstände eines trüben Staunens zu bleiben, solange ihre Darstellung zugleich die der Ideen und darin erst ihr Einzelnes gerettet ist (S. 29) ... Allein es ist diese Diskontinuität der wissenschaftlichen Methode so weit entfernt, ein minderwertiges, vorläufiges Stadium der Erkenntnis zu bestimmen, daß sie vielmehr deren Theorie positiv fördern könnte, wenn nicht die Anmaßung sich dazwischen legte, in einem enzyklopädischen Umfassen der Erkenntnisse der Wahrheit, die sprunglose Einheit bleibt, habhaft zu werden (S. 14).

Überdies ist das Gebiet des Wissens so unübersichtlich groß geworden, daß wohl niemand mehr als Bruchstücke zu erfassen und durchzuarbeiten vermag. Freilich wird es gerade dann wesentlich, sich weniger durch die Fachgebiete einschränken zu lassen, als auf neue Zusammenhänge aufmerksam zu werden – das Ähnliche im sonst Unverbundenen wieder sehen zu lernen. Auf diese Weise mag es gelingen, wirklich etwas Neues beizutragen.

Dazu kommt noch etwas anderes: Wer als Analytiker und Psychiater regelmäßig 40–50 Stunden wöchentlich mit Patienten zu arbeiten pflegt, wird sich dabei bewußt, daß er dies nur dann wirksam zu tun und seine eigene Würde und Sicherheit zu behalten vermag, wenn er im steten Umgang mit den großen Werken des Menschengeistes steht, daß aber beide Formen des Dialogs, der klinische wie der humanistische, von den faktischen Begegnungen abhängen müssen. Der Einzelbegegnung so weit wie möglich zu genügen, ohne dabei auf eine Vollständigkeit, auf die durchgreifende Erfassung des Ganzen, Anspruch zu erheben – das gebietet die Redlichkeit, mit der die folgenden Aufsätze eben als Bruchstücke gesammelt werden. Das bedeutet freilich nicht, auf ihre innere Einheit und eine Vision des Ganzen zu verzichten. Die Synthese liegt dabei in der Sicht, nicht in der Vollständigkeit. Und diese Sicht besteht immer wieder in der Aufweisung innerer Konflikte.

Nach der Abfassung der meisten Aufsätze zeigt es sich daher, daß es möglich ist, durch Einzelwerke führender literarisch-philosophischer Persönlichkeiten zur Wahrnehmung tiefer Spannungen in den Kulturen zu kommen – von Wertkonflikten und geistigen Dilemmata, von Gegensätzlichkeiten, zu deren Verständnis der Analytiker Wesentliches beizutragen vermag.

Da die Quellen, aus denen ich schöpfe, in manchen Sprachen fließen, müssen wir uns auf die Übersetzung verlassen. Da aber keine Übersetzung bedeutender Gedanken sehr getreu und vollständig sein kann, entschloß ich mich, bei den meisten wichtigeren und längeren Zitaten, wo es auf die Einzelbedeutung ankommt, auch den Originaltext mitzugeben (meist in Fußnoten, um den Fluß der Gedanken nicht zu sehr zu unterbrechen). Überdies habe ich, namentlich bei den englischen Zitaten, dabei den breiteren Zusammenhang im Original mitzitiert. Das letztere ist daher meistens umfang- und aufschlußreicher als die im Haupttext gegebene Übersetzung.

Wie Antäus ziehen wir die Kraft zur Erkenntnis der Verblendung und zur tragischen Wahrheit nur aus dem doppelten Dialog mit den großen Geistern der Vergangenheit und mit den leidenden Menschen der psychotherapeutischen Gegenwart.

Dies ist der theoretische Ausgangspunkt. Statt aber nun weiterhin klinische Erfahrungen anzuhäufen und tiefer in die Natur von Konflikten und (Abwehr)strategien, die zu deren Lösung entwickelt wurden, einzudringen, werde ich es unternehmen, dieselben Probleme, die wir von der Psychopathologie her kennen, im Allgemein-Menschlichen wieder zu finden und zu studieren. Die Voraussetzung dafür ist eine Überzeugung, die auch Freud in seinem Denken bestimmte, aber heute in der „Borderline-“ und Narzißmusdiskussion weitgehend verlassen wird: daß die klinischen Phänomene uns einen mikroskopischen Einblick in das Seelenleben des Menschen überhaupt gewähren. In einem tiefen Sinne sind die Kranken Botschafter aus dem fremden Land unseres Innenlebens, die uns Kunde von unserer eigenen inneren, oft tief verhüllten Wirklichkeit bringen.

Die Theorien, die wir entwickelt haben, übersetzen diese Botschaften in oft unbefriedigender Weise in die Sprache der Naturwissenschaften. Nur zu oft lassen uns die theoretischen Begriffe wähnen, wir verstünden nun das *Wesen* dieser inneren Erlebnisse, während es doch nur ein Fragment ist, das zum Ganzen erhoben wurde.

Ich werde diese theoretischen Begriffe in den Hintergrund schieben. Sie sind nicht ungültig, sie sind nur teilweise befriedigende Konstruktionen, Teilwahrheiten metaphorischer Art, die durch andere Aussagen ergänzt werden müssen. Es bedarf *neuer metaphorischer Systeme*, um dem Wesen neurotischer Krankheit und damit dem Wesen des menschlichen Innenlebens überhaupt näher zu kommen.

Dabei ist es der leitende Gedanke, daß sich die *Natur des Menschen* – außer an der sich stetig vertiefenden klinischen Erfahrung – am ehesten an Hauptwerken verschiedener Kulturen ablesen läßt. Wer in den Zaubergärten der Sprachen wandelt, findet in ihnen das Heilsame wie auch das Betörende. Zwar sind wir immer im Gewebe unserer eigenen Kultur befangen, wie es dies jüngst eine meiner Patientinnen sehr schön ausdrückte; doch sind wir selbst nicht das Gewebe. So wichtig die Kulturen sind, die Überlegungen zur Natur des Menschlichen, die Antworten auf die Frage: „Was ist der Mensch denn eigentlich?“, ragen weit über die Einzelketten der verschiedenen Kulturen hinaus, als ein eigenes gewaltiges Massiv des Verstehens.

Das Leiden und das Tragische, Verleugnung und Absolutsetzung, Wahrheit und Paradoxie, Zwangsmäßigkeit des Schicksals und Wahl – was wecken diese in uns? Sie beziehen sich auf die Macht und den Ursprung des Bösen, sie stellen die Frage nach der Natur der Wahrheit, sie betreffen das Problems der Willensfreiheit, und sie kommen damit immer wieder auf moralische Dilemmen zurück. Das bedeutet aber, daß es gerade die Hauptfragen der Philosophie sind, die sich vor uns auftürmen. Dabei wird es zum Ausgangspunkt, daß der Anfang des Philosophierens nicht so sehr in dem von Platon im *Theaitetos* postulierten Erstaunen (dem „thaumazein“) liegen könnte, sondern im Leiden am Bösen, an der Ungerechtigkeit. Könnte es sein, daß das philosophische Denken vom Leiden ausginge?

Gehen wir vom *Erleben der Zerbrochenheit der Wirklichkeit* aus, so begegnen wir zuerst einem ganz breiten Komplex seelischer Phänomenen, die den Eindruck des *Tragischen* machen. Was ist das aber, das Tragische? Dem wenden wir uns nun zu, zuerst vom Klinischen her, dann vom Literarisch-Philosophischen.

Teil 1: Verblendung und tragische Wahrheit

2 Das Tragische und dessen Veruntreuung

'Απόλλων τάδ' ἦν, 'Απόλλων, φίλοι
ὁ κακὰ κακὰ τελῶν ἐμὰ τάδ' ἐμὰ πάθεα.
ἔπαισε δ' αὐτόχειρ, νιν οὔτις,
ἀλλ' ἐγὼ τλάμων.
τί γὰρ ἔδει μ' ὁρᾶν,
ὅτῳ γ' ὁρῶντι μηδὲν ἦν ἰδεῖν γλυκύ;

(Apollon, war es, Apollon, meine Freunde, der meine schrecklichen Übel, meine Leiden zustande brachte. Doch zugeschlagen hat niemand anderer mit eigener Hand als ich selbst, ich Unseliger. Was sollte ich noch sehen, wenn meinem Sehen nichts Süsses mehr zu erblicken war?)
(Sophokles, Oedipus Rex, 1329–1335)

2.1 Der tragische Charakter

2.1.1 Tragischer Konflikt

„Dafür fühle ich mich am schuldigsten," sagt eine als Fürsorgerin tätige Frau in ihren Vierzigern, die von mehreren Psychotherapeuten sexuell mißbraucht worden ist und mich wegen ihrer chronischen Depression und ihrer abgrundtiefen Selbstverachtung aufgesucht hat,

> „daß ich mich von meinem Freund Raymond dazu bestimmen ließ, meine alte Freundschaft mit Thekla abzubrechen. Sie war die Krankenschwester, die meinen Vater bei seiner letzten Krankheit betreut hatte, und wir wurden danach sehr gute Freundinnen. Sie hatte ein schreckliches Leben – verstoßen von ihren Eltern verbrachte sie ihre Jugend in Heimen. Sie vertraute mir alles über ihre unglückliche Ehe an, und schließlich riet ich ihr dazu, bei Raymond in Therapie zu gehen, was mein größter Fehler war. Doch hatte ich unermeßliches Vertrauen zu ihm, obwohl er die Therapie in ein Sexualverhältnis umgewandelt und doch noch während eines halben Jahres Zahlungen von mir empfangen hatte. Thekla sprach mit mir oft über ihre Behandlung mit Raymond. Er fand das unprofessionell von mir, daß ich mich dazu herbeiließ und es ihr gestattete. Er war auf mich erzürnt, er fühlte sich bedroht. Dann sagte er mir, daß Thekla homosexuelle Träume über mich habe, und daß es weder gut für mich noch für Thekla sei und auch unserem Verhältnis schade, wenn ich weiterhin mit ihr befreundet bliebe; ich müsse es abbrechen. Ich führte das auch aus, aber ich wußte, es war die schrecklichste Sache, die ich je getan hatte, daß ich es verdiente, dafür erschossen zu werden. Ich schrieb ihr später, aber sie antwortete mir nie darauf. Sie war eine gute Person, und sie hatte mir sehr geholfen, und ich wollte auch ihr helfen. Tapfer war sie, und sie hatte es trotz aller Hindernisse so weit gebracht. Sie schrieb ihm später einen Brief, nachdem sie die Therapie mit ihm abgebrochen hatte und beklagte sich darüber, daß ich mich in ihre Therapie eingemischt [interfered] hätte. Auch heute kann ich nicht davon loskommen, und ich schäme mich so schrecklich darüber. So etwas ist überhaupt nicht wieder gutzumachen."

Natürlich hat sie Recht, und diese kleine Geschichte hat manche Bedeutungen und Lehren – ihr eigenes Wiederholen masochistischer Verstrickungen und die dabei üblichen Idealisierungen, das Geflecht von unlösbaren Bindungen und Verpflichtungen, doch dabei auch immer das Ausspielen des einen gegen den anderen, das Gewirr von Schuld und Scham, die Blindheit, ja, die nahezu gewollte Verblendung über die „Schwächen" und das unmoralische Verhalten eines Mannes, auf den sie trotz allem nicht verzichten will, obwohl sie beide verheiratet sind. Doch was mich am meisten in diesem Ausschnitt beeindruckte, war ein Konflikt besonderer Art: Sie fühlte sich tief einer Frau gegenüber verbunden und dankbar, und doch sah sie sich gezwungen, diese Freundschaft auf für sie schmerzlichste Weise abzubrechen, um nicht ihren Geliebten zu verletzen oder gar zu verlieren. Wie sie es erlebte – obwohl erst ich es in diese Worte faßte – war es ein bis heute nicht wirklich gelöster Konflikt zwischen der Liebe zu ihm und der Freundschaft zu ihr, und noch spezifischer, zwischen der Loyalität zu einer Freundin und der Loyalität zu ihrem Geliebten. Wie immer sie sich in diesem Dilemma entschied, hätte sie sich als Verräterin und im Unrecht gefühlt. Wie sie es sah: Recht stand gegen Recht, Verpflichtung gegen Verpflichtung, Verlust gegen Verlust. Dies ist eines der ungezählten Beispiele inneren Konfliktes, wie man ihn fast tagtäglich in der psychoanalytischen und psychotherapeutischen Praxis antrifft, wo etwas wirklich Tragisches angedeutet wird. In diesem Fall möchte ich gewiß nicht von einem *tragischen Schicksal* sprechen, doch handelt es sich offenbar um einen *tragischen Konflikt*, der auf *dieser* Ebene des Verstehens nicht lösbar ist, es sei denn, daß die Ursprünge dieses Konfliktes in ihrem masochistischen Charakter und in ihren schweren Kindheitsproblemen und -konflikten erarbeitet werden könnten, was jedoch in diesem Fall besonders schwierig ist, da sie sich weigert, mehr als einmal wöchentlich zur Behandlung zu kommen; dies ist selbst wiederum Teil ihres selbstbestrafenden und selbstherabsetzenden Verhaltens.

Dem tragischen Erleben liegen bewußter *tragischer Konflikt* und *tragische Wahl* zugrunde: Wird ein Wert absolut gesetzt oder überhaupt übersteigert, gerät er unweigerlich in Konflikt mit anderen Werten, mit andern Bedürfnissen und mit den Wertprioritäten der Umwelt.

Ich erinnere mich dabei des folgenden persönlichen Erlebnisses: Als ich als Leiter eines Programms den starken Verdacht, daß 2 prominente Mitarbeiter das von Patienten erhaltene Geld für sich behielten, statt dieses dem Programm zu übergeben, gegenüber dem vorgesetzten Dekan äußerte, wurde mir bedeutet, daß jede weitere derartige Mitteilung nicht geduldet und mit Entlassung, wenn nicht Schließung des Programms geahndet würde. Als kurz danach meine Stellvertreterin die Veruntreuung großer Summen tatsächlich belegen konnte und den rechtszuständigen Behörden in der Universität mitteilte, wurde ich vom Dekan vorgeladen und vor die Wahl gestellt, entweder die Stellvertreterin zu entlassen oder selbst meine Stelle zu verlieren und zudem der Entehrung zu verfallen. Die Entscheidung war klar, die Drohung unzweideutig und die Folgen unausweichlich. Die Werte der Ehrlichkeit und der Loyalität standen höher als der akademische Ruf und der öffentliche Respekt. Ich sagte dies in genau diesen Worten dem Dekan. Die Folgen trafen in eben der Form ein, und Rekurs erwies sich als unmöglich. Es ist das relativ triviale Beispiel des „whistleblower"; doch steht es als tragischer Konflikt für weit gewichtigere und lebensbedrohende: „Soll ich mich gegen das Unrecht wehren und dafür bespieen, gefoltert und hingerichtet werden, ja, soll ich Sicherheit und Überleben meiner ganzen Familie aufs Spiel setzen, oder soll ich schweigen?" Oder: „Soll ich durch Lug und Trug anderen das Leben retten?"

Es gibt ein jiddisches Wort für das Dilemma: „Schweig oder schrei!?"

In einer der ersten erhaltenen Tragödien, den *Schutzflehenden* (*Hiketides*) von Äschylus, sieht sich der König Pelasgos vor die Wahl gestellt, entweder den ihn um Asyl anflehenden Töchtern des Danaos zu willfahren und ihnen Schutz vor ihren Verfolgern zu gewähren, damit aber das Staatswesen von Argos zu gefährden oder aber der Grundpflicht zuwider zu handeln, Gäste und um Hilfe suchende Fremde (im vorliegenden Falle sogar fern Verwandte) aufzunehmen und zu schützen. In Antwort auf des Chores Mahnung: „Dein ist alles; hüte dich vor Blutschuld!" gibt Pelasgos dem Dilemma Wort: „Mag solche Blutschuld treffen meiner Feinde Haupt! Euch aber beistehn kann ich nicht ohn Ungemach; und wieder hart wär's, euch zu weigern euern Wunsch. Ich schwanke; Furcht trübt meinen Blick; soll ich es tun? Soll ich es nicht tun, erst des Zufalls Gunst erspähn?"(375–380). Dies ist innerer Konflikt, und zwar ein Widerstreit besonderer Art, nämlich einer zwischen Wert und Wert, Verpflichtung und Verpflichtung, Loyalität und Loyalität, Gott und Gott.

Elektra gebraucht in den *Grabesspenderinnen* (*Choephoroi*) (von Äschylus) das Wort „diphrontis", „geteilten Sinnes" (ob sie der Ankunft des Rächers trauen solle oder ob ihr Wunsch sie verführe), und diese innere Doppelheit drückt sich in weit verschärfter Form bei Orestes selber aus: „So kämpfe Macht gegen Macht, Recht gegen Recht!" (461). Und: „Was soll ich tun, Pylades? In Scham meine Mutter zu töten?" (899). Der Ausspruch selbst ist zweideutig; er kann in dieser doppelten Weise verstanden werden: „Scheu ich davor zurück, meine Mutter zu töten?" und: „Werde ich aus Scheu vor dem Befehl des Gottes dazu veranlaßt, meine Mutter zu erschlagen?" Zur Antwort verschärft Pylades den Konflikt: „Wo bleibt dann der Rest, die Verheißungen von Loxias (Apollo), die Orakel der Pythia, die vertrauenswürdigen und eidbesiegelten? Mache dir lieber alle Menschen zu Feinden als die Götter!" (900–902).

Die Tragödien stellen immer wieder solche Konflikte zwischen unverbrüchlichen Verpflichtungen, zwischen grundlegenden Werten dar, wo, wie es Schiller ausgedrückt hat, eine Entscheidung zwischen einem hohen und einem höheren Ideale gefordert wird: daß „irgendeine Naturzweckmäßigkeit einer moralischen, oder auch eine moralische Zweckmäßigkeit der anderen, die höher ist, aufgeopfert wird".

Doch stoßen wir auch in der Psychoanalyse fortwährend auf Dilemmas ähnlicher Art, und zwar solche, die keineswegs bewußt sein müssen, ja oft Jahre der Erforschung bedürfen, um sich allmählich zu enthüllen. So wies ich in *Flucht vor dem Gewissen* auf die zentrale Bedeutung von Loyalitätskonflikten und des Scham-Schuld-Dilemmas gerade bei den Erscheinungen hin, die man dem Wiederholungszwang zuschreibt.

Weshalb würde ich dieses Dilemma jedoch tragisch nennen? Was gibt mir das Recht darauf?

Eine volle Antwort darauf kann erst vom Studium der Geschichte der Tragödie und des „tragischen Verstehens“ kommen, wie ich in Kap. 3 ausführen werde. Für den Augenblick möchte ich das, was man als die *tragische Dimension* menschlichen Erlebens bezeichnen könnte, vom Standpunkt des Klinikers aus skizzieren – Anhaltspunkte vorlegen, die uns die psychoanalytische oder psychotherapeutische Arbeit gibt, um Verbindungslinien mit einem überaus wichtigen Bereich literarischer Metaphorik zu ziehen.

2.1.2 Tragischer Charakter und die Scham-Schuld-Dialektik

Nicht alle bewußten oder auch unbewußten Konflikte muten einen tragisch an, doch sind es eben solche scheinbar unlösbaren *Gewissenskonflikte*, die eine tragische Qualität aufweisen. Doch scheint daran mehr zu sein, dem man nachgehen sollte.

Vor längerer Zeit, vor etwa anderthalb Jahrzehnten, dachte ich, in den Begriffen des Tragischen als einer Form des Erlebens und v.a. im davon abgeleiteten Begriff des *tragischen Charakters* einen neuen Bezugsrahmen für manche klinischen Erlebnisse und Beobachtungen gefunden zu haben.

So oft geschieht es in der klinischen Arbeit, daß der unheimliche Eindruck von etwas Tragischem sich nicht abweisen läßt. Deshalb schien es mir wohl wert zu sein, diese Frage nach der Natur des Tragischen aufzugreifen und vom Gesichtspunkt eines Psychoanalytikers, der sich vorwiegend mit schweren Neurosenfällen abgibt, neu zu durchdenken. Viele der in meinen früheren Werken als schwere Neurosen geschilderten Patienten haben etwas gemeinsam, das sich mit dem poetischem Begriff des tragischen Charakters umfassen läßt.

Ich sah darin die Möglichkeit, vom Dichterischen her neue Metaphern zur Ordnung der überwältigenden Fülle klinischer Erfahrung heranzuziehen, und zwar von einer Seite her, die dem inneren Erleben vielleicht mehr Gerechtigkeit widerfahren lassen könnte als eine der Naturwissenschaft entlehnte Metaphorik. Es war dabei nicht gedacht, daß sie die andern Modelle ersetzen, sondern daß sie diese komplementieren und zur Bereicherung der Sicht- und Behandlungsweise beitragen sollten. Damit sollte freilich nicht etwa eine neue diagnostische Kategorie, sondern lediglich ein neuer metaphorischer Rahmen geschaffen werden, der einen hervorragenden Teil der Literatur mit wichtigen klinischen, namentlich psychotherapeutischen Erfahrungen verbindet und auf diese Weise die *klinische Einfühlung bereichert* und das *literarische Verständnis vertieft*.

Manche der damaligen Ansätze und Entwürfe sind in andere Arbeiten und in die beiden hauptsächlichen Bücher – *The hidden dimension* und *The mask of shame* – eingegangen. Doch ließ sich die Frage nach der Möglichkeit und Fruchtbarkeit einer solch veränderten Schau sowohl hinsichtlich der klinischen Erfahrung wie hinsichtlich der literarischen Betrachtungsweise nicht zum Schweigen bringen. Klinische Theorie und literarische Werke erscheinen dabei wie zwei Reihen von Spiegeln, in denen sich das Seelische in manch verschiedenen Refraktionen und Perspektiven unseren Augen darstellt.

Dabei muß betont werden, daß das Tragische nicht einfach koextensiv mit schwerer Neurose ist; vielmehr greift es einige besonders markante Züge daraus heraus. Noch ist das Tragische einfach auf das Kranke beschränkt. Ganz im Gegenteil: es ist etwas umgreifend Menschliches, das sich in Krankheit wie in Gesundheit äußert und dessen Erkenntnis gerade bei den Kranken uns auf das Gemeinsam-Menschliche zurückzuweisen und unsere therapeutische Wirksamkeit dadurch zu verbessern vermag.

Ich gebe ein Beispiel dafür, was ich damit meine:

Hilda (beschrieben als „Razit" in *The hidden dimension*, Kap. 8) war eine begabte Künstlerin, die beinahe immer in Armut und am Rande des Hungers lebte. Sie kam vor etwa 20 Jahren in Behandlung wegen schwerer Depression und Entfremdung, mit Pseudohalluzinationen, die auf die Geburt ihres dritten (unerwünschten) Kindes folgten. Sie war die ältere von 2 Töchtern eines brutalen Alkoholikers und einer nörgelnden und herrschsüchtigen Mutter. Zeitweise dachte sie, ihr Vater wolle sie vergiften. Die Eltern trennten sich wiederholt, und Hilda war unter der Obhut ihrer verbitterten Großmutter, die aber ihre Enkelin verwöhnte. In der Schule wurde sie mit einer merkwürdigen Mischung von Verachtung und Bewunderung behandelt, ersteres ihrer Herkunft wegen, letzteres um ihrer großen Begabtheit willen. In ihrer Adoleszenz gelang es ihr, ihren Vater aus dem Haushalt zu verstoßen, doch verheiratete sie sich bald darauf mit einem paranoidschizophrenen und transvestiten Mann. Mit ihrem kärglichen Einkommen als Künstlerin und durch manche anderen notdürftigen Beschäftigungen hielt sie die Familie über Wasser, bis auch dies durch die dritte Schwangerschaft unmöglich gemacht wurde. Die Geburt erlebte sie als eine Katastrophe der Schwäche und des Versagens, für die sie mit dem Tode zu bezahlen habe, nicht nur der Einbuße der ökonomischen Autonomie wegen, sondern da in deren Verlauf ihre strikte Selbstkontrolle zusammengebrochen war und sie zu weinen und schluchzen begonnen hatte. Sie fühlte sich ihrer gewöhnlichen Gefühle beraubt, konnte die Farben nicht wirklich wahrnehmen und empfand statt dessen Lärm und Licht als Messerstiche. Ein alles durchdringendes Grauen überwältigte sie.

Von früher Kindheit an lebte sie in einer Welt, die ohne Wärme und Vertrauen war, nur erfüllt mit Haß und Machtkampf. Sie hoffte auf Versöhnung und „Vereinigung" mit ihrer Mutter, wenn nur schon ihr Vater aus dem Weg geschafft wäre. Ihr Ideal war: mächtig, unbesiegbar und unverwundbar zu werden, übermenschlich und von niemandem abhängig, von selbstherrlicher Schöpferkraft und gottgleicher Meisterschaft: „Tatsächlich war ich [in der Phantasie] Gott. Gefühle vermochten nicht einzudringen. Es war dieselbe Abgetrenntheit [wie jetzt], doch ich fühlte mich überlegen, ich war in Kontrolle von allem und wurde niemals aus der Fassung gebracht (upset). Ich möchte diese Macht zurückbekommen." Ihre künstlerische Begabung gab ihr das Werkzeug, diese Fiktion aufrechtzuerhalten, die der äußeren Erniedrigung entgegenwirkte. Darin, daß sie während der Geburtswehen zu weinen und zu schreien begonnen hatte, sah sie den Beweis dafür, daß sie die Kontrolle über sich selbst und ihr Schicksal eingebüßt hatte. Damit war ihr Idealbild der

Unberührbarkeit und Unbesiegbarkeit zerschmettert, und der Absturz in hilflose Abhängigkeit und Demütigung unabwendbar geworden: „Von diesem Augenblick an war die Welt nicht mehr dieselbe." Sie wollte das dritte verhaßte Kind zur Adoption weggeben; es war die Verkörperung der ungestillten Wünsche ihrer eigenen Kindheit: „Ich kann das Baby nicht annehmen, es zerstört mich. Das Baby ist meine Depression. Es will alles, was ich esse." Sie trennt sich von ihrem schwerkranken Gatten, doch plagt sie auch die schwere Schuld darüber: „Als ob mir eine Stimme sagte, ich habe kein Recht zu leben." Die Schuld darüber, die Kinder ihres Vaters beraubt zu haben, ist unerträglich; ihr Gewissen lastet, einem wütenden schwarzen Dämon gleich, auf ihr.

Das Dilemma scheint darin zu bestehen: entweder wäre sie nicht getrennt, ja, nicht gesondert von der anderen Person, vereinigt und verschmolzen mit ihr in einer Selbstaufgabe, die sie jedoch völlig entmachtet und verwundbar beließe und deshalb immer wieder zu intensivster Wut und zur Angst vor der Rache führte; oder sie zöge sich in eine völlige Abgeschiedenheit und Isolierung zurück, deren Einsamkeit sie erdrücken und ebenfalls mit Haß und Zerstörungswut erfüllen würde.

Aus diesem Dilemma bot ihr das Schöpferische ihres Malerdaseins einen Ausweg. Hier vermochte sie die Außenwelt zu meistern, sie war von ihr unabhängig und doch auch nicht getrennt von ihr: „Die gemalten Dinge werden sehr wirklich für mich; beim Malen habe ich das Gefühl der Wirklichkeit [sense of reality]. Wäre ich dabei erfolglos, würde auch ich aufhören zu existieren." Schon als Kind erstaunte sie jedermann mit ihren Schöpfungen: „Sie waren Visionen gleich, ich fühlte mich dabei so übernatürlich, daß niemand in diese Visionen und Ausdrucksformen einzutreten vermochte."

Doch war damit auch Schuld verbunden:

> Begann ich zu zeichnen, konnte ich im Gegensatz zu den anderen Kindern solche Bilder wahrnehmen und gestalten, so fühlte ich mich für diese meine Begabung schuldig. Sie glich einer mir verliehenen Zauberkraft, die man plötzlich in mir entdeckte und über die man staunte: „Wie kann dieses miese Kind, das von einem Trunkenbold gezeugt worden ist, schon ein solches Talent haben?" Je mehr ich diese Macht in mir spürte, umso mehr war sie böse, diese Macht des Zeichnens. Es war eine göttliche, magische Macht, dieses Gefühl meiner Schöpferkraft. Wenn es mir gelänge, dies gottgleiche Gefühl wieder zu erreichen, so dachte ich, wäre ich ein für allemal gegen Schuld und Scham gefeit. Doch erwies sich die Erfüllung dieser Sehnsucht niemals als genügend. Ich ritt auf dem Wellenkamm, bis ich hinunterstürzte. Das Schöpferische und das Vernichtende waren dasselbe.

Ihr Schöpferisches beschreibt sie so:

> Was ich in meine Zeichnungen lege, ist nicht, was ich sehe. Ich zerbreche es und füge es von neuem zusammen. Diese immer gegenwärtige Zerstörerischkeit (this impending of destructfulness) muß durchgesickert sein. Wie sehr ich es auch immer versuchte, aufzubauen und neuzugestalten, so zerstörte eine Art von Schrecken das Geschaffene und meinen Stolz über das Schaffen immer wieder. Jetzt, nach meinem Zusammenbruch, kann ich dieses Gefühl des Versagens nie mehr wettmachen.

Dies führt zu einem weiteren Punkt:

> Es ist mir verwehrt, mich wie ein anderer Mensch zu fühlen. Ich empfinde schmerzlich die unheilbare Getrenntheit zwischen Ihnen und mir. Das liegt eben in meiner Schwäche.

Fänden die Leute das heraus, wäre ich entehrt und verloren. Oft verfolgt mich das Gefühl, etwas jage mir nach, als ob die Leute mich anstarrten, mich einschlössen und ich verschwände. Alles wird unorganisiert und chaotisch. Es ist der menschliche Verrat (mankind's betrayal), die Erniedrigung in meiner Kindheit, die mich ausschloß (set apart). Und daß ich schrie [während der Geburt], das war eine so demütigende Niederlage. Das änderte alles; plötzlich wurde alles schrecklich falsch, meine Welt stürzte ein. Unter allem lauert nun die Angst: ich brach damals zusammen und jetzt könnte ich wiederum zusammenbrechen.

Die Alternative ist: entweder allmächtig zu sein, aber schuldig zu werden für das Übertreten der Grenzen und für das der Macht innewohnende Zerstörerische, v. a. das Zerstörerische im Schöpferischen, – oder aber schwach zu sein, die abgrundtiefe Demütigung der Abhängigkeit und die Beschämung des Versagens anzunehmen, das Leiden daran, die Familienscham nicht getilgt zu haben. Man kann anders formulieren: Sie werde von einem Identitätskonflikt zerrissen. Die eine Identität ist die der schöpferischen, doch dadurch allmachtbesessenen und schuldbeladenen Künstlerin; die Gegenidentiät ist die eines Paria, eines Parasiten der menschlichen Gesellschaft, der gierig abhängig von den höhnisch dargereichten Almosen mannigfacher Wohlfahrtsinstanzen und so ganz von Scham erfüllt ist.

Die Folgen beider Arten von Konflikt sind verschieden: Fühlt sie das Gewicht der *Schuld* auf sich, so verletzt sie sich auf manche Weise, sie verurteilt sich zum Tode und sieht die Umwelt als leblos oder als voll von Feinden, die sie betrügen oder angreifen. Ist die *Scham* das Vordringliche, so möchte sie verschwinden, sich vor den hohnvollen Augen der Welt verbergen. Sie verhüllt die Außenwelt mit einem Schleier der Entfremdung und dämpft all ihre Emotionen durch Unwirklichkeit. Doch das Ergebnis der Scham ist tiefste Einsamkeit und Abgeschiedenheit und führt zu verzehrender Wut und dadurch zu erneuter tiefer Schuld.

Ich sah Hilda während kurzer Episoden und mit langen Unterbrechungen über eine Periode von etwa 20 Jahren. Sie war meistens sehr arm, von einer Notlage zur andern schreitend, doch immerhin auf manche, nicht immer ganz lautere Weise fähig, ihre 3 Kinder aufzuziehen und schließlich eine Kunstprofessur zu übernehmen. Doch übte neben ihrer Depression und Depersonalisierung der zunehmende Alkoholmißbrauch, v. a. in Form von plötzlichen unwiderstehlichen Exzessen (binge drinking), gerade wenn sie „es besser hatte", eine immer bedrohlichere, alles Positive stets wieder zerstörende Wirkung aus. Sie knüpfte mehrere andere, doch im ganzen recht masochistisch-abhängige und gegenseitig ausbeuterische Beziehungen zu Männern, ein paar Male auch zu Frauen an und vermochte, trotz der Hilfe von solchen Freunden, nie für lange ihrer Schuldenlast zu entrinnen. Ironischerweise machten ihr die beiden älteren Kinder viel Kummer, während es gerade der jüngste, verworfene Sohn war, der zu ihr stand und sich als tüchtig, ehrlich und rettend erwies.

Es ist diese bei ihr so klar zu beobachtende *Dualität von Schuld und Scham in ihrer extremen Ausformung*, die als *Schuld-Scham-Dilemma* eine gewaltige Bedeutung hat. In abgeschwächter Form ist sie fast ubiquitär. Bei den schweren Neurosen wird sie kaum je in dieser ausgeprägten Form vermißt.

Es ist nun diese Art von Gewissenskonflikt, die ganz besonders darauf angelegt ist, den gesamten Charakter und das ganze Selbsterleben auseinanderzureißen.

Das Faszinierende liegt nun aber darin, daß dieses Scham-Schuld-Dilemma den Kern der meisten Tragödien ausmacht. In besonders klarer Form erkennt man dies in den athenischen Tragödien, wo es bei jeder der heroischen Figuren darauf hinauskommt, daß man nicht schwach (treulos, ehrlos, falsch, verräterisch) erscheinen will, daher nicht nachgeben kann, mit der beharrlichen Behauptung eines absoluten Wertes dann die Rechte der Mitmenschen, des Staates und der Natur verletzt, dabei jedoch gewisse unverletzliche Grenzen überschreitet und dafür bestraft und vernichtet wird.

Es gibt andere Elemente im „Phänomen des Tragischen“: überwältigende Affekte und damit das tragische „Pathos“, die unwiderstehliche Zwangsmäßigkeit des Ablaufs, den Konflikt zwischen hohen Werten, wobei die Totalität in der Übersteigerung und Idealisierung solcher Werte jeden Wertkonflikt unlösbar machen muß, Hybris als die Aggression im Dienste solcher übersteigerten Ideale. Alle diese Elemente lassen sich meistens ohne weiteres als Teile oder Folgen eines solchen Grunddilemmas, eben eines tragischen Gewissenskonfliktes der Art des Gegensatzes von Schuld und Scham auffassen.

Da, wie gesagt, dieses tragische Dilemma sich bei allen schweren Neurosen antreffen läßt, kann man daher diese Patienten ganz allgemein als Formen des *tragischen Charakters* verstehen, einer literarischen Kategorie, auf die etwa von Literaturwissenschaftlern (Jäger, Cameron) gelegentlich hingewiesen wurde. Die *Ananke* ihres Schicksals entspricht der Unerbittlichkeit des Wiederholungszwanges. Damit stoßen wir nun auf ein ganz besonders wichtiges Verbindungsglied – das der „zwingenden Notwendigkeit“.

2.1.3 Der Zwang

Verfolgt und geschmäht von Kreon verteidigt sich Ödipus erzürnt (in Sophokles' *Ödipus auf Kolonus*):

> O frecher Ausbund, wen vermeint dein Übermut hierdurch zu schänden, mich, den Alten, oder dich, der meine Mordtat, Ehebund und Mißgeschick aus deinem Munde dahergejagt, die willenlos ich Armer ausstand? Denn den Göttern war es lieb, die etwa, Unmut sinnend, längst mein Haus beschaut. Denn wahrlich, bei mir selber triffst du nimmer wohl der Übertretung Flecken an, wofür ich so an mir und auch den Meinen mich versündigte (960–968).

Wörtlich heißt es: „die Schicksalsfügungen, die ich duldend [oder: elend] gegen meinen Willen getragen habe“ und „ohne den Tadel der Versündigung [des Fehlers] habe ich mich gegen mich selbst und die Meinen versündigt [verfehlt].“ „Nicht wissend gebar sie mich und zeugte sie mit mir meine Kinder, der ich nicht wissend war“ (982–984) sagt er in bezug auf seine Geburt von Iokaste und seine Ehe mit ihr. „Ich habe es nicht freiwillig getan, sondern wurde vom Göttlichen dazu ohne mein Wissen gezwungen“ ist, frei übersetzt, seine Verteidigung. Und am Ende sagt es der Chor: „Was der Gott gefüget, muß man tragen; nicht zu sehr entflammt euch. Kein Tadel trifft euch" (1693–1696).

In *King Lear* sagt es der geblendete Gloucester: „As flies to wanton boys are we to the gods, they kill us for their sport" (Fliegen gleich für mutwillige Buben sind wir vor den Göttern, sie töten uns zu ihrem Vergnügen) (4. Akt, 1. Szene, 38/39). Sein Sohn Edgar gibt dem tragischen Gefühl Ausdruck: „Men must endure their going hence, even as their coming hither. Ripeness is all." (Dulden muß der Mensch sein Scheiden aus der Welt, wie seine Ankunft: reif sein ist alles) (5. Akt, 2. Szene, 9–11). Und heißt es am Ende in Albanys Wort: „The weight of this sad time we must obey, speak what we feel, not what we ought to say. The oldest hath borne most. We that are young shall never see so much, nor live so long." (Laßt uns, der trüben Zeit gehorchend, klagen, nicht, was sich ziemt, nur was wir fühlen, sagen. Dem ältsten war das schwerste Los gegeben, wir jüngern werden nie so viel erleben) (5. Akt, 3. Szene, 323–326). Wie in der griechischen Tragödie so drängt sich auch in der Shakespeares die Überzeugung auf: „Dies ist eine überwältigende Notwendigkeit des Schicksals, der wir uns fügen müssen. Sie zwingt uns gegen unser Wollen und Wissen." Dazu gibt Goethe (in *Shakespeare und kein Ende*) zu erwägen, daß es in der antiken Tragödie v. a. der Konflikt zwischen dem Wollen und einem starren, unausweichlichen, despotischen Sollen sei, der diese bestimmt, während für die Moderne der freie Wille geltend werde: das Wollen „ist der Gott der neuen Zeit". Dadurch werde die Tragödie durch das Drama ersetzt. Doch sei es Shakespeare als einzigem gelungen, „das Alte und Neue auf eine überschwängliche Weise" zu verbinden:

> Wollen und Sollen suchen sich durchaus in seinen Stücken ins Gleichgewicht zu setzen; beide bekämpfen sich mit Gewalt, doch immer so, daß das Wollen im Nachteile bleibt... Eine Notwendigkeit, die mehr oder weniger oder völlig alle Freiheit ausschließt, verträgt sich nicht mehr mit unsern Gesinnungen; diesen hat jedoch Shakespeare auf seinem Wege sich genähert; denn indem er das Notwendige sittlich macht, so verknüpft er die alte und neue Welt zu unserm freudigen Erstaunen (Bd 32, 182–193).

Stellen wir nun das Klinische dagegen, so finden wir, daß wir bei all den schwerer erkrankten Neurotikern (wie ich sie in meinen anderen Werken dargestellt habe) auf die ihrer Neurose innewohnende *zwingende Gewalt* des Fühlens, Denkens und Handelns stoßen. Ja, der Standpunkt wurde v. a. von Kubie vertreten, daß das entscheidende Merkmal der Neurose überhaupt dieser Charakter der Unveränderlichkeit, der zwangsmäßigen Wiederholung sei. Je schwerer die neurotischen Konflikte, um so tiefer sei diese subjektive Empfindung und um so drastischer auch die objektive Manifestation der Gezwungenheit oder „*compulsiveness*". Darin liege das Wesen der Neurose überhaupt, wie es Kubie dargelegt hat:[1] Wo sich ein Vorwiegen

---

[1] „One quality... is constant and sets a normal act apart from one that is a manifestation of the neurotic process. This is not a judgment of value, but rather a clinical description of that one attribute of behavior common to every neurotic action and absent from every normal act... This clinically derived distinguishing trait centers on the freedom and flexibility to learn through experience, to change, and to adapt to changing external circumstances. Thus the essence of normality is flexibility, in contrast to the freezing of behavior into patterns of unalterability that characterizes every manifestation of the neurotic process, whether in impulses,

bewußter und vorbewußter Systeme finde da erledige sich ein begonnener psychischer Akt, wenn das Ziel entweder faktisch erreicht wird oder aber als unmöglich aufgegeben werden muß. Das Verhalten werde nicht unersättlich und stereotyp. Im Gegensatz dazu sei das von vorwiegend unbewußten Kräften bestimmte Verhalten automatisch, sich endlos wiederholend und unkorrigierbar. Die Ziele seien vorwiegend unbewußte Symbole, und unbewußte Ziele können nie erreicht werden.[2] Die Automatizität, die Stereotypie, die unveränderliche, durch Erfahrung unbeeinflußbare, zwangsmäßige Wiederholung bilde Kern und Wesen des neurotischen Prozesses.

Ich pflichte dieser Ansicht weitgehend bei, füge aber hinzu, daß es spezifisch der unerledigte, nun vorwiegend unbewußt gewordene *Konflikt* ist, der Konflikt, der nicht entschieden werden kann und daher vom Bewußtsein abgehalten, abgesperrt wird und so der inneren Unwahrhaftigkeit verfallen ist. Damit hat sich das Schwergewicht vom Merkmal der Unbewußtheit auf das des ungelösten und unlösbar scheinenden Konflikts verschoben. Kubies Kriterium scheint damit notwendig, doch nicht genügend zu sein.

Dieses Konzept der Verknüpfung von innerem Zwang und unbewußtem inneren Konflikt ist auch klinisch von großer Hilfe: Das Ziel der analytischen Behandlung kann *nicht* in der „Angepaßtheit", einem jedenfalls in mancher Hinsicht höchst fragwürdigem Wert und Zweck liegen, sondern in *größerer innerer Freiheit*, mithin der Verminderung der subjektiv empfundenen Gezwungenheit. Das ist denn auch eine operative Formulierung des berühmten Satzes: „Wo Es war, soll Ich werden." Er bedeutet in erweiterter Form: Wo die zwingend unkontrollierbaren, d.h. durch Erfahrung und Willensentscheidung unkorrigierbaren Mächte des Es – der Triebe und wohl auch der ursprünglichen Affekte – *und* des Über-Ich herrschten, sollen nun die Leit- und Entscheidungskraft und das bewußte Abwägen des Ich mehr und mehr bestimmend werden. An die Stelle der Verurteilung, der Angst, des Schmerzes und der Wut, und an die Stelle der Getriebenheit soll das Sichprüfen, die Innenschau und die wirkliche, nicht eine autoritativ durch Deutungen auferlegte

---

purposes, acts, thoughts, or feelings. Whether or not a behavioral event is free to change depends not upon the quality of the act itself, but upon the nature of the constellation of forces that has produced it. No moment of behavior can be looked upon as neurotic unless the processes that have set it in motion predetermine its automatic repetition irrespective of the situation, the utility, or the consequences of the act" (Kubie 1954/1978, S. 142).

2 „... whenever the unconscious system (or perhaps an alliance between the preconscious and unconscious systems) predominates, the resultant action must be repeated endlessly. This occurs because its goals are predominantly unconscious symbols, and unconscious symbolic goals are never attainable. Since the predominant forces are unconscious, they will not be responsive to the experience of pleasure or of pain, or to rewards and punishments, or to logical argument – neither to the logic of events nor to any appeals to mind or heart. The behavior that results from a dominance of the unconscious system has *the insatiability, the automaticity, and the endless repetitiveness* that are the stamp of the *neurotic process*, whether this expresses itself through overt neurotic symptoms, or through art forms, or through subtle deformations of those general patterns of behavior that constitute the personality" (S. 142/3). [Die Hervorhebungen in den Zitaten sind im vorliegenden Buch durchgehend von mir eingefügt.]

Selbsterkenntnis treten: „Exploring instead of judging", wie ich es oft meinen Patienten empfehle.

Doch ist es eben auch ein Merkmal der Tragödie, daß das Schicksal von dieser Unentrinnbarkeit, dieser zwangsmäßigen Notwendigkeit gelenkt wird – ob es sich nun um eine äußere Notwendigkeit handle oder um eine innere. Durch die griechische Literatur hindurch waren Schicksal, Zwang und Sklaverei fast identische Begriffe.[3]

Was der Analytiker aus seiner Erfahrung zum Verständnis dieser *Ananke* und „Sklaverei" beitragen kann, ist das Verständnis mehr oder minder unbewußter Konflikte. Ich werde später in diesem Kapitel darauf zurückkommen und einen knappen Überblick über die wesentlichsten, dem neurotischen Prozeß zugrundeliegenden Konflikte geben.

Damit stellen sich aber die komplexen philosophischen Probleme von Willensentscheidung und Freiheit des Willens, von Determinismus und „chance". Sie werden in Kap. 12 nochmals aufgegriffen und im Licht des veränderten Wahrheitsverständnisses neu betrachtet werden.

2.1.4 Die Macht der Verleugnung

> „No man knows till the time comes, what depths are within him." (Niemand weiß, ehe die Zeit kommt, welche Tiefen in ihm liegen.)
> (Dickens, *Our mutual friend*, S. 454)

Gleichzeitig mit den Kernkonflikten begegnet man aber auch auf Schritt und Tritt der *Verleugnung* eben dessen, was sich als tragischer Konflikt, als tragisches Geschick, als tragisches Leiden enthüllen könnte. Dabei kann diese sich zur *Abwehr gegen das Tragische überhaupt* steigern (einem Hauptthema, dem ich mich bald noch eingehender zuwenden werde). Im folgenden Falle (s. *Flucht vor dem Gewissen*, Kap. 9) sind sowohl die Macht dieser Verleugnung durch die „Verschwörung des Verschweigens" wie auch die durch die Verleugnung verhüllte Qual besonders eindrücklich.

Ingmars Großmutter wurde vom Freund ihrer Tochter ermordet. Mehrere Verwandte starben an Alkoholismus. Beide Fakten werden in der Familie totgeschwiegen und wurden auch in der Analyse erst nach längerer Zeit zum ersten Mal erwähnt. Ingmars Vater leidet unter der Schuld, eine Frau im Krieg umgebracht zu haben, doch darf man auch nicht an diese Erinnerung rühren. Der älteste Bruder Ingmars hatte Inzest mit zweien seiner Schwestern und ist ein Alkoholiker und Dro-

---

[3] „Throughout Greek literature, from Homer onwards, the idea of *ananke*, ‚necessity', and *douleia*, ‚slavery' are intimately connected, the former being habitually employed to denote both the state of slavery as such and the hard labours and tortures to which slaves are subjected... *zygon*, ‚yoke', is the metaphor traditionally associated with both *douleia* and *ananke;* and in a painting of the Orphic underworld we see Sisyphos rolling his stone uphill, while over him, lash in hand, stands the *slave-driver Ananke*" (Thomson, S. 147 f.).

genbenutzer, doch (wie seine Eltern) erfolgreich und respektiert. Nachdem die Schwestern diese Vergehen enthüllt haben, werden sie übergangen, der Bruder wurde nie damit konfrontiert. Ingmars nächstjüngere Schwester ist geladen mit Ressentiment, hat mehrere lesbische Verhältnisse, die vertuscht werden müssen. Jüngst fuhr sie auf offener Strecke mit stark überhöhter Geschwindigkeit in einen Lastwagen, der wegen einer Panne mitten auf der Straße stehen geblieben war, und verletzte einen Mann ernsthaft; der Lastwagen wurde weit von der Autobahn geschleudert und ihr eigenes Auto total zerstört. Die nächstjüngere Schwester hat mehrere Suizidversuche unternommen und sich regelmäßig in die Arme geschnitten, und die jüngste hat, obwohl noch ein Teenager, bereits ein natürlich unerwähnbares Alkoholproblem. Ingmar selbst ist wegen seiner Panikanfälle arbeitsunfähig, berauschte sich jahrelang schwer mit Kokain und mit Alkohol. Inzwischen hat er es vermocht, ein überaus tüchtiger Arbeiter zu sein, war die meiste Zeit bieder und ehrlich, doch episodisch verlogen, unzuverlässig und von großer Gefahr für sich selbst. Er drohte sich während einer solchen Episode zu erschießen.

Massive Wert- und Loyalitätskonflikte spielen eine hervorragende Rolle in der Auslösung dieser Episoden, doch sind auch die andern (später skizzierten) Konfliktgruppen dynamisch von großer Bedeutung.

Über der Familie scheint eine Art Verhängnis zu lasten, „ein Dämon des Tötens“, eine „freischwebende Wut“, den Erinnyen gleich, die, über dem Dache des Hauses von Atreus tanzend, ihren Haß- und Sündengesang verlauten ließen. Doch alles ist unter einer Decke des Schweigens begraben, verhüllt vom Nichtsehen und Nichthören, der Macht der Verleugnung. Über keines der Erlebnisse, der Vorkommnisse, der verhüllten Schuld und der offenbaren Scham kann gesprochen werden. Entscheidungen werden abrupt und ohne Diskussion gefällt und sind unwiderruflich.

Jene versteckten Themata von *Schuld und Scham* vergiften gleichsam die Familie. Auch fragt es sich, in welchem Ausmaß der so verderbliche *innere Richter* in Ingmar selbst vor allem anderen durch ein *entlehntes unbewußtes Schuldgefühl* und eine *verhohlene Familienscham* in seiner Macht und Willkür bestärkt wird (s. Eickhoff, 1986).

Ingmar selbst bedient sich – wie Hilda – der episodischen Trunksucht und des Kokainrausches, um die tragische Dimension seines Lebens zu verschleiern. Dann kann er handeln, dann kann er sprechen, seiner Wut und seinem Trotz und seiner Verachtung kühn Ausdruck geben. Alle Grenzen werden verletzt, und die dafür zu leistende Sühne erscheint hernach unerschwinglich und unerträglich, doch die Angst und dumpfe Verzweiflung, die zur Berauschung treibt, hat den Charakter unentrinnbarer Notwendigkeit, den der *Ananke* und *Douleia* der griechischen Tragödie.

Doch die in der Familie vorwaltende Blindheit gegenüber Geheimnissen und Individualität, ja gegenüber den weitesten Bereichen von Gefühls- und Konfliktwelt ist wirklich auch eine der Grundursachen der Scham. Ich zitiere aus der in der *Flucht vor dem Gewissen* gegebenen Fallbeschreibung: „Ich öffnete mich nie, ich halte mich verborgen, ich schäme mich, mich auszudrücken, ich gebe nur Stücke von mir preis.“ Er identifizierte sich zu einem solchen Grad mit dem Bild, das seine

Mutter von ihm hatte, daß er sich verwirrt und entfremdet fühlt, ungewiß, wer er wirklich sei und was er wirklich empfinde: „Ich bin mir selbst nicht treu.“ Es ist eine globale Identifizierung, die einer ständigen und weitgehenden Verleugnung innerer und äußerer Wirklichkeit und eben der Verdrängung all jener Impulse, die mit diesem Bild nicht übereinstimmen, bedarf. Unter dem Ansturm dieser zwei Grundängste, der Trennungsangst und der Schamangst, ist seine Identität entzweigebrochen – in die des furchtsamen, braven Kindes, das nach Vollkommenheit, mithin nach Aggressionslosigkeit strebt und die des trotzigen Rebellen, der zur Gewalt greift, um alle Autorität von sich abzuschütteln. Sein Dämon ist das Gegenstück zur Verleugnung durch die Mutter. Sein „innerer Richter“ ist zum Verwalter schwerster Trennungsangst, schwersten Liebesverlusts und schwerster Beschämung und vermutlich auch schwerster Bedrohung seiner Integrität und Schuldbeladenheit geworden. Damit stellt diese tyrannische innere Autorität auch immer wieder den Bruch in seiner Identität her. In anderen Worten: die beobachtbare Spaltung seines Selbsterlebens ist das Ergebnis unlösbarer Gewissenskonflikte, also einer *„Spaltung“ in seinem Über-Ich.*

Die Evidenz weist darauf hin, daß die Umschläge von der einen Identität in die andere und damit die Einleitung der Impulssequenzen v.a. durch eine Verschärfung der Angst ausgelöst werden, nämlich spezifisch dann, wenn er sich vor unversöhnlich erscheinende Gewissenskonflikte gestellt sieht – zwischen der Unterwerfung unter eine Verpflichtung und seinem eigenen Stolz oder dem Wunsch sich selbst gegenüber treu zu bleiben, z.B. zwischen der Dankbarkeit gegenüber seinem Arbeitgeber und der Empörung darüber, wie ungerecht dieser ihn und die anderen Mitarbeiter behandle, oder zwischen der Verpflichtung, zur Analyse zu kommen und der, an der Arbeit zu bleiben, oder dazwischen, sich entweder dem Vater loyal unterzuordnen oder sich selbst zu achten und solchen Respekt auch von andern zu fordern. Es sind deutlich die Widersprüche innerhalb des Über-Ich sowie die im Dienste eines Über-Ich-Anteils gegen den anderen eingesetzten Abwehrvorgänge, die eine bestimmende Wirkung auf die Impulshandlungen ausüben. Vor allem sind es aber auch bei ihm, wie bei den ersten beiden Paradigmen, Loyalitätskonflikte, die immer wieder den Anlaß zur Dekompensierung liefern.

Bei den meisten Patienten, die unter schweren Neurosen leiden, läßt sich eine derartige Doppelheit von Pseudoidentität und „dämonischer“ Gegenidentität beobachten. Ihr ganzes Leben wird als gespalten erlebt. Wie sie erscheinen, wird von ihnen als unecht und unwirklich empfunden. Das Symptom der Depersonalisierung ist also ein ganz wesentlicher Teil der Neurose.

2.1.5 „Ate“ – die Verblendung

Zur Macht der Verleugnung muß aber etwas Entscheidendes, Weiteres hinzutreten, das Element der Bewußtseinsveränderung und des Gezwungenseins zu verwegenen, oft überaus gefahrenreichen Handlungen in diesem veränderten Bewußtseinszustand:

Bei Ingmar ist es ganz klar, daß es sich um eine Art doppelter Identität handelt:

Wenn der „Zwang“ von Gefühl und Handlung überhandnimmt, ist es, als ob, subjektiv wie auch objektiv, eine andere Macht die Herrschaft ergriffe. Es ist ein anderes Ich, das nun das Steuer ergreift und das Schicksal dem Abgrund entgegen lenkt. Das Selbst wird als doppelt erlebt.

Ähnliche Identitätsspaltungen lassen sich bei den meisten in den genannten Büchern beschriebenen Fällen beobachten. Vera[4], eine hochbegabte Ärztin, die Hilfe wegen schwerer Depressionszustände und wegen ihrer großen Beziehungs- und Sexualschwierigkeiten suchte, spricht spät in der Analyse (1011), davon, wie sie sich in den depressiv-masochistischen Anfällen, bei denen sie sich früher zu schrecklich selbstzerstörerischen Handlungen hingerissen gefühlt hatte, zutiefst verändert gefühlt habe: „Etwas kommt über mich. Es ist eine Art von Außer-mir-sein – ich ‚fühle‘ anders; was ich berühre, scheint anders; die Empfindung in meinem Gesicht ist verändert. Es ist so, als ob ich [von etwas anderem] übernommen würde, dies bin ich nicht“ [It's like being taken over, this is not me]. Es ist eine Kombination von *Verzweiflung*, von radikaler *Entfremdung*, und dem *absoluten Drang, etwas zu tun*, ja recht eigentlich der *zwingenden Notwendigkeit, handeln zu müssen*, um auf diese Weise Erleichterung zu finden.

Auch in ihrem besonders paradigmatischen Fall ließ es sich erweisen, daß Gewissenskonflikte komplexer Art eine führende Rolle bei der Auslösung der Identitätsspaltung und damit auch der Impulshandlungen spielten. Doch was ist diese Bewußtseinsveränderung, diese „Verblendung“?

„Doch *ich* bin nicht schuldig“, sagt Agamemnon in der Ilias, als er sich für seine Freveltat gegen Achilles, den Raub der Geliebten, zu rechtfertigen unternahm, „sondern es sind Zeus und das Schicksal und die im Dunkeln wandelnde Erinnye, die meinen Sinn in der Volksversammlung zum wilden Fehl verblendet. Doch was hätte ich tun können? Die Gottheit bewirkt ihr Ende durch alles. Zeus' ehrwürdige Tochter, Ate, die alle verblendet, verderbend... Also auch ich... konnt ich nicht vergessen Ate, von der ich zuerst verblendet wurde. Aber nachdem ich gefehlt, und Zeus die Besinnung mir wegnahm, will ich gern es vergelten und biet unendliche Sühnung“ (Homer, *Ilias*, 19.86–91, 134–138, Hinweis von Dodds, meine Übersetzung nach dem Original, mod. nach Voss).

Hedda Gabler sagt: „Ja, sehen Sie, – so was kommt über mich, ehe ich mich dessen versehe. Und dann *kann* ich nicht widerstehen. Oh, ich weiß selbst nicht, wie ich es mir erklären soll“ (Ibsen, *Hedda Gabler*, 2. Akt, S. 152).

„Dies ist jemand anders, nicht ich,“ sagt meine Patientin. Sie erklärt es teilweise, indem sie auf eine Konversation mit ihrem früheren Verlobten am Vorabend zurückgreift:

> Er sagte, daß ich nach Archetypen handle, einem vorgeformten Bilde entsprechend, und zuviel denke. Was er meinte, waren meine Absoluta. Ich erwiderte ihm, daß ich in Schwierigkeiten gerade dann gerate, wenn ich *nicht* denke, sondern impulsiv, irrationell handle, ohne zu denken jenen absoluten Urteilen folge, wenn ich *verurteile* statt zu *überlegen.*

---

[4] Die in der *Flucht vor dem Gewissen*, Kap. 3 und 4, eingehend dargestellte Frau.

Es war die beiden gemeinsame Neigung, alles in harschen Urteilskategorien zu sehen, das sowohl zur Bindung zwischen ihnen wie hernach zum Abbruch ihres Verlöbnisses geführt habe: „The judgmentalness was the common denominator". Gewiß kann ihre „Ate" nicht einfach nur auf den Zank der „Götter" in ihr, also auf den Widerstreit gegensätzlicher Pflichten, Loyalitäten und Ideale zurückgeführt werden. Die anderen Konfliktgruppen wirkten dabei ganz wesentlich mit.

Ausdruck des Wiederholungszwanges in Gestalt ganzer Sequenzen von Impulshandlungen, die sich verheerend für den Patienten wie oft auch für seine Umgebung auswirken, ist das, was als Ate bezeichnet wird. „Ate" wird von Dodds (*The Greeks and the irrational*) übersetzt als „divine temptation or infatuation", als „temporary clouding or bewildering of the normal consciousness", „a partial and temporary insanity", zu späteren Zeiten auch als „objective disaster" oder einfach als Bestrafung (S. 2, 5). Das griechisch-deutsche Wörterbuch setzt „Ate" mit „Unheil, Schaden, Verlust, Strafe" sowie mit „Schuld, Frevel" und mit der „Unheilsgöttin" gleich. So bezeichnet sie denn auch Voss wiederholt als „die Schuld". Ich denke, daß „Verblendung" dem Gedanken sehr nahe kommt. Sie wird als eine von außen kommende Kraft erlebt (wie übrigens auch von Vera und manchen anderen Patienten; s. Jäger, 1933, *Paideia;* ebenfalls Snell, 1948).

Wie in *Flucht vor dem Gewissen* eingehend ausgeführt, haben sich, genetisch betrachtet, die Traumata und die durch sie ausgelösten Affektstürme im Über-Ich verewigt – die Grausamkeit des Schicksals wird zum inneren Henker und zum bösen, rachsüchtigen, grausamen Zwerg, demgegenüber der Rest der Persönlichkeit ein hilfloses Opfer bleiben muß.

So ist es die von Vera in manchen Gleichnissen immer wieder beschriebene Erfahrung der inneren Doppelheit von Henker und Opfer und des trotzigen Aufbäumens dagegen, die als Dämonisches erlebt und von uns als Wiederholungszwang begrifflich gefaßt wird.

Gewöhnlich ist ein Sturm intensiver („globaler") Affekte typisch für die eine – die regressive – Teilidentität, und zwar eben widerstreitender Affekte, während die zweite Teilidentität als durch Besonnenheit, Flachheit und Affektverarmung ausgezeichnet erlebt wird. Es ist auch ganz klar, daß dieses Phänomen von Pseudoidentität und Identitätsspaltung beim einzelnen das Resultat komplexer Vorgänge ist und im Grunde nur die beiden Extreme eines vielfältigen Ablaufs mit mannigfachen Übergängen darzustellen pflegt. Auch sind die dabei zu beobachtenden inneren Figuren, die bei den verschiedenen Konfliktversionen einander gegenüberstehen, nicht einfach „innere Objekte", die aus Introjektionen „äußerer Objekte" bestehen, sondern die Ergebnisse komplexer Abläufe: sie sind selbst Kompromißbildungen.

Doch worin besteht diese „Spaltung" des Selbst und des anderen?

Wie in den klinischen Arbeiten eingehend dargelegt wurde, führt doch eigentlich jede Abwehr schon an sich zu einer Spaltung des Selbsterlebens. Je schroffer die Abwehr ist, desto radikaler ist denn auch das Erleben der Spaltung. Der Ursprung jener radikalen Formen der „Spaltung", wie sie sich bei diesen schweren Neurosen beobachten lassen und von vielen heute mit einer eigenen und grundlegenden Abwehrform erklärt werden, muß vielmehr als Ergebnis komplexer Abwehrvorgänge aufgefaßt und kann am wirksamsten auch als solche behandelt werden. Absolute, aber widerstreitende Über-Ich-Forderungen in Form von Loyalitätskonflikten, absolute, aber im Widerspruch miteinander stehende Affekte und Wünsche, globale Identifizierung, globale Verleugnung/Verdrängung und massive Introjektion der Traumata wirken auf verschiedenen Ebenen der Genese und der Dynamik zusammen, um zu den Phänomenen der Spaltung des Selbst- und Welterlebens zu führen. Es handelt sich dabei nicht um einen besonderen Mechanismus, sondern um das logische Resultat der *Absolutheit*, der *Globalität*, nicht allein der Affekte, sondern der Identifizierungen, der Introjektionen und der deswegen nötigen Abwehrvorgänge, namentlich der Verleugnung *und* der Verdrängung. Absolutes verträgt sich nicht mit etwas anderem, das auch Absolutheit verlangt, globale Ansprüche schließen sich gegenseitig aus. Die Ich- und die Identitätsspaltung ist ein Ergebnis, nicht eine Ursache. „Spaltung" ist ein beschreibender, kein erklärender Begriff.

Zudem steht das Absolutheitsverlangen in direktem Widerspruch zum Bedürfnis nach innerer Einheit. Spezifischer ausgedrückt widerspricht der vom Über-Ich vertretene Totalanspruch und die ihm entgegengesetzte, von manchen Affekten und Trieben gezeigte Globalität, der inneren Nötigung (dem Trieb) zur psychischen Selbsterhaltung, also dem tiefen Bedürfnis nach Synthese. Beide Bedürfnisse – das *Absolutheitsverlangen* und das *Verlangen nach innerer Einheit* – gehören zum Wesentlichsten im Menschen und lassen sich wohl zu den psychischen Ursprüngen zurück verfolgen. Die Frage, wie sie gegeneinander in Widerstreit geraten, gehört zu den Problemen, deren Klärung oft voreilig behauptet wurde, doch weiterer empirischer Untersuchung bedarf. Beides sind eigentlich Bedürfnisse, die unter den Oberbegriff des Narzißmus fallen, doch durch ihn, wie erwähnt, beschreibend zusammengefaßt, nicht erklärt werden können. Vielleicht ist es am besten, es mit der Feststellung der Urtümlichkeit dieses Konfliktes bewenden zu lassen.

Von allen Faktoren sind es aber die *Absolutheitsforderungen des Über-Ich* (das kategorische Urteilen), die v.a. und immer wieder unmittelbar beobachtbar bei diesen Spaltungsvorgängen Pate stehen. Ein Über-Ich-Teil, der sich mit der Außenwelt verbündet hat und unablässig auf Anpassung und Konformität dringt, wird von einem andern Über-Ich-Teil, der z.B. auf seinen eigenen, mehr autonomen Werten beharrt oder sich stolz, ja anmaßend auf seine Ehre oder seine Rechte beruft, gestürzt. Dieser zweite, gewöhnlich regressive Über-Ich-Teil manifestiert sich in narzißtischen Phantasien und archaischen Ich-Ideal-Vorstellungen und in damit einhergehenden, oft massiven Selbstverurteilungen für alle Zeichen der Verwundbarkeit oder Schwäche. In diesem Kampf zwischen den „angepaßten" und den „regressiven" Über-Ich-Teilen, gibt es oft mehrere Zwischenstufen, Interimlösungsversuche mit einem Ineinanderblenden der beiden Über-Ich-Antagonisten.

Wiederum muß festgestellt werden, daß es wohl keinen Wiederholungszwang ohne die ausschlaggebende Beteiligung des Über-Ich gibt, und zwar im spezifischen Sinne von Konflikten innerhalb des Über-Ich, namentlich von Loyalitätskonflikten und Schuld-Scham-Dilemmas. Die gegensätzlichen Absolutheitsforderungen durch das Über-Ich versuchen über das Innere zu regieren, und die Kompromisse zwischen ihnen bestimmen weitgehend die Affekte, die Abwehrformen und die zugelassenen Triebbedürfnisse.

2.1.6 Das Opfer

„Die tragische Dichtung ruht auf der Opferidee," heißt es bei Benjamin.

In diesem Zusammenhang möchte ich auf eine Konstellation zurückgreifen, die sich beim Studium der Analyse Veras in der *Flucht vor dem Gewissen* herauskristallisiert hat und sich bei manchen Fällen mit schweren Neurosen wieder auffinden ließ: einem phobischen Kern mit Affektstürmen und radikal gefürchteten Objekten steht ein mythisches Schutzsystem, ein Glauben an allmächtige Beschützer gegenüber. Der Gespaltenheit des Erlebens entspricht eine Doppelheit von Symbolen des Schreckens und Symbolen der Erlösung. Diese Doppelheit muß schließlich zu radikalen und unversöhnlichen Wertkonflikten, zur gespaltenen Identität, zu Impulshandlungen nahezu ritueller Art und zu massiver Verleugnung und Umkehrung führen. Ich zitiere einige Ausschnitte daraus, die dies erläutern mögen:

> Angstobjekten und Angstsituationen gegenüber stehen immer solche gegenüber, die *Schutz* und Erlösung zu versprechen scheinen. Die Geliebten wie auch die Analyse werden als schutzgewährende Figuren zwangsmäßig – eben „süchtig" – gesucht, drohen aber immer in ihr Gegenteil umzuschlagen. Die Schutzfiguren weisen eine ebenso *totale und mythische* Qualität auf wie sie im Grund auch die Angstobjekte besitzen. Ihnen eignet die Macht des Beschützens nur dadurch, daß sie auch der Gewalttätigkeit und Grausamkeit fähig sind. Wie die numinosen Mächte der Religionen zeigen sie noch die deutlichen Spuren des Hasses und der Angst. Freud spricht von der *gefährlichen Heiligkeit* (*Totem und Tabu*, 1913, S.53)... Beide Aspekte setzen sich mit besonderer Mächtigkeit in *archaischen Über-Ich-Konstellationen*, die neben angepaßteren, milderen, weiterbestehen, fort. Dies muß notgedrungen zu massiven *Über-Ich-Spaltungen* und *-Konflikten* führen, d.h. zu Wert- und Idealkonflikten oft tragischer Dimension, gerade wegen der überwältigenden Intensität der darin enthaltenen Gefühle. Unter dem Einfluß dieser massiven Widersprüche im Über-Ich kommt es zu den typischen *Identitätsspaltungen*, den Doppelheiten in Selbst- und Welterleben... Der Wiederholungszwang gibt sich in dämonischen Einbrüchen gewisser Verhaltenssequenzen kund. Es sind nicht gewöhnliche Konflikte, die zu diesen Impulssequenzen führen, sondern ganz spezifisch solche, die verschiedene Über-Ich-Anteile in Widerstreit miteinander setzen. Das Vermeiden der Angstobjekte und das oft getriebene Suchen nach den Beschützern bedingt Handlungsabfolgen, die gewöhnlich impulsiver Natur sind und auch dem Außenstehenden den Eindruck einer plötzlichen massiven Persönlichkeitsveränderung, eben der *dämonischen Besessenheit*, vermitteln. Diese *Impulshandlungen* – das Jagen nach dem Geliebten, in anderen Fällen nach Drogen, nach Rache, nach Macht – tragen in sich den Keim der Vereitelung gerade dessen, was am meisten erstrebt wird – die Erlösung vom Angstdruck. Es ist ein integraler Teil des Impulsablaufes, daß er zur Niederlage führen muß. Diese Impulshandlungen besitzen einen besonders zwingenden Charakter und Ablauf... Ein ganz wesentlicher äußerer Ausdruck der Selbst- und Weltspaltung besteht in der Vordringlichkeit der Abwehrfunktionen... von Externalisierung/Projektion, der Wendung vom Passiven ins Aktive und ganz besonders der *Verleugnung*, der „Blendung" gegenüber der emotionel-

len Bedeutsamkeit weiter Anteile der Wirklichkeit… Oft beschreibt z.B. Vera die eklatante Verleugnung der Wirklichkeit durch beide Eltern, besonders ihren Vater: „…Ich bin das Ergebnis ihrer Verleugnung. Es gab und gibt keine annehmbare Weise, sich zu beschweren: das Ergebnis war immer, abgeschnitten und verurteilt zu werden und sich völlig ohnmächtig und erniedrigt zu fühlen – allein mit meiner ohnmächtigen Wut und voll Scham“ (953/954). Damit ist es aber auch wichtig, dass ihr eigenes Pochen auf die düstere Wirklichkeit von den andern nicht gehört, also verleugnet wird: „Das Wichtigste war, daß sie mich *nie hören konnten*“ (955) (S.119f.).

Die Patientin vergleicht sich selbst mit der Figur der *Kassandra*. Wie diese sagt sie, mit ihren Geschwistern, dem Vater: „Du hörtest uns nie zu“ (you never listened to us).

Es bestand ein totaler Mangel an Respekt für die Kinder und ihre Autonomie. Die Kinder mußten „verwaltet“ werden wie der Rasen. Die Gefühle und Bedürfnisse wurden nicht wahrgenommen. Wir waren kleine „scot puppies“, die ausgesandt wurden, die Eltern zu bedienen. Alles wurde auf den Respekt vor ihnen gestellt, nicht auf den vor uns. Jeder von uns war ein kleiner „ol'step-and-fetch-it“. So lange sahen sie mich nur als das fügsame, ängstliche Kind und waren dann sehr verblüfft, als ich mich als widerspenstig und eigensinnig entpuppte… (1013).

Ihre wirkliche Identität verfiel der Verleugnung.

In der Gestalt der Kassandra haben wir alle Elemente vereinigt: den Kern der Angst und die überflutende Qualität von Schmerz und Grauen, Ressentiment und doch Sehnsucht nach dem Beschützer, Idealisierung und Entwertung des Verbotenen/Heiligen, die Gottheit, die sich zu Fluch und Schrecknis wandelt, die Doppelheit von Wissen und der Weigerung, dem Verkündeten Glauben zu schenken. Damit ist es wiederum die Doppelheit der Wirklichkeit, also die Verleugnung der dunkeln Prophezeiung durch die anderen, aber auch ihre eigene Unfähigkeit, das Gute in der Gegenwart zu sehen und zu erleben – die den Depressiven typische Form der Verleugnung. Sie bäumt sich in einer Handlung des trotzigen Abschüttelns der Macht von Wissen und Gewissen auf. Schließlich ist es wieder die Mehrschichtigkeit der zugrunde liegenden Konflikte: Gatte und Geliebter, Mutterschaft und Prophetie, Verderben der Familie und Mitopfer bei der Schlachtung des Schlächters ihrer Familie. „Wer erfreute sich des Lebens, der in seine Tiefen blickt!… Schrecklich ist es, deiner Wahrheit sterbliches Gefäß zu sein“ (Schiller, *Kassandra*).

Dabei scheint aber ein ganz besonderes Motiv aus dem Dunkel hervorzuleuchten: die *Schlachtung der Kinder*. Es ist die Tötung der Geschwister, die als ein Hauptmotiv sowohl in der trojanischen wie in der mykenischen Szene mehrfach anklingt.

Dasselbe Motiv taucht überhaupt nicht selten bei den Patienten auf, eben als Kern von Phobien: die *Tötung der Kinder*. Obwohl dies Motiv eng verbunden ist mit dem Ödipuskomplex (tatsächlich Teil des Ödipus-Motivs, wurde doch Ödipus selbst von seinem Vater verstümmelt und in der Wildnis ausgesetzt), scheint es nicht ganz auf diesen reduzierbar zu sein und seine eigene Würde und Wichtigkeit zu besitzen.

Ich meine damit v.a. den Wunsch, eines der Geschwister, besonders eines, das jünger ist, zu töten, um dadurch Liebe, Macht und Sonderstellung als Kind (zurück) zu gewinnen, und die Furcht, dafür umgekehrt von den Eltern als Opfer geschlachtet oder zum mindesten ausgestoßen zu werden.

Dieses Opferthema bekundet und konzentriert sich im klinischen Syndrom eines *malignen Masochismus*, doch ist auch dieser das Ergebnis der Konflikte, nicht dessen Urgrund.

2.1.7 Pathos und „tödliche Wunde"

„Der Ursprung steht im Fluß des Werdens als Strudel und reißt in seine Rhythmik das Entstehungsmaterial hinein" (Benjamin 1928/1972, S.29).

„Pathos", ein Begriff, der von Aristoteles bei seiner Analyse der Tragödie immer wieder gebraucht wurde, bedeutet sowohl „Leiden" wie auch „Affekt". Beide Bedeutungen treffen auf unsere Patienten zu. Wir finden überwältigende Affekte recht eigentlich im Kern ihrer Persönlichkeit; sie bedeuten sowohl selbst Leiden wie sie auch Leiden und Katastrophen herbeiführen. Dabei sind es aber v.a. *als absolut erlebte Affekte*, die von den *Gewissenskonflikten* mobilisiert werden.

Andreas (*The hidden dimension*, Kap.9) entstammte einer streitzerrissenen Familie. In den Gebeten seiner Kindheit flehte er um Frieden in der Familie. Als 5jähriger wohnte er dem Unfalltod seines Spielkameraden bei, als dieser von einem Lastwagen überfahren wurde. Er war sich dabei nicht im klaren, ob er den Freund hätte retten können und ob er nicht selbst aus Neid und Eifersucht bei dessen Tod eine Hand mit im Spiele gehabt habe. Mit 19 Jahren erschoß er halb betrunken einen früheren Freund, der ihn als unmännlich verlacht und seiner (Andreas') homosexuellen Neigungen wegen gehänselt hatte; der Freund selbst hatte einige Jahre zuvor 2 Jugendliche, die ihn mit Schneebällen bewarfen, erstochen. Wegen Unzurechnungsfähigkeit wurde Andreas vom Morde freigesprochen, doch begann er nun eine lange Periode der Narkotikasucht, als ob er auf diese Weise für die ungesühnte Tötung büßen müßte. Mehrere Jahre darauf, schon zur Zeit, als er bei mir in Behandlung war, wurde er von einem Arbeitskollegen wiederum als Homosexueller verspottet, und auch diesmal versuchte er den Bedränger zu erschlagen. Mit seinen Faustschlägen brach er seine eigene Hand. Sein Gegner drohte ihn zu erschießen und fügte ihm auch schweren Schaden zu. Später, als ich die Fallbeschreibung (mit seiner schriftlichen Erlaubnis) zu veröffentlichen plante, besann er sich eines anderen, brach die Behandlung, die im übrigen bemerkenswert erfolgreich gewesen war, ab und bekannte im Methadonprogramm, daß er mir nach dem Leben trachte. Die Behandlung mit mir wurde abrupt abgebrochen, und er wurde seither anderwärts psychotherapeutisch betreut.

Der Sprung vom Gefühl der Kränkung und der Scham, namentlich in Bezug auf seine Männlichkeit, zur blinden, mörderischen Wut ist augenblicklich; das dadurch ausgelöste Ressentiment nagt an ihm, bis es zum explosiven Ausbruch kommt. Danach kann die Schuld über die begangene Tat zu einer unerträglichen Last werden, und doch führt die dadurch verstärkte Bedrücktheit und das Unwertgefühl zu neuen Handlungen des Verderbens und Verbrechens.

Dank mannigfacher therapeutischer Bemühungen arbeitet er, etwa 20 Jahre nach dem Mord und ungefähr 14 Jahre nach Beginn der Behandlung, soweit ich weiß, als ein tüchtiger Stadtangestellter, zwar noch immer unter Methadonbehandlung, doch sonst resozialisiert.

Die gewaltige Wut von Ödipus und Kreon, von König Lear und von Penthesilea, die verzehrende Machtgier von Lady Macbeth, die rücksichtslose Schöpferwut von Rubek und Solness, die absolute Furcht, abhängig und lächerlich zu werden, Macht und Unberührbarkeit zu verlieren bei Hedda Gabler – alle sind sie Beispiele dieser Doppelheit von „Pathos, pathema, passio“: als überwältigende affektive Motivkraft, als katastrophales Resultat eben jener Motive. Oder es „ist die große, unverzeihliche Sünde,… wenn man das Liebesleben mordet in einem Menschen“, aus Machtgier und Selbstsucht: „Ein Toter und zwei Schatten – das war die Frucht der Kälte“ (Ibsen, *John Gabriel Borkman*).

Es läßt sich sehr wohl sagen, daß diejenigen, die von solch vehementen Affekten und Triebstrebungen, insbesondere von Wut und Begierde, von Liebe und Sehnsucht, von Angst, Scham und Schuld beherrscht werden, einen *tragischen Charakter* aufweisen. Die Katastrophe ist die unvermeidliche Folge ihrer unkontrollierbaren Passion. Ein unabdingbarer Teil davon ist die Veräußerlichung: Die Neigung, eine äußere Katastrophe herbeizuführen, ist Teil dessen, was uns tragisch anmutet. Gerade was man am meisten befürchtet, bringt man durch die Vermeidung herbei: „Ach, das Lächerliche und Gemeine, es legt sich wie ein Fluch auf alles, was ich nur anrühre“, klagt Hedda Gabler. „Seine Abwehr beschwor herauf, was sie hätte abwehren sollen“, sagt Peter Szondi in bezug auf Basilius in Calderons *Das Leben ein Traum*. Laios und Ödipus sind paradigmatisch dafür.

Dabei ist äußere Katastrophe symbolische Repräsentierung der Selbstverurteilung und des *Urschmerzes*. Ist es nicht eben dieser Affekt des Schmerzes vor allem, der immer und immer wieder herbeigeführt werden muß? *Die Wiederholung des Schmerzes ist unzweifelhaft etwas ganz Zentrales*, sowohl in der Tragödie wie beim Patienten, der uns tragisch anmutet.

Andreas beschreibt eine ihn oft in seiner Jugend erfüllende Stimmung der Sinnlosigkeit, Trauer und Verlorenheit:

> Ich erlebe das Leben nur in tragischen Formen – als ob ich eine Novelle schriebe. Schon mit 8 oder 10 Jahren wanderte ich allein durch die Straßen, erfüllt mit einem Gefühl der Einsamkeit und des Gespenstischen (haunting feeling). Und daß es mich anzog, das war entscheidend, sonst hätte ich es doch vermieden. Es ist eine perverse Faszination: durch das „Ghetto“ [die Negerviertel] zu streifen, Betrunkene zu sehen, Whiskeyflaschen in den Seitengassen, den Blues zuzuhören. Es tönt sentimental, aber es war ein Herzweh [heartache] dabei, etwas Merkwürdiges, Spukisches, ein Schmerz und eine Traurigkeit, die die Luft erfüllte… Es trieb mich zum Alkohol und zu den Drogen, es trieb mich zu den Gefahren, es trieb mich zur Gewalt.

Hilda beschreibt, wie die Alkoholflasche einer Lebenslinie gleiche, eine Quelle der Stärke sei gegen eine überwältigende Trauer und Leere, ein Trost gegen das Gefühl der Unwürdigkeit. Sie überwinde ihre Scham für die Blockierung ihres künstlerischen Bemühens und beseitige das Gefühl des Versagens. Dahinter stehe eine unersättliche Sehnsucht – nach Liebe, nach Anerkennung, nach Verzeihung.

Bei manchen Patienten mit schweren Neurosen finden wir diese *unstillbare Sehnsucht, ein verzweifeltes Suchen* nach etwas, das ihnen helfen und Ruhe geben könnte. Es ist ein verzweifeltes Suchen, ein süchtiges Suchen, auch wenn es sich nicht um Drogen handelt. Man trotzt dabei Todesgefahr und Bestrafung. Diese Suche ist nicht so sehr eine „Heldenfahrt“ – a heroic quest –, sondern eher eine Flucht vor der innerlich erlebten *tödlichen Verwundung*, ein Bemühen, dem Abgrund von Trauer und Schmerz zu entrinnen, ein Bemühen freilich, das fortwährend zum Scheitern verurteilt ist. Ist es das, was Kierkegaard den „Pfahl im Fleisch“ genannt hat? Mag es wohl diese *tragische Wunde* sein, welche die „Ate“, die Göttin der Verblendung und des Frevels, heraufbeschwört?

Der Gegenstand der verzweifelten Suche mag eine archaische Imago oder Vision sein, ein Gesicht, das ganz spezifisch geprägte Antlitz einer unbekannten Gestalt, die sowohl als allmächtig beschützend wie als gefährlich bedrohend erlebt wird. Die Suche mag der Wiederbelebung einer „toten Seele“ gelten, dem Rückruf vom Reiche des Todes oder der Erweckung eines Verlorenen oder Seelisch-Toten und Stummen. Es mag dem Fahnden nach einer spezifischen Landschaft gelten, wie im Heimweh oder in den wiederkehrenden Landschaften unserer Träume. Oder aber der Gegenstand mag in den Werkzeugen der Macht und den Symbolen der Unsterblichkeit, der Dauer und Unverletzlichkeit bestehen – in Geld, in politischem Ansehen und Einfluß, im Ruhm, oder eben in der rachevollen Zerstörung anderer, dem wilden Zufügen von Leid.

Ziel ist die Verschmelzung mit einer solchen Figur der Allmacht und Allverzeihung, und damit auch die Beseitigung des Symbols jener Verwundung. Doch radikale Furcht und radikaler Schmerz rufen nach radikaler Gewalt, und die Vergeltung, befürchtet und herbeigeführt, ist gleichfalls radikal.

Es ist z.B. die zuvor beschriebene komplexe Konfiguration (die „Kassandra-Konfiguration“), die Konstellation von überwältigender Angst, von Grauen und Schmerz, gefolgt von der Suche nach Beschützern und nach Versöhnung, die mehr oder minder bewußt als jene „tödliche Wunde“, als die „tragische Verletzung“ erlebt wird und deren Folge *die Suche nach dem Absoluten* ist. Damit erreichen wir aber die Notwendigkeit der *Maßlosigkeit* und der *Grenzüberschreitung:* Wer nach dem Absoluten sucht, kann der Schranken der Wirklichkeit nicht achten, er muß sie zerbrechen. Dieses Verletzen der Satzungen von Natur und Kultur ist geboten; es geschieht nicht aus Willkür, sondern es erfolgt aus dem tiefsten Grunde, wenngleich dieser oft verborgen ist, aus dem Suchen nach dem Absoluten, das einem Schutz und Erlösung gewähren könnte. Doch damit wird es auch unweigerlich zur frechen Mißachtung der Grenzen und der Rechte der anderen: es ist *Hybris*.

2.1.8 Hybris

Das Übertreten der Grenzen, das Zerbrechen der Schranken kann sowohl das Größte wie das Schrecklichste bedeuten – Schöpfertum und Vereinigung mit dem Ideal, Vernichtung der Rationalität, der Liebe und des Rechtes. Und oft ist es beides zugleich – Ödipus, Prometheus, Orestes, Hamlet, Lear, Hedda Gabler, Solness, Rubek. In unseren Patienten finden wir die schmerzliche Mischung der schöpferischen und der anarchisch-tödlichen Aspekte: „Alles oder nichts! Ewigkeit, Ewigkeit, das ist das höchste Verlangen. Nichts ist wirklich, das nicht ewig ist", heißt es bei Unamuno (1921). Was sich diesem Drang entgegengestellt, muß und darf vernichtet werden.

Dies Zerbrechen geschieht immer im Dienste eines Ideals, was eben dem Protagonisten die Eigenschaft des Heroischen und Noblen verleiht – wie denn auch Ödipus zu Beginn der Kolonos-Tragödie seinen eigenen Adel betont, und es ist immer zunächst ein aktives Handeln, nicht ein passives Hinnehmen, wiederum ein bestimmendes Kennzeichen der hier anvisierten Fälle.

So schreibt Balzac in *La Peau de Chagrin:*

> Etwas unbeschreiblich Großes, Furchtgebietendes liegt im Selbstmord. Bei einer großen Anzahl von Menschen ist ein Sturz von keiner sonderlichen Gefahr begleitet; wie bei Kindern, die aus zu geringer Höhe fallen, als daß sie sich verletzen könnten. Wenn aber ein großer Mensch zu Fall kommt, dann saust er aus einer gewaltigen Höhe hernieder, er muß sich fast bis zum Himmel erhoben haben, und seine Blicke durften die Grenzen eines unerreichbaren Paradieses streifen; die Orkane, die sein Inneres durchtosen, müssen unerbittlicher Art sein, wenn er schließlich den Frieden seiner Seele von der Mündung eines Pistolenlaufes fordert (S. 13 f.)[5]

Wie Kaufmann (1969) betont hat, ist Hybris nicht Stolz, wie es in der christlichen Tradition angenommen wurde. Es handelt sich vielmehr um ein „anarchisches Zerbrechen der Schranken" („anarchical defiance of the bounds") und um „eine freche Mißachtung für die Rechte der anderen" („wanton disregard for the rights of others", in einer Formulierung von H. J. Rose; Kaufmann, S. 75 f.). Es bedeutet Anmaßung, ein hochfahrendes Übertreten der Gesetze von Natur und Staat, ein selbstgerechtes und sich selbst rechtfertigendes Brechen der anerkannten Normen. Auf diese Weise kommen wir zum Verständnis der *Hybris als einer Aggression im Dienste eines Ideals.*

Im „tragischen Charakter" wird *ein* Wert so übersteigert, daß dessen Verfolgung schließlich zur Niederlage des Helden und seines so zielbewußten Trachtens führen muß (it is tragically self-defeating). Es handelt sich dabei um einen „narzißtisch" übertriebenen Wert, eine Idee, ein Ideal, mit dem man sich völlig, absolut und radikal identifiziert hat, mit Ausschluß aller anderen, bewußt unterhaltenen Werte. Ein

[5] „Il existe je ne sais quoi de grand et d'épouvantable dans le suicide. Les chutes d'une multitude de gens sont sans danger, comme celles des enfants, qui tombent de trop bas pour se blesser; mais, quand un grand homme se brise, il doit venir de bien haut, s'être élevé jusqu'aux cieux, avoir entrevu quelque paradis inaccessible. Implacables doivent être les ouragans qui le forcent à demander la paix de l'âme à la bouche d'un pistolet" (S. 64).

solcher mit Ausschließlichkeit verfolgter *Wert* mag Ehre und Stolz, Ruf und Ruhm betreffen, er mag in der Aufrechterhaltung des göttlichen Gesetzes oder der Berufung bestehen, er mag der „Unberührbarkeit" und absoluten Selbstkontrolle (im Sinne auch der „impenetrability" durch Gefühle oder durch sexuelle Ansprüche anderer) gelten, er mag in Rache oder in kompromißloser Ehrlichkeit liegen, es mag sich um absolute Verläßlichkeit (trustworthiness) und Hinopferung handeln. Der plötzliche Umschlag von oft arroganter Wertverfolgung in katastrophale Lähmung und innere Verwüstung, diese *Peripetie*, ereignet sich dann, wenn der heroische Stolz zusammenbricht und nur das verwundete, hilflose, verwirrte Kind zurückbleibt, ein unverstandenes, gedemütigtes, besiegtes Kind.

Damit heißt es aber, daß alle *tragischen Konflikte* nicht nur archaischer, sondern letzten Endes „narzißtischer" Natur sind, und zwar ganz spezifisch an solchen, weitgehend unbewußten Konflikten, die eine *übermäßige Idealisierung* mit einbeschließen, teilnehmen.

2.1.9 Das Ressentiment

Neben den eben skizzierten narzißtischen Schutzversuchen gegen Schmerz, Angst und Konflikt – nämlich dadurch, daß man sich einem als absolut gesetzten Anspruch ganz hingibt, alles, was im Widerspruch dazu steht, leugnet, allen Widerstand dagegen zu brechen sucht – gibt es manche andere Weisen, wie *ein tragischer Zwiespalt überdeckt und verneint* wird. Dabei ist es kennzeichnend, daß dieses Bemühen der Verneinung, der Überkleisterung und der Verleugnung selbst in den Strudel des tragischen Geschehens hineingezogen wird, ja, daß es selbst, wie das Nichtwissen des Helden, die Agnoia, zur treibenden tragischen Kraft wird. Das gilt mit besonderer Prägnanz für das Gefühl und die Einstellung des Ressentiments.

Das Ressentiment ist eine Haltung, die dazu dient, dem tragischen Konflikt und dem tragischen Erleben entgegenzuwirken; doch ist es gerade eines der Merkmale des Tragischen, daß das, was der Abwehr dienen soll, das Gefürchtete herbeibringt. So wird denn das Ressentiment sowohl zur Abwehr gegen das Tragische wie auch zum oft wesentlichen und antreibenden Ursprung des Tragischen.

So war bei Vera auch dieser komplexe Affekt des Ressentiments kräftig mit im Spiele. Sie war völlig darin befangen, einem Manne gegenüber Liebe und Loyalität zu wahren, der sich ihr gegenüber abweisend verhielt, ihre Individualität verleugnete und ihr keine Aufmerksamkeit zu schenken vermochte – der ihr letztlich immer wieder den Spiegel vorhielt und das Schreckbild ihres eigenen höhnischen Gewissen zeigte. Was sich zuerst beim Vater abgespielt hatte, mußte sich nun in unabänderlicher Wiederholung bei jedem Mann, bei jedem Geliebten, und sogar an jeder Arbeitsstelle wiederholen. Auch die Übertragung auf mich wies natürlich Züge dieser als Idealisierung sich bekundenden Loyalität auf, hinter der sich die Wut darüber verbarg, daß ich sie, wie sie immer wieder wähnte, verurteilte und verachtete, daß ich also ihr ressentimentgeladenes Gewissen verkörperte.

Doch hielt sie dabei, einer Standarte gleich, den Ausruf des Protestes hoch: „Ich bin betrogen worden – I have been cheated!" Das doppelte Ressentiment von

Protest gegen außen und von Selbstschmähung verdeckte alles andere und bewirkte es, daß sie aus Schule, Arbeitsplatz und Liebesverhältnissen verjagt wurde.

Spezifisch haben Affekt und Stimmung des *Ressentiments* bei mehreren in *Flucht vor dem Gewissen* geschilderten Patienten die Rolle eines affektiven Knotenpunktes in der Charakterentwicklung gespielt, ganz ähnlich, wie die Angst oder der depressive Affekt bei manchen Patienten eine besondere Bedeutung in der Genese der Psychopathologie haben. Das Ressentiment spielt eine zentrale Rolle in der Dreiecksproblematik, v.a. im Ödipuskomplex. Während dieser Affekt, wie Max Scheler beschrieben hat, auf Neid, Eifersucht und Rachsucht bei einem Zustand der Ohnmacht, der Hilflosigkeit und der Beschämung beruht, ist er doch ohne einen Wertkonflikt nicht zu denken. Er ist auf dem Gerechtigkeitsideal aufgebaut und wird recht eigentlich *vom Gefühl der Ungerechtigkeit beseelt:* daß man weniger ist oder hat oder bekommt oder darf als einem mit Recht zustünde. Loyalität ist eine Art Gegenbegriff zur Gerechtigkeit, insofern sie einander bedingen.

Angeregt von einer gewaltigen literarischen Figur, Lagerkvists *Zwerg*, werde ich diesem Thema des Ressentiments ein eigenes Kapitel (Kap. 4) widmen. Dabei ist es eben dieses Thema der Absolutsetzung gewisser Werte und Gewissensforderungen, die den Menschen in tragische Verstrickung, nämlich zum Konflikt zwischen unvereinbaren Wertforderungen führt, die das Werk Pär Lagerkvists im ganzen bestimmt.

2.1.10 Die Sequenz

Es ist entscheidend, was in der Abfolge des Tragischen geschieht; die Jagd nach der absoluten Erfüllung *muß* scheitern, muß in der Katastrophe enden. Der innere Konflikt, der sich hinter der Vermessenheit verbirgt, *muß* offen ausbrechen und endlich zum Umschlag des einen Extrems ins andere führen: das maßlose eine wird zum maßlosen anderen. Doch bleibt es nicht beim Äußerlichen. Es ist der *innere* Werdegang, die innere *Peripetie*, die erst recht zum Tragischen führt. Damit haben wir einen Grundgegensatz innerhalb des Tragischen gefunden: es ist die Antithese der *Abfolge von äußerer Hybris zur Niederlage* einerseits, von *innerer Maßlosigkeit zum Schmerz, zur Verschuldung, zur schamerfüllten Zerknirschtheit* und damit zur *Belehrung und Einsicht* andererseits. Diese tragische Doppelsequenz in der Zeit ist der gemeinsame Weg des tragischen Helden und des Leidenden, der zur Behandlung kommt.

Doch die meisten weigern sich, sich dieser Tragik zu stellen und verfallen dem Antitragischen; sie bleiben in der Verblendung und dem uneinsichtigen Handeln stecken.

„Was soll der Mensch denn fürchten, dem nur blindes Los obherrscht und Vorschau nimmer hell gegeben ist? Am besten lebst du, wie du kannst, sorglos dahin", ist Iokastes Empfehlung.

2.2 Das Antitragische

2.2.1 *Die Psychophobie und das antitragische Vorurteil*

Ich beginne mit einigen knapp gehaltenen klinischen Vignetten: Ein 28jähriger Ingenieur wird von seiner Frau zur Konsultation gebracht, da er seit vielen Jahren mannigfachem Substanzmißbrauch gefrönt hat. Er ist sich bewußt, daß er, nach mehreren schweren Zwischenfällen, zwar auf seine Trunksucht verzichten muß, doch ist er weder willens, die andern Formen der Toxikomanie (Haschisch, Kokain) aufzugeben noch sich darauf zu besinnen, was *psychologisch* ihn seit seinem 14. Lebensjahr veranlaßt haben könnte, sich fast täglich auf die eine oder andere Weise zu berauschen. Er trinke, da es ihm Freude mache und einen so herrlichen Rausch („buzz") gebe. Marihuana brauche er, da er damit aufgewachsen sei, es sei lediglich eine soziale Gewohnheit. Und Kokain nehme er bloß aus Neugierde. Mit ihm sei nichts falsch, und er gedenke sich nicht in psychologische Behandlung zu begeben, noch mir seine Geschichte zu enthüllen, noch dazu Stellung zu nehmen, daß seine Frau über ihre Sexualschwierigkeiten und überhaupt über das drohende Scheitern der Ehe zutiefst unglücklich sei. Trotz ihres Flehens, etwas zu unternehmen, sagt er, das einzige, was nötig sei, sei die Wiederaufnahme seiner Besuche bei den Alcoholics Anonymous Meetings, das genüge, und mehr benötige er auch nicht – obwohl er das lange auch in der Vergangenheit und ohne Dauererfolg getan habe. Und dabei bliebe es.

Dies ist die bei Drogen- und Alkoholsüchtigen so überaus häufige Verneinung, daß überhaupt etwas mit ihnen falsch sei, und damit die völlige Blindheit gegenüber emotionellen Faktoren, namentlich gegenüber innerem Konflikt jedweder Art. Ich habe manchenorts darüber als *Psychophobie* gesprochen. Hier denke ich an etwas Spezifischeres, nämlich an die *Blindheit gegenüber dem tragischen Konflikt* überhaupt und gegenüber dessen Folgen. Dieses *antitragische Vorurteil* steht selbst im Konflikt mit der tragischen Dimension des Lebens, und manches davon, was ich bisher schon ausgeführt habe – v. a. das Ressentiment, aber auch die Verschwörung des Schweigens, die Berauschung, die wütende Gejagtheit ins Äußerliche und zum Handeln, auch etwa das Jagen von einem Sexualpartner zum anderen, wohl ebenfalls die täglichen kleinen Lügen wie auch im großen „die Lebenslüge" und der Mythos der Angepaßtheit – nimmt an dieser *antitragischen Strategie*, dieser *Veruntreuung des Tragischen* teil.

Seit mehr als einem Jahr sehe ich einen jungen Musiker, der wegen Drogengebrauchs (Methaqualon, Kokain, Marihuana) und dadurch bedingten Verkehrsvergehens) vom Gericht zur Psychotherapie „verurteilt" wurde. Bald verbringt er manche seiner Stunden mit dem Versuch, mich vom Wert der Astrologie zu überzeugen. Nicht alles könne ja wissenschaftlich bewiesen werden, es gebe Geheimnisse von Schwerkraft und Strahlung, denen zwar die Physik bislang nicht auf die Schliche gekommen sei, doch unwiderruflich in seinem Leben aufweisbar gewesen sei, habe er doch immer wieder in einem „flash" Recht gehabt, wenn er eine seiner ungezählten Freundinnen als Virgo oder als Skorpion oder als Schützen einzustufen vermocht habe. Der symbolischen Bedeutsamkeit und der *inneren* Wirklichkeit solcher

Wahrnehmungen und Zusammenhangsfindungen steht er etwa ebenso skeptisch und sich sträubend gegenüber wie ich seinen physikalistischen, konkretistischen Erklärungsversuchen. Jeder Ansatz, diesem „Wahn“ (der Patient ist keineswegs psychotisch) dynamisch auf den Sprung zu kommen, ist bisher erfolglos geblieben. Hinter der Frivolität und absoluten *Oberflächlichkeit* seines Denkens und seines nichtstuerischen, menschlich völlig unverbindlichen Verhaltens lauern die Dämonen einer unglücklichen Kindheit – Mißhandlung, Unverstand, ständige erfolglose Rebellion und zwanghaft anmutendes Unfugtreiben. Die düstere Dimension seines Lebens ist gleichsam ausgeklammert und durch Rock, Sex und Junk (Drogen) ausgeblendet.

Seit etwas über einem Jahr hatte ich einen jungen Mann, der mir ebenfalls wegen Kokain- und Alkoholmißbrauchs überwiesen worden war, in Analyse. Auch bei ihm war ich von der unglaublichen Oberflächlichkeit betroffen. Während mancher Monate handelte sich das Gespäch fast ausschließlich um eine nicht abreißende Kette von „dates“, „sexual encounters“, die ihn, wie es sich allmählich herausstellte, über den Verlust einer Geliebten hinwegtäuschen sollte, mit der er zwar nie auskommen konnte, wenn sie zusammenlebten, aber ohne die er auch nicht weiterleben konnte. Während langer Zeit empfand ich ihn als den oberflächlichsten Menschen, den ich je gekannt habe; alle seine Beschreibungen waren zweidimensional, die Nächsten bloße Kartonfiguren, seine Erlebnisse „cartoon-“artig.

Er war das verwöhnte, jüngste Kind, dessen beide Geschwister sehr viel älter sind. Er wurde von klein auf von seinen beiden arbeitstätigen Eltern sehr viel allein gelassen. Er erinnert sich, wie er oft von der Schule heimgekommen sei und dann die große Angst, im leeren Hause allein sein zu müssen, nur mit der „Begleitung“ des Fernsehens hinter verriegelten Türen zu ertragen vermochte. Jetzt ist es so, daß er wiederum zwangsmäßig eine Beziehung nach der andern verschleudern muß. Genau dasselbe passiert ihm mit den von ihm erfolgreich aufgebauten Geschäften.

Heute steht er vor dem Bankrott – eine Tatsache, die er mir und seiner derzeitigen Freundin über Monate verschwiegen hat und die auch bald zum Abbruch der Analyse (und deren Ersetzung durch nicht-intensive, v. a. stützende Psychotherapie) führte.

„Die Hauptsache in alledem ist es nun“, erkennt er schließlich,

> daß ich lerne, mich mitzuteilen, statt alles zu verstecken, willens zu sein, zu konfrontieren –. Ich habe mich immer davor gefürchtet, mit den Leuten zu sprechen, wenn ich mich am Boden (on the downside) befand. Viel hat mit dem Ich-Gefühl zu tun, mit Scham und Stolz. Es ist die allgemeine Angst, angeschrieen, gescholten, bedroht, erniedrigt zu werden, die mich veranlaßt, es auszuschalten (to block it out).

Es ist *Verleugnung aus Scham*, die sein Leben so sehr belastet. Er bekomme ein „hohles Flattergefühl“ (a hollow, butterfly feeling) über sich selbst, wenn er etwas Neues anpacken und einen Ausweg finden wolle. Er habe letzthin sogar zunehmende Angst, aus dem Haus zu gehen, das Haus sei seine Sicherheit (security blanket) geworden.

Die Intensität der globalen Verleugnung spreche für die Tiefe der dahinter verborgenen Angst, und die Scham sei meiner Meinung nach ein Teil dieser Angst.

Er fügt bei, seine vor kurzem verstorbene Mutter sei eine seiner besten Lehrerinnen in der Kunst der Verleugnung gewesen. Wenn er Schwierigkeit gehabt habe, habe sie ihn immer ermuntert, wegzureisen, das werde ihm schon helfen. „Sie lehrte mich: wenn es schlecht geht, laß die Dinge allein, geh weg! Ich lernte wegzurennen" (146).

Auf diese Weise ist es wohl schon möglich, nicht nur bei jedem Patienten, sondern auch in uns selbst, eine solche *Polarität* zwischen dem *Oberflächlich-Antitragischen* und der *inneren Tiefe in der tragischen Bewußtheit* zu entdecken. Die hauptsächliche Strategie, mit deren Hilfe man sich sowohl vor dieser Polarität wie auch vor den zugrundeliegenden tragischen Konflikten flüchtet, ist die Lüge.

2.2.2 Die Lüge

Die Lüge wird vom Lügner immer als ein Bollwerk gegen eine Angst und andere unliebsamen Gefühle errichtet, und zwar im Sinn, wie wir es bei Dilecta gesehen haben: „Ihr könnt mich nun nicht mehr erschrecken, verletzen oder täuschen, sondern jetzt werde ich euch täuschen und überraschen, da ich es bin, die von nun an die Geheimnisse verwaltet! Ich werde diejenige sein, die eine doppelte Wirklichkeit herbeiführt – eine verhüllte und eine offenbare!" Zu Prometheus, dem Aufrührer, gehört eben die verräterisch gleißende Gestalt der Pandora, „ein Übel, das die Menschen zärtlich lieben", „das Mädchen mit einem hündisch-schamlosen Sinn und einem verräterischen Charakter", „lügnerisch und von schmeichlerischen Worten", wie sie Hesiod schildert.

Doch was sind die Ängste, gegen die sich das Lügenwerk aufrichtet?

In jeder Schuld, in jeder Scham lauern tiefste und mannigfachste Ängste. So wäre also die Lüge eine Festung gegen das Gewissen? Sie ist es wohl, und ganz besonders gegen die Scham, in der die Angst haust, daß die eigenen Mängel, die eigene Schwäche und Verwundbarkeit offenbar werden könnte. Worin ist man aber am verwundbarsten? Bei der Enthüllung der eigensten und heimlichsten Gefühle. „Ich habe mich durchaus überzeugt", sagt Jarno (Montan) zu Wilhelm Meister,

> das Liebste, und das sind doch unsre Überzeugungen, muß jeder im tiefsten Ernst bei sich selbst bewahren, jeder weiß nur für sich was er weiß und das muß er geheim halten; wie er es ausspricht, sogleich ist der Widerspruch rege, und wie er sich in Streit einläßt, kommt er in sich selbst aus dem Gleichgewicht und sein Bestes wird, wo nicht vernichtet, doch gestört" (*Wilhelm Meisters Wanderjahre*, 2.9, Goethe, Bd. 18, S. 21).

Im Kerne solcher Überzeugungen bewegen sich doch die tiefsten Lebensgefühle, die den Kern unserer Identität ausmachen und unser Weltbild bestimmen:

> Comme les grands œuvres, les sentiments profonds signifient toujours plus qu'ils n'ont conscience de le dire. La constance d'un mouvement ou d'une répulsion dans une âme se retrouve dans des habitudes de faire ou de penser, se poursuit dans des conséquences que l'âme elle-même ignore. Les grands sentiments promènent avec eux leur univers, splendide ou misérable. Ils éclairent de leur passion un monde exclusif où ils retrouvent leur climat. Il y a un univers de la jalousie, de l'ambition, de l'égoisme ou de la générosité. Un univers, c'est-à-dire une métaphysique et une attitude d'esprit (Tiefe Gefühle

besagen – wie große Kunstwerke – immer mehr, als sie bewußt aussagen. Das ständige Vorhandensein einer Regung oder eines Widerwillens in einer Seele läßt sich in Gewohnheiten des Denkens und des Handelns feststellen und noch in Wirkungen aufspüren, von denen die Seele selber nichts weiß. Die großen Gefühle sind jeweils begleitet von ihrer Welt, mag sie glanzvoll oder jämmerlich sein. Sie erhellen mit ihrer Leidenschaft eine geschlossene Welt, die ihrem Klima entspricht. So gibt es eine Welt der Eifersucht, des Ehrgeizes, des Egoismus oder des Großmuts. Eine Welt – das heißt: eine Metaphysik und eine Geisteshaltung (Camus, *Le mythe de Sisyphe*, S. 26/S. 14 f.).

Also muß die Lüge vor der Bloßstellung der Gefühle bewahren, v. a. vor dem vertrauensvollen Sichhingebenwollen in Liebe, in Offenheit, in Achtung und Bewunderung; denn die unerwartete Enttäuschung und Zurückweisung kränkt zutiefst. Das heißt aber auch: Die Lüge schützt die Identität gegen Scham, und sie schützt einen Teil des Gewissens vor dem anderen.

Denn ist es nicht so, daß, wo immer Scham und Schuld sich finden, es auch eine Sache des Gewissens wird? Ist es also nicht die Kränkung durch das eigene Gewissen, der man durch die innere Lüge in die Quere kommen möchte? Weist man mit ihr als Waffe nicht den inneren Vorwurf der Schwäche oder des Vergehens von sich?

Darüber hinaus steckt demnach die innere Lüge immer in der äußeren Lüge. Man lügt, um sich vor der Enttäuschung zu bewahren, sehr stark vor der Enttäuschung über sich selbst. Die Wahrheit könnte einen sonst als mangelhaft, als schadhaft, als verletzt und als verletzlich, und insbesondere als ohnmächtig und hilflos enthüllen.

Doch ist es nicht nur die Beschämung, die man kraft der Lüge abweisen möchte. Noch ist es bloß das eigene Vergehen. Es ist ganz besonders das Gefühl der Ungerechtigkeit, also der Affekt des Ressentiments, den man durch die Macht der Lüge auszutilgen unternimmt.

Was ist dessen Hintergrund?

2.3 Das „zerbrochene Sollen“

„Meine Eltern sind eine Quelle unglaublicher Erniedrigung für mich. Alle die primitiven Gefühle, daß ich ein häßliches, lästiges, unbefriedigendes Kind, eine verächtliche Versagerin bin, brachen wieder aus“, klagt die unverheiratete, in ihren persönlichen Beziehungen immer wieder zutiefst enttäuschte Vera anläßlich der Hochzeitsvorbereitungen ihrer um manche Jahre jüngeren Schwester:

> Sie kann etwas haben, was mir nicht vergönnt ist. Nicht nur fühle ich mich betrogen, sondern ich bin überzeugt, daß ich nicht berechtigt bin, einen solchen Wunsch, selber glücklich zu werden, überhaupt zu hegen. Ich werde dafür bestraft und erniedrigt, nämlich dadurch daß ich ausgeschlossen [shut out] werde. Unwürdig und verschmäht muß ich durchs Leben gehen, ohne Hoffnung und Glück. Ein Teil von mir redet mir ein: Sieh, wie du betrogen und beschwindelt wurdest! Doch ein anderer Teil fühlt sehr stark: Du darfst nicht hoffen, wie konntest du je denken, daß dir so etwas erlaubt wäre?! … In der Mitte meiner Affektstürme wird alles absolut, aber meine Mutter übernimmt es von mir,

sie glaubt daran und zitiert es zurück, denn es entspricht ganz ihrem Denken, das sich auch zwischen solchen absoluten Gegensätzen bewegt.

Der eine Teil spricht von Rechtsanspruch, Rivalität und Sieg; er führt zur Schuld. Der andere spricht von Versagen und Schwäche; es ist die Stimme der Scham.

Doch in einem Krisengespräch anerkennen die Eltern, daß bei all ihrem Leiden und Aufbegehren Vera „ein tapferes und vornehmes Mädchen" (noble and brave) ist. Dies sind aber auch die beiden so überaus gewissenhaften, sich selbst gegenüber nur allzu strengen und unerbittlichen Eltern, die unter dem Unglück ihrer Tochter sehr schwer gelitten haben und noch leiden. Trotz all dem Wandel und all der Einsicht läßt sich fortwährend diese gewaltsame innere Stimme des Versagens und der Verzweiflung vernehmen. Und damit verfällt Vera auch stets von neuem der Wiederholung:

Ich wollte meines Vaters Aufmerksamkeit und bettelte darum, und doch mußte ich ihn von mir stoßen. Ich wollte meine Mutter aus dem Weg wissen, und muß mir nun jede Befriedigung im Liebesleben versagen und vergällen. Ich sehe mich stets von neuem als eine unannehmbare, mangelhafte Person, als eine Aussätzige [this overwhelming feeling of unacceptability, to be an incomplete person, a leper]. Ich fühle mich verurteilt. Wie sehr ich es auch versuche, die Hürden sind zu hoch. Ich will nicht ich sein, ich will mir entrinnen.

Die Scham über ihr eigenes Wesen übernimmt sie wieder und wieder:

Du verdienst kein Glück. Du bist keine ganze Persönlichkeit. Du hast nicht einmal das Recht auf den Wunsch, am Glück der anderen teilzunehmen. Ich sehe mich gerichtet [doomed], das ist meine tiefste Angst (1019).

Sie selbst zeichnete einmal die Verbindung zur tragischen Parallele, ohne natürlich die Worte in Schillers Gedicht zu kennen: „Freudlos in der Freude Fülle,/ Ungesellig und allein,/ Wandelte Kassandra stille/ In Apollos Lorbeerhain."

Viel habe ich in *Flucht vor dem Gewissen* über das in ihrer Gewissenhaftigkeit versteckte Ressentiment geschrieben und dabei im einzelnen herausgearbeitet, wie die bei ihr oft so überscharf hervortretenden Konflikte – die dreifachen „ödipalen" Dreieckskonflikte (für Vater und gegen Mutter, für Mutter und gegen Bruder, und für phallische Macht und gegen Vater), die „analen" Konflikte um Vereinigung und Liebe gegen Abgetrenntheit und trotzige Selbstbehauptung, sowie die „oralen" und „narzißtischen" Konflikte um die Maßlosigkeit und überwältigende Gewalt ihrer Affekt und Begehren – sich alle innerhalb des Gewissens und der Idealbildung widerspiegeln. Recht eigentlich kommt es im Laufe der Analyse dazu, daß alle Konflikte sich in ihrer Refraktion durch *Konflikte innerhalb des Über-Ich* darstellen, und zwar innerhalb der *Über-Ich-Übertragung:* als Absolutheit und Globalität ihrer Selbstverurteilung, als Scham-Schuld-Dilemma von scheinbar auswegloser Intensität, als unlösbare Loyalitätskonflikte zwischen manifesten und verborgenen Werten innerhalb wie auch außerhalb der Familie, und dies alles im Zusammenhang mit den Wünschen für Sieg in der Rivalität, für Selbstbehauptung und dafür, geliebt zu werden, und mit der Bestrafung für solche Wünsche.

Doch weise ich im jetzigen Zusammenhang auf ein anderes, diese Gewissensqual bestimmendes, also tieferes Element hin, das wohl einer wichtigen Entwicklungslinie von Scham – Ressentiment – Grausamkeit (sich selber und anderen gegenüber) (s. Kap. 4) zugrundeliegt: „Ich fühle mich beraubt; es ist alles so ungerecht!“ Ich denke an das *verletzte Rechtsgefühl*, an die das Innere durchwühlende, alles Denken und Wahrnehmen annagende Gewißheit: „Mir ist das Wesentlichste vorenthalten oder weggenommen worden, und dieses Unrecht ist gar nicht wieder gutzumachen.“

Ingmar wurde von seiner Schwester veranlaßt, sie nach ihrem schweren Autounfall beim Kauf eines neuen Autos zu begleiten. Dabei gelang es *ihm*, den Preis sehr herabzusetzen. Nachher rühmte sich die Schwester vor der Familie dieser Heldentat, ohne Ingmar irgendwelche Anerkennung zu zollen. Doch erwartet sie, daß er sie wiederum zum Autohändler begleitet. „Was immer ich tue [either way], tue ich falsch [I'm screwing myself] – wenn ich mitgehe, fühle ich mich gedemütigt und ärgere mich zutiefst, und wenn ich nicht gehe, fühle ich mich schuldig und bin wütend darüber.“ Dies ist das *Scham-Schuld-Dilemma*. Darunter liegt bei ihm, wie übrigens auch bei der von seiner Schwester in ihren lesbischen Verhältnissen ausgespielten Kindlichkeit (ihrem „baby talk“, ihrer Bezeichnung der weit älteren Geliebten als „Mommie“ – es erfüllt Ingmar mit Ekel und Verachtung, das auch nur zu erwähnen), sein eigener Wunsch nach hilfloser Abhängigkeit und Passivität, das verzweifelte Bedürfnis nach einer liebenden, sich um ihn echt und ehrlich sorgenden Mutter. Er schämt sich für die faktisch durch seine Angst und Drogensucht herbeigeführte Unselbständigkeit (207). Doch die trotzige Auflehnung und Ablösung, seine verzerrte Weise der Selbstwerdung, führt zu ebenso tiefer Schuldhaftigkeit – es ist der für die schweren Neurosen so bezeichnende Konflikt von *Abhängigkeitsscham gegen Trennungsschuld*. Auch bei ihm schwingt mit den Fragen von Schuld und Scham unweigerlich das Problem von Recht und Ungerechtigkeit mit.

Das Gewissen vertritt auf diese Weise zwei Skalen der Bewertung und damit des Rechts; man soll zugleich stark und schwach sein, zugleich sich als Mitglied der Gemeinschaft unterordnen und sein Selbst unwesentlich machen, und man soll unabhängig, selbstvertrauend, tüchtig und verantwortungsvoll sein. In der ersten Skala des Rechts – der *„Schuldskala“* – vermeidet man es, gegen die Rechte und die Integrität der Anderen zu handeln und damit zum „Verbrecher“ zu werden, man beugt der Bestrafung vor oder beugt sich ihr, und man erringt das Lob des Gutseins für den geleisteten und immer wieder bekräftigten Selbstverzicht. Die Belohnung dafür ist in ihrem Kern Liebe. In der zweiten Skala – der *„Scham-Skala“* – erringt man sich Respekt und Ehre für die Selbstbehauptung und Selbstbestätigung, die Autonomie von Willensentschluß und Tatkraft, von Leistung und Macht. Man vermeidet es, schwach und abhängig, passiv und „faul“ zu erscheinen, man darf kein Versager sein, man fürchtet sich vor der Gefahr der Unwichtigkeit, des Mangels an Respekt, des Verlustes der Anerkennung, und zuletzt der Unehre und der Schmach. Die zentrale Strafe für die Verletzung des ersteren Wertesystems ist die Beraubung von Freiheit und körperlicher Integrität, die zentrale Strafe für die Verletzung des letzteren ist Schimpf und Schande, Beschämung, Entehrung.

Oft werden für dieselbe Tat oder Haltung beide Skalen trotz ihrer inneren Gegensätzlichkeit gleichzeitig angewandt. Dieselbe Handlung wird sowohl zur Sünde wie zur Entehrung gestempelt, sowohl als Schwäche gebrandmarkt wie als eigenwilliges Verbrechen geahndet. Sie ist sowohl Verletzung der Rechte der anderen wie „Beschmutzung“ der Ehre, des idealen Selbstbildes. Sie bringt Schuld wie Scham mit sich. In welch größerem Zusammenhang steht nun aber dieses „zerbrochene Sollen“ – dieser *„kategorische Imperativ im Widerspruch mit sich selbst“*?

2.4 Der Zwang: die Kernkonflikte

Wie ich es in *Flucht vor dem Gewissen* herausgearbeitet habe, erwies sich die Konjunktion der folgenden 5 Konfliktarten als besonders aufschlußreich und therapeutisch wirksam:

Erstens erwies es sich als ratsam und praktisch hilfreich, den Ödipuskomplex etwas weiter, als er gemeinhin verstanden wird, zu fassen, nämlich als eine ganze Serie von *Dreieckskonflikten*, die sehr wesentlich auch die Geschwister miteinbeziehen können, also nicht allein Ödipus und Elektra, sondern auch Kain. Diese verschiedenen Dreieckskonstellationen gehen fließend ineinander über, doch ist auch so die ursprüngliche, positive Ödipuskonstellation dabei keine Monarchin, sondern eine „prima inter pares“.

Zweitens nimmt mit der Neuformulierung des Triebmodells, zu der uns die Erforschung der frühen Kindheit und eine schärfere Besinnung auf das, was beschreibend ist, gegenüber dem, was erklärend sein kann, zwingen, das Motivationssystem der *psychischen Selbstbehauptung* nicht allein eine eigene, von der Aggression weitgehend unabhängige Stellung ein, sondern man kann mit Daniel Stern auch annehmen, daß der Prozess der *Individuation*, also der Selbstwerdung, ebenso wie der des *Zusammengehörens* und der Bezogenheit, von Anfang an vonstatten geht. *Individuations- und Trennungskonflikte* schwerer Natur können – in zwischenmenschlicher, noch nicht in intrapsychischer Form – von den ersten Monaten des Lebens an beobachtet werden (Fraiberg). Sie sind auch später von gesonderter Bedeutung und unabhängig von den ödipalen Konflikten explorierbar. Die sogenannten analen Konflikte und die dyadischen Ambivalenzkonflikte, sowie die damit verbundenen schweren Aggressionen, scheinen Sonderformen solcher Individuationskonflikte zu sein. Der Trieb zur physischen *und* zur psychischen Selbsterhaltung scheint dabei ebenso tief und ursprünglich zu sein wie der Trieb zur Kontaktaufnahme und Anklammerung, und beide dürften auch unabhängig von den als Libido und Aggression verstandenen Grundtrieben sein (s. auch Lichtenberg, v. a. 1987).

Teil dieser Konfliktgruppe sind die gerade für die spätere Entwicklung so kennzeichnenden, oft schicksalsbestimmenden *Identitätskonflikte:* Der Wunsch, zu sich selbst zu stehen, ja, der innere Imperativ, sich selbst loyal zu bleiben, steht der ebenso tiefen Notwendigkeit gegenüber, sich dem Ganzen, der Gesamtheit der Mitwelt unterzuordnen und die Solidarität mit der Gemeinschaft nicht einzubüßen. So steht dem Spruch „Alles könne man verlieren, wenn man bliebe, was man ist" das andere Wort gegenüber: „Hätte sie sich weggewendet, Augenblicks verlör ich mich" (Goethe, West-Östlicher Divan, S. 64). Das Selbstsein bedingt das Miteinandersein, die Gemeinschaft mit dem anderen ist Grund und Boden für das Selbstsein.

Natürlich spielen hier entscheidend auch Über-Ich-Aspekte mit hinein, und doch läßt sich dieses „Man-selbst-sein-wollen" (to be oneself) bis zum Anfang des psychologisch beobachtbaren Lebens zurück feststellen. Übrigens ist der für Ödipus zentrale Wert, den er allen Drohungen zum Trotz beharrlich bis in seinen Untergang hinein verfolgt, gerade diese Suche nach seiner Identität (Cameron 1968).

Drittens sind Probleme der *Affektregulation* und Konflikte darüber nicht einfach auf solche der Triebkontrolle reduzierbar. Die *Affekttheorie* ist von der Triebtheorie unabhängig; Affektkonflikte sind nicht einfach Abkömmlinge von Triebkonflikten. Konflikte über *globale Affekte* führen zu psychischen Phänomenen, die oft als orale oder narzißtische Probleme beschreibend zusammengefaßt werden.

Viertens sind *Über-Ich-Bildung* und das Gebiet der *Loyalitätskonflikte* zwar eng mit frühödipalen Konflikten verknüpft, soweit es die *Schuld*seite betrifft. Das gilt aber keineswegs für die Entwicklung der *Scham*, die weitgehend unabhängig von der ödipalen Problematik erfolgt und z.T. in der Problematik von Identitätssuche und Zugehörigkeitsbedürfnis wurzelt, zum anderen auf einen 5. Kreis von Konflikten weist. Präödipale Über-Ich-Anteile sind also gerade bei der Dynamik der Scham von besonders großer Bedeutung.[6]

Globale Identifizierungen, globale Introjektionen und globale Verleugnungen haben mehr mit der herrschenden Grundeinstellung in der Familie, den Wertkonflikten dort, zu tun, als mit dem Ödipuskomplex. Da sie globaler Natur sind, haben eben auch die damit verbundenen Schuld- und Schamgefühle absoluten und (in ursprünglicher Form) diametral entgegengesetzten Charakter, nämlich als *Trennungsschuld* und als *Abhängigkeitsscham.*

Während im späteren Leben Schuld und Scham oft zusammenwirken – das gleiche Verhalten, die gleichen Handlungen oder Absichten können beide zugleich hervorrufen, je nach dem Gesichtspunkt, von dem aus das Urteil erfolgt – sind die beiden ursprünglich antithetisch: Scham bezieht sich auf Schwäche und Ohnmacht und Schuld auf Stärke und Macht. Trennungsschuld und Abhängigkeitsscham stehen zueinander im Gegensatz.

Bei den meisten Patienten, mit denen ich gearbeitet habe, spielen Loyalitätskon-

[6] Ich stimme sehr Cremerius (1984) bei, wenn er zunächst Müller-Braunschweig zitiert, „daß die Bedeutung des Ödipus-Komplexes für die Entstehung der moralischen Spannung [Stärke des Über-Ich] geringer sei als die Phase der Reinlichkeitsgewöhnung", und dann fortfährt: „Ich sehe darin ein Argument für die weit größere Strenge des analen Über-Ichs im Vergleich zu der des ödipalen" (S. 93). Er weist auf die Theorie der „präödipalen, vorväterlichen Formen des Über-Ichs" bei Jacobson, A. Reich, Beres u. a. hin (S. 95).

flikte neben dem Scham-Schuld-Dilemma eine besonders bedeutsame Rolle. Jeder Loyalitätskonflikt ist eine Art *Über-Ich-Spaltung*, die ungeheure Affekte hervorruft. Allgemein gesagt ist *Loyalität* mehr als eine Gebundenheit an ein „Objekt", mehr als eine gewöhnliche Objektbeziehung: sie setzt den anderen als geliebte Autorität über sich, der man die Treue wahren muß. Damit ist sie aber eine *Über-Ich-Bindung*. Gegensätzliche Loyalitäten zerreißen das Innere wie wohl kein anderer Konflikt. Da Loyalitäten im Grunde unbedingt sind und die Forderung absoluter, d.h. kompromißloser Treue erheben, wecken widerstreitende Loyalitätsansprüche, z.B. gegenüber sich zutiefst befehdenden Eltern, die tiefsten Ängste, das schärfste Ressentiment der Hilflosigkeit und eine Wut, die nur gegen innen gewendet werden kann. Es gibt aber auch so etwas wie eine Loyalität zu sich selbst, wohl zunächst zu den eigenen Gefühlen und Wünschen, später zu den Idealen und Werten. Im Loyalitätskonflikt zwischen zwei Eltern wird die Loyalität sich selber gegenüber zuerst aufgeopfert. Wie kann „das kleine wirkliche Ich" anders als verwirrt und versteckt sein?

In diesem Zusammenhang soll schließlich noch erwähnt werden, welch zentrale Rolle das Gerechtigkeitsbedürfnis und die tiefe Verwundung durch empfundene Ungerechtigkeit sowohl für den Aufbau des Über-Ich wie für dessen Auseinanderbrechen im Konflikt spielen. Das Verlangen nach Gerechtigkeit entsteht früh und kann in seiner inneren Macht und Folgenschwere überhaupt nicht überschätzt werden.

Fünftens lassen sich von sehr früher Zeit an stärkste Bedürfnisse beobachten, die nach der *Erfassung des Neuen* streben, also Impulse *faszinierter Neugier* und der *Suche nach dem „Interessanten"*. Parallel damit gehen intensivste Bedürfnisse, sich der Umgebung mitzuteilen, sich ihr mit Augen, Stimme und Mimik anzuvertrauen, und die Erwartung, auf solches Aussichherausgehen entsprechend freudige Antwort zu erhalten. Vor allem werden dabei Affekte mitgeteilt und empfangen. Die Affektübertragung ist eine der wesentlichsten und äußerst frühen Mitteilungsweisen. Ich nannte diese beiden Grundbedürfnisse der Neugier und des Sichausdrückens in der *Mask of shame* „Theatophilie" und „Delophilie".

Dabei werden, wie unter der 3. Konfliktgruppe angeführt, die Überschwemmung mit den Affekten anderer, die kalte Abweisung der eigenen Gefühle durch die Umwelt und die Bombardierung mit wilden Reizungen zu großen Gefahren, und zwar nun eben, wie es durch die Modalitäten von Wahrnehmung und Selbstausdruck, v.a. durch Auge und Mimik geschieht. Dies ist eine besonders frühe Form zuerst äußerer, später verinnerlichter Konflikte. Diese zeigen sich später in grundlegenden und radikalen Störungen der Kommunikation und in der allgemeinen Angst vor der eigenen Gefühlswelt („Psychophobie"), in weniger schweren Störungen in Form der Hemmung von Neugier, Ausdrucksfähigkeit und Mitteilfreudigkeit, sowie in der Prädominanz von Scheu und Scham in allen mitmenschlichen Beziehungen.

So gewagt es auch erscheinen mag, denke ich, daß die dieser 5. Konfliktgruppe zugrundeliegenden Motivkräfte das spezifische menschliche Bedürfnis nach *Symbo-*

lisierung, nach *symbolischer Erfassung* und nach *Symbolschaffung* mitbeinhalten. Die Sehnsucht nach der Sinngebung, die im späteren Leben so dominant wird, kommt nicht aus dem Nichts, ist nicht etwas Abgeleitetes, noch ist das Symbolisieren nur auf das Kognitive beschränkt. Wir haben gesehen, wie in protosymbolischer Form das Metaphorische auf die Übertragung der sinnlichen Form aus einer sensorischen Modalität in die andere „zurückzuführen" ist (s. Kap. 1, *Flucht vor dem Gewissen*); die Gemeinsamkeit beider Vorgänge ist frappant, deren Gleichsetzung freilich noch spekulativ. Trotzdem sehe ich keine Ursache, diese enorme Kraft der Symbolbildung nicht auch als einen besonders wichtigen menschlichen Trieb zu betrachten, eine eingeborene Macht, die ständig mit den Gewalten roher Affekte und sexueller und aggressiver Triebe in Konflikt geraten muß.

Zu welchem Ausmaß das Symbolische späterhin gerade auch der *Abwehr* und den *Über-Ich-Funktionen*, nicht nur den autonomen Ich-Funktionen dient, zeigt die Gleichsetzung des Mythischen mit dem Primärprozeß: das Neurotische kann recht eigentlich als die Ausstülpung des Primärprozesses auf die Erfassung der Welt um uns betrachtet werden.

Es sei schließlich noch erwähnt, daß *The hidden dimension* v. a. der 3. Konfliktgruppe, *The mask of shame* der 5. Konfliktart und *Die Flucht vor dem Gewissen* den ersten 4, mit besonderer Betonung der 4. Gruppe gewidmet war.

Alle 5 Bereiche haben ihre eigene Entwicklung, sind unabhängige Problemgruppen mit gesonderten Lösungsversuchen, die nebeneinander her verlaufen und weniger Phasen als oft *parallele Aufgaben* vorstellen, auch wenn diese Bereiche sich gegenseitig beeinflussen mögen und sich in der Entwicklung immer verschränken. Bei den schweren Neurosen sehe ich Konflikte in allen 5 Bereichen, ohne einem wirklich den Vorzug geben zu können.

Der Wiederholungszwang ist kein erklärender, sondern ein beschreibender Begriff; er bezieht sich auf den Versuch, auf symbolische Weise eine Regulation und Konfliktlösung zu erzielen, die sich als unmöglich herausstellt, da die Affekte und die von diesen bestimmten oder mit ihnen eng verbundenen Triebbedürfnisse, Abwehrformen und Über-Ich-Forderungen unvereinbar und global sind, und da deshalb denn auch die ständigen Bemühungen, sie in Symbolen auszudrücken, scheitern müssen. Insbesondere bedeutet der Wiederholungszwang recht eigentlich einen Aufstand gegen das Gewissen, der niedergeschlagen wird, eine Flucht vor dem Gewissen, die mißlingt und zu einer scheinbaren Versöhnung mit dem Gewissen führt, die jedoch heuchlerisch und von nur vorübergehendem Bestand sein kann. Er stellt im Grunde eine Abfolge von Lösungen zu Loyalitätskonflikten dar, wobei tiefe Aggressionen im Dienste widerstreitender Loyalitäten mobilisiert und vom Ressentiment angetrieben werden.

In bezug auf die Auslösung der Impulshandlungen – also auf den Wiederholungszwang – sprach ich den Loyalitätskonflikten eine kommandierende Stellung zu. Damit behaupte ich aber nicht, daß diese nun *den* Kernkonflikt darstellen. Alle 5 Konflikte sind Kernkonflikte der Neurose und immer mehr oder weniger gleichzeitig gegenwärtig und wichtig. Sie bestimmen das Ausmaß eben der *Zwangmäßigkeit*, der *Polarisierung* und der *Verabsolutierung*.

2.5 Das Tragische und das Problem des Narzißmus

Heinz Kohut stellte den „schuldigen Menschen“ dem „tragischen Menschen“ gegenüber. Der „schuldige Mensch“, der im Ödipuskomplex Verstrickte, ziele auf die Befriedigung seiner Triebe ab, lebe innerhalb des Lustprinzips und befinde sich in Konflikt mit seinem Über-Ich. Der „tragische Mensch“, der mit den narzißtischen Problemen des „bipolaren Selbst“ Ringende, versuche demgegenüber das Muster seines innersten Selbst auszudrücken, er sei bestrebt, über das Lustprinzip hinauszugehen, um einem Grundplan seines Lebens gerecht zu werden.[7] Es ist wohl unmittelbar klar, daß diese Gegenüberstellung als Entweder–oder von tragischem und schuldhaftem Erleben (oder Leben) nicht nur meinen früheren klinischen Ausführungen (in *Flucht vor dem Gewissen*), sondern ganz besonders auch der gesamten im nächsten Kapitel studierten Literatur über die Tragödie und das Tragische widersprechen muß. Dabei sei ganz abgesehen von der wunderlichen Sicht des Ödipusmodells als des Nichttragischen, während das Narzissusmodell als das Tragische dargestellt wird. Ist das nicht eine Verkehrung des wirklichen Sachverhaltes?

Der grundsätzliche Irrtum besteht in seiner falschen Dichotomisierung in bezug auf Erleben und Verstehen von Narzißmus und Konflikt – als ob diese beiden gegensätzliche Begriffe wären. In Wahrheit gehören sie innig zusammen: Die unbewußten Konflikte haben gewöhnlich narzißtische Aspekte, und die Phänomene des Narzißmus sind selber Ausdruck intensivster unbewußter Konflikte.

Dennoch ist es offenkundig, daß eine enge Beziehung besteht zwischen Narzißmus und jener Qualität des Tragischen, die wir im Schicksal und dem Erleben der meisten von mir als schwere Neurosen beschriebenen Fälle antreffen. Doch worin besteht diese Zusammengehörigkeit?

2.5.1 Hybris und Narzißmus

Um der Beantwortung dieser Frage näher zu kommen, greife ich das zuvor schon kurz betrachtete und in der geschichtlichen Übersicht immer wieder zu erwähnende Phänomen der Hybris auf. Wir sahen, in welcher Weise diese eine Sache der rücksichtslosen Durchsetzung eines *überwerteten* Zieles ist, die mit einer Verletzung aller Schranken im Dienste eines derartig monoideistischen Strebens einhergeht. Und dies ist im Grunde ein narzißtisches Phänomen. Die fanatische *Einseitigkeit*, die unwiderstehliche *Übersteigerung eines Wertes ins Totale und Absolute*, die frevelhafte (outrageous) Übertretung – all das gehört ins weite Gebiet des Narzißmus. Diese Hybris *muß* zu innerer Schuld und zu äußerer *Nemesis*, also Vergeltung und Erniedrigung führen. Auf diese Weise kommen wir zum Verständnis der *Hybris als einer Aggression im Dienste eines Ideals.*

---

[7] „... the realization, through his actions, of the blueprint for his life that had been laid down in his nuclear self... Tragic Man's striving to express the basic patterns of his self...“ (1977, S. 133).

Das Tragische bezieht sich damit, als Thema mit Variationen, auf nichts weniger als die enorme, die Menschheit begleitende Saga von Versprechen und Drohung *exzessiver Idealisierung*, eines „Ereignisses“, das so packend, so inspirierend und so katastrophal ist wegen des unvermeidlich mitbegleitenden Verrates. Ich vermute, daß es diese Einseitigkeit des Wertetrachtens und Idealbestrebens ist, die in der Tradition seit Aristoteles als *„Hamartia“*, als verhängnisvoller „Fehler“ des tragischen Helden angeschaut wird. Es handelt sich dabei also nicht um einen moralischen oder intellektuellen Fehler, sondern um einen auf einer anderen Ebene befindlichen – um die *zwanghafte Einseitigkeit der narzißtischen Überbewertung* (the *compulsive onesidedness of narcissistic overvaluation*), um den Verlust der Perspektive im Dienste dieses narzißtischen Zweckes, dem nun alles andere als Mittel aufgeopfert werden *muß*. Er liegt auf der Ebene der inneren Kräfte, der unbewußten Motive; es ist ein *dynamischer „Fehler“*, eine psychologische Bestimmtheit, die *frei* den Wert wählt und *frei*, dem gewählten Ideal entsprechend, die *tragische Wahl* trifft, doch *unfrei* beide Wahlen ins Absolute übersteigert und damit zuschanden kommen muß.

So besteht dann letztlich der Konflikt nicht *zwischen* Werten, sondern zwischen der *Exzessivität*, dem *Narzißmus des Werterstrebens*, und der *verpersönlichten Welt der Schranken und des Maßes*, wie sie veräußerlicht erlebt wird, sowohl vom Patienten wie vom tragischen Helden. Sie müssen immer *handeln;* die Veräußerlichung, die Wichtigkeit des Handelns ist immer dabei und muß auf den Akt der Hybris hinsteuern. Als Symbole dieser Macht der Beschränkung und damit der Vergeltung treten dabei das Schicksal oder das Verhängnis auf, das göttliche Gesetz und die Gerechtigkeit, oder dann die Göttin der *Nemesis*, die mit ihren Dienerinnen, den Furien oder Erinnyen, als *Rache des Schicksals* erlebte Antwort auf die Herausforderung sind. Es handelt sich um das, was wir klinisch als *veräußerlichte* Schuld oder Scham über die Übertretung der Tabus *im Dienste des betreffenden Wertes oder Ideals* bezeichnen würden (s. Dodds, obgleich dem Snell scharf widersprechen würde).

Man kann dies auch so formulieren: Es handelt sich beim tragischen Geschehen, namentlich bei dem unter dem Begriff Hybris verstandenen Vorgang, um sich gegenseitig bedingende *Absolutsetzungen:* nicht nur wird ein Ideal absolut gesetzt und auf Kosten aller anderen Werte durchgesetzt, sondern auch die Affekte, die durch ein so bestimmtes Handeln und dessen Folgen hervorgerufen werden, sind entsprechend überwältigend, global, eben in dem Sinne absolut, namentlich Scham, Wut, Schmerz und schließlich ganz besonders auch das Schuldgefühl. Die Abwehr der durch die Absolutsetzung eines Idealbildes verursachten Konflikte zeigt dieselbe radikale Qualität. *Absolute Idealsetzung bedarf absoluter Verleugnung* dessen, was nicht dazu paßt.

Damit wird aber auch gesagt, daß alle 3 Strukturen der psychoanalytischen Theorie in diesen Fällen einen derartigen Absolutheitscharakter aufweisen müssen: das Über-Ich, nämlich das lebensbestimmende Ideal wie das selbstkritische und selbstverurteilende Gewissen, das Es, nämlich die Aggression im Dienste jenes Ideals und wohl die Affekte selbst[8], und das Ich, nämlich die Abwehrfunktionen.

[8] Bisher hat die psychoanalytische Theorie die Affekte als Ich-Phänomene betrachtet. Ich glaube, daß die Frühkindheitsforschung der letzten 10 Jahre eine solche Annahme nicht mehr erlaubt.

All dies wird, wie ausgeführt, unter dem Begriff des Narzißmus zusammengefaßt. Doch dies erfordert einige zusätzliche theoretische Gedanken (s. für Details: *Flucht vor dem Gewissen*, Kap. 6 und 10). Vor allem ist Narzißmus ein beschreibender, kein erklärender Begriff, wirklich eine zusammenfassende Metapher, die einen ungemeinen Umfang aufweist. Sie umgreift: das Selbstgefühl überhaupt, die Überschätzung von anderen oder sich selbst (und im gegenwärtigen Zusammenhang von Idealen und Werten), den Anschein von Unverwundbarkeit und Abweisung, die Verachtung, gepaart mit großer Empfindlichkeit, das Bedürfnis nach Macht und Furcht vor Ohnmacht, die Phantasie, daß einem alles gegeben und erlaubt sei, und schließlich auch noch die Perversion, sich selbst als Sexualobjekt zu behandeln.

Wenn alles Metapsychologische abgeschält wird, und alle Inferenzen und Konstruktionen ausgeklammert werden, versteht man unter Narzißmus die Auflösung gewisser Grenzen in Wert, Wahrheit und Handlung. Er bezieht sich auf ein *Zuviel*, ein Zuviel an Machtanspruch oder Selbstgefühl, an Liebe oder an Haß, ein Zuviel an Wertschätzung des anderen oder an Selbstbewunderung. Damit gebraucht man ihn als einen *quantitativen* Begriff. Zum mindesten wie er heute in der Praxis und in der Literatur angewendet wird, ist der Narzißmusbegriff ein *Maßurteil* und bezieht sich auf etwas *Unmäßiges* oder *Maßloses*.

Narzißtische Probleme und Störungen involvieren immer ganz zentral Über-Ich-Konflikte. In klinischer Hinsicht finde ich es von größerer Hilfe, narzißtische Konflikte als Ergebnisse von Über-Ich-Konflikten zu behandeln, anstatt umgekehrt die narzißtischen Störungen als den strukturellen übergeordnet anzusehen. Die Abwehrmaßnahmen gegen innen und außen sind dementsprechend gleichfalls absolut, ob nun in Form der Wendung gegen sich selbst, der Wendung vom Passiven ins Aktive, des Rückzuges und der Aufgabe alles Interesses. Die narzißtischen Phantasien, Ansprüche und Charakterhaltungen werden eingesetzt, um Schutz gegen diese unerträgliche Selbstverurteilung zu bieten. Der klinische Narzißmus ist eine vielfältige Abwehrstrategie gegen ein mit Absolutheit regierendes Über-Ich.

Die Wertstruktur, die dem Über-Ich als Idealsystem zugrundeliegt, und die Macht- und Aggressionstriebe, die ihm zur Verfügung stehen, weisen dies archaische Merkmal der Übersteigerung auf. Je mehr dieses Idealsystem auf absolut gesetzten Gefühlswertungen beruht, um so apodiktischer sind auch seine Forderungen und um so intensiver und maßloser werden seine Macht- und Aggressionsansprüche durchgesetzt. Je schärfer damit die Mißbilligung und Verurteilung ist, um so tiefer muß die Sehnsucht nach Billigung und Verzeihung sein, und um so stärker ist das Bedürfnis nach Schutzfiguren und Schutzsystemen. Mehr und mehr tritt, wie ich im Zusammenhang mit der „Kassandra-Konfiguration" erwähnt habe, der Wunsch nach Liebe in den Dienst dieses Bedürfnisses nach einer schützenden und vergebenden Machtfigur, die dem inneren Richter in die Arme fallen könnte und dem Henker sein immerfort drohendes Schwert entwinden würde.

Die Furcht vor jenem übersteigerten Verurteiler und Verächter, die Sehnsucht nach diesem übermäßig benötigten Beschützer, einer Art Verzeihung gewährender Gottheit, die unmäßigen Gefühle, die mit Erwartung, Enttäuschung und Furcht verbunden sind, und die mannigfachen Weisen, wie diese Konflikte in oft verzweifelten Versuchen gemäßigt werden, ergeben den Inhalt des klinischen Narzißmus. Dieser ist demnach eine Kompromißbildung zwischen jenen globalen Affekten, den von ihnen beeinflußten Trieben, der infolgedessen übersteigerten Über-Ich-Forderungen und -Idealsetzungen, und der Abwehrvorgänge, hauptsächlich in Form von Wendung vom Passiven ins Aktive, Wendung gegen die eigene Person, und globaler Identifizierungen. Er ist nichts Einfaches, nichts Grundlegendes, nichts Primitives und Erklärendes.

Schließlich muß noch eines Über-Ich-Anteils gedacht werden, der ebenfalls derart überhöht, also im beschreibenden Sinne narzißtisch ist: der Gerechtigkeitsanspruch. Jene Wunde ist doch im Grunde auch ein tiefes Gefühl der Ungerechtigkeit. Wenn man einen hohen Wert verfolgt, oder in den einfachsten Worten: wenn man „gut" ist, soll man doch auch belohnt werden. Im tiefsten ist es doch überhaupt so, daß das Kind das Recht fühlt, sowohl geliebt wie auch respektiert zu werden, und die Versagung des einen oder beider wird als Ungerechtigkeit gefühlt. Nicht liebeswürdig und nicht respektwürdig zu sein – das schafft massive Scham, und eine der wichtigsten Folgen der tiefen Scham ist das Ressentiment.

2.5.2 Absolutsetzung, Spaltung und Zwang

Das (aus den klinischen Betrachtungen gewonnene) tragische Grundgesetz besteht in der Behauptung, daß man gerade das herbeiführt, was man am meisten befürchtet und zu meiden versucht. Und wie erfolgt das? Durch Übersteigerung der Verfolgung *eines* Ideales, das allen anderen weit vorgezogen und absolut gesetzt wird. Wozu führt das? Zur nach der „Natur der Dinge" unzulässigen Mißachtung anderer Ideale, zur tragischen Wahl und damit zur Verletzung von Verpflichtungen, einer Verletzung und Übertretung, die einen der Verurteilung durch Schuld oder Scham (oder beidem) anheimfallen läßt.

Im tragischen Erleben steht das ganze Dasein unter dem Schatten *unlösbarer Gewissens-, Wert- oder Loyalitätskonflikte* oder wird vom Antagonismus zwischen *innerer Notwendigkeit* und *äußeren Beschränkungen* zu Kampf und Leiden verurteilt. Aus diesem inneren und oft auch äußeren Widerstreit, aus diesem Ringen und Leiden erwächst die *tiefere Einsicht*, ohne daß jedoch die als absolut erlebten Gegensätze versöhnt und das Leiden schließlich aufgehoben werden könnte.

Damit wird aber die Absolutheit, das Kennzeichen des Narzißmus, sowohl des Trachtens nach dem Ideal wie der darauf folgenden Verurteilung, zum entscheidend wichtigen tragischen Kriterium. Mit solcher Verabsolutierung geht aber unweigerlich etwas anderes einher: die Verleugnung dessen, was nicht zum Ideal paßt. Solche Verleugnung muß sich schließlich rächen. Die Gegenideale, die Gegenwerte, die Gegenidentität müssen ebenso absolut werden wie es die verleugneten Ideale und Werte sind, die das tragische Wesen und die tragische Tiefe des Daseins ausmachen. Damit nimmt paradoxerweise die Verleugnung selbst eine tragische Bedeutung an. Das Entrinnen wird wiederum zum Verderben, die Oberflächlichkeit zur Tiefe des Leidens. Es ist die unvermeidbare Dialektik dieses Gegensatzes.

Das Ergebnis dieser doppelten Absolutsetzung – der Verabsolutierung des Ideals und der der Abwehr, v.a. der Verleugnung – ist das, was als „Spaltung" beschrieben wurde. Ich wiederhole kurz, was ich darüber in *Flucht vor dem Gewissen* abschließend gesagt habe: Das Phänomen, das heute gemeinhin als „Spaltung" bezeichnet wird, besteht darin, daß die eigene Person und die wichtigen Personen in der Umwelt entweder als absolut gut oder als absolut schlecht erlebt werden; die Zuschreibung solch totaler Eigenschaften kann sich sprunghaft wandeln. Das absolute Entweder–oder wird immer wieder aktiv herbeigeführt. Es ist ein wesentlicher Teil der Impulssequenzen und damit der Phänomene des Wiederholungszwanges. Gerade in sozialen Interaktionen ist die Beobachtung solcher „Spaltungen" sehr wertvoll. Vom mythischen Denken her ist es wohl bekannt, wie sehr es immer ein emotionelles Bedürfnis des Menschen gewesen ist, gut und böse absolut zu scheiden. Sowohl aus der sorgfältigen Über-ich- und abwehr-analytischen Arbeit wie aus der Erforschung der frühen Kindheit ergibt es sich, daß diese „Spaltung" ein beschreibendes, nicht ein erklärendes Konzept ist. Klinisch mag man von diesen Phänomenen als Anfangspunkt ausgehen; sie stellen kein Grundelement der mutativen Deutung dar. Es ist der übereilte Sprung von der Beschreibung zur Erklärung, der einen den Blick vom Zentralen abwenden läßt und darüber hinaus eine therapeutische Grundhaltung, die der Konfrontation, bestimmt, welche *auf lange Sicht* dem inneren Wachstum des Patienten weniger zuträglich sein dürfte als die sorgfältige Untersuchung der komplizierten Dynamik *hinter* den Phänomenen. Gewöhnlich ist es ein Sturm intensiver („globaler") Affekte, der eine solche „Spaltung" akut herbeiführt. Ich habe schon dargelegt, daß jede Abwehr zu einer Spaltung des Selbsterlebens führt, und daß, je schroffer diese Abwehr ist, um so radikaler auch das Erlebnis der „Spaltung", des radikalen Entweder–oder, und damit auch der Polarisierung von Wertsetzung und Erkenntnis sein muß.

Als drittes kommt zur Absolutsetzung und zur Polarisierung die als überwältigend empfundene Zwanghaftigkeit hinzu. Mit der Extremfassung und Polarisierung der hauptsächlichen Konflikte und damit auch der Ausgedehntheit der Abwehrvorgänge wächst die Provinz des Unbewußten, dessen, was in der Klarheit der Selbsterkenntnis nicht erlaubt ist, ins Unermeßliche an. Je größer dieser Bereich jedoch ist, desto weiter ist eben das Erleben des Unkontrollierbaren, des stereotyp sich unabläßig Wiederholenden, der zwingenden Notwendigkeit und Unausweichlichkeit dessen, was über einen kommt. Das Schicksal als ganzes nimmt an dieser Unentrinnbarkeit unlösbarer Konflikte und Scheiterns und Schuldigwerdens teil.

Dies ist also die das mythische wie das neurotische Denken durchwirkende *Trias von Absolutsetzung, Polarisierung (Gespaltenheit) des Selbst- und Welterlebens und Zwanghaftigkeit.* Sie stellt zwar einen Teil des Tragischen vor, doch beschreibt sie es keineswegs erschöpfend, noch ist sie gleichbedeutend mit dem Mythischen.

Dies ist nun der Punkt, an dem wir die auf der klinischen Erfahrung beruhende Darstellung und die psychoanalytische Deutung dessen, was uns als tragisch erscheint, unterbrechen müssen, um uns in dessen Geschichte und philosophische Deutungen zu vertiefen.

3 Der Schrei nach Gerechtigkeit – Das Tragische in der Kultur

„Poco reparo tiene lo infalible,
y mucho riesgo lo previsto tiene:
si ha de ser, la defensa es imposible,
que quien la escusa más, más la previene.
¡Dura ley! ¡fuerte caso! ¡horror terrible!
quien pensa que huey el riesgo, al riesgo viene;
con lo que yo guardaba me he perdido;
yo mismo, yo mi patria he destruído."
(Calderon, *La vida es sueño*)[1]

... ἄγραπτα κἀσφαλῆ θεῶν
νόμιμα δύνασθαι θνητὸν ὄνθ᾽ ὑπερδραμεῖν.
οὐ γάρ τι νῦν γε κἀχθές, ἀλλ᾽ ἀεί ποτε
ζῆ ταῦτα, κοὐδεὶς οἶδεν ἐξ ὅτου 'φάνη.

(Die ungeschriebenen und unwandelbaren Gesetze – nicht von heute noch von gestern, sondern immerdar leben diese, und keiner weiß, woher sie kamen.)
(Sophokles, *Antigone*, vv. 454–457)

3.1 Antigones Fluch und Kreons Wahl

„Gilt es das Recht – wer will ihn vorladen?" heißt es in der tragischen Dichtung der Bibel, dem *Buch Hiob*. Das Zentralthema der griechischen Tragödie ist die Gerechtigkeit, behauptet Sewall.

Unter den sophokleischen Tragödien ist es ganz besonders *Antigone*, das Drama der Tochter von Ödipus, in der sich die Dialektik von Scham und Schuld auf beiden Seiten des dramatischen Konfliktes in ergreifender Weise ausspielt. Antigone entscheidet, der Verordnung des Tyrannen Kreon, ihres Onkels, entgegen, ihrem zum Staatsverräter gewordenen Bruder Polyneikes die Ehre der Begräbnisriten zu erweisen, anstelle der von Kreon angeordneten „Scham", der „Schmach", der „Unehre", ihn den Hunden und den Vögeln zum Fraß auszusetzen, „unbegraben... und verstümmelt" zu lassen. Der Konflikt wird klar in ihrem Dialog mit Ismene, ihrer Schwester, die sich angesichts des ihre Familie heimsuchenden Verhängnisses sträubt, dem Gewalthaber zu trotzen:

> Nein, handle, wie dir dünket. Ich begrabe den allein. Mit Freuden sterb ich dann nach dieser Tat. Beim lieben Freunde lieg ich dann geliebt, dieweil heiligen Betrug ich übte;

[1] „Unwiderstehlich ist des Schicksals Lenkung,/ Und oft gefahrvoll, sie voraus erfahren./ Nicht schützen kann sich menschliche Beschränkung;/ Denn Schlimmes lockt man durch zu ängstlich Wahren./ Grausam Gebot! Hart Schicksal! Schwere Kränkung!/ Gefahren fliehn, das bringt erst in Gefahren./ Mein Unglück wird, was Schutz mir sollt' erwerben;/ Ich selbst, ich wirkte meines Reichs Verderben" (dt. Übersetzung von Gries 1815, zit. nach Szondi 1961/1978, S. 224).

denn *den Untern muß ich längre Zeit gefallen* als den Hiesigen. Denn immer lieg ich dort einmal. Du aber, wenn du meinst, *entehre, was die Götter ehren,* auch (71–77).

Sie sieht sich als unschuldig, denn ihre Loyalität ist stärker gegenüber den Verstorbenen als den Lebenden. Trotzig überschreitet sie die von Menschen aufgestellten Gesetze, um „die ungeschriebenen und unwandelbaren Gesetze des Himmels" zu ehren. Für Kreon ist ihre Tat sowohl eine „schwere Schuld" wie eine Schande, da sie außerhalb des für alle Thebaner Ziemlichen handelt und dem Verräter Ehre erweist. Sie nimmt ganz bewußt die Schuld auf sich, Kreons Verordnung zu brechen, um sich nicht gegen die Gesetze der Götter zu versündigen. Sie unterzieht sich ebenso bewußt der Scham, eine Rechtsbrecherin zu sein, also rechtlos und von der Gemeinschaft ausgestoßen zu werden, um nicht einer größeren Schande zu verfallen, nämlich der der Entehrung ihres Bruders.

Hingegen wertet Kreon diese Tat und Haltung als „Hybris", als arroganten Hochmut:

> Doch wiß, es stürzet allzustarre Sinnesart [ta skler' agan phronemata] zuerst, und immer wirst du allerhärtestes geglühtes Eisen, durch das Feur gekräftiget, zerspringen und zerbrechen grad am meisten sehn. Doch kleiner Zügel, weiß ich, kann aufbrausende Roßfüllen unterwerfen. Denn nicht ziemt es dem, zu hoch zu denken, der ein Knecht [ein Sklave, doulos] von andern ist. Und seht, zu trotzen wußte die schon meisterlich [hybrizein... exepistato], erst übertretend [hyperbainousa] jenes Obrigkeitsgebot; und nun ist dieses, nach der Tat, der zweite Trotz [hybris], sich des zu rühmen und darob zu lachen noch. Ja, wahrlich, dann ist diese Mann und ich ein Weib, wofern sie schmerzlos dieses Frevels Sieg erkämpft (473–485).

Antigone beschuldigt ihn desselben Frevelmutes, derselben Arroganz: „Wenn aber töricht jetzo dir mein Tun erscheint, mag wohl der Torheit mich ein Tor bezichtigen" (469 f.). Sie bekennt sich zu ihrer obersten Gesetzlichkeit: „Nicht mitzuhassen, sondern mitzulieben wurde ich geboren – outoi synechthein, alla symphilein ephyn" (523).

Höhnisch antwortet ihr Kreon: „Dann geh schon hinunter! Wenn Lieben muß sein, dann liebe die dort drunten! Solange ich lebe, wird mich keine Frau beherrschen!" (524 f., in Übersetzung von mir). Er hält an seiner schuldhaften Stärke- und Willensbezeugung fest, um seiner eigenen beschämenden Schwäche und Bloßstellung auszuweichen:

> Kein Übel gleicht ja wilder Ordnungslosigkeit [anarchias de meizon ouk estin kakon] ... doch Geordneten bewahrt die Leiber sicher Unterwürfigkeit [peitharchia, die auf Gehorsam aufgebaute Herrschaft]. So müssen wir beschützen die Ergebenheit [verteidigen die Ordnung für die, die sich ihr fügen] und nimmer weichen vor des Weibes Übermacht [nicht einer Frau zu unterliegen, koutoi gynaikos oudamos hessetea]. Denn wenn es sein muß, stürz ein Mann uns lieber hin; nur heiß es niemals, daß ein Weib uns unterwarf (672–680).

Sein eigener Sohn, Antigones Verlobter Haimon, versucht ihn vergebens in seiner Starrsinnigkeit zu erschüttern:

> Nur solche Denkart hege nun auch nicht in dir, was du gesagt, nichts andres, sei nur wohl bedacht... Nein, keinem Mann ist, wär er noch so weise, viel zu lernen schändlich oder nicht zu starr zu sein (705–711).

Nachgeben kann er nicht, auch wenn ihn der Seher Teiresias gemahnt.

> Ich selber weiß es, und es bebt mein Mut darum [tarassomai phrenas]. Denn feige wär zu weichen; doch der Widerstand droht unserm Mute schwerer Unheilstrafe [ate] Schlag (1096 f.).

Hartnäckig die Erniedrigung und Scham vermeidend, lädt er die Schuld auf sich, seine ganze Familie dadurch in den Tod getrieben zu haben, und, vernichtet von dieser Schuld, klagt er:

> O weh, weh! der Menschen sei keinem sonst, nur mir einzig aufgewälzt alle Schuld [emas... ex aitias]! Denn ich selber, ich mordete rasend dich! Ja, ich wahrlich allein! Herbei, fasset mich! Fasset mich! Führet geschwind dahin, führet in Eil mich fort, der nichts anders mehr denn nichts heißen kann! (1317–1325).

„Vieles Gewaltge lebt, und doch nichts gewaltiger denn der Mensch", sagt der Chor in zweideutigem Wort, heißt doch „deinos" nicht nur gewaltig, sondern auch furchtbar (polla ta deina kouden anthropou deinoteron pelei) (332 f.). „Nichts Gewaltiges kommt zum Leben der Sterblichen ohne Verhängnis" (ouden herpei thnaton bioto pampoly g'ektos atas)" (613 f.). „Das Schlechte scheint zum Guten zu sein für den, dem Gott den Sinn zum Verderben treibt. Nur die kürzeste Zeit wird er ohne Verblendung handeln" (to kakon dokein pot' esthlon tod' emmen hoto phrenas theos agei pros atan) (622–625). Maß und Gerechtigkeit haben jedoch das letzte Wort: „Hoch raget gewiß vor Gütergenuß die Bedachtsamkeit [to phronein, das Überdenken]. Frevle drum nie [meden aseptein] gegen die Gottheit. Das gewaltige Wort, in gewaltigem Schlag doch büßend einmal den Empörungsmut [hyperauchon], lehrt endlich im Alter Besinnung [to phronein]" (1348–1353).

Bei beiden Protagonisten finden wir einen doppelten Konflikt zwischen zwei ins Extreme gesteigerten Werten, und beide Konflikte führen zu doppelter Niederlage: Bei Kreon ist es ein alles bestimmendes und hartnäckiges Beharren auf Ehre und Stolz, aber auch auf sein Befehlsrecht und damit seine wirksame Machtausübung. So versucht er als Führer dem Fluch der Schwäche, mithin der Scham zu entgehen. Es ist der Konflikt zwischen Beschämung und Stolz. Doch unausweichlich übertritt er bei dieser Ausübung der Macht und Gewalt die Gesetze der ethischen Ordnung und verfällt der Verschuldung. Dies ist der Konflikt zwischen Triumph und Schuld. Doch am Ende sinkt er, allem Sträuben zum Trotz, in eine Schande und Schmach, die weit tiefer ist als die ehedem gefürchtete und gemiedene. Beides, die übermäßige Bekräftigung des Stolzes und das Verletzen der ethischen Postulate, besteht in der Maßlosigkeit eines Wertstrebens – der männlichen Eigengewalt und unbeugsamen Autonomie als Herrscher, und sicher auch der von allen Machttragenden immer wieder behaupteten Notwendigkeit, daß die öffentliche Ordnung Anpassung und Unterwerfung verlange. Das Hierarchische und die für seine Aufrechterhaltung notwendige Disziplin und Ordnung umschreiben einen hohen Wert, den auch alle überdauernden ethischen Systeme hochgehalten haben. Das Anarchische ist wirklich auch gefährlich. Doch ist es die Übersteigerung dieser Werte, die Maßlosigkeit sowohl seiner Selbstbehauptung und seiner Ehrverteidigung wie des Verfolgens der Staatsgewalt, die ihm zum Verhängnis gereichen. Es ist diese Maßlosigkeit, die als Hybris bezeichnet und mit unheilvoller Verblendung (Ate) in die Tat umgesetzt wird. Analytisch würden wir sowohl von Narzißmus wie von Aggression im Dienste einer derart übersteigerten Idealverfolgung sprechen.

Auf der anderen Seite finden wir bei Antigone den extremen Standpunkt an, daß die höheren Gesetze verteidigt und eine höhere Ordnung von Schuld und Recht geachtet werden – die Ehrung des Toten, ganz besonders des ihr unersetzlichen Bruders. Doch damit verfällt sie unmittelbar der äußeren Scham und Schande. Es handelt sich hier zwar um die absolutgesetzte Verteidigung eines sich auf den anderen, den Mitmenschen, beziehenden Wertes, also eines Wertes, der in der analytischen Ausdrucksweise der Kultivierung der Objektbeziehung Ausdruck verleiht, also dieser dient. Doch gerade in dessen Übersteigerung und dem Exzeß davon nimmt dieses Wertstreben selbst paradoxerweise „narzißtische" Züge an und endet in einer Art narzißtischer Niederlage (als Entehrung). Zugleich werden ihre einzigen mitmenschlichen Beziehungen diesem Trachten aufgeopfert – die zu ihrem Verlobten Haimon und zu ihrer Schwester Ismene.

So stellt uns die Tragödie im äußeren Geschehen dar, was wir im Therapeutisch-Analytischen vom Inneren her, nämlich als inneren Konflikt kennen.

Dies ist kein absolutes Entweder–oder: wir erkennen innere Konflikte bei den meisten Protagonisten der griechischen, englischen und deutschen Tragödie. Doch bleibt es dabei, daß die Entscheidung für den einen gegenüber anderen als unbedingt erlebten Wert und das extreme Eintreten für ihn von den Hauptgestalten vertreten und gegeneinander ausgekämpft wird.

Damit wir aber das Bild als ganzes in den Blick bekommen, ist es nun nötig, der Erfassung des Tragischen in der Geschichte sorgfältig nachzugehen. Auch hier kann es nicht um eine vollgültige Übersicht, nur um eine Auswahl dessen gehen, was uns die erstrebte Zusammenschau erleichtern könnte. Dabei halten wir uns an die Fragestellung: Was ist das tragische Erlebnis im Literarischen? Was ist es, das das Klinisch-Therapeutische mit dem Literarisch-Philosophischen verbindet? Kann uns diese Zusammenschau eine neue Einsicht vermitteln?

3.2 Einige Bemerkungen zur Geschichte der Tragödie als Kunstform

Durch die Geschichte der westlichen Zivilisation hat die Tragödie als Kunstform eine in ihrer Würde einzigartige Stellung einzunehmen vermocht und einen die Zahl ihrer Werke weit übersteigenden geistigen Einfluß ausgeübt. Unsere klinische Theorie wurde von den Bezügen auf einige der tragischen Literatur entstammenden Zentralthemen in einem solchen Ausmaß geprägt, daß man sich zuweilen fragen muß: War es nicht eben die Sichtweise der tragischen Dichtung, die das psychoanalytische Verständnis recht eigentlich erst geschaffen hat? Freud hat doch die Gestalten und Mythen von Ödipus, Elektra, Hamlet, Macbeth, Rosmersholm ganz wesentlich benützt, um das klinische Material mit ihrer Hilfe *metaphorisch zu ordnen!* Daher ist es wohl offenkundig, daß die *Tragödie als Kunstform* wie auch darüber hinaus das *Tragische als literarische Darstellung*, die nicht notwendigerweise an die Tragödie als dramatische Form gebunden ist, etwas Allgemeinmenschliches widerspiegelt und dieses immer wieder von neuem im Zuschauer oder Leser als ein tiefes persönliches Erlebnis weckt, daß also das Tragische eine grundsätzliche *psychologisch und philosophisch zu erfassende Erlebnisform* ist.

Ich beschränke mich hier auf zwei einander entgegengesetzte Thesen über den historischen Ursprung der Tragödie als Kunstform, die erste die von Aristoteles ausgehende, dann von Nietzsche philosophisch weiter entwickelte und später namentlich von Murray, Harrison und George Thomson mythisch-soziologisch vertretene, die zweite die von Gerald Else vorgebrachte, mehr poetisch-politische.

3.2.1 Die ekstatisch-mythische Theorie vom Ursprung der Tragödie

Im ersten Verstehen war die tragische Aufführung zunächst ein Passionsspiel, das sich um die Opferung des Totemtieres (gleichgesetzt mit dem Totemgott, später mit Dionysos, nämlich in Gestalt eines Ochsen oder Ziegenbockes) gruppierte.[2] Der Ablauf wurde in mehrfacher Weise unterteilt. Murray postulierte eine Ritualsequenz des Jahrgeistes (oder *Eniautos-Daimon*): 1) Agon oder Streit, 2) Pathos, als Opfertod, 3) die Rede des Boten (z.B. „der große Pan ist tot“), 4) Threnos, die Klage, 5) Anagnorisis (Identifizierung des erschlagenen und verstümmelten Daimon), 6) Theophanie, die Auferstehung und Enthüllung des Gottes (ich entnehme die Zusammenfassung von Else 1967, S. 27). Der Höhepunkt der Tragödie, die tragische Krise oder Agon, bestand ursprünglich aus dem Leiden und der Tötung des Gottes. Die drei hauptsächlichen Teile dieser tragischen Krise bestanden nach Guépin (1968, S. 12, S. XI) im *Sparagmos*, dem Zerreißen des Opfers, des jungen Tieres oder des Menschenopfers, der *Omophagia*, dem Verzehren des rohen Fleisches, und der *Oreibasia*, dem wilden Umherschweifen der Maenaden, der Rasenden, auf den Bergen. „In der Extremform bestand das dionysische Opfer darin, daß die Mütter ihre eigenen Kleinkinder, die den Gott darstellten, zerrissen und sie roh aßen“.

---

[2] Ich zitiere aus dem Buch von Thomson, *Aeschylus and Athens* (1941, 1966): „The Dionysiac thiasos was a secret magical society which preserved in modified form the structure and functions of the totemic clan, out of which it had evolved during the later phases of tribal society. It was composed of women led by a male priest. Its principal rite, derived from initiation, contained three elements – an orgiastic exodus into the open country, [*pompe*], a sacrament in which a victim was torn to pieces and eaten raw [agon], and a triumphant return [komos]. This ritual was projected as a myth of the passion of Dionysus. Since its function was to promote the fertility of the soil, it persisted only among the peasantry, and so at a later stage became closely identified with the popular movement against the landed nobility. In some parts of Greece, owing to changes in the social relations of the sexes, the ritual passed into the control of the men and underwent further modification. It ceased to be secret, and began to disintegrate. The orgiastic procession became a hymn, which was developed most rapidly in the Peloponnese; the sacrament became a passion-play, developed principally in Attica, where the popular movement, after beginning later, progressed further. From the first arose the dithyramb, from the second tragedy. Both were urbanized and consciously directed by the tyrants, the former maturing under the influence of aristocratic lyric“ (S. 183).

Der Agon wurde „an ordeal or contest, a purge or purification which renewed life“ (zu einer Feuerprobe oder einem Wettkampf, einer lebenserneuernden Reinigung) (Thomson, S. 162). Der Gott wurde im dithyrambischen Wettstreit durch einen Ochsen symbolisiert, der ursprünglich geopfert wurde, später jedoch als Kampfpreis gegeben wurde. In den tragischen Kampfspielen war es nach den Taditionen des Dorfes Eleutherai nahe Athen ein Ziegenbock (tragos), deshalb der Name Tragödie. Die Funktion des Chores geht auf primitive Magie zurück: in einfachen Refrains singt er in mimetischer Magik Gesänge der Reinigung, der Heilung, der Tötung, der Auferstehung und der Verdammnis. Die Wiedererkennung, Anagnorisis, die später in der Tragödie eine so wesentliche Rolle spielte, leitete sich von der Selbstenthüllung des Gottes nach seiner Wiedergeburt oder Auferstehung ab (Thomson, S. 176 f). Der Schauspieler (hypokrites), ist ein Deuter der geheimen Bedeutung des Passionsspieles. Die Rätsel, die, einem roten Faden gleich, sich durch die Tragödien ziehen, bilden einen Teil des Initiationsritus.

Ursprünglich mischten sich auch reichlich obszöne Elemente und wildes geschlechtliches Ausleben ins Dionysosspiel, wie auch Aristoteles noch vermerkte, bis diese Aspekte in der karnevalsähnlichen Prozession zurück in die Stadt konzentriert wurden. Diese Prozession wurde Komos genannt, wovon das bei einem anderen Athenischen Fest, den Lenaia, aufgeführte Komödienspiel seinen Namen erwarb; die Lenaia wurden in späterer Zeit den der Tragödie gewidmeten Dionysia nachgebildet. Der Ursprung der Komödie war der phallische Hymnus.

Es ist offenkundig, daß die Gleichung: Totem = Dionysos = Schlachtopfer = leidender Held eine tiefe psychoanalytische Bedeutung besitzt, wobei es wiederum eine Frage ist, inwiefern diese Gleichsetzung der klinischen Wirklichkeit oder eher dem Einfluß gerade dieser literaturhistorischen Theorie entspricht. Ich werde im Verlauf dieses Kapitels darauf zurückkommen.

Abgetrennt vom Ursprung der Tragödie, doch von großer späterer Bedeutung, waren die dämonischen Göttinnen der Rache, die Erinnyen, die eine besondere Rolle in Äschylus' *Orestie* spielten. Wiederum nach Thomson waren diese die Rachegeister eines erschlagenen Opfers, die den Mörder in den Wahnsinn trieben und sein Blut aussogen. Sie wurden als Schlangen dargestellt. Die Schlange war allgemein ein Symbol für die Totengeister. „In der von attischen Dichtern gestalteten Ödipuslegende verkörpert die Erinys den von Sohn und Enkel geerbten *Fluch* des Laios. Bei Pindar werden die Söhne des Ödipus durch die Erinnyen in Vergeltung für den von ihrem Vater begangenen Vatermord zerstört“ (Thomson, S. 32). Doch seien sie ursprünglich Ahnengeister einer Gemeinschaft gewesen, die ihre Abkunft durch die Mutter bestimmte, und stamme vermutlich aus minoischen, matriarchalen, vor-indoeuropäischen Quellen.

3.2.2 Die Theorie vom Helden und vom Chor – Die individuellschöpferische, logosorientierte Theorie

Im Gegensatz zu dieser Tradition steht die Auffassung von Else, nämlich daß die Tragödie

> als eine Selbstdarstellung eines einzelnen epischen Helden begann... Diese Situation hat einen besonderen Fokus: er liegt nicht in dem, was der Held tut, sondern in dem, was er ... im Augenblick des Sturzes oder des Versagens erleidet: Tod, Verlust, Demütigung. Die ganze Entwicklung der griechischen Tragödie war von Anfang bis Ende ein Aufblühen aus dieser einzigen Wurzel, aus dem Pathos des Helden (Else 1967, S. 65).

Die Tragödie sei nicht das Endergebnis einer allmählichen Entwicklung gewesen, sondern aus zwei aufeinander folgenden Schöpfungen (creative acts) von zwei genialen Dichtern erwachsen, von Thespis und Äschylus. Die Tragödie sei eine seltene und besondere Pflanze, eine einzigartige Schöpfung, die zu bestimmter Zeit und Stelle geschaffen wurde, nicht eine universale Form der ernsten Literatur. Es gebe keine solide Evidenz dafür, daß die Tragödie je dionysischen Charakter besessen habe, außer daß sie ursprünglich und regelmäßig an den Stadtdionysien in Athen aufgeführt wurde. Aristoteles behaupte das auch nicht ausdrücklich; die Hypothese sei vielmehr Nietzsche zuzuschreiben, der eine Rhapsodie auf das an sich neutrale Thema des Dithyrambus verfaßt habe (S. 14). Die Ableitung der Tragödie aus dem Satyrspiel und der Komödie sei dem antiathenischen Vorurteil der aristotelischen Schule zuzuschreiben, die aus zeitpolitischen Motiven die einzigartige Errungenschaft Athens, nämlich die Schaffung der Tragödie, auf dorisch-peloponnesische Wurzeln zurückzuführen getrachtet habe. Es gebe keinen Beweis und nirgends in der griechischen Welt Evidenz für die von Murray postulierte Ritualabfolge in 6 Stufen (S. 27 f.). Auch bestehe kein Grund anzunehmen, die Tragödie sei aus irgendeiner Form der Besessenheit und Ergriffenheit dionysischer oder anderer Natur erwachsen (S. 7, 31); die stärkste Emotion in den frühen Spielen seien entweder Furcht (fear) oder Gram (grief), nicht Ekstase (S. 5, 31). Die Sprechweise sei nüchtern und rational, ihr Logos wirklich anti-dionysisch (S. 69).

> Die griechische Tragödie ist dank ihrer Form einer besonderen Art der doppelten Sichtweise verpflichtet: der Ansicht des Helden von sich selbst und der Ansicht des Chorus von ihm. Diese Dualität gehört zur Form und kann nicht wegdisputiert werden... So begründet die ursprüngliche Form der Tragödie – einzelner Schauspieler und Chor – eine Spannung, die zu ihrem Wesen gehört.[3]

Else vermutet, daß das Fest der Dionysia vom neuen Führer Peisistratos spezifisch als Rahmen für eine neue Art der Dichtung geschaffen wurde, eben für die Tragödie, die das Hauptstück dieser Feier war (S. 49 f.). Die regelmäßige Quelle des

---

[3] „Greek tragedy, by the peculiarity of its form, is committed to a special kind of *double vision:* the hero's view of himself and the chorus's view of him. The duality belongs to the form and cannot be argued away... Thus the original form of tragedy – single actor and chorus – established *a tension which is of its essence*" (S. 44).

tragischen Materials ist das heroische Epos, nicht der religiöse Kult. Der Mythus, der verwendet wird, bezieht sich auf Heroen, nicht auf Ritual und Gott (S. 63).[4]

Die Schöpfung von Thespis war das Zusammenbringen des epischen (homerischen) Helden, dessen direkte schauspielerische Darstellung (impersonation) und die Anwendung des von Solon eingeführten jambischen Versmaßes (S. 64). Der Chor wurde geschaffen, „um als Resonanzkörper für das Leiden des Helden zu wirken“ (to be a sounding board for the heroic passion) (S. 65). „Der Ausdruck des Leids ist ein Akt der Gemeinschaft, ein Erlebnis geteilt mit dem ganzen Staatsverband“ (The expression of sorrow is a communal act, a shared experience of the whole body politic) (S. 66 f.). Diese Anteilnahme des Politischen wird von Else als Hauptzug der thespischen Tragödie angeschaut. Dabei wurde freilich die alte Ritualform des Klageliedes, des threnos, benutzt, doch mit dem neuen dichterischen Zweck.[5]

Doch weshalb der Name Tragödie, „Ziegengesang“? Er habe nichts mit der Verkörperung des Geißengottes zu tun, meint Else, sondern damit, daß der Schauspieler-Dichter-Komponist (eben der Tragoidos) als Preis für den Sieg im Wettstreit einen Ziegenbock erhielt; der Name sei zu Beginn wohl ironisch gewesen, etwa „Geißendichter“.[6]

Zwar sei die *Ilias* mit ihrer Doppelsicht von Heroismus und dessen tragischer Begrenzung die Wurzel aller Tragödie, doch deren Vergegenwärtigung und damit deren durchschlagende sozialkulturelle Wirkung verdanke man ganz dem Genie des Thespis.[7] Peisistratos' Absicht war pädagogisch; er setzte die Tragödie als Erzieherin

[4] „The idea of a *stylistic* influence exerted by the heroic dithyramb upon tragedy *in Athens* during the *last quarter of the sixth century* and the beginning of the fifth, is worlds removed from the traditional derivation of tragedy from the dithyramb, whether in Peloponnese or Athens. The essential thing about tragedy – its form – could never have been derived from the dithyramb or from any lyric genre. The self-presentation of the hero is a new idea. And the tragic chorus likewise is a new thing. Its function and status, its *raison d'être*, can only stem from its relation to the hero“ (S. 74).

[5] „The key to the dilemma is that the tragic *threnos* is a ritual element introduced into a nonritual setting and for a new purpose, to bewail a person who is neither a member of the family nor an object of worship but a hero of poetry. The feelings and forms traditionally associated with the cult of one's own dead are here transferred to a poetic individual, a figure of the imagination with whom one has no direct ties of blood or family“ (S. 75).

[6] „Tragoidos was cut from the same cloth as rhapsoidos, and did not mean either that its bearer sang or that he impersonated a goat. What it did mean is sufficiently clear from the Parian Marble, which tells us that the original prize for which the ‚tragedian' competed was a goat. Very likely the name was ironic when it was first bestowed: ‚goat-bard' might convey the suggestion“ (S. 70).

[7] „The *Iliad*, with its dual vision of heroism and the tragic limits of heroism, is the root of all tragedy in the western world, and therefore of all tragedy. But it took Thespis' act of genius to bring the Homeric vision into focus for a new age. The *Iliad* deals only with the heroes; the common man is present only as backdrop, stage setting, or else as the audience, sitting and listening to a far-off tale of long ago. Tragedy for the first time brought the far-away directly into the present and the great man into direct contact with the little man. It did these two things through the twin devices of the ‚actor' and the chorus. Through the actor, who *was* the hero standing before him, and the chorus, which was ‚like himself', the ordinary Athenian was

ein für das ganze Volk, und zwar während der Stadt-Dionysia, wie die Homervorlesung bei den Panathenaea. Beide sollten dabei auch der Annäherung der Klassen dienen, der emotionalen Einigung aller Athener in gemeinsamer Sympathie für den gefallenen Helden.[8]

Der zweite geniale Akt in der Schaffung der Tragödie war ihre *Dramatisierung* durch Äschylus; erst durch ihn wurde sie zum Drama. Dies aber geschah infolge seines Suchens nach der Ursache. Das Bemühen um ein *Kausalverständnis der Doppelheit des Helden von Leiden und Größe* führte ihn ins Dreidimensionale von Raum, Zeit und Beziehung zum Göttlichen. Dafür entwickelte er die dramatische Form, nämlich um den *Kontrast und Konflikt* zwischen Individuen und zwischen Schauspieler und Chor darzustellen und um die Zentralität der *tragischen Wahl*, die zum *Pathos* führt, und der sie umgebenden Aura von Furcht und Vorahnung zu vermitteln, doch auch, um dem der Intensivierung des tragischen Dilemmas einhergehenden Glauben an die Möglichkeit einer Lösung Ausdruck zu verleihen (S. 85).

Der für diese dramatische Vertiefung notwendige zweite Schauspieler wurde Hypokrites genannt, „der Antwortende", namentlich zur Verdeutlichung der tragisch notwendigen Entscheidung, die die Katastrophe herbeiführt. Statt des einen Brennpunktes, eben in Form des *Pathos*, besaß die Tragödie nun zwei: den Akt der Wahl und das Leiden des Helden,[9] und der ganze Bogen der Handlung wurde durch die Trilogieform erweitert sowie die emotionale Intensität vertieft durch die Hinzufügung des dionysischen Satyrspieles am Ende. Überdies erweiterte Äschylus das *Pathos* in Zeit, Raum und metaphysischer Bedeutsamkeit, betrachtete es „als etwas Gigantisches, von enormer Gewichtigkeit, Tiefe und Ausdehnung",[10] und zwar verursacht durch *doppelte Motivierung* – die gleichzeitig menschliche und göttliche Wirksamkeit.[11] Spezifisch für die tragische Wahl waren aber „innere Zerrissenheit, das Zögern zwischen zwei Verhaltensweisen, die beide Unrecht und Lei-

---

enabled to feel, to sympathize, with the hero in a new, direct way. Here all Athenians, noble and commoner alike, could meet on common ground, in a common surge of *emotional identification with the heroic spirit*... Tragedy represented, in effect, the beginning of a new spiritual unification of Attica... The burden of the whole was a *pathos*, the death or suffering of a hero" (S. 76).

8 „His [Pisistratus'] motive for supporting tragedy must have been at least to some extent pedagogical: he wanted tragedy to stand forth as the educator of his people, as Homer did at the Panathenaea. And perhaps we can conjecture that he had an even more specific idea in mind: tragedy, along with Homer, as an instrument for the *rapprochement* of the classes, *an emotional unification of all Athenians in a common sympathy for fallen greatness*" (S. 77).

9 „Thus Aeschylus begins to introduce action into tragedy in two senses: the hero's decisive single *act*, preceded by agonized hesitation and surrounded by doubts and terrors, and the *action* as a whole, leading through the decision to the *pathos* as its climax. And this more complex pattern is further broadened and complicated by the appearance of the connected trilogy, so that the action of each play in turn forms part of a larger ‚whole action'" (S. 89).

10 „He saw the heroic *pathos* as a thing of gigantic proportions, tremendous weight and depth and spread" (S. 91).

11 „Aeschylus... could understand actions of this compass only as a product of what has been called ‚dual motivation', that is, human and divine impulsion working together" (S. 92).

den mit sich brachten".[12] Zunehmend war es die Absicht von Äschylus, jedes Drama als eine Handlung zu gestalten, wobei der Konflikt zu tragischer Wahl und daher zum Leiden führte. Doch stand diese Absicht teilweise im Gegensatz zu seinem Bemühen, diese Handlungen einem größeren Ganzen, der Trilogie, und der schließlichen Konfliktlösung durch die Götter unterzuordnen. Dieses glückliche Ende einer tragischen Handlung bilde bei Äschylus ein großes Paradox; es sei durch seinen tiefen Glauben begründet, daß die Götter den Menschen am Ende einen Weg zu Vernunft und Glücklichkeit weisen, doch erst durch das unablässige Bemühen angesichts tragischer Dilemmata und mittels tiefen Leidens: *pathei mathos* „durch Leiden lernen", ein Konzept, das Else als „antitragisch" bezeichnet: „Es verbleibt eine Diskrepanz zwischen dem *pathos*zentrierten einzelnen Drama und dem erlösungszentrierten Ganzen [der Trilogie]".[13]

Dem Leser wird es Schwierigkeiten bereiten, zwischen diesen beiden unversöhnlich scheinenden Ansichten zu entscheiden; man könnte sie eine Es-Theorie und eine Ich-Theorie nennen. Bei beiden bekommt man den Eindruck der Plausibilität, der Wahrheit, doch zögert man zu sagen: „Beide haben Recht" – denn historisch widersprechen sie einander. Ich selber denke, daß Else die *historische Wirklichkeit* trifft, daß aber die traditionelle, v.a. von Murray herausgearbeitete Ansicht zumindest einer psychologischen Wahrheit Ausdruck verleihen könnte: daß das *Epische* und *Rationale der Dichtkunst* und das *Mythische und Irrationale der Tradition* zusammenwirkten, um den großen Tragödien ihre gewaltige und zeitüberdauernde Wirkung zu geben, daß es sich also nicht um ein Entweder-oder, sondern um eine Komplementarität auf verschiedenen Ebenen handeln könnte: das Ineinander von historischer Wirklichkeit und von innerer (mythischer) Wahrheit.

3.2.3 Tragödie als Konflikt von Charakter und Schicksal

Abschließend einige Worte über die weitere geschichtliche Entwicklung der griechischen Tragödie aus den hypothetischen Ursprüngen:

Jäger (1933, 1943) sah entsprechend der ersten dieser beiden Theorien den historischen Beginn der griechischen Tragödie in einem reinen Passionsritual. Die Zuhörer nahmen mittels Sympathie nicht so sehr an der Handlung, sondern an den Emotionen des Chores teil, die durch das von den Göttern gesandte Verhängnis bewirkt wurde.[14] Die Entwicklung der Handlung blieb v.a. eine Beschreibung

[12] „mental anguish, hesitation between two lines of conduct both of which involve wrong and suffering" (S. 95).

[13] „Yet the discrepancy remains between the *pathos*-centered individual play and the redemption-centered whole" (S. 100).

[14] „The earliest form of tragedy, which was not action, but pure passion, used the form of *sympatheia*, through which the spectators shared the emotions of the chorus, to focus their attention on the doom sent by the gods to produce the tragedy. Without the problem of tyche or moira... true tragedy would never have developed out of the early dithyramb on a mythical theme" (Bd. 1, S. 250).

menschlichen Leidens, die Darstellung der göttlichen Macht über das Menschenleben. Tragödie sei die erste dichterische Form, die es unternommen habe, die mythische Tradition einem regelmäßigen Strukturprinzip zu unterwerfen, nämlich dem Begriff von dem unausweichlichen Aufstieg und Fall im Schicksal. Bei Äschylus steht das Verhängnis im Zentrum und ist das Schicksal das wesentliche Problem; das Individuum tritt an Wichtigkeit zurück. So mag der Sohn die Schuld des Vaters erben, das Verderben lastet auf dem Haus der Atreiden. Die Schuld liegt in der Hybris und muß durch die göttliche Vergeltung (tisis) getilgt werden. Die Wirkung des Schicksals auf die Seele ist Einsicht (gnosis). Leiden bringt Wissen. Der Ursprung der Hybris liegt in der vom Gott bewirkten Blendung, dem Einbrechen irrationalen Zwanges (Ate), wobei der Mensch verleitet wird, die Weltordnung zu verletzen und dann unvermeidlich der Bestrafung für diese Verletzung zu verfallen.

Sophokles verschiebt (in Jägers Darstellung) den tragischen Fokus vom Schicksal weg auf die zentrale Stellung der Psyche. Zwar bleibt die *Unentrinnbarkeit des Leidens* das tragische Element; doch ist es nun des Menschen Charakter, nicht die durch einen Gott bewirkte Verblendung seines Urteils, welche die beabsichtigte Wahl von Sturz und Tod mit sich bringt. „Ate“ ist Teil des Charakters des Helden. Das Ergebnis beim leidenden Helden und beim Zuschauer ist *die tragische Selbsterkenntnis*, ein Begreifen der schattenhaften Nichtigkeit menschlicher Stärke und menschlichen Glückes, begleitet indes vom tiefen Bewußtsein seiner Würde und seines inneren Adels. Doch liegt der tiefste Sinn der sophokleischen Tragödie (noch immer nach Jäger) in der philosophischen Ansicht, daß *das Mißverhältnis* die Wurzel alles Übels sei, und daß Gleichgewicht und Proportion ein universelles Daseinsprinzip und einen der höchsten Werte des Menschenlebens bedeute, eben das schon erwähnte „Gesetz der Harmonie“. Der tragische Fehler, die hamartia besteht für Sophokles im Übermaß, der Verletzung des Gleichgewichtes, der Einseitigkeit, der fanatischen Verfolgung eines Wertes gegenüber einem andern.

Bei Euripides erscheint der Konflikt vollends nach innen verschoben und besteht zwischen den überwältigenden Leidenschaften und den intellektuellen Kräften, zwischen wahnsinnigem Subjektivismus und logischem Rationalismus, zwischen dem Wert der Individualität und den Werten der Konvention und des Staates.

3.3 Das Phänomen des Tragischen in philosophischer und literarischer Sicht

> „... wenn die Ehre/ Des Halbgotts und der Seinen/ Verweht und selber sein Angesicht/ Der Höchste wendet/ Darob, daß nirgend ein/ Unsterbliches mehr am Himmel zu sehn ist oder/ Auf grüner Erde, was ist dies?"
> (Hölderlin, *Patmos*)

3.3.1 Platon und Aristoteles

Im Gegensatz zu den häufig zitierten Ausführungen von Aristoteles zum Wesen der Tragödie ist Platons Bemerkung in den Gesetzen (VII, 817) wenig bekannt: „Wir sind auch selbst nach Kräften solche Dichter, und zwar Dichter der allerschönsten, allerbesten Tragödie. Unsere ganze Verfassung besteht nur in einer Nachbildung des besten, edelsten Lebens, und das nennen wir in Wirklichkeit die wahrste Tragödie".

Für Platon handelt es sich also beim Tragischen um eine *symbolische Darstellung* eines paradigmatisch noblen Lebens als eines Wertträgers, als eines personifizierten Ideals. Dies ist offenbar *ein* Attribut des Tragischen, aber ein bei weitem unzureichendes.

Der erste Versuch, von der Tragödie als Kunstform sowohl das auf der Bühne dargestellte wie auch das im Zuschauer hervorgerufene Erleben zu abstrahieren, ein Versuch, der Gültigkeit beanspruchte und auch diese ausübte, ist die die Geschichte der Tragödiendichtung selbst aufs nachhaltigste beeinflussende aristotelische Ausführung. Sie macht einen großen Teil des uns erhaltenen Fragments seiner Poetik aus. Hier schränke ich mich auf die Erlebnisaspekte ein, die uns Hinweise auf die dem tragischen Erleben zugrundeliegenden intrapsychischen Vorgänge geben können.

a) „Denn der Geschichtsschreiber und der Dichter unterscheiden sich nicht dadurch, daß der eine Verse schreibt und der andere nicht... sie unterscheiden sich vielmehr darin, daß der eine erzählt, was geschehen ist, der andere, was geschehen könnte. Darum ist die Dichtung auch philosophischer [wissenschaftlicher] und bedeutender als die Geschichtsschreibung. Denn die Dichtung redet [eher] vom Allgemeinen [von allgemeinen Wahrheiten], die Geschichtsschreibung vom Besonderen [von besonderen Tatsachen]" (1451 b; dt. Übersetzung S. 403). Hier klingt der tiefe und von Aristoteles nie endgültig entschiedene Wertkonflikt an: nämlich ob das Allgemeine oder das Besondere letztlich von höherem Wert sei (s. Oates 1963). Im gegenwärtigen Zusammenhang ist es das in der Dichtung symbolisierte Allgemeine, das den Vorrang behauptet: die poetische Darstellung von Sinn- und Kausalzusammenhängen besitze, als Symbolisierung, allgemeinere Gültigkeit als die historische Vorlegung von Tatsachenzusammenhängen. Das heißt doch wohl auch, daß eine dichterische Schöpfung eine umfassende metaphorische Gestaltung von höherer Abstraktion und symbolhafterer Würde darstellt als die direkte Ablesung und

Kategorisierung der Fakten, der Primärdaten. Das bedeutet, daß wir in der Literatur auf einen teilweise verborgenen Schatz an Gleichnissen stoßen dürften, an Metaphern von niedrigerem oder höherem Abstraktionsniveau. Werden diese in disziplinierter Weise ausgenutzt, könnten sie uns als theoretische Symbole sehr dienlich werden.

b) „Allgemein scheinen zwei Ursachen die Dichtung hervorgebracht zu haben, beide in der Natur begründet" (1448 b; S. 394). Was diese zwei angeborenen Triebe sind, wird nicht ganz klar in der Fortsetzung. Die eine Kausalerklärung ist diese:

> Das Nachahmen [mimeisthai, auch: Darstellen, Symbolisieren] ist den Menschen von Kindheit an angeboren [symphyton], und darin unterscheidet sich der Mensch von den anderen Lebewesen, daß er am meisten zur Nachahmung [symbolischen Darstellung] befähigt [mimetikotaton] ist, und das Lernen sich bei ihm am Anfang durch Nachahmung vollzieht; und dazu kommt, daß alle an den Nachahmungen [Darstellungen] Freude haben.

Der Grund für dieses zweite, eben die Freude an der Nachahmung oder Darstellung, liege darin, daß das Lernen selbst das größte Vergnügen bereite, und daß dieses durch das Erblicken von Ähnlichkeiten erfolge. Aristoteles verknüpft also die Freude an der Nachahmung mit seinem zentralen Begriff des „Triebes zum Lernen", hier in Form des Lernens durch das Sehen von Ähnlichkeiten, wie er diesen Trieb zu Beginn der Metaphysik formuliert hat: „Alle Menschen begehren der Natur nach zu wissen" (980 a).

Ist also für Aristoteles der Trieb zu lernen wirklich die zweite Ursache, nach dem Trieb zur Nachahmung, die zur Dichtung führt? Dies ist weniger wahrscheinlich als das, was sich im folgenden Satz ergibt: „Da nun das Nachahmen unserer Natur gemäß ist und ebenso Harmonie und Rhythmus..., so haben von Anfang an die besonders dazu Begabten sie langsam entwickelt und schließlich aus den Improvisationen die Dichtung geschaffen."

Die englische Übersetzung von Fyfe spricht direkt von „a natural instinct for representation and for harmony and rhythm ..." Zwar ist hier dieser zweite Trieb, der für Harmonie und Rhythmus, nur angetönt und auch an dieser Stelle nur im ästhetischen Sinn gebraucht, doch läßt sich auf Grund der großen Rolle des Begriffes der Harmonie in der ganzen Epoche der griechischen Klassik vermuten, daß er hier auf ein Grundbedürfnis des Menschen hinweist: das *Bedürfnis nach Ordnung, Maß und Symmetrie.* Diese Betonung einer anthropologischen Grundannahme bewirkte eine erkenntnistheoretische Revolution: die rein intellektuelle, theoretische, ideale Natur der Mathematik verwandelte die empirische Meßkunst, die die Griechen von den alten Zivilisationen des Ostens übernommen hatten, zum Zentrum wahren philosophischen Erkennens: „Hier liegt der eigentliche Einschnitt, durch den die bisherige empirische Maßkunde mit einem Schlage zum Zentrum des eigentlichen, des philosophischen ‚Wissens' wurde", führt Cassirer aus.

> Was die Griechen befähigte, diesen in der Geometrie verborgenen Schatz zu heben, ist der Umstand, daß in ihrem gesamten Denken und in ihrer Weltanschauung der Begriff des *Maßes* eine zentrale Bedeutung besitzt. Er ist auf keine besondere Sphäre beschränkt

und erschöpft sich in keiner einzelnen Anwendung. In ihm erfassen wir das Wesen des Denkens und das Wesen des Seins. Die Grenze und das Maß der Dinge, das Peras im Apeiron zu finden, ist die Aufgabe aller Erkenntnis. Aber noch weit über diese rein intellektuelle Leistung greift der Maßbegriff hinaus. Er bildet nicht nur den Kern aller kosmischen, sondern auch aller menschlichen Ordnung; er steht im Mittelpunkt der Ethik, wie er in dem der Logik steht. Für die älteren griechischen Denker sind beide Momente des Maßbegriffs noch ungeschieden. Heraklit sieht im Begriff des Maßes [metron] das einigende Band zwischen dem Weltgeschehen und dem menschlichen Dasein; beide würden dem Chaos anheimfallen, wenn sie nicht durch strenge Maße gebunden wären. Diesen großartigen universellen Aspekt spüren wir nicht nur in allem, was die griechischen Denker über Sinn und Wert der Geometrie sagen, sondern er leitet und beherrscht auch die Einzelarbeit der Forschung. Durch ihn wird die Geometrie zum „Paradigma" des Wissens im Platonischen Sinne: sie ist das ewige Beispiel und Musterbild, an dem dasselbe sich über seine Natur und seine Aufgabe klar wird" (Cassirer 1973, 1940, Bd. 4, S. 55 f.).

Diese Zentralität von Harmonie, Rhythmus und Maß kommt besonders in Platons Dialog *Philebos* zum Ausdruck. Nachdem er eingangs die Auflösung von Harmonie als Quelle von Schmerz und die Wiederherstellung der Harmonie als Quelle der Lust erklärt hat (31), beendet er den Dialog mit der folgenden Werthierarchie (66): 1. Der oberste Wert ist das Maß (metron): „... daß die Lust nicht das erste noch aber das zweite Besitztum sei, sondern daß das erste das sei, was das Maß und das Gemessene und das Schickliche betrifft, überhaupt alles, von dem man denken muß, daß es die Natur des Unvergänglichen an sich habe." 2. Der nächste Wert ist die Symmetrie (to symmetron): „Das zweite betrifft das Ebenmaß und das Schöne und das Vollkommene und Genügende..." 3. Die dritte Klasse ist die der Wahrheit; „Vernunft und Einsicht" (nous kai phronesis). 4. Die vierte Gruppe von Werten, die nicht der Vernunft, nous, sondern der Seele, psyche, zugeschrieben werden, betrifft „Wissenschaften und Künste und die richtigen Meinungen", und erst an 5. Stelle kommen die „Lustgefühle ohne Schmerz" (hedonai alypoi).

Diese Abschweifung dient lediglich dazu, meine Vermutung zu unterstützen, daß für Aristoteles der Wunsch nach Maß und Harmonie in der Tat eines der Hauptmotive des Menschen überhaupt und eines von spezifischer Wichtigkeit für die Dichtung, namentlich für die Darstellung des Tragischen ist. Diese Punkte – der große Wert der Nachahmung, der „Mimesis", in Gestalt der Dichtung überhaupt, sowie deren Ätiologie in den Trieben der Darstellung, der Lernbegierde und dem Wunsch für die Harmonie – sind von Bedeutung für unsere ganze spätere Diskussion über Symbolisierung und den Gebrauch von Metaphern: *symbolische Darstellung* und *Synthese zum harmonischen Ganzen* sind nicht allein Ziele der Dichtung, sondern auch der gesamten Wissenschaft.

c) Tragödie bewirkt eine besondere Form der Lust (tragoidias hedone, „tragic pleasure") – „der Dichter soll durch Darstellung die Lust bewirken, die durch das Fühlen von Mitleid und Furcht entsteht" (1453 b).

Und zwar bezieht sich diese Lust auf die Intensität von Affekten, die symbolisch auf der Bühne dargestellt und dadurch im Zuhörer erzeugt werden, im Zuhörer eher denn im Zuschauer, da das meiste der Handlung ja hinter der Szene, nur symbolisch als Erzählung, nicht als direkte Handlung vorgestellt wird. Lust an

Affekten *ohne Handlung* – eine Anteilnahme an starken Leidenschaften, die jedoch durch Form, Maß, Distanz und Unsichtbarkeit gebändigt und beherrscht werden (s. unten, Dévéreux). Auch hier ist es wieder die *Doppelheit des Maßlosen und des Maßes*, die *Spannung zwischen zwei Grundkräften des Seelischen*, auf die ich schon früher (s. Kap. 1 und 2) immer wieder hingewisen habe.

d) Dabei handelt es sich eigentlich um drei starke Affekte: Der erste ist das Leiden (pathos), das von Aristoteles als Teil der Handlung selbst beschrieben wird: „Pathos ist eine zum Untergang führende oder qualvolle Handlung, wie etwa Tod auf der Bühne, Schmerzen, Verwundungen usw" (1452 b). Das Leiden auf der Bühne ruft das innere Leiden (pathemata) der Zuschauer hervor. Die auf das Leiden folgenden, beiden anderen Affekte im Zuschauer sind Mitleid (eleos) und Furcht (phobos). Durch diese erlangt er eine Katharsis, eine Befreiung (Reinigung) von seinem eigenen Leiden, oder, wenn wir Pathos in einem weiteren Sinne übersetzen, von seinen eigenen unheilvollen Affekten überhaupt. Dies scheint die Lust der Erleichterung zu sein, die der Katharsis folgt.

e) Aristoteles betont, daß ein bloßer Übergang wertvoller Persönlichkeiten von Glück zu Unglück (1452 b) zwar schockierend, aber noch nicht tragisch sei. Das heißt, daß nicht jedes Unglück oder Leiden auch schon ein tragisches Erlebnis ausmacht. Es ist die große *Spannung zwischen Anteilnahme am Leiden des Würdigsten und der Einsicht in dessen Verfehlung* oder *Fehler* (hamartia). Die weiteren, für die Tragödie und das tragische Erleben wesentlichen Elemente, die auch für unsere weitere Untersuchung von besonderer Bedeutsamkeit sein werden, werden von Aristoteles ganz in die Person des Helden gelegt oder als Teil des Handlungsverlaufs, nicht direkt als solche des Erlebnisses des Zuschauers gesehen. Der Held verfällt dem Unglück, nicht aus Bosheit und Verworfenheit; im Gegenteil, er ist gewöhnlich von gutem Charakter, doch „infolge eines großen Fehlers [oder einer Verfehlung]". Diese „hamartia" mag in einem Irrtum liegen, einem wissentlich oder eher einem unwissentlich (agnoia) begangenen, nicht wieder gut zu machenden Vergehen, das enthüllt wird (anagnorisis). Dieser „Fehler" ist Teil der Persönlichkeit des Helden, er gehört zu seiner inneren Natur, doch was er wirklich ist, bleibt vag und kontrovers. Ich hoffe, im weiteren etwas Licht darauf werfen zu können.

f) Die Rolle der Krise, des plötzlichen Umschlagens (peripeteia) und der Unentrinnbarkeit (anankaion) der Folgen sind gerade vom Gesichtspunkt des Psychoanalytikers aus von großer Wichtigkeit; doch habe ich das Wesentliche dazu schon in Kap. 2 und in meinen klinischen Werken dargestellt.

3.3.2 Einige moderne Deutungen

Von den modernen Denkern wähle ich lediglich einige der prominentesten aus:

Schiller widmete dem Thema der tragischen Kunst zwei Abhandlungen. Er fügt etwas Entscheidendes dem Begriff des Tragischen hinzu, über Aristoteles hinaus, nämlich die Bedeutsamkeit des Wertkonflikts, und zwar ebensosehr im Hinblick auf das Erleben des Zuschauers wie auf das Geschehen auf der Bühne. Der Hauptgedanke in seinem Aufsatz von 1791 *Über den Grund des Vergnügens an tragischen Gegenständen* besteht in dem des Widerspruches von „moralischer Zweckmäßigkeit" und „allen übrigen Naturkräften" oder im Streit zwischen moralischen Geboten;

> ihr [der Tragödie] Gebiet umfaßt alle mögliche Fälle, in denen irgendeine Naturzweckmäßigkeit einer moralischen, oder auch eine moralische Zweckmäßigkeit der andern, die höher ist, aufgeopfert wird... Die Erfahrung von der siegenden Macht des sittlichen Gesetzes, die wir bei diesem Anblick machen, ist ein so hohes, so wesentliches Gut, daß wir sogar versucht werden, uns mit dem Übel auszusöhnen, dem wir es zu verdanken haben. Übereinstimmung im Reich der Freiheit ergötzt uns unendlich mehr, als alle Widersprüche in der natürlichen Welt uns zu betrüben vermögen (S. 42 f.).

Selbst das Leben sei erst als Mittel zur Sittlichkeit wichtig. Erzwinge die moralische Pflicht die Aufopferung des Lebens, erzeuge eben der Sieg des Sittengesetzes in uns „moralische Lust". „Und was kann auch erhabener sein als jene heroische Verzweiflung, die alle Güter des Lebens, die das Leben selbst in den Staub tritt, weil sie *die mißbilligende Stimme ihres innern Richters* nicht ertragen und nicht übertäuben kann." Es bedarf der „unabhängigen Vernunft..., die Verhältnisse moralischer Pflichten zu dem höchsten Prinzip der Sittlichkeit richtig zu bestimmen", anders gefaßt: zwischen den Loyalitäten, den Wertprioritäten, die richtige Entscheidung zu treffen (wie ich mich in den klinischen Abschnitten ausgedrückt habe). Wo für Schiller das Entscheidungskriterium liegt, wird deutlich, wenn er sagt: „Aber es gibt Fälle, wo das moralische Vergnügen nur durch einen moralischen Schmerz erkauft wird, und dies geschieht, wenn *eine moralische Pflicht übertreten werden muß, um einer höhern und allgemeinern* desto gemäßer zu handeln." So stehe z. B. (im Falle Koriolans) die „Ehrerbietung gegen die Mutter" weit unter der „bürgerlichen Verbindlichkeit"; die Pflicht gegen sein Kind sei (in einem anderen Beispiel) der Pflicht gegen sein Vaterland billig untergeordnet. Bei alledem „freuen wir uns über die Macht des moralischen Pflichtgefühls".

Die im folgenden Jahr (1792) erschienene Arbeit *Über die tragische Kunst* widmet sich ganz den Affekten der „Mitleid und Rührung": „Diejenige Kunst aber, welche sich das Vergnügen des Mitleids insbesondere zum Zweck setzt, heißt die tragische Kunst im allgemeinsten Verstande." Das Ziel des Mitleids sei das Leiden, das nicht durch böse Absicht oder Mangel an Einsicht herbeigeführt, sondern durch „den Zwang der Umstände" oder, wieder weit wichtiger, durch die zwingende Gewalt der moralischen Notwendigkeit bewirkt worden sei. „...blinde Unterwürfigkeit unter das Schicksal [sei] immer demütigend und kränkend". Es sei dieser Appell an die äußere Notwendigkeit, welche der griechischen Tragödie abträglich gewesen sei. Es sei die höchste tragische Kunst und errege am tiefsten Mitleid und Rührung, wenn der Widerstreit, also der Konflikt, zwischen Moralität und Moralität stattfinde: „... wo die Ursache des Unglücks nicht allein nicht der Moralität widersprechend, sondern sogar durch Moralität allein möglich ist", z. B. Ehrliebe und Kindespflicht bei beiden Protagonisten in Corneilles Cid. „Beide also gewinnen unsre höchste Achtung, weil sie auf Kosten der Neigung eine moralische Pflicht erfüllen; beide entflammen unser Mitleid aufs höchste, weil sie freiwillig und aus einem Beweggrund leiden, der sie in hohem Grade achtungswürdig macht." Es sind also eben der innere Konflikt zwischen Neigung und Pflicht sowie der äußere Konflikt zwischen entgegengesetzten Pflichtgeboten gleicher Art und Höhe, die nach Schiller die tiefste tragische Wirkung, eben Mitleid und Rührung, hervorzurufen fähig sind. Wiederum wird dabei auch die höhere Wertigkeit des Allgemeinen vor dem Individuellen betont:

> Daher der hohe Wert einer Lebensphilosophie, welche durch stete Hinweisung auf allgemeine Gesetze das Gefühl für unsere Individualität entkräftet, im Zusammenhange des großen Ganzen unser kleines Selbst uns verlieren lehrt und uns dadurch in den Stand setzt, mit uns selbst wie mit Fremdlingen umzugehen... Sie, die allein fähig sind, *sich von sich selbst zu trennen*, genießen allein das Vorrecht, an sich selbst teilzunehmen und eigenes Leiden in dem milden Widerschein der Sympathie zu empfinden (S. 54).

In Anknüpfung an den zuletzt ausgedrückten Gedanken Schillers, doch in schroffstem Gegensatz zu den Folgerungen über sittliche Bedeutung und angestrebte Wirkung der Tragödie finden wir uns bei der *Geburt der Tragödie aus dem Geiste der Musik* (1871) – bei *Nietzsches* Wort vom Ursprung der griechischen Tragödie in der „wonnevollen Verzückung" des Dionysischen, die beim „Zerbrechen des *principii individuationis* aus dem innersten Grunde des Menschen, ja der Natur hervorsteigt" (S. 51):

> Aus dem Wesen der Kunst, wie sie gemeinhin nach der einzigen Kategorie des Scheines und der Schönheit begriffen wird, ist das Tragische in ehrlicher Weise gar nicht abzuleiten; erst aus dem Geiste der Musik heraus verstehen wir eine *Freude an der Vernichtung des Individuums.* Denn an den einzelnen Beispielen einer solchen Vernichtung wird uns nur das ewige Phänomen der dionysischen Kunst deutlich gemacht, die den *Willen in seiner Allmacht* gleichsam *hinter dem principio individuations*, das ewige Leben jenseits aller Erscheinung und trotz aller Vernichtung zum Ausdruck bringt ... man möchte selbst Apollo als das herrliche Götterbild des principii individuationis bezeichnen, aus dessen Gebärden und Blicken die ganze Lust und Weisheit des „Scheines", samt seiner Schönheit, zu uns spräche (S. 138, S. 50).

Apollo, der „Gott der Individuation und der Gerechtigkeitsgrenzen" (S. 97), „Apollo will die Einzelwesen gerade dadurch zur Ruhe bringen, daß er Grenzlinien zwischen ihnen zieht und daß er immer wieder an diese als an die heiligsten Weltgesetze mit seinen Forderungen der Selbsterkenntnis und des Maßes erinnert" (S. 96). Hinter der apollinischen Kulisse der Heiterkeit finden sich einerseits das äußerste Leiden des Ödipus („die leidvollste Gestalt der griechischen Bühne", S. 91). Diese Heiterkeit bedeute uns, „daß der Held in seinem rein passiven Verhalten seine höchste Aktivität erlangt, die weit über sein Leben hinausgreift, während sein bewußtes Tichten und Trachten im früheren Leben ihn nur zur Passivität geführt hat" (S. 92). Andererseits erhebe sich als Gegenstück dazu der Stolz und das Verbrechen des Prometheus – „die erhabene Ansicht von der *aktiven Sünde* als der eigentlich prometheischen Tugend" (S. 95; „die dem titanisch strebenden Individuum gebotene Notwendigkeit des Frevels" (S. 96). So stünden sich also die „Glorie der Passivität" und die „Glorie der Aktivität" (S. 93) gegenüber. Doch seien alle tragischen Helden, „alle die berühmten Figuren der griechischen Bühne, Prometheus, Ödipus usw. nur Masken jenes ursprünglichen Helden Dionysos“ (S. 97). Der Mythos von Dionysos, von der „Zerstückelung, dem eigentlich dionysischen *Leiden*“, bedeute aber, daß die Einzelwerdung selbst der Grund des Leidens sei, „daß wir also den Zustand der Individuation als den Urgrund alles Leidens, als etwas an sich Verwerfliches, zu betrachten hätten“ (S. 98). Die „Mysterienlehre der Tragödie“ bestehe in der „Grunderkenntnis von der Einheit alles Vorhandenen, [der] Betrachtung der *Individuation als des Urgrundes des Übels*, [der] Kunst als [der] freudige[n] Hoffnung, daß der Bann der Individuation zu zerbrechen sei, als [der] Ahnung einer wiederhergestellten Einheit“ (S. 99). Die Passionsgeschichte der Zerstückelung gehe über in die Darstellung der Wiedergeburt des Dionysos als des „Endes der Individuation“ (S. 99).

„Die Spitze der Weisheit kehrt sich gegen den Weisen; Weisheit ist ein Verbrechen an der Natur“ (S. 93), das sei das Geheimnis „jener entsetzlichen Dreiheit der Ödipusschicksale...: derselbe, der das Rätsel der Natur – jener doppeltgearteten Sphinx – löst, muß auch als Mörder des Vaters und Gatte der Mutter die heiligsten Naturordnungen zerbrechen“ (S. 92 f.). Hybris, Verbrechen, das Zerbrechen der Grenzen, Schranken und Gesetze – darin liege die Größe des Ödipus, des Prometheus, des Dionysos; ihre Würde bestehe gerade im Zerbrechen der heiligsten Naturordnungen. Dieses Zerbrechen und Verbrechen besitze heroische Würde und sei die wahrhafte Tugend; doch der Konflikt sei unvermeidlich, „der Widerspruch [liege] im Herzen der Welt“: „Bei dem heroischen Drange des Einzelnen ins Allgemeine, bei dem Versuche, über den Bann der Individuation hinaus zu schreiten und das *Eine* Weltwesen selbst sein zu wollen, erleidet er an sich den in den Dingen verborgenen *Urwiderspruch*, d. h. er frevelt und leidet“ (S. 96). Die Doppelnatur des Dionysischen und Apollinischen tue sich im Paradox des äschyleischen Prometheus kund: „Alles Vorhandene ist gerecht und ungerecht und in beidem gleichberechtigt“ (S. 97). Letztlich sei jedoch im tragischen Mythos keine dauerhafte Synthese zwischen Dionysos und Apollo möglich: „Er teilt mit der apollinischen Kunstsphäre die volle Lust am Schein und am Schauen, und zugleich verneint er diese Lust und hat eine noch höhere Befriedigung an der Vernichtung der sichtbaren Scheinwelt“ (S. 185). Er verlange die Überwindung der Naturwirklichkeit; seine „erste Forderung [sei], die ihm eigentümliche Lust in der rein ästhetischen Sphäre zu suchen, ohne in das Gebiet des Mitleids, der Furcht, des Sittlich-Erhabenen überzugreifen“ (S. 186). Diese Lust habe „eine gleiche Heimat wie die lustvolle Empfindung der Dissonanz in der Musik“. Ja, „das Dionysische, mit seiner selbst am Schmerz perzipierten Urlust, [sei] der gemeinsame Geburtsschoß der Musik und des tragischen Mythus“ (S. 187). Und diese Urlust bestehe im „spielenden Aufbauen und Zertrümmern der Individualwelt“, einem Kunstbereich „jenseits des Apollinischen“ (S. 188 f.), wenngleich es doch immer wieder, „in strenger wechselseitiger Proportion nach dem Gesetze ewiger Gerechtigkeit“, „jener apollinischen Verklärungskraft“ bedürfe (S. 190). „Der tragische Mythus ist nur zu verstehen als eine Verbildlichung dionysischer Weisheit durch apollinische Kunstmittel“ (S. 174).

Diese großartige Doppelnatur der Tragödie wird der bei Euripides zum Wort kommenden „bürgerlichen Mittelmäßigkeit“ (S. 104) gegenübergestellt, und damit dem „ästhetischen Sokratismus“: „alles muß verständig [oder: bewußt] sein, um schön zu sein“, parallel zum ethischen Wort: „Nur der Wissende ist tugendhaft“ (S. 112, 115). „Die optimistische Dialektik treibt mit der Geißel ihrer Syllogismen die *Musik* aus der Tragödie: d. h. sie zerstört das Wesen der Tragödie, welches sich einzig als eine Manifestation und Verbildlichung dionysischer Zustände, als sichtbare Symbolisierung der Musik, als die Traumwelt eines dionysischen Rausches interpretieren läßt“ (S. 124). Es sei der „Typus des *theoretischen Menschen*“, dessen „höchstes Lustziel in dem Prozeß einer immer glücklichen, durch eigene Kraft gelingenden Enthüllung“ liege (S. 127) und damit „eine tiefsinnige Wahnvorstellung“ – „jener unerschütterliche Glaube, daß das Denken, an dem Leitfaden der Kausalität, bis in die tiefsten Abgründe des Seins reiche...“ (S. 128). Erst an den Grenzen der Logik breche die „*tragische Erkenntnis* [durch], die, um nur ertragen zu werden, als Schutz und Heilmittel die Kunst braucht“ (S. 130). Denn es gebe „Grenzpunkte der Peripherie, wo er [der Mensch] in das Unaufhellbare starrt“ und wo er „zu seinem Schrecken sieht, wie die Logik sich an diesen Grenzen um sich selbst ringelt und endlich sich in den Schwanz beißt“. Damit komme es zum „ewigen Kampf zwischen der *theoretischen* und der *tragischen Weltbetrachtung*“, „und erst nachdem der Geist der Wissenschaft bis an seine Grenze geführt ist und sein Anspruch auf universale Gültigkeit durch den Nachweis jener Grenzen vernichtet ist, dürfte auf eine Wiedergeburt der Tragödie zu hoffen sein“ (S. 141) – im „Symbol des *musiktreibenden Sokrates*“. Das wichtigste Merkmal der tragischen Kultur sei es,

> daß an die Stelle der Wissenschaft als höchstes Ziel die Weisheit gerückt wird, die sich, ungetäuscht durch die verführerischen Ablenkungen der Wissenschaften, mit unbewegtem Blicke dem Gesamtbilde der Welt zuwendet und in diesem das ewige Leiden mit sympathischer Liebesempfindung als das eigene Leiden zu ergreifen sucht (S. 149).

Doch „nun steht der mythenlose Mensch, ewig hungernd, unter allen Vergangenheiten und sucht grabend und wühlend nach Wurzeln“ (S. 180).

Und erst wenn man zur Verkündigung vom „edlen Kerne unseres Volkscharakters“, von der „herrlichen, innerlich gesunden, uralten Kraft“ und von der „Wiedergeburt des deutschen Mythus“ und der „Vernichtung der tückischen Zwerge“ gelangt (S. 180–189), erkennt man, daß auch Nietzsches Erkenntnis zu optimistisch war und er selbst die von ihm erfaßte *tragische Weltbetrachtung* letzlich wieder verleugnen mußte. Seine Klarsichtigkeit erwies sich noch als wunsch- und wahngetrübt, ja, von eben dem Ressentiment beseelt, das er in seiner Kultur so unbarmherzig und berechtigt geißelte. Auch bei ihm „kehrte sich die Spitze der Weisheit gegen den Weisen“.

Einseitig, doch großartig, von poetischer Kraft und philosophischer Tiefe ist auch *Schelers* Essay *Zum Phänomen des Tragischen*, zum Torso seiner Auseinandersetzung mit Nietzsche gehörig (1914). Er konzentriert sich fast ausschließlich auf drei Punkte, und zwar nimmt er darin wieder Gedanken von Schiller auf und vertieft diese in für uns bedeutsamer Weise: a) auf die Frage und die Spezifität des *Wertkonfliktes*, der den Kern des „Phänomens des Tragischen“ als einer allgemeinen menschlichen Erfahrung, die nicht auf die Kunstwerke beschränkt sei, ausmache; b) auf die Unvermeidlichkeit von Konflikt und Katastrophe, die „Unabänderlichkeit und Unabwendbarkeit der Wertvernichtung“ (S. 157), und damit die Gleichsetzung des Tragischen mit der *unausweichlichen Vernichtung eines Wertes und Wertträgers;* und c) darauf, daß dieser tragische Wertkonflikt eine universale Gültigkeit besitze, einen *“exemplarischen Charakter* für einen *Wesenszug* unserer Welt“ (S. 156): „Tragisch ist an erster Stelle der Widerstreit, der unter den Trägern hoher positiver Werte... selbst erwacht. Tragisch ist der ‚Konflikt‘, der innerhalb der positiven Werte und ihrer Träger selbst waltet“ (S. 155). Die Richtung des Tragischen gehe auf *„Vernichtung eines positiven Wertes* einer bestimmten Ranghöhe. Und die Kraft, die vernichtet, darf nicht wertfrei sein; sie muß *selbst* einen positiven Wert darstellen“ (S. 154).

> Im ausgesprochensten Sinne tragisch ist es daher, wenn ein und dieselbe Kraft, die ein Ding zur Realisierung eines hohen positiven Wertes (seiner selbst oder eines anderen Dinges) gelangen läßt, auch im Verlaufe dieses Wirkens selbst die Ursache für die Vernichtung eben dieses Dinges als Werteträgers wird (S. 158).

Wegen der Beispielhaftigkeit von Wertkonflikt und Wertvernichtung spricht er vom „strahlenden Dunkel“ (S. 151), von „einer stillen, ruhigen Größe“, von „einer gewissen Kühle, die sie scheidet von aller spezifischen Ich-Trauer“ (S. 156), als von Merkmalen, die die *tragische Trauer* auszeichnen. Es finde eine Art von Versöhnung und Resignation statt.

> Sie ist *rein* von allem, was Erregung, Entrüstung, Tadel hervorrufen könnte. Sie ist kühl, still und groß. Sie hat eine Tiefe und Unabsehbarkeit. Sie ist frei von begleitenden Leibempfindungen und allem, was „schmerzvoll“ heißen kann, und enthält Resignation, Befriedigung und eine gewisse Art von Versöhnung mit allem zufällig Daseienden in sich (S. 158).

Die Verknüpfung, „jene innere unlösbare Wesens-Verknüpftheit“ von Werte schaffenden und Werte zerstörenden Kausalreihen bezeichnet er mit dem „treffenden Bilde von dem *tragischen ‚Knoten‘*“ (S. 159). Die Unvermeidlichkeit und zwangsmäßige Zerstörung eines Wertes ist eine innere Notwendigkeit, gegen die vergebens angekämpft wird. Deshalb wird die „tragische Schuld“ unausweichlich; sie befällt einen in der Verfolgung einer höheren Pflicht:

> Wenn es wahr ist, daß ein Unheil erst tragisch ist, wenn jeder seine „Pflicht“ getan hat, und im gewöhnlichen Sinne des Wortes *niemand* die „Schuld“ verschuldet hat, so gehört es auch zum Wesen des tragischen Konfliktes, selbst durch den *ideal* weisesten und gerechtesten Richter unschlichtbar und unheilbar zu sein. Die tragische Missetat ist sogar definitorisch die, vor der alle *mögliche* moralische und rechtliche Beurteilung *verstummt* (S. 164).

Dabei ist es, wiederum in Weiterführung des Schillerschen Gedankens vom Obwalten des allgemeineren, ja des absoluten Sittengesetzes,

> ein ganz besonders charakteristisch Tragisches, daß das in dieser Seinsdimension „edlere“ Individuum *mitten unter* den streng erfüllten „Pflichten“ der unedleren Individuen *zermalmt* wird. Und es erscheint wie ein besonderer schwermütigironischer Reiz dieser Art des Tragischen, wenn das edlere Individuum auch noch eine *moralische* Schuld auf sich lädt, die sein Gegner nicht auf sich geladen haben – in der absoluten Abrech-

nung aber der von ihm faktisch realisierten sittlichen Werte seine Feinde hoch *überragt* (S.166).

Er gewahre den Kern „jener notwendigen und ‚schuldlosen Schuld'" eines ethischen Prometheus eben dann, „wenn der ‚Edlere'... einen Wert erschaut hat, der höher ist als die durchschnittlich bekannten, in jenem Wertniveau überhaupt vertretenen Werte" und er daher das „Sittengesetz" verletzen *muß:* „Er *muß* – faktisch schuldlos, auch vor dem gerechtesten Richter noch, von Gott allein abgesehen – *notwendig* als ‚schuldig' erscheinen" (S.167). In diesem Sonderfall des Tragischen liege die „absolute Einsamkeit des sittlichen Genius": „Der tragische Held dieses Typus *verschuldet* nicht seine Schuld, sondern er *‚verfällt'* ihr" (S.168). Doch ist die tragische Schuld „nicht die Bedingung des tragischen Phänomens", „sondern sie ist eine Art des Tragischen selbst", nämlich dessen Kulminationspunkt (S.169).

Doch auch bei Scheler stellt sich die Frage, ob mit der Selbstverständlichkeit der Absolutsetzung gewisser Werte etwas Entscheidendes – gerade das Paradoxon des Nichtwissens und dessen zwingende Gewalt – „verleugnet", und überhaupt mit der Konzentrierung auf den Wertkonflikt zwar etwas überaus Wichtiges ausgesprochen, aber etwas anderes völlig außer acht gelassen worden ist – nämlich die Zentralität des Leidens und überhaupt die Wichtigkeit der „absoluten Affekte", die vom griechischen „Pathos" oder „Pathema" begriffen wurden.

Ihm, Nietzsche, auch der englischen und deutschen „Tragödientradition" (von der er glaubt, sie bestünde aus Trauerspielen, die als Tragödien mißverstanden würden) und manchem, das ich selbst hier als Grundfrage gestellt habe, widerspricht nun Benjamin in seinem Werk *Ursprung des deutschen Trauerspiels* (1928/1972) scharf. Es handle sich nicht um einen „‚Niveaukonflikt' zwischen dem Helden und der Umwelt schlechthin", die „Bemühung, das Tragische als allgemeinmenschlichen Gehalt zu vergegenwärtigen", sei ganz vergeblich (S.109, S.102):

> Die Philosophie der Tragödie ist demgemäß ohne alle Beziehung auf historische Sachgehalte in einem System von allgemeinen Sentiments, das man in den Begriffen „Schuld" und „Sühne" logisch unterbaut sich dachte, als Theorie der sittlichen Weltordnung durchgeführt worden (S.101).

Die Nivellierung ins Allgemeinmenschliche mache die Wesensverschiedenheit von antiker und moderner Dramatik unkenntlich (S.114). Gegen Nietzsches Deutung wendet Benjamin ein:

> Der Abgrund des Ästhetizismus tut sich auf, an den diese geniale Intuition zuletzt alle Begriffe verlor, so daß Götter und Heroen, Trotz und Leid, die Pfeiler des tragischen Baus, in nichts sich verflüchtigen... Der in den Tiefen der bayreuther Kunstphilosophie behauste Nihilismus vereitelte – es war nicht anders möglich – den Begriff der harten, der geschichtlichen Gegebenheit der griechischen Tragödie (S.104f.).

Es sei „die einmalige griechische Art solcher Konflikte", die „tendenziöse Umformung der Tradition..., die alle Bedeutung verlöre, wenn es nicht mehr Sage, Urgeschichte des Volks wäre, an der sie sich kundtäte" (S.108f.). Er fragt: „Worin ist sie [die einmalige griechische Art der Konflikte] zu suchen? Welche Tendenz verbirgt sich im Tragischen? Wofür stirbt der Held?" Seine Antwort:

Die tragische Dichtung ruht auf der *Opferidee*. Das tragische Opfer aber ist in seinem Gegenstande – dem Helden – unterschieden von jedem anderen und ein erstes und letztes zugleich. Ein letztes im Sinne des *Sühnopfers*, das Göttern, die *ein altes Recht* behüten, fällt; ein erstes im Sinn der *stellvertretenden* Handlung, in welcher neue Inhalte des Volkslebens sich ankündigen... Der tragische Tod hat die *Doppelbedeutung*, das alte Recht der Olympischen zu entkräften und als den Erstling einer neuen Menschheitsernte dem unbekannten Gott den Helden hinzugeben (S. 109), gemeinschaftstiftender Opfertod im Geist einer kommenden Gerechtigkeit zu sein (S. 118).

Das gelte auch für das tragische Leiden, dem diese Doppelkraft innewohnen könne. Der Sühnecharakter könne zurücktreten, der Tod sich zur Rettung wandeln, wobei der Altar zum Asyl, das Schlachtopfer des Menschen abgewendet, der zornige Gott zum gnädigen werde: „... der Held [ist] den alten Satzungen entronnen, denen er, wo sie am Ende ihn ereilen, nur den stummen Schatten seines Wesens, jenes *Selbst als Opfer hinwirft*, während die Seele ins Wort einer fernen Gemeinschaft hinübergerettet ist" (S. 112). Er spricht von der „stummen Beklemmung" der Gestalten, von der „sprachlosen Konkurrenz des Agon", der „Unmündigkeit des tragischen Helden", und er schließt sich Rosenzweigs tiefen Gedanken über *„das tragische Schweigen"*, die *„eisige Einsamkeit des Selbst"* und das *„starre Trotzen in sich"* an:

Der tragische Held hat nur eine Sprache, die ihm vollkommen entspricht: eben das Schweigen. So ist es von Anfang an. Das Tragische hat sich gerade deshalb die Kunstform des Dramas geschaffen, um das Schweigen darstellen zu können... Das Selbst weiß ja von nichts außer sich, es ist einsam schlechthin. Wie soll es diese seine Einsamkeit, dieses starre Trotzen in sich selbst, anders betätigen als eben indem es schweigt? ... Das tragische Schweigen weit mehr noch als das tragische Pathos wurde zum Hort einer Erfahrung vom Erhabnen des sprachlichen Ausdrucks, die soviel intensiver im antiken Schrifttum zu leben pflegt als in dem späteren (Benjamin, S. 110 f.; Rosenzweig, S. 101 f.).

Ich glaube, entscheidend sind die folgenden Überlegungen, die völlig mit meinem eigenen, doch ungeschichtlichen, ja gegengeschichtlichen, nämlich innerseelischen Verstehen übereinstimmen:

Die griechische, die *entscheidende Auseinandersetzung mit der dämonischen Weltordnung* gibt auch der tragischen Dichtung ihre *geschichtsphilosophische Signatur. Das Tragische verhält sich zum Dämonischen wie das Paradoxon zur Zweideutigkeit.* In allen *Paradoxien der Tragödie* – im Opfer, das, alter Satzung willfahrend, neue stiftet, im Tod, der Sühne ist und doch das Selbst nur hinrafft, im Ende, das den Sieg dem Menschen dekretiert und dem Gotte auch – ist die *Zweideutigkeit, das Stigma der Dämonen*, im Absterben... Denn seine [des Schweigens] Bedeutung schlägt um: nicht die Betroffenheit des Angeschuldigten, sondern das Zeugnis sprachlosen Leidens erscheint in den Schranken und die Tragödie, die da gewidmet schien dem Gerichte über den Helden, wandelt sich zur Verhandlung über die Olympischen, bei der jener den Zeugen abgibt und wider Willen der Götter „die Ehre des Halbgotts" kundmacht. Der *tiefe äschyleische Zug nach Gerechtigkeit* beseelt die *widerolympische Prophetie aller tragischen Dichtung* (S. 112 f.). Das Ordal wird durch den Logos in Freiheit durchbrochen. Dies ist zutiefst die Verwandtschaft von Gerichtsprozeß und Tragödie in Athen. *Das Wort des Helden, wo es vereinzelt den starren Panzer des Selbst durchbricht, wird zum Schrei der Empörung.* Die Tragödie geht ein in dies Bild des Prozeßverfahrens; eine Sühneverhandlung findet auch in ihr statt ... Ist aber der Mythos im Sinn des Dichters die Verhandlung, so ist seine Dichtung *Abbildung und Revision des Verfahrens* zugleich (S. 121 f.).

Doch bleibe die Lösung nur jeweilig, problematisch, eingeschränkt: „Aber es klingt im Schluß der Tragödie ein *non liquet* stets mit“ (S. 122).

> Aber wie überall, so liegt auch hier die fruchtbarste Schicht metaphysischer Deutung in der Ebene des Pragmatischen selbst. In der ist die Einheit des Orts: die Gerichtsstätte; die Einheit der Zeit: die seit je – im Sonnenumlauf oder anders – eingegrenzte des Gerichtstags; und die Einheit der Handlung: die der Verhandlung (S. 123). ... an das Wort des Genius ist der *Kampf gegen die Dämonie des Rechts* gebunden... in jedem Falle ist die griechische Trilogie nicht wiederholbare Ostentation, sondern *einmalige Wiederaufnahme des tragischen Prozesses in höherer Instanz* (S. 124 f).

Der *Chor* der Tragödie klage nicht, sondern bleibe „im Angesicht der tiefen Leiden überlegen“:

> Es restauriert vielmehr die chorische Diktion die Trümmer des tragischen Dialogs zu einem diesseits wie jenseits des Konflikts – in sittlicher Gesellschaft wie in religiöser Gemeinschaft – gefestigten Sprachbau. Die ständige Präsenz der Chorgemeinde, weit entfernt das tragische Geschehen in Klagen aufzulösen, setzt vielmehr, wie Lessing schon bemerkt hat, *dem Affekt selbst in den Dialogen eine Schranke* (S. 128).

Nichts ist völlig übersetzbar, doch ist auch nichts uns völlig fremd. Das Griechisch-Tragische hat zwar seine geschichtliche Gebundenheit, doch hat es so viel mit unserem Erleben gemeinsam, daß es immer wieder zu uns unmittelbar und mit dramatischster Wucht und Bedeutsamkeit zu sprechen vermag. Mag es auch so sein, daß, wie Benjamin schreibt, „auf dem Triumphwagen des barocken Trauerspiels ... die antike Tragödie die gefesselte Sklavin“ ist (S. 100), so ist und bleibt die Sklavin doch die gewaltige Lehrerin, oft mißverstanden, öfters imitiert und verflacht, immer bewundert. Noch immer kündet sie als eine Kassandra der zerbrochenen Wirklichkeit die tiefsten Wahrheiten aus dem Reiche der Seele, die weder auf die Griechen beschränkt noch historisch allein zu erfassen sind. Und Benjamin besaß den Sinn dafür, was diese tiefsten Wahrheiten waren. Er selbst ging den Weg des Opfertodes.

Die Fragen nach dem Tragischen und der Tragödie werden mit vollem Ernst von den Denkern neu aufgegriffen, die unter dem Schreckensgeschehen des zweiten Weltkrieges und v. a. des Holocaustes das Tragische in seiner ganzen Tiefe erlebten und mit Berechtigung bezweifeln mußten, ob die Kunst des Tragischen dem absoluten Grauen und dem unheilbaren Riß im Menschenbild je gerecht zu werden vermöchte. „Ist Dichtung nach Auschwitz überhaupt noch möglich?“ wird mit einer Verzweiflung gefragt, die die Versöhnung durch die künstlerische Form nicht erträgt und die wissenschaftlich-psychologische oder geschichtliche Erfassung als Hohn empfinden muß.

Eine gedankentiefe Studie des Wesens der Tragödie, eine Neudeutung und Kritik der aristotelischen Definition, wird von *Kaufmann* (1969) gegeben. „Was ich [in der Mimesis, dem mimeisthai] sehe, ist nicht eine Nachahmung, sondern eine überwältigende, symbolische Handlung, die eine Vielfalt schmerzlicher Bilder hervorruft“ (S. 94).

Der tragische Dichter schafft eine einzelne, kurze, klimaktische Handlung, in der das menschliche Leiden aufs höchste gesteigert wird, nicht um uns eine fremde, exotische Geschichte zu berichten, sondern um *unser* Leid [grief] hervorzurufen, ihm Worte zu geben und oft, doch nicht immer zu zeigen, wie Katastrophen von Helden getragen werden (S. 96).

Er definiert sie knapp:

Tragödie ist 1. eine literarische Form, die 2. eine symbolische, von Schauspielern aufgeführte Handlung vorstellt und 3. maßloses menschliches Leiden ins Zentrum rückt, und zwar 4. auf eine solche Art und Weise, daß sie uns an unseren eigenen vergessenen und verdrängten Kummer erinnert wie auch an den von unserer Familie und der Menschheit erlebten; sie entläßt uns 5. mit dem Gefühl a) daß Leiden etwas Universelles, nicht bloß etwas uns allein Zugestoßenes ist, b) daß Mut und Erdulden im Leid oder Adel in der Verzweiflung bewundernswürdig, nicht lächerlich sind, und gewöhnlich auch c), daß ein Geschick, das schlimmer als das unsere ist, erhebend wirken kann. 6. In Länge dauern die Aufführungen von etwas unter zwei Stunden bis etwa vier, und das Erleben ist hoch konzentriert (S. 98 f).

Die Art des Konfliktes wechselt von Tragödie zu Tragödie, doch was konstant bleibt und damit wirklich das Wesen der Tragödie ausmacht, ist die Hauptbedeutung des Leidens im Helden und die der Sympathie, des Mitleids und des Engagements auf seiten des Zuschauers: „Entscheidend ist dabei nicht das Ende, sondern ob wir an schwerem, schrecklichem Leiden teilnehmen" (S. 212). Zwei Punkte, die Kaufmann absichtlich aus seiner Definition ausläßt, doch wiederholt im Hinblick auf gewisse Tragödien hervorhebt, ist erstens die Rolle der *Hybris*, und zwar nicht in der üblicherweise mißverstandenen Bedeutung des Stolzes, sondern als „freche Mißachtung der Rechte anderer – wanton disregard for the rights of others" (oder: „wanton violence and insolence", „anarchical defiance of the bounds") (S. 74–76); zweitens ist es die entscheidende Bedeutung *übersteigerter, einseitiger Verfolgung eines Wertes* und damit der unvermeidliche Zusammenstoß von Werten, namentlich wie es in den *Choephoren* von Äschylus ausgedrückt wird: „Macht stößt zusammen mit Macht, Recht mit Recht" (461).

Der schweizerische Literaturhistoriker *Muschg* würde mit Kaufmanns Betonung des „immense amount of suffering" und des Gemahnens an die „dark side of existence" (Kaufmann, S. 271) als dem Kern der tragischen Literatur übereinstimmen. Er beginnt seine monumentale *Tragische Literaturgeschichte* (1948, 1969) denn auch mit der Aussage: „Allem tragischen Denken ist gemeinsam, daß es das *Leiden zum Mittelpunkt des Daseins* macht. *Es begreift die Welt durch den Schmerz*" (S. 15). Die tragische Verkündung „gestaltete eine ‚theologische' Vision, aber eine andere als die jüdische: *die des großen Menschen im Kampf mit dem Schicksal*" (S. 108)

Der Held der Tragödie ist der große Mensch, dem die dämonische Leidenschaft den Blick trübt und die Besonnenheit verwirrt. Die Natur bricht maßlos aus ihm hervor: die Gier nach Macht, nach Gold, nach Ruhm, nach dem Weib, nach Rache, die Lust des Zerstörens und Mordens, „des stolzen Sinnes gottvergessener Übermut", aber auch die lähmende Angst, das haarsträubende Grauen, der brennende Schmerz, die gellende Verzweiflung. Die Ursituationen des Daseins erscheinen, riesig vergrößert wie in einem furchtbaren Traum oder wie im Denken des Kindes: der versteinernde Blick des Unglücks, das rauchende Blut des Frevels, das Verbrechen wider die Natur, der Greuel der Strafe, die Ahnung einer entsetzlichen Schuld, die mit dem Leben selbst gegeben ist. Der Täter steht in der Hand eines furchtbaren Wesens, des Schicksals, das stärker ist als er. Er wird von ihm geschlagen, damit er leidend und untergehend *die tragische Wahrheit* erkennt (S. 108). Was ist das Schicksal? Es äußert sich in der Tragödie als der Fluch, der über einem ganzen Fürstenhaus liegt... Die altertümlichste Form ist wohl das unentrinnbare Schicksalswort, also der dramatisch gestaltete Wortzauber... Magischen Ursprungs war nicht nur ihr Grundmotiv, der *Schicksalfluch*, sondern die Institution der tragischen Bühne als solcher (S. 109).

Sewall, Englischprofessor an der Yale Universität, veröffentlichte 1959 eine Sammlung von Essays, *The Vision of Tragedy*, die einen bedeutenden Einfluß auf das Denken über dies Thema ausübt. Diese „tragische Betrachtungsweise" sei nicht auf die Kunstform der Tragödie beschränkt, sondern finde sich bei bestimmten Völkern zu gewissen Zeiten künstlerisch ausgedrückt und sei dann wieder während langer Perioden ganz abwesend, selbst wenn man sich krampfhaft um die Verfassung von „Tragödien" abmühe. So zählt er das *Buch Hiob*, Hawthornes *Scarlet Letter*, Melvilles *Moby-Dick*, *Die Brüder Karamasov* und Faulkners Werk *Absalom, Absalom!* zu paradigmatischen Werken, die aus einer solch tragischen Sichtweise geschaffen wurden, natürlich neben den hauptsächlichen Tragödien des alten Griechenland und des elisabethanischen England. Sie stelle die Frage nach dem Sinn des Daseins, im Kampf des Menschen gegen mysteriöse, dämonische Kräfte in seinem Innern und in der Umwelt und angesichts des Bösen, des Leidens und des Todes, des Menschen also in „Grenzsituationen" (Jaspers). Es handle sich dabei um den Konflikt des Menschen mit seinem Schicksal in seiner ganzen Größe und Schrecklichkeit.[15] Es gehe, z. B. in der hebräischen Hiobstragödie, um „ein unvermeidliches geistiges Dilemma" und „ein Aufeinanderprallen von Loyalitäten", „den einander entgegengesetzten Zwang von Notwendigkeit und Schuld", „die Notwendigkeit zu handeln und die Kenntnis der unvermeidlichen Schuldhaftigkeit", doch gerade in dieser Zweiheit von Schuld und Notwendigkeit um die Aufforderung an den Menschen, die Wahrheit seiner eigenen Natur und die der menschlichen Natur überhaupt zu entdecken.[16] In der Tragödie enthülle sich die Wahrheit nicht als ein

[15] „The tragic vision is in its first phase primal, or primitive, in that it calls up out of the depths the first (and last) of all questions, the question of existence: What does it mean to be? It recalls the original terror, harking back to a world that antedates the conceptions of philosophy, the consolations of the later religions, and whatever constructions the human mind has devised to persuade itself that its universe is secure. It recalls the original un-reason, the terror of the irrational. It sees man as questioner, naked, unaccommodated, alone, facing mysterious, demonic forces in his own nature and outside, and the irreducible facts of suffering and death. Thus it is not for those who cannot live with unsolved questions or unresolved doubts, whose bent of mind would reduce the fact of evil into something else or resolve it into some larger whole... The tragic vision impels the man of action to fight against his destiny... It is this sense of ancient evil, of ‚the blight man was born for,' of the permanence and the mystery of human suffering... The conflict between man and his destiny assumes once more the ultimate magnitude" (S. 5 ff.).

[16] „Inevitable spiritual dilemma or clash of loyalities" (S. 11); „the agony of dilemma, of the opposing compulsions of necessity and guilt" (S. 21); „he who is caught between the necessity

harmonisches Ganzes; sie sei zweideutig, vielschichtig und in erschreckender, ja grauenvoller Weise aus Unvereinbarem zusammengesetzt (S.13). Die tragische Wahrheit sei fragmentiert, nur angedeutet und unbeständig[17], doch stelle die Behauptung, „daß Leiden zur Einsicht führe, eine der Konstanten der Tragödie dar“ (S.155). Sie stelle den Menschen in Stolz und Trotz gegen das unverdiente Leid und gegen das Grauen dar. „Im ständig mahlenden Konflikt“ der Handlung zeige sich der menschliche Charakter.[18] Die Handlung sei gewählt und bestätige so des Menschen Freiheit, doch betreffe die Wahl zwei entgegengesetzte Werte, die unausweichlich von Übeln begleitet werden. Das tragische Paradox bestehe eben in diesem Dilemma, wo gut auch böse sei[19], doch eben auch im Siege inmitten der Niederlage (S.122). Das Leiden werde in eine Wertstruktur gestellt, in eine Beziehung zur Welt der Werte, oft mit einer Umordnung der Werthierarchie, doch nicht mit einer Verleugnung der Werte. „Adel, Würde und Größe“ charakterisieren den tragischen Helden (S.129). Sewall spricht von der „charakteristischen Anschauung vom Bösen, dem Leiden und des Wertes“ („that characteristic vision of evil, suffering and value“) (S.49).

Marlowe habe das moderne tragische Thema *der gespaltenen Seele* eingeführt, *„das Paradoxe und das Dilemma gerade im Innersten der menschlichen Natur“* („the modern tragic theme of the divided soul“, S.59; „the sense of paradox and dilemma at the very center of man's nature“, S.84), obwohl wir diese schon bei Äschylus im Ausdruck „diphrontis“, zumindest angedeutet finden. In Bezug auf Hester Prynne (*The scarlet letter*) sagt er, das Wesen ihres Lebens fortan sei *Konflikt – Konflikt mit sich selbst, Konflikt mit ihrer Gesellschaft und Konflikt mit ihrem Gott* (S.88). Die Gegensätze werden nie aufgelöst, das Zweideutige nicht erhellt. Das Erschauen der Schönheit, der Güte und der Wahrheit mit dem des Bösen, der Ungerechtigkeit und des Leidens mache die Doppelsicht, *„the dual vision“*, der Tragödie aus (S.103).

Das moderne tragische Problem bestehe nicht darin, welche Werte oder Loyalitäten zu wählen seien, sondern im Bankrott aller Werte und Loyalitäten und daher im Zerfall des Individuums (S.108), in der völligen Disorganisation der Persönlichkeit.

Wenn die dreifache Bejahung der Tragödie – daß das Leben trotz allem wertvoll sei, daß der Mensch frei sei und daß das Leiden schöpferisch sein könne – der

---

to act and the knowledge of inevitable guilt“ (S.19). „‚Tragedy,‘ remarked Paul Tillich, ‚combines Guilt and Necessity,‘ and the response of the hero is neither to yield to fatalism nor humble himself in total guilt, but to press on in his action to find by experience the truth of his own nature and of the nature of man“ (S.72).

17 „It is ‚tragic‘ truth – that is, fragmentary, tentative, and precarious“ (S.125).

18 „In the dialectical pressures, ‚the constant grinding conflict‘ of the trilogy's [the Oresteia's] action, human character is revealed as no Greek before Aeschylus revealed it“ (S.30).

19 „It is action entered into by choice and thus one which affirms man's freedom. And it leads to suffering – but choice of a certain kind and suffering of a certain kind. The choice is not that of a clear good or clear evil; it involves both, in unclear mixture, and presents a dilemma. The suffering is not so much of physical ordeal (although this can be part of it) but of mental or spiritual anguish as the protagonist acts in the knowledge that what he feels he must do is in some sense wrong – as he sees himself at once both good and bad, justified yet unjustified“ (S.47). „Tragedy is witness to the moral ambiguity of every action...“ (S.102).

Verneinung weiche und durch „den allgemeinen Zynismus, die Apathie und die Verzweiflung einer ‚lieblosen' und mechanisierten Gesellschaft" ersetzt werde, gebe es keine Tragödie im wahren Sinne mehr (S. 126). Dann komme es zum Tod der Tragödie.

Tragödie bedürfe der unerträglichen Last der Gegenwart Gottes, sagt *Steiner* (1961/1968) am Ende seiner Betrachtung der tragischen Literatur. Er zeichnet den tragischen Konflikt in ähnlicher Weise wie Sewall, doch radikal anders als Schiller und Scheler, nämlich nicht als Konflikt zwischen hohen Werten, sondern in einer Form, die an Nietzsches „Doppelnatur" der Tragödie gemahnt. Der Konflikt finde statt zwischen „den Bereichen der Vernunft, Ordnung und Gerechtigkeit" und der überwältigenden Macht dämonischer Irrationalität von innen und von außen: „Die tragische Persönlichkeit wird von Kräften zerbrochen, die weder voll verstanden noch durch die Klugheit der Vernunft gebändigt werden können" (S. 8). Leiden, erbarmungslose Bestrafung weit über das Maß der Schuld hinaus, absurde Zerstörung und die Aufrechterhaltung der Würde angesichts des Abgründigen – dies sind weitere Zeichen des tragischen Dramas.

> Tragödie möchte uns davon unterrichten, daß in der Tatsache des menschlichen Daseins eine Provokation oder ein Paradoxon liege: sie besagt, daß die Absichten der Menschen manchmal gegen unerklärliche und vernichtende Mächte anrennen, die zwar „draußen", doch auch sehr nahe liegen (S. 128).

Der Grund dafür ist unbekannt, die Wunden heilen nicht, und der gebrochene Geist wird nicht wieder aufgerichtet (S. 129). Es ist durchweg der *prinzipiell unschlichtbare Kampf der Unordnung gegen die Ordnung*, die Niederlage der Vernunft unter das Chaos, in schlagendem Gegensatz zur klassischen Sicht (z. B. S. 167 f.), doch im Einklang nicht nur mit Nietzsche, sondern etwa auch mit dem späten, so oft zu Unrecht herabgesetzten Ibsen – eine Ansicht das Tragischen, die mit Camus' Definition des Absurden übereinstimmt.

> ... das Tragische ist ein Modus, eine bestimmte Weise *drohender oder vollzogener Vernichtung*, und zwar die *dialektische*. Nur *der* Untergang ist tragisch, der aus der *Einheit der Gegensätze*, aus dem *Umschlag des Einen in sein Gegenteil*, aus der *Selbstentzweiung* erfolgt. Aber tragisch ist auch nur der Untergang von etwas, das *nicht untergehen darf*, nach dessen Entfernen die *Wunde sich nicht schließt*. Denn der tragische *Widerspruch darf nicht aufgehoben* sein in einer übergeordneten – sei's immanenten, sei's transzendenten – Sphäre. Ist dies der Fall, so hat die Vernichtung entweder ein Belangloses zum Gegenstand, das als solches sich der Tragik entzieht und der Komik darbietet, oder die Tragik ist bereits überwunden im Humor, überspielt in der Ironie, überhöht im Glauben (S. 209).

Dies ist die zusammenfassende Einsicht, zu der *Szondi* in seiner 1961 erstmals erschienenen, brillianten Arbeit *Versuch über das Tragische* gelangt. Bei der Erfassung des „Tragischen als einer *dialektischen Modalität*" bezeichnet er als „Dialektik" und „dialektisch": „Einheit der Gegensätze, Umschlag des Einen in sein Gegenteil, Negativsetzung seiner selbst, Selbstentzweiung" (S. 159). Wenn Goethe das Wesentliche am Tragischen in „einem unausgleichbaren Gegensatz" sieht, der „keine Auflösung zulasse" und mit der „Verblendung" des Helden, zu wollen, was er nicht wollen dürfe, begründet, gipfelnd in der dialektischen Behauptung: „Das Grundmotiv aller tragischen Situationen ist das Abscheiden ...", so sieht Szondi im Abschied eben dessen „dialektische Struktur": „Abschied ist Einssein, dessen einziges Thema die Entzweiung ist; Nähe, die nur noch die Ferne vor Augen hat, die darauf zustrebt, wie verhaßt sie ihr auch sei; Verbundenheit, welche die Trennung, ihren Tod, indem sie Abschied ist, selber vollzieht" (S. 176–179).

Doch beruft er sich, wenn er ein dialektisches Verstehen der Tragödie zentral setzt, v. a. natürlich auf die Hegelsche Beschreibung des tragischen Vorgangs „als die Selbstentzweiung und Selbstversöhnung der sittlichen Natur" (S. 167):

> Das ursprünglich Tragische besteht nun darin, daß innerhalb solcher Kollision beide Seiten des Gegensatzes für sich genommen *Berechtigung* haben, während sie andererseits dennoch den wahren positiven Gehalt ihres Zwecks und Charakters nur als Negation und *Verletzung* der anderen, gleichberechtigten Macht durchzubringen imstande sind und deshalb in ihrer Sittlichkeit und durch dieselbe ebensosehr in *Schuld* geraten (Hegel *Ästhetik*, S. 528 f., zit. nach Szondi, S. 170).

Es sei das Schicksal des tragischen Helden, „daß ihn sein Pathos zugleich ins Recht und ins Unrecht setzt und er so *gerade durch seine Sittlichkeit in Schuld gerät*..." (S. 171). Namentlich bestehe „der tragische Konflikt [in der Antigone] gerade zwischen den Welten des Gesetzes und der Liebe" (S. 172). Simmel spezifiziert diesen Konflikt dahin, daß die „eigentliche große Tragik des Sittlichen" die sei, „wenn man nicht das Recht zu dem hat, zu dem man die Pflicht hat" (Szondi, S. 197).

> Als ein tragisches Verhängnis... bezeichnen wir dies: daß die gegen ein Wesen gerichteten vernichtenden Kräfte aus den tiefsten Schichten eben dieses Wesens selbst entspringen; daß sich mit seiner Zerstörung ein Schicksal vollzieht, das in ihm selbst angelegt und sozusagen die logische Entwicklung eben der Struktur ist, mit der das Wesen seine eigene Positivität aufgebaut hat (Simmel, *Der Begriff und die Tragödie der Kultur*, S. 21 f., zit. nach Szondi, S. 195 f.).

Szondi bezeichnet es geradezu als einen Grundzug der Tragödie, daß Rettung und Vernichtung zur Einheit werden:

> Denn nicht Vernichtung ist tragisch, sondern daß Rettung zur Vernichtung wird, nicht im Untergang des Helden vollzieht sich die Tragik, sondern darin, daß der Mensch auf dem Weg untergeht, den er eingeschlagen hat, um dem Untergang zu entgehen. Diese Grunderfahrung des Helden, die sich mit jedem seiner Schritte bestätigt, weicht erst zuletzt allenfalls einer anderen: daß es der Weg in den Untergang ist, an dessen Ende Rettung und Erlösung stehen (S. 213).

3.4 Die tragische Wahrheit und die Psychoanalyse

Szondi spricht von „*der tragischen Dialektik von Rettung und Vernichtung*“ (S. 214): „*Seine Abwehr beschwor herauf, was sie hätte abwehren sollen*“ (S. 221). Er bezieht sich im selben Zusammenhang eben auf jenes Calderon-Zitat, das ich an den Anfang dieses Kapitels gestellt habe: „Gefahren fliehn, das bringt erst in Gefahren, mein Unglück wird, was Schutz mir sollt' erwerben“ (S. 224).

Mit den letzten Erkenntnissen aus Literatur und Philosophie sind wir aber bei einer auch klinisch besonders wichtigen Einsicht angelangt: daß wir oft gerade das herbeiführen, was wir am meisten fürchten, und daß wir dies immer wieder, und zwar auf uns selbst uneinsichtige Weise, zustandebringen – eben das, was Freud als *Wiederholungszwang* bezeichnet hat. Dabei spielt aber, wie wir bei der analytischen Arbeit mit schweren Neurosen gesehen haben, eben die „Selbstentzweiung des Sittlichen“, also der unausweichliche und unlösbare Konflikt zwischen einander entgegengesetzten Idealen, Werten oder Loyalitäten oder die zerstörerische und vernichtende Wirkung der Befolgung *eines* zentralen Wertgebotes, die entscheidende Rolle. Doch was hat die Psychoanalyse zum Verständnis des Tragischen beizutragen?

Offenbar sehr viel, zeigte sich doch an der großen Fruchtbarkeit tragischer Metaphorik und Mythendarstellung gerade für die psychoanalytische Erfassung des unbewußten Seelenlebens, welch bedeutsame und tiefe Gemeinsamkeit zwischen diesen beiden Gebieten besteht. Die meisten Hinweise beziehen sich daher auch auf die oft frappanten Ähnlichkeiten der Einzelthematik, nur selten auf eine Verknüpfung des *Wesens des Tragischen* oder der *Modalität des Tragischen* mit gewissen Grundstrukturen der analytisch begriffenen seelischen Vorgänge. Darüber hinaus hat Schafer recht, wenn er den „tragischen Geist“ im Freudschen Gesamtwerk betont.

Für letzteren Bezug möchte ich einen besonders wichtigen Gedankengang von *Dévéreux* herausgreifen. In einer 1970 erschienenen Arbeit zieht er eine Parallele zwischen der Struktur der griechischen Tragödie und den Strukturelementen intrapsychischer Vorgänge – „the replication (Mimesis) of the structure of the psyche in the work of art“ (S. 48):

> Die griechische Tragödie findet einfach auf zwei Ebenen statt: das blutige Geschehen ereignet sich hinter der Szene; seine psychologischen Folgen spielen sich auf der Bühne ab... Beim Auftreten auf der Bühne begibt sich die dramatische Persönlichkeit von der Welt verwirklichter Triebe und Phantasien in die Welt bewußter Ich-Funktionen; tritt er ab, stürzt er in die Tiefen des Unbewußten zurück und handelt im Einklang mit dessen Diktaten.[20]

[20] „Greek tragedy simply takes place on two levels: the raw event occurs off stage; its psychological consequences are shown on stage. [The two are, as Aristotle has shown, effectively compartmentalized. As the personages move on and off stage – be it at the beginning or at the end of the drama, or in the course of the play itself – they pass from one psychological world to another. Before, after, and off stage is the world of instinctual acting out in great deeds. In that world there is neither unity of time nor of place, because there is none in the world of the

Das Rationale auf der Bühne und das Irrationale hinter ihr seien einander *komplementär* (S. 61). Wie von Aristoteles akkurat erfaßt, benutzten demnach die großen griechischen Dramatiker Mittel, um die vom dramatischen Ablauf ausgelösten Affekte zu regulieren, Mittel, die aus komplexen, nuancierten Sublimationsvorgängen bestanden und die zeitliche und „räumliche" Struktur der Seele spiegelten.[21]

Es ist schwierig, den Ausführungen von *Schafer* (1970) gerecht zu werden. Er beschreibt, in Anlehnung namentlich auch an Sewalls Werk, eine für die Psychoanalyse charakteristische Wirklichkeitsauffassung, die komische, romantische, tragische und ironische Modalitäten oder Teilansichten in sich vereinige.[22] Die tragische Sichtweise betone die Unvermeidbarkeit und Tiefe von Konflikt, die Stärke dämonischer Kräfte und das durch sie hervorgerufene Grauen, die Notwendigkeit, in Unwissenheit zu handeln und die Furcht und die Schuld des Handelns zu tragen, die Last unbeantwortbarer Fragen und unbegreiflichen Elends, die Wahrscheinlichkeit des Leidens im Verlaufe des Lernens und der Veränderung.[23]

Zur tragischen Anschauung gehöre wesentlich die innere Spaltung oder Gegensätzlichkeit; der Protagonist finde sich unvermeidlich innerlich entzweit, gewisse Rechte, Werte, Pflichten, und Gelegenheiten stehen im Widerspruch mit anderen, sodaß seine Wahl immer Opfer, Ambivalenz und Reue, wenn nicht Schuld umfasse.[24] Obwohl sich der Patient in einer tragischen Lage gefangen finde, ver-

---

unconscious instinct representatives. Neither is there decorum, lofty seemliness (*semnos*), or ego control.] When coming on stage, the dramatic personage passes from the world of actualized instincts and fantasms into the world of conscious ego functions; going off stage, he plunges back into the depths of the unconscious and acts in accordance with its dictates" (S. 63).

[21] „The analysis of Aristotle's inductively formulated ‚rules' of tragedy proves that he described the means used by great dramatic poets for regulating the affect triggered off by the plots of their tragedies. He shows that these means were complex, nuanced, tightly interlocking, and meshing sublimatory devices, closely patterned upon the temporal and spatial structure of the mind, only whose content is reflected in the plots themselves" (S. 72).

[22] „It is maintained that there is a vision of reality characteristic of psychoanalytic thought, and that this vision combines comic, romantic, tragic and ironic modes or partial visions" (S. 295).

[23] „The tragic vision is expressed in a keen responsiveness to the great dilemmas, paradoxes, ambiguities, and uncertainties pervading human action and subjective experience. It manifests itself in alertness to the inescapable dangers, terrors, mysteries, and absurdities of existence. It requires one to recognize the elements of defeat in victory and of victory in defeat; the pain in pleasure and the pleasure in pain; the guilt in apparently justified action; the loss of opportunities entailed by every choice and by growth in any direction; the inevitable clashes between passion and duty... [The person with a tragic sense of life knows...] the necessity to act in ignorance and bear the fear and guilt of action, the burden of unanswerable questions and incomprehensible afflictions, the probability of suffering while learning or changing, and the frequency with which it is true that only in the greatest adversity do men realize themselves most fully..." (S. 285).

[24] „This internal split or opposition is essential to the tragic vision, according to which the protagonist is inevitably divided within himself, some of his rights, values, duties, and opportunities necessarily clashing with others, and his choice consequently always entailing sacrifice, ambivalence, and remorse, if not guilt" (S. 286).

halte er sich zunächst eher auf eine pathetische oder melodramatische Weise. Es sei eine der Aufgaben der Analyse, „den Patienten als tragischen Helden ins Offene zu bringen“ (to bring out into the open the patient as tragic hero) (S. 287). Die tragische Sehweise richte sich auf die gewaltigen Bedeutungen von Geschehnissen und Personen; sie betone totales Engagement und große Krisen. Wohin sie auch blicke, konzentriere sie sich auf die gleichzeitige Gegenwart und Verschlungenheit des Edlen und des Dämonischen, der größten Leistung und der größten Verheerung, von Erbarmen und Grauen, von vollständigem Sein und vollständiger Vernichtung.[25]

Doch stelle gerade der Wiederholungszwang kein tragisches Phänomen dar, da dieser sich gegen Zeit und Veränderung sträube und die gewollten, lustvollen und bekräftigenden Elemente in den Wiederholungen leugne. Die tragische Sicht sei doch eine Leistung des Ich-Systems.[26]

So sehr ich mit den meisten von Schafer in dieser Arbeit ausgedrückten Gedanken einverstanden bin, glaube ich, daß er hier ein ganz wesentliches Moment außer acht gelassen hat: die Rolle der Über-Ich-Problematik im Wiederholungszwang und die paradoxe Machtlosigkeit des Ich gerade dann, wenn man wähnt, man reiße Herrschaft und Kontrolle über das Schicksal *gegen* die „Götter“, also gegen das Gewissen an sich, genauer: wenn es sich um den Widerstreit widersprüchlicher Gewissensanteile handelt. Doch trifft man hier auf eine nötige Abgrenzung der tragischen Sichtweise (vision) von anderen Anteilen des Tragischen. Ich werde darauf zurückkommen.

3.5 Das Wesen des Tragischen

כִּי חִצֵּי שַׁדַּי עִמָּדִי אֲשֶׁר חֲמָתָם שֹׁתָה רוּחִי

(„Denn Schaddais Pfeile stecken in mir, und mein Geist saugt ein ihr glühend Gift“.)[27]

Am Ende des 2. Kapitels sprach ich von der das mythische wie das neurotische Denken durchwirkenden Trias von Absolutsetzung, Polarisierung (Gespaltenheit) des Selbst- und Welterlebens und Zwanghaftigkeit. Sie stelle zwar einen Teil des Tragischen vor, doch beschreibe sie es keineswegs erschöpfend; noch sei sie gleichbedeutend mit dem Mythischen.

Hingegen ergibt sich aus ihr das Besondere des Tragischen: daß der Dichter

[25] „The tragic vision aims at seeing the momentous aspects and implications of events and people; it values total involvement and great crises; wherever it looks it focuses on the simultaneous presence or interlocking of the noble and the demonic, the greatest achievement and the greatest waste, pity and terror, complete being and complete annihilation“ (S. 293).

[26] „The compulsion to repeat… lacks the quality of a tragic phenomenon, however, owing to its repudiation of time and change, and its denial of the wilful, pleasurable and reassuring elements of the repetitions… the tragic vision is an accomplishment in the ego system“ (S. 290).

[27] „Ki chitze Schaddai immadi ascher chamatam schota ruchi“ (*Hiob*, VI, 4).

(und der Schauspieler des Protagonisten, die ja zu Beginn identisch waren) und die Zuschauer einen Standpunkt *außerhalb* dieser Trias einnehmen, nicht von ihr befangen sind. Die Verbindung zwischen Held und Publikum besteht nicht durch die mythische Absolutsetzung eines Ideals, nicht durch die mythische Spaltung in absolut Gutes und absolut Böses, und nicht durch die völlige Aufhebung innerer Freiheit, die durch die Verkettung von innerer und äußerer Kausalität erzwungen wird, sondern durch den *Verlauf* der tragischen Handlung zum *Schmerz* hin, zur *Verschuldung und Erniedrigung* und schließlich zur *Belehrung*, zur *Einsicht*, dem „Lernen durch Leiden".

Darüberhinaus ist es gerade die Doppelheit der Schau – die *Maßlosigkeit des Helden* gegenüber der *Mäßigung des Chores* – die das Mythische relativiert und befreiende Erkenntnis bedeutet. Anders gesagt wird die Distanz von Dichter, Chor und Zuschauer jenen dreien gegenüber – Absolutsetzung, mythischer Polarisierung und Zwang – gewahrt. Die Verbundenheit zwischen Protagonist und Welt besteht in der Bewunderung für seine Größe und der Vornehmheit (z.B. dem gennaîon des Ödipus), in dem Mitleid für sein Leiden und seinen Schmerz, in der stellvertretenden, exemplarischen Natur seines Schicksals. Stellvertretend und beispielhaft wofür? Für die gewaltigen Anteile unseres Innenlebens, die sich in unlösbaren Konflikten aufreiben. *Somit stehen die tragischen Helden und die Hauptgestalten der Tragödie schlechthin für die hauptsächlichen Gestalten inneren Konfliktes, für die Hauptkonfigurationen menschlicher Konflikthaftigkeit überhaupt*, mit ihren charakteristischen Merkmalen der Spaltung, der Übersteigerung, der Unwiderstehlichkeit, der Abwehrfunktionen wie Verleugnung, Projektion, Wendung gegen sich selbst, und ganz besonders der überwältigenden Gewissensspannungen und Selbstverurteilungen. *Andererseits tritt der Chor für das Prinzip der Mäßigung, der stellungnehmenden, entscheidenden, Proportionen wahrenden und das Ferne wie das Nahe zu versöhnen suchenden Vernunft ein.* In Worten des Strukturmodelles – offenbar einer Sonderform des Begreifens des Innenlebens als eines inneren, unlösbaren, unbewußten Konfliktes – handelt es sich bei den Protagonisten um alle die in Konflikten einbezogenen, archaischen, weitgehend unbewußten Anteile, v.a. von Es und Über-Ich, aber in gewissem Maße auch des Ich selbst, nämlich seiner Abwehrfunktionen, während der Rahmen des Chores sich auf den beobachtenden, auf sich selbst reflektierenden, entscheidenden und vernunftbestimmten Ich-Anteil, den Sitz von Autonomie, Wahl und Willensentscheidung bezieht. Diese tiefe Gegensätzlichkeit, dieser Konflikt zwischen dem Selbstteil, der von tiefen inneren Konflikten überwunden wird, und dem Teil, der dieser Konflikte Herr zu werden sich bemüht, weist indes hinaus auf einen gewaltigen, die menschliche Geschichte immer wieder bestimmenden Kampf:

Das Tragische entwächst dem Mythischen, *das Tragische ist der Übergang vom Mythischen ins Philosophische.* Der Glaube an die absolute Wahrheit wird durch das Sehen der unauflöslichen Gegensätzlichkeiten ersetzt. Damit wird das *Antitragische letztlich zu einer Art des Klebens am Mythischen,* namentlich als ein Verhaftetbleiben an der Geschiedenheit zwischen den Absoluta. Es verneint, daß die Begrenzung von Leben, Wissen und Macht wirklich gültig ist, v.a. aber *verleugnet es inneren Konflikt,* weicht aus vor der Unausweichlichkeit und Wirksamkeit unserer inneren Widersprüchlichkeit und unauflöslichen Gegensätzlichkeit. Es sieht die Spaltung als etwas Feindselig-Fremdes, zu Verurteilendes, vielleicht bei Psychotikern und „Grenzfällen" anzutreffen, doch nicht auf das Allgemein-Menschliche zutreffend. Und doch sagt uns die Tragödie, das Tragische überhaupt: *Nostra res agitur* – diese Spannung, dieser Grundkonflikt, die Neigung zum Mythischen, Absoluten, Zwanghaften und zur *gespaltenen Wirklichkeit*, die gehen uns doch alle an, die hausen ja in uns selbst, die bedrohen uns alle jederzeit. Keiner von uns vermag ihnen allezeit zu entgehen. Es ist das menschliche Schicksal überhaupt, das von ihnen geprägt wird, weil es eben aus dem Wurzelreich des Tragischen emporwächst.

Das Wort des Horaz selbst bezieht sich auf falsche Verurteilungen, auf den Geist der Selbstgerechtigkeit und der „judgmentalness" dem Mitmenschen gegenüber – „qui dente Theonino cum circumroditur" – und heißt im ganzen so: „Nam tua res agitur, paries cum proximus ardet, et neglecta solent incendia sumere vires" – Es geht um dein Gut, wenn die Nachbarswand brennt, und Feuer, die man nicht löscht, pflegen immer stärker zu werden (Horaz, *Briefe*, Bd. 1/18, Vers 84/85).

Warum ist aber das mythische Denken so wirksam und so verführerisch? Es befriedigt diese Phantasie: Wenn ich gut bin und mich mit den Mächten des Guten und der Reinheit verbinde, werde ich endlich Heilung finden, denn es besteht, trotz allem und wirklich, eine absolute Gerechtigkeit. Somit ist das Mythische vorwiegend der Spiegel des archaischen Gewissens. Der *Wiederholungszwang verbindet das Mythische mit dem Neurotischen*, und bei beiden sind es Konflikte innerhalb des Gewissens – Kämpfe zwischen Göttlichem und Göttlichem –, die die dynamische Notwendigkeit der Wiederholung erzwingen.

Das tragische Denken bricht mit dieser Befangenheit: es konstatiert den Konflikt, es führt ihn zum bitteren Ende, indem es ihn verabsolutiert; aber es weist über den Konflikt hinaus: zum Nachdenken über Maß und Maßlosigkeit, zur Wortwerdung der Affekte und Begierden, zur Hierarchie von lebensbestimmenden Werten. Was Nietzsche als den Tod des Tragischen beklagt (z. B. bei Euripides), ist in Wirklichkeit seine Größe – daß es jenseits von Grenzenlosigkeit und Überschwang tritt, daß es also tapfer dem Tod begegnet und ihn nicht zu überwinden wähnt.

3.6 Die Erscheinungsformen des Tragischen

Damit sind wir in der Lage, die in Kap. 2 aufgeworfene Frage nach den verschiedenen Formen, in denen das Tragische erscheint, zu beantworten.

Das *tragische Erleben* besteht darin, daß der einzelne, wie der Held der Tragödie, mit bewußter Entscheidung sein Bestes getan hat und gerade dafür unbegreiflicherweise mit Leiden und Untergang zu büßen hat. Es gilt für den einzelnen wie für ganze Völker und Kulturen, die aus noblen Motiven sich einem hohen Wert widmen und gerade dafür verfolgt und gemartert werden. Dieses letzte Element ist entscheidend: daß es gerade das Gute ist, das zum Verderben führt, und doch ist dieses Ideale so sehr Teil der Identität, daß man sich im vollen Bewußtsein der möglichen

Folgen immer wieder dazu entscheidet, dem als gut Gesehenen die Treue zu wahren. Man bleibt sich selbst gegenüber loyal, auch wenn dies den Untergang herbei bringt.

Was bleibt ist Trauer: „Er ist dahin, der süße Glaube/ An Wesen, die mein Traum gebar,/ Der rauhen Wirklichkeit zum Raube,/ Was einst so schön, so göttlich war.“ Die Ideale lassen sich nicht außen finden: Recht, Glück und Wahrheit sind „Worte des Wahns“, wenn man sie in der Außenwelt zu finden denke: „Es ist nicht draußen, da sucht es der Tor,/ Es ist in dir, du bringst es ewig hervor“ (Schiller, *Die Worte des Wahns,* S. 168f.). Nein, nicht nur Trauer. Das ist ja eben, was Walter Benjamin dem Trauerspiel im Gegensatz zum Tragischen zumaß. Zum tragischen Erleben gehören doch ganz wesentlich die Empörung, das Empfinden der Ungerechtigkeit, der Trotz: „So soll es doch nicht sein!“, der Versuch des Rechtens: „Gilt es das Recht – wer will ihn vorladen?“

Der Begriff des tragischen Erlebens ist somit wiederum beschreibend, er vermag den Gründen nicht zu genügen. Man mag ihnen nachforschen und nachgrübeln, doch bleiben sie im dunkeln verborgen.

Über den *tragischen Konflikt* habe ich eingehend am Ende von Kap. 2 gesprochen.

Die *tragische Weltbetrachtung (tragische Weltanschauung, tragic vision)* sieht im tragischen Erleben und in den diesem zugrundeliegenden Konflikten das Wesentliche oder etwas vom Wesentlichsten im menschlichen Dasein und muß daher immer wieder auf die Doppelsinnigkeit, das Paradoxe des ethischen Lebens stoßen. Daher erforscht sie die Gründe des Leidens, sucht nach dem Sinn – und findet die Antworten in den Grundbedingungen der menschlichen Existenz: Sie erblickt den Ursprung des tragischen Erlebens in solch unlösbaren Konflikten, wie ich sie angedeutet habe, namentlich in Konflikten zwischen einem Gut und einem anderen Gut, zwischen einem Wert und einem anderen, der nicht leicht als der höhere zu erkennen ist, zwischen Recht und Pflicht – also der „Selbstentzweiung des Sittlichen“, von der Hegel gesprochen hat. Im tiefsten Sinne ist es das, was Szondi als den „Umschlag des Einen in sein Gegenteil“ bezeichnet hat – die dialektische und unauflösbare Gegensätzlichkeit, bei der man gerade das herbeiruft, was man am meisten befürchtet und zu meiden versucht, und wo die Rettung selbst unweigerlich in die Vernichtung umschlägt, oder wo paradoxerweise der höchste Wert selbst in einen Unwert umschlägt.

Dieses Deuten des Ursprungs tragischen Erlebens als ein *wertphilosophisches* und *ethisches Paradoxon, das Paradoxon des schuldlosen Schuldigwerdens* ist jedoch nur eines von dreien.

Eine zweite Paradoxie wurzelt im Bewußtsein, daß echte Größe sich erst im Leiden und im Bestehen der radikalsten Gewissenskonflikte erweist. Und noch mehr: daß erst dieses Leiden zum wirklichen Lernen führen kann, das *pathei mathos* des Äschylus. Es liegt in der Antwort Hiobs, die die Aufforderung Gottes wiederholt: „Höre doch, und ich will reden; ich will dich fragen, und du lehre mich (hodi'eni)!“[28] Und seine Tröster und Ankläger fordert er auf: „Be-

---

[28] „Sch'ma-na weanochi adabber esch'alcha wehodi'eni“ (*Ijov*, XLII,4).

lehret mich (horuni), und ich will schweigen; worin ich gefehlt habe, saget mir an!“[29]

Dieses Lernen, das „Wissen-lassen“ (die wörtliche Übersetzung), diese Gebundenheit tiefster Einsicht an das ungekünstelte, echte Leiden, an ein Leiden im vollen Bewußtsein des eigenen Rechts auf das Fragen und, selbst in der äußersten Erniedrigung, im Stolz über dieses Letzte, im trotzigen Nichtverzichtenwollen auf die eigene Identität – dies ist unabdingbar für die tragische Weltanschauung. Diese stolze Selbstbehauptung in der Erniedrigung, selbst angesichts der Vernichtung, ist ein zweites Paradoxon, das *Paradoxon von Identität und Scham:* Wir müssen uns unserer äußersten Entehrung, unserer Ausgeliefertheit und Schwäche, ja, des Ausdrucks unseres Jammers und der Verzweiflung schämen, doch suchen wir gleichzeitig nach den Wahrzeichen unserer tiefen Würde, nach Beweisen des Adels unserer Identität im Widerstand gegen das Böse.

Noch tiefer geht ein drittes Paradoxon, das doppelte Wissen: daß Gutsein und Menschlichkeit von der strikten Ausübung von Gerechtigkeit und Barmherzigkeit abhängen, daß aber das Schicksal unerbittlich ist, ungerecht und unbarmherzig. Sowohl das Hauptthema von Hiobs Klage wie das Zentralproblem der griechischen Tragödie ist das der Gerechtigkeit: „it became a recurrent theme in all Greek tragedy, from ‚Prometheus‘ and the ‚Oresteia‘ to ‚Medea‘ and the ‚Bacchae‘,“ sagt Sewall (S. 29), und er fügt bei, daß Äschylus der erste war, „die Idee der Gerechtigkeit der vollen Dialektik der Handlung zu unterwerfen“ („to subject the idea of justice to the full dialectic of action“, S. 29).

Ebenso war „Hiobs Enttäuschung zutiefst persönlich, gleichsam durch einen kosmischen Vertrauensbruch verursacht“ („Job's disillusionment was deeply personal, as from a cosmic breach of faith“, S. 11): „Ja, kehret um! noch bin ich im Recht (od zidqiba!). Ist etwa Unrecht auf meiner Zunge? Schmeckt nicht mein Gaumen das Unglück?“ (VI, 29/30). Und: „Warum hast du mich dir zur Zielscheibe gemacht? Warum bin ich dir zur Last geworden? Und warum vergibst du mir nicht mein Vergehen und lässest nicht hingehen meine Schuld?“ (VII, 20/21). „Wie kann ein Mensch Recht haben vor Gott? Hätte er Lust, mit ihm zu rechten, nicht auf eins von Tausend könnte er ihm antworten“ (IX, 2/3). „Ich weiß, daß ich im Rechte bin (ki-ani ezdaq). Wer ist der mit mir rechten könnte?... Wie viel sind meiner Vergehen und Sünden? (kamma li awonot wechata'ot?). Meine Schuld und Sünde (pisch'i wechatati) laß mich wissen!“ (XIII, 18/19, 23). Und vor allem: „Gilt es das Recht: wer will ihn vorladen? Hätte ich auch Recht, mein Mund gäbe mir Unrecht und spräche mich schuldig, wäre ich gleich schuldlos. Schuldlos bin ich! Ich achte nicht meiner Seele, und ich verschmähe mein Leben! Es ist *eins!* Darum sage ich: Schuldlose wie Schuldige vernichtet er!“ (IX, 19–22).[30]

Das Paradoxon drückt sich in der talmudischen Diskussion über Hiob aus:

> [Einerseits] behauptet Rabbi Jochanan: „Größeres [Lob] ist ausgesagt über Hiob als über Abraham; es heißt über Abraham: ‚Denn jetzt habe ich erfahren, daß du mich fürchtest.‘

[29] „Horuni wa'ani acharisch, umah-schagiti havinu li!“ (VI, 24).

[30] „... we'im-lemischpat mi yo'ideni? Im eztaq, pi jarschi'eni, tam ani wayya'qscheni. *Tam ani!* Lo-eda nafschi, em'ass chayai. Achat-hi! Al-ken amarti *tam werasha* hu mechalléh!“

Und über Hiob ist geschrieben: ‚Der Mann ist ehrlich und gerade (isch tam wejaschar), gottesfürchtig und das Böse meidend.'... [Andererseits] sagt Raba in bezug auf das Wort, „In all dem sündigte Hiob nicht mit seinen Lippen" (*Hiob*, 2.10): „Mit seinen Lippen sündigte er nicht, doch sündigte er in seinem Herzen. Was sagte er: ‚Die Erde ist hingegeben in die Hand der Bösen; er hat die Gesichter ihrer Richter verhüllt. Wenn dem nicht so ist, wo und wer ist er?'" Raba sagte: „Hiob versuchte alles zu entwerten" [wörtlich: „die Schüssel umzustoßen, auf den Kopf zu stellen"]. Abbaye antwortete ihm: „Er sprach über nichts anderes als den Versucher (Satan)... Und Rab sagte: Staub soll in den Mund Hiobs gelegt werden!" (*Baba Batra*, 15b, 16a)

Es ist dieses tiefe Leiden an der Ungerechtigkeit des Daseins, doch im vollen Bewußtsein, daß es nicht anders sein kann, das unabdingbar zur tragischen Weltbetrachtung und zum tragischen Lebensgefühl (Unamunos *Sentimiento trágico de la vida*, 1921, 1954) gehört. Es ist wohl eine dritte Form des tragischen Paradoxons – *das Paradoxon der menschlichen Unmenschlichkeit und der kosmischen Unordnung*, des *Kernes der Irrationalität in allem Rationalen*. Und dabei lehrt uns die Psychoanalyse, daß es gerade unser Gewissen und unsere Ideale sind, die zu einem ganz besonders hohen Grad von Zwang, Ressentiment und Maßlosigkeit bestimmt werden, von globalen Affekten begleitet werden und den Absolutsetzungen frönen, die zu unlösbaren Konflikten führen.

Damit haben wir aber einige der wesentlichen Charakterzüge bezeichnet, die den „tragischen Charakter" ausmachen – Züge, die die Persönlichkeit oder ganze Familien und ethnische oder kulturelle Gruppen dazu bestimmen, daß sie von einem tragischen Schicksal bedroht werden oder ihm unterliegen. Was sind diese Züge?

Im allgemeinen läßt sich *der tragische Charakter*, wie er in der Literatur auftaucht, etwa mit den folgenden Zügen beschreiben: vornehm und seiner Würde bewußt, doch sehr leicht gekränkt und damit geneigt, mit gewaltiger Wut, Rache oder Starrsinn zu handeln, mit einem Reservoir des Ressentiments also, das bei geringem Anlaß ausbrechen kann (z.B. in Hinsicht auf König Ödipus in Cameron 1968: „This [die Warnung von Teiresia] he resented, took as a personal affront, grew angry, arrogant, threatening, and dangerous"), ein unwiderstehlicher Zwang, einem Werte nachzuleben, der als absolut angesehen wird, und zwar mit Handlungen, die eine radikale Veränderung der Lage herbeiführen sollen, entweder im Sinne der Aufrechterhaltung jenes Wertes gegen große Bedrohung oder der Rettung dessen, was für diesen Wert steht, dabei eine Blindheit (oder Verblendung) für die wahrscheinlichen Folgen solcher Handlungen. Die Handlungen selbst bestehen im Überschreiten von Grenzen, die von Natur oder Gesellschaft gesetzt werden. Die doppelte Gefahr der Scham über mögliche oder wahrgenommene Schwäche oder Kränkung und der Schuld des Übertretens der „heiligen Satzungen", „jener ungeschriebenen, doch beständigen Gesetze der Götter" (agrapta kasphale theon nomima) (*Antigone*, 454/455), gerade im Dienste der Abwehr jenes Versagens, prägt nicht nur die dramatische Handlung selbst, sondern das ganze Charakterbild des Helden. Es muß zu Krise und Katastrophe kommen; schreckliches Leiden wird auferlegt und soll getragen werden. Alle heroischen Anstrengungen, den Konflikt zu lösen, versagen, ja, sie tragen zur Vernichtung bei. Es besteht eine unwirkliche

Stimmung von Globalität und Verhängnis in Bemühen und Niederlage. Dabei scheint es sich aber auch immer um universale menschliche Werte zu handeln.

Nun sind es aber gerade diese Charakter- und Schicksalszüge, die wir in meinen klinischen Werken (*The hidden dimension*, *The mask of shame* und *Die Flucht vor dem Gewissen*) immer wieder bei den schweren Neurosen angetroffen haben. Sie ließen sich gewöhnlich nur mit größten Schwierigkeiten auflösen und fanden sich fast regelmäßig bei Fällen, die auf jede Besserung mit einer ganz besonders schweren Verschlimmerung reagierten („negative therapeutische Reaktion"), die von ihren aus unbewußten Tiefen stammenden Konflikten immer sehr rasch überwältigt wurden und deren Gefühle so stürmisch und allumfassend waren, daß es neben der Einsicht oft anderer Eingriffe bedurfte, um Schlimmstes zu verhüten. Psychoanalytisch ist es das, was mehr und mehr Autoren als die präödipale Wurzel des Über-Ich, als seine anal-sadistischen und narzißtischen Merkmale und seine Genese in ebenso tiefen Konflikten (s. Cremerius, S. 91 ff.) hervorheben. Hier gebe ich nur einige knappeste Skizzen, mehr als Hinweise denn als Belege:

Die analytisch aufzeigbaren Merkmale, die dem „tragischen Charakter" eigentümlich sind – namentlich die Intensität aggressiver, besonders masochistischer, gegen das Selbst gerichteter Tendenzen, die als „Spaltung" beschriebene Polarisierung und der Wiederholungszwang – eignen im allgemeinen den klinisch behandelten Fällen schwerer Neurose; das, was das Tragische über diese gewöhnlichen klinischen Beobachtungen hinaus auszeichnet und was den Patienten selbst die angemerkte *tragische Qualität* verleiht, ist die hervorragende Rolle, die dabei ein Ideal und dessen Konflikt mit anderen Werten spielen. Wo umgekehrt alles auf die Zerstörung von Idealen abzielt, können wir sehr wohl, wiederum unter diesen Patienten mit „schweren Neurosen", von einem Gegentypus sprechen: dem des *„antitragischen"* oder *„anarchischen Charakters"*. Ihm ist es eigentümlich, alle aggressive und narzißtische Gewalt in eine unwiderstehliche Triebkraft zu verschmelzen und dem Kampf gegen alles „Gute", Ideale, Liebenswerte zu widmen. Kernberg spricht dabei zu Recht von *malignem Narzißmus*. Das therapeutisch Bedeutsame dabei ist indes, daß eine solche Haltung auf der *Abwehr gegen das Über-Ich* beruht, oder wie ich es in erlebnisnäherem Begreifen genannt habe, der *Flucht vor dem Gewissen* gilt.

3.7 Das Tragische als Kampf zwischen Gerechtigkeit und Weisheit

Das Tragische ist eine Sonderform des Mythischen, bei der gewisse Aspekte ins Absolute übersteigert werden, so daß es zur Aufhebung des Mythischen und zum Übergang ins Philosophische, Nichtmythische, ja Antitragische führt.

Ich halte es nicht für eine Übertreibung, wenn ich nun dem bisher Dargestellten hinzufüge, daß dem für das Tragische so unerläßlichen Wert-, Loyalitäts- und Gewissenskonflikt die Beschäftigung mit dem Thema der Gerechtigkeit, implizit oder explizit, eigentümlich ist. Ich erkühne mich sogar zu behaupten, daß *das Tragische in der Suche nach Gerechtigkeit und der Absolutsetzung der Gerechtigkeit und dem schließlichen Scheitern dieser Erwartung*, also in der Bewegung besteht, die von einem Standpunkt des exzessiven Anspruches darauf, im Recht zu sein und die absolute Gerechtigkeit zu vertreten, auf einen Gegenpunkt hin, wo schmerzlich deren Relativität angenommen werden muß, führt. Damit erfolgt eine Verschiebung des Zentrums des Erlebens, weg vom Menschlich-Individuellen und weg vom Personhaft-Göttlichen als einem Punkt, um den sich das Geschehen drehen soll, und hin zu einem Gesetz, das mit nichtmenschlichen Maßstäben und nach einer dem Persönlichen und Individuellen nicht gewogenen Ordnung mißt. So erkennt man denn das Tragische als ein Erleben und seine dramatische Darstellung, die vom Konflikt zwischen der Sehnsucht nach einer unbedingten Gerechtigkeit und der verzweifelten Verwirklichung, daß es diese letztlich nicht gibt und nicht geben kann, durchwirkt werden. „Nicht euch wird das Schicksal durch Los bestimmen, sondern ihr werdet euch das Geschick erwählen ... Die Schuld trifft den, der wählt; der Himmel ist schuldlos" (ouch hymas daimon lexetai, all' hymeis daimona hairesesthe ... aitia helomenou; theos anaitios) (Plato, *Politeia*, 617).

Das spezifisch Tragische wäre dann dieses Suchen nach einer unbedingten Gerechtigkeit, dieser Schrei nach der Vermenschlichung des Göttlichen und dem Anrufen eines Du, das, aller Evidenz zum Trotz, gerecht wäre. Diese Suche ist vergebens, sie führt zur Verzweiflung darüber, daß es eine solche transzendente Gerechtigkeit und Rechtssprechung im menschlichen Sinne nicht gibt, sondern daß „der Weg der Welt" unmenschlich, also ungerecht ist – und sie führt zu dem Ausblick aus dieser Verzweiflung auf einen fernen, dem tragischen Menschen unerreichbaren Gipfel. Ja, es ist gerade die Maßlosigkeit des Bemühens um ein Gerechtwerden, ob nun im Sinne von Kreon oder in dem Antigones, es ist diese Unmäßigkeit im Suchen nach einem Ausgleich dessen, was als ungerecht empfunden wird, und den Konflikten über solche Unbedingtsetzung, die zum Scheitern führen muß. Das Ergebnis, das Lernen besteht darin, einzusehen, daß es keine umgreifende Gerechtigkeit, nur die Weisheit des Maßhaltens und der Begrenzung gibt, und noch tiefer, daß es im Wesen des Menschsein liegt, von Konflikt zu Konflikt zu schreiten und, auch wenn man das Beste will, man dem Übel, dem Unrecht und damit der Verschuldung und Beschämung nie völlig zu entgehen vermag.

Die Meinung, daß es trotz allem eine kosmische, also absolute Gerechtigkeit im moralischen Sinne geben müsse, führt zwar beim Helden zum tragischen Geschick, beim Autor und dem Publikum jedoch zur Aufhebung des Tragischen. Dasselbe gilt für die Absolutsetzung jedes anderen Wertes, z.B. für die zur Grundbedingung der Erlösung erhobene Gnade und Liebe: „In point of doctrine," sagt Sewall, „Christianity reverses the tragic view and makes tragedy impossible".

Die Infragestellung der jenseits des Menschlichen gültigen Gerechtigkeit und aller anderen, im mythischen Bewußtsein als unbedingt gesetzten Werte, sowie das Suchen nach der tiefen, wirklichen, doch der „fairness" entgegengesetzten „Gesetzlichkeit" – das wird zum eigentlichen Beginn der philosophischen Ergründung. Und auf diesen Neubeginn zielt das Tragische ab. Es wächst aus dem Glaubenwollen an das Göttliche, es führt zum Zerbrechen dieses Glaubens, es zeigt darüber hinaus.

So wird es zur philosophischen Einsicht, daß zwar *der Staat gerecht sein kann*, *doch das Schicksal niemals!* Des Einzelnen Entscheidungen und seine Haltung (sein Ethos, in Heraklits Sinn) bestimmen sein Geschick mit, doch weiß er nicht, ob zum Guten oder zum Übel, oft auch nicht, ob zur Schuld oder zum Recht, zur Vernichtung oder zum Aufbauen. Je mehr er aber einem Absoluten folgt, je mehr er sich aber über das Maß hinaus zu gehen entschließt und dem Entgegenstehenden den Zutritt zu wehren versucht, desto größer das Leiden. Damit rückt aber der Konflikt zwischen dem Streben, alle Grenzen in Erkenntnis, Macht, Ehre und Geliebtwerden zu überschreiten, und der Pflicht, das Erleben und Handeln nach rationalen Regeln zu ordnen, also dem Verlangen nach Ordnung und Maß, ganz ins Zentrum, mithin *der Konflikt zwischen Maßlosigkeit und Maßhalten.*

Dasselbe gilt für das Therapeutische: Auch da schwingt die Erwartung mit, daß der Analytiker als Garant einer tieferen Gerechtigkeit wirke und das Unheil der Vergangenheit auszugleichen vermöge. Die Therapie wird zur Arena des *tragischen Protests und des Unterliegens.*

Erst allmählich dämmert die Einsicht auf, daß der Therapeut der Vertreter einer neuen, anderen Gesetzlichkeit ist, die zwar *jenseits der äußeren Gerechtigkeit* steht, aber sehr viel damit zu tun hat, sich selbst gegenüber gerecht, also im tieferen Sinne des Auf-sich-selbst-hören-Lernens, ehrlich zu werden. Diese Art der Gerechtigkeit ist durchaus individuell, zeitbedingt und damit relativ. Der gute Analytiker geht über die Absoluta hinaus; er erkennt die ihnen unweigerlich innewohnende Tragik und das Zwingend-Zwanghafte (die „compulsiveness", die „Ananke"), die allem Absoluten im Seelischen eigen ist.

In dem Sinne deute ich ein Wort von Kung Fu Tse (Konfuzius): „Es ist der Mensch, der die Prinzipien [dao, den Weg] groß machen kann; es sind nicht die Prinzipien [der Weg], die den Menschen groß machen können".[31] Das heißt: Pflichten, Begriffe und Ideen beziehen sich auf den Menschen, sie sind individueller Art. So wichtig sie auch sein mögen, so sollen sie doch nicht verabsolutiert, d.h. dem Menschen und seiner Individualität übergeordnet werden.

Noch ein Wort zur Rolle des Mythos, im Gegensatz zur Rolle der mythischen Verabsolutierung und der Polarisierung: Es wurde doch, wie wir gesehen haben, einerseits behauptet, daß die Tragödie aus dem Mythos des zerrissenen und wieder auferstandenen Gottes und dem Ritual der Verzücktheit und Gotterfülltheit, namentlich im Kulte des Dionysos, entstanden sei, andererseits, daß er seinen Ursprung in der Spannung zwischen Trauer und Logos gefunden habe. Anknüpfend an Aristoteles wurde die erste Ansicht von Nietzsche und Murray weiter entwickelt und in eindrücklicher Weise vertieft und belegt, während die zweite Ansicht von Else ebenso überzeugend dargelegt wurde. *Inhaltlich* besteht kein Zweifel, daß die Beziehung zu den mythisch überhöhten Familienprozessen und intrapsychischen Konflikten in offener oder verhüllter, in direkter oder verschobener Form, zum Wesen aller Tragödien gehört. Der Mythos vom leidenden, zerstückelten und

---

[31] Rén néng hóng dào, feī dào hóng rén.
(*Analects*, 15.28. Im hier wiedergegebenen Verständnis des Satzes folge ich v.a. Wing-Tsit Chans Übersetzung in *The Chinese mind*).

wieder auferstehenden Gott, dem Eniautos-Daimon oder dem Jahresgeist, wie er z. B. von Murray, Ferguson, Guépin u. a. m. beschrieben wurde, spiegelt zwar sehr gut die innere Wirklichkeit der hauptsächlichen Konfliktgruppen wider, wie ich sie von der therapeutischen Erfahrung aus dargelegt habe. Ob aber *geschichtlich* diese Verbindungslinie zum Kultus gezogen werden kann, bezweifle ich.

Andererseits stimmt die Auffassung Elses mit der hier vertretenen überein: nämlich daß das Tragische sowohl im Therapeutischen wie im Literarischen dem Weg vom Mythischen zum Philosophischen, vom Maßlosen und Absoluten zum Sichbescheiden und zur Einsicht entspricht. Was wir den literarischen Quellen hinzuzufügen uns gestatten können, ist dies: daß diese Erkenntnis am allermeisten in der Einsicht in die Gewalt der inneren Konflikte besteht, und daß sich der ins Tragische Einsichtige bemüht, dieser zwingenden, durch das Übergewicht des Unbewußten bewirkten Nötigung Schritt für Schritt, durch Schmerz und Trauer, durch Schuld und Scham, durch Angst und Wut hindurch zu begegnen und allmählich Herr zu werden. Denn es sind die weitgehend unbewußten Anteile an den Konflikten, die auf das Maßlose, Unerreichbare, Unbefriedigbare drängen und deren Übergewicht die Ananke, die Zwangsmäßigkeit der Neurose[32] und die dadurch bedingten „Spaltungen" des Selbst- und des Welterlebens schafft. Dabei besteht gewöhnlich durchaus eine sehr wohl bewußte, klare Wahl, und doch wirken dabei Affekte und Bestrebungen mit, deren Gewalt als eine aus unbewußten Tiefen stammende Nötigung erlebt wird. Beides gilt: bewußte Wahl und unbewußte Nötigung; die beiden sind *komplementär*. Nachträglich wird es offenkundig, daß die Wahl „aus Verblendung" getroffen wurde, impulsiv und verhängnisvoll gewesen war.

Es gibt einen schönen Midrasch, der den in diesem Abschnitt verfolgten Gedanken knapp ausdrückt. Er bezieht sich auf die Szene, wo Abraham Gott um Barmherzigkeit für die Leute von Sodom anfleht.

> „Ferne sei es von dir, solches zu tun, den Gerechten mit dem Gottlosen zu töten" (Gen. 18.25). Rabbi Acha erklärte dazu: „Du hast doch geschworen, keine Sintflut mehr über die Welt zu bringen. Willst du deinen Eid umgehen – nicht eine Sintflut von Wasser willst du bringen, doch eine Sintflut von Feuer? Dann bist du deinem Schwur nicht treu geblieben." Rabbi Levi sagte: „Der aller Welt Richter ist, sollte der nicht Recht üben? (Gen. 18.25) Willst du, daß die Welt Bestand haben soll, so kann es nicht Gerechtigkeit geben. Willst du Gerechtigkeit, so kann die Welt nicht Bestand haben.[33] Doch du willst die Schnur an beiden Enden halten und wünschest sowohl das Bestehen der Welt wie das der Gerechtigkeit. Wenn du nicht ein wenig nachgibst, kann die Welt nicht Bestand haben" (*Midrasch Rabba*, zu *Genesis*, XXXIX, 6).[34]

[32] Dies ist das Wesen der *Neurose*, die, wie ich in den anderen Werken ausgeführt habe, auch die heute oft als Borderlinepathologie und als Probleme des Narzißmus herausgelösten und abgetrennten Fälle umschließt. Diese stellen die Probleme der Neurose lediglich in radikalerer, nicht in prinzipiell anderer Form dar.

[33] „Im olam ata mevaqesch, en din; we'im din ata mevaqesch, en olam"
אם עולם אתה מבקש אין דין. ואם דין אתה מבקש אין עולם

[34] Glatzer übersetzt den entscheidenden Abschnitt sehr schön: „If it is the world you seek, there can be no justice; and if it is justice you seek, there can be no world. Why do you grasp the rope by both ends, seeking both the world and justice? Let one of them go, for if you do not relent a

3.8 Die Doppelheit der Schau

Im Rückblick können wir das Verständnis des Tragischen wie folgt zusammenfassen: Wir faßten als *Hybris* die fanatische *Einseitigkeit*, die unwiderstehliche *Übersteigerung eines Wertes ins Totale und Absolute* und die frevelhafte Übertretung von durch Natur und Gesellschaft gesetzten Grenzen auf. Diese Hybris *muß* zu innerer Schuld und zu äußerer *Nemesis*, also Vergeltung und Erniedrigung, führen. Auf diese Weise kamen wir zum Verständnis der *Hybris als einer Aggression im Dienste eines Ideals*.

Das Tragische bezieht sich damit auf das Problem *exzessiver Idealisierung*, auf die Verschmelzung der psychologischen Phänomengruppen von Narzißmus und Aggression. Die Hamartia, der tragische Fehler wird in dieser zwanghaften Einseitigkeit der narzißtischen Überbewertung gesehen, im Verlust der Perspektive im Dienste dieses narzißtischen Zweckes, dem alles andere als Mittel aufgeopfert werden *muß*.

Wo man sich ein Ideal absolut setzt und sich diesem zutiefst verpflichtet fühlt, kommt es notgedrungen selbst wieder zu gewissen Gefühlspolaritäten: Einerseits soll man dem Ideal *die Treue wahren*, selbst auf Kosten des eigenen Lebens. Andererseits muß den Kräften, die auf andere Anforderungen pochen, die Stirne geboten werden. *Trotz*, ja Empörung gegen das Gegenideal, das jenem die Zentralität streitig macht, ist die notwendige Folge.

Unerläßlich scheint es auch, daß man zutiefst *Verehrung* und *Ehrfurcht* gegenüber dem so in den Mittelpunkt gerückten Ideal empfindet. Angesichts der *Spaltung des Erlebens* heißt dies jedoch: *Verachtung* gegenüber dem, der solche Zentralität nicht anerkennt und zum Widerruf jener Treue zwingen will.

Was geschieht aber dann, wenn diese Treue und Ehrfurcht nicht belohnt werden? Verratene Treue, enttäuschte Verehrung: das Gefühl der Verzweiflung wird überwältigend, das Leiden an der Ungerechtigkeit unerträglich, das Ressentiment mit der in ihm wühlenden Rachsucht vergiftend.

Der *Wiederholungszwang verbindet das Mythische mit dem Neurotischen*, und bei beiden sind es Konflikte innerhalb des Gewissens – Kämpfe zwischen Göttlichem und Göttlichem –, die die dynamische Notwendigkeit der Wiederholung erzwingen.

Das eigentlich Tragische wächst aber über die mythische Absolutsetzung eines Ideals, über die mythische Spaltung in absolut Gutes und absolut Böses und über die Aufhebung innerer Freiheit hinaus: es besteht überdies im *Verlauf* der tragischen Handlung zum *Schmerz* hin, zum *Protest*, zur *Verschuldung und Erniedrigung* und schließlich zur *Belehrung* und, zur *Einsicht*. So wird es die Doppelheit der Schau – die *Maßlosigkeit des Helden* gegenüber der *Mäßigung des Chores* – die das

---

little, the world cannot endure." Die Soncino-Übersetzung (Freedman) spricht von „absoluter Gerechtigkeit", „there can be no absolute justice". Das Original ist klipp und klar, die Glatzersche Übersetzung richtig.

Mythische relativiert und befreiende Erkenntnis bedeutet. Damit ist *das Tragische der Übergang vom Mythischen ins Philosophische.* Der Glaube an die absolute Wahrheit wird durch das Sehen der unauflöslichen Gegensätzlichkeiten ersetzt.

Das tragische Denken konstatiert den Konflikt, es führt ihn zum bitteren Ende, indem es ihn verabsolutiert, es zerbricht im Protest. Doch gerade dadurch zwingt es zum Nachdenken über Maß und Maßlosigkeit.

Teil einer solchen übersteigerten Idealsetzung ist die Verabsolutierung des eigenen Rechts. Der tragische Bogen besteht recht eigentlich in der Bewegung, die von einem Standpunkt des exzessiven Anspruches darauf, im Recht zu sein und die absolute Gerechtigkeit zu vertreten, auf einen Gegenpunkt hin, wo schmerzlich deren Relativität angenommen werden muß, führt. Die Suche nach einer unbedingten Gerechtigkeit ist vergebens, sie führt zur Verzweiflung darüber, daß es eine solche transzendente Gerechtigkeit und Rechtssprechung im menschlichen Sinne nicht gibt. Damit erfolgt eine Verschiebung des Zentrums des Erlebens hin zu einem Gesetz, das mit nichtmenschlichen Maßstäben und nach einer dem Persönlichen und Individuellen nicht gewogenen Ordnung mißt. So erkennt man denn das Tragische als ein Erleben, das vom Konflikt zwischen der Sehnsucht nach einer unbedingten Gerechtigkeit und der verzweifelten Realisierung, daß es diese letztlich nicht gibt, bestimmt wird. Es sind die Unmäßigkeit im Suchen nach einem Ausgleich dessen, was als ungerecht empfunden wird, und die Konflikte über solche Unbedingtsetzung, die zum Scheitern führen müssen. Das Ergebnis, das Lernen, besteht in der Einsicht, daß es keine umgreifende Gerechtigkeit, nur die Weisheit des Maßhalten und der Begrenzung gibt, und noch tiefer, daß es im Wesen des Menschsein liegt, von Konflikt zu Konflikt zu schreiten und, auch wenn man das Beste wolle, dem Übel, dem Unrecht und damit der Verschuldung und der Beschämung nie ganz entgehen zu können.

So handelt es sich dabei um den Konflikt zwischen dem Streben, alle Grenzen in Erkenntnis, Macht, Ehre und Geliebtwerden zu überschreiten, und der Pflicht, das Erleben und Handeln nach rationalen Regeln zu ordnen, also um den Konflikt zwischen Maßlosigkeit und Maßhalten. Es sind die weitgehend unbewußten Anteile an den Konflikten, die auf das Maßlose, Unerreichbare, Unbefriedigbare drängen. Nachträglich wird es offenkundig, daß die Wahl „aus Verblendung" getroffen wurde, daß sie impulsiv und verhängnisvoll war. Absolutsetzung und Maßloskeit beider, von Streben wie von Abwehr, stammen aus tiefsten Ängsten und Verlusten, nicht aus *einer* Ursache, nicht aus *einem* Konflikt allein, sondern aus manchen.

Die großen Konflikte der Menschheit und des Menschseins drücken sich alle im Tragischen aus. Bei der therapeutischen Arbeit mit schweren Neurosen wie bei der Erforschung der frühen Kindheit stechen, wie bereits ausgeführt, mehrere breite Gruppierungen von Konflikten hervor, die lebenslänglich von bestimmender Wirkungskraft und Intensität sind: 1) *Gefühle und Wünsche überwältigender* und *maßloser* Art, die dem Bedürfnis nach *Mäßigung und Regulierung* entgegenstehen; 2) Wünsche, die Mitwelt und Umwelt mit Wahrnehmungs- und Ausdrucksmitteln zu erfassen, zu beeinflussen und zu gestalten, in Form von *Neugier* und Wünschen für *Selbstausdruck* und Faszination, die den Bestrebungen entgegenstehen, das

Wahrnehmungs- und Ausdrucksfeld gegen eine Übergewalt neuer Eindrücke zu schützen und die einmal geschaffene Ordnung zu wahren; 3) Wünsche, sich selbst zu entwickeln und sich selbst durchzusetzen – die Selbstbehauptung gegen Selbstverlust und Tod, namentlich das ganz tiefe und überragende Bedürfnis nach *psychischer Selbstbehauptung* und innerer Einheit – gegenüber solchen der Zugehörigkeit, der Liebe und der Verschmelzung – die *Selbsthingabe;* 4) *Dreieckskonflikte*, Wünsche, den einen zu lieben und den anderen zu hassen, sich mit dem einen zu vereinigen und den anderen zu töten, gegenüber den inneren Verboten dagegen; und 5) *Gewissenskonflikte* – unvereinbare Loyalitäten und die Gegensätzlichkeit von Schuld und Scham, die erstere (teilweise) in *Trennungsschuld* wurzelnd, die letztere in der *Abhängigkeitsscham* (beide sind in ihrem Wirkungsbereich jedoch viel weiter, die Schuld als Beschützerin der Beziehungen zu den anderen und als Wächterin darüber, die Scham als Beschützerin der Selbstachtung und damit recht eigentlich als Dienerin des Grundtriebes für psychische Selbsterhaltung).

Unter diesen Konflikten sind es insbesondere die ersten – die von Maßhalten und Unmäßigkeit, von Grenzwahrung und Grenzüberschreitung –, und die fünften – die Wert-, Ideal- und Loyalitätskonflikte und das Schuld-Scham-Dilemma, also in der psychoanalytischen Terminologie Konflikte innerhalb des Über-Ich, die allem Tragischen eigentümlich sind. Alle diese Konflikte sind nicht scharf voneinander abtrennbar, noch lassen sie sich jeweils einfach auf *eine* Entwicklungsphase zurückführen.[35] Bei allen zeigen sich spezifische Formen der Angst, bei allen wirken mannigfache Abwehrvorgänge mit.

3.9 „Die Schuld des Wählenden"

Die Frage stellt sich: Sind die bis jetzt angeführten Vorgänge notwendig und genügend? Notwendig gewiß, doch nicht genügend. Ich glaube, Peter Szondis Bemerkung, daß es gerade die versuchte Abwehr der Gefahr ist, die das Verhängnis herbeiführt, trifft dieses in seiner Spezifität. Welche Abwehr?

Gehen wir wiederum von der klinischen Erfahrung aus, so spielt analytisch die Identifizierung in einer äußerst ambivalenten Beziehung eine ganz besonders wichtige Rolle: Die Liebe zum Vorbild steht dem Haß gegen den Verräter entgegen. Doch da sich beide auf die gleiche Gestalt beziehen, kommt es zur „Spaltung", dem Resultat komplexer Abwehrvorgänge von Verschiebung, Projektion, Aggression im Dienste eines Ideals, Verleugnung und Verdrängung der Gegenseite, Wendung der Aggression gegen das Selbst wie auch Wendung vom Passiven ins Aktive – sie wirken alle in den klinischen Erscheinungen zusammen, um das Bild des „Tragischen" hervorzurufen (s. *Flucht vor dem Gewissen*, Kap. 4–6).

Dabei handelt es sich aber v.a. um die Aufgabe, die innere Schuld oder Scham abzuwehren. *„Spaltung" ist klinisch unweigerlich Ausdruck von Konflikten innerhalb*

[35] Damit soll auch keineswegs die Rolle der frühkindlichen Sexualität geschmälert werden. In all diesen Konflikten spielen sexuelle Wünsche und Phantasien eine große Rolle.

des Gewissens. Durch Externalisierung wird versucht, die Gewissenslast nach außen zu verlagern: der andere soll die Bürde der Scham oder der Schuld tragen. Der Versuch mißlingt jedoch.

Wenden wir uns vom Klinischen nun zum Erleben der Tragödie, so ist die Vonsichweisung solcher Gewissenslast im teilnehmenden Zuschauer ein wesentlichster Faktor. Nicht nur nimmt er am Ungerechtigkeitsgefühl des Helden teil, nicht nur erlebt er das Verbrechen gegen das vom Protagonisten zuhöchst geehrte Gesetz als etwas sehr Schmerzliches und den Helden als tragisches Opfer, sondern er weiß sich mit ihm einig, daß dessen Gegner der Träger der Schuld und der Schmach geworden ist.

Aber das ist nur die eine Hälfte. Die andere besteht darin, daß auch der Held unweigerlich die Schuld selbst weiter zu tragen hat. Seine eigene Entscheidung scheint die eine Form der Gewissenslast auf die Gegengestalt zu schieben, ohne daß es ihm selbst wirklich gelänge, ihrer ledig zu werden. In Abänderung des eben zitierten Wortes von Platon können wir sagen: Nicht der andere ist schuldig, sondern der Wählende selbst bleibt schuldig.

Was heißt das aber? Daß das Entweder-oder auch in dieser Beziehung ungültig ist. Gerade der Versuch, dem anderen alle Schuld und Scham aufzubürden, versagt nicht allein darin, daß er den tragischen Helden seiner eigenen Schuld enthöbe, sondern er stürzt ihn in tiefere Schuld. Wie sollte sich da der teilnehmende Zuschauer dieser Schuld entwinden können?

Doch was bleibt dem Helden, dem Antagonisten und dem Chor gemeinsam?

Eine kalte Objektivität ist bei diesem „Agon“ unmöglich. Konflikt, Entscheidung und Leiden bleiben im Rahmen intensiver Affekte; sie können nicht objektiviert und intellektualisiert werden. *Das Philosophische bleibt ebensosehr wie das Mythische leidenschaftlich,* vom *Pathos* erfüllt. Das Paradox des Leidens, der Schuld, des Bösen läßt sich nicht überwinden. Wir alle leiden daran.

So wäre dann die „Botschaft“ des Tragischen: „Man kann beladen sein mit Schuld und Scham und doch der Sympathie und Identifizierung anderer teilhaftig werden. Trotz der Ungerechtigkeit, trotz dem Bösen gibt es eine Solidarität, die Zuschauer und Helden verbinden.“ Man ist nie nur draußen, und auch nie ganz nur drinnen. Es ist eine doppelte Sicht, ein Übergang des tragischen Konflikts in die Komplementarität. Die Überwindung des Konflikts ist vorläufig und paradox. Es gibt weder Rechtfertigung noch Entrinnen, weder endgültige Versöhnung noch Ausflucht: *Das Tragische gehört zum Wesen des Menschen.*

3.10 Der Endpunkt des tragischen Bogens

Am Ende des ersten Buches des Lun Yü heißt es von Kung Fu Tse: „Nicht kümmere ich mich, daß die Menschen mich nicht kennen. Ich kümmere mich, daß ich die Menschen nicht kenne.“[36]

Was darin ausgedrückt wird, ist die für die meisten Menschen nur von ferne her sichtbare Versöhnung mit der Ungerechtigkeit, ja der Unerbittlichkeit und Unmenschlichkeit des Schicksals, eine Versöhnung, die in der Bescheidung auf die inneren Werte der Ehrfurcht, Loyalität und Menschlichkeit einerseits, der Ehrlichkeit und Geradheit anderseits gesucht wird: „Mache Loyalität und Ehrlichkeit zu den Grundprinzipien“.[37]

Noch tiefer geht die Elegie des Lao Tse (Kap. 20 des *Tao Te King*):

> Wer wenig weiß, hat keinen Kummer. Welch Unterschied besteht zwischen Bejahung und Zustimmung? Welch Unterschied besteht zwischen gut und bös? Was die [anderen] Menschen fürchten, muß man selbst fürchten. Verwirrt bin ich, und es gibt kein Ende. Die Menge feiert und ist glücklich, als ob sie am Ochsenopfer schwelgte oder an einem sonnigen Tag im Frühling auf einen Turm stiege. Ich allein bin stumm, unberührt von Begierde, einem Kleinkinde gleich, das noch nicht lächeln kann. Ich schwanke umher wie der Heimatlose. Diese Menschen alle leben im Überfluß, ich aber habe alles verloren. Ich besitze das Herz eines Toren. Ein wirres Chaos! Die gewöhnlichen Menschen leuchten helle, ich aber bin düster und dunkel. Die gewöhnlichen Menschen sehen alle diese scharfen [Unterscheidungen und Urteile], ich allein bin beladen und bedrückt. Dumpf und unbewegt gleich dem Meer. Ziellos gleich dem ruhelosen Wind. Jedermann in der Menge der Menschen hat sein Ziel. Ich allein bin trotzig und wie ein Bauer. Ich allein bin anders als die Menschen. Ich ehre die Nahrung durch die Mutter.[38]

Das von den beiden chinesischen Weisen ausgedrückte Bewußtsein ist ein Punkt scheinbar jenseits des Tragischen, etwa ein Punkt, der am Ende der großen griechischen Tragödien oder in der Szene des Neubeginns am Ende der Shakespeareschen erreicht wird. Es ist der *Endpunkt des tragischen Bogens.*

Es ist schwer zu sagen, ob dies, das gesuchte, wenngleich nie erreichte Jenseits des Tragischen, für Kung Fu Tse und für Lao Tse selbst auch gilt, doch ich vermute es – daß sie selbst diesen Weg *durch* das Tragische hindurch ebenso gekannt haben wie etwa Äschylus und Sophokles oder wie der „Prediger“ (*Kohelet*) und der hebräische Umdichter der alten nahöstlichen Geschichte von Hiob.

Doch ist das namentlich von Konfuzius so zutiefst geprägte Geistesleben Chinas eigenartig „untragisch“, als ob es tragischen Konflikt wie tragische Wahl, ja inneren Konflikt überhaupt gar nicht kennte. Das eröffnet aber die faszinierende

---

[36] Bù huàn rén zhī bù jǐ zhī, huàn bù zhī rén yě
(*Confucian Analects*, Hrsg. und Übers.: J. Legge; dt. Übersetzung von R. Wilhelm, 1.16).

[37] Zhǔ zhōng xìn
(*Analects*, 1.8.2).

[38] Ich bemühte mich in der Übersetzung des chinesischen Texts, so wortgetreu wie möglich zu bleiben, doch ließ ich mich auch von den Übersetzungen durch Chan, Gibbs und der Classen-Ausgabe nach Sumitomo leiten.

Frage danach, ob es nicht jeder Kultur eigentümlich sei, ganz bestimmte Fragen nicht zu stellen, daß gewisse Probleme gar nicht aufgeworfen werden dürfen und daß damit gewisse Bereiche des Daseins, namentlich die, welche jenen *tragischen Bogen* einsichtig machen könnten, ausgeklammert werden müssen.

Ehe ich mich jedoch dem Studium dieser Frage eingehender zuwende, läßt sich das Thema der Absolutsetzung eines Wertes, der Forderung nach unbedingter Gerechtigkeit, sowie der Scham und des Ressentiments, wenn des einzelnen Individualität im Dienste solch unpersönlich und unmenschlich gesetzter Kategorien übersehen, nicht beachtet wird, noch weiter vertiefen. Damit vertieft sich aber auch die bedeutsame Frage nach der Natur der „Spaltung“ – des Auseinanderklaffens der inneren und äußeren Wirklichkeit in mythischen Gegensätzen, in radikalen Antithesen, das Problem also der doppelten oder vielfachen Wirklichkeit sowohl im Klinisch-Beobachtbaren wie im Literarisch-Philosophischen.

3.11 „Meine Kinder haben mich besiegt“

Als Abschluß dieses Kapitels und als Überleitung zum nächsten über Scham, Ressentiment und Rache bringe ich eine entsprechende, tiefsinnige Erzählung aus dem *Talmud*, dem Traktat *Baba Metzia* (*Das mittlere Tor*, 59 b), – wirklich einen Mythos, der, wie Platons Mythen (z. B. am Ende der *Politeia* die Geschichte von Er und der Wahl des Schicksals durch die Seele), zwar mythisch erscheint, doch es in seinem Wesen gar nicht ist. Es ist eine Erzählung von tragischer Dichte und Tiefe, die in legendärer Form vom Konflikt zwischen göttlichem Wort und göttlichem Willen, zwischen absoluter Gesetzlichkeit und absoluter Personhaftigkeit und dessen tragischer Unlösbarkeit und Verderblichkeit handelt. Doch wie alles Tragische wächst sie über die mythische Polarisierung in absolut Gutes und Richtiges und absolut Böses und Falsches hinaus und führt zur philosophischen Frage nach der Wahrheit, also zum Paradoxen, Komplementären und Relativen.

Als Einführung sei gesagt, daß Rabban Gamliel, der „Fürst“, nach der Zerstörung von Jerusalem der Leiter der Schule in Javne wurde und damit mit der Aufrechterhaltung des religiösen Gesetzes beauftragt war. Sein Wort galt und mußte so gelten, damit nicht Anarchie und damit der geistige Zerfall Israels dem historisch-politischen folge. In der *Mischna* (*Rosch haSchana*, 2.9) wird erzählt, wie er Rabbi Jehoschua befohlen hatte, an dem Tag, den dieser nach seiner Berechnung als Jom Kippur ansah, der aber von der als maßgeblich angenommenen Ansetzung durch Rabban Gamliel abwich, vor ihm, Rabban Gamliel, mit seinem Stock und mit seinem Geld zu erscheinen, also die Heiligkeit seines Versöhnungstages zu verletzen. Rabbi Jehoschua war betrübt, leistete aber dem Befehl Folge, mit der Begründung: „Wenn wir gegen das Gericht des Rabban Gamliel streiten, dann müssen wir gegen jedes Gericht streiten, das sich seit den Tagen von Moses bis heute erhoben hat... Jedes Gericht von dreien, die aufstanden zu richten über Israel, siehe, jedes Gericht ist gleich dem Gericht von Moses.“ Wie er sich vor Rabban Gamliel einstellte, erhob sich der letztere, küßte ihn auf die Stirne und sagte ihm: „Komm in Frieden, mein Lehrer und mein Schüler! Mein Lehrer in Weisheit, mein Schüler, da du meine Worte angenommen hast.“[39]

Doch die nun folgende Erzählung selbst betrifft die Diskussion zwischen Rabbi Eliezer einerseits, den andern Gelehrten unter der Führung von Rabbi Gamliel und Rabbi Jehoschua anderseits. Der Abschnitt als ganzes hat mit der Ehrung des Fremden[40], der Achtung vor der Frau und der Vermeidung demütigender Worte gegenüber den Mitmenschen zu tun. Die konkrete Erzählung betrifft aber die Diskussion über die Bedeutung des Wortes „Achna'i“ für einen Ofen, eines Wortes, das abgeleitet ist von „Achna“, Ringelnatter. Die Frage ist, ob ein solcher aus einzelnen Ziegeln bestehender Ofen wie ein Einzelwerkzeug unrein werden könne oder als etwas Zusammengesetztes rein bliebe. Rabbi Eliezer sprach sich für dessen Reinheit aus, die Mehrheit widersprach ihm.

> Es heißt, daß an dem Tage Rabbi Eliezer alle Antworten [als Beweise für seinen Gesichtspunkt], die sich finden ließen, zusammenbrachte; doch [die Anderen] nahmen sie nicht an von ihm. Er sagte ihnen: „Wenn das Gesetz [halacha] mir Recht gibt, soll es dieser Johannisbrotbaum [charuv] beweisen.“ Es bewegte sich der Johannisbrotbaum von seinem Platz weg, ein hundert Ellen, andere behaupten, [sogar] vierhundert Ellen. Doch sie entgegneten ihm: „Der Johannisbrotbaum kann nicht als Evidenz gelten!“ Er widersprach und sagte: „Wenn das Gesetz auf meiner Seite ist, soll der Bach [ammat-hammayim] es beweisen.“ Das Wasser wandte sich um und floß rückwärts. Sie aber sagten: „Der Wasserlauf kann nicht als Evidenz gelten.“ Er widersprach und sagte: „Wenn das Gesetz auf meiner Seite ist, sollen die Wände des Lehrhauses [beit-hammidrasch] es bezeugen!“ Die Wände des Lehrhauses begannen zu schwanken und umzufallen. Rabbi Jehoschua tadelte sie: „Wenn die Schüler der Weisen miteinander über die Bedeutung des Gesetzes diskutieren, ihr da, was ist los mit euch?“ Aus Respekt für Rabbi Jehoschua stürzten sie nicht ein, und aus Respekt für Rabbi Eliezer richteten sie sich nicht auf, und noch jetzt neigen sie sich und bleiben doch stehen. Und er widersprach weiterhin und sagte ihnen: „Wenn die Halacha nach mir geht, wird man es vom Himmel beweisen!“ Und eine Stimme erscholl und sagte: „Was wollt ihr von Rabbi Eliezer, denn die Halacha richtet sich auf alle Fälle nach seiner Deutung.“ Da erhob sich Rabbi Jehoschua und sagte: „Nicht im Himmel ist es! Was bedeutet: Nicht im Himmel ist es?“[41] Es sagte Rabbi Jirmijahu: „Bereits wurde die Weisung [die Thora] am Berg Sinai gegeben. Wir ziehen eine Stimme [vom Himmel] nicht in Betracht, denn du hast am Berg Sinai in der Thora schon geschrieben: ‚Nach der Mehrheit sollt ihr euch richten.‘“ Danach wandte sich Rabbi Natan an Elijahu und fragte ihn: „Was tat der Heilige, gelobt sei er, zu jener Stunde?“ Er antwortete: „Da stand Gott und lächelte und sagte: ‚Meine Kinder haben mich besiegt, meine Kinder haben mich besiegt [Nitzchuni benai, nitzchuni benai]!‘“ Man erzählt weiter: Am selben Tag brachten sie alles, was Rabbi Eliezer rein erklärt hatte und verbrannten es im Feuer, und sie entschieden bei Mehrheit gegen ihn und bannten

[39] „Bo beschalom, rabbi wetalmidi – rabbi bechochma, wetalmidi scheqibbalta devarai“. S. in diesem Zusammenhang auch die Auseinandersetzung zwischen Rabbi Gamliel und Rabbi Jehoschua in bezug auf das Abendgebet im *Talmud, Berachot,* 27 b/28 a, mit dem gleichen Ausgang.

[40] Im Traktat *Nezikin,* 18 wird dies wiederholt thematisiert: „chavivin hagerim – geliebt sind die Fremden“, denn es heiße: „Liebet den Fremden“ (Deut. 10.19).

[41] „Denn dieses Gesetz, das ich dir heute gebe, ist für dich nicht zu schwer und nicht zu ferne. Nicht im Himmel ist, daß du sagen könntest: Wer steigt uns in den Himmel hinauf, um es uns zu holen und uns zu verkünden, daß wir darnach tun?“ (5. Mose, 30.11 f.).

ihn [berechuhu: segneten ihn = fluchten ihn]. Und sie sagten: „Wer wird hingehen und es ihm verkündigen?“ Da sagte ihnen Rabbi Aqiva: „Ich werde hingehen, denn es könnte jemand Unwürdiger hingehen und es ihm verkündigen, und es geschähe, daß die ganze Welt verdürbe.“ Was tat Rabbi Aqiva? Er kleidete sich in Schwarz und hüllte sich in Schwarz; und er setzte sich Rabbi Eliezer gegenüber, vier Ellen weg. Da sagte ihm Rabbi Eliezer: „Aqiva, was ist denn heute los?“ („Was ist der Tag der Tage?“). Er erwiderte ihm: „Meister, mir scheint es, daß die Freunde sich von dir abgewandt haben.“ Doch er [R. Eliezer] zerriß seine Kleider und entfernte seine Schuhe, er fiel nieder auf den Boden, und seine Augen wurden naß mit Tränen. Da wurde die Welt geschlagen; es verdorrten zu einem Drittel die Ölbäume und der Weizen und der Roggen. Und man sagt: „Sogar der Teig in den Händen der Frau blähte sich auf.“ Es heißt: Solch Großes geschah am selben Tag, daß alles, worauf das Auge von Rabbi Eliezer fiel, versengt wurde. Auch ereignete es sich, daß Rabbi Gamliel in einem Boot dahin fuhr, und es erhob sich über ihn eine Woge [und drohte], ihn zu ertränken. Er sagte [sich]: „Mir scheint es, dies geschieht nur wegen Rabbi Eliezer ben Hyrkanos.“ Er erhob sich und sprach: „Herrscher der Welt, enthüllt und bekannt werde es vor dir, daß ich nicht mir selbst zu Ehren so gehandelt habe, noch zu Ehren des Hauses meines Vaters habe ich es getan, sondern zu deinen Ehren, damit sich die Zwistigkeiten in Israel nicht vermehrten.“ Da ließ das Meer ab von seinem Zorn. – Ima Schalom war die Frau von Rabbi Eliezer und die Schwester von Rabbi Gamliel. Von diesem Geschehnis an ließ sie es nicht zu, daß Rabbi Eliezer [während seines Gebetes] auf sein Antlitz fiel [und seinem Schmerz freien Lauf ließ]. Doch ereignete es sich an einem Tag, entweder daß sie diesen als den Tag des Neumondes verkannte oder, wie andere meinen, daß ein Armer kam und an der Türe stand, und sie ihm etwas Brot brachte, daß sie, als sie zurückkehrte, ihn [Rabbi Eliezer] auf seinem Antlitz fand. Sie sagte ihm: „Steh auf, du hast meinen Bruder getötet.“ Inzwischen traf die Nachricht vom Hause von Rabbi Gamliel ein, er sei gestorben. Rabbi Eliezer fragte sie: „Woher wußtest du das?“ Sie aber erwiderte: „So ist es mir überliefert worden im Hause meines Vaters: ‚Alle Tore sind verriegelt, außer der Tore der Kränkung‘“.[42]

[42] „Kol hasche'arim nin'alim chutz mischa'arei ona'ah“. Ich folgte in meiner Übersetzung z. T. den englischen Fassungen im Midrash Reader von Glatzer und der Soncino-Ausgabe von Epstein. Das letzte Wort „Ona'ah“ wurde von Epstein als verwundete Gefühle übersetzt. Die gewöhnliche Bedeutung ist Täuschung, Betrug, Verhehlung; das ihm verwandte Wort „Awen“ bedeutet Unrecht, Ungerechtigkeit, Unheil, und „On“ Trauer, Schmerz. Ich denke, daß die vielfachen Bedeutungen des Wortes „Verleugnung“ vielleicht dem Sinn hier nahekommen, ist es hier doch auch Täuschung, Unrecht und Nichtanerkennung, die alle mit hineinspielen; doch wenn der breitere Zusammenhang der Stelle, namentlich auch der eröffnende Mischnaabschnitt mitberücksichtigt wird, ist es die hier gegebene Übersetzung, die wohl der Bedeutung am nächsten kommt.

4 „Mein vergiftetes Blut“ – Der Geist des Ressentiments und das tragische Bewußtsein* – (Gedanken zu Pär Lagerkvists *Zwerg*)

„I was angry with my friend,
I told my wrath, my wrath did end;
I was angry with my foe,
I told it not, my wrath did grow.

And I water'd it in fears,
Night & morning with my tears;
And I sunned it with smiles,
And with soft deceitful wiles.

And it grew both day and night,
Till it bore an apple bright;
And my foe beheld it shine,
And he knew that it was mine,

And into my garden stole,
When the night had veil'd the pole:
In the morning glad I see
My foe outstretch'd beneath the tree.“
(William Blake, *A poison tree*)

4.1 Affekt und Haltung des Ressentiments

Was ist dieser giftige Baum des unausgesprochenen Grolles? Was sind seine verborgenen Wurzeln und seine tödlichen Früchte?

Die klinische Arbeit zeigt uns immer wieder, welch große Rolle der versteckte Groll – oder wie wir ihn im größeren geistesgeschichtlichen Zusammenhange benennen sollen: der Affekt des Ressentiments – spielt, überzeugt uns, daß er kein einfacher Affekt ist, und läßt uns erkennen, daß er eine Antwort auf mannigfache

---

* Ohne die Hilfe von Frau Marianne Faxèn, Lidingö, von Hrn. Dr. Anders Ryberg, dem Direktor der Nobél-Bibliothek in Stockholm, Hrn. Bengt Haglund, dem klinischen Leiter der Psychotherapieabteilung am St. Sigfridsjukhus in Växjö und Frau Kerstin Anderson, Växjö, wäre diese Studie nicht möglich gewesen. Sie machten mich auf die hier besprochenen Hauptschriften Pär Lagerkvists aufmerksam und verhalfen mir zu manchen Werken, die mir sonst unzugänglich gewesen wären. Überdies gaben sie, wie auch die Teilnehmer an den unten erwähnten Diskussionsgruppen, namentlich Dres. J. Lichtenberg, Leon Levin und Stephen Vicchio, sowie Dr. Peter Mohlin und Fr. Leslie Brown, wertvolle Hinweise zu den Entwürfen. Die englische Fassung dieser Arbeit wurde bei den folgenden Anläßen vorgetragen: Discussion group, J. Lichtenberg, „Psychoanalysis and Creativity“, Washington, 1/24/87; S:t. Sigfrids sjukhus, 39:e vidareutbildningskursen i psykiatri (Weiterbildungskurs in Psychiatrie), Dr. Franzke, Växjö, 1/31/87; Psychiatric Hospital, Hässleholm, 2/3/87; Discussion group on Psychoanalysis and Literature, Baltimore, 2/10/87.

frühe und späte Konflikte darstellt, doch auch ein Affekt ist, der gerade zu einer steten Konflikterneuerung führen muß. Er besitzt daher eine eigentümliche und spezielle Beziehung zum Wiederholungszwang. Dabei ist es doch eigentlich verwunderlich, daß er, gleich dem Gefühl der Scham, keine größere Rolle im psychoanalytischen Denken gespielt hat.

In *Flucht vor dem Gewissen* stellte ich eingehend die Ergebnisse der Analyse eines Patienten mit Zügen einer masochistisch-fetischistischen Perversion, Elasar, dar. Ich wies v.a. auf die durchgehende Affekt- und Triebumkehrung hin, mit der er einer besonderen Form schwerer Traumatisierung zu begegnen versucht hatte – der kongenitalen Katarakte in beiden Augen, die ihn von früher Kindheit an sehr behindert und eine ganze Reihe von chirurgischen Eingriffen erfordert hatten. Angst, Schmerz, Einsamkeit, Scham – alle verwandelten sich in eine lustvolle Masturbationsphantasie, bei der er sich von machtvollen Frauen zwar gepeinigt und gedemütigt, aber am Schluß auch geliebt und umhegt sah. Erst im späten Verlauf der Analyse stellte es sich heraus, daß diese Frauengestalten die Figur seines um 9 Jahre älteren Bruders, die Lust seine „tiefe Angst vor dessen Zorn und Grausamkeit" zu verdecken hatten. Doch warum eine solche Angst, warum die Furcht vor dessen „Zorn und Grausamkeit"? Obwohl der ältere Bruder in späteren Jahren mehr und mehr paranoide Züge zeigte, sich einer rechtsextremistischen Partei anschloß und deswegen schließlich auch in Konflikt mit dem Gesetz geriet, war er in Elasars Kindheit weit eher eine schutz- und liebegewährende Gestalt gewesen. War es einfach die Angst vor den homosexuellen Gefühlen, vielleicht auch Spielen, und die damit einhergehende Kastrationsangst? Diese Vermutung erwies sich als zu schematisch und verbogen. Allmählich entdeckten wir, anhand von „wunderbaren" Traumbildern von untergetauchten Riesenbrücken und blitzartig aufleuchtenden Wolkenkratzern (525), wie sehr ihm der Bruder imponiert hatte, wenn er ihm das Distanzurinieren mit seinem riesenhaft erigierten Penis vorführte, doch wie diese Bewunderung mit Neid und Scham vermischt gewesen war. Es machte ihm große Mühe, dieses Gefühl des Neides sich auch bewußt einzugestehen. Scham ja, aber Neid? Auch sonst sei er überhaupt recht neidlos. So war es also weit mehr die *Furcht vor dem Neid*, die *Abwehr* gegen den Neid, und die Scham wiederum als machtvolle *Affektabwehr gegen Neid, nämlich durch Affektumkehrung?* Und die Wiederholung mit seiner Frau, wo *sie* die neidische und *er* der bewunderte, nein, vielmehr der beneidete – und herabgesetzte (cut down) Mann war? Die protestierende Beteuerung: „Ich will ja seinen Penis gar nicht, kein Penis ist wichtig, auch nicht meiner." Doch könne er sich erinnern, wie er des Bruders Gesundheit und Stärke beneidet habe. Das Bild des großen Penis fungiere da als Symbol (622).

In der darauffolgenden Stunde fügt er hinzu: „Ich kann die Verbindung zwischen den beschädigten Augen und dem beschädigten Penis fühlen, die Verbindung zwischen den verwundeten (mutilated) Augen und diesem sehr starken Penis, ihn durch meine beschädigten Augen zu sehen." Er habe geträumt, er habe sich mit seinem kleinen (3 oder 4jährigen) Sohn (der in Wirklichkeit ein Adoleszenter ist) an einem Raubüberfall beteiligt, doch sich dabei über die Verletzlichkeit seines Sohnes Sorgen gemacht. Zwar war es die Identifizierung mit dem Opfer, aber auch die Gefühle, nehmen, rauben, stehlen zu wollen – zu nehmen, was mir zu Recht zukommt, da ich betrogen [cheated] worden war. Dasselbe ist mit der Bezahlung hier [er hatte mir lange Zeit über verheimlicht, daß er über ein Legat verfügte, das ihm die Analyse bei vollem, nicht reduziertem Preis ermöglicht hätte]. Ich bin nicht sicher, ob das einfach Neid ist. Es ist nicht nur der Neid, sondern auch der Wunsch, das zu erhalten, was ich verdiene, um mich für den Verlust zu kompensieren.“

„Das Ressentiment – der Neid und die Ungerechtigkeit, die dabei so betont wird,“ fügte ich hinzu.

„Daß ich das Opfer bin, und ich mir nur nehme, was mir zu Recht gehört [what is properly mine]“. So war es mit dem Bruder – der konnte die Dinge tun, die Elasar verwehrt waren. Ja, das Gefühl, ein Opfer zu sein, das Gefühl der Ungerechtigkeit, sehr viel bewußtes und wohl auch unbewußtes Ressentiment. Und in der Masturbationsphantasie die doppelte Verleugnung, davon nämlich, daß die Frau keinen Penis habe, und daß sich die Gefahr für seinen eigenen Penis bewahrheiten könnte. Doch warum diese doppelte Verleugnung? Nicht nur, um der schweren Traumatisierung Herr zu werden, wie wir bisher geglaubt hatten, also mit der sehr wohl begründeten *Realangst* zu Rande zu kommen, sondern, wie wir nun entdeckten, um der *Gefahr des Neides* und des ganzen im *Ressentiment verborgenen Komplexes von Rache, Zerstörung, Bitterkeit,* namentlich der Bestrafung für die darin mitinbegriffenen Aggressionen zu entrinnen (623).

Sahen wir also bei Elasar die Wucht des Neides, die sich mit anderen Gefühlen und Triebwünschen zum machtvollen und symptomschaffenden *Motiv des Ressentiments* verdichtete, so trafen wir bei anderen Patienten die Motivkraft der *Eifersucht* an, die sich dann in das Ressentiment zusammenballte. So sahen wir, wie Vera und Dilecta sich als ausgeschlossene Dritte erlebten und dem tiefen Gefühl des erlittenen Unrechts Abhilfe zu schaffen sich bemühten, dabei aber immer wieder harsche Bestrafung und Erniedrigung von außen her einluden. Die Macht ihres Gewissens selbst verewigte dasselbe Ressentiment, das sie gegen die Umwelt gerichtet, und die provozierte Strafe war eine gleichsinnige – isomorphe – Ahndung dessen, was sie sich gewünscht und doch auch verweigert hatten.

Es sind jedoch nicht unsere Patienten allein, die uns eine solche Fülle von dynamischen Zusammenhängen zeigen, bei denen das Gefühl des Ressentiments eine triebähnliche Motivkraft anzunehmen vermag, sondern wir stoßen auf seine Gegenwart allenthalben – in den Familien, bei Kollegen und in Institutionen, in psychoanalytischen und in andern wissenschaftlichen Gruppen, vielleicht nirgendwo mehr als in Universitäten und in politischen Parteien. Es mag geschickt verhüllt sein, es mag sogar aus dem Unbewußten wirken und für dessen Träger unerkenntlich, für dessen Zielobjekt aber mehr oder weniger offenkundig sein. Politische Führer verdanken ihre Überzeugungskraft oft, vielleicht sogar meistens, dem geschickten Spiel mit weit verbreiteten, sich oft völlig widersprechenden Ressentiments; ihr eigenes, oft spürbar brennendes Ressentiment wird zum magnetisch wirkenden Resonanzinstrument und Ausdruck der volkweit schwelenden und mannigfach begründeten Ressentiments.

Darüber hinaus war es Nietzsche, der darauf aufmerksam machte, zu welchem

Grad gerade die Moral des Westens, namentlich die des Christentums, vom Ressentiment beseelt ist. (In *Flucht vor dem Gewissen* habe ich schon mehrere Zitate, die sich darauf beziehen, angeführt.)[1] Scheler hat dieser Aufweisung eines Zusammenhangs zwar teilweise zugestimmt, diesen aber einer Perversion des Christentums, nicht dessen eigentlichem Geiste zuzuschreiben versucht. Was freilich außer Zweifel steht, ist, daß der die christliche Geschichte wie ein finsterer Schatten begleitende Antisemitismus eine besonders virulente Form des Ressentiments darstellt und aus dessen Wurzeln zu ergründen ist.

Ein anderes literarisches Werk, das dieser seltsamen Vermengung von „Moralität" und Ressentiment Wort- und Bildkraft verleiht, ist Sandemoses *En flyktning krysser sitt spor* (*Ein Flüchtling kreuzt seine Spur*, norw. 1933). Das „Gesetz der Stadt Jante" – „Jantelagen" – wurde in Skandinavien zu einem geflügelten Begriff für die verderbliche Verbindung von engherzigem Neid und Rachsucht mit Moralität und Gottesfurcht. Die damit erfaßte Einstellung bläht sich in ihrer selbstgerechten Gewichtigkeit mehr und mehr zu einem absoluten Ethos des Konformismus auf, das die Angepaßtheit an Mittelmäßigkeit und Enge des Denkens zum höchsten Wert proklamiert.[2] So erlangt der Begriff allgemeine Bedeutsamkeit. Jede Universität und Berufsvereinigung läuft die Gefahr, ihre eigene Fassung des „Jantelagen" zu entwickeln, von politischen und religiösen Gruppen ganz zu schweigen.

Dieser Zusammenhang von Moral und Ressentiment bestätigt sich, wie wir im klinischen Teil gesehen haben, auch beim einzelnen stets von neuem; bei unserer analytischen Arbeit erweist es sich oft, daß gerade die zu beobachtenden Werturteile und die diesen zugrundeliegenden Werteinstellungen vom Geist des Ressentiments durchtränkt sind, und zwar nicht nur bei den Patienten selber, sondern daß diese Art der Wertgefühle sich von Generation zu Generation in den Familien übermittelt hat und oft ganze Kirchen- und Volksgemeinschaften beherrschte. Bei den Patienten zeigt sich dann dieses Ressentiment in doppelter Form – einerseits in der krächzenden inneren Stimme der Selbstverurteilung und Selbstverhöhnung, andererseits in der dauernden Bitterkeit, in der schwelenden, oft in Impulshandlungen

---

[1] Zum Beispiel: „Der Sklavenaufstand in der Moral beginnt damit, daß das *Ressentiment* selbst schöpferisch wird und Werte gebiert: das Ressentiment solcher Wesen, denen die eigentliche Reaktion, die der Tat, versagt ist, die sich nur durch eine imaginäre Rache schadlos halten. Während alle vornehme Moral aus einem triumphierenden Ja-sagen zu sich selber herauswächst, sagt die Sklaven-Moral von vornherein nein zu einem ‚Außerhalb', zu einem ‚Anders', zu einem ‚Nicht-selbst': und *dies* Nein ist ihre schöpferische Tat. Diese Umkehrung des werte-setzenden Blicks – diese *notwendige* Richtung nach außen statt zurück auf sich selber – gehört eben zum Ressentiment ..." (Nietzsche, *Zur Genealogie der Moral*, 1.10, S. 263).

[2] Ich folge bei meiner Übersetzung der 10 Gebote des „Jantelagen" der schwedischen Übersetzung: „1. Du sollst nicht glauben, daß du jemand *seiest*. 2. Du sollst nicht glauben, daß du gleich gut seiest wie *wir*. 3. Du sollst nicht glauben, daß du klüger als *wir* seiest. 4. Du sollst dir nicht einbilden, daß du besser seiest als *wir*. 5. Du sollst nicht denken, daß du mehr wißest als *wir*. 6. Du sollst nicht glauben, daß du vornehmer als *wir* seiest. 7. Du sollst nicht glauben, daß *du* für etwas taugst. 8. Du sollst nicht über *uns* lachen. 9. Du sollst nicht denken, daß sich jemand um *dich* kümmere. 10. Du sollst nicht denken, daß du *uns* etwas lehren könntest" (S. 75).

plötzlich ausbrechenden Empörung und im Trotz gegen die erwartete oder erfahrene Verurteilung von außen.

Das Ressentiment – diese französische Form ist, selbst als Lehnwort in anderen Sprachen, stärker und ausdrucksreicher als seine einheimischen Äquivalente. Das englische „resentment“ ist weit schwächer, und „bitterness“, „wrath“ oder „grudge“ haben, wie „Verbitterung“ und „Groll“ im Deutschen, „agg“ im Schwedischen (das an einer entscheidenden Stelle im *Zwerg* gebraucht wird, S. 49, und zwar gegen Christus und Gott) nicht dieselbe breite Bedeutung. So sind die griechischen „echthros“ und „echthra“ zu persönlich, zu gezielt; das die Ilias eröffnende, den Groll des in seinem Recht verletzten und in seinem Ehrgefühl tief gekränkten Achilles bezeichnende Wort „menis“ dürfte ihm näher kommen. Seine Wurzel „men“ entspricht der im lateinischen Verbum „memini, meminisse“ (sich erinnern) enthaltenen. So schließt es sich eng an den Sinngehalt des französischen „ressentiment“ an. Auf einige hebräische Ausdrücke für diese Emotion und Grundhaltung werde ich in kurzem zurückkommen.

Im Chinesischen beruht das Bildzeichen für Ressentiment, 怨 Yüàn, auf dem fast gleichlautenden phonetischen Teil 夗 yüan, mit der Bedeutung „Anstand, gutes Verhalten“, nämlich Züchtigkeit 卩 während der Nacht 夕, und dem Wurzelzeichen (radical) 61 des Herzens, das für Innerliches, Seelisches steht: 心.

Das japanische „Uramu“ wird von Takeo Doi als Ressentiment und Haß beschrieben, die dann auftreten, wenn man sich in seiner „amae“, dem Wunsch, in seiner Abhängigkeit und vertrauensvollen Hingabe angenommen zu werden, abgewiesen fühlt (1973, S. 29 f.).

Das Ressentiment wird von Scheler (1915, in 1955) als eine „seelische Selbstvergiftung“ beschrieben, „die durch die systematisch geübte Zurückdrängung von Entladungen gewisser Gemütsbewegungen und Affekte entsteht“. Ihm liegen „*Rache*gefühl, *Neid*, Scheelsucht, Hämischkeit, Schadenfreude und Bosheit“ zugrunde, doch führen diese nur dann zur Ressentimentbildung, wenn „ein noch ausgeprägteres Bewußtsein der *Ohnmacht* ein solches Handeln oder einen solchen Ausdruck hemmt“ (S. 38–41).

Was dabei aber entscheidend ausgelassen wird, ist der Bezug auf das Gerechtigkeitsgefühl, wie es in der französischen Definition zum Ausdruck gelangt (vgl. Micro-Robert en poche): „Le fait de se souvenir avec animosité des torts qu'on a subis (comme si on les ressentait, ou les ‚sentait‘ encore)“ (daß man sich mit Ärger an das erlittene Unrecht erinnert, als ob man es wieder oder noch immer fühlte). Das Ressentiment beinhaltet also immer auch die Überzeugung, daß einem *Unrecht* geschehen ist. Dieses verletzte Rechtsgefühl kann aber doch nur dann auftreten, wenn der Wert der Gerechtigkeit, in welcher Form auch immer, angenommen worden ist.

Dieses Zusammenwirken verschiedener Motivkräfte bedingt ein weiteres wesentliches Element – das der *Maske:* die Verstellung, die Lüge, die Täuschung. Dies gilt besonders auch für seine verinnerlichte Form, wenn es infolge seiner verhaßten Bedeutung ganz vor der Selbstbeobachtung verhüllt wird. Auch dabei spielen Verleugnung und Rationalisierung ihre unheimlich wirksame Rolle: man mag es zwar dumpf spüren, doch es klar wahrzunehmen und anzuerkennen vermag man nicht.

Eine weitere Eigenschaft scheint allgemein zum Ressentiment zu gehören; gerade wegen des verletzten Rechtsgefühls geschieht es, daß die dabei verspürte Bitterkeit und Rachsucht verallgemeinert und vom ursprünglichen Gegenstand auf Ersatzobjekte *verschoben* wird. Tatsächlich ereignet sich dies so weitgehend, daß man ebensowohl über die *Stimmung* (mood) und *Haltung* (attitude) des Ressentiments sprechen kann wie über den Affekt. „Große Gefühle führen mit sich ihr eigenes Universum" (Camus).

Damit haben wir 5 Gruppen von Qualifizierungen, die diesen zusammengesetzten Affekt ausmachen, angeführt: 1) aggressive Wünsche und Gefühle, v.a. Neid, Eifersucht und Rachsucht; 2) diese wurden durch eine wahrgenommene Verletzung der Gerechtigkeit geweckt und setzen die Überzeugung von der Wichtigkeit des Wertes der Fairness voraus; 3) das Gefühl der Machtlosigkeit, der Hilflosigkeit, die in diesen aggressiven Impulsen enthaltenen Ziele, nämlich das Gleichgewicht der Gerechtigkeit, wiederherzustellen, erreichen zu können; 4) das Bedürfnis, den Neid und die Rachgier hinter einer Maske der Unschuld zu verstecken, damit die Notwendigkeit der Täuschung und der Lüge, nicht nur anderen, sondern auch ganz besonders sich selbst gegenüber; und 5) die Bereitschaft, den Sinn des erlittenen Unrechts zu verallgemeinern und den Rachewunsch auf andere Gegenstände zu verschieben, wobei beide sich zu einer ganz allgemeinen Stimmung und Haltung ausweiten.

4.2 „Gefährliche Gedanken sind gleich Giften" – Literarische Zeugnisse

Ich glaube, es lohnt sich wegen der großen klinischen und historischen Bedeutsamkeit sehr, diesem Gefühl und dieser Grundhaltung des Ressentiments auch von der Seite der Literatur her nachzugehen. Manche Zeugnisse lassen sich dafür anführen.

In den *Lun Yü* des Konfuzius (V. 22) heißt es: „Der Meister sprach: Bai Yi und Shu Qi gedachten nicht alter Bosheiten; so gab es gegen sie wenig Ressentiment."[3]

Der 79. Abschnitt des Tao Te King von Lao Tse bezieht sich auf das Ressentiment [yüàn]:

> Versucht man großen Groll [yüàn] beizulegen, so führt dies gewiß nur zu mehr Groll. Wie könnte man dies als gut ansehen? Darum behält der weise Mensch den linken Teil eines Abkommens [behandelt sich also dadurch selbst als den Schuldner] und macht dem Anderen keinen Vorwurf. Wer sich auf das Wesen besinnt [wer das Te hat], verwaltet den [linken Teil des] Vertrag[s]. Wer aber diese Besonnenheit [das Te] nicht hat, besteht darauf [, daß das Abkommen zu seinen Gunsten verändert werde]. Der Pfad des Himmels kennt keine Parteilichkeit; er führt immer zum guten Menschen hin".[4]

---

[3] Baí Yí Shú Qí, bù niàn jiù wù. Yüàn shì yòng xī (ich folge der Leggeschen Deutung).

[4] Ich folge hier weitgehend den Übersetzungen von Tam C. Gibbs, Wing-tsit Chan und James Legge. Die deutsche Übersetzung dieses äußerst schwierigen Kapitels durch Richard Wil-

Der Groll des Achilles über „die schmähliche Kränkung", die ihm Agamemnon durch die Wegnahme der ihm als Ehrengeschenk verliehenen Briseis zugefügt hat, wird zum Leitthema der Ilias und bestimmt die Struktur des ganzen Epos. So heißt es: „Aber es schwillt mein Herz von Galle mir, wenn ich des Mannes denke, der mir so schnöde vor Argos' Volke getan hat, Atreus' Sohn, als wär ich ein ungeachteter Fremdling" (9.646–648). Durch das Beharren auf seinem Ressentiment nimmt sein Schicksal und das Epos als ganzes die tragische Dimension an[5].

Der rach- und mordsüchtige Groll des König Saul auf den weit erfolgreicheren und beliebteren David wird durch mehrere Ausdrücke gekennzeichnet: „die Wut überkam ihn – wajachar leScha'ul me'od", „er nahm es übel – wajera beenaw", er war „neidisch und eifersüchtig auf David – owen et-Dawid" („owen" kommt vom Stamm „ajin", Auge, entspricht also dem Scheelsehen, der „invidia"), „ein böser Geist übernahm ihn – watitzlach ruach elohim ra'ah". Er „fürchtete – wajira" David, und seine Feindseligkeit („wajehi... ojev") gegen ihn nahm ständig zu (*1.Samuel*, 18.8 – 12, 29). Es war ein komplexer, vielfältig ausgedrückter Affekt, der an Saul nagte und ihn zu tödlicher, doch sein Ziel immer wieder verfehlender Rache und zu seinem eigenen Verderbnis verleitete.

Die enge Verbindung von Beschämung, Ressentiment und Rache zeigt jedoch die folgende Geschichte aus dem *Talmud* ganz besonders eindrücklich:

> Es sagte Rabbi Jochanan: Was heißt: „Wohl dem Menschen, der stets in Scheu (in Furcht) lebt; doch wer sein Herz verhärtet, wird ins Unglück fallen" (Sprüche, 28.14)... Durch Qamza und Bar Qamza wurde Jerusalem zerstört. Ein Mann, der einen Freund mit dem Namen Qamza hatte, und einen Feind, der Bar Qamza hieß, veranstaltete ein Gastmahl. Er sagte seinem Diener: „Geh, und bring mir Qamza." Dieser ging und brachte den Bar Qamza. Wenn der Gastgeber diesen dasitzen sah, sagte er zu ihm: „Da dieser Kerl da ein Verleumder ist, dieser Kerl da, was hat er hier zu suchen? Erhebe dich, pack dich!" (Qum puk!) Jener sagte ihm: „Da ich schon hier bin, laß mich, ich werde dir dafür Entgelt leisten, was ich esse und trinke." Sagte ihm dieser: „Nein!" Antwortete jener: „Ich werde dir für die Hälfte deines Gastmahls Zahlung leisten." Sagte dieser: „Nein!" Jener antwortete: „Ich werde die Zahlung deines ganzen Mahles übernehmen." Der Gastherr sagte wiederum: „Nein!" und nahm ihn bei der Hand, ließ ihn aufstehen und warf ihn hinaus. Der sagte sich: „Da die Rabbanan [die Lehrer und Würdenträger] da saßen und nicht dagegen protestierten, zeigt das doch, daß sie mit ihm einverstanden sind. Ich werde hingehen und sie vor dem König verleumden." Er ging zum Kaiser und sagte ihm: „Die Juden erheben sich gegen dich!" Dieser fragte ihn: „Wie kann man das wissen?" Da sagte ihm Bar Qamza: „Send ihnen ein Opfertier und schau, ob sie es opfern!" So gab er ihm ein [drittes?] Opferkalb mit. Unterwegs fügte Bar Qamza dem Tier auf der Oberlippe

---

helm weicht von der hier gegebenen erheblich ab: „Versöhnt man großen Groll, und es bleibt noch Groll übrig, wie wäre das gut? Darum hält der Berufene sich an seine Pflicht und verlangt nichts von anderen. Darum: Wer LEBEN hat, hält sich an seine Pflicht, wer kein LEBEN hat, hält sich an sein Recht." Die letzten 2 Verse des chinesischen Originals bleiben bei Wilhelm unübersetzt.

5 „It is the anger of pride, the necessary accompaniment of the warrior's greatness, that springs the tragedy of the Iliad ... The tragedy is his, the result of his own choice." So schreibt Richard Lattimore in der Einführung zu seiner Übersetzung der Ilias (S. 47 f.).

einen Schaden bei, oder, wie andere sagen, im Weissen des Auges, wo es für uns (Juden) ein Fehl bedeutet, nicht aber für jene (die Römer). Die Rabbanan gedachten, um die Behörden zufrieden zu stellen, es zu opfern. Da entgegnete ihnen Rabbi Secharia ben Avqulas: „Man wird sagen, daß auf dem Altar Opfer dargebracht werden, die einen Schaden aufweisen." Da dachten jene daran, den Bar Qamza zu töten, damit er nicht hingehe und sie anklage. Da sagte ihnen Rabbi Secharia: „Soll einer, der Opfertieren ein Fehl zufügt, getötet werden?" Dazu bemerkt Rabbi Jochanan: „Die Frömmigkeit [Demut, anwetanut, in der englischen Übersetzung: ‚scrupulousness'] des Rabbi Secharia ben Avqulas zerstörte unser Haus, verbrannte unseren Tempel und verbannte uns aus unserem Land... (Talmudtraktat *Gittin*, 55 b–56 a).

Später (*Gittin*, 57 a) heißt es: „Es sagte Rabbi El'asar: Komm und schau, welch große Macht die Scham besitzt: denn sieh, Gott selbst ist dem Bar Qamza zur Hilfe gekommen, und hat [seinetwegen] sein Haus zerstört und seinen Tempel verbrannt".[6]

In prägnanter Form drücken sich die Hauptelemente des Ressentiments in der Gestalt Jagos in Shakespeares *Othello* aus:

We cannot all be masters, nor all masters cannot be truly followed... In following him, I follow but myself... I am not what I am ... For necessity of present life I must show out a flag and sign of love, which is indeed but sign (Wir können nicht alle Herrn sein, nicht kann jeder Herr getreue Diener haben... Wenn ich ihm diene, dien ich nur mir selbst... Ich bin nicht, was ich bin... Weil mich die gegenwärtge Lage zwingt, ich aufziehn muß der Liebe Flagg' und Zeichen, freilich als Zeichen nur.) (1.Akt, 1.Szene, Verse 43/44, 58, 65, 156–158).

Gerade dann, wenn er sich bemüht, in Othello Verdacht und Mißtrauen zu wekken, beteuert er ihm gegenüber das Gegenteil jener inneren Doppelheit: „Men should be what they seem." (Man sollte sein, was man scheint) (3. Akt, 3. Szene, Vers 126). Die Diagnose wird von Roderigo richtig gestellt: „... your words and performances are no kin together" (Euer Versprechen und Tun halten nicht gleichen Schritt miteinander) (4. Akt, 2. Szene, Verse 184/185). Der von Jago angeführte Grund für sein Ressentiment und seine Rachsucht liegt in Neid und Eifersucht:

Now, I do love her [Desdemona] too,/ not out of absolute lust, though peradventure/ I stand accountant for as great a sin,/ But partly led to diet my revenge/ For that I do suspect the lusty Moor/ Hath leaped into my seat. The thought whereof/ Doth like a poisonous mineral gnaw my inwards./ And nothing can or shall content my soul/ Till I am evened with him, wife for wife (Jetzt lieb ich sie auch; nicht zwar aus Lüsternheit – wiewohl vielleicht nicht kleinre Sünde mir zuschulden kommt – nein, mehr, um meine Rach an ihm zu weiden, weil ich vermute, daß der üppge Mohr mir ins Gehege kam, und der Gedanke nagt wie ein fressend Gift an meinem Innern. Nichts kann und soll mein Herz beruhigen, bis ich ihm wett geworden, Weib um Weib) (2. Akt, 1. Szene, Verse 300–308).

Die von ihm zur Ausführung seiner Intrige vorzüglich eingesetzte Waffe ist die der *Wertverkehrung:* „So will I turn her virtue into pitch,/ And out of her own goodness make the net/ That shall enmesh them all" (So wandl ich ihre Tugend

[6] Ich folgte bei der Übersetzung des aramäischen Texts weitgehend der englischen Übersetzung durch Simon, in der Ausgabe des Soncino-Talmud durch Epstein.

selbst zum Laster, und strick ein Netz aus ihrer eignen Güte, das alle soll umgarnen) (2. Akt, 3. Szene, Verse 366–368). In falscher Demut bekennt er die Wahrheit, gerade in der Absicht, keinen Glauben zu finden:

> ... Though I perchance am vicious in my guess,/ As, I confess, it is my nature's plague/ To spy into abuses, and oft my jealousy/ Shapes faults that are not (Wenn auch vielleicht falsch ist, was ich vermute – wies, ich bekenn es, stets mein Leben quält, Fehltritten nachgehn; auch mein Argwohn oft aus nichts die Sünde schafft) (3. Akt, 3. Szene, Verse 145–148).

Und wie gut erkennt er das Wesen von Eifersucht und Mißtrauen:

> Oh, beware, my lord, of jealousy./ It is the green-eyed monster which doth mock/ The meat it feeds on. That cuckold lives in bliss/ Who, certain of his fate, loves not his wronger./ But, oh, what damned minutes tells he o'er/ who dotes, yet doubts, suspects, yet strongly loves! (O, bewahrt Euch, Herr, vor Eifersucht, dem grüngeaugten Scheusal, das besudelt die Speise, die es nährt – Heil dem Betrognen, der, seiner Schmach bewußt, die Falsche haßt! Doch welche Qualminuten zählt der Mann, der liebt, doch zweifelt; argwohnt, doch vergöttert!) (3. Akt, 3. Szene, Verse 165–170).

Und:

> Trifles light as air/ Are to the jealous confirmations strong/ As proofs of Holy Writ. This may do something./ The Moor already changes with my poison. / Dangerous conceits are in their natures poisons,/ Which at the first are scarce found to distaste,/ But with a little act upon the blood / Burn like the mines of sulphur. (Dinge, leicht wie Luft, sind für die Eifersucht Beweis, so stark wie Bibelsprüche. Dies kann Wirkung tun. Der Mohr ist schon im Kampf mit meinem Gift: Gefährliche Gedanken sind gleich Giften, die wir zuerst kaum widerwärtig finden, allein nach kurzer Wirkung auf das Blut, gleich Schwefelminen glühn) (3. Akt, 3. Szene, Verse 322–329).

Gerade Othellos Gefühl, mißbraucht worden zu sein, wird von Jago als Mittel der Rache für *sein eigenes verletztes Rechtsgefühl* eingesetzt – als Instrument im Dienste seiner *perversen Verkehrung aller menschlichen Beziehungen zum Kampf um die Macht*. Die Wurzel dieser Perversion und Liebesunfähigkeit wird nicht enthüllt, sie scheint in der Tat nicht einmal Jago selber bekannt zu sein. Doch das in seinem Innern wirkende und fressende Gift wird indes nach außen gewendet und dazu benutzt, den Geist des einen, den er beneidet, zu vergiften, und die beiden, auf die sich seine Eifersucht richtet, zu vernichten. Die Slogans von Willenskraft und Mannesmut dienen der typischen Rationalisierung für das Ressentiment und dessen Komponenten von Rachsucht, Eifersucht und Machtlosigkeit:[7]

> ... and since I could distinguish betwixt a benefit and an injury I never found man that knew how to love himself... ,Tis in ourselves that we are thus or thus. Our bodies are gardens, to the which our wills are gardeners.... Why, the power and corrigible authority of this lies in our wills... It is merely a lust of the blood and a permission of the will. Come, be a man. Drown thyself! (... und seit ich einen Unterschied zu finden wußte zwischen Wohltat und Beleidigung, bin ich noch keinem begegnet, ders verstanden hätte, sich selbst zu lieben... In uns selber liegts, ob wir so sind oder anders. Unser Körper ist ein Garten und unser Wille der Gärtner... ei, das Vermögen dazu und die bessernde

[7] Die phallisch-narzißtische Übertreibung als Abwehr gegen weit Tieferes.

Macht liegt durchaus in unserm freien Willen... Es ist nur ein Gelüst des Bluts, eine Nachgiebigkeit des Willens. Auf! sei ein Mann! Dich ersäufen?) (1. Akt, 3. Szene, Verse 313–315, 321–323, 328–329, 339–340).

Das Ziel dieses Ressentiments besteht gerade in der *Zerstörung von Liebe und Sexualität:* „This is the fruit of whoring," sagt Iago triumphierend nach Cassios und Roderigos Sturz (Das ist der Unzucht Strafe) (5. Akt, 1. Szene, Vers 116). Dasselbe wird von Desdemona in der Todesszene erfaßt: „That death's unnatural that kills for loving" (Grausamer Tod, der nur um Liebe tötet!) (5. Akt, 2. Szene, Vers 42). Und Othello: „I kissed thee ere I killed thee. No way but this,/ Killing myself, to die upon a kiss." (Ich küßte dich, eh ich dir Tod gab – nun sei dies der Schluß: mich selber tötend sterb ich so im Kuß) (5. Akt, 2. Szene, Vers 357–358). Es ist die Liebe, die von Macht- und Rachegier unterwühlt, überwältigt und ins Perverse verdreht worden ist, von einer Macht- und Rachsucht, die die Gewalt des Ressentiments angefeuert hat – „more fell than anguish, hunger, or the sea!" (verderblicher als Hunger, Pest und Meer!) (5. Akt, 2. Szene, Vers 362).

Doch die Sage des Ressentiments wird zur Tragödie, „The Tragedy of Othello, the Moor of Venice, ... with the fatal flaw of believing that men are what they seem" (mit dem verhängnisvollen Fehler zu glauben, daß die Menschen sind, was sie scheinen), heißt es in der Einführung von Harrison, einer Tragödie, auch wenn sie, wie erwähnt, Benjamin wohl nur als barockes Trauerspiel gelten lassen würde. Die Gestalt des Bösen – und der vom Ressentiment bestimmte Geist ist das Böse schlechthin – ist die Gegenfigur zum tragischen Helden. Das Leiden und die Opfertat des einen – und selbst ein Verbrecher aus Leidenschaft wie Othello ist gleichzeitig Täter und Opfer – steht der Gestalt des Ressentiments gegenüber, als etwas ganz Anderes und doch etwas, das beinahe spiegelbildlich ähnliche Züge aufweist, ebenso wie Lisbeth und Adeline Fischer in *La Cousine Bette* (s. unten) gegenbildlich zusammengehören.

In der inneren Wirklichkeit der Neurose finden wir die Züge des Tragischen und die Konstellation des Ressentiments ebenfalls zusammen vor, als eine Art Doppelschicksal, in dynamischem Gegenspiel und Widerstreit befindlich. Das Ressentiment als Hauptmotiv des Lebens – es kann in seiner Absolutsetzung *eines* Motivs als Karikatur des Tragischen aufgefaßt werden. Aus einem inneren Wertkonflikt wird, dank jener Ausweitung und Verallgemeinerung, der phantastische Haß gegen die Vertreter von Idealen und Werten überhaupt. Der innere Konflikt erscheint nun völlig nach außen gekehrt und seiner Innerlichkeit beraubt. Warum und wie, das dürfte im folgenden klarer werden.

In einem kleinen Essay („Bedeutende Fördernis durch ein einziges geistreiches Wort" in den *Schriften zur Wissenschaftslehre,* Bd. 39, S. 186–190) schreibt Goethe:

An eben diese Betrachtung schließt sich die vieljährige Richtung meines Geistes gegen die Französische Revolution unmittelbar an, und es erklärt sich die grenzenlose Bemühung, dieses schrecklichste aller Ereignisse in seinen Ursachen und Folgen dichterisch zu gewältigen. Schau' ich in die vielen Jahre zurück, so seh ich klar, wie die Anhänglichkeit an diesen unübersehlichen Gegenstand so lange Zeit her mein poetisches Vermögen fast unnützerweise aufgezehrt; und doch hat jener Eindruck so tief bei mir gewurzelt, daß ich nicht leugnen kann, wie ich noch immer an die Fortsetzung der Natürlichen Tochter denke, dieses wunderbare Erzeugnis in Gedanken ausbilde, ohne den Mut, mich im einzelnen der Ausführung zu widmen.

In dem von ihm erwähnten Trauerspiel sagt der König:

O diese Zeit hat fürchterliche Zeichen:/ Das Niedre schwillt, das Hohe senkt sich nieder,/ Als könnte jeder nur am Platz des andern/ Befriedigung verworrner Wünsche finden, / Nur dann sich glücklich fühlen, wenn nichts mehr/ Zu unterscheiden wäre, wenn wir alle,/ Von *einem* Strom vermischt dahingerissen,/ Im Ozean uns unbemerkt verlören" (*Natürliche Tochter*, 1. Akt, 5. Szene, Verse 361–368; Goethe, Bd. 11, S. 171).

Es wird angetönt, es wird indirekt beschrieben, doch wird es kaum ausgesprochen, außer etwa vom Herzog: „Verhaßt sei mir das Bleibende, verhaßt,/ Was mir in seiner Dauer Stolz erscheint,/ Erwünscht, was fließt und schwankt! Ihr Fluten, schwellt,/ Zerreißt die Dämme, wandelt Land in See!" (3. Akt, 2. Szene, Verse 1320–1323, Bd. 11, S. 197). Es ist, als ob Goethe vor der rohen Gewalt gerade dieser Leidenschaft, die die französische Revolution beseelte, zurückgeschreckt wäre.

Das Ressentiment ist eine der gewaltigen Motivkräfte, die Balzacs großen Roman *La Cousine Bette* durchwirken. Es ist bei manchen der Hauptgestalten spüren, so wenn die durchtrieben macchiavellische Valérie Marneffe ihrem eifersüchtighörigen Baron Hulot schreibt: „Nous sommes ainsi, nous autres femmes: j'épouse ton ressentiment" (S. 297) („So sind wir Frauen nun mal; ich mache mir Dein Rachegefühl zu eigen", S. 292). Doch ist es die Titelheldin selbst, die arme Base Lisbeth, deren Lebensziel darin besteht, das Glück der erfolgreicheren und schöneren Adeline und deren Familie zu zerstören, was ihr schließlich mit Hilfe aller Schemata der Verstellung und der Lüge auch gelingt.

Die Eifersucht, der Neid bildeten die Grundlage dieses an „Exzentrizitäten" reichen Charakters... ein paar Warzen im länglichen affenartigen Gesicht. ... Die in Gemeinschaft lebende Familie hatte das vulgäre Mädchen dem hübschen aufgeopfert, die bittere Frucht der leuchtenden Blume. Lisbeth mußte Feldarbeit tun, während ihre Kusine verhätschelt wurde; daher geschah es eines Tages, daß sie, als sie mit Adeline allein war, ihr die Nase abbeißen wollte, eine wahrhaft griechische Nase, die die alten Frauen bewunderten. Obgleich sie dieser Untat wegen Prügel erhielt, fuhr sie dennoch fort, die Kleider der Bevorzugten zu zerreißen und deren Halskragen zu besudeln (S. 38).[8]

Das Mädchen gab jetzt jeden Gedanken eines Kampfes und Vergleichs mit ihrer Kusine auf, deren Überlegenheit auf mannigfachen Gebieten sie gespürt hatte; doch im Grunde ihres Herzens ruhte verborgen der Neid, wie ein Pestkeim, der aufsprießen und eine

---

[8] „La jalousie formait la base de ce caractère plein d'excentricités ... quelques verrues danz sa face longue et *simiesque*... La famille, qui vivait en commun, avait immolé la fille vulgaire à la jolie fille, le fruit âpre, à la fleur éclatante. Lisbeth travaillait à la terre, quand sa cousine était dorlotée; aussi lui arriva-t-il un jour, trouvant Adeline seule, de vouloir lui arracher le nez, un vrai nez grec que les vieilles femmes admiraient. Quoique battue pour ce méfait, elle n'en continua pas moins à déchirer les robes et à gâter les collerettes de la privilégiée" (S. 80 f.).

ganze Stadt verheeren kann, wenn man den verhängnisvollen Wollballen aufmacht, in dem er eingeschlossen ist (S. 40).[9]

Sie wird mit Jago und Richard III. verglichen, einem Abgrund von Haß und Rache:

Daher glich jene Unterhaltung dem Stein, den der Wanderer in eine Schlucht wirft, um auf physikalische Weise sich dessen Tiefe zu beweisen. Und Madame Marneffe hatte es mit der Angst bekommen, als sie gleichzeitig einen Jago und einen Richard III. in dieser dem Anschein nach so schwachen, demütigen und so wenig furchteinflößenden alten Jungfer erblickte" (S. 122 f.).[10]

„Die Genüsse befriedigten Hasses sind die glühendsten, die stärksten des Herzens" (S. 180)[11], schreibt Balzac, nachdem Bettes gewaltsam-habgierige Liebe für ihren begabten Schützling, den mittellosen und willensschwach-weichen Wenceslas Steinbock gescheitert und die alternde Jungfer von der hübschen Tochter Adelines ausgestochen worden ist.

Irgendwie ist die Liebe das Gold und der Haß das Eisen dieser Gefühlsmine, die in uns ruht... Nach nahezu drei Jahren begann Lisbeth die Fortschritte ihrer Unterhöhlungstaktik, die ihr Leben verzehrte und ihre Intelligenz verschlang, zu erkennen. Lisbeth dachte; Madame Marneffe handelte. Madame Marneffe war die Axt, Lisbeth war die Hand, die sie führte, und die Hand zertrümmerte mit hastigen Schlägen diese Familie, die ihr von Tag zu Tag verhaßter wurde; denn man haßt immer stärker, gerade wie man, wenn man liebt, alle Tage inniger liebt. Liebe und Haß sind Gefühle, die sich aus sich selbst nähren; aber der Haß hat von beiden die längere Lebensdauer. Die Liebe hat als Schranken begrenzte Kräfte; sie entnimmt ihre Kräfte dem Leben, einem Sichverausgaben; der Haß ähnelt dem Tod, dem Geiz; er ist irgendwie eine aktive Abstraktion oberhalb von Menschen und Dingen (S. 180 f.).[12]

Ihre Pläne gelingen nur insofern, als sie der Vernichtung ihrer Nebenbuhler gelten. Wie es charakteristisch für den vom Ressentiment angetriebenen Wiederho-

---

9 „Cette fille perdit alors toute idée de lutte et de comparaison avec sa cousine, après en avoir senti les diverses supériorités; mais l'envie resta cachée dans le fond du coeur, comme un germe de peste qui peut éclore et ravager une ville, si l'on ouvre le fatal ballot de laine où il est comprimé" (S. 82).

10 „Aussi cette conversation ressemblait-elle à la pierre que le voyageur jette dans un gouffre pour s'en démontrer physiquement la profondeur. Et Mme Marneffe avait eu peur en trouvant tout à la fois un Iago et un Richard III, dans cette fille en apparence si faible, si humble et si peu redoubtable" (S. 151 f.).

11 „Les jouissances de la haine satisfaite sont les plus ardentes, les plus fortes au coeur" (S. 200).

12 „L'amour est en quelque sorte l'or, et la haine est le fer de cette mine à sentiments qui gît en nous... Après bientôt trois ans, Lisbeth commençait à voir les progrès de la sape souterraine à laquelle elle consummait sa vie et dévouait son intelligence. Lisbeth pensait, Mme Marneffe agissait. Mme Marneffe était la hache. Lisbeth était la main qui la manie, et la main démolissait à coups pressés cette famille qui, de jour en jour, lui devenait plus odieuse, car on haït de plus en plus, comme on aime tous les jours davantage, quand on aime. L'amour et la haine sont des sentiments qui s'alimentent par eux-mêmes; mais, des deux, la haine a la vie la plus longue. L'amour a pour bornes des forces limitées, il tient ses pouvoirs de la vie et de la prodigalité; la haine ressemble à la mort, à l'avarice, elle est en quelque sorte une abstraction active, au-dessus des êtres et des choses" (S. 200 f.).

lungszwang ist, mißlingt es ihr jedoch immer wieder, sich selbst zu erhöhen, was ihren Haß nur noch vertieft. So heißt es nach dem Tod des Maréchal Hulot, der sie zu heiraten versprochen hat und doch vorzeitig ein Opfer ihrer Intrigen geworden ist:

> Dieser Tod, der vier Tage vor Lisbeths letztem Aufgebot für ihre Eheschließung erfolgt war, war für sie der Blitzstrahl, der die unter Dach und Fach gebrachte Ernte mitsamt der Scheune in Flammen aufgehen ließ. Der Lothringerin war, wie es oft geschieht, allzuviel gelungen. Der Marschall war den Schlägen erlegen, die sie und Madame Marneffe dieser Familie versetzt hatten. Der Haß der alten Jungfer, der durch den Erfolg befriedigt worden zu sein schien, wurde noch vermehrt durch alle ihre getäuschten Hoffnungen... Weinend vor Wut lief sie zu Madame Marneffe, denn sie war ohne Wohnung... (S. 358).[13]

Sie kehrt in den Hulot-Haushalt zurück und beginnt von neuem mit ihren Sparsamkeitskunststücken, „da sie darin ein Mittel erblickte, ihre dumpfen Rachegefühle auf diesen drei noblen Wesen lasten zu lassen, den Gegenständen eines Hasses, der durch den Zusammenbruch aller ihrer Hoffnungen angefacht worden war“ (S. 375).[14] Doch am Ende ist es nicht ihr fortwährend schwelender Hass – „la haine persistante et latente“ –, der das von ihr gesteckte Ziel erreicht, sondern die sexuelle Getriebenheit des Baron Hulot, „ce père prodigue“: den Sturz der verhaßten Rivaline Adeline; und auch dies erst nach Bettes Tod:

> Lisbeth, die bereits recht unglücklich über das Glück war, das auf die Familie niederstrahlte, konnte dieses glückliche Ereignis [die Rückkehr des Barons zu seiner Familie] nicht ertragen. Ihr Zustand verschlimmerte sich so sehr, daß Bianchon sagte, sie müsse in einer Woche sterben; sie war am Ende dieses langen Kampfes, der für sie durch so viele Siege gekennzeichnet war, unterlegen. Inmitten des grausigen Todeskampfes der Lungenschwindsucht bewahrte sie das Geheimnis ihres Hasses. Zudem hatte sie die letzte Genugtuung, ... [die von ihr verfolgte Familie] sämtlich in Tränen aufgelöst an ihrem Bett zu sehen und von ihnen als Engel der Familie betrauert zu werden (S. 470).[15]

„Les sentiments nobles poussés à l'absolu produisent des résultats semblables à ceux des plus grands vices“ (S. 124) (Die bis zur Unbedingtheit vorgetriebenen edlen Gefühle führen zu Wirkungen, die denjenigen der größten Laster gleich sind, S. 90). Scheinbar bezieht sich diese Erkenntnis auf die allverzeihende, übermensch-

[13] „Cette mort, arrivée quatre jours avant la dernière publication de son mariage, fut pour Lisbeth le coup de foudre qui brûle la moisson engrangée avec la grange. La Lorraine, comme il arrive souvent, avait trop réussi. Le maréchal était mort des coups portés à cette famille, par elle et par Mme Marneffe. La haine de la vieille fille, qui semblait assouvie par le succès, s'accrût de toutes ses espérances trompées. Lisbeth alla pleurer de rage; car elle fut sans domicile...“ S. 353).

[14] „... en voyant un moyen de faire peser sa sourde vengeance sur ces trois si nobles existences, objet d'une haine attisée par le renversement de toutes ses espérances“ (S. 367).

[15] „Lisbeth, déjà bien malheureuse du bonheur qui luisait sur la famille, ne put soutenir cet événement heureux. Elle empira si bien, qu'elle fut condamnée par Bianchon à mourir une semaine après, vaincue au bout de cette longue lutte marquée pour elle par tant de victoires. Elle garda le secret de sa haine au milieu de l'affreuse agonie d'une phtisie pulmonaire. Elle eut d'ailleurs la satisfaction suprême de voir... tous en larmes autour de son lit, et la regrettant comme l'ange de la famille“ (S. 448).

lich großzügige und barmherzige Adeline. Doch in einem tiefen Sinn gilt sie doch auch für die beiden hauptsächlichen Übeltäter des Romans, den „père prodigue“ Hulot und die von Macht- und Rachsucht besessene Fräulein Lisbeth. Beide bringen sie durch das Übermaß ihrer Leidenschaft über jeden in ihrem Umkreis und schließlich auch sich selbst Unglück und Verderben. Insbesondere sind es die Sehnsucht nach Liebe wie nach Respekt, der Gerechtigkeitswunsch und die unstillbare Empörung über das verletzte Rechtsgefühl, die zur verzehrenden Leidenschaft des Ressentiments bei Bette geführt haben; und andererseits ist es die zeugend-schöpferische Urmacht, die, schranken- und grenzenlos, in der Gestalt des Baron Hulot zum rasenden Begehren geworden ist. Beide Wertverzerrungen und entfesselten Begierden – übrigens auch verheerende Gewalten im Inneren und im Schicksal des Dichters selbst – würden wir beschreibend dem breiten Spektrum der narzißtischen Phänomene unterordnen. Doch was einem solchen „*Narzißmus des Ressentiments*“ zugrundeliegen könnte – das ist die Frage, der dieses Kapitel gewidmet ist.

Andere Gestalten aus der Literatur könnten herangezogen werden – Richard III. und Edmund bei Shakespeare, Quasimodo in Victor Hugos *Notre Dame*, Peter Werchowenski in *Die Dämonen* von Dostojewski und Canettis Roman *Die Blendung* als Ganzes. Besonders könnte man auf Blandois und Miss Wade in Dickens' *Little Dorrit* hinweisen, und in geringerem Maße auch auf andere Gestalten in diesem gewaltigen Werk. Trilling (1950, 1955) bemerkt über jene beiden: „They are confirmed in their lives by self-pity, they rely on the great modern strategy of being the insulted and injured“. Dies ist eine treffende Beschreibung des Affektes und der Grundhaltung des Ressentiment. In Hinsicht auf Miss Wade (*The history of a self tormentor*) und ihre kleine Bündnisgenossin Tattycoram, beide von Kindheit an verwaist und illegitim, schreibt er:

> Their bitterness is seen to be the perversion of the desire for love. The self-torture of Miss Wade... is the classic maneuver of the child who is unloved, or believes herself to be unloved; she refuses to be lovable, she elects to be hateful. *In all of us the sense of injustice precedes the sense of justice by many years* [my underlining]. It haunts our infancy, and even the most dearly loved of children may conceive themselves to be oppressed. Such is the nature of the human will, so perplexed is it by the disparity between what it desires and what it is allowed to have. With Dickens as with Blake, the perfect image of injustice is the unhappy child, and, like the historian Burckhardt, he connects the fate of nations with the treatment of children“ (S. 58 f.).

Die folgenden Ausführungen lassen sich recht eigentlich als Kommentar und Vertiefung dieses Gedankens von Trilling verstehen.

Indes ziehe ich es vor, mich auf das am kräftigsten gezeichnete und am einprägsamsten geschilderte Beispiel zu konzentrieren: Lagerkvists *Zwerg* ist recht eigentlich das in einer mythischen Figur personifizierte Ressentiment, eine Art Reinkultur und gewaltige Verdichtung.

Obgleich das Grundthema ähnlich dem Balzacs ist und beide Gestalten – Bette und der Zwerg – sich in der Absolutheit ihrer Leidenschaft ins Mythische zu steigern scheinen, besteht ein schroffer Gegensatz von Stil und Gesamtform. Der rhetorisch und gesellschaftskritisch wie philosophisch oft ausschweifenden Darstellung Balzacs, die mit Lust einer Vielfalt von Figuren und den mannigfachen Einzelheiten der Außenwelt, besonders den gesellschaftlichen und politischen Verwicklungen und Verstrickungen nachspürt, steht *Der Zwerg* mit seiner Knappheit, seiner Sparsamkeit und Konzentration auf das Wesentliche und seiner prägnanten Vermittlung eben der Innenwelt eines ressentimentgeladenen Menschen in seiner ganzen Komplexität gegenüber. Die Ironie besteht dabei darin, daß gerade die Persönlichkeit, die keine Innenwelt zu besitzen vorgibt, der Mensch, der kein Mensch zu sein wähnt, der Mann, der behauptet, konfliktlos zu sein, die Tiefe und Unheimlichkeit der Seele ganz besonders erahnen läßt. Er zeigt uns das Böse als etwas unheimlich Komplexes, Vielschichtiges – und Vertrautes, also als etwas „Heimliches“.

4.3 Dvärgen[16]

„Die ganze menschliche Kultur ist im Grunde nur ein Ansatz zu etwas Unerreichbarem, etwas, das unsere Kraft der Verwirklichung weit übersteigt. Die Kultur steht verstümmelt da, tragisch wie ein Torso. Ist nicht der menschliche Geist selbst ein Torso?“ (S. 119).[17] Dies fragt sich Bernardo, die Gegengestalt zum Zwerg, der unablässig schöpferische, neugierig forschende, vor keiner Frage oder Untersuchung zurückscheuende, durch keine überkommenen Wertvorstellungen oder ethischen Erwägungen gebundene Mensch. Für ihn ist diese Feststellung der Ansatz zum Großen und Weiten, zur Suche nach der Wirklichkeit selbst, zum Flug in den weit offenen Raum:

> Mein ganzes Leben ist nur ein einziges rastloses Suchen nach der Wahrheit gewesen, und manchmal hatte ich geglaubt, sie zu ahnen, etwas von ihrem reinen Himmel schimmern zu sehen – aber niemals hat sich der Himmel mir wirklich geöffnet, haben meine Augen seinen unendlichen Raum eingesogen, ohne den nichts hier auf Erden wirklich zu verstehen ist. Es ist uns nicht gestattet. Darum ist auch all mein Streben im Grunde vergebens gewesen (S. 118).[18]
>
> Und doch sind wir dazu geschaffen, immer in den Weltenraum gelockt zu werden

---

[16] Für die folgende Untersuchung dieses Werkes habe ich ausgedehnte Zitate aus dem Original benutzt. Man kann sich wohl veranlaßt sehen, André Gide voll beizustimmen, wenn er in seinem Brief über „Barabbas“ sagt: „La langue suédois nous a donné, nous donne encore des oeuvres si remarquables que bientôt il va devenir indispensable, à l'homme qui se veut cultivé, de la savoir pour pouvoir bien apprécier le rôle important que la Suède s'apprête à jouer dans le concert européen“ (Lagerkvist, 1950, frz. 1951, S. 13).

[17] „Hela den mänskliga kulturen är i själva verket blott en ansats till någonting ouppnåeligt, något som det långt överstiger vår förmåga att förverkliga. Den står där stympad, tragisk som en torso. Är inte människoanden själv en torso?“ (S. 55).

[18] „Hela mitt liv har varit ett enda rastlöst sökande efter den [sanningen], och jag har trott mig ana den någon gång, tyckt mig skymta något av dess rena himmel – men aldrig har himlen verkligen öppnat sig för mig, mina ögon insupit dess oändliga rymd, utan vilken ingenting här verkligen kan förstås. Det är inte tillåtet för oss. Därför har också all min strävan i själva verket varit förgäves“ (S. 54 f.).

und zu glauben, daß er uns gehört. Und doch *ist* er ständig über uns, öffnet sich uns als etwas völlig Wirkliches. Er ist ebenso Wirklichkeit wie unsere Gefangenschaft (S.118).[19]

Was für Bernardo ein ständiges Suchen nach diesem Ideal der Wahrheit, nach dem „offenen Raum der Wirklichkeit", und eine resignierte Realisierung der Unerfüllbarkeit und des immer wieder erlebten Versagens ist, wird beim Zwerg zum unbezweifelbaren Nichtsuchen und Nichtversagen, zu einem erstaunt-verächtlichen Räsonnieren:

Die ganze menschliche Kultur ist nur ein Ansatz – etwas ganz Undurchführbares. Und deshalb ist das Ganze eigentlich vollkommen sinnlos. Ja, natürlich ist es das. Wie würde das Leben aussehen, wenn es nicht sinnlos wäre. Die Sinnlosigkeit ist ja der eigentliche Grund, auf dem es ruht. Auf welchen anderen Grund hätte es gestellt werden können, der gehalten hätte, der niemals nachgegeben hätte? Eine große Idee kann von einer anderen großen Idee untergraben und allmählich von ihr gesprengt, vernichtet werden. Aber die Sinnlosigkeit ist unantastbar, unzerstörbar, unerschütterlich. Das ist eine wirkliche Grundlage, und darum ist gerade sie gewählt worden. Daß darüber soviel nachgegrübelt werden muß, um das zu begreifen! Ich weiß es von selber. Es ist mein Wesen: zu wissen (S.121).[20]

Das Wissen um die Gespaltenheit der Wirklichkeit, ihre Doppelnatur und ihre Konflikthaftigkeit, wird vom Zwergen zur Flachheit der Einsinnigkeit und damit der Sinnlosigkeit reduziert.

Was bedeutet diese Gestalt des Zwerges – dieser Tagebuchschreiber, der sich als Zeuge gegenüber einer Nachwelt sieht –, der sich selbst derart zum Wortführer der unbezweifelbaren Sinnlosigkeit und Ideallosigkeit aufzuschwingen bemüht? Eine Gestalt, die uns trotz ihrer ganzen Abscheulichkeit in Form des Kunstwerkes zu fesseln vermag? Ist es einfach die Faszination des Bösen?

In der Beantwortung dieser Frage beabsichtige ich, diese Gestalt auf 4 Ebenen zu studieren: 1) als symbolische Darstellung einer mythischen Figur, die die Kulturgeschichte als eine dämonische Gegenkraft begleitet und zur Zeit der Abfassung des Werkes zu triumphieren drohte; 2) als quasireale Persönlichkeit, die mit ihrer eigenen Lebensgeschichte psychologisch überzeugend erfaßt ist; 3) als eine innerpsychische Gestalt, die einen Teil von uns allen bildet, uns darum auch so persönlich angeht und zutiefst zu berühren vermag; und 4) als Teil der Lebensgeschichte und als Ausdruck der Lebensproblematik des Dichters selbst. Im folgenden werde

[19] „Och ändå är vi skapade till att alltid lockas av rymden och tro oss tillhöra den. Och ändå *finns* den ständigt över oss, öppnar sig för oss som något fullkomligt verkligt. Den är verklighet likaväl som vår fångenskap" (S.54).

[20] „Hela den mänskliga kulturen är bara en ansats – någonting alldeles ogenomförbart. Och därför är det hela egentligen fullkomligt meningslöst. – Ja naturligtvis är det. Hur skulle livet se ut om det inte vore meningslöst. Meningslösheten är ju själva grundvalen som det vilar på. Vilken annan grund skulle det kunna lagts på, som skulle hållit, som aldrig skulle sviktat. En stor idé kan undermineras av en annan stor idé, och efterhand sprängas, raseras av den. Men meningslösheten är oåtkomlig, oförstörbar, orubblig. Det är en verklig grundval, och därför är det den som valts. Att det ska behövas så mycket grubbel för att begripa det. – Det där vet jag av mig själv. Det är det mitt väsen att veta" (S.57).

ich auf die ersten und vierten Aspekte nur kurz eingehen und mich auf die beiden mittleren Punkte konzentrieren.

4.3.1 Die sozial- und kulturkritische Deutung

Oberflächlich betrachtet ist die Novelle eine machtvolle Zeitkritik. Das Buch wurde während der Hohezeit des Nazismus verfaßt und erscheint in manchen Passagen wie eine Verdichtung, sowohl als Persiflage wie als Ergründung, des Geistes des Ressentiments, der diese Bewegung beseelte: „... ich sehne mich so sehr danach, daß es endlich wieder Krieg gibt“ (S. 124).[21] „Ich brenne vor Verlangen nach Blut!“ (S. 134).[22] „Welch eine Befreiung ist es doch, an einem Kriege teilnehmen zu dürfen! Man wird ein anderer Mensch. Ich habe mich nie so wohl gefühlt. Ich atme so leicht... Ich bin nie zuvor in meinem Leben so glücklich gewesen“ (S. 139).[23] „Für mich ist Krieg kein Spiel, sondern blutiger *Ernst*. Ich will kämpfen, ich will *töten!* Nicht um mich auszuzeichnen, sondern wegen der Handlung, wegen der eigentlichen *Tat*. Ich will Menschen fallen sehen, will Tod und Untergang um mich sehen“ (S. 148).[24]

Ich nehme an, daß einer der Ausgangspunkte für die Imagination, die die Gestalt des Zwergen geschaffen hat, eben die Beobachtung des Aufstandes des Spießbürgers, jenes engstirnigen, ressentimentgeladenen, konventionsgläubigen und originalitätshassenden Philisters war, wie er im Nazismus zu Macht und Geltung kam. Dabei mochte dieser Kleinbürgergeist durchaus mit hervorragender Intelligenz und einer technischen Fertigkeit, ja Pfiffigkeit einhergehen. Seine in dingorientierter Planung eingesetzten Fähigkeiten, seine völlige Stumpfheit gegenüber der Innenwelt des anderen und gegenüber dem Reichtum der eigenen Gefühlswelt und die Intensität und Grausamkeit seines Ressentiments formten die charakteristische Trias, die historisch zum „absoluten Bösen“ führten.

Er ist damit eine Weiterführung des von Lagerkvist (1933) im *Henker* (*Bödeln*) unternommenen Versuches, das Zeitgeschehen ins Mythische, Überzeitliche, zu erhöhen und dadurch dieses zu ergründen. Sind es dort – eben im *Henker* – die im Nazismus zur Herrschaft gelangten abgründigen Ängste, die abergläubischen Vorstellungen und Vorurteile, welche den Henker zum ständigen Begleiter und endlichen Vernichter des Menschengeschlechtes machen, ist der Zwerg die mythische Umgestaltung des im Nationalsozialismus sich austobenden Ressentiments. Er ist die Urkraft, die sich hinter Macht, Pracht, Anmaßung und Kulturgebahren als grin-

---

21 „... jag längtar så efter att det äntligen ska bli krig igen“ (S. 60).

22 „Jag brinner av längtan efter blod!“ (S. 70).

23 „Vilken befrielse är det inte för kropp och själ att få delta i ett krig. Man blir som en annan människa. Jag har aldrig befunnit så väl. Jag andas så lätt... Jag har aldrig varit så lycklig förr i mitt liv“ (S. 77).

24 „För mig är krig inte en lek utan blodigt *allvar*. Jag vill kämpa, jag vill *döda!* Inte för att utmärka mig, utan för handlingens, själva *gärningens* skull. Jag vill se folk stupa, se död och undergång omkring mig där jag står“ (S. 85).

sende Gegenfratze birgt und mit Verrat, mit Haß und Neid die Zivilisation unterhöhlt und vernichtet. Scharfsichtig nimmt er die Blößen der „zivilisierten" Gesellschaft wahr, namentlich derer, die herrschen und die Schicksale zu leiten wähnen. Mit äußerster Verachtung behandelt er alle, die sich eine Schwäche geben, und, sobald sich ihm die Gelegenheit dazu gibt, seinen Haß ungeahndet auszuleben, stößt er dort mit absoluter Selbstgerechtigkeit und Lust seinen Degen ein. Für die hohen Werte menschlicher Gemeinschaft und Kultur – Schönheit, Liebe, Treue, Kunst, Wahrheit – ist er nicht eigentlich blind; vielmehr verfolgt er sie in Tat und Wahrheit mit unerbittlichem Haß und ätzender Verachtung. Zwar gesteht er in einem treffenden Gleichnis, daß er die Sterne nicht zu sehen vermöge:

> Es ist eigentlich seltsam, daß ich die Feuer sehen kann, die so weit weg sind, aber nicht die Sterne, die habe ich nie sehen können. Meine Augen sind nicht wie die anderer, und doch ist kein Fehler an ihnen, denn auf Erden unterscheide ich alles sehr deutlich (S. 223).[25]

Doch findet er seine Lust im Gegenteil darin, die Werte und Ideale der andern zu vernichten, und zwar aus seinem tiefen Ressentiment heraus. „Ihn verzehrt glühender Haß gegen alles Unschuldige, Reine, Schöne," schreibt Oberholzer (1958); „darum schleicht er sich einmal des Nachts an ihre [Angelicas] Seite und schlägt der Lieblingskatze den Kopf ab..." (S. 174). „Die Liebe der Menschen zueinander ist etwas, das ich nicht verstehe", heißt es z. B. im Text. „Sie erweckt nur Abscheu in mir" (S. 158).[26]

Diese Einstellung auf ein „Umstürzen der Werte" hin aus dem Ressentiment heraus kommt am prägnantesten in der Umkehrung der Eucharistszene zur Geltung:

> Ich esse seinen Leib, der mißgestaltet war wie eurer. Er ist bitter wie Galle, denn er ist voller Haß. Möget ihr alle davon essen! Ich trinke sein Blut, und es brennt wie ein Feuer, das keiner löschen kann. Es ist, als tränke ich mein eigenes. – Du Erlöser aller Zwerge, möge dein Feuer die ganze Welt verzehren! (S. 94).[27]

Ein Gewissen ohne Ideale ist eine ressentimentgeladene Konventionsgläubigkeit, eine kümmerliche Pedanterie, die bloß auf Reinlichkeit und Kontrolle bedacht ist (Ferenczis Sphinktermoralität):

> Die Unreinlichkeit und der Gestank all dieser auf Markt und Gassen logierenden Menschen sind entsetzlich. Für mich, der sehr reinlich und genau mit seinem Körper ist und besonders empfindlich für die Art, in der meine Umgebung sich in dieser Beziehung benimmt, ist diese Unsauberkeit vollkommen unerträglich. Besonders habe ich nach der

---

[25] „Det är egentligen underligt att jag kan se elderna, som är så långt borta, men stjärnorna kan jag inte se, det har jag aldrig kunnat. Mina ögon är inte som andras men det är inget fel på dem, för allting på jorden urskiljer jag mycket tydligt" (S. 158).

[26] „Människornas kärlek till varandra är någonting som jag inte förstår. Den inger mig bara avsky" (S. 96).

[27] „Jag äter hans lekamen, som var vanskapt som er. Den känns bitter som galla, för den är full av hat. Må ni äta av den alla! Jag dricker hans blod, och det bränner som en eld som ingen kan släcka. Det är som jag drucke mitt eget. – Alla dvärgars frälsare, må din eld förtära hela världen!" (S. 28).

Auffassung vieler eine fast übertriebene Abscheu vor der menschlichen Entleerung und dem Geruch, den sie verbreitet... Es ist eine ungebührliche Schweinerei (S. 227).[28]

Der Zwerg ist freilich nicht ganz ohne Ideale: die Zurschaustellung der Macht, die Überhöhung des Selbst in der Uniform, die bewundert er mächtig. Zudem zeigt er eine beinahe verbissene Loyalität, eine aller scharfsichtigen Kritik zuwiderlaufende Befehlstreue und Untergebenheit. Alle 3 Aspekte: die kategorische, sich auf alles Menschliche beziehende Forderung der Reinlichkeit, die Anbetung der Macht als eines Wertes an sich und die idealisierende Loyalität lassen sich wiederum auch (doch nicht nur) aus dem Zeitgeschehen verstehen: Uniformgläubigkeit, Rassenwahn und „blinder“ Befehlsgehorsam der Nazis finden sich darin wieder.

Wenn man daran denkt, welch gewaltige Rolle das Ressentiment gerade in den politischen Bewegungen der letzten 200 Jahre gespielt hat, erkennt man, welche symbolische Verdichtung und Amplifizierung der Geschichte eben in dieser Figur des Zwerges steckt. Die politischen Massenbewegungen leben aus diesem Ressentiment. „Glaube mir, unsere moralische und politische Welt ist mit unterirdischen Gängen, Kellern und Kloaken minieret, wie eine große Stadt zu sein pflegt“, schrieb Goethe 1781 an Lavater (zit. im Nachwort zu Bd. 11). Diese Unterwühlung stammt teils aus der Korruption, zum anderen und unheimlicheren Teil aus der durch jene angefachten Leidenschaft des Ressentiments, das zur explosiven Entladung drängt.

Hinter dieser mythischen, sich gegen die Kultur empörenden Macht des Ressentiments steht freilich weit mehr, etwas anderes, Tieferes. Um dieses jedoch besser zu verstehen, müssen wir uns der klinischen Betrachtungsweise zuwenden.

4.3.2 Der Zwerg als quasi-reale Figur

Was ergibt die psychologische Erfassung der Gestalt des Zwergen als einer quasirealen, quasi-klinischen Persönlichkeit?

Dem Psychoanalytiker bieten sich als Anhaltspunkte für dessen Charakterschilderung und damit als Ausgang für das Studium seiner Problematik an: die Verleugnung des inneren Konfliktes, das zu einer Orgie der Rache führende Ressentiment, die Unfähigkeit zu lieben, der Selbsthaß und die anscheinende Gewissenlosigkeit.

In psychiatrisch-psychoanalytischen Ausdrücken, die zwar keine erklärende, sondern lediglich zusammenfassend-beschreibende Kraft beanspruchen dürfen, aber es dadurch leichter machen, die Phänomene in den klinischen Zusammenhang einzuordnen, würden wir wohl am ehesten von einem *paranoid-narzißtischen Charakter* sprechen, der ein Übergewicht der Aggression zeigt, und zwar in deren sexualisierter, spezifisch anal-sadistischer Form, ein Charakter, der sich der Abwehr

[28] „Orenligheten och stanken av alla dessa på torg och gator logerande mänskor är förskräcklig. För mig som är mycket renlig och noga med min kropp och synnerligen känslig för hur min omgivning beter sig i detta avseende, är det fullkomligt olidligt med all denna osnygghet. Särskilt har jag enligt mångas uppfattning en nästan överdriven avsky för människors avföring och den lukt som sprids från den.... Det är ett otillständigt svineri“ (S. 162).

gegen das Über-Ich, namentlich gegen die meisten Ideale, bedient, einer, der ganz massiv die meisten libidinösen Triebregungen verdrängt und der sowohl allgemein den inneren Konflikt wie auch alle Wahrnehmungen von Aspekten der Außenwelt, die mit Idealen zu tun haben, verleugnet. Manche würden statt dessen eher von einem schweren Über-Ich-Defekt sprechen.

Die Menschen sind immer unzusammenhängend, räsonniert der Zwerg: „Ohne es zu wissen, leben sie gleichzeitig viele Arten von Leben" (S. 97).[29] Doch er sei einfach und ohne inneren Zwiespalt:

> Ich bin immer nur ich selbst, immer der gleiche, ich lebe nur *ein* Leben. Ich habe kein anderes Wesen in mir. Und ich kenne alles in mir, nichts taucht jemals aus meinem Inneren auf und nichts ist dort im Dunkel verborgen. Daher empfinde ich auch niemals einen Schreck vor so etwas, das die Menschen erschreckt, vor etwas Unzusammenhängendem, Unbekanntem und Geheimnisvollem. Für mich gibt es so etwas nicht. Bei mir gibt es nichts ‚anderes'... Ich empfinde weder Furcht noch Reue, nichts was mich auf besondere Weise erregt. (S. 97 f.).[30]

Wir kennen das klinisch sehr wohl: die Verleugnung der inneren Komplexität, des inneren Dialogs, der Gegenwart innerer Konflikte überhaupt und v. a. aller Gefühle der „Schwäche", als was eben Furcht, Reue und Schuld aufgefaßt werden. Diese Grundeinstellung treffen wir bei solchen Menschen an, die sich krampfhaft gegen alle Scham wehren müssen: sie dürfen sich niemals und in nichts eine Blöße geben, und Gefühle bedeuten immer eine Blöße, besonders Gefühle, die mit Ungenügen, Versagen und Zwiespalt zu tun haben. Vor ihrem eigenen Gewissen vermögen sie nur dann zu bestehen, wenn sie fortwährend derart unverwundbar und emotionell unberührbar bleiben. Zutiefst sind es wohl v. a. Schmerz, Beschämung und Trauer, wie auch das Bekenntnis der Liebe und überhaupt das Berührt- und Gerührtsein, was jemanden als schwach erscheinen läßt.

Doch ist das Zugeständnis inneren Konflikts mehr als nur das einer peinlichen Schwäche. Es handelt sich dabei um etwas Tieferes und Breiteres, nämlich um eine umfassende Angst vor der eigenen Innenwelt, der Tiefe aller Gefühle und Bedürfnisse, der Echtheit des Leidens und der Angst. Es ist das, was der Zwerg bei den Menschen verhöhnt:

> Sie haben Angst, denn sie wissen nicht, daß sie ein anderes Geschöpf in sich haben. Sie erschrecken überhaupt, wenn etwas an der Oberfläche auftaucht, aus ihrem Innern kommt, aus einem der Schlammlöcher ihrer Seele, etwas, das sie nicht kennen und das nichts mit ihrem wirklichen Leben zu tun hat... es steckt immer irgendetwas anderes in

---

[29] „Men det finns alltid inom dem någonting annat, som de inte låtsas om, de lever utan att veta det samtidigt många slags liv. De är så underligt undandolda och osammanhängande" (S. 32).

[30] „Jag är alltid bara mig själv, alltid densamma, jag lever bara *ett* liv. Jag har ingen annan varelse inom mig. Och jag känner igen allt inom mig, ingenting dyker någonsin upp ur mitt inre och ingenting där är höljt i dunkel. Därför känner jag heller aldrig skräck för sådant som förskräkker dem, för någonting osammanhängande, okänt och hemlighetsfullt. Det finns inte något sådant till för mig. Hos mig finns ingenting ‚annat'... Jag känner ingen ångest eller ånger, ingenting som upprör mig på något särskilt sätt" (S. 32).

ihnen, um das sie sich nicht bekümmern... Und sie sind mißgestaltet, ohne daß man es ihnen überhaupt ansieht (S. 96 f.).[31]

Doch worum handelt es sich bei einer solch allgemeinen Angst vor dem Seelischen und der Verleugnung von jeder Art von innerem Konflikt?

Dieses Erscheinungsbild einer *„Psychophobie"* kann auf mancherlei Weise zustande kommen. Eine solche Vermeidung der Innenwelt läßt sich z. B. als etwas Typisches bei Alkoholikern und vielen andern Toxikomanen beobachten und hat v. a. der Abwehr durch Verdrängung gegen die sonst überwältigenden Scham- und Schuldgefühle zu dienen. Hingegen ist eine derartig intensive, globale und gehässige Verleugnung aller inneren Vielfalt und Vielstimmigkeit, wie wir sie beim Zwergen antreffen, viel charakteristischer für den paranoiden Charakter. Sie betrifft nicht nur inneren Konflikt und inneren Dialog, sondern auch alle Phantasie und die Bedeutsamkeit der Träume. Ich glaube, daß eine solche radikale Verneinung und Verleugnung nicht nur der Abwehr gegen Ideale und der Vermeidung der Schamangst zuzuschreiben ist, sondern darüber hinaus Ausdruck einer ganz massiven Abspaltung innerer Gefahren ist. Es handelt sich dabei um die überwältigende Natur gewisser Triebwünsche und die Absolutheit gewisser Affekte – primär: Schmerz, Angst und Scham, sekundär: Haß, Rache und Wut –, die durch ebenso umfassende Abwehr ausgeschaltet werden müssen. Hinter dieser Maske der Vermeidung des Psychischen: „Ich habe keine inneren Konflikte, und Phantasien und Träume gehen mich überhaupt nichts an", verbergen sich also globale Affekte und archaische Triebregungen, die mit Methoden abgewehrt werden müssen, die ebenso archaisch und global sein müssen wie das Abgewehrte (der von Waelder [1951, in 1976, S. 221] beschriebene Isomorphismus von Abwehr und Abgewehrtem gilt auch in dieser Hinsicht).

Denkt man an das Vorherrschen eben solch globaler Abwehr durch Verleugnung in unserer klinischen Erfahrung, so zeigt es sich, daß man nur dann angenommen werden konnte, wenn man sich völlig mit einer in der Familie herrschenden Grundeinstellung identifizierte, was immer diese Grundeinstellung gewesen sein mochte. Man durfte nicht man selbst sein, und zwar war dies so von sehr früher Zeit an und blieb seitdem durchgehend, bis zur beobachtbaren Gegenwart hin, nachweisbar. Die eigenen Antriebe, Bedürfnisse und Gefühle wurden systematisch ausgeklammert; sie mußten übersehen und unwirklich gemacht werden – ob diese nun Selbstbehauptung oder Zorn, ob sie sexuell-zärtliches Verlangen oder Hunger, oder ob sie die Einbildungskraft, das Schöpferische, also das in seinem Wesen Unabhängigste, betrafen. Die Verleugnung großer Anteile der eigenen Individualität war die Voraussetzung dafür, von der Umgebung angenommen zu werden, nicht als Fremdling im eigenen Haus und in der Welt überhaupt verworfen zu werden.

---

[31] „De blir rädda, för de vet inte om att de har en annan varelse inne i sig. De skräms överhuvud när någonting dyker up till ytan, upp ur deras inre, ur någon av dypölarna i deras själ, något som de inte känner igen och som inte har med deras verkliga liv att göra... det finns alltid inom dem någonting annat, som de inte låtsas om... Och de är vanskapta utan att det alls syns något på dem" (S. 31 f.).

Damit heißt es: Man selbst zu sein, das geht nicht an: dann wird man gerade nicht erblickt, nicht erkannt. Sich selbst muß man verbergen. Doch was ist das anderes als eine Form des Schamgefühls – die *Scham darüber, man selbst zu sein?* Das ist nun eben gerade das Paradoxe: Während es für die meisten Menschen gilt, daß man sich selbst entwickeln und behaupten, demnach erfolgreich sein solle, um auf sich stolz sein zu können und sich nicht schämen zu müssen, ist hier die Prämisse umgekehrt:

> Wenn du dich selbst zu zeigen wagst, wirst du ausgestoßen, wirst du nicht mehr Teil von uns sein, sondern als ein Fremdling unter uns hausen, mit dem wir nichts zu tun haben wollen. Wenn du zu uns gehören willst, mußt du dich unterordnen und dein Eigentlichstes als etwas Unwürdiges verbergen oder noch besser ganz aufgeben. Nur die völlige Anpassung und Unterwerfung ist annehmbar; das Man-selbst-Sein ist eine Art des Sichaussetzens, eine Unwürdigkeit, und bringt Beschämung mit sich. Ganz besonders *sollst du nicht deine Gefühle zeigen;* denn diese sind doch als das Allerpersönlichste auch das Verdächtigste und Geheimste. Sie sind der gefährliche Kern des Manselbst-Seins. Alle echten starken Gefühle müssen versteckt und verhüllt werden, am besten durch eine kühle Fassade der Abweisung oder durch ein freundliches Lächeln der Zustimmung und Unterwürfigkeit und ganz bestimmt durch die von uns verlangten Sentimente.

„Es ist mehr als das Recht, sein eigenes Leben zu haben, um das es dabei geht", sagte der Patient Elasar, „was mir noch mehr bedeutet, ist, daß man das Recht besitzt, die eigenen Gefühle zu fühlen und den Gefühlen zu trauen, diese Gefühle zu erleben und sich selbst in diesen Gefühlen anzunehmen. Das ist der Kern der Neurose: daß diese Gefühle falsch, schlecht und destruktiv seien".[32]

Damit liegt also dieser Verleugnung der Innenwelt die Scham über die eigene Individualität, mithin die Selbstverachtung zugrunde. Wenn Barabbas (in Lagerkvists Werk gleichen Namens) sagt, er wollte immer nur er selbst sein („Han ville alltid vara sig själv och inget annat"; S. 41), so gilt dies ebensosehr für den Zwerg. Wer sich zutiefst in seinem Selbst verkannt und unangenommen wußte, wer gezwungen wurde, sich selbst mit seinen Bedürfnissen zu verleugnen, der versucht auf manche perversen, doch nie erfüllbaren Weisen, sich selbst zu behaupten, er selbst zu sein, sich selbst nicht zu verlieren. Und für ihn ist alle Liebe überaus gefährlich, da sie doch immer eine Art Selbstverlust, ein Selbstopfer mit sich zu bringen scheint.

Vom Klinischen her wissen wir sehr wohl, daß es eben gerade *die Absolutheit der Selbstverurteilung in Form von Scham und Schuld* ist, die zu diesem Gefühl der Selbstvernichtung, des absoluten Unwertes führt, und daß die Abwehr gegen diese sich in allen jenen Phänomenen zeigt, die man heute gerne beschreibend als „nar-

---

[32] Vgl. dazu Nietzsches Aphorismus: „Mancher versteht sich darauf, das eigne Gedächtnis zu trüben und zu mißhandeln, um wenigstens an diesem einzigen Mitwisser seine Rache zu haben: – die Scham ist erfinderisch. Es sind nicht die schlimmsten Dinge, deren man sich am schlimmsten schämt: es ist nicht nur Arglist hinter einer Maske, – es gibt soviel Güte in der List. Ich könnte mir denken, daß ein Mensch, der etwas Kostbares und Verletzliches zu bergen hätte, grob und rund wie ein grünes, altes, schwerbeschlagenes Weinfaß durchs Leben rollte: die Feinheit seiner Scham will es so" (Nietzsche, *Jenseits von Gut und Böse*, 40, S. 51).

zißtische“ zusammenfaßt: die Machtsucht, die Mißachtung der Gefühle und Bedürfnisse der anderen, die Angst vor der Liebe, der Wunsch, sich nicht berühren zu lassen, die zwingende Notwendigkeit also, gegen die Gefühle und die Körperlichkeit der anderen gefeit und gepanzert zu sein.

Die Tiefe der Scham äußert sich aber auch in der Furcht, sich körperlich an den anderen zu verlieren, nicht Herr über den eigenen Körper zu sein, gezwungen zu werden, sich den Blicken eines anderen auszusetzen. Bernardo, der ihn auskleiden will, um ihn zu zeichnen, schreit er mit Verzweiflung an: „Ich will mein Gesicht selbst besitzen... Ihr besitzt Euch nicht selbst! Aber ich besitze mich selbst!... Ich dulde keine Kränkung meines Körpers!“ (S. 109 f.).[33]

Doch ist es nicht nur erlittene Erniedrigung und Nichtanerkennung des eigenen Selbst-sein-Dürfens, nicht nur dessen Umkehrung in Form der Gefühllosigkeit und Entpersönlichung der Mitwelt, es ist v. a. auch die Selbstverachtung und der Selbsthaß:

> Es ist mein Schicksal, daß ich auch mein eigenes Volk hasse. Mein eigener Stamm ist mir verhaßt. Aber ich hasse auch mich selbst. Ich esse mein eigenes vergälltes Fleisch. Ich trinke mein eigenes vergiftetes Blut. Ich nehme jeden Tag mein einsames Abendmahl als meines Volkes düsterer Hohepriester (S. 95).[34]

Und nach der Erstechung des anderen Zwerges im Feindesland schreibt er:

> Ich empfand dasselbe wie damals, als ich Josaphat erwürgte: eine unbezwingliche Lust, mein eigenes Geschlecht zu vernichten. Warum? Ich weiß es nicht. Ich begreife es durchaus nicht. Ist es mein Schicksal, auch meinen eigenen Stamm ausrotten zu wollen? ... Es ist ein verächtliches und schmachvolles Geschlecht (S. 171).[35]

Die ganze massive Selbstverachtung und der Selbsthaß des Zwergen werden immer wieder nach außen gewendet und gegen die Umwelt gerichtet. Diese wird zur Trägerin dessen, was er in sich fürchtet und was er daher bei sich selbst verleugnet und verdrängt hat; er will die Bestrafung und Ausrottung dessen, was ihn in Versuchung führen könnte: „Niemand hat das Recht, etwas zu haben, was mir verwehrt ist, oder was ich mir verwehre.“

Damit sind wir zu einem Hauptmerkmal seines Ressentiments (und vielleicht dieses Affektes überhaupt) gelangt, nämlich der *wilden Verachtung und bewußten Gegnerschaft und Bitterkeit („gallsprängd“!) gegenüber den Idealen.* Wir haben festgestellt, wie sich bei ihm das Ressentiment v. a. in der *radikalen Verleugnung der Ideale* äußert, einer unbewußt motivierten Fühllosigkeit ihnen gegenüber, oder

---

[33] „Jag vill själv äga mitt ansikte.... Ni äger inte er själva! Men jag jag äger mig själv!... Jag tål ingen förnärmelse mot min kropp!“ (S. 45 f.).

[34] „Det är mitt öde att också hata mitt eget folk. Min egen stam är mig förhatlig. Men jag hatar också mig själv. Jag äter mitt eget gallsprängda kött. Jag dricker mitt eget förgiftade blod. Jag begår var dag min ensliga nattvard som mitt folks dystre översteprästׅ“ (S. 30).

[35] „Jag kände detsamma som när jag strypte Josafat, en obetvinglig lust att förinta mitt eget släkte. Varför? Jag vet inte. Jag förstår det inte alls. Är det mitt öde att också vilja utrota min egen stam? .... Det är ett föraktligt och vanärat släkte“ (S. 108).

eher, einem Nicht-verstehen- und -fühlen-*Können*, zusammen mit einer gehässigen bewußten Entwertung.

Angelica spricht in ihrem Abschiedsbrief vor ihrem Selbstmord von „einer unendlichen Sehnsucht": „Ich habe es [das Medallion] geöffnet, und das Bild darin hat mich mit unendlicher Sehnsucht nach einer anderen Welt erfüllt" (S. 253).[36] Er selbst findet das völlig begreiflich. „Ihr Geliebter ist tot, und jetzt ist sie selbst auch tot... Ich verstehe nicht, was an dem Brief Besonderes ist." Die Aufregung und Trauer der Hofleute darüber sei ihm völlig unbegreiflich (S. 252).[37] Mit höhnischer Überlegenheit fügt er später bei: „Liebe und Tod sind die Lieblingsthemen dieser Menschen, und sie finden es wundervoll, darüber zu weinen, besonders, wenn Tod und Liebe sich vereinen" (S. 257).[38]

Phantasie und Lüge werden als ein und dasselbe angesehen: „... alle spielen, alle tun so als ob. Nur ich verachte es, so zu tun als ob. Nur ich *bin*" (S. 88).[39] Und noch am Ende, wenn er im Verlies angeschmiedet sitzt und von der Verklärung der Fürstin hört, schreibt er: „Und wenn gläubige Menschen zu wählen haben zwischen dem, was wahr ist oder nicht, dann wählen sie immer das, was nicht wahr ist. Die Lüge ist viel stimmungsvoller und sonderbarer als die Wahrheit, und darum ziehen sie die Unwahrheit vor" (S. 273).[40] In der Deutung Oberholzers: „Das Bild bedeutet ihm nicht höhere Wirklichkeit, Ausdruck einer neuen Welt mit ihren eigenen Gesetzen, sondern einen bloßen ‚Gegenstand'. Kunst wird zur Lüge, und die Menschen lieben die Kunst, weil sie die Lüge lieben." (S. 176 f.). Ebenso heißt es: „Musik ist für mich das Schlimmste, was ich mir denken kann" (S. 187) („...musik är det värsta jag vet"; S. 124).

Dieses Ressentiment, dieser verzehrende Haß gegen das Menschliche und gegen die Ideale der Menschlichkeit gipfelt in einer Orgie der Rache und „Bestrafung", der Metzelei im Festsaal.

Nach dem von ihm durchgeführten Meuchelmord an den Gästen schwelgt er angesichts der Folgen seiner fürchterlichen Tat:

> Völlig wild vor Erregung stand ich da und betrachtete die unerhörten Folgen meines Werks, wie ich dieses widerwärtige Geschlecht niedermähte, das nichts anderes verdient als ausgerottet zu werden, wie mein mächtiges Schwert über sie dahin ging, schonungslos und vernichtend, *Strafe und Rache für alles fordernd* [Hervorhebung von mir], wie ich

[36] „Jag har öppnat den och bilden därinne har fyllt mig med en oändlig längtan bort från denna världen" (S. 188).

[37] „Hennes älskade är död, och nu är hon också själv död... För mig är deras beteende fullständigt obegripligt. Jag fattar inte vad det är för märkvärdigt med brevet" (S. 187).

[38] „Kärleken och döden är dessa människors älsklingsämnen, som de tycker det är ljuvligt att gråta över, och alldeles särskilt om död och kärlek förenas till ett" (S. 192).

[39] „Vad är lek? ett meningslöst sysslande med – ingenting alls. Ett underligt ‚låtsande' sätt att umgås med saker och ting. Man tar dem inte för vad de är, inte egentligen på allvar, man bara ‚låtsas'... alla leker, alla låtsas någonting. Bara jag föraktar att låtsas. Bara jag *är*" (S. 22).

[40] „Och när troende människor har att välja mellan det som inte är sant och det som är sant, så väljer de alltid det som inte är det. Lögnen är mycket stämningsfullare och sällsammare än sanningen och därför föredrar de den" (S. 208).

sie ins Höllenfeuer schickte, auf daß sie in Ewigkeit verbrennen... Wozu sollen diese verlogenen Falschspieler und Heuchler leben, diese lasterhaften, schamlosen Geschöpfe, deren Tugenden noch verbrecherischer sind als ihre Sünden? Mögen sie im Höllenfeuer verbrennen... Mit einer Lust, wie ich sie nie zuvor gespürt und die so gewaltig war, daß ich beinahe die Besinnung verlor, fühlte ich meine Macht hier auf Erden. Wie die Welt durch mich von Entsetzen und Untergang erfüllt wird und von einem strahlenden Fest in einen Raum von Vernichtung und Schrecken verwandelt wird ... mein Trunk läßt vergessen, daß das Leben etwas Wunderbares und Schönes ist, und ein Nebel breitet sich schwer über alles, die Augen brechen und es wird dunkel. Ich drehe ihre Fackeln nach unten und lösche sie aus, daß es dunkel wird. Ich sammle sie mit gebrochenen Augen zu meiner düsteren Abendmahlsfeier, wo sie von meinem vergiften Blut getrunken haben, von dem mein Herz jeden Tag trinkt, und das für sie Tod bedeutet (S. 209 f.).[41]

Doch was ist der psychologische Hintergrund für diese „straff och hämnd" (Bestrafung und Rache), für diesen Haß gegen ihr „Schwelgen, Lachen und Lieben" (Vad ska de frossa, skratta och älska för...)?

Eine der gesicherten Einsichten der Psychoanalyse besteht darin, daß, wo die Abneigung und der Haß so intensiv sind und die ganze Charakterstruktur so durchgehend bestimmen, es sich um die Abwehr einer *großen inneren Gefahr* handelt, die durch das Objekt der Abneigung verkörperlicht wird.

Epistemologisch gesehen ist die Anwendung auf eine literarische Figur ein gewagter Schluß, da wir im Gegensatz zur klinischen Situation weder genug direkte Evidenz für die Schlußfolgerungen besitzen noch uns auf die weisen „checks and balances" berufen können, die sich in so ausgezeichneter Weise bei einer gut durchgeführten Psychoanalyse, mit der bewußten Vermeidung der Autoritätsausübung, vorfinden lassen. In der klinischen Situation können wir uns ständig auf das korrigierende „Feedback" seitens des Patienten stützen, das sich dem immer wieder eindringenden Gefallenwollen und der Autoritätsgläubigkeit entgegenstellt und dem vielfältigen, sich auf solches Erleben der äußeren Autorität beziehenden Agieren von Wünschen, Befürchtungen und Abwehrvorgängen *innerhalb der Übertragung* entgegenwirkt (vgl. Kap. 10, die Diskussion der Kritik Grünbaums).

Jedenfalls gestatte ich mir, hier den Sprung von der klinischen Erfahrung mit ähnlichen Persönlichkeiten oder Persönlichkeitszügen zur Deutung der von einem bedeutenden Dichter unternommenen Charakterstudie zu machen. Sowohl klini-

---

[41] „Fullständigt vild av upphetsning stod jag där och betraktade de oerhörda följderna av mitt verk, hur jag mejade ner detta vedervärdiga släkte som inte förtjänar något annat än att utrotas. Hur mitt mäktiga svärd gick fram över dem, skoningslöst och förgörande, *utkrävande straff och hämnd för allting*. Hur jag sände dem att brinna i evighet i helvetets eld!... Vad ska dessa förljugna falskspelare och skrymtare finnas för, dessa lastbara, skamlösa varelser vars dygder är ändå brottsligare än deras synder! Må de brinna i helvetets eld!... Med en lust som jag aldrig förr erfarit och som var så våldsam att jag nästan miste sansen kände jag min makt här på jorden. Hur världen fylls av fasa och undergång igenom mig och förvandlas från en strålande fest till ett rum för förgörelse och skräck.... min dryck skänker glömska av att livet är något underbart och skönt och en dimma breder sig tungt över allt och ögonen brister och det blir mörkt. Jag vänder deras facklor nedåt och släcker dem så att det blir mörkt. Jag samlar dem med brustna ögon vid min dystra nattvardsfest där de druckit av mitt förgiftade blod, det som mitt hjärta dricker av var dag, men som för dem betyder döden" (S. 145 f.).

sche Untersuchung wie auch angewandte Psychoanalyse beschäftigen sich in diesem Zusammenhang mit einer der dringendsten Aufgaben: wie wir einem Verständnis des absolut-Bösen näher kommen können, einem Phänomen, das gerade in unserem Jahrhundert sich in besonders grauenhafter Gestalt gezeigt hat – im Holocaust und den andern Genoziden – und zu deren Ergründung man oft auf metaphysische (religiöse) Kategorien zurückgreift. Ich glaube, daß es, wie schon erwähnt, auch ein Zweck dieses Werkes und vielleicht des späten Schaffens Pär Lagerkvists überhaupt war, auf künstlerische Weise mit jenem Äußersten fertig zu werden, das dem Alltagsverständnis und der emotionellen Annahmefähigkeit für immer widerspricht.

Wir können im „Falle" des Zwergen annehmen – d.h. bei jemandem, der seine Persönlichkeitszüge aufweist –, daß nicht nur die Ideale gefährlich sind, sondern daß auch die ihnen zugrundeliegende Liebe, das Zusammengehörigkeitsgefühl, das Hinausgehen über die eigene Individualität zu schweren Bedrohungen, vor denen er sich auf ständiger Flucht befindet, werden. Wie er das schüchterne Liebesspiel zwischen den beiden Adoleszenten Angelica und Giovanni wahrnimmt, bemerkt er mit steigendem Grauen und Ekel:

> Ich verstand allmählich, daß es etwas Besonderes zwischen den beiden auf sich hatte – daß sie sich liebten. Und diese Entdeckung hatte eine seltsame Wirkung auf mich. Ich begreife kaum selbst, warum ich darüber so entrüstet war, warum es mich so äußerst unangenehm berührte. – Die Liebe ist immer etwas Widerwärtiges. Aber die Liebe zwischen diesen beiden, die wie nur zwei unschuldige Kinder waren, wirkte in einer Weise ekelhaft auf mich, wie ich es nie vorher erfahren habe. Ich wurde ganz heiß vor Zorn und Entrüstung, Zeuge dessen sein zu müssen (S. 194).[42]

Es ist gewiß kein Zufall, daß diese Beobachtung der Orgie der Ahndung und vernichtenden Strafe vorausging – „utkrävande straff och hämnd för allting"! Und der Zwerg ist es ja dann auch, der sie zusammen im Bett liegend findet und die gräßliche Bestrafung dieses „schrecklichen Verbrechens" – „det förfärliga brott" – herbeiführt: die Enthauptung Giovannis.

Es ist klar, daß für den Zwergen *die Liebe die große Sünde*, das Verbrechen par excellence darstellt.

> Und es gibt in der Gegenwart und in der Vergangenheit viel Schönes und Erhabenes, das nie erhaben und schön wäre, wenn es nicht besungen würde. Sie besingen vor allem die Liebe, und das ist auch richtig, denn nichts muß so sehr wie die Liebe zu etwas anderem gemacht werden als sie ist (S. 81).[43]

---

[42] „Jag förstod efterhand att det var något alldeles särskilt mellan dem – att de älskade varandra. Och upptäckten härav hade en underlig verkan på mig. Jag förstår knappt själv varför jag blev så upprörd över det. Varför det berörde mig så ytterst obehagligt. Kärleken är alltid någonting vedervärtigt. Men kärleken mellan dessa två, som bara var som ett par oskyldiga barn, verkade på mig motbjudande på ett sätt som jag aldrig förr erfarit. Jag blev alldeles het av vrede och indignation över att vara vittne till den" (S. 131).

[43] „Och det finns både i samtiden och i det förflutna mycket skönt och upphöjt som aldrig skulle ha varit upphöjt och skönt om det inte besjungits. De besjunger framförallt kärleken, och det är också riktigt, för ingenting behöver så som kärleken göras till någonting annat än vad det är" (S. 14).

Warum wäre aber die Liebe so gefährlich? Wir haben den Grund dafür schon vermutet: Es ist der Verrat der Liebe und damit der Verrat des echten Stolzes – daß man nämlich auf sich selbst stolz sein *darf* –, der zur hartnäckigen Behauptung eines machtlüsternen Stolzes, zum Hochmut und zur Verachtung der anderen führt und alle Selbstentblößung als neuen Selbstverlust fürchten muß. Und Liebe bedeutet Selbstentblößung, sie ist Selbsthingabe, sie verlangt das Aufgeben der Machtansprüche. Ist jedoch eine vertrauensvolle Erwartung tief verraten worden, muß eine solche Selbsthingabe zutiefst gefürchtet – und gehaßt werden. Die Versuchung wäre sonst zu groß, die Enttäuschung, die Scham, der Schmerz zu tief, die Angst vor der Wiederholung zu stark. Die Perversion von Gewissen und Idealen baut sich letztlich darauf auf, daß das wahre Selbst nicht gesehen, nicht anerkannt, nicht geliebt worden ist. Sowohl Gewissen wie auch Ideale leiten sich letztlich vom Lieben und Geliebtwerden, vom Achten und Geachtetwerden ab. Wo diese durch Verachtung und Wut ersetzt worden sind, da müssen die meisten Ideale, nämlich alle außer denen, die mit Macht und Unverletzlichkeit zu tun habe, verspottet werden, und das Gewissen wird dann zum erbarmungslosen und mächtigen Schwert der Verurteilung – „hur mitt mäktiga svärd gick fram över dem, skoningslöst och förgörande“ (S. 145).

Hinter dem Ressentiment finden sich also die Scham und ihr archaisches Gegenstück, der krampfhafte Versuch, sich selbst trotz allem zu besitzen, eine zutiefst verkrüppelte Version der Selbstloyalität in Form einer radikalen und doch sich immer wieder verfehlenden Autonomie.

Damit wird dies wohl zu seinem höchsten Wert, diese Macht über sich selbst, besonders auch die über seinen Körper. Es ist ein Wert, der völlig in den Dienst der Abwehr gegen die Scham gestellt wird. Sein Denken soll nicht enthüllt, seine eigene Selbstverständlichkeit darf nicht in Zweifel gezogen, der Körper soll weder gesehen noch berührt werden. Die Enthüllung der anderen ist ihm so ekelhaft, daß er sich erbrechen muß. Seine eigene Enthüllung durch den Maler und Forscher bedeutet daher für ihn die äußerste Schmach:

> Welche Schande! Welche Schmach! Nie habe ich solchen Schimpf erlebt wie den, der mir an diesem entsetzlichen Tag widerfahren ist... Seine Augen widmeten sich mir, als ob ich sein Eigentum wäre. Auf diese Weise dazustehen, den Blicken eines andern Menschen ausgesetzt, war eine so tiefe Erniedrigung, daß ich mich jetzt noch schäme, sie überhaupt ertragen zu haben... Sein Blick war verändert, scharf wie eine Messerspitze; es war, als ob ich von ihm durchbohrt würde (S. 108, 111).[44]

Diese Abwehrhaltung, dieser „Wert“ der Unberührbarkeit und Undurchdringlichkeit, beinhaltet: nicht dem anderen verbunden zu sein, eine stolz-trotzige Unabhängigkeit. Dies *„narzißtische“ Ideal der „impenetrability“* stellt im Grunde eine Per-

---

44 „Vilken skam! Vilken vanära! Aldrig någonsin har jag upplevt en sådan smälek som den som vederfarits mig på denna förfärliga dag... Jag var alldeles utlämnad åt hans skamlösa blick som utforskade mig, som tillägnade sig mig som om jag varit hans egendom. Att stå på detta sätt utsatt för en annan människas blickar var en förnedring så djup att jag annu känner skam över att jag överhuvud uthärdade den... Hans blick var förändrad, skarp som en knivspets, det var som om jag genomborrats av den“ (S. 45, 48).

version dessen vor, was zur Grundlage und zum Wesen des Menschseins gehört: seine eigene Individualität entwickeln zu dürfen.

Doch auch hier spricht die Intensität von Angst, Ekel und Scham für einen aufs intensivste abgewehrten (verdrängten) Wunsch: das Begehren, teilnehmen zu dürfen an der Gemeinschaft der anderen, Teil der Mitwelt werden zu können – für einen Wunsch, der zur äußersten Gefahr geworden ist infolge der frühesten und immer wieder ausgedrückten Verwehrung. Damit erreichen wir den tiefsten Grund seiner radikalen Angst, sich bei der Berührung mit dem anderen und der Entblößung vor dem anderen zu verlieren, diese den Kern des Selbst betreffende *Schamangst*. Wir haben einige Andeutungen dazu im Mythos seiner Herkunft:

> Wir Zwerge haben keine Heimat, weder Vater noch Mutter, wir lassen uns von Fremden gebären, irgendwo im geheimen bei den Ärmsten der Armen, damit unser Geschlecht nicht aussterbe. Und wenn diese fremden Eltern entdecken, daß sie ein Geschöpf unseres Stammes bekommen haben, dann verkaufen sie uns an mächtige Fürsten, damit wir sie mit unserer Mißgestalt ergötzen und ihre Narren sein sollen. *So wurde ich selbst von meiner Mutter verkauft, die sich mit Ekel von mir abwandte, als sie sah, was für ein Geschöpf sie geboren hatte. Sie verstand nicht, daß ich von einem uralten Geschlecht war* [meine Betonung, L.W.]. Sie bekam zwanzig Scudi für mich und kaufte sich dafür drei Ellen Tuch und einen Wachhund für ihre Schafe" (S. 83 f.).[45]

Die Wahrheit spricht durch die beschönigende Rationalisierung: Er ist ein Stück Ware, ein Spielzeug, ein Ding, das man zur allgemeinen Ergötzung braucht. Er ist kein Mensch mit seinem Recht. Das zeigt sich in der Karnevalsszene, wo er „gezwungen wurde, als Bischof in vollem Ornat zu amtieren und den Zwergen vom Hofe zu Mantova... das Heilige Abendmahl zu reichen" (S. 93) („jag tvingades att officiera som biskop i full ornat vid karnevalsfesten... och dela ut den heliga nattvarden åt dvärgarna från hovet i Mantova...", S. 28), zum Spott des ganzen Hofes. Dort bricht denn auch sein verhängnisvolles Ressentiment zum ersten Mal dramatisch durch.

Es ist die Verleugnung der eigenen Individualität, es ist die Ablehnung des Rechtes, man selbst sein zu dürfen, seine eigenen Gefühle besitzen zu dürfen, seinen eigenen Gedanken und Wahrnehmungen trauen zu dürfen, die zu dieser alldurchdringenden Scham über das eigene Wesen und damit indirekt zum brennenden Ressentiment, dem Ungerechtigkeitsgefühl, führt. Dazu kommt die Erniedrigung, ständig als ein „Ding", ein Gegenstand, ein Objekt behandelt zu werden. Man ist nur ein Mittel zum Zweck. Man wird nicht als Selbstzweck anerkannt: „Sie bekam zwanzig Scudi für mich!"

Das ist in der Tat ein Verlauf, dem wir auch klinisch immer wieder begegnen

---

[45] „Vi dvärgar har ingen hembygd och inte någon far och mor, vi låter oss födas av främmande, var som helst, födas i hemlighet hos de uslaste fattigfolk, för att vår ätt inte ska dö ut. Och när dessa främmande föräldrar upptäcker att de fått en varelse av vår stam, säljer de oss till mäktiga furstar för att vi ska förlusta dem med vår vanskapthet och vara narrar åt dem. *Så blev jag själv såld av min mor, som vände sig med äckel från mig när hon såg vilken varelse hon fött, som inte förstod att jag var av urgammal ätt.* Hon fick tjugo scudi för mig och köpte sig för det tre alnar kläde och en vakthund åt sina får" (S. 16 f.).

können. Diese Motivierung verstärkt sich ganz massiv, wenn ein äußeres Merkmal die Persönlichkeit zum „freak", zum Außergewöhnlichen, Anderen, Fremden stempelt – sei es eine körperliche Verunstaltung irgendwelcher Art, sei es das Fremd- und Andersartige als Individualität. Jeder trägt einen solchen Fremden in sich, vor dem er sich fürchtet und den er haßt und verachtet, wenn er ihn draußen antrifft. Vor dieser inneren Gefahr flüchtet er sich ins Konventionelle. Doch der Zwerg als ein ganz anderer und Fremder wird vollständig ins Stereotype gezwängt, seine Persönlichkeit wird gleichsam kastriert, seiner Eigenmächtigkeit beraubt: Er erleidet die *Scham des radikal Andersartigen* und macht die Verachtung zu seiner eigenen. Er ist der Fremde, der sich selbst hassen gelernt und die Verachtung der anderen zu seinem Schutz- und Deckmantel gemacht hat.

Gegen diese Scham versucht er sich auf zweierlei Weise zu wehren: einerseits mittels der weitgehenden Übernahme dieser Verleugung der eigenen wahren Identität durch die Eltern – also durch die Errichtung dessen, was Winnicott das „falsche Selbst" genannt hat –, und andererseits durch ein „narzißtisch" übersteigertes, ins Mythische verwandeltes Gegenbild, als ob er sagte: Ich bin etwas ganz Besonderes, Ungewöhnliches, ich bin selbst ein Erlöser und ungemein bedeutsam und machtvoll. Ich weiß alles, verstehe alles, gebe mir keine Blöße, zeige keine Schwäche, habe immer das Recht auf meiner Seite, bin letztlich unberührbar, unersetzlich und immer notwendig: „Ich *will* allein sein, ich will, daß es nichts anderes als mich geben soll" (S. 98).[46]

Diese „narzißtische" Grundhaltung gerade als Abwehr der Scham, ebenso wie die Abspaltung alles dessen, was zum gefährlichen „wirklichen Selbst" führen könnte – Liebe, Verbundenheit, Vertrauen, überhaupt innerer Konflikt – läßt sich durch die Charaktergestaltung des Zwerges hindurch verfolgen.[47]

Wie eben erwähnt ist auch klinisch das Ressentiment darüber, *nicht das Recht zu seinen eigenen Gefühlen und zur eigenen Willensausübung zu besitzen*, besonders wichtig – nicht die Macht zu haben, über sich selbst, über seinen eigenen Körper und seine Tätigkeit verfügen zu dürfen, daß man sich also als „Ding", als „Objekt", als Mittel zum Zweck, nicht als Selbstzweck behandelt sieht. Wird diese erlittene Selbstentwertung und -entwürdigung mittels der primitiven Abwehrweise der Wendung vom Passiven ins Aktive umgekehrt, geschieht die Behandlung des anderen als bloßen Mittels „with a vengeance" – mit einer beängstigenden, fürchterlichen Folgerichtigkeit. Es ist der völlige Mangel an Einfühlung, die Entmenschung des Gegners, oder – im paradigmatischen Fall des Zwerges – die psychische „Verzwergung" aller anderen, die dann zur Orgie der Vernichtung führen muß. „... keiner

---

[46] „Jag *vill* vara ensam, jag vill inte det ska finnas något annat än jag" (S. 32 f.).

[47] Bursten (1973, in 1986) schreibt über die paranoid-narzißtische Persönlichkeit: „Fantasies of humiliation, embarrassment, and mortification are common. Shame is the enemy of the grandiose self and it makes the narcissist feel unacceptable to the omnipotent object. Thus, the task of the narcissistic repair mechanism is to be rid of the shame ... externalization and projection are necessary ... he constantly looks for signs of shameful conduct in others, both as a public repudiation of his own inner feelings ... and as external affirmation and support of his projections ..." (S. 391).

ist groß vor seinem Zwerg“ (S. 77). (... ingen är stor inför sin dvärg) (S. 10). „Ich freue mich über nichts“ (S. 88) („Jag har inte glädje av nånting“; S. 22). „Leben! Wozu gibt es Leben? Wozu dient es, was hat es für einen Sinn? Warum muß es mit seiner Trostlosigkeit und seiner vollkommenen Leere weiterdauern? Ich drehe seine Fackel nach unten und lösche sie gegen die dunkle Erde, und es wird Nacht“ (S. 262).[48] Auch hier klingt übrigens die zeitgeschichtlich-politische Bedeutung unverkennbar mit an.

Seinem Selbsthaß und dem allgemeinen Menschenhaß, dieser allbezwingenden Verachtung und Entwertung steht jedoch *ein* Ideal gegenüber. Über den Fürsten schreibt er: „Niemand kann leugnen, daß er eine imponierende Persönlichkeit ist. Er ist der einzige, den ich nicht verachte. Er ist sehr falsch“ (S. 77).[49] Doch ist es ihm nicht ganz behaglich bei des Fürsten Überlegenheit und Unberührbarkeit („oberörd“) und er wünscht sich ihn anders, ähnlicher dem Zwergen selbst.[50]

Die andere Gestalt, die dies Ideal verwirklicht, ist der Condottiere Boccarossa:

> Er war erschreckend anzusehen. Aber mehr als irgendein anderer, dem ich begegnet bin, wirkte er ganz wie ein *Mann*. Ich muß zugeben, daß er einen Eindruck auf mich machte, den ich vielleicht nie vergessen werde. Er war die Offenbarung von etwas – ich weiß nicht was. Vielleicht des Menschen, wenn er wirklich etwas *vermag*. Wie verhext stand ich und beobachtete ihn mit meinem alten Blick, der schon alles geschaut hat, mit meinen Zwergenaugen, in denen Jahrtausende wohnen ... Ich möchte wissen, ob auch er wie ich nicht lächeln *kann*?“ (S. 137).[51]

Es ist das Ideal vom Menschen, der völlig für die Macht lebt, von jemandem, der niemals von Gefühlen berührt werden kann, sich nie eine Schwäche gibt und sich aller anderen Menschen lediglich als Mittel zum Zweck seiner eigenen Machtbehauptung bedient, ein Mann der Kälte und berufsmäßig ausgeübten Grausamkeit, der weder Treue noch Liebe zeigt. Es ist der Typus des Berufskriegers und Massenmörders – Boccarossa – oder des skrupellosen, einzig auf seinen Erfolg bedachten, loyalitätsblinden Politikers – der Fürst. In der psychoanalytischen Terminologie ist es ein rein narzißtisches Ideal – eine Idealgestalt, die eben sowohl der Liebe wie jeder anderen Form der „Schwäche“ diametral entgegengesetzt sein will.

Ein solches Ideal bedarf aber eines besonderen Gewissens. Den anderen mag

---

[48] „Livet! Vad ska det finnas för? Vad ska det tjäna till, vad är det för mening med det? Vad ska det fortsätta för med sin tröstlöshet och sin fullkomliga tomhet? Jag vänder dess fackla nedåt och släcker den mot den mörka jorden och det blir natt“ (S. 196 f.).

[49] „Ingen kan förneka att han är en imponerande personlighet. Han är den ende jag mött som jag inte föraktar. Han är mycket falsk“ (S. 9 f.).

[50] „Jag förstår mig inte på denna oberörda man. Hans överlegsenhet är något som ständigt irriterar mig, inger mig ett obehag som jag inte kan göra mig kvitt. Jag vill han ska vara som jag“ (S. 12).

[51] „Han var skrämmande att se på. Men mer än någon annan jag mött verkade han helt och hållet *man*. Jag måste medge att han gjorde ett intryck på mig som jag kanske aldrig kan bli kvitt. Han var en uppenbarelse av något – jag vet inte vad. Kanske av människan när hon verkligen är *mäktig* någonting. Som förhäxad stod jag och iakttog honom med min gamla blick, den som redan skådat allting, med mina dvärgögon i vilka årtusenden bor... Jag undrar om han inte liksom jag inte *kan* le?“ (S. 74).

die von einem solchen Ideal bestimmte Persönlichkeit „gewissenlos" erscheinen. In Wirklichkeit handelt es sich aber um eine Art rücksichtsloser innerer Autorität, eine *innere Henkerfigur*, die ausschließlich nach dem Maßstab von Macht und Ohnmacht, Reinheit und Unreinheit, Willensbehauptung und Schwäche urteilt, und zwar das eigene Selbst wie alle anderen. Es ist ein *grausames, kategorisches Gewissen* – ein anal-sadistisches, präödipales Über-Ich –, in dem gleichsam die ganze Traumatisierung einer bösen Vergangenheit haust und weiterwirkt. Wie dies analytisch zu ergründen ist, wird im nächsten Abschnitt ausgeführt werden.

Doch die Bedeutsamkeit dieser inneren Gewissensfigur geht weit darüber hinaus. Sie wird, wie es ja typisch für diese Frühstadien der Über-Ich-Entwicklung ist, gegen außen gewendet. Die rücksichtslose Verurteilung richtet sich gegen den anderen statt gegen das Selbst. In dieser Umkehrung liegt aber eine ungeheure und unheimliche Macht – die ganze mythische Gewalt und Absolutheit, die anal-sadistische Grausamkeit des archaischen Über-Ich. So wird der Zwerg zu einer Über-Ich-Figur. Gleich dem Henker wächst er in mythischer Ausgestaltung zur Verkörperung eines besonders archaischen, besonders gefährlichen, besonders drakonisch eingreifenden und lieblosen Über-Ich. Erinnern wir uns an die düstere Abendmahlszene, wo er als der Erlöser der Zwergen Haß und Vernichtung gelobt, und wieder an das Massaker, wo er, in Ausführung jenes Gelübdes, sich als eine Art Strafrichter gegenüber dem Menschengeschlecht gebärdet! Am schärfsten kommt aber diese Rolle in seiner Behandlung der Fürstin zur Geltung:

> Ich bin der einzige, der sie besuchen darf. Sie bittet und bettelt, daß ich kommen soll und ihr in ihrer Not helfen und daß sie ihre Sünden vor mir bekennen darf... Ich komme direkt von ihr und bin noch erfüllt von einem beinahe erschreckenden Gefühl der Macht, die ich manchmal über die Menschen habe (S. 258).[52]

In seinen fürchterlichen Strafpredigten kommt er immer wieder darauf zurück, daß sie Gott durch ihre geschlechtliche Liebe verraten habe, daß alle Reue und Selbstkasteiung vergebens seien und daß er selbst Gottes Geißel sei:

> Du liederliche Dirne, ... die du Liebe zu deinem Erlöser vortäuschest, während du im geheimen in den Armen eines Hurenkerls aus der Hölle liegst. Die du deinen Gott betrügst mit einem, der in den Abgrund der Hölle gestürzt ist! Du teuflisches Weib... (S. 260).[53]

Sie bittet ihn auf ihren Knieen, sie zu erlösen, sie behandelt ihn als ihren Beichtvater und fleht ihn um die Absolution an, doch er verweigert ihr die Verzeihung.

> Sie streckte mir die Hände entgegen. „Strafe mich, strafe mich, du Gottesgeißel!" wim-

---

[52] „Jag är den ende som får besöka henne. Hon tigger och ber att jag ska komma och hjälpa henne i hennes nöd och så att hon får bekänna sina synder för mig... Jag kommer direkt från henne och är ännu fylld av en nästan skrämmande känsla av den makt som jag ibland har över människorna" (S. 193).

[53] „Din liderliga sköka!... Som låtsar kärlek till din frälsare medan du i hemlighet ligger med en horkarl ur helvetet! Som bedrar din Gud med en som han störtat ner i helvetets djup! Du djävulska kvinna..." (S. 195).

merte sie. Und sie tastete nach der Peitsche auf dem Boden, reichte sie mir und kroch wie ein Hund vor mir zusammen. Ich ergriff die Geißel in einem Gefühl von Ekel und Wut und ließ sie auf ihren verhaßten Körper sausen, während ich mich selbst schreien hörte: „Es ist der Gekreuzigte! Er, der dort an der Wand hängt, ist es, der dich geißelt, er, den du so manches Mal mit deinen glühenden, falschen Lippen geküßt hast, er, den du zu lieben behauptetest! Weißt du, was Liebe ist? Weißt du, was *er* von dir begehrt? Ich habe für dich gelitten, aber darum hast du dich nie gekümmert! Nun magst du selbst fühlen, was es heißt zu leiden!" Ich war außer mir, ich wußte kaum, was ich tat. Wußte ich es nicht? Doch! Ich wußte es! Ich forderte meine Rache, ich forderte Vergeltung für alles! Ich übte Gerechtigkeit! Ich übte meine furchtbare Macht über die Menschen aus! Aber ich hatte trotz allem keine rechte Freude daran... „Mögest du ewig im Feuer der Verdammnis brennen! Mögen die Flammen in Ewigkeit deinen ekelhaften Schoß umzüngeln, der die greuliche Sünde der Liebe genossen hat!" Mit diesem Richterspruch verließ ich sie, die wie betäubt auf dem Boden lag... Sie hat vielleicht recht, wenn sie sagt, daß ich eine Gottes Geißel bin (S. 260 f.).[54]

Auf diese Weise vollendet er endlich seine mörderische Rache durch die Bestrafung der Frau – als Wiederverkörperung Gottes und als Richter, und damit als eine Gewissensfigur. Und zwar handelt er als geißelnder Urteilssprecher über die verräterische und sexuell verführerische, ihn jedoch als bloßes Werkzeug benützende Frau, also letztlich wohl über die Mutter, die sich in Abscheu von ihm gewandt und ihn verkauft hatte. Doch nimmt er damit auch seine eigene Bestrafung und Ausstoßung in Kauf, als ob damit dem Urgesetz der vergeltenden Gerechtigkeit weiterhin Anerkennung gegeben würde.

Nur in Hinsicht auf diese Frau bekennt er jedoch so etwas wie inneren Konflikt, eine tiefe Haßliebe, eine sadistische Form der Erotik:

Die Fürstin Teodora ist sehr abhängig von mir. Ich trage ihr Geheimnis im Herzen. Niemals habe ich ein Wort darüber geäußert. Wenn man mich in der Folterkammer mit all ihren Schrecken auf der Streckbank peinigte, so würde ich nichts verraten. Warum? Ich weiß es nicht. Ich haße sie, ich will sie tot sehen, will sehen, wie sie mit gespreizten Beinen im Höllenfeuer verbrennt und wie die Flammen ihren ekelhaften Schoß umzüngeln ... Aber ich verrate nichts. Ständig wage ich mein Leben für sie (S. 77).[55]

---

[54] „Hon sträckte händerna mot mig. Straffa mig, straffa mig, du Guds gissel! kved hon. Och hon trevade till sig gisslet där på golvet och räckte mig det och kröp ihop som en hund för mig. Jag grep det i en blandning av äckel och ursinne och lät det vina över hennes förhatliga kropp medan jag hörde mig själv skrika: Det är den korsfäste! Det är han som hänger där på väggen som gisslar dig, han som du kysst så många gånger med dina glödande, falska läppar, som du påstått dig älska. Vet du vad kärlek är för något! Vet du vad *han* begär av dig! – Jag har lidit för dig, men det har du aldrig brytt dig om! Nu får du själv känna på vad det är att lida! – Jag var alldeles utom mig, jag visste knappt vad jag gjorde. Visste jag inte? Jo! Det visste jag! Jag krävde min hämnd, jag krävde vedergällning för allt! Jag skipade rättvisa! Jag utövade min fruktansvärda makt över människor! Men jag hade trots allt ingen riktig glädje av det... Må du brinna i evighet i förtappelsens eld! Må lågorna i evighet slicka ditt vämjeliga sköte, som njutit kärlekens ohyggliga synd! – Med detta domslut lämnade jag henne, liggande där på golvet som i dvala... Hon har kanske rätt i det där hon sade, att jag är ett Guds gissel" (S. 195 f.).

[55] „Furstinnan Teodora är mycket beroende av mig. Jag bär hennes hemlighet i mitt hjärta. Aldrig någonsin har jag yppat ett ord. Om de pinade mig på sträckbänken, i tortyrkammaren med alla dess fasor, så skulle jag inte förråda någonting. Varför? Jag vet det inte. Jag hatar henne,

So heißt es zu Beginn. Ratlos fragt er sich: „Man kann sicher nicht jemanden zugleich hassen und lieben?“[56] Er fragt sich dies im Hinblick auf die merkwürdige Beziehung zwischen dem Fürsten und dem Geliebten seiner Gattin, aber es bezieht sich auf das gleiche Thema der Liebe – wirklich: der eigenen archaischen Ambivalenz, der Haßliebe, der sadistischen Gleichsetzung von Sexualität und Gewalt – zu dieser zentralen Frau, der Fürstin. Später gesteht er sich ein:

> Ich verstehe sehr wohl, daß der Fürst sie liebt. Selbst würde ich es nicht können, aber das ist eine ganz andere Sache. *Hätte ich tatsächlich überhaupt jemanden lieben können?* Ich weiß nicht. *Es hätte wohl in solchem Falle die Fürstin sein müssen. Aber die hasse ich ja.* – Und doch fühle ich, daß *sie die einzige ist, die ich möglicherweise hätte lieben können.* Wie es sich so verhalten kann, verstehe ich durchaus nicht; es ist mir völlig unbegreiflich. – *Die Liebe ist wirklich etwas, worüber man nichts weiß* (S. 252).[57]

Am Ende führt er auch dieses „Gelöbnis“ ganz genau und mit einer im gleichen Sinne *unbarmherzigen Loyalität* aus, in dem er selber immer gegenüber den Gefühlen der anderen unbarmherzig gewesen ist; unter der Folter schweigt er über alles.

> Aber nicht ein Wort kam über meine Lippen. Ich verriet sie nicht. Ich wollte nicht, daß ihre Erniedrigung bekannt werden sollte. – Warum handelte ich so? Ich weiß es nicht. Aber ich dachte nicht im geringsten daran, etwas für sie Erniedrigendes zu äußern, sondern ich wollte eher alles mögliche ertragen. Mit zusammengebissenen Zähnen ließ ich mich quälen um dieser mir verhaßten Frau willen. Warum? Vielleicht gefiel es mir, für sie zu leiden (S. 266).[58]

So ist er ihr Vertrauter, ihr Bote und ihr Beichtvater, er ist ihr Geißler und ihr fürchterlicher Feind und Verderber, aber im Tiefsten ist er auch ihr geheimer Geliebter, dessen Eifersucht zum Tode seines Nebenbuhlers geführt hat, und schließlich wird er, dieser alle Ideale verhöhnende, alles entwertende Ungeist, doch ihr loyaler Diener, dazu bereit, sein Leben für sie hinzugeben.

Freilich ist es, wie er zu Recht beteuert, weniger der Fall, daß er sie wirklich liebte, sondern daß er ihr gegenüber ganz besondere *Loyalität* bezeugt – wie übrigens auch seinem Fürsten gegenüber. Seine Bindung ist durchwegs nicht die der Liebe, des „attachments“, sondern die der Loyalität, also einer Über-Ich-Bindung,

---

jag ville se henne död, ville se henne brinna i helvetets eld med benen utspärrade och lågorna slickande hennes vämjeliga sköte... Men jag förråder ingenting. Jag vågar ständigt mitt liv för henne“ (S. 10).

[56] „Man kan väl inte både älska och hata en mänska?“ (S. 99).

[57] „Jag förstår mycket väl att fursten älskar henne. Själv skulle jag inte kunna göra det, men det är en helt annan sak. Skulle jag i själva verket alls kunnat älska någon? Jag vet inte. Det skulle väl i så fall ha varit furstinnan. Men henne hatar jag ju istället. – Och ändå känner jag att hon är den enda jag möjligen skulle kunnat älska. Hur det kan förhålla sig på det viset förstår jag inte alls, det är mig fullkomligt obegripligt. Kärleken är verkligen något som man inte vet någonting om“ (S. 186).

[58] „Men inte ett ord kom över mina läppar. Jag förrådde henne inte. Jag ville inte att hennes förnedring skulle bli känd. – Varför handlade jag så? Jag vet det inte. Men jag hade inte den minsta tanke på att yppa något för henne förnedrande utan hellre då utstå vad som helst. Med hopbitna läppar lät jag mig plågas för denna för mig förhatliga kvinnas skull. Varför? Kanske tyckte jag om att lida för henne“ (S. 202).

und zwar keineswegs nur etwa im Sinne einer oberflächlichen Verpflichtung, sondern in Form der endlichen *Selbstaufopferung*. Auch darin ist er, sowohl in seiner Handlungsweise wie auch in seiner symbolischen Bedeutung, selbst wieder eine Über-Ich-Figur, das heißt, daß er etwas Menschliches überhaupt vertritt. Dieser tieferen und allgemeineren Bedeutung wenden wir uns nun zu.

4.3.3 Der Zwerg als Repräsentant einer allgemein-menschlichen Wirklichkeit

> Ich habe bemerkt, daß ich mitunter Schreck einjage. Aber wovor die Menschen ängstlich werden, das sind sie selbst. Sie glauben, ich sei es, der sie erschrecke, aber es ist der Zwerg in ihnen, das menschenähnliche Geschöpf mit dem Affengesicht, welches den Kopf hervorsteckt aus der Tiefe ihrer Seele (S. 96).[59]

Gleichzeitig mit den beiden bisherigen Verstehensweisen kann der Zwerg auch als so etwas wie eine innere Gestalt, die in uns allen wirkt, aufgefaßt werden. Bei manchen Patienten habe ich den Eindruck, als ob ihr Gewissen zu einem solchen bösen Zwerg geworden wäre, das unablässig nach jener „straff och hämnd“ (Strafe und Rache) schreit, eine Gewissensfigur, die alles, was mit Liebe und (phallischer) Sexualität zu tun hat, zerstören muß und von den analen Zielen von Macht, Besitz und Rache besessen ist. Er hat sich daher in der Analyse auch als Metapher für diese kleinliche, rachsüchtige, innere Gestalt, für ein präödipales, in absoluten Gegensätzen denkendes Über-Ich sehr wohl verwenden lassen.

Doch wäre es eine Übervereinfachung, ihn dabei einfach als Symbol für eine bestimmte Über-Ich-Konfiguration zu erfassen. Vielmehr ist er eine besondere Daseinsform der ganzen Persönlichkeit, mit Trieb-, Über-Ich-, und Ich-Aspekten, die zeitweise die Herrschaft über das Leben an sich reißt und den Menschen zum Verderben führt. Auch wäre es zu einfach zu behaupten, er stelle einfach das Böse in uns allen dar. Gewiß ist das so – aber das ist nicht spezifisch genug. Vielmehr ist es das Böse, das sich in den Mantel des guten Gewissens kleidet und gewöhnlich fest davon überzeugt ist, daß es stets das Gute will und schafft und das absolute Recht auf seiner Seite hat. In seinem Ursprung ist es denn auch das: die Macht des Gewissens, die sich der Aggression wie der Macht- und Selbstsucht verhüllterweise im Dienste gegen das eigene Ich bedient. Und darum handelt es sich: daß es absolut ist und keine andere Ansicht von innen oder außen her erträgt. Die Einsicht in die tiefe Doppelheit unseres Lebens wird außer Kraft gesetzt. Nun gibt es nur noch diese *absoluten Dilemmata des Entweder-oder*, diese Postulate unbezweifelten Rechtes gegenüber radikalem Unrecht. Es ist das kategorische Verlangen des Gewissens, das unmenschlich wird und keine andern Bedürfnisse neben sich mehr duldet. Diese Absolutheit und Unversöhnlichkeit, diese Einseitigkeit verbündet sich mit der aus

---

[59] „Jag har märkt att jag ibland inger skräck. Men vad människorna blir rädda för är sig själva. De tror att det är jag som skrämmer dem, men det är dvärgen inom dem, den människoliknande varelsen med sitt apansikte som gör det, som sticker upp huvudet ur djupet av deras själ“ (S. 31).

der Scham stammenden Rachsucht und dem Haß und wird dadurch zum Dämon der Vernichtung.

Damit stoßen wir von neuem auf jene mythische Trias der Absolutsetzung, der Spaltung und der Zwanghaftigkeit, der wir bereits im Zusammenhang mit dem Tragischen begegnet sind und die wir so gut von der klinischen Erfahrung her bei den schweren Neurosen wie auch aus der Narzißmus- und Borderlineliteratur kennen, wenngleich Begreifen und Anwendung hier sich von der letzteren markant unterscheiden.

Doch wir haben auch gesehen, wie der Zwerg zum Träger jenes tiefen Narzißmus in uns wird, der sich gegen die Erniedrigung und Hilflosigkeit, die wir alle einmal erlebt haben, empört. Er ist ein Symbol des Aufstandes dagegen, als ein Ding, als ein bloßes Mittel zum Zweck behandelt zu werden, eines Aufstandes freilich, der nun, wie es bei solchen Revolutionen üblich ist, einfach den Spieß umdreht und alle anderen zu Mitteln für seine eigenen Zwecke machen will.

Wird beim Tragischen im Dienste des Gewissens – genau: im Dienste eines Ideales – gehandelt, auch wenn sich solch Handeln schließlich gerade im Zuge der Vollbringung zur Selbstvernichtung wandelt, so wird hier, beim Ressentiment, im Aufstand gegen das Gewissen – in der Zerstörung des Idealen überhaupt – gehandelt. Damit ist das Ressentiment metapsychologisch das Spiegelbild des Tragischen, und beide sind sie Ausdruck einer besonderen Radikalität von Über-Ich-Forderungen und Über-Ich-Konflikten.

In unserer inneren Wirklichkeit wird der Zwerg dadurch zur Schutzgestalt gegen die Angst, unser Selbst zu verlieren und ohnmächtig und entehrt dazustehen, entwürdigt und ohne Recht auf unsere eigene Persönlichkeit. Er will die unbegrenzte und rücksichtslose Macht und genießt die Gewalt über die anderen mit einer sadistisch-sexuellen Lust als wilde Phantasie der Umkehrung seiner vormaligen Hilflosigkeit und Demütigung. Mit verbissener Bitterkeit pocht er, dieser Zwerg in uns, auf seine Rechte gegen jene Erniedrigung, und mit höhnischer Selbstgerechtigkeit setzt er sich gegen die Rechte der anderen durch: da er ja schließlich Unrecht erlitten, scheint es ihm, diesem „apansikte“ (Affengesicht) in uns, bloß eine Sache der ausgleichenden Gerechtigkeit zu sein, wenn er nun die Rechte der anderen zerstört, und zwar eben gerade dort, wo er diese in seiner Sache in den Boden getrampelt gesehen hat: in bezug auf Respekt und auf Liebe. Das ist die *höhnische Umkehrung des Ungerechtigkeitsgefühls*, es ist Jagos, Cousine Bettes, des Zwergs *Rache des Ressentiments*, die wir alle in uns selbst auch kennen und mit diesen großen symbolischen Figuren aus der Weltliteratur teilen.

Das Böse wird also erkennbar als *die entfesselte Macht des Gewissens* – die *Nach-außen-Wendung der Macht-, Selbst- und Rachsucht*, welche *zur Bildung des archaischen Über-Ich* zu Beginn so mächtig beigetragen hat.

Erinnern wir uns nun daran, was wir als die Natur des Ressentiments im klinischen Zusammenhang gefunden haben. Wie wir gesehen haben, spielt der Affekt des Ressentiments eine große Rolle im Ablauf der Impulshandlungen bei schweren Neurosen. Während er, wie Scheler beschrieben hat, auf Neid, Eifersucht und Rachsucht bei einem Zustand der Ohnmacht, der Hilflosigkeit und der Beschämung beruht, ist er ohne einen Wertkonflikt und ohne den Zug der Maske und

Täuschung, den ich eingangs hinzugefügt habe, nicht zu denken. Er ist auf dem Gerechtigkeitsideal aufgebaut und ist recht eigentlich *das Gefühl der Ungerechtigkeit:* daß man weniger ist oder hat oder bekommt oder darf als einem mit Recht zuständе.

Natürlich hat damit das Ressentiment eine stark narzißtische Komponente (eben dies: „Mir ist Unrecht zugefügt worden"), aber man kann es nicht einfach als eine narzißtische Verletzung abtun; der Sachverhalt ist viel komplexer, und der „Objektbeziehungs"charakter, der Wunsch nach Liebe und Annahme, ist dabei ebenfalls unverkennbar.

Es ist also nicht einfach ein Synonym für Enttäuschung oder Zurücksetzung, für Scham oder Neid, für brennende Eifersucht und Rachgier – obwohl alle diese als breite Ströme in das Ressentiment hineinfließen –, sondern es ist das Ungerechtigkeitsgefühl, „the sense of unfairness", was mir dabei als ganz unerläßlich vorkommt. Damit ist das Ressentiment wirklich gleichsam ein Gegenstück zur Loyalität, und zwar als Gefühl der verratenen Loyalität: „Ich habe meinen Teil geleistet, und du hast mir den deinen vorenthalten."

Genau genommen handelt es sich beim Ressentiment sowohl um ein verletztes Rechtsgefühl wie um ein verletztes Ehrgefühl (M. Stern, persönliche Mitteilung, 1987): Es ist zugleich einer narzißtischen Verletzung wie der Enttäuschung in der Liebeserwartung zuzuschreiben. Man wurde nicht genügend geachtet, und man fühlte sich der Liebe beraubt. Deshalb die zentrale Bedeutung der Scham als Grund des Ressentiments.

So steht hinter dem Ressentiment das Gefühl der Erniedrigung und des einem zugefügten Unrechts. Von seinen Gründen abgelöst, wird dieses Gefühl der Scham zu einem zerfressenden, zersetzenden Gift. Wer von ihm erfüllt ist, schreit nach Rache und Wiedergutmachung. Sein Neid will es so, daß die Beschämung nur dadurch wieder auszulöschen ist, daß jeder, der mehr hat und mehr ist und mehr darf, herabgesetzt und beseitigt wird, „als könnte jeder nur am Platz des andern Befriedigung verworrner Wünsche finden".

Es ist ein Affekt, der sich – in metapsychologischen Begriffen – wie die Schuld und die Scham auf eine Sonderform der *Spannung* zwischen einer *Über-Ich-Funktion* und einer *Ich-Funktion* beziehen dürfte: zwischen dem Verlangen nach Gerechtigkeit und Ehre auf Grund der eigenen Pflichterfüllung gegenüber dem anderen und der Beobachtung und der Deutung einer Ungerechtigkeit einem selbst gegenüber, also einer Art des *Verrates* durch den anderen. Die Umkehrung von solchem Verrat wird in der Maske ersichtlich: dem wahrgenommenen „Recht", nun den anderen durch Lug und Trug und Heuchelei zu verraten.

Je stärker der Gerechtigkeitsanspruch, desto höher die Ansprüche, wenigstens ursprünglich, auch sich selbst gegenüber, damit aber auch das Rechtsverlangen gegenüber dem anderen. Damit ist auch das Tadeln, das „*blaming*", ein integraler Teil des Ressentiments. Der Überschlag ins Krankhafte kommt, wenn sich die Rach*sucht* zu dieser Forderung nach dem Recht hinzugesellt – oder genauer ausgedrückt: wenn eben jene Trias der Motivierung durch das Unbewußte – Zwangshaftigkeit, Polarisierung und Absolutsetzung – sich des Gerechtigkeitsanspruches bedient.

Eine andere narzißtische Komponente fügt sich dazu, wenn das Ressentiment sich zur Maßlosigkeit der aus dieser Benachteiligung heraus erhobenen Rechtsforderung steigert (Michael Kohlhaas). Eine starke Form des Ressentiments wird als Entrüstung oder Empörung („outrage", „indignation") erlebt.

Loyalität ist eine Art Gegenbegriff zur Gerechtigkeit, insofern sie einander bedingen: Wenn jemand, der sich in einer stärkeren Position, in einer Stellung der Macht oder Autorität befindet, gerecht zu mir ist, bin ich ihm gegenüber loyal, und umgekehrt, wenn ich jemandem gegenüber loyal bin, darf ich Gerechtigkeit von ihm erwarten; ich „verdiene" diese. Das Ressentiment spiegelt den *Konflikt* zwischen *wahrgenommener Ungerechtigkeit*, also verletztem Gerechtigkeitsanspruch, und gefühlter, erfüllter oder geforderter *Loyalität* wider. Es folgt der Gewahrwerdung, daß trotz der geleisteten oder gefühlten Loyalität die erwartete Gerechtigkeit und der verdiente Respekt ausgeblieben sind.

Das Ressentiment ist also selbst Ergebnis eines Loyalitätskonfliktes. Gegen die Scham des Verraten-worden-seins versucht man sich dadurch zu wehren, das Ressentiment soll dadurch beseitigt werden, daß man sich der Macht bemächtigt und die Rache auszuüben unternimmt, um die gestörte Gerechtigkeitsbalance wieder herzustellen. *Das Ressentiment führt daher zu einer Rache, die der verletzten Loyalität entspringt und sich in den Mantel der Gerechtigkeit hüllt.*

So gibt es also eine Motivabfolge, vielleicht eine Art „Entwicklungslinie" von *Rechtsverlangen* → *Loyalität* → *Verrat* → *Scham* → *Ressentiment* → *Macht- und Rachsucht*, die, ihres Ursprungs im verletzten Rechts- und Ehrgefühl wegen, als *Moralitätsanspruch auftritt*, d. h. als Über-Ich-Verlangen; und damit stoßen wir beim einzelnen auf die Phänomene des *ressentimentgeladenen Gewissens*, und im Sozial-Kulturellen auf die im Ressentiment verwurzelte Moralität, wie sie von Nietzsche und Scheler beschrieben wurde.

Sie findet beispielsweise Ausdruck in Lagerkvists Drama *De Vises Sten* (*Der Stein der Weisen*), in der Klage der Mutter ihrer dem Laster verfallenen Tochter gegenüber:

> Gott muß sich am Menschen rächen, der der Sünde verfallen ist. Dazu ist er gezwungen. Er muß ihn [wörtlich: „sie", da „mänska", Mensch, im Schwedischen feminin ist] verstoßen und ihn [sie] sich selbst überlassen, niemals mehr sich seiner [ihrer] annehmen. So ist das. Das habe ich wohl zu spüren bekommen. Er kann keine Barmherzigkeit erweisen, nicht gegen eine solche Sünderin wie mich, das ist ihm unmöglich."[60]

Dieser Komplex von Gerechtigkeitsverlangen, Scham, Ressentiment und Moralität läßt sich überall da wiederfinden, wo ein *absoluter (globaler) Gewissensanspruch* sich der Macht zu bedienen versucht, um sich den anderen gefügig zu machen. Die oft grausam ausgeübte Macht der *kategorischen Verurteilung* der anderen soll dazu dienen, das Gefühl der inneren Schwäche und Beschämung und damit

---

60 „Gud måste hämna sig på den mänska som är hemfallen åt synden. Det är han tvungen till. Han måste förskjuta henne och lämna henne åt sig själv, aldrig se till henne mer. Så är det. Det har jag väl fått att märka. Han kan inte visa någon barmhärtighet, inte mot en sådan syndare som mig, det är omöjligt för honom" (S. 82).

das Ressentiment auszulöschen. Soviel Machtgier und Machtmißbrauch in Religion, Staat und Institutionen, wie auch in der Überlieferung in Familien, beruht auf einem solch tiefen Gefühl des inneren Ungenügens und des Hintangesetztseins, das seinerseits dem verletzten Gerechtigkeits- und Ehrgefühl entspringt.

Noch ein Element ist ausgelassen: Das Ressentiment bezieht sich immer darauf, daß einem etwas besonders Begehrtes, Wertvolles verwehrt oder entzogen wird oder entzogen zu werden scheint. Ein ganz wichtiger Wunsch ist einem versagt worden. Wenn wir dem beim Zwergen nachdenken, kommen wir auf die Gestalt der Frau: der Fürstin, Hure und Mutter zurück. Ihr werden ja gerade durch die rachsüchtige Eifersucht des Zwerges zunächst der Geliebte, dann die Tochter und schließlich das Leben selbst entrissen.

Doch liebt er sie ja nicht, behauptet er, er haßt sie ja stattdessen („men henne hatar jag ju istället", S. 186) und kann sich nicht nur nicht erlauben, ihr gegenüber irgendwelche Liebe zu empfinden, sondern er kommt immer wieder mit besonderer Grausamkeit auf ihre Geschlechtlichkeit als etwas ganz Schlimmem, als ihrer Grundsünde zurück („jag hatar hennes lastbara leverne", S. 10; „ditt vämjeliga sköte, som njutit *kärlekens ohyggliga synd*", S. 196) zurück.

Versuchen wir das zu verstehen, so scheint es die geschlechtliche Macht der Frau zu sein, die als große Verlockung und deshalb als schrecklichste Gefahr erlebt wird – *die Phantasie von der Frau als einer Seele und Körper verschlingenden Hexe*. Es ist ihr gefährlicher Schoß, es ist ihre Körperlichkeit, die als etwas Ungeheuerliches und Ekel- und Schreckerregendes abgewehrt werden muß (v. a. durch Verdrängung) und wogegen sich nun die ganze Wut und Grausamkeit richtet.

In anderen Worten (metapsychologisch formuliert) handelt es sich um die klinisch so oft anzutreffende Kombination der Abwehr„mechanismen" der Verdrängung mit denen der Triebregression auf anal- und oral-sadistische Formen und der Verwendung der einen Triebform (Macht- und Aggressionstrieb) als Abwehr gegen eine andere (Sexualität und Liebe). Klinisch trafen wir diese in besonders ausgeprägter Form im Falle Veras (*Flucht vor dem Gewissen*, Kap. 3 und 4) an, und auch bei ihr fand sich das Ressentiment in der Doppelform, als Grundhaltung und als Eigenart ihres Über-Ich. Auch stimmen die Schilderungen von Jago und Cousine Bette mit der Formulierung dieser Konstellation sehr wohl überein. Zu Recht kann diese als eine besondere, dynamisch wichtige Konfliktkonfiguration – die Dynamik des Ressentiments – aufgefaßt werden.

Doch verfolgen wir deren Eigenschaften weiter und tiefer:

Was ist der Kernwunsch in dieser Phantasie, die einen solchen Schrecken ausübt? Man kann spekulieren, daß es der durch die Kastrationsdrohung blockierte ödipale Wunsch ist, oder daß es der Wunsch ist, trotzige Kontrolle über den eigenen Körper und die selbständige Willensausübung und Selbstabgrenzung zu erlangen, daß es sich um die Wünsche nach Verschmelzung mit einer unnahbar fernen Mutter handelt, daß es die archaischen Wünsche nach liebevoller Einswerdung durch Blick und Ausdruck und Gefühlsvermittlung sind, oder daß es sich um die Gefährlichkeit gerade der Loyalität, also der Über-Ich-Bindung an diese verräterische, mörderische Herrscherin handelt. All dies auf oralen Neid allein zurückzuführen, wie es oft in der Borderlinediskussion geschieht, scheint mir viel zu eng und schmalspurig zu sein. Ich glaube, wiederum aufgrund der klinischen Erfahrung, daß eine so massive Angst und solch durchdringende und verkrüppelnde Über-Ich-Forderungen aus allen 5 hauptsächlichen Konfliktquellen gespeist werden müssen. In milderer Form und mit selektiver Prävalenz der einen oder anderen begegnen wir dieser Konfiguration bei uns allen.

Wenden wir uns nochmals der einen Folgeerscheinung dieser Ressentimentkonfiguration zu, nämlich dem durch das Gewissen getragenen Ressentiment, so erinnern wir uns, daß sich in der Ethik und der Religion wie in der Politik manche Führer des Ressentiments der anderen bedienen, um der eigenen tiefen Wert- und Loyalitätskonflikte ein für alle Male Herr zu werden, indem sie die absolute Gerechtigkeit der eigenen Stellung und der eigenen Ansprüche proklamieren. Die im Dienste der Moralität, also angeblich des Gewissens ausgeübte Grausamkeit, der oft entsetzlichste Sadismus im Dienste eines Ideals, ist selbst eine Form der Abwehr gegen die Gefühle der Scham und der Schuld durch Nach-außen-Wendung der Über-Ich-Aggression, in dem Sinne: „Statt daß ich mich unerbittlich verurteile, werde ich zum Ankläger und scharfen Richter gegen die anderen“. Die erstere, die Scham, wird durch den oft unvermeidlichen Verrat bei Loyalitätskonflikten oder bei anderen Brüchen in der Gerechtigkeitserwartung verursacht: „Wenn ich meiner Mutter gegenüber loyal bin, bin ich eo ipso dem Vater gegenüber illoyal, und umgekehrt“, eine gewöhnliche Beobachtung in schismatischen oder gebrochenen Familien, oder sie ergibt sich aus andern Verletzungen der Erwartung von Fairneß. Die Schuld bezieht sich darauf, daß man selbst den Akt des Verrates begangen hat, oder sie richtet sich auf die mit diesen Konflikten verbundene Rachsucht. Diese *Abwehr* in Form *sadistischer Verurteilung und Anklage* ist eine solche der Umkehrung, v. a. der *Wendung vom Passiven ins Aktive, mit Rollenvertauschung und Projektion.* Eine mildere Form dieser Umkehrung ist das „blaming“, das Sich-in-Vorwürfen-Ergehen.

Je stärker die Kultivierung des Ressentiments in Form der Gewisseneinstellung ist, je aggressiver und unerbittlicher die Eintrichterung rigider Gebote und Verbote, je harscher und unbarmherziger die mannigfachen Formen der Bestrafung, desto größer ist das Potential für die Reexternalisierung des Gewissens, namentlich in der Gestalt der Nach-außen-Wendung der darin enthaltenen Aggression, desto größer auch die Benutzung jener 3 mythischen Kategorien der Absolutsetzung, Spaltung und Zwanghaftigkeit – völlig gut und rein und heilig, gegen verteufelt, absolut böse und unrein.

Natürlich ist es auch besonders das Familienressentiment oder das von ganzen Gruppen, wenn nicht von Völkern geteilte und geschürte Ressentiment, das einen im eigenen Groll bestärkt und diesen zu einem Gruppen- und Massenphänomen machen kann. Mit anderen Worten: Je ausgeprägter diese Konstellation in der nationalen Erziehung ist, desto größer die Gefahr von Massenbewegungen, die sich dieser Ressentimentkonstellation bedienen und zu mythisch fundierten Handlungen des Massen-, Rassen- und Klassenwahns schreiten.

Es wäre faszinierend, dieser klinisch nachweisbaren Motivlinie von Rechts- und

Ehrverletzung, Erniedrigung, Neid, Ressentiment, Haß und Rache auch in der politischen Geschichte nachzuspüren. „Aufstände ereignen sich nicht nur wegen der Ungleichheit des Besitzes, sondern auch wegen der der Ehrungen" (Aristoteles, *Politik*, II. IV, 7 [1266b]). Gleich einer unsichtbaren Achse hält sie die terroristischen und totalitären Extreme der Politik zusammen und wird zu einer hauptsächlichen Motivkraft hinter dem Phänomen des Fanatismus (vgl Haynal et al., 1980).

Glauben, ein Übermaß an Eifer, Exklusivität, automatische Reinheit, völlige, bis zum Selbstmord und Verbrechen getriebene Involvierung, die Gewißheit, *die* Wahrheit zu besitzen, die „Kenntnis" von gut und böse, die als absolut angesehen werden, ein dichotomisierendes und vereinheitlichendes Denken, eine Aversion gegen alles, was sich dieser Wahrheit entgegenstellt oder diese in Frage stellt, ein absoluter Glaube, der gewisse Ideale als heilig ansieht und Vervollkommnung und Harmonie im Diesseits oder Jenseits verspricht, die Vernichtung dessen, was fremd sei oder sich ihm widersetze – das sind nach Puymège (zit. nach Haynal et al. 1980) die Merkmale des Fanatismus[61], das, was Weinstein (1980) treffend die Umkehrung des berühmten Satzes von Terenz genannt hat, nämlich: „Ich bin ein solcher Mensch, daß nichts Fremdes für mich menschlich ist" (S. 145). Es ist abgeleitet vom Wort „fanum", der Tempel, in dem Orakel verkündigt werden: „Le *fanum* est le lieu de la prophétie," (Haynal et al., S. 34). „... es handelt sich dabei", führt Haynal im einzelnen aus,

> um eine *Verleugnung* der Wirklichkeit, ein pathologisches Suchen nach Allmacht, welches zumeist Gefühle der Hilflosigkeit und Verzweiflung, sowie die Unfähigkeit, die eigenen Begrenzungen zu ertragen und sich den im Über-Ich verinnerlichten Regeln der Zivilisation zu unterwerfen, verbirgt (S. 63 f.).[62]

Verachtung für alles, das anders als der Gegenstand der Leidenschaft ist, Projektion der Aggression auf den anderen und Verleugnung der Wirklichkeit im Dienste der Megalomanie (S. 63) werden als dynamische Elemente in dieser *Regression auf den malignen Narzißmus* („la régression à ce narcissisme malin", S. 82), welche die Entfesselung der destruktiven Aggression des Menschen erlaubt, bezeichnet; diese Allmacht sei mit der Verleugnung des Todes und der Verdrängung der Sexualität verbunden. Dies geschehe insbesondere, wenn alte Ideale vernichtet worden

---

61 „Foi, excès de zèle, exclusivisme, immédiateté de la purification, engagement tout poussé jusqu'au suicide et au crime, sont consubstantiels au fanatisme. J'y ajouterais la certitude de détenir *la* vérité, la'connaisance' du bien et du mal tenus pour absolus, et une forme de pensée binaire et uniformisatrice, l'aversion pour tout ce qui s'oppose à cette vérité ou la remet si peu que se soit en question. Sous toutes ses formes le fanatisme poursuit le même but: perfection et harmonie sur terre ou dans l'au-delà. Puisque le fanatisme peut se porter sur n'importe quel objet, il est essentiellement une déviation zélotypique au sein d'une foi appliquée à certains idéaux qui, même profanes, sont sacralisés, entrainant un attachement absolu, exclusif, passionné, jaloux et aveugle pour l'objet du culte, assorti de répulsion pour ce qui lui est étranger ou contraire" (Haynal et al. 1980, S. 321).

62 „... qu'il ne s'agit que d'une *dénégation* de la réalité, d'une recherche d'omnipotence pathologique, qui cache le plus souvent des sentiments d'impuissance et de désespoir, l'incapacité de supporter ses propres limites et de se soumettre aux règles de la civilisation intériorisées dans le Surmoi" (S. 63 f.).

sind. Die individuell und sozial erlebte Traumatisierung, der Zustand der Hilflosigkeit, die Furcht, die Ohnmacht wiederzuerleben („de *ressentir* l'impuissance") und die tiefe Enttäuschung in zuvor geachteten Autoritäten seien die entscheidenden kausalen Momente; die aufgeblähte Idealisierung („idéalisation gonflée") sei die Kompensierung für die Verwundung.[63] Damit wird auch wieder die kausal zentrale Rolle des Ressentiments in der inneren Sequenz wenigstens angedeutet. Am wesentlichsten in unserem Zusammenhang ist aber die Feststellung, daß der Fanatiker von einem befremdlichen Ideal, das seine Freiheit einschränkt, berückt wird und ein Schicksal erfährt, dessen *Tragik verleugnet* wird.[64]

Die dramatisch brutalste Form der Antwort auf das nagende Ressentiment fand sich in Hitlers Mythologie, wie sie Weinstein (1980) so ausgezeichnet beschrieben hat. Der Schwäche und Erniedrigung durch Niederlage, ökonomischen Kollaps, Demoralisierung und politische Entzweiung setzte Hitler die Ideale von Stärke, Brutalität und kriegerischer Unverwundbarkeit entgegen. Der Jude als das erwählte Böse wurde als „falsch, gespalten und versteckt" (S. 86) gezeichnet, der Arier als das erwählte Gute klar, ohne Konflikt, offen und stark in seiner inneren Einheitlichkeit beschrieben. Die Deutschen seien das unwissende Opfer des Juden, von dem Hitler sie zu erlösen gekommen sei. Dies war die Trinität, die alle seine Handlungen bestimmte: Hitler, der Jude und das Opfer. In der mythischen Denkweise waren die Juden nicht nur *wie* Parasiten, sie *waren* Parasiten, die das Blut der anderen Völker vergifteten und ihrer inneren Substanz beraubten (S. 89). Sie waren Chaos, formlos, frakturiert, zerspalten; die Arier besaßen Form, Ordnung und waren nicht gespalten. Der Jude sei der disintegrative Typ, der Arier der integrative (S. 159). Der jüdische Geist konzentriere sich auf Analyse, der deutsche auf Synthese.[65] Das Entscheidende war die innere Fragmentierung und Spaltung der jüdischen Seele.[66] Der Unterschied zwischen metaphorisch und konkret war aufgehoben.[67] Seine eigene

---

[63] „La *grandeur* ... cache le plus souvent un traumatisme et la crainte de ressentir l'impuissance, le sentiment d'être démuni; elle est la compensation de la blessure faite à l'image de soi et de la vulnérabilité persistante" (S. 94).

[64] „Le fanatique, fasciné par un idéal aliénant qui rogne sa liberté, vit une expérience dont le *tragique* est *dénié*" (S. 94).

[65] „The Jewish mind dwelt on analysis, the German on synthesis, one dissolving, the other organizing reality" (S. 142).

[66] „It was a matter of Jewish character, a masked but unified principle defined by formlessness. The Jews were *internally fragmented*, they were all alike in this regard no matter how they appear on the outside, and they seek to reproduce a world in which this internal fragmentation could be expressed; they have always sought it, only now they were more successful than ever and coming dangerously close to their goal in Germany. Hence the compulsive dwelling on the chaotic muddling of the races, the bastardization of the races, blood poisoning, racial death, racial swamp, racial chaos, human flood, human quicksand, Asiatic chaos, Eastern chaos, Bolshevik chaos. Hence also the dwelling on the will to form in Aryan character, and the expressed fear of becoming a formless mass without inner cohesion, a fear now overcome by a unifying ideology and a world-historical leader" (S. 144).

[67] „... that the Jews are a ‚ferment of decomposition', a racial *principle*, a failed and internally divided people seeking to reduce all form to their own chaotic formlessness" (S. 140). „This concrete body image of the Jews which reflected their fractured nature, was constantly com-

Identität hing von dieser Spaltung der Welt und der Absolutsetzung dieses Gegensatzes von rein und unrein ab (S. 91).[68] Er fürchtete Schwäche und Versagen mehr als den Tod.[69] Seine narzißtisch-paranoiden Züge, wie die des Zwergs, werden mit Recht als Pathologie der Ideale bezeichnet[70].

Innerer Konflikt ist Schwäche – und darum wird die innere „Spaltung", die „Fragmentierung" zum Hauptfeind erklärt. Eine allgemein menschliche Bedeutung wird ihr abgesprochen. *Das Ressentiment wendet sich also mit besonderer Virulenz gegen alle Symbole der Konfliktnatur der menschlichen Seele.*[71] Diese Gleichsetzung von Dynamik (Konflikt) mit der Zerstörung und dem Bösen bewirkt die besondere Statik der Naziideologie.[72] Die Gleichsetzung von innerem Konflikt mit psychoti-

---

pared to unified Aryan nature. Jews represented cunning, adaptability, dissimulation, yearning for power, and cruelty, which made good their physical lacks. Germans or Aryans represented firm character, genuine emotion, concentration, clarity, inwardness, order. But this Jewish-Aryan polarity was expressed particularly in the terms form-order, formlessness-chaos, and in these terms the Jews did not merely stand for disorder, the disintegration of form: The Jews were the motivating element of all such manifestations, which not only served their purposes but expressed their being" (S. 141).

68 „There was no multiplicity of meanings in complex actions, no alternative possibility to the roles he assigned to each, there was no relativity, and especially not for Hitler and the Jew, because if the Jew was not what Hitler said he was, then Hitler was not at all... The Jew in his mind was the mightiest counterpart of the Aryan, as destructive and chaotic by nature as the Aryan was creative and disciplined. The Jewish form was unstable because the Jewish soul was fractured; Aryan form was stable because Aryan soul was pure, or could be purified through breeding und training" (S. 90 f.).

69 „... he would sooner die than be revealed as an empty, helpless, wretched human being, sooner than suffer the shame and humiliation of defeat and the disintegration of the personal meaning of the world... victory or death were in fact the only alternatives. Hitler's inability to think in relative terms, his inability to integrate good and bad, love and hate, in single individuals and groups, was the result of this constant tension between grandiose expectations and fears of weakness and failure. It was always this or that, never this and that. This pattern of splitting the world into unalterably opposed representations of good and evil stemmed from fears of emotional annihilation, the feared or anticipated death of his world" (S. 98 f.).

70 „If Hitler's behavior can be conceived of as pathological, it was a pathology of ideals" (S. 102) „The convinced, fearless, and inflexible expression of ideals makes such an individual [the narcissistic individual] believable to others if they are threatened in their own ability to live up to or to act on ideals, which was precisely the situation in Germany" (S. 115).

71 „This constant resort to force, the constant stress on struggle and violence, was an attempt to *deny the contradictory nature of the human condition* and to solve an insoluble problem, the dilemma of loss experienced in time" (S. 149).

72 „The Nazis sought after what they called an ‚integrated character', or what the Italian fascist, Marinetti, called Hitler's ‚photographic static'. They meant by this concrete and specific physical homogeneity from which willing submission would follow, as character was a reflection of body type" (S. 145). „The Nazis had turned a problem of social conflict, which they could not assimilate in mind or accommodate to memory, into a physical problem of nature and the body; and they turned the central problem of memory, time, into a physical problem of space. The Nazis sought to dominate social conflict by holding the mind static ('Believe, obey, fight'), encouraging movement only in the body; and by holding time static, urging movement only in space, so that if change occurred it occurred only in the concrete, physical dimension, which they could master by technological achievement and by the unrestrained expression of mascu-

schem Chaos und die extreme (paranoide) Form der Spaltung ist Teil der anal-sadistischen Regression.[73] Der *innere Konflikt mußte in äußeren Konflikt, als mythischen Kampf von gut und böse, von rein und unrein zurückverwandelt werden.*

Doch haben diese *Perversion des Gewissens, diese regressiv-aggressive Gestaltung des Über-Ich* und die anderen beobachteten psychopathologischen Prozesse eine tiefere und allgemein wichtige Bedeutung:

Die klinische Erfahrung hat uns gezeigt, daß sich die Traumata und die durch sie ausgelösten Affektstürme im Über-Ich gleichsam verewigen – die Grausamkeit des Schicksals wird zum inneren Henker und zum bösen, rachsüchtigen, grausamen Zwerg, demgegenüber der Rest der Persönlichkeit ein hilfloses Opfer bleiben muß. Es ist diese Erfahrung der inneren Doppelheit von Henker und Opfer und das trotzige Aufbäumen dagegen, die von den Patienten als das Dämonische erlebt, von uns als Wiederholungszwang beobachtet und theoretisch-erklärend in der Vielfalt und Schwere der inneren Konflikte erfaßt wird.

Diese Internalisierung der Traumatisierung (schließlich in Form des Über-Ich, wenn einmal Strukturbildung stattfindet) läßt sich namentlich bei schwerer, frühkindlicher Traumatisierung beobachten. Dabei lassen sich mehrere Formen der Abwehr schon in den ersten Lebensmonaten konstatieren (v.a. Fraiberg 1982; s. auch Beebe und Sloate 1982; Brody 1982): Zunächst ist es die Abwehr durch *Vermeidung* mittels jeden Funktionssystems, das dem Säugling zur Verfügung steht.

> Es ist bemerkenswert, daß ein Kleinkind von diesem Alter [zwischen 3 und 7 Monaten] imstande ist, die Ziele des biologischen Repertoirs an Signalisierungsweisen (Blick, Lächeln, Vokalisierung, Bewegungsversuche) umzukehren, um die Mutter zu vermeiden, und daß die Wahrnehmung selbst in den ersten Monaten in Konflikt verwickelt werden kann, so daß deren Registrierung selektiv abgesperrt erscheint (Fraiberg 1982, S. 622).

Eine zweite ganz archaische Abwehr wird als *Erstarrung* (freezing) bezeichnet: „völlige Immobilisierung, ein Gefrorenwerden der Haltung, der Motilität und des Ausdruckes". Eine dritte ist das *Kämpfen*, als rabiate Wut, Zornausbrüche, „Vertrotztheit", eine vierte ist die *Umkehrung von Gefühlen*, wobei aus Angst und Schmerz eine aufgedrehte Fröhlichkeit oder sexualisierte Einstellung werden, und eine fünfte ist die *Wendung der Aggression gegen die eigene Person*, mit selbstzerstörerischen Handlungen und großer Schmerzunempfindlichkeit.

Als weitere, frühe Abwehrformen, die bei schweren Formen der Störung klinisch immer wieder zu beobachten sind, würde ich hier noch ganz besonders die *Wendung vom Passiven ins Aktive* und die *Projektion/Externalisierung* hinzufügen.

Es scheint, daß wir beim *Zwerg* ohne Mühe Spätformen aller 7 Abwehrformen, außer der zweiten, vorzufinden vermögen.

Überdies zeigt die Erfahrung der Psychoanalyse, daß bei solch schwerer Trau-

---

line ruthlessness. Space was in fact an appropriate metaphor for what had become the psychological reality, the essence of which was constant pressure against limits and boundaries" (S. 148).

[73] „The camps were referred to as the asshole of the world... People were indeed taken in as animate life and expelled as inanimate waste" (S. 148).

matisierung alle Abwehrmaßnahmen gegen innen und außen dementsprechend ebenso absolut sind wie die abzuwehrenden Affekte, ob nun in Form der Wendung gegen sich selbst, der Wendung vom Passiven ins Aktive, des Rückzuges und der Aufgabe alles Interesses. Die narzißtischen Phantasien, Ansprüche und Charakterhaltungen werden eingesetzt, um Schutz gegen diese unerträgliche Selbstverurteilung zu bieten. Der klinische Narzißmus erscheint damit als Teil einer vielfältigen Abwehrstrategie gegen ein mit Absolutheit regierendes Über-Ich.

Wie ich anderswo ausgeführt (s. *Flucht vor dem Gewissen*), involvieren narzißtische Probleme und Störungen daher immer ganz zentral Über-Ich-Konflikte. Klinisch ist es daher von größerer Hilfe, narzißtische Konflikte als Ergebnisse von Über-Ich-Konflikten zu behandeln, anstatt umgekehrt die narzißtischen Störungen als den strukturellen übergeordnet anzusehen.

Lichtenberg bemerkte in einer Diskussion dieses Werkes, daß der *Zwerg* jedes einzelne der größeren Motivationssysteme vorbringe, um sie dann alle, mit einer einzigen Ausnahme, zu verwerfen – handle es sich um die Bedürfnisse nach Regulierung, nach Berührung, nach Nahrung, nach Liebe, nach Anklammerung und Verbundenheit (affiliation), nach Explorieren und Spielen, nach sexuellen und sinnlichen Lusterlebnissen. Das einzige Motivationssystem, dem wirklich Ausdruck verliehen werden kann, ist das der Aversion, des Rückzuges und des Antagonismus. Alles wird unter der Herrschaft dieses einen Motivationssytems organisiert. Das verweigernde Nein (repudiation) wird zur einzig statthaften Motivierung. Und es ist dieses radikale, maligne Nein, das zum Leitmotiv eines solch traumatogenen Über-Ich geworden ist – die protoypische Abwehr gegen schwerste chronische Traumatisierung und die Wurzel der Verabsolutierung des Ressentiments.

Die *Wertstruktur*, die dem Über-Ich als Idealsystem zugrundeliegt, und die Macht- und Aggressionstriebe, die ihm zur Verfügung stehen, weisen ebenfalls dies archaische Merkmal der Übersteigerung auf. Je mehr dieses Idealsystem auf absolut gesetzten Gefühlswertungen beruht, um so apodiktischer sind auch seine Forderungen, und um so intensiver und maßloser werden seine Macht- und Aggressionsansprüche durchgesetzt. Je schärfer damit die Mißbilligung und Verurteilung ist, desto tiefer muß die Sehnsucht nach Billigung und Verzeihung sein, und desto stärker ist das Bedürfnis nach Schutzfiguren und Schutzsystemen. Statt der Nach-außen-Wendung des im Über-Ich investierten Ressentiments und der Verleugnung von Idealen und innerem Konflikt kann es zur gegenteiligen Lösung des Problems des Ressentiments kommen, zum Versuch der Beschwichtigung des inneren Richters: Mehr und mehr tritt der Wunsch nach Liebe in den Dienst dieses Bedürfnisses nach einer schützenden und vergebenden Machtfigur, die dem innern Richter in die Arme fallen könnte und dem Henker sein immerfort drohendes Schwert entwinden würde. Das bedeutet, daß alle Liebesbeziehungen diesem Bedürfnis untertan sind, den Henker zu beschwichtigen und von ihm gebilligt zu werden. Es handelt sich um den klinischen Zustand der „Liebessucht", daher den des Masochismus, letztlich in Form der masochistischen Perversion.

Worin läßt sich diese Schutzgestalt beim Zwergen finden? Es ist das Ideal der absoluten Macht, der Selbstkontolle und Unberührbarkeit. Mit diesem erblickten Ideal versucht er sich zu identifizieren. Namentlich möchte er wie der Condottiere sein (eine Anspielung übrigens, so scheint es mir, selbst im Namen auf Duce und „Führer"). Er sucht seinen *Schutz in solch globaler Identifizierung mit der Macht*.

Doch in alledem ist er Teil von uns selbst.

> Macht über mich! Was hat es zu bedeuten, daß ich hier unten im Gefängnis sitze? Was hilft es, mich in Fesseln zu legen? Ich gehöre wohl trotzdem ebenso zur Burg! Um es richtig zu zeigen, haben sie mich sogar daran festgeschmiedet! Ich bin an die Burg geschmiedet und sie an mich! Wir können nicht voneinander los – mein Herr und ich! Bin ich gefesselt, so ist er auch gefesselt! Bin ich an ihn gekettet, so ist er auch an mich gekettet! – Ich lebe hier in meiner Höhle, lebe mein unbekanntes Maulwurfsleben, während er da oben in seinen schönen, prächtigen Sälen umhergeht. Aber mein Leben ist auch *seines*. Und sein vornehmes, höchst achtungswertes Leben da oben gehört im Grunde genommen *mir* (S. 268).[74]

Das Gewissen der in *Flucht vor dem Gewissen* geschilderten Patientin Regula, einer aus schrecklichen Verhältnissen stammenden, schwerst traumatisierten Ärztin, zeigte eben diese Unbarmherzigkeit. Ihre Litanei der Selbstbeschimpfung verbarg die Wirklichkeit, wogegen dieser innere böse Zwerg mit rachsüchtiger Maliziosität Wache stand:

> Mich verhaßt zu fühlen, nicht nur für den Wunsch, mir etwas zu nehmen, sondern für mein Dasein überhaupt. Nicht das Recht zu haben, dazusein. Daß ich für die Mutter zu schwer war, daß sie glaubte, sie könne mich nicht tragen, nicht ertragen, daß ich die Leute aus Haus und Hof esse. Ich war das erwünschte, aber auch das gehaßte Kind, das niemals sein konnte wie das gestorbene [ältere] Geschwister. Ich war miserabel, mürrisch, weinend. Immer hieß es: Warum kannst du nicht nett und gescheit sein wie die [jüngere] Schwester? Warum mußt du du selbst sein? Man wollte mich immer loswerden. Wollte ich teilnehmen, mußte ich weniger ich selbst sein (less of myself), weniger eine Person, weniger gewichtig (weightful) – und v. a. weniger wegnehmend, neidisch.
>
> Wie wagst du es, etwas für dich zu behalten, wenn deine Schwester es will? Warum klammerst du dich an dein Spielzeug? Du böses Ding, du schlechtes Mädchen! Teile dich doch mit deiner Schwester! Warum mußt du so gemein sein? Sei nicht so gierig! Sei doch ein großes Mädchen!
>
> Hier nimm es denn! Ich brauche es nicht. Dann gibt es keinen Streit mehr. Hier nimm es doch! Ich will es ja gar nicht! (921)

Das Gefühl der Ungerechtigkeit war überwältigend, das Ressentiment bitter und verzehrend, doch ihre Unfähigkeit, etwas für sich zu beanspruchen, sich zu

[74] „Makt över mig! Vad betyder det att jag sitter här nere i fängelsehålan! Vad hjälper det att slå mig i bojor! Jag tillhör väl borgen lika mycket för det! För att riktigt visa det har de till och med smitt fast mig vid den! Jag är fastsmidd vid den, och den vid mig! Vi slipper inte ifrån varandra – min herre och jag! Är jag fängslad, så är han också fängslad! Är jag länkad vid honom, så är han också hoplänkad med mig! – Jag lever här i min håla, lever mitt okända mullvadsliv, medan han går omkring där i sina sköna, präktiga salar. Men mitt liv är också *hans*. Och hans förnäma, högst aktningsvärda liv däruppe tillhör i själva verket *mig*" (S. 203 f.).

behaupten, ihr Recht zu wahren, überhaupt etwas anzunehmen – die zwangsmäßig ausgeübte „altruistische Abtretung" – wirkte diesem „inneren Zwergen" so machtvoll entgegen, daß der rachsüchtig-neidische Teil kein Gehör und keine analytische Durcharbeitung gewinnen konnte. Stattdessen lebten dann mehrere ihrer Kinder gerade das aus, was sie am meisten verschmähte: der jüngste Sohn beging einen erheblichen Bankbetrug und verstrickte sich in ein unentwirrbares Gewebe von Lügen und Täuschung, die älteste Tochter lebt in beißendem Unfrieden mit ihrem Mann und verfolgt die Mutter mit ihrer Unzufriedenheit und Selbstmorddrohungen, der nächst jüngere Sohn fühlt sich stets benachteiligt und verlangt immer wieder neue Darlehen von ihr.

Auch bei ihr waren die Individualität global verleugnet und ihre Wünsche und Bedürfnisse gewaltsam unterdrückt, also auch massiv verdrängt worden. Doch die Gewalttätigkeit der Ablehnung verewigte sich wie beim *Zwerg* im Gewissen. Sie selbst nannte ihr Gewissen, in Anlehnung an Lagerkvists Novelle, ihren „bösen Zwerg". Und auch hier zeigte sich in der Analyse eine weitgehende Unfähigkeit, inneren Konflikt zu analysieren. Statt dessen wiederholte sich entweder das Ritual der unreflektierten Selbstverurteilung oder die Darstellung der Lösung äußerer Probleme. Der Zugang zur wesentlichen Konflikthaftigkeit der menschlichen Seele schien verschüttet.

Hinter der Maske der Macht steckt der böse Zwerg, und hinter beiden wissen sich das böse Gewissen und das hilflose Ich zu verbergen. Doch sind sie beide, Fürst wie Zwerg, Teile unserer Persönlichkeit – „Sin dvärg har man alltid bruk för" (seinen Zwerg benötigt man immer; schw. S. 171; dt. S. 237).

Und die Antithese ist ebenso richtig, wie sie Angelica, die Fürstentochter, in ihrem Suizidbrief nach der vom Zwerg veranlaßte Ermordung ihres Geliebtem ausdrückt: „Men så snart jag såg Giovanni, förstod jag att kärleken är det enda som verkligen finns i världen, att allt annat är ingenting" (S. 187) (Aber sowie ich Giovanni sah, begriff ich, daß Liebe das einzige ist, was es wirklich gibt in der Welt, daß alles andere nichts ist; S. 253). In dieser einen großen Spannung zwischen den beiden Polen der Selbstliebe, also der Machtgier, und der Liebe für den anderen, also der Selbsthingabe, bewegt sich das menschliche Leben. Wird dieses zu sehr zu einem der beiden Extreme gerissen, will es entweder Macht oder Liebe in absoluter Form, so wird es verkrüppelt und muß zugrunde gehen. Nur im Mittleren, in der Mischung liegen, wie es Aristoteles postulierte, Tugend und Weisheit.

Die Absolutheit widerspricht dem Überleben sowohl des Individuums wie der Gemeinschaft. Sie bedeutet Ausschaltung, weder Lösung noch Überwindung von innerem Konflikt. Innerer Konflikt findet entweder seine Lösung in Wahl und Entscheidung (Rangell) oder seine zeitweilige Bearbeitung in der Kompromißbildung (in Form von Symptomen und Charakterhaltungen) oder aber seine gewaltmäßige Ausschaltung durch Absolutsetzung, Verleugnung und Projektion. Und zwar findet die Ausschaltung im Falle der Konstellation des Ressentiments mittels *Pauschalverleugnung* statt, eben der Wahrnehmung des Konfliktes und der Konfliktnatur überhaupt, die einzig dank der massiven *Verdrängung* der meisten nichtaggressiven (namentlich der libidinösen) Triebe und damit auch großer Über-

Ich-Anteile (v.a. der Ideale), der *Wendung des Passiv-Erlebten ins Aktive* und der *Projektion* des Verdrängten als Hassenswertem aufrechterhalten werden kann und immer prekär bleibt. Erst als Resultat komplexer Abwehrvorgänge stoßen wir dann auf jene oft erwähnte Dreiheit von Verabsolutierung, Spaltung und Wiederholungszwang.

Dies ist aber nicht die einzige Form der Absolutsetzung. Wir haben sie zuvor bei der Behandlung des Tragischen angetroffen. Auch dort begegnen wir im Ergebnis derselben Trias. Doch der Konflikt wird dort nicht verleugnet. Statt dessen ist der Fokus auf die *Wahl*, auf die *tragische Entscheidung* eines inneren Konflikts gerichtet. Dem letztlich Statischen der Ausschaltung durch das Ressentiment steht das *absolut Dynamische* im Tragischen gegenüber. Statt des Aufstands gegen das Gewissen und der Verdrängung aller libidinös fundierten Ideale und Werte, wie wir sie beim *Zwerg* angetroffen haben, identifiziert sich die tragische Gestalt mit einem hohen Wert völlig, eben absolut, sie vertritt eine Über-Ich-Forderung gegenüber allen anderen unbedingt und lädt mit dieser *ihrer* Herausforderung der „Götter" die Bestrafung ein. Es ist in einem ganz tiefen Sinne die Revolution für ein neues Ideal, die am Widerstand der Vertreter des alten *Über-Ich* zerschellt. Der Rebell fällt, wie es Benjamin ausgeführt hat, als Opfer für ein *neues Gemeinschaftsideal*. In den Hauptgestalten, wie Kreon und Antigone, stehen sich die Vertreter der alten Werte und des neuen Ideals in schroffer Gegnerschaft, „in mere oppugnancy", gegenüber, beide in ihrer mythischen Absolutheit, beide verurteilt in ihrer Größe, doch nicht verworfen. Der entscheidende dynamische Unterschied gegenüber dem Typ des Zwergs und des Fanatikers überhaupt besteht darin, daß Konflikt nicht pauschal verleugnet wird und daß ein „hohes", von der menschlichen Gemeinschaft gewürdigtes, also mit der zwischenmenschlichen Solidarität („Liebe") vereinbares Ideal vertreten, nicht verdrängt wird.

Bei beiden handelt es sich um einen Protest gegen eine Verletzung des Rechtsverlangens. Doch beim Ressentiment wird die Lösung, die Wiedergutmachung in der radikalen Zerstörung dessen gesucht, der zum Träger der Projektionen des Verdrängten geworden ist. Im Tragischen wird das Unrecht auch nicht angenommen, es kann auch nicht wiedergutgemacht werden, aber die Größe des Helden im Leiden, die Stärke seiner Willenskraft, die wenn auch nur nach Zögern gewonnene, doch unbeugsam aufrechterhaltene Entscheidung und Wahl, das unerschütterliche Festhalten an dem als absolut gesetzten Ideal – all dies bildet eine Art Gegengewicht zum tragischen Bewußtsein der Ungerechtigkeit. Und dazu kommt die Spannung zwischen dem Unmäßigen und dem Maße, innerlich und v.a. auch sichtbar, äußerlich, zwischen Protagonisten und Chor (oder dessen Nachfolger).

Auch hier ist jedoch Vorsicht am Platz: Zwar spreche ich vom Gegensatz zwischen dem „tragischen Charakter" und dem vom Ressentiment bestimmten Fanatiker, als ob es sich dabei um wohl umgrenzte, eindeutige Typen handelte. In Wirklichkeit sind beide aus der Literatur gewonnene Extrem- und Idealtypen, die wohl nur selten rein bestehen. Gerade vom dynamischen Gesichtspunkt aus ist es wichtig festzustellen, daß es sich dabei doch viel eher um dynamische Konstellationen handelt, daß diese extremen Typen nicht draußen als sichtbare Wirklichkeiten, sondern in uns selbst und in unseren Patienten als innere Gestaltungen leben und wirken, als Gestaltungen, die miteinander im Kampf stehen oder sich dem Ich als gegensätzliche Möglichkeiten anbieten: Entweder die einseitige Verfolgung eines hohen Ideals unter Aufopferung aller anderen Interessen und Bestrebungen des Selbst, auch der Selbsterhaltung, oder aber die einseitige Verfolgung der Rachsucht *gegen* die Träger bestimmter Ideale. Beim ersten handelt es sich um die Aggression im Dienste eines Wertes der Sublimation, beim zweiten um die Aggression als eine solche der reinen Destruktivität im Dienste eines Ideals, das sich auf Vernichtung und Mord gründet – wie das des Boccarossa (im *Dvärgen*) oder der mythischen Figur des Ariers. Beide Male ist die Aggression übersteigert, das Ziel absolut, dessen Verfolgung von der Art zwingender Besessenheit, also das ganze Streben „narzißtisch", bei beiden Typen dient die Aggression u.a. der Abwehr der Scham, doch beim einen wird die Zerstörung zur Hauptsache, beim anderen die Selbstaufopferung.

Gleichgültig aber, wie sehr der Zwerg in uns, dieser eine Vertreter alles dessen, was Entweder-oder und kategorisch ist, es verhöhnen mag: „Människorna tycker om att spegla sig i grumliga speglar" (S. 211) (Die Menschen lieben es, sich in trüben Spiegeln wiederzusehen", S. 276).

4.3.4 Der größere Zusammenhang

Der Zwerg ist wohl keine tragische Figur, ist wirklich ihr Gegenstück und Gegenteil. Das Werk Lagerkvists als Ganzes, nicht nur *Dvärgen*, ist jedoch vom *tragischen Bewußtsein*, genauer: vom Bewußtsein der zutiefst tragischen Natur des Menschen und seiner Geschichte getragen.

So muß *Der Zwerg* schließlich auch im Zusammenhang mit den andern großen Werken Lagerkvists gesehen werden – dem *Henker*, *Barabbas*, *Die Sibylle* (*Sibyllan*), *Der Pilgrim* (*Pilgrimen*, einer Trilogie bestehend aus *Ahasverus' Tod* [*Ahasverus död*], *Pilger auf dem Meer* [*Pilgrim på havet*] und *Das Heilige Land* [*Det heliga landet*]), *Mariamne* und der autobiographischen Novelle *Gast bei der Wirklichkeit* (*Gäst hos verkligheten*).

Ich beginne mit der letzteren. Sie spiegelt eine Kindheit wider, von tiefer Sicherheit und Vertrauen („trygghet") und einer alldurchdringenden Frömmigkeit. Doch diese Geborgenheit wandelt sich mehr und mehr in etwas Bedrückendes, ja Erstikkendes. Das Bedürfnis nach Selbstaufopferung und Selbstverleugnung, die zentrale Stellung des Pflichtbegriffs („plikten framför allt", wie es der schwedischen 1-Kronenmünze aufgeprägt ist, „die Pflicht vor allem") und des Opfergedankens („offret"), damit aber auch ein überwältigendes Gefühl des Ungenügens, der Selbstkasteiung sowohl im Sinne der Schuld wie dem der Scham – diese bestimmen die Wertstruktur der kleinbürgerlich-bäuerlichen Welt, in der er aufgewachsen war und gegen die er versucht hatte zu rebellieren, ohne daß es ihm je ganz gelungen wäre, das Joch abzuschütteln.

Die autobiographische Novelle schildert, wie der kleine Knabe vom Aufseher

(„källarmästaren“) davor gewarnt wird, ein Loch in die Erde des Parkweges zu graben, da das bedeute, jemand in seiner Familie werde sterben.[75] Seine dadurch geweckte panische Gewissensangst wandelt sich im Laufe der Jahre zur Besessenheit einer Todesangst; nur durch magische Handlungen, nämlich durch sein Beten am Privataltar im Walde, glaubt er das Unheil abwenden zu können. Dort fleht er darum, daß niemand, gar niemand sterben – er zählt sie auf –, daß sich überhaupt gar nichts verändern solle.[76] Nur die durch persönliches Opfer und Mühsal erlebte Entsühnung könne ihn von der Schuldbesessenheit befreien. Erst nach dieser Abbuße kann er erleichtert nach Hause eilen. Wie es dann aber tatsächlich eintrifft, daß seine Großmutter verscheidet, bricht für ihn die Welt entzwei. Er ist überzeugt, er werde nun selber bald sterben, alle meiden ihn deswegen, alle schließen sich ab von ihm – er stehe im leeren Raum. Nur seine Mutter wolle sich nichts anmerken lassen, wolle ihm zeigen, daß er ihr trotzdem lieb sei, und daß sie immer an ihn denke, ständig um ihn sei.

Ihre Zärtlichkeit, ihre Güte und liebevolle Zuwendung vermochte er jedoch nicht auszuhalten. (Wir dürfen hinzufügen: wie könnte er solcher Liebe würdig sein, wie kann ihm Gutes noch zustatten kommen – bei solch geheimer Bosheit und Verworfenheit?!). Wenn er sie nur hassen könnte![77] Er fühlte sich eingeschlossen, erstickt. Man müsse ausbrechen („Man måste bryta sig ut!“, S. 96). Doch solches Ausbrechen aus der Schwere und Schwüle, was wäre das, worin bestände das? Im Wegfegen von Gott, in eben der Annahme der Sinnlosigkeit, die vom Zwergen zur Grundlage des Daseins erklärt wurde. Nur Angst und Leere hätten Bestand. „Die Angst nagte und nagte, fraß ein Loch in einen hinein.“[78] Daneben konnte er aber auch fröhlich und lustig sein. Er war wie zwei Wesen, die nichts miteinander zu tun hatten.[79] Der Gewissenskonflikt, Ausdruck dahinter liegender tieferer Konflikte, führt zur *Identitätsspaltung* und *Entfremdung*, der charakteristischen inneren Doppelheit der Depersonalisierung.

Doch ist es ihm gegenwärtig, daß in dieser Todesangst selbst etwas Unmenschliches liegt, daß im wahnsinnigen Sichanklammern ans Leben etwas Lebensfeindliches spürbar wird.[80]

---

[75] „När små barn gräver gropar, så betyder det att någon i huset skall dö“ (S. 17). Da ich keinen Zugang zu deutschen Übersetzungen dieser Werke, außer dem *Henker*, habe, zitiere ich aus dem schwedischen Text und übersetze oder umschreibe die Zitate selber.

[76] „Att han inte skulle dö, att ingen av dem skulle dö, säkert ingen! Att far skulle leva, mor, syskonen – räknade upp dem – de gamla ute på landet, alla, alla! Att säkert ingen skulle dö! Att de skulle vara så som det var. Att ingenting skulle ändras!“ (S. 55 f.).

[77] Han kunde inte uthärda hennes ömhet. Om han kunnat hata henne! All denna godhet, all kärleksfullhet i hemmet – man kunde inte uthärda den (S. 95).

[78] „All ödslighet och ångest“, „bara tomheten stod alltid oföränderlig runtomkring. Bara ångesten gnagde och gnagde, åt sin hål inne i en“ (S. 97).

[79] „Jo, han höll på med olika slags, två åtminstone. Och han kände som om de liksom inte hade något med varandra att göra“ (S. 100).

[80] „I hans skräck för döden var något omänskligt... Det var något omänskligt i detta vanvettiga fastklamrande vid livet – något livsfientligt“ (S. 74 f.).

Für den Analytiker ist es naheliegend anzunehmen, daß es wohl v.a. *Mordgedanken* sind, die durch ein überstarkes Gewissen in Schranken gehalten werden müssen und sich als unablässige Todesangst äußern. Und da sich diese Ängste bei ihrem ersten Erscheinen auf den Vater richten, gleich nach der Warnung durch den „källarmästaren“ (der ja selber eine Vatergestalt ist), ist der usprüngliche Gegenstand solcher Wünsche wahrscheinlich. Man darf daher wohl annehmen, daß hinter diesen Zwangssymptomen, hinter dieser Ich-Einengung und Ich-Spaltung *ödipale Konflikte* mit starken Eifersuchts- und Todeswünschen stehen; doch kommen diese in der Autobiographie nirgends klar zum Ausdruck und würden auch deren künstlerischen Wert zerstören. Was hinter dem Gewissenskonflikt lauert, erschließt sich erst klarer, wenn man die Autobiographie in den größeren Zusammenhang des Werkes als Ganzem stellt.

In anderen Hauptwerken zeigen sich diese freilich deutlicher. Barabbas, selbst Sohn einer vergewaltigten Sklavin, wird zum wirklichen Mörder seines Vaters, wie dieser ihn selbst umzubringen versucht. Zeitlebens sucht er mit den widersprüchlichen („ambivalenten“) Gefühlen der Gestalt des Gekreuzigten gegenüber, der buchstäblich an seiner Statt gestorben ist, fertig zu werden, sich ihr bald anzunähern, bald sie wieder zu verleugnen und zu verraten. Während er zum Schluß annimmt, ihm dadurch die Treue zu wahren, daß er mithilft, die Stadt Rom in Brand zu stecken, trägt er gerade so das Entscheidende dazu bei, daß die Christen der Brandstiftung überführt und nun ihrerseits gekreuzigt werden – und er mit ihnen. Er, dessen Name auf Aramäisch „Sohn des Vaters“ bedeutet, ist sowohl ein wirklicher wie ein symbolischer Vater- und Brudermörder und büßt dafür mit eben jener Todesstrafe, die dem von ihm mehrfach Verratenen zugemessen worden ist.

Die mythische Gestalt des Henkers (*Bödeln*), welche die Menschheit seit Kains Zeiten als ihr unentrinnbarer Schatten begleitet hat, tritt nach Golgatha vor Gott und fleht ihn an, ihn, den Henker, von seinem blutigen Gewerbe zu befreien.

> Aber er [Gott] sah nur hinaus in den Himmelsraum, unbeweglich und wie versteinert... Aber er sah mich nicht. Seine runden Augen starrten öde und leer in die Weite wie in eine Wüste. Ich war von Schreck erfüllt und von einer unerträglichen Verzweiflung. „Heute habe ich deinen eigenen Sohn gekreuzigt!“ rief ich ihm wild und rasend zu. Aber er veränderte keinen Zug in seinem harten, gefühllosen Gesicht. Es war wie aus Stein gehauen. Ich stand da in dem Schweigen und der Kühle und fühlte den Wind der Ewigkeit wie Eis in mir. Es war nichts zu machen. Niemand, mit dem ich reden konnte. Nichts (S. 68).[81]

Doch in jeder dieser Figuren ist das eigentliche Problem, die wirkliche, doch verhüllte Gefahr nicht die: „Ich habe Angst davor, zu töten“, sondern: *„Ich will ich*

[81] „Men han såg bara ut i rymden, orörlig och som förstenad... Men han såg mig inte. Hans kupiga ögon stirrade ödsliga och tomma ut i rummet, som i en öken. Jag fylldes av skräck och en outhärdlig förtvivlan. – I dag har jag korsfäst din egen son! skrek jag vild och rasande åt honom. Men han ändrade inte ett drag i sitt hårda, okänsliga ansikte. Det var som hugget ut ur sten. – Jag stod där i tystnaden och kylan och kände evighetens vind isa genom mig. Det fanns ingenting att göra. Ingen att tala med. Ingenting“ (S. 75).

selbst sein." In *Gäst hos verkligheten* heißt es: „Det var bara en släkt, inga särskilda mänskor – man måste bryta sig ut, bli en enda!" (S. 92) (Das war nur eine Sippe, keine Individuen – man mußte ausbrechen, ein einzelner werden!). Ich erwähnte es schon in bezug auf Barabbas: „Han ville alltid vara sig själv och inget annat" (S. 41) (Er wollte immer er selbst sein und nichts anderes). „Er war mit niemandem zusammengebunden. Mit niemandem in der ganzen Welt."[82] „Er war in sich selbst eingeschlossen, in sein eigenes Todesreich. Wie könnte er aus dem ausbrechen?"[83] „Denk, wenn er nicht mehr *er* wäre? Denk, wenn er ein anderer geworden wäre, besessen von einem andern, vom Geiste eines andern! Wenn er nicht mehr er selbst wäre!"[84], sorgt sich „die Dicke", Barabbas' Freundin. „Er war in sich selbst eingeschlossen, in sein eigenes Todesreich. Wie konnte er aus dem ausbrechen?"[85]

Dieses in sich selbst Eingeschlossensein, diese ausschließliche Selbstbehauptung und Selbstverteidigung versucht sich bei Barabbas, wie beim Zwergen, hinter dem Gewissen der Konvention und der Selbstgerechtigkeit zu verstecken, doch eine solche Bemäntelung muß mißlingen. Dasselbe gilt für Ahasverus in beiden Novellen, die von ihm handeln.

Und über Herodes heißt es in *Mariamne:* „Och i öknen reste han ett tempel över sig själv" (Und in der Wüste [seiner Seele] errichtete er einen Tempel über sich selbst, S. 105). „Han var sig själv. Han var Herodes. Den store konungen Herodes" (Er war er selbst. Er war Herodes. Der große König Herodes, S. 116).

Solche Selbstsucht ist der Gegensatz zur Liebe, ist mit ihr unvereinbar: „För hos honom var själva kärleken ond" (Denn bei ihm war selbst die Liebe etwas Böses, S. 87). Das Gegenstück zur Gestalt des Tyrannen ist die von einem unversöhnlichen Gewissen bedrückte Persönlichkeit, die absolutgesetzte Verpflichtung dem anderen gegenüber, verkörpert in der Gestalt der vom König begehrten, geliebten, geschändeten und schließlich aus Argwohn umgebrachten Frau Mariamne: „Men hon hörde ju till de människor some förebrår sig själva allt" (Doch sie gehörte zu jenen Menschen, die sich selbst alles zum Vorwurf machen, S. 71).

Die große Sünde scheint also in diesen Werken für Lagerkvist *das übersteigerte Man-selbst-sein-Wollen* zu sein, die Suche nach Selbstverwirklichung, die soweit geht, zum Verrat wahrhafter Gemeinschaft, also der Liebe, zu werden. Ahasverus sagt in *Sibyllan:* „Men jag bryr mig inte heller om någon annan än mig själv!" (Aber ich schere mich auch nicht um jemanden andern als mich selbst, S. 213).

Der Gegenpunkt zu diesem Sichversteifen auf das Eigene ist immer wieder das, was in *Barabbas* kontrapunktisch als „Älsken varandra" (Liebet einander, S. 38) und als „Han begärde bara att man offrade sig själv" (Er verlangte nur, daß man sich

---

[82] „Han var inte hopbunden med någon. Inte med någon alls i hela världen" (S. 114).

[83] „Och han var instängd i sig själv, i sitt eget dödsrike. Hur skulle han kunna bryta sig ut ur det?" (S. 118).

[84] „Tänk om det inte var *han?* Tänk om han hade blivit en annan, var besatt av en annan, av en annans ande! Om han inte längre var sig själv!" (S. 53).

[85] „Och han var instängd i sig själv, i sitt eget dödsriket. Hur skulle han kunna bryta sig ut ur det?" (S. 118).

opfere, S. 88) erscheint. Wir hörten es schon in Angelicas Bekenntnis, daß Liebe das einzige sei, das Wirklichkeit schaffe. In *Sibylle* ist es die immer wiederkehrende Sehnsucht nach der *Trygghet*, der ruhigen Sicherheit und dem Vertrauen ihres Elternhauses, der menschlichen Liebe und Zugehörigkeit, die ihr so grausam entrissen worden waren. Wer dieser Liebe teilhaftig geworden ist, kann und will ohne den anderen nicht mehr weiterleben: „... hon betytt *allt*... hon *var* mitt liv" (sie bedeutete mir *alles* ... sie *war* mein Leben; *Själarnas maskerad, Die Maskerade der Seelen*, S. 123).

Der Mord wird lediglich zur extremen Manifestation des sündhaften Man-selbst-sein-Wollens. Die von Ahasver (in *Sibyllan)* gezeigte Selbstsucht und Gleichgültigkeit gegenüber dem Leiden des anderen, das Nicht-mitfühlen-Können, ist eine andere furchtbare Manifestation davon, und die ressentiment-besessene Rachsucht, der Neid und die Eifersucht des Zwerges eine dritte. Bei allen drei Formen ist es die äußere ebenso wie *die innere Autorität* in Form des Gewissens, die zur *Trägerin dieser vernichtenden Macht- und Selbstsucht* wird. Damit wird es aber zu einem Gewissen, das besonders unduldsam gegenüber allem ist, was als „Selbstverlust" oder als „Opfer" zu deuten wäre: Liebe und Selbsthingabe, Mitteilen von Gefühlen und Nähe. Es ist ein *kategorischer Imperativ, der in seinem Wesen antithetisch zur Liebe ist.*

Umgekehrt droht das Gebot der Liebe und Selbstaufopferung immer wieder selber kategorisch zu werden und dadurch die Individualität auszulöschen. Das Zusammengehörigkeitsbedürfnis besitzt seine eigene diktatorische Macht, die zur „Erstickung" des einzelnen führt und zur Unterdrückung seiner schöpferischen Fähigkeiten und seines freien Denkens zwingt. Oder es führt zum Selbstverlust in der Hingerissenheit enthusiastischer Liebe. „Für mich ist er ein wilder Abgrund gewesen, der mich und alles, das mir lieb gewesen ist, verschlungen hat", sagt die Sibylle über den Gott.

> Und ein glühender Atem und eine Umarmung ohne Sicherheit, ohne Frieden, aber eine, nach der ich mich trotzdem sehnte. Eine heiße und fremde Macht, die alles über mich bestimmte. Er hat mich tief unglücklich gemacht. Aber er ließ mich auch ein Glück fühlen, das über alles Verstehen hinaus geht. Das hat er ja auch getan, das darf ich nicht vergessen. Was wäre mein Leben gewesen ohne ihn? Wenn ich nie . . . das Wunder, in seinen flammenden Armen ausgelöscht zu werden, hätte erleben dürfen, ganz ihm zu gehören? Seine Begeisterung zu fühlen, seine grenzenlose Seligkeit, teilzunehmen am unendlichen Glück Gottes, dazusein? Was wäre ich ohne dies gewesen? Wenn ich nie etwas anderes hätte erleben dürfen als mich selbst?[86]

---

[86] „För mig har han varit en vild klyfta som uppslukat mig och allt jag haft kärt. Och en glödande andedräkt och en famn utan trygghet, utan frid men som jag ändå längtat till. En het och främmande makt som bestämt allting over mig. Han har gjort mig mycket olycklig. Men han har också låtit mig känna en lycka som övergår allt förstånd. Det har han också, det får jag inte heller glömma. Vad skulle mitt liv ha varit utan honom. Om jag aldrig fått . . . . uppleva undret att själv utplånas i hans lågande armar, att helt vara hans. Att känna hans hänryckning, hans salighet utan gräns, att dela guds oändliga lycka över att vara till. Vad skulle jag varit utan detta. Om jag aldrig fått uppleva någonting annat än mig själv" (*Sibyllan*, S. 216).

Das völlige Aufgehen im anderen, die Absolutsetzung der Liebe, dieses Land, wo die Seelen weilen, ist nicht hier, ist mit der Wirklichkeit nicht vereinbar.[87] Will man „dem Wesen“ absolut treu bleiben, muß man letztlich Nein zum Leben sagen.

Das Gewissen, das sich im Dienste dieses Ideales weiß, kann ebenso unduldsam gegenüber dem Schöpferischen und Individuellen werden, wie es das von Macht- und Selbstsucht bestimmte Zwergengewissen gegenüber der Liebe ist, gegenüber der Kommunion auf manchen Ebenen mit dem anderen. In beiden Fällen bedient sich die innere und die äußere Autorität der Aggression, um ihren Willen durchzusetzen, im Dienste des einen oder des anderen Ideals.

Dies wird also zum zentralen Konflikt: eine innere Stimme, die Liebe und Selbsthingabe verlangt, gegenüber dem inneren Befehl, man selbst sein zu müssen. Die Tragik besteht darin, daß diese beiden Imperative, beiderlei Verlangen, vom Gewissen ausgehen und kategorisch zu werden pflegen, also miteinander in Konflikt treten müssen, ob es sich nun um die Antithese von Zwerg und Angelica handelt, um die von der Sibylle, die sich in ihrer Liebe verhängnisvollerweise selbst entäußert, und Ahasverus, der in seiner selbstsüchtigen Unsterblichkeit doch ewig tot ist, um die von Christus und seinen Schülern gegenüber Barabbas, um die der Frau Diana und der Hospizmutter gegenüber dem rastlosen Krieger und dem „ewigen Juden“ in *Ahasverus död.*

Worin immer die absolutgesetzten Werte bestehen mögen, so stellen sich die tragische Konsequenz und die Radikalität des Konfliktes unvermeidlich dann ein, wenn das Gewissen selbst absolut und lieblos wird, also vom Macht- und Zerstörungswillen beherrscht wird. So verlangen Familie, Kultur, Religion immer wieder in derart absoluter Weise die Auslöschung der „Selbstsucht“, die Aufopferung der Individualität für die Gemeinschaft, namentlich die religiöse Gemeinde; sie behandeln das Werden des einzelnen als etwas Feindliches. Auf der anderen Seite führt die Absolutsetzung des Man-Selbst-Sein-Wollens zu den Jagos, den Bettes und den Zwergen dieser Welt.

Doch lassen sich weder Individuum noch Autorität, weder das Selbstseinwollen noch der Wille zur Gemeinschaft je ausrotten. Die Geschichte des christlichen Abendlandes hat sich im Spannungsfeld dieser Polarität von Individuum und gemeinschaftsgetragener Autorität bewegt. Deren Übersteigerung als Machtgier oder als Übermacht der Gesellschaft, des Staates, der Religion sind die Bedingungen dafür, daß der Henker das Menschengeschlecht bis zu dessen Untergang begleiten muß. Die Begleitung geschieht jedoch ironischerweise unter der Maske des Gewissens.

Es bedeutet, daß das Gewissen selbst zum Träger der verdrängten Selbstsucht wird. Der Narzißmus, der Haß, die Rachsucht – kurz, das Ressentiment – sie wer-

[87] „Detta var vårt besök i det land där själarna vistas. Där är inte som här. De har en tillvaro ovan denna, en högre och fullkomligare som strålar oss emot med sitt ljus. Det är själens land, där den har sitt egentliga hem. Och i det landet är det alltid fest. Där är alltid maskerad“ (*Själarnas maskerad*, S. 128).

den zur Stoßkraft gerade des Gewissens. Die Ideale, die mit Liebe zu tun haben, können vor diesem ressentimentgeladenen Gewissen nicht bestehen. Der kategorische Imperativ des Gewissens muß unvermeidlich zur Verleugnung sowohl der Individualität wie der wahren Gemeinschaft führen. Das kategorische Gewissen entfremdet das Menschliche, das Persönliche, dadurch daß es dieses dem Stereotypen opfert. Es ist die Verabsolutierung eines Wertes, einer Form der Loyalität, eines Ideals, die zu einer derartigen Perversion des Gewissens führt und es zum unerbittlichen Henker und unbarmherzigen Zwerg macht.

Der Absolutsetzung von Gewissen und Ideal bleibt der Sieg versagt; Aggression und Zerstörung behalten die Herrschaft.

Jeder Wert kann auf diese Weise unterwandert und pervertiert werden, wenn er verabsolutiert wird und der verkappten Machtausübung und Selbsterhöhung dient. Alle Theorie – ob religiös, philosophisch, biologisch oder psychologisch – kann sich aus Hilfsmitteln in Machtmittel verwandeln und damit zu Instrumenten der Vergewaltigung des Individuell-Persönlichen werden.

Doch was ist diese Absolutheit, die auf so manchen Wegen gesucht wird? Sie ist Gott.

> Und soweit ich das zu fassen vermag, ist er sowohl böse wie auch gut, sowohl Licht wie auch Dunkelheit, sowohl sinnlos wie auch voll von einem Sinn, den wir nie erfassen können, doch worüber zu grübeln wir auch nie ablassen können. Ein Rätsel, das sich stellt, nicht um gelöst zu werden, sondern um dazusein. Immer für uns zu bestehen. Immer uns aufzustören.[88]

Das bedeutet freilich, daß das Suchen nach der Absolutheit Teil des Menschseins ist, Teil der unvermeidlichen Tragödie der menschlichen Existenz, einer Tragödie, die nur in einer Form überwunden werden kann – nämlich als Annahme des Daseins mit all seinen tragischen Dimensionen, eine Liebe zum Leben selbst: „Mein Leben, das ist, was ich in dir gelebt habe", sagt die Sybille. „Das grausame, bittere und reiche Leben, das du mir gegeben hast. Sei verflucht und gesegnet!"[89] Und in *Ahasverus död* findet sich die schließliche und erlösende Einsicht in einer solchen Annahme: „Das habe ich verstanden. Es muß etwas geben, das für den Menschen von der allergrößten Bedeutsamkeit ist. Das habe ich zu verstehen gelernt. Etwas, das so bedeutungsvoll ist, daß es besser ist, sein Leben einzubüßen, als den Glauben daran zu verlieren."[90] Es befindet sich jenseits der Ideale und des Wissens. Die Absolutsetzung der Werte verfälscht bloß, was wirklich göttlich ist:

---

88 „Och såvitt jag kan fatta är han både ond och god, både ljus och mörker, både meningslös och full av en mening som vi inte kan komma underfund med men heller aldrig låta bli att grubbla över. En gåta som inte är till för att lösas utan för att finnas. Alltid finnas för oss. Alltid oroa oss" (*Sibyllan*, S. 215).

89 „Mitt liv det är det som jag har levat i dig. Det grymma, bittra och rika liv som du har gett mig. Forbannad och välsignad vare du" (*Sibyllan*, S. 217).

90 „Det har jag förstått. Det måste finnas någonting som för människan är av den allra största vikt. Det har han lärt mig förstå. Något som är så betydelsefullt att det är bättre att förlora sitt liv än att mista tron på det" (*Ahasverus död*, S. 126).

Hinter den Göttern, hinter allem, das die Welt des Heiligen verfälscht und vergröbert, hinter allem Lügen und Verdrehen, allen verdrehten Götterwesen und all den Mißgeburten der menschlichen Einbildung, muß es etwas Unerhörtes geben, das uns unzugänglich ist ... Ja, Gott ist, was uns vom Göttlichen scheidet. Was uns verhindert, aus der Quelle selbst zu trinken. Vor Gott beuge ich meine Kniee nicht ... An der Quelle will ich gerne meine Kniee beugen.[91]

Erreichen und Annahme dieser besonderen Art der Liebe – der Liebe zum Leben und zur Welt, ohne etwas absolut zu setzen – gibt dem „wandernden Juden" endlich den Frieden, der es ihm gestattet zu sterben.

Und im *Pilger auf dem Meer* sagt der Begleiter des Pilgers Tobias, Giovanni:

Sich nicht so sehr aufzuregen, Frieden zu finden ... Nicht Vertrauen, sondern Frieden ... Zufrieden zu sein mit der Ungewißheit, zufrieden und glücklich damit ... mit der Unsicherheit ... *das* zu wählen. Gerade die Ungewißheit und Unsicherheit zu wählen ... Sich selbst zu wählen, so wie man ist. Es zu wagen, so zu sein, wie man ist, ohne sich dafür Vorwürfe zu machen. Und das Meer zu wählen, das unzuverlässige, grenzenlose, unbekannte Meer, und eine endlose Fahrt ohne irgend ein bestimmtes Ziel, ohne überhaupt irgend welches Ziel ... (S. 110f.).[92]

Das bedeutet aber, daß dem Begehren für das Absolute durch die Einsicht Halt geboten wird, daß es unmöglich ist, jenes zu erreichen und zu besitzen, und daß der Versuch, dem Begehren danach nachzuleben, immer wieder zur Vergewaltigung des Lebens führen und die Rechte der andern vernichten muß – daß eben darin des Menschen Tragödie liegt. „Et c'est bien là le ‚tour de force' de Lagerkvist, de s'être maintenu sans défaillance sur cette corde raide tendue à travers les ténèbres, entre le monde réel et le monde de la Foi."[93]

Und doch ist die Sehnsucht nach der Absolutheit unstillbar, obgleich, wenn man diesem Trieb für etwas Absolutes, also der Gottessuche, nachgibt, dies nur unter Verleugnung eines wesentlichen Teils des Lebens geschehen kann und Unheil hervorruft – sei das Absolute nun das Selbstsein (Barabbas), sei es die konventionelle bürgerliche Moralität, als „Angepaßtheit" und Opportunismus (Ahasverus), sei es als Sichanklammern ans Leben und Furcht vor dem Tod (Anders in *Gäst hos verkligheten*), sei es als Selbst-Hingabe und Enthusiasmus in Liebe (Sibylle), sei es

---

[91] „Bortom gudarna, bortom allt som förfalskar och förråar det heligas värld, bortom all lögn och förvridning, alla förvridna gudaväsen och mänskoinbillningens alla missfoster, måste det finnas någonting oerhört som är oåtkomligt för oss ... Ja gud är det som skiljer oss från det gudomliga. Som hindrar oss från att dricka ur själva källan. För gud böjer jag inte knä ... Vid källan vill jag gärna böja knä" (*Ahasverus död*, S. 126f.).

[92] „Att inte oroa sig så mycket, att finna frid ... Inte trygghet men frid .... Att vara nöjd med ovissheten, nöjd och lycklig med den ... med osäkerheten ... att välja *det*. Välja själva ovissheten och osäkerheten ... Välja sig själv, sådan man är. Att våga vara sådan man är, utan att förebrå sig något för det. Och välja havet, det opålitliga, gränslösa, okända havet, och en ändlös färd utan något bestämt mål, utan något mål alls ..."

[93] André Gide in seinem Brief an Lucien Maury in der französischen Übersetzung von *Barabbas:* „Und darin liegt Lagerkvists ‚tour de force', daß er sich ohne Taumeln auf diesem über die Dunkelheit gespannten Seil zu halten vermocht hat, zwischen der Welt der Wirklichkeit und der Welt des Glaubens."

als das Heimweh nach einer andern Wirklichkeit (Tobias in *Ahasverus död* und *Det heliga landet*), sei es als absolute Macht und Selbstverherrlichung (der Fürst, Boccarossa, Fiametta, Herodes), als Geschlechtszauber (die Fürstin) oder Ressentiment (der Zwerg), sei es als Liebe (Angelica, Arna und Halfdan in *Själarnas Maskerad*). Das Gewissen, das kategorisch nach einem derartig absolut gesetzten Ideal urteilt und sich mithin unter die Fuchtel eines ebenfalls als absolut gesetzten Gegenstandes der Furcht stellt, ist mörderisch, „omänskligt, något livsfientligt".

Der Konflikt zwischen diesem tiefen Bedürfnis nach etwas Absolutem und der Realisierung, daß dessen Verfolgung dämonischer („mythischer") Natur ist und katastrophal enden muß, kann nur in einer tiefen Bekehrung gelöst werden, die das ganze Wesen verändert – in einer Bekehrung nämlich, die die Haltung des Entweder-oder aufgibt: im *Verstehen* des tragischen Schweigens wie des tragischen Pathos, der tragischen Paradoxie wie der trotzigen Anklage (Benjamin 1928/1972, S. 112) und im *Durchschreiten* des ganzen tragischen Bogens.

Damit ist der Zwerg zum verfolgenden Schatten des Menschen überhaupt geworden. „Jag följer honom ständigt som en skugga" (S. 10) (Ich folge ihm ständig wie ein Schatten, S. 77). Zusammen mit dem Henker, dem „ewigen Juden" und der Gestalt von Barabbas stellt er die Gegenfigur zum Gekreuzigten dar, eine dämonische Gegenwirklichkeit, die sich im Innersten des Christentums selbst birgt: „Pilgrim och förbrytare. Pilgrim på mänsklighetens banditskepp till Det heliga landet" (Pilger und Verbrecher. Pilger auf dem Räuberschiff der Menschheit, unterwegs zum Heiligen Land; *Det heliga landet*, S. 257). Wie das aber zur Tragödie des christlichen Abendlandes geworden ist, wie diese innere und unlösbare Doppelheit zu seiner Zerbrochenheit geführt hat und wie der Selbstverrat Europas in der Gegenwirklichkeit eines Ressentiement, das sich als Moralität gibt, wurzelt, das aufzuweisen und durch eine besondere Form der Liebe für den anderen, für das Leben und die Wirklichkeit jenseits des Entweder-oder zu überwinden, scheint mir Pär Lagerkvists Anliegen gewesen zu sein.

„... det enkla och enhetliga är inte sant, kan inte gärna vara det. Bara det sammansatta kan möjligen tänkas vara det" (das Einfache und Unzweideutige ist nicht wahr, kann das wohl kaum je sein. Nur vom Zusammengesetzten ist es denkbar, daß es das ist; *Det heliga landet*, S. 230).

5 „Die Dinge sind nicht immer so, wie sie scheinen" – Doppelheit und Bruch in der Wirklichkeit bei Dickens

> „Dào chōng, ér yòng zhi zāi bù yíng. Yüān xī sì wàn wù zhi zōng."
>
> (Das Dao ist leer wie ein Becher, und doch, wird es gebraucht, kann es nicht voll werden. Welch Abgrund ist es! Es scheint der Urahne zu sein der unzähligen Dinge.)
>
> (Lao Tse, *Tao Te King*, Kap. 4; nach den englischen Übersetzungen von T.C. Gibbs und Wing-Tsit Chan)
>
> 道沖而用之或不盈。淵兮似萬物之宗。

Sehen wir die tragische Betrachtungsweise und das tragische Wissen als ein *Aushalten* und *Verstehen* der Konflikthaftigkeit des Seelischen, so kann das Wissen um inneren Konflikt auch eine ganz andere Gestalt als die einer Tragödie oder einer Erzählung vom Bösen annehmen. Doch auch dann stehen wir auf vertrautem Grund, sowohl klinisch wie literarisch. Vielleicht kann man zutiefst auch dieses als eine Art des *tragischen Wissens* ansehen: das Wissen um die Abgründigkeit und Doppelsinnigkeit der Wirklichkeit, ein Wissen und Erleben, das die Menschheitsgeschichte seit eh und je begleitet hat: „Fern ist der Grund der Dinge und tief, gar tief; wer will ihn finden?"[1] – doch ein tragisches Wissen, das sich in der Kunstform des Romans, in den diesem eigensten Stilmitteln darstellt. Dabei geht es um die Einsicht und die Darstellung inneren Konfliktes in der Form des „Doppelwissens", also des *Ironischen.* Auch ist es nicht der Konflikt zwischen Absolutem und Maß, der als Rahmen gilt, sondern zwischen Vordergründigem und Abgründigem – zwischen dem Gewohnten und dem Dämonisch-Tiefen. Der Unterschied zum Vorangegangenen ist nicht radikal. Der Akzent verschiebt sich, in bezug auf jene Dreiheit, lediglich von dem der Absolutsetzung zu dem der „Spaltung". Das heißt aber: die zunehmende Verinnerlichung auch der Konfliktdarstellung.

Drama heißt Handlung, Drama bedeutet Entscheidung, die zum Handeln führt. Tragische Handlung bezieht sich auf das entscheidende Ich, das sich, obzwar in extremer, also „pathologischer" Form, durch die Absolutsetzung einer Seite mit dem inneren Konflikt auseinandersetzt und ihn so zu lösen sucht. In der Entwicklung des Romans und der in ihm sich spiegelnden zunehmenden Verinnerlichung verschiebt sich der Brennpunkt vom *Ich der Wahl* und *der Entscheidung* zum *Ich der Zerrissenheit und der Komplementarität*, der gleichzeitigen Anwesenheit der Gegensätze, der Unlösbarkeit gewisser grundlegender Konflikte, des Aushaltens der Widersprüche – und damit der *Doppelheit und der Gespaltenheit des manifesten Erlebens.* Damit weist die Darstellung aber auf eine Totalität hin, in der die Gegensätze versöhnt werden können.

„Konflikt" ist selbst ja Ausdruck einer Metapher – das Bild von Streit und

---

[1] „Rachoq ma-shehaja we'amoq, amoq mi jimza'ennu?" (*Prediger*, 7,24).

Kriegsführung, von Verteidigung und Angriff, von miteinander ringenden Kräften. Die stellungnehmende Vernunft sagt uns: Kampf und Versöhnung gehören zusammen; „der Krieg hat seine Zeit, und der Friede hat seine Zeit" (*Prediger*, 3.8).

Mit dieser Verschiebung stimmt auch überein, daß es nicht der hervorragende und paradigmatische einzelne ist, um den es hier geht, sondern der unheroische Alltagsmensch. Wiederum sind wir in unserem Inneren, in unseren inneren Auseinandersetzungen beides: einzigartig und extrem, gewöhnlich und mittelmäßig. Mit der Verschiebung vom Drama zur Beschreibung, vom *entscheidenden Ich* zur Charakterhaltung, geht aber auch ein tieferes Verständnis für die inneren Abwehrvorgänge, also der Blick auf das *abwehrende Ich* einher. Dabei ist es besonders die Bedeutung des Nicht-sehen-wollens, die Bedeutung der *Verleugnung*, die hervorsticht. Nicht nur werden die Hauptmächte inneren Konflikts immer klarer – Gewissen und Ideale, Triebe und Gefühle, Anpassungsstreben, Wahl und Abwehr –, sondern es tritt auch die Bedeutsamkeit der Angst und des Leidens als Ausdruck unlösbaren inneren Konflikts hervor.

Doch der Erfahrung der inneren Doppelheit, also der unabwendbaren Konflikthaftigkeit des seelischen Lebens, entspricht *die stilistische Doppelheit der Ironie.* War es die tragische Ironie, die den oder die Protagonisten dem Chor und den Zuschauern gegenüberstellte, so wird nun die Rolle des Chores vom betrachtenden Autor übernommen. Nicht nur nimmt er direkte Stellung und betrachtet das Geschehen von einer philosophischen Warte, sondern er gibt diese innere Distanz, diese Doppelheit mit Hilfe der Darstellung wieder. In welcher Weise dies geschieht, werden wir bei einem der größten Dichter untersuchen.

5.1 Der klinische Ausgangspunkt

Um eine besondere Art der Wirklichkeitserfassung in Erleben und Erleiden darzustellen, empfiehlt es sich auch hier wiederum, von der klinischen Erfahrung auszugehen. Ich erinnere an die schon früher zitierte Dilecta, deren Leben immer wieder von einer sonderbaren „Doppelheit", einer „Duplizität" im wörtlichen Sinne, wie auch von einer Art doppelten Wirklichkeitserlebens geprägt erschien. Die dieser Erlebnisweise zugrundeliegende Dynamik wurde allmählich über Jahre intensiver Arbeit in ihrer ganzen Komplexität erfaßt –

ihr Ressentiment darüber, sich von der Geheimsphäre ihrer Eltern ausgeschlossen zu sehen,

damit der Wunsch, diese Konstellation umzudrehen und selbst die Macht der Geheimniswahrung auszukosten,

ihre Scham darüber, von der von ihr verachteten und gehaßten Mutter bei ihrem Vater ausgestochen zu werden,

damit der Wunsch, der Nebenbuhlerin ein für allemal ledig zu werden,

ihr Gefühl der Erniedrigung, vom Vater durch seinen Charme an der Nase herumgeführt, nicht wirklich in ihren individuellen Gefühlen und Bedürfnissen anerkannt und behandelt worden zu sein, damit der Wunsch, selbst die Macht der Täuschung durch Charme, Manipulierung und Geheimniswahrung zu spüren,

schließlich ihre Selbstverachtung für all das an ihr, was an ihre Ähnlichkeit mit der als schwerst defizient erlebten Mutter erinnerte, namentlich auch ihr phallisches „Zukurzgekommensein“,

und damit die Phantasie, einen versteckten, geheimen Penis zu besitzen, der ihr magische Macht und Lust gewährte.

Diese Serie von Antithesen wurde v.a. durch die Abwehrvorgänge der Verleugnung und der Wendung vom Passiven ins Aktive gestützt, wobei eben die Umkehrung der Situation des *ausgeschlossenen Dritten* einen Zentralvorgang darstellte. Diese geschah durch das zwangsmäßig immer wiederholte Spiel, die Grenzen in bezug auf Werturteil, Wahrheitserfassung und Handlungsweise zu verwischen und damit deren Überschreitung möglich zu machen. Sie konnte sich von ihrem Geliebten und einem endlos sich wiederholenden Spiel von Drohung, Trennung, Wiederversöhnung und Lügen nicht lossagen, um sich der schmerzhaftesten Einsicht zu verschließen, daß ihr Vater „ein charmanter Lügner“ („a charming liar“), ihre Mutter eine unberechenbare Kranke war und die Familie überhaupt durch Manipulation und Täuschung regiert wurde (915).

Als sie endlich, infolge neuer Kalamitäten, der fatalen Anziehung zu widerstehen vermochte, erwies es sich, daß diese „Liebesbesessenheit“ und „Liebessüchtigkeit“ – über alle jene früher erwiesenen Bedeutungen hinaus und diese wie eine Brennlinse bündelnd – einem unbewußten Doppelzweck zu dienen hatte:

Die doppelte Wirklichkeit wiederholte die „Spaltung“ der väterlichen Gestalt und ihrer Beziehung – „zwei Väter und zwei Dilectas“. Die unwiderstehliche Begierde nach dem sie immer wieder hypnosengleich betörenden Geliebten, ihre Hörigkeit ihm gegenüber, allem besseren Wissen zum Trotz, drückte ihr Bedürfnis für den *guten,* idealen Vater aus. Doch warum diese zwanghafte, totale, „absolute“ Verzauberung, diese Besessenheit angesichts aller Demütigung? Diese frenetisch verfolgte Bestätigung ihrer *Idealisierung* hatte die Aufgabe, die überwältigenden Gefühle von Enttäuschung, Trennung und Verlust, von Scham und Schmerz, über die sie keine andere Kontrolle haben konnte und unter deren Angriff sie in völligen Selbstverlust abglitt, zu verhüten: „Trauer und Schmerz würden so gewaltig, die Scham so überwältigend, daß ich mich zu Tode fürchte, ich würde mich auflösen, ich verlöre mich selbst (my sense of self).“ „Totale Liebe droht zu totalem Selbstverlust zu werden und verlangt totale Rache.“ Und diese Rachsucht, diese *mörderische Wut* ist es nun insbesondere, die durch jene Idealisierung unterdrückt, in Schranken gehalten, vermieden werden soll. „Ich kann es nicht begreifen, warum sie [die Frau ihres Geliebten Max] ihm nicht ein Messer in den Bauch gesteckt hat. Ich hätte es getan.“ Je stärker die drohende Wut gegen den „bösen Mann“, der sie verraten und dadurch unheilbar beschämt hat, desto größer ihr Bedürfnis nach jener Idealisierung des Vater-Geliebten und, damit einhergehend, nach der Verleugnung der Wirklichkeit: „Ich mußte verleugnen, wie selbstsüchtig und charakterlos er war, und wie sehr er mich erniedrigte.“ *Idealisierung und die diese unterstützende Verleugnung schützten sie gegen die Globalität von Affekt und Aggression.* Brachen diese zusammen, blieb nur noch das „innere Erfrieren“ („the frozen state“) als letzter Deich gegen die Sturmflut der Gefühle. „Seine [des Vaters, nun des Geliebten] Liebe zu verlieren, hieße alles zu verlieren, hieße mich selbst zu verlieren, da sonst nichts da war." Die Mutter war seit eh und je eine Rivalin, die das Kind mit bitterem Vorwurf und Ressentiment behandelte (ich vermute, daß dies zumindest teilweise wahr, nicht nur projektionsbedingt war). "Verlöre ich ihn, hätte ich überhaupt nichts mehr." Liebe zum idealisierten Vater hieß daher: Er mußte Vater und Mutter zugleich sein, ihr einziger Sinn im Leben. Umso gewaltiger die Enttäuschung und Beschämung, und umso machtvoller die Rachgier gerade gegen ihn – doch umso mehr vonnöten auch die Abwehr dagegen durch Idealisierung und Verleugnung.

Doch diese Verleugnung im Dienste der Idealisierung und damit der Abwehr gegen die Mörderischkeit fand Unterstützung in einem zweiten Motiv: „Die auf Lügen aufgebaute Liebesbeziehung verwandelte Phantasie in Wirklichkeit, bestätigte also, daß die Masturbationsphantasie auf meine Realität aufgedrückt (imposed) würde und diese zaubermächtig zu verwandeln vermöchte. Warum sollte ich, wenn meine Mutter solche Macht durch ihre Sexualität besaß, nicht noch eine größere Macht besitzen und meine Rivalin ausstechen und vernichten?" Diese *magische Verwandlung der Wirklichkeit durch die Macht der Geschlechtlichkeit, ihres Geschlechtsteils,* war die zweite Hauptbedeutung: „Masturbation verwandelt doch immer wieder Traum in Wirklichkeit und zaubert Befriedigung und Lust herbei, wo Angst und Trauer herrschten" (982). Und vermöchte sie dann durch diese magische Macht nicht das so beschämende Ausgeschlossensein und Sich-verraten-fühlen in ihr genaues Gegenteil zu verkehren?

Ich zitiere aus den Schlußfolgerungen:

Das Über-Ich hat als wichtige Funktion, *Wächter über die Annahme der ödipalen Wirklichkeit zu sein* – d.h. darüber, daß das Inzesttabu und das Mordverbot geachtet und gefürchtet werden. Damit sind Lüge und geheimes Doppelspiel eine Form des *Aufstandes nicht nur gegen die Eltern, sondern gegen das Über-Ich als Wächter der Grenzen.* Dieses Motiv des Aufruhrs tritt somit an die Stelle des *phobischen Kerns;* dieser wird recht eigentlich außer Funktion gesetzt durch diese Phantasie der Wahrheitsüberwindung, wie sie sich z.B. in der Szene von Masturbation, Kampf und Geheimorgan der Macht und Lust zeigt. Dieser Aufstand gründet aber in der *„narzißtischen" Phantasie,* daß die Abwehr gegen die Angst und ganz besonders gegen die *Scham des Zurückgesetzt- und Ausgeschlossenseins* in der *aktiven Übernahme der Elternrolle als geheimnismächtig und verräterisch* besteht, eben wie jene erlebt worden waren. Damit sucht sie das Unmögliche eigenwillig durchzusetzen – à tout prix, selbst auf Kosten ihres eigenen wahrscheinlichen Sturzes, ihre Form der tragischen *Hybris.*

Dabei kommt es aber auch dazu, daß die Wahrheit entzweigebrochen, daß die Wirklichkeit in zwei Stücke zerrissen wird: in *eine Wirklichkeit, die durch die verändernde Macht der Lüge bestimmt wird,* und in eine andere *Wirklichkeit, in der sie die Schwache, Ausgestoßene, Beschämte und Getäuschte* ist. Es war diese doppelte Wirklichkeit, die ihr ganzes Schicksal bestimmt hat. Sie lebte immer in zwei Welten – der Welt der Allmachtsphantasie und der Welt der Hintansetzung und Impotenz. Um noch spezifischer zu sein, es ist die *Angst vor der Schwäche,* also eine Form der

Schamangst. Das Lügen und Verleugnen hat dabei eine ganz besondere Bedeutung als *Abwehr gegen die Scham* – nicht ausschließlich natürlich, aber doch mit besonderer Vorliebe. Es ist u.a. die Beschämtheit darüber, selbst zum Narren gehalten und mit Lügen oder doch mit Verleugnung getäuscht worden zu sein. Die *Kastrationsscham* – sich auch als anatomisch verkürzt anzuschauen – spielt dabei eine Rolle als Konkretisierung des gesamten Lebensgefühls. Als Gegenstück zum phobischen Kern als dominantem Element und der um ihn gruppierten Kassandra-Konfiguration, als Gegenstück aber auch zum tragischen Dilemma oder der anderen „narzißtischen" Konfiguration des Fliegens und des Fallens, steht hier, wie gesagt, das Bild der eigenwilligen, empörerischen *Überschreitung der Grenze in Wahrheit, Wert und Handlung* – die *Konfiguration von Prometheus und Pandora.* Damit bewirkt auch er, wie schon dargelegt, einen Bruch in der Realität, eine Doppelheit der Wahrheit, der des Menschen gegenüber der des Gottes.

Doch was steht dahinter, hinter dieser Doppelheit der Wirklichkeit, die mit dem Werkzeug der Lüge und dem Kunstgriff der Geheimnisverwaltung herbeigezaubert wird – bei Dilecta wie bei ihrem mythischen Prototyp? Es ist der Wunsch, man selbst zu sein, der der Notwendigkeit der Unterwerfung unter die machtvolle Autorität und Willkür der Eltern entgegensteht. Das Lügen fungiert als Abwehr gegen Angst und andere unliebsame Gefühle, und zwar im Sinn: „Ihr könnt mich nun nicht mehr verletzen, demütigen und täuschen, sondern von jetzt an – hic et nunc – werde ich euch täuschen und überraschen, da ich fortab die bin, die die Geheimnisse verwaltet! Ich werde die sein, die eine doppelte Wirklichkeit herbeiführt – eine verhüllte und eine offenbare!" Zu Prometheus, dem Aufrührer, gehört daher die Lügengestalt der Pandora. Ich fügte hinzu, daß eine sublimierte Form dieser *Prometheus-Pandora-Konfiguration* die *Kunst* ist. Sie ist es, die uns eine zweite Wirklichkeit, die zum Schluß wirklicher wird als die Alltagsrealität, zu erschaffen erlaubt. Und das bringt uns nun zur Natur gerade dieser doppelten Wirklichkeit nicht nur des Kindes und des Lügners, sondern auch der des Künstlers.

5.2 Der Roman als Enthüllung

„...there was no harm in what she had been doing, but it was a great secret – a secret which she did not even know herself" (es gab nichts Schädliches in dem, was sie tat, aber es war ein großes Geheimnis – ein Geheimnis, das nicht einmal sie kannte.) Das war Nells Antwort, als der Erzähler des *Old Curiosity Shop* herauszufinden versuchte, wer das 13jährige Mädchen auf ihren nächtlichen Botengang gesandt hatte, und wohin und warum.

In *Little Dorrit* erklärt Mr. Flintwinch Mr. Blandois im Vertrauen: „There are secrets in all families" (In allen Familien gibt es Geheimnisse, S. 410).

Wo es Geheimnisse gibt, müssen wir jedoch auch etwas Manifestes und Gegebenes haben, etwas Offenkundiges – die Fassade. Und wir verspüren die Spannung zwischen Oberfläche und verhüllter Wirklichkeit, eine kontinuierliche Spannung, deren Ursache augenblicklich in verlockendem Durchblick auf etwas Mysteriöses sichtbar zu werden scheint, dann wieder in einer überraschenden Enthüllung von bisher kaum erahnten Bedeutungen aufblitzt, oder aber wieder als lauernde Gegenwart einer unmittelbaren, aber nicht richtig verstandenen Gefahr gespürt wird. Es besteht also eine seltsame Doppelheit in der Kunst des Romans (engl. „novel"): wir wissen, daß das, was dargestellt wird, nicht das Eigentliche ist, sondern daß sich etwas dahinter befindet, etwas von großer, aber unbekannter Bedeutung. Ständig sind wir gespannt darauf, daß sich nun gleich etwas Überraschendes ereignen werde – wir erwarten das Unerwartete. Wir leben in der Spannung zwischen dem Gegebenen und dem Verborgenen.

Worin besteht diese Spannung? Ist es der Konflikt zwischen innerem Erleben und der äußeren, der sozialen Welt? Manchmal ja, doch scheint dies nicht das Wesentliche zu sein. Allgemeiner, zwischen Individuum und Umwelt? Manchmal. Zwischen innerer Wahrheit und innerer Lüge? Häufig. Zwischen einer sozialen Fassade der Schicklichkeit und der geheimen, der Macht innewohnenden Korruption? Oft! Etwa Hamlets „imposthume of much wealth and peace, that inward breaks" (dies ist des Wohlstands und der Ruh Geschwür, das innen aufbricht). Doch ist auch dies nicht das Spezifische, liegt gerade in dieser Spannung das Wesentliche auch mancher klassischer Dramen.

„Ein Roman wird desto höherer und edlerer Art sein, je mehr inneres und je weniger äußeres Leben er darstellt", behauptet Schopenhauer. „Die Kunst besteht darin, daß man mit dem möglichst geringsten Aufwand von äußerem Leben das innere in die stärkste Bewegung bringe; denn das innere ist eigentlich der Gegenstand unseres Interesses. Die Aufgabe des Romanschreibers ist nicht, große Vorfälle zu erzählen, sondern kleine interessant zu machen" (1851, *Parerga und Paralipomena*, zit. nach T. Mann 1939). Mann bemerkt dazu: „Das Geheimnis der Erzählung – denn von einem Geheimnis kann man wohl sprechen – ist es, das, was eigentlich langweilig sein müßte, interessant zu machen" (1939/1977, S. 349 f.). Was den Prosaroman vom dichterischen Epos unterscheide, sei das *Prinzip der Verinnerlichung*. Dabei gebe es zwei Grundformen solcher Verinnerlichung. Die eine liege in der hauptsächlichen Darstellung der inneren Spannungen, der Konflikte, der geheimen Wirklichkeit von Menschen, die innerhalb der Gesellschaft und doch im Gegensatz zu ihr stehen – im *Gesellschaftsroman*. Ihm stehe das weit introspektivere Genre des *Bildungs- und Entwicklungsromans* gegenüber, das seinen Blick auf die innere Entwicklung des einzelnen, auf sein Suchen nach Selbstausbildung richte. Diese beiden Ziele seien kein Entweder-oder, sondern ein Mehr-oder-weniger. Die englischen, französischen, russischen und skandinavischen Romane gehören mehr der ersten Art an, die deutschen mehr der zweiten.

Dies beinhaltet eine doppelte Spannung: die geheime Wirklichkeit des einzelnen gegenüber seinem Verhalten nach außen – die verborgene innere Wirklichkeit des Gesellschaftslebens gegenüber dessen äußeren Behauptungen. Die Bewegung des Romans besteht in der ständigen Entwicklung und Enthüllung dieser beiden Formen des Geheimen, in einer sorgfältig abgewogenen und doch wagemutigen Entlarvung des Versteckten, in einem unerbittlichen Vorgang des Geständnisses, ja sogar der Indiskretion, einem Überwinden der Scham über das, was in persönlicher und sozialer Wirklichkeit hätte verborgen bleiben sollen. „Die Dichter sind gegen ihre Erlebnisse schamlos: sie beuten sie aus" (Nietzsche, *Jenseits von Gut und Böse*, 161, S. 90).

Doch erfolgt solch ein Überwinden des Schamgefühls im Dienste einer weit höheren Form von Scham und Scheu – der Furcht davor, sich eine falsche Würde anzumaßen, eine leere Form zu benützen, sich in etwas Flaches, Gewöhnliches einzulassen, sich von Gemeinplätzen verführen zu lassen. „Er hegt eine tiefe Scheu vor der Verwürdigung seines Daseins, – eine schamhafte Scheu, denn zuerst und vor allem ist sie die Scham des Künstlers vor der Kunst." (T. Mann, 1952/1977, S. 329).

All dies Enthüllen und Entfalten steht somit im Dienst der Annäherung an ein Ideal, mag es nun ein Idealbild größerer gesellschaftlicher Eintracht und Gesundheit sein wie im Gesellschaftsroman, mag es das der Selbstvervollkommnung und Selbstausbildung im Bildungsroman sein. Soweit Mann.

Wenden wir uns nun Dickens zu, so erkennen wir sofort: es gibt 1) spezifische Geheimnisse, die der Erscheinung entgegengesetzt werden; 2) ist er besonders am Aufdecken des „versteckten Abszesses"[2] im Familien- und Gesellschaftsleben, nicht so sehr am inneren Wachstum des Individuums interessiert; 3) spiegelt sein Stil in einem bewundernswürdigen Grad diese Doppelheit auch formal wider. Die Schlußfrage wird sein: Was ist der biographische Hintergrund für diese Doppelheit, für diese Betonung und für diese Art der Geheimnisse.

Noch eine weitere einleitende Bemerkung. Sie bezieht sich auf ein grundlegendes Dilemma in der Bewertung von Romanen, das durch die scharfe Kritik des jungen Henry James an Dickens, namentlich an seinen letzten Werken, aufgeworfen wird: „In den letzten zehn Jahren schien es uns, daß Dickens sich deutlich habe abmühen müssen. *Bleak house* war gezwungen; *Little Dorrit* war schwerfällig; das vorliegende Werk ist gleichsam mit Spaten und Hacke ausgegraben."[3]

James steigert die Kritik:

> Gab es jemals eine solche Bosheit wie die der Lammles und von Mr. Fledgeby? Nicht daß Leute nicht ebenso boshaft wie sie gewesen wären! Doch war jemand so boshaft in dieser einzigartigen Weise? Gaben sich zwei elegante Schwindler je eine derartige Mühe, aggressiv unmenschlich zu sein?... Was für eine Welt wäre diese Welt, wenn die in *Our mutual friend* geschilderte Welt eine ehrliche Widerspiegelung davon wäre![4]

Können wir uns wirklich damit einverstanden erklären, wenn er weiterschreibt:

> Solche Szenen sind nützlich, um die Grenzen der Einsicht, die Mr. Dickens hat, zu bestimmen. Einsicht ist wohl ein zu starkes Wort; denn wir sind überzeugt, es ist eine der

---

[2] „Hidden impostume" – dies ist die angemessenere Übersetzung der Hamletschen Metapher.

[3] „For the last ten years it has seemed to us that Mr. Dickens has been unmistakably forcing himself. *Bleak house* was forced; *Little Dorrit* was laboured; the present work [*Our mutual friend*] is dug out as with a spade and pick axe" (S. 429).

[4] „... was there ever such wickedness as that of the Lammles and Mr. Fledgeby? Not that people have not been as mischievous as they; but was any one ever mischievous in that singular fashion? Did a couple of elegant swindlers ever take such particular pains to be aggressively inhuman?... What a world were this world if the world of *Our mutual friend* were an honest reflection of it!" (S. 432).

> Hauptbedingungen seines Genies, daß er nicht unter die Oberfläche der Dinge schaut. Wagen wir eine Definition seines literarischen Charakters, so sollten wir ihn dementsprechend als den *größten der oberflächlichen Romanschriftsteller* [Hervorhebung von mir] bezeichnen... Unserer Meinung nach wäre es ein Verstoß gegen die Menschlichkeit, Mr. Dickens unter die größten Romanschriftsteller zu zählen. Denn... er hat nichts als Aussehen geschaffen. Nichts hat er zu unserem Verständnis des menschlichen Charakters beigetragen. Er ist Herr einzig über zwei Alternativen: er versöhnt uns mit dem, was gewöhnlich ist, und er versöhnt uns mit dem, was wunderlich ist. Der Wert des ersteren Dienstes ist fragwürdig; und die Art, wie Mr. Dickens ihn versieht, vermittelt manchmal einen gewissen Eindruck der Scharlatanerie. Der Wert des letzteren ist unbestreitbar, und darin ist Mr. Dickens ein ehrlicher und bewundernswürdiger Künstler.[5]

Stimmt unser Eindruck wirklich mit dieser doch recht scharfen Verurteilung überein? Oder handelt es sich nicht eher um einen radikalen historischen Übergang in der Auffassung dessen, was sowohl Wesen wie Form der Dichtung ist – einen Umschwung, der uns auch heute noch zu schaffen gibt, wenn wir moderne Dichtung lesen oder schreiben?

5.3 Vier Antithesen

5.3.1 Verstocktheit und Großzügigkeit

Trilling (1950/1955) gab seinen „Neun kritischen Essays" den Titel *The opposing self* (Das gegensätzliche Selbst). Einer der Essays ist *Little Dorrit* gewidmet. „Eine Beschreibungsweise für Freuds Auffassung der Seele ist die, daß sie auf dem Vorrang des Willens beruhe", schreibt er darin,

> und daß die Organisation des Innenlebens sich in der oft phantastisch paradoxen Form eines Kriminalprozesses abspiele, wobei die Seele zugleich der Kriminelle, das Opfer, die Polizei, der Richter und der Henker sei. Und dies ist eine passende Beschreibung für die Ansicht von Dickens, für den die Seele, nachdem sie von der Gesellschaft geformt worden ist, umgekehrt selbst wieder zum Mutterboden der Gesellschaft wird.[6]

---

[5] „Such scenes as this are useful in fixing the limits of Mr. Dickens' insight. Insight is, perhaps, too strong a word; for we are convinced that it is one of the chief conditions of his genius not to see beneath the surface of things. If we might hazard a definition of his literary character, we should, accordingly, call him the *greatest of superficial novelists*... It were, in our opinion, an offense against humanity to place Mr. Dickens among the greatest novelists. For... he has created nothing but figure. He has added nothing to our understanding of human character. He is master of but two alternatives: he reconciles us to what is commonplace, and he reconciles us to what is odd. The value of the former service is questionable; and the manner in which Mr. Dickens performs it sometimes conveys a certain impression of charlatanism. The value of the latter is incontestable, and here Mr. Dickens is an honest, an admirable artist" (S. 434).

[6] „One way of describing Freud's conception of the mind is to say that it is based upon the primacy of the will, and that the organization of the internal life is in the form, often fantastically parodic, of a criminal process in which the mind is at once the criminal, the victim, the police, the judge, and the executioner. And this is a fair description of Dickens' own view of the mind, as having received the social impress, it becomes in turn the matrix of society" (S. 55).

Trilling stellt weiter fest, daß „in *Little Dorrit* die Betonung des Innenlebens und der persönlichen Verantwortung sehr stark ist".[7] Der Roman lebe von der großen Antithese zwischen zwei scharf getrennten Gruppen von Charakteren. Es gebe Gestalten wie Blandois, deren herrschendes Vermögen das des sozialen Willens, des Statusbegehrens sei:

> Anerkannt zu werden, Hochachtung zu empfangen, bedient zu werden – dies ist ihre Hauptleidenschaft. Geld ist selbstverständlich von großem Gewicht in der Ausübung dieser Leidenschaft, doch ist in Little Dorrit das Verlangen nach Geld dem Begehren nach Hochachtung (deference) untergeordnet... Es soll angemerkt werden, daß all diese Gestalten ihr unsinniges Begehren nach Status mit einer Version des von Blandois angemeldeten Pathos rechtfertigen; sie fühlen sich in ihrem Leben durch das Selbstmitleid bestätigt, und sie verlassen sich auf die große moderne Strategie, sich beleidigt und geschädigt zu fühlen.[8]

Mir scheint, daß hier der Ausdruck „Pathos" am ehesten durch „*Ressentiment*" wiederzugeben ist und damit die im letzten Kapitel verfolgten Gedankengänge weiterführt.

Ihnen gegenüber stellt sich die Gruppe der Gestalten, deren Weltanschauung die des Friedens und der Selbstlosigkeit ist. Zum Beispiel Daniel Doyce:

> Die wegwerfende Art, mit der er von sich selbst sprach, war bemerkenswert. Er sagte nie: Ich entdeckte diese Anwendung oder erfand jene Kombination; sondern er wies auf das Ganze hin, als ob der göttliche Künstler es geschaffen hätte, und er nur zufällig darauf gestoßen wäre.[9]

Trilling fährt fort: „...die ganze Vorstellungskraft ist in *Little Dorrit* darauf gerichtet, den persönlichen Willen zu überschreiten [transcend] und nach dem Willen zu suchen, in dem wir unsern Frieden finden sollen."[10] Amy sei „nicht nur das Kind der Marshalsea [des Schuldgefängnisses]... sondern auch das Kind der Parabel [der Apokalypse], die Verneinung des sozialen Willens".[11]

---

[7] „Yet the emphasis on the internal life and on personal responsibility is very strong in *Little Dorrit*" (S. 55).

[8] „To be recognized, deferred to, and served – this is their master passion. Money is of course of great consequence in the exercise of this passion, yet in *Little Dorrit* the desire for money is subordinated to the desire for deference... It is to be noted of all these people that they justify their insensate demand for status by some version of Blandois' pathos; they are confirmed in their lives by self-pity, they rely on the great modern strategy of being the insulted and injured" (S. 58).

[9] „His dismissal of himself [was] remarkable. He never said, I discovered this adaptation or invented that combination; but showed the whole thing as if the Divine artificer had made it, and he happened to find it. So modest was he about it, such a pleasant touch of respect was mingled with his quiet admiration of it, and so calmly convinced was he that it was established on irrefragable laws" (S. 64).

[10] „... the whole energy of the imagination of Little Dorrit is directed to the transcending of the personal will, to the search for the Will in which shall be our peace" (S. 64).

[11] „Even the physical littleness of this grown woman, an attribute which is insisted on and which seems likely to repel us, does not do so, for we perceive it to be the sign that she is not only the Child of the Marshalsea, as she is called, but also the Child of the Parable, the negation of the social will" (S. 65).

In einem anderen Abschnitt stellt Trilling die Antithese in diesem Werk fest zwischen dem Emblem des Gefängnisses – dem Symbol für „the ineluctable condition of life in society“ (die unentrinnbare Lebensbedingung in der Gesellschaft) – und dem schöpferischen Willen des einzelnen.

In Umschreibung dieser Polarität können wir sagen, daß dieser für das ganze Oeuvre vorbildliche Roman seine Stärke aus der Schilderung des Konflikts zwischen den Persönlichkeiten bezieht, die für Ehrgeiz, Macht und Opportunismus leben – den „drei Reitern“ des Narzißmus, wie Rangell (1974, 1980) sie so treffend bezeichnet – und denjenigen, die vertrauensvoll, naiv, schöpferisch sind, die lange leiden, doch endlich siegen. „No one is useless in this world... who lightens the burden of it for anybody else“ (Keiner ist nutzlos in dieser Welt... der die Bürde eines andern erleichtert), sagt Rokesmith in *Our mutual friend* (S. 582). Damit einher geht die Erkenntnis, daß

> half a grain of reality, like the smallest portion of some other scarce natural productions, will flavour an enormous quantity of diluent (ein halbes Gran von Wirklichkeit wird, wie die kleinste Portion anderer Naturerzeugnisse, einer enormen Menge des Verdünnungsmittels seinen Geschmack verleihen, *Little Dorrit*, S. 768).

Es ist, wie die von Dickens bewunderte George Eliot[12] in *Middlemarch* schrieb:

> The presence of a noble nature, generous in its wishes, ardent in its charity, changes the lights for us: we begin to see things again in their larger, quieter masses and to believe that we too can be seen and judged in the wholeness of our character (Die Gegenwart einer noblen Natur, die großzügig in ihren Wünschen und feurig in ihrer Hilfbereitschaft ist, verändert das Licht für uns: wir beginnen die Dinge wieder in ihren größeren, stilleren Maßen zu erkennen und daran zu glauben, daß auch wir in der Ganzheit unseres Charakters erkannt und beurteilt werden können, S. 739).[13]

---

[12] Dickens schrieb 1859 der ihm persönlich unbekannten Autorin mit der für ihn so charakteristischen Großzügigkeit: „... if you should ever have the freedom and inclination to be a fellow labourer with me, it would yield me a pleasure that I have never known yet, and can never know otherwise... „ (zit. nach Johnson 1952, S. 956).

[13] Ich füge hier einige andere Zitate aus George Eliots *Middlemarch* ein, die sich auf diese zweite Gruppe von Menschen beziehen: „But it is given to us sometimes even in our everyday life to witness the saving influence of a noble nature, the divine efficacy of rescue that may lie in a self-subduing act of fellowship. If Dorothea, after her night's anguish, had not taken that walk to Rosamond – why, she perhaps would have been a woman who gained a higher character for discretion, but it would certainly not have been as well for those three who were on one hearth in Lydgate's house...“ (S. 778).
Anderseits wird Rosamond als „inwardly wrapping her soul in cold reserve“ beschrieben (S. 768); sie zieht ihren Gatten in die verstohlene Korruption des Geistes, über die er sich selbst so äußert: „I have not taken a bribe yet. But there is a pale shade of bribery which is sometimes called prosperity...“ (S. 745). „Alas! The scientific conscience had got into the debasing company of money obligation and selfish respects“.
Sie beschließt *Middlemarch* mit diesen Worten über Dorothea: „... the effect of her being on those around her was *incalculably diffusive*, for the growing good of the world is partly dependent on unhistoric acts, and that things are not so ill with you and me as they might have been is half owing to the number who lived faithfully a hidden life and rest in unvisited tombs“ (S. 811).

Dickens wurde wie George Eliot für seinen Moralismus gerügt:

> Hier ist ein unerbittliches Gut oder Böse, ein klares Weiß oder Schwarz... Man hat Dikkens diesen Moralismus oft als Schwäche angerechnet... Wir müssen uns aber hüten, unsere heute gültige Auffassung von der Moral in der Kunst absolut zu setzen. Die moralische Absicht in der Kunst erscheint uns heute als Schwäche. Mit den guten Gefühlen mache man die schlechte Kunst, hat Gide geistreich paradox gesagt... Dickens hat bewiesen, daß man mit moralischer Absicht auch gute Kunst machen kann... Dickens gibt nicht allem sein Recht, er gibt allem sein Gericht (Brock-Sulzer 1982, S. 103, 110).

Als Motto über Kap. 62 in *Middlemarch* lesen wir:

> Full souls are double mirrors, making still an endless vista of fair things before, repeating things behind (volle Seelen sind *Doppelspiegel;* sie halten eine unendliche Aussicht auf schöne Dinge, die bevorstehen, fest und wiederholen das Geschehene).

Wir mögen hinzufügen: sie spiegeln nicht nur das künftige und vergangene Schöne, sondern sie heben sich auch gegen das Häßliche und Zerstörerische ab und enthüllen durch diesen Kontrast ein Geheimnis des menschlichen Lebens in der gesellschaftlichen Mitwelt: wie das „politische" Leben – der Kampf für Vorrang, der Wettstreit – in Familie und Gemeinschaft durch ungezügelten Narzißmus vergiftet wird, und wie erlösend das Schöpferische als Idealismus und die Großzügigkeit anderen gegenüber wirken können.

Ich möchte diese eine Antithese noch ein wenig weiter verfolgen. Den Idealeigenschaften von Vornehmheit, Freundlichkeit und Großzügigkeit sind andere Eigenschaften gegenübergestellt – „hardness and obduracy of spirit" (innere Härte und Verstocktheit), jene kalte Reserve und der hochmütige Verdacht, der aus Ms. Wades Gesicht spricht: „I am self-contained and self-reliant; your opinion is nothing to me; I have no interest in you, care nothing for you, and see and hear you with indifference." (Ich beschränke mich auf mich selbst und verlasse mich nur auf mich selbst. Deine Meinung bedeutet mir nichts. Ich habe kein Interesse an dir, ich kümmere mich nicht um dich und sehe und höre dich mit Gleichgültigkeit. *Little Dorrit*, S. 62). Oder wir finden sie in der vom Erzähler beobachteten „cold hard armour of pride in which he [Mr. Dombey] lived encased" (dem kalten, harten Panzer des Stolzes, worin er eingeschlossen war; *Dombey and son*, S. 581 f.). Die besondere Vergeltung, die solch ein Panzer mit sich bringe, liege darin, daß er gegen Vertrauen, Sympathie und Wärme undurchlässig sei, aber „to deep stabs in the self-love, it is as vulnerable as the bare breast to steel" (für tiefe Stiche gegen die Selbstliebe sei er nicht weniger verwundbar als die nackte Brust für Stahl).[14]

---

[14] „... that the cold hard armour of pride in which he lived encased should be made more flexible by constant collision with haughty scorn and defiance... Who wears such armour, too, bears with him ever another heavy retribution. It is of proof against conciliation, love, and confidence! against all gentle sympathy from without, all trust, all tenderness, all soft emotions; but to deep stabs in the self-love, it is as vulnerable as the bare breast to steel, and such tormenting festers rankle there as follow on no other wounds, no, though dealt with the mailed hand of Pride itself on weaker pride, disarmed and thrown down" (S. 581 f.). Und über seine Antagonistin, seine Ehefrau: „Entrenched in her pride and power, and with all the obduracy

Diese erste große Antithese, die von Trilling als Konflikt zwischen „dem sozialen Willen, dem Willen zum Status" und der Sehnsucht für Liebe beschriebene, bildet die Grundlage für Dickens' Sozialkritik und vielleicht für die des Gesellschaftsromans überhaupt.

Es ist nicht notwendig, hier im einzelnen und Konkreten dieser Sozialkritik nachzugehen. Ob er die Armengesetzgebung, die Vernachlässigung und schreckliche Mißhandlung der Kinder geißelte (*Oliver Twist*, v. a. S. 47–59 und *Nicholas Nickleby*, v. a. S. 88–92); ob seine Zielscheibe die selbstgerechte Arroganz des Konformismus und der Mangel an einer wirklich freien Meinung, bei aller Prahlerei über solche Freiheit, im damaligen Amerika war (v. a. in *Martin Chuzzlewit* und den *American notes*), oder die Rücksichtslosigkeit der Industrie in *Hard times*, der eisige Egoismus des Bankwesens in *Dombey and son*, die Korruption von Rechtswesen und Politik in den *Pickwick papers*, in *Little Dorrit* und *Bleak house* – durch alle seine Werke geht in der einen oder anderen Form diese unnachgiebige *Kritik am Mißbrauch der Macht*. Und diese Kritik ist so ganz besonders mächtig und durchschlagend gerade wegen der literarischen Verdichtung: „Fictitious narratives place the enormities of the system in a much stronger point of view" (Dichterische Erzählungen rücken die Ungeheuerlichkeiten des Systems viel stärker in den Gesichtspunkt), schrieb er 1837 in einem Brief (Johnson 1952, S. 217).

Obgleich diese Sozialkritik, verglichen mit der Tiefe und Größe seines Werkes als Ganzem, verhältnismäßig oberflächlich erscheinen mag, ist sie ein äußerst wichtiges Element. Im *Old curiosity shop* sagt der Erzähler, Master Humphrey:

> Ich schämte mich wirklich, aus der Unbefangenheit oder Dankbarkeit des Kindes einen Vorteil für die Befriedigung meiner Neugier zu ziehen. *Ich liebe diese kleinen Leute* [Hervorhebung von mir]; und es ist kein geringes Ding, wenn sie, die so frisch von Gott kommen, uns lieben.[15]

Das heißt aber schließlich, daß man beim Studium des gesamten Werkes von Dickens von einer Wärme der Menschlichkeit beeindruckt wird, dem ungescheuten Zugeständnis: Ich habe die Leute gern, und ich schäme mich nicht, meine Gefühle vertrauensvoller Freundlichkeit und verzeihender Wärme zu zeigen und großzügig zu geben, was ich habe, mein Geld, mein Interesse, meine Zeit, meine Kraft, und v. a. mein Gefühl, mich ganz so zu verschenken – und so war er denn auch zumeist in seinem Leben.

Es läßt sich noch etwas Weiteres zu dieser *Liebe für den unheroischen einzelnen* sagen, zu seiner Menschenfreundlichkeit und wilden Gegnerschaft, in Karikatur und bissigem Sarkasmus, gegen Männer und Frauen, die mit Härte, Anmaßung und Machtgier wirkten. Angesichts des ungeheuren Einflusses, den Dickens' Werk auf

---

of her spirit summoned about her…" (S. 544). Über Josiah Bounderby in *Hard Times:* „that Bully of humility, who had built his windy reputation upon lies" (S. 258).

15 „I really felt ashamed to take advantage of the ingenuousness or grateful feeling of the child for the purpose of gratifying my curiosity. *I love these little people;* and it is not a slight thing when they, who are so fresh from God, love us" (S. 46).

die ganze englisch sprechende Welt ausgeübt hat, und zwar nicht nur auf ihre Gefühle und Ausdrucksfähigkeit, sondern auf das gesamte soziale Klima, kann man sich die Spekulation nicht versagen, daß die sozialen und politischen Reformen und damit die Vermeidung von Revolution und Diktatur in diesen Ländern in einem gewissen Maß Dickens und seinem direkten und indirekten Einfluß zu verdanken sind. Dies stünde im Gegensatz zur Abwesenheit einer solch tiefen und durchdringend humanisierenden Einwirkung auf dem europäischen Kontinent. Kein französischer, russischer oder deutscher Schriftsteller besaß meines Wissens eine solche sozialisierende und humanisierende Macht und tatsächliche Breitenwirkung – sei es mehr infolge des Mangels an Empfänglichkeit und Bereitschaft („responsiveness") in ihrem nationalen Publikum oder wegen ihres eigenen Mangels an ähnlich evokativer Kraft.

Hesiod meint, es seien die Dichter, welche die Götter und damit die Religion ihrer Völker schufen. Ich denke, es ist nicht zu weit hergeholt, den Einfluß der Dichtungen auf das Wertgefühl im Volk zu studieren. Die Dichter drücken nicht nur Wertkonflikte aus, sie schaffen sie auch oder verändern sie. Sie gestalten recht eigentlich die kulturelle Identität eines Volkes, den Kern seiner Nationalität, auf die allein man mit Fug und Recht stolz zu sein vermag – die einzig legitime Form des Nationalismus. Etwa im Sinne des Ausspruches von Gottfried Keller: „Achte jedes Mannes Vaterland, das deinige liebe!"

Dickens war der Inbegriff des machtvollen Dichters und großen *Künstlers als sozialen Revolutionärs* – eines Revolutionärs aus Liebe, nicht wie die meisten andern aus Ressentiment[16], Haß und Verachtung. Der letztere muß zerstören, da er sich starker Gefühle schämt – am allermeisten darüber, was schwach oder weich scheinen könnte. Dickens kannte die Scham sozialer Herabsetzung und Niederlage nur zu gut aus seiner eigenen Kindheitserfahrung, aber er wandelte sie in ihr Gegenteil um: die wirkliche Beschämung solle die treffen, scheint er zu sagen, die grausam und hartherzig, rücksichtslos und unempfindlich sind, alle die, die sich stolz und verächtlich gegen die Gefühle und Bedürfnisse anderer gehaben. Es ist, als ob er sagte: Was sollte da peinlich an der Freundlichkeit, der Rücksichtnahme und der Herzenshöflichkeit sein? Warum sollte man sich darüber schämen? Es ist diese unverhohlene Annahme des unheroischen anderen in seinem vollen Dasein, nicht als einer einfachen Miniatur, die zum Wesentlichen seiner revolutionären Kraft wird. Die erzählerische Liebe verwandelt den einzelnen, der sich selbst nicht als Helden sehen kann und unauffällig dahinlebt, arbeitet und leidet, zum geheimen Helden. Dies ist die demokratische Form des revolutionären Schreibens.

Es würde hier zu weit führen, diese Grundhaltung und die in diesem Abschnitt betrachtete Antithese mit den beiden andern Dichtern, die ich, wenigstens in dieser

---

[16] Zumindest als vordergründige Motivierung. Gerade was ich später ausführen werde, läßt es als wahrscheinlich annehmen, daß auch manches in Dickens' Erleben und in seinem Charakter von unbewußtem Ressentiment bestimmt wurde – „as well it might!" –, wie dies für uns alle mehr oder weniger gilt. Doch ist seine sozial-revolutionäre Arbeit manifest nicht von diesem Antrieb erfüllt, sondern vielmehr von dem eines intensiven Mitleids (compassion) und Gerechtigkeitsgefühls.

Hinsicht, Dickens am ähnlichsten finde, zu vergleichen: Gottfried Keller und Selma Lagerlöf. Die Frage bleibt, ob die in ihnen zu Wort kommende geistige Grundhaltung nicht eine Beziehung zur relativen Immunität gewisser Kulturen während der Katastrophe des 20. Jahrhunderts gehabt habe.

Ich selber bezweifle es kaum, daß der *sozial-revolutionäre Humanismus* von Dickens durch die von ihm inspirierten Sozial-Reformen ganz direkt weit mehr Leuten zugute gekommen ist als etwa die sozial revolutionäre Gewalt von Marx.

5.3.2 Falschheit und Echtheit

Fascination Fledgeby, „the meanest cur existing, with a single pair of legs" (der gemeinste Hund, der mit einem einzigen Paar von Beinen existiert), erklärt: „It seemed so, but *things are not always what they seem*..." (es schien so, aber die Sachen sind nicht immer so, wie sie scheinen, *Our mutual friend*, S. 321); und ganz am Ende der unvollendeten Kriminalnovelle *The mystery of Edwin Drood* lesen wir: „But seeming may be false or true" (doch der Schein mag trügen oder wahr sein, S. 262).

Diese Antithese von Schein und Sein ist das zweite führende thematische Motiv bei Dickens. Wie Trilling (1971) ausgeführt hat, ist der Wert, der der *Aufrichtigkeit (sincerity)* beigemessen wird, „während der letzten 400 Jahre zu einem hervorragenden, vielleicht einem definitiven Charakteristikum der westlichen Kultur geworden."[17]

Bei Dickens ist es vor allem die Falschheit in der Gesellschaft, z. B. die vernichtende Prätenziosität des „Circumlocution Office", des bissig parodierten Regierungssystems und der miteinander verschwägerten und jenes Office beherrschenden Familien der Barnacles und der Stiltstalkings (*Little Dorrit*, S. 145–149, 360 f.). Nur ein Zitat:

> Lord Decimus, ein Wunder auf seinem eigenen parlamentarischen Piedestal, stellte sich dann als die windigste Kreatur hier heraus: er trank auf das Glück der Braut und des Bräutigams in einer Reihe von Plattheiten, die auch einem ehrlichen Jünger und Gläubigen das Haar sich hätte sträuben lassen; und mit der Selbstgefälligkeit eines idiotischen Elephanten trottete er durch heulende Satzlabyrinthe, die er offenbar für Hauptstraßen hielt, von denen er am allerwenigsten heruntersteigen mochte."[18]

[17] „If sincerity is the avoidance of being false to any man through being true to one's own self, we can see, that this state of personal existence is not to be attained without the most arduous effort. And yet at a certain point in history certain men and classes of men conceived that the making of this effort was of supreme importance in the moral life, and the value they attached to the enterprise of sincerity became a salient, perhaps a definitive, characteristic of Western culture for some four hundred years" (S. 5 f.).

[18] „Then Lord Decimus, who was a wonder on his own Parliamentary pedestal, turned out to be the windiest creature here: Proposing happiness to the bride and bridegroom in a series of platitudes that would have made the hair of any sincere disciple and believer stand on end; and trotting, with the complacency of an idiotic elephant, among howling labyrinths of sentences which he seemed to take for high roads, and never so much as wanted to get out of" (*Little Dorrit*, S. 458).

In ähnlicher, obzwar nachsichtigerer Weise lesen wir in *David Copperfield* über Mr. Micawber, daß er „had a relish in this formal piling up of words" (einen Genuß darin fand, die Worte förmlich aufeinander aufzutürmen). Die Bedeutung oder Notwendigkeit der Worte sei dabei nur von sekundärer Bedeutung, das Wesentliche dabei sei, daß sie wichtig tönten und sich in einer großen Parade zeigten.[19]

Neben dieser Anmaßung der Rede gibt es die der Kleidung:

> Mr. Merdle war ungeheuer reich, ein Mann von gewaltigem Unternehmungsgeist, ein Midas ohne dessen Ohren, der alles, was er berührte, in Gold verwandelte. Er war gut in allem, vom Bankwesen zum Bauwesen... Dieser große und gesegnete Mann hatte vor etwa 15 Jahren jenen breiten Busen [seiner Frau], der soviel Raum beanspruchte, um wenig genug fühlen zu können, mit einem Nest von Karmesin und Gold versehen. Das war nicht ein Busen, an dem man Ruhe finden konnte, sondern ein Kapitalbusen, der mit Juwelen behängt werden konnte.[20]

Über Nacht stellte es sich jedoch heraus, daß Mr. Merdle ein Großschwindler war und, da sein Reich zusammenkrachte, Selbstmord beging.

„Du brauchst kein Vorleben zu haben, keinen etablierten Charakter, keine Kultur, keine Ideen, keine Manieren; du mußt nur Aktien haben".[21]

Soviel in bezug auf die Antithese von gesellschaftlicher Falschheit und persönlicher Aufrichtigkeit und Echtheit.

5.3.3 *Firnis und Substanz*

Doch geht Dickens viel weiter. Diese Antithese von Schein und Sein ist nicht nur gesellschaftlich, sondern auch psychologisch. „No man knows till the time comes, what depths are within him" (Keiner weiß, bis die Zeit dafür kommt, welche Tiefen in ihm sind), klagt Mr. Headstone in *Our mutual friend* (S. 454). Es bringt uns zur dritten Schicht der Doppelheit, tatsächlich zu einer psychologischen Modifizierung, einer Verinnerlichung der zweiten; sie läßt sich von ihr nicht scharf trennen.

---

[19] „We talk about the tyranny of words, but we like to tyrannize over them too; we are fond of having a large superfluous establishment of words to wait upon us on great occasions, we think it looks important, and sounds well. As we are not particular about the meaning of our liveries on state occasions, if they be but fine and numerous enough, so, the meaning or necessity of our words is a secondary consideration, if there be but a great parade of them" (*David Copperfield*, S. 749).

[20] „Mr. Merdle was immensely rich; a man of prodigious enterprise; a Midas without the ears, who turned all he touched to gold. He was in everything good, from banking to building... This great and fortunate man had provided that extensive bosom which required so much room to be unfeeling enough in, with a nest of crimson and gold some fifteen years before. It was not a bosom to repose upon, but it was a capital bosom to hang jewels upon" (*Little Dorrit*, S. 292f.).

[21] „Have no antecedents, no established character, no cultivation, no ideas, no manners; have shares. Have Shares enough to be on Boards of Direction in capital letters, oscillate on mysterious business between London and Paris, and be great. Where does he come from? Shares. Where is he going to? Shares. What are his tastes? Shares. Has he any principles? Shares..." (*Our mutual friend*, S. 159 f.).

Da ist es die Falschheit, die Unechtheit des Ausdrucks, wenn nicht von Gefühl und Denken. Er beschreibt die Persönlichkeit der Gouvernante, Mrs. General. Sie habe keine eigene Meinung, ihre Gedanken rollten auf kleinen Geleisen im Kreis herum. Man solle nicht an etwas Unschickliches denken, sondern vorgeben, es existiere nicht. Unglück und Leidenschaft dürfen nicht erwähnt werden. Alles, was existiere und nicht verleugnet werde, müsse noch lackiert werden. „The more cracked it was, the more Mrs. General varnished" (je mehr es gesprungen war, um so mehr lackierte es Mrs. General, *Little Dorrit*, S. 503)[22]. Mit einer Mundstellung, die an „Prunes und Prism" (Pflaumen und Prisma) gemahnte, erklärte sie, „ein wirklich verfeinerter Sinn wird die Existenz von allem, das nicht vollkommen schicklich, ruhig und angenehm ist, nicht zu kennen scheinen".[23]

In epischer Ironie findet sich daher die wirkliche Person, Amy, um diese Meisterin *globaler Verleugnung* herum in einer Welt der Unwirklichkeit und Selbstentfremdung: „Es war von dieser Stellung aus, daß ihr alles, was sie sah, als *unwirklich* erschien... alles ein Traum – nur das alte gemeine Gefängnis wirklich... alles war Oberfläche und Firnis und Schaustellung ohne Substanz".[24]

Solch ein Nichtwissenwollen, das dem Malen eines substanzlosen Ideales und der Verfälschung (im Sinne des Unecht-machens) all dessen, was dazu nicht passen wollte, zugrundeliegt, würde von uns *Verleugnung* genannt. Von uns? Nein, Dickens nennt es selbst so. In *The old curiosity shop* verändert „the figurative and poetical character of Mr. Swiveller's mind" (der metaphorische und poetische Charakter von Mr. Swivellers Sinn) nicht nur den kalten verdünnten Branntwein in rosenroten Wein, sondern eine Bettstatt in ein Buchgestell, und er selbst glaubt fest an diese

---

22 „Mrs. General had no opinions. Her way of forming a mind was to prevent it from forming opinions. She had a little circular set of mental grooves or rails on which she started litte trains of other people's opinions, which never overtook one another, and never got anywhere. Even her propriety could not dispute that there was impropriety in the world; but Mrs. General's way of getting rid of it was to put it out of sight, and make believe that there was no such thing. This was another of her ways of forming a mind – to cram all articles of difficulty into cupboards, lock them up, and say they had no existence. It was the easiest way, and, beyond all comparison, the properest. Mrs. General was not to be told of anything shocking. Accidents, miseries, and offences, were never to be mentioned before her. Passion was to go to sleep in the presence of Mrs. General, and blood was to change to milk and water. The little that was left in the world, when all these deductions were made, it was Mrs. General's province to varnish. In that formation process of hers, she dipped the smallest of brushes into the largest of pots, and varnished the surface of every object that came under consideration. The more crakked it was, the more Mrs. General varnished. There was varnish in Mrs. General's voice, varnish in Mrs. General's touch, an atmosphere of varnish around Mrs. General's figure. Mrs. General's dreams ought to have been varnished – if she had any – lying asleep in the arms of the good St. Bernard, with the feathery snow falling on his housetop" (*Little Dorrit*, S. 503).

23 „... a truly refined mind will seem to be *ignorant of the existence* of anything that is *not perfectly proper, placid, and pleasant*" (S. 530).

24 „It was from this position that all she saw appeared *unreal;* the more surprising the scenes, the more they resembled the unreality of her own inner life as she went through its vacant places all day long... all a dream – only the old mean Marshalsea a reality... this crowning unreality... Everything having been surface and varnish and *show without substance*" (S. 517, 519, 557).

Metamorphose: „Er verschloß seine Augen gegen das Bett, *verleugnete* entschlossen die Existenz der Decken und verbannte das Kopfkissen von seinen Gedanken.“[25] „Stillschweigender Glauben an die Täuschung war der erste Artikel seines Credo“.[26]

Wie ähnlich diese Haltung der von Freud beschriebenen „Ichspaltung“ mit der seltsamen Doppelheit von Anerkennung einer Wahrnehmung und deren Ablehnung ist, sei hier nur vermerkt (GW 17, S. 134). Die klinischen Beispiele sind voller Hinweise darauf.

5.3.4 Die Verleugnung des Gewissens und die Rückkehr des Verleugneten

Doch gibt uns der Zusammenhang der eben zitierten Passage noch mehr Anhaltspunkte für die dynamische Natur der Verleugnung. Gerade vor der Vignette lesen wir über das Gewissen, es sei ein elastischer und sehr flexibler Artikel, der schön viel Strecken und Anpassen gestatte. Manche können sogar Stücke davon wie eine Flanneljacke bei warmem Wetter ausziehen und lernen sogar ganz ohne es auszukommen; doch sei es am bequemsten, es nach Lust und Laune an- und abzuziehen, was denn auch besonders in Mode stehe.[27]

Hinter all der sozialen und persönlichen Anmaßung und der sie stützenden Verleugnung lauern die geheimen Anforderungen von Schuld und Scham, die Forderungen eines Gewissens, das zwar immer wieder überspielt und außer Kraft gesetzt wird, dessen Autorität aber in Form von innerer und äußerer Vergeltung sich doch stets von neuem behauptet: es handelt sich um die Fragen von Verbrechen und Sühne.

Mr. Merdle wird geschildert, wie er sich immer beim Handgelenk faßte, als ob er selbst sein eigener Polizist wäre, der ihn verhaftete.[28]

In einem Gleichnis, das als zentrales Bild in Ibsens *Klein Eyolf* und in Berg-

---

[25] „There is no doubt that by day Mr. Swiveller firmly believed this secret convenience to be a bookcase and nothing more; that he closed his eyes to the bed, resolutely *denied* the existence of the blankets, and spurned the bolster from his thoughts. No word of its real use, no hint of its nightly service, no allusion to its peculiar properties, had ever passed between him and his most intimate friends“ (S. 101).

[26] „Implicit faith in the deception was the first article of his creed. To be the friend of Swiveller you must reject all circumstantial evidence, all reason, observation, and experience, and repose a blind belief in the bookcase. It was his pet weakness and he cherished it“ (*The old curiosity shop*, S. 101).

[27] „... in the majority of cases, conscience is an elastic and very flexible article, which will bear a deal of stretching and adapt itself to a great variety of circumstances. Some people, by prudent management and leaving it off piece by piece like a flannel waistcoat in warm weather, even contrive, in time, to dispense with it altogether, but there be others who can assume the garment and throw it off at pleasure; and this being the greatest and most convenient improvement, is the one most in vogue“ (S. 100).

[28] „... he took himself into custody by the wrists, and backed himself among the ottomans and chairs and tables as if he were his own Police officer, saying to himself: ‚Now, none of that! Come! I’ve got you, you know, and you go quietly along with me!‘“ (*Little Dorrit*, S. 672).

mans Film *Fanny und Alexander* wieder erscheint, wird die Schuld der Familie als verzerrtes Gesicht des Ertrunkenen auf dem Wassergrund erblickt.[29]

Das spezifische Symbol für verborgene Schuld und Scham ist das Gefängnis, das In-die-Falle-Gehen. In *Our mutual friend* lesen wir über „the entrapped impostors“ (die in die Falle gegangenen Betrüger), die schon erwähnten Lammles: „unter ihrem äußeren Gebaren fand sich etwas wie ein Ausdruck der Beschämung zweier Schwindler, die durch versteckte Handschellen aneinander gefesselt waren“.[30]

Arthur Clennam hatte, neben dem eben erwähnten Gesicht des Ertrunkenen, andere „Zwangsvorstellungen“, die sich auf eine unbekannte Schuld seiner Pflegemutter bezogen: „Spekulationen, die die merkwürdigsten Bezüge zum Gefängnis hatten, aber immer das Gefängnis betrafen, liefen, während er wachlag, wie Alpträume durch seinen Sinn“.[31] Sie leide in ihrer selbstverursachten Gebundenheit an Lehnstuhl und Zimmer für die Gefangenschaft ihres Opfers. Dies sei die unerbittliche Gerechtigkeit. Der Verbrecher könne nicht vergessen: „The stings of an awakened conscience drove her mad“ (die Stiche eines erwachten Gewissens trieben sie in den Wahnsinn), sagt sie ironischerweise über die wirkliche Mutter von Arthur, deren Platz sie usurpiert und die sie ins Verderben getrieben hatte (S. 846).

Leute, die ihre Schuld zu verbergen haben, und noch viel mehr die, die sich über sich selbst, ihre Identität und Gefühle schämen müssen, sind gezwungen, eine Maske zu tragen: so die Beschreibung von Lady Dedlock in *Bleak house:* „Doch so lange daran gewöhnt, ihre Emotion zu unterdrücken und die Wirklichkeit niederzuhalten, so lange für ihre eigenen Zwecke in der zerstörerischen Schule geschult, die die natürlichen Gefühle des Herzens versiegelt wie Fliegen in Bernstein...“.[32]

---

[29] „As though a criminal should be chained in a stationary boat on a deep clear river, condemned, whatever countless leagues of water flowed past him, always to see the body of the fellowcreature he had drowned lying at the bottom, immovable, and unchangeable, except as the eddies made it broad or long, now expanding, now contracting its terrible lineaments: so Arthur, below the shifting current of transparent thoughts and fancies which were gone and succeeded by others as soon as come, saw, steady and dark, and not to be stirred from its place, the one subject that he endeavored with all his might to rid himself of, and that he could not fly from“ (S. 742). Doch war es nicht Arthurs eigene Schuld, sondern das Verbrechen und die Schande seiner Mutter, die sein Leben mitvergiftete: „It was like the oppression of a dream to believe that shame and exposure were impending over her and his father's memory, and to be shut out, as by a brazen wall, from the possibility of coming to their aid“ (S. 742).

[30] „... under their outer bearing there was something of the shamed air of two cheats who were linked together by concealed handcuffs“ (S. 717). Zuvor heißt es über dieses noble Pärchen, das sich gegenseitig unter falschen Vorgaben in die Ehe gelockt: „... we have both been deceiving, and we have both been deceived. We have both been biting, and we have both been bitten“ S. 172). Und: „... we must bear the consequences of the deception – that is to say, bear another, and bear the burden of scheming together“ (S. 689).

[31] „Speculations... bearing the strangest relations towards the prison, but always concerning the prison, ran like nightmares through his mind while he lay awake“ (*Little Dorrit*, S. 129).

[32] „But so long accustomed to *suppress emotion and keep down reality*, so long schooled for her own purposes in that destructive school which *shuts up the natural feelings of the heart* like flies in amber and spreads one uniform and dreary gloss over the good and bad, the feeling and unfeeling, the sensible and senseless, she had subdued even her wonder until now“ (*Bleak house*, S. 758).

Und ganz ähnlich Edith Dombey: „Fasse in einem schönen Gesicht die bewußte Selbsterniedrigung... Ein Ausdruck des Hohnes gehörte zum stolzen Gesicht“[33] – Scham und deren Abwehr durch nach außen gewendete Verachtung, „Narzißmus“ als Abwehr gegen die Scham.

Jasper sagt, in *Edwin Drood*, zu seiner Gastgeberin in der Opiumhöhle: „Look down, look down! You see what lies at the bottom there“ (Schau hinab, schau hinab! Du siehst, was am Grund liegt). Zu Recht oder Unrecht gibt er uns den Eindruck, dort liege sein Opfer, der von ihm in einem durch Opium veränderten Bewußtseinszustand ermordete Rivale Edwin Drood. „...when it was done it seemed not worth the doing, it was done so soon“ (als es getan war, schien es nicht der Mühe wert, so rasch war es geschehen, S. 259).

Und unverzüglich die entscheidende *Verleugnung der Schuld* – die Verleugnung der verhängnisvollen Tat: „When it comes to be real at last, it is so short that it seems unreal for the first time“ (Wenn es endlich wirklich wird, ist es so kurz, daß es für die erste Zeit unwirklich zu sein scheint, S. 261).[34]

Doch besitzen wir ein unleugbares Signal dafür, wenn Schuld und Scham verdrängt und die mit ihnen verbundenen Wahrnehmungen verleugnet und wegrationalisiert werden: „... the thorn of anxiety is as nearly the mark as I am likely to get – May it come out at last!“ (Der Stachel der Angst ist ein Zeichen so genau, wie ich es wohl je erhalten kann – Mag es endlich auskommen!), sagt Mr. Grewgious bei seiner Suche nach dem Mörder (*Edwin Drood*, S. 119).

Ich behaupte nicht, daß diese 4 Antithesen, die sich durch die Romane von Dickens als zentrale Polaritäten verfolgen lassen, für ihn einzigartig wären, noch daß sie die thematischen Polaritäten, die wir auslesen könnten, erschöpfen, aber sie scheinen mir doch von entscheidender Bedeutung zu sein. Und nicht nur dies: sie weisen voran zu den Aspekten, denen ich mich jetzt zuwende – den Stilmitteln, die Dickens in erster Linie benutzte, und die ihnen innewohnende Doppelheit.

---

[33] „Compress into one handsome face the conscious self-abasement, and the burning indignation of a hundred women, strong in passion and in pride; and there it hid itself with two white shuddering arms“ (*Dombey and son*, S. 414). „An expression of scorn was habitual to the proud face, and seemed inseparable from it; but the contempt with which it received any appeal to admiration, respect, or consideration on the ground of his riches... “ (S. 521).

[34] Diese Seiten wurden vom Dichter unmittelbar vor seinem tödlichen Schlaganfall geschrieben, wohl am selben Tag: ist es die Ablehnung, die „Verleugnung“ der Wahrnehmung seines eigenen unmittelbar bevorstehenden Todes?

5.4 Doppelheit als Stilelement

Durch die Literatur zieht sich allgemein folgender Gedanke, der Zweifel: Was ist die sonderbare Doppelheit der Dichtung? In der *Theogonie* von Hesiod sagen die Musen: „Wir verstehen uns darauf, manche falschen Dinge, die der Wahrheit gleichen, zu sagen; doch wenn wir wollen, können wir auch das Wahre verkünden." Es ist dieser tiefe Sinn der Doppelheit, der unwägbaren Qualität der künstlerischen Wahrheit gegenüber den Wahrheiten der „Welt", ja selbst gegenüber den Lebensnotwendigkeiten des Künstlers, die T. Mann veranlaßt zu sagen, der Künstler treibe Allotria, der Dichter sei „notwendig liederlich und Abenteurer des Gefühles". „So sagen wir etwa der auflösenden Erkenntnis ab, denn die Erkenntnis, Phaidros, hat keine Würde und Strenge; sie ist wissend, verstehend, verzeihend, ohne Haltung und Form; sie hat Sympathie mit dem Abgrund, sie *ist* der Abgrund" (1912/1954, S. 64). Doch dann zum Schluß desselben, schon früher zitierten Aufsatzes: „Sie ist keine Macht, sie ist nur ein Trost. Und doch – ein Spiel tiefsten Ernstes, Paradigma allen Strebens nach Vollendung, ist sie der Menschheit zur Begleiterin gegeben von Anfang an, und diese wird von ihrer Unschuld nie ganz das schuldgetrübte Auge wenden können" (1952/1977, S. 336).

A. Muschg, der bedeutende zeitgenössische schweizerische Schriftsteller, sagt in seinen Frankfurter Vorlesungen *Literatur als Therapie?* (1981): „Kein Weg führt vorbei an der Herkunft der Kunst aus dem Verlust – und daran, daß sie an diesen Verlust *zugleich erinnert und über ihn täuscht*" (S. 51). „Was mir fehlte, konnte ich nicht sagen; was ich sagte, war nicht das Wahre" (S. 98).

Er nennt das Schreiben ein zweites Dasein, aber eine Fassadenexistenz, einen Weg zum Größenwahn, einen Weg, der von sich selbst weg führe. Das Schreiben mache den tiefen Riß durch seine Geschichte offenkundiger. Er spricht über die gespaltene Wurzel seines Schaffens. Und was ist die Natur dieses Risses, dieser Wunde? Es sei die unterschlagene Trauer (S. 112 f.). Dichtung heiße nicht verminderte Wirklichkeit, sondern die Schaffung einer möglichen Wahrheit gegenüber dem, was faktisch, „positiv", ist (S. 141).

Dies ist fast identisch mit dem, was Henry James im Vorwort zur *Lesson of the master* sagt:

> Wenn es nicht eine Art Feldzug um des Bessern willen ist (besser als das anstößige, das herausfordernde Objekt), [jenes Bessern,] das vermutlich gesegneterweise sein *könnte*, ist es der Rede nicht wert. Dies aber ist genau, was wir unter operativer Ironie verstehen. Es nimmt den möglichen andern Fall an und projiziert ihn, den Fall, der reich und erbaulich ist, während die Tatsächlichkeit anmaßend und eitel ist.[35]

[35] „When it's not a campaign, of a sort, on behalf of the something better (better than the obnoxious, the provoking object) that blessedly, as is assumed, *might* be, it's not worth speaking of. But this is exactly what we mean by operative irony. It implies and projects the possible other case, the case rich and edifying where the actuality is pretentious and vain. So it plays its lamp; so, essentially, it carries that smokeless flame, which makes clear, with all the rest, the good cause that guides it. ... If the life about us for the last thirty years refuses warrant for these examples, then so much the worse for that life" (*Art of the novel*, S. 222).

Die Doppelheit der Kunst liegt darin, daß die Wirklichkeit durch eine Phantasie ersetzt wird, die alle Eindrücke und Einbildungen in einem so starken Bild verdichtet und das Leben mit solcher Intensität nachschafft, daß das Erschaffene zu einer stärkeren Wirklichkeit, zu einer wirksameren Wahrheit wird als die, für die sie steht: „Ich schaffe durch meine Macht aus Lügen und aus Täuschung eine neue Wahrheit, die die schmerz- und schamerfüllte, enttäuschende Realität meines persönlichen Lebens ersetzen soll – und doch ist sie nie ganz fähig, meine Wunden zu heilen und das Leiden der anderen zu beheben. Was ich schaffe, mag der Vollkommenheit nahekommen, doch solche Vollkommenheit ist aus einem Abgrund des Leidens herausgewachsen und vermag diesen Abgrund nie zu überdecken."

Kunst kann und soll das Schwert der Einsicht sein – „die Axt, die das gefrorene Meer in uns spaltet" (Kafka, zit. nach Muschg 1971, S. 115). Sie gibt uns eine Wahrheit, aber es ist eine doppelte, eine gespaltene Wahrheit. Manche haben dies gespürt; Dickens hat es, glaube ich, mit größter Meisterschaft dargestellt, und nicht nur im Inhalt, sondern auch in der Form, und zwar ganz besonders in der Form.

5.4.1 Ironie

Aus dem immensen Überfluß wähle ich zwei Beispiele für die Anwendung dieses ersten Kunstgriffs aus. Das erste stammt wieder aus *The old curiosity shop* und beschreibt Mr. Swiveller als betrunken, schmutzig und verwahrlost:

> Angesichts all dieser persönlichen Vorteile (zu denen man auch noch einen starken Tabakgeruch und eine hervorragende Schmierigkeit seiner Erscheinung zählen kann) lehnte sich Mr. Swiveller, seine Augen auf die Decke gerichtet, in seinem Stuhl zurück, und beglückte die Gesellschaft mit ein paar Takten einer überaus elenden Melodie, wobei er gelegentlich seine Stimme zum nötigen Grundton führte, und dann, in der Mitte einer Note, wieder in sein voriges Schweigen verfiel... Das Schweigen dauerte nicht lange. Nachdem er uns nämlich mit mehreren melodischen Versicherungen bedacht, daß sein Herz im Hochland weile und daß er lediglich seines arabischen Pferdes bedürfe, ehe er gewaltige Taten des Mutes und der Treue ausführen werde, entfernte er seine Augen von der Decke und versank wieder in Prosa... Nachdem Mr. Swiveller sich seiner Rede mit grossem Winken und Schwenken seiner Hand entledigt hatte, stieß er abrupt den Knopf seines Stockes in seinen Mund, als ob er es zu verhindern suchte, die Wirkung seiner Ansprache durch die Hinzufügung eines einzigen zusätzlichen Wortes zu schädigen.[36]

Siehe auch Kap. 11 Goethe in *Wilhelm Meister* und den berühmten Ausspruch über Euripides und Sophokles, nämlich daß der erstere die Menschen darstelle, wie sie seien, und der letztere, wie sie sein sollten.

[36] „With all these personal advantages (to which may be added a strong savour of tobacco-smoke and a prevailing greasiness of appearance) Mr. Swiveller lent back in his chair with his eyes fixed on the ceiling, and occasionally pitching his voice to the needful key, obliged the company with a few bars of an intensely dismal air, and then, in the middle of a note, relapsed into his former silence... The silence was not of long duration, for Mr. Swiveller, after favouring us with several melodious assurances that his heart was in the highlands, and that he wanted but his Arab steed as a preliminary to the achievement of great feats of valour and loyalty,

Das zweite Beispiel stammt aus *Bleak house*, Kap. 39, das den Titel „Anwalt und Klient" trägt:

> Mr. Vholes ist ein sehr achtbarer Mann. Er hat kein großes Geschäft, doch ist er ein sehr achtbarer Mann. Er wird von den bedeutenderen Anwälten, die ein gutes Vermögen gemacht haben oder es noch machen, als ein sehr achtbarer Mann angesehen. Er verpaßt niemals eine Gelegenheit in seiner Praxis, was ein Zeichen der Achtbarkeit ist. Er erlaubt sich niemals ein Vergnügen, was ein anderes Zeichen der Achtbarkeit ist. Er ist reserviert und ernst, was ein anderes Zeichen der Achtbarkeit ist. Seine Verdauung ist beeinträchtigt, was höchst achtbar ist. Und er macht Heu aus dem Gras, das Fleisch ist, für seine drei Töchter. Und sein Vater ist im Tale von Taunton von ihm abhängig. – Das eine große Prinzip des englischen Rechtswesens ist, sich Geschäfte zu verschaffen...[37]

Dies ist Ironie. „Da aber Kunst nicht radikal sein kann, so wäre sie also ironisch", sagt Thomas Mann in seinem Essay *Ironie und Radikalismus* (1918, 1977). Er schreibt es ihrem „wundervollen Widerspruch" zu, „daß sie in demselben Maße lustweckend wie gewissenweckend wirkt". Ihre Sendung „beruht in ihrer Mittel- und Mittlerstellung zwischen Geist und Leben". (Wir würden sagen, daß sie zwischen den Trieben und der Kritik durch das Über-Ich vermittle und sie beide ausdrücke). „Hier ist die Quelle der Ironie." (1918, 1977, S. 43, 45). Doch wie vermag sie zu vermitteln?

> Ironie aber ist immer Ironie nach beiden Seiten hin; sie richtet sich gegen das Leben sowohl wie gegen den Geist, und dies nimmt ihr die große Gebärde, dies gibt ihr Melancholie und Bescheidenheit... Ironie als Bescheidenheit, als rückwärts gewandte Skepsis ist eine Form der Moral, ist persönliche Ethik, ist „innere Politik"... (S. 45, 47).

Doch vermittle die Kunst nicht mit dem Alltag; im Gegenteil, sie treibe Unfug – „Allotria" – mit ihm, und der Künstler sträube sich gegen die Würde der Bürgerlichkeit; er solle ein Revolutionär gegen die alltägliche Dummheit sein – mehr: er sei „das Gewissen der Menschheit... ihr leidender Führer" (1952, 1977, S. 331; 1918, 1977, S. 47).

Doch erklärt dies nicht das Wesen der Ironie. Das *Dictionary of modern English usage* von Fowler (1926, 1954) definiert Ironie als

> eine Art der Äußerung, die eine doppelte Zuhörerschaft voraussetzt – eine Partie, die zuhört, doch nicht begreift, und eine andere Partie, die, wenn mehr gemeint ist als die

---

removed his eyes from the ceiling and subsided into prose again... Having delivered this oration with a great many waves and flourishes of the hand, Mr. Swiveller abruptly thrust the head of his cane into his mouth as if to prevent himself from impairing the effect of his speech by adding one other word" (S. 61–64).

[37] „Mr. Vholes is a very respectable man. He has not a large business, but he is a very respectable man. He is allowed by the greater attorneys who have made good fortunes or are making them to be a most respectable man. He never misses a chance in his practice, which is a mark of respectability. He never takes any pleasure, which is another mark of respectability. He is reserved and serious, which is another mark of respectability. His digestion ist impaired, which is highly respectable. And he is making hay of the grass which is flesh, for his three daughters. And his father is dependent on him in the Vale of Taunton. – The one great principle of the English law is to make business for itself... " (S. 555).

offenkundige Bedeutung, sowohl dieses „Mehr" wie das Nichtbegreifen des Uneingeweihten wahrnimmt.[38]

Drei Formen werden erwähnt (ich lasse ihre Beschreibung aus): Sokratische Ironie, dramatische Ironie und die Ironie des Schicksals.

Was ist jedoch die Ironie des Romans, die von Mann gemeint und so oft von Dickens gebraucht wird? In den beiden Beispielen, die ich eben angeführt habe, ist es offenbar *die Doppelheit von Vordergrund und Hintergrund*, oder, um nun die Ausdrücke der zuvor entwickelten thematischen Antithesen zu benutzen, von *Schein* und *Sein*, von *Firnis* und von *Substanz* (oder eher des Mangels der letzteren). In der ersten Illustration ist es ein ständiges Hin und Her von beanspruchter Erhabenheit und ersichtlicher Jämmerlichkeit, ein fortwährendes Aufbauen der Illusion von Vornehmheit und Qualität und die sofortige Desillusionierung und Disqualifizierung. Dies Auf und Ab von Großartigkeit und Lächerlichkeit ist unwiderstehlich komisch, aber es verkündet uns auch etwas Weiteres, Tieferes: „Glaub niemals an eine große Schaustellung; es ist alles falsch und gauklerisch. Wer bescheiden ist, dem magst du vielleicht Glauben schenken – vorausgesetzt, daß er *wirklich* bescheiden ist." Denn auch die Bescheidenheit kann natürlich zur Vorspiegelung mißbraucht werden, wie es die von Uriah Heep in *David Copperfield* ad nauseam zur Schau gestellte „umbleness" beweist.

Im zweiten Beispiel stammt ein Teil der Ironie von der Anspielung des Refrain in Shakespeares *Julius Caesar* (3. Akt, 2. Szene): „For Brutus is an honorable man, So are they all, all honorable men – Denn Brutus ist ein ehrenwerter Mann, das sind sie alle, alle ehrenwerte Männer," und des biblischen Tals der Tränen, das zu Taunton –„taunts" – Spott geändert wurde. Doch findet sich weit mehr darin: falsche oder schiefe Begründungen – wie: „Er erlaubt sich niemals ein Vergnügen, was ein anderes Zeichen der Achtbarkeit ist" – oder andere, bei denen Anschein mit Substanz gleichgesetzt wird – wie die Achtbarkeit der gestörten Verdauung – kulminieren im plötzlichen Durchstechen der Illusion – „Heumachen aus dem Gras, das Fleisch ist" – einer anderen biblischen Anspielung (Jesaiah 40), und in der abrupten Erklärung absoluter Selbstsucht und Habgier, die die ganze vordergründige Achtbarkeit entzweireißt: das Prinzip, sich Geschäfte zu verschaffen. Wieder ist es eine der zuvor beschriebenen Antithesen, die durch dies Stilmittel der Ironie aufgezeigt wird.

Mit anderen Worten, der Dichter setzt unter dem Schein liebevoller Aufmerksamkeit und Beobachtung ein, doch unversehens blitzt ein Dolch auf und schlitzt das Kostüm und die Maske entzwei und läßt uns für einen kurzen Augenblick der Wahrheit gewahr werden. Ironie ist daher ein ganz hervorragend geeignetes Werkzeug, um uns wiederum wissen zu lassen: „Things are not always what they seem" (Die Dinge sind nicht immer so, wie sie scheinen). Vielleicht noch stärker: Nichts

[38] „Irony is a form of utterance that postulates a double audience, consisting of one party that hearing shall hear and shall not understand, and another party that, when more is meant than meets the ear, is aware both of that more and of the outsiders' incomprehension."

oder nicht viel ist so, wie es scheint. Es ist ein Mittel, eine rasche Verfremdung oder Desillusionierung zu erzielen. In der Tat weckt damit die Ironie die grundsätzliche Frage, ob wir überhaupt irgendeiner Wirklichkeit trauen dürfen. Es ist ein dichterisches Mittel, die Realität fragwürdig zu machen und jedes selbstzufriedene Zutrauen zu ihr zu erschüttern: „Nimm ja nicht an, daß was du siehst und hörst auch schon wahr sei." Es gibt manche Weisen, wie diese Wirkung erzielt werden kann – dadurch, daß man das Unwichtige plötzlich ganz eminent macht, und umgekehrt dadurch, daß man den Scheinwerfer auf eine ganz kleine Einzelheit richtet oder eben daß man eine schiefe, verbogene Logik gebraucht. Kurzum, es sind die Gesetze des Primärprozesses oder mythischen Denkens, besonders die des *pars pro toto*, der *Hyperbole* oder Übersteigerung und der *Verschiebung*, die angewendet werden, um eine oberflächliche Realität zu demaskieren. Und dann gibt es noch ein weiteres Element in der Struktur der Ironie, das uns wohl ins Zentrum der Romandichtung führt. Doch soll dessen Berücksichtigung für den Moment noch zurückgestellt werden.

5.4.2 Das Unheimliche und der Schrecken

Wiederum besteht ein Überfluß an Beispielen für dieses zweite Element. Früh lesen wir in *Edwin Drood* eine Schilderung, die als erster Hinweis auf eine ganze Geschichte des Grauens und der Trauer dient:

> Nicht nur ist der Tag am Abnehmen, sondern so ist das Jahr. Die untergehende Sonne steht feurig und doch kalt hinter der Klosterruine, und der wilde Wein an der Kathedralenwand hat die Hälfte seiner tiefroten Blätter auf das Pflaster geworfen. Am Nachmittag hat es geregnet, und ein winterliches Schaudern überzieht die kleinen Pfützen in den gebrochenen, unebenen Steinplatten, und geht durch die riesigen Ulmen, wie sie ihre Tränen vergießen.[39]

Nicht nur kündigt sie die Geschichte der Ermordung eines Jünglings an, sondern den Tod des Autors selbst: die Arbeit an diesem tiefsinnigen Kriminalroman wurde durch den plötzlichen Tod Dickens' mittendrin abgerissen.

Ein zweites Beispiel, aus *The haunted man and the ghost's bargain:* „Das Zimmer wurde dunkler und kälter, und der düstere Schatten, der sich hinter dem Stuhl zusammenzog, wurde schwerer".[40] Das Gespenst, das Spiegelbild des Chemikers:

> Gräßlich und kalt, farblos mit bleiernem Gesicht und Händen, doch mit seinen Zügen, mit seinen hellen Augen und seinem grauen Haar, in den düsteren Schatten seines Klei-

[39] „Not only is the day waning, but the year. The low sun is fiery and yet cold behind the monastery ruin, and the Virginia creeper on the Cathedral wall has showered half its deep-red leaves down on the pavement. There has been rain this afternoon, and a wintry shudder goes among the little pools on the cracked uneven flagstones; and through the giant elm trees as they shed a gust of tears" (S. 11).

[40] „The room turned darker and colder, and the gloom and shadow gathering behind the chair was heavier" (S. 336).

des gekleidet, nahm es seine schreckliche Erscheinung (Anschein des Daseins) an, bewegungslos, tonlos. Wenn *er* seinen Arm auf die Stuhllehne stützte, tief in Gedanken vor dem Feuer, lehnte *es* sich auf die Rückenlehne des Stuhles, hart über ihm, mit einer fürchterlichen Kopie seines Gesichtes dorthin sehend, wo er hinschaute, und den Ausdruck tragend, den sein Gesicht trug.[41]

Unheimlicher ist noch die Wette, die Mr. Redlaw mit dem Phantom schließt:

Das menschliche Gedächtnis ist beladen mit Trauer und Unruhe. Mein Gedächtnis ist wie das Gedächtnis anderer Menschen, aber andere Menschen besitzen diese Wahl nicht. Ja, ich schließe den Handel. Ja! Ich *will* meine Trauer, das Unrecht, die Sorge vergessen.[42]

Er und alle, die mit ihm in Berührung kommen, verlieren die Trauer und den Schmerz der Erinnerung, doch um den Preis, daß sie radikal entfremdet werden:

Alles wird mir fremd. Ich bin mir selber fremd. Ich bin hier wie in einem Traum. Was für ein Interesse habe ich an diesem Ort, oder irgendeinem Ort, an den ich mich erinnern kann? Meine Seele ist am Erblinden![43]

Dann wieder erinnert man sich der „echoing footsteps of years" (der hallenden Schritte der Jahre), des roten Weins auf der Straße von Saint Antoine, der tigergleichen Flecken um den Mund, des brennenden Schlosses und des Strickens der Madame DeFarge – „She tied a knot with flashing eyes, as if it throttled a foe" (sie knüpfte mit blitzenden Augen einen Knoten, also ob sie einen Feind erdrosselte, *The tale of two cities*, S. 180). Oder Scrooges Begegnung mit seinem früheren Selbst und dessen Gefühlen in *A Christmas carol*. Ich bin sicher, jeder, der Dickens gelesen hat, erinnert sich an manche anderen Illustrationen für das, was ich meine: *Dikkens ist der Meister des Unheimlichen und Erschreckenden*, mehr als jeder andere Dichter, den ich kenne, genau wegen des stilistischen Gegensatzes zur Ironie, zur Freundlichkeit, zur liebevollen Beachtung der alltäglichen Einzelheiten – mehr als Poe, mehr als Hoffmann oder Meyer, weit mehr als all die üppigen „gothischen" Erzählungen.

Doch was ist die Struktur des Unheimlichen? Man erinnert sich natürlich sogleich an Freuds Essay: „Das Unheimliche des Erlebens kommt zustande, wenn *verdrängte* infantile Komplexe durch einen Eindruck wieder belebt werden, oder wenn *überwundene* primitive Überzeugungen wieder bestätigt scheinen." Das

---

[41] „Ghastly and cold, colourless in its leaden face and hands, but with his features, and his bright eyes, and his grizzled hair, and dressed in the gloomy shadow of his dress, it came into his terrible appearance of existence, motionless, without a sound. As *he* leaned his arm upon the elbow of his chair, ruminating before the fire, *it* leaned upon the chair-back, close above him, with its appalling copy of his face looking where his face looked, and bearing the expression his face bore" (S. 337).

[42] „All human memory is fraught with sorrow and trouble. My memory is as the memory of other men, but other men have not this choice. Yes, I close the bargain. Yes! I *will* forget my sorrow, wrong, and trouble!" (S. 341).

[43] „... all things are strange to me. I am strange to myself. I am here, as in a dream. What interest have I in this place, or any place that I can bring to my remembrance! My mind is going blind!" (S. 359).

Gefühl komme nur bei einem Urteilsstreit darüber zustande, „ob das überwundene Unglaubwürdige nicht doch real möglich ist“. Der Dichter könne das Unheimliche „weit über das im Erleben mögliche Maß hinaus steigern und vervielfältigen“, dadurch, daß er uns betrügt, „indem er uns die gemeine Wirklichkeit verspricht und dann doch über diese hinausgeht“ (GW 12, S. 263–265).

Schaut man auf die Benutzung dieses Stilmittels durch Dickens, erreicht er seinen Zweck meistens dadurch, daß er Metaphern für Trauer und Schuld verwendet und auf eine finster-brütende, verborgene Wirklichkeit der Vergeltung, der Demütigung und des katastrophalen Verlustes von Heim, Zugehörigkeit und Liebe hinweist – daß sich also die Grundängste des menschlichen Daseins unmittelbar zu verwirklichen drohen. Hinter dem Überschwang und der Wärme lauern ständig die Schatten der Depression. Von neuem ist es also die auffallende *Doppelheit der Wirklichkeit, die kognitive Dissonanz*, gerade wie bei der Ironie – und damit wiederum etwas, das seinem Werk so oft das Gefühl verleiht: „Die Dinge sind nicht so, wie sie scheinen.“

Im Unheimlichen taucht hinter der Fassade der alltäglichen Erscheinung eine gespenstische, jedoch überwirkliche Existenz auf, ein strafender, übernatürlicher Wille oder die plötzliche Erkenntnis dämonischer Begehren und Bedrohungen – eine gleichsam spiegelbildliche Umkehrung der Ironie.

In der Ironie ist das, was pompös, selbstgerecht, großartig erscheint, in Tat und Wahrheit sehr gewöhnlich, kleinlich und lächerlich – die Anmaßung, die sich als Alltäglichkeit entpuppt. Im Unheimlichen lauert etwas Göttliches oder Dämonisches hinter der Erscheinungswelt und offenbart sich plötzlich in seiner ganzen Schrecklichkeit.

Was diese beiden gemeinsam haben, ist nicht nur die Antithese von Schein und Sein, sondern spezifischer die Erwartung, daß etwas Überraschendes geschehen werde – *das Warten auf eine Überraschung*. Und dies ist das Element, das ich zuvor während der Diskussion der Ironie ausgelassen habe. Die *Kunst der Erzählung lebt von der Überraschung:* man erwartet das Unerwartete, man ist gespannt auf das, was kommt.

Man hat viel Aufhebens von der Kunst des Grotesken bei Dickens gemacht. Mir scheint, daß es wohl ohne weiteres in das Groteske im Dienste der Ironie einerseits, in das Groteske im Dienste des Dämonisch-Schrecklichen, also des Unheimlich-Bösen, der lauernden Vergeltung andererseits, eingeteilt werden kann. Es verdient selbst keine gesonderte Behandlung, außer daß es eine besonders eindrückliche Version der Kunst, Überraschung zu erzielen, darstellt.

Erinnern wir uns jedoch T. Manns Aussage, die Ironie der Dichtung sei ihrer Doppelstellung, ihrem doppelten Zweck zuzuschreiben, sowohl lustweckend wie auch gewissenweckend zu sein:

> Ironie aber ist immer Ironie nach beiden Seiten hin; sie richtet sich gegen das Leben sowohl wie gegen den Geist, und dies nimmt ihr die große Gebärde, dies gibt ihr Melan-

cholie und Bescheidenheit... Ironie als Bescheidenheit, als rückwärts gewandte Skepsis ist eine Form der Moral, ist persönliche Ethik, ist „innere Politik“ (1918, 1977, S. 45, 47).

Ist es nicht vielleicht ihr Wesen, das Täuschende, das Verlogene, die falsche Sicherheit, die erschlichene Glaubwürdigkeit nicht so sehr an der Wirklichkeit überhaupt, sondern insbesondere am *Werterleben* in der konventionellen Tatsächlichkeit aufzuzeigen? Ist es nicht gerade ihr Zweck, einem tieferen Wertgefühl, einem neuen echteren Ideal zum Wort zu verhelfen, im Sine von Polonius' „by indirections find directions out“, und damit dem Rufe des sokratischen wie des modernen Gewissens nach Echtheit und nach Ehrlichkeit Gehör zu verschaffen? Hamlets „Seems, madam! Nay, it is. I know not ‚seems‘“? *Ironie* also als Appell zu einem neuen Gewissen, zum *Aufstand gegen das alte, konventionsgebundene Über-Ich?*

Hätte dann nicht auch dieser zweite Kunstgriff des *Unheimlichen* einen verwandten Sinn? Ist es nicht der Geist als Gespenst, die dämonenbeseelte Natur, der rächende Wille eines aus dem Verborgenen dreinschlagenden *Schicksalsgottes, der die Gerechtigkeit wiederherstellt,* den bevorstehenden Tod wie auch die schließliche Ahndung voraus ahnen läßt, die hinter der Maske der Alltäglichkeit lauern und plötzlich sich als gegenwärtige Drohung enthüllen?

In anderen, nun verinnerlichenden Worten: es ist die entlehnte Schuld, es ist die verhohlene Scham, es sind die erstickte Reue und die Verzweiflung über das Verfehlte, die hier aus unbewußten Tiefen immer wieder durchbrechen und zur Wiederholung von Tat und Sühne zwingen.

Wird sich das Gewonnene nun noch weiter vertiefen lassen?

5.4.3 *Die unerwartete Metapher*

> Ein winterliches Schaudern zieht über die kleinen Pfützen... und durch die gewaltigen, ihre Tränen vergießenden Ulmenbäume. Ihre abgefallenen Blätter liegen dicht verstreut. Manche der Blätter suchen in ängstlicher Hast Zuflucht innerhalb des niedrig gewölbten Kathedralentors, doch zwei heraustretende Männer leisten ihnen Widerstand und werfen sie wieder mit ihren Füßen beiseiten.[44]

Spätherbststimmung, die Gefühle von Trauer, Angst und Verachtung, die Ideen von Abschied, Tod und Überzeitlichkeit – alle vereinigen sich in diesem kleinen Bild zu einer dichterischen Metapher besonderer Dringlichkeit und Stärke. Das an sich nicht Zusammengehörige, das den Sprachclichés Fremde ist unerwartet zusammengebracht worden.

Es ist sofort klar, daß dies Stilmittel der unerwarteten Vergleichung den beiden anderen beschriebenen Kunstgriffen der Ironie und der Unheimlichkeit übergeordnet ist. Mit der Hilfe der ungewöhnlichen Metapher schafft man sowohl Ironie wie Unheimlichkeit – und noch vieles andere dazu.

---

[44] „... a wintry shudder goes among the little pools... and through the giant elm trees as they shed a gust of tears. Their fallen leaves lie strewn thickly about. Some of these leaves, in a timid rush, seek sanctuary within the low-arched Cathedral door, but two men coming out resist them, and cast them forth again with their feet“ (*Edwin Drood*, S. 11).

Was Aristoteles über den Tragödiendichter sagte, gilt sicher für jeden Dichter, besonders auch für den Romanschriftsteller, daß die Anwendung von Metaphern bei weitem das Größte sei; dies allein könne nicht gelernt werden und sei das Zeichen des Genies. Denn der richtige Gebrauch der Metaphern spreche für die Fähigkeit, Ähnlichkeiten zu sehen. „Metapher ist die Übertragung eines Namens, entweder vom Allgemeinen auf das Spezifische, oder vom Spezifischen auf das Allgemeine, oder von einem spezifischen Ding auf ein anderes, oder durch Analogie." Dies ist Aristoteles' Definition (*Poetik*, 1457 b).

Hier kann ich mich nicht in eine wirkliche Diskussion der Metapher einlassen (vgl. Kap. 9, sowie Sacks, Black, Beardsley, Wheelwright). Levin (1981) postuliert, daß „Metaphern zwischen sensorischen Modalitäten Brücken schlagen" (S. 233). Geradeso wie die analytische Technik mit dem Reichtum und der Tauglichkeit von Gleichnissen steht und fällt, so gilt dies für die Technik der Erzählung: *die Kunst der Erzählung zieht ihre Lebenskraft aus der überraschenden Metapher*, und die Metapher ist wiederum in der *kognitiven Doppelheit* verwurzelt.

Doch im Gegensatz zur Ironie und zur Unheimlichkeit liegt in diesem Reichtum an Metaphern nichts, das für Dickens spezifisch wäre. Jeder große Dichter besitzt ihn. Ich würde indes nicht weiter bei diesem Punkt verweilen, gäbe es nicht eine besondere Anwendung davon, die für ihn besonders charakteristisch ist und seinem Stil oft eine enorme Konzentrationskraft und Dichte verleiht: den Gebrauch des *Emblems*.

Ich zitiere Trilling (1950, 1955):

> Das Thema von *Little Dorrit* prägt sich uns durch das Symbol oder Emblem des Buches, nämlich das Gefängnis, ein. Die Erzählung beginnt in einem Gefängnis in Marseilles. Sie setzt sich in der Marshalsea fort, die sie nie wirklich verläßt. Der zweite Teil des Romanes fängt in dem als eine Art Gefängnis geschilderten Kloster auf dem Grossen St. Bernhard an. Das Circumlocution Office ist das Gefängnis des schöpferischen Geistes Englands. Mr. Merdle wird uns gezeigt, wie er sich aus Gewohnheit beim Handgelenk faßt und in Verwahr nimmt, und in einer Vielzahl von Weisen wird das Thema der Gefangennahme durchgeführt; Personen und Klassen sind Gefangene ihres Begriffes der Vorbestimmung oder der religiösen Pflicht, oder durch ihren Beruf, ihr Lebensschema, durch ihre Ideen über sich selbst, und gerade auch durch ihre Sprachgewohnheiten. Symbolische oder emblematische Kunstmittel werden von Dickens in verschiedenem Ausmaß in mehreren seiner Spätromane angewendet, nirgends jedoch mit der gleichen Wirksamkeit wie in *Little Dorrit*... Doch sind sie kaum je von gleicher Stärke wie das [diesen Roman] beherrschende Bild des Gefängnisses. Dies ist so aus dem Grunde, daß das Gefängnis eine Wirklichkeit ist, bevor es je zum Symbol wird; seine Beziehung auf den Willen ist real, es ist das praktische Werkzeug für die Verneinung des menschlichen Willens, das der Willen der Gesellschaft ersonnen hat... (S. 52).

Es erinnert an Ibsen, diesen anderen großen Meister des Emblems, dessen Forderung es war, der Symbolismus solle im Werk verborgen, gleich einer Silberader im Gebirge, existieren. „Es soll dort ohne Kommentar wie eine Runeninschrift stehen und es jedem Zuhörer überlassen, es nach seinen Bedürfnissen zu deuten" (Meyer 1971, S. 148).

Durch den Reichtum an überraschenden Gleichnissen im allgemeinen und den spezifischen Gebrauch der Embleme erzielt Dickens als ganz besondere Wirkung die philosophische Erkenntnis der Antithese zwischen der manifesten Bedeutung aller Realität und Mitteilung – und der Abgründigkeit des Sinnes hinter jener Offenkundigkeit. Wiederum: „...it was a great secret – a secret which she did not even know herself...“ (es war ein großes Geheimnis – ein Geheimnis, das nicht einmal sie selbst wußte, *Old curiosity shop*, S. 45).

Ebenso wie die Ironie und die Unheimlichkeit ist es ein dichterisches Mittel, die durchgehende *Spaltung in der Erlebniswelt* aufzuweisen. In einem Bild sind die Gegensätze umfaßt, aber nicht versöhnt. Wie in einem Traumbild drücken sich alle Seiten des inneren Konfliktes darin aus, und zwar gerade in ihrer vollen Schärfe und Unvereinbarkeit, in der Radikalität und Absolutheit der Polaritäten.

So wird denn *das emblematische Symbol zur Sprache des inneren Konfliktes im Medium der Dichtung*. Es ist gleichsam der Knotenpunkt der gegensätzlichen inneren Kräfte, in dem Willen und Willen aufeinanderprallen.

5.4.4 Das Besondere und das Allgemeine

Ich zitierte bereits aus dem Brief die Stelle, wo Dickens während der Niederschrift von *Nicholas Nickleby* erklärte, daß die dichterische Erzählungen die Ungeheuerlichkeiten des Systems verstärkt faßlich machen können. Der Biograph führt dazu an:

> Sie besaßen die Gewalt einer machtvollen Verallgemeinerung, aber die Propaganda-Novelle gewann enorm dadurch an Lebendigkeit, daß sie sich in konkreten Einzelheiten verkörperte. Das Auge des Reporters konnte mit Schärfe die Tatsachen feststellen, die Einbildungskraft des Novellisten vermochte sie aus einer Statistik in ein emotionell gefärbtes Symbol zu verwandeln (Johnson 1952, S. 217 f.).

Es ist wiederum die Spaltung zwischen Schein und Sein, doch wird nun dank dieses besonderen Stilmittels diese Einsicht aus dem psychologischen und philosophischen Bereich herausgenommen und zur Waffe der Sozialkritik umgeschmiedet. Dickens war nicht lediglich ein ironischer Beobachter, als welchen Thomas Mann den Romanschriftsteller sehen wollte.[45] Nein, Dickens war sowohl Betrachter wie sozialer Aktivist und war in beiden Rollen erstrangig. Daher „war seine Strategie immer, Drama, Pathos und Lachen mit einem Realismus zu verschmelzen, der für Menschenfreundlichkeit plädierte und nicht einfach Ekel und Abscheu hervorrufen wollte“ (Johnson, S. 280). Und mehr:

> Er ließ nicht davon ab, alle diese Verzerrungen des Anstands anzugreifen, aber seine umfassende Sicht begriff sie einfach als Symptome des großen Übels, das jedes Gebiet der menschlichen Aktivität durchdrang: die ganze Struktur der Ausbeutung, auf der die

[45] Übrigens eine Ansicht Manns, die zur heftigen Verurteilung durch W. Muschg geführt hat: „Die Bücher Thomas Manns sind das letzte große Versäumnis der bürgerlichen deutschen Literatur. Künftige Leser werden an ihnen vor allem verstehen lernen, warum das Deutschland, das er repräsentierte, vom Teufel geholt wurde“ (1948, 1969, S. 404).

> soziale Ordnung beruhte. Und die schärfsten Angriffe richtete er gegen jenes goldgesichtige Idol, das ein eisernes Herz und eherne Eingeweide besaß (S. 318).[46]

Dies brachte er dadurch zustande, daß er das konkrete Beispiel auf die Ebene des Symbolismus erhob und die Erzählung mit „jener Doppel-Dichte des Dialoges,... dem Subtext, dem Sinn hinter dem Sinn"[47] ausstattete, die M. Meyer bei Ibsens dramatischem Stil beschrieb.

Es ist derselbe Gedanke, den ein anderer großer Romandichter ausdrückte: „Was ist das Allgemeine? Der einzelne Fall. Was ist das Besondere? Millionen Fälle." Und: „Das Höchste wäre, zu begreifen, daß alles Faktische schon Theorie ist." (Goethe, *Wilhelm Meisters Wanderjahre*, Teil 2, Bd. 18, S. 55, 57). Was sichtbar und besonders ist, soll dazu dienen, in großer Dichte, eben als Dichtung, das darzustellen, was als allgemeine Wahrheit erkannt werden soll.

5.4.5 Synthese und Analyse

Robert Musil läßt seinen *Mann ohne Eigenschaften* sagen, er sehne sich nach einer Gesetzlichkeit des Lebens, die „der erzählerischen Ordnung" folge –

> jener einfachen Ordnung, die darin besteht, daß man sagen kann: „Als das geschehen war, hat sich jenes ereignet!" Es ist die einfache Reihenfolge, die Abbildung der überwältigenden Mannigfaltigkeit des Lebens in einer eindimensionalen, wie ein Mathematiker sagen würde, was uns beruhigt; die Aufreihung alles dessen, was in Raum und Zeit geschehen ist, auf einen Faden, eben jenen berühmten „Faden der Erzählung", aus dem nun also auch der Lebensfaden besteht (S. 665).

Was uns als Leser befriedigt, ist eben diese Reduktion des Lebens mit seinen tausenderlei offenen Enden und unauflöslichen Mißverständnissen und Mißdeutungen auf eine große Einheit des Verstehens, auf eine *Idealeinheit* also, die die Leistung der erzählenden Synthese ist. Das Ganze macht Sinn; jedes seiner Teile hat seine Bedeutung innerhalb dieser großen Einheit und ist mit ihr in manchen Weisen verbunden, die erst langsam und Schritt für Schritt sichtbar und bezeichenbar werden, doch fühlen wir, wie sie dazu passen und zueinander gehören. Je besser das Zusammenstimmen ist, desto gelungener scheint uns das Werk zu sein.

Natürlich gilt dies für alle Kunst, nicht nur für den Roman und schon gar nicht nur für Dickens.

Um spezifischer zu sein, wie bringt es der große Dichter, etwa Dickens oder Dostojewski, zustande, daß wir diesen überzeugenden Eindruck der Einheit erhal-

---

[46] „He would not cease to assail any of these distortions of decency, but his comprehensive vision would perceive them all as no more than vicious symptoms of the great evil permeating every field of human endeavor: the entire structure of exploitation on which the social order was founded. And the fiercest of his attacks he would direct against that golden-faced idol with a heart of iron and bowels of brass."

[47] „That double-density dialogue... the subtext, the meaning behind the meaning" (Meyer 1971, S. 813).

ten? Die Antwort, glaube ich, liegt darin, daß es ihm gelingt, uns „in Spannung“ zu halten – in einem ständigen Zustand begieriger Erwartung. Wie gelingt ihm das? Er gibt uns eine Situation mit einem ernsthaften Problem; das Problem mag noch nicht offensichtlich sein, doch spürt man seine ominöse Gegenwart. Dabei muß es eine Situation sein, mit der wir uns recht leicht identifizieren können. Und dann steigert er Schritt für Schritt die Spannung, indem er uns immer wieder überrascht, als ob er uns bedeuten möchte: „Ich biete euch mit solchen Überraschungen kleine und vorläufige Lösungen an. Wartet nur, bis ich euch die wirkliche Überraschung, die alles miteinander verknüpfen und erklären wird, gebe.“ Die kleinen Überraschungen, die kleinen Befriedigungen dienen also als Vorfreuden und Versprechungen für die große, die man zu erwarten das Recht hat – ähnlich der Beziehung von Vorlust und Orgasmus.

Diese Schaffung der Spannung, diese hervorgerufene Erwartung, daß die eine Überraschung zur nächsten führen werde – durch Ironie, durch das Unheimliche, durch die unerwartete Metapher und die Wiederkehr des Emblems, durch das Einstehen des Besonderen für das Allgemeine – all dies zusammen gibt uns das unwiderstehliche Gefühl der Einheit in der erzählerischen Ordnung. Diese läßt uns, wie Musil sagt, uns „irgendwie im Chaos geborgen“ fühlen.

Solche Synthese ist unabdingbar, eine auf der Überraschung aufgebaute Synthese. Die Frage ist dabei, ob der Schöpfer der Synthese, der Erzähler oder, wie Goethe ihn im „Werther“ genannt, „der Herausgeber“, sichtbar oder stillschweigend miteinbegriffen ist – oder ob er hinter den Gestalten der Dichtung verschwindet. Der englische Roman des 19. Jahrhunderts – Dickens, Eliot, Hardy –, die Literatur in den anderen Sprachen – Balzac und Hugo, Tolstoi und Dostojewski, Keller und Gotthelf, wie in unserem Jahrhundert Thomas Mann und Selma Lagerlöf –, ist fest in dieser gottgleichen Figur der Allwissenheit festgemacht. Der Erzähler mag etwas zurücktreten, doch steht er als Beobachter und Kommentator immer noch dort.

In späteren Romanen, bei Henry James, Musil, Joyce, Proust, Kafka, Schnitzler und der meisten amerikanischen Gegenwartsliteratur, ahmt der Roman mehr und mehr das Drama nach: er läßt die Geschehnisse und Dialoge für sich selber sprechen. Der Erzähler ist, wie der Dramaturg, unsichtbar geworden und hat sich auf eine unverbindliche Neutralität zurückgezogen. Er verbirgt sich hinter der Mannigfaltigkeit seiner Gestalten und Ereignisse.

Zwar erfordert auch die neue Novelle, im Sinne von Henry James, „ein Zentrum der Komposition, einen leitenden Geist – a compositional centre, a presiding intelligence – unter der alles im Roman vereinigt und von der alles abhängig gemacht werden kann“ (Blackmur, in James o. J., S. 10, 18).[48] Doch soll diese zentrale Intelligenz nicht direkt, sondern durch „Reflektoren“ von mehreren, „ironisch verschie-

[48] „… the novel was not a play however dramatic it might be, and among the distinctions between the two forms was the possibility, which belonged to the novel alone, of setting up a fine central intelligence in terms of which everything might be unified and upon which everything might be made to depend“.

denen" Gesichtswinkeln dargestellt werden (Fergusson 1949, 1972, S. 104).[49] Dies setzt freilich eine philosophische Grundhaltung voraus; James sagt in seiner Dikkens-Rezension: „... a novelist very soon has need of a little philosophy... He must know *man* as well as *men*, and to know man is to be a philosopher" (ein Romanschriftsteller braucht recht bald etwas Philosophie... Er soll den Menschen so gut wie die Menschen kennen, und den Menschen kennen heißt, ein Philosoph zu sein, S. 435). Statt Spannung, Doppelheit, Konflikt, Vordergrund und Hintergrund sei es Erfahrung als eine immense Sensibilität, die im Bewußtsein gleich einem Spinnengewebe alles auffange und die ungezählten Eindrücke in ein Bild der Wirklichkeit, das so vollkommen wie es nur möglich sei, umwandle. Dichtung besitze den weiten, freien Charakter einer immensen und ausgesuchten Entsprechung zum Leben („the large, free character of an immense and exquisite correspondence with life", S. 408).[50] Damit gewinnen wir an Stelle der Polaritäten eine enorme Vielfältigkeit – das moderne Spektrum von Bedeutungen, die von Augenblick zu Augenblick sich ändernde mikroskopische Beobachtung der Gefühlsnuancen, der Ambivalenz, der psychologischen Analyse. Damit verschiebe sich die „amplitude of reflexion" (die Weite der Reflexion, S. 68) vom Autor auf die Hauptcharaktere, und mit ihr gehe die Macht der Ironie und des Schreckens, der Bestürzung und der Einsicht auf die Gestalten in der Novelle oder dem Roman über.

Das Ergebnis ist eine enorme Bereicherung in der Charakterschilderung. Während die Dickensschen Gestalten im Wesentlichen, trotz der Bedeutung inneren Konflikts, mono- oder bichromatisch erscheinen und erst die Romane als ganze das gesamte Spektrum der psychologischen Analyse zeigen, wird in den modernen Romanen mehr und mehr in die Einzelcharaktere investiert, in ihre polychromatische Mannigfalt und Vielschichtigkeit. Damit der Roman seine synthetische Einheit, sein Leben, beizubehalten vermag, muß noch vermehrtes Gewicht auf die Elemente der überraschenden Metaphern (Musil, James), der Ironie (Mann, Kafka), der überraschenden psychologischen Entwicklungen (James), und schließlich auf surrealistische und phantastische Erfindungen gelegt werden. Dies bedeutet, daß die Abkehr vom sichtbaren Erzähler eo ipso eine viel ausgeprägtere Zuwendung zum analytischen Prozeß erfordert – womit immer wieder die innere Einheit der Novelle oder deren einschlagende Sinnhaftigkeit bedroht erscheint.

Die Abschaffung der „Stimme des Erzählers" ist gleichsam ein Verschwinden des stellungnehmenden Ich und damit eine Abkehr vom Glauben an die Selbstverständlichkeit und das Primat der Vernunft. Sie ist im Grund ein gewaltsamer Bruch

---

49 „The ‚occasions', or the more or less peripheral intelligences which James used to mirror his action, serve to reveal it from various (ironically different) angles. Neither the author nor the protagonist is to be allowed to break down and ‚tell all'..." (Fergusson, 1949, 1972, S. 104).

50 „Experience is never limited, and it is never complete; it is *an immense sensibility, a kind of huge spiderweb* of the finest silken threads suspended in the chamber of consciousness, and catching every air-borne particle in its tissue. It is the very atmosphere of the mind; and when the mind is imaginative... it takes to itself the faintest hints of life, it converts the very pulses of the air into revelations... Catching the very note and trick, the strange irregular rhythm of life, that is the attempt whose strenuous force keeps fiction upon her feet" (James 1884, 1968, S. 397–405).

mit der Aufklärung. Autorität wird angegriffen und verworfen; das erzählende Ich taucht in das innere und äußere Geschehen unter und löst sich gleichsam im Strom des Erlebens auf.

Ich nehme an, daß diese Verschiebung nicht unbedingt endgültig sein muß und die Frage des reflektierenden Kommentators nicht so leichthin abgetan werden kann.

5.5 Die psychoanalytische Perspektive

Diese im letzten Abschnitt gemachten Bemerkungen regen den Psychoanalytiker zu interessanten Gedankengängen und vielleicht auch klinisch bedeutsamen Fragen an: Wo stehen wir als Analytiker im Hinblick auf die Stellung des Erzählers? Wie verstehen wir psychodynamisch die Rolle der Überraschung? Was für Rückschlüsse erlaubt schließlich die Doppelheit in Ironie und Unheimlichkeit sowie in den 4 Antithesen im Zusammenhang mit Dickens' Biographie?

Wie bei jeder analytischen Untersuchung mußten wir eine enorme Masse an Evidenz herbeitragen, bis die theoretisch zu verallgemeinernden Schlußfolgerungen möglich wurden.

5.5.1 Die Stellung des Erzählers

Dickens ist als Kommentator allgegenwärtig – als Philosoph, als Moralist, als Sozialkritiker und Revolutionär, als ironischer oder entsetzter Beobachter; er sagt uns immer, oft diskret, stets mit großer Beredsamkeit, was wir glauben müssen. Er ist ebenso machtvoll als Dirigent in seinen Romanen wie er in der geschichtlichen Wirklichkeit beim Theater, in der Familie und auf der sozial-politischen Szene war – eine sichtbare Autorität, die alles zusammengriff und zusammenhält.

Damit verkörpert er die Macht der Vernunft. Die großen Romane des 19. Jahrhunderts verwirklichen recht eigentlich die Philosophie der Aufklärung; sie übersetzen sie von einer intellektuellen Revolution in eine künstlerische und beeinflussen dadurch, oft sehr direkt, die sozialen, politischen und wissenschaftlichen Umwälzungen. Ob wir ihr gehorchen oder widerstreben möchten, so sind und bleiben auch wir die Erben des „Zeitalters der Vernunft“, und als Psychoanalytiker sind wir das zu einem ganz besonders ausgezeichneten Grade. „Unverkennbar, unverwechselbar ist [Freuds] ‚Interesse‘ für den Trieb nicht geistverleugnende und naturkonservative Liebedienerei vor diesem,“ sagt Thomas Mann in seinem Freud-Aufsatz von 1929, „sondern er dient dem in der Zukunft revolutionär erschauten Siege der Vernunft und des Geistes, er dient – das verpönte Wort werde nach seinem größten, von Wellenspielen der Zeit unabhängigsten Sinn hier eingesetzt – der Aufklärung“ (1929, 1978, S. 169).

Den Glauben an „den Primat der Vernunft“ teilt Freud mit Dickens, mit Keller, mit Mann, mit manchen der andern großen Romanciers.

Moderne Romane und Novellen nehmen zusammen mit der Psychoanalyse an der suchenden Fahrt in die persönliche Tiefe teil, „the dark backward and abysm" (die dunkle Vergangenheit und den Abgrund), wie es L. Edel in seiner Einführung zum Bd. 4 der Henry-James-Biographie ausdrückt, und er fährt fort:

> Dadurch daß er uns die innere Geschichte seiner kleinen Maisie oder seiner jungen Erzieherin darbot, durchträumte James in Wirklichkeit nochmals die wesentlichen Abschnitte seiner eigenen Kindheit und brauchte sie als Baustoff für seine Kunst; und umgekehrt benutzte er die Kunst als eine Art Katharsis für die schwärenden Wunden seiner Seele.[51]

So verschieden die Form dieser Katharsis auch sein mag, so sehr gilt dieser Vergleich (mit der Psychoanalyse) doch auch für die Werke von Dickens: sie sind eine Art der Selbstanalyse, ein Wiedererleben traumatischer Aspekte seiner Kindheit und mannigfache Heilungsversuche für traumatogene Schädigungen und Verletzungen, deren Natur wir höchstens erahnen, aber nicht genau enträtseln können.

Wohl die Mehrzahl der modernen Erzählwerke ahmt die eine Hälfte der psychoanalytischen Situation nach. Sie übernehmen die freie Assoziation und den Widerstand gegen die Einsicht – den Widerstand entweder in Gestalt der massiven Zuwendung zur Phantasie als hysterischer Introversion, oder im Gegenteil durch eine scharfe Beobachtung der Außengeschehnisse in all ihren sinnlichen Einzelheiten, oder in Form einer hypochondrischen Bloßstellung aller Ruminationen über Körper und Seele, namentlich in deren libidinösen oder sadistischen Verrenkungen.

Die andere Hälfte, die *analytische Arbeit,* das beobachtende und reflektierende Ich, der deutende Analytiker, die stellungnehmende, synthetisch begreifende, kritisch ordnende Arbeit, mag dabei eher zu kurz kommen oder fehlen.

Ich frage mich deshalb sehr, ob die Eliminierung des Dickensschen und Goetheschen Erzählers und „Herausgebers" wirklich einen solchen Gewinn darstelle, und ob das psychoanalytisch informierte Erzählwerk der Zukunft nicht ebenfalls, ähnlich der therapeutischen Technik, von einer eher Es-orientierten zu einer mit der modernen Ich-Analyse mehr übereinstimmenden Technik übergehen werde – indem sie wieder in der einen oder anderen Form den kritischen Kommentator und Deuter einführt.

5.5.2 Überraschung und Angst

Wie gesagt lebt die Erzählkunst von der Überraschung. *Die Erwartung einer Überraschung ist indes das Gegenstück zur Angst.* Sie ist eine Art der Spannung und Vorwegnahme: „Ich sehe all die entsetzlichen Gefahren, doch werden sie am Ende

[51] „By offering us the inner history of his little Maisie or of his young governess, James was in reality re-dreaming and using for art the essential materials of his own childhood; and in turn, using art as a form of catharsis for the lingering wounds within his psyche. He performed self-therapy rather than self-analysis; but he offered us the materials by which we can glimpse his extraordinary private history" (S. 15).

überwunden und bewältigt werden – gewiß nicht ohne Verlust, aber glaub' mir nur – der Sieg wird glänzend sein." Das durch die Ironie, durch das Unheimliche und durch die Vielfalt der unerwarteten Metaphern gegebene Versprechen besteht darin, daß die Bedrohungen ganz bestimmt in überraschend neuen Formen abgewehrt und erledigt werden. Bei dieser Spannung ist es eine Doppelheit, die, wie bei der Angst, zwischen der Gegenwart und dem „Herannahenden" schwingt.[52]

Die Überraschungserwartung ist demnach ein ständiges Spiel mit einer anziehenden Zukunft, die sicherlich die Bedrohung ausrotten wird. Damit erlaubt uns das Werk der Erzählung, und besonders das Romanwerk von Dickens, das Erleben eines *durch Überraschung erreichten Sieges über die bedrohliche und beängstigende Zukunft*, und zwar *in symbolischer Form* ein Erleben dieses Sieges über eine Zukunft, der wir alle entgegen gehen: Schmerz und Verlust, Enttäuschung und Verrat, und am allermeisten: Verstümmelung und Tod.

Der große Erzähler ist doch letztlich derjenige, welcher uns am energischsten den Eindruck gibt, daß der Tod besiegt werden könne – indem er nämlich die Angst verbannt. Und diese Zauberwirkung erzielt er durch die vielen Arten und Weisen, mit denen er uns im kleinen wie im großen zu überraschen vermag. Liest man den Text sorgfältig, findet man bei Dickens nicht selten eine *Sequenz*, die von einer ganz besonders ironischen Szene zu einer äußerst unheimlichen und schrekkenerregenden führt und von dieser zu einer teilweisen Auflösung der Spannung überleitet. Zum Beispiel folgt auf die schon in Auszügen geschilderte Swivellerszene in Kap. 2 von *The old curiosity shop* in Kap. 3 das Auftreten des verunstalteten, hämisch-diabolischen Zwerges Quilp, dieses grotesk-unheimlichen Vorläufers des Lagerkvistschen *Dvärgen*.

Zwar ist er grotesk, aber er ist weit mehr als das, er wirkt nämlich ominös, schreckenerregend. Die Sequenz endet mit der humoristischen Schreibstunde, die Nell Kit erteilt. Dann kommt in Kap. 4 die ironieerfüllte, hoch amüsierliche uneingeladene Teaparty von Mrs. Quilp, mit all den dabei ruhmreich errungenen rhetorischen Siegen über den Mann, den Tyrannen. Diese wird abrupt von der gnomengleichen Figur von Quilp unterbrochen, mit seiner unwidersprochenen Beanspruchung und Besitznahme seiner Frau, seiner Schwiegermutter, seines Dienstjungen und anscheinend sogar von Nell. Diese Szene wird durch eine philosophische Passage abgeschlossen und gelöst, nämlich durch den schon zitierten Abschnitt, der sich über die elastische Natur und Ablegbarkeit des Gewissens verbreitet.

Ironie, Schrecken und Lösung – das ist der in drei Schritten sich abspielende Vorgang, den man mikroskopisch wie makroskopisch immer wieder in den Dickensschen Romanen antreffen kann. Damit vertieft sich immer stärker die Wirkung der *Widersprüchlichkeit, der Doppelheit der Realität und der Zweideutigkeit, ja Gespaltenheit unserer Seele.*

An einer Stelle wird diese Zweiheit der Seele, diese innere „Spaltung" ausdrücklich ausgesprochen – ganz am Ende von Dickens' Leben. In *Edwin Drood* schreibt er:

---

[52] „Quod advenit", sowohl als „avenir" – Zukunft wie als „adventure" – Abenteuer.

Wie es in gewissen Rauschzuständen und in anderen Fällen von hypnotischem Magnetismus *zwei Bewußtseinszustände* gibt, die sich nie kreuzen, sondern getrennt ihren Lauf nehmen, als ob sie kontinuierlich, nicht gebrochen wären ..., so besitzt Miss Twinkleton zwei besondere und getrennte Phasen des Daseins (S. 24).[53]

Dies ist genau das, was wir klinisch als *„Identitätsspaltung"* und, in deren Extremform, als „multiple Persönlichkeit" angetroffen haben.

Diese durchgehende Doppelheit reicht bis ganz ins Zentrum des Dickensschen Werkes und ist wohl eines der Merkmale, die seiner Dichtung jene besondere Ausdruckskraft und hinreißende Wirkung verleihen, die nur wenige andere erreicht haben (am meisten Dostojewski). Sie ist nicht einfach Konflikt überhaupt, sondern ist in einem echten Sinne eine künstlerische Wiedergabe von dessen Intensivform, namentlich auch von dessen Ausdruck als *Ich-Spaltung*, dem gleichzeitigen Nebeneinanderbestehen von Verleugnung und Anerkennung – wie in der früher zitierten Vignette von Dick Swivellers Wein und Buchgestell.

Es soll auch erwähnt werden, daß die Erwartung der Überraschung nicht nur der Angst entgegenwirken soll, sondern auch eine verstohlene Aussicht auf die Befriedigung sonst unerlaubter und unbewußter Wünsche bietet. Doch selbst dies führt auf die erhoffte Überwindung der Angst zurück, sind es doch gerade diese verbotenen Begehren, die so vielen Ängsten zugrundeliegen.

Die hervorragende Rolle, die die Erwartung von Überraschung als Gegenstück zur Erwartung von etwas Schrecklichem, also *Überraschung als Sieg über Angst*, im Dickensschen Werk spielt, zeigt nicht nur, daß seine Romankunst ihre Stärke in hohem Grade dieser besonderen Abwehrform gegen die Angst verdankt, sondern gestattet auch die folgende Annahme: Wo wir in einem solchen Ausmaß diesen Faktor der „siegreichen Überraschung" finden, dürfen wir wohl auch ein Übermaß an versteckter Angst im Dichter selbst voraussetzen – und zwar, in Abwandlung der Antwort von Nell, als „ein Geheimnis, das nicht einmal er selbst kannte."

Dies bringt mich zur dritten Frage.

5.5.3 *Das Geheimnis der Doppelheit*

Die Frage, die wir uns gestellt haben, war: Was sagt uns die Doppelheit oder Spaltung, die sich in Ironie, in Unheimlichkeit und in den 4 Antithesen zeigt, über Dikkens' Persönlichkeit und sein Innenleben?

Wir fanden, daß es immer wieder etwa auf diese „Botschaft" hinausläuft: „Die Dinge sind nicht immer so, wie sie scheinen; was anmaßend, großmäulig und pompös auftritt, ist wirklich recht kleinlich und lächerlich; und die alltäglichsten

[53] „As, in some cases of drunkenness, and in others of animal magnetism, there are *two states of consciousness* which never clash, but each of which pursues its separate course as though it were continuous instead of broken..., so Miss Twinkleton has two distinct and separate phases of being" (S. 24).

Erscheinungen verbergen die düster brütenden Gespenster der Vergeltung, der Trauer und der Erniedrigung.“

Es ist überaus riskant, Schlußfolgerungen aus Stil und Inhalt auf Lebensgeschichte, Psychodynamik und v.a. Psychopathologie zu ziehen. Dennoch wage ich einige Spekulationen, die sich an die klinischen Einsichten (v.a. in Kap. 7 der *Flucht vor dem Gewissen*, also dem Fall Dilecta) anschließen.

Viel Aufhebens wurde von der einen großen Zweideutigkeit oder „Doppelheit“, Duplizität, in dem Leben von Dickens gemacht: daß er nämlich seine *Scham* über seine und seiner Familie Entehrung und Erniedrigung von 1824 verhehlte; diese bestand bekanntlich darin, daß er infolge der schweren Verschuldung seines Vaters die Schule verlassen und in einer Wichsenfabrik arbeiten mußte. Die Familie mußte während einiger Zeit im Schuldgefängnis der Marshalsea leben. Als eine Erbschaft die Familie aus der Gefangenschaft befreite, verhinderte Charles' Mutter noch immer seine Rückkehr zur Schule.

Scham spielt tatsächlich fortwährend eine beträchtliche Rolle in seinem Werk. Überraschung, und zwar negative Überraschung, macht ja auch einen unerläßlichen Teil der Schamerfahrung aus. „Parfois la simple surprise fait rougir. Le premier mouvement est pour se voiler“ (Manchmal läßt einen die einfache Überraschung erröten. Die erste Bewegung ist die des Versuches, sich zu verhüllen), notiert Paul Valérie in *Tel Quel*. Lynd (1961) stellt fest, daß „das Gefühl des Unerwarteten einen der hauptsächlichen Unterschiede zwischen Scham und Schuld ausmacht“[54] (S. 34). Sie fährt fort: „Das Schamgefühl über das plötzliche Enthüllen eines Mißverhältnisses steigt an, wenn das Bloßgestellte eine unpassende positive Erwartung ist, ein glückliches und vertrauendes Sichhingeben an eine Welt, die sich als fremd oder nicht existierend erweist“.[55] Sie zitiert Hiob: „... doch sie werden betrogen in ihrem Vertrauen, sie kommen hin und werden zu Schanden“.[56]

> Sogar mehr als die Aufdeckung von Schwäche oder Unfähigkeit, ist es die Bloßstellung eines unangebrachten Vertrauens, die Scham auslöst – Glück, Liebe, die Vorfreude einer Antwort, die nicht eintrifft, oder wenn etwas Persönliches, das für einen von größter Wichtigkeit ist, als unwesentlich abgetan wird. Je größer die Erwartung, desto akuter die Scham. Je größer die Diskrepanz zwischen dem Bild, das man selber von sich hat, und dem Bild, das die anderen von einem haben, desto mehr muß man gute Miene zum bösen Spiel machen.[57] ...Das plötzliche Erleben der Verletzung einer Erwartung, der

[54] „... the feeling of unexpectedness marks one of the central contrasts between shame and guilt“.

[55] „Shame over a sudden uncovering of incongruity mounts when what is exposed is inappropriate positive expectation, happy and confident commitment to a world that proves to be alien or nonexistent“ (S. 43).

[56] „Boschu ki-vatach ba'u adeha wajjechparu“ (*Hiob*, 6.20).

[57] „Even more than the uncovering of weakness or ineptness, exposure of misplaced confidence can be shameful – happiness, love, anticipation of a response that is not there, something personally momentous received as inconsequential. The greater the expectation, the more acute the shame; the greater the discrepancy between one's image of oneself and the image others have of one, the more one has to put on a brave face“ (S. 43 f.).

Unangemessenheit zwischen Erwartung und Ergebnis, führt zu einem Zerschlagen des Selbstvertrauens.[58]

Doch führen uns diese Erwägungen erneut zurück zur Frage, was denn diese *Kunst der Überraschung*, das Geschick im „*surprise management*", das den großen Erzähler kennzeichnet, im Grunde ist. Oberflächlich gesehen besteht es doch in der Ausübung der Macht, wann ein Geheimnis enthüllt werden soll und welches es sein soll. Was aber ist diese Macht der Geheimniswahrung und -enthüllung?

Über Geheimnisse lesen wir bei Bok (1982): „Eine gewisse Befähigung, Geheimnisse zu wahren und den Zeitpunkt ihrer Kundgabe zu wählen, und damit der Zugang zum Erlebnis von Geheimhaltung und Tiefe sind für einen dauernden Sinn der Identität, für die Planungs- und Handlungsfähigkeit und für wesentliche Zugehörigkeitsgefühle unerläßlich. Ohne die Kontrolle über Geheimhaltung und Offenheit könnte man weder vernünftig noch frei bleiben" (S. 24). „Konflikte über Geheimhaltung... sind Konflikte über Macht." (S. 19).[59]

In unserem Zusammenhang kommen wir nun zur psychoanalytischen Schlußfolgerung, daß die *Geheimniskontrolle* ein spezifisches Gegenmittel gegen *plötzliche beschämende Bloßstellung* darstellt, ganz ähnlich, wie wir dies beim Fall Dilecta wahrnehmen konnten. Es ist die Macht des Privatseins, die gegen jene überraschende Enthüllung der Hilflosigkeit, die die Scham ausmacht, schützen soll. Die *Kunst des Geheimhaltens ist mithin Schamprävention*, und die dazu nötige oder tunliche Lüge dient der Verheimlichung und damit der Wegerklärung der schmerzlichen Wahrheit. Sie bedeutet noch eine andere Version jener Doppelheit, der wir wieder und wieder begegnen.

Die Verben „secernere" und „discernere", die den Begriffen des „Secret" und der „Diskretion" zugrunde liegen, beziehen sich auf das Ziehen von Linien und demnach auf die Scheidung eines Innen von einem Außen, des einen vom anderen, des Privaten vom Öffentlichen (Bok 1982, S. 6 f.).

Es steht außer Zweifel, daß Dickens äußerst schamempfindlich war, und ich denke, daß man sehr wohl die Meisterschaft, mit welcher er Erwartung und Überraschung in seiner Erzählkunst zu verwalten versteht, mit jener tiefen Erschütterung seines Vertrauens in Beziehung setzen könnte.

Dennoch bezweifle ich als Analytiker, daß diese eine massive Enttäuschung, die sich nach seinem 12. Geburtstag zugetragen hat (Johnson, S. 32), als Trauma genügte und die einzige Ursache dieses so wichtigen Charakterzuges war, der sich in seinem Werk niederschlug. Noch denke ich, daß das Schamgefühl das einzige ist, das all dem zugrunde liegt, was ich hier entwickelt habe.

Vielmehr würde ich annehmen, daß es zwar sowohl Scham als auch Schuld, wie

---

[58] „Sudden experience of a violation of expectation, of incongruity between expectation and outcome, results in a shattering of trust in oneself" (S. 46).

[59] „Some capacity for keeping secrets and for choosing when to reveal them, and some access to the underlying experience of secrecy and depth, are indispensable for an enduring sense of identity, for the ability to plan and to act, and for essential belongings. With no control over secrecy and openness, human beings could not remain either sane or free... Conflicts over secrecy... are conflicts over power."

wahrscheinlich auch andere angstvolle und depressive Affekte waren, die mit solch verbissener Energie und Vitalität, ja geradezu mit Übermut und einer rastlosen Erfolgsbesessenheit abgewehrt werden mußten, daß hingegen Scham und Schuld, Angst vor Liebesverlust und vor Tod von einer weit durchdringenderen und umfassenderen Natur waren, als es jenes einzelne Trauma klinisch zu erklären vermöchte.

Stattdessen sehe ich eine große, doch geheime Quelle der *Schuld* in seinem Leben in der unbestrittenen Tatsache, daß er willens und fähig war, *über seine beiden Eltern zu triumphieren*, daß es ihm möglich war, sie beide als die zwei untauglichen Narren hinzustellen, die sie wahrhaftig waren, und daß er auf diese Weise imstande war, sie durch Lächerlichkeit zu erledigen und der Nachwelt in Unehre zu hinterlassen. Wir müssen uns zugestehen, daß er damit in der Tat erfolgreicher war als in seinen großmütigen Angeboten und Bemühungen, seine Familie immer wieder vor dem Verfall zu retten. Uns ist ja gerade diese *Doppelheit von Sieg und Sühne*, ja letztlich von *Triumph und Niederlage* von unseren Patienten her wohl bekannt. Dickens' unglückliche Ehe zu Catherine, die von öffentlicher Schmach begleitete Trennung von ihr und dann die unerfüllte, von allerlei notwendigen Intrigen und Geheimkomplotten begleitete Liebe zu Ellen Lawless Ternan illustrieren den von Johnson passend gewählten Untertitel seiner Dickens-Biographie: *His tragedy and triumph.*

Dilectas Verstrickung in einem Dreiecksverhältnis zuerst mit einem an AIDS leidenden und sterbenden Mann, hernach mit einem anderen verheirateten Geliebten, der sich von seiner Frau nicht lösen konnte und vor Dilectas Ultimaten stets mit neuen Versprechungen und Aufschüben auswich, auch immer tiefer in seinem Lügenmorast versank, ist ein gutes Parallelbeispiel dafür.

Überdies läßt sich erkennen, in welchem Ausmaß Dickens über seine Eltern durch *Gegenidentifizierung* triumphierte, indem er tapfer darauf beharrte und bewies, daß er in bestimmten, entscheidenden Hinsichten das genaue Gegenteil dessen verwirklichte, was seine Eltern aus ihrem Leben gemacht hatten. Und wir können hinzufügen: Je tiefer und je näher dem Kern seiner Persönlichkeit die Enttäuschung und Desillusionierung waren, desto größer mußte das Bedürfnis für eine solche *Gegenidentität* werden. An Stelle der hochstaplerischen Unehrlichkeit und Lügenhaftigkeit seiner Eltern zeigte er den *Zwang zu bekennen* und zu enthüllen, nicht selten in Form von *Indiskretionen.* Für das Kind unehrlicher und zwiespältiger Eltern ist es eine Sache der Ehre und des Selbstrespekts, wenn nicht des Überlebens, in übertriebener, ja pathologischer Weise ehrlich zu sein – selbst auf das Risiko hin, als „a leaky-minded fool“ (ein geschwätziger Narr) abgestempelt zu werden (nach einem Ausdruck von George Eliot). Und wir wissen, daß Dickens ein allzu naives Vertrauen und wiederholt ein schlechtes Urteil darüber zeigte, was er enthüllen sollte, z. B. zur Zeit der Trennung von seiner Frau und auf seinen Reisen mit seiner Geliebten, der Schauspielerin Ellen Ternan.

Und doch ist auch überaus zutreffend, was Meister Eckhart sagte: „Wir nennen den einen guten Mann, der sich selbst vor andern enthüllt und dadurch ihnen zum Nutzen gereicht“ (Bok, S. 17).

Der zweite Teil seiner triumphalen Gegenidentität bestand darin, daß er, wiederum im Gegensatz zu seinen impotenten und großsprecherischen Eltern und Brüdern, in Wirklichkeit enorm produktiv und schöpferisch wurde. Anstatt andere auszunutzen, ließ er sich selbst von ihnen ausnützen. Anstatt immer zu nehmen, teilte er ständig mit vollen Händen aus.

Die Doppelheit von Schein und Sein, die 4 Antithesen und die Spaltung des Wirklichkeitserlebens reflektieren alle sowohl die tiefe Enttäuschung des Knaben über die Eltern: daß sie nicht das waren, was sie vorgaben zu sein, als auch seine eigene Furcht, daß ihn zum Schluß dasselbe Schicksal ereilen werde: daß auch er am Ende sich als Mißerfolg herausstellen werde, zur Strafe dafür, daß er die Beschämung seiner Eltern aufgedeckt hatte, zur Ahndung also der Sünde Hams.

Doch der Hauptpunkt, den ich machen möchte, ist dieser: jemand, der über seine Eltern in einem solchen Grad triumphiert, muß sich entsprechend schuldig fühlen – mit einer Schuld, die durch keine Großzügigkeit und Wiedergutmachung je wettgemacht, noch durch all die Umschweifigkeiten der Idealisierung ganz versteckt werden kann. Dazu kommt nicht nur die Schuld über den faktischen Triumph, sondern auch die über die unausweichlichen Gefühle der Bitterkeit, des Ressentiments und der Empörung (nicht zuletzt über die Schar jüngerer Geschwister), denen Dickens sowohl unverhohlen in Briefen wie auch indirekt in manchen, von Naef-Hinderling (1983) vorzüglich dokumentierten Stellen in seinem Œuvre Ausdruck gegeben hat. Die schwerbrütende Drohung der Vergeltung folgt dem Übermut der frechen Entlarvung, genau wie die Unheimlichkeit und der ihr innewohnende Schrecken auf die Ironie mit ihrer Tendenz zum Lächerlichmachen folgen.

Die befürchtete Vergeltung ist nicht nur die Bestrafung für die Entdeckung und den Triumph: die rachsüchtige Vernichtung, und in der verinnerlichten Form: die depressive Schuld. Sondern die entsprechende Bestrafung für das Lächerlichmachen ist Entehrung, sind ebenso hohnvolle Erniedrigung und Beschämung, wie er sie den Micawbers, dem „Vater der Marshalsea" und all den anderen Ausbeutern und Zerstörern der Kinder zugedacht hat.

Gerade wie das Geheimnis, deren wirkliche Natur die „kleine Nell" nicht kennt, in der Scham und Schande des Großvaters besteht: in seiner Spielsucht, in seinem deswegen bevorstehenden totalen Bankrott und im Verlust jeglichen Besitzes – so scheint mir die wirkliche Beschämung, vor der sich Dickens fürchtet, diejenige zu sein, mit der er in einer ähnlichen Weise durch soziale Entehrung und Demütigung für seinen Erfolg und damit seinen Triumph bestraft würde. Solch manifeste Beschämung erschiene als angemessene Bestrafung dafür, daß er seine Eltern hilflos gesehen und als inkompetent bloßgestellt und zerstört erlebt hatte, und daß er in Tat und Wahrheit ihren Platz lange vor der rechten Zeit hatte einnehmen müssen. Sie wäre seine eigene Heimsuchung durch eine gleich große Enttäuschung in ihm, wie jene es gewesen war, die er ihnen nie zu verzeihen vermochte.

Und die ganze Erwartung der guten Überraschung in seiner Kunst hätte dann die eine hervorragende Bedeutung: deren Gegenteil zuvorzukommen – der schrecklichen Überraschung der Desillusionierung. Sein „Exhibitionismus", sein besessenes Suchen nach Publikumsapplaus und -verehrung, scheint mir eben dadurch begründet zu sein, daß er sich immer wieder versichern mußte, jene Strafe der Demütigung habe ihn noch nicht ereilt.

Das Problem der durchdringenden Doppelheit hat noch einen weiteren Sinn. Bis jetzt bezog ich sie auf die Enttäuschung und die Furcht vor der Scham; ich verband sie mit seinem eigenen Triumph über seine unwirksamen, enttäuschenden Eltern; ich erklärte sie mit seinem Annehmen einer Gegenidentität und einer Gegenwirklichkeit. Doch hätte ich sie ebensogut auf die Häufigkeit des einen Symptoms beziehen können, das immer wieder direkt oder in machtvollen Metaphern in seinen Geschichten auftaucht: *die Depersonalisierung*. Wäre es zu weit hergeholt anzunehmen, daß Dickens damit selber sehr vertraut war? Dies wäre dann eine Vertiefung der vorhergehenden Argumentation. Edith Jacobson schrieb (persönliche Mitteilung): „... diese Patienten wurden depersonalisiert, wenn sie versuchten, einen unannehmbaren regressiven Typ der Identifizierung *ungeschehen* zu machen". Bei meinen Patienten ist ebenfalls offensichtlich geworden, daß sie durch ihr Symptom zu besagen schienen: „Ich bin nicht wirklich so wertlos – so schmutzig, kastriert, schwach, hilflos, inkompetent – wie es mein Vater oder meine Mutter war oder ist." Es ist, wie ich in *The mask of shame* ausgeführt habe, vielleicht angebrachter zu sagen, daß der Patient die Wahrnehmung und den diesen begleitenden Affekt verleugnen möchte: die beschämende Realisierung dieser Identifizierung, dieses Gleich- oder Ähnlichseins. Es ist der *Konflikt*, der die Depersonalisierung verursacht – ein Konflikt über einen durchaus lebendigen, aber schamerweckenden und entwerteten Teil des Selbst, keineswegs das Hintersichlassen eines toten Sequesters. Diese Identifizierungen sind eher klar abgegrenzt, umschrieben und strukturiert. Sie sind *gespalten:* die Person, mit der sich der Patient identifiziert, wird mit extrem widersprüchlichen Emotionen erlebt. Diese Ambivalenz führt zum Versuch, die Identifizierung ebenfalls zu entwerten und durch ihr Gegenteil zu ersetzen – die Gegenidentifizierung, gleichzeitig mit dem Versuch, die Identifizierung beizubehalten, sie zu verwirklichen und auf diese Weise mit dem Vorbild vereinigt zu bleiben (S. 234 f.).

Wir wissen ebenfalls, daß wir immer im Fall einer solchen Verleugnung eine entgegenwirkende Phantasie der Idealisierung, die diese Verleugnung unterstützen soll, vorfinden: „Ich bin nicht schmutzig, schwach, mangelhaft, sondern rein, machtvoll und vollkommen; die Welt ist nicht enttäuschend und leer, sondern gut und reich." Diese Spaltung bekräftigt die für die Verleugnung charakteristische Doppelheit, nämlich die Gleichzeitigkeit von „nein" und „ja": „Ich bin dies, und doch bin ich es auch nicht; ich weiß dies, und doch weiß ich es nicht" (sehr eindrücklich z. B. im Falle Jakobs, in Kap. 5 von *Flucht vor dem Gewissen*).

Ich glaube, es ist diese *verleugnete Identität*, ihr Ersatz durch *ein ideales Selbst* und doch das dabei weiterhin bestehende *Wissen*, daß solche Verleugnung nicht Bestand haben kann, die Dickens' Bewußtsein dieser Doppelheit in ihm begründen. Und in bezug auf die Doppelheit aller Erfahrung glaube ich, daß es die *plötzliche Inkongruenz von Erwartung und Ausgang* ist, der *Schock des Unerwarteten*, der zwar breiter und tiefer ist als Scham, als Vertrauensbruch und Desillusionierung, und doch diese alle auch mitumfaßt. Diese Inkongruenz könnte man am ehesten als die letztlich vollständige *Inkommensurabilität* der Welt der *Innerlichkeit*, der Seele, des Selbst, und der Welt der *Anpassung*, der Objektivität und der sozialen und historischen Forderungen bezeichnen. Es ist die *innere Wahrheit*, die in unversöhnlichem Gegensatz zur *äußeren Wahrheit* steht.

Und diese Unversöhnlichkeit zeigte sich bei Dickens nicht so sehr in seiner eigenen Erniedrigung und Beschämung, sondern in dem Bewußtsein der *Scham für die Eltern*, mit dem er Zeuge beim ganzen Schauspiel der Possen, der Spiegelfechterei und der Großmäuligkeit war und dem er mit seiner äußersten Sensibilität beiwohnen mußte. Er hätte, als Schutz gegen diese verwundende Scham, wie Valérie, sagen können: „Un homme n'est qu'un poste d'observation perdu dans l'étrangeté" (ein Mensch ist nur ein in der Fremde verlorener Beobachtungsposten, 1943, S. 242).

Ich beende diese Gedanken über die Doppelheit und Dickens' eigene Konfliktlösung und -darstellung mit 4 nebeneinandergestellten Zitaten aus *The haunted man:*

> Early unhappiness, a wound from a hand I loved und trusted, and a loss that nothing can replace, outlive such fancies. (Frühes Unglück, eine Wunde von einer Hand, die ich liebte und der ich vertraute, und ein Verlust, den nichts zu ersetzen vermag, überdauern solche Phantasiebilder, S. 334).

> ...and yet all things are strange to me. I am strange to myself. I am here, as in a dream... (...und doch ist mir alles fremd. Ich bin mir selber fremd. Ich bin hier wie in einem Traum, S. 359).

> The past ist past... it dies like the brutes. Who talks to me of its traces in my life? (Die Vergangenheit ist vergangen ... sie stirbt wie die unvernünftigen Tiere. Wer spricht mir von ihren Spuren in meinem Leben? S. 362).

> ...and I have read in your face, as plain as if it was a book, that but for some trouble und sorrow we should never know half the good there is about us (... und ich habe in deinem Gesicht so klar, als ob es ein Buch wäre, gelesen, daß wir ohne Sorge und Trauer nie die Hälfte des Guten kennen würden, das uns umgibt, S. 365).

5.6 Konflikt, „Spaltung" und Gewissen

Wie unsere Analyse des Werkes von Dickens aufweist, benützen Kunst und Dialogstil die Komplexität und Mannigfaltigkeit dessen, was wir in der psychoanalytischen Tradition mit dem beschreibenden und bedeutungsreichen Begriff der Spaltung zu bezeichnen gelernt haben. „Spaltung", Dissoziierung, ist ein Grundvorgang des Geistigen überhaupt, sei es im eigenen Inneren, im nicht mitgeteilten Denken, sei es in der mitmenschlichen Kommunikation. Dasselbe gilt für sein Gegenstück – Vereinigung, Assoziierung, Verdichtung. Sie beide lassen sich vom Anfang der symbolischen Ausdrucksfähigkeit an, also ab etwa dem ersten Viertel des zweiten Lebensjahres beobachten.

Innere Abwehr ist eine Sonderform der Spaltung. Jede derartige nach innen gerichtete Abwehr bewirkt eine Absperrung eines Teiles des Innenlebens; und je umfassender, „totaler“ und „globaler“ diese Abwehr ist, desto stärker werden die *mythischen Polarisierungen* sein, die wir als deren Ergebnis antreffen. „Sprache zerbricht das ganzheitliche Erleben und führt Diskontinuität in die Erfahrung ein“, sagt D. Stern (1985). Die damit geschaffene innere Spaltung bildet den Grund für den dynamischen (inneren) Konflikt, namentlich auf Grund der selektiven Nichtwahrnehmung, also Verleugnung.[60] Nicht nur bindet die Sprache, und Symbolisierung überhaupt, sondern sie entfremdet zugleich auch Teile der zuvor globalen Erlebniswelt in etwas mysteriös Anderes, Unheimliches.[61] Das Selbst wird als gespalten empfunden, und so wird nun auch die Welt als gebrochen, als grundsätzlich widersprüchlich erlebt: *die zerbrochene Wirklichkeit* ist Ausdruck der Ubiquität und Stärke *inneren Konfliktes.* Mag der innere Konflikt nun auch pauschal verleugnet sein, mag er sich in mythischen Polarisierungen, also in extremen Gegensätzen äußern, mag er wiederum versöhnt erscheinen und sich zu Kompromißbildungen zusammenfügen, mag er schließlich in bewußte Willensentscheidung und klare Wahl ausmünden – wir kommen immer wieder auf die unbedingte Wesentlichkeit solch inneren Konfliktes zurück. *Die dem inneren Konflikt eigentümliche Spaltung* schafft sowohl Distanz wie auch Verschmelzung in Form neuer symbolischer Verbindungen. Am allerwesentlichsten schlägt sich aber die Allgegenwärtigkeit inneren Konflikts in dem nieder, was wir als Idealbildung und als Gewissen, also als die wesentlichsten Über-Ich-Funktionen kennen, und damit – als deren Ausdruck – in einer großen Zahl bedeutsamster Affekte.

Wie sich das Konzept der inneren Spaltung auf die Genese des Gewissens und die fortlaufend unentbehrliche Teilnahme der Über-Ich-Funktionen am inneren Konflikt bezieht, habe ich eingehend in *Flucht vor dem Gewissen* (Kap. 10) dargelegt. Ich habe über den Ursprung des Gewissens in einer Spaltung des Selbst und als Prinzip der Individuation gesprochen und das Gewissen als eine Form der Reflexion auf sich selbst beschrieben: als Selbstbeobachtung, als Messen der eigenen Person an einem idealen Maßstab (sowohl einem idealen Selbstbild wie einem Kodex idealer Handlungen), als Selbstkritik, als Selbstverurteilung (in Form innerer Schuld- und Schamgefühle) und als Selbstbestrafung, und schließlich als Versöhnung mit sich selbst, als Wiederannahme von sich selbst. Alle diese Akte des Gewis-

---

60 „Words… separate out precisely those properties that anchor the experience to a single modality of sensation. By binding it to words, they isolate the experience from the amodal flux in which it was originally experienced. *Language can thus fracture amodal global experience.* A discontinuity in experience is introduced“ (D. Stern, S. 176). „One of the consequences of this inevitable division into the accountable and the deniable is that what is deniable to others becomes more and more deniable to oneself. The path into the unconscious (both topographic and potentially dynamic) is being well laid by language“ (S. 181).

61 „This state of affairs both integrates and fractures experience and leads the infant into a crisis of self-comprehension. The self becomes a mystery. The infant is aware that there are levels and layers of self-experience that are to some extent estranged from the official experiences ratified by language. The previous harmony is broken… This crisis in self-comprehension occurs because for the first time the infant experiences the self as divided and rightly senses that no one else can rebind the division. The infant has not lost omnipotence but rather has lost experiential wholeness“ (S. 272 f.).

sens – die „Über-Ich-Funktionen“ – bedingen eine Aufspaltung des Selbst in ein Subjekt und ein Objekt (Class, Snell, Cancrini), wobei beide sich bei der historisch-semantischen Untersuchung ergebenden Verstehensweisen sehr wichtigen psychologischen Beobachtungen entsprechen – denen der Individuation als Selbstabgrenzung, als Privatheit und als Selbsteinheit (la „privata esclusività della conoscenza stessa“), und denen der Selbstspaltung in innerem Konflikt (la „scissione dell'io in due parti“). Diese geht mit den ersten, wenn auch rudimentären Gewissensregungen einher, wann immer man nun diese Grundvorgänge ansetze; ob man die Individuation mit Stern als Grundvorgang des seelischen Lebens postuliere, wenigstens mit dem Auftauchen des „core-self“ (Kernselbst) am Ende des 2. Lebensmonates und auch den Vorgang der Selbstspaltung schon gegen das Ende des 1. Lebensjahrs vermute, mit dem „intersubjektiven Selbst“ und den Beobachtungen, die möglicherweise auf inneren Konflikt schließen lassen, oder ob man nach der traditionellen, v.a. von Mahler vertretenen Auffassung, den Beginn von beiden auf die 2. Hälfte des 2. Lebensjahrs ansetze. Psychologisch seien beide Grundbeobachtungen gültig und wichtig: das Gewissen bringe eine innere Spaltung in gegensätzliche Selbstanteile mit sich, bekräftige und verteidige aber selbst die scharfe Abgrenzung des Selbst gegen die Umgebung. Es stehe im Dienste sowohl der Beziehungen mit den anderen als auch dessen, was ich die psychische Selbstbehauptung genannt habe: die trotzige Behauptung, man selbst sein zu wollen. Trennungsschuld und Abhängigkeitsscham dürften wohl Grundstrukturen des Gewissens bilden.

Innerer Konflikt und, als eines seiner Ergebnisse, Spaltung in mythische Gegensätze sind demnach Grundtatsachen des menschlichen Lebens, ein philosophischer, nicht allein ein wissenschaftlicher Ausgangspunkt ersten Ranges, in nichts der Zentralität kognitiven Zweifels und damit dessen, was a priori gewiß, also unbezweifelbar sei, nachstehend. Und diese letztere Zentralität ist es ja eben, die der modernen Philosophie seit Descartes zugrunde liegt. Anders ausgedrückt, führt diese Einsicht zu einem *neuen anthropologischen Entwurf aufgrund der Zentralität des inneren Konflikts und damit der inneren Spaltung für das Verstehen des Menschen.*

Die tragische Form und ihre Abwehr ist eine besondere Gestaltung dieser Spaltung, die sowohl klinisch wie auch literarisch und philosophisch von gewaltigster Bedeutung ist. Dabei spielt die Absolutsetzung *eines* Wertes und die mehr oder weniger globale Abwehr, namentlich durch Verleugnung weiter Bereiche des Wirklichkeitserlebens, eine entscheidende Rolle.

In welchem Grade könnte diese Doppelheit von Unbedingtheit und von Nichtwahrnehmung aber auch für die einzelnen Kulturen gelten? Dieser von Dickens mit solch brennend persönlicher Dringlichkeit gestellten Frage wenden wir uns nun voll zu.

6 Die Rolle der Verleugnung in der Kultur

> „Der Schwerleidende sieht aus seinem Zustande mit einer entsetzlichen Kälte *hinaus* auf die Dinge: alle jene kleinen lügnerischen Zaubereien, in denen für gewöhnlich die Dinge schwimmen, wenn das Auge des Gesunden auf sie blickt, sind ihm verschwunden: ja er selber liegt vor sich da ohne Flaum und Farbe. Gesetzt, daß er bisher in irgendeiner gefährlichen Phantasterei lebte: diese höchste Ernüchterung durch Schmerzen ist das Mittel, ihn herauszureißen, und vielleicht das einzige Mittel...
> ...mit Verachtung gedenkt er der edelsten und geliebtesten Illusionen, in denen er früher mit sich selbst spielte..."
> (Nietzsche, *Morgenröte*, 114, S. 98 f.)

6.1 Umgrenzung des Verleugnungsbegriffs und seine Beziehung zum Tragischen

Falstaff antwortet auf den Ausruf des Oberrichters: „You hear not what I say to you" (Ihr hört nicht, was ich Euch sage), mit der Behauptung: „Very well, my lord, very well. Rather, an't pleases you, it is the *disease of not listening, the malady of not marking*, that I am troubled withal" (O sehr gut, gnädiger Herr, sehr gut! Es ist vielmehr, wenns Euch beliebt, das Übel des Nicht-Aufhorchens, die Krankheit des Nicht-Achtgebens, womit ich behaftet bin). Schließlich gibt der Oberrichter nach: „But since all is well, keep it so. Wake not a sleeping wolf" (Doch, da nun alles gut ist, so erhaltet es dabei; weckt den schlafenden Wolf nicht auf). Worauf Falstaff die Antwort erteilt, die als Motto für alle seine Nachfolger dienen könnte: „To wake a wolf is as bad as to smell a fox" (Einen Wolf aufwecken ist ebenso schlimm als einen Fuchs riechen, Shakespeare, *Henry IV*, 2.Teil, 1.Akt, 2.Szene).

Es besteht kein Zweifel, daß diese „malady of not marking" sich darauf bezieht, was wir heute Verleugnung nennen: die – freilich unbewußt sich abspielende – Ausschließung gewisser Wahrnehmungen vom Bewußtsein.

Im Vorangehenden sind wir immer wieder auf die bedeutende Rolle gestoßen, die die Abwehr durch Verleugnung bei den schweren Neurosen spielt, und haben bei den literarischen Äquivalenten dieser Beobachtungen auch immer wieder die Folgen der *Pauschalverleugnung* inneren Konflikts, ganzer Seiten der menschlichen Wirklichkeit und der Relativität des Wahren angetroffen.

Zunächst führe ich aus den klinischen Darlegungen an, wie ich die in diesem Zusammenhange wichtigen Abwehrformen verstehe: *Verdrängung* bedeutet das unbewußte Nein gegenüber gewissen *Wünschen* (Triebbedürfnissen) und mit diesen verknüpften *Erinnerungen;* die der Verdrängung im bewußten Erleben entsprechende Ablehnung ist der *Verzicht*. *Verleugnung* ist das unbewußte Nein gegenüber gewissen *Wahrnehmungen* – entweder, wie es Freud (1927, 1940) ursprünglich gemeint hat, gegenüber der Wahrnehmung bestimmter äußerer Tatsachen oder, wie es heute viel üblicher gemeint ist, gegenüber der Wahrnehmung der *Bedeutung* solcher Tatsachen, ihrer gefühlsbetonten Wichtigkeit (Basch 1974, 1983). Die bewußten Entsprechungen zur Verleugnung im ersteren Sinne – der von Tatsachen – sind wohl das Abstreiten und Lügen, aber auch die bewußte Vermeidung schmerzlicher Wahrheiten – im Sinne von: „Daran kann ich einfach nicht denken". Dem letzteren, der Verleugnung der gefühlshaften Bedeutung, entspricht was Freud (1925) als *Verneinung* beschrieben hat: die bewußte, intellektuelle Form des Nein gegenüber der Wichtigkeit einer Wahrnehmung. *Affektblockierung*, oft auch mit der Verdrängung gleichgesetzt, ist das unbewußte Nein bestimmten *Gefühlen* gegenüber; die bewußte Entsprechung dazu ist die *Unterdrückung* gewisser Emotionen. *Isolierung* ist das unbewußte Nein gegenüber den *Verbindungen* von Affekten und Gedanken, von Wünschen und Erinnerungs- oder Vorstellungsbildern; deren Entsprechung im Bewußten ist, wie es Eissler (1959) dargelegt hat, die bewußte Abspaltung von allem, was einen bedrängt, in der *Konzentration.*

Mit der Bedeutung oder Sinnhaftigkeit, die z. B. besonders in Entfremdungszuständen so markant verloren geht, ist nicht die logische oder semantische Bedeutung gemeint, sondern der *Wert*, den diese Wahrnehmungen für uns besitzen. Dies weist auf die bei diesem Vorgang der Sinnesentleerung und selektiven Nicht-Wahrnehmung maßgeblich bestimmende innere bewertende und wertgebende Instanz, also das Über-Ich hin.

Die Verleugnung im Sinne einer Abwehr wird von einer *Ich-Spaltung* begleitet. Freud schrieb 1938 (1940, GW 17, S. 59 f.):

> Es [das Kind] antwortet auf den Konflikt mit zwei entgegengesetzten Reaktionen, beide gültig und wirksam. Einerseits weist es mit Hilfe bestimmter Mechanismen die Realität ab und läßt sich nichts verbieten, anderseits anerkennt es im gleichen Atem die Gefahr der Realität... Der Erfolg wurde erreicht auf Kosten eines Einrisses im Ich, der nie wieder verheilen, aber sich mit der Zeit vergrößern wird. Die beiden entgegengesetzten Reaktionen auf den Konflikt bleiben als Kern einer Ich-Spaltung bestehen.

Er beschrieb diese Verdoppelung auch in Hinsicht auf die Entfremdung (GW 16, S. 255). Bei solcher „Verleugnung der Wahrnehmungen", die „sehr häufig nicht nur bei Fetischisten" vorkommt, kommt es zu „halben Maßregeln, unvollkommenen Versuchen zur Ablösung von der Realität": *„Die Ablehnung wird jedesmal durch eine Anerkennung ergänzt*, es stellen sich immer zwei gegensätzliche voneinander abhängige Einstellungen her, die den Tatbestand einer Ich-Spaltung ergeben"(GW 17, S. 134 f.).

Zu den in der psychoanalytischen Literatur wohlbekannten Beispielen der Verleugnung und der mit ihr einhergehenden Ich-Spaltung, der Gespaltenheit des Selbst- und des Welterlebens, beim Fetischismus, bei der Depersonalisierung und bei der Schizophrenie möchte ich hier auf einen anderen Bereich hindeuten, die Verleugnung beim Tragischen. Dafür rufe ich kurz das in Erinnerung, was sich uns in Kap. 1–3 als Hintergrund ergeben hat.

Wir sahen, daß die Hybris als Übersteigerung eines Wertes ins Totale und Absolute, als frevelhafte Übertretung der von Natur und Gesellschaft gesetzten Grenzen, mithin als Aggression im Dienste eines Ideals betrachtet werden kann. Das Tragische bezieht sich auf das Problem exzessiver Idealisierung und damit auf die Verschmelzung der psychologischen Phänomengruppen von Narzißmus und Aggression. Der tragische Fehler liegt in der zwanghaften Einseitigkeit der narzißtischen Überbewertung, im Verlust der Perspektive im Dienste dieses narzißtischen Zwekkes, dem alles andere als Mittel aufgeopfert werden *muß*.

Der Konflikt wurde als einer beschrieben, der sich zwischen der Exzessivität, dem Narzißmus des Werterstrebens und dem Bereich der Grenzen und des Maßes ausspielt.

Die Erfahrung zeigt uns immer wieder, daß die Abwehr in den durch die Absolutsetzung eines Idealbildes verursachten Konflikten dieselbe radikale Qualität zeigt. Absolute Idealsetzung bedarf absoluter Verleugnung dessen, was nicht dazu paßt. Solche Verleugnung rächt sich dadurch, daß die Gegenideale, die Gegenwerte, die Gegenidentität ebenso absolut werden, wie es die Ideale sind, die das tragische Wesen und die tragische Tiefe des Daseins ausmachen. Damit wird die Verleugnung selbst tragisch: das Entrinnen wird zum Verderben, die Oberflächlichkeit zur Tiefe des Leidens. Es ist die unvermeidbare Dialektik dieses Gegensatzes.

Das Ergebnis dieser doppelten Absolutsetzung – der Verabsolutierung des Ideals und der der Abwehr – ist die „Spaltung", die Polarisierung des Selbst- und des Welterlebens.

Zur Absolutsetzung und zur Polarisierung kommt als Drittes, nämlich als Folge der ausgedehnten Abwehr, das Erleben der zwingenden Notwendigkeit und Unausweichlichkeit dessen, was über einen kommt. Das tragische Denken konstatiert den Konflikt, es führt ihn zum bitteren Ende, indem es ihn verabsolutiert. Doch gerade dadurch zwingt es zum Nachdenken über Maß und Maßlosigkeit.

Wie ich in Kap. 1–3 beschrieben habe, spielt beim Tragischen die Verblendung, das Nichtsehenkönnen, eben die Verleugnung, eine besondere Rolle. Wie schon erwähnt ist die Verleugnung eine Abwehr, die sich auf die Wahrnehmung richtet, sowohl die Wahrnehmung der Außenwelt wie die der eigenen Persönlichkeit. Allgemein gesagt ist sie indes, etwa im Gegensatz zur Verdrängung, Reaktionsbildung oder Isolierung, vornehmlich gegen die Außenwelt gerichtet. Anna Freud nannte sie denn auch einen Abwehrmechanismus gegen die Außenwelt (s. Sandler 1985, S. 340). Eng verknüpft damit sind die Handlungen, die sich darauf richten, etwas Unliebsames zu beseitigen oder zu vermeiden.

So entsprechen den früher angeführten 5 Konfliktgruppen[1] die folgenden hauptsächlichen Formen der Verleugnung:

1) Zunächst stehen hier Gefühle und Wünsche überwältigender und maßloser Art dem Bedürfnis nach Mäßigung und Regulierung entgegen; es kommt a) zur

---

[1] Die im folgenden gegebene Reihenfolge ist, entsprechend dem veränderten Zusammenhang, von der in Kap. 2 gebrauchten verschieden: Ich versuche nun diejenige zu benutzen, die der vermutlichen Chronologie ihrer ersten Manifestation näher kommt.

Verleugnung des Maßes, zugunsten der Grenzüberschreitungen – und b) zur Verleugnung der Gefühls- und Triebwelt, zugunsten der äußeren Formen.

2) Hernach stellen sich Wünsche, die Mitwelt und Umwelt mit Wahrnehmungs- und Ausdrucksmitteln zu erfassen, zu beeinflussen und zu gestalten, in Form von Neugier und Wünschen für Selbstausdruck und Faszination, den Bestrebungen entgegen, das Wahrnehmungs- und Ausdrucksfeld gegen eine Übergewalt neuer Eindrücke zu schützen und die einmal geschaffene Ordnung zu wahren; dies führt a) zur Verleugnung des Neuen, Schöpferischen, Fremden, zugunsten der Bewahrung der hergebrachten Ordnung und des Gesicherten – und b) zur Verleugnung des Traditionellen und Bestehenden zugunsten des oft Anarchisch-Originellen und Chaotischen in der Freiheit.

3) Dabei handelt es sich um Wünsche, sich selbst zu entwickeln und sich selbst durchzusetzen, um Selbstbehauptung gegen Selbstverlust und Tod, namentlich das ganz tiefe und überragende Bedürfnis nach *psychischer Selbstbehauptung* und innerer Einheit – gegenüber solchen der Zugehörigkeit, der Liebe und der Verschmelzung – die Selbsthingabe; der Konflikt führt a) zur Verleugnung der Vergänglichkeit und des Todes zugunsten der Macht – und b) zur Verleugnung der Eigenständigkeit und Eigenwilligkeit zugunsten des Aufgehens in einem größeren Ganzen.

4) Wir wissen wir um die Wichtigkeit der Dreieckskonflikte, von Wünschen, den einen zu lieben und den anderen zu hassen, sich mit dem einen zu vereinigen und den anderen zu töten gegenüber den inneren Verboten dagegen; dabei kommt es a) zur Verleugnung und Verdrängung von Neid und Eifersucht zugunsten einer friedvollen Abhängigkeit und Passivität – und b) zur Verleugnung der Solidarität und des Zusammengehörigkeitsgefühls zugunsten einer uneingeschränkten Konkurrenz.

5) Schließlich sind es Gewissenskonflikte – unvereinbare Loyalitäten und die Gegensätzlichkeit von Schuld und Scham, wobei die erstere in der Trennungsschuld wurzelt und als Schützerin und Wächterin über die Beziehungen zu den anderen fungiert, die letztere in der Abhängigkeitsscham begründet ist und als Beschützerin der Selbstachtung und als Dienerin des Grundtriebes für psychische Selbsterhaltung wirkt[2]. Hier ist es die Verleugnung der Widersprüchlichkeit von Loyalitäten, Verpflichtungen und Idealsetzungen zugunsten der scheinbaren Versöhnung des Unvereinbaren. Dabei ist die Verleugnung nur *eine* Form der Abwehr, der ich hier aber, gerade wegen der mit ihr einhergehenden *Zerbrochenheit der Wirklichkeit* und der ihr zugrundeliegenden *Verabsolutierung*, besondere Aufmerksamkeit schenke. Da der Absolutheitsanspruch ganz unter die Verwaltung des Über-Ich gerät, scheint mir klinisch eine besonders enge Beziehung von Verleugnung und Absolutsetzung von Gewissensforderungen zu bestehen, und dies gilt wiederum auch für das Tragische.

Der Selbstbetrug, der sich auf der Verleugnung aufbaut und zu selbstzerstöreri-

[2] Damit soll nicht behauptet werden, daß alle Schuld sich ursprünglich auf Trennung und alle Scham auf Abhängigkeit beziehe. Ich spreche hier über eine recht typische, besonders auch klinisch relevante Antithese, nicht um eine allgemeine entwicklungsgeschichtliche Erfahrung.

schen Handlungen, gewöhnlich impulsiver Art führt, kann wohl mit der *Verblendung*, der *Ate* der tragischen Tradition gleichgesetzt werden. Ganz besonders gilt dies für die Blindheit gegenüber dem Seelischen überhaupt, auch dem Innenleben des anderen, und damit auch dem Wissen von der inneren Widersprüchlichkeit anderer Menschen wie seiner selbst.

In Bezug auf Josephs „sträfliche Vertrauensseligkeit" äußert sich Thomas Mann: „Gleichgültigkeit gegen das Innenleben der Menschen und Unwissenheit darüber zeitigen ein völlig schiefes Verhältnis zur Wirklichkeit, sie erzeugen Verblendung" (1933, S. 485).

Wieviel Verwundung, Erniedrigung und Grund für Ressentiment dies bei dem verursacht, dem die Verleugnung gilt – das habe ich am Schluß von Kap. 3 angedeutet (im Begriff der „Ona'ah") und zum Thema von Kap. 4 (über Lagerkvists *Zwerg*) abgehandelt.

Eine von schweren Angstzuständen und Depressionen heimgesuchte, 46jährige Patientin, deren Jugend vom steten Unfrieden und verhaltenen Haß zwischen ihren Eltern überschattet worden war, sagt:

> Gefühle durften nicht ausgedrückt werden; sie wurden nicht anerkannt. Man fühlt sich in seinem eigenen Dasein verleugnet [they deny your existence], wenn die Gefühle abgewiesen werden. Denn diese sind für einen so wichtig. Die Umgebung läßt einen die Scham über einen selbst spüren [the environment makes one feel ashamed of oneself], als ob man ein gräßliches Geheimnis trüge, das man auf alle Kosten verbergen müsse. Und so fürchte ich mich auch davor, am Schluß von Ihnen verurteilt und verstoßen zu werden, als ein unersättlich gieriges und verschlingendes Weib, als eine, die diese Riesenlüge lebt... Der unversöhnliche Haß, die erstaunliche Giftigkeit zwischen ihnen, der große Haß, der dem Leben trotzt. Draußen im Sonnenlicht stand ich da als kleines Kind [4jährig] und dachte an den Tod (128).

Die Schatten der Rachsucht, des nagenden Ressentiments der Mutter und der Herrschsucht des Vaters, tanzen den Furien gleich auf dem Dach des Familiengutes, und die Tochter ist ihrer unaussprechbaren Gegenwart wie Kassandra gewahr.

So steht das Opfer radikaler Verleugnung vor der Wahl zwischen tödlicher Scham und mörderischer Wut. Hinter der Maske des bösen Zwerges lauert die Fratze des Dämons unseres Jahrhunderts – des grausamen, ressentiment-getriebenen Fanatikers und Führers. Seine Macht besteht zwar in Lüge, Terror und Sadismus, doch wurzelt sie im Verleugnetwerden und der Erniedrigung.

Es war ein alter Glauben, daß Mensch und Welt einander widerspiegeln. In dieser Form war die Entsprechung Teil der vorwissenschaftlichen Gleichsetzung von Mikrokosmos und Makrokosmos, der mythischen Stiftung von Ordnung. Doch gibt es eine andere, passendere Form der Entsprechung: daß die Kultur als Ganzes das Seelische des einzelnen in großen Buchstaben geschrieben vorstelle und daß umgekehrt die Innenwelt des einzelnen Geschichte, Kultur und Literatur der Menschheit in kleiner Schrift und in Auszügen und Abschnitten darzustellen vermöge.

Stellen sich indes die Kulturen als Bilder der menschlichen Seele unter vergrößernder Linse dar, so erhebt sich die Frage, ob sich jene klinisch-mythische Trias von Absolutsetzung, Spaltung und Zwanghaftigkeit nicht auf ganze Kulturen anwenden lasse, ob sich also die Hauptmerkmale schwerer Neurose, die Kennzeichen des neurotischen Prozesses in den Kulturen wiederfinden. Hieße das dann, die Kulturen selbst seien pathologisch?

Eher gilt das Gegenteil: Das, was uns krank scheint, das Neurotische, ist etwas, das grundlegend zum Menschlichen gehört, Teil seiner Natur ist und im Kranken nur besonders ausgeprägt zutage tritt.

Eingangs erwähnte ich, daß einerseits ganze Völker und Kulturen einem tragischen Geschick unterliegen und daß andererseits die Macht der Verleugnung – das Nichtsehenwollen, das Nichtanerkennendürfen – sich mit ganz besonderer Vorliebe eben gegen die Wahrnehmung des Tragischen im Schicksal oder eher gegen die Annahme spezifischer Teile des Tragischen wendet: der Vergänglichkeit und unentrinnbaren Schuldigkeit, der inneren Konflikthaftigkeit, der Tiefendimension des Seelischen. Diese Doppelheit von Verblendung und tragischer Wahrheit wird sich auch durch das Folgende wie ein roter Faden hindurchziehen, wie es schon in den vorangehenden 4 Kapiteln der Fall gewesen ist.

6.2 Bestimmte Arten der Verleugnung in der modernen Gesellschaft

Im folgenden gehe ich von mehreren Beobachtungen aus, die eine unmittelbare Wirkung auf unsere klinische Praxis ausüben, aber in ihrer Tragweite weit darüber hinausreichen, uns nämlich Einblicke in „Verblendungen" und „tragische Wahrheiten" erlauben, die unsere Gegenwart und Zukunft betreffen. Jeder mag sich die Frage stellen, wo dabei der Bruch in der Wirklichkeit verläuft und worin die tragische *Nemesis* lauert. Dazu wird es hernach nötig sein, das Blickfeld zu erweitern und die Analyse zu vertiefen.

1) Die bei Drogensüchtigen und noch stärker bei Alkoholikern zu beobachtende Neigung, die Bedeutung des Innenlebens und der inneren Konflikte zu verneinen, habe ich sowohl im Zusammenhang mit der Behandlung der Toxikomanie in *Flucht vor dem Gewissen* wie in *The hidden dimension* erwähnt. „Ich habe keine inneren Probleme. Alles ist der Außenwelt zuzuschreiben und soll dort ummanipuliert werden". Oder: „Das Primärproblem ist der Drogengebrauch oder das Trinken oder dies oder jenes schädliche Verhalten. Kommt das unter Kontrolle, wird schon alles andere ins Geleise kommen". Abgestritten wird, daß innerer Konflikt, innere Wirklichkeit überhaupt, etwas mit den Problemen des Lebens zu tun haben. Die meisten Drogensüchtigen zeigen während langer Zeit diese weitreichende Verleugnung. Sie führt zu dem, was ich *Psychophobie* genannt habe, die Mißachtung der Bedeutung von Introspektion jeder Art und die entschlossene und selbstgewisse Vermeidung davon – der *Zwerg* war paradigmatisch! –, eine Vermeidung, die denn auch folgerichtig mit einer Verachtung des ganzen Gebietes der Psychotherapie und Psycho-

analyse bekundet werden muß. Die Psychophobie bildet einen wesentlichen Teil der phobischen Struktur dieser Patienten. Die bekannte Behauptung des Alkoholikers, daß er kein Alkoholproblem (problem of drinking) habe, ist natürlich nur die oberflächlichste Version der zahlreichen Schichten der Verleugnung.

Doch stellt dies ein Problem dar, das praktisch weit über diese Kategorie der Patienten hinausreicht. Viele andere stimmen solcher Psychophobie gerne bei. Die Familien der Kranken, die Vertreter gewisser Behandlungsmodalitäten, die Politiker, die sich die Drogen- und Alkoholprobleme als karrierefördernde „Causes célèbres" zu eigen machen, und sehr viele somatisch orientierte Ärzte stimmen darin überein, daß ein Sichvertiefen in das Innenleben oder nur schon dessen Beachten überflüssig, wenn nicht gar schädlich sei, eine Art sündiger Selbstverwöhnung und Nachsicht sich selbst gegenüber. Die Psychotherapie fördere darüber hinaus eine neue Abhängigkeit, die der Versklavung durch die Drogen in nichts nachstehe. Und überdies seien ja emotionell diese Leute, die Alkoholiker z. B., ganz in Ordnung, es fehle ihnen nichts, außer daß sie eben trinken; das allein und nichts anderes sei ihre Krankheit. Es sei nicht nur verfehlt, sondern geradezu schädlich, in der Vergangenheit und im Innenleben herumzuwühlen. Nur kurz sei auch die oberflächlichere, doch nicht weniger wichtige Form der Verleugnung erwähnt, mit der bis vor kurzem die verheerenden Folgen des Alkohol- und Drogenkonsums in den höheren Klassen, bei den sogenannten Gebildeten und bei den Führern in Handel, Politik und Wissenschaft als ein gigantisches Tabu behandelt wurden. Auch heute wird nicht nach der Erkenntnis gehandelt, daß 20% aller Ärzte, zumindest in den USA, ein Drogen- oder Alkoholproblem haben, und nicht oft erwähnt, inwiefern das so ominöse „Malpractice"unwesen damit verbunden sein könnte.

Betrachten wir überdies die folgenden Zahlen: Jährliche Todesraten in den USA von Tabak: 346 000, von Alkohol: 125 000; von kombiniertem Alkohol- und Drogenmißbrauch: 4000; von Opiaten, einschließlich Heroin: 4000; von Kokain: 2000; von Marihuana: 75 (mitgeteilt von Dr. Sidney Schnoll in Vortrag in Detroit, 13. Februar, 1988). Spiegeln sich diese Zahlen in der Gesundheitspolitik, den Gesetzen und der allgemeinen Einstellung wider? Die Antwort erübrigt sich; die Macht und das Ausmaß der Verleugnung sind schlechterdings eklatant.

Darüber hinaus sind Kindesmißbrauch und Substanzmißbrauch zwei Hälften desselben Problems („two sides of the same coin"). Sie potenzieren sich gegenseitig. Gelänge es, in diesen Hexenzirkel wirklich einzubrechen, hätte man Entscheidendes für die Vorbeugung schwerer Pathologie geleistet.

2) Über diese umschriebene, auf die Drogenbehandlung und die somatische Medizin beschränkte Einstellung hinaus hat nun eine ungeheuer machtvolle Strömung auch die ganze moderne Psychiatrie, die Seelenheilkunde selbst erfaßt, eine Strömung, die das meiste Persönliche, Intime und Langfristige in der psychiatrischen Behandlung zu eliminieren anstrebt. Sie hat sich dabei tatsächlich oft nicht nur durch Worte, sondern auch durch Taten erfolgreich bewiesen und damit im ganzen Gesundheitswesen den Einfluß, den das psychodynamische Verständnis auf die Behandlung aller Patienten ausgeübt hat, weitgehend zu untergraben vermocht. Biologische Behandlungen und Verhaltensmanipulierung werden mehr und mehr

als ausschließliche Behandlungsmethoden angewendet. Die Arbeit mit individuellen Patienten und das geduldige Zuhören als wesentliche therapeutische Faktoren sind aus der Mode geraten und werden auch mehr und mehr von den Versicherungen abgelehnt. Lidz sagte unlängst in einem Vortrag (1983), die Psychiatrie befinde sich in einem Zustand der Regression, die auf einem grundsätzlichen Mißverständnis dessen beruhe, was der Zweck der Psychiatrie sei. Sie verwechsle die Seele mit dem Hirn und konzentriere sich infolgedessen auf angebliche Krankheitseinheiten statt auf die Persönlichkeit und deren Probleme. Das Lebensgeschichtliche werde weitgehend zugunsten des Biologischen vernachlässigt. Kubie sprach schon vor 20 Jahren über die „Flucht vor den Patienten" (*flight from patients*, Kubie 1970): „The flight from patients is even better rationalized, culturally supported, and to a dismaying degree practiced, defended, and approved by many eminent psychiatrists... in spite of the fact that psychiatry is a specially complex clinical discipline... today it is led primarily by the men who have worked only briefly with patients or not at all" (S. 699 f.).

In den Jahren seither ist diese Flucht zum Vormarsch umdeklariert worden. Jetzt kommt es sogar zu gesetzlichen und sozialen Vorstößen, der intensiven, langfristigen Psychotherapie und der Psychoanalyse die Rechtsgrundlage als Behandlungsmethoden ganz abzusprechen und sie höchstens noch als private Bemühungen der Selbsterziehung und Selbstkultivierung – also einer Art Reinigungsritual – gelten zu lassen. Damit wird aber die *Verleugnung dessen, was individuell, persönlich und spezifisch* ist, eine Verleugnung, die so viele unserer Patienten in ihren Familien erlebt haben, durch die Träger der Behandlung selbst übernommen und verstärkt.

Mit dieser anscheinend unaufhaltsamen Strömung: „weg von der individuellen und namentlich der intensiven Psychotherapie und hin zu organischen und Gruppenmethoden" breitet sich, wie ich bei meinen Vortragsbesuchen und der direkten Beteiligung an einer Reihe von psychiatrischen Programmen in Amerika und Europa oft feststellen kann, ein tiefes Malaise aus. Der Patient mit seinem Bedürfnis nach Liebe und Vereinigung, nach Sympathie und Verständnis gerade dessen, was der nüchterne Außenseiter als bizarr und verrückt abtun möchte, der Patient, der trotz seines schreckerfüllten Verhaltens und seiner dunklen Motive Respekt erwartet, wird entweder durch systematische Konfrontation oder kühle und rigide Distanziertheit abgewiesen, ja mit sarkastisch hingeworfenen Bemerkungen abgespeist. Manchmal mag er mit einem verwaschen unpersönlichen, unterschiedslosen Wohlwollen bedacht werden, oder er wird einfach als ein Bündel von Symptomen und dynamischen Mechanismen behandelt. Dies geschieht oft gleichzeitig damit, daß dem Persönlichen und der psychoanalytischen Terminologie reichlich Lippendienst erwiesen wird. In den Falldiskussionen werden die Modeworte des Augenblickes – Abwehr, Ich-Schwäche, Strukturdefekt, Über-Ich-Lacuna, Borderline, Narzißmus, Übertragung – als Schlagzeilen und ohne viel Verständnis in überdehnter und oft unangemessener Weise benutzt. Die Bedürfnisse des einzelnen Patienten jagen Angst ein, und die jungen Kollegen gestatten sich, dieser Angst durch die Flucht vor der Beschäftigung mit dem einzelnen Patienten Folge zu leisten, während die oberen Ränge in der Hierarchie sich weit im Hinterland und fern vom klinischen Alltag um die Flaggen der Ersparnis (der „cost-benefit-ratio", der „health care cost containment“) scharen und sich ihrer großen Klugheit als Administratoren und „entrepreneurs“ im Gesundheitswesen rühmen. Ersparnis und Profit haben sich dabei zur unheiligen Ehe zusammengefunden. So ist es mir unlängst zugestoßen, daß mir ein Führer der akademischen und politischen Psychiatrie auf meine Angaben über meine mit Patienten verbrachte Stundenzahl zurief: „Welche Vergeudung einer wertvollen Ressource!“

3) Doch scheint es mir, daß das Malaise tiefer geht. Was ich sagen werde, wird unpopulär sein und auf Widerwillen stoßen. Wir alle begegnen der Unverständlichkeit von so vielem im Wesen unserer Patienten, sehen uns ihrem „verrückten“ Ansinnen und Verlangen, ihrem konsumierenden Bedürfnis nach Verständnis und Angenommensein gegenüber. Wir stehen immer wieder vor der Notwendigkeit, Intuition, Takt und eine grundsätzliche Freundlichkeit mit einem umfassenden Wissen und der Fähigkeit, in oft poetischer Weise Metaphern anzuwenden, zu kombinieren. Konfrontiert mit all diesen Anforderungen an uns als Therapeuten, können wir uns leicht entmutigt fühlen, uns als Versager erleben, wenn wir uns unseres oft erschreckenden Unverständnisses oder unserer Taktlosigkeit und Inkompetenz in gewissen Stunden bei gewissen Patienten oder während ganzer Phasen unserer Arbeit bewußt werden.

Wir lernen aber auch von unseren Patienten, daß, wenn die Wege der Nähe und der Beziehung in die Irre führen oder verboten sind, man die Straße der Macht und der Aggression einzuschlagen pflegt. Leider verhält es sich nicht sehr viel anders bei manchen Psychiatern und Psychotherapeuten aller Schulen: wenn sie daran verzweifeln, ihre Patienten zu verstehen oder ihnen zu helfen, wenn sie sich von den unersättlichen Anforderungen überfordert und überwältigt sehen, wenden sie sich zu den Mittel der Macht und des Ressentiments. Während der 30 Jahre, in denen ich in unserem Gebiet gearbeitet habe, habe ich immer wieder eine solche *Perversion der Psychiatrie* beobachten können: das Intrigenspiel um Stellungen, das Verlachen von Nebenbuhlern, die Überbewertung von Systemen gegenüber Individuen, die Furcht vor der Originalität, der Neid gegenüber den Schöpferischen, die Rücksichtslosigkeit gegenüber sogenannten „Störenfrieden“ („troublemakers“), die Dominanz finanzieller Erwägungen gegenüber Gesichtspunkten der Behandlung und der Ausbildung, das Ausspielen der einen Gruppe oder Persönlichkeit gegen andere – kurzum, *die Verkehrung von Mitteln zu Zwecken und von Zwecken zu Mitteln.* Diese Verkehrung der Psychiatrie stellt einen Teil der in unserer ganzen Kultur feststellbaren Verlagerung von Qualität zu Quantität dar, einer Verschiebung von Form und Inhalt zu Zahlen und statistischen Verhältnissen. Systeme, Machtpositionen, Einfluß, Budgetzumessungen werden zu Selbstzwecken; sie hören auf, Mittel zu sein. Die Behandlung von Patienten, die Untersuchung ihrer Grundmotive und ihrer hauptsächlichen Ängste und die sorgfältige und gründliche Ausbildung derer, die sie behandeln sollen, wandeln sich von Zielen zu bloßen Mitteln. Das Gesundheitswesen wird damit oft zu einem Werkzeug für Macht und Ruhm, statt lediglich den Rahmen zu bilden für unsere schwierige und oft enttäuschende Aufgabe, den Patienten zu helfen.

Politische Erwägungen haben immer mehr Vorrang vor humanen Faktoren wie echtem Interesse am Mitmenschen und Ehrlichkeit. Die Übergänge zwischen diesen Sphären erfolgen typischerweise unmerklich und schleichend; plötzlich enthüllen sie sich mit dramatischer Brutalität.

Ein wichtiger Grund für diese Verschiebung war das Hereinströmen großer Geldsummen in die Behandlungs- und Ausbildungsprogramme. Dabei stellte es sich mehr und mehr heraus, daß die Gewinne und Vorteile, die im Vergleich zu den eingeschleusten Geldmengen erzielt wurden, geringfügig und z.T. sogar negativer Art waren, besonders wenn man an die vorzeitigen Entlassungen unzähliger Schwerkranker aus der Klinik denkt, die vorgenommen wurden, ohne daß ein durchdachtes System der weiteren Behandlung aufgebaut worden wäre. Der Saldo dieses Vorgehens, Geld zu geben, statt nach umfassenden Antworten zu suchen, erscheint noch negativer, wenn man den durch monetäre Einflüsse herbeigeführten Selbstverrat mit in Anschlag bringt. Kein Teilgebiet ist dieser schleichenden und verderblichen Verschiebung zur Macht entgangen: individuelle Behandlung, Krankenhausadministration, Universitätsdepartments, psychoanalytische Gesellschaften und Institute und natürlich die organisierte Medizin als Ganzes. Das Ergebnis besteht nicht nur darin, daß Kompetenz, schöpferische Tätigkeit und Motivierung weitgehend als *negative* Eigenschaften von Assistenten und Stab betrachtet werden, sondern zeigt sich eben auch in der von Lidz zu Recht so benannten gesamthaften Regression unseres Berufsstandes.

Die ganze Medizin wird zu einer Frage von technischer Meisterschaft und Kostenverteilung. Das Persönliche des Arzttums verschwindet mehr und mehr hinter dem Unpersönlichen des Unternehmers und des Geschäftsmanns. Das Qualitative des Verstehens, Suchens, Heilens und Tröstens wird mit rasanter Geschwindigkeit durch die quantitativen Erwägungen von Budget, Profit und hierarchischer Befehlsgewalt ersetzt – ob das nun Staat, Versicherung, Krankenhausverwaltung, HMO („health maintenance organization"), Einzelarzt, Psychologen oder Sozialarbeiter betrifft. *Der gute Arzt wird entweder zum reichen oder zum dummen Arzt.* Versicherung und staatliche Gesundheitssysteme wandeln sich zu ausschließlich geschäftlich und politisch geführten Unternehmen. Etwas ganz Entscheidendes ist dabei ausgeklammert, nämlich verleugnet worden.

Es scheint mir, daß dieses Thema der *Korruption in der Psychiatrie durch Macht, Stellung und Statistik*, nicht nur durch Geld, kaum irgendwo erwähnt wird. Und doch ist seine Bedeutung enorm.

Jüngst wurde ein Psychiater zu Recht der „Malpractice" angeklagt und überführt, da er die Behandlung eines manisch-depressiven Patienten in dem Moment eingestellt hatte, als dieser nicht mehr zahlen konnte und der Kranke sich daraufhin umbrachte. Manche Arrangements sind möglich, die ärztlichen Verpflichtungen auch unter solchen Umständen gewissenhaft weiterzuführen. Sie mögen oft schwierige konkrete Probleme stellen, Dilemmas, die nicht leicht zu lösen sind; doch ist der Therapeut mehr als nur ein Geldverdiener.

Was mir jüngst ein Börsenmakler in bezug auf die „Trainingskurse" in seinem Gebiet gesagt hat, kann auch für immer breitere Kreise in der heutigen Medizin gelten: „Für die meisten ist das Ziel nicht die Verbesserung des Dienstes am Kunden (the performance of the client), sondern der erhöhte Umsatz (the sale of the product), also die Verkaufstechnik."

Andererseits kann und darf man Zahlen und Macht, Statistik und Organisation, Biologie und Pharmakologie nicht völlig verwerfen. Auch sie haben eine sehr wichtige, wirklich eine absolut notwendige Rolle zu spielen; doch dürfen sie in unserem Gebiet immer nur Mittel bleiben und nicht zum Selbstzweck werden.

4) Der *Weg vom Mythischen zum Philosophischen* – dem die Bewegung von der Verblendung zur tragischen Wahrheit folgt –, das ist der Weg aller Erkenntnis, auch der Psychoanalyse. So ist es nicht verwunderlich, daß auch sie hier und dort der hinterhältigen Gefahr des mythischen Denkens, also der kognitiven Regression erlegen ist. Das Mythische in der Psychoanalyse und der Psychotherapie ist gekennzeichnet durch die Polarisierungen, die Absolutsetzungen, das Denken in Substanzen statt in Prozessen (sowohl in inneren wie in zwischenmenschlichen Prozessen), das unbemerkte Hinübergleiten vom beschreibenden zum erklärenden Gebrauch von Begriffen.

Was wird dabei abgewehrt, v.a. durch Verleugnung? Die *Relativität des Verständnisses* der seelischen Vorgänge, die Weise, *wie die Methode selbst die Theorie bestimmt*, und zu welchem Ausmaß eine *Dialektik besteht zwischen Persönlichkeit und Technik*.

Auch in bezug auf das Letztgenannte beobachten wir oft ein Entweder–oder: es sei nur die Persönlichkeit und die Empathie, die da gelte, oder es sei nur die Technik und das genaue Wissen. Hier sei an das tiefsinnige Wort von Kung Fu Tse erinnert: „Lernen und nicht denken ist nichtig. Denken und nicht lernen ist gefährlich" (II.15).[3]

Wie oft wird insbesondere von dem, was in der Therapie beobachtet wird, unkritisch auf die frühen und frühesten Kindheitserlebnisse geschlossen! Dann werden diese Extrapolierungen und Hypothesen flink und ohne an die mögliche Indoktrinierung zu denken in Theorien umgewandelt, diese Theorien dann als Fakten behandelt, welche nun ihrerseits das Klinische erklären sollen und ganz massiv die tägliche Technik in Gestalt von Deutungen, Konfrontierungen und anderen Weisen der Suggestion bestimmen. Dabei wird einerseits die vorsichtig-untersuchende, gemeinsam explorierende therapeutische Technik in eine autoritäre und kritisierende Beeinflussung umgewandelt, also das eigene Wissen als absolut und unbezweifelbar gesetzt. Andererseits müssen alle neuen Einsichten der Forschung über

[3] „Xüé ér bù sī, zé wǎng; sī ér bù xüé, zé dài."
學而不思則罔，思而不學則殆
(Ich übersetzte „dai" mit Legge und gegen Wilhelm als „perilous", gefährlich, im Sinne des Anarchischen, nicht als „ermüdend", wie auch alte chinesische Kommentatoren es verstanden; dies ist besonders auch dann sinnvoller, wenn man an den diesem unmittelbar folgenden Satz im Lun Yü denkt, der sich mit „falscher Lehre" befaßt. Auch bedeutet das Ideogramm von „dai" gewöhnlich Gefahr und repräsentiert teilweise das Bild von zerfallenden Knochen, also von Zerfall und Zerstörung). Hu Shih bringt den Ausspruch in Zusammenhang mit der „sokratischen Tradition" von *Zweifel, Infragestellung und intellektueller Ehrlichkeit im klassischen China* (Moore 1967, S.109).

die früheste Kindheit unter den Teppich gewischt werden. Man hütet sich zu sehen, wieviel heute in einem ganz neuen Licht erscheinen muß – Triebtheorie, Affekttheorie, die Vorstellung früher Konflikte, Genese der Psychosen, die Rolle der Phantasie und der Symbolisierungsfähigkeit, die Lehre von den erogenen Phasen. Manches ist entkräftet, manches ist relativiert, manches ist teilweise bestätigt und teilweise in Frage gestellt.

Das Analytische und Differenzierende, das Synthetische und Integrierende vereinigen sich immer in der Wissenschaft. Wird das eine oder das andere überbetont, werden nur das Ganze oder die Teile bewertet, so ist man in das kategorische Entweder–oder und damit in das verfehlte Dichotomisieren verfallen, das die Geschichte der Psychoanalyse wie ein dunkler Schatten verfolgt. Die menschliche Erkenntnis ist grundsätzlich beides – ganz *und* fragmentiert[4]. Kategorien sind notwendige Hilfsmittel, nicht absolute Wesenheiten.

5) Die fünfte – mit der zweiten engverknüpfte – Beobachtung betrifft die weitgehende Institutionalisierung und *Bürokratisierung* unseres Lebens. Diese durch die Moderne bewirkte „Entfremdung" ist natürlich in den letzten anderthalb Jahrhunderten vielfach bemerkt worden. Dennoch könnte es sich sehr lohnen zu untersuchen, zu welchem Grad der „Gebrauch des anderen Menschen" nicht als Selbstzweck, sondern ausschließlich als Mittel zum Zweck, mit der Verleugnung der Individualität, daher der schöpferischen Fähigkeiten, der Originalität und seines Privatlebens einhergeht, und wie diese Verleugnung dann zugleich zu anarchischem Aufstand und Selbstsabotage führt, einer Reaktion, die wir in unserer klinischen Erfahrung immer wieder beobachten können. Je strikter das kulturelle Gebot der Unterwerfung, Selbstverneinung und Konformität ist, desto größer ist im Versteckten die aufrührerische Kraft und um so stärker ist die verhohlene Wut gegen die Wertträger, aber um so mehr wird auch der schließliche Sieger über die ursprünglichen ethischen Einschränkungen zu totalitären Gegenschlägen ausholen. Wir sind natürlich ebenso von Hegels Begriff vom „zerrissenen Ich" und Nietzsches Moralkritik wie von Freuds Schrift *Das Unbehagen in der Kultur* (1930) mit diesen Zusammenhängen vertraut. Doch scheint es mir, daß die Rolle der *Verleugnung des Über-Ich* in dieser Abfolge (genauer: großer Anteile der inneren Forderungen an das Selbst), die *magischen Phantasien*, die diese Verleugnung begleiten, und der *gewaltsame Trotz* in der Handlung – eine Sequenz, die wir bei den Patienten beobachten können – mehr zum Verständnis sonst sinnloser Geschehnisse der Massenvernichtung beitragen könnte. Etwas Ähnliches sahen wir beim Typus des *Zwergs*.

Dazu kommt dann, daß die Bürokratie im besonderen, die politische Verwaltung im allgemeinen all das, was besonders, individuell und persönlich ist, zugun-

---

[4] Dies erweist sich schon beim Neugeborenen, wo wir, neben der Fähigkeit zu Wahrnehmungen in den einzelnen Sinnen, die Fähigkeit zur „amodalen Perzeption", zur Gesamterfassung über alle einzelnen Sinnesmodalitäten hinweg, beobachten können. Erst die Sprache spaltet das Erleben und führt die Kategorisierung ein: „The many messages in many channels are being fragmented by language into a hierarchy of accountability/deniability" (Stern, 1985 S. 181).

sten der technischen Kontrolle verleugnen muß. Die logische Konsequenz davon ist die bürokratische Eliminierung von denen, deren Individualität nicht ins System paßt. Diese Verleugnung ist es dann, die, wie Rubenstein (1978) und neuerdings Lifton (1986) ausgeführt haben[5], den Holocaust und dessen Wiederholung möglich und in seiner Weise „logisch" gemacht und zur Entfesselung des *Homo necans* (W. Burkert, 1972) beigetragen hat.

Das Gleichgewicht zwischen politischer und sozialer Organisation und dem Individuum ist stets prekär gewesen. Wird dem einen oder dem anderen zu viel Macht zugemessen, so erkrankt, wie Aristoteles bemerkte, der Staat selbst.

6) Der Mensch, der als Mittel benutzt wird, der Mensch als Werkzeug, als entmenschlichtes und seiner Individualität beraubtes Wesen, empfindet die in seiner Depersonalisierung ausgedrückte Erniedrigung und antwortet mit Unwert und Scham und schließlich mit hilfloser Wut darauf. Schließlich richtet er die volle Wucht seines Ressentiments gegen den anderen.

Die Extremform der Verleugnung der Menschlichkeit des anderen (die Abwesenheit der frühen Fähigkeit des „interaffective sharing", s. Stern 1985, z. B. S. 204) ist die größte Gefahr und die schwerste Form der „Depersonalisierung" dieser Art: wenn *der andere zum Ding* wird, und zwar wenn er ausschließlich als Mittel zum Zweck der Austilgung der eigenen Schuld oder Scham behandelt wird. Dann muß er vernichtet werden, so daß der Täter der eigenen vernichtenden Selbstverurteilung entgehen kann. Die mythische Verleugnung geht mit der ebenso mythischen Projektion dessen, wessen man sich schämt oder schuldig fühlt, einher. Das aber ist das absolute Übel, das wir im gewaltigsten Ausmaß im Holocaust erlebt haben.

In weit kleinerem und relativem Maße treffen wir diesen Vorgang der Entmenschlichung und Entpersönlichung in den institutionellen Verunglimpfungen und Feindseligkeiten an, wobei Ruf und Existenz des Gegners zerstört und seine Anwesenheit ignoriert (er als Luft behandelt) wird; oder wenn der Assistenzarzt seine Patienten als „Schmutzklumpen" und „Schleimballen" (dirt balls, slime balls) bezeichnet und als solche behandelt; oder im Zurückscheuen vor der eigenen Gefühlswelt, dem Haß und der Verachtung gegen die Gefühlswelt der anderen.

---

[5] „It was only possible to overcome the moral barrier that had in the past prevented the systematic riddance of surplus populations when the project was taken out of the hands of bullies and hoodlums and delegated to bureaucrats" (S. 27); diese „bureaucratic domination", die den Holocaust ermöglichte, war keineswegs auf die deutsche Bürokratie beschränkt.
Der nämliche Punkt wird auch von Lifton (1986, S. 495 ff.) gemacht, wenn er über die entscheidende Rolle, die die Ärzte in Hitlers Ausrottungsprogramm spielten, berichtet: „Bureaucracy makes possible the entire genocidal sequence: organization, continued function, and distancing, numbing, and doubling of perpetrators. Bureaucracy helps render genocide unreal. It further diffuses the impact of murderous events that, to begin with, are difficult to believe... The Nazi genocidal project demonstrated that the human structure can be rendered relatively ‚inanimate' and ‚machine'-like, and the mind of bureaucratic perpetrators sufficiently ‚objectified' that the killing was rarely experienced in human terms, as vital beings murdering other vital beings."

7) Eine weitere Beobachtung betrifft das Thema der Scham und der Schamlosigkeit.

> In den Spuren des Messias[6] wird die Schamlosigkeit [chutzpa] zunehmen, die Ehre sich verkehren[7]... Die Weisheit der Gelehrten wird sich verflachen. Die sich vor der Sünde fürchten, werden verlacht werden. Die Wahrheit wird verschollen sein[8]. Die Jungen werden die Alten beschämen [ihr Gesicht erblassen lassen], die Alten erheben sich in der Gegenwart der Jungen. Der Sohn wird den Vater beschimpfen, die Tochter aufstehen gegen die Mutter und die Braut gegen die Schwiegermutter. Des Menschen Feinde leben in seinem eigenen Haushalt. Das Gesicht des Geschlechts wird [schamlos] wie das des Hundes sein, der Sohn wird sich nicht vor seinem Vater schämen [eno mitbajesch]. Auf wen können wir uns daher noch verlassen? Auf unseren Vater im Himmel (*Mischna*, *Sotah* 9.15; *Talmud*traktat *Sotah*, 49 b).

Unser Zeitalter ist gelegentlich das Alter der *Schamlosigkeit* genannt worden. Überall sieht man ein ungehemmtes, ungescheutes Feilbieten der innersten Gefühle und des Körpers, das Paradieren von Geheimnissen, ein freches Eindringen der Neugierde in so manche Details des Privatlebens. Und doch dünkt es mich, daß unter dem Vorschützen von Entlarvung und Enthüllung gerade das, was wirklich schmerzlich und beschämend wäre, maskiert bleibt und immer mehr verborgen wird. Man spricht offen über rohe Affekte; man zeigt Gewalt und Sex, aber man schämt sich, über Freundschaft zu sprechen oder sich darin zu engagieren; es erstaunt mich öfters, wie wenige Patienten (gleichgültig, zu welcher diagnostischen Kategorie sie gehören) solide, tragfähige Freundschaften haben, wie wenige unter uns sich unumschränkte, jedoch nicht ausbeutende Freundschaften zu geben und zu empfangen fähig sind.

Doch was sind die Abwehrformen, was ist das Abgewehrte, und was sind die Ideale, zu deren Gunsten eine derartige Abwehr erfolgt?

„Aber die Situation ohne Schamgefühl auszunützen, sagte er sich, das ist Lebenstüchtigkeit", heißt es in Manns *Buddenbrooks* (S. 604). Es ist schwierig geworden, Gefühle der Zartheit, des Respektes, der Ehrfurcht, der Idealisierung auszudrücken. Es gehört ja fast zum guten Ton, respektlos zu sein. Die Kultur der Schamlosigkeit ist denn auch die Kultur ohne Scheu, die Kultur des Entwertens und Verwerfens der Ideale.

Es zeigt sich also ganz klar, daß die sogenannten Kulturen der Schamlosigkeit einfach ihr Schamgefühl verschoben haben: das verschämte Sichverhüllen und Sichzieren bezieht sich nun nicht mehr etwa auf Gewalt und Ehrlosigkeit, auf Verrat, auf jedes infame Verhalten, noch auf die sexuelle Exhibition. Ganz im Gegenteil wandeln sich alle diese sonst kulturell verpönten Handlungen und Wünsche zu lobenswerten und zu Stolz berechtigenden um. An ihrer Stelle sind es Gefühle und

[6] „Be'iqvot maschicha" – in den Fußstapfen des Messias. Der Kommentar und die Übersetzungen erklären, es handle sich dabei um die Zeichen, die die Ankunft des Erlösers ankündigen.

[7] „Wajjoqer ja'amir" – andere Deutung: der Mangel wird zunehmen.

[8] „Weha'emeth teha ne'deret."

Handlungen der Freundlichkeit und zartfühlenden Rücksicht, von Loyalität und taktvoller Zurückhaltung, die der Scham anheimfallen.

In den Worten des ersten großen wissenschaftlichen Historikers, Thukydides: „Die Leute sind im allgemeinen rascher bereit, Schelme klug zu nennen als die Naiven ehrlich, und schämen sich ebensosehr dafür, zu den letzteren zu gehören, als sie darauf stolz sind, sich zu den ersteren zu zählen. Ursache für all diese Übel ist aber die Herrschsucht oder Machtgier, die dem Mehrhabenwollen und der Ehrsucht entwachsen" (III, 82). Und auch die Antwort fand sich schon damals auf die Frage, wie denn das Abgewehrte wiederkehre: als Enteignung des einzelnen zum Ding im totalitären System.

Der Süchtige und jeder andere, in ähnlicher Weise vom Dämon des Wiederholungszwangs Besessene zeigt uns vorbildlich diesen Weg zur Selbstenteignung. Doch diese Selbstenteignung geschieht im Klinischen gewöhnlich im Dienste einer übergeordneten äußeren und inneren Autorität, mithin aus dem Loyalitäts- oder Wertgefühl heraus. Ganz ähnlich finden wir denn oft auch in der Kultur *die Verabsolutierung eines zentralen Ideals* und damit die Notwendigkeit der Verleugnung sowie von Handlungen, die der Mißachtung des Abgewehrten zu dienen haben. Die Verabsolutierung bedeutet aber die Polarisierung der Gegensätze ins Mythische: das Gute wird zum Göttlichen und Unsterblichen, über allen Zweifeln und Fragen Erhabene, das Böse zum Dämonischen und Teuflischen, das radikal ausgerottet werden muß. Das Schuldigwerden des einzelnen, seine Ungenügsamkeit und die Auflösung seiner persönlichen Existenz wird „durch den Mythus geleugnet und ‚wegerklärt'. Tod, lehrte er, bedeutet nicht Auslöschung des menschlichen Lebens; er bedeutet nur einen Wechsel in der Lebensform" (Cassirer 1946, 1949, S. 68). Daß sich diese Verleugnung früher oder später rächt, finden wir als tragisches Element im Schicksal der Gesellschaft und der Kultur.

Der Mythos ist die Gegenmacht zur tragischen Wahrheit. Er steht am Anfang, nicht am Ende des Tragischen. Der Mythos verleugnet die Begrenzung, das Leiden und den Tod, der Philosoph nimmt sie an: der Philosoph hat die größte und schwerste Kunst gelernt, er weiß zu sterben (Platon, *Phaidon*, 64, 81, Cassirer 1946, 1949, S. 68).

8) „Die Wahrheit ist verschollen", haben wir eben in Traktat *Sotah* gelesen; man schäme sich, ehrlich zu sein, hörten wir von Thukydides. Im 8. Kreis der Hölle sind es die Betrüger und im 9., im untersten, die Verräter, die dort büßen; von ihnen sagt Dante im 11. Gesang: „Ma perchè frode è l'uom proprio male, più spiace a Dio" (Da aber Betrug das dem Menschen eigentümliche Böse ist, mißfällt es Gott besonders). „Per l'altro modo quell'amor s'oblia che fa natura, e quel ch'è poi aggiunto, di che la fede spezial si cria" (In dieser anderen Form wird die Liebe, die die Natur schafft sowie das, was später als das individuelle Vertrauen Schaffende hinzugefügt wird, vergessen).

Ich sprach eingangs von der großen sozialen Rolle der Lüge und von ihr als Ausdruck unterliegender Verleugnung. Sie stelle recht eigentlich die Herstellung einer doppelten Wirklichkeit dar und bringe einen Bruch im Selbst hervor.

Eine besondere Ehrenstellung wird der bewußten *Lüge* eingeräumt. „Notlügen" (white lies) werden mit größter Leichtigkeit und ohne Schuldgefühl benutzt. Jedes Ideal scheint das Belügen anderer zu rechtfertigen – sei es in Institutionen wie Krankenhäusern oder Universitäten, sei es bei Politikern oder seitens des nationalen Sicherheitsberaters. Dabei ist es immer wieder erstaunlich, zu welchem Grad die Lüge institutionell unterstützt und gefördert wird.

Ich habe kaum einen Patienten, bei dem das Lügen nicht eine Gewohnheit ist, erst in der Analyse oder Psychotherapie fragwürdig wird und immer wieder zu einem wichtigen Gewissensdilemma führt. Zudem habe ich kaum je in einer Institution gearbeitet, wo das Lügen nicht zu einem der Hauptinstrumente der Macht (der „Administration") geworden und die Weigerung, daran teilzunehmen, als Schwäche, ja als Verrat behandelt worden wäre.

Es wird gewöhnlich nicht bedacht, daß, wie eingangs (Kap. 1) erwähnt, kein Vertrauen in einer Gesellschaft, in der Täuschung und Lügen geduldet, ja gepriesen werden, möglich ist und daß sich ein Abgrund des Mißtrauens und damit des „paranoiden Stils" öffnet, wenn das Ausmaß der Unwahrheit eine gewisse Schwelle überschreitet. Hinter der Lüge ist es gewöhnlich die Verleugnung und damit die Wirkung tiefer innerer Konflikte, die jener die Stoßkraft und Unverbesserlichkeit verleihen. Im klinisch beobachtbaren Fall führen bewußte Lüge und unbewußte Verleugnung (die beiden sind zumeist nicht fein säuberlich zu trennen und sind immer zugleich vorhanden) zur Identitätsspaltung.

9) Eine Sonderform, in der Tat die Extremform der beim Lügen unabdingbaren Abwehr gegen das Gewissen ist das von Lifton bei den Naziärzten beobachtete Phänomen des *doubling*, eine Form der *Identitätsspaltung*, in das „mörderische Selbst" und das „normale Selbst" als zwei autonome, voneinander unabhängig funktionierende Strukturen („two functioning wholes, so that a part-self acts as an entire self", S. 418).

Im kleinen wie im großen ist die Verdoppelung der Identität Ausdruck einer Doppelheit und Spaltung im Über-Ich, der Gegensätzlichkeit im vorliegenden Fall (bei den Nazis) zwischen dem Gehorsam, der Loyalität gegenüber anerzogenen, konventionellen Idealen und einem Ideal, das jede Schwäche, mithin jede Scham verbietet, in der Tat zur Todsünde erklärt (s. *Dvärgen*). Im Extrem heißt das aber: Das eine Gewissen gebietet einem, im konventionellen Sinne nicht schuldig zu werden, und zwar vermeidet man namentlich die Schuld dadurch, daß man absoluten Gehorsam leistet, seine Identität vor der Autorität auslöscht und sein Selbst dem Ganzen opfert. Das andere Gewissen verlangt, sich niemals der Schwäche und Verletzlichkeit auszusetzen und so jede Anlage zur Scham im Keim zu ersticken. Das heißt aber v. a., wie wir in Kap. 4 gesehen haben, absolut erbarmungslos im Dienste jenes Ideals zu wirken und sich mit einem Führer und einem Wertsystem zu identifizieren, das Stärke, Macht und Einheitlichkeit (Konfliktlosigkeit) absolut setzt. So beruht die Identitätsspaltung des „Doubling" keineswegs, wie man zunächst annehmen könnte, auf einer Spaltung zwischen Schuld und Scham (oder genauer der zwischen den Schuld- und Schamanteilen des Über-Ich) oder gar zwischen Triebwelt und Gewissen, sondern vielmehr auf einer Spaltung, einem unlösbaren

Gegensatz und radikalen Konflikt zwischen Extremformen (oder Absolutforderungen) im Gewissen und in den Idealen einerseits, den konventionellen, allgemein üblichen Geboten und Wertungen andererseits. Es ist die Gleichzeitigkeit, mit der beide Arten von Gewissensforderungen und Idealansprüchen erhoben werden, die dann dazu führt, daß die doppelte Wirklichkeit, die Selbstverdoppelung ausgelebt und in Handlung umgesetzt wird.

Von der klinischen Erfahrung her wissen wir, daß bei solcher Gewissensspaltung gerade tiefste Scham, das aus ihr entspringende Ressentiment und dessen Behausung im Gewissen entscheidend sind (s. *Flucht vor dem Gewissen*, Kap. 4, und s. o. Kap. 4). Die dabei zusammenwirkenden Abwehrvorgänge wurden in ihrer klinisch faßbaren Komplexität beschrieben, wobei ganz besonders die entscheidende Rolle der Verleugnung zutage trat. Ebenso wurden die hauptsächlichen Konflikte schon wiederholt zusammenfassend dargestellt. Doch wie zeichnen sich diese nun im Kulturellen, Geschichtlichen ab?

6.3 Verblendung und tragische Wahrheit im Politischen

Die Absicht ist groß, doch erst in der weiten Perspektive gelingt es uns, die Gegenwart in ihren rechten Proportionen zu erfassen. „Denn nur der große Gegenstand vermag den tiefen Grund der Menschheit aufzuregen; im engen Kreis verengert sich der Sinn, es wächst der Mensch mit seinen größern Zwecken" (Schiller, Wallensteins Lager, Verse 57–60).

Eine solche Untersuchung ist jedoch philosophisch besonders problematisch. Wenn wir über Verleugnung sprechen, nehmen wir es doch wohl als gegeben an, daß wir genau wissen, was die Wahrheit ist. Das Wissen um das Nein setzt das Wissen um das Ja voraus. Damit könnte man schließen, daß es sich um die Absolutheit unseres eigenen Standpunktes handelt. Doch muß dabei der Standpunkt absolut sein? Es ist uns nur immer möglich, solche Beobachtungen von unserem eigenen, relativen Standpunkt aus zu unternehmen. Unser Standpunkt ist freilich der eines breiten kulturellen und klinischen Wissens, das wir alle dank der modernen Systeme der Kommunikation und der Vergegenwärtigung des über die Jahrtausende angehäuften Wissens wenigstens ideell teilen können.

Für Werte gilt, daß man sie in absolute und relative einteilt und sofort die letzteren mit nivellierten gleichsetzen möchte (Bloom 1987). Ist diese Dichotomie gerechtfertigt? Auch wenn wir nicht an absolute Werte glauben, gibt es für uns wichtige und unwichtige, hohe und niedrige Werte – nämlich wenn wir sie mit unserem Maßstab messen, wenn wir vom Standpunkt unseres Wissens und unserer Lebens- und Welterfahrung aus auf sie sehen und sie mit dem Bild vergleichen, das wir vom Menschen haben. So ist es mit der Wahrheit. Wir sprechen nicht von absoluter Wahrheit, sondern von dem, was zum großen Gebäude unseres Wissens paßt und was ihm widerspricht. Darauf werde ich in Kap. 10 zurückkommen.

Steht ein ethisches Prinzip in Konflikt mit anderen Prinzipien und werden beide fraglos und unbedingt verfolgt, kommt es zur kognitiven Dissonanz, die nur durch

Verleugnung ertragen werden kann. Kants kategorischer Imperativ scheitert an der Tatsache des Konflikts (Vicchio, pers. Mitteilung).

Tief sind die Spannungen zwischen widerstreitenden politischen Zielen und Idealen in der westlichen Kultur: Das Ideal der Freiheit steht dem der ökonomischen Gleichheit und der Sicherheit oft unversöhnlich entgegen[9], in den Worten des Großinquisitors in Dostojewskis *Brüder Karamasov:* „Hast du vergessen, daß Ruhe und selbst der Tod der Freiheit vorgezogen werden, zwischen Gut und Böse wählen zu dürfen?" Selbstbestimmung des einzelnen und die Zwecke des Ganzen, die Macht des Gewissens und das Staatsinteresse lassen sich oft miteinander nicht in Einklang bringen; Anarchie droht von links, Diktatur von rechts. Ehrlichkeit und das Streben nach Gerechtigkeit treten in Widerstreit mit der vom Großinquisitor angebotenen Dreiheit von Wunder, Geheimnis und Autorität.

Oft hält sich daher das Ethos der Demokratie auf dem Seil über dem Abgrund in prekärem Gleichgewicht.

Ich gehe von zwei Beispielen der jüngsten Vergangenheit aus:

6.3.1 *„Denn seine Macht ist's, die sein Herz verführt" – Die Macht im moralischen Konflikt*

Ein Kommentator schreibt (Ornstein 1987), daß in den letzten 2 Jahren die Präsidentschaft von Reagan soweit wie möglich durch Ausschaltung von Dissonanz zu funktionieren versucht habe („tried to operate, as much as possible, by ignoring dissonance").[10] Wieseltier (1986) spricht im selben Zusammenhang über die Absolutsetzung der Beweggründe und die Verleugnung der Wirklichkeit.[11] Scowcroft, eines der Mitglieder der den Iran-Contra-Skandal untersuchenden Tower-Kommission, bezeugt in einem weiteren Zusammenhang (Scowcroft et al 1987)[12] dasselbe: Der Glaube an das Übel der Regierungsgewalt und des Steuerwesens und der Wunsch, das Wohlfahrtssystem abzubauen oder ganz aufzulösen, paarten sich mit der Erwartung, daß allen Rechnungen zum Trotz die Einnahmen genügend vermehrt und die nötigen Regierungsfunktionen aufrechterhalten würden. Das Ergebnis sei ein astronomisch riesiges Budgetdefizit, das die ganze Zukunft der USA unter die

[9] Das Übergewicht der ersten Wertgruppe (als „civil liberties") findet sich etwa in den Vereinigten Staaten, das Übergewicht der zweiten (als soziale Sicherheit) etwa im Wohlfahrtstaat, wie er sich z. B. in Schweden verwirklicht hat.

[10] NJ Ornstein (1987): Regan's Mismanagement Style. *New York Times*, 25. Febr. 1987, S. A27.

[11] „To the President and most of his policy makers, reasons are more vivid than reality. They behave as if respect for reality is unworthy of a great and good power. At all times they are absolutely certain of their own rightness. It is never in need of a proof; it is, rather, taken as a premise. The merit of their actions is established by their motives: they can make mistakes, but they cannot be wrong" (L Wieseltier: What went wrong? *New York Times Magazine*, 7. Dez. 1986, S. 45).

[12] B Scowcroft, J Deutch und RJ Woolsey: A Way out of Reykjavik, *New York Times Magazine*, 25. Jan. 1987 (S. 40–84).

Hypothek einer unabzahlbaren Schuld stelle. Dieselbe Verblendung und Doppelheit finde sich in bezug auf die Abrüstung – die Abschaffung der nuklearen Raketen gepaart mit der Strategic Defense Initiative (SDI, „Star Wars"), ohne die völlige Erschütterung der gesamten strategischen Planung der letzten Jahrzehnte zu bemerken.

In bezug auf die ökonomische Gefahr spricht der bedeutende Ökonom Rohatyn (1987) von der fast völligen Gewißheit einer wirtschaftlichen Katastrophe, der sich nicht nur die USA, sondern die ganze Welt infolge der „Verantwortungslosigkeit" und der Absolutsetzung der freien Marktwirtschaft durch die gegenwärtige Administration gegenüber sehen.[13]

In allen drei Hinsichten (Iran, Budget und Abrüstung) ist die Doppelheit von Verfolgung eines Ideals und Verneinung entscheidender Aspekte der Wirklichkeit bemerkenswert. Eines der Elemente, das dabei ganz besonders außer acht gelassen wurde, ist ein Grundzug des amerikanischen Systems, das ihm seine ungewöhnliche Stabilität und Vorbildlichkeit verliehen hat – das komplizierte und doch ausgewogene System der „checks and balances".

> Eine fast *mystische Verehrung* der *Gründerväter*, der von ihnen geschriebenen *Verfassung*, eine bewußte oder unbewußte Überzeugung von der daraus abgeleiteten *Sendung Amerikas* in der Welt lassen Macht und ihre Ausübung nur unter moralischen Gesichtspunkten als annehmbar erscheinen – ob das nun praktikabel sei oder nicht. Von Zeit zu Zeit, vor allem dann, wenn ein Politiker, gar der Präsident selbst, sich im Labyrinth von Macht und Moral verirrt, bricht sich das moralische Grundempfinden – das zu anderen Zeiten überhaupt keine Rolle zu spielen scheint – eruptive Bahn (*Neue Zürcher Zeitung*, Leitartikel, 3./4. Januar 1987).

Das Grundprinzip, die leitende Idee der amerikanischen Verfassung und Demokratie ist nicht Herrschaft durch die Mehrheit, dies wäre „elective despotism" in Jeffersons Worten, nicht nur eine Regierung, die „in freien Prinzipien begründet" ist, sondern eine, „in der die Regierungsgewalt unter mehreren Instanzen so aufgeteilt und ausbalanciert wäre, daß keine ihre rechtmäßigen Grenzen überschreiten könnte, ohne daß ihr wirksam Einhalt geboten und sie von den anderen zurückgehalten würde".[14]

---

[13] „The United States today is headed for a financial and economic crisis. What appeared to be only a possibility 5 or 6 years ago became a probability more recently, and has now become a virtual certainty... The facts are that the US has been guilty of the most irresponsible fiscal behavior in its history during the last 7 years... The free market is not always right; it surely is not always fair. It should not be turned into a religion" (F Rohatyn: On the Brink, *New York Review of Books*, 11. Juni, 1987, S. 3–6).

[14] „An *elective despotism* was not the government we fought for, but one which should not only be founded on free principles, but in which the powers of government should be so divided and balanced among several bodies of magistracy, as that no one could transcend their legal limits without being effectually checked and restrained by the others". Ich entnehme dieses Zitat dem Werk von R. Hofstädter *American political tradition* (1948). Hofstädter fügt bei:

Es war die Idee der Verfassung, der *Constitution*, die gegen den Widerstand der Einzelstaaten aus einer lockeren Allianz (mit ihren „Articles of Confederation") einen starken Staat schuf, und zwar wurde sie sehr rasch als rechtlich bindender Vertrag des Volkes als des Souveräns unter der Hüterschaft einer starken Gerichtsbarkeit gebraucht.[15]

Es ist diese Idee der *Konfliktvermittlung durch das Gleichgewicht der Machtverteilung*, die durch die Absolutsetzung eines Ideals – nämlich der Durchsetzung der neokonservativen Ideologie (die „Macht der freien Welt", die „Freiheit des Individuums", die „Selbstverantwortung") – und die damit einhergehende Blindheit, also Verleugnung wesentlicher Aspekte der Wirklichkeit, außer Kraft gesetzt wird. Dies aber ist ein tragischer Konflikt: im Dienste eines Wertes wird ein anderer vernachlässigt, und mit der Absolutsetzung jenes Ideals müssen die Hindernisse beseitigt werden. Das Resultat ist verheerend.

Doch geht dieses Beispiel noch tiefer; es zeigt paradigmatisch, wie ich schon kurz erwähnt habe, den Konflikt der amerikanischen Präsidentschaft zwischen diesem Grundwert der Konstitution, nämlich dem System der „checks and balances" und damit der „accountability" (Verantwortlichkeit), und dem Ideal, die freie Welt à tout prix zu verteidigen und der aggressiven Ausbreitung des totalitären Systems Einhalt zu gebieten (containment). In diesem Grundkonflikt der letzten 40 Jahre ist es immer wieder zu tragischen Verkennungen der *ganzen* Wirklichkeit gekommen, zu Verblendungen, die zu tragischen Folgerungen führen *mußten*.

Dahinter leuchtet ein enormer, letztlich philosophischer Konflikt auf, der bei der Abfassung der Konstitution unlösbar schien und auch heute noch hinter den politischen und sozialen Phänomenen weiter geistert: Auf der einen Seite stehen die Ideale der Aufklärung, namentlich die der *Gleichheit der Rechte* und damit der *Freiheit* jedes einzelnen. Auf der anderen Seite stand damals die Aufrechterhaltung eines hierarchischen Status quo, das ganz wesentlich die *Sklaverei* mitumfaßte; die Folgen der Einfuhr ungezählter entrechteter und ihrer Tradition und Würde beraubter Menschen sind auch heute nicht auszutilgen und scheinen oft jenen Werten der Gleichheit und Freiheit Hohn zu sprechen.

„Jefferson, then, refused to accept simple majority rule, adopting instead the idea that ‚different interests or different principles' should be represented in government" (S. 29 f.).

15 „Chief Justice Marshall's opinion cut straight to the jugular. The Constitution is a covenant of the sovereign people, not a compact of states. From that premise, he expounded with powerful logic basic principles of our ‚living' Constitution" (J. W. Howard, *Baltimore Sun*, September 17, 1987). Entsprechend schreibt A. Lewis am selben Tag, dem 200. Jahrestag der Unterzeichnung der Verfassung, in der *New York Times:* „Our country's one great contribution to political thought has been constitutionalism: the idea of *a polity that lives under rules enforced by judges*. The idea has spread in recent years with astonishing rapidity: to India, Canada, all the countries of Europe. How ironic it would be if it atrophied in its place of birth. – Of course it is in theory ‚undemocratic' for judges to enforce a 200-year-old Constitution against what an elected President or Congress wants to do today. But the Framers feared the tyranny of the majority. They created a goverment under law."

Um jedoch zum oberflächlicheren Konflikt zurückzukehren: Die Abfolge von Vietnamkrieg, Kambodschainvasion, den „Pentagon Papers" und damit der ganzen Watergate-Krise, die zur Tragödie der Nixon-Administration führte, ist wohlbekannt, und eine treffliche psychoanalytische Studie aus Rangells Feder liegt vor (1980). Der ähnlichen Grundthematik bei Lyndon B. Johnson sind zwei hervorragende Bücher gewidmet, deren Titel schon auf das Motiv meiner Arbeit hindeuten: *The Tragedy of Lyndon Johnson* von Eric F. Goldman (1969) und *Lyndon Johnson and the American Dream* von Doris Kearns (1976).

„Von der Parteien Gunst und Haß verwirrt schwankt sein Charakterbild in der Geschichte" (Schiller, *Wallenstein*).

Ich führe einige Zitate aus D. Kearns' Werk an: Johnsons Kindheit war gespalten zwischen den unvereinbaren Anforderungen seiner Mutter, die in seinen intellektuellen und kulturellen Leistungen eine Entgeltung für ihren toten Vater, ihre unglückliche Ehe und ihren unerfüllten Ehrgeiz suchte, und denen seines Vaters, der Intellekt und Kultur als unmännliche Interessen abtat (S. 369). Gedemütigt von seinem Vater und verwöhnt von der Mutter, deren Liebe unberechenbar und bedingt war, konnte er sein Ressentiment nicht verwinden; das verwundete Selbstgefühl erging sich in Rachsucht.[16] Einzig äußere Leistung (performance) konnte dem Gefühl des Versagens und der Scham darüber Einhalt gebieten; daher wurden rastlose Bewegung und grenzenlose Ambition Notwendigkeiten des täglichen Lebens (S. 370). Mehr und mehr machte er sich von seinen politischen Fähigkeiten abhängig, um die Folgen innerer Konflikte abzuwenden und sich einen Ersatz für Liebe und Annahme zu schaffen (S. 79). Er genoß die Doppelheit von Realität und Fiktion im politischen Leben, namentlich dem des Senates.[17] Das Gewissensdiktat, das Handeln aus Prinzipien überhaupt, wurde von ihm als Schwäche und Unmännlichkeit, ja als Feigheit gedeutet.[18] Gerade sein großer Erfolg als Führer der Mehrheit im Senat führte zum schließlichen Versagen als Leiter der Nation: das Übergewicht des Erfolges und der Macht über das Ziel, wofür diese Macht gebraucht wurde.[19] „Arroganz und Ehrgeiz verblendeten ihn" (dazu nämlich, das ohnmäch-

[16] „Lyndon's resentments would not remain [un]buried; self-esteem wounded by humiliation became vindictive" (S. 39).

[17] „That institution... provided Johnson with an opportunity to accommodate... the split between his public and his private self... And if the facts of life [the hard-dealing world] in the Senate belied the fiction [of gentlemanly behavior], so they had in his home. Not only was Johnson able to accept and work with both the fiction and the fact...; he relished their coexistence..." (S. 129).

[18] „Tending to view reliance on the dictates of conscience to justify conduct as a sign of cowardice, Johnson saw preoccupation with principle and procedure as a sign of impotence" (S. 137). „‚The biggest danger to American stability,' Johnson argued, ‚is the politics of principle, which brings out the masses in irrational fights for unlimited goals, for once the masses begin to move, then the whole thing begins to explode. Thus it is for the sake of nothing less than stability that I consider myself a consensus man'" (S. 154).

[19] „At least partly, his final failure was the bitter fruit of his earlier success, for in the Senate his was the success of power more than of purpose" (S. 159).

tige Amt des Vizepräsidenten anzunehmen).[20] Die Erfüllung des größten Wunsches, den ihm sein Ehrgeiz eingegeben hatte, nämlich der Aufstieg zum Präsidentenamt, geschah unter Umständen, die tiefste Schuld und Zweifel erwecken mußten; der Machtrausch war nahezu immer von einer tiefen Unsicherheit, einem vor ihm selbst verborgenen Gefühl begleitet, daß ihm seine Autorität unrechtmäßig zugekommen sei und ihm wieder entrissen würde, wenn deren Falschheit entdeckt werde.[21] Er fürchtete ständig, den Griff zu verlieren und in unerwarteter Weise von denen, deren Respekt und Liebe er bedurfte, verachtet zu werden.[22] Seine tiefe Selbstunsicherheit bezeugte sich auch darin, daß er seine unmittelbare Umwelt erniedrigen und lächerlich machen mußte,[23] dadurch z. B., daß er Konferenzen mit Kennedyleuten auf der Toilette abhielt. Seine Unfähigkeit einzusehen, daß es andere Kulturen mit anderen Wertprioritäten geben könnte, wurde zur Quelle seiner größten Schwäche als Präsident.[24] Mit der Schaffung der „Great Society" und der Führung im Kampf für die Gleichberechtigung fand er das Ideal, das ihm Liebe, Respekt und Legitimität verschaffen sollte, und das Größte schien in handgreifliche Nähe gerückt: „If it hadn't been for ... Vietnam he'd have been the greatest President ever. Even so he'll still be remembered as great", beobachtete Averell Harriman (Ohne Vietnam wäre er der größte Präsident gewesen, und auch so wird er noch als groß erinnert werden, Kearns, S. 251). „I want to be the President who educated young children... who helped to feed the hungry... who helped the poor to find their own way and who protected the right of every citizen to vote in every election" (Ich will der Präsident sein, der junge Kinder erzog... der half, die Hungrigen zu ernähren, ... der den Armen half, daß sie ihren eigenen Weg fänden, und der das Stimmrecht eines jeden Bürgers bei jeder Wahl schützte, S. 230). Doch in Viet-

---

[20] „Had arrogance and ambition not blinded his vision, Johnson's instinct and intelligence would have led him to foresee this [i. e. his feeling stifled in the Vice-Presidency]... Every time I came into John Kennedy's presence, I felt like a goddamn raven hovering over his shoulder" (S. 164).

[21] „Kennedy's death had unexpectedly brought fulfillment of his greatest ambition in circumstances that must have inspired awesome guilt and doubt. For Johnson, the exhilaration of power was nearly always accompanied by deep insecurity, the consequence of a sense, deeply concealed from conscious awareness, that his authority had been wrongfully acquired and would be taken away when its illegitimacy was discovered... The dominant tone of public sentiment... echoed Johnson's anguish, shame, and vulnerability" (S. 171).

[22] „... he felt a recurring anxiety about losing hold, a sense of being scorned in some unexpected and dreadful way by those people whose love and respect he so consistently required" (S. 204).

[23] „On occasion, it seemed as if Johnson *needed* to make his staff look ridiculous; that he was strengthened by his exposure of inadequacies in others... he chose to display his strength by implying a capacity to inflict a fearful revenge for even slight errors" (S. 176) „The more powerful he became, the more Johnson forced people around him to submit to *his* tests of manhood" (S. 39).

[24] „To Johnson there were foreign customs, foreign religions, foreign governments, but there were no foreign cultures, only different ways of pursuing universal desires – in this case, the transition from rags to riches. He knew about poor mothers with children – what else but determination could he see in her eyes? This defect, almost an inability to conceive of societies with basically different values, was the source of his greatest weakness as President" (S. 194).

nam nachzugeben, wäre seiner Ansicht nach Feigheit und Unmännlichkeit gewesen.

„Der, von der Zeiten Gunst emporgetragen, der Ehre höchste Staffeln rasch erstieg und, ungesättigt immer weiter strebend, der unbezähmten Ehrsucht Opfer fiel." Doch war es Ehrsucht und Machtgier – oder war es nicht eher die Angst vor Erniedrigung, also Schamangst? „Narzißtische" Haltung als Abwehr gegen Demütigung, nicht als primärer Trieb ist auch klinisch sinnvoller. Und wie immer, wenn der Konflikt zwischen gegensätzlichen Werten und Idealen unlösbar wird und tiefste Ängste aufwirbelt, nahm der Kampf mythische Dimensionen an. Sein Glaube und seine Integrität hingen an dem Ziel, die Freiheit Südvietnams zu bewahren (S. 257). Eine Niederlage dort wäre einem Eingeständnis der Willensschwäche Amerikas gleichgekommen und hätte zur Zerstörung der Welt im 3. Weltkrieg geführt (S. 270). Doch wäre auch jedes Nachgeben ein Verrat John Kennedys und ein Zeichen der Unmännlichkeit gewesen, an ihn gerichtete Vorwürfe, die er mit wahnhafter Besessenheit in Robert Kennedy und einer von ihm ausgehenden weltweiten Verschwörung verkörpert sah (S. 259).[25]

Den Konflikt zwischen den sich gegenseitig ausschließenden Zielen des Krieges und der „Great Society" suchte er mit Kompromissen und mit Geheimhaltung zu umgehen, ohne die Unvereinbarkeit der Absichten und die Schranken von Befugnis und Macht anzuerkennen (S. 283).[26] Das Publikum sah ihn mehr und mehr als einen schlüpfrigen Manipulator (an evasive manipulator, S. 302), und verabscheute die Doppelheit von Bodenständigkeit und frömmlerischem Predigertum, mit der er die *Unvereinbarkeit von Mitteln und Zielen* zu überspielen versuchte.[27] Rationalisierung,

[25] „... there would be Robert Kennedy out in front leading the fight against me, telling everyone that I had betrayed John Kennedy's commitment to South Vietnam ... That I was a coward. An unmanly man. A man without a spine. Oh, I could see it coming all right. Every night when I fell asleep I would see myself tied to the ground in the middle of a long, open space. In the distance, I could hear the voices of thousands of people. They were all shouting at me and running toward me: ‚Coward! Traitor! Weakling!' They kept coming closer. They began throwing stones. At exactly that moment I would generally wake up ... terribly shaken" (S. 253).

[26] „... his choice to go into Vietnam covertly, with force and with overtures of benevolent intentions, was an act of will that almost seems to sum up the character of the man ... [I]t does seem clear that the decision to attempt the coexistence of the Great Society and the war, and the consequent tactics of half-truth and deception, bore Johnson's own personal stamp to a unique degree. It is difficult to imagine another President, even in the same situation, making the same choice. Almost any other President would have decided differently, not necessarily out of principle, but surely on the practical ground that not even a President can ‚pull off' the impossible ... The very qualities that had led to Johnson's political and legislative success were precisely those that now operated to destroy him: his inward insistence that the world adapt itself to his goals; his faith in the nation's limitless capacity; his tendency to evaluate all human activity in terms of its political significance; his insistence on translating every disruptive situation into one where bargaining was possible; his reliance on personal touch; his ability to speak to each of his constituent groups on its own terms. All these gifts, instead of sustaining him, now conspired to destroy him" (S. 284 f.).

[27] „... it was the contrast between this earthy man and the image of the pious preacher he projected that did Johnson in .... he projected an image of feigned propriety, dullness, and dishonesty" (S. 303).

wunschhaftes Denken, Verleugnung, Verdrängung und Projektion dienten der Abwehr der bedrohlichen Aspekte der Wirklichkeit.[28] (Hier würde ich als ganz besonders wichtige Abwehrformen die Wendung vom Passiven ins Aktive und die Wiederveräußerlichung innerer Konflikte durch Externalisierung hinzufügen.) Die Wirklichkeit mußte durch Verzerrungen und Lügen versteckt und transformiert werden. So war es nicht sein Fehler, daß seine Pläne schief gingen, es war die Verschwörung durch die Presse, die Liberalen, die Intellektuellen und die Kennedys, deren Märtyrer er geworden war. Verleugnung und Projektion hatten sich zu wahnhafter Verblendung gesteigert: „But to believe oneself the target of a giant conspiracy was such a leap into unreason that it could only mean some disintegration of Johnson's thought, that the barriers separating thought and delusion were crumbling" (S. 314 f.). Er hatte ein Vakuum um sich geschaffen, das ihn zum Gefangenen seiner Verzerrungen machte.[29] Seine Unfähigkeit, zwischen entgegengesetzten Zielen zu wählen, machte Verleugnung, Verzerrung und Lüge unvermeidlich (S. 374). Gerade die Qualitäten und Erfahrungen, die ihm zum Erfolg verholfen hatten, wirkten dabei zusammen, um ihn zu zerstören – besonders die Fähigkeit, widersprüchliche Absichten durch Geheimhaltung und Stückelung („compartmentalization") gleichzeitig zu verwirklichen: „Years of experience in gaining and exercising power had taught Johnson that the leader could move in contradictory directions at the same time so long as he compartmentalized everything he did and kept his dealings with one group secret from those with the next" (S. 393).

Es war der allgemeine, in der Verfassung begründete Konflikt zwischen dem *Ideal der Gründer* – der Verantwortlichkeit innerhalb eines Gleichgewichts verschiedener Machtbefugnisse und Verantwortungen – und dem *Sendungsbewußsein als Führer* der mächtigsten Demokratie, der sich mit seinem persönlichen Konflikt zwischen dem Wunsch, angenommen, verehrt und geliebt zu werden, und dem Wunsch, auf keinen Fall je ohnmächtig, hilflos und gedemütigt zu erscheinen, zum verheerenden Ergebnis zusammenfand. Zwar wollte er der Erretter der Unterdrückten und der Beschützer aller Leidenden sein; doch zugleich hatte er keine Toleranz für Schwäche und Abhängigkeit in sich oder anderen. Das *Ideal des Helfers* und des Guten stand in unversöhnlichem Widerspruch zum *Ideal des Starken* und Selbstbewußten, auf seine Macht Pochenden. Von diesen beiden Idealen war ihm das erste von der Mutter vorgeschrieben, das letztere vom Vater diktiert worden. Verletzte er das eine, fand er sich vom Liebesverlust bedroht; verging er sich gegen das zweite, verlor er den Respekt der männlichen Welt. Die Intensität dieses Konflikts zwischen den zwei unvereinbaren Identifizierungen, der mit dem Ideal der Mutter und der mit den Erwartungen des Vaters, bedingte einerseits eine Besessen-

---

[28] „But as the need to ward off threatening aspects of reality intensified, his reasoning tended toward rationalization, wishful thinking, denial, repression, and projection" (S. 311).

[29] „The constant encouragement he demanded deadened the critical faculties of those still allowed access, creating a vacuum around himself and making him a prisoner of his own propaganda. Screening out options, facts, and ideas, Lyndon Johnson's personality operated to distort the truth in much the same way as ideology works in a totalitarian society" (S. 322).

heit mit radikalen, „globalen" Ängsten – der Angst vor Liebesverlust, der Angst vor Schwäche, Versagen und Beschämung, der Angst vor Unmännlichkeit, also Kastration. Andererseits konnten die beiden hauptsächlichen Wünsche, die der Unterdrükkung gegensätzlicher Formen der Angst galten, nur durch Täuschung und Selbstbetrug vereinbar gemacht werden. Noch spezifischer ausgedrückt war die Loyalität gegenüber beiden hauptsächlichen Identifizierungen nur dann möglich, der Verrat gegenüber dem einen oder dem anderen konnte nur dann vermieden werden, wenn die Haltung gegenüber der Wirklichkeit in gewissen entscheidenden Aspekten verzerrt wurde. Das bewußte Lügen war dabei weit weniger wichtig als die unbewußte Abwehr durch das Nichtsehenkönnen oder genauer, durch die innerlich notwendige *Verkennung der wirklichen Bedeutung* des Wahrgenommenen, also durch die Verleugnung. Diese Ängste zwangen ihn sowohl dazu, sich immer wieder mit seiner Mannhaftigkeit und Macht zu brüsten und sich trotzig auf seine Willenskraft, ja Eigenwilligkeit zu berufen und zu versteifen, wie auch um Annahme, Anerkennung und Liebe zu flehen. Diese persönlichen Ängste und die Getriebenheit, das ganze Gewebe der ungelösten und im Grunde unbewußten Konflikte verlieh dem institutionellen Konflikt zwischen den schwer zu versöhnenden Idealen von „accountability" und von Führungsverantwortung die verhängnisvolle Tiefe und Zwanghaftigkeit.

Die Tragik bestand darin, daß er sowohl das Größte erstrebte und auch z. T. errang, doch alles gerade mit der Gezwungenheit, das Geleistete noch zu steigern, zerstörte. „Denn seine Macht ist's, die sein Herz verführt." Er kannte nicht die Grenzen und das Maß. Hinter dem Jagen nach dem Ideal stand die vielfache Angst, und der Sieg wandelte sich zum Verderben. Die Wahrheit selbst schlug in die Verblendung, der „amerikanische Traum" in das Verhängnis einer Tragödie um, von der sich die Nation auch heute nicht ganz erholt hat. Es war nicht Bosheit, es war nicht einmal primär Machtbesessenheit oder Machtgier – das war schon Folge, war Erscheinung –, sondern *die Übersteigerung einer guten Absicht, eines hohen Ideals*, die *unter der Gewalt mächtiger Angst zu einem großen Übel wurde*. Das ist *der tragische Fehler*, Aristoteles' „Hamartia". Und die Verblendung, „Ate", liegt darin, die Unversöhnlichkeit dieser als absolut verfolgten Ziele nicht zu erkennen und das Maß in ihrer Verfolgung zu verlieren. Verblendung heißt: vom Licht eines Zieles so geblendet zu werden, daß man alles andere, das einem entgegenkommt, nicht erblicken kann. Sie ist eine Form der Verleugnung, die mit verderblicher Handlung einhergeht. Ihr unterliegt ein Widerstreit von Werten, die miteinander unvereinbar sind. Es ist die *zerbrochene Wirklichkeit*, die auf das Überhandnehmen der mythischen Kategorien folgt und sich in der „Spaltung" oder Polarisierung äußert. Dieser Spaltung der Wirklichkeit liegt extremer innerer Konflikt zugrunde, mit globalen Affekten und radikalen Abwehrvorgängen, mit totalen Identifizierungsversuchen, und v. a. mit ins Extreme gesteigerten Idealen und der Angst vor absoluter Verurteilung, wenn diese nicht erreicht werden. „Wen die Götter bestrafen wollen, schlagen sie mit Blindheit."

„Der überbewundernswert traf sein Ziel und gewaltig ward höchst glückreicher Besegnung,... Wer aber lebt jammervoller nun zu schaun! Wer mehr in Qual, in grimmvolleren Greul vom Wechsellos hinabgestürzt!... Dich zog die allsichtge Zeit mit Zwange vor.“ (Sophokles, *Ödipus Rex*). Wir gleichen dem tragischen Chor, der klagt und zu verstehen sucht und zur Mäßigung ruft.

6.3.2 *Zu erinnern, was über die menschliche Vorstellungskraft hinausgeht*

Das zweite Beispiel betrifft den unheilbaren Riß im Selbstbild, ein eigentliches Zerbrechen und Zerstören des menschlichen Selbstverständnisses, das die Ausrottung der Juden und das Verhalten nahezu der gesamten „Kulturwelt“ während dieser Katastrophe bedeutet, und die immer wieder notwendige Abwehr gegen das Bewußtsein dieses unauslöschlichen Unheils.[30]

> Der Holocaust war nicht nur eine jüdische Tragödie. Er war auch eine christliche Tragödie, eine Tragödie für die westliche Zivilisation und eine Tragödie für die ganze Menschheit. Das Töten wurde durch Menschen an anderen Menschen ausgeführt, während andere Menschen zuschauten“.[31]

---

[30] „Nor was Britain's role merely that of a passive spectator deriving benefit from the dirty work done by others. Many of her actions bordered on active complicity. This was especially true of those instances in which British warships forced ships carrying Jewish refugees to return to Europe and what was known to be certain extermination rather than permit the refugees even the temporary haven of detention camps in Palestine“ (Rubenstein 1978, S. 19). Wyman schreibt im Vorwort seines Buches *The abandonment of the Jews* (1984): „The American State Department and the British Foreign Office had no intention of rescuing large numbers of European Jews. On the contrary, they continually feared that Germany or other Axis nations might release tens of thousands of Jews into Allied hands... [T]heir policies aimed at obstructing rescue possibilities and dampening public pressures for government action... President Roosevelt did nothing about the mass murder for 14 months, then moved only because he was confronted with political pressures he could not avoid and because his administration stood on the brink of a nasty scandal over its rescue policies... Franklin Roosevelt's indifference to so momentous an historical event as the systematic annihilation of European Jewry emerges as the worst failure of his presidency... Because of State Department administrative policies, only 21 000 refugees were allowed to enter the United States during the three and one-half years the nation was at war with Germany. That amounted to 10 % of the number who could have been legally admitted under the immigration quotas during that period... the near silence of the Christian churches and almost all of their leadership; the indifference of most of the nation's political and intellectual leaders... [The effectiveness of American Jewish leaders] was importantly diminished by their inability to mount a sustained or unified drive for government action, by diversion of energies into fighting among several organizations, and by failure to assign top priority to the rescue issue... The policies of [American] Zionist leaders are particularly questioned, in part because their movement held the greatest potential for effective Jewish action...“ (S. X/XI).
„Die Schweiz hat während des Zweiten Weltkrieges fast 300 000 Flüchtlingen für kürzere oder längere Zeit Zuflucht gewährt. Sie hat in den gleichen Jahren ungezählte Tausende an ihren Grenzen zurückgewiesen oder solche, die schon in der Schweiz waren ‚ausgeschafft‘ oder direkt den deutschen Häschern übergeben“ (Häsler 1968, Vorwort).

[31] „The Holocaust was certainly a Jewish tragedy. But it was not *only* a Jewish tragedy. It was also a Christian tragedy, a tragedy for Western civilization, and a tragedy for all humankind. The killing was done by people, to other people, while still other people stood by“ (S. XII).

Nicht nur die Opfer konnten sich das Ausmaß der Drohung und der Vernichtung nicht eingestehen, auch die Nachwelt, wir Überlebende können nur weiterleben, indem wir die ganze Tiefe des Grauens vor uns immer wieder verhüllen; denn das volle Bewußtsein des Geschehenen und die Identifizierung mit den Opfern erschüttern unser Weiterleben und Weiterwirken zutiefst, unheilbar, unerträglich.

Ich greife zu einem Artikel von Judith Miller *Erasing the past. Europe's amnesia about the Holocaust* (1986).[32] Die verschütteten Erinnerungen seien eine Art von Vulkan, auf dem die neuen Gesellschaften Europas errichtet wurden. Unter der Kruste schwele die Lava der Erinnerung. Erst wenn eine Gesellschaft gezwungen werde, diesen Erinnerungen ins Gesicht zu schauen, durch die Gedenkfeier in Bitburg, die Wahl von Waldheim und die Kriegsverbrecherprozesse wie Frankreichs Verfahren gegen Barbie, kommen die Bitterkeit, der Haß und der latente Antisemitismus mit erstaunlicher Gewalt und Intensität zum Vorschein.[33] Die Vergangenheit werde übertüncht von politischen Mythen, namentlich durch trivialisierende Vergleiche und Gleichsetzungen (Beirut und Warschauer Ghetto, Holocaust und Vietnam). Oder: Man müsse einen Schlußstrich machen. Die Rolle Österreichs und der französischen Regierung und die oft enthusiastische Mitbeteiligung weiter Kreise der Bevölkerung an der „Endlösung" werden sorgfältig verschwiegen (soweit der Artikel).

Die Schul- und Geschichtsbücher, die Ahndung der Verbrechen, ja das Rechtssystem als Ganzes spiegeln solche Vertuschung wider – die Verleugnung der traumatischen und schambeladenen Vergangenheit durch das Schweigen, bei weitem nicht überall, doch häufig genug.

Der gleiche Aufruf zur Erinnerung ergeht von einem polnischen Literaturkritiker, Jan Blonski (ich zitiere aus der New York Times, 8. März, 1987):

> Um das Feld Kains zu säubern, müssen wir uns zuerst an Abel erinnern. Abel lebte nicht abgesondert. Er lebte in unserem Haus, auf unserem Boden. Sein Blut klebt an den Wänden und durchtränkte die Erde, ob wir das wollen oder nicht. Es hat unsere Erinnerung und uns selbst durchdrungen. So müssen wir uns dadurch reinigen, daß wir auf uns ehrlich schauen. Ohne das werden Haus und Boden und wir selbst gebrandmarkt bleiben.

Der katholische Theologe McBrien bezeichnet die Audienz Waldheims beim Papst als ein „Symbol von Verleugnung und Ausflucht und als eine Verletzung des allgemeinmenschlich notwendigen Gedenkens".[34]

---

[32] *New York Times Magazine*, 16. November, 1986, S. 30–111.

[33] „The memories are a kind of volcano upon which the new, postwar societies of Europe have been constructed. Western Europe today seems prosperous, self-assured and tranquil enough. But beneath the crust, the lava of memory smolders. Only when a society is forced to confront these memories through a Bitburg commemoration, a Waldheim election, or the trial of accused war criminals such as France's Klaus Barbie, does the bitterness, the hatred, the latent anti-Semitism burst forth with what seems astonishing power and vehemence".

[34] „So Jews feel there is a moral need for Christians as well as Jews to remember. The Rev. Richard P. McBrien, chairman of the department of theology at Notre Dame, wrote that Jews were making the moral argument again in terms Catholics should understand, *symbolism and memory:* Waldheim and the visit to the Pope as a *symbol of denial and evasion and as an offense against humanity's collective need to remember*. Catholicism, he went on, is a religion

Nationalismus hatte sich aus einem Patriotismus des Stolzes auf eine kulturelle Identität heraus entwickelt. Statt daß es jedoch mit Gottfried Keller hieß: „Achte jedes Mannes Vaterland, das deinige aber liebe", führte er zur radikalen Überhöhung des Staates und v. a. zu dessen mythischer Verwandlung, wo das Eigene absolut gut, das Andere absolut böse wird. Worin wurzelt das, woher diese Fusion von Narzißmus und Aggression, von Zwang und Polarisierung, die mit der *Zerstörung* aller höheren, nicht ganz auf Macht und Vernichtung des anderen bezogenen Ideale einhergeht? Wir sahen es: Die teuflische Achse führt von der Scham zum Ressentiment und von diesem zur Grausamkeit gegenüber jedem, der von einem Ideal der absolutgesetzten Macht und Unverwundbarkeit, der inneren „Konfliktlosigkeit" abweicht. Diese Grausamkeit hat ihren Grund in der alle Grausamkeit in sich vereinigenden Perversion des Gewissens.

Das Verschweigen des im Namen von Nationalismus und Terrorismus begangenen Entsetzlichsten bedeutet aber, daß der tragische psychische und kulturelle Konflikt zwischen Nationalismus und den symbolischen Trägern anderer Werte – oder der Konflikt um andere Absolutsetzungen – weiter schwelt und erneut mit mythischer Gewalt hervorbrechen kann, und zwar wiederum mit der mythischen Polarisierung und der verheerenden Zwangsläufigkeit, die dem *tragischen Prozeß* par excellence eigen sind.

Hier breche ich für den Augenblick die Betrachtung der Gegenwart und unmittelbaren Vergangenheit ab und wende mich zwei historischen Beispielen zu, die für die Rolle der Verleugnung innerhalb von Systemen zeugen, welche große Stabilität besaßen und gerade jener Züge der aufrührerischen Impulsivität, die wir in den klinischen Beispielen untersuchen konnten, wenngleich nicht der tragischen Dimension ermangelten.

6.4 Der Zwiespalt von Verleugnung und Absolutsetzung eines Ideals in zwei alten Kulturen: Galut-Judentum und neo-konfuzianisches China

Es ist besonders gewagt, die bis jetzt herausgearbeiteten Begriffsformen auf ganze geschichtliche Kulturen anzuwenden, und doch läßt sich wenigstens die große Antithese eines kulturzentralen Wertes, um den alles Handeln und Erkennen zu kreisen scheint, und einer Nachtseite des Nichtgesehenen und Nichtgewürdigten gerade auch bei den großen, alten und über viele Generationen hin stabilen Kulturen darstellen. Ob diese Doppelheit wie beim Individuum auch früher oder später zum Durchbruch der „tragischen Wahrheit" führen muß, bleibt hypothetisch, doch bin ich geneigt, dies anzunehmen.

---

of symbolism and also of memory: At the Last Supper, Jesus asked His disciples to ‚do this in memory of Me'. To forget is to betray the faith" (A. M. Rosenthal, „The Pope and Waldheim: Time Enough to Think", *New York Times*, 2. August, 1987).

6.4.1 *„… ehe denn die silberne Schnur zerreißt und die goldene Ampel zerspringt“ – Das Gesetz im Gegensatz zur Geschichte*

Das erste Beispiel ist das der *Verleugnung des Vergehens der historischen Zeit* und der historischen Gegenwart während eines großen Teils der *jüdischen* Geschichte nach der biblischen Epoche.

Die Grundauffassung des biblischen Judentums ist die der Personhaftigkeit Gottes; die Pflicht des Menschen besteht in der Befolgung seines Willens.[35] Dieser Willen verkündigt sich als Gesetz. Gott ist der Gesetzgeber und damit der Garant einer kosmischen Gerechtigkeit. Das Gesetz der Thora ist die Offenbarung des absoluten Willens Gottes.

Neusner (1978) schreibt in bezug auf das mischnaische System der Unreinheit (das dem Talmud zugrunde liegt und daher auch die philosophische Grundhaltung des Exiljudentums bestimmt hat), daß die Quelle der Unreinheit in allem liege, was entgegen der Natur funktioniere oder was den normalen Verlauf der Natur unterbreche. Dabei gebe es kaum Spielraum für die Geschichte, die v. a. störend und vernichtend wirke. Der Kern des Systems sei die Überzeugung, daß das Normale rein und das Abnormale und Unterbrechend-Störende unrein sei. Reinheit sei der diesseitige Ausdruck der mythischen Formulierung der Heiligkeit und der Absonderung von Volk, Land und Kultus. Der endlose Zyklus der Wiederkehr, der das Leben des Volkes, die Natur des Landes und das Zeremoniell des Tempels bestimme, könne nur ihre Vollkommenheit erlangen, wenn die Geschichte selbst zum Abschluß komme. Kultus, Volk und Land stehen jenseits der Geschichte. „Für das mischnaische System hat sich die Geschichte noch nicht ereignet… [Seine] alte Ontologie definiert das Sein und entdeckt die Wirklichkeit in Ordnung, Permanenz, Wiederholung und dem ewigen, dauerhaften Ablauf der Zeit.“ Das System von Heiligkeit und Reinheit, das nach den Katastrophen der Jahre 70 und 135 das Weiterleben des jüdischen Volkes ermöglicht habe, gründe sich in einer ahistorischen, ja antihistorischen Ontologie.[36]

---

[35] „Im Gegensatz zu diesem griechischen *Intellektualismus* ist die prophetische Religion durch einen tiefen und überzeugten *Voluntarismus* charakterisiert. Gott ist eine Person – und das bedeutet: ein Wille… Der einzige Weg, Gott zu erkennen, ist die Erfüllung seiner Befehle; der einzige Weg, mit ihm zu verkehren, ist nicht der durch Gebete oder Opfer, sondern der durch Befolgung seines Willens“ (Cassirer 1949, S. 109).

[36] „This Mishnaic system… is in exquisite stasis, resting upon recurrent natural forces, and, at its essence, is above the realm of historical event and action… [T]he source of uncleanness… is constituted by that which functions contrary to nature or which disrupts what is deemed to be the normal course of nature… There is scarcely room for history, which above all is disruptive and disintegrative… [A]t the core of the system is the conviction that what is normal is clean and what is abnormal or disruptive is unclean… Cleanness thus is a this-worldly expression of the mythic conception of the holiness and the set-apartness of all three – people, Land, and cult… all of them [are] holy and set apart, above all, from history… [F]or the Mishnaic system history has not (yet) happened. The cult ordained by God goes on above, not through, time… the age-old ontology [which] defines being and discovers reality in order, permanence, recurrence, and the eternal, enduring passage of time… The net result of the Yavnean stage in the law's unfolding is that history – the world-shattering events of the day – is kept at a distance

Ich zitiere weiter aus Yerushalmi (1982). Er erblickt in der talmudischen und in der Midrasch-Literatur ein

> charakteristisches Interesse an den größeren Konfigurationen der Geschichte verbunden mit einer Indifferenz gegenüber ihren konkreten Besonderheiten... [das Interesse an] einer unsichtbaren Geschichte, die als wirklicher empfunden wurde als was die Welt, getäuscht durch die lauter schallenden, äußerlichen Rhythmen der Macht, erkennen konnte (S. 21).[37]

Im Ritualakt des Seder mit seinem „ha lachma anya" (dies ist das Brot der Armut) wird z.B. diese „Verschmelzung von Vergangenheit und Gegenwart" besonders ersichtlich (S. 44): das vergleichende „ke" („gleich" dem Brot) mußte ausdrücklich zugunsten der wortgetreuen *Reaktualisierung*, der Wiederverwirklichung der biblischen Realität in der Gegenwart, abgelehnt werden (S. 118). Dies ist an sich natürlich nicht anders als in anderen religiösen und mythischen Erlebnisweisen (vgl. Kap. 1, sowie Cassirer 1923b); doch verbindet sich hier die Reaktualisierung gleichzeitig mit einer ausgesprochenen *Verachtung gegen alle Geschichtsschreibung*. Die Lektüre profaner Geschichte wurde von Maimonides als „Zeitvergeudung" angesehen (S. 33). Und als es im Gefolge der spanischen Katastrophe im 16. Jahrhundert, v.a. im Italien der Renaissance, auch zu einer Auferstehung der jüdischen Geschichtsschreibung kam, wurde deren Wert von den Historikern selbst bezweifelt: „Es ist so, als ob der Geschichtsschreiber im selben Atemzug sagte: ‚Lieber Leser, obwohl wir beide ja wissen, daß das, was ich schreibe, unwichtig ist, ist es trotzdem wichtig'" (S. 67).[38] Ebenso „sollen historische Chroniken gelesen werden, ‚wenn der Schlaf wandert' (bi-nedod shenah), da deren Lektüre eine frivole Verschwendung der Zeit, die sonst dem ernsthaften Studium der heiligen Schriften zuzuwenden wäre, bedeuten würde" (S. 67).[39]

Scholem (1962, 1977) macht in Widerspruch zu Martin Bubers Verstehen eine analoge Feststellung über die Kabbala im allgemeinen, den Chassidismus im besonderen. Diese stellen eine anti-existentialistische, utopische Bewegung dar:

> Buber sagt: „Hier, wo wir stehen, gilt es, das verborgene göttliche Leben aufleuchten zu lassen." Diese Formel vermittelt in der Tat authentische chassidische Lehre, aber in einer Zweideutigkeit, die Bubers Lesern nicht bewußt werden kann. Denn gerade in dem Akt, in dem wir das verborgene Leben aufleuchten lassen, zerstören wir das Hier und Jetzt, anstatt es – wie Buber will – in seiner vollen Konkretheit zu verwirklichen... Ihnen

---

from the center of life. The system of sustaining life shaped essentially within an ahistorical, indeed antihistorical, ontology goes forward in its own path, a way above history" (S. 1–17).

[37] „For the rabbis the Bible was not only a repository of past history, but a revealed pattern of the whole of history... Above all, they had learned from the Bible that the true pulse of history often beat beneath its manifest surfaces, an *invisible history that was more real than what the world, deceived by the more strident outward rhythms of power, could recognize*".

[38] „It is as though the historian were saying in the same breath: ‚Dear reader, although both of us know that what I am writing is unimportant, nevertheless it is important...'".

[39] „Historical chronicles are to be read ‚when sleep wanders' (bi-nedod shenah), for otherwise such reading is a frivolous waste of time that could otherwise be devoted to the serious study of sacred texts."

> [Ausführungen dieser Art] dient die konkrete Begegnung des Menschen mit der Wirklichkeit als Sprungbrett, um über die Wirklichkeit hinauszuschreiten, nicht um sie zu erfüllen... Die klassischen Schriften des Chassidismus, die Schriften der großen Schüler des Baalschem, sprechen auch darin gegen Bubers Deutung, daß sie gerade das individuelle und konkrete Dasein oder Phänomen stets recht wegwerfend behandeln. Die hebräischen Ausdrücke für dies Konkrete haben stets, ganz im Gegensatz zu dem, was wir nach Buber erwarten würden, eine abwertende Nuance (S. 190, 193).

Die konkrete historische Gegenwart der Galuth, des Exils, wird entwertet, wenn nicht überhaupt ganz verleugnet, zugunsten der *wahrhaften Wirklichkeit* der zeitlosen biblischen Geschichte, von der angenommen wird, daß sie im Kommen des Messias, in der Erlösung und der Heimkehr aus dem Exil wiederkehren werde. Das Gesetz (der *Talmud* und die halachische Literatur) und die neue Mythologie der innergöttlichen Dynamik und Geschichte (die *Kabbalah*) ersetzen den Begriff der in der weltlichen Geschichte und durch diese hindurch wirkenden Gottheit.

Dabei ist es aber auch so, daß zwar das Studium der Geschichte entwertet und gemieden wird, doch hat das Geschichtliche selbst immer wieder seine Übergewalt bewiesen und Sprache, Sitten und Schaffen der Juden zutiefst geprägt. Die jüdische Kultur hat es wie wohl kaum eine andere vermocht, die Denk- und Glaubenstraditionen, die Musik und Symbolwelt der meisten Völker und Kulturen in sich aufzunehmen, ohne dabei die eigene Identität zu verlieren. Damit ist das jüdische Erbe selbst eine Art Spiegel der Weltgeschichte geworden. Einer Linse gleich sammelte sie die Strahlen der Kulturen auf den einen Brennpunkt des trotzigen Man-selbst-sein-Müssens, der unverbrüchlichen Treue zum einen Ideal und damit der in allem Wechsel und Wandel steten Identität.

Teil dieser Identität ist das tiefe Bewußtsein der Widersprüchlichkeit der Wahrheit und der dialektischen Methode und Denkweise, sich der Wahrheit anzunähern – die wohl direkteste Überlieferung Sokratischer Methodik „in action". So schreibt Hadas (1963):

> Die Methode, deren sich die Rabbis bei der Suche nach der Wahrheit bedienten, kann man nur als eine Art Sokratischer Dialektik umschreiben. Die Methode der Propheten war die Ermahnung, gegründet auf die Autorität direkter Offenbarung. In der rabbinischen wie in der Sokratischen Dialektik werden Probleme konstituiert, Lösungen vorgeschlagen und wieder verworfen, bis eine zufriedenstellende Schlußfolgerung erreicht ist (S. 97).

„Sie hatten von den hellenistischen Schulen der Philosophie das Ideal übernommen, jedes Problem durch uneingeschränktes Argument und Gegenargument auszuarbeiten", schreibt Daube (1949, 1975).[40]

---

[40] „... in its beginnings, the Rabbinic system of hermeneutics is a product of the Hellenistic civilization... So there is a prima facie case for a direct connection between Hillel's seven norms of interpretation and Alexandria, a centre of Hellenistic scholarship... Evidently, they had taken over from the Hellenistic schools of philosophy *the ideal of working out any problem by unfettered argument and counter-argument*" (S. 276 f.).

Das Gegenstück zur Abwehr der Vergänglichkeit der historischen Wirklichkeit und deren dialektisch notwendige Gegenwahrheit ist die tragische Dimension – das, was ich als die tragische Wahrheit bezeichnet habe:

„Über das Volk der Juden, das Volk Gottes, ist ein großes Sterben gekommen. Europa hallt wider von den Sterbeschreien. In Europa gellen die Schreie der Sterbenden, die erschossen, vergast werden." So heißt es in einer Flugschrift der Evangelischen Flüchtlingshilfe in der Schweiz, im Oktober 1942 (zit. nach Laqueur 1980, S. 62). Nicht nur das äußerste Leiden und die tiefste Angst, sondern auch das Festhalten an einem absoluten Ideal – der Absolutheit des Glaubens an ein göttliches Versprechen, an eine göttliche Gerechtigkeit und an die unverbrüchliche Zielgerichtetheit der Weltgeschichte über sich selbst hinaus, die Radikalität dieses Vertrauens auf die Gründung in einer Übergeschichtlichkeit, der gegenüber Grauen und Schmerz der Geschichte unwesentlich werden –, das trotzige Beharren auf der Sonderstellung dieser inneren Aufgabe und das Sichberufen auf das Wort Gottes[41] – all das stempelt die jüdische Geschichte, dieses Schicksal des „Knechtes Gottes", zur tragischsten Geschichte der Menschheit. Noch schärfer gefaßt: Wer sich der Heiligkeit Gottes widmet, heiligt sich selbst und heiligt sein Dasein, sogar den Alltag. Wie er sich in den Gebetsmantel, die Tallith hüllt, so fühlt er sich vom Heiligen umgeben und beschützt. Im Lernen nimmt er an der Absolutheit teil. Das Unheilige wird als unrein abgewiesen, sei es als Absicht, als Gedanke oder als Handlung, sei es als Umgang mit einer frivolen Außen- und Mitwelt.

> Rabbi Chanina ben Teradion wurde während der Hadrianischen Verfolgung wegen seines Thorastudiums zum Tode verurteilt. Als er mit seiner Frau und seiner Tochter auf den Richtplatz geführt wurde, rief er aus: „Der Fels! Gerecht ist sein Tun, [denn all seine Wege sind Gerechtigkeit]!" Und seine Frau sagte: „Ein Gott der Treue, ohne Falsch" (5.B. Moses, 32.4 f.) ... Als er, eingehüllt in die Thorarolle auf dem Scheiterhaufen im Feuer stand, riefen ihm seine Schüler zu: „Was siehst du?" Er antwortete ihnen: „Das Weiße der Rolle verbrennt; doch die Buchstaben fliegen empor!" (gilajon nisrafin weotiot porchot; *Talmud*traktat *Avoda sara*, 18 a).

Das passive Sichfügen unter den absoluten und persönlichen Willen Gottes war eine Voraussetzung der Katastrophe, aber auch der gewaltigen Größe und der die Jahrtausende überdauernden Stärke, und ebenso war dies sein dialektischer Gegensatz, das radikale Fragen und Aufbegehren.

Assimilation und Staatswerdung, Wissenschaftlichkeit oder philosophische Innewerdung, Zynismus und Flucht – kein Mittel der Verleugnung und Verneinung hilft je, der tragischen Wahl und dem tragischen Bewußtsein zu entrinnen. Mag auch das Tragische selbst die Verneinung dessen enthalten, was zur Konfliktlösung führen könnte – das Verstehen und Sichfügen ins Geschichtliche selbst, die Annahme der menschlichen Natur als einer, die die Gerechtigkeit und Erlösung vereitelt – der Konflikt wird doch immer wieder in dem Sinne entschieden, daß dem Idealen das Wirkliche geopfert wird.

---

41 „Der Trotz, das stolze Dennoch, ist dem Menschen, was dem Gotte die Macht, das erhabene Also, ist. Gleich souverän ist der Anspruch des Trotzes wie das Recht der Macht. Als Trotz nimmt das Abstraktum des freien Willens Gestalt an" (Rosenzweig 1921, 1954, S. 89).

Denn zu welchem Preis würde der Verzicht auf das Absolute erfolgen? Zum Preis der Aufgabe der Identität! Und dieser Selbstverlust wäre sogar ein schwereres Opfer als der Verlust des Lebens.

Saul Bellow (1976) zitiert den russisch-jüdischen Schriftsteller Mikhail Agurski, daß die Juden nur dann produktiv sein und wirken können, wenn ihre Ziele strikt unrealistisch sind. Zionismus könne selbst nur durch eine solche Injektion unrealistischer Ziele wiederbelebt werden, und zwar dadurch, daß Israel sich dazu bereit finde, das Zentrum einer neuen, den Geist der Propheten verwirklichenden Zivilisation zu werden.[42]

Andererseits weist Meron Benvenisti auf den verheerenden Konflikt zwischen rigider, hierarchischer und zutiefst religiös (und deshalb absolut) begründeter Beherrschung durch die israelische Mehrheit und fanatischem Negativismus und Terrorismus der palästinensischen Minderheit hin:[43] zwei durch lange Geschichte entrechtete und mißhandelte Völker, die es gelernt haben, ihr Ressentiment in absoluten, eben mythischen Kategorien gegeneinander zu richten und in einem endlosen Zyklus der Gewalt, der Ungerechtigkeit und des verratenen Rechts auszuleben. Absolutsetzung des eigenen Rechts und Leidens, Dämonisierung der Identität des anderen, Verstellung der Sicht auf die tiefen Zusammenhänge und Verleugnung der seelischen Wirklichkeit des anderen ballen sich zu einer tragischen Verstrickung zusammen, die beide verdirbt und das Schöpferische und die Großzügigkeit bei beiden vergiftet.

Weizmann sagte es vor Jahrzehnten: zwei Völker, die beide im Recht sind und die beide schweres Unrecht erlitten haben. Und Buber fügte hinzu: die beide unvernünftig sind, da sie auf dem Ganzen des Lands und dem absoluten Recht bestehen.[44]

Wird das Vergängliche, das Tatsächliche, Weltliche abgelehnt und verhüllt, rächt es sich mit der ihm eigenen Brutalität.

Doch spezifisch auf Israel bezogen: Auch hier stehen sich im Inneren zwei hohe

[42] „... the Jews can be productive and efficient if one very strange condition is fulfilled – that their objectives ought to be strictly unrealistic from a current point of view. If they pursue such objectives they are out of competition. Zionism... can be revitalized now only by an injection of such nonrealist objectives. Personally I am advocating such an objective – to make Israel the center of the new civilization (not less!), taking into consideration the evident decline of the Western (and Eastern as well) civilization... Pragmatically only such ideas can be successful for the Jews... Israel must become the center of a new civilization as was dreamed by the prophets, the best representatives of the Jewish people" (S. 80–83).

[43] „Fundamental issues of identity and legitimacy are involved... They [the Israelis] refuse to understand the true nature of the second republic they established in 1967 – a rigid, hierarchical political and social structure based on ethnicity, a dual system of Jewish domination and Palestinian subordination held together by coercive power... Faced with Palestinian negativism and terrorism, all alternatives to the status quo seem unacceptable, and the cost bearable ... Darkness envelops the strife-torn landscape of the Holy Land. The shadows of rage and fear are deepening" (Meron Benvenisti, *New act, old tragedy*, *New York Times*, 3.Januar, 1988, S. E15).

[44] Aus dem Gedächtnis zitiert.

Prinzipien gegenüber: die *Wahrung der eigenen*, die Jahrtausende überdauernden *Identität* und die *Gerechtigkeit*. Nur innerhalb der Absonderung schien es möglich, beiden Idealen voll gerecht zu werden: „[Die Männer der Großen Gemeinde] sprachen drei Worte: Seid überlegt im Gericht, stellet viele Schüler auf, und machet einen Zaun um die Lehre!" (*Pirqei Avot [Sprüche der Väter]*, 1.1). Beide Prinzipien wurzeln im Religiösen, beide erheben Anspruch auf allgemeine Gültigkeit (im Kantschen Sinne); doch sind sie unter den historischen Umständen in unlösbaren Widerspruch zueinander getreten. Ebenso mußte sich in der Galuth jener Willen zur eigenen Identität notwendigerweise in Gegensatz zum absoluten Vertrauen auf die göttliche Gerechtigkeit, zum passiven Erwarten des Erlösers setzen: Wollte man dem Eigensten die Treue wahren und achtete man, dem Ewigen vertrauend, auf die geschichtlichen Drohungen nicht, war man dem Untergang geweiht.

> In jenen Tagen [während der Belagerung Jerusalems] waren die Birjone [die Außenseiter, Extremisten, Fanatiker] in Kontrolle der Stadt. Die Gelehrten sagten ihnen: „Wir wollen hinausgehen und Frieden machen mit ihnen." Jene ließen sie nicht gehen, sondern sagten ihnen: „Wir wollen hinausgehen und Krieg machen gegen sie." „Ihr werden nichts ausrichten." Jene erhoben sich und verbrannten die Speicher von Weizen und Roggen, so daß es zur Hungersnot kam... Abba Siqra, der Anführer der Birjone in Jerusalem, war der Neffe von Rabban Jochanan ben Sakkai. Dieser [Jochanan] sandte nach ihm: „Komm zu mir im Verborgenen!" Als er kam, sagte ihm Rabban Jochanan: „Wie lange werdet ihr so handeln und das ganze Volk durch Hunger töten?" Er antwortete: „Was kann ich tun? Wenn ich ihnen ein Wort sage, werden sie mich sogleich töten." Rabban Jochanan sagte: „Entwirf mir einen Fluchtplan. Vielleicht wird ein wenig zu retten sein (efschar dehawei hazala forta)"

Abba Siqra riet ihm daraufhin, sich krank zu stellen und seinen Tod vorzutäuschen. Rabban Jochanan tat so und wurde im Sarg durch die Reihen der die Stadtmauern bewachenden Birjone hindurch geschmuggelt und zum römischen Kommandanten Vespasian gebracht. Er redet diesen als König an, was dieser ärgerlich abwehrt.

> „Warum bist du nicht eher gekommen?" „Ich kam nicht früher, da die Birjone bei uns sind und mich nicht ließen." Vespasian sagte ihm: „Wenn man ein Gefäß mit Honig hat und eine Schlange sich darum windet, ist es nicht so, daß man das Gefäß wegen der Schlange zerschlägt?" Rabban Jochanan schwieg. Auf ihn wandte Rabbi Joseph (andere sagen: Rabbi Aqiva) das Wort an: „Er schickt die Weisen zurück und verkehrt ihr Wissen zur Torheit [Jesaia, 44.25]. Er hätte sagen sollen: Wir nehmen eine Zange und packen damit die Schlange und töten sie, und wir lassen das Gefäß ganz."

Da Vespasian daraufhin erfährt, er sei in Rom zum Kaiser erkoren worden, wie es ihm Rabbi Jochanan angekündigt hatte, sagt er ihm: „Du kannst eine Bitte an mich stellen, und ich werde sie erfüllen." „Gib mir Javne und seine Weisen und die Kette von Rabban Gamliel [die Gruppe um R. Gamliel] und Ärzte, Rabbi Zadoq zu heilen." Wiederum wendet Rabbi Joseph jenes Wort aus Jesaia an und bemerkt: Er hätte ihm doch sagen sollen: „Laß sie [das ganze Volk] für dieses Mal gehen!" Rabbi Jochanan dachte jedoch: „Bestimmt wird er das Ganze nicht gewähren, und dann wird auch das Wenige nicht gerettet werden." (*Talmud*traktat *Gittin* [Dokumente], 56 a-56 b).

Das Leiden am Bösen wird dadurch erträglich gemacht, daß die Ungerechtigkeit im Geschichtlichen aus dem Fokus gerät, zur Peripherie rückt und schließlich ganz entschwindet: sie wird verleugnet. Die Gerechtigkeit und Güte Gottes wird, der geschichtlichen Evidenz zum Trotz, aufrechterhalten. Damit werden aber auch die Individualität Gottes jenseits der Geschichte und die überzeitliche Identität von Volk und Gottesdienst absolut gesetzt. Solche Absolutsetzung erfordert indes die ständige Verstärkung und Verdickung der absondernden Mauern – in ungezählten Formen von Vermeidung und Verleugnung, von Hemmung und Formeln, die insgesamt eine großartig überzeitliche Struktur unwandelbarer Identität ausmachen. Gleichzeitig bedeutet diese starre Struktur der Identität eine Aufopferung der Autonomie von Gefühl und individuellem Willen. Überzeitlich und unwandelbar – das heißt absolut.

Die Methode von „Gewalt, Einschüchterung und Schlägen" steht in krassestem Widerspruch zu beiden Prinzipien. Doch geschieht hier genau das Gleiche wie in der individuellen Pathologie: Kommt es zu absolut gehaltenen, miteinander im Widerspruch stehenden Gewissens- und Loyalitätsforderungen, also zu radikalen Über-Ich-Konflikten, tauchen die zerstörerischsten Impulssequenzen auf, ein Erscheinen dessen, was gemeinhin unter dem „Wiederholungszwang" verstanden wird. Und bei diesen Abfolgen von Impulshandlungen destruktivster Art spielen Scham, Ressentiment, Verachtung und schließlich der als moralische Entrüstung verbrämte Sadismus die verheerende Rolle, die wir in der Gestalt des *Zwergen* symbolisiert und verdichtet gefunden haben. Unauflösbare Konflikte zwischen absolut gesetzten Idealen führen zu den Tragödien von Bar Qamza und Ben Avqulas, der Birjone und von Jochanan ben Sakkai – und müssen, wenn nicht wieder zum maßvollen Ausgleich, eben zur Komplementarität gebracht, schließlich auch die „Zerstörung des dritten Tempels" bewirken.

„Als Rabbi [Jehuda haNassi][45] starb, verschwanden Bescheidenheit und Furcht vor der Sünde" (mischemet Rabbi, batel 'anawah wejir'at chet), heißt es vor dem früher zitierten Passus über Schamlosigkeit und Untergang des Staates im Traktat *Sotah.* Diese Bescheidenheit, *Anawah,* enthält, so glaube ich, auch das Wissen um die Notwendigkeit des Maßes im tragischen Konflikt. Wie kann aber die Verleugnung des Geschichtlichen etwas anderes als Teil dieser Tragödie sein, eine Form jenes „Verlorengehens der Wahrheit" (weha'emeth teha ne'dereth)?

6.4.2 *„Der Edle kennt keinen Streit"*

Nun zum zweiten Beispiel, *China:*

> Harmonie wurde als die große Norm sowohl der Naturwelt wie der der menschlichen Gesellschaft angesehen. Konfuzianismus und Taoismus waren gleicherweise *Philosophien des Gleichgewichts,* ob nun das Gegenstück des Menschen die Gesellschaft oder der

[45] „Jehuda, der Fürst": der Redaktor der Mischna.

natürliche Kosmos war. Die Störung dieses Gleichgewichts hätte bedeutet, daß Mensch gegen Mensch, Mensch gegen die Natur auftrete, das hieße in beiden Fällen eine Scheidung zwischen Selbst und „anderem“. Aber Konfuzianismus und Taoismus bedeutete, jeder auf seine Weise, Vereinigung, Einssein, das Zusammenstimmen und die Beständigkeit der ewigen Form (Levenson und Schurmann 1969).[46]

Ebenso „gab es keinen wirklichen Konflikt zwischen Konfuzianismus und Taoismus, a) da sie ein gemeinsames Thema, nämlich *Harmonie* besaßen, und b) da dies gemeinsame Thema, Harmonie, eine *philosophische Herabsetzung von Konflikt* in sich schloß“ (S. 116).[47]

Grundlegend für das chinesische Denken sei der Wunsch, scheinbar widersprüchliche (conflicting) Elemente in einer einheitlichen Harmonie zu verschmelzen, schreibt Bodde (1953).[48] Dabei werden die gegensätzlichen Elemente als komplementär und einander bedingend aufgefaßt. Doch sei stets eines der beiden dem anderen überlegen, wobei als Ergebnis sich wiederum eine auf hierarchischer Verschiedenheit basierte Harmonie ergebe.

Bestimmt bestehen auch tiefe historische, soziale und regionale Konflikte. Hier ist es mir mehr um die Ausklammerung inneren Konflikts und die *Verleugnung von Konflikt überhaupt*, nicht um deren Nichtexistenz zu tun.

Warum die chinesische Kultur so besonders dem Kern der Psychoanalyse gegenüber antithetish erscheint, liegt m.E. in dieser tiefen Antipathie gegen Konflikt, spezifisch gegen inneren Konflikt. Dieser scheint, im Gegensatz zur führenden westlichen Literatur von Äschylus und Sophokles an über die rabbinische und mystische Literatur zu Shakespeare, Goethe, Schiller und den großen Novellisten des 19. Jahrhunderts, in der chinesischen Literatur, soweit sie wenigstens mir bekannt ist, kaum zu existieren.

Doch nun zur Literatur, die sich spezifisch mit diesem Thema befaßt: Fingarette (1972) schreibt, daß die ethische „Aufgabe sich *eher in Begriffen des Wissens statt denen der Wahl*“ stellt (S. 22) und macht auf „die Abwesenheit einer entwickelten Sprache von Wahl und Verantwortlichkeit“ im konfuzianischen Denken aufmerk-

[46] „Harmony was seen as the great norm of both the natural and social worlds; Confucianism and Taoism were equally philosophies of balance, whether man's counterpoise was society or the natural cosmos. Imbalance would have meant man against man, man against nature, in either case a separation between the self and the ‚other‘. But Confucianism and Taoism, each in its way, meant union, oneness, the concord and stasis of the eternal pattern“ (S. 113).

[47] „Conflict between Confucianism and Taoism was abortive, a) because they had a common theme, *harmony*, and b) because that common theme, *harmony, implied a philosophical deprecation of conflict*“ (meine Betonung).

[48] „By now it should be evident that basic among Chinese thought patterns is the desire to merge seemingly conflicting elements into a unified harmony. Chinese philosophy is filled with dualisms in which, however, their two component elements are usually regarded as complementary and mutually necessary rather than as hostile and incompatible. A common feature of Chinese dualisms, furthermore, is that one of their two elements should be held in higher regard than the other. Here again, therefore, we have an expression of the concept of harmony based upon hierarchical difference, such as we have already seen in the Chinese view of society“ (S. 54).

sam (S. 18).[49] Er erwähnt, daß „Konfuzius es unterlassen habe, das Problem des inneren, moralischen Konfliktes zu sehen oder zu erwähnen" (S. 24). Er weist auf das paradigmatische Beispiel eines moralischen Konflikts in Buch 13, Kap. 18 hin:

> Der Fürst von Schä redete mit Meister Kung und sprach: „Bei uns zulande gibt es ehrliche Menschen. Wenn jemandes Vater ein Schaf entwendet hat, so legt der Sohn Zeugnis ab (gegen ihn)." Meister Kung sprach: „Bei uns zulande sind die Ehrlichen verschieden davon. Der Vater deckt den Sohn und der Sohn deckt den Vater. Darin liegt auch Ehrlichkeit" (Übers. Wilhelm).

Es ist der Konflikt zwischen Treue (Pietät, xiào) und Ehrlichkeit (Geradheit, zhí). Hier stehen zwei tiefe Verpflichtungen in unversöhnlichem Konflikt. Für den Westlichen liege darin die Notwendigkeit, eine kritische Wahl zu treffen, und damit die Ursache von Tragödie, Verantwortlichkeit, von Schuld und Reue. Doch Konfuzius' Orientierung gehe in eine ganz andere Richtung.[50]

Daher „besteht die richtige Antwort, wenn man es versäumt, sich der moralischen Ordnung, Lǐ , zu fügen, nicht in der Selbstverurteilung für eine in freier Verantwortlichkeit getroffene, obgleich schlechte Wahl, sondern in der nachholenden Selbsterziehung mit dem Zweck, einen einfachen Defekt, einen Mangel an Stärke, ganz einfach eine Fehlerhaftigkeit der eigenen Bildung wettzumachen" (S. 35).[51] Für Konfuzius sei der Mensch in dem Sinne nicht tragisch, daß er nicht durch die innere Krise von Entscheidung und Schuld bestimmt, sondern mitmenschlich und handlungsorientiert sei. Fingarette kommt zur Schlußfolgerung,

> daß die *Bilder des inneren Menschen und seines inneren Konfliktes* für einen Menschenbegriff *nicht wesentlich* sind, dessen Würde in einem Leben der Verfeinerung und Subtilität besteht, einem Leben, in dem das menschliche Verhalten in Naturbegriffen erfaßbar ist und doch auf das Heilige abgestimmt erscheint, einem Leben, in dem das Praktische, das

[49] „We must recognize at once that the absence of a developed language of choice and responsibility does not imply a failure to choose or to be responsible ... the task is posed in terms of knowledge rather than choice ... This Confucian commitment to a single, definite order is also evident when we note what Confucius sees as the alternative to rightly treading the true Path: it is to walk crookedly, to get lost or to abandon the Path ... it is the following of the Way itself that is of ultimate and absolute value ... The imagery in the *Analects* [*Lun Yü*] is dominated by the metaphor of traveling the road" (S. 18–22).

[50] „More than any other passage, this one seems to me to present a situation where the issue, as we would define it, is one of internal conflict in the moral code, a conflict to be resolved by personal choice. ... when two profound duties conflict, *we* must choose. And it is in this necessity to make a critical choice that lies the seed of tragedy, of responsibility, of guilt and remorse. ... when we take into account Confucius's stature as a moralist and his insightfulness into human nature, his failure to see or to mention the problem of internal moral conflict in such a case as this can only be accounted for by supposing that his interests, ideas, concerns, in short his entire moral and intellectual orientation, was in another direction" (S. 23 f.).

[51] „The proper response to a failure to conform to the moral order (*li*) is not self-condemnation for a free and responsible, though evil, choice, but self-reeducation to overcome a mere defect, a lack of power, in short a lack in one's ‚formation'. The Westerner's inclination to press at this point the issue of personal responsisbility for lack of diligence is precisely the sort of issue that is never even raised in the Analects" (S. 35).

Intellektuelle und das Geistige gleicherweise verehrt und in Harmonie gesetzt werden, und dies in dem einen Akt, dem Akt des Li, des Heiligen Ritus (S. 36).[52]

Damit ist das Schwergewicht, analytisch gesprochen, ganz *vom wählenden und entscheidenden Ich auf das unbedingt gewisse und befehlende Über-Ich verschoben.* Die Triebseite wird kaum je erwähnt; sie muß sich völlig den Diktaten des Gewissens fügen. Da das Ich selbst der Sitz inneren Konfliktes ist, bedeutet dessen völlige Unterordnung unter die innere Autorität des Gewissens eine Art *Wegdeklarierung inneren Konflikts.* Diese Behauptung beruht darauf, daß wir von der Annahme ausgehen, daß innerer Konflikt einen unabdingbaren Teil der menschlichen Natur darstellt. Sie ist eine weder beweisbare noch widerlegbare methodische Voraussetzung unseres (nicht nur psychoanalytischen, sondern westlichen) Menschenverständnisses.

Die Quelle aller Moralität liegt, nach der konfuzianischen Auffassung, in der kindlichen Pietät, der Ehrfurcht gegenüber den Eltern (xiào) und den älteren Geschwistern (dì); Gewissen, Vernunft und Sympathie könne sich nur aus dieser Wurzel entwickeln (Hsieh Yu-Wei 1967).[53] Heißt es ganz am Anfang des *Lun Yü:* „Ehrfurcht gegenüber den Eltern und Unterordnung als jüngeres Geschwister – sind diese nicht die Wurzeln des mitmenschlichen Handelns?“ (Xiào dì yě zhě, qí wéi rén zhī běn yǘ? – *Lun Yü,* 1. Buch, Kap. 2). Die ganze Lehre lasse sich darin zusammenfassen: die Treue oder Loyalität sich selbst gegenüber (zhōng) und die Gültigkeit oder Gegenseitigkeit gegenüber den Anderen (schù) (*Lun Yü*, 4. Buch, Kap. 15).

Die Harmonie wird im konfuzianischen Denken durch die 5 Haupttugenden gewährleistet (Noss, S. 271):

1) „Rén“, am ehesten als „Menschlichkeit“ oder „Mitmenschlichkeit“ zu übersetzen (Bodde übersetzt es als „human-heartedness“). Konfuzius beschreibt es so: „Sich selbst überwinden und Rückkehr zur Idealforderung (Lǐ), das ist ‚rén‘... Was du selbst nicht wünschest, das tue nicht den Menschen an. So wird es im Lande kein Ressentiment (yüàn) geben, so wird es in der Familie kein Ressentiment

---

[52] „Confucius's vision provides no basis for seeing man as a being of tragedy, of inner crisis and guilt; but it does provide a socially oriented, action-oriented view which provides for personal dignity. Moreover... we see then that the *images of the inner man and of his inner conflict are not essential* to a concept of man as a being whose dignity is the consummation of a life of subtlety and sophistication, a life in which human conduct can be intelligible in natural terms and yet be attuned to the sacred, a life in which the practical, the intellectual and the spiritual are equally revered and are harmonized in the one act – the act of *li*“ (S. 36).

[53] „... in the complicated relations among men, filial piety forms the primary and most fundamental unit of mutual connection between two or more persons, in which the practice of benevolence must first be fulfilled. By inference, all other relations among human beings should emanate from this basic virtue as their source... “ (S. 171). Rén, 仁 , „die mitmenschliche Beziehung, symbolisiert durch die Zeichen für Mensch 人 und für Zweiheit, Verbindung 二 , wird hier als „benevolence“, Wohlwollen übersetzt. Menschlichkeit wäre wohl besser (s. u.).

geben" (Lun Yü, 12.1 und 2). Diese Menschlichkeit ist das Grundprinzip der konfuzianischen Lehre (Feng Yu Lan, Bd. 1, S. 72).

2) „Yì", Gerechtigkeit.

3) Lǐ, das religiöse und moralische Handeln (s. o.).

4) Zhí, Geradheit, Ehrlichkeit, Echtheit. Sich zu verstellen und zu schmeicheln, ist Anlaß für Scham (Lun Yü, 5.24). Politisch und sozial ist daher die „Korrektur der Namen" (zhèng míng) die Voraussetzung der Ordnung: das Tatsächliche und das Gesagte müssen übereinstimmen (Lun Yü, 13.3; 6.23; 12.18);

5) Xìn, Treue, Verläßlichkeit, Vertrauenswürdigkeit.

Alle diese Haupttugenden sind Mitwelt orientiert.[54] Jedes Zuwiderhandeln gegen diese ethische Grundhaltung bedeute „Rebellion gegen Tugend und heilige Sitte" (Xiao Jing, zit. nach Hsieh Yu-Wei, 1967). Daß es dabei zu schweren inneren Konflikte kommen könnte, wird nicht vermerkt.

Der konfuzianische Begriff der Scham (chǐ) ist zwar eindeutig moralischer Natur, schreibt Fingarette, aber es ist eine Moralität, die ihr Zentrum im Li hat, dem traditionell und zeremoniell festgelegten sozialen Verhalten, nicht im inneren Kern des eigenen Wesens, dem Selbst.[55] Auch hier ist es gleichsam die Verschiebung des Schwerpunktes von dem, was wir als das *Ich der Wahl, der Entscheidung, des Willens* begreifen würden (und Fingarette hier das Selbst nennt), auf die *dem Schamgefühl zugrundeliegenden Über-Ich-Anteile* – also wiederum vom Element der Wahl zu dem der Unterordnung unter die (vorwiegend innere) Autorität, doch in bezug auf äußere Beziehungen, Verpflichtungen und Gepflogenheiten.[56] Die Frage nach den inneren Konsequenzen der Pflichterfüllung oder -verweigerung stellt sich einfach nicht. Vielmehr wird dies zur Frage der Nacherziehung.[57] Oder der Verwerfung:

> Zai Yü schlief am hellichten Tage. Da sagte der Meister: „Verfaultes Holz kann man nicht schnitzen. Die aus Mist und Erde gebaute Wand kann man nicht tünchen. Dieser Yü da! Was soll man ihm überhaupt noch Vorwürfe machen?!" (*Lun Yü*, 5.Buch, Kap. 9).

---

[54] „The virtues that Confucius stresses are indeed all ‚dynamic' and social. For example, *shù* (mutuality in human relations), *zhōng* (loyalty) and *xìn* (good trust toward others) – all inherently involve a dynamic relation to other persons. On the other hand, such ‚static' and ‚inner' virtues as purity or innocence play no role in the *Analects*" (Fingarette 1972, S. 55) [ich veränderte den Text dadurch, daß ich für die chinesischen Worte, meinen übrigen Ausführungen gemäß, die Pinyin-Transkription benutzte].

[55] „The Confucian concept of shame is a genuinely moral concept, but it is oriented to morality as centering in *li*, traditionally ceremonially defined social comportment, rather than to an inner core of one's being, ‚the self'" (Fingarette, 1972, S. 30).

[56] „... the moral relation to which it corresponds is that of the person to his status and role as defined by *li*. Chi thus looks ‚outward', not ‚inward'. It is a matter of the spoken but empty word, of the immorally gained material possession, of the excessive in appearance and in conduct" (S. 30).

[57] „Therefore the central moral issue for Confucius is not the responsibility of a man for deeds he has by his own free will chosen to perform, but the factual questions of whether a man is properly taught the Way and whether he has the desire to learn diligently. The proper response to a failure to conform to the moral order (li) is not self-condemnation for a free and responsible, though evil, choice, but self-reeducation to overcome a mere defect, a lack of power, in short a lack in one's ‚formation'" (Fingarette 1972, S. 35).

„Die Metapher eines inneren seelischen Lebens, in all seinen uns so vertrauten Bezügen, gibt es im *Lun Yü* einfach nicht, und zwar nicht einmal als eine verworfene Möglichkeit", sagt Fingarette.[58]

Und doch finden wir auch bei Konfuzius Stellen, die einer solchen Allgemeinbehauptung widersprechen. So gibt es z.B. am Ende von Buch 5 des *Lun Yü* (Kap. 26) die Klage des Meisters: „Es ist alles aus! Ich habe noch keinen gesehen, der seine eigenen Fehler sehen und innerlich sich selbst verklagen könnte" (Übers. R. Wilhelm).[59] Die Metapher ist eindeutig die des *inneren Prozesses*, einer inneren Gerichtsverhandlung, einer besonders markanten Form des inneren Konfliktes also, die dem analytischen Konflikt zwischen Ich und Über-Ich entspräche. Interessant ist es jedoch auch, daß diese Feststellung in negativer und klagender Form gemacht wird – als ob dieses Gerichtstaghalten über sich selbst über das menschlich Mögliche hinausginge.

Auch beim anderen führenden, die kulturelle Zukunft bestimmenden Denker Chinas, Lao Tse, finden wir Hinweise auf diesen Grundzug des Menschen. Im 19. Kap. von *Tao Te King*, in dem er zum Aufgeben von Weisheit und Wissen, von mitmenschlicher Verpflichtung und Gerichtsbarkeit, von Pfiffigkeit und Erwerbsgier auffordert, sagt er, man solle sich an diese Prinzipien halten: „Schau auf das Ursprüngliche, halte dich an das Einfache, vermindere die Selbstsucht, bringe die Triebe [das Begehren] zum Schweigen." (Jiàn sù bào pŭ – shăo sī guă yù).

Der letztere Gedanke, das Aufgeben der Begehren oder Triebe (yù) erscheint immer wieder, z.B. in Kap. 1: „Wer daher immer ohne Begehren ist, der kann dessen Mysterium [das Geheime von Sein und Nicht-Sein] erkennen." Das Dào, das Grundprinzip selbst wird wiederholt als „huăng hū" bezeichnet (Kap. 14, 21, im letzteren z.B. als ein wiederholtes „hū xī huăng xī ... huăng xī hū xī", wobei die Partikel „xī" eine Ausrufbedeutung, im Sinne unseres „Wie ...!" besitzt). Die deutsche Übersetzung verwendet dafür „unfaßlich und unbegreiflich", die englische von Wing-Tsit Chan „vague and elusive", die von Tam C. Gibbs „elusive and evanescent". Wörtlich heißt es indes „verwirrt und unbewußt (wild, verrückt)". Auch hier konzentrieren sich die Übersetzungen auf die äußere Bedeutung der metaphysischen Natur des Dao. Doch sprach Lao Tse, glaube ich, über die Innenwelt des Menschen und davon, wie diese die Erfassung alles Äußerlichen bestimmt, genauer: von der letztlichen Einheit der Erkenntnis von Innen und Außen. Auch gibt es bei ihm entsprechend manche Hinweise auf das Gegenstück zur Konfliktnatur des Menschlichen, nämlich die Komplementarität, z.B. in Kap. 2: „Sein und Nichtsein, schwer und leicht, lang und kurz, hoch und niedrig, Ton und Stimme, vorher und

---

58 „The metaphor of an inner psychic life, in all its ramifications so familiar to us, simply isn't present in the *Analects*, not even as a rejected possibility" (S. 45).

59 Die Legge-Übersetzung lautet entsprechend: „It is all over. I have not yet seen one who could perceive his faults, and inwardly accuse himself". Er fügt erläuternd hinzu: „one who brings himself before the bar of his conscience" (Yĭ yĭ hū! Wú wèi jiàn néng jiàn qí guò, ér nèi zì sòng zhĕ yĕ).

nachher ergänzen einander" (Übers. Classen). Bei allen 6 Gegensatzpaaren steht das Wort „xiāng", „gegenseitig, einander" im Zentrum; und der Kommentar von Man-Jan Cheng (übers. Gibbs) spricht denn auch vom „paradox of the mutual support of opposites" (vom Paradox der gegenseitigen Unterstützung der Gegensätze) und von „mutual functions", „hù-xiāng wéi-yòng", , was sich am besten mit „Funktionen der Gegenseitigkeit und Reziprozität" übersetzen läßt.

Andere Hinweise ließen sich aus dem Yi Jing anführen.

Es mag manche weitere Ausnahmen geben, die mir als Nichtexperten entgehen, doch gibt es eine weitere Merkwürdigkeit, die ich hier erwähnen möchte.

Die Natur der chinesischen Schrift ist so, daß viele ihrer Ideogramme schöne Metaphern oder direkte scharfe Beobachtungen bildlich darstellen. Zum Beispiel ist das Schriftzeichen für das zuvor benutzte Wort Scham, chǐ, 恥 „Herz und Ohr" – Herz für Gefühl im allgemeinen, aber das Ohr deswegen, „da das Ohr rot wird, wenn man sich schämt" (Wieger 1927, 1965, S. 314).

Das hier wesentliche und faszinierende kleine Aperçu besteht nun darin, daß das Wortsymbol für „Ich, Selbst, meine eigene Person" – wǒ, 我 – vom Zeichen für Waffe, 戈, gē, abgeleitet ist. Es ist „zwei Waffen im Konflikt, zwei Rechtsansprüche, die einander gegenüberstehen; mein Recht und, durch Ausdehnung, mein Ich, meine eigene Person; persönliches Pronomen, ich, mich: 我"

Wenn man das Symbol für das Schaf, d. h. für Frieden und das Friedensopfer, hinzufügt, erhält man das Zeichen für yì, 義, „Harmonie, Frieden, nach dem Konflikt 我 wiederhergestellt." Es ist anzunehmen, daß der Konflikt sich auf den zwischen Selbst und anderen bezieht, doch muß sich der Analytiker, der auf dieses seltsame Symbol des Konflikts für das Personenhafte stößt, gleichfalls wundern (Wieger, S. 179).

Trotzdem ist die Aufmerksamkeit auf die innere Konfliktnatur verschwindend. Man fragt sich also: Ist hier die Menschennatur so radikal anders, daß dies wirklich die ganze Wahrheit ist? Ist es nicht eher ein grandioser Versuch, einen ganz wesentlichen Teil der menschlichen Wirklichkeit nicht zu sehen, nicht anzuerkennen?

Die Antwort liegt darin, daß der Wert der Harmonie, der inneren und äußeren Einheitlichkeit so überragend gesetzt wird, daß die innere Spaltung etwas besonders Unwertes darstellt. Der große neokonfuzianische Gelehrte Zhu Xi (Chu Hsi, 1130–1200) verurteilte Introspektion, da sie eine Spaltung des Seelischen in einen beobachtenden und einen beobachteten Teil mit sich brächte (Chan Wing-Tsit 1967, 1986; Hrsg. Moore, S. 144).

Kritisch ließe sich hier wohl anmerken, daß wir keinesfalls das Recht haben, unsere psychologischen Begriffe auf andere Zeiten und andere Kulturen zu übertragen. Dem kann man schon deduktiv entgegnen, daß die menschliche Natur und damit auch das Innenleben überall ziemlich ähnlich sein müssen, und daß die kulturellen Verschiedenheiten wohl ziemlich geringfügig sind, es sei denn, man wolle grundlegende rassische Verschiedenheiten postulieren – also auf ein Vorurteil horchen, das sich schon selbst gerichtet hat. Alle therapeutische Erfahrung in verschiedenen Kulturgruppen und Kulturkreisen lehrt uns überdies, daß es zur Natur des

Seelischen gehört, in Spannungen und Polaritäten zwischen inneren Gegenkräften zu verlaufen – und daß hinter den Worten und den Handlungen eine reiche, vielschichtige, teilweise unbewußte innere Wirklichkeit besteht oder eröffnet werden kann, es sei denn, daß eine Gegenkraft den Zugang dazu verwehre. So läßt sich das psychoanalytische Wissen um die Grundstrukturen von Ich und Über-Ich, die Abwehrformen, die grundlegenden Affekte, Triebe und v. a. das Konfliktgeschehen auch induktiv immer wieder als universell nachweisen. Warum sollte das in China anders sein? Und wenn diese Innenwelt und deren Widersprüchlichkeit weitgehend verschwiegen werden, ist es nicht logisch anzunehmen, daß dies Verschweigen eben jener Gegenkraft zuzuschreiben ist? Beweisen läßt sich das nicht, aber *die Kohärenz der Erfahrung mit dem Seelischen erfordert eine solche Kontinuierlichkeit.*

Doch läßt sich Konflikt auch manifest (als äußerer Konflikt) nicht für immer ausschalten. Im modernen China (der letzten 150 Jahre) ist es, wie Levenson (1953) schreibt, der Konflikt zwischen der Verpflichtung zu dieser im Konfuzianismus zentrierten Geschichte und der Suche nach universal gültigen Werten,[60] der unlösbar war (und ist) und immer wieder zu einseitigen Lösungen und damit zu tragischen Ergebnissen geführt hat. Zwar war das Ergebnis nicht wie im Fall der Juden die Vernichtung eines Drittels des ganzen Volkes, aber doch die weitgehende Zerstörung einer der ältesten Weltkulturen, zunächst infolge der nationalen Demütigungen durch die Mächte des Abendlandes und durch Rußland, dann durch die unablässigen Revolutionen, Aufstände, Hungersnöte und Bruderkriege und schließlich durch die in ihrem Ausmaß oft nicht faßbare Katastrophe der „Kulturrevolution" 1966–1975, die unheilbares Ressentiment und Haß, explosive Spannungen und tiefe Scham hinterließ. Instabilität und Chaos in gigantischem Umfang drohen heute als Ergebnis der ungelösten, durch die Konfrontation mit der eigenen Vergangenheit und mit dem Abendland geschaffenen „inneren" Konflikte.

6.4.3 *„Beschreiben und nicht machen, treu sein und das Altertum lieben"*[61]

Die Frage, die sich für uns stellt, ist diese: Warum würde etwas, das wir von unserem eigenen Standpunkt aus als weitgehende Verleugnung ansehen müssen – im ersten Fall die Verleugnung der Geschichte und ihrer Konkretheit, im zweiten die des individuellen und sozialen Konflikts, insbesondere des inneren Konfliktes – zu einem so überaus stabilen Endresultat führen, sind doch diese beiden Kulturen, neben der indischen, in ihrem extremen Konservatismus die ältesten kontinuierlichen Kulturen der Menschheit?

---

[60] „When value is ascribed to ideas out of considerations of history, the very value ascribed is thereby prejudiced. When Confucian traditionalism comes to be accepted not from a confidence in its universal validity but from a *traditionalistic* compulsion to profess that confidence, Confucianism is transformed from a primary, philosophical commitment to a secondary, romantic one, and traditionalism from a philosophical principle to a psychological device" (S. 148).

[61] Lun Yü, 7. Buch, Kap. 1.

Beim Individuum ist zu ersehen, wie die Verleugnung durch Handlungen abgestützt wird, die darauf ausgerichtet sind, die Wirklichkeit zu einer schützenden Neuform umzugestalten, in der all das abgesperrt und ferngehalten wird, was beängstigend, schmerzbringend oder beschämend werden könnte. Solange diese Handlungen wirklich unterstützend und schützend wirken, kann die Verleugnung aufrechterhalten werden. In der individuellen Pathologie können wir indes auch beobachten, daß diese Impulshandlungen ihre Aufgabe nur für ganz kurze Zeiten zu erfüllen vermögen und bald in eine verderbliche Spirale von sich gegenseitig vertiefender Scham, Schuld, Angst und Schmerz führen.

Im Gegensatz dazu wurde das, was ich als Verleugnung in beiden historischen Paradigmen beschrieben habe, von einem riesigen *Handlungssystem*, einem Gebäude der *Formalität*, unterstützt, das in der jüdischen Tradition als „Halacha" (Gesetz), als „Talmud" im wörtlichen Sinn des Lernens, als „Zedaqa" im Sinn der Barmherzigkeit, und als die Sozialformen des „Derech Erez" bekannt ist. In der chinesischen Tradition sind es das schon erwähnte „Lǐ", das Ritual, als Menschlichkeit und Freundlichkeit („Rén"), als Pietät und Verehrung gegenüber ältern Personen („Xiào") und der Autorität überhaupt, und „Xüé", das Lernen. Dieses Wertsystem wurde durch ein mehr oder weniger gut funktionierendes bürokratisches System, das selbst wieder durch eine gestufte und recht objektive Examinationsordnung reguliert wurde, formalisiert und ritualisiert. Ich glaube, daß es gerade dies *die „Verleugnung" balancierende System der Handlungen* ist, welches in beiden Beispielen eine so gut als Schutz funktionierende Kombination darstellen konnte, die mehr als zweitausend Jahre Bestand hatte. Erst unter dem Ansturm der modernen intellektuellen und technologischen Revolutionen ist diese Schutzfestung beider alten Kulturen zusammengebrochen. Bislang hat nichts diese Bastion voll zu ersetzen vermocht – weder der Nationalismus noch die Philosophie noch die Übernahme der technischen Fertigkeit noch die eigenen, selbständig entwickelten Formen des Kommunismus.

Mit diesem Handlungssystem kombiniert war ein *System des Glaubens*, das sehr hohen Wert auf die *Gemeinschaft* legte, im Fall des Judentums die unsterbliche, also geschichtstranszendente Gemeinschaft als eine metaphysische Wesenheit, die „Knesseth Jissrael" (z. B. am Anfang des Sohar). Dabei war ein besonders hoher Wert auf die Haltung des Trotzes als einer positiven Eigenschaft gelegt, auf den hartnäckigen Widerstand gegen alle Bedrohungen, und zwar eines Trotzes um einer sehr spezifischen und uralten Identität willen. Solch trotziger Widerstand wurde selbst angesichts des Todes aufrechterhalten. Es war die Unterordnung des einzelnen und der Bedeutung seines Todes unter den umfassenden Wert des Überlebens der Gemeinschaft als ganzer – „Klal Jissrael", der mystischen Gemeinschaft, die jenseits von Zeit und Raum bestand. Diese machte profane Macht, Gefahr und Geschichte letztlich irrelevant. Verglichen mit dem „Nezach Jissrael", der Ewigkeit der Gemeinschaft, waren diese bedeutungslos, eine „Zeitverschwendung".

In China war es die sich über ungeheure Zeitperioden spannende Familieneinheit, die Organisation der großen „Xìng" und die der kleineren „Shì" bis hinunter zur Sippe der „Jiā".

In beiden Kulturen verblieb die Vergangenheit in einem weit höheren Grad als anderswo eine lebendige und wirkende Gegenwart – eine Anwesenheit der Jahrtausende. Jedes Individuum hatte darin als Teil der Gemeinschaft seine Würde und seine Stellung.

> Zi Gong fragte: „Si, wem ist er gleich?" Der Meister antwortete: „Du? Du bist ein Gerät." Er fragte: „Was für ein Gerät?" „Eine Opferschale aus roten Korallen'" (*Lun Yü*, 5. Buch, 3. Kap.).

Dazu bemerkt Fingarette (und was er hier über die konfuzianische Ansicht schreibt, läßt sich auch auf die alte jüdische Welt anwenden):

> Das Individuum als einzelnes ist nur eine formbare und zerbrechliche Kleinigkeit, ein Werkzeug, das sich in etwas Glänzendes und Heiliges verwandelt, sobald es in der Zeremonie des Lebens dient. Doch spricht dies den Menschen und jedem Menschen die letzte Würde keineswegs ab; er ist keine sinnlose Ameise, die dem größeren Ganzen untertan ist. Seine Teilnahme am Göttlichen ist ebenso real und klar sichtbar wie die des Opfergefäßes, denn sie ist heilig (S. 78).[62]

Ein Midrasch sagt:

> Wenn ein Mensch von Fleisch und Blut ein Gefäß besitzt, ist er glücklich damit, solange es ganz ist; ist es zerbrochen, wünscht er es nicht mehr. Nicht so Gott. Solange das Gefäß ganz ist, wünscht er es nicht zu sehen. Ist es zerbrochen, wünscht er es. Und was ist das Lieblingsgefäß des Heiligen? Das Herz des Menschen. Sieht Gott ein stolzes Herz, wünscht er es nicht, wie es heißt: „Jeder Hochmütige ist dem Herrn ein Greuel" [Sprüche, 16.5]. Wenn es zerbrochen ist, sagt er: „Dies gehört mir." Wie es heißt: „Der Herr ist nahe denen, die zerbrochenen Herzens sind" [hilft denen, die ein zerschlagenes Gemüt haben, Psalm 34.19] (Midrasch haGadol zu Genesis 38.1, zit. nach Glatzer 1948, 1971, S. 62 f.).

Im Gebrauch der gleichen Metapher zeigen sich sowohl die tiefe Ähnlichkeit wie auch die radikale Verschiedenheit des chinesischen und des jüdischen Menschen- und Weltbildes.

Beides waren *deutende* Kulturen, die sich in die Auslegung und Ausdeutung, eben die Hermeneutik der alten Schriften, sowohl heiliger wie profaner Herkunft, vertieften und besonders liebevolle Aufmerksamkeit dem Ursprung und dem Sinn der Zeichen selbst schenkten – in China dem der Ideogramme, die Ideen in traumähnlichen, dem Primärprozess entstammenden Verdichtungen darstellen, im Judentum dem der magischen, weltschaffenden, göttlichen Buchstabensymbolik. In der chinesischen Tradition gehört das Studium der kanonischen Schriften und die Kultivierung des Schreibens zur staatserhaltenden Würde des Gelehrten; in der jüdi-

[62] „Confucius's theme, then, is not the ,discovery of the individual' or of his ultimate importance. The *mere* individual is a bauble, malleable and breakable, a utensil transformed into the resplendent and holy as it serves in the ceremony of life. But then this does not deny *ultimate* dignity to men and to each man; he is not a meaningless ant serving the greater whole. His participation in divinity is as real and clearly visible as is that of the sacrificial vessel, for it *is* holy. ... it is the flowering of humanity in the ceremonial acts of men" (1972, S. 78).

schen Auffassung ist die Welt aus dem Buch, aus der Sprache und der Schrift entstanden, das Schicksal ist im himmlischen Buch verzeichnet und vorausbestimmt.

Immerhin finden sich auch bemerkenswerte Unterschiede zwischen den beiden alten Kulturen: Im Judentum ist, wie wir in der talmudischen Erzählung (Kap. 3) gesehen haben, die Ehrfurcht vor dem Gesetz und dem Gesetzlichen noch tiefer als jeder Glaube an den Eingriff einer jenseitigen Macht. Dem Chinesischen ist, im Gegensatz zum Ritual, die Heiligkeit des Gesetzes fremd; das Recht dient der Staatskontrolle, es ist peripher zum Leben und abgeschieden vom Wesentlichsten, den Formen der sozialen Bezogenheit. Im Judentum und im Westen überhaupt ist das Konzept des inneren Selbst zentral, in China ist es die Wichtigkeit der Beziehung zum anderen in den 5 Formen der Ehrfurcht der konfuzianischen Tradition[63]. Dem Judentum eignet namentlich in der modernen Zeit eine Vertiefung in das eigene Selbst und eine Betonung der Individualität und Innerlichkeit; dem chinesischen Erleben ist das innere Selbst peripher, alles stützt sich auf die ethische Vervollkommnung des Individuum und auf seine Pflichten der Familie, dem anderen, dem Staat gegenüber. Ein Volk, das sich im Zentrum der Welt weiß und von der Umwelt während Jahrtausenden abgeschirmt war, muß sich auf Harmonie und Kohärenz des Soziallebens und die hierarchische Ordnung des Ganzen verlassen können, während ein Volk, das völlig in der Zerstreutheit leben muß, notwendigerweise dazu kommt, alles mehr und mehr in Begriffen der Gegensätzlichkeit und individuellen Verantwortlichkeit zu verstehen. Darüber hinaus ist der jüdische Gott selbst schon eine Person und kündigt die Zentralität der Individualität voraus.

6.4.4 „Fac eas, Domine, de morte transire ad vitam!" – Die Verleugnung der Sterblichkeit

Nur einige wenige Gedanken zur zentralen Verleugnung in der *christlichen* Tradition. Ich denke, diese drückt sich in der dramatischsten Form im Wort der Osterliturgie aus: „Christus hat den Tod getötet!"

Sie geht auf die platonische Trennung der Welt in einen phänomenalen und einen intelligiblen (noumenalen) Bereich zurück: „Denn wenn sie [die Seele] mit dem Leibe versucht etwas zu betrachten, dann offenbar wird sie von diesem hintergangen... Und sie denkt offenbar am besten, wenn nichts von diesem [dem Körper] sie trübt, weder Gehör noch Gesicht noch Schmerz und Lust, sondern wenn sie am meisten ganz für sich ist, den Leib gehen läßt und, soviel irgend möglich, ohne Gemeinschaft und Verkehr mit ihm dem Seienden nachgeht... Also auch dabei ver-

[63] Die 5 grundlegenden Beziehungen sind: die zwischen Monarch und Minister, zwischen Eltern und Kindern, zwischen Ehemann und Frau, zwischen älterem und jüngerem Geschwistern und die zwischen Freunden. Bei den ersten 4 ist es das Gleichgewicht von Ehrfurcht des zweiten gegenüber dem ersten und von Respekt und Schutz des ersten gegenüber dem zweiten, die innerhalb dieser Beziehungen das hierarchische Prinzip und damit die Ordnung in Familie, Staat und Welt aufrecht erhält.

achtet des Philosophen Seele am meisten den Leib, flieht von ihm und sucht für sich allein zu sein" (*Phaidon*, 65). Es ist ein radikaler Dualismus von Körper und Seele, von Empirischem und Idealem, des Reichs des Werdens und des Reichs des Seins, des Vergänglichen und des Unsterblichen. Dies ist par excellence eine *zerbrochene Wirklichkeit*. Das wirkliche Sehen und Erkennen betrifft das Unsterbliche, Ewige, das Sein. Dem Sterblichen wird seine Würde dadurch abgesprochen, daß er nur ein Schattenbild sei und das Sehen keine richtige Erkenntnis, nur ein Glauben vermittle. Wenigstens im Streben nach der Erkenntnis wird damit der Tod besiegt.

Während die Verleugnung der Sterblichkeit einen Inhalt aller Religionen darstellt, scheint mir doch die Betonung und Zentralität der Überwindung des Todes im Christentum einzigartig zu sein.

Das notwendig damit einhergehende Glaubenssystem besteht in dem aufs feinste ausgearbeiteten Gemälde von Himmel und Hölle. Damit steht aber der Glaube im Kampf gegen die Vernunft als seiner anmaßenden Rivalin. Nur die völlige Unterordnung der Vernunft unter den Glauben gewährt ihr einen geduldeten Platz; wenn sie aufmuckt, wird sie kasteit und verjagt. Selbst die Rationalisten und Dialektiker unter den christlichen Gelehrten des Mittelalters konnten die Stellung der Vernunft nur dadurch retten, daß sie sie zu einer Hauptwaffe des Glaubens, zum Instrument Gottes machten. „Kein scholastischer Denker bezweifelte jemals ernstlich die absolute Überlegenheit der *offenbarten* Wahrheit... Die Vernunft mag irren; die Offenbarung ist unfehlbar" (Cassirer 1949, S. 126, 147). Dies etwa im Gegensatz zum talmudischen Judentum: „Moses, Hanna und Elija klagten den Himmel an" (*Talmud*, *Berakot* 31 b/32 a, zit. nach Baron 1956, 1965, S. 157).

So gibt es einen Midrasch zu 4. Mosis, 21.17, wo dreimal Moses Gott widerspricht und Gott ihm jedes Mal antwortet: „Du hast mich belehrt – limmadetani, bei deinem Leben hebe ich meine Worte auf und bestätige die deinen" (*Midrasch Rabba* zu *Midbar*, *Chukkath*, 19.33 [20, nach anderer Zählung]). Dieses „*limmadetani*", die Autonomie des menschlichen Denkens auch gegenüber dem Machtspruch Gottes, ist zentral für das jüdische Erleben. (Es sei auch auf die in Kap. 3 erwähnte Diskussion über Hiobs Zweifel hingewiesen, s. Seeskin 1987).

Die christliche Auffassung von der *Ursache* aller Konflikte, allen Übels und des Todes ist die von der *Erbsünde*, also die von der Zuwiderhandlung von Adam und Eva gegen den göttlichen Willen und die Bestrafung dafür.[64] Sie sei sowohl ein biologischer Fehler (hamartia, vitium) als auch eine zu bestrafende Schuld (reatus), deren Verderbnis nur durch die überwältigende Kraft der göttlichen Gnade überwunden werden könne.

Diese Aufhebung der angeborenen Sündhaftigkeit und Verderbtheit erfolgt durch den Glauben an den Sieg Christi über die Erbsünde durch seinen Opfertod und die Auferstehung. Dank seiner Vermittlung vermag auch der Gläubige an die-

[64] Interessanterweise beruhe das Konzept der Erbsünde auf einer falschen Übersetzung von Römer 5.12 durch Ambrosiaster, auf die sich Augustin in seinem Streit gegen Pelagius stützte. Augustin habe den griechischen Urtext nicht lesen können. Dies entnehme ich einer Arbeit von Stephen Vicchio (1987 d).

sem Sieg teilzunehmen und Konflikt und Tod zu überwinden. Wer wirklich glaubt, kann sich nicht mit der bloßen Lösung von Konflikten begnügen. Diese wird unwesentlich. Wer an den Sieg über den Tod glaubt, muß auch der Kraft des Körperlichen, namentlich dem Anziehendsten und am stärksten an das diesseitige Leben Bindenden widerstehen: Der Geschlechtstrieb wird faktisch der Erbsünde gleichgesetzt; er verfällt der schärfsten Abwehr.

Und worin bestünde das entsprechende Handlungssystem, das der „Verleugnung" zu ihrer Unterstützung bedürfte? Ich denke, es findet sich v.a. in der heiligen Kommunion – der buchstäblichen Teilnahme des einzelnen und der Kirchengemeinschaft an der Gegenwart Christi in seiner Doppelnatur als der Gottheit, die Fleisch geworden ist, und als des Menschen, der unsterblich ist: „Libera me, Domine, de morte aeterna, in die illa tremenda!"

6.4.5 Das Problem des Bösen

Die Beobachtung der zerbrochenen Wirklichkeit führt zur Frage nach der Natur der „Spaltung". Es ist die Voraussetzung dieser Arbeit, wie sie auch der *Flucht vor dem Gewissen* zugrunde gelegt wurde, daß die Antwort darauf im inneren Konflikt zu finden ist.

Versuchen wir es zunächst in bezug auf die jüdische Kultur: Die zentrale Bedeutung der Wiederholung des biblischen Geschehens in Volk, Land und Tempel, die Verleugnung des säkulär Geschichtlichen und die tragische Dimension des Schicksals lassen sich ohne weiteres beobachten. Doch ist das auch schon der wirklich *bestimmende* Konflikt? Befriedigt Freuds Antwort, es handle sich um eine historische Wahrheit, nämlich um die Erschlagung des Urvaters, die in der postulierten Ermordung von Moses wiederholt wurde? Seither werde diese schwere Verschuldung durch massiven Triebverzicht und eine Ethik der Vergeistigung gebüßt: „... das Heilige [ist] ursprünglich nichts anderes ... als der fortgesetzte Wille des Urvaters. Damit fiele auch ein Licht auf die bisher unverständliche Ambivalenz der Worte, die den Begriff der Heiligkeit ausdrücken. Es ist die Ambivalenz, die das Verhältnis zum Vater überhaupt beherrscht" (GW 16, S. 229).

Es ist gewiß eine großartige Konstruktion, die aber wohl eher eine *psychologische* Wahrheit als eine *historische* ausdrückt, und auch diese nur als *Teil*wahrheit, nicht als eine allumfassende Antwort. Was ich im folgenden geben werde, ist eine Deutung, die von einer anderen Warte aus zu verstehen, die Geschichte einer alten Kultur in anderer Perspektive zu sehen sucht.

Ich glaube mit Vicchio, daß der unterliegende Konflikt in jeder Religion die Frage ist: Wie kann man die Weltordnung mit der Existenz des Bösen in Einklang bringen? Welche Sichtweise erlaubt die Heilung des Bruches zwischen dem persönlichen Leiden und der Sinnhaftigkeit des Ganzen?

Spezifisch heißt das für das jüdische Bewußtsein: Wie vermag man den absoluten Willen eines persönlichen Gottes mit der Macht des Bösen in Einklang zu bringen? Dies wird um so schwieriger, wenn die Absolutheit dieses Willens noch durch

Gerechtigkeit, Barmherzigkeit und Voraussicht, also durch zwei ethische Prinzipien und das Ideal unbedingter Wahrheit gekennzeichnet (also durch genauere Bestimmung eingeschränkt) wird.

Die Antwort, die auf diese quälende Frage versucht wird, ist diese: Das Böse konzentriert sich auf den Vorgang der *durch Rebellion – also Eigenwilligkeit, Autonomie, Selbstbehauptung – herbeigeführten Verstoßung*. Der gewaltige Mythos von der Trennung als Verjagtwerden (aus dem Paradies, aus dem Lande Israels), von der Ferne als Exil und Gottesferne (Galuth) und schließlich von der Rückkehr in die gottverheissene Heimat (von der Wanderung Abrahams von Ur, dem Auszug aus Ägypten, der Rückkehr aus dem babylonischen Exil und der Alija nach Israel) ist die Form, die das Problem des Bösen und dessen Bewältigung nehmen. Das Böse soll durch den Konflikt zwischen *absoluter Gerechtigkeit Gottes* und der „*Hartnäkkigkeit*“, dem *Trotz Israels* erklärt werden. Dieser Konflikt kann nur dadurch gelöst werden, daß die *Schuld solcher Eigenwilligkeit* durch das Leiden der Trennung und damit durch die Unterordnung unter den göttlichen Willen abgebüßt wird, während jedoch gleichzeitig gerade diese *Identität*, dieses Selbstsein, das so trotzig behauptet wird, als etwas von Gott Gefordertes festgehalten wird. Der *große, als metaphysisches Erklärungsprinzip gebrauchte, immer weiter ausgetragene Konflikt* scheint also der *zwischen dem Ideal göttlicher Gerechtigkeit und dem der eigenen Identität* zu sein. Im *Gesetz* (der „Weisung“ oder „Lehre“, also der *Thora*, und der auf ihr basierten Welt der Gebote, der *Mitzvoth*, mithin der Gesetzlichkeit, *Halacha*) sind diese beiden gegensätzlichen Pole vereint: Die eigene Identität besteht gerade darin, daß man sich heiligt, daß man „ein Volk von Priestern“ wird und daß der ganze Alltag durch die scharfe Scheidung von Rein und Unrein bestimmt wird, daß also der göttliche Wille über jede einzelne Handlung des Menschen anerkannt wird. Auf diese Weise kann die Sünde der Eigenwilligkeit und Schamlosigkeit, der *Chutzpah*, vermieden und das Verhängnis abgewendet werden. Doch das Gleichgewicht des Kompromisses ist und bleibt prekär. Dank des durch das Handeln gelebten Glaubens soll diese Einheit – die *Einheit von göttlicher Gerechtigkeit und eigener Identität als Teil der Gemeinschaft* – wiederhergestellt und das Leiden überwunden werden.

Der eigene Wille zeigt sich in der Entscheidung, sich der dieser Einheit der Gegensätze innewohnenden Heiligkeit in jedem Augenblick neu zu unterwerfen. Freiheit und Gebundenheit, Identität und Gottes Willen werden auf diese Weise in eine neue Komplementarität umgeschmiedet, zwar eine höchst prekäre, von tiefen Zweifeln umtobte Konfliktlösung, eine immer wieder zerbrechende Komplementarität, und doch eine, die einem einzigartigen Schicksal über Jahrtausende hin getrotzt hat.

Freud sagt in bezug auf den unterliegenden Konflikt im Christentum: „Wir sind von aller Schuld erlöst, seitdem einer von uns sein Leben geopfert hat, um uns zu entsühnen. In dieser Formulierung war die Tötung Gottes natürlich nicht erwähnt, aber ein Verbrechen, das durch einen Opfertod gesühnt werden mußte, konnte nur ein Mord gewesen sein“ (GW 16, S. 244). Auch hier kann die psychologische Wahrheit dieser Feststellung erweitert werden, obwohl es damit viel von der Geschlossenheit und Spezifität der Freudschen Konstruktion einbüßt. Im Christentum ist es das Sterben, das nicht mit der Allgütigkeit Gottes versöhnt werden kann. Das Leiden am Tod widerspricht der Sehnsucht nach der göttlichen Liebe. Die Antwort wird darin gesehen, daß das Selbstsein überhaupt böse ist und der Verirrung im Reiche des Todes gleichkommt (wie es Lagerkvist in *Barabbas* in einem machtvollen Gleichnis dargestellt hat), und daß erst dann, wenn der Mensch sich selbst in *diesem* Leben opfert, also seine diesseitige Identität aufgibt, er die Erlösung von Leiden und Tod im ewigen Leben findet. Gottes Gnade und des Menschen Glauben stellen die Brücke zu dieser Lösung des Problems des Bösen dar, nicht die im Judentum angestrebte Korrespondenz von göttlicher Gerechtigkeit und heiliger Handlung des Menschen. Das Selbstsein, die Unabhängigkeit, der „Stolz" wird mit der Tötung Gottes gleichgesetzt, und kann nur durch den Opfertod – des „Stellvertreters", aber im Grunde auch wenigstens symbolisch der eigenen Individualität – gesühnt werden.

Wie steht es in der chinesischen Tradition?

Die Antwort liegt in der Beobachtung des Hierarchischen, in der Ehrfurcht gegenüber dem Höheren, die sich in der Gestalt der *Unterwerfung des einzelnen unter das Ganze als hierarchische Ordnung* kundgibt.

Was ist aber die Frage? Ich glaube, man kann diese so formulieren: Wie findet der einzelne mit seinem Selbst (jǐ, zì, sī) den richtigen Platz im Ganzen? Wie kann sein Wille in Übereinstimmung mit dem „Weg" (dào) der Natur gebracht werden?

Doch was ist dabei der Konflikt? Es ist die Spannung zwischen dem Willen des Einzelnen – als „Selbst" (jǐ) oder als „Trieb" (yǜ) – und der unwiderstehlichen Macht des Ganzen: der Familie, der Sippe, des Reichs und des im Kaiser verkörperten Willens des Himmels, „shòu míng yǘ tiān". Nur wenn sein Selbst sich ganz diesem Befehl, dieser absoluten Autorität des Ganzen unterwirft, und zwar in völliger innerlicher Übereinstimmung von Willen (zhí als Geradheit) und Handeln (lǐ , als heilige Handlung) mit dieser Ordnung (dào als Pfad), kann es eine Versöhnung des Gegensatzes geben: die Ordnung bleibt gewahrt, die Harmonie wird wiederhergestellt. Diese aber ist das einzig Richtige. Konflikt ist falsch.

6.5 Die zerbrochene Wirklichkeit unserer Welt

Kehren wir zum Ausgangspunkt dieses Kapitels, der Stellung der Verleugnung in der Kultur, zurück!

Es ist weit schwieriger zu erkennen, was in unserer Säkularkultur verleugnet wird, und zu wissen, ob Handlungs- und Glaubenssysteme ähnlich stabile Gegengewichte darstellen wie bei den eben beschriebenen Paradigmen – oder ob Verleugnung, Handlung und Glauben eher den bei unsern Patienten beobachteten Syndromen entsprechen.

Meyerhoff (zit. nach Yerushalmi 1982) schreibt: „... das Gefühl der Identität und Kontinuität mit der Vergangenheit, sei es unserer eigenen oder der der Geschichte, hat allmählich und ständig abgenommen. Frühere Generationen *wuß-*

ten viel weniger über die Vergangenheit als wir, aber *fühlten* wohl sehr viel mehr Identität und Kontinuität mit ihr...“[65]

Was haben wir verloren, und was haben wir gewonnen – in Begriffen, die mit den Gedankengängen dieses Kapitels und des ganzen Buches im Einklang stehen?

Mir scheint, daß das Gefühl solcher Kontinuität und Identität mit der eigenen Vergangenheit einer Kultur und deren Trägern gerade durch diejenigen Handlungen und mythischen Glaubensinhalte verliehen wird, die von jenen zwei alten Kulturen, der jüdischen und der chinesischen, so ins Zentrum gerückt wurden. So stellt sich dann die Frage: Was kennzeichnet uns in dieser bestimmten Hinsicht von Glauben, Handlung und Verleugnung? Wenn ich über „uns“ spreche, meine ich die Kultur, die im wesentlichen von den „wissenschaftlichen Intellektuellen“ (Feuer 1963) geschaffen wurde und von ihnen getragen wird.

Was sind unsere Mythen? Ein Mythos, dem wohl mächtigste Herrschaft eingeräumt wird, ist der, daß alles, was wir als Wirklichkeit wahrnehmen, mit der *Rationalität* begriffen werden und in sie aufgelöst werden kann, die sich am besten in der Mathematik und der Physik verkörpert hat. Dabei handelt es sich auch heute meistens noch um eine Rationalität, die sich an der mechanischen Physik des 19. Jahrhunderts mißt. Dies bedeutet aber, daß die *Wahrheit*, und zwar eine *zeig- und zählbare Wahrheit*, den höchsten Wert darstellt. Alle unsere Bemühungen sollen darauf angelegt sein, einer solchen wahren Realität immer näher zu kommen. Wir reißen Maske nach Maske von dem weg, was sich als Wesen hinter ihnen verbergen muß.

Eine solche hauptsächlich positivistische Ansicht wird nun heftig von einer mehr relativistischen Philosophie bestritten – übrigens einer philosophischen Umkehr, die von Nietzsche lange vorweggenommen und mit unvergleichlich größerer Wortgewalt und Gedankentiefe ausgedrückt worden ist.

„Was würden wir verlieren, wenn wir keinen ahistorischen, theorie-unabhängigen Wahrheitsbegriff besäßen?“ fragt Rorty (1979, S. 281). Die Antwort auf diese rhetorische Frage würde wohl lauten: „Wir verlören die Illusion, daß es eine absolute Wahrheit gebe.“ Seine Antwort ist weniger direkt: „Wissen ist ein Recht, nach den gegenwärtigen Standards [der Erkenntnis, etwas] zu glauben“. Ferner: „Konversation ist der letztlich [gültige] Zusammenhang, innerhalb dessen Kenntnis verstanden werden muß“ (S. 389). Ähnliche Ansichten werden von andern gegenwärtigen Wissenschaftsphilosophen wie Kuhn, Polanyi und Holton vertreten, aber emphatisch von den mehr positivistisch orientierten wie Grünbaum bekämpft.

Was freilich auch bei dem eben erwähnten philosophischen Revirement unerschüttert bleibt, ist die *Vorherrschaft der mathematischen Weltauffassung*. Denn der moderne wissenschaftliche Pragmatismus von Rorty oder Kuhn kann mit berechtigtem Stolz auf die eminente Nützlichkeit einer solchen Weltanschauung hinweisen.

---

65 „Thus a situation has developed which is quite paradoxical in human terms: The barriers of the past have been pushed back as never before; our knowledge of the history of man and the universe has been enlarged on a scale and to a degree not dreamed of by previous generations. At the same time, the sense of identity and continuity with the past, whether our own or history's, has gradually and steadily declined. Previous generations *knew* much less about the past than we do, but perhaps *felt* a much greater sense of identity and continuity with it“ (Hans Meyerhoff, *Time in literature*, zit. nach Yerushalmi, S. 79).

Weshalb nannte ich diese jedoch einen Mythos? Trotz ihrer hervorragenden und klaren Brauchbarkeit bleibt die Frage offen: Vermag ein solches Vorgehen, das in der mathematischen Physik verwurzelt ist, zuletzt alles zu erklären und zu begründen? Es ist die *Totalität* dieses Anspruches, dessen *Absolutheit* und oft Maßlosigkeit, die mir mythisch escheinen. Und mit diesem Mythischen, mit dieser Absolutsetzung eines unbestreitbar hohen Wertes und der mit ihr einhergehenden Maßlosigkeit schleicht sich wohl auch das Tragische ein. Doch in welcher Form, in welch einer drohenden Gestalt?

Der mythischen Verabsolutierung des *einen* Wahrheitsbegriffs kann entgegen gehalten werden, daß die Prüfung (das „Testing") der Wahrheit, die Frage nach der Natur der Wahrheit, ein äußerst schwieriges philosophisches Problem darstellt: Die Vertreter eines logischen Empirismus und Induktivismus, z.B. Popper und Grünbaum, stellen sich auf den Standpunkt, daß das, was nicht gezählt, also nicht klar und eindeutig objektiviert und den Sinnesdaten unterworfen werden könne, bloße Vermutung bleiben müsse und kein Recht habe, auf gültige Wissenschaftlichkeit Anspruch zu erheben, daß es vielleicht bestens heuristisch, aber nicht probativ sei (vgl. Kap. 10, das dieser Einseitigkeit des Wahrheitsbegriffs gewidmet ist).

Aufgrund des *mathematischen Rationalismus* hat das Systemdenken in praxi volle Herrschaft über unser gesamtes Leben erlangt, ganz besonders in der jüngsten Zeit mit der Machtergreifung durch die Computer und deren ehrfurchterregender Vollkommenheit – diesen zaubernden Ungeheuern menschlicher Gescheitheit.

Damit hat das Begreifen durch *Quantität* den Begriff der Qualität, der Vortrefflichkeit und Güte, völlig in den Schatten gestellt. Qualität wird noch am ehesten berücksichtigt, wenn sie sich auch auf Zahlen reduzieren läßt. Persönliche Schöpferkraft, individuelle Spezifizität und Originalität finden kaum mehr einen Platz in der Welt des „Computing". Sie haben sich als Werte mehr oder weniger auf die Künste, auf die Kochkunst und auf die Kleidermode zurückgezogen – mit einer großen Ausnahme. Es gibt ein Gebiet, wo die Idee von „besser" und „schlechter" – mithin die Idee des Vergleiches von Qualitäten – eine mächtige Bastion gefunden hat, nämlich im Wettstreit, der Kompetition. Doch selbst dort werden Überlegenheit und Minderwertigkeit in der Konkurrenz nicht so sehr in Begriffen des Schöpferischen oder der ausgezeichneten Leistung und Ausführung ausgedrückt, sondern „gemessen" nach Maßgabe der technologischen Bemeisterung, der Fähigkeiten, der Macht, des Ruhmes und des finanziellen Status. In dieser Hinsicht hat sich ein großer Übergang während der letzten 100 Jahre vollzogen.

Barbara Tuchman schrieb in einem Artikel mit dem Titel *The decline of quality* (Verfall der Qualität, 1980), Qualität bedeute das

> Einsetzen der bestmöglichen Fähigkeit und Anstrengung, um das möglichst beste und bewundernswerte Ergebnis zu erzielen... Stattdessen verschlingen wir Albernheiten, die, wenn als ständige und fast ausschließliche Nahrung genommen, eine gewisse Verschwommenheit der Wahrnehmung hinterläßt... Jeder Bezug auf Qualität wird sogleich

als Elitismus gebrandmarkt, was die Wortführer mit dem Gefühl der Jakobiner zu beseelen scheint, welche die Aristokraten der Guillotine überliefern.[66]

Eine ähnliche Feststellung macht sie 7 Jahre später in bezug auf die Regierungspolitik und Administration der USA:

> Man spürt sicher die Verschlechterung der Ethik in manchen Bereichen. Unsere Regierung ist von Unfähigkeit befallen; unsere Regierungspersonen bezeugen eine Unfähigkeit, das politische Programm wirksam und innerhalb des Gesetzes auszuführen. Der das Programm bestimmende politische Apparat scheint zusammengebrochen zu sein; die Kette der Autorität in der Exekutive der Regierung ist zu einem sinnlosen Diagramm zusammengeschrumpft. Eine derartige Inkohärenz und Unordnung in politischem Entschluß und Ausführung stammt ihrerseits von der gedankenlosen Annahme durch die Öffentlichkeit von den Bildern statt von der Substanz in der Wahl der Regierungsautoritäten".[67]

Sie schreibt es dem seit dem 2. Weltkrieg immer mehr durchdringenden Geist der Lüge und Falschheit zu.[68] Doch die Giftpflanze der Lüge wächst aus dem Sumpf der Verleugnung als innerer, gegen das Außen gerichteter Abwehr.

Ein anderer Aspekt dieser gegenwärtigen Strömung ist das Vergessen der Geschichte, einer der großartigsten Güter des Menschen. „Mein Erbteil wie herrlich, weit und breit!/ Die Zeit ist mein Besitz, mein Acker ist die Zeit." Der moderne Mensch, der dem „Gott des Willens" gehorcht, hat den Raum erobert, aber die Zeit verloren. Er kennt die Peripherie, aber vergißt das Wesentliche. Er studiert die Kategorien, aber vernachlässigt den vollen Sinn der Erlebnisse. Vor allem aber versteht er die Zwecke als Mittel und nimmt die Mittel für die Zwecke.

Parallel zu diesem *Mythos der mathematischen Rationalität als einer allumfassenden* geht das grundlegende demokratische Credo der *numerischen Gleichheit* von

---

[66] „ ...quality, as I understand it, means investment of the best skill and effort possible to produce the finest and most admirable result possible... Quality is achieving or reaching for the highest standard as against being satisfied with the sloppy and fraudulent. It is honesty of purpose against catering to cheap or sensational sentiment. It does not allow compromise with the second-rate... We are feeding on foolery, of which a steady diet, for those who feed on little else, cannot help but leave a certain fuzziness of perceptions... Any reference to quality is instantly castigated as elitism, which seems to inspire in users of the word the sentiments of Jacobins denouncing aristos to the guillotine" (38–104).

[67] „One certainly feels a deteriorating ethic in many spheres. Our government is beset by incompetence; our officials display an inability to execute policy efficiently or within the law. The policy-making apparatus itself appears to have broken down, with the chain of command in the government's executive branch reduced to a meaningless flow chart. Such incoherence and disarray in policy and its implementation result, in turn, from the public's unthinking acceptance of image over substance in its choice of government officers" (*Baltimore Sun*, 20. September, 1987).

[68] „It is the public's acceptance of the pictured image without regard to the reality underneath. ...falsehood and false dealing have become so much part of American life that we almost take them for granted... [The Hearings of the Iran-contra affair give] one the feeling that false dealing is now the prevailing element of American life and may account for the sense of decline we feel in the American condition."

jedermann und der Richtigkeit der Entscheidung durch die Mehrheit, einer Form der Demokratie, der sich die Autoren der amerikanischen Verfassung entgegengestellt und, wie schon erwähnt, als „elektiven Despotismus" gebrandmarkt haben.

Woher kommt diese Zentralität der Mathematik?

Die große Wende zur Moderne kam mit Galileis Übergang zur Idealität der Zahlen als dem hauptsächlichen Werkzeug der Naturerklärung. Das bedeutete die Verwerfung der aristotelischen Anschauung, daß die Dinge der Physis, der Natur (die noch selbstverständlich den Menschen mitumschloß) ganz von selbst der Vollkommenheit zustrebten, sich dem ihnen eigenen Besten, ihrer spezifisch richtigen Form entgegen entwickelten. Entelechie (entelecheia, mit der Bedeutung „enteleches echon", das Ganze habend), ist die dem Einzelnen innewohnende Vollkommenheit, im Gegensatz zum modernen Ziel der allgemeinen Wahrheit – d.h. der Absicht, die letzte Wirklichkeit in dem, was allgemein, nicht individuell ist, aufzusuchen.

> Der Kunstausdruck der „Entelecheia", den Aristoteles einführt, will offenbar gerade das sagen, daß das „Telos" nicht ein Ziel ist, das einer fernen Ordnung der Vollkommenheit angehört, sondern daß es je das einzelne Seiende selbst ist, in dem das „Telos" sich in der Weise verwirklicht, daß das Einzelne das „Telos" enthält (Gadamer 1978, p.103).

Anstatt dessen bedeutete die Annahme eines Erklärungswertes der Zahlen die Annahme der platonischen Gleichsetzung von Gut = Sein = Zahl.

Statt weiterhin in der aristotelischen Tradition jene regelgebundenen Umwandlungen von Individuum, Staat und Kosmos, die nach ihren jeweils spezifischen Plänen erfolgten, und ihre mehr oder minder erfolgreichen Annäherungen an das ihnen spezifisch Gute zu studieren, sah sich die Wissenschaft infolgedessen gezwungen, sich der Souveränität der Zahl zu beugen, sich nach dem „Trennen und Zählen" zu richten, wie es Goethe ausgedrückt hat. Damit rückte die *Qualität* von ihrer Zentralstelle weg, zuerst im Verständnis der „Natur" – nun als nur-physikalisch verstanden –, dann in dem der Gesellschaft und jetzt auch dem des menschlichen Geistes. Mehr und mehr wurde und wird sie der Quantität untergeordnet, bis sie sich – diese Frage des Guten – überhaupt völlig in das Meß- und Zählbare aufgelöst hat.

Damit erlischt die erkenntnistheoretische Würde und nur zu bald auch der praktische Wert des Individuellen. „Hegel erläutert das etwa an dem Beispiel: ‚Das Wirkliche ist das Allgemeine.' Dieser Satz besagt nicht nur, daß das Wirkliche allgemein sei, sondern das Allgemeine soll das Wesen des Wirklichen aussprechen." (Gadamer 1980, S.18).

Wenden wir uns nun der Handlungssphäre zu, bemerken wir, wie diese Herrschaft der mathematischen Rationalität zu einer immer radikaleren Ausbeutung der Gesetze und Kräfte der unbelebten Natur im Interesse unserer kurzfristigen Bedürfnisse und Begehren geführt hat. Alle die magischen Kunstgriffe eines Faust sind in eine allumfassende Eroberung der materiellen, nicht nur der unbelebten Welt übersetzt worden.

Die immer gewaltigere Macht der Technologie verlangt jedoch auch eine immer vollständigere Unterwerfung alles Individuellen und Persönlichen unter die *Regeln und Standards*, die eine solche erhabene Bemeisterung ermöglicht haben. Sie diktiert eine Konformität der Handlung, ein neues Ritual und einen neuen Formalismus, der in nichts dem der Halacha und des Li nachsteht und mindestens ebenso durchgreifend und alldurchdringend ist wie jene. Und gerade so, wie der Formalismus und das Zeremoniell dieser alten Kulturen wenig Respekt für das Individuum an sich oder für seine Schöpferkraft hatten, noch sich sehr um das, was konkret und spezifisch war, also um das Hier und Jetzt – kurz um die existentielle Dimension – kümmerte, so gehen diese auch das Regime des wissenschaftlichen Intellektuellen und seine technologischen Mephistos wenig an.

Eine Folge solcher Verleugnung ist, wie schon eingangs kurz erwähnt, die Behandlung der Menschen lediglich als Mittel, nicht als Selbstzweck. Die Anwendung der Begriffe Entfremdung und Depersonalisierung, seit der Mitte des 19. Jahrhunderts beinahe als Gemeinplätze benutzt, sowohl für das soziale wie für das psychopathologische Phänomen, zeigt die Erkenntnis dieser sehr gefährlichen Entwicklung. Leider hat indessen die Diagnose zu keiner angemessenen Behandlung geführt.

Dieser Golem hat seine eigene übermenschliche Dynamik und Macht entwickelt und schleppt uns alle mit sich, ob wir an seiner Seite mitrennen oder uns ihm entgegenstemmen.

Was ist dabei in der Wahrnehmungssphäre *verleugnet?* Letztlich schlechthin alles, was sich nicht auf das Folgende zurückführen läßt: 1) die mathematische Physik, 2) die Standards der „Computation" und technischen Kontrolle, 3) die numerische und unpersönliche Gleichheit, und 4) das Gleichgewicht der Kräfte.

Was insbesondere verleugnet wird, ist, wie schon ausgeführt, der Sonderwert von allem, was *individuell und schöpferisch* ist. Was aus dem Auge verloren wird, ist die Wichtigkeit von *Qualität* und Vortrefflichkeit. Mehr und mehr wird dabei auch der *Begriff und das Wissen um den inneren oder äußeren Konflikt* vermieden, außer insofern er sich auf die verschiedenen Formen der Konkurrenz bezieht. Statt dessen wird dem System, dem komplementären Gegenspieler, nahezu absoluter Vorrang zugesprochen.

Etwas anderes, das damit verloren gegangen ist, ist das *Gefühl der Gemeinschaft*, sowohl im Raum wie in der Zeit. Zahlen überbrücken alle Entfernungen, aber es ist fraglich, ob sie einen wahrhaften Gemeinschaftssinn zu schaffen vermögen – jenen Gemeinschaftssinn, der wenigstens für die „Kehilla" und die „Jia" und manche andere Gemeinschaftsformen in der Vergangenheit postuliert wurde. Noch vermögen sie, jenen Sinn der Gemeinsamkeit mit der Tradition zu schaffen, die von jenen beiden Kulturen der Gelehrsamkeit so hoch geschätzt wurden.

Was ebenfalls bis zu einem gewissen Grad durch die allgemeine Nivellierung abgesperrt wird, ist der Sinn für die *Hierarchie* von Zweck, Qualifizierung und Verdienst, obgleich hinzugefügt werden muß, daß das zusammen mit der Bürokratie von uns übernommene chinesische Examinationssystem (s. Creel 1970) eine neue Form der technologisch-wissenschaftlichen Hierarchie schafft.

Neben die Herrschaft der *Zahl* tritt als ihre Gehilfin und oft ebenbürtige Partnerin die Bedeutsamkeit der *praktischen Bewältigung* und des *Besitzens*. „Was nützt es? Was kann man damit anfangen? Wie vermehrt es Einkommen, Erfolg, Profit?“ Das wird bei jedem Unterfangen unweigerlich früher oder später gefragt. Diese beiden sind letztlich auch wieder Teil der *Dimension der Größe*. Wenn aber die Größe zentral wird, wird vieles andere mehr und mehr ausgeklammert, unwichtig gemacht und schließlich überhaupt nicht mehr gesehen.

Dahinter steht der Machttrieb. Klinisch wissen wir freilich, daß da, wo der Machttrieb und seine Abkömmlinge, Profitgier und technisch-administrative Bemächtigung, absolut gesetzt werden, gewöhnlich das Ressentiment im Gewissen lauert, dem bösen Zwerg im Verlies unter dem Schloße gleich.

Der absolute Feind der Machtgier ist die Ehrfurcht, der Respekt vor der Individualität, der Einmaligkeit nicht nur des Menschen, sondern auch der Natur, der Gesellschaft, des Geschichtlichen und vor allem des Schöpferischen.

Recht eigentlich ist es denn die *Ablehnung der Ehrfurcht*, die dem westlichen Sturm und Drang der letzten 200 Jahre seinen Impetus verliehen hat. Die Ehrfurcht stand ja völlig im Zentrum der alten Kulturen. Die chinesische Ethik und Religion hat ihre Wurzel in der Ehrfurcht gegenüber den Eltern (xiào) und entfaltet sich als ein System des Respektes (jìng, gōng, dì). Die jüdische ist durchdrungen vom Geiste der Pietät gegenüber allem Hergebrachten; der Begriff „Tradition“, Kabbalah, wurde zum Namen ihrer Mystik, und, wie in der Erzählung von Rabban Gamliel dargestellt, sind Ehre (kavod) und Respekt (jir'a) für die Würde des anderen ethisch zentral. Und die christliche lebte im Geiste der Aurea catena allen Seins, der Hierarchie von Himmel und Erde.

Daß auch diese Absolutsetzung und jene Verleugnung selbst Ausdruck eines tieferen Konflikts sein müssen, ist wohl ersichtlich. Doch es ist gewagt, diesen scharf herauszustellen. Bloom (1987) spricht z.B. vom modernen Dualismus Kultur vs. Ökonomie. Der Inthronisierung der mathematischen Rationalität, also des Mythos von der Zahl, steht ein anderer Mythos gegenüber: der des absoluten Rechts des Individuums, sich selbst zu verwirklichen, sich seine Freiheit weniger und weniger beschränken zu lassen, sich ungehemmt entfalten zu dürfen, „doing his own thing“, „being oneself“. Beide sind hohe Werte, doch führt ihre Extremsetzung zu Ausklammerungen wesentlichster Aspekte der menschlichen Natur und damit im Seelischen zum Gefühl der Erniedrigung und zum Ressentiment.

Die Frage, die wir nicht zu antworten vermögen, ist: Wie stabil ist dies Gleichgewicht von Glauben, Handlung und Verleugnung in unserer Kultur? Folgt es der Präzedenz jener beiden historischen Paradigmen? Oder gleicht es mehr dem beim klinischen Prototyp beobachteten? Was ist die tragische Wahrheit *hinter* der glänzenden Fassade der Meisterschaft und Macht? Die Inthronisierung und Verabsolutierung der Zahl, des Numerischen, ist aber selbst auch etwas Mythisches und birgt deswegen eine tragische Gegenwart in sich, die sich früher oder später rächen wird – ob diese Rache nun die Maske eines Hitlers annimmt oder in einer andern dämonischen Verzerrung erscheint: die Übersteigerung des Rationalen ins bloß Numerische hat in ihrer Absolutheit etwas Lebensfeindliches, Zerstörerisches. Die Entpersönlichung trifft den einzelnen im Kern seiner Selbstachtung und verursacht tiefste Beschämung.

Es ist diese durch die Verleugnung des Individuellen gesetzte „narzißtische" Verletzung, die, wie beim Individuum, so im Kulturellen zur „narzißtischen Abwehr" führen muß – eben jener mythischen Trias, v. a. in der Form der Konstellation des Ressentiments, mit all dem, was deren Extremform mit sich schleppt.

Unsere Zeit ist antihierarchisch und erblickt daher ihren *innersten* Feind in der Ehrfurcht. Ehrfurcht jedoch ist eine Form der Scham. Der Kampf gegen die Ehrfurcht führt notgedrungen zur Flucht vor dem Gewissen oder zur Zertrümmerung der inneren Autorität – damit jedoch auch zum fressenden Ressentiment gegen alle Gestalten, die zu Trägern hoher Werte geworden sind.

Ein letzter Gedanke zu diesem Thema: Der eine große Geist der westlichen Welt, der sich grundsätzlich dem Übergang zum Mathematischen entgegenstellte, war Goethe. Es ist allgemein bekannt, wie tief Freud von ihm beeinflußt wurde. Selbst der Begriff, auf dem das ganze Gebäude der Psychoanalyse errichtet wurde – dem des inneren Konfliktes – war, wie ich noch später (in Kap. 11) ausführen werde, von Goethe geprägt worden. Es ist weniger bekannt, doch von Wälder betont worden, daß Freud das Ich mehr und mehr in teleologischer Sicht verstand und dem aristotelischen Begriff der Entelechie naherückte – dem Erreichen seiner eigenen, individuell richtigen Form (Waelder 1976, S. 340 f.).

Es scheint mir, daß die Psychoanalyse in ihrem Wesen dem treu zu bleiben versucht hat, was qualitativ ist – den Formen, den Bildern und Konstellationen und am meisten den Spannungen und Paradoxien unserer inneren Welt –, und es gewagt hat, den Versuchungen der Quantität, den starren Regeln der Welt der Objekte um uns herum, zu widerstehen.[69] Damit ist sie eine der wenigen jenem unaufhaltsam reißenden Strom entgegenstehenden Kräfte, dem Strome, der der Verleugnung eines Teiles der menschlichen Natur durch Quantifizierung und Komputation unerbittlich zuzutreiben scheint. Darf alles theoretische Verständnis nur dann wissenschaftlich genannt werden, wenn es sich der Zahl und der unilinearen, strikten Kausalbestimmung unterordnen kann? Mit Fug und Recht darf das bezweifelt werden.

Die Achtung vor der Persönlichkeit, der Respekt vor der Individualität und seiner Innerlichkeit – das ist es, wogegen alle absolut gesetzten Kategorien mit ihrer feindseligen Macht antreten. Diese Mißachtung des einzelnen und seiner Würde, Ehre und psychischen Selbstbestimmung, namentlich in Form der erzwungenen Verleugnung seiner eigenen Gefühle, seiner Willensausübung und seiner Konflikte, dies ist die intensivste Form der Verwundung und Beschämung; sie ist, was Goethe als „moralisches Morden" bezeichnete (*Dichtung und Wahrheit*, 3. Buch, Kap. 15, S. 196) und Ibsen so beschrieb: „Die große, unverzeihliche Sünde, – das ist die

[69] Eine letzte Folgerung besteht in der ernsthaften Herausforderung, die Grünbaums wohl informierte Kritik an unsere Wissenschaftlichkeit richtet.

Sünde, die man begeht, wenn man das Liebesleben mordet in einem Menschen" (*John Gabriel Borkman*, 2. Akt, S. 438). So sind denn Verleugnung, Beschämung und Seelenmord notwendige Folgen der Unbedingtsetzung einer unpersönlichen Wertkategorie. „Are these things then necessities? Then let us meet them like necessities" (Sind diese Dinge denn Notwendigkeiten? Laßt uns ihnen denn als Notwendigkeiten begegnen! Shakespeare, Henry IV, 2. Teil, 3. Akt, 1. Szene, Verse 92–93).

Doch hier ist es nötig, das in diesem ersten Teil Gefundene in einem neuen Überblick, einer Rück- und Vorausschau, zusammenzufassen und, gleichsam von dem erreichten Paßübergang aus, in einer neuen Richtung voranzuschreiten – in der Richtung der Untersuchung nämlich, was das Gewonnene für das Gesamte der Psychoanalyse als Wissenschaft und als Teil der Heilkunde bedeutet. Dem wird nun der zweite Teil des Buches gewidmet sein.

Teil 2: Das Rad, der Pfad und ein Reich ohne Grenzen – Fragen von Wert und Wahrheit in der Psychoanalyse

7 Doppeltext und Kausalverständnis – Erkenntniskritische und wertethische Fragen in der Psychoanalyse*

„A crown's worth of good interpretation!"
(Eines Talers werte gute Auslegung.)
(Shakespeare, *Henry IV*, Teil 2, 2.Akt, 2.Szene)

„Deuten heißt einen verborgenen Sinn finden."
(Freud, *GW 11*, S. 83)

7.1 Das Bild vom Rad der Täuschung

7.1.1 Die Ordnung der Beobachtungen

Blicken wir zurück: Wir sind von der Beobachtung der „zerbrochenen Wirklichkeit", der Spaltung des Selbst- und Welterlebens ausgegangen und dabei auf eine Konvergenz klinisch-therapeutischer und literarisch-philosophischer Beobachtungen gestoßen. Was wir bei den schweren Neurosen immer wieder in ausgeprägter, oft in dramatischer Form angetroffen haben, Züge, die von manchen zum Ankerpunkt der Erklärung erkoren und zur Begründung eigener Theorien und Schulen verwendet wurden, enthüllte sich mehr und mehr als eine Gruppe von *phänomenologischen* Merkmalen, die nicht nur für die Psychopathologie gelten, sondern auch beim Aufeinanderprallen des mythischen mit dem rational-philosophischen Denken sichtbar werden.

Dabei gingen wir zunächst von der Dreiheit der Merkmale: der Absolutsetzung eines Wertes oder Ideales, der Spaltung oder Polarisierung der erlebten Gegensätze und der Zwanghaftigkeit aus. Alle 3 wurden verschiedentlich zu Grundprinzipien

---

* Dieses Kapitel wurde ursprünglich als Vortrag im Kulturforum an der Universität von Stockholm gehalten, und zwar unter dem Titel „Psykoanalys som tolkande vetenskap" (Psychoanalyse als deutende Wissenschaft). Die der Einladung zugrundeliegende Fragestellung wurde mir von Marianne Faxén wie folgt übermittelt: „Vad är det som tolkas i psykoanalysen?... Den processen, med någonting som täcker för någonting som döljer någonting som i sin tur beror på... Jag tycker just att denna tolkningsmodell med tolkning på allt djupare nivåor är det mest fascinerande med psykoanalysen... Är det... blottläggande... eller är det hopläggning av pusselbitar eller är det den typ av schaktgrävning som arkeologer ägnar sig åt?" (Was ist es, das in der Psychoanalyse gedeutet wird?... Der Vorgang, wobei eines etwas anderes überdeckt, das seinerseits etwas verhüllt, welches auf etwas Tieferem beruht... Ich denke gerade, daß dieses Deutungsmodell mit dem Deuten auf stets tieferen Ebenen das Faszinierendste an der Psychoanalyse ist... Ist dies ein Freilegen oder ist es eher das Zusammenstellen von Stücken eines Zusammensetzspiels oder ist es eine Art Tiefenschacht, wie ihn die Archäologen benützen?)
Später wurde der Vortrag als Grundlage für einen Essay zu einem Band über Rorty und die Psychoanalyse benutzt.

des Kausalverständnisses im Seelenleben gemacht, und ganze metapsychologische Gebäude wurden auf ihnen als den Ecksteinen errichtet: das erste in der Psychologie des Narzißmus, das zweite in dem Verstehen der „Spaltung" als Sondermechanismus der Abwehr bei „Borderlines" und das dritte in der Theorie von Wiederholungszwang und Todestrieb als einer Hauptkraft im Seelischen. Dabei wurde etwas phänomenologisch unzweideutig Vorhandenes, ja Ubiquitäres, zu einer dynamischen Wesenheit eigener Würde deklariert, also etwas klar Beobachtbares zu einem Grundprinzip hypostasiert.

Doch blieb es im Verlauf der hier gemachten Beobachtungen nicht bei diesen 3 Merkmalen. Bald gesellten sich dazu andere Aspekte der Beschreibung. Da war zunächst (als 4.) der Faktor der *Verhüllung der (inneren und äußeren) Wirklichkeit.* Wie zu Beginn von Kap. 6 kurz dargelegt, gibt es verschiedene Formen, zur Wahrheit nein zu sagen. Zu den dort dargestellten können wir noch hinzufügen: „Nicht ich bin es, er ist es," (Projektion); nicht passiv, sondern aktiv; nicht gegen die anderen, sondern gegen mich selbst; nicht für mich, sondern für die anderen. Mit anderen Worten: *Alle Formen der Abwehr bedeuten ein Neinsagen zur Wirklichkeit,* genau so, wie es die Folge jeder Abwehr ist, daß das Erleben *gespalten* erscheint, und daß mit der *Absolutsetzung* des innerlich Geforderten oder von außen her Anstürmenden die Abwehr selbst absolut gesetzt werden muß. Wir sahen das mit besonderer Klarheit in bezug auf die Abwehr der *Verleugnung*, und ich räumte namentlich der *Pauschalverleugnung inneren Konflikts* große Bedeutung ein. Doch ist die Beobachtung der gegenseitigen Absolutheit nicht auf diese Abwehr beschränkt.

Dazu fügte sich dann als 5. Merkmal das verletzte Rechtsgefühl, die Empörung gegen die Ungerechtigkeit, der *Protest*. Er gilt der Wiederherstellung der Gerechtigkeit, also des Gleichgewichts. In seiner Extremform zeigt er sich als die Haltung des *Ressentiments*, mit den in ihm enthaltenen Gefühlen des Neides, der Eifersucht, der Gier nach Rache und der Machtsucht, und damit v. a. der Entfesselung all der ungeheuren Aggressionen, die das erlittene Unrecht und den Schmerz, die Hilflosigkeit und die Angst aufheben, ungeschehen und unschädlich machen sollen – also als eine Forderung der Wiedergutmachung und Wiederherstellung von Gerechtigkeit. Auch hier wird immer wieder die unwiderstehliche Neigung verspürt, diese so offenkundige und im Extremfall so entsetzliche und verheerende Aggression in Gestalt des Destruktions- und Todestriebs (alias: Sado-Masochismus, eines besonderen Lieblings unserer Literatur) zum *Eckstein der Kausalerklärung* zu machen. So wichtig die Aggressionen sind, so stellt sich doch wiederum sehr die Frage, ob sie wirklich das *Ende der „psychischen Reihe"*, das in der Psychoanalyse erreichbar ist, darstellen. Auch hier gibt es manche Theorien, die sich auf diese Annahme stützen. Die Erfahrung widerspricht im allgemeinen diesem Postulat.

Der 6. Aspekt von großer Gültigkeit ist der des *Opfers*, des *Leidens* überhaupt und damit die beim Tragischen sich enthüllende Zentralität des *Pathos*, die Aufdringlichkeit gewisser überwältigender Affekte, v. a. der Angst, der Schuld, der

Scham und des Zornes. Ganz allgemein ist es die Allgewalt der Gefühle, ihre unkontrollierbare Natur, die sowohl das Neurotische wie das Mythische kennzeichnen.

Nehmen wir diese 6 Merkmale, die ich der Reihe nach während der bisherigen Betrachtungen in den Vordergrund gestellt habe, so sehen wir, daß es sich bei ihnen im Grunde, sowohl in der klinischen Wirklichkeit als auch in der Literatur, gewöhnlich eher um Gegensätzlichkeiten handelt als um eindeutige und ausschließliche Eigenschaften: absolut – relativ, Polarisierung – Versöhnung oder Ausgleich, Zwang – Autonomie (Willensfreiheit), Verhüllung – Enthüllung, Protest und Ressentiment – Annahme des Wirklichen und Zusammenarbeit, Angst und Schmerz – die gespannte Erwartung der künftigen Lösung und Erlösung. Alle diese Gegensätze lassen sich in den Phänomenen selbst, die ich in *Flucht vor dem Gewissen* und in Kap. 1–6 dieses Buches notiert habe, wiederfinden. Es handelt sich bei diesen Gegensätzen im ganzen um mehr oder weniger *bewußte Konflikte*, die einseitig und unbefriedigend entschieden, doch nicht wirklich gelöst werden. Diese Haupteigenschaften und die darunter liegenden Gegensatzspannungen machen so den manifesten Charakter des neurotischen Prozesses aus, sind aber auch das, was im mythischen Fühlen, Denken und Handeln unmittelbar zum Ausdruck kommt.

Das Bild, das mir dabei als hilfreich in den Sinn kommt, ist das des *Rades:* die 6 Gegensätzlichkeiten der Phänomene (insofern sie beschrieben, nicht schon erklärt werden) sind gleichsam die Speichen eines Rades, wobei ich nicht meine, daß man nicht noch weitere solche relevante Gegensatzpaare darstellen könnte.

Damit stellt sich sogleich die Frage, wie sich das Bild abrunden läßt. Als Deutung des Radkranzes oder der Felge bildet sich etwas äußerst Wichtiges an: Ich dachte zunächst an die Allgegenwart der Lüge, der Unwahrhaftigkeit, die das Äußere der Neurose und in einem erschreckenden Ausmaß auch das mythisch-religiöse Erleben und Verhalten bestimmt. „Natürlich, das ist es doch!" sagte ich mir. „Wie sehr ist doch das Benehmen jedes Patienten durch seine neurotischen Bedürfnisse zum Lügen gezwungen, wie verlogen und unecht ist doch so vieles, welche Mühe kostet es sie, nicht etwas vorzutäuschen, nicht zu einer ‚Notlüge' zu greifen!" Doch ist das nicht auch wahr für die Psychopathologie des Alltags? Sind wir nicht alle geneigt, einem (gewöhnlich weitgehend bewußten) inneren Konflikt durch eine flinke Unwahrhaftigkeit zu entrinnen? Also ist es doch die allgemeinmenschliche Wirklichkeit, die wir wiederum bei den schweren Neurosen einfach in radikalerer Form wieder bemerken. Und dasselbe gilt für das Mythische. Bei weiterem Überdenken zeigt es sich auch klar, daß diese *Oberfläche der Lüge* in sich selbst wieder etwas Gegensätzliches ist: es besteht immer eine Doppelheit von *Lüge* und *Wahrhaftigkeit*.

Das Angeführte läßt das gewählte Gleichnis etwas als komisch erscheinen, wie es Analogien und Metaphern gerne tun, wenn man sie allzu ernst nimmt: Stellt sich diese Doppelheit nicht ähnlich wie die von Luftreifen und Radreifen dar? Mit der Wahrhaftigkeit läuft alles holprig und schwierig, mit dem Luftreifen wird alles ganz glatt und unbeschwerlich, und man wird geradezu als töricht angesehen, wenn man auf diese Annehmlichkeit verzichten will. Doch ist der erste solid, der zweite platzt oder wird leicht schadhaft. Auf gewissen Pfaden kann man sich auch nur auf solide Räder verlassen.

Doch was ist die Nabe? Was ist der Punkt, in dem sich die Speichen vereinigen? Was ist die eigentliche Ursache jener Phänomene, das Ende der analytisch verfolgbaren Reihe? Es ist der Konflikt, insbesondere *der innere, unbewußt gewordene Konflikt.*

Wozu dient uns aber diese Metapher des Rades mit seinen 6 Speichen, der Felge und der Nabe? Es ist, wie ich immer wieder betont habe, lediglich ein Modell für die Phänomene, die wir beobachten können und die sich beschreiben lassen. Es ist noch nicht die wirkliche Dynamik, es ist lediglich deren *Ausdruck* – der Ausdruck der tiefen Konflikte, sei es in der Neurose, sei es im Mythos oder der Kultur überhaupt.

Nehmen wir dann die hauptsächlichen Konflikte dazu, nämlich jene 5, deren Erprobung und Verständnis sich gewöhnlich im Verlaufe der Behandlung als besonders nutzbringend erwiesen haben, dann erahnen wir die große Komplexität der psychischen Wirklichkeit.

Hier unterbreche ich den direkten Vergleich und erinnere mich, daß es ein besonders schönes Gleichnis vom Rad gibt, das hier vielleicht nützlich sein könnte (aus *Tao Te King*, Kap. 11, von Lao Tse, nach der Erklärung durch Sumitomo, Übersetzung Claßen-Verlag, 1945):

> Dreißig Speichen münden in die Nabe – der Raum zwischen ihnen macht sie erst zum Rade. Zum Formen knetet man den Ton – der leere Raum darin jedoch macht erst die Vase. Tür und Fenster muß man brechen, um ein Haus zu bilden. Der Stoff macht den Besitz daran, das Nichts jedoch das Wesen. So entsteht aus Nichtsein Sein.

In den 3 parallelen Beispielen des Rades, des Gefäßes und des Hauses (genauer: des Zimmers) macht das Sichtbare und Konkrete – die Speichen und die Nabe, der Ton und die Fenster – den Gegenstand selbst aus, das Leere jedoch, das „Wú yǒu" („es gibt es nicht, es hat nicht"), die Funktion, das, was „dāng qí... yòng" („notwendig für den Gebrauch") ist. Dieser Gedanke von der Bedeutung des „Nichts", des „Neins", des „Es gibt es nicht", der Leere für das Verständnis der *Funktion*, für die *Bezogenheit auf anderes*, geht durch das ganze so rätselhafte und vieldeutige Buch.

Ist dieses Nein damit nicht auch jene Abwesenheit der Bewußtheit, eben das Nein der Abwehr, worüber ich zuvor gesprochen habe?

7.1.2 Die Frage nach der Erklärung

Kehren wir zu den Beobachtungen und Schlußfolgerungen, die zu dieser Metapher Anlaß gegeben haben, zurück, so erheben sich sofort die Fragen: Woher weißt du, daß all dies – jene 6 Gegensatzpaare und namentlich die Bedeutung der „Radnabe" – nicht nur deiner Fabulierlust entsprungen ist? Sprichst du nicht eigentlich gar von 5 Rädern mit je 12 Speichen, nämlich davon, daß eine jede Konfliktnabe sozusagen ihren eigenen Speichenkranz um sich schart? Das ist alles zu phantastisch, als daß man dir da noch Glauben schenken, geschweige denn wissenschaftlichen Kredit gewähren dürfte. Von woher beziehst du überhaupt deinen Wahrheitsanspruch? Dazu kommt, daß dieses Hin und Her von klinischer Erfahrung und schöngeistiger Betrachtung ausgelesener literarischer Werke wirklich sehr undiszipliniert und frech, deine Postulierung dieser neuen Zusammenhänge und Ordnungssysteme verwegen, teilweise verstiegen ist. Wo gedenkst du mit deinem merkwürdigen, fünfrädrigen Fahrzeug denn überhaupt hinzufahren?

Gemach – dies sind doch nur Hilfsmittel der Vorstellung, Gleichnisse, und das Modell mag mehr ein Spaß, selber eine Art Mythos, wenigstens im platonischen Sinne, sein. Vielleicht lohnt es sich aber doch zu bedenken, daß das, was manche als eigene und durch ihre Einfachheit bestechende analytische Systeme präsentiert haben, doch nur Teil der Phänomenologie ist und der wesentlichen inneren Ursachenerprobung nicht Genüge zu leisten scheint. Dabei scheint es sich wiederum zu lohnen, diese Phänomene selbst in Gegensatzpaaren, also selbst als Konflikte anzuordnen; das mag sogar praktisch sein. Und schließlich erlaubt das Bild uns, doch auch zu sehen, wie diese mehr oder weniger bewußtseinsfähigen Konflikte, die uns immer wieder an der klinischen Oberfläche beschäftigen und von denen wir auch immer ausgehen sollen, sich auf jenes kleine Zentrum hin orientieren, auf eben die *zentralen Konflikte*, die der Phänomenologie zugrunde liegen.

Ist das nun die ganze Geschichte über die psychische Kausalität? Nicht doch – die ist wohl weit komplizierter. Das einzige, das man behaupten kann, ist, daß dies *die wesentliche Kausalität ist, die durch die Methode der Introspektion überhaupt erreichbar ist.*

Damit stellst du uns aber fast unversehens vor mehrere große Problem- und Fragenkreise: 1) Womit begründest du deinen Wahrheitsanspruch? Wie bemißt sich diese Begründung im Vergleich mit einer anerkannt wissenschaftlichen? Was macht eine Theorie wissenschaftlich, und was unterscheidet diese von einer phantastischen Konstruktion? 2) Was meinst du mit dieser Frage nach der Ursächlichkeit? Wie finden wir analytische Kausalverbindungen? Was hat es mit solchen Kausalketten auf sich? Gibt es nicht eine breitere psychologische Kausalforschung, die über das der analytischen Methode Zugängliche hinausgeht, dieses aber mitumfaßt? 3) Was ist der Wert der wissenschaftlichen Modelle, die wir auf das Innenleben anwenden? Sollen wir vor den Metaphern und metaphorischen Systemen zurückscheuen? Welche Stellung haben Metaphern in der wissenschaftlichen Theorie überhaupt? Sollen sie als verdächtige Eindringlinge und Usurpatoren betrachtet und am besten ausgestoßen und verbannt werden? Sind sie Zeichen falscher Wissenschaftlichkeit? Oder dürfen wir sie getrost benutzen, solange wir der Tatsache eingedenk bleiben, daß es sich dabei um Bilder und Gleichnisse handelt? 4) Metaphern sind besondere Formen der Symbolisierung. Die psychoanalytische Theorie ist selbst eine Struktur von systematisch zusammengefaßten Symbolen, von mehr oder weniger passenden Bildern für innere Vorgänge und Beziehungen. Was ist die Natur der Symbolisierung, was sind ihre Schichten? Gibt es verschiedene logische Ebenen des theoretischen Gebäudes? Was ist dessen Beziehung zu anderen Gebieten?

Damit aber erweitern wir die Untersuchung. Aus dem Dialog zwischen klinischer Erfahrung und literarischer Darstellung wird nun ein Dialog zwischen psychoanalytischer Theorie und philosophischem Denken. Dies sind zwei verschiedene Ebenen des Diskurses, die aber eng miteinander verbunden bleiben. Doch sind alle 4 Gesprächspartner – Therapeut, Dichter, Theoretiker und Denker – in uns vereinigt. Alle 4 sind eigentlich verschiedene Seiten und verschiedene Ebenen der Tätigkeit mit Patienten. Sie alle widmen sich im Grunde der Frage: „Was ist der Mensch?" Wie könnten wir es vermeiden, darüber nachzudenken und in freier Diskussion diese Gesprächspartner in uns selbst zu versammeln, je nach Notwendigkeit? Das ist doch ganz unumgänglich. Versuchen wir es also auf der neuen Ebene!

7.1.3 Die Frage nach der Stellung der Psychoanalyse

Zunächst haben wir uns energisch mit der Frage nach der Wissenschaftlichkeit und der Sicherheit der Wahrheitsfindung und Wahrheitsbeglaubigung in der Psychoanalyse auseinanderzusetzen.

In den vergangenen 60 Jahren sind viele Versuche, die Psychoanalyse philosophisch zu bewerten, unternommen worden, und zwar fast ausschließlich entweder mit den Mitteln einer radikal empiristischen, positivistischen Philosophie (z.B. von Home 1966, und Schafer 1975, 1976a) und b), und neuerdings in besonders eloquenter Weise von Grünbaum, 1984) oder einer Erkenntnistheorie, die auf der Phänomenologie und Existenzphilosophie und der davon abgeleiteten Hermeneutik aufbaut (v.a. bei Binswanger 1957 und Ricoeur 1970).

In den folgenden Kapiteln möchte ich jedoch einige durch die Psychoanalyse aufgeworfenen philosophischen Probleme mit Hilfe eines selten benutzten Instruments erhellen: des neukantianischen Ansatzes, so wie er in diesem Jahrhundert hauptsächlich durch Cassirer und Langer vorgestellt und fortgebildet wurde. Ich glaube, daß dieses Instrument geeignet ist, Licht auf einige unserer verwirrendsten Probleme zu werfen, – die außerordentliche Fülle empirischer Daten zu ordnen und die Hierarchie der theoretischen Sätze in eine angemessene Perspektive zu setzen, und zwar auf verschiedenen Abstraktionsebenen, ohne dabei zu zerstören, was sich als sinnvoll erwiesen hat. Überdies scheint das Instrument auch geeignet zu sein, kritisch zu prüfen, an welcher Stelle diese theoretischen Voraussetzungen vielleicht allmählich zu nicht mehr hinterfragten oder gar zu dogmatischen Gewißheiten geworden sind. So wird ein Kurs eingeschlagen, der die Mitte hält zwischen einem naiven Empirismus – der gewöhnlich in einem nihilistischen Skeptizismus endet (so gut er sich auch verstecken mag) – und einem ebenso naiven Dogmatismus, der unsere Theorien als nichtmetaphorische absolute Wahrheiten und handgreifliche Tatsachen ansieht.

Dabei tauchen mehrere Themen als Schwerpunkte der Erörterung auf. Einer dieser Punkte ist das Verhältnis der Psychoanalyse zur Philosophie, die Vielfalt (nicht Einheitlichkeit) wissenschaftlicher Methoden und die Untersuchung der Theoriebildung in Verbindung mit der Abstraktionshierarchie. Ein weiterer Punkt ist die produktive, möglicherweise sogar erneuernde Kraft der facettenreichen Krise, durch die die psychoanalytische Theorie und Praxis gehen. Ein besonders wichtiger Punkt sind Charakter und Ort der Psychoanalyse als Wissenschaft: Ist sie Teil der Naturwissenschaft, eine Geisteswissenschaft, oder ist sie überhaupt keine Wissenschaft? Stellt sie vielleicht ein gesondertes und eigenständiges Gebiet „symbolischer Formen" dar?

Bekanntlich erblickte Cassirer in der Symbolisierung die einzigartig menschliche Tätigkeit und teilte ihre Ergebnisse in mehrere breite Gebiete der Symbolbildung auf – Sprache, Mythos und Religion, Kunst, Geisteswissenschaften (namentlich die Geschichte) und die Naturwissenschaften, jedes mit seiner eigenen Struktur und Logik, seinem eigenen Wert und seiner eigenen Rechtfertigung. Symbole (deren Natur später definiert werden soll) werden charakteristischerweise in ganzen Systemen geschaffen und gebraucht, und zwar in Gestalt von Hierarchien, die für uns den dauernden Fluß der Erfahrung durch „Schemata der Bedeutung" („meaning schemes"; Fingarette 1963) ordnen. Diese organisierenden Symbolstrukturen bilden für uns recht eigentlich die „Kanäle" („channels") aller möglichen Erfahrung. Was ist die Eigenart der Psychoanalyse in dieser Hinsicht der Symbolisierung?

So hat sich schon vor langem die oft hitzige Kontroverse darüber erhoben, was der rechte Ort der Psychoanalyse in diesem System von symbolischen Formen sei: Ist sie eine Wissenschaft und, wenn ja, eine Natur- oder eine Geisteswissenschaft, ist sie eine Kunst oder gar, horribile dictu, nach dem bösen Urteil mancher führender Philosophen, nichts Besseres als eine Mythologie, eine Metaphysik, eine Religion?

Doch sogleich erheben sich neue Fragen: Wie kann das, was Erleichterung bringt, einen Wahrheitsanspruch begründen? Was ist die Rolle des unspezifischen Einflusses des Therapeuten und seiner Überzeugungen? Wie versteht man das Durcheinander von Theorien und Methoden, die einander klar widersprechen?

Auf der durch diese Untersuchungen geschaffenen Basis werde ich einige der Fragen aufnehmen, die sich bei der Lektüre der Arbeiten zweier amerikanischer, sich mit der Psychoanalyse beschäftigender Philosophen – Rorty und Grünbaum – erhoben haben. Beide rühren an die bisher erörterten Hauptthemen der praktischen wie auch der sich darauf stützenden theoretisch-philosophischen Arbeiten – die Stellung der Konfliktanalyse in der Behandlung schwerer Neurosen, die Unterscheidung spezifischer von unspezifischen Faktoren, die zur tiefen inneren Veränderung beitragen, also Fragen des Einflusses, den man *spezifisch* der *Einsicht* beimißt. Grünbaums Herausforderung, die wir zwar in ihrer dogmatischen Enge und apodiktischen Selbstgewißheit entrüstet von uns zu weisen geneigt sind, ist dabei besonders wichtig, da seine insistente Frage nach dem Stand der Kausalerklärung in der Psychoanalyse ein entscheidendes wissenschaftsphilosophisches Problem aufwirft, dem wir uns nicht ohne Schaden und Einbuße entziehen können.

Das führt aber unvermeidlich zum Problem von Werturteilen, die über Patienten *und* Analytiker gefällt werden. Im Praktischen wie im Literarisch-Philosophischen stießen wir immer wieder auf die Bedeutsamkeit von Konflikten zwischen Werten und Loyalitäten, auf die der Absolutsetzung gewisser Wertverpflichtungen, und damit auf die Bedeutsamkeit der tragischen Dimension der Erfahrung. Doch die aufgeworfenen Fragen und Schlußfolgerungen sprengen nun den Rahmen und reichen weit über das bisher Diskutierte hinaus.

7.2 Die Frage nach der Natur der psychoanalytischen Wahrheit

7.2.1 Die Komplementarität von Wert und Wahrheit

Keine wie auch immer geartete wissenschaftliche Unternehmung kann voranschreiten, ohne immer wieder ihre erkenntnistheoretische Grundlage zu überprüfen, die Grundvoraussetzungen, die die praktische Methode und die Theorie bedingen. Erkenntnistheorie, d.h., die Erforschung der Art und Weise, wie man Erkenntnis (episteme) gewinnt, wie man sie beweist oder verwirft, ist eine philosophische Aufgabe, die zwar implizit oder explizit jeder Wissenschaft zugrunde liegt, die jedoch für die Praktiker oder Theoretiker einer Wissenschaft häufig nicht ohne weiteres sichtbar oder gar zugänglich ist. Die Psychoanalyse kann ohne eine solche ständige Überprüfung ihrer philosophischen Voraussetzungen nicht auskommen, v.a. nicht in Krisenzeiten, wie wir sie nach Ansicht vieler gegenwärtig erleben.

Die im letzten Kapitel untersuchte Doppelheit von Absolutsetzung eines Ideals und Verleugnung, die jene notwendigerweise schattengleich begleitet, sowie die sich daraus ergebende Spaltung der Wirklichkeit zwingen uns zu einer neuen Reihe von Fragen, die viel näher an unsere Erfahrung als Analytiker rühren, ja die unmittelbar in unsere tägliche Erlebniswelt hineingreifen.

Am Ende der Ausführungen in Kap. 6 haben wir bei der Feststellung der unaufhebbaren Spannung zwischen Qualität und Quantität innegehalten, nachdem wir des Aufstandes gegen die äußere und schließlich auch gegen die innere Autorität gewahr geworden sind. Es handelt sich dabei, fügten wir bei, um den tiefen *Verdacht der Moderne gegenüber der Ehrfurcht* und, als Motivkraft dahinter, um die *Überhöhung des „Gottes des Wollens"*, der Selbstgesetzlichkeit, ja der Selbstgerechtigkeit. Wir sind nicht zu dem sich darin ausdrückenden tieferen *Gegensatz von Wert und Wahrheit* fortgeschritten und damit zu einem möglichen grundsätzlichen *Konflikt zwischen Respekt und Ehrlichkeit* als antithetischen Haltungen und Werteinstellungen.

Diese Doppelheit, dieser Konflikt, rührt aber an das Wesen der Psychoanalyse, an ihr eigenes unauflösbares Dilemma von Wahrheit und Wert, von Qualität und Meßbarkeit, mithin im Grunde von Kunst und Wissenschaftlichkeit. In welcher Weise diese Doppelheit sich in der praktischen Arbeit bekundet, wird im Verlauf dieses Kapitels genauer dargestellt werden.

7.2.2 „Die Naturwissenschaft der Seele"?

Von der Zeit an, als die Psychoanalyse sich als Untersuchungs- und Behandlungsmethode zu formen begann, stellten sich Freud und seine Kritiker grundsätzliche Fragen über die wissenschaftliche Gültigkeit der theoretischen Behauptungen, aber auch über die ethischen Implikationen, Wertfragen, die die Arbeit mit dem Unbewußten aufwarf. Gewöhnlich waren die Antworten extrem und unkritisch, aber, wie auch der philosophische Absolutist Grünbaum zu Recht bemerkt, war Freud selber ein methodologisch und erkenntniskritisch weit schärferer Kommentator als die meisten seiner Schüler und Kritiker (v.a. auch als Popper 1962!).

„Es ist die Absicht dieses Entwurfs, eine naturwissenschaftliche Psychologie zu liefern", schrieb Freud 1895 im *Entwurf einer Psychologie*, der mehr als ein halbes Jahrhundert verschollen oder unzugänglich blieb. Ihr Ziel sei es, „psychische Vorgänge darzustellen als quantitativ bestimmte Zustände aufzeigbarer materieller Teile, und sie damit anschaulich und widerspruchsfrei zu machen" (S. 305).

So blieb es eine allgemeine Behauptung innerhalb und außerhalb der Psychoanalyse, diese sei eine Naturwissenschaft. In seinem Essay von 1929 über Freuds Stellung in der modernen Geistesgeschichte nannte Thomas Mann die Psychoanalyse „eine der Mystik entkleidete, Naturwissenschaft gewordene Romantik". E. Kris' Ausspruch wird oft zitiert, die Psychoanalyse sei die Naturwissenschaft der Seele: „Psychoanalysis is the natural science of the mind; it is not, and in its nature cannot be, a descriptive method." Sie sei weder eine Psychologie, die auf Phänomenologie und Empathie basiere, noch sei sie Dichtung. Sie sei die Psychologie der innersten geistigen Vorgänge, des Menschen im Konflikt („*the* psychology of the innermost mental processes, of man in conflict", 1975, S. 348 f.)

So wird denn immer eindringlicher gefragt, ob die Psychoanalyse wirklich unter die Naturwissenschaften zu subsumieren sei, wie es Freud ursprünglich (1895) vorgeschlagen hatte, oder zu den Gesellschafts- und Kulturwissenschaften gezählt werden solle, wie er es wohl 1933 mit den Worten „Streng genommen gibt es ja nur zwei Wissenschaften, Psychologie, reine und angewandte, und Naturkunde" (GW 15, S. 194) gemeint hatte.

Die frühere Auffassung von der Psychoanalyse als *„der Naturwissenschaft der Seele"*, wie sie Thomas Mann in seinem Festvortrag 1936 genannt hat, wird von den meisten konservativen Theoretikern in unserem Gebiet nach wie vor geteilt. Sie ist es, die denn auch Philosophen wie Grünbaum als eine Plattform dient, von der aus die Ringmauer der alten Theorie mit Sicherheit und mit Aussicht auf Erfolg bestürmt werden kann.

Der zweiten Auffassung begegnen wir immer wieder (Home 1966; Habermas 1973; Ricoeur 1970; Schafer 1975, 1976); dabei wird dann leichthin angenommen, sie hause, da sie sich mit Bedeutung, Gründen und den Schicksalen der Symbolisierung beschäftige, im selben Gebäude wie die Wissenschaften der Geschichte, Literatur, Linguistik und Soziologie und solle ihre theoretischen Formulierungen den Kanons z.B. der Semantik unterwerfen (Ricoeur 1970, 1976). Die meisten der oft revolutionären Vorstöße der 70er Jahre gegen die traditionelle Theorie („Metapsychologie") wird von dieser Überzeugung beseelt.

Andererseits läßt sich ernsthaft erwägen, ob die Psychoanalyse vielleicht eher ein selbständiger Bereich theoretischen Wissens sei, ein Bereich, der unabhängig ist von den Gesetzen, die den Natur- wie den Geisteswissenschaften zugrundegelegt werden, und der somit in Cassirers anthropologischem System einen selbständigen Bereich symbolischer Formen darstellt.

Eine solche Standortbestimmmung wird nicht so sehr als Selbstzweck unternommen, sondern um zur Gültigkeit des wissenschaftlichen Diskurses beizutragen.

Im Zusammenhang mit dem, was ich in der Grünbaum-Kritik anführen werde, ist eine derartige Feststellung notwendig, um systematische und verläßliche Methoden zu entwickeln, dank derer neue Entdeckungen gemacht, diese bewiesen oder widerlegt werden, und um so allmählich zu einer Art der Forschung zu gelangen, die wirklich dem Gebiet angemessen wäre.

Die Streitigkeiten über wissenschaftliche Konzepte und Modelle, die Zweifel bezüglich der Frage, was als angemessene wissenschaftliche Methode und Forschung gelten dürfe, wirft einen tiefen Schatten auf die Wissenschaftlichkeit der Psychoanalyse, obgleich solch eine Kakophonie keineswegs auf die Psychoanalyse beschränkt ist, sondern ein sich in der Geschichte aller Wissenschaften wiederholendes Ereignis ist, wenigstens solange diese nicht der Selbstgefälligkeit, der Stagnation und dem Dogmatismus verfallen sind. Trotzdem kann eine derartige wissenschaftliche Anarchie, die keine organisatorisch-politische Rigidität für immer zu bemänteln vermag, auf die Dauer nicht annehmbar bleiben. Zum mindesten sollten die Quellen solcher Divergenzen und Dispute über die Modelle des Verstehens in klarer Weise formuliert und der objektiven Prüfung unterworfen werden. Dann wird es sich bald erweisen, ob diese Auseinandersetzungen auf tatsächlichen Widersprüchen, nämlich solchen wirklich empirischer Natur, beruhen, damit auch durch die Erfahrung entschieden werden können, oder ob sie vielmehr auf unbeweisbare metaphysische Annahmen zurückzuführen seien. Wie auch die vorliegenden beiden Bände als Ganzes nicht primär einer Verteidigung des wissenschaftlichen Standes der Psychoanalyse dienen, also nicht Ausdruck selbstgerechter Selbstbestätigung oder wiederholter Apologie sein wollen, so kann der Versuch sich lohnen, in einer neuen Weise zu prüfen, ob sie eine Wissenschaft sei, und wenn ja, wo sie gute Wissenschaft sei und wo nicht, und wie schließlich die inneren Kontroversen und Widersprüchlichkeiten („inconsistencies") am besten zu lösen seien.

7.2.3 *Reflexionen in Rortys Spiegel*

Im Verfolg dieser Dispute wird freilich die von Thomas Mann bemerkte tief revolutionäre Eigenart der psychoanalytischen Revision des Menschenbildes heute nur noch von wenigen ernstzunehmenden Autoren bestritten.[1] So stellt der originelle pragmatische amerikanische Philosoph Rorty fest: „Falls die Hochkultur überlebt, nehme ich an, daß wir einige Jahrhunderte benötigen werden, um uns an den uns gebotenen Begriffsschatz der Psychoanalyse zu gewöhnen" (Rorty 1980a, S. 177).[2] Wir sollen uns mehr mit den noch unassimilierten Auswirkungen der Psychoanalyse auf unsere Versuche, in moralischen Begriffen zu denken, beschäftigen (ebd., S. 185), statt sie vorzeitig ins Prokrustesbett einer Weltanschauung zu zwängen.

Ist es anderseits wirklich so, wie er in einem 1984 gehaltenen Vortrag behauptet,

[1] Etwa von Canetti, von Popper, selbst von Kuhn, früher v. a. von Jaspers.

[2] „I would suggest that, if high culture survives, we are in for another few hundred years of getting adjusted to the availability of the psychoanalytic vocabulary."

daß Freud, indem er uns geholfen hat, uns selbst als ohne Zentrum *[centerless]*, als willkürliche Anhäufungen [random assemblages] von zufälligen und idiosynkratischen Bedürfnissen aufzufassen, statt als mehr oder weniger adäquate Verkörperungen einer menschlichen Wesenheit [exemplifications of a human essence], uns dazu verholfen hat, zunehmend ironisch, spielerisch, frei und erfinderisch in unserer Auswahl an Selbstbeschreibungen zu werden?[3]

Ist es Freuds Ansicht, daß der Mensch eine zentrumlose, doch irgendwie mehr oder weniger zusammenhängende Maschine sei? Ist es der Zweck der Therapie, zusammenhängende Erzählungen über sich selbst zu verfassen – „Alternativerzählungen und Alternativvokabulare als Instrumente für die Veränderung, nicht als Kandidaten für eine richtige Beschreibung dessen, wie die Dinge für sich selbst sind?" (Rorty 1984).[4]

Rorty fordert denn auch energisch, man solle sich nicht beeilen, die Psychoanalyse traditionellen epistemologischen Einschränkungen zu unterwerfen, ganz abgesehen von seinem grundlegenden Skeptizismus gegenüber der Epistemologie überhaupt. Sein „epistemologischer Behaviorismus" und Relativismus erklärt „Rationalität und epistemische Autorität durch das, was die Gesellschaft uns sagen läßt, nicht umgekehrt"[5] (1980 a, S. 174). „Wir brauchen weniger Methodologie und Metaphysik, weniger philosophische Umdeutungen der Handlungsweise der Psychoanalyse" (1980 a, S. 185).[6] Weder eine humanistische (Wolf) noch eine hermeneutische (Schafer) Umdeutung von Freud sei befriedigend:

> Diese Verschiebung scheint gerade das einzubüßen, was Freud so brauchbar und wichtig gemacht hat – seine Dehumanisierung der Handlungsmotive, und besonders die der Liebe... Keine epistemologischen oder semantischen Betrachtungen vermögen dem mechanistischen Charakter der Freudschen Erklärungen zu entgehen oder sie zu verwan-

---

[3] „My central claim is that Freud, by helping us to see ourselves as centerless, as random assemblages of contingent and idiosyncratic needs rather than as more or less adequate exemplifications of a common human essence, has helped us become increasingly ironic, playful, free, and inventive in our choice of self-descriptions. The ability to think of ourselves as idiosyncratically formed collages rather than as susbstances has been an important factor in our ability to sluff off the idea that we have a true self, one shared with all other humans, and the related notion that the demands of this true self – the specifically moral demands – take precedence over all others. It has helped us to think of moral reflection and sophistication as a matter of self-creation rather than self-knowledge" (Rorty 1984).

[4] „He lets us see alternative narratives and alternative vocabularies as instruments for change, rather than as candidates for a correct depiction of how things are in themselves."

[5] „Explaining rationality and epistemic authority by reference to what society lets us say, rather than the latter by the former, is the essence of what I shall call ‚epistemological behaviorism', an attitude common to Dewey and Wittgenstein" (Rorty, „Philosophy and the Mirror of Nature", S. 174).

[6] „Freud's discoveries of unconscious mechanisms endanger the notions of morality and rationality which made possible the liberal secular culture within which what we call ‚literature' and ‚literary criticism' emerged. We are in danger of forgetting what it was about Freud that threw all this in doubt. In order to keep this in view, I think we need less methodology and metaphysics – less philosophical reinterpretation of the activity of psychoanalysis – and more insistence on the still unassimilated effects of psychoanalysis upon our attempts to think in moral terms."

deln, ebenso wenig wie das etwa bei den Newtonschen Erklärungen möglich wäre. Diese Erklärungen *sind wirksam [work];* sie geben uns eine Handhabe dafür, wenn wir die Dinge manipulieren oder verändern wollen (1980 a, S. 182 f.).[7]

Das stellt uns dann vor die Frage, ob wir Rorty beipflichten können, wenn er sagt, daß „Freud sowohl ein guter mechanistischer Naturwissenschafter wie ein Hermeneutiker war, und daß diese beiden Beschreibungen dessen, was er tat, keine dialektische Spannung schaffen, die einer philosophischen Auflösung bedürfte"?[8] (1980 a, S. 185).

Offensichtlich findet Rorty beide Bezeichnungen der Psychoanalyse – die mechanistische wie die hermeneutische – annehmbar und nicht widersprüchlich, doch scheint er die erstere vorzuziehen und als brauchbarer zu erachten. Er stellt deren Antithese und damit die von Natur- und Geisteswissenschaften in Frage (1980 b, S. 39): es gebe keine interessante Spaltung zwischen ihnen[9], und „wir sollten nicht zu eilfertig mit der Annahme der Diltheyschen Gegenüberstellung von hermeneutischen und positivistischen Zugangsweisen sein" (1980 a, S. 185).

> … die Scheidungslinie zwischen den Gebieten der Epistemologie und der Hermeneutik ist nicht eine Sache der Unterscheidung von „Naturwissenschaften" und „Geisteswissenschaften", noch zwischen Tatsache und Wert, noch zwischen dem Theoretischen und dem Praktischen, noch etwa zwischen „objektiver Erkenntnis" und etwas, das verschwommener und zweifelhafter ist. Die Unterscheidung ist einzig eine der Vertrautheit (1979, S. 321).[10]

---

[7] Im Gegensatz zu Ernest Wolfs Beschreibung von Kohuts „bridg[ing] the gap between depth psychology and the humanities" als Ergebnis dessen, was er „ a shift away from giving primary attention to *parts*, e. g., to instincts and bodily zones … toward attempting to grasp the totality of a *whole* person" nennt, behauptet Rorty: „That shift seems to lose just what made Freud both so useful and so important – his dehumanization of the springs of action, and especially of love" (S. 182).
Und gegenüber Schafers Versuch einer „hermeneutic version of psychoanalysis" und Gegnerschaft gegen den metaphorischen Charakter der psychoanalytischen Theorie wendet Rorty das Folgende ein: „‚Structure, mechanism … discharge of energy, automatization' do not become obsolete because the Kantian notion of the a priori has been relativized, in the manner of C. I. Lewis and Wittgenstein. More generally, no epistemological or semantical considerations are going to evade or transmute the mechanistic character of Freudian explanations anymore than of Newtonian explanations. These explanations *work;* they give us a handle on the things we want to manipulate or change. They can of course be translated into anthropomorphic, humanized terms, but then they lose their moral significance. Worse, the theory in which they are formulated loses its ability to improve and progress" (S. 183).

[8] „… we should not be too quick to accept the Diltheyan opposition between hermeneutical and ‚positivistic' approaches. We should consider the possibility that Freud was both a good mechanistic natural scientist *and* a practitioner of hermeneutics, and that these two descriptions of what he did do not create any dialectical tension which requires philosophical resolution."

[9] „… there is no interesting split between the Natur- and the Geisteswissenschaften."

[10] „From this point of view, then, the line between the respective domains of epistemology and hermeneutics is not a matter of the difference between the ‚sciences of nature' and the ‚sciences of man', nor between fact and value, nor the theoretical and the practical, nor ‚objective knowledge' and something squishier and more dubious. The difference is purely one of fami-

Epistemologie beziehe sich auf den „Normaldiskurs" (im Kuhnschen Sinne), während „Hermeneutik das Studium eines vom Standpunkt eines normalen Diskurses aus gesehenen abnormalen Diskurses" sei, „der Versuch, den Sinn in etwas zu finden, zu einem Zeitpunkt, wo wir noch zu unsicher darüber sind, wie wir es beschreiben und davon epistemologische Rechenschaft geben sollen" (1979, S. 320 f.).[11] Epistemologie strebe danach, einen gemeinsamen Grund aufzufinden, „einen permanenten neutralen Rahmen" für alles Verstehen und jede Kultur zu schaffen (ebd., S. 269)[12], während „die Hermeneutik die Bezüge zwischen verschiedenen Diskursen als solche von Themen in möglichen Konversationen ansieht" (S. 319).[13]

Können wir uns, in der Weiterführung dieses Rortyschen Gedankens, vielleicht vorstellen, daß es eher etwas Drittes gäbe, das uns in brauchbarerer Weise diente und wofür wir im dargebotenen klinischen Material Unterstützung finden könnten? Kann das von Rorty behauptete Nebeneinander der philosophischen Auffassungen am besten durch die von ihm vorgeschlagene Philosophie des Pragmatismus als Grundauffassung zusammengeführt werden, und ist diese mit der in *Flucht vor dem Gewissen* zugrundegelegten Philosophie der Technik vereinbar?

Um diese aufgeworfenen und folgenreichen Fragen beantworten zu können, nämlich was die Natur des psychoanalytischen Wissens, ihr Wesen, ausmache und wozu dieses Wissen innerhalb des Schemas theoretischer Untersuchungen gehöre, wird es geboten sein, einen Blick auf den *Deutungsprozeß* selbst zu werfen.

---

liarity. We will be epistemological where we understand perfectly well what is happening but want to codify it in order to extend, or strengthen, or teach, or ‚ground' it. We must be hermeneutical where we do not understand what is happening but are honest enough to admit it, rather than being *blatantly* ‚Whiggish' about it. This means that we can get epistemological commensuration only where we already have agreed-upon practices of inquiry (or, more generally, of discourse)..."

[11] „The pragmatic approach to knowledge suggested by epistemological behaviorism will construe the line between discourses which can be rendered commensurable and those which cannot as merely that between ‚normal' and ‚abnormal' discourse – a distinction which generalizes Kuhn's distinction between ‚normal' and ‚revolutionary' science... Episteme is the product of normal discourse – the sort of statement which can be agreed to be true by all participants whom the other participants count as ‚rational'... But hermeneutics is the study of an abnormal discourse from the point of view of some normal discourse – the attempt to make some sense of what is going on at a stage where we are still too unsure about it to describe it, and thereby to begin an epistemological account of it."

[12] „... since Kant, philosophy has made it its business to present a permanent neutral framework for culture."

[13] „Hermeneutics sees the relations between various discourses as those of strands in a possible conversation, a conversation which presupposes no disciplinary matrix which unites the speakers, but where the hope of agreement is never lost so long as the conversation lasts... Epistemology sees the hope of agreement as a token of the existence of common ground which, perhaps unbeknown to the speakers, unites them in a common rationality" (S. 318).
„The notion of culture as a conversation rather than as a structure erected upon foundations fits well with this hermeneutical notion of knowledge, since getting into a conversation with strangers is, like acquiring a new virtue or skill by imitating models, a matter of phronesis rather than episteme" (S. 319).

Ehe ich mich jedoch der Untersuchung selbst zuwende, stellt sich noch eine zweite Art von Fragen: die nach den dazugehörigen *Werten.* Rorty erblickt die wertphilosophische Bedeutung der Psychoanalyse in der Erweiterung „unseres Wortschatzes moralischer Erwägungsweise... Sie setzt das Bild komplizierter Transaktionen zwischen zwei oder mehr ‚Intellekten' an Stelle des traditionellen Bildes von einem ‚Intellekt', der sich mit einer Masse ‚irrationaler' Bestien herumschlägt".[14] Er ist der Meinung, daß diese Erweiterung des inneren Dialogs, der moralischen Erwägungen, nicht nur mit seiner [Freuds] Sicht des Ich als Maschine vereinbar, sondern von ihr abhängig sei.

Mir scheint, daß wir uns als Analytiker in der Tat mit anderen hochbedeutsamen *Wertfragen* abgeben, daß wir dabei sehr viel spezifischer sein können, und zwar, daß diese *Fragen des Wertes aufs engste mit den Fragen nach der Wahrheit verbunden* sind. Damit meine ich, daß wir uns eindeutig immer wieder auf *Werturteile* darüber berufen, was wir während unserer analytischen Arbeit wirklich *tun.* Wir wissen, daß es gute und schlechte Stunden gibt; wir sind uns dessen bewußt, daß es ernsthafte Probleme schlechter Technik und schlechter Theorien gibt und daß Therapeut und Patient schlecht zusammenpassen können. Psychotherapie und Psychoanalyse können nicht nur Hilfe geben, sie können auch unermeßlichen Schaden anrichten. Warum? Wann? Wie? Obgleich nur selten ausdrücklich im Verlauf der klinischen Kapitel gestellt, war dies eine ständig nagende innere Frage bei jeder dieser schweren Behandlungsfälle.

Ganz einfach gesagt: es gibt eine *Ethik der analytischen Technik*, die ebenso wichtig, wenn nicht noch wichtiger als die *ethischen Folgerungen aus dem psychoanalytischen Verständnis der menschlichen Natur* ist.

Wenn schließlich Rorty über den Gegensatz zwischen der Moralität als „dem Suchen nach der Gerechtigkeit in der Behandlung der anderen" und der Moralität als „Suchen nach Selbstvervollkommnung" spricht, so wird diese Antithese, glaube ich, von der psychoanalytischen Seite her durch das Studium der Schuld gegenüber dem der Scham angegangen.

7.2.4 „Die Große Wasserscheide"

Die Konzentrierung auf die Dialektik von Deutung, Widerstand und Einsicht hat manche Denker und Psychoanalytiker zu postulieren veranlaßt, daß dieser besondere dialektische Prozeß die Psychoanalyse eindeutig unter die Disziplinen einreihe, die dem *Verstehen* von Gründen und Sinnbezügen, nicht der Beobachtung von Tatsachen und deren kausalen *Erklärung* nachgehen. Sie sei damit die hermeneutische Disziplin par excellence (Habermas, Gadamer, Ricoeur, Home, Binswanger, Boss, Schafer, Steele, Martin, Spence).

In Habermas' Worten: „Die psychoanalytische Deutung befaßt sich nun mit sol-

---

[14] „It substitutes a picture of sophisticated transactions between two or more ‚intellects' for the traditional picture of one ‚intellect' struggling with a mob of ‚irrational' brutes."
„... the availability of a richer vocabulary of moral deliberation..." (1984).

chen Symbolzusammenhängen, in denen ein Subjekt sich über sich selber täuscht. Die *Tiefenhermeneutik*, die Freud der philologischen Diltheys entgegensetzt, bezieht sich auf Texte, die *Selbsttäuschungen des Autors* anzeigen“ (1973 a, S. 267). Dieser Gedanke wird vertieft:

> Diese Kommunikationsstörung verlangt einen Interpreten, der nicht zwischen Partnern verschiedener Sprachen vermittelt, sondern ein und dasselbe Subjekt die eigene Sprache begreifen lehrt. Der Analytiker leitet den Patienten an, damit er die eigenen, von ihm selbst verstümmelten und entstellten Texte lesen und Symbole von einer privatsprachlich deformierten Ausdrucksweise in die Ausdrucksweise der öffentlichen Kommunikation übersetzen lernt. Diese Übersetzung erschließt einer bis dahin blockierten Erinnerung die genetisch wichtigen Phasen der Lebensgeschichte und macht den eigenen Bildungsprozeß bewußt: insofern zielt die psychoanalytische nicht wie die geisteswissenschaftliche Hermeneutik auf das Verstehen symbolischer Zusammenhänge überhaupt, sondern *der Akt des Verstehens*, zu dem sie führt, *ist Selbstreflexion* (S. 279 f.).

Er kritisiert deswegen Freud dafür, daß er es unterlassen habe, die Metapsychologie danach zu gestalten: „... er hat die Metapsychologie nicht als das begriffen, was sie im Bezugssystem der Selbstreflexion allein sein kann: als eine *allgemeine Interpretation von Bildungsprozessen*“ (S. 309).

In sehr ähnlicher Form geht die These von Home (1966) im wesentlichen dahin, daß der Geist („mind“) die *Bedeutung* von Verhalten sei. „... Freud nahm die psychoanalytische Forschung der Neurose aus der Welt der Naturwissenschaft in die Welt der Geisteswissenschaften hinüber, weil eine Bedeutung nicht das Produkt von Ursachen ist, sondern die Schöpfung eines Subjekts“[15]. Die Naturwissenschaft stelle die Frage, „wie ein Gegenstand in Erscheinung trete, und erhält eine Antwort in Form von Ursachen, wohingegen eine geisteswissenschaftliche Untersuchung die Frage nach dem *Warum* stellt und als Antwort Gründe erhält“[16]; ihre Denkweise sei „Interpretation“.

In ähnlich radikaler Formulierung erscheint der Gedanke bei Schafer (1973 a, b, 1975, 1976); er schlägt eine Theorie vor, die „natürlicher“ für die psychoanalytische Methode und Beobachtung sei:

> ... die wirkliche Verpflichtung des Analytikers besteht nicht in der Bindung an einen Determinismus innerhalb eines Universums mechanischer Ursachen, sondern in der Verstehbarkeit innerhalb eines Universums von begründbaren Handlungen. Die Aktionssprache ist die ursprüngliche, aber vernachlässigte Sprache der Psychoanalyse.[17] So sind die vier Begriffe – Bedeutung, Handlung, Grund und Situation – Aspekte der psychologischen Art und Weise, menschliches Handeln zu betrachten, und sie definieren und bedin-

[15] „... Freud took the psychoanalytic study of neurosis out of the world of science into the world of the humanities, because a meaning is not the product of causes but the creation of a subject“ (S. 43).

[16] [Science asks the question] „*how* does a thing occur and receives an answer in terms of causes, whereas a humanistic study asks the question *why* and receives an answer in terms of reasons“ (S. 46).

[17] „... the analyst's real commitment is not to determinism in a universe of mechanical causes, but to intelligibility in a universe of actions with reasons. The action language is a native, but neglected tongue of psychoanalysis“ (1973 a, S. 267).

gen sich gegenseitig. Die anderen vier Begriffe – Ursache, Bedingung, Determinante und Kraft – drücken dagegen, wenn sie in der Psychologie gebraucht werden, eine menschenunwürdige oder entmenschlichende Betrachtungsweise menschlicher Aktivität aus, als sei sie die Tätigkeit einer Maschine.[18]

Dieses scharfe Entweder-oder von Natur- und Geisteswissenschaften, wie sie so besonders klar in den letzten 2 Sätzen ausgesprochen wurde, ist auch als „die Große Wasserscheide" („the Great Divide") bezeichnet worden.

Ricoeur geht über die Gleichstellung der Psychoanalyse mit der geisteswissenschaftlichen Hermeneutik hinaus und erblickt in der Analyse eine Vereinigung von zwei Denk- und Sprechbereichen, dem der Sinnhaftigkeit und dem der inneren Kräfte und Energien.[19] Seine Auffassung der Psychoanalyse ist daher, im Gegensatz zu der von Habermas keineswegs ausschließlich hermeneutisch oder exegetisch; dennoch liegt die Betonung ganz darauf.[20]

---

[18] „Thus the four terms – meaning, action, reason and situation – are aspects of the psychological mode of considering human activity, and they co-define or co-constitute each other. In contrast, the other four terms – cause, condition, determinant and force – when used in psychology, express a subhumanizing or dehumanizing mode of considering human activity as though it were the workings of a machine" (1973 a, S. 269).

[19] Mir liegt sein Werk *Freud and Philosophy* (1970) in der englischen Übersetzung vor: „We have seen that the specificity of analytical discourse ultimately lies in the relation between instinct as the primary energy concept and instinctual representative as the primary hermeneutic concept; such discourse *unites the two universes of force and meaning in a semantics of desire*" (S. 257). Er sieht die Psychoanalyse demnach „as an explanation of psychical phenomena through *conflict of forces*, hence as an *energetics;* and as an *exegesis of apparent meaning through latent meaning*, hence as a *hermeneutics*" (S. 62).

[20] „Psychoanalysis is not a science of observation but an interpretation more comparable to history" (zit. nach Modell 1978 b, S. 643).
Einige andere Aussagen von psychoanalytischen Autoren der hermeneutischen Richtung: „The goal of psychoanalysis is not domination or prediction and control, it is unterstanding. This comes through methods that are hermeneutic through and through ... There is *objectivity* of *method* in both hermeneutics and psychoanalysis because interpreters can agree on general methodological guidelines for their work" (Steele 1979, S. 408 f.). „*Science* declares that a concept is valuable only because it is true. *Poetry* inverts this proposition, claiming that ‚Was fruchtbar ist allein ist wahr'. *Interpretation* operates in an inexact realm ranging from the possible to the probable, claiming that propositions that may be only partly true are not for that reason valueless; for such probabilistic conceptions may be indispensable to the process of knowing ... The analyst is neither a pure observer, as Freud (1895) wished him to be; nor an inventor, as Spence (1982) conjectures he may be. He is an interpreter" (Martin 1983, S. 335–337).
Spence ist wohl der originellste der amerikanischen Hermeneutiker. Die folgenden knappen Auszüge (1983) können nicht vorgeben, seinen Gedanken gerecht zu werden: „ ... the core of our identity is really a *narrative thread that gives meaning to our life*, provided – and this is the big if – that it is never broken ... Now we are beginning to think of the analyst as more of a creative artist ... The construction that began as a contribution to the coherence of the narrative ... gradually comes to acquire truth value in its own right and is assumed to satisfy the criteria of accuracy ... To the extent that a narrative is persuasive and compelling, it acquires features of what might be called *narrative truth* ... The narrative truth of an interpretation

Habermas und Ricoeur, die beiden führenden Exponenten dieser Richtung, stützen ihre Argumente fast ausschließlich auf gewisse zentrale Texte der Psychoanalyse, im wesentlichen die Arbeiten Freuds. Damit bieten sie großartige Textexegesen eines der leitenden Schriftstellers und Denkers in der Menschheitsgeschichte.

Doch dies eröffnet einige grundsätzliche Fragen: Wie steht es um die anderen wichtigen, oft einander widersprechenden analytischen Autoren, die sich in schöpferischer Weise mit der sich anreichernden analytischen Erfahrung auseinandergesetzt haben? Können wir zudem automatisch annehmen, daß das, was sich in den theoretischen Schriften – etwa im Gegensatz zu den genau notierten Fallaufzeichnungen – niedergeschlagen hat, auch das Wesen dessen vorstellt, was der analytisch Arbeitende in Wirklichkeit tut?

Die Ansicht, die sich dieser Einordnung der Psychoanalyse unter die Geisteswissenschaften entgegenstellt, hat ebenfalls überzeugende Vertreter gefunden.[21] Ihre Ansicht läßt sich am besten durch eine Äußerung Wälders, der wohl der philosophisch klarste und am meisten gebildete der ersten Generation nach Freud innerhalb der Psychoanalyse selbst war, belegen:

> Freud hat weitgehend die Kluft zwischen Naturwissenschaft und Geisteswissenschaft überbrückt... Die Psychoanalyse kombiniert das Verstehen mit dem methodischen, wissenschaftlichen Vergleichen („cross-checking"). Es besteht ein ständiges Oszillieren zwischen diesen beiden Haltungen in der Psychoanalyse (1956, S. 492).[22]

Er nennt die Psychoanalyse die „Wissenschaft der Geschichte", die einzige Art der Geschichte, die bis jetzt eine wissenschaftliche Behandlung ermöglicht habe.[23]

Er vergleicht die Deutungsarbeit mit der des Untersuchungsrichters („criminal

---

remains largely independent of its factual basis (its historical truth)... If it is true that many interpretations function as pragmatic statements, it becomes clear that whatever truth value they possess lies more in the future than in the past. *By making an interpretation*, the analyst hopes *to make the patient aware of a new view of his life...*" (S. 458–468). „... we use the coherence of the narrative to establish the truth of the separate parts", in Übereinstimmung mit den „criteria of adequacy, [including] self-consistency, coherence and comprehensiveness" (1982, S. 180 f.).

[21] Zum Beispiel Kris (1947): „The subject matter of psychoanalysis was new in science when Freud started on his investigation; it is new and bewildering even today. That subject matter is human behavior viewed as conflict" (in 1975, S. 5 f.). „Psychoanalysis is *the natural science of the mind;* it is not, and in its nature cannot be, a descriptive method... It has been reminded of its undisputed claim to be considered *the psychology of the innermost mental processes, of man in conflict...*" (1938, in 1975, S. 348 f.).

[22] „Freud has to a large degree bridged the gap between science and the humanities... Science and the humanities have come together mainly in these two disciplines: in the history of science and in psychoanalysis... Psychoanalysis combines understanding with methodical scientific cross-checking. There is a constant oscillation between the two attitudes in psychoanalysis" (S. 492–494).

[23] „[Psychoanalysis] might be called the science of history, viz., of the only kind of history – the history of individual lives – that has so far occurred in a sufficiently large number of cases to make scientific tratment promising" (1976, S. 492).

investigator"): „Wir sind zufrieden, daß diese Rekonstruktion die richtige ist, wenn jede andere Deutung äußerst unglaubwürdig ist" (S. 257).[24] Andererseits vergleicht er den Deutungsvorgang mit der Entzifferung einer Schrift, einer Geheimschrift des Feindes oder der Rekonstruktion einer alten, versunkenen Sprache:

> Alles mag ein Wahn sein, ein großes Gebäude von ineinander verzahnten Irrtümern – außer der Tatsache, daß die *Rekonstruktionen zu einer enormen Masse von Daten aus vielen Quellen* passen und daß die Wahrscheinlichkeit davon, daß dies alles lediglich eine Sache des Zufalles ist, so winzig ist, daß man sie vernachlässigen kann (S. 258).[25]

Diesem letzten und wohl gewichtigsten Argument für die Wahrheit und Wissenschaftlichkeit der Psychoanalyse werden wir später unter dem Titel *Kohärenztheorie der Wahrheit* wieder begegnen.

In den letzten Jahren hat eine Reihe von Autoren sich prinzipiell gegen die philosophische Voraussetzung, die dem ganzen hermeneutischen Unternehmen zugrunde liegt, ausgesprochen und damit auch dessen Kritik an der psychoanalytischen Theorie zu entkräften versucht – unter ihnen namentlich Holt, Holzman, Wallerstein, Blight und, wohl philosophisch am gründlichsten und überzeugendsten, Grünbaum. Die hermeneutische Prämisse wird von Blight (1981) folgendermaßen zusammengefaßt:

> [Natur-]Wissenschaft wird hier zur kalten, mechanischen Entdeckung und Manipulation der physischen Welt, vollständig oder fast vollständig frei von menschlichen Emotionen. Die geisteswissenschaftliche Untersuchung erscheint andererseits als etwas höchst Interessantes und Persönliches, aber ohne Bezug auf so etwas wie eine Beschreibung des objektiven, wirklichen Tatbestandes. Demnach hat man innerhalb dieses Begriffsrahmens zwischen kalter Realität und warmer Phantasie zu wählen; in hermeneutischer Sicht hat die Psychoanalyse klar die letztere gewählt.[26]

---

[24] „We are satisfied that this reconstruction is correct when any alternate interpretation is utterly incredible."

[25] „It might all be a delusion, a vast edifice of interlocking errors – except for the fact that *the reconstructions fit an enormous mass of data from many sources* and that the probability of this all being a matter of coincidence is so infinitesimal as to be negligible."

[26] „My aim is to show that the hermeneutic position – which assumes the existence of a *Great Divide between the epistemologies of science and the humanities* – is untenable and therefore that the problem it is supposed to solve – on which side of the Great Divide psychoanalysis is to be placed – does not exist... Thus my contention is that although psychoanalysis is undoubtedly, as the hermeneuts claim, a form of history, it ought to be regarded as complementary to science and to scientifc explanation rather than, as is often claimed, its diametric opposite, even its inexorable antagonist... Science here becomes the cold, mechanical discovery and manipulation of the physical world, completely, or almost completely, devoid of human emotion and interest. Humanistic inquiry, on the other hand, appears intensely interesting and personal but unrelated to anything like a description of the objective, really existing state of affairs. Accordingly, within this framework one must choose between cold reality and warm fantasy; in the hermeneutic view, psychoanalysis has clearly chosen the latter. On the contrary, I wish to argue, with Popper, that science is intensely personal and should be understood as a transcendent flight of the human spirit, and that humanists, like scientists, seek to make real discoveries about really existing states of affairs" (S. 149–151).

Dies ist nach Blights Ansicht eine Karikatur und Trivialisierung sowohl der Natur- wie der Geisteswissenschaften. *Der Unterschied zwischen Naturwissenschaft und Geschichte liege nicht in der Methode, sondern in der Art von Problemen*, die jede zu lösen versucht; die Grundunterscheidung zwischen den theoretischen und den Geschichtswissenschaften liege im Interesse an *universellen Gesetzen* bei den ersteren, dem Interesse an *gesonderten Tatsachen* bei den letzteren.[27] Es bestehe eine Einheit der Methode und eine Vielfalt des Interesses („unity of method and diversity of interest").

Entsprechend stellt auch Holt (1981) fest, daß diejenigen, die eine eigene Methodologie für die Geisteswissenschaften zu entwickeln versuchen, übersehen, daß „Wissenschaft durch ihre Methoden, nicht durch ihren Inhalt bestimmt werde"[28] und daß die Dichotomie auf einer zu engen Auffassung der Naturwissenschaften beruhe. Die logische Struktur der empirischen Untersuchung und Theoriebildung sei dieselbe bei allen Wissenschaften; daher sei die Psychoanalyse sowohl eine Wissenschaft wie eine Heilkunst und vielleicht überdies eine humanistische Disziplin.[29]

Wallerstein (1976) sieht in der Psychoanalyse die Konjunktion von 3 unerläßlichen Bemühungen: 1) der Verfolgung der „Warum"-Frage, nämlich des Verständnisses der geschichtlichen Bedeutungen und Zusammenhänge, 2) der „Wie"-Frage, nämlich des Erklärens der unerlebbaren Prozesse, Mechanismen und Strukturen, und 3) der Untersuchung der Verknüpfung und Regelmäßigkeit zwischen diesen beiden ersten Bereichen, zwischen dem Erlebbaren und der erklärenden Konstruktion.[30]

Grünbaum bekämpft die hermeneutische Auffassung, indem er sie der *fälschlichen Leugnung des Kausalitätsverständnisses* bezichtigt und sie der *verstohlenen Unterschiebung kausaler Erklärungen* überführt. Die mit solcher Verleugnung der Kausalerklärung begründete Sonderstellung der Analyse und ihr Enthobensein übli-

---

[27] „... the fundamental distinction between theoretical and historical sciences ... is the distinction between the interest in *universal laws* and the interest in *particular facts*" (Popper 1957, S. 143).

[28] „... [they] failed to note that *science is defined by its methods, not its subject matter*, not to mention overlooking the fact that individuals were being studied in a good many contemporary sciences. Many philosophers of science ... have subsequently attacked the false dichotomy between understanding and explaining, showing that these are complementary aims of all scientists and many humanists as well" (S. 133).

[29] „The logical structure of empirical inquiry and theory construction is widely conceded to be essentially the same throughout all the sciences" (S. 140). „... I believe that psychoanalysis can be and should be *a science as well as a healing art, and perhaps a humanistic discipline also*" (S. 135).

[30] „It is in the establishment of such canons of correspondence at all levels of construction and of inference ... that I see the scientifically necessary burden of making psychoanalysis truly a science which is both a general psychology, a study of the general and lawful functioning of the human mind in health and disease, and also an idiosyncratic genetic unfolding of the succession of meanings and reasons ... " (S. 222 f.).

cher Validierungs- und Verifizierungsprozesse beruhe daher auf einem Trugschluß.[31] Da seine weiteren Ausführungen zentrale Bedenken und unausweichliche Besorgnisse äußern, werde ich ihnen und ihrer Entgegnung ein eigenes Kapitel widmen (Kap. 10).

Modell (1978 a) legt den Finger auf die wunde Stelle in diesem ganzen Disput: Wer behauptet, „daß die Logik, auf der die Psychoanalyse basiert, die Logik der Sprache sei, [hat] völlig übersehen, daß offenkundig der Sinn in der psychoanalytischen Situation nicht so sehr von Worten, sondern von *Affekten* abhängt" („*meaning in the psychoanalytic situation depends not so much on words but on affects*"; S. 167). Und: „Affekte liegen im Zentrum des Problems psychoanalytischer Erkenntnis. Worte stellen an sich nicht die Primärdaten der Psychoanalyse dar" (S. 168).[32]

Aufgrund von Bohrs und Polanyis Epistemologie schlägt Modell das Prinzip der *Komplementarität* von biologischer und historischer Bedeutung vor: „Dieselben Phänomene lassen sich mit Hilfe von zwei sich miteinander nicht zu vereinbarenden Bedeutungssystemen verstehen."[33] Dieses lasse dem zentralen Dilemma der Analyse Gerechtigkeit widerfahren, nämlich „ daß die psychoanalytischen Beobachtungen einzigartig und unwiederholbar sind, doch daß gleichzeitig dieselben Geschehnisse wiederholbare Konfigurationen zeigen, von denen wir unser klinisches Wissen und unsere klinischen Theorien ableiten" (1978 b, S. 656).

Dies trifft genau das Gefühl, das man empfängt, wenn man die hermeneutischen Schriften über die Psychoanalyse liest; man verspürt ein Unbehagen: „Ja, gewiß, dies ist freilich alles schön und gut, doch stellt es immer nur einen Teil des-

---

[31] „... the putative repressed ideation derives its *explanatoriness* in psychoanalysis from its hypothesized *causal* role ... Hence, the very quest for the veiled ‚meaning', which psychoanalytic explanation is expected to disclose, *cannot redeem its avowed promise* without prior reliance on *methods of inquiry and validation* that hermeneuticians proclaim to be quite inappropriate: exactly those cognitive procedures that they are wont to categorize as endemic to the natural sciences. By the same token, insofar as these partisans do countenance causal explanations in psychoanalysis, their whole hermeneutic enterprise is tacitly parasitic on an epistemology they inveterately profess to decry. Ricoeur is no less guilty of this legerdemain than others. For he emphatically denounces the logic of validation familiar from the natural sciences as alien to Freud's clinical theory. And he does so by misassimilating these sciences to his notion of an ‚observational science' ... while denying that psychoanalysis qualifies as such a science. This piece of philosophical malfeasance is not mitigated by his admission ... that the causal explanations furnished by psychoanalysis gainsay the confinement of the Freudian edifice to a mere ‚province' of exegetic hermeneutics" (Grünbaum 1984, S. 53).

[32] „... affects are at the heart of the problem of psychoanalytic knowledge. Words by themselves do not constitute the primary data of psychoanalysis" (S. 168).

[33] „The same phenomena can be understood by means of two different mutually exlusive systems of meaning." So lasse sich das hauptsächliche Dilemma lösen, „that psychoanalytic observations are unique and unrepeatable, yet the same events demonstrate repeatable configurations from which we derive our clinical knowledge and clinical theories" (1978 a, S. 656). „Affects are therefore endowed with a complementarity of biologic and historic meaning ... Affects are at the crossroads of biology and history ... Meaning in psychoanalysis has simultaneously a historic and biologic duality ... Affects signify simultaneously what is historically meaningful and what is or has been biologically purposeful" (1978 b, S. 176–178).

sen dar, was ich als wesentlich bei meiner Arbeit empfinde. Natürlich studieren wir etwas im Medium der Sprache. Natürlich hat es Ähnlichkeiten mit einer Textanalyse. Doch erfaßt dies wirklich das Wesen dessen, worum es mir bei der klinischen Arbeit geht? Befasse ich mich wirklich nur oder vor allem damit, eine lückenhafte Erzählung, einen Text mit Löchern, Palimpsesten und Verzerrungen, zu flicken? Greift dies nicht bloß einen Aspekt heraus, der dann als eine Art von Synekdoche, als pars pro toto zu dienen hat? Haben diese Schriftsteller sich nicht von einem Gleichnis, das von Freud in der *Traumdeutung* als Warnung benutzt wurde, verführen lassen: daß man den Traum wie einen heiligen Text behandeln solle? Überschreitet das Erleben nicht bei weitem die Sprache? Sind Affekte, Stimmungen, Wünsche und Bildvorstellungen nicht zumindest ebenso wichtige Aspekte, wenn nicht sogar weit bedeutendere Seiten der Praxis und Theorie, als es Erzählung, Wortschatz und Text sind? Bestimmt ist all dies filtriert durch das Medium der Erzählung, aber ist das Medium damit auch schon das Ganze der Mitteilung?“

Somit sind die Einwände gegen ein derartig sprachphilosophisches und semantisches Verstehen der Psychoanalyse zweifach: einerseits ist die Betonung der Worte und gewisser intellektueller Einsichten zu intellektuell, zu kognitiv; andererseits wird eine notwendige Bedingung (das sprachliche Medium) behandelt, als ob diese schon zureichend wäre.

Wir können dies stark abgekürzte Exposé der Diskussion so zusammenfassen: Niemand stellt in Abrede, daß die Psychoanalyse in klinischer Praxis eine disziplinierte Form der Introspektion oder Selbstreflexion ist und darin durch die Deutungen des Analytikers geleitet wird. Was hingegen die Natur dieses Dialogs und dieser Art der Untersuchung sei, bei der die Deutung – hermeneia – eine solch steuernde Stellung einnimmt, ist sehr kontrovers. Es ist auch klar, daß manche dieser Diskussionsbeiträge versuchen, eine Entdeckung von gewaltigem Potential in eine der antiquierten Denkformen hineinzuzwängen: entweder Naturwissenschaft und daher eine mechanistische Grundanschauung, oder Hermeneutik, daher ein Sichabgeben mit der Exegese von Texten, mit Vokabularen und Erzählkunst. Bei beiden Vorgehensweisen muß der eine oder der andere Teil einem absolut gesetzten Ideal aufgeopfert werden, damit dann der Rest in das Prokrustesbett der vorgefaßten philosophischen Meinung paßt.

7.3 Das Suchen nach der Wahrheit

Die Psychoanalyse beansprucht, eine Wissenschaft zu sein und philosophische Grundhaltung und Programm mit der Wissenschaft zu teilen. „Die Psychoanalyse, meine ich, ist unfähig, eine ihr besondere Weltanschauung zu erschaffen“, sagt Freud. „Sie braucht es nicht, sie ist ein Stück Wissenschaft und kann sich der wissenschaftlichen Weltanschauung anschließen... Streng genommen gibt es ja nur zwei Wissenschaften, Psychologie, reine und angewandte, und Naturkunde.“ Die Soziologie könne nichts anderes sein als angewandte Psychologie (Freud 1932, GW 15, S. 197, 194).

Worin besteht nach Freud das wissenschaftliche Denken?

> Sein Bestreben ist, die Übereinstimmung mit der Realität zu erreichen, d.h. mit dem, was außerhalb von uns, unabhängig von uns besteht und, wie uns die Erfahrung gelehrt hat, für die Erfüllung oder Vereitelung unserer Wünsche maßgebend ist. Diese Übereinstimmung mit der realen Außenwelt heißen wir Wahrheit (S. 184).

Doch könne uns die Wissenschaft nur „Bruchstücke angeblicher Erkenntnis" geben. „Alles, was sie lehrt, gilt nur vorläufig; was man heute als höchste Weisheit anpreist, wird morgen verworfen und wiederum nur probeweise durch anderes ersetzt" (S. 186f.). Der Beitrag der Psychoanalyse „zur Wissenschaft besteht gerade in der Ausdehnung der Forschung auf das seelische Gebiet" (S. 171).

Freuds „Antirationalismus", sein „Interesse" für den Trieb „dient dem in der Zukunft revolutionär erschauten Sieg der Vernunft und des Geistes," stellt Thomas Mann in der etwa zur gleichen Zeit, 1929, geschriebenen Arbeit *Die Stellung Freuds in der modernen Geistesgeschichte* fest, „er dient – das verpönte Wort werde nach seinem größten, von Wellenspielen der Zeit unabhängigsten Sinn hier eingesetzt – der Aufklärung" (Mann 1929, S. 169).

Solches Suchen nach der Wahrheit als Hauptanliegen beruht im Werturteil der Aufklärung, daß die Vernunft einen absoluten Vorrang besitze, der Annahme des „Primats der Vernunft":

> Es ist unsere beste Zukunftshoffnung, daß der Intellekt – der wissenschaftliche Geist, die Vernunft – mit der Zeit die Diktatur im menschlichen Seelenleben erringen wird. Das Wesen der Vernunft bürgt dafür, daß sie dann nicht unterlassen wird, den menschlichen Gefühlsregungen und was von ihnen bestimmt wird, die ihnen gebührende Stellung einzuräumen. Aber der gemeinsame Zwang einer solchen Herrschaft der Vernunft wird sich als das stärkste einigende Band unter den Menschen erweisen und weitere Einigungen anbahnen. Was sich, wie das Denkverbot der Religion, einer solchen Entwicklung widersetzt, ist eine Gefahr für die Zukunft der Menschheit (Freud 1932, S. 185).

Jeder, der die analytische Technik zu beherrschen erlernt hat und intensiv mit Patienten arbeitet, geht bei seiner Arbeit von der stillschweigenden Voraussetzung aus, daß die analytische und selbst ein guter Teil der psychotherapeutischen Arbeit der Suche nach einer Art der *Wahrheit* gilt, und zwar einer Wahrheit, die außerhalb von uns selbst, nämlich im Innenleben des anderen (als einzelnem), in seiner privaten, sonst verschlossenen Welt zu finden ist. Damit wird bei den Deutungen, den Rekonstruktionen und den theoretischen Verallgemeinerungen jene von Freud geforderte „Übereinstimmung mit der Realität", meistens selbstverständlich und eher kritiklos, angenommen. Oft wird es auch als offenkundig erlebt, daß diese Realität anderer Natur ist und anderen Gesetzen folgt als die materiellen Dinge um uns herum – daß es eine innere Wirklichkeit gibt, die nicht ungestraft durch das Aufzwingen von Bedeutungsschemata, die für die äußere Wirklichkeit gelten, verletzt werden kann.

Damit stimmt auch überein, daß der Therapeut es gewöhnlich spürt – oder es doch spüren soll, wenn er den Anforderungen seiner Arbeit nachlebt – ob er sich bei seiner Arbeit mit einem Patienten auf der rechten Spur befindet oder sich verloren hat und verwirrt herumirrt. Dieses von Patienten und Therapeuten erkannte

Abgestimmtsein („attunement") ist oft nicht nur durch ein unaussprechliches Fluidum, die Empathie oder Intuition, zu „erklären", sondern recht eigentlich, konkret und spezifisch versteh- und aufweisbar. Wie bei einer Höhlen- oder Katakombenerforschung tastet man sich unzählige Male in jeder einzelnen Behandlung im Dunklen vorwärts, man verliert sich in unerleuchteten Seitenwegen, und man macht grobe Fehler. Oft gelingt es dem Analytiker und dem Patienten erst in der Rückschau, die Richtigkeit und die Falschheit, die Relativität und Unspezifität, die oft viel zu allgemeine Natur früherer Einsichten zu erkennen – oder auch, wie sie die Probe der Zeit bestanden und oft sogar Späteres in einer Weise vorweggenommen haben, die einprägsamer und metaphorisch reicher als das später Gefundene sein mag.

Doch sogleich stellen sich die Fragen: Was ist diese Wahrheit? Auf welche Realität beziehen sich diese Erkenntnisse? Und wie spiegeln sie sich in den theoretischen Ordnungsbegriffen wider, wie adäquat werden sie von diesen zusammengefaßt? Und weiter auf diesem Weg des Denkens: Welche Hierarchien der Abstraktionen haben sich als am brauchbarsten herausgestellt – nicht in einer Stunde noch mit einem Patienten allein, sondern in den Lebensspannen mancher auf diesem Gebiet Tätigen, immer vorausgesetzt, daß sie sich bei ihrer Arbeit an bestimmte methodische Richtlinien halten? Damit stellt sich auch die Frage nach der Art der psychoanalytischen Vernunft und danach, wie wir ihr methodologisches Zentrum, die Deutung, angehen sollen, die Deutung nämlich als die Aufweisung des verborgenen Sinnes, der den Daten einen gesetzlichen Zusammenhang zu verleihen vermag. Wie wissen wir? Was stellen wir an, um zu wissen? Wie proben wir den Wahrheitswert dessen, was wir zu wissen glauben?

Diese Fragen rücken selber in eine tiefere Unbestimmtheit durch die philosophische „Umstimmung" durch Wittgenstein und die in den letzten 20 Jahren von Polanyi, Holton, Kuhn, Feyerabend und neuerdings Rorty neugefaßte Einstellung gegenüber dem Begriff der Wahrheit. Ich habe bereits Rortys Frage zitiert: „What would we lose if we had no ahistorical theory-independent notion of truth?" („Was würden wir verlieren, wenn wir keinen ahistorischen, theorienunabhängigen Wahrheitsbegriff besäßen?"; 1979, S. 281). Die Wahrheit selbst, die Natur der Wirklichkeit wird zweifelhaft, und damit werden es auch der Wissenschaftsbegriff als „Übereinstimmung mit der Realität" und die Bezeichnung der Vernunft als das eine solche Übereinstimmung oder Entsprechung feststellende Werkzeug.

Wie wäre es dann, wenn wir den Wortgebrauch änderten und eher über die für *diese* Person zu einer gegebenen Zeit spezifische Wahrheit sprächen? *Wahrheit als geschichtlich abhängige*, als ein Wert, der für die *Zeit*, die *Person*, die *Entwicklungsstufe* und die *Situation spezifisch* wäre, die Wahrheit als einzigartige, als individuelle und als eine wirksame *Kraft!* Ich denke, daß solch ein – wenngleich nicht ausschließlich – *pragmatischer Begriff der Wahrheit*, der gut mit der neuen philosophischen Fragestellung übereinstimmt, für den Kliniker, der sich das Wesen seiner Bemühungen philosophisch überlegt, annehmbar sein sollte. Schließlich ist es ein Wahrheitsbegriff, der den Patienten bei seiner Suche nach einer dauerhaften Linderung seiner neurotischen Leiden ebenfalls begleitet.

7.4 Der Deutungsprozeß

Um nun eine klarere Sicht zu gewinnen, mag es von Vorteil sein, von dem Vorgang auszugehen, der für den analytischen Prozeß der zentrale und unerläßliche Faktor ist – dem Akt der Deutung, oder eher, wie es wohl die ausführlichen Falldarstellungen demonstriert haben, *dem Prozeß des Deutens*. Welche Beobachtungen sind, wenn wir die Beispiele wirksamer deutender Interventionen zusammenzufassen versuchen, dabei zweckdienlich?

Üblicherweise deuten wir nicht, was verdrängt und daher unbewußt ist, sondern was schon vorbewußt geworden und nicht mehr abgewehrt ist. Schnurstracks auf das Unbewußte loszugehen ist intellektuelles Feuerwerk. Was abgewehrt wird, wird von einiger Distanz aus vermutet, ist aber nicht direkt zugänglich. Der unbewußte Konflikt spielt sich in der Form eines abgeleiteten bewußten Konflikts ab, z.B. im Fall eines schwer phobischen jungen Mannes (dem Fall Jakob in *Flucht vor dem Gewissen*): „Wenn ich reisen will, fürchte ich mich; aber wenn ich meine Reisepläne aufgebe, werde ich tief deprimiert."[34] Die Kunst besteht darin, das, was unbewußt ist, durch die Arbeit an den vorbewußten Inhalten, den „Abkömmlingen" („derivatives"), allmählich zugänglich zu machen.

Die Antwort auf die gestellten Fragen kommt nicht von der Theorie. Diese ist so wenig wie die Grundregel der „freien Assoziationen" eine metaphysische Garantie für die Wahrheit, die unserer Arbeit den gepriesenen Beweiswert verleihen würde. Vielmehr ist es der Affekt und die Erkenntnis der einander entgegengesetzten inneren Kräfte, die uns als Zeichen der Evidenz für etwas Wirkliches, „die Wirklichkeit in ihm", von der Freud gesprochen, gelten.

Ich glaube, man kann am besten so zusammenfassen, was gleichzeitig durch das klinische Werk illustriert wird: *Einsicht* besteht in den folgenden vier Punkten: 1) in der Wiederverknüpfung dessen, was getrennt worden ist; 2) im (Wieder-)Erleben jener Emotionen in der lebendigen Gegenwart, die ursprünglich dazu gehört haben sollen; 3) in der Wahrnehmung der einander entgegengesetzten innern Kräfte, die dabei geweckt worden sind; und all dies 4) in der Gegenwart und mit der Teilnahme einer Person, die mehr ist als ein Beobachter und weniger als eine Autorität, von jemandem, der Fragen stellt und Hypothesen anbietet, aber auch eine lebendige menschliche Gegenwart gewährt, dessen Gefühle vom Patienten oft mitempfunden werden. Dies ist eine Skizze der Einsicht, die wirksam ist und dem Patienten und Therapeuten die Überzeugung verleiht: dieser Augenblick oder diese Stunde oder Therapie ist gut gewesen; andere haben diese Qualität vermissen lassen, da sie dieser komplexen Erfahrung der Einsicht ermangelten.

Die Erfahrung bei jedem Einzelfall zeigt, in welcher Weise unzählige kleinere Deutungen und umfassende Rekonstruktionen von Bedeutungen sozusagen anprobiert werden. Manche passen schlecht, andere besser, einige wenige recht gut. Mit

[34] Die allmähliche Lösung dieses bewußten Konflikts aufgrund der unbewußten Gleichungen, die sich dahinter verbargen, habe ich ausführlich in Kap. 5 von *Flucht vor dem Gewissen* beschrieben.

der Zeit geschieht ersteres hoffentlich weniger häufig, und letzteres nimmt zu. Aber die Qualität der Stunden besteht in solcher Angemessenheit („fit“): je besser und erfahrener der Therapeut ist, je schärfer seine Auffassung und seine schöpferische Genauigkeit von Verstehen, und je mehr seine metaphorischen Formulierungen zum gegebenen Material des Augenblicks passen, desto erfolgreicher sind auf lange Sicht diese Gelegenheiten des genauen Passens und um so mehr erweisen sie ihre Mächtigkeit als Erklärungen und besitzen damit Permanenz.

Deutungen werden, wenigstens von mir, fast immer in Form von Fragen geäußert, da ich die richtige Anwort selber zumeist nicht weiß; ich ahne höchstens ihre ungefähre Richtung. Erst im Hin und Her, erst in der Zusammenarbeit ergibt sich allmählich die Lösung. Das ganze gleicht einem Zusammensetzspiel: „Wenn diese Mutmaßung korrekt ist, dann stoßen wir auf dies Bild....“

Freud äußert sich ähnlich (im Zusammenhang der Analyse von Fehlleistungen): „In der Regel geht es so vor sich, daß wir nach allgemeinen Grundsätzen die Deutung der Fehlleistung vollziehen, die also zunächst nur eine Vermutung, ein Vorschlag zur Deutung ist, und uns dann die Bestätigung aus der Untersuchung der psychischen Situation holen“ (Freud 1916/1917, S. 45).

Die so gemeinsam erlangten Deutungen sind daher Annäherungsversuche – mehr oder weniger akkurat. Sie mögen „click“, einschnappen, und doch wieder verschwinden. Oder sie mögen das Ziel überhaupt ganz verfehlen. Es ist recht selten, daß es uns gelingt, den Ausruf: „Dies stimmt genau! Dies sitzt!“ und daraufhin auch nach außen eine markante Wandlung und Veränderung zum Besseren wahrzunehmen. Vielleicht bin ich mir selbst gegenüber nicht gerecht, wenn ich vermute, daß *ein* solch verwandelndes Ereignis, *ein* dramatisch mutativer Eingriff, namentlich eine mutative Deutung, etwa auf 1000 Interventionen kommt. Und in der Untersuchung dieser mutativen Deutung, dieser „Angepaßtheit“ von geäußerter Vermutung und erlebter Überzeugung besteht nun doch wohl das wirklich bedeutsame Forschungsproblem, das diejenigen, die sich mit der systematischen Forschung beschäftigen und das die Wissenschaftsphilosophen selbst, statt des dreifachen Destillats, das wir in den abstraktesten Theorien letztendlich vorfinden, am meisten faszinieren sollte. Ich bezeichnete diese Beobachtung und das damit verbundene erkenntniskritische Problem (einer frühen Anregung Arthur Kielholz' folgend) mit dem griechischen Wort „Kairos“, das sowohl den richtigen Moment wie die passende Form bedeutet.

In übersichtlicher Form können wir den Deutungsprozeß folgendermaßen darstellen:

1) Die meisten Deutungen werden tatsächlich vom Patienten selber geliefert, in kleinen Schritten, in der Form von versuchsweisen Bemerkungen, mit denen er ein verschlungenes Geflecht von schmerzlichen und beängstigenden Angelegenheiten zu lösen und mit den Bildern und Gefühlen des gegenwärtigen Augenblicks zu verbinden versucht. Die Deutungen sind im großen und ganzen Hypothesen, die vorwiegend vom Patienten, weit seltener vom Analytiker, entwickelt, widerlegt oder bewiesen werden. Nur das, was für den Patienten Sinn macht, wird dann verfolgt. Gleich Sokrates ist der Analytiker lediglich ein Helfer, eine Art Hebamme. Er kann

nicht ans Licht des Tages bringen, was nicht dort ist. Falsche Vermutungen auf seiner Seite fallen früher oder später weg – vorausgesetzt, daß er dem folgt, was als „gute Technik" oder als „Stand der Kunst" betrachtet wird, sich nämlich sorgfältig als Autorität und als Deuter weitgehend zurückhält und in respektvoller Distanz hält. Was wir dabei beobachten können, besteht, wie schon angedeutet, nicht so sehr in Einzeldeutungen, als in einem steten *Vorgang des Deutens*, einem versuchsweisen Hin und Her der Formulierung und des Erlebens.

Worin besteht dann die gemeinsam, Schritt für Schritt während dieses Vorganges allmählich erreichte oder herausgearbeitete Deutung? Eine psychoanalytische Deutung drückt durch das Mittel der Sprache etwas aus, das mehrere bekannte, aber bislang nicht verbundene Elemente zusammenknüpft, gewöhnlich mit der Hilfe eines Elementes, das bisher unbekannt und ausgelassen worden war und dessen Hinzufügung offensichtlich mehr Sinn macht, da es eine neue Kontinuität und Einheit zu schaffen vermag. Das ausgelassene Element mag unbewußt oder in verzerrter Form bekannt, doch mit dem gegenwärtigen Erleben unverbunden gewesen sein.

2) Der Brennpunkt bei den meisten Interventionen liegt in der Frage im Analytiker: „Wovor scheut der Patienten in diesem Augenblick am meisten zurück? Wie kann ich die Angst am besten ansprechen?" Und allgemeiner: „Was ist jetzt gerade der vorwiegende Affekt? Was ist der prominente Konflikt? Was ist jetzt gerade der ‚aktuelle Punkt des Erlebens' und der Dringlichkeit (‚point of urgency')? Wo ist ‚die Schneide affektiver Einsicht' (‚the edge of affective insight')?" (Strachey 1934; darüber habe ich ja schon eingehend in Kap. 2 von *Flucht vor dem Gewissen* berichtet). In diesem Zusammenhang wäre noch hinzuzufügen, daß aktive, direkte, tiefe Triebdeutungen auf die meisten Patienten eine starke Wirkung ausüben. Sie führen rasch dazu, daß dem Patient eine Über-Ich-Haltung durch den Analytiker aufgedrängt wird, und damit zu einer Verbiegung der Übertragung im Sinne einer wirklichen, nicht nur phantasierten Einflußnahme: „Ich bin die Autorität. Ich weiß, was dies bedeutet, und wenn du dies nicht anerkennst, befindest du dich im Zustand des Widerstands." Gewöhnlich kommt der Patient nicht umhin, eine derartige wohlwollende Autorität anzunehmen. Doch besteht dabei die wachsende Gefahr, daß die Übertragung mehr und mehr ein masochistisches Gepräge annimmt, zur Unterordnung unter einen idealisierten, allmächtigen, allwissenden Gottvater oder eine Muttergöttin wird. Früher oder später kommt es indes zum Sichaufbäumen oder trotzigen Widerstreben seitens des Patienten, der nun so gegen das tiefe, doch wortlose Gefühl von Verletzung, Demütigung und Vergewaltigung zu protestieren sucht – es sei denn, daß der Analytiker seine autoritative Einstellung mit großem Takt und Freundlichkeit zu verbinden versteht.

Der Wahl der Strategie liegt eine wertphilosophische Entscheidung zugrunde: ob man rasche Einsicht durch Autorität oder die langsamer und sachter erfolgende Einsicht durch eigenes Finden vorzieht (s. Kap. 11).

3) Von besonderem Wert ist jeweils das Konkrete und Spezifische – der spezifische Affekt, die spezifische Erinnerung, Phantasie oder Metapher; sodann sind es

die Richtigkeit von Zeit und Form und die Vollständigkeit der Deutung, (vgl. *Flucht vor dem Gewissen*, Kap. 2; *Mask of Shame*, Kap. 13), also die genaue Formulierung des gegenwärtig aktiven, doch verhüllten Konflikts.[35]

4) Deutung und Einsicht beziehen sich nicht nur auf artistisch-rhetorische Überzeugung (Mahony 1979, Spence 1982, 1983), sondern müssen auch die historische Wahrheit, wie sie erlebt worden ist, miteinbeziehen. Doch sie gehen sowohl über Rhetorik wie über Geschichte jeweils hinaus und verwandeln beide Formen des Wahrheitserlebens. Was in beiden Begriffsfassungen – nur historische Wahrheit, nur erzählerische Überzeugungskraft – ausgelassen wird, ist eben die Zentralität des Affekts, dessen, was Strachey als „Unmittelbarkeit und Dringlichkeit" („immediacy and urgency") bezeichnet hat, und die Polaritäten hinter diesen Affekten. Ganz spezifisch kann das Erreichen sowohl der historischen wie der ästhetisch-pragmatischen Wahrheit nur ein Mittel zum Zweck sein: beide sind sie Instrumente, um etwas anderes herbeizuführen, das den Sinn des Heureka erlaubt. Dieses liegt aber jenseits von ihnen und umfaßt beide.

5) Hinter dem ganzen Prozeß des Deutens steht eine A-priori-Annahme, die in Wahrheit jeder Erforschung der Innenwelt zugrundeliegt und sie konstituiert: Nichts geschieht zufällig und sinnlos. Das Innenleben muß sinnvoll sein; es muß Kontinuität und Zusammenhang besitzen; es muß allgemeine Gesetze geben, die solchen Zusammenhang erklären. Ohne solche Regelmäßigkeit und Gesetzlichkeit wären Verstehen wie Erklären prinzipiell ausgeschlossen. (Ich werde in Kap. 12 ausführlich darauf zurückkommen.)

6) Es gibt eine Reihe von Richtlinien, die sich als empirisch wertvoll für die Aufdeckung der verhüllten Zusammenhänge erwiesen haben und von den meisten Analytikern, oder doch von denjenigen, die der klassischen Tradition folgen, angenommen werden. Ich versuchte sie in *Flucht vor dem Gewissen* (Kap. 2) zusammenzustellen.

7) Die Rolle dessen, was *paßt*, kann nicht überschätzt werden. Wälder (1962, in 1976) schreibt über die immer wiederholte Erfahrung, „daß diese besondere Deutung oder Gruppe von Deutungen, und keine andere die Symptome, wenn sie wiederauftauchen, beseitigen kann, daß sie allein den Schlüssel darstellen, der das Schloß zu öffnen vermag" (S. 264).[36]

Doch bei alledem bleibt die Frage offen: Worauf konzentriert sich der Analytiker, wenn er sich in bester Form bei seiner Arbeit weiß, wenn er sich dem Ideal, das

[35] In Loewensteins Formulierung: „The function of interpretations is to put into words the hidden conflicts underlying the patient's symptoms; consequently, they must be adapted to the specific relationship existing between the ego and id derivatives at a given moment" (1951, S. 10).

[36] „… that this particular interpretation, or set of interpretations, and no other, can dispel the symptoms when they reappear, that they alone are the key that opens the lock."

er sich selbst als Analytiker gesetzt hat, annähert? Ist es die Klärung der Selbstbesinnung im Patienten? Die genetischen Beziehungen? Ist es die Vervollständigung der inneren Erzählung, damit die Spalten in der Identität und inneren Kohäsion geschlossen werden können? Ist es die Beseitigung der Selbsttäuschung? Folgt er gewissen metapsychologischen Schemata der Energieverteilung und Triebentladung? Fahndet er nach Ursachen, die die der Pathologie unterliegende Dynamik erklären könnten und die sowohl komplex in ihrer individuellen Gestaltung wie auch wieder typisch sind? Versucht er dem Patienten dazu zu verhelfen, daß er sich freier fühlen kann, weniger von seiner Panik, seiner Depression und seinem Zorn getrieben? Was ist es, das schließlich dieses Gefühl zu verschaffen vermag: „Wir haben das Richtige gefunden!"?

Bestimmt sind alle diese Motive in verschiedenen Augenblicken seiner Arbeit am Werk, sei es während der Stunde, sei es, wenn er versucht, das Material zu sichten und sich den ganzen Fall aufzuschreiben. Doch keines ist der tatsächlich und unveränderlich leitende Gesichtspunkt der analytischen Arbeit, wenn diese im Idealsinn verstanden wird. Doch was ist dieser Fokus?

Die Antwort auf diese Frage wird nicht allein eine dramatische Erwiderung auf die Fragen über die Natur der Deutungen geben, sondern auch die philosophische Kontroverse in bezug auf die Stellung der Psychoanalyse zu entscheiden helfen.

7.5 Was der analytischen Erforschung am eigentlichsten zugehört

Die Vollständigkeit und das Zusammenpassen der Lösung ist sehr ähnlich bei allen Formen erfolgreicher Deutung – sei es ein Rätsel der Natur, sei es das Rätsel eines unbekannten Textes oder einer verlorenen Sprache oder Schrift, sei es das Rätsel eines Verbrechens, sei es die Aufgabe, eine persönliche Erfahrung in eine Novelle, ein Drama, ein Gedicht oder eine musikalische Komposition zu verwandeln, sei es das Rätsel einer schweren Neurose oder das einer zweifelhaften somatischen Erkrankung. Doch was ist die Natur der passenden Lösung des Rätsels in der Psychoanalyse?

„...wenn er auch die Deutung nicht weiß, so weiß er doch zu unterscheiden zwischen wahrer Deutung und einer so minderwertigen", sagt der Pharao in Thomas Manns *Joseph und seine Brüder*. „Die empfangenen Auslegungen aber seien ohnmächtiges Zeug gewesen; sie paßten im geringsten nicht zu seinen Träumen, und diese erkennten sich nicht darin wieder, wie *Traum und Deutung sich ineinander wieder erkennen* müßten" (S. 1401). Und Joseph sagt: „Dieser Knecht vermag nichts anderes, als ihm wahrzusagen, was er schon weiß" (S. 1436). Und der König: „Denn daß diese Deutung recht, darüber besteht nicht der leiseste Zweifel in meiner Seele, und genau erkennt mein einiger Traum sich in der Deutung wieder" (S. 1437).

Wenn ich die zuvor gestellten Fragen nun neu aufnehme: Versuche ich dem Patienten zu helfen, verborgene Motive und versteckte Bedeutungen und Zusammenhänge, verlorene Teile einer Erzählung und vergessene Geschehnisse zu finden? Keine Frage, das tue ich. Doch ist dies der Hauptzweck, der absolute Fokus dessen, was ich tue? Keineswegs. Es ist ein Mittel zum Zweck.

Gebrauche ich allgemeine Begriffe für das, was ich jeden Moment betrachte – das Gleichgewicht der Kräfte, die Rolle des Über-Ich, die Gefahr gewisser Impulse, die Art der spezifischen Abwehrtaktiken und -mechanismen? Natürlich tue ich all das. Zudem tragen zu diesen Überlegungen alle die Verallgemeinerungen bei, die ich aus jahrzehntelanger eigener Arbeit mit Kranken und aus Selbsterfahrung gewonnen habe sowie diejenigen, welche von meinen Supervisors und von der reichen analytischen Literatur herstammen. Natürlich stehen mir diese zu einem gewissen Ausmaß zur Verfügung; ich hänge in der momentanen Auseinandersetzung mit dem Fall nicht gänzlich von meiner Intuition ab.

Ist es dann nicht auch so, daß das Hier und Jetzt – die einzigartige Situation, der einzigartige Mensch, der besondere Augenblick im Leben von beiden, vom Patienten und mir – nach einer schöpferischen Antwort verlangen, nach einer besonders treffenden Metapher, einer Art der poetischen und rhetorischen Ausdrucksfähigkeit, die sich weder dem Stil der Naturwissenschaft noch dem der Geschichte oder der literarischen Exegese fügt, doch sehr nahe dem Affekt des Moments sein muß, um gültig zu sein? Natürlich, das muß ohne Vorbehalt zugestanden werden. So wärest du demnach ganz nahe der antiken Kunst der Rhetorik (Mahony 1979), oder, in Loewensteins glücklicher Formulierung, dem poetischen Diskurs: „... daß die freie Assoziation eine Art Diskurs ist, in dem vielfältige Bedeutungen klarer erscheinen und der der Dichtung näher als der wissenschaftlichen Sprache steht“[37] (zit. nach Mahony, S. 85); mithin die richtige Form zur rechten Zeit, Stil und Inhalt in künstlerischem Zusammenpassen –?

Demnach ist sie Dichtung, ist sie Kunst?

Das ist sie gewiß auch, ja.

Gibst du dich dann nicht ebenfalls mit mythischen Gewalten und Geschehnissen ab – mit Trauma und Kastrationsangst, mit den beiden kolossalen Wächtern, die das Innen- und Privatleben und die Beziehungen zur Mitwelt machtvoll zu schützen suchen: Scham und Schuld? Mit den mächtigen Göttern und Göttinnen der Liebe, des Hasses, der Rache, des Neides und der Eifersucht, der Freude und des Schreckens, der „Lust“ und der „Wirklichkeit“, der großen und so vielfältig schillernden Figur unseres Gewissens? Sind dies nicht mehr als Affekte, nämlich mythische Mächte der allerersten Ordnung? Und stellst du diese Kräfte nicht in den Dienst deiner Arbeit?

Bestimmt, ich tue das und schäme mich auch nicht darüber.

Und versuchst du vielleicht nicht vor allem anderen jemandem zu helfen, der leidet, und jemanden zu heilen, der einen wirklichen, doch inneren, also angeblich einen „eingebildeten“ Schmerz empfindet, jemanden, dessen Leben unterdrückt ist, dessen Freude abgewürgt wird und sich in Angst und Qual verwandelt, dessen Gaben abgesperrt sind, und der sich vom sozialen Diskurs weitgehend zurückgezo-

---

[37] „... that free association is a discourse in which multiple meanings appear more clearly and which is closer to poetry than to scientific language.“

gen hat? Ist daher deine Kunst nicht vor allem die des Arztes, der die Ursache des Leidens beseitigen möchte, um dadurch die Krankheit zu heilen?

Selbstverständlich.

Du behauptest also folgendes: Du bist ein Wissenschaftler; du bist ein Exeget; du bist ein Künstler und ein Dichter; du bist eine Art Priester, der sich der Mythen bedient; und du bist ein Heiler oder Medizinmann, der das Irrationale rational anwendet, der das Ursächliche und Naturhafte deutend herbeizieht, der sich des Wissenschaftlichen und Geschichtlichen in künstlerischer Weise bedient, der das Schöpferische und Einmalige zum Theoretischen und Allgemeingültigen verwandelt und der all dies im Dienste der Heilung unternimmt?

Das muß ich freilich alles zugestehen.

So wäre denn alles Mittel zum einen Zweck des Helfens und Heilens?

Ja, und doch nicht ganz. Das Endziel ist gewiß das Helfen, aber ein entscheidendes Zwischenglied zwischen all diesen Mitteln und jenem Endziel fehlt noch immer. Und es ist eben dieses fehlende Zwischenglied, worauf es ankommt, worauf sich nämlich all meine Aufmerksamkeit, Augenblick für Augenblick, konzentriert. Und wenn ich von *guter* Technik und guter Deutung und dem rechten Zusammenpassen spreche, wenn ich an gute Stunden und an das Gegenteil von all dem Guten und Richtigen denke, dann beziehen sich eben diese Urteile der *Qualität* darauf, wie nahe ich mich diesem Idealfokus angenähert habe.

Und was ist dieser Idealfokus?

Meine Antwort kann keine andere sein: *Konflikt.*

Dies läßt uns das Problem von einem anderen Angelpunkt aus angehen, nämlich der von Grünbaum erhobenen *Forderung nach einem besser begründeten Kausalverständnis.*

7.6 Was ist die spezifische Form der psychoanalytischen Kausalerklärung?

Wie schon wiederholt bemerkt, sehe ich in der besonderen Beachtung, die Grünbaum der Untersuchung des Ursächlichen – dem Wesentlichen in jeder wissenschaftlichen Erklärung – schenkt und damit auch dem, worauf die Therapie abzielen sollte, also in der Konzentration darauf, diesen Kausalnexus aufzufinden und durch solche Entdeckung dann auch entscheidend zu verändern, das besondere Verdienst seiner Arbeiten. Der polemischen Grundhaltung und der Pars-pro-toto-Argumentation zum Trotz, worauf ich später noch eingehen werde, ist diese Wendung und Konzentrierung der Aufmerksamkeit auf das Kausalproblem und damit auf die *entscheidende Form der Erklärung* von größtem Wert und gibt so seiner (Grünbaums) Herausforderung ihre kritische und für unsere intellektuelle Ehrlichkeit unausweichliche Bedeutung.

Doch fällt die Antwort auf die Frage: „Was ist die entscheidende psychoanalytische Form der Kausalität?" keineswegs leicht; kein Textstudium der Schriften Freuds kann einem dabei die Antwort abnehmen, weder im Angriff auf den Wahrheitsgehalt der psychoanalytischen Theorie noch bei dessen Verteidigung.

Ich versuche, dem Problem hier eingehender nachzugehen, und zwar zunächst von der klinischen Basis her, der einzigen, die wirklich zählen darf. Ich bringe eine Reihe von Vignetten.

Ich habe mich mehrfach auf den Fall Elasar berufen, einen Mann, der wegen einer masochistisch-fetischistischen Perversion und den damit verbundenen Symptomen der Depersonalisierung, Depression und narzißtischen Haltung in die Analyse gekommen ist. Die Einsicht, recht eigentlich eine umfassende Rekonstruktion, die wir allmählich in Hunderten von Stunden entwickelten und die schließlich dem ganzen Syndrom Sinn zu verleihen vermochte, bestand darin:

Der schweren Traumatisierung, die sowohl in der zunehmenden Erblindung durch kongenitale Katarakte als auch in mehrfachen Augenoperationen bestand und von tiefen Gefühlen der Hilflosigkeit, von Schmerz und Angst begleitet waren, versuchte er v.a. durch Affektumkehrung Herr zu werden: statt Angst Lust, statt Machtlosigkeit und Erniedrigung Kontrolle, statt Wut Schuld. Doch genügte diese Ursachenfindung nicht, um der Spezifität von (Masturbations)phantasien und Symptomatik Rechnung zu tragen. Noch reichte es, wenn wir dazu die chronische Unsicherheit in einem zwistigen Haushalt, die Schwäche und Demütigung seines Vaters und das Ressentiment der Mutter als Traumata hinzufügten. Recht eigentlich waren dies breite, doch unspezifische Faktoren, mehr Hintergrundstimmungen als eigentlich wirksame Kausalfaktoren. Das Entscheidende war die folgende doppelte Einsicht (hier als Quasizitat zusammengefaßt):

> Ich sehe den riesig erigierten Penis meines Bruders, und wie er damit in die Weite urinieren kann. Ich schäme mich darüber, daß ich nur ein so kleines Glied und einen so machtlosen Körper besitze. Der Penis steht wie ein Symbol für meine Schwäche und Behinderung und für die Stärke und Gesundheit meines machtvollen Bruders. Ich bin voller *Neid* ihm gegenüber, möchte ihm seine Macht und damit eben seinen Penis wegnehmen. Doch das führt zu einer zweiten Erinnerung und damit einer Warnung: Wenn ich jeweils mit meiner Mutter badete, sah und betastete ich ihre Vulva, merkte, daß sie nur Haare, keinen Penis besaß. Es bestärkte meine tiefere Angst, daß man dessen beraubt werden könne, eben als Bestrafung für jene neidischen Strebungen.

Das ihn verfolgende und aus Dunkelheit oder Wasser auftauchende Monstrum ließ sich nun eindeutig als Symbol für das mütterliche Genitale verstehen, nämlich als Symbol für die ihm von außen her drohende Gefahr.

> Kastriert zu werden bedeutet gleichsam meine Identität zu verlieren und zu sterben. Wenn ich mich so auf den Penis konzentriere, auf die Frage, ob ich einen größeren bekomme oder den meinen verliere, so erklärt das meine Egozentrizität, es hindert alle anderen daran, herein zu kommen [in die Gefühlswelt] und ganz besonders eine penislose Frau. Diese zentrale Angst durchdringt alles,

sagt er wörtlich (630). Seine masochistische Phantasie hat damit nicht nur die Aufgabe, den Affekten wie beschrieben entgegenzuwirken, sondern dieses Wissen der Penislosigkeit der Frau aufzuheben und ihm selber zu bestätigen, daß ihm zwar vielleicht alles andere weggenommen werden könne, alle Macht und Stärke und Männlichkeit, doch bestimmt nicht sein Penis. Sie bedeutet, wie es ja auch Freud beschrieben hat, daß er *in zwei Wirklichkeiten leben* muß – in einer *rationalen* mit der Annahme seiner eigenen Behinderung, der Verwundbarkeit seiner Augen wie seines Penis und des anatomischen Unterschiedes der Geschlechter, sowie in einer phantasiedurchwobenen, auf *Verleugnung* gebauten, innerhalb derer er seinem Neid nachgeben kann, sein Ressentiment über die Ungerechtigkeit tilgen, seine Rache befriedigen und sich dabei ständig versichern kann, daß er seinen Phallus behalten und jede Gefahr der Verstümmelung siegreich überwinden könne.

Doch bedingt diese doppelte Wirklichkeit ein Verkennen der Natur seiner Mitmenschen. Er fühlt sich unfähig, sein Bedürfnis nach Liebe und ganz besonders danach, Liebe zu geben, voll auszudrücken. Die anderen werden zweidimensional, sein Leben ist verarmt. Er fühlt sich so entfernt von ihnen, als wäre er in einem Radarflugzeug 10 km über der Erde. Phantasieidentität und Phantasieobjekt, wie sie sich in der zwangsmäßig immer wiederholten Masturbationsphantasie anbieten, ersetzen die wirkliche Beziehung zwischen ihm und den anderen, namentlich die wirkliche Befriedigung im Geschlechtsverkehr. Die Abwehr, besonders (doch sicher nicht ausschließlich) durch Verleugnung „spaltet" ihm gleichsam die Welt.

Die daraus resultierende tiefe Angst, verlassen zu sein, allein zu bleiben, wird durch die Phantasie mitabgewehrt: „Quäle mich, aber verlaß mich nicht; bestrafe mich und verzeih mir dann, und laß mich nie mehr allein" (670). Die Strafe wird zur „Straße der Vereinigung".

Diese Einsicht dämmerte uns nur ganz langsam, und wir wissen auch jetzt noch nicht, ob sie uns die ganze Erklärung liefert. Mein theoretisches Wissen gab mir gewiß Anhaltspunkte dafür, wie ich ihm die Zusammenhänge vorschlagen könnte, aber unendlich oft blieben die Vorschläge eben dort hängen, wo auch sein Radarflugzeug schwebte: losgelöst von den Gefühlen und wirklicher Einsicht. Es war schließlich doch v. a. er, der die entscheidenden Zusammenhänge, namentlich die beiden Erinnerungsbilder des Riesenpenis und des aus dem Wasser auftauchenden Monstrums, beitrug, deren Zusammenstellung mit der immer bewußt gebliebenen (symptomatischen) Masturbationsphantasie (mir) dann die Rekonstruktion ermöglichte. Auch den Neidaffekt schlug nicht er, sondern ich vor; er erweiterte dies, wie ich schon erwähnte, entsprechend dahin, daß es das Ressentiment sei, das er auch wirklich spüren könne, das tiefe Gefühl der Ungerechtigkeit und damit die Lust an der Rache, nicht einfach nur der Neid.

Das Dilemma wird schlußendlich: „Wie soll ich mich entscheiden – soll ich wie mein Vater ein gedemütigter Mann mit einem Penis sein, oder soll ich eine beschämende und die Macht ausübende Frau ohne Penis sein? Was will ich werden? Die Antwort ist: Ich kann ein gedemütigter Mann sein, der indes seine Beschämung als lustvoll empfindet, und zugleich will ich auch eine machtvolle Frau sein, die indes einen Penis besitzt, und beides zur gleichen Zeit" (727).

Doch was ist dabei nun die Ursache? Ist es einfach der hermeneutisch zu erschließende Sinnzusammenhang? Bilden jene Traumata die Ursachen, wie dies Grünbaum in seinen Vorschlägen zum „Rattenmann" und in seinen epidemiologischen Empfehlungen im Sinn hat? Oder ist es einfach die Abwehr (die „Verdrängung"), auf die Grünbaum Freud festnageln möchte? Ich denke, dies ist überhaupt nicht der Fall – weder-noch! *Die Kausalität liegt im Konflikt als ganzem*, und zwar im vielschichtigen Konflikt, in der Zusammenfügung von Traumata, von Angst und Schmerz, von Liebes- und Selbsterhaltungsbedürfnissen, von Neugier, Bewunderung, Neid und Furcht in bezug auf das Doppelbild der beiden radikal gegensätzlichen Genitalia, von Abwehr im Sinne der Verleugnung der Wahrnehmung, der massiven Verdrängung der Raubwünsche und der damit auftretenden Angst, sowie der Affekt- und Triebumkehrung. Es ist schwer, in diesem Circulus vitiosus das herauszuschälen, was die erste Ursache sein könnte – Trauma? Eindruck? Trieb? Angst? Abwehr? Ich glaube, es ist eben die *Konstellation all dieser Faktoren* in Form eines *zirkulären Prozesses*, es sind eben die darin mannigfach verschlungenen Konflikte zwischen Innen und Außen, zwischen Ich und Trieb, zwischen Ich und Affekt, zwischen Ich und Gewissen, die uns als Ganzes erst den wirklichen Kausalnexus geben können.

Es ist diese neue Form, diese Eigenartigkeit der Kausalität, der Grünbaum vergebens nachjagt und die es uns so schwer macht, ihm und allen anderen Kritikern beweiskräftige Verifizierungen entgegenzustellen. Doch können wir der Notwendigkeit, dies zu versuchen, noch viel länger ausweichen?

Ein zweites Beispiel:

Ich nehme eine fast willkürlich ausgewählte, doch paradigmatisch gültige Durchschnittsstunde in stark geraffter Form. Die genauen Daten der Stunde liegen zwar stenographisch vor, doch ist in diesem Zusammenhang die Genauigkeit der Wiedergabe nicht in erster Linie wichtig. Das Prinzip der Kausalforschung steht im Moment im Mittelpunkt.

Es handelt sich um den in *Flucht vor dem Gewissen* (Kap. 2.) skizzierten Fall Thomas, um einen chronisch depressiven Arzt mit stark zwangsneurotischen Zügen und häufigen Mikroepisoden von „Pseudostupidität", von eindeutig selbstdestruktivem Verhalten, „wo ich's hätte besser wissen sollen".

In der betreffenden Stunde (766) sprach der Patient über die üblichen Reibereien mit seiner Frau am Vorabend und den Unterschied zwischen seinen beiden kleinen Mädchen; die ältere sei offensichtlich auf die jüngere eifersüchtig und im ganzen viel quengeliger („more demanding") und unzufriedener als die jüngere; sie neige auch gerne zu Wutausbrüchen, wenn man ihr nicht nachgebe. Er erwähnt mehrere Träume von der vorangehenden Nacht, in denen er sich vor Autoritäten (einem Chefarzt, einem Rabbiner und dessen Frau, der ganzen Gemeinde) dumm fühlte, leicht getäuscht und übervorteilt, dann nicht anerkannt und nicht gegrüßt, da er nicht anständig angezogen war. Ich stellte im Verlaufe der Assoziationen die Frage, wie weit er in seiner älteren (knapp 2jährigen) Tochter eine Wiederholung seiner eigenen Erlebnisse sehe (er war bekanntlich selbst der Älteste von 5 Geschwistern gewesen). Er erwähnte die uns bekannte Erinnerung aus früher Zeit, da er mehrfach den Wäschekorb ausgeschüttet und dann seine Schwester der Tat bezichtigt hatte. Diese wurde auch mehrfach dafür bestraft, bis der wirkliche Täter entdeckt wurde – wohl durch eine ähnliche Selbstenthüllung und einen Selbstverrat, wie es die pseudostupiden Handlungen der Gegenwart sind.

Ich sagte hier nur: „Ein solch symbolischer Akt."

„Wie das Baby vom Bett herunter zu stoßen."

„Oder auf dem Fließband (conveyor belt) in den Brandofen (incinerator) zu befördern“. Er hatte am Tag zuvor über das in seiner Kindheit zutiefst angsterregende Traum- und Phantasiebild, wie Abfall auf diese Weise vernichtet wurde, gesprochen.

„Doch ende ich selbst in der Verbrennungsanlage – daß der Wunsch, sie hineinzuwerfen, sich zur Bestrafung wandelte, wo ich selber hineingeworfen werde. Nicht daß ich es verstehe, warum ich es so verändert habe: vom Ärger (anger) zur Selbstbestrafung.“

„Es mag nicht so schwierig zu verstehen sein.“

„Ich hätte einfach wütend sein und mich damit glücklich abfinden können.“

„Und warum endete es nicht damit?“

„Ich weiß es nicht sicher. Sagen Sie mir, was Sie denken.“

„So versetzen Sie sich eben jetzt in die passive Stellung.“

Er lacht: „Ja freilich. Doch was bedeutet das? Auch das ist noch immer passiv – und jetzt bin ich verwirrt.“

„Der alte Freund, die Pseudostupidität.“

„Wenn immer ich aus der passiven Position herauskommen will, wenn ich mich darin eingeschlossen fühle – es ist, als ob ich den Schlag nicht ausführen könnte – ein paralysiertes Gefühl.“

„Und am Ende niedergeschlagen und verdrossen sind. Doch die Antwort auf Ihre Frage liegt in den Träumen.“

„Jener Rabbiner hatte einen gleichen Akzent und Stimmfall wie Sie. Er bezieht sich auf Sie. Doch ist er Ihnen körperlich nicht ähnlich.“

„Worauf bezieht es sich eigentlich? Sie sagen es spezifisch in bezug auf den Rabbiner und seine Frau.“

„Im Traum ist es so, daß er mich nicht sieht, nicht anerkennt und daß er denkt, ich sei nichts. Genau dasselbe mit dem Chefarzt.“

„So daß der Wunsch darin besteht, angenommen und anerkannt und respektiert zu werden.“

„Doch warum sage ich das nicht geradeswegs? Dann wäre es ein glücklicher Traum.“

„Ich denke, wegen jener gegenteiligen Wünsche.“

„Was meinen Sie?“

„Sich jedes Rivalen zu entledigen.“

„Sogar des Mannes, von dem ich angenommen werden wollte – meines Vaters.“

„So liegt denn hier die Antwort auf Ihre Frage: da ein Konflikt bestand (because there was conflict).“

„Doch weiß ich immer noch nicht, warum es sich in Selbstbestrafung umwandelte.“

„Sie wollten von der gleichen Person geliebt werden, gegen die Sie wütend waren und die Sie als Rivalen beseitigen wollten [den Vater]. Und Sie wollten die Schwester forthaben, um die Liebe Ihrer Eltern wieder ungeteilt zu besitzen. Doch mit solchen Wünschen würden Sie das Gegenteil erzielen und statt der Liebe Zorn und Strafe bekommen. Das war das Paradoxe.“

„Und dies wird so klar bei meinem [älteren] Kind jetzt: es schlägt das jüngere, um uns für sich zu haben, aber es macht uns damit böse."

„Wie Kain: er wollte der Aufmerksamkeit Gottes teilhaftig werden, und sehen Sie, wie er diese erhielt!"

„Ich habe nie daran gedacht – das ist wirklich eine Parabel für etwas, was jedermann in seiner Familie erlebt."

Die Rekonstruktion war schließlich die, daß er völlig seine Trauer und seine Wut über das frühe Verlassenwerden von seiner Mutter (die weg zur Arbeit zu gehen pflegte) verdrängte und die Sehnsucht auf den Vater richtete (verschob). Von ihr waren diese Gefühle völlig abgetrennt („isoliert") worden. Als sich dieser aber mehr und mehr als grausam herausstellte, ihm wie auch seinen Geschwistern gegenüber zu sadistischen Formen der Bestrafung neigte, fühlte er die ganze Intensität des Konflikts von Haß und Liebe, von Sehnsucht und Trauer, von Eifersucht und Zorn diesem gegenüber. „Ich war wütend auf ihn, und gleichzeitig fühlte ich mich von ihm abhängig, und ich liebte ihn, denn er war auch ein guter Vater."

Diese Erkenntnisse kamen mit einem Sturm von Gefühlen; er verbrachte mehrere Stunden in heftigem Weinen (789).

Dieser Konflikt kristallisierte sich endlich in Phantasien über die „Abschneidung" des Penis, anläßlich der Beschneidung des jüngeren Bruders und des Ausgeschlossenseins aus dem elterlichen Schlafzimmer.

Hier haben wir in einem typischen Beispiel die Methoden der analytischen Ursachenforschung. Der Brennpunkt der gemeinsamen Aufmerksamkeit von Patient und Analytiker liegt auf dem Eifersuchtskonflikt und Machtkampf, wie er sich auf mannigfachen Ebenen zugleich darstellt: zunächst bei seiner Tochter (und, was hier, auch in der Stunde, nur angedeutet, nicht ausgeführt wurde: zwischen ihm und seiner Frau), dann in der beruflichen und religiösen Gemeinschaft, dann in seiner frühen Kindheit in Doppelform, als ödipale Rivalität und, stärker ausgeprägt, als Wettstreit mit den Geschwistern, besonders der nächst jüngeren Schwester (die geboren wurde, als er 3 Jahre alt war; das Symbolische, auf das ich anspielte, bezog sich u.a. auch auf die Gleichung von Wäschekorb und dem die Rivalin beherbergenden Mutterleib), und damit die zusammenfassende Konstellation von mörderischen Phantasien, Liebeswunsch und herbeigeführter Selbstbestrafung, die schließlich in die symptomatischen Handlungen und Einstellungen einmünden. Die Konfliktkonstellation spiegelt sich auch in der Beziehung zu mir wider, in der Übertragung als Wiederholung.

Kein Einzelereignis, kein einzelnes Glied in dieser Abfolge kann gesondert als wirklich kausal betrachtet werden, und keines würde in seiner Bewußtwerdung zu einer Erleichterung der neurotischen Symptome führen. Auch ist es nicht so, daß diese konkrete Konfliktdarstellung selbst zu ihrer Auflösung führte. Es gibt nichts Magisches, keine machtvolle Suggestion. Vielmehr erfolgt die Erleichterung und Symptombeseitigung Schritt für Schritt, durch Tausende solcher Herausarbeitungen und Lösungen von Konflikten, im Denken, im Wiedererleben und ganz besonders auch im Gespräch – oft ganz an der Oberfläche, oft wieder in tiefen Schichten.

Somit muß jedes Kausalverstehen vom Konflikt ausgehen, und so soll denn auch jede Kausaleinwirkung ihrerseits auf den Konflikt in seiner fast unendlichen

Vielschichtigkeit eingehen. Alles andere ist Beschreibung. Dieses ist Erklärung in dem für die analytische Methode relevanten Bereich.

Eine dritte Vignette:

Die zu Beginn von Kap. 1 kurz erwähnte Patientin, die unter dem Druck ihres Geliebten ihre Freundin „verraten" hat, bezeugt eine erschreckende Leichtigkeit des Lügens. Es zeigt sich, daß ihr Vater unvernünftig harsch als Autorität war und die Kinder oft schwer mißhandelte. Um seinen Strafen auszuweichen, bedurfte es der Lügenhaftigkeit. Mich sieht sie als ebenso harsch verurteilende Über-Ich-Übertragungsfigur, die sie belügen und vor der sie wichtiges Material verheimlichen muß (im konkreten Fall einen Versuch, den sie unternommen, dann abgebrochen hat, die Versicherung um einen kleinen Betrag zu betrügen). Ihren Geliebten, der selber vor keiner Täuschung und Duplizität zurückscheut und dem sie deshalb auch wenig trauen kann, behandelt sie ebenfalls als eine Über-Ich-Übertragungsgestalt, die aber ein korruptes Über-Ich vertritt und ihr autoritativ zuzuraunen scheint: „Es ist ganz recht, die Wahrheit umzubiegen. Die Kunst der Lüge ist eine große Herrin und muß verehrt werden." Ihr ist aber zutiefst unbehaglich bei diesem mephistophelischen Umgang. Den Oberflächenkonflikt ist sie aber außerstande zu lösen.

Was lauert dahinter? In ihrer Frühadoleszenz geschah es einmal, daß ihr Vater ernstlich erkrankte: „Ich dachte, er werde sterben. Es war eine enorme Erleichterung, die ich fühlte, aber auch eine schreckliche Schuld: Meine Wünsche bewahrheiteten sich. Ich habe ihn getötet."

„So mußten Sie sich dann selbst anlügen: Ich habe keine solchen Wünsche. Und dann wiederholen Sie es 100 mal: Wenn ich beweisen kann, es ist nicht wahr, glaubt man mir, was ich sage, dann kann ich wirklich erfolgreich verändern, was ich nicht wahr haben will."

So erwuchs aus dem Konflikt von Todeswünschen und Schuld der Zwang, sich selbst und andere zu belügen, im Sinne der Absicht: „Lieber alle die kleinen Lügen und Geheimnisse als die eine große Verleugnung. Wenn ich mit jenen davon kommen kann (get away with them), so wird es mir auch mit der großen gelingen."

Die Patientin befindet sich zwar in nichtintensiver Psychotherapie, doch beleuchtet dieser eine Ausschnitt aus der 46. Stunde gerade das Wesentliche der psychoanalytischen Arbeit ebenso gut wie irgendeine eigentliche psychoanalytische Sitzung.

Übrigens brach die Patientin kurz danach erzürnt die Therapie ab: diese habe ihr bis jetzt nicht geholfen und sie sei außerstande, eine Änderung in ihrem Leben herbeizuführen. Meine Aufweisung des Konflikts zwischen den mehreren möglichen Auswegen („options") aus der Verlogenheit ihrer gegenwärtigen Situation, erlebte sie als ärgerlich-boshafte Verurteilung. Ich frage mich, ob ich nicht selbst in dieser Stunde zu autoritativ, zu sehr eine Über-Ich-Gestalt gewesen bin.

Eine schwer depressive, geschiedene Frau in ihren Fünfzigern ist besonders bemerkenswert durch ihre radikale Entwertung von allem, was sie selbst sagt, was alle um sie herum tun und sagen und v. a. auch von jeder Deutung und fast jeder Bemerkung, die ich ihr zu geben vermag. Dabei ist sie anklägerisch und schreibt den anderen Verurteilung, Verwerfung und Seelenkälte oder Unwürdigkeit und niedriges Benehmen zu, so daß diese dann ihren ganzen Zorn und ihre wegwerfend verachtungsvollen Worte und Mienen verdienen.

Ich habe dabei ganz besondere Mühe, meine stark negative Gegenübertragung zu verstehen und zu bezähmen. Ich fühle mich gleichzeitig völlig hilflos und ständig angegriffen und entwertet. Ich denke daran, sie zu hospitalisieren und erwähne es ihr gegenüber.

„Ich kann nicht schätzen, was ich habe, bis ich es verloren habe" („I cannot value what I've got until I've lost it"), sagt sie in der darauffolgenden 23. Stunde (sie ist in intensiver Psychotherapie). Das gilt für ihre (frühere) Ehe, ihre Geliebten, ihre Kinder, ihre beruflichen Stellungen und Errungenschaften. Doch woher stammt dieser Entwertungszwang?

„Ich denke, ich fühle mich schuldig dafür, daß ich den Holocaust überlebt habe." Ihre Mutter konnte im letzten Moment mit den beiden Kindern aus Deutschland nach England entfliehen, als die Patientin 2 Jahre alt war. Der Vater war kurz zuvor umgekommen. „Ich bin besessen von den Bildern von Kindern, die in den Zügen zu ihrem Tod verschleppt werden. Ich empfinde mich als eine Betrügerin, daß ich entronnen bin. In allem mache ich mich zum Opfer; ich richte es immer wieder so ein, daß ich verworfen oder benachteiligt werde, sodaß ich mich dann beklagen kann. Ich muß stets das Opfer sein... Das andere, das zweite, das war die spätere (auch sexuelle) Mißhandlung durch den Stiefvater. Ich konnte mit niemandem darüber sprechen. Und doch sehne ich mich so sehr danach, geliebt zu werden [, und sehe nur überall Abweisung und Kälte]." Sie spricht über die Bilder des Entsetzens aus dem Warschauer Ghetto und bricht in Schluchzen aus.

Die schreckliche Traumatisierung einer Kindheit, die von einem alles überschattenden Grauen geprägt war, die verzweifelte Sehnsucht nach Liebe, nach Vertrauen und Geborgenheit einerseits, das brennende Ressentiment, der schwelende Zorn und Groll, die Verachtung – sie alle münden in den Konflikt der Gegenwart: „Ich verlange absolute Annahme und Liebe und weise alles Beschränkte mit Hohn von mir. Mein Schuldgefühl will es nicht anders. Nichts Gutes kann ich mir zugestehen, und nichts Gutes kann ich den anderen gönnen, da ich es mir selbst versage" (Quasizitat).

In diesem Fall ist es v.a. die Abwehr durch Wendung vom Passiven ins Aktive, die den tiefen Konflikt über die Bewältigung schwerster, wiederholter und vielfältiger psychischer Traumatisierung mit den überwältigendsten Affekten der Panik und der Trennungsangst sichtbar macht. Die Grausamkeit des Geschicks (sowohl des kollektiven Schicksals wie auch der Traumata innerhalb der Familie durch die von den Ereignissen selbst schwer aus den Bahnen geworfenen Eltern) wirkt in der gegen das eigene Selbst gerichteten Aggression und sekundär in der auf die ganze Umwelt gewendete Gehässigkeit und Anklagesucht weiter. Mit den von mir versuchten Begriffen wie Gewissen, innerem Dämon und Selbstverurteilung könne sie, so behauptet sie, nichts anfangen. Das wird alles ausgelebt; es kann nicht erkannt, nicht begrifflich erfaßt werden. Es ist, als ob ihr die Worte selbst dafür fehlten.

Warum? Ich nehme an deshalb, weil solche Worte den Diskurs mit mir bedeuten würden und die Nichtannahme wiederum Teil der notwendigen Entwertung ist, also der Wendung vom Passiven ins Aktive. Es ist nicht so, daß sie etwa nicht gelernt hätte, daß irgendwie ein tiefer Defekt bestände. *Der manifeste Defekt ist konfliktbedingt.* Mit einer, doch wichtigen Ausnahme: ich vermute, daß jene Gefühle namenloser Angst auf die nie bewältigten und wohl auch nie bewältigbaren Traumata zurückreichen, auf Schrecken, Verlust, Selbstentwertung, Wut, die entweder ins Präverbale zurückreichen oder im Familienleben außerhalb der Sprache bleiben mußten. Die Totalität dieser Affektstürme ist es, die alle späteren Konflikte letztlich zu extrem und damit unlösbar machten. Die Konflikte sind erreichbar, die Affekte selbst sind an der Oberfläche, doch die letztlich kausal bedeutsamen Traumata bleiben intellektuelle Daten; sie sind höchstens *durch* die Konflikte erreichbar.

Regula (*Flucht vor dem Gewissen*, Kap. 6) faßt spontan etwas ganz Wesentliches aus ihrer Dynamik – die sich zum tragischen Verhängnis verdichtete – in einem Satz zusammen: „... the abused child that goes back to the abuser, as if she blamed herself for her being abused, and asks the abuser to forgive her, but only asks with that to be abused again; I bring about what I fear most" (das mißhandelte Kind, das zum Mißhandelnden zurückgeht, als ob es sich selbst der [Schuld für die] Mißhandlung bezichtigt, und das den Mißhandelnden bittet, ihr zu verzeihen, doch damit nur um neue Mißhandlung bittet; ich führe das herbei, was ich am meisten fürchte; 988).

Wiederum ist weder die Frage, was die „Ursache" psychischer Gegenwart ist, noch ist die Antwort darauf absolut zu nehmen. Gibt es schon in der äußeren Wirklichkeit keine unbedingten Anfänge von Kausalketten, so gilt das zumindest in gleichem Maß für die Kausalität innerer Vorgänge. Vielmehr ist es eine Frage davon, wo man stehen bleiben will, und dies wird von praktischen Anforderungen und Erwartungen bestimmt. So lautet denn die Frage für uns: Was ist die *psychoanalytisch relevante* Kausalität? Und damit auch: Wo, auf welcher Ebene des Kausalverständnisses müssen wir eingreifen, um entscheidende, d. h. dauerhafte Veränderungen herbeizuführen? Mit anderen Worten: Welche Intervention unsererseits besitzt ihrerseits genug Wirkkraft, ist also selbst von solcher Kausalbedeutung, daß sie andere Faktoren als Ursachen weiterer und weiter dauernder Folgen auszustechen vermag?

Sofort stellt es sich auch heraus, daß das Kausalverständnis der Psychoanalyse *durch die Methode beschränkt* sein muß, ebenso wie etwa das physikalische oder chemische Kausalverständnis strikt durch die angewandte Methode bestimmt wird. Galileis Untersuchungsmethode konnte nicht das elektromagnetische Feld beachten und bestimmen, und die Heisenbergsche Unschärferelation läßt sich nicht auf die makroskopische Mechanik anwenden, ist an ihr auch gar nicht mehr als an einem Randphänomen interessiert.

Vielleicht sollte man dabei eher sagen: Was wird mit dieser Methode und Zielsetzung als endgültig erklärend, d. h. als die Kausalität bestimmend angesehen? Jede zusammenfassende Beschreibung kann ja eigentlich auch schon als eine Art von Erklärung angesehen werden, nämlich als Verallgemeinerung. Doch ist sie noch keine kausale Erklärung. Darüber hinaus sehen wir immer wieder, daß wir mit dem Erklären zu hoch oder zu tief greifen, zu oberflächlich oder jenseits des Verstehbaren.

Wie steht es also mit dem Kausalverständnis *innerhalb* der psychoanalytischen Methode? Wo bleibt man am besten stehen? Womit begnügt man sich, um die erstrebte tiefere und anhaltende Veränderung zu erzielen? Was ist die *der Methode entsprechende Wahrheit*, das *angemessene Kausalverständnis*, die *am besten wirkende Erklärung?*

Die Antwort ergibt sich ebenso aus den vorgängigen Selbstbeobachtungen in der psychoanalytischen Situation wie aus den eben gegebenen Illustrationen: der *Focus des psychoanalytischen Kausalverstehens wie der Beobachtungs- und Einwirkungsmethode* liegt auf dem inneren Konflikt. Methodenform und Erklärungsweise bestimmen einander wechselweise; sie sind aneinander gebunden, sind *komplementär*. Manche sehen darin eine perniziöse Zirkularität. Sie kann zu einer solchen entarten, wenn die Befunde absolut verstanden werden, wenn also die Relativität der Schlußfolgerungen zur angewandten Technik überspielt wird. Doch sind in jeder Wissenschaft Theorie, Methode und Schlußfolgerungen in solcher kreisförmigen Weise miteinander verknüpft.

Doch haben auch die Hermeneutiker recht: Das Verfahren ähnelt oft der Deutung von Texten, und zwar von doppelten und mehrfachen Textvarianten und Textebenen. Man prüft immer wieder die möglicherweise am besten zusammenstimmenden Zusammenhangsverbindungen, wie wenn man sich dabei fragte: „Wie kann ich das Zerrissene am besten wieder verknüpfen?"

Das Zerreißen des Sinnzusammenhangs erfolgt aber wegen des inneren Widerspruchs, des Widerstreits von Gefühlen und Wünschen, von Werten, Absichten und Plänen, von Loyalitäten und Verpflichtungen. Die Verknüpfung kann erst geschehen, wenn der Widerspruch erkannt und v. a. (wenigstens teilweise und momentan) *gelöst* werden kann.

Dies ist übrigens ein Verfahren, das ich selbst bei diesen Büchern und besonders beim vorliegenden Band angewandt habe: Der „Originaltext" steht zumeist neben der direkten Übersetzung und der abstrakteren theoretischen Deutung, handle es sich nun um den Text eines therapeutischen Dialogs oder einer ganzen Fallgeschichte, um einen einzelnen Satz aus der Literatur oder um ganze Werke. Darüber hinaus kann der ganze Band *Flucht vor dem Gewissen* als Originaltext aufgefaßt werden, zu dem *Die zerbrochene Wirklichkeit eine* Form von Kommentar darstellt.

Um nochmals abschließend das „Gefundene" (genauer: das von mir eben in die Methode Hineingelegte und nun nachträglich kritisch Herausgelesene) zusammenzufassen, so können weder Triebe noch Entwicklungsphasen noch Abwehrformen noch Traumata noch Affekte noch Ich- oder Über-Ich-Strukturen an sich als Ursachen bezeichnet werden. Das Innehalten der Kausalerklärung findet auf der Ebene des jeweils zugänglichen, am besten die jeweils gegenwärtigen Daten ordnenden Konflikts statt.

Dabei gilt, was Cassirer in bezug auf Heisenbergs Unbestimmtheitsrelationen ausgeführt hat:

> Zeigt die Erfahrung, daß unserer Beobachtung ganz bestimmte, exakt-formulierbare Grenzen gesetzt sind, so dürfen wir uns in unserer empirischen Begriffsbildung über diese Grenzen nicht willkürlich hinwegsetzen. Wir müssen vielmehr unseren kausalen Urteilen eine solche Fassung geben, daß sie mit ihnen verträglich bleiben: daß sie die neuen Bedingungen, die jetzt für die Anwendung des kausalen Denkens und Schließens aufgewiesen sind, respektieren (Cassirer 1936, S. 273).

Es handelt sich also um ganz bestimmte *Deutungen von Zusammenhängen*, nämlich die von *gegensätzlichen inneren Faktoren*, und zwar zur gleichen Zeit auf mehreren inneren Ebenen und gewöhnlich auch mit Einbeziehung von Aspekten der äußeren Realität. Sobald aber der Fokus auf die Konflikte *mit* der Außenwelt hinübergleitet, ändert sich nicht nur die Form, sondern auch die Wirkkraft: unmittelbare Veränderung tritt als Ziel an die Stelle der tieferen inneren Veränderung. Die Methode hat die Zielsetzung der psychoanalytischen Einwirkung mit der der psychotherapeutischen Beeinflussung vertauscht. Zwischen beiden besteht eine wesentliche und kaum zu vermeidende Dialektik. Ich habe im klinischen Zusammenhang (v. a. in *Flucht vor dem Gewissen*) oft darauf hingewiesen und werde später (Kap. 11) nochmals darauf zurückkommen.

Doch ergibt sich aus dem eben Ausgeführten, daß der Vorschlag Grünbaums, zur Verifizierung psychoanalytischer Kausalbehauptungen bei epidemiologischen, bei der historischen Bestätigung bestimmter Traumata oder bei anderen extraklinischen Untersuchungen Zuflucht zu nehmen, am entscheidend Wichtigen gerade vorbei geht.

7.7 Psychoanalyse als Wissenschaft vom Konflikt

Wir sahen: Der Vorgang des Deutens ist der Zugang zum Konflikt des Augenblicks – nicht zu einem Konflikt allein, sondern oft zu mehreren in einem gegebenen Moment, auf mehreren Ebenen, Konflikten in zahllosen Varianten bei einem Individuum, vordringlichst jetzt zu inneren Konflikten, obwohl diese geschichtlich nicht auf diese beschränkt sein müssen. All diese Konflikte bezeugen sich durch Gefühle. Manche dieser Affekte sind von schwacher, ankündigender Eigenart und haben die bei der Angst vorzüglich beschriebene Signalqualität (Freud 1926), andere erscheinen in massiv bedrohlicher und überwältigender Form, wiederholen sich in stereotyper Gestalt, dringen störend ins ganze Leben ein und lassen sich nicht abwehren. Auf diese Affekte als Hauptmanifestationen des Konflikts an dem „Punkt der Dringlichkeit" muß ich mich konzentrieren: Was sagen mir die verschiedenen Formen der Angst und der Depression, der Wut und des Ressentiments, der Scham und der Schuld jetzt über jene innere Polarität, also über das Warum? Was sind die Formen des Selbstschutzes gegen die negativen Affekte, die Abwehrstrategien und

-sequenzen, das Wie? Und wie kann ich dies auf eine so spezifische Weise formulieren, daß der Patient erkennen kann: „Dies stimmt jetzt, es ist wahr für mich,“ – spezifisch, nicht im allgemeinen?

Alles andere wird Mittel zu diesem unmittelbaren Zweck: dem sich ständig wandelnden inneren Konflikt zu folgen und ihn dem inneren Beobachter vorzuweisen, damit die möglichen Lösungen erwägbar werden. *Der innere Konflikt des Augenblicks dient so als Vertreter des ungelösten Lebensproblems.* So ist denn der Prozeß des Deutens eine Form der Heilkunst, die aufgrund wissenschaftlicher Beobachtungen und Verallgemeinerungen vorgeht und sich anhand einer äußerst umfangreichen naturalistischen (d.h. einer die „Natur“ der Vorgänge sorgfältig studierenden) Erfahrung herausgebildet hat, eine Kunst indessen, die sich vorwiegend des Werkzeuges der *Hermeneia*, der Deutung bedient, die sinnvolle Verbindungen schafft, den erzählerischen Faden wieder verknüpft, aber auch in unzähligen Einzelheiten Kausalverbindungen in Form von regelmäßigen inneren Sequenzen herstellt, all dies jedoch im Dienste von etwas Drittem, Übergeordnetem, Autonomem: der *Lösung von Konflikten.*

Psychoanalyse ist eine Wissenschaft des Konflikts, und damit eine *Wissenschaft sui generis*, mit einer eigenen Methodik, einem eigenen Zentrum, ihren eigenen Gesetzen, ihrem eigenen Kanon der Beweisbarkeit („verifiability“) und Widerlegbarkeit („falsifiability“), ihrem eigenen Standard dessen, was gut und was schlecht ist, dessen, was taugt oder wirksam ist und was es nicht sein kann. Sie benutzt als Hilfsmittel dafür alle die anderen beschriebenen Elemente, Elemente, die sie von den Naturwissenschaften, von den Geisteswissenschaften, von Kunst und Mythos geborgt hat; doch kann sie auf keine von ihnen zurückgeführt werden.

Konflikt ist ein Begriff, der den Begriff der zu deutenden Sinnhaftigkeit umgreift, nicht umgekehrt. Konflikt existiert bei Tieren, wahrscheinlich schon bei Kleinkindern. Er mag ein innerer oder äußerer, er mag bewußt oder unbewußt sein. Das Hauptinteresse des Analytikers ist auf den inneren unbewußten Konflikt gerichtet; doch ist dieser nur eine Sonderform.

Ganz konkret ist daher die leitende Frage bei der Arbeit nicht etwa die: Was bedeutet dies? sondern eher die: Welches ist der Konflikt in diesem Moment? Kurz gesagt ist demnach der *Zweck* der analytischen Intervention letztlich nicht die Deutung, sondern *die Lösung (vielleicht genauer: Minderung) eines pathogenen Konflikts* und damit ein freieres inneres Funktionieren.

Doch erhebt sich die Frage: Weist der Konfliktbegriff nicht auf Triebe zurück, also auf eine Energetik von einander widerstrebenden Kräften, mithin auf die Biologie? Ich denke nicht. So können wir über Wertkonflikte, über Konflikt von Ideen, über Motivkonflikte, Konflikte zwischen gesellschaftlichen Gruppen, über Konflikt zwischen Teilen der Persönlichkeit, Konflikte von Gefühlen und inneren Bildern sprechen. Es ist sogar möglich, an Konflikte zwischen verschiedenen Zielen bei Tieren zu denken und die einander bekämpfenden Kräfte in der Physiologie heranzuziehen, v.a. die zwischen Antigen und Antikörper, aber auch an den sich zwischen Narkotika und ihren Antagonisten an den Rezeptoren abspielenden Wettstreit, ein Konflikt, der sich selbst in Zellkulturen nachweisen läßt. Oder man mag an den „Kampf“ für Licht und Nährstoffe zwischen den langsam wachsenden, doch feuerresistenten und schließlich riesengroßen Sequoiabäumen und den zwischen ihnen rasch aufschießenden Weißtannen denken, der in regelmäßigen Zyklen von Waldbränden „geschlichtet", zum Ausgleich gebracht, wird.

Daher ist Konflikt ein Begriff, der eine theoretische Schlüsselstellung einnimmt und von dem aus sich Vorgänge auf vielen Ebenen neu ordnen lassen – in der Biologie, der Tiefenpsychologie, im Bewußtsein, in der Sozialpsychologie, in der Geschichte und der Kulturphilosophie, selbst in der Erkenntniskritik, wo z.B. Edelson es als eine der Grundannahmen des Kanons der wissenschaftlichen Methode bezeichnet, daß „eine Hypothese nicht provisorisch als glaubhaft angenommen wird, wenn sich lediglich positive Beispiele für sie beobachten lassen, sondern erst, wenn die Evidenz sie gegenüber Gegenhypothesen (rival hypotheses) begünstigt" (1985, S.573).

In anderen Worten ist Konflikt einer jener übergreifenden Begriffe – wirklich sogar eher eine ganze *Denkweise* –, analog dem *einer hierarchischen Ordnung* in Systemen. Diese wird von Polanyi (1965) so umschrieben: „... wir haben eine niedrigere Ebene isolierter Teile und eine höhere Ebene des funktionellen Ganzen, das von den Teilen gebildet wird. Diese höhere Ebene stellt dann den gemeinsamen ‚Sinn' der Teile dar" (S.136).[38] („Höher" bedeutet in diesem Zusammenhang größere Differenzierung und Integrierung, nicht unbedingt „besser".) Polanyi führt weiter aus, daß „der von der Biologie wirklich verfolgte Zweck, dank dessen sie ihre Triumphe erzielt, darin besteht, daß sie die Funktionen von Lebewesen durch die Begriffe eines Mechanismus erklärt, der in den Gesetzen der Physik und Chemie begründet ist, aber nicht durch diese Gesetze erklärbar ist"[39] (S.134). Ebenso können wir in bezug auf den Konflikt innerhalb eines Systems feststellen, daß dessen Polaritäten sich weder auf die niedrigeren oder höheren Ebenen des Diskurses reduzieren noch durch diese erklären lassen: Wert- und Ideenkonflikte lassen sich nicht einfach auf Gefühls- und Triebkonflikte zurückführen, innere unbewußte nicht einfach auf äußere bewußte (noch umgekehrt), psychologische nicht auf biologische usw.

Konflikt ist damit recht eigentlich ein *Gegenbegriff* zu dem des *Systems* – wobei „systema" „das Zusammengestellte, die Vereinigung, die Zusammenfassung, das Ganze" bedeutet.

Das heißt aber auch, daß Systemanalyse ohne Konfliktanalyse nur die Hälfte der Aufgabe erfüllt. Und umgekehrt soll sich die Konfliktanalyse der richtigen hierarchischen Ebene, auf der das in Frage stehende System studiert wird, bewußt sein. Innerer Konflikt entspricht dem System des Intrapsychischen, das am genauesten und sorgfältigsten in dem von der psychoanalytischen Situation gebotenen „Laboratorium" studiert wird. Familienkonflikt läßt sich am ehesten in der für ihre Untersuchung geschaffenen Modellsituation der Konfliktlösung oder in der Familienthe-

---

[38] „... we have a lower level of isolated parts and a higher level of the functional whole formed by the parts. This higher level represents then the joint ‚meaning' of the parts."

[39] „The purpose which biology actually pursues, and by which it achieves its triumphs, consists in explaining the functions of living beings in terms of a mechanism *founded* on the laws of physics and chemistry, yet *not explicable by* these laws."

rapie beobachten. Soziale, kulturelle und philosophische Konflikte haben ihre je eigenen, angemessensten Ebenen der Untersuchung.

Das Komplementaritätsprinzip erscheint mir das dem Konfliktprinzip entsprechende auf dem Gebiet der Physik (genauer: auf der Ebene der inneratomaren Vorgänge) zu sein. „Die unter verschiedenen experimentellen Bedingungen erhaltene Evidenz kann nicht in einem Bild erfaßt werden, sondern muß in dem Sinne als komplementär betrachtet werden, daß nur die Totalität der Erscheinungen die mögliche Information über die Objekte erschöpfend widergibt“[40], sagt Bohr. Holton nennt es eine „methodologische Strategie, *begrifflichen Konflikt* als nötige Vorbereitung für seine Lösung zu betonen.“[41]

Interessanterweise weist Holton auf einen äußerst wichtigen Vorgänger hin; William James schlug vor,

> man müsse zugeben, daß wenigstens in gewissen Personen das totale mögliche Bewußtsein sich in Teile spalte, die nebeneinander koexistieren, aber gegenseitig nichts voneinander wissen wollen und die die Erkenntnisgegenstände miteinander teilen. Es ist noch bemerkenswerter, daß sie *komplementär* sind.[42]

James wandte dieses Erkenntnisprinzip auf die Komplementarität von freiem Strömenlassen von Gedanken (wir würden es freies Assoziieren nennen) und introspektiver Analyse an.

Im Anschluß an eines von Bohrs Lieblingszitaten, Schillers Verspaar: „Nur die Fülle führt zur Klarheit, und im Abgrund wohnt die Wahrheit“, bemerkt Holton, daß es eine von Bohrs Maximen war, zwischen zwei Arten von Wahrheiten zu unterscheiden: Trivialitäten, deren Gegenteil offenkundig absurd ist, und tiefen Wahrheiten, die sich daran erkennen lassen, daß ihr Gegenteil ebenfalls eine tiefe Wahrheit darstellt. Er sah es in der Erziehung als die Komplementarität von Liebe und Gerechtigkeit, in der Biologie als die von physiko-chemischer Analyse und einer teleologischen oder finalistischen Kausalität. Heute werden die Begriffe der „Dialektik“ und des „dialektischen Denkens“ oft im gleichen Sinn gebraucht.

---

[40] „Consequently, evidence obtained under different experimental conditions cannot be comprehended within a single picture. However, they must be regarded as complementary in the sense that only the totality of the observational results exhaust the possible types of information about the objects of microscopic physics“ (Bohr 1949, zit. nach Holton 1973, S. 119; Messiah o. J., S. 153).

[41] „This methodological strategy of *emphasizing conceptual conflict as a necessary preparation for its resolution* culminated… in the announcement of the complementarity principle“ (1973, S. 130).

[42] „It must be admitted, therefore, that in *certain persons*, at least, *the total possible consciousness may be split into parts which coexist but mutually ignore each other*, and share the objects of knowledge between them. More remarkable still, they are *complementary*. Give an object to one of the consciousnesses, and by that fact you remove it from the other or others. Barring a certain common fund of information, like the command of language, etc., what the upper self knows the under self is ignorant of, and *vice versa*“ (W. James, zit. nach Holton 1973, S. 141 f.)

Freud hat bekanntlich mehrfach über sogenannte „Ergänzungsreihen" geschrieben – z.B. über das Zusammenwirken von Konstitution und akzidentellen Kindheitserlebnissen in den *Drei Abhandlungen zur Sexualtheorie* von 1905. Der Begriff ist nicht identisch mit dem der Komplementarität, läßt sich aber in diesen überführen.

Es wird über diesen Gegenbegriff zum Konfliktbegriff mehr zu sagen sein. Ich werde die Diskussion darüber in Kap. 11 und 12 wieder aufnehmen und dort namentlich auch auf die Komplementarität von Analyse und Synthese, von der rückwärts gerichteten mechanischen Kausalität des Es (und teilweise des Über-Ich) und dem klar teleologischen Begriff des Ich, des von Fingarette so bezeichneten „Triebes für Sinnhaftigkeit" (oder für Integration und Synthese) eingehen.

Um nun nochmals auf das, was als „große Scheidelinie („Great Divide") bezeichnet worden ist, nämlich den angeblich grundsätzlichen Unterschied zwischen Natur- und Geisteswissenschaften zurückzukommen: Es ist zwar richtig, daß die Gesetze der Natur und die des menschlichen Geistes und seiner Erzeugnisse sich in manchem unterscheiden, doch sind diese Unterschiede, wie Rorty, Blight, Holt und Edelson betonen, keineswegs so scharf und absolut, wie die philosophischen Zwillinge des Positivismus und der Hermeneutik es voraussetzen. Alle Formen wissenschaftlicher Sichtung berufen sich auf Grundprinzipien, die ihre Wissenschaftlichkeit ausmachen sollen, ob sie diese nun als starren Kanon zusammenfassen oder als lockeres System von Modellen und Metaphern verstehen, wie ich in den nächsten Kapiteln noch eingehender ausführen werde.

Seele und Kultur sind ja letztlich selber Teil der Natur, stehen weder im Gegensatz zu ihr noch außerhalb von ihr. Es handelt sich hier um Unterschiede der Hierarchie und ihrer Ebenen, nicht um schroffe Gegensätze. Die „wissenschaftliche Methode" auf den verschiedenen Ebenen – der der Physik, der Biologie, der Psychologie, der Geschichte oder der Literatur- und Musikwissenschaft – hat wohl mehr gemeinsam, als was sie von Ebene zu Ebene unterscheidet. Die wirklichen Antithesen bestehen zwischen wissenschaftlicher Methode und künstlerischem Schöpfertum, wissenschaftlicher Systematisierung und wissenschaftlicher Entdekkung, wissenschaftlicher Untersuchung und der Technik bzw. Kunst des Heilens. Alle diese arbeiten in rationaler, aber auch in intuitiver Weise, obzwar nach verschiedenen Mustern.

Wiederum stehen diese Antithesen im Konflikt miteinander, und doch verhalten sie sich dabei auch komplementär zueinander; sie brauchen sich gegenseitig und setzen einander voraus. Sie sind keine Feinde, sind von keiner „großen Mauer" oder „großen Scheidelinie" voneinander getrennt; vielmehr wirken sie als synergistische Gegenspieler.

Was könnte bei der Untersuchung, auf die wir uns eingelassen haben, als der wirkliche Gegner der Wahrheitsfindung betrachtet werden? Ich glaube, er ist in der *Verabsolutierung* des einen Pols gegen den anderen zu sehen – auf welcher Ebene diese auch erfolgen mag: die *Ausschließlichkeit* von Natur gegenüber dem Seelischen, die der Seele gegenüber dem Natürlichen; von Macht oder Individualismus gegenüber der Liebe oder den Sympathie- und Zusammengehörigkeitsgefühlen; von Beziehung und Vereinigung gegenüber der Trennung des einzelnen und dem Respekt für seine Individualität und Identität; von Abwehr gegenüber Affekten und Trieben oder von Trieb gegenüber der Abwehr; von Intellektualität gegenüber dem Triebhaften oder von Instinkt gegenüber Vernunft; des Kollektiven gegenüber dem Individuellen oder den Ansprüchen des Privatmannes gegenüber den Interessen der Gruppe oder der Gesellschaft; und schließlich die eines physikalistischen Materialismus gegenüber den Ansprüchen des Innenlebens oder umgekehrt die der Mythen der Seele über die Kategorien der äußeren Realität.

Das aber ist es, was das Wesen der gespaltenen Wirklichkeit und der tragischen Dimension ausmacht und was ich im Gleichnis vom „Rad der Täuschung" zu fassen versucht habe.

7.8 Wertphilosophische Erwägungen

Schon die letzten Gedanken haben uns ins Gebiet der Wertphilosophie verwiesen. Die folgenden 5 Aspekte scheinen mir besonders beachtenswert zu sein:

1) Der ganzen Diskussion in diesem Kapitel und wirklich durch das ganze klinische Werk hindurch liegt nicht so sehr die Frage zugrunde: „Wie verstehen wir am besten die während der psychoanalytischen Arbeit beobachteten Phänomene? Was sind ihre Gründe?", sondern die sehr pragmatische Dringlichkeit: „Was wird eine *dauerhafte Veränderung* herbeiführen? Welche Intervention ist am wahrscheinlichsten fähig, diese zu bewirken?"

Die Antwort in den beschriebenen Fällen war: Es waren gewisse Einsichten, die innerhalb der Beziehung zu einem Mitmenschen mit einer spezifischen Technik zustande gebracht worden waren. Damit bestimmen *die Qualität der Technik* und die *Qualität der Beziehung* den *Wert der Erkenntnisse* und damit die Qualität der herbeigeführten *Veränderungen.* Mängel bei den einen bewirken Schaden bei den anderen Faktoren. Wie schon gesagt: Psychoanalyse und Psychotherapie sind ebenso wirksam im Anrichten von Schaden wie in der Bewirkung guter Resultate – genauso wie jede helfende Droge sich in Gift verwandeln kann, wenn sie nicht verständig gebraucht wird. Daher wird es zu einer entscheidenden Frage der therapeutischen Ethik, wie wir die richtige therapeutische *Strategie* für jeden Patienten bestimmen, dann jederzeit die dieser Strategie angemessene *Taktik* wählen und wie wir diese Entscheidungen überprüfen, wenn die gewöhnlich stillschweigenden Voraussagen sich innerhalb einer nützlichen Frist nicht erüllt haben.

Auf *einem* Vorgehen über einen gewissen Punkt hinaus zu beharren, obwohl es nicht hilft, mag unethisch werden. Nicht einen Fachmann als Konsultanten beizuziehen, wenn bei Patient, Verwandten oder dem Therapeuten ernsthafte Zweifel an der Wirksamkeit der Behandlung bestehen, kann unethisch sein.

Seine Autorität aufzuerlegen, sei es durch Verbote, sei es durch Lob, sei es durch stereotype Deutungen und Belehrungen, sei es durch Sarkasmus und Ironie, kann unethisch werden, besonders wenn es gewisse Grenzen überschreitet. Doch wo liegen diese Grenzen?

Dies sind alles Urteilsfragen bezüglich der *Bewertung der Technik.*

2) Rorty (1984) behauptet:

> Die Fähigkeit, uns als idiosynkratisch gebildete „Collages" aufzufassen statt als Substanzen, war ein wichtiger Faktor, der es uns ermöglichte, die Idee loszuwerden, daß wir ein wahres Selbst besitzen, und zwar ein Selbst, das wir mit allen Menschen teilen, und die damit verbundene Ansicht, daß die Ansprüche dieses wahren Selbsts, die spezifischen moralischen Ansprüche, vor allen anderen Vortritt haben.

Er schreibt diese Emanzipation der Psychoanalyse zu. Ich habe Schwierigkeiten mit dieser Behauptung. Sicher stimme ich Rorty darin bei, daß wir nicht in dem Sinne ein wahres oder Kernselbst besitzen, daß dieses eine allen gemeinsame „glassy essence" („ein gläsernes Wesen")[43], im Sinne eines einförmigen Geistes und eines metaphysischen Punktes in uns wäre, den wir alle miteinander teilten. Doch könnte der Analytiker seiner Aufgabe nicht gerecht werden, wenn er nicht (wie ich in Kap. 11 weiter ausführen werde) annähme, es gebe eine individuelle „Form", eine Art selbstgegebenes „Telos" in jedem von uns, einen Sinn der Individualität und Ganzheit, der wir entgegenstreben. Praktisch *handeln* wir immer so, als ob das *wahre individuelle Selbst* des Patienten, nicht irgend ein allgemeines, abstraktes Selbst, wegen der massiven Störung durch den neurotischen Prozess *nicht* zu seinem vollen Potential entwickelt worden wäre. Unsere Therapie besteht nicht darin, dem Patienten sein wahres Selbst vorzustellen, sondern darin, auf die blockierenden Wirkungen, die gewissen Kompromißbildungen innewohnen, hinzuweisen. Unser Stil muß deshalb sehr individuell und sehr spezifisch jedem einzelnen Patienten angepaßt sein.

Mythen, Clichés und Urteile von außen aufzuoktroyieren, verstößt nicht allein gegen den therapeutischen Takt, sondern mag, wenn dies über ein gewisses Maß hinausgeht, die Individualität des Patienten, seine Kreativität und sein Entwicklungspotential in unerträglicher Weise verletzen. Eine solche Verwundung der Identität und der Autonomie *muß* sowohl Scham wie Wut verursachen, auch wenn diese Gefühle alle von der masochistischen Unterwürfigkeit maskiert werden mögen. Den anderen in seiner Individualität nicht zu respektieren und ihm eine Wahrnehmungsveränderung aufzuzwingen, anstatt dem Patienten zu helfen, seine eigene Selbstbe-

---

[43] Dies bezieht sich auf eine Stelle bei Shakespeare: „But man, proud man/ Dressed in a little brief authority/ Most ignorant of what he's most assured –/ His glassy essence – like an angry ape,/ Plays such fantastic tricks before high Heaven/ As make the angels weep – who, with our spleens,/ Would all laugh themselves mortal" (*Maß für Maß*, 2. Akt, 2. Szene, 117–123). Sie dient Rorty als Metapher für die „soul as immaterial because capable of contemplating universals", „the intellectual soul": „It is glassy – mirror-like – for two reasons. First, it takes on new forms without being changed – but intellectual forms, rather than sensible ones as material mirrors do. Second, mirrors are made of a substance which is purer, finer grained, more subtle, and more delicate than most" (Rorty 1979, S. 41–43).

obachtungsfähigkeit zu erweitern – auch dies wirft schwerwiegende ethische Probleme auf.

Die Psychoanalyse ist, so meine ich, gerade dadurch im ethischen Sinne revolutionär, daß sie solche individuellen Rechte von gewissen Formen des *Verhaltens* auf den ganzen Bereich der *inneren Welt* ausdehnt. In Paul Grays Ausdruck: „... daß der Patient dazu gelangt, die Erkenntnis mit dem Analytiker zu teilen, daß das Denken im Gegensatz zum Verhalten keine Einschränkungen hat."[44] Das bedeutet, daß es unsere Aufgabe ist, dem Patienten die Erlaubnis und den offenen Raum zu geben, alles ohne Einschränkung zu denken, zu fühlen und zu sagen, während er immer mehr befähigt wird, es nicht zu tun.

Es ist genau diese weit ausgedehnte Toleranz, die die Grundlage der psychoanalytischen Wertrevolution bildet – einer Revolution, die Rorty zu Recht „die Bereicherung unseres Vokabulars der moralischen Überlegung" nennt (obgleich der auf die linguistische Metapher gelegte Nachdruck mir zu eng erscheint).

Das Denken in Begriffen von innerem Konflikt und Motiven statt nur von Recht und Unrecht vertieft alle ethischen Überlegungen und Diskussionen und verleiht ihnen eine radikal neue Dimension, ohne daß damit der Verantwortungsbegrifff aufgegeben werden müßte: „Tout comprendre, ce n'est pas tout pardonner" (s. die in früheren Kapiteln ausgeführten Gedanken über Konflikt und das wählende und entscheidende Ich, die ich von Rangell übernommen habe).

Übrigens war es dabei gerade die Vielfalt an neuen Metaphern für unser Innenleben, die ganz wesentlich zu dieser Bereicherung beigetragen hat, und das hat wohl Rorty auch mit im Sinne.

3) Sehr nahe damit verwandt ist der Respekt und die Aufmerksamkeit, womit die Innenwelt betrachtet und behandelt werden soll. Gerade wenn man, wie ich mehrfach hier erwähnt habe, mit der Behandlung von Drogensüchtigen zu tun hat, ist es eine häufige Erfahrung, daß schwerkranke Patienten, ihre Familien und die sich auf dieses Problem einlassenden Politiker ganz entscheidend darum bemüht sind, *den inneren Faktor* in der Genese der Erkrankung zu *verleugnen*. Nicht daß diese psychophobische Einstellung auf die Beschäftigung mit den Drogenproblemen und die damit verquickten psychopathologischen Störungen beschränkt wäre! Wie wir namentlich im Zusammenhang mit der Abhandlung über das Ressentiment gesehen haben, besteht in uns allen eine immer gegenwärtige Versuchung, sich *psychophobisch* gegenüber der Welt der Motive und der Gefühle, der Befürchtungen und der Wünsche zu verhalten: „Dies ist bloß deine Einbildung. Dies ist nur in deinem Kopf so." Oder: „Es ist eine Sache der Gesellschaft, der Freunde, mit denen er sich abgegeben hat." Oder: „Es ist nur die Droge, der Alkohol..." Diese Neigung läßt die enorme Komplexität, Verstricktheit und machtvolle Wirklichkeit unserer Affekte, unserer Formen des Verlangens, unserer Erinnerungen und die Fülle von Konflikten auf allen Ebenen, die in ein Oberflächensymptom eingehen, außer acht.

Ob dies nun Ausdruck eines überholten Kartesianismus ist oder nicht, es ist

---

[44] „... that the patient can come to share the recognition with the analyst, that, unlike behavior, thinking has no limitations" (persönliche Mitteilung).

zumindest *pragmatisch* unerläßlich, eine der Folgen der psychoanalytischen Revolution in dieser neuen Würde und erstrangigen Wichtigkeit zu sehen, die unserem Innenleben und seinen mannigfachen Schichten und Paradoxien zugesprochen wird, dem Eigenwert und der *Eigengesetzlichkeit* der Innenwelt – eine Wertverschiebung, die übrigens auch wieder von Nietzsche vorweggenommen wurde.

Solchen Respekt und solche Aufmerksamkeit der eigenen Innenwelt und der der andern zu zollen, ist an sich schon eine moralische Forderung, die in der Vergangenheit von Dichtern, Heiligen und Kantianern erhoben wurde: „Noli foras ire, in te ipsum redi, in interiore homine habitat veritas" („geh nicht hinaus, geh in dich selbst, im Innern des Menschen wohnt die Wahrheit"; Augustinus). Diese moralische Forderung ist nun durch die Psychoanalyse, freilich in ihrer Achtung für die „glassy essence" in ihrer Individualität, doch nicht als allgemeine, allen gemeinsame Natur, übernommen worden.

4) Es besteht eine moralische Dimension auch in der erhofften *Lösung pathogener Konflikte.* Damit hat sich Hartmann in seiner ausführlichen Monographie *Psychoanalyse und moralische Werte* (1960) auseinandergesetzt. „Das Anerkennen der eigenen authentischen Werte und ihre Abgrenzung von denen, die nicht authentisch sind, wird nicht selten im Verlauf des analytischen Prozesses geschärft" (S. 92).[45] Ebenso „gehören für manche ein klares Bewußtsein und eine höhere Ebene der Selbstorganisation zu den stärksten sinngebenden Faktoren"[46] (S. 93 f.). Analyse führt zu größerer Folgerichtigkeit („consistency") (S. 96, vgl. auch Rorty 1984).

In andern Worten, der Hauptgewinn einer erfolgreich verlaufenden Analyse besteht in einem allmählichen Übergang *("shift") von innerem Gezwungensein („compulsion") zu größerer innerer Freiheit.* Dies durch die schrittweise Lösung von Konflikten erreichte praktische Ziel hängt ausschließlich von der Integrität der Technik ab. Es ist *der psychoanalytische Wert par excellence*, dem alles andere als Mittel zum Zweck unterzuordnen ist.[47] Dies mag wieder eine Komplementarität einbeziehen: zwischen der von Rorty der Freudschen Philosophie zugeschriebenen *Dehumanisierung* von Teilen der Persönlichkeit einerseits, dem *inneren Dialog* und der *Befreiung des wahren individuellen Selbst*, das bis jetzt in überwältigenden Konflikten verstrickt gewesen ist, andererseits.

5) Ich erwähnte die *Dualität einer Moralität*, die auf das *Schuldgefühl* gegründet ist, gegenüber einer im *Schamgefühl* begründeten. In Übereinstimmung mit dem generellen Programm der Konfliktschlichtung können auch die pathogenen Scham-

---

[45] „The recognition of one's authentic values, and their distinction from those which are not authentic, is not infrequently sharpened in the course of the analytic process."

[46] „... clear consciousness and a higher level of organization of one's self are for many among the strongest factors that give ‚meaning'".

[47] Vgl. die Arbeiten von Kubie zu diesem Punkt, mein Buch *The hidden dimension*, sowie die Gedanken über Wiederholungszwang und Ananke in *Flucht vor dem Gewissen* und in Kap. 1 des vorliegenden Buches.

und Schuldkonflikte, wie insbesondere auch die Scham-Schuld-Dilemmata, genügend angegangen und behoben werden, so daß dem Patienten ein stark erweiterter Spielraum der „moralischen Überlegung" („moral deliberation") gegeben wird. Eine solche Eröffnung eines weiten Bereiches ist jedoch nur dann möglich, wenn der Therapeut sich aller Interventionen und Haltungen enthält, die vom Patienten als dauernde Über-Ich-Auflagen erlebt werden können. Die der Über-Ich-Analyse zu schenkende Aufmerksamkeit und die Vermeidung der Autoritätsrolle in der Gegenübertragung ist ja eine der hauptsächlichen Ideen, die der *Flucht vor dem Gewissen* zugrunde liegen.

Ich schließe dieses Kapitel mit einem Zitat, das sowohl die Philosophie des Pragmatismus, wie ich sie verstehe, als auch die der Psychoanalyse impliziten Auffassung der individuellen „Teleologie" am schönsten auszudrücken vermag. Es stammt aus Goethes Gedicht „Vermächtnis" in *Wilhelm Meisters Wanderjahre:*

> Sofort nun wende dich nach innen,
> Das Zentrum findest du da drinnen
> Woran kein Edler zweifeln mag.
> Wirst keine Regel da vermissen,
> Denn das selbständige Gewissen
> Ist Sonne deinem Sittentag.
> ...
> Und war es endlich dir gelungen,
> Und bist du vom Gefühl durchdrungen:
> Was fruchtbar ist allein ist wahr;
> Du prüfst das allgemeine Walten,
> Es wird nach seiner Weise schalten,
> Geselle dich zur kleinsten Schar.

8 „Durch die blauen zusammenschlagenden Felsen" – Ein „Wesensbild" der Psychoanalyse

„Der Zerrissenheit, die er heilte, war ältere Einheit vorausgegangen, und dieser ältere Zerrissenheit…"

„Die Urmenschenseele ist das Älteste, genauer ein Ältestes, denn sie war immer, vor der Zeit und den Formen, wie Gott immer war und auch die Materie."

„… und ihm war, als wandelte er auf durchsichtigem Grunde, der aus unendlich vielen, ins Unergründliche hinabführenden Kristallschichten bestand, durchhellt von Lampen, die zwischen ihnen brannten."

„Er wußte aber kaum, was er rief und weinte, und zwar, weil seine eigentlichen Gedanken nicht bei diesen mechanischen und oberflächlichen Bitten und Klagen waren, sondern unterhalb ihrer; und unter den eigentlichen gingen wieder noch eigentlichere dahin als ihre Schatten und Bässe im Tiefenstrom, so daß das Ganze einer bewegten Musik glich, senkrecht zusammengesetzt, von deren Führungen oben, mitten und unten sein Geist gleichzeitig in Anspruch genommen war."

(Thomas Mann, *Joseph und seine Brüder*, S. 22, 42, 188, 573)

8.1 Die Aufgabe

Wir haben immer wieder von dem Streit gehört: Soll man nun die Psychoanalyse aufgrund ihrer Methode und damit der an sie gestellten Forderung nach der angemessenen Wissenschaftlichkeit zu den Natur- oder den Geisteswissenschaften zählen? Im vorangehenden Kapitel sind wir von der sich darauf beziehenden Kontroverse ausgegangen. Doch hat darauf die Diskussion plötzlich eine Wendung genommen. Die Psychoanalyse sei eine Wissenschaft vom Konflikt, v.a. vom inneren Konflikt; ihr Kausalverständnis richte sich zentral auf die Vielschichtigkeit inneren Konflikts, des bewußtseinsnahen sowie mehr und mehr auf die ursprünglich völlig vom Bewußtsein ferngehaltenen und abgewehrten Anteile solchen Konflikts. Das bedeute aber auch ein neues Verständnis für die Eigenart der Psychoanalyse als Wissenschaft.

Stellt sich aber damit nicht die Frage mit vollem Ernst: Muß sie wirklich zu einer jener beiden übergeordneten Wissensgruppen gehören? Soll sie sich auf alle Fälle und koste es, was es wolle, den Kanons einer dieser beiden Wissenschaftsgruppen fügen? Sind ihre inneren Gesetze und Prinzipien mit den verschiedenen „wissenschaftlichen Methoden" meßbar („commensurate"), die über jene anderen Gebiete herrschen wollen?

Liegt es nicht an einem „léger de main", wenn die Psychoanalyse so ohne weiteres mit einer Naturwissenschaft gleichgesetzt wird? Gewiß studiert sie „die Natur des Menschen". Doch hat sich die Natur als die große Welt des Werdens, Lebens und Sterbens, die Welt des Entstehens, des Seins und des Vergehens in der „Naturwissenschaft" in einen leblosen Mechanismus mathematischer Relationen und berechenbarer Muster und Felder verwandelt. Freilich sind diese durchaus wichtige Teile der Natur und der Erkenntnis, doch es fragt sich, zu welchem Grad sie dem Verständnis von Leben und Seele dienen können.

Umgekehrt hat die psychoanalytische Methode der Sichtung der Erfahrung, ihrer Gesetzlichkeit und der ihr eigenen Regulative des Vorgehens weit weniger Entsprechung mit den Methodologien der Geisteswissenschaften, als diese miteinander besitzen. Die Wissenschaft des Geistes, wie sie die Psychoanalyse ausübt, scheint daher nicht im selben Sinne eine Geisteswissenschaft wie das Studium der Sprache oder Geschichte, also der Schöpfungen dieses Geistes zu sein.

Sogar die Frage, ob sie überhaupt eine Wissenschaft, also eine Form theoretischen Wissens, und nicht vielmehr eine Kunst sei, kann nicht so ohne weiteres abgewiesen werden.

Haben die Päpste der Wissenschaftskritik etwa recht, wenn sie proklamieren, sie sei eine Art der Magie, basiere in Mythologie und gleiche der Astrologie (Popper[1] 1962, Kuhn, 1970, S. 8)? Hat Freud nicht dazu beigetragen, wenn er sagt: „Die Trieblehre ist sozusagen unsere Mythologie" (1933, GW 15, S. 101)? Oder war es nicht eher eine Mischung von philosophischer Selbstbescheidung und Ironie, die daraus sprach?

Während alle diese Behauptungen eine Teilwahrheit enthalten mögen, scheinen sie doch das Wesentliche zu verfehlen. Die Psychoanalyse gehört nicht zur selben Familie wie die Physiologie oder Neurologie, geschweige denn wie die Physik oder Chemie. Eine Liaison schafft noch nicht unbedingt eine Verwandtschaft. Noch ist andererseits die Blutsverbindung mit Sprach- und Geschichtswissenschaft allzu überzeugend. Weiterhin sind zwar Mythen und mythisches Denken für die rationale Absicht unannehmbar, doch ist vielleicht ihre Gegenwart in der Psychoanalyse weiter verbreitet, als es einem lieb wäre. Die Einordnung unter die Pseudowissenschaften wie Astrologie oder die Magie ist hingegen das, was Sartre „mauvaise foi" genannt hat.

Alle diese Zuschreibungen und Ausschließungen, diese Segnungen und Bannstrahle scheinen irgendwie ihr Ziel jedoch zu verfehlen. Was ist es? Das versuche ich hier zwar auch nicht voll zu beantworten, aber doch von manchen Richtungen her neu zu beleuchten.

Man mag sich fragen: Was soll man sich denn überhaupt darum scheren? Who cares?!

Die Antwort ist einfach die: Wir brauchen solche Klarheit, um zu entscheiden, welches eine gute Theorie ist und worin die richtige Forschungs- und Entdeckungsweise besteht.

---

[1] „These theories describe some facts, but in the manner of myths." „... historically speaking all – or very nearly all – scientific theories originate from myths, and ... a myth may contain important anticipations of scientific theories" (S. 38).

Kurz gefaßt ist meine eigene Antwort bis jetzt die folgende gewesen: *Die Psychoanalyse ist die systematische mikroskopische Untersuchung des Menschen im Konflikt*, v.a. *im inneren Konflikt*. Dies ist ihr Hauptanliegen. Ihre Theorien sind Versuche, die bei dieser Untersuchung gemachten Erfahrungen zu ordnen, zueinander und zum Wissen überhaupt in Beziehung zu setzen und mit einem innerlich konsequenten Begriffsgerüst zu stützen.

Wie können wir nun dieser allgemeinen Behauptung gerecht werden? Wie stellen wir die Psychoanalyse in den größeren Zusammenhang der menschlichen Erkenntnis und, noch weiter gefaßt, in den aller symbolischen Bemühungen? Wohin gehört sie im Zusammenhang der Symbolbildung schlechthin?

Diese Fragen stellen uns nun vor eine 4fache Aufgabe:

a) eine knappe Definierung der Nachbarbereiche, als deren Stiefkind die Psychoanalyse behandelt worden ist;

b) eine Neubeschreibung dessen, was das „Wesen" der Psychoanalyse, nicht von einem historischen oder praktischen, sondern von einem philosophischen Standpunkt aus sein könnte;

c) eine klarere Perspektive darauf, was wir eigentlich unter Symbol und Abstraktion verstehen;

d) eine Klärung und einen Vergleich der Abstraktionshierarchien in den Naturwissenschaften und der Psychoanalyse.

8.2 Wissenschaft, Kunst, Mythos

Jede systematische und objektivierbare Weise, die Erfahrung zu organisieren und neues Wissen zu erwerben, fällt unter den Begriff der *Wissenschaft*. Sie ist „der Inbegriff ineinander gegründeter allgemeiner Wahrheiten", heißt es in Kluges Wörterbuch. Der Begriff erschien zum ersten Mal in Erfurt 1392 als Übersetzung des lateinischen *scientia*. Bis jüngst hatte das englische *science* eine ähnlich breite Bedeutung.[2] Erst vor etwa 100 Jahren schränkte sich dieser breite Begriff auf die „Natural and Physical Science" ein.[3]

Sowohl die *Natur- als auch die Geisteswissenschaften* sind Formen theoretischen Wissens, beide erstreben, wenigstens als Ideal, scharf umgrenzte Symbole ohne „Wolken von Nebenbedeutungen" („clouds of connotations"). Diese genauen, stabilen und rigiden Symbole wurden von Wheelwright (1962, 1975) als „Stenosymbole" bezeichnet. Ein ausgezeichnetes Beispiel dafür ist die mathemati-

[2] Im 18. Jahrhundert wurde es, gemäß dem *Oxford English Dictionary*, wie folgt verstanden: „a branch of study which is concerned either with a connected body of demonstrated truths or with observed facts systematically classified and more or less colligated by being brought under general laws, and which includes trustworthy methods for the discovery of new truth within its own domain."

[3] „Those branches of study that relate to the phenomena of the material universe and their laws" (ebd.).

sche Beziehung, das Ziel der naturwissenschaftlichen Symbolisierung. Ein anderes ist die wesentlich weniger präzise Formulierung in Form- und Stilbegriffen in den Geisteswissenschaften (Cassirer 1942, 1961, S. 73). Die Naturwissenschaft sucht nach der Universalgültigkeit von Gesetzen, die Kultur- oder Geisteswissenschaft nach der Ganzheit der Formen, in der sich das Menschenleben verwirklicht (ebd., S.76). Beide unternehmen es, Ordnung und Organisation herzustellen; doch geschieht dies im einen Fall durch Begriffe von Dingen und Gesetzen, im anderen durch Konzepte von Form und Stil (S.77).

Wie später auszuführen sein wird, besteht der Zweck der Wissenschaft in der Aufstellung *umfassender, notwendiger und systematischer Verbindungen* gemäß gemeinsamer logischer Forderungen, „unter denen die apriorische Forderung der *Klarheit, der Widerspruchslosigkeit und der Eindeutigkeit der Beschreibung* den ersten Platz einnimmt" (Cassirer 1923a, S.6). Zu diesen fügt er das Kriterium der „*Fruchtbarkeit*", also den heuristischen Wert hinzu (1921/1923, S.428; 1936, 1957, S.142). Beide Wissenschaftsformen versuchen, dauerhafte Bezüge herzustellen, die die Erfahrung in verschiedenen „Reihen" (s. unten) ordnen sollen.

Kunst (inkl. Literatur) ist in Langers Worten „die Erschaffung von Formen, die symbolisch für menschliche Gefühle sind" („the creation of forms symbolic of human feeling"; 1953, S.40). Der Fokus verschiebt sich von der Herstellung systematischer Beziehungen, die in mehr oder weniger genau umgrenzten Symbolen ausgedrückt werden, zur Darstellung („presentation") von individuellen Formen, die große und komplexe Gruppen von Gefühlen ausdrücken und verdichten („synthesize") sollen, und zwar Gefühle bewußter, vorbewußter und unbewußter Art. Diese reichen und vielsinnigen („multivalent") Symbole der Kunst werden von Wheelwright als „tensive Symbole" bezeichnet. Eine eingehendere Prüfung der Struktur der Kunst ist unseren Zwecken hier weniger angemessen (s. dazu Langer 1953). Statt dessen werden später spezifische Parallelen, insbesondere zwischen Literatur und Psychoanalyse herangezogen.

Ich erwähnte in Kap.1, daß der *Mythos* am besten als ein elementarer Glaube an die konkrete Gültigkeit einer metaphorischen Erzählung beschrieben werden kann. Die dort eingehend, nach Cassirer, beschriebenen Kategorien des mythischen Denkens seien nochmals kurz angeführt:

1) Der Gegenstandsbegriff gestaltet sich so, daß, wo wir ein Verhältnis bloßer „Repräsentation" sehen, für das mythische Denken ein Verhältnis realer *Identität* besteht. Bild, Wort, Namen stellen die Sache nicht dar – sie sind die Sache. Das Bedeutungshafte muß in etwas Dingliches umgesetzt werden.

2) Der Kausalbegriff besteht darin, daß jede Gleichzeitigkeit, jede räumliche Begleitung und Berührung eine reale kausale Folge in sich schließt. Überdies wird jedes einzelne Geschehnis im mythischen Denken durch einzelne Willensakte, nicht durch allgemeine Gesetze erklärt.

3) Das Ganze und die Teile verhalten sich zueinander so, daß der Teil schon unmittelbar das Ganze ist und als solches wirkt und fungiert; es ist das Prinzip des

„pars pro toto". Eine Folge davon ist die Gleichstellung von Ähnlichkeit und Identität.

4) Schließlich handelt es sich um die dinglich-substantielle Natur von Wirkungen und Eigenschaften. Eigenschaften, Einflüsse und Vermögen werden als an ein dingliches Substrat gebunden betrachtet; sie können in konkreter Form übertragen und vernichtet werden. Wie alle anderen Funktionen und Beziehungen, so werden auch Raum, Zeit, Zahl, Seele und seelische Funktionen substantiell erlebt oder personifiziert.

Sowohl die mythische wie die wissenschaftliche Weltanschauung beruhen auf der Herstellung einer Einheit hierarchischer Ordnung. Doch baut sich die mythisch erlebte Welt nicht auf idealen und abstrakten Formen von Beziehungen auf, sondern alles Sein ist in konkreten Details zusammengewachsen. Die Seele wird in mehrere Einzelseelen aufgespalten. Es kommt zu einer Spaltung des mythischen Ich-Gefühls und des mythischen Seelenbegriffs.

Erst infolge des ethisch-prophetischen Gedankens der Zukunft komme es, führt Cassirer weiter aus, zur Entdeckung der Individualität – mit dem nun auch auf die Seele angewendeten Gedanken des Maßes als des Ausdrucks der Grenze und der Form. Diese Unterordnung auch der Innenwelt unter ein bestimmtes *Gesetz*, das sich in der Zahl ausdrückt, führe zur *theoretischen* Bewältigung der mythisch-dämonischen Welt.

Wozu gehört nun die Psychoanalyse? Zählt sie wirklich zu Recht zu einer dieser 4 Hauptgruppen?

Ich glaube, sie besitzt nicht mehr als oberflächliche Ähnlichkeiten mit allen 4 oder jeder anderen. Um diese aus vielfältiger Erfahrung erwachsene Folgerung besser zu begründen, schlage ich nun einen anderen, neuen Weg ein.

8.3 Das „Eidos" der Psychoanalyse

Im Gegensatz zur hauptsächlichen Argumentationsweise der wissenschaftstheoretischen Diskussion, die sich vorwiegend, gewiß fast ausschließlich, auf die Kritik der Schriften Freuds, vielleicht auch einiger ihrer Vorläufer und Nachfolger gestützt hat, möchte ich in diesem Abschnitt erneut, wie schon mehrfach in diesem Buch, von der konkreten Geschichte und der bestehenden und kodifizierten Theorie absehen und, als eine Art wissenschaftlicher Fiktion, die von Husserl so genannte „phänomenologische Reduktion" oder „Epoché" benützen, um jenseits der gewohnten Konzeptualisierungen nach dem Wesen dessen zu suchen, was das „reine Wesen" der Psychoanalyse ausmacht. Damit ist natürlich keine Mißachtung der psychoanalytischen Theorie oder der Entdeckungen, Formulierungen und Synthesen Freuds gemeint, sondern lediglich ein momentanes Außerkraftsetzen gewohnter Ordnungsstrukturen, ein philosophisches „suspending of belief", um zu diesem epistemologischen Zweck die tägliche Erfahrung neu zu beleuchten.

Mit dieser Abstraktion hoffe ich, das weiter zu vertiefen und mit neuem und reicherem Sinn zu füllen, was ich in Kap. 7 als die Eigentümlichkeit der Psychoanalyse gegenüber anderen Symbolformen bezeichnet habe, und hernach konkret das auszuführen, was das unserem Gebiet besonders angemessene Verfahren sein mag, Maß und Gesetzlichkeit aufzuspüren und zu bewerten.

Wie alle Abstraktionen besitzt auch diese die Absicht, die zufälligen Züge „abzuziehen“ (abstrahere), oder eher: sie so zu verdichten, bzw. auf das zu konzentrieren, was als absolut wesentlich erscheint, darauf, was Thomas Mann so gut „das Wesensbild“ genannt hat. So wie in der Geometrie kein existierendes Dreieck und kein existierender Kreis der Idee von Dreieck oder Kreis, ihrem geometrisch wesentlichen Plan, im Geiste völlig entspricht, so gibt es eine Idealform, ein Wesensbild dessen, was wir als Analytiker erstreben zu tun. Diese Idealform wurde von Platon als „eidos“ bezeichnet, ein Begriff, den Husserl übernahm und konsequent verwendete.

Es ist ein Versuch, die sich in der psychoanalytischen Situation ergebenden Phänomene wieder neu zu uns sprechen zu lassen (ähnlich, wie ich das in bezug auf die klinischen Beobachtungen in *Flucht vor dem Gewissen* zu tun versucht habe), ganz besonders, wie sie sich im ständig ordnenden und siebenden Geist des beobachtenden und fragenden Analytikers oder des Forschers, der dieselben Primärdaten (anhand von Tonbändern oder Stenogrammen) nachträglich untersucht, einstellen. Sie sind alte Wahrheiten in neuen Formulierungen. Anders gestellt hieße die Aufgabe so: Hätte es keinen Freud oder Herbart und keinen Fechner, keinen Charcot und keinen Janet als historische, begriffsprägende Persönlichkeiten gegeben, auch kein klinisches Wissen von gespaltenen Persönlichkeiten in Fuguezuständen, keinen Mesmerismus und keinen Hypnotismus, wie würden wir unsere Phänomene und Konzepte aus der tatsächlichen Praxis mit der gegebenen Methode ab novo entwickeln? Wir handeln dabei etwa wie Sokrates, der im *Menon* Schritt für Schritt einen Sklaven dazu bringt, die Prinzipien der Euklidschen Geometrie „von sich aus“ neu zu entdecken, oder wie ein guter Physiklehrer, der die Grundexperimente Galileis in der Klasse wiederholt und sie die Phänomene der Mechanik und die möglichen Ordnungsprinzipien für diese Phänomene wieder entdecken läßt.

Solch eine historische und theoretische „Epoché“ oder Suspension des Wissens führt unmittelbar zu einer zweiten, die man als Frage so stellen könnte: Worin besteht der *Fokus* der analytischen „Sicht“, das Ziel des Beobachtens innerhalb der psychoanalytischen Situation und unter optimalen Umständen? Und im Kontrast dazu, was liegt im *peripheren* Gesichtsfeld, außerhalb dieses Brennpunktes? Diese zweite, nun methodologische „Epoché“ besteht offensichtlich in der radikalen Zuwendung zur inneren Erfahrung, zum Strom des Innenlebens, zu dem, was wir oft „die innere Wirklichkeit“ des Patienten nennen; es ist ebenfalls eine Art „Abstraktion“, und zwar von der äußeren Wirklichkeit, von der alltäglichen Wahrheit (Gray 1973). Wie für den Physiker die Phänomene der Physiologie oder sogar der Chemie gleichsam in die Peripherie seines Blickfeldes gerückt werden, so verhält es sich für den Psychoanalytiker mit der äußeren Realität; idealerweise ruht sein Blick auf der inneren Realität. Der Begriff „innere Realität“ ist natürlich selbst metaphorisch; wir sprechen nicht über „res“ und „realitas“, also dinglich-substantielle Wesenheiten, die solche Realität konstituieren, sondern über Funktionen,

Beziehungen und Verbindungen (Cassirer 1910, 1980). Zudem ist es die Innerlichkeit, die sich im „interaktionellen Feld“ realisiert und beobachten läßt, also selbst wieder veräußerlicht erscheint.

Aufgrund dieser doppelten Epoché stellen sich dann die folgenden Fragen: Was ist es, das wir in unseren Primärdaten beobachten können? Wenn die analytische Situation selbst, wie viele bemerkt haben, ein Dialog ganz besonderer Art ist, was ist das Besondere an diesem Dialog? Selbst in der analytischen Introspektion, einer Art besonders forschenden inneren Dialogs, findet eine innere Zweiteilung in Beobachter und Erlebenden, Kritiker und Kritisierten, Autorität und Opfer, Mentor und Geführten statt. Was hat es mit dieser Spaltung und Polarisierung auf sich? Ist nicht Symbolbildung überhaupt in gleicher Weise bipolar (Kubie), und sind nicht auch die Affekte selbst bipolar (Wurmser 1981), im gleichen Sinn, wie das Feld des Dialogs es ist (Thomä u. Kächele 1985; Langs 1976)?

Von einer anderen Seite betrachten wir damit wieder (wenigstens großenteils) die Phänomene, die ich vorhin im Gleichnis vom „Rad der Täuschung“, nämlich im Hinblick auf schwere Formen neurotischer Störung, zusammengefaßt habe.

Was finden wir also?

1) Was immer der Analysand oder auch der Patient in (intensiver, exploratorisch-expressiver) Psychotherapie oder wir selbst in unserem inneren Dialog sprechen, zeigt *Bedeutungsschicht nach Bedeutungsschicht* (Freud 1895). Es ist gleichsam „Maske nach Maske“ von Sinnhaftigkeit, die sich da dem aufmerksamen Zuhörer enthüllt. In allem, was gesagt, gedacht und gefühlt wird, öffnet sich eine *Tiefe*. Alles ist wahr, und doch verwandelt es sich zur Maske. Alles ist authentisch und ehrlich, doch im nächsten Moment hat es sich zu etwas Inauthentischem, Unehrlich-Gleisnerischem verändert, im besten Fall noch zu einer Teilwahrheit. Umgekehrt haben selbst bewußte Lügen etwas Authentisches an sich; in ihrer Falschheit selbst reflektieren sie einen wahren Wunsch, noch ein „ehrliches“ Bedürfnis. So paradox es erscheinen mag, so weiß doch jeder Kliniker um den Wahrheitswert, der auch in der Täuschung, der Vorspiegelung und der Berauschung zu finden ist. Teilwahrheit und Echtheit mögen also auch in der Falschheit liegen. Selbst im Unfreundlichen und in der Kälte seines Wegstoßens liegt eine Art echter Bezogenheit; seine Maske der Ferne ist doch auch eine Form der Beziehung und spricht etwas aus.

Und umgekehrt gibt es keine Wahrheit, nicht einmal glühende Liebe und Freigebigkeit, der Dauer gewährt wird, so wie sich hinter der in Schönheit erhaltenen Maske der Jungfrau im *Decamerone* die Fäulnis von Pest und Tod verbirgt. Liebe verhüllt Neid, Gier und Verzweiflung. Verzweiflung birgt mörderisches Begehren. Begehren überdeckt tödliche Verwundung. Wo immer wir unser analytisches Skalpell ansetzen, stoßen wir auf Schicht unter Schicht und sinken gleichsam in ein bodenloses Loch, nicht nur von individueller Geschichte, sondern in eine Tiefe der Bedeutung und des Fühlens. „Küstenkulissen und Brunnenschlund“ ist das schöne, mehrfach wiederholte Gleichnis, das Thomas Mann für die Geschichte der Menschheit braucht (*Joseph und seine Brüder*, z.B. S. 20). Authentizität und innere Wirklichkeit besteht daher nie in endlicher Form; sie ist ein stetes Werden, Sichverändern, Korrigiertwerden, sie ist rastlos und dialektisch. „Rastlosigkeit und Würde – das ist das Siegel des Geistes“, heißt es von Jaakob und seinem Geschlecht in *Joseph und seinen Brüdern* (S. 50).

Das aber meint die durchgehend *paradoxe* Natur all dessen, was wir erleben – über die *Vielfältigkeit der Bedeutung* hinaus. Dies umschließt die historische Schichtung mit ihren mannigfachen „Verwerfungen“ (Hartmann 1964), ist aber gar nicht auf diese beschränkt.

2) Eine zweite Beobachtung ist unausweichlich, die des schon von Kant beobachteten Paradoxes, nämlich daß wir zwar mit uns selbst identisch sind und bleiben und uns doch kontinuierlich verändern. In zugespitzter Form ausgedrückt: daß trotz unserer Gleichheit mit uns selbst wir nicht einheitlich, nicht eine Persönlichkeit sind. Es gibt sehr verschiedene, sich widersprechende Stücke in uns, gleichsam getrennte Figuren, Schaupielern auf einer Bühne gleich. Eine innere Stimme widerspricht heftig einer oder mehreren anderen. Platon spricht vom Streit zwischen dem göttlichen Anteil und dem kaum zurückgehaltenen Tier, der Vernunft und der Begierde. Im *Phaidros* erscheint es im schönen Gleichnis von den zwei Hengsten, dem vornehmen, der nach Schönheit, Wahrheit und Ehre strebt, und dem verdrossenen, dunklen, der nach sinnlicher Lust und Rache giert. Der Wagenlenker versucht sie zurück- und zusammenzuhalten, er reißt sie so heftig zurück, daß ihr Maul blutet.

Kaum ein Augenblick vergeht in der Analyse, in dem wir nicht solcher widerstreitender Teile der Persönlichkeit gewahr werden. So besteht die zweite wesentliche Beobachtung, nach der der Vielfalt der Bedeutungen, in der *Vielfalt von inneren Persönlichkeiten*, in unserem aufgeteilten Charakter, also in der *absoluten Zentralität inneren Konfliktes*. So wird denn unser Innenleben zum hervorstechendsten Beispiel für Heraklits „Krieg als Vater von allem“. Alles in uns kann als in *Polaritäten* aufgespalten gesehen werden. In rascher Folge vereinigen die Gegensätze sich und trennen sich wieder – Größengefühl und Minderwertigkeitsgefühl, Stolz und Scham, Verschmelzung und Absonderung, Bewältigung und innerer Zerfall, Geneigtheit und Abstoßung. Es ist nur das logische Gegenstück davon, daß auch die Gegenstände, Dinge wie Personen, unvermeidlich als fließend, sich wandelnd, ja auch als widersprüchlich erlebt werden – großartig oder beängstigend. Es ist eine Notwendigkeit, keinesfalls nur eine Sache einer bestimmten Pathologie, der Borderlinefälle. Auch unser Erleben zeigt in der Tat so radikale Extreme wie die Größe der Menschlichkeit in Kunst und Verständnis und die sich durch die Geschichte hindurchziehende äußerste Verworfenheit des Menschen (man lese nur Thukydides mit der Schilderung der Ausrottung von Melos und Mykalessos; oder das immense Maß an Grausamkeit in unserem Jahrhundert und *innerhalb* unserer Zivilisation!). *Damit ist solche Gespaltenheit, das Extreme am Konflikt, eine Grundtatsache unseres Daseins.*

3) Eng verbunden mit dieser Phänomenologie von Konflikt, Polarität und innerer Vielschichtigkeit ist die Tatsache, daß die innere Ableugnung und Verwerfung (das „Nein“), als Teil des Konflikts, zur Empfindung einer inneren Spaltung und

damit einer *inneren Wand*, die die verschiedenen Teile voneinander zu trennen scheint, führt. Es ist ein aktives Zerreißen dessen, was zusammengehört – und doch erleiden wir es passiv: Unser Erleben ist wesentlich ein „Widerstand gegen die Aufdeckung von Widerständen" (Freud 1937), eine „Abwehr gegen eine Abwehr" (Fenichel 1941).

Wie wir schon von Autoren vor Freud wissen: es besteht ein tiefer Sinn dafür, daß weite Bereiche unseres Innenlebens in Dunkelheit und Geheimnis liegen, unserer willentlichen Zuwendung unzugänglich. „Es ist so, als ob ich gegen eine Mauer anrenne", heißt es häufig. Ein undurchdringlicher Vorhang scheidet uns von uns selbst, oft vom Wirklichsten in uns.

Freuds Schriften sind natürlich voll von besonders schönen Beschreibungen und Gleichnissen gerade für diesen Aspekt des „Eidos".

4) Noch vor Platon wurde von den drei griechischen Tragikern *die zwingende, unheimliche Macht der Gefühle und des Begehrens* erkannt, wie diese sich in Handlungen oder in Worte ergießen – notdürftig bezähmte oder ganz überwältigende Kräfte. Entweder, in *Othello* das Wort des getäuschten Vaters: „For my particular grief/ Is of so floodgate and o'erbearing nature/ That it engluts and swallows other sorrows,/ And it is still itself" („... denn mein besondrer Gram /Gleich einer Springflut strömt so wild dahin,/ Daß er verschluckt und einschlingt jede Sorge,/ Nur seiner sich bewußt"; 1. Akt, 3. Szene, 55–58). Oder sie gleichen freundlichen und milden Strömen. Es sind Gefühle ohne Form und solche, die durch Form gebändigt sind, in Worten und über alle Worte hinaus, in Gruppen oder allein. Eine abstraktere Formulierung der gleichen Beobachtung ist die vom *inneren Zwang*, der jede *Wahlfreiheit* überwindet. Diese Gefühle besitzen namentlich nur schwankende Schranken, sie sind nur vorübergehend in die Form von Ideen gebannt und durchbrechen plötzlich die ihnen von Begriffen gesetzten Grenzen. Sie fließen über in andere Vorstellungen, werden also „verschoben", „übertragen". Wie erwähnt, bedeutet das Wort „Metaphora" selbst Übertragung. Gefühle werden fundamentalerweise, gerade ihrer grenzüberschreitenden Natur wegen, am besten mit der Hilfe von Metaphern ausgedrückt. Metaphern binden Begriffe, Ideen, Erinnerungen, alle Arten von Vorstellungen durch solche „interactional links" (Black 1962), durch aufeinander wirkende Representationen. Sie wirken gerade wegen dieser affektiven Verbindungen aufeinander. *Die Sprache der Gefühle und des Begehrens ist an sich übertragend, sie ist metaphorisch.* Sie ist es, die die Ideen zu machtvollen, *vieldeutigen Symbolen* verknüpft und zusammenbindet. Wie ich im nächsten Kapitel ausführen werde, ist der Gebrauch von Metaphern bei jeder Theoriebildung ubiquitär und notwendig; aber in unserer Wissenschaft besitzt die Metapher die zentrale, unumgängliche Funktion jeder Begriffsbildung und Abstraktion. *Metapher (und in ihrer ausgedehnten Version, als „Modell") ist das Begriffswerkzeug der psychoanalytischen Theorie* par excellence, nicht eines unter vielen – ganz so, wie auch die *Übertragung das praktische Behandlungswerkzeug* par excellence ist, nicht eines unter vielen. Beide sind in der durch Gefühle bewirkten Grenzauflösung begründet, ganz besonders durch die *synkretistische, konkret verschmelzende, grenzüberschreitende („narzißtische") Eigenschaft der Wünsche.*

Jede Theorie muß die zentrale, wesentliche Natur der konkreten Phänomene, mit denen sie es zu tun hat, wiedergeben, sicherlich in einer geordneten und disziplinierten Weise. *Die disziplinierte Anwendung der Metapher* ist das theoretische Gegenstück zur *undisziplinierten, mythischen Natur der Übertragung* und ihrer Äquivalente, wie der Verliebtheit und der Wut. Die Brücke, die diese beiden Reiche verbindet, die sich ausspannt zwischen der Theorie des Innenlebens und dem mythischen Erleben von Affekt und Trieb, ist natürlich die Deutung, ist die Einsicht. *Einsicht ist immer sowohl metaphorisch als auch getragen von den Flügeln der Übertragung* (Arlow 1969; Reider 1972).

5) Sicher muß auch die *Form* eine entscheidende Rolle in dem durch die Psychoanalyse in seiner phänomenologischen Struktur studierten Innenleben spielen. Besteht nicht, wie während der Untersuchung des Deutungsprozesses ausgeführt wurde, ein besonderes, beinahe künstlerisches *Zusammenpassen* („fit") zwischen einer Einsicht (oder Deutung) und den Primärdaten? Muß nicht alles in der genau richtig passenden Weise sich zusammenfügen, damit eine Verknüpfung sich als überzeugend und verändernd erweist? Sicherlich soll die Form metaphorisch sein, dem emotionalen Inhalt entsprechen, also sowohl das „Pathos" des Patienten wie die „Empathie", die Einfühlung des Therapeuten ausdrücken. Dennoch gibt es darüber hinaus etwas, obwohl multidimensional, beinahe Graphisches, in unserem Innenleben und in der analytischen Interaktion. Es hat eine Form wie eine Symphonie, eine abstrakte Struktur, ein *Gefüge*, das dem Griechischen „harmonia" entspricht. Diese innere *Architektur*, die wir an den Primärdaten beobachten können, sei es die mikroskopische eines ganz kurzen Ausschnittes einer Analyse oder Introspektion, sei es die einer ganzen langen Analyse erscheint dann, wenn wir das Material zu sichten und zu ordnen suchen; Freud verglich seine Fallbeschreibungen sehr zu Recht mit Novellen: die innere Sinnhaftigkeit drückt sich in der „*Synthese zur Form*" aus (Fingarette 1963). Doch auch diese Form ist in steter Umwandlung begriffen. Form und Metamorphose sind wiederum komplementär.

Und dazu gibt es auch in dieser Form eine merkwürdige Komplementarität von noch größerer Bedeutung: was sichtbar ist, ist gleichzeitig symbolisch: „Alles, was geschieht, ist Symbol, und indem es vollkommen sich selbst darstellt, deutet es auf das Übrige. In dieser Betrachtung scheint mir die höchste Anmaßung und die höchste Bescheidenheit zu liegen" (Goethe, zit. nach Friedenthal 1963, S. 629f.). Und: „Das Höchste wäre, zu begreifen, daß alles Faktische schon Theorie ist... Man suche nur nichts hinter den Phänomenen; sie selbst sind die Lehre" (Goethe, Bd. 18, S. 57). Nur was in der analytischen Erfahrung sehr konkret und spezifisch ist, ist wahr und von allgemeinem Wert. Besonders wichtig ist dabei die Konkretheit der Körpererfahrung und der Phantasie. Abstraktionen sind gewöhnlich nicht sehr wirksam und „wahr". Erst aus dem, was sichtbar und konkret ist, springt die versteckte Bedeutung hervor.

6) Schließlich müssen wir auch anerkennen, daß die *Dialektik von „vita activa" und „vita contemplativa"* zu diesem Wesensbild der Psychoanalyse gehört. Selbst wenn wir noch unsere „Epoché" aufrechterhalten und davon absehen, daß sie sich

zur Behandlungsmodalität entwickelt hat und auch heute noch fast nur als solche besteht, daß sie also Teil der Kunst und der Wissenschaft der Medizin ist, so bliebe doch die bloße Konzentration auf die innere Wirklichkeit steril, eine leere intellektuelle Übung, bezöge sie sich nicht ständig auf Handlung und Aktualität. Es ist nicht die selbstbegrenzte Innerlichkeit des Mystikers, die das Endziel der analytischen Bemühung darstellt, sondern das Hin und Her menschlicher Beziehungen und Aktivitäten außerhalb der Stunde, wie es sich aus der inneren Wirklichkeit heraus entwickelt und diese widerspiegelt. So bedeutet also der Zentralfokus auf die innere Realität keine Tunnelvision. Ziel und damit Teil des Wesens der Analyse geht also über die psychoanalytische Situation selbst hinaus. Mit anderen Worten: die Psychoanalyse ist keine auf sich selbst beschränkte Übung in Introspektion und Selbstenthüllung, sondern ebenfalls ein welt- und handlungszugewandter Änderungsprozeß.

Überdies gibt es eine Dimension weit größerer Tiefe bei diesem Punkt, etwas, was Thomas Mann (1936, 1978) in seinem Essay *Freud und die Zukunft* den „innersten Kern der analytischen Lehre" nannte (etwas, das neuerdings Schafer [1973 a, 1975, 1976] zum theoretischen Eckstein gemacht hat). Es liegt – bei Manns Doppelbezug auf Schopenhauer und auf Freud – in der Beobachtung, daß „unsere Schicksale das Produkt unseres Innersten, unseres Willens sein möchten und wir also das, das uns zu geschehen scheint, eigentlich selbst veranstalteten" (S. 180 f.). Es ist diese Entlarvung des Geschehenden als etwas, das man in Wirklichkeit tut, die das Paradox der psychoanalytischen Situation dergestalt vertieft, daß sich das Erreichen einer Extremform der Kontemplation umwendet und zu einem gleichermaßen radikalen Bewußtsein der Handlung wird.

Fassen wir zusammen, was wir bis jetzt anhand der Primärdaten der psychoanalytischen Situation als das Wesen, das „Eidos" gefunden und in geordneter Form zusammengestellt haben, Daten, die sich dann ergeben, wenn wir die charakteristisch neutral-vorurteilsfreie und nicht verurteilende, die neugierige, doch ständig sortierende und organisierende Stellung einnehmen, wenn wir trotzdem (trotz dieses Bemühens und der Notwendigkeit des Organisierens) unseren Geist in der Stunde vom „Gerümpel" der Theorie tunlichst frei zu halten versuchen und doch wieder geleitet sind vom Ideal, möglichst gut analytisch zu arbeiten. Die Hauptzüge dieses „Wesensbildes" sind also:

1) Vielfältigkeit und Paradoxie des Sinnes;

2) Vielfalt der inneren Teile (der Teilpersönlichkeiten), die zumeist in Konflikt miteinander stehen und sich sogar in Polaritäten aufspalten können;

3) das Vorkommen einer „inneren Wand" (des inneren „Nein", der „Abwehr");

4) die Unbegrenztheit, die Schranken sprengende Natur der Kräfte des Begehrens und Fühlens (das „Pathos"), und daher die zentrale Bedeutung der Metapher und der Übertragung;

5) die Synthese der Form, die „architektonische" Harmonie von Einsicht und Deutung; und

6) die Dialektik von Kontemplation (von „beobachtendem Ich", in extremer

Form; von Passivität und Opfersein) und Handlung (von Wahl und Entscheidung, von Protest und Angriff).

Alle 6 Momente sind gemäß den Kategorien des mythischen Denkens (des Primärprozesses) strukturiert und lassen sich, wenn scharf ausgeprägt, in jene 6 im „Rad der Täuschung“ symbolisierten Gegensätzlichkeiten übersetzen.

Es ist durchaus möglich, daß weitere Untersuchung und philosophisches Denken dieses Bild und seine Strukturen genauer bestimmen, modifizieren und neue hinzufügen kann; seine Beschreibung ist, wie alle derartigen Versuche, offen (open ended).

8.4 Eine kritische Prüfung der Spezifität

Geben wir uns aber für den Moment mit der gebotenen Beschreibung zufrieden, ist die entscheidende Frage: Wie einzigartig ist dieses „Eidos“? Ist es so spezifisch, daß wir uns berechtigt sehen können, das Hauptpostulat positiv zu beantworten – daß die Psychoanalyse *sui iuris et sui generis* ist? Ein Kritiker mag unverzüglich einwenden, keines der 6 Merkmale sei in irgendeiner Weise unserem Gebiet wirklich eigentümlich und spezifisch.

1) Das erste Kriterium, die *Vielfältigkeit und Paradoxie der Sinnhaftigkeit*, ist doch genau das, was der Kunst ihre Größe und Tiefe verleiht, wie es auch Eissler überzeugend in seinem Hamletbuch dargelegt hat (1971; s. auch Langer 1953; Ricoeur 1970; Green 1975).

Jede künstlerische Symbolbildung ist eo ipso vieldeutig, „multivalent“. Ein gutes Beispiel ist z. B. die Erzählung von Henry James *The turn of the screw*. Es ist eine besonders rätselhafte („mystifying“) Geschichte, die sich in völlig zusammenhängender („consistent“) Weise in zumindest zwei verschiedenen, ja gegensätzlichen Weisen deuten läßt, als eine fesselnde Gespenstergeschichte und als die Erzählung von der Besessenheit einer psychisch kranken Gouvernante. Wie Edel in seiner Biographie des Autors schreibt, war James sehr darauf bedacht, das Geheimnis nicht zu verraten. Er wollte die Täuschung nicht aufheben.[4] Für Eissler besteht der höchste künstlerische Wert darin, daß ein Maximum an Vieldeutigkeit sich mit einem Maximum an Klarheit in Detail und Komposition verbindet.[5] Die größten Meister solcher Vieldeutigkeit lassen sich eigentlich kaum gut übersetzen: Äschylus, Shakespeare, Goethe.

---

[4] „James was careful not to give away his secret. Like most artists, he did not like to ‚explain‘ his art, and he was determined not to spoil the mystification he had created.“ In den Worten des Dichters: „So long as the events are veiled the imagination will run riot and depict all sorts of horrors, but as soon as the veil is lifted, all mystery disappears and with it the sense of terror“ (Edel 1969, Bd. 4, S. 212–214).

[5] „... when maximum ambiguity had been reached in combination with maximum clarity of detail and composition“ (Eissler 1971, S. 17).

Darin besteht auch gerade die Schwierigkeit mit den wichtigen chinesischen Texten, da die Kargheit zur Verfügung stehender Silben und die Bilderschrift schon an und für sich, gleich Traum- und mythischen Symbolen, vieldeutig sind. Während das moderne Chinesisch dieser Vieldeutigkeit durch Zuordnung von Worten ähnlicher Bedeutung und von mannigfachen spezifizierenden Partikeln (Maßworten, Komplementen, strukturellen und modifizierenden Partikeln) wirksam begegnet, gilt dies nicht für die großen klassischen Texte der Dichtung und der Philosophie. Die in ihr mögliche Verdichtung ist erstaunlich.

Das heißt also, daß die Psychoanalyse ihre Vielfalt der Bedeutung, die Beobachtung von „Schicht unter Schicht“, von „Maske hinter Maske“ mit der Kunst teilt und auch, obwohl in einem weit geringeren Ausmaß, mit den Geisteswissenschaften, v. a. der Geschichte, der Literaturwissenschaft und der Sprachkunde. Trotzdem müssen wir uns sogleich fragen: Ist dieser Faktor nicht in sehr viel radikalerer Form in der Psychoanalyse als sogar in der Kunst und in der Deutung der Kunst zu bemerken?

Selbst dann bleibt jedoch ein entscheidender Unterschied: Die Psychoanalyse *untersucht* diese Vielfalt auf *rationale, systematische und diskursive* Weise, während ein poetisches Werk diese Vielfalt in seiner Form wiedergibt, sie repräsentiert. Damit stellt sie sich aber einfach auf eine Ebene mit der *Deutung* der Literatur und der Musik, dem Studium der Sprache und der Geschichte und reiht sich vollkommen in die Geisteswissenschaften ein. Man gäbe damit völlig den Hermeneutikern Recht.

2) Wie steht es dann mit der inneren Vielfalt von Teilpersönlichkeiten, der Spaltung in Polaritäten, dem inneren Konflikt? Auch diese Phänomene geben doch uralte Wahrheiten und Erkenntnisse wieder. Erwähnt wurde in Kap. 1, wie die Ägypter die Seele in innere Persönlichkeiten unterteilten und, es sei hier angemerkt, wie diese sogar miteinander streiten konnten; man denke z. B. an die Auseinandersetzung des Lebensmüden mit seinem Ba, dem unsterblichen Teil seiner Seele, in einem Dokument von etwa 2200 v. Chr.

Bei Äschylus finden wir die früheste uns erreichende Darstellung dessen, was ich als den typischen „tragischen Konflikt“ beschrieben habe, das Schuld-Scham-Dilemma. Die „tragische Wahl“ ist die Entscheidung des zentralen tragischen Konflikts. In dem vermutlich ältesten überlieferten tragischen Spiel, *Die Hiketiden* (*Die Schutzflehenden*), wird, wie in Kap. 2 erwähnt, der König „von dem Würgegriff“ inneren Konflikts gepackt: ob er den verfolgten Mädchen Schutz und Asyl gewähren, doch damit die (schuldhafte) Zerstörung der ihm anvertrauten Stadt riskieren solle, oder aber durch die Abweisung der Asylsuchenden den Zorn des die Gäste und Schutzsuchenden beschützenden Gottes (Zeus Hikter) erregen und schmächliche Besudelung (miasma) über das Land bringen solle.

In der *Orestie* (458 v. Chr.) ist ein Ausgangspunkt der ganzen darauffolgenden tragischen Trilogie der eindrücklich, doch sehr knapp dargelegte innere Konflikt Agamemnons – entweder dem Wunsch und der als zwingend empfundenen Nötigung stattzugeben, seine königliche Führerschaft durch die Schlachtopferung seiner

Tochter Iphigenie wieder zu bestätigen, doch in dem quälenden Bewußtsein, dadurch eine schwere Blutschuld auf sich zu laden – oder aber seine Tochter zu retten, doch dabei sein Heer und seine Ehre, seinen Plan und seine Stellung als Führer schimpflich zu verraten (*Agamemnon*, Verse 206–217). Ein zweites Mal erscheint der tragische Konflikt, wenn, wie schon früher erwähnt, Orestes schwankt, ob er Apollons Befehl stattgeben und seine Mutter töten oder sich weigern solle. Prägnant zusammengefaßt und gelöst erscheint der Konflikt im übrigens einzigen Kommentar, den in der ganzen Tragödie sein Begleiter Pylades äußert: „Zähle eher alle Menschen als die Götter zu denen, die dich hassen."

Doch nirgends wurde heftiger innerer Konflikt so klar und unzweideutig ins Zentrum gerückt wie von Euripides, und zwar im Jahre 431 v. Chr. in *Medea*, wenn diese augenblicklich von Mitleid mit ihren Kindern überwältigt wird und sich entschließt, vom Mord an ihnen abzustehen. Dann fühlt sie sich überflutet von der Wut über ihre Demütigung und dazu getrieben, sich für die gegenwärtige und künftige Beschämung zu rächen. Viermal ändert sie ihren Sinn, zwischen mörderischer Rachsucht und Liebe hin- und hergerissen, oder: zwischen Scham und vorweggenommener Reue. Es kann doch kaum ein Zufall sein, daß der Dichter sich, emblematisch, wiederholt auf die mythischen „zusammenschlagenden Felsen", die „*Symplegades*" beruft; es ist eine treffende Metapher für Konflikt.

Drei Jahre später schildert Euripides im *Hippolytus*, in Worten, in denen man eine direkte Antwort auf Sokrates' Kritik an der Konfliktlösung in der *Medea* sehen will (vgl. Snell[6]), einen ähnlichen Konflikt, den nämlich, der Phaedra zerreißt. Hier nennt er sie geradezu „diphrontis", „von doppeltem Sinne" (ein Begriff, der schon 30 Jahre früher von Äschylus in den *Grabesspenderinnen* [V. 196] auf Elektra angewendet worden war).

Man ist an Fausts „Zwei Seelen wohnen, ach! in meiner Brust" erinnert; oder man denke an Hamlets „Sir, in my heart there was a kind of fighting,/ That would not let me sleep..." und an „poor Brutus, with himself at war".

So zeigen nicht nur Philosophie und Literatur manche Beispiele für innere Spaltung und für Konflikt (oft in subtilerer Form als die hier gegebenen), aber Dichtung, namentlich Drama, ist in manchen Hinsichten, wie ich schon in Kap. 3 erwähnt habe, eine direkte Projektion von der inneren auf die äußere Bühne.[7] Die Gestalten der Tragödie können am besten als Repräsentationen von Teilpersönlichkeiten aufgefaßt werden, und zwar nicht nur von solchen, die aus der Innenwelt des Dichters stammen, sondern die typisch für ein weites, introspektiv eingestimmtes Publikum werden können.

---

[6] „Sie werden von dort ausdrücklich wiederaufgenommen, um einem Eindruck zu begegnen, den niemand anders als Sokrates erhoben hat. Es ist dies das älteste Zeugnis für die moral-philosophische Wirkung sokratischer Diskussionen" (Snell, 1986, S. 305).

[7] In dem Zusammenhang machte mich Prof. Fingarette darauf aufmerksam, daß sowohl der Begriff des inneren Konflikts wie die Entwicklung des Dramas in unserem Sinne in China fehlten. Ich habe auf die *Verleugnung* von innerem Konflikt in der chinesischen philosophischen Tradition hingewiesen. Doch bin ich nicht ganz sicher, ob es sich wirklich um eine völlige Abwesenheit beider handelt.

Sogar *die dialektische, paradoxe Natur dieser inneren Spaltung* wird direkt in den besten Werken der Literatur und indirekt durch alle bedeutende Musik dargestellt. Wiederum besteht das Kriterium für große und tiefe Kunst, verglichen mit wertloser und flacher, im Reichtum, in der Paradoxie und der Vielförmigkeit solcher Gestalten und Themen und der durchgehenden Aufspaltung in vielfältige und gegensätzliche Facetten. Man kann sogar mit gutem Recht behaupten, daß Shakespeare und Schiller, Dostojevski, James und Musil weit intensivere Darstellungen von innerem Konflikt und von Paradoxie erreicht haben als irgendeine psychoanalytische Falldarstellung.

> ... auch das einsame Denken ist, wie Platon sagt, ein „Gespräch der Seele mit sich selbst“. So paradox es klingen mag, so läßt sich sagen, daß im Monolog die Funktion der *Entzweiung*, im Dialog die Funktion der *Wiedervereinigung* überwiegt. Denn das „Gespräch der Seele mit sich selbst“ ist nicht möglich, ohne daß die Seele sich hierbei gewissermaßen spaltet. Sie muß die Aufgabe des Sprechenden und Hörenden, des Fragenden und Antwortenden übernehmen. Insofern hört die Seele im Selbstgespräch auf, ein bloß-einzelnes, ein „Individuum“ zu sein. Sie wird zur „Person“ – in der etymologischen Grundbedeutung dieses Wortes, das an die Maske und an die Rolle des Schauspielers erinnert (Cassirer 1942, 1961, S. 54).

So muß man ohne weiteres zugestehen, daß gerade die größten Autoren innere Polaritäten immer wieder in symbolischer Form darstellten oder direkt aussprachen. Man könnte einwenden, daß dies mit den andersgearteten wissenschaftlichen Errungenschaften, die Künstlern und Philosophen (etwa Leonardo, Pascal und Goethe) gelangen, zu vergleichen wäre. Man kann auch an bedeutende literarische Werke denken, bei denen die innere Teilung in gleichsam hieratische Blöcke erfolgt, wo die Konflikte als massiv äußere *dargestellt* sind (z. B. in den homerischen Epen). Doch auch in solchen Fällen (sogar in den meisten griechischen Tragödien) kann man sehr wohl die Meinung vertreten, daß es sich dabei letztlich um eine veräußerlichende Repräsentation, um eine Symbolisierung inneren Konflikts handelt, und daß es eben diese Symbolkraft des inneren Geschehens ist, die diesen Werken ihre gewaltige und alle Zeiten überdauernde Gewalt verleiht.

Hieße das demnach, daß auch hier die Psychoanalyse nichts Neues bedeutet und mit den literarischen Hauptwerken diesen Zug des „Eidos“ zu teilen hat? Ich glaube dies nicht; denn der kritische Unterschied liegt in der *Andersartigkeit des Mediums*, nicht in der Präsentation von Konflikt. Er findet sich in dem, was ich zuvor als die Unterscheidung von *direkter Präsentation als Form und von theoretischem, diskursivem, systematischem und kognitiv geleitetem Ordnen* erwähnt habe. Das heißt, daß das *Problem des inneren Konflikts*, die *Beschreibung innerer Polaritäten*, dann der Heimatboden der Psychoanalyse, die ihr ganz spezifische Domäne ist, wenn sie diese *mit der inneren Logik der Wissenschaft, nicht mit der der Kunst* behandelt, obzwar die Frage für den Augenblick offenbleiben soll, was diese innere Logik ist. Es ist ihre Domäne, ebenso wie die Konzeptionen von Materie, Kräften und der Umwandlung von Energien sowie deren Übersetzung in mathematische Beziehungen die Grundlage aller Naturwissenschaften ausmachen.

3) Der Aspekt der *Selbsttäuschung* und des Baues einer *inneren Wand*, mithin das Entstehen eines mysteriösen inneren Jenseits, ist ebenfalls von hoher Spezifität. Gewiß gibt es Vorläufer: die „*gespaltenen*" oder „multiplen" Persönlichkeiten oder „doubles" in der romantischen Literatur (etwa Hoffmanns *Bruder Medardus*, Poes *William Wilson*, Stevensons *Dr. Jekyll und Mr. Hyde*, Goethes und Dostojevskis Geschichten vom Doppelgänger).

Dazu kommen manche Passagen bei Nietzsche und Dostojevski über Selbsttäuschung, z.B. der Staretz Sosima in *Die Brüder Karamasoff*:

> Und die Hauptsache, belügen Sie sich nicht selbst. Wer sich selbst belügt und auf seine Lüge hört, kommt schließlich dazu, die Wahrheit weder in sich noch um sich unterscheiden zu können, das aber führt zu Nichtachtung seiner selbst und der anderen. Wer sich selbst belügt, kann sich auch am ehesten beleidigt fühlen. Ist es doch mitunter sogar sehr angenehm, gekränkt zu sein, nicht? Und der Mensch weiß doch, daß ihn niemand kränkt, daß er sich die Kränkung selbst ausgedacht und vorgelogen hat... (S. 34).

Immerhin, was sich gelegentlich in der Literatur findet, ist eine Conditio sine qua non für jeden Moment in der psychoanalytischen Situation.

4) Das *Zwanghafte* und die *Verschiebbarkeit* emotioneller Kräfte wird von manchen einer tiefen, biologisch begründeten Energetik zugeschrieben (von Freud über Hartmann bis Ricoeur). Doch auch dabei handelt es sich eher um Ähnlichkeit als um Identität. Die Kräfte, die „energeiai", mit denen man es in der analytischen Situation zu tun hat, sind wirklich nur in metaphorischer Weise mit denen in der Biologie verwandt. Es gibt keine überzeugende Korrelation oder genaue Entsprechung zwischen biologischen Sexualtrieben und den sexuellen Wünschen im weiten, psychoanalytischen Sinne. Bestimmt sind sie verbunden, doch wohl eher so, wie sich die Motorkraft des Autos zum Entschluß des Mannes, seine Freundin aufzusuchen, statt sie von einer Telephonzelle aus anzurufen, verhält. Manche anderen Faktoren sind wichtiger in der Gestaltung des Endergebnisses. Auch hier ist es wichtig, nicht gleich von der Beschreibung zur Kausalerklärung überzuspringen.

Kurzum, der psychoanalytische Begriff von Wunsch und Trieb ist autonom, sui iuris, nicht vom Biologischen *abgeleitet*, wenn auch nicht völlig von ihm unabhängig: Autonomie heißt nicht totale Abgesondertheit, sondern lediglich *Eigengesetzlichkeit*.

Für diese Gruppe von Zügen des „Eidos" gilt, was Slochower (1970a) im Hinblick auf die beiden Ödipus-Tragödien von Sophokles die Vereinigung von Notwendigkeit und Freiheit („the union of necessity and freedom") genannt hat. Dieselben Handlungen sind sowohl „selbstgewählt" – authairetoi, wie „nichts Selbstgewähltes" – authaireton oudén, „mit eigenen Händen sich selbst zugefügt" – autocheir, doch „von Apollon durchgeführt" – Apollon ... telon, und „unfreiwillig" – akon, genannt (*Oedipus Rex*, Verse 1232, 1330; *Oedipus auf Kolonus*, Verse 521–526, 548, 963–990). Der Begriff der Zwanghaftigkeit, auf den ich schon mehrfach in früheren Kapiteln hingewiesen habe, zieht sich durch die Literatur, zwar oft in veräußerlichter Form, doch wiederum als Symbol für die innere Ananke. So sagt in dem großen amerikanischen Epos der von innen absolut zwingenden Besessenheit, *Moby Dick*,

Captain Ahab zu Beginn der Schlußjagd: „By heaven, man, we are turned round and round in this world, like yonder windlass, and fate is the handspike“ (Kap. 132).

Was die Flüssigkeit, die Verschiebbarkeit dieser unwiderstehlichen inneren Kräfte anbelangt, so bemerkten wir bereits ihre Beziehung mit der zentralen theoretischen Stellung der Metapher. Wie ich im nächsten Kapitel darlegen werde, ist die Metapher das ubiquitäre Werkzeug der Theoriebildung. Freilich ist es so, daß alle anderen Wissenschaften, die Natur- wie die Geisteswissenschaften, versuchen, Metaphern und Modelle so rasch wie möglich zu überwinden und hinter sich zu lassen, erstere mittels *numerischer Beziehungen*[8], letztere mit Hilfe von Konzepten von *Stil* und *Sinnhaftigkeit* („conceptions of meaning“, Cassirer 1942, 1961, S. 74–77)[9].

Ich glaube, daß demgegenüber die Psychoanalyse die Sprache der Metapher weder überwinden kann noch soll, wenn sie eine lebende Sprache, die die Kräfte der aufeinander prallenden Gefühle und Begehren ausdrückt und den anderen angeführten Aufgaben gerecht wird, bleiben will. *Metaphern und aus Metaphern aufgebaute Modelle* sind in der Tat das ihr gemäße *Idiom*, gerade infolge des wechselhaften und fließenden Charakters und der Widersprüchlichkeit von Gefühlen, Wünschen und Vorsätzen. Und diese sind es ja vor allem, die ihre eigentliche Domäne ausmachen.

Doch erhebt sich wieder der Einwand: Ist dies nicht auch das, was die Künste allesamt anstreben? Der Unterschied liegt m. E. wiederum darin, daß es Zweck und Ziel der psychoanalytischen Anwendung der Metapher ist, *kognitive, diskursive* und endlich auch logisch annehmbare *Ordnung* zu schaffen, während der Zweck der literarischen Verwendung von Metaphern in der Schaffung direkt ansprechender, nichtkognitiver *Form* besteht.

Es scheint mir, daß neben der Psychoanalyse kein anderer Bereich der Symbolbildung diese Aufgabe zu bewältigen unternimmt: *Vorsätze und Verpflichtungen, Gefühle und Wünsche, besonders solche, die in Konflikt miteinander stehen, kognitiv in Form von Metaphern und Modellen zu symbolisieren.* In bezug auf diesen 4. Punkt wird die Autonomie, die Besonderheit dieses Gebietes, ganz offensichtlich. Sie entspricht der zentralen Stellung des inneren Konflikts für die Psychoanalyse, der denn recht eigentlich der durch diese beiden Bände hindurchgehende rote Faden ist.

---

[8] „*Eigenschafts-Konstanz* und *Gesetzes-Konstanz* sind die beiden wesentlichen Züge der physischen Welt … Die Wissenschaft unterscheidet sich … nur darin von der Wahrnehmung, daß sie eine strenge *Bestimmung* verlangt, wo diese sich bei einer bloßen *Schätzung* begnügt … Sie bestimmt das ‚Wesen‘ des Dinges in reinen Zahlbegriffen, in den physikalischen und chemischen Konstanten, die für jede Dingklasse charakteristisch sind. Und sie stellt den Zusammenhang dadurch her, daß sie diese Konstanten durch feste *funktionale Beziehungen* verknüpft, durch *Gleichungen*, die uns zeigen, wie die einen Größen von den anderen abhängen“ (S. 74 f., Hervorhebung von mir).

[9] „Ihr Ziel ist nicht die Universalität der Gesetze; aber ebensowenig ist es die Individualität der Tatsachen und Phänomene. Gegenüber beiden stellt sie ein eigenes Erkenntnisideal auf. Was sie erkennen will, ist die *Totalität der Formen*, in denen sich menschliches Leben vollzieht. Diese Formen sind unendlich differenziert, und doch entbehren sie nicht der einheitlichen Struktur. Denn es ist letzten Endes ‚derselbe‘ Mensch, der uns in tausend Offenbarungen und in tausend Masken in der Entwicklung der Kultur immer wieder entgegentritt“ (S. 76).

5) Wenig Spezifität gebührt der *„Synthese zur Form"*. Die Psychoanalyse teilt sie offenkundig mit der Kunst und steht ihr meistens sehr nach in der Erzielung formaler Synthese. Die anderen großen Wissenschaften rühmen sich ebenfalls ihrer architektonischen Schönheit, und selbst in dieser Hinsicht vermag eine psychoanalytische Konstruktion, sei sie von klinischer oder theoretischer Absicht, nicht mit der Schönheit, die sich bei mathematisch geleiteten Entdeckungen findet, in Wettstreit zu treten.

In bezug auf die Prominenz der Konkretheit über die Abstraktion, der Notwendigkeit der Erfahrung für jede verändernde Wirkung („mutative impact") und deren visueller Natur – „Oh, jetzt *sehe* ich es!" –, läßt sich sagen, daß all dies identisch mit der Kunst ist. Man ist versucht, hier von der *poetischen Dimension der Psychoanalyse* zu sprechen und sie mit Goethes *morphologischem Verstehen* der lebenden Natur zu vergleichen, die ein neues Vorgehen in der modernen Biologie eröffnet hat.

6) Ebenso gibt es manche anderen Gebiete, in denen die Dialektik von Kontemplation und Handlung wesentlich ist; Religion und Kunst vereinigen sie beide in vorzüglicher und mannigfacher Weise.

Dann mag man sich auch wundern, warum ich nicht zwei Aspekte als Grundzüge des „Eidos" miteinschließe, die oft geradezu zum Zentrum der Psychoanalyse proklamiert werden: die menschliche *„Interaktion" oder der Dialog*, und die *Sprache*. Ich halte beide für zu breit, zu allgemein; sie sind das Feld, nicht der Fokus. Sich auf sie zu konzentrieren, hieße, die Sicht zu verschleiern. Der Brennpunkt liegt auf spezifischeren Elementen, nämlich genau auf den Merkmalen des *inneren Dialogs* und daher der *inneren Sprache*. Ist denn unser Interesse an dem, was wir in der Übertragung feststellen können, nicht ausschließlich durch unseren zentralen Fokus auf den *inneren Konflikt* und die innere Form und Metamorphose bestimmt? Konzentrieren wir uns auf die „Transaktionen", bewegen wir uns hinweg von dem, was wir als das Wesen der Psychoanalyse ansehen, und hin auf mehrere andere, soziale und kulturelle Bereiche gesonderten Interesses – und Wesens!

Daraufhin kann man mir die Frage stellen: Wo bleibt denn in all dem die Intuition, das Irrationale? In der Tat spielt das Irrationale in der Erwerbung theoretischer und praktischer Erkenntnis in allen Wissenschaften eine bedeutsame Rolle. Umgekehrt wurde (von Fenichel) gesagt, zwar sei der Gegenstand der Psychoanalyse irrational, nicht aber ihre Methode und Theorie.

Widerspruch hat auch meine Behauptung erregt, die Naturwissenschaft sei letztendlich mathematisch. Hingegen werden sich alle die, welche durch ein Medizinstudium gegangen sind oder sich an irgendeinem offiziell genehmigten Forschungsprojekt in den medizinischen oder den Sozialwissenschaften (inkl. „mental health" und Psychotherapie) beteiligt haben, sehr wohl daran erinnern, daß alles, was nicht auf statistische (d.h. mathematische) Funktionen reduzierbar ist, dem Urteil, es genüge keinen wissenschaftlichen Maßstäben, verfällt. Wie Freud in seinem „Versuch" von 1895 gehofft hat, müssen Qualitäten unbedingt in zählbare Quantitäten verwandelt werden. Tägliche Erfahrung bestätigt daher, was Cassirer am Ende von *An essay on man* schrieb: „Der Wissenschaftler [hier offenbar ganz als Naturwissenschaftler verstanden] nimmt das Prinzip der zahlenmäßigen Bestimmtheit als seine Leitmaxime an, als eine regulative Idee, die seinem Werk ihre logische Kohärenz und ihre systematische Einheit verleiht“, auch wenn weite Bereiche sich dieser Mathematisierung noch immer entziehen.[10]

Doch bleibt so immer noch die Frage offen, ob die *Absolutheit* des Zahlendenkens den Gebieten der Biologie und der Soziologie je gerecht werden kann – von der Psychologie ganz zu schweigen.

Rückblickend können wir feststellen, daß alle 6 Kriterien des psychoanalytischen „Eidos“ zwar unabdingbar notwendig sind, daß indes das 2., 3. und 4. von überragender Spezifität für unser Gebiet sind. Sie bestimmen es, glaube ich, in einem derart eigentümlichen und überzeugenden Maß, daß wir berechtigt sind, von der Psychoanalyse als einem *autonomen Bereich symbolischer Formen* zu sprechen, und zwar spezifisch als *einer Wissenschaft, die weder zu den Natur- noch zu den Geisteswissenschaften* (oder Kulturwissenschaften, „humanities“ im üblichen Sinne) gehört. Sie ist *kognitiv, diskursiv, theoretisch,* bedarf ihres *eigenen Maßstabs („Kanons“?) der Validierung*, muß ihre *eigene Gesetzlichkeit* entwickeln und ihre *eigene Hierarchie der Symbolisierung* aufbauen, bei welcher *die Metapher die ausschlaggebende Rolle* zu spielen hat.

Eine wichtige Folgerung dieses Postulats ist es, daß es eine *organisierte Gruppe der Psychoanalysen* geben mag – im Plural –, genau wie es Gruppen von Künsten, von Naturwissenschaften und sogar zu Recht solche der Philosophien gibt (auch diese letztere Einschließung wird kaum je ernsthaft betrachtet, es sei denn als historische Anreihung). Offenkundig beziehe ich mich damit nicht auf Alternativsysteme, z. B. auf die von Jung, Adler, Klein, Schafer oder Kohut, sondern auf die Anwendung desselben Grundgerüsts des „Eidos“ mit verschiedenen äußeren Methoden und für verschiedene äußere Themen. Ich denke eher an solche möglichen Untergruppen wie die verschiedenen „Psychoanalysen“ der Kindheit, der Psychosen und der Kriminalität, solche der Literatur, der Soziologie und der Freundschaft, solche von politischer und ökonomischer Macht, von Massenmythologie und Massenpsychose – und sogar, bislang noch kaum berührt, der Musik und der Philosophie. All dies, wie gesagt, insofern jene 6 Grundzüge des „Wesensbildes“ angewendet werden. Im Hinblick auf die letztere, die Philosophie: Inwiefern mag die spezifische Epistemologie der Psychoanalyse Revisionen der Epistemologie gerade von der Zentralität des Konfliktbegriffs aus überhaupt diktieren? Und mag es darüber hinaus nicht auch eine Mehrzahl von gegenseitig nicht exklusiven, sondern komple-

[10] „The scientist accepts the principle of numerical determinism as a guiding maxim, a regulative idea that gives his work its logical coherence and its systematic unity... The scientist knows that there are still very large fields of phenomena which it has not yet been found possible to reduce to strict laws and to exact numerical rules. Nevertheless he remains faithful to this general Pythagorean creed: he thinks that nature, taken as a whole and in all its special fields, is ‚a number and a harmony‘“ (1944, S. 220).

mentären Philosophien geben, die ein ihnen gemeinsames „Eidos“ besitzen (wie ich es hier für die „Gruppe der Psychoanalysen“ postuliere)? Einen Ansatz dazu werde ich bei der Heranziehung der 3 einander ergänzenden Wahrheitsbegriffe geben.

Ist nicht darüber hinaus jedes Studium der *Mythen* eine *Spezialform der psychoanalytischen Wissenschaft*, nicht so sehr wegen der Gemeinsamkeit der Inhalte, die üblicherweise betont wird, sondern wegen der *gemeinsamen logischen Struktur* der Beobachtungen in beiden Gebieten? Können wir nicht so weit gehen und behaupten, daß alle 6, für das psychoanalytische „Eidos“ kennzeichnenden Elemente gleich wahr und gültig sind für das theoretische Studium des mythischen Denkens?

Würde schließlich diese begriffliche Neuformulierung nicht auch die vagen Ausdrücke der „angewandten Psychoanalyse“ und des „erweiterten Wirkbereichs“ („widening scope“) ersetzen?

Doch eröffnen die bisher erzielten Schlußfolgerungen eine ganz neue Dimension des Problems. Sie stellt sich als die Frage: Was sind die *Gesetze der Symbolisierung*, die, im Gegensatz zu den beiden anderen theoretischen Gebieten der Symbolbildung (Natur- und Geisteswissenschaften), für dieses Gebiet gelten? Schließlich genügt es ja nicht, einfach ein spezifisches „Wesensbild“ dafür herauszuarbeiten (das gäbe uns nur das Recht, von einem Feld „sui generis“ zu sprechen) und für sie eine eigene Gesetzlichkeit zu beanspruchen. Wir müssen weitergehen und die Form dieser Gesetzlichkeit selbst spezifizieren, also dem Anspruch darauf, daß sie „sui iuris“ sei, Substanz verleihen. Dies aber bedingt einen Umweg: Was ist Symbolisierung, was ist Symbol? Und als ganz wesentliche Erweiterung der zuletzt gestellten Frage: Welche Rolle spielen Metaphern in der Formulierung jeder wissenschaftlichen Theorie? Sollen oder können wir diese überhaupt vermeiden?

9 „Alles Vergängliche ist nur ein Gleichnis" – Plädoyer für die Verwendung von Metaphern in der psychoanalytischen Theoriebildung*

„Das Wort, das Andern Scheidemünze ist,/ Mir ists der Bilderquell, der flimmernd reiche."
(H. v. Hofmannsthal, *Für mich*...)

„Eitel ist alles außer der Rede zwischen Geist und Geist... Wir wissen von keinem Ding, wie es ist, und nichts ist, von dem wir sagen könnten, daß es anderer Natur sei als unsere Träume."
(H. v. Hofmannsthal, *Der Turm*)

9.1 Symbol und Abstraktion

„... deswegen denn auch das Besonderste, das sich ereignet, immer als Bild und Gleichnis des Allgemeinsten auftritt."
(Goethe, *Wilhelm Meisters Wanderjahre*, 2. Buch, Bd. 18, S. 57)

9.1.1 Das Fürsichsein des Allgemeinen

Das Problem der Natur der Symbole und der abstrakten Begriffe begleitet die Geschichte der Philosophie wie ein Kontrapunkt.

Es war ein großer und gewagter Sprung in der platonischen Philosophie, als sie behauptete, die *unsichtbare Wirklichkeit der reinen und allgemeinen Formen* sei von *größerer Realität* und von *höherem Wert* als die sichtbare Welt, die Welt der Erscheinungen. Sei es in der Mathematik, sei es in der Logik oder in der Ethik, Schönheit, Güte, Ehre, Wahrheit seien Ideen, die in ihrem Sein bei weitem die zufälligen („contingent") Einzelbeispiele, das Individuelle überhaupt, an Würde wie an Wirklichkeit überstiegen – den schönen Körper, den schönen Geist, das wirkliche Dreieck. Platon kehrt immer wieder zum mathematischen „Zeigebeispiel" (dem „Paradigma") zurück: die *ideale* geometrische Figur (der Kreis, das Dreieck etc.) ist die vollkommene Form, sie ist die, die der Mathematiker handhabt; mit Hilfe dieser Form entdeckt er die Gesetze des Kreises und alle anderen Gesetze mathematischer

---

* Die amerikanische Originalfassung des Aufsatzes ist 1977 in *Psychoanal Quart*, 46: 466–498, erschienen und wurde von Dorothea Haupt in Gießen dankenswerterweise ins Deutsche übersetzt. Wertvolle Anregungen für die Abfassung verdanke ich D. Beres, P. Hartocollis, N. Schlessinger, R. A. Rounds und Ellis Feer Devereux.
Für seine Eingliederung in dieses Buch habe ich den Artikel erheblich umgearbeitet und erweitert.

Gültigkeit. Um nur ein Beispiel anzuführen: Nach der Anführung der Zähl- und Rechenkunst, der Geometrie und der Stereometrie, zieht er im *Staat* die Sternkunde als 4. Leitfaden zur Erkenntnis des Vernunftmäßigen und als Wegweiser zum „Reich des wesenhaften Seins" (pros ousian; 523 a) heran. Sie solle nicht mehr wie bis dahin nach empirischen Anweisungen gelehrt werden, sondern *als Anleitung zur Schau der Idealformen:*

> Man darf zwar von jenen bunten Gebilden, weil sie einmal am Himmel ein Zierat sind, die Meinung haben, daß sie sehr schön seien und, mit andern Zieraten verglichen, die vollkommensten der Art seien, muß aber dabei den Gedanken festhalten, daß sie hinter den wahren Schönheiten noch weit zurückbleiben [ton de alethinon poly endein], nach den Bewegungen zu urteilen, die die wahre intellektuelle Geschwindigkeit und die wahre intellektuelle Langsamkeit in dem wahren intellektuellen Takte und überhaupt in allen intellektuellen Verhältnissen zueinander haben und dadurch die unter ihnen sichtbaren Körper bewegen, lauter Dinge, die nur durch das Denken und den Verstand sich erfassen lassen, nicht aber mittels des Gesichts [ha de logo men kai dianoia lepta, opsei d'ou]; (529 d).

Platon fügt unverzüglich hinzu, man dürfe „jenen bunten Zierat am Himmel nur als Beispiele (paradeigmata) gebrauchen, um daran jene [wahren Schönheiten] zu studieren." Dasselbe gelte für die vollkommen ausgearbeiteten geometrischen Diagramme: „... wahrhaft lächerlich wäre es, wenn man sie ernstlich in der Absicht studieren wollte, darin das wahre Wesen (ten aletheian) des Gleichen oder des Doppelten oder eines anderen Verhältnisses finden zu können" (ebd.).

Der „Logos", der Sinn und die Gesetzlichkeit geometrischer und algebraischer Errechnung, sei die endgültige Wahrheit, das wirkliche Sein, die (bzw. das) dem Nous, dem Geiste zwar sichtbar sei, nicht aber den Augen. Diese Wahrheit wird als *„Eidos" oder „Idea"* bezeichnet, als das mit dem Geist geschaute Wesen hinter den Erscheinungen (beide Worte stammen von der Wurzel „wid", Sehen). Er beansprucht für diese nicht nur formale Gültigkeit, nicht einfach eine symbolische, abstrakte („abgezogene") Realität, sondern eine ganz absolute (auto kath'auto) und wirklichste (ontos on), was ihn dann veranlaßt, ein ganzes metaphysisches System jenseits direkter Erfahrung aufzubauen.

Dieser scheinbar regressive, jedenfalls intensiv *metaphorische Übergang* von einem *funktionalen und symbolischen Begriff*, der sich auf Verhältnisse oder Beziehungen richtet, zu einer *konkretisierenden metaphysischen Behauptung* wird beispielsweise klar in der Aussage in den Gesetzen (897 c):

> Wenn die ganze Bahn des Himmels (wollen wir sagen, mein Teuerster!), wenn der ganze gewaltige Lauf des Himmels und aller Himmelskörper mit der Bewegung [kinesis], dem Umschwung [periphora], den Berechnungen [logismoi] eines vernünftigen Geistes [nous] eine ähnliche Natur hat und einen verwandten Gang geht, so ist es klar, daß man behaupten muß, die *beste* Seele regiere die gesamte Welt und führe sie einen solchen Weg, wie wir ihn angedeutet,

sagt der Athener. Der Partner, Kleinias, bejaht es. Der Athener: „Ist dagegen ihr Gang unsinnig und ungeordnet, so muß es die böse Seele sein." Diese Bewegung von Geist und Universum wird mit der Umdrehung eines Rades (einer Drechslerscheibe) verglichen; sie bewegen sich nach einem Muster und nach einer Ordnung

(„in *einem* Verhältnis und nach *einer* feststehenden Regel"; pros... kai hena logon kai taxin mian... kineisthai; 898a).[1] Es ist keine Frage, daß die Entdeckung dieser *symbolischen Dimension der Realität* v.a. durch Sokrates und Platon eine umstürzende Gewalt gehabt haben muß, eine Macht, die gelegentlich ihre Entdecker über die Grenzen dessen lockte, was jetzt gerechtfertigt scheinen mag. Es war noch bedeutsamer, daß es noch keine Begriffssprache für diese Entdeckung gab; Metaphern waren notwendig, und diese mußten sehr bald, wie wir eben gesehen haben, buchstäblich, dinglich aufgefaßt werden. Doch war es gerade die durch Platon gemachte scharfe Scheidung (chorismos) des Sinnlichen vom Vernunftmäßigen, die den Schritt von der Schau mythischer Zusammenhänge zur Erkenntnis symbolischer Wirklichkeit möglich machte.

> Hier hat erst die ontologische Scheidung des Noetischen vom Sinnlichen, also dieser Chorismos, Klarheit geschaffen, so daß der Mathematiker sagen kann, womit er es zu tun hat, und es ist klar, daß das, was er tut, jedenfalls nicht in irgendeinem Sinne „Physik" ist,

führt Gadamer aus (1978, S.15). Er fährt fort:

> Das ist eine fundamentale Wahrheit. Auch ist es kein Zufall, daß die moderne mathematische Naturwissenschaft mit Platos Behandlung der Mathematik als eines intelligiblen Fürsichseins und ihrer Präfigurierung der „Natur" weit mehr anfangen kann als mit der Aristotelischen Ableitung der mathematischen Gegenstandswelt von den physischen Erscheinungen durch *Abstraktion (aphairesis)*: die *Aristotelische „Lösung" (Phys B2) unterschlägt das eigentliche Problem* des „Seins" des Mathematischen, dessen *Fürsichsein* zu dem Sein der „Erscheinungen" so produktive Beziehungen hat, wie die neuzeitliche mathematische Physik sie entdeckt hat und wie Plato im „Timaios" antizipiert (Hervorhebung von mir).

Für Aristoteles bestehe der „*Realitätsprimat des Einzelnen* (das tode ti)" (S.13).

9.1.2 Das Zerbrochene zusammenfügen

Doch zu den Begriffen von Symbol und Abstraktion selbst:

Das griechische Wort „symbolon" leitet sich vom Verbum „symballein" (zusammenwerfen) her und besitzt als ursprüngliche Bedeutung die des Zeichens, des Vertrages, namentlich die eines Zeichens der Wiedererkennung von Gastfreunden; es bestand in einem Täfelchen oder einem Ring, der zur Zeit des Abschieds entzweigebrochen worden war und nun, beim erneuten Treffen, zusammenpassen sollte (Benseler-Kägi 1931; Tzermias 1976). So fügt das „Symbol" zwei disparate Wirklichkeiten zusammen: Dinge und Bedeutung, Konkretheit und was wir „abstrakt" nennen.

Es ist übrigens faszinierend, daß man einen parallelen Vorgang in China beobachten kann: Das Zeichen für Minister (Qíng, 卿) ist abgeleitet von der Wurzel

[1] Ich verdanke diese beiden Hinweise Ms. Jill Warnecke.

qīng (卯), die das Bild eines entzweigebrochenen Holz- oder Jadestückes war, mit derselben Bedeutung der Verifizierung der Würde.[2]

Die Ähnlichkeit geht jedoch verblüffenderweise noch weiter: Das (moderne) chinesische Wort für Symbol ist Fúhào (符號). Dessen erster Teil, Fu (符), hat dieselbe Bedeutung wie die eben dargestellte: „vom Kaiser oder König zu Legitimationszwecken ausgehändigtes zweiteiliges Beweisstück aus Bambus, Holz, Jade, Bronze u. a., dessen eine Ausführung beim Kaiser oder König verblieb; ... Symbol, (Kenn)zeichen...; übereinstimmen, entsprechen; magisches Zeichen im Taoismus, um Teufel zu verjagen oder Menschen Unheil bzw. Glück zu bringen; Amulett, Talisman." Der zweite Teil, hào (號), bedeutet Name, Bezeichnung, Zeichen, Kennzeichen, Merkmal, Nummer, Maß, (Trompeten-)Signal (*Das neue chinesisch-deutsche Wörterbuch*. Beijing, 1985).

Anknüpfend an die letzte Bedeutung, Signal, kehre ich wieder zur Welt der Griechen zurück: In Aeschylus' *Agamemnon* (V. 6 und 315) heißt die den Fall der Stadt Troja der Königin in Argos verkündigende Feuerbotschaft, die von Gipfel zu Gipfel staffettenartig weitergegeben wurde, „Beweis und Symbol" (tekmar... symbolon te). Hier hat das Wort bereits ganz unsere Bedeutung des „Symbols": das Feuer hat nur einen Sinn, den Inhalt der zuvor verabredeten Botschaft.

Andererseits finden wir ein Beispiel für den ursprünglichen Gebrauch in Platons *Gastmahl* im berühmten Mythos von Eros: Zeus hatte die ursprünglich vollkommenen Menschen entzweigeschnitten.

> Seit so langer Zeit ist demnach die Liebe zu einander den Menschen eingeboren und sucht die alte Natur zurückzuführen und aus zweien *eins* zu machen und die menschliche Schwäche zu heilen. Jeder von uns ist demnach nur eine Halbmarke von einem Menschen (anthropou symbolon), weil wir zerschnitten, wie die Schollen, *zwei* aus *einem* geworden sind. Daher sucht denn jeder beständig seine andre Hälfte (191).

Ähnlich der chinesischen Bedeutungsentwicklung im magischen Taoismus, gibt es auch einen nahen mythisch-religiösen Symbolbegriff: In der orphischen Tradition über die Dionysosmysterien wird geschildert, wie der Gott als Kind von den Titanen mit der Beihilfe von „Symbola", namentlich durch einen Spiegel, weggelockt wird, dann von ihnen in Stücke zerrissen und später entweder begraben oder wiedergeboren wird. So wurde der *Spiegel zum Symbol seines Todes* – zu einem mythisch machtvollen, paradox bewerteten, heiligen Objekt, da Tod auch Seelenwanderung

---

[2] „In ancient times the Emperor, when investing the feudatories or officials, handed over to them one half of a piece of wood or of jade diversely cut out; the other half was used to make the proof, as the modern counterfoil. The two pieces gathered are the 卯 , qīng... When they appeared before the Emperor, or when they held the functions of their office, the feudatories or officials had this kind of sceptre in their hands. It was used also as a seal" (Wieger S. 147). Abgeleitet davon (von dessen rechten Hälfte 卩 , dem Radikal 26, jié = Autorität, Abzeichen) ist u. a. auch das Zeichen yìn (印), für Siegel, Stempel, und davon der Begriff für das Drucken und den Druck yìnshuā (印刷).
Ebenso leitet sich davon der Begriff des Schicksals, als himmlische Verordnung, ab, „mìng" (命): „... 命 means the decree by which heaven calls men to life and determines their fate" (Wieger S. 47).

und Befreiung bedeutete, also zu einem Symbol der geistigen Wiederauferstehung und Erfüllung (Guépin 1968, S. 241–251). Es erscheint wieder im Spiegelbild des Narzissus und damit in unseren neuen Narzißmustheorien (Kohut 1971).

Ähnlich spricht Scholem über das *mystische Symbol:*

> Im mystischen Symbol wird eine Wirklichkeit, die in sich selbst, vom Menschen her gesehen, keinen Ausdruck hat, unmittelbar in einer anderen Wirklichkeit transparent... Steht also in der Allegorie ein Ausdrückbares für ein anderes Ausdrückbares, so steht im mystischen Symbol ein Ausdrückbares für etwas, was der Welt des Ausdrucks und der Mitteilung entrückt ist. Man möchte sagen: es steht für etwas, was aus einer Schicht kommt und ihr zugehört, die ihr Gesicht, uns abgewandt, nach innen kehrt. Ein verborgenes Leben, das keinen Ausdruck hat, findet ihn im Symbol. Das Symbol ist solcherart zwar auch Zeichen, aber nicht Zeichen allein (1957, S. 29).

9.1.3 Abtrennung der Form, Abziehung des Individuellen

Die von Platon manchmal benützte Ausdrucksweise für die radikal neue Einsicht in die völlig undingliche, andersartige Natur von Symbolen und Abstraktion hat, wie ich bemerkt habe, zuweilen mythische Beiklänge. Doch sind diese wohl weitgehend seiner viel stärker metaphorischen, dichterischen Sprache zuzuschreiben als einem wirklichen „Rückfall“ in mythisches Denken. Es scheint, daß volle begriffliche Klarheit darüber erst von Aristoteles erreicht wurde: „Dies ist der abgetrennte Geist, der leidenslos ist und unvermischt und seinem Wesen nach Wirklichkeit“ (ho nous choristos kai apathes kai amiges te ousia on energeia). (In der englischen, von der deutschen recht divergierenden Übersetzung von Hett: „Mind in this sense is separable, impassive and unmixed, since it is essentially an activity“.) Er ist also von den körperlichen Beschränkungen „abtrennbar“ („choristos“), und diese Abtrennbarkeit wird als Abstraktion im heutigen gewöhnlichen Sinne verstanden. Diese hohe intellektuelle Leistung gelingt ihm in Form eines Paradoxons: „So denkt man die mathematischen Dinge, die nicht abgesondert sind, als abgesondert, wenn man sie denkt (houto ta mathematika ou kechorismena hos kechorismena noei, hotan noe ekeina; *Von der Seele*, 431 b). Wie die Erkenntnis der mathematischen Gegenstände, so ist denn auch das Denken als Ganzes möglich: als abtrennbar im *Logos*, in der Sinngebung und der Schaffung von Ordnung, in der Macht der Sprache und der Vernunft (Randall 1960, 1967, S. 93 f.; S. 253 f.). Damit sind der Geist („nous“) und die Gegenstände des Denkens: Abstraktionen, Kategorien, Begriffe, völlig symbolisch geworden; sie hören auf, konkrete Wesenheiten zu sein. Diesen Vorgang der Abtrennung nennt Aristoteles „Aphairesis“, Wegziehung, „abstractio“. Das Denken und Erkennen geschieht dank dieser „Abziehung“ der Form von dem Wahrgenommenen (*Von der Seele*, 428 f.). Oder, umgekehrt ausgedrückt, diese „aphairesis“ oder „abstractio“ besteht in dem Abziehen des Inhalts, dem Wegnehmen der individualisierenden Merkmale; sie ist eine Verallgemeinerung.

9.1.4 *Abstraktion als „Grundform der Beziehung“, als „Form einer Reihe“ und als „Notwendigkeit der Verbindung“*

Dieser dem Begriff der „Abstraktion“ zugrundeliegende Metapher der *„Abziehung“ des Individuellen* widerspricht nun Cassirer auf das entschiedenste:

> ... immer zeigen alle diese vermeintlichen Lösungen den gleichen *methodischen* Grundfehler. Sie schieben einem reinen Bedeutungsverhältnis ein Verhältnis unter, wie es zwischen empirischen *Dingen* oder *Vorgängen* besteht. Denn nur zwischen diesen kann ein „Vor“ oder „Nach“, ein „Innerhalb“ oder „Außerhalb“ ausgesagt werden. Es ist das Schicksal fast aller Parteien in dem Streit um die Universalien gewesen, daß sie diese *Metaphern* des Vor und Nach, des Innen und Außen für gültige logische, wenn nicht für metaphysische Bestimmungen genommen haben. All diese metaphorischen Wandlungen aber können nicht länger täuschen, sobald man sich einmal klar gemacht hat, daß das „Allgemeine“ und das „Besondere“ nicht ihrem Sein, sondern ihrem Sinn nach voneinander getrennt sind, und daß der Unterschied von Sinn-Dimensionen sich niemals auf solche Differenzen, wie sie in den Dimensionen des Räumlichen und Zeitlichen gelten, zurückführen und in ihnen adäquat aussprechen läßt (1929, S. 352 f.).

Vielmehr ist es nun so:

> Die Erkenntnis löst die reinen Beziehungen aus der Verflechtung mit der konkreten und individuell bestimmten „Wirklichkeit“ der Dinge heraus, um sie sich rein als solche in der Allgemeinheit ihrer „Form“, in der Weise ihres Beziehungs-*Charakters* zu vergegenwärtigen ... Dem System der Beziehungen und der begrifflichen Bedeutungen wird ein Inbegriff von *Zeichen* unterlegt, der so beschaffen ist, daß sich an ihm der Zusammenhang, der zwischen den einzelnen Elementen jenes Systems obwaltet, übersehen und ablesen läßt...“ (ebd. S. 333 f.)

Das moderne Prinzip der Abstraktion ist nicht das einer Ableitung oder Abziehung von Merkmalen von den *Dingen*, sondern das von *Relationen zwischen Begriffen* (1910, 1980, S. 196). „... der Begriff [wird] seinem Wesen nach selbst als Funktion verstanden und definiert“ (1929, S. 342). Nach Russell bestimmt damit Cassirer „die Relation als das Grund- und Wesensmoment der mathematischen Begriffe und des Begriffs überhaupt“ (1929, S. 343).

„... die *primäre* Aufgabe der Begriffsbildung ist es nicht, wie die Logik unter dem Zwange einer jahrhundertealten Tradition zumeist angenommen hat, die Vorstellung zu immer größerer *Allgemeinheit*, sondern sie zu wachsender *Bestimmtheit* zu erheben“ (1923 a, S. 252). Das setze „einen logischen Akt der *Setzung* und *Unterscheidung*... in dem stetigen Fluß des Bewußtseins“ voraus. An diesen Akt der „Fixierung irgendwelcher, durch das Denken und die Sprache erfaßbarer Qualitäten“ knüpfen sich

> weitere Bestimmungen an, in denen sie miteinander zu gewissen *Verhältnissen* zusammentreten, in denen sie sich zu Ordnungen und Reihen zusammenfügen. Die einzelne Qualität besitzt nicht nur an sich selbst ein identisches „Was“, einen eigentümlichen Bestand, sondern sie ist kraft desselben auf andere bezogen – und auch diese Beziehung ist nicht willkürlich, sonder weist eine eigentümliche objektive Form auf (1923 a, S. 253).

Das Gemeinsame ist *die Form einer Reihe*. Schließlich müssen wir „den Bestand der Beziehung als den eigentlichen Inhalt und das eigentliche logische Fundament des

Begriffs, die ‚Allgemeinvorstellung‘ dagegen nur als ein keineswegs immer erforderliches und erreichbares psychologisches Akzidens desselben“ ansehen (1923a, S. 255). Ein abstrakter Begriff, z. B. Farbe gegenüber Blau und Gelb, ist den Einzelfarben nicht übergeordnet, „sondern ‚die‘ Farbe ist nirgends anders als in ihnen, sowie in der Gesamtheit der sonstigen möglichen Farbennuancen enthalten und nur als *eben diese reihenmäßig geordnete Gesamtheit selbst* denkbar“ (Hervorhebung von mir) (1923a, S. 255). So bezieht sich also die früher erwähnte „Leiter“ oder „Hierarchie“ von Abstraktionen lediglich auf Beziehungen, nicht auf Substanzen.

Das Wichtigste bei der „Abstraktion“ ist demnach dies:

> ... dieses übergreifend-Eine ist in all diesen Fällen nicht sowohl die Einheit der *Gattung*, unter welche die Arten und Individuen subsumiert werden, als vielmehr die Einheit der *Beziehung*, kraft deren ein Mannigfaltiges sich als innerlich zusammengehörig bestimmt (1929, S. 348).

Diese *Grundform der Beziehung* eignet also *allen* Begriffen: „‚Begreifen‘ und ‚Beziehen‘ erweisen sich der schärferen logischen und erkenntniskritischen Analyse überall als Korrelata, als echte Wechselbegriffe“ (S. 348). Die zentrale Stellung des Symbolgehaltes aller Erkenntnis „besteht darin, daß alles Sein nur vom Sinn her und vermittelst des Sinnes faßbar und zugänglich ist. Wer daher den Begriff selbst *begreifen* will – der darf ihn nicht gleich einem Gegenstand *greifen* wollen“ (S. 350). Es sei ein Wesenszug aller echten begrifflichen Strukturen, daß es die Grundaufgabe des Begriffs sei,

> das in der Anschauung Verstreute, ja das vom Standpunkt eben dieser Anschauung völlig Disparate dadurch zusammenzuführen – synagein eis hen, wie Platon es nennt –, daß ein neuer ideeller *Bezugspunkt* für dasselbe aufgestellt wird. Indem das Besondere, das zuvor Auseinanderstrebende sich nach diesem Bezugspunkt *richtet*, wird ihm in dieser Einheit der Richtung eine neue Einheit des „Wesens“ aufgeprägt, – wobei eben dieses Wesen selbst nicht ontisch, sondern logisch, als eine reine Bestimmung der Bedeutung zu nehmen ist. Die Konvergenz, durch die die sinnliche oder anschauliche Fremdheit überwunden wird, kommt nicht dadurch zustande, daß ein substantiell-Gleiches oder Übereinstimmendes an den Elementen der Mehrheit aufgezeigt wird, sondern dadurch, daß sie, wie immer voneinander verschieden, als Momente eines *Sinnzusammenhanges* genommen werden, daß jedes an seinem Teil und an seiner besonderen Stelle die Gesamtheit dieses Sinnes und seine Funktion konstituiert (S. 354 f.).

Diese „Einheit des Begriffs“ könne „zunächst niemals etwas anderes als eine ‚projektierte Einheit‘ sein“. „Denn der Begriff stellt lediglich einen Gesichtspunkt der Vergleichung und Zuordnung auf...“ (S. 355). Das schließe aber nicht nur das Sein und das Wirkliche, sondern auch *das Nicht-Sein und das Unmögliche* mit ein:

> Die Geschichte der Wissenschaft lehrt überall, welche eminente Bedeutung die Konzeption des „Nicht-Möglichen“ haben kann: und wie gerade sie es ist, die in vielen Fällen den freien Überblick über das Reich des Möglichen und über dessen systematische Gestaltung und Gliederung erst erschließt. Ist *der Begriff ein bloßer „Gesichtspunkt“ der Beziehung und Zuordnung* [Hervorhebung von mir], so muß es ihm frei stehen, auch Widerstreitendes miteinander zu verknüpfen: eben damit er an dieser Verknüpfung den Widerstreit erkennen und seinen Grund durchschauen lernt (S. 356).

Der Begriff sei „nicht sowohl ein gebahnter Weg..., in dem das Denken fortschreitet, als er vielmehr eine Methode, ein Verfahren der *Bahnung selbst* bildet" (ebd.). Der Begriff stelle nicht eine Summe der Teile, nicht eine Abstraktion von gemeinsamen Merkmalen zur Verallgemeinerung und Ausschaltung der individuellen Eigenschaften dar, sondern ein charakteristisches „*Relationsgefüge*", die „Form einer Gliederung", einen „Zusammenhang mit Rücksicht auf irgendein verknüpfendes Moment" (S. 364). So kommt es also auf den *gewählten Gesichtspunkt der Zuordnung*, den *Maßstab des Sinnes* an, wie sich divergente Begriffsstrukturen der gleichen Phänomene voneinander unterscheiden (S. 365). So kommt es zur *Reihenbildung gemäß notwendiger Gesetzlichkeit* (1910, S. 301). Statt in der Abstraktion eine Reduzierung mancher konkreter Einzeldinge auf einen gemeinsamen Nenner und damit die Opferung aller von allen Gliedern einer Klasse nicht geteilten Eigenschaften zu sehen – einer Ansicht, wie sie von Aristoteles bis zum heutigen Empirizismus vertreten wird – wird vielmehr ein lockeres Aggregat empirischer Bestimmungen in einem System objektiv gültiger Verbindungen vereinigt. Damit ist aber das *Primäre* und absolut *Zentrale* die *Idee der Notwendigkeit der Verbindung*, nicht die der *Allgemeinheit* (1910, S. 301 f.). Der Übergang zur Universalität sei sekundär und betreffe nicht die wirkliche Tendenz der Begriffsbildung.

Dies gelte nicht allein für die Naturwissenschaften, sondern – was für uns nun von besonderem Interesse ist – ebensosehr für die Geschichte. Auch hier sei es wieder der Reihenbegriff, nicht der der Verallgemeinerung, der der historischen Begriffsbildung zugrunde gelegt werden müsse. Die Aufgabe der Geschichte sei es, das Individuum in eine umfassende systematische Verbindung einzureihen, wobei diese unter mancherlei Gesichtspunkten und Zielsetzungen erfolgen könne (S. 303).

9.1.5 Das Symbol als Brücke zwischen dem Sinn und dem Sinnlichen

Soweit ich sehen kann, hat Cassirer den Symbolbegriff nicht eigentlich definiert, sondern ihn vielmehr umschrieben, z. B.:

> Wir dagegen haben dem Symbolbegriff von Anfang an eine andere und weitere Bedeutung gegeben. Wir versuchten mit ihm das Ganze jener Phänomene zu umfassen, in denen überhaupt eine wie immer geartete „Sinnerfüllung" des Sinnlichen sich darstellt; – in denen ein Sinnliches, in der Art seines Daseins und So-Seins, sich zugleich als Besonderung und Verkörperung, als Manifestation und Inkarnation eines Sinnes darstellt (1929, S. 109).

Diese *Doppelheit* von Sinnlichem und Geistigem liege in der Natur des Bewußtseins; „Immer erscheint es als ein Lebendiges, das sich in sich selber trennt, als ein hen diapheromenon heauto ...", das sich jedoch in seiner „Ent-Zweiung" erst der theoretischen Weltbetrachtung offenbare: „Denn jetzt wird die Verschiedenheit der *Momente*, die es in sich birgt, zu einer Verschiedenheit im *Ursprung* gesteigert" (S. 110).[3]

---

[3] Eine weitere Umschreibung erfolgt im englisch erschienenen *Essay on Man* (1944): „Between the receptor system and the effector system which are to be found in all animal species, we find in man a third link which we may describe as the *symbolic system*... No longer in a merely

Noch klarer und überzeugender [als in Monolog und Dialog] tritt diese doppelte Funktion alles Symbolischen, die Funktion der Spaltung und Wiedervereinigung, in der *Kunst* hervor. „Man weicht der Welt nicht sicherer aus als durch die Kunst, und man verknüpft sich nicht sicherer mit ihr als durch die Kunst.“ Dieses Wort Goethes drückt ein Grundgefühl aus, das in jedem großen Künstler wirksam ist (1942, 1961, S. 55).

Es obliegt den symbolischen Formen und ihrer philosophischen Erforschung, diese metaphysisch begründete Doppelheit und Gespaltenheit des Daseins wieder zu versöhnen.

Das Verhältnis von Seele und Leib stellt das erste Vorbild und Musterbild für eine rein *symbolische* Relation dar, die sich weder in eine Dingbeziehung noch in eine Kausalbeziehung umdenken läßt... hier waltet eine Verknüpfung, die nicht aus getrennten Elementen erst zusammengefügt zu werden braucht, sondern die primär ein sinnerfülltes Ganze ist, das sich selbst interpretiert, – das sich in eine Doppelheit von Momenten auseinanderlegt, um sich in ihnen „auszulegen“. Der eigentliche Zugang zum Leib-Seelen-Problem wird erst gefunden, wenn einmal *generell* erkannt ist, daß Sinn-Verknüpfungen *dieser* Art es sind, auf denen auch alle Dingverknüpfungen und alle ursächlichen Verknüpfungen letzthin beruhen (1929, S. 117).

Es stellt sich heraus,

daß die symbolische Funktion der „Darstellung“ und die der „Bedeutung“ erst den Zugang zu jener „objektiven“ Wirklichkeit schafft, in der von Dingbeziehungen und ursächlichen Beziehungen mit Fug gesprochen werden kann. Und so ist es *die geistige Trias der reinen Ausdrucksfunktion, der Darstellungs- und der Bedeutungsfunktion*, kraft deren uns die Anschauung einer gegliederten Wirklichkeit erst möglich wird (1929, S. 118).

So verwandeln *die Symbole* in der Philosophie der symbolischen Formen *Substanz in Funktion und Wesen in Beziehung*[4]; sie mögen eine solche Transformierung entweder nur teilweise oder aber vollständig erfüllen – im mythischen gegenüber dem theoretisch-wissenschaftlichen Verständnis.

Cassirers Gedanken über Symbole wurden von Susanne Langer weiter geführt. (Ich werde einige ihrer grundlegenden Ansichten im Zusammenhang mit der Behandlung der Metaphorik wiedergeben.) Sie schenkt den verschiedenen *Stufen*

---

physical universe, man lives in a symbolic universe. Language, myth, art, and religion are parts of this universe“ (S. 24 f.). „Hence, instead of defining man as an *animal rationale*, we should define him as an *animal symbolicum*“ (S. 26). „Signals and symbols belong to two different universes of discourse: a signal is a part of the physical world of being; a symbol is a part of the human world of meaning. Signals are ‚operators‘; symbols are ‚designators‘. Signals, even when understood and used as such, have nevertheless a sort of physical or substantial being; symbols have only a functional value“ (S. 32). Symbole transzendieren das Hier und Jetzt und erreichen Allgemeingültigkeit: „The principle of symbolism, with its universality, validity, and general applicability, is the magic word, the Open Sesame! giving access to the specifically human world, to the world of human culture“ (S. 35).

[4] „Cassirer's philosophy transforms substance into function and essence into relation“, schreibt Slochower im Gedächtnisband für Cassirer (1949, S. 638).

der Abstraktion besondere Aufmerksamkeit. Abhängig von solcher Stufung, ergeben sich nach ihr verschiedene Bereiche der Symbolik.[5]

Einfach und schlicht, doch viel zu unbestimmt und allgemein drückt Wheelwright die Idee des Symbols aus – es sei das Stehen von etwas Konkretem als Surrogat für etwas anderes.[6] Die Bedeutungstiefe, die ihr Cassirer verliehen hat, ist damit nicht erfaßt.

So können wir *Symbole* als *konkrete „Wesenheiten“* (Dinge, Bilder, musikalische Formen, Worte, mathematische Formeln, Gleichnisse, philosophische Begriffe) definieren, die *für Beziehungen* (oder Funktionen) *zwischen Dingen oder zwischen seelischen „Inhalten“* (Gefühlen, Gedanken, Wünschen, Erinnerungen) *oder für Beziehungen von Beziehungen* („höhere“ Formen der Abstraktion) *stehen.* Die Progression von „Beziehungen von Beziehungen“, von „Funktionen von Funktionen“ kann zu stets „höheren“, also „abstrakteren“ Ebenen gehen und auf diese Weise eine *„Hierarchie der Abstraktionen“* bilden.

9.1.6 Symbol als verhüllter Konflikt

Im psychoanalytischen Diskurs wurde der Begriff des Symbols in seinem engen und ursprünglichen, mythischen Verständnis angewendet; diese Deutung ist damit der Bedeutung des mystisch-religiösen Symbolbegriffs verwandt – als ein Bild, das gegensätzliche Gefühls- und Triebqualitäten in sich vereinigt. Es ist also v.a. ein unreflektierter, nicht „entzweiter“ Direktausdruck für den inneren Widerstreit.[7] Wie

---

[5] Susanne K. Langers Definition des Symbols ist knapp, doch offenbar von Cassirers Begriffsphilosophie abgeleitet: „Any device whereby we make an abstraction is a symbolic element, and all abstraction involves symbolization“ (1956, 1964, S. 60). Sie fährt fort: „... there are many ways of making abstractions, and therefore many kinds of symbols. Abstraction is a process that allows of steps, incomplete phases, to which all sorts of *protosymbolic phenomena*, such as Cassirer adduces in his great *Philosophy of symbolic forms* (especially vol. II) might be related. Works of art, which I am sure have *import*, but not genuine *meaning* are symbols of a sort... they are, I think, *quasi-symbols*... Similar considerations apply to the dream elements which Freud classes as symbols.“ Sie sind weder durch Konvention festgelegt noch weisen sie, wie die Worte auf Gegenstände, auf Ideen hin. „Yet the relation of dream figments to their meanings is one of *formulation* of the supposedly unconscious ‚dream thought‘, and in fact a rather complex abstraction of the emotional aspects of experiences; and the element common to symbol and ‚meaning‘ is a formal one – an abstract element. Finally, the abstractive character of symbols is what gives them their scientific value. In science we have a highly developed special use of symbols, built on conventions, and resulting in the boldest abstractions that have ever been made... “ (S. 61).

[6] „Somehow in the long temporal mystery of evolution there emerged the power and disposition to let something – whether a body, an image, a sound, or later a written word – stand as surrogate for something else“ (1962, S. 19).

[7] In der Jungschen Metaphysik nahm der Symbolbegriff vollends eine mystisch-religiöse Bedeutung an.
In ähnlicher Weise beschränkt Ricoeur (1970) „the notion of symbol to *double- or multiple -meaning* expressions whose semantic texture is correlative to the work of interpretation that

wir es in dem Zitat von Susanne Langer angetroffen haben, handelt es sich dabei um eine Art Quasi-Symbol.

Psychoanalytische Symbole sind *mythische Symbole*, die, in ihrer theoretischen Ergründung, auf die ihnen zugrundeliegenden Gegensätzlichkeiten zurückgeführt werden müssen. Besteht aber die analytische Theorie selbst aus Metaphern, die als mythische Symbole behandelt werden und an die man glaubt, wie man an eine Mythologie glaubt? Wird die Theorie selbst zur Mythologie?

> „Wir wollen uns einen Namen machen!“ Es wird von Rabbi Ischmael überliefert: „Ein Name bedeutet nichts anderes als Götzendienst“ (*Midrasch Rabba* zu 1. Buch Moses, 11.4) (wena'asseh lanu schem! Tenei Rabbi Jischmael: En schem alla avoda sara).

Die Gefahr besteht, sie ist groß, und man verfällt ihr leicht. Oft ist es nicht gleich ersichtlich, daß man über die Grenze hinübergegangen ist.

Der Unterschied zwischen Glauben an den Mythos und Benützung einer Metapher als eines theoretischen Rüstzeugs liegt im Glauben an die Absolutheit des ersteren, dem Verständnis der relativen Natur der letzteren, dem klaren Bewußtsein des Annäherungscharakters an die Wirklichkeit. Wenn das Bild zum Wesen wird, haben wir die Grenze überschritten. Wir sind dem „Rad der Täuschung“ verfallen.

Im Gleichnis, das ich zu Beginn von Teil 2 dieses Buches gebraucht habe, entpuppt sich nun die runde Oberfläche des Kreises und das Leere zwischen den Speichen im „Rad der Täuschung“ – dessen „Nicht-Sein“, die „Lüge“ – als ein *Symbol im Sinne der Ausdrucks-, Darstellungs- und Bedeutungsfunktion für inneren Konflikt*, ähnlich wie das Symbol des Rades von Platon als Symbol für die Ordnung der kosmischen Bewegung gebraucht wird.

Ist demgegenüber die Bedeutung des Symbols „Dào“ (道 , Tao) die Aufhebung des Geschiedenen, die Auflösung der Gegensätze und der Widersprüche? Das Ideogramm ist ursprünglich eine Kombination von Gehen (辵) und von Kopf (首), mit der Bedeutung des Vorausgehens. Dann hat es den Sinn der Straße, des Pfades, der Bahn und der Bahnung. Es bedeutet Gehen und Führen und nimmt die Bedeutung von Fortgang der Rede und Sprache, von Methode und schließlich von Prinzip, Lehre und Grund an (Wieger 1927, 1965, S. 326), stimmt also zum großen Teil mit dem griechischen Logos überein. Ist also der „Pfad“ als Symbol das komplementäre Gegenstück zu dem des Rades? Wissenschaft folgt aber dem Pfad, ohne je dessen Ende erreichen zu können.

Im folgenden beziehe ich mich, im Sinne von Cassirer und Langer, ganz auf den breiteren, strikt epistemologischen und nicht-metaphysischen Gebrauch des Symbolbegriffs. Dabei erweist es sich, daß wir es mit *Reihen ansteigender Abstraktion* und damit mit *hierarchisch angeordneten symbolischen Repräsentationen* zu tun haben. Keine Wissenschaft kommt ohne eine disziplinierte und methodische Anwendung solcher Abstraktionshierarchien aus.

Doch zunächst müssen wir uns fragen: Wo befindet sich der Ort der Metapher in diesem Bereich der Symbolisierung? Ist es wirklich so, daß die Metapher, diese

---

explicates their second or multiple meanings“ (S. 13). Auch bei ihm kommt dem Symbol religiöse Bedeutung zu.

Wurzel sowohl der Sprache wie des Mythos, wie sie Cassirer in *Sprache und Mythos* (1946, 1953) bezeichnet hat, auf dem Pars-pro-toto-Prinzip beruht und der Mythos selbst eigentlich eine ausgedehnte Metapher darstellt?

Oder ist es vielmehr so, daß die Metapher den Grundvorgängen des Seelischen eigentümlich nahesteht und darum besonders geeignet sein könnte, einer Wissenschaft vom Seelischen als Hauptinstrument zu dienen?

Diesen Fragen wenden wir uns nun zu.

9.2 Die Kritik an der Metapher als Instrument der Theoriebildung

Der Definition nach ist die Metapher eine „Redefigur, die die Übertragung einer Bezeichnung auf etwas Analoges beeinhaltet".[8] Damit ist sie eine der hervorragenden Formen der Symbolbildung. Ich werde gegen das Ende dieses Kapitels mehr über die Natur der Metapher als Sonderform der Symbolik zu sagen haben.

Eines von mehreren Anzeichen der Krise, die wir gegenwärtig in der Psychoanalyse durchlaufen, rührt her von der Gleichsetzung vieler Elemente der psychoanalytischen Theorie mit metaphorischen Aussagen und der Entwertung solcher Gleichnisse; sie seien einer echten Wissenschaft unwürdig und müßten ausgemerzt werden. Wir sehen, wie diese Theorie von zwei entgegensetzten Richtungen angegriffen wird, und von beiden wird ihr metaphorischer Charakter beanstandet. Beide Richtungen sind radikal empiristisch, die eine ist neurophysiologisch und mathematisch, die andere phänomenologisch orientiert. Else Frenkel-Brunswick (1954) bemerkte zu diesem Problem: „Zwar kommt das psychoanalytische System einer wirklich wissenschaftlichen Theorie näher, als die meisten Beobachter feststellen, doch enthält die Psychoanalyse immer noch viele Metaphern, Analogien und Verwechslungen zwischen Konstruktion und Faktum, die letztendlich ausgeschaltet werden müssen" (S. 226).[9]

Kubie (1966) griff vor allem die „topologischen", „ökonomischen" und „morphologischen" Metaphern an, „die fälschlicherweise immer wieder ‚Hypothesen' genannt werden" (S. 191). Die psychoanalytische Literatur, so fügte er hinzu, „hat sich zu stereotypen Wiederholungen verbaler Klischees entwickelt" (S. 197). Er schlug als zentralen Brennpunkt die jeweiligen Rollen der „drei nebeneinander bestehenden Systeme von Verarbeitung und Abtasten und deren Zusammenspiel"[10] vor: bewußte oder symbolische Prozesse, unbewußte Prozesse und v. a. „den konti-

---

[8] Im Oxford Dictionary (zit. nach Black 1962): „Metaphor: The figure of speech in which a name or descriptive term is transferred to some object different from, but analogous to, that to which it is properly applicable; an instance of this, a metaphorical expression." Black zieht Whatelys kürzere Defnition vor: „a word substituted for another on account of the resemblance or analogy between their significations" (S. 31).

[9] „While the psychoanalytic system comes closer to a truly scientific theory than most observers realize, psychoanalysis still contains many metaphors, analogies, and confusions between construct and fact which must in the end be eliminated."

[10] „Three concurrent systems of processing and sampling, and their interplay".

nuierlichen und bemerkenswert schnellen Strom vorbewußter Prozesse" („codierte Signalisierung", 1960, S. 502f.). Anstelle der zuvor erwähnten Metaphern schlug er eine psychoanalytische Sprache vor, die auf der Kybernetik, der Informationstheorie und der Neurophysiologie beruhen sollte (vgl. auch Kubie 1947, 1960, 1962).

Aber ist eine Aussage, die sich auf „die Merkmale des Verhaltens bezieht, wo vorbewußte Verarbeitung frei fließt und den psychischen Strom beherrscht und ständige Zufuhr verarbeiteter Erfahrung für symbolisches Abtasten liefert" (1960, S. 503)[11], in irgendeiner Form weniger metaphorisch als die Standpunkte, Metaphern und Modelle, die Kubie angreift? Langer (1972) spricht von „dem gegenwärtig modischen Computerjargon", den „technischen Metaphern der ‚Automation' und der Informationstheorie" (S. 50, 263) und vom „Kult der geborgten mathematischen Begriffe", wobei sie betont, daß das „Wetteifern mit der Naturwissenschaft konsequent zu verfrühten Versuchen führt, bekannte oder vermutete Verhaltensregelmäßigkeiten mathematisch auszudrücken", im Glauben, daß „das Kleid der Mathematik allein schon wissenschaftliches Ansehen verleihe, ganz gleich, wie oder wo es getragen wird" (1967, S. 38–40).[12] Es ist eben *die Inthronisierung der Mathematik als Gott der neuen Zeit*[13], auf die ich schon mehrfach hingewiesen habe, die sich einfach in einem *neuen Schwall von Metaphern* verkündet!

Wie wir später sehen werden, besteht das Kriterium darin, wie stimulierend für die Forschung, wie fruchtbar – oder aber entwicklungshemmend, ja verdummend! – sich solch ein neues Konglomerat von Metaphern, die sich um Schlüsselbegriffe

---

[11] „... The characteristics of behavior in which preconscious processing flows freely, dominating the psychic stream and furnishing a continuous supply of processed experience for symbolic sampling".

[12] „The currently fashionable computer jargon", the „engineering metaphors of ‚automation' and information theory".
„The cult of borrowed mathematical terms is especially pernicious when it invades serious original thinking, where there are really fundamental psychological concepts in the making, which are obscured and turned from their own implicit development by the unessential though enticing suggestiveness of scientific words" (S. 40).
„The emulation of physical science naturally leads to premature attempts at mathematical expression of known or presumed regularities in behavior. In the interest of the quickest possible mathematization the observed facts may be pared down to a few overt actions in situations which elicit the simplest and most invariable movements" (S. 38).
„There are many other scholars in the programmatic sciences, sociologists as well as psychologists, whose immediate objective is to ‚mathematize' their findings as fast as they are found and even faster, evidently feeling that the dress of mathematics bestows scientific dignity no matter how or where it is worn" (S. 39).

[13] So beruft sich z. B. Grassi (1979) in *Die Macht der Phantasie* auf Hamanns Kritik an Kant: „Hinter diesem Anspruch [die Philosophie von aller Überlieferung und allem Glauben zu reinigen] steht vor allem, wie Hamann schreibt, Kants ‚gnostischer Haß' gegen die Materie, ein Haß, der ihn zu einer Überschätzung des mathematischen Modells der Wissenschaft führt. Kant habe ‚ein altes kaltes Vorurteil für die Mathematik vor und hinter sich ...'" (S. 178). Er führt weiterhin „Herders Kritik am Apriorismus und gleichzeitig an jedem mathematischen Formalismus" an, die „in einer Theorie der Analogie und in einer daraus sich ergebenden Lehre der Metapher als ontologischer Wurzel der Natur" begründet sei (S. 180).

wie „codiertes Signal“ und „symbolischer Prozeß“, oder „Handlung“, „Interaktion“ oder „Selbst“ herum scharen, erweisen wird.

Home (1966) greift die psychoanalytische Theorie von der zweiten Richtung her an; er wirft der Psychoanalyse vor, daß sie „Metaphern“ als „Bedeutungen“ ausgegeben habe, daß sie diese Metaphern wörtlich auffasse und so „eine metaphysische Tatsache“ schaffe (S. 46). Sie sei zu einer Art Religion mit neuen Dogmen geworden, d. h., grundsätzlich werden alle unsere Abstraktionen auf höherer Ebene als metaphysische Aussagen angesehen.

„Wenn Geist kein Gegenstand ist, dann sprechen wir jedesmal, wenn wir von ihm reden, als sei er ein Gegenstand, metaphorisch. ... Wenn ... wir unser Wissen um die Metapher unterdrücken oder verdrängen und buchstäblich über den Geist als ein Ding sprechen, haben wir eine metaphysische Tatsache geschaffen“ (S. 46).[14]

Die Psychoanalyse „vergegenständlicht den Begriff von Geist und erarbeitet eine wissenschaftliche Typentheorie im Sinne von Ursachen. Vergegenständlichen bedeutet Vergöttlichen ...“[15] (S. 47). Wir sollten uns auf „Warum“-Fragen im Sinne von Bedeutungen und Gründen beschränken und die „Wie“-Fragen der Wissenschaft vermeiden.

Schafer ist der eloquenteste und radikalste Vertreter dieser Ansicht. In einer Reihe von Aufsätzen, die er im Laufe der 70er Jahre veröffentlichte, verwirft er den größten Teil des theoretischen Überbaus und jegliche Metapsychologie als metaphorische Konstrukte, die vergegenständlicht und anthropomorphisiert wurden und daher jeden Anspruch auf wissenschaftliches Ansehen verloren haben. Er stellt fest, daß ein Großteil psychoanalytischer Begrifflichkeit auf Metaphern beruht, die sich auf Substanz (einschließlich Quantität) und Raum beziehen; daß wir aufgrund unserer Vergegenständlichungen Beobachtung und Theorie verwechseln; und daß, „wenn wir uns einmal auf die Metapher eingelassen haben, wir die Tendenz haben, uns verpflichtet zu fühlen, metaphorisch schlüssig zu sein und uns in extravagante Feinheiten der Formulierung zu verwickeln“[16] (1972, S. 435).

> Es war für das *systematische* erklärende Denken oder Lehren noch nie hilfreich, auf diese anthropomorphen, räumlichen und mechanischen Metaphern zurückzugreifen, obwohl ich nicht bezweifle, daß diese für *vorbereitende* Untersuchungen hilfreich waren, wie bei Freud, oder daß es tröstlich für uns alle war, sie ohne weiteres verfügbar zu haben wie alte Freunde oder verläßliche Notluken“ (1973 b, S. 181).[17]

---

[14] „If mind is not a thing then each time we speak about it as if it were a thing we are speaking metaphorically... If ... we suppress or repress our consciousness of the metaphor and speak literally about the mind as a thing then we have created a metaphysical fact“ (S. 46).

[15] [Psychoanalysis] „reifies the concept of mind and elaborates a scientific type theory in terms of causes. To reify is to deify ... “ (S. 47).

[16] „Once embarked on metaphor, we tend to develop a sense of obligation to be metaphorically consistent, and involve ourselves in extravagant niceties of formulation.“

[17] „It has never been helpful to *systematic* explanatory thinking or teaching to resort to these anthropomorphic, spatial, and mechanical metaphors, although I would not question that it has been helpful to *preliminary* explorations, like Freud's, or that it has been comforting to all of us to have them readily available like old friends or dependable escape hatches.“

Er merkt an, daß Lewin in seinem Aufsatz von 1971 „das begriffliche Agieren unterstützt anstelle des Analysierens“ (in bezug auf das Zweiräume- und das anatomische Modell des Geistes).

Das Erkennen dieser Metaphern sollte uns, in Schafers Meinung (1973a), zu einer ametaphorischen Theorie führen, zu „einer radikal neuen Begrifflichkeit der Psychoanalyse“ (S. 259) auf der Basis einer „Aktionssprache“, unter Vermeidung der „impliziten Archaismen des vergegenständlichenden Zugangs“ (S. 261) (und natürlich auch der räumlichen Metaphern wie „innen“, „innerlich“ usw.). Wie er 1975 in dem Aufsatz „Psychoanalysis without psychodynamics“ feststellt, würde er aufgrund seiner tiefsitzenden Kritik jegliche Metapsychologie und den größten Teil unserer klinischen Theorie wegwischen und eine neue Theorie auf der Basis einer psychoanalytischen Phänomenologie erstellen.

Seine Kritik gründet sich auf zwei Prämissen: erstens, daß Metaphern, die der direkten Erfahrung entstammen, vergegenständlicht werden und daher gefährlich und letztlich von Übel sind; zweitens, daß es möglich ist, eine Theorie der Psychoanalyse zu schaffen, die streng auf funktionalen Wechselbeziehungen basiert, die alle metaphorischen Unreinheiten abgeworfen haben, und daß er einen Schlüssel zur Schaffung einer solchen nichtvergegenständlichten Theorie gefunden habe.

Die meisten aufmerksamen analytischen Theoretiker der letzten zwanzig Jahre teilten Schafers erste Sorge: daß die analytische Theorie von Metaphern her aufgebaut ist, die zu *res*, Dingen, gemacht wurden (vgl. z. B. Beres 1965; Hartmann 1964). Sie versuchten, jenen gewaltigen, aber unerläßlichen Schritt zu tun, den Cassirer sah und in der Entwicklung allen wissenschaftlichen Denkens beschrieb – den Schritt von der „Substanz“ zur „Funktion“ (vgl. v. a. Cassirer 1910, 1980). Damit versuchten sie der oben skizzierten Entwicklung zu folgen und an der entscheidenden Veränderung teilzunehmen, die schon von Platon im *Phaidon* wahrgenommen wurde: die Auflösung von „Dingen“ in logische Verknüpfungen und Wechselbeziehungen und letztlich in mathematische Funktionen und Prozesse – eine Veränderung, die den wissenschaftlichen Fortschritt durch die vergangenen 4 Jahrhunderte hindurch begleitet hat.

So steht Schafers Absicht in einer Linie mit traditioneller erkenntnistheoretischer Kritik. Er sieht durchweg in der psychoanalytischen Theorie den Prozeß der *Substanzfindung anstelle des funktionalen Denkens*, was immer wieder zur Todesfalle für den wissenschaftlichen Fortschritt werde.

Aber Schafer geht über die Anklage der Substantialisierung hinaus; er verdammt die Metapher, wenn sie zum Baustein von Theorie wird. So rottet er die Metapher aus, wann immer er sie in der Theorie findet. Klein (1973a, 1973b), Holt (1975) und Turbayne (1970) haben ähnliche, wenn auch weniger radikale Einwände gemacht.

Dies bringt uns zu einer sokratischen „Aporie“, einem unlösbaren Dilemma: Wie können wir die neuen Entdeckungen auf einem Gebiet, für das es noch keine Sprache gibt, formulieren, ordnen, gestalten, systematisieren und in aufsteigende Abstraktionsebenen bringen, ohne Metaphern und andere analoge Begriffe zu verwenden? Und andererseits: Wie können wir es vermeiden, daß solche Metaphern wörtlich und dinglich genommen werden und unser Denken in enge Geleise zwängen? Freud sah sich dieser Aporie von Anfang an gegenüber. Wie er damit umging, soll in Kürze behandelt werden.

Wenn ich auf diesen Teil meiner Erörterung des gegenwärtigen Standes unserer Wissenschaft zurückblicke, bin ich versucht, mich der Ansicht Lewins (1968) anzuschließen:

> Ich würde sagen, wir haben „induktives" Beweismaterial gesammelt, wenn ich nicht neuere Logiker zum Thema der Induktion gelesen hätte. In dieser Sache richtete ich mich nach Mutter Jokaste, die sagte, das Leben sei leichter, wenn man sich über bestimmte Dinge nicht allzuviel den Kopf zerbreche (S. 57).

Aber wie uns bekannt ist, *mußte* Ödipus wissen; und wir *müssen* fragen.

9.3 Der Ort der Metapher in der Wissenschaft

Die Metapher nimmt, wie wir wissen, eine zentrale Stellung in der klinischen Arbeit ein, da sie zur unbewußten Bedeutung hinführt – ähnlich wie Träume, Fehlleistungen oder Symptome. In Arlows Worten (1969 a): „In der Metapher tritt ein Fragment einer unbewußten Phantasie in Form eines bewußten Ausdrucks zutage" (S. 7).[18] Es gibt eine Reihe ausgezeichneter Aufsätze über dieses klinische Instrument, die Analyse der Metapher: Arlow (1969 a, 1969 b), Caruth u. Ekstein (1966), Sharpe (1949), Voth (1970) und v. a. Lewin (1968, 1970, 1971). Dieser Aufsatz dagegen konzentriert sich auf den Ort der Metapher in der Theoriebildung und Theorieformulierung.

Keine Wissenschaft kann ohne Metaphern arbeiten. „In der geschichtlichen Entwicklung des Idealismus", führt Cassirer aus, „[erscheinen] die Grundbegriffe jeder Wissenschaft, die Mittel, mit denen sie ihre Fragen stellt und ihre Lösungen formuliert, [...] nicht mehr als passive *Abbilder* eines gegebenen Seins, sondern als selbstgeschaffene intellektuelle *Symbole*". So heißt es bei Heinrich Hertz (1857–1894), der versuchte, die gesamte Physik von den 3 Grundbegriffen Zeit, Raum und Masse abzuleiten, daß wir uns bei der Aufgabe, zukünftige Erfahrungen vorauszusagen, „‚innere Scheinbilder oder Symbole' der äußeren Gegenstände machen, die von solcher Art sind, daß die denknotwendigen Folgen dieser Bilder stets wieder die Bilder seien von den naturnotwendigen Folgen der abgebildeten Gegenstände" (Cassirer, 1923 a, S. 5). So erlauben uns diese Symbole, die Folgen in der äußeren Welt vorauszusagen (vgl. Cassirer, 1923 a, S. 5–9; 1940, 1973, S. 111–116).

Die Beziehung zwischen Symbol und Faktum ist somit eine funktionale – also im tieferen Sinne eine *pragmatische:* sie besteht nicht in einer Ähnlichkeit, sondern in der Brauchbarkeit, um Folgen vorauszusagen. Selbst „Masse" und „Kraft" sind solche „Scheinbilder": Metaphern, vermittelnde Darstellungen.

---

[18] „Metaphor constitutes an outcropping into conscious expression of a fragment of unconscious fantasy."

Freud war sich nicht nur der Schwierigkeit, sondern auch der zwingenden Notwendigkeit genau bewußt, wohlbekannte Ausdrücke und Metaphern zu verwenden, um bislang unbekannte Ereignisse, „Tatsachen" und ihre Ordnung durch allgemeine Begriffe zu symbolisieren. Zum Beispiel führt er in Kap. 7 der *Traumdeutung* die dreifache Metapher eines „seelischen Apparates" ein, der aus verschiedenen „Instanzen" oder „Systemen" zusammengesetzt ist, die in räumlicher Ordnung zueinander stehen und einem Mikroskop oder Fernrohr ähnlich sind.[19] Dabei erläutert er dieses Angewiesensein auf Metaphern (*Gleichnisse*):

> Für die Unvollkommenheiten dieser und aller ähnlichen Bilder Entschuldigung zu erbitten, halte ich für überflüssig. Diese Gleichnisse sollen uns nur bei einem Versuch unterstützen, der es unternimmt, uns die Komplikation der psychischen Leistung verständlich zu machen, indem wir diese Leistung zerlegen, und die Einzelleistung den einzelnen Bestandteilen des Apparates zuweisen... Ich meine, wir dürfen unseren Vermutungen freien Lauf lassen, wenn wir dabei nur unser kühles Urteil bewahren, das Gerüste nicht für den Bau halten. Da wir nichts anderes benötigen als *Hilfsvorstellungen zur ersten Annäherung an etwas Unbekanntes*, so werden wir die rohesten und greifbarsten Annahmen zunächst allen anderen vorziehen (Hervorhebung von mir, S. 541).

Der wie schon erwähnt von Schafer des „begrifflichen Ausagierens"[20] bezichtigte Lewin (1968, 1971) bezog sich wiederholt auf Freuds berühmte Metapher zur Illustration der Verdrängung, der Systeme des Unbewußten und Vorbewußten und des Bewußtseinsvorgangs. Freud (1916/1917) faßt die Metapher wie folgt zusammen: „Ich möchte Ihnen versichern, daß diese rohen Annahmen von den zwei Räumlichkeiten, dem Wächter an der Schwelle zwischen beiden und dem Bewußtsein als Zuschauer am Ende des zweiten Saales doch sehr weitreichende Annäherungen an den wirklichen Sachverhalt bedeuten müssen" (S. 306).

Die Abstraktionen dieser Metapher auf höherer Ebene sind die Konzeption der zwei Systeme, die Zensur, die Struktur des seelischen Apparates als Ganzem und der Charakter des Bewußtseins als eines inneren Sinnesorgans – aber diese theoretischen Symbolisierungen auf höherer Ebene sind trotz des höheren Abstraktionsgrades noch sehr metaphorisch. Die metaphorische Gestaltung ist auf beiden Ebenen als Lehrmodell (vgl. Lewin 1965), als Hilfskonstruktion in der Therapie und als der einzige Weg, um Erfahrung in Theorie zu übersetzen (grundsätzlich „als der einzige Weg", nicht in der konkreten Wahl einer Metapher oder eines Konstruktes auf höherer Ebene), nützlich, hilfreich und gerechtfertigt.

Langer (1942) bezieht sich auf dasselbe Problem:

> Wo ein präzises Wort fehlt, um das Neue zu bezeichnen, das der Sprecher aufzeigen möchte, nimmt er die Kraft der logischen Analogie zu Hilfe und gebraucht ein Wort, welches etwas anderes bezeichnet, ein präsentatives Symbol für die von ihm gemeinte Sache; aus dem Kontext erhellt, daß er die wörtlich bezeichnete Sache nicht meinen kann und etwas anderes symbolisch meinen muß... Wir begreifen die wörtliche Bedeutung des

[19] Die Triplizität der Metapher sehe ich in ihrem instrumentellen Charakter, in ihrer „Lokalität" und in der Personifizierung in Form von Instanzen.

[20] [Lewin] „was encouraging conceptual acting-out instead of analyzing".

Terminus, den man gewöhnlich in Verbindung mit Feuer gebraucht" (sie bezieht sich auf die Metapher: „des Königs Zorn flammt auf", wobei Feuer als Symbol für Zorn verwendet wird), „aber dieser Begriff steht hier in Stellvertretung für einen anderen, namenlosen... In einer echten Metapher ist ein Bild der wörtlichen Bedeutung Symbol für die figurative Bedeutung, für das Ding, das selber keinen Namen besitzt (S. 141).[21]

Der Ursprung solcher Metaphern liegt, wie eben zitiert, in *"präsentativen Symbolen"*. Im Gegensatz zur diskursiven Art der Sprache mit ihren bleibenden, präzisen, klar definierten Einheiten von Bedeutung sprechen Symbole die Sinne direkt an (S. 98):

Die von Auge und Ohr vollzogenen Abstraktionen – die Formen der direkten Wahrnehmung – sind die primitivsten Instrumente unserer Intelligenz. Sie sind echtes symbolisches Material, Medien des Verstehens, durch deren Vermittlung wir eine Welt von Dingen und von Ereignissen erfassen, die die Geschichte der Dinge sind.[22]

Diese präsentativen Symbole werden als Metaphern für Erlebnisse benutzt, für die wir der diskursiven Symbole ermangeln.

Diese Ansicht wird durch die Erforschung der Frühkindheit in erstaunlicher Weise erweitert. In vielfachen Experimenten wurde nämlich beobachtet, wie früh das Kleinkind die offenbar angeborene Fähigkeit zeigt, Formen der einen Wahrnehmungsmodalität in eine andere Modalität zu übertragen, also solche „presentational symbols" zu benutzen. Diese Fähigkeit zeigt sich schon beim Neugeborenen in frappanter Weise (s. Stern 1985).

Von einer anderen, direkt wissenschaftlich-empirischen Seite her, bestätigen diese Befunde, was Grassi (1979) in bezug auf den aristotelischen „Nous" (Einsicht) sagt:

Der Nous hat die „Bilder" inne, die der Außenwelt einen Sinn übertragen. Das Bild *verbindet* das, was erscheint, mit dem, was zu klären ist, d. h. mit den andrängenden Fragen und Bedürfnissen des Menschen: der umfassende griechische Ausdruck für Wissen ist „eidenai", das Sehen von Gestalten („eide") im Hinblick auf eine Sinngebung. Die „eide" regeln das Verhalten: Sie sind entweder angeboren, wie bei dem rein organischen Leben, oder sie müssen erst gesucht werden, wie bei dem Menschen. „Eidos" ist also keineswegs ein „abstraktes Bild", denn es „zeigt" etwas im Rahmen des „zu Enthüllenden": nur deswegen „verbindet" es den Drang zur Klärung (dem entsprochen werden muß) und die Sinnesgegebenheiten. *So ist von Anfang an dem Leben das „metapherein"*,

---

[21] „Where a precise word is lacking to designate the novelty which the speaker would point out, he resorts to the powers of logical analogy, and uses a word denoting something else that is a presentational symbol for the thing he means; the context makes it clear that he cannot mean the thing literally denoted, and must mean something else symbolically... " (S. 123). „We conceive the literal meaning of the term that is usually used in connection with a fire but this context serves us here as a proxy for another which is nameless... In a genuine metaphor, an image of the literal meaning is our symbol for the figurative meaning, the thing that has no name of its own" (S. 124).

[22] „The abstractions made by the ear and the eye – the forms of direct perception – are our most primitive instruments of intelligence. They are genuine symbolic materials, media of understanding by whose office we apprehend a world of things, and of events that are the histories of things" (S. 86).

> *die übertragende Fähigkeit, wesentlich.* Nur durch den Bezug auf seine vitalen Bedürfnisse nach Nahrung, Arterhaltung, usw., wird für ein Lebewesen aus der Außenwelt eine „Umwelt“. Da dieser Bezug durch Bedeutungsübertragung hergestellt wird, ist die „Umwelt“ in ihrem Wesen eine *„metaphorische Realität“* (S. 185 f.).

Erst am Schluß der Entwicklung der Symbolik werden Begriffe zu verallgemeinerten, verblaßten Metaphern. Langer (1942) fährt fort:

> Die Metapher ist der schlagendste Beweis für das *abstrahierende Sehen*, für die Fähigkeit des menschliches Geistes, präsentative Symbole zu gebrauchen. Jede neue Erfahrung oder Idee von Dingen erweckt zu allererst irgendeinen Ausdruck. Mit dem Vertrautwerden der Idee verblaßt dieser Ausdruck zu neuer wörtlicher Verwendung der einst metaphorischen Aussage, zu größerer Allgemeinheit, als er vorher besaß. Auf dem Wege dieser elementaren Präsentation vollziehen sich unsere ersten Abenteuer der bewußten Abstraktion... Man könnte sagen, daß, wenn das Ritual die Wiege der Sprache, Metaphorik das Prinzip ihres Lebens ist. Sie ist die Kraft, durch die die Sprache wesentlich *relational*, intellektuell wird, durch die sie immer neue abstrahierbare *Formen* in der Wirklichkeit sichtbar macht und immer wieder bereits abstrahierte Begriffe in einem stets sich vermehrenden allgemeinen Wortschatz niederlegt (S. 143).

„[Bei der Entwicklung der Wissenschaft werden] anthropomorphe Metaphern [...] verbannt... Immer präziser werden die Bedeutungen... Sprache wird in steigendem Maße diskursiv, praktisch, prosaisch...“(S. 144).[23]

Eine eingehende Untersuchung Langers weiterer Gedanken darüber, inwiefern unser „Gewebe von Bedeutung“, unsere Weltsicht heute, eine Struktur von „Tatsachen“ und „Symbolen“ ist, geht über das Ziel dieses Kapitels hinaus, doch ist es wichtig, folgendes festzuhalten:

> Die Kette des Gewebes [von Bedeutungen] besteht aus dem, was wir „Daten“ nennen, es sind die *Anzeichen*, auf die zu achten die Erfahrung uns gelehrt hat, und auf die hin wir, oft ohne uns dessen bewußt zu sein, handeln. Der Schuß besteht aus Symbolen. Aus Anzeichen und Symbolen weben wir unser Gewebe der „Wirklichkeit“ ... Aber *zwischen den Tatsachen* laufen die Fäden der unregistrierten Wirklichkeit, die wir in unserer stillschweigenden Anpassung an Anzeichen, wo immer sie an die Oberfläche kommen, für den Augenblick erkennen; und auch die glänzenden, gewundenen Fäden symbolischer Veranschaulichung, der Einbildungskraft, des Denkens – Erinnerung und rekonstruierte Erinnerung, Übersetzung über Erfahrung hinaus, Traum, Vorspiegelung, Hypothese, Philosophie – der ganze schöpferische Prozeß der Ideenbildung, der Metapher,

[23] „Metaphor is our most striking evidence of *abstractive seeing*, of the power of human minds to use presentational symbols. Every new experience, or new idea about things evokes first of all some metaphorical expression. As the idea becomes familiar, this expression fades to a new literal use of the once metaphorical predicate, a more general use than it had before. It is in this elementary, presentational mode that our first adventures in conscious abstraction occur... One might say that if ritual is the cradle of language, metaphor is the law of its life. It is the force that makes it essentially *relational*, intellectual, forever showing up new abstractable *forms* in reality, forever laying down a deposit of old, abstracted concepts in an increasing treasure of general words“ (S. 125). [In the development of science] „anthropomorphic metaphors are banned... Meanings become more and more precise... Speech becomes increasingly discursive, practical, prosaic... „ (S. 126).

der Abstraktion, der das Menschenleben zu einem Abenteuer des Verstehens macht S. 275 f.).[24]

Selbst ein solch radikaler Kritiker der psychoanalytischen Theorie wie Nagel (1959) steht nicht grundsätzlich ihrer Verwendung der Metapher ablehnend gegenüber, er wendet sich vielmehr gegen ihren angeblich bedenkenlosen Gebrauch:

> Ich wende mich nicht gegen den Gebrauch von Metaphern *per se*, denn ich bin mir des großen heuristischen Wertes von Metaphern und Analogien beim Aufbau und der Entwicklung von Theorie auf allen Feldern der Wissenschaft völlig bewußt. Der Kernpunkt ist für mich ein anderer, daß nämlich in der Freudschen Theorie Metaphern verwendet werden, ohne daß man auch nur halbwegs festgelegte Regeln für ihre Erweiterung besitzt und daß folglich zugelassene Metaphern wie „Energie" oder „Reizniveau" keinen spezifischen Inhalt besitzen und je nach Laune gefüllt werden können (Nagel 1959, S. 41).[25]

In seinem Buch verteidigt Nagel (1961) den Gebrauch von Analogien und Modellen bei der Theoriebildung, aber er fügt hinzu: „... ein Modell kann eine mögliche Erkenntnisfalle sein wie auch ein unschätzbares geistiges Instrument" (S. 115).[26]

Danto (1959) verteidigt den Gebrauch von Bildern, Modellen und Metaphern unzweideutiger:

> In bestimmter Hinsicht ist jede bedeutende Theorie ein Bild, aber nicht jedes Bild ist ein Abbild. Und hier können Freuds Modelle, so brilliant sie auch oft sind, irreführen. Aber da Psychoanalytiker häufig die Angemessenheit [des Begriffs] und das Wesen [des Gegenstandes] gleichsetzen, könnte diese Tatsache dazu beitragen, zu erklären, warum unsere Diskussion so oft einer Debatte zwischen Gläubigen und Ungläubigen ähnelte (S. 316 f.).

Mit Worten, die denen von Heinrich Hertz ähnlich sind, stellt er fest:

> ... solche Modelle sind weitgehend heuristisch; und die Theorie trifft auf die Welt nur in dem Maße zu, wie eine Reihe von semantischen Regeln diese entscheidenden Begriffe in bestimmter Weise zur Erfahrung in Beziehung setzt, wodurch eine bestätigende Bezie-

---

[24] „The warp of that fabric [of meaning] consists of what we call ‚data', the *signs* to which experience has conditioned us to attend, and upon which we act often without any conscious ideation. The woof is symbolism. Out of signs and symbols we weave our tissue of ‚reality' ... But *between the facts* run the threads of unrecorded reality, momentarily recognized, wherever they come to the surface, in our tacit adaptation to signs; and the bright, twisted threads of symbolic envisagement, imagination, thought – memory and reconstructed memory, belief beyond experience, dream, make-belief, hypothesis, philosophy – the whole creative process of ideation, metaphor, and abstraction that makes human life an adventure in understanding (S. 235–237).

[25] „I am not objecting to the use of metaphors *per se* for I am fully aware of the great heuristic values of metaphors and analogies in the construction and development of theories in all departments of science. My point is the different one that in Freudian theory metaphors are employed without even halfway definite rules for expanding them, and that in consequence admitted metaphors such as ‚energy' or ‚level of excitation' have no specific content and can be filled in to suit one's fancy."

[26] „... a model may be a potential intellectual trap as well as an invaluable intellectual tool."

hung bewirkt wird zwischen Sätzen in der Theorie und Sätzen, deren Wahrheit durch unmittelbare Prüfung und Experiment entschieden wird (S. 314)[27].

Aus diesen Zitaten ziehen wir nun folgende Schlüsse: Das Entscheidende ist, daß unsere Wissenschaft, wie jede andere Wissenschaft, aus den Kettfäden von Beobachtung („the warp of observations“) gewoben ist und von den verschlungenen Schußfäden der Symbolik („the intricate woof of symbolism“) zusammengehalten wird, von vielen Abstraktionsschichten, von reinen und verblaßten Metaphern, die für uns die „unmittelbaren“ Tatsachen „interpretieren“ (sie uns „erklären“), die, wie wir wissen, in Wirklichkeit nie unmittelbar sind. Seit Kant wissen wir, wie „Tatsachen“ und Erfahrungen durch unsere inneren Kategorien von Verstehen gebildet werden, durch unsere Systeme symbolischer Konstruktion („Vorstellungen“) und durch unser Aufschichten von Metaphern von der gröbsten, direktesten Schicht unmittelbarer Vorstellung – was wir sehen, hören, fühlen – bis hin zur höchsten Schicht entsinnlichter, verallgemeinerter Metaphern. Der *falsche Gebrauch* der Metapher ist eine Sache, und Schafer hat recht, wenn er die uneingeschränkte Anwendung metaphorischer Ausdrücke, als hätten wir es mit den tatsächlichen Dingen zu tun, kritisiert. Aber der *Nutzen* der Metapher ist eine andere Sache. *Jede Wissenschaft ist systematische Anwendung von Metaphern.* Ihr kritischer, bewußter Gebrauch als symbolische, nicht konkrete Wirklichkeit ist eine unvermeidliche Notwendigkeit im wissenschaftlichen Prozeß. Daher hat Schafer unrecht, wenn er glaubt, sein eigenes theoretisches Gebäude sei frei von Metaphern. Sie mögen blasser sein, aber sie bleiben dennoch Metaphern. Die Begriffe, die er verwendet und billigt: „Gründe“, „Probleme“, „Bedeutung“, „Handlungen“, „Situationen“, sind auch Metaphern – und zwar nicht notwendigerweise auf einer höheren Abstraktionsebene. Er ersetzt z. B. die Polarität von „äußerlich“ und „innerlich“ durch „öffentlich“ und „privat“.

Ganz abgesehen von der metaphorischen Natur des Ersatzes erscheint mir die Polarität von „äußerlich“ und „innerlich“ grundlegend für das menschliche Selbstverständnis zu sein. Nicht nur gilt dies für die westliche Denktradition, sondern auch für die chinesische: Ein uraltes philosophisches Ideal war in China das des *„inneren Weisen und äußeren Königs“* (nei sheng wai wang). Schafer verwirft auch andere räumliche Metaphern wie „Ebenen“, „zugrundeliegende“ Faktoren, „Hierarchien“ oder „Tiefen“-Psychologie. Stattdessen verwendet er durchweg Begriffe wie „Tatsachen“, „konkret“, „Phantasie“, „Begriff“ und „Theorie“ – die alle auch Metaphern und unmittelbar abgeleitet sind von den präsentativen Symbolen des Sehens, Greifens und Machens.

---

[27] „There is a sense in which any important theory is a picture, but not every picture is a portrait. And it is here that Freud's models, brilliant as they often are, can be misleading. But since psychoanalysts often identify the issues of adequacy and ontology, this might go a long way toward explaining why our discussion so frequently resembled a debate between believers and nonbelievers… such models are largely heuristic; and the theory applies to the world only to the degree that some set of semantic rules relates these crucial terms to experience in some way which will effect a confirming relationship between sentences in the theory and sentences whose truth is decided by direct test and experiment.“

Einige weniger bekannte Ableitungen sind in diesem Zusammenhang angemessen. Im Griechischen bedeutet „Phantasie“ ein inneres oder äußeres Bild wie auch ein Traumbild. Der quälende Traum des Xerxes z. B., den griechischen Westen zu erobern, „die ganze Menschheit unter unser Joch zu bringen“ (vgl. Herodot 7. Buch, Kap. 15), kann wörtlich übersetzt werden als „ein Traum erscheint mir als ein Bild“ (oneiron phantazetai moi). Erst in der aristotelischen Psychologie erhielt Phantasie die Bedeutung von „Vorstellung“ (vgl. Cassirer, 1942, 1961, S. 21) und nahm eine abstraktere Bedeutung an.

„Theorie“ bedeutete ursprünglich ein Erblicken, ein Schauspiel, eine festliche Prozession – schließlich ein geistiges Erblicken und Betrachten, das für beide, Platon und Aristoteles, im höchsten Lebenswert, dem „betrachtenden Leben“, einem Leben, das mit dem „Betrachten“ des ewigen Seins und Wertes verbracht wird, gipfelte, im Versuch, die höchsten Daseinsgesetze als identisch und verbunden mit den höchsten Werten zu sehen. So sind „Theorie“ wie auch „Idee“ und „Phantasie“ ursprünglich visuelle Begriffe.

Ein „Problem“ *(„problema“)* ist im Griechischen „etwas, das einem vor die Füße geworfen wird“, ein Hindernis, über das man stolpert; das lateinische „Prozeß“ *(„processus“)* ist das Abstraktum für „vorrücken“, „vorwärtsschreiten“; „konkret“ bedeutet „zusammengewachsen“, „erstarrt wie Käse oder Rahmkäse“. Dies alles sind Metaphern mit reichen historischen und sinnlichen Konnotationen. Sie sind Teil des mittelalterlichen *collegium trilingue*, der Dreieckskultur, die gebildet war aus jüdischen, griechischen und lateinischen geistigen Produkten (vgl. Momigliano 1975), aus dem ungeheuren geistigen Erbe unseres Sprachschatzes. Mit Schlüsseln aller Arten von Metaphern und Symbolen, die auf diesem Erbe innerhalb unserer Sprache und (natürlich) unserer Erfahrung beruhen, versuchen die Psychoanalytiker, die Tore zum reichen Strom inneren Lebens zu öffnen, den wir in uns und in unseren Patienten im therapeutischen Bemühen ausloten. Und aus dem Reichtum dieser Metaphern bauen wir unsere „Ideen“, unsere „Theorien“ und unsere „Ansichten“ dessen, was dieses innere Leben wirklich bedeutet.

9.4 Das Problem neuer Metaphern

Ich sagte zu Beginn von *Flucht vor dem Gewissen*, daß die Psychoanalyse sich in einer Zeit der Krise befindet. Krise bedeutet für uns: Werden wir als Wissenschaft und als Kunst (oder Technik) innerlich wachsen? Oder sind wir ins Stocken geraten, sterben wir langsam, wie viele nichtanalytische Kritiker behaupten? Krise bedeutet für uns aber auch: Werden wir nur durch Zuwachs größer, indem wir geschäftig immer mehr bestätigende Einzelheiten in den uns überlieferten umfassenden Begriffen anhäufen, um in kleineren Details die Struktur unserer Wissenschaft zu verfeinern oder neu zu ordnen? Oder sind wir in der Lage, neue Formen hervorzubringen? Wie wir in der Vergangenheit oft feststellen konnten, sind fruchtbare Gedanken und neue theoretische Formulierungen riskant: man benutzte sie unbarmherzig, um die älteren, reicheren Begriffe und Theorien zu zerstückeln und zu verwerfen (wie es immer wieder geschehen ist, von Jung und Adler bis zu Sullivan, Schafer und Kohut).

9.4.1 Die Abstraktionshierarchie

Anstatt das zu zerstören, was für unser Verstehen in den vergangenen 60 Jahren so hilfreich war, sollten wir vielleicht eine philosophische Sichtweise finden, die uns neue Ausblicke eröffnen könnte. Es ist natürlich wahr, daß alle analytischen Theorien symbolische geistige Gebilde sind, Metaphern auf verschiedenen Abstraktionsebenen. Waelder (1962) skizzierte in einem kurzen Aufsatz verschiedene Ebenen psychoanalytischer Begriffsbildung: 1) Die unterste Ebene ist die der *Beobachtung* in der analytischen Situation. 2) Diese Beobachtungsdaten werden, entsprechend ihren gegenseitigen Verkettungen und Beziehungen, auf der Ebene der klinischen *Interpretation* verwoben. 3) Aus diesen Daten und Interpretationen können klinische *Generalisierungen* (über den Typus eines Symptoms, einer Krankheit oder eines Charakters) gewonnen werden. 4) Die nächsthöhere Abstraktionsebene ist die der *klinischen Theorie:* Theoretische Begriffe wie Abwehr und Regression können verwendet werden, um Daten und Abstraktionen der unteren Ebenen zu ordnen. 5) „Über die klinischen Begriffe hinaus gibt es ohne scharfe Abgrenzung eine mehr abstrakte Begriffsart wie Kathexis, psychische Energie, Eros, Todestrieb. Hier erreichen wir die *Ebene der Metapsychologie*“ (S. 620). 6) Über die Metapsychologie hinaus gibt es *philosophische* Überlegungen: z. B. Freuds rationalistische Wertphilosophie und seine empirische Metaphysik. Waelder mißt den aufsteigenden Abstraktionsebenen nachdrücklich eine abnehmende Bedeutung für die Psychoanalyse bei, ganz entsprechend dem, was Freud in dem Aufsatz *Zur Einführung des Narzißmus* (1914) schrieb:

> Gewiß sind Vorstellungen wie die einer Ichlibido, Ichtriebenergie und so weiter weder besonders klar faßbar noch inhaltsreich genug; eine spekulative Theorie der betreffenden Beziehungen würde vor allem einen scharf umschriebenen Begriff zur Grundlage gewinnen wollen. Allein ich meine, das ist eben der Unterschied zwischen einer spekulativen Theorie und einer auf Deutung der Empirie gebauten Wissenschaft. Die letztere wird der Spekulation das Vorrecht einer glatten, logisch unantastbaren Fundamentierung nicht neiden, sondern sich mit nebelhaft verschwindenden, kaum vorstellbaren Grundgedanken gern begnügen, die sie im Laufe ihrer Entwicklung klarer zu erfassen hofft, eventuell auch gegen andere einzutauschen bereit ist. Diese Ideen sind nämlich nicht das Fundament der Wissenschaft, auf dem alles ruht; dies ist vielmehr allein die Beobachtung. Sie sind nicht das Unterste, sondern das Oberste des ganzes Baues und können ohne Schaden ersetzt und abgetragen werden ...“ (S. 142).

Diesem philosophischen Urteil fügte Freud 1932 das Verdikt über die Theorie der Triebe und damit eigentlich über die gesamte Metapsychologie (Ebene 5 in Waelders Modell) hinzu: „Die Trieblehre ist sozusagen unsere Mythologie. Die Triebe sind mythische Wesen, großartig in ihrer Unbestimmtheit. Wir können in unserer Arbeit keinen Augenblick von ihnen absehen und sind dabei nie sicher, sie scharf zu sehen“ (S. 101).

Dazu wäre zu fragen, ob es nicht eher das gebannte Blicken auf diese Art der Grund- und Urkraft ist, die zu voreiligen, über das Analytische hinausgehenden Erklärungsversuchen führt, ja führen muß. Stattdessen dürfte, wie ich in den beiden vorigen Kapiteln ausgeführt habe, die Grundfrage die folgende sein: „Was ist jeden Moment der Konflikt, in dem gewisse Triebkräfte Mitspieler sind?"

Wenn wir einen Blick über die Wissenschaft der Psychoanalyse hinaus werfen, treffen wir bei den Naturgesetzen auf die gleiche hierarchische Struktur (vgl. v. a. Cassirer 1910, 1980). Auf diese werde ich abschließend (in Kap. 12) eingehender zurückkommen.

9.4.2 Vorgänger

Ich glaube, daß die Ebene 5 in Waelders Modell (Metapsychologie) nicht nur mit der Metaphysik verschmilzt – d. h. mit Freuds philosophischer *Weltanschauung*, wie das genannte Zitat zeigt (Trieblehre = „unsere Mythologie") –, sondern auch, daß Freud „Mythen" und metaphorische Systeme in seinen Begriffen auf höchster Ebene verwendete, genau wie es 4 seiner größten Vorgänger taten und damit vieles im Ausdruck der inneren Welt des Menschen vorausempfanden: Platon (vgl. Simon 1973), Dante, Shakespeare und Goethe. Diese 4 wurden nie müde in ihrer Suche nach neuen umfassenden Metaphern, Mythen und symbolischen Konstrukten, um für die gewaltigen Entdeckungen, die sich ihnen in ihrem inneren Leben und dem ihrer Mitmenschen eröffneten, eine neue Sprache zu finden.[28]

Wir wissen im einzelnen, und ich werde auch eingehend in Kap. 11 darauf Bezug nehmen, wie sehr Freud in vieler Hinsicht von Goethe beeinflußt war, wie oft er ihn zitierte, wie häufig er Gleichnisse und Beispiele dieses großen Suchers, Dichters und Philosophen verwendete. Vieles aus der Goetheschen Philosophie ist verdichtet in dem Satz am Ende von Teil 2 des „Faust": „*Alles Vergängliche ist nur ein Gleichnis*..." Die Welt der Fakten und Daten, unsere „Realität", kann nur mit Hilfe von Metaphern und Symbolen erfaßt werden. Es gibt kein Sehen ohne Interpretieren: es gibt keine primären Gegebenheiten, nur symbolisch strukturierte Bilder. In Cassirers (1940, 1973) Worten:

> Daß beide Momente, [das „Besondere" und das „Allgemeine", Anm. der Übers.] nicht nur innig zusammengehören, sondern daß sie sich wechselseitig miteinander durchdringen müssen, steht für Goethe fest. Das „Faktische" und das „Theoretische" bilden für ihn keine Gegenpole; sie sind nur zwei Ausdrücke und Momente einer einheitlichen unlösbaren Beziehung. Dies ist eine der Grundmaximen seiner Naturbetrachtung; „Das Höchste" – so sagte er – „wäre zu begreifen, daß alles Faktische schon Theorie ist. Die Bläue des Himmels offenbart uns das Grundgesetz der Chromatik. Man suche nur nichts hinter den Phänomenen; sie selbst sind die Lehre"... Die Erfahrung muß sich also ständig zur Idee, die Idee zur Erfahrung hinbewegen, wenn eine Erkenntnis der Natur entste-

[28] Ich frage mich, ob nicht auch Lao Tse dazu zu rechnen ist, obwohl er natürlich nur als zeitlich vorgängig, nicht direkt als geistiger Vorläufer Freuds anzusehen ist. Auch er ist sich ständig der Bildhaftigkeit seiner Metaphern bewußt, und er scheint zu sagen: Alle Worte und Namen sind nur Annäherungen.

hen soll. Es läßt sich nicht fragen, welches der beiden Momente von höherem Wert und ob das eine dem anderen über- oder untergeordnet ist. Hier herrsche eine reine *Wechsel*bestimmung; „Das Besondere unterliegt ewig dem Allgemeinen; das Allgemeine hat ewig sich dem Besonderen zu fügen“. Zwischen dem Allgemeinen und dem Besonderen herrscht nach Goethe nicht das Verhältnis der logischen *Subsumption*, sondern das Verhältnis der *ideellen* oder *„symbolischen“ Repräsentation.* Das Besondere repräsentiert das Allgemeine, „nicht als Traum und Schatten, sondern als lebendig-augenblickliche Offenbarung des Unerforschlichen.“ An einem einzigen „prägnanten Fall“, nicht an unzähligen verstreuten Einzelbeobachtungen stellt sich für den wahren Naturforscher das „innewohnende Gesetz“ der Natur dar (Hervorhebungen von mir; S. 152 f.).

Bevor wir dieses Thema verlassen, das sich mit dem allgemeinen, erkenntnistheoretisch begründbaren Bedürfnis nach verschiedenen Ebenen symbolischer Darstellung und insbesondere nach Metaphern befaßt, die entscheidend zu induktiver Forschung gehören, sollten wir einen fünften Vorgänger der Psychoananlyse mit einschließen, dessen Einfluß auf Freuds Entwicklung bisher wenig untersucht wurde: Immanuel Kant.

Ich weiß nicht, in welchem Maße Freud die Werke Kants bekannt waren, dies ist für unsere Zwecke auch unbedeutend – ebenso wie in diesem Zusammenhang die Tatsache unwichtig ist, daß die wissenschaftliche Atmosphäre der deutschsprechenden Welt vom Kantschen Denken durchdrungen war und wird. Es möge genügen festzustellen, daß Helmholtz von Freud in einem Brief an seine Braut als eines seiner Idole beschrieben wurde (Jones 1953, S. 41). Helmholtz ist aber auch „einer der Ersten gewesen, der die Forderung ‚zurück zu Kant‘ erhoben hat“ (Cassirer 1940, 1973, S. 11.). Die Gruppe um Helmholtz (darunter Freuds Lehrer Brücke) verband größtenteils eine nüchterne, empirische Einstellung mit der kritischen Haltung Kants (anders als die ungebändigten spekulativen, metaphysischen Extravaganzen Fichtes, Schellings, Schopenhauers und Hegels).

Doch ist hier unser Schwerpunkt nicht die Geschichte der Psychoanalyse, sondern ihre Erkenntnistheorie. Genauer, unser Interesse richtet sich darauf, *ob und in welchen Formen und auf welchen Ebenen wir symbolische Darstellungen wählen* für die spezifischen Erfahrungen, die durch die psychoanalytische Methode und die wissenschaftliche Forschung, die auf dieser Methode beruht, gewonnen werden und in welchem Maße uns das Kantsche Denken helfen kann. Kant verwendete Metaphern äußerst sparsam und symbolische Begriffe zumeist nur in verfeinerten, akademisch verblaßten Formen. Doch war er es, der, v. a. in seinen späteren kritischen Analysen, die „Möglichkeit“ sah, daß „alle Erfahrung“, jegliche wissenschaftliche Einsicht, alles Wissen, alles Erfassen von „Wahrheit“ auf der Vernunft beruht und durch deren Natur „begründet“ wird. In seiner Vorrede zur 2. Auflage der *Kritik der reinen Vernunft* schreibt Kant, daß die großen Entdecker der Naturgesetze (er bezieht sich hier besonders auf Galilei)

> ... begriffen, daß die Vernunft nur das einsieht, was sie selbst nach ihrem Entwurfe hervorbringt, daß sie mit Prinzipien ihrer Urteile nach beständigen Gesetzen vorangehen und die Natur nötigen müsse, auf ihre Frage zu antworten, nicht aber sich von ihr allein gleichsam am Leitbande gängeln lassen müsse... Die Vernunft muß... an die Natur gehen, zwar um von ihr belehrt zu werden, aber nicht in der Qualität eines Schülers, der sich alles vorsagen läßt, was der Lehrer will, sondern eines bestallten Richters, der

die Zeugen nötigt, auf die Fragen zu antworten, die er ihnen vorlegt" (Kant 1787, S. 18, B XIII).

Kant stellt fest, daß die Vernunft selbst der Natur ihr Gesetz diktiert – „der Verstand... ist selbst die Gesetzgebung für die Natur" (Kant 1781, S. 126).

Der Gebrauch von Metaphern ist jedoch etwas anderes als das Gesetzesdiktat durch einen bestallten Richter. Die Benutzung mancher symbolischer Formen mit dem Zweck, die Wirklichkeit zu erfassen und dieses Verstehen auch mitteilbar zu machen, ist nicht einem Gerichtshof gleich, sondern vielmehr einer konstitutionellen Demokratie, in der Exekutive, Legislatur und Gerichtswesen gleichberechtigt sind, sich gegenseitig in feiner Abstimmung ausbalancieren und jeweils die zugrundeliegende Verfassung immer wieder neu ausdeuten. Damit ist die Verfassung Rahmen und Rat, doch keine autokratische Macht, die mit einer der drei Gewalten völlig identisch wäre. Es ist die *Funktion der Beziehung* zwischen den Gewalten, welche dadurch die staatspolitische Wirklichkeit schafft, daß sie in der Symbolik der Verfassung ausgedrückt wird. Die Verfassung gibt den Rahmen, den Geist, die Sprache, doch nicht den Richtspruch.

In diesem Zusammenhang mögen wir beachten, was Cassirer (1920) als Kants „*methodische Dualität zwischen dem Ideellen und Faktischen*" beschrieb, „die aber zugleich reine methodische Wechselbeziehung zwischen beiden ist" (S. 377). Dies ist der methodische Dualismus, der als Rechtfertigung für *den disziplinierten Gebrauch von Symbolen und Metaphern* beim Aufbau einer neuen Wissenschaft dient. Metaphern sind, wörtlich genommen, unwissenschaftlich. Doch sind sie, wenn sie als Symbole verstanden werden, die einzige wissenschaftliche Sprache, die wir besitzen, es sei denn, wir greifen zurück auf mathematische Symbole. Cassirer (1907) bezieht sich in seiner Erkenntnistheorie auf Leibniz' Überzeugung, daß unsere Gedanken über die Wahrheit keine direkten Bilder („Abbilder"), sondern Symbole der Realität sind. Viele rationale Einsichten der Mathematik und Mechanik sind immer noch nur „eine Metapher" („ein Gleichnis"). Denn auch Cassirer – wie Schafer es heute tut und damit Ryle (1949) folgt – betont ganz richtig, daß es für uns entscheidend ist, diese Analogien, diese Metaphern, als „Funktionen", nicht als „Substanzen" anzusehen.

9.4.3 Cassirers vier Wissenschaftskriterien

Erst in seinen letzten Arbeiten (v. a. im *Mythos des Staates*, 1946, 1949) begann Cassirer, der kein Freund der Freudschen Theorie war, nicht nur den Wert einiger psychoanalytischer Begriffe anzuerkennen, sondern auch die tiefere Verwandtschaft zwischen einigen seiner Entdeckungen und denen Freuds. Dennoch kann sein Konzept wissenschaftlicher Methode von erheblichen Wert für uns sein.

In seiner Untersuchung der erkenntnistheoretischen Umwälzung, die durch Einsteins und Plancks Theorien bewirkt wurde, vergleicht er den radikalen Empirismus und Positivismus mit dem Neukantianischen Idealismus. „Die Gesetze werden" bei den erstgenannten „gleich Dingen gehandelt, deren Eigenschaften man durch unmittelbare Wahrnehmung ablesen kann" (Cassirer, 1921, 1957, S. 87).

> Alle Gleichungen – so betont [dagegen] der Idealismus gegenüber dem Standpunkte der „reinen Erfahrung“ als Standpunkt der bloßen Empfindung – sind Ergebnisse der Messung: alle Messung aber setzt bestimmte theoretische Prinzipien und in ihnen bestimmte allgemeine Funktionen der Verknüpfung, der Formung und Zuordnung voraus. Wir messen niemals bloße Empfindungen, noch messen wir mit bloßen Empfindungen – sondern wir müssen, um überhaupt zu irgendwelchen Maßbeziehungen zu gelangen, das „Gegebene“ der Wahrnehmung immer schon überschritten und es durch ein begriffliches Symbol ersetzt haben, das keinerlei Abbild mehr im unmittelbar Empfundenen und Empfindbaren besitzt (S. 88).

In diesem Zusammenhang bezieht sich Cassirer auf die entscheidende Rolle, die „Gedankenexperimente“ in der Physik spielen, und fügt hinzu: „‚Gedankenexperimente‘ solcher Kraft und Fruchtbarkeit lassen sich aus der rein empiristischen Theorie der physikalischen Erkenntnis nicht mehr erklären und rechtfertigen“ (1921, S. 89).

Hier könnten wir fragen: Welche Entsprechung gibt es für „Kraft und Fruchtbarkeit“ solcher „Gedankenexperimente“ in der psychoanalytischen Theorie? Ich postuliere hier, daß eine solche eben im *Reichtum der metaphorischen, analogischen Systeme* zu finden ist, die wir über unsere direkte Erfahrung lagern, über unsere „rein sensualistische Begründung“, über unsere eigene „Rhapsodie von Wahrnehmungen“ (um Kants gelungenen Ausdruck zu verwenden) und daß wir hier die „positive Erträglichkeit“ der Theorie finden, d.h. die „Grundstiftung der Erfahrung“ (Cassirer, 1921, 1957, S. 92). Dies führt uns zurück zur Frage: Was erwies sich bei der analytischen Theoriebildung als das *Fruchtbarste?* Man braucht nur die Arbeiten Freuds und einiger anderer analytischer Theoretiker zu lesen, um zu entdecken, daß es der Reichtum und *der systematische und kohärente Gebrauch metaphorischer Konstrukte* waren, die unser Wissen in hohem Maße bereicherten. Wenn also, außer *„[der] apriorische[n] Forderung der Klarheit, der Widerspruchslosigkeit und der Eindeutigkeit der Beschreibung*“ (Cassirer, 1906, 1974), eines der *Kriterien für die physikalische Theorie „Fruchtbarkeit“* (oder, entsprechend für uns, „klinische Relevanz“), *wird*, dann müssen wir uns fragen, ob eben diese 4 Kriterien in unserem Bereich angewendet werden können. Wir stellen jedoch sofort fest, daß sie bezüglich des Inhalts verändert werden müssen, wenn sie von der physikalischen Theorie in andere Wissenschaften übertragen werden.

Dies führt uns zum *fundamentalen Gegensatz wissenschaftlicher Kriterien in den Natur- und Kulturwissenschaften* (wobei die Geschichte als Beispiel für die letztere dient). Cassirer (1944, dt.: 1960) schrieb:

> Auf ihren Einzelgebieten strebt die Physik heute danach, die ganze materielle Welt und ihre Erscheinungen unter die Herrschaft der Zahl zu bringen... Die Wissenschaft spricht nicht mehr die Sprache der gewöhnlichen Sinneserfahrung; sie spricht wieder die Sprache der Pythagoräer. Der reine Symbolismus der Zahlen verdrängt und ersetzt den Symbolismus der Alltagssprache (S. 272 f.)
>
> ... der große Wissenschaftler Max Planck beschrieb die naturwissenschaftliche Forschung als ein fortgesetztes Bemühen, alle „anthropologischen“ Elemente zu verdrängen. „Der Physiker muß sich möglichst von subjektiven Einflüssen befreien, will er neue Naturtatsachen und Naturgesetze finden.“ Wir können in der Entwicklung der Naturwis-

senschaften das fortgesetzte Zurückdrängen der anthropologischen Elemente verfolgen bis zu ihrem völligen Verschwinden in einem idealen physikalischen Weltbild (S. 242).

Ganz anders verhält es sich mit der Geschichte:

Ihr Lebenselement ist ja die menschliche Welt. Darum ist die Geschichte gleich Sprache und Kunst notwendig anthropomorph. Eine Auslöschung ihrer menschlich-subjektiven Züge hieße ihr Wesen zerstören. Der *Anthropomorphismus des historischen Denkens* bedeutet aber weder eine Einschränkung noch ein Hindernis für die Erkenntnis der objektiven historischen Wahrheit. Die Geschichte ist nicht bloß die Erkenntnis äußerer Tatsachen oder Ereignisse, sondern eine Form der Selbsterkenntnis... In der Geschichte kehrt der Mensch fortwährend zu sich selbst zurück: er macht den Versuch, die Summe seiner vergangenen Erlebnisse in der Erinnerung wieder zu aktualisieren. Das ist nur deshalb möglich, weil das historische Selbst kein individuelles Selbst ist. Es ist zwar *anthropomorph, aber nicht egozentrisch.* Wir können diesen Sachverhalt paradox aussprechen: die Geschichte strebt nach einem „objektiven Anthropomorphismus" (Hervorhebung von mir; S. 242).

Wie schon im letzten Kapitel zitiert, ist (in Cassirers Formulierung) das Ziel der „Kulturwissenschaft" die „*Totalität* der *Formen*, in denen sich menschliches Leben vollzieht". Ihre Werkzeuge seien Begriffe der Form und des Stils (Cassirer, 1942, 1961). Sie versuche, die wissenschaftlichen Kriterien der Objektivität, Klarheit usw. zu erfüllen, und zwar anstatt durch die *numerischen* und *funktionalen* der Naturwissenschaften, weitgehend durch *formale* Mittel.

Wir erinnern uns daran, daß, wie früher erwähnt, Waelder die Psychoanalyse selbst „the science of history" genannt hat, spezifisch die „history of individual lives" (1976, S. 492).

Doch ist es klar, daß die Psychoanalyse weder eine Disziplin der Geschichte im üblichen Sinne (vgl. Hartmann 1964, S. 314) noch der Sprache und Linguistik ist. Auch ist sie ebenso wenig einfach nur eine Disziplin innerhalb der Naturwissenschaften. Ihre wissenschaftlichen Kriterien und ihre Methode sind, m. E., von beiden Wissenschaftszweigen unabhängig, autonom, *„sui generis et sui iuris";* dennoch sind und müssen sie, gleich der Geschichte, „objektiv anthropomorph" sein, in eine „menschliche Form" gebracht werden. Die Mittel oder Instrumente, mit denen die Psychoanalyse diese Wissenschaftskriterien erfüllt, können sich sehr wohl als Begriffe grundsätzlicher *Polaritäten* in Form von *Metaphern* heraustellen, die ihrerseits größtenteils aus der Natur oder Kultur abgeleitet sind.

9.4.4 Der Energiebegriff in der Naturwissenschaft und in der Psychoanalyse

Der ökonomische Standpunkt ist zum Schreckgespenst der Kritiker der psychoanalytischen Theorie, v. a. der Metapsychologie, geworden. Vielleicht finden wir in dieser Kontroverse mehr Hitzigkeit als Klarheit, wenn wir sorgfältig untersuchen, was „Energie" für den Physiker bedeutet und was sie für uns bedeuten kann. Wie stellt sich der Energiebegriff in der Physik dar?

> ...[es] zeigt [...] sich, daß die Energie in dieser Form der Ableitung nirgends als ein neues *Ding*, sondern als ein einheitliches *Bezugssystem* erscheint, das wir der Messung zugrundelegen. Alles, was sich von ihr mit wissenschaftlichem Grund und Recht aussagen läßt, *erschöpft sich in den quantitativen Beziehungen der Äquivalenz*, die zwischen den verschiedenen Gebieten der Physik obwalten. Die Energie tritt nicht als ein neues gegenständliches Etwas den schon bekannten physischen Inhalten wie Licht und Wärme, Elektrizität und Magnetismus zur Seite, sondern sie bedeutet lediglich eine objektiv gesetzmäßige Korrelation, in welcher alle diese Inhalte stehen. Ihr eigentlicher Sinn und ihre Funktion liegt in den *Gleichungen*, die sie zwischen verschiedenartigen Gruppen von Vorgängen herstellen lehrt (Cassirer, 1910, 1980, S. 254 f.; Hervorhebungen von mir).

Das ökonomische Modell in der Psychoanalyse ist ein Versuch, jenen physikalischen Entsprechungen nicht noch einen neuen physikalischen Inhalt hinzuzufügen, sondern metaphorisch, durch Analogie, ein *ähnliches System „quantitativer Beziehungen der Äquivalenz“* aufzustellen – eine neuartige Form gesetzmäßiger Wechselbeziehung zwischen emotionalen Phänomenen.

Ein gutes Beispiel hierfür ist der Prozeß der Verschiebung (einschließlich der Übertragung): die ödipale Wut auf den Vater, die mit gleicher archaischer Intensität im beruflichen Konkurrieren mit einem Vorgesetzten ausgelebt wird. Oder einen Schritt weiter: wenn Reaktionsbildung und Ungeschehenmachen als Abwehr eintreten, entspricht die Intensität von Unterwürfigkeit und Unterwerfung unter die unbewußt gehaßte Autorität in ihrer erlebten Stärke dem abgewehrten Haß und der Rivalität.

Die Voraussage von und die nachträgliche Aussage über Symptombildung, sowie das (in „mikroskopischer“ Weise studierbare) Treffen von Entscheidungen (Rangell 1987), beruhen auf dem Vergleich solcher Intensitäten. „Energie“ und „Quantität“ werden empfunden, aber sie sind nicht meßbar (vgl. Kubie 1947); man kann sie an sich selbst oder einfühlend an anderen beobachten, aber nicht objektiviert wie in der Physik.

Meiner Meinung nach sind dies *völlig akzeptable metaphorische* Begriffe, nicht nur, weil sie so stark ähnlichen Beziehungsgesetzen der Physik gleichen, und nicht nur, weil es uns große Schwierigkeiten bereiten würde, andere ebenso brauchbare Metaphern und Abstraktionen zu finden, sondern, weil genau die physikalischen Begriffe „Energie“ und „Quantität“ selbst anthropomorphen Ursprungs, selbst Metaphern und Abstraktionen sind. Der einzige Unterschied besteht darin, daß es der Physik schließlich gelang, diese metaphorischen Begriffe, die ihren Ursprung im aristotelischen Empirismus haben, in numerische Bezüge (angefangen mit Galilei) zu übersetzen, die weitgehend objektiviert werden können (wenn auch nicht völlig; vgl. z. B. Heisenbergs Prinzip der „Unschärferelationen“ und seiner eigenen Bezugnahme auf Anaximanders *Apeiron*, das „Unendliche“ [vgl. Edwards 1967]).

Shope (1973) hat vermutlich recht, wenn er feststellt, daß Freud den Energiebegriff nicht als Metapher ansah, sondern als erklärendes Konstrukt (S. 296). Dies sollte uns dennoch nicht hindern, ihn kritisch neu auszuwerten – und ihn als nützlich in ersterer, als äußerst zweifelhaft in letzterer Bedeutung zu akzeptieren.

9.4.5 *Das Gesetz als Metapher*

An diesem Punkt könnte man den Hinweis, daß selbst der wissenschaftliche und philosophische Grundbegriff „Gesetz" ursprünglich und letztlich eine Metapher ist, als eine recht amüsante Ergänzung und Abschweifung ansehen. In einem im *Daedalus* erschienenen Aufsatz schreibt der französische Philosoph Weil (1975) über die Verbindung zwischen geistigen und intellektuellen Durchbrüchen und der politischen Gründung multinationaler Reiche:

> Die *Allgegenwärtigkeit des Gesetzesbegriffs* weist in die gleiche Richtung. Wo immer wir auf Vereinigung und Universalisierung treffen, selbst im begrenzten Umfang wie in Mesopotamien, Ägypten und China, rückt der Begriff ins Zentrum; es ist ein Begriff, *dessen Ursprung offensichtlich im politischen Bereich liegt.* Im Sternenschicksal in Babylonien, in der göttlichen Ordnung in Ägypten, im Ratschluß Gottes in Israel oder des Himmels in China, in der Physis der vorsokratischen Philosophen – überall begegnen wir dem Gedanken eines *Universums, das einer gesetzmäßigen Ordnung unterliegt*, der sich der Mensch nur anpassen muß, um Errettung und Glück zu erreichen. Die Stoiker hinterließen uns die beste Formulierung dieser Verschmelzung moralischen und kosmologischen Denkens in einem Begriff, dessen politischer Ursprung offenkundig ist: sie definierten die Welt als die „Stadt der Menschen und der Götter" und drückten damit klarer als andere aus, was überall an den Tag gebracht werden kann, jedoch nur nach einigem Forschen. Die gesuchte Art von Sicherheit ist diejenige, die ein wohl geordneter Staat geben kann; die Möglichkeit eines solchen Staates wird metaphysisch garantiert durch die *Verlagerung eines politischen Begriffs auf einen kosmologischen, moralischen und theologischen* (S. 32; Hervorhebungen von mir).

Der Endpunkt dieser Entwicklung des Gesetzesbegriffes ist das wissenschaftliche Gesetz und Prinzip. „Die Formulierung eines ‚Prinzips'... bezieht sich niemals unmittelbar auf Dingverhältnisse, sondern sie will eine allgemeine Regel für komplexe funktionale Abhängigkeiten und ihren gegenseitigen Zusammenhang aufstellen" (Cassirer, 1921, 1957, S. 12).

Der gesamte Entwicklungsverlauf der physikalischen Theorie geht von „Stoffen" über „Prinzipien" zur „Einheit der Prinzipien":

> Seit der Mitte des neunzehnten Jahrhunderts tritt... an Stelle dieser „Physik der Stoffe" immer bestimmter und deutlicher jene Physik, die man „Physik der Prinzipien" genannt hat. Hier wird nicht von dem hypothetischen Dasein bestimmter Stoffe und Agentien, sondern von gewissen *allgemeinen Beziehungen* ausgegangen, die als Kriterien für die Deutung der besonderen Erscheinungen angesehen werden. Die allgemeine Relativitätstheorie steht methodisch am Ende dieser Reihe, indem sie alle besonderen systematischen Prinzipien in die Einheit einer höchsten Grundforderung, in die Forderung nicht der Konstanz von Dingen, sondern der Invarianz gewisser Größen und Gesetze gegenüber allen Transformationen der Bezugssysteme zusammenfaßt (Cassirer, ebd., S. 62).

In Freuds Worten sind Gesetze dementsprechend „Beobachtungen von Regelmäßigkeiten im Ablauf der Geschehnisse" (1932, S. 186 f.). „Regelmäßigkeiten" wird in der *Standard edition* mit „uniformities" übersetzt; die Übersetzung „regularities" wäre m. E. präziser, da sie eine funktionale und relationale Definition und einen Hinweis auf deren metaphorischen Charakter beinhaltet (die Regelmäßigkeiten werden mit dem Namen von Gesetzen ausgezeichnet; vgl. ebd., S. 187). Gesetze und Prinzipien – obgleich natürlich nichtnumerischer Natur – haben für die Psychoanalyse einen ähnlichen Charakter wie den soeben von Cassirer zitierten: sie sind „allgemeine Regeln für komplexe funktionale Abhängigkeiten und deren reziproke Beziehung“.

„Konflikt“ („conflictus“ vom Verbum „confligere“) ist selbst metaphorischen Ursprungs. Er bedeutet: *das Zusammenstoßen, das Aufeinanderprallen, der Kampf, der Streit.* Doch wird er als *Beziehungsbegriff* benutzt: er ist *der der Psychoanalyse eigene Beziehungsbegriff.* Wird dieser konsequent und methodisch bewußt als Erklärungsprinzip für die intrapsychische Kausalität benützt, begegnet man ebenso der *„Invarianz gewisser Größen und Gesetze gegenüber allen Transformationen der Bezugssysteme“*, gleichgültig wo, bei wem, und wann. Die Gesetze der Konfliktnatur der Seele, die Abwehrweisen, die Funktionsgruppen („Strukturen“), nicht jedoch die konkrete Form der Konflikte, die davon abgeleiteten Phantasien, Charakterformen und Symptome, zeigen diese Allgemeingültigkeit, diese Invarianz.

Kurz, der Begriff „Gesetz“ ist seinem Ursprung nach metaphorisch und wird schließlich funktional, relational und, in einigen Wissenschaften, mathematisch. In der Psychoanalyse arbeitet er mit Metaphern und Symbolen auf höherer Ebene. Doch warum soll dies so sein?

9.5 Die Notwendigkeit von Metaphern in der Psychoanalyse

Sprache und Kunst sind reich an Metaphern. Auf ihrem Weg zu immer höherer Abstraktion verwendet die Naturwissenschaft Metaphern als Bauwerkzeuge niederen Grades. In Robert Frosts Worten: „Dichtung besteht ganz einfach aus Metaphern. Desgleichen die Philosophie – und auch Wissenschaft...“[29] (zit. nach Forrest 1973, S. 269). Und Forrest selber sagt: „...alle Bezeichnungen, alle Worte, alles Sprachliche sind Metaphern“ (S. 266).[30]

Wir haben gesehen, daß Freud bewußt anthropomorphe und physikalistische Metaphern auf verschiedenen Abstraktionsebenen verwendete. Ebenso verteidigte Hartmann (1964) den wissenschaftlichen Gebrauch der Metaphern. Er erwähnte, daß selbst der Grundbegriff der *Funktion* (der dem Strukturmodell zugrundeliegt) von Freud der Physiologie entlehnt wurde (obwohl wir gesehen haben, daß er durch alle Wissenschaften hindurch eine viel breitere erkenntnistheoretische Grundlage besitzt). Entsprechend den zuvor erwähnten wissenschaftlichen Kriterien fuhr Hartmann fort:

> Der Wert solcher Anleihen oder Analogien muß natürlich in jedem Einzelfall durch eine Gegenüberstellung ihrer Anwendung mit dem erprobten Wissen (Tatsachen und Hypothesen) bestimmt werden. Physiologische Modelle (gelegentlich auch physikalische, wie es in Freuds Begriff eines „seelischen Apparates“ augenfällig wird) sind auch von ande-

[29] „Poetry is simply made of metaphor. So also is philosophy – and science too...“

[30] „... all names, all words, all language is metaphor.“

ren Psychoanalytikern benutzt worden, um bestimmte charakteristische Eigenschaften psychischer Phänomene zu veranschaulichen (vgl. z. B. Kubie 1953) oder eine neue Hypothese vorzuschlagen. Selbst der Gebrauch von Metaphern muß nicht notwendigerweise zu Unklarheiten des Denkens führen, sobald ihr Platz in der Theorie fest umrissen ist (S. 312 f.).

Andererseits weist er auch auf die Risiken metaphorischer Formulierung hin:

Ein gelegentlicher Mangel an Vorsicht in der Formulierung von Hypothesen oder Freuds gelegentliche Vorliebe für auffallende Metaphern hat dazu geführt, daß die Analyse angeklagt wurde, ihre Begriffe zu anthropomorphisieren. Aber alle diese Fälle können durch eine sorgfältigere Formulierung, die diesen Einwand zunichte macht, ersetzt werden (S. 333).

Beres (1965) bringt eine ähnlich ausgewogene Ansicht zum Ausdruck:

Freud hat selbst zu unseren Schwierigkeiten beigetragen. Als ein Meister der Sprache hat er der Psychoanalyse elegante Metaphern geschenkt, die, wenn sie in ihrem Kontext verstanden werden, unzweifelhaften heuristischen Wert besitzen, aber die häufig von anderen als Klischees oder gar als Jargon verwendet worden sind. Ich könnte aus aktuellen psychoanalytischen Schriften viele Beispiele dieses Irrtums aufzählen, den Reichenbach als die „Substantialisierung der Abstrakta" beschreibt... (S. 55 f.).

Jedoch ist noch die zuvor gestellte Frage nach dem Warum zu beantworten. Ist die Metapher vielleicht in einem eigentümlich tiefen Sinn das Gesetz „unserer Wissenschaft"? Das griechische Wort *metaphora* bedeutet etymologisch und wörtlich *„Übertragung" (meta = über; phora = Tragen).* Wie Aristoteles sie in der *Poetik* definiert,

[ist] Metapher [...] die Übertragung einer Benennung, die eigentlich etwas anderes bedeutet, sei es nun von der Gattung auf die Art, sei es von der Art auf die Gattung, sei es von einer Art auf die andere, sei es endlich nach der Proportion.

Er fügt später hinzu: „... so kommt es doch beim Tragiker am meisten darauf an, geschickt zu sein im metaphorischen Ausdruck ... es ist dies rein ein Zeichen glücklicher Begabung, denn gute Metaphern erfinden heißt, das Ähnliche leicht wahrnehmen."

Bekanntlich beruht die Kunst der Psychoanalyse weitgehend auf der Fähigkeit, „Übertragung" im weitesten Sinn wahrzunehmen, zu verstehen und kundig zu interpretieren; Übertragung von der Vergangenheit auf die Gegenwart, vom Seelenleben auf den Therapeuten, von einem Objekt auf ein anderes. Kann es nicht sein, daß genau diese zentrale Rolle der „Übertragung" logisch notwendig ist bei der analytischen Theoriebildung? Warum dies so sein könnte, kann ich nicht mit Sicherheit sagen. Liegt die Antwort etwa in Kohuts (1973) Gedanken: „In den meisten Wissenschaften gibt es eine mehr oder weniger klare Trennung zwischen dem Gebiet der praktischen, empirischen Anwendung und dem der Begriffsbildung und Theorie. Bei der Analyse jedoch... verbinden diese sich zu einer einzigen funktionalen Einheit" (S. 25)?

Wie groß dabei jedoch die Gefahr der Mythisierung (Reifizierung) metaphorischer Begriffe ist, ist leicht zu erkennen.

Wenn der Begriff *metaphora* in seiner umfassenden Bedeutung „von unten" aus gesehen (in der Therapie und dem Selbstverständnis) in der Tat wesentlich ist, so kann er – aufgrund des speziellen wissenschaftlichen Charakters der Psychoanalyse – ebenso „von oben" gesehen, vom Bereich der Theorie her, wesentlich sein (vgl. Lewin 1971, S. 7).

Dies stellt sich als die Frage nach dem *Isomorphismus* der zu untersuchenden Phänomene und der Theorie, die diese beschreibend und schließlich auch erklärend ordnet. Je näher die Theorie an dem bleibt, was beschrieben wird, desto klarer tritt dieser Isomorphismus zutage. Doch verbürgt auch der Beziehungscharakter der Erklärung – das Sehen der Kausalität als Funktion, als Beziehung in einer „psychischen Reihe" –, daß es sich um Gleichartiges handeln muß. Sobald man, um zu einer Erklärung zu gelangen, zu weit darüber hinaus greift (z. B. bei einem biologisch verstandenen Triebbegriff oder dem Prinzip des Wiederholungszwanges als biologischer Grundannahme), begibt man sich aufs Glatteis.

Doch liegt noch mehr in dieser tiefen Wesensverwandtschaft von Seelischem und Metaphorischem. Was ist eigentlich die Metapher? Wir haben ihre offenkundige Bedeutung anfangs angeführt, „a word *substituted* for another on account of the resemblance or analogy between their significations" (Whately, zit. nach Black 1962). So handelte es sich um einfache Substitution, eine Ersatzbildung ohne weitere Bedeutung? Das ist eine weite, doch philosophisch wenig interessante Definition. Die zweite, schärfere, sei die eines zusammengezogenen Vergleichs. Die eben gegebene Ansicht von Aristoteles ist eine solche „comparison view" (Black 1962, S. 36). Als dritte wird von Black die von Richards vertretene „interaction view" angeführt; sie besteht in der Ansicht, eine Metapher stelle die *aktive, dynamische Einwirkung zweier Gedanken aufeinander dar*[31], wobei der „Brennpunkt" („focus") der Metapher, das gebrauchte Gleichnis, ein „System von assoziierten Gemeinplätzen" („system of associated commonplaces") in sich berge, die in diesem Vergleich anklingen, und die den „Rahmen" („frame") anders erscheinen lassen. Die Sicht werde also durch die Metapher verwandelt und neu organisiert.[32] In dieser Transformierung durch die Implikationen liege die eigentliche, durch die Metapher vermittelte Einsicht. Die wortgetreue Wiedergabe verliere diese Macht der Erkenntnis.[33]

Diese Sicht wird weiter vertieft von Beardsley (1967, 1972) in seinem Übersichtsartikel in der *Encyclopedia of philosophy*. Er spricht von zwei miteinander verwand-

[31] „In the simplest formulation, when we use a metaphor we have two thoughts of different things active together and supported by a single word, or phrase, whose meaning is a resultant of their interaction." (Richards, zit. nach Black 1962, S. 38). Er kommentiert: „To speak of the ‚interaction' of two thoughts ‚active together' (or, again, of their ‚interillumination' or ‚co-operation') is to *use* a metaphor emphasizing the dynamic aspects of a good reader's response to a nontrivial metaphor" (S. 39).

[32] „The metaphor selects, emphasizes, suppresses, and organizes features of the principal subject by implying statements about it that normally apply to the subsidiary subject" (Black, S. 44 f.).

[33] „... the set of literal statements so obtained will not have the same power to inform and enlighten as the original" (S. 46).

ten Theorien, der „iconic signification theory" und der „verbal-opposition theory". In der ersteren bestehe eine doppelte semantische Beziehung, wobei im Vergleich die wörtliche Bedeutung auf ein Bild mit für das Verglichene wesentlichen Attributen hinweise. Bedeutsamer scheint mir die zweite Theorie, nach der es sich dabei nicht nur um jene zwei Ebenen von Bedeutung, sondern um einen *logischen Konflikt von Hauptbedeutungen* handelt.[34]

Nehmen wir dies zusammen, liegt der Schluß nicht ferne, daß es sich bei nichttrivialen Metaphern um das Ergebnis eines *Konflikts geistiger Inhalte*, gewöhnlich von solchen mit starker *emotionaler Sinnhaftigkeit*, handelt. Ist nun die psychoanalytische Methode als das Studium innerer Vorgänge darauf gerichtet, das Wesen des Seelischen *als Konflikt* zu sehen, wie ich immer wieder betont habe, so zeigt es sich, daß die *Metapher das Instrument par excellence sein muß, dem Konflikt Ausdruck zu verleihen.*

Das gilt ohne weiteres für die Deutung. Doch verleiht die *richtige Metapher* auch dem, was ich in Kap. 8 als „Eidos" zu umgrenzen versucht habe, die notwendige theoretische Kraft. Die in der Metapher zur Geltung kommende *Konfliktsymbolisierung* dient dem Kausalverstehen, ist also im spezifischen und wesentlichsten Sinne *erklärend*.

9.6 Die Bedeutung der Metapher als Form der Konfliktsymbolisierung

Um auf die ursprüngliche Frage zurückzukommen: Wie können wir erkenntnistheoretisch mit dem Problem der Metapher als Teil der gegenwärtigen Krise der Psychoanalyse umgehen? Ich möchte als Schlußfolgerung aus dem, was in diesem Kapitel vorgestellt wurde, folgende Gedanken darlegen:

Wenn die Psychoanalyse die Kunst und wissenschaftliche Erforschung der Interpretation unseres Seelenlebens ist, besonders der uns verborgenen und getarnten Anteile – d.h. wenn sie eine Form symbolisch verbundener, bedeutungsvoller Ganzheiten, Muster, Fäden und Sequenzen des Erlebens ist –, dann muß die Wissenschaft der Analyse in dem Maße umfassende, auf Metaphern aufgebaute „Modelle", „Rahmen" und „Mythen" beschreiben und entwickeln, wie diese praktischen Nutzen und theoretische Schlüssigkeit, Kohärenz und Integration gewährleisten. Sie benötigt Leitfäden und Wegweiser dafür, wie sie vom Anhäufen spezifischer Phänomene zu theoretischen Strukturen oder Ordnungen gelangen kann, zum Zusammenweben bedeutungsvoller Muster, die ihre klinische Nützlichkeit erweisen.

Wir besitzen schon viele Wegweiser für den Übergang vom Spezifischen zum Allgemeinen und zurück zur Entdeckung neuer Eigentümlichkeiten. Wir bedienen uns eines in hohem Maße systematisierten Überbaus, aber seine Gültigkeit oder Fruchtbarkeit – seine philosophische Brauchbarkeit oder seine Zugänglichkeit für

---

[34] „This theory, the Verbal-Opposition Theory, thus rests upon 1) a distinction between two levels of meaning, and 2) the principle that metaphor involves essentially a *logical conflict of central meanings*" (Bd. 5, S. 286).

Forschungsstrategien – wird seit einiger Zeit besonders stark durch das herausgefordert, was ich als gegenwärtige Krise beschreibe. So sind denn die prägnanten wissenschaftlichen Fragen diese: Haben wir am Überbau genug? Wenn nicht, wo könnten wir ansetzen außer an den unmittelbaren Daten und ihrer metaphorischen Neuordnung?

Hier muß gewarnt werden: wir brauchen keine willkürlichen neuen Verbindungen, sondern Verbindungen gesetzmäßiger Natur, die klinisch wie auch theoretisch sinnvoll sind und die sich – obwohl sie nicht mit ihnen übereinstimmen müssen – mit bereits bewährten Begriffsbildungen verbinden lassen, nicht zu ihnen in unversöhnlichem Gegensatz stehen. Im gegenwärtigen Klima von dichotomisierender Polemik und Heftigkeit scheint es sinnvoll, auf Kants berühmte Feststellung hinzuweisen: „Begriffe ohne Anschauung sind leer; Anschauungen ohne Begriffe sind blind.“

Die sich auf die Erkenntnistheorie Cassirers und Langers gründende Untersuchung psychoanalytischer Theoriebildung setzt voraus, daß in allen Wissenschaften notwendigerweise mit Symbolen verschiedener Abstraktionsebenen gearbeitet wird, u. a. auch sehr stark mit Metaphern. Es existiert nicht nur *eine* wissenschaftliche Methode. Die gegenwärtige Welle von Kritik, von innen wie von außen, an der psychoanalytischen Theorie, insbesondere an ihrer Verwendung von Metaphern bei der Theoriebildung, ist begründet in einer Philosophie des radikalen Empirismus, die der Wissenschaft der Psychoanalyse nicht gerecht werden kann.

Im Gegensatz zu den zahlreichen Angriffen gegen den Gebrauch von Metaphern in der analytischen Theoriebildung wird postuliert:

1) Metaphern (vorausgesetzt, sie werden nicht vergegenständlicht, konkretisiert und behandelt, als seien sie sichtbare, meßbare, hörbare und ertastbare Realität – als seien sie „Substanz“, nicht „Funktion“) sind unerläßlich für wissenschaftliche Fruchbarkeit. Sie sind nicht schlecht und brauchen nicht vermieden zu werden, man muß sie erforschen und sie anwenden. Sie sind Teil der Abstraktionshierarchie, die für jede Theoriebildung nötig ist. Sie sind Symbole niederer Stufe.

2) Wir haben nicht zu viele Metaphern in der Psychoanalyse, sondern zu wenige. Wir sollten nicht Teile unserer Theorie aussondern, weil sie zu metaphorisch sind; wir sollten sie als solche berücksichtigen und sie ausbauen.

3) Die Fruchtbarkeit und Kreativität in Form neuer Metaphern, die unser Feld theoretisch und praktisch erweitern, muß von den niedrigeren Abstraktionsebenen ausgehen. Wir brauchen insbesondere neue reiche und umfassende Metaphern für Waelders Ebenen 3 und 4 (klinische Generalisierung und klinische Theorie). Im Grunde stellt Teil 1 dieses Buches einen derartigen Versuch dar. Ich glaube, daß jeder fähige Kliniker schon seine klinischen Interpretationen (Ebene 2) in solche Metaphern faßt – so konkret, anthropomorph und vergegenständlicht, wie sie sein mögen und sein sollten (vgl. z. B. Caruth u. Ekstein 1966; Reider 1972) –, die für seinen jeweiligen Patienten in einem gegebenen Augenblick der Analyse am sinnvollsten sind.

4) Solche Metaphern können anthropomorph sein. Ich stimme darin ganz mit Grossman u. Simon (1969) (vgl. auch Simon 1973) überein. Sie beginnen mit Freuds

Beobachtung aus dem Jahr 1906, daß „es überhaupt nicht nötig ist, aus ihm [dem Anthropomorphismus] herauszuwachsen. Unser Verständnis reicht so weit wie unser Anthropomorphismus" (S. 78). Und sie fügen hinzu (um nur einige der mehr ins Auge springenden Punkte ihres schlüssigen Aufsatzes herauszugreifen):

> Es ist nicht nötig, die klinische Theorie von anthropomorpher Sprache zu „reinigen"... Anthropomorphismus per se ist nicht „unwissenschaftlich"... Sein Wert liegt darin, daß er für von Beweggründen ausgehende Erklärungen Begriffe bereitstellt, die sich auf Vorgänge beziehen. Solange die einzigen Vorgänge, von denen wir reden, Wünschen, Beabsichtigen und Bedürfen und deren entsprechende Abwehr sind, steht uns keine andere Sprache zur Verfügung (S. 102, 108 f.).

5) Die hilfreichsten Metaphern, die von Freud und anderen Analytikern in ihren Schriften verwendet wurden, waren nicht nur anthropomorph, sondern sie spiegelten Körpervorgänge (darunter natürlich auch „Energie"), Familienbeziehungen, Sozialstrukturen, religiöse Ideen, einige der großen Menschheitsmythen, politische Institutionen und Konflikte, z. B. militärischer Art, wider – kurz, ein breites Aufgebot an Metaphern, die sich aus äußeren menschlichen Beziehungen herleiteten. Eine besonders ergiebige Quelle für Metaphern stellte die klassische Literatur, v. a. das Drama dar (vgl. Eissler 1971). Einige andere waren, wie Grossman u. Simon schrieben, theriomorph (Metaphern aus dem Tierleben – bis hin zu den niedrigen Amöben), und wieder andere waren auf den ersten Blick physikalisch-mechanische Metaphern – Verkleidungen (vgl. Grossman u. Simon 1969, S. 108 f.) für bewährte anthropomorphe Metaphern (Energie, Kräfte, Widerstand, Kathexis).

6) Die Metaphern der mittleren Ebene fügen unserer theoretischen Sprache Eigentümlichkeiten und Farbigkeit hinzu, aber ihre freie Darstellung wird, so glaube ich, durch zwei ernste Hindernisse gehemmt. Es mag überraschen, daß eines dieser Hindernisse die Frage der Vertraulichkeit („the problem of confidentiality") sein könnte. Neue Metaphern, besonders auf den niedrigen Abstraktionsebenen, brauchen den Reichtum des jeweils analysierten Falles, ohne die Klischees der höheren Abstraktionsebenen. Dies macht es fast unmöglich, Fälle mit so wenig identifizierender Farbigkeit und so wenigen Eigentümlichkeiten darzustellen, daß die Vertraulichkeit nicht verletzt wird.[35]

Das zweite Hindernis ist banal. Es ist immer einfacher, auf höheren Abstraktionsebenen zu sprechen. Jeder scheint zu wissen, was man meint. Nur läßt uns dieses Verfahren bei dem stehenbleiben, was jeder schon weiß, und trägt so zu einem Gefühl von Stagnation und Abgeschlossenheit („closure") – dem Eindruck, daß man sich im Kreise herumdreht – bei. Gleichzeitig hält es uns in schädlicher Weise von den Problemen der einzelnen Patienten fern.

7) Alle Wissenschaften verwenden eine Hierarchie von Symbolen; Metaphern sind Symbole der unteren und mittleren Abstraktionsebene und werden besonders für das Ordnen der Phänomene benötigt, denen man in der Psychoanalyse begegnet.

---

[35] Ich habe in *Flucht vor dem Gewissen* mit dieser Schwierigkeit dadurch fertig zu werden versucht, daß ich zwar höchst detaillierte Stundenauszüge darstellte, doch den Fall als ganzen ohne viele identifizierbare Züge beließ.

8) Am wichtigsten ist es aber, daß eine Wesensverwandtschaft zwischen dem Konfliktcharakter der wichtigeren („nicht trivialen“, „philosophisch wichtigen“) Metaphern und ihrer Übertragungsnatur einerseits, dem Übertragungs- und Konfliktcharakter des Seelischen andererseits besteht. Diese Wesensverwandtschaft bestimmt die Unerläßlichkeit metaphorischer Systeme für das Verstehen der Innenwelt und ihres sich ständig zwischen Polaritäten bewegenden und schillernden Strömens.

9) Aufgrund dessen wird postuliert, daß die Psychoanalyse nicht unter irgendeines der weiten Gebiete menschlicher symbolischer Aktivität subsumiert werden kann. Sie gehört weder zu den Natur- noch zu den Kulturwissenschaften, obwohl sie mehr mit diesen Wissenschaftsbereichen gemein hat als mit anderen Bereichen symbolischer Formen. Die Psychoanalyse ist eine symbolische Form theoretischen Wissens *„sui generis et sui iuris“*: ihr Ursprung wie auch ihr Charakter, ihre Gesetzmäßigkeit, ihre Gültigkeitskriterien und ihre Theoriestruktur sind eigenständig.

„Entstehen und Vergehen, Schaffen und Vernichten, Geburt und Tod, Freud und Leid, alles wirkt durcheinander, in gleichem Sinn und gleicher Maße, deswegen denn auch das Besonderste, das sich ereignet, immer als Bild und Gleichnis des Allgemeinsten auftritt...

Das Höchste wäre, zu begreifen, daß alles Faktische schon Theorie ist. Die Bläue des Himmels offenbart uns das Grundgesetz der Chromatik. Man suche nur nichts hinter den Phänomenen; sie selbst sind die Lehre.“[36]

Einer solchen philosophischen Grundlage, wie ich sie eben in Gestalt einer nichtpositivistischen Philosophie vorgelegt habe, wird heute von den meisten philosophischen Kritikern der Psychoanalyse aufs schärfste widersprochen. Dabei handelt es sich offensichtlich nicht allein um andere Denkmethoden, sondern um radikal andere apriorische Voraussetzungen, also letztlich, getarnt durch das edle Mäntelchen der Abscheu gegen jegliche Metaphysik, um eine andere metaphysische Grundlage. Das heißt aber, daß der eine zugrunde gelegte Wahrheitsbegriff und die Kriterien für die Wahrheit im Gegensatz zu den bisher vertretenen stehen müssen. Damit aber erhebt sich ein neuer Absolutismus. Und so leuchtet das „Rad der Täuschung“ in erneutem mythischen Glanz auf, und hinter ihm öffnet sich der dunkle Hintergrund des Tragischen.

[36] „Betrachtungen im Sinne der Wanderer“, *Wilhelm Meisters Wanderjahre*, Bd. 18, S. 57.

10 Gedanken zum Problem des wissenschaftlichen Absolutismus

„Jede große Idee, sobald sie in die Erscheinung tritt, wirkt tyrannisch; daher die Vorteile, die sie hervorbringt, sich nur allzubald in Nachteile verwandeln.“
(Goethe, *Wilhelm Meisters Wanderjahre*, 2. Buch, Bd. 18, S. 53).

10.1 „Entweder–oder“ – Grünbaums radikale Herausforderung

10.1.1 Die Metapher der Verschmutzung

„Ich will keine Überzeugungen erwecken –
ich will Anregungen geben und Vorurteile erschüttern.“
(Freud, *GW 11*, S. 250)

Wie eingangs und mehrfach auch in *Flucht vor dem Gewissen* bemerkt, hat in den letzten Jahren die die Grundlagen der Psychoanalyse in Frage stellende Kritik an Wahrheit und Wert psychoanalytischer Einsicht durch den anerkannten amerikanischen Wissenschaftsphilosophen Grünbaum sowohl Aufsehen wie auch in den Reihen der Analytiker Betroffenheit, ja Bestürzung und v. a. auch Feindseligkeit erregt. Seine durchdachte und auf eingehender Literaturkenntnis beruhende Kritik am Wahrheitsanspruch und an der Wirksamkeit der Psychoanalyse ist eine ernsthafte und machtvolle Herausforderung an uns. Folgt man seinen Ausführungen Schritt für Schritt, will es einem wirklich scheinen, daß die wissenschaftlichen Grundlagen der Analyse unterhöhlt und ihre Vernunftschlüsse schadhaft sind. Wie ich in meiner ersten Diskussion mit ihm im Frühjahr 1986 sagte: Hätte er mit seinen Behauptungen Recht und beharrte ich angesichts dieser weiterhin darauf, als Analytiker zu wirken, zu schreiben und zu lehren, so wäre ich kaum mehr als ein Betrüger, bestenfalls eine Art von Schamane und Voodoo-Priester.

Ich glaube daher, daß die eingehende Auseinandersetzung mit seinen Gedanken für die Psychoanalyse äußerst wichtig und letztlich v. a. eine Sache der intellektuellen Ehrlichkeit sein wird. Manches halte ich an ihnen für übersteigert: sein oft schmähender Stil ist der vernünftigen Analyse abträglich und könnte leicht dazu verleiten, die echte und ernste Herausforderung darin zu übersehen. Die Radikalität und der Spott, mit denen er seine Ausführungen würzt, schmälern indes ihren bedeutenden Wert für unsere Selbstbesinnung keineswegs. Ich glaube vielmehr, daß es in unserem langfristigen Interesse liegt, gerade seine Grundgedanken zum Anlaß zu nehmen, unsere Theorien kritisch zu durchdenken.

Doch im Zusammenhang dieses Buches besteht die Bedeutung von Grünbaums Gedanken eher darin, daß sie uns einen anderen Zugang zum Problem der Absolutsetzung gewisser Werte bei der Wahrheitserfassung und der damit einhergehenden Verleugnung gewähren. Ja, auch hier tauchen unvermutet die beiden anderen

Hauptglieder unserer bisherigen Erörterungen wieder auf – die Aufspaltung der Wirklichkeit und die zwangsmäßige Einengung und Wiederholung.

Die vom Tragischen ausgehende anthropologische Untersuchung gibt Grünbaum vielleicht eine Antwort, die ebenso fair seinem Denken gegenüber sein will, wie sie selbst die ganz andere Wissenschaft vom Seelischen als legitime Wahrheitssuche zu verteidigen und das ihr zustehende Recht zu begründen versucht. Insbesondere wird sie uns eine Weiterführung und Vertiefung einiger der in Kap. 6 verfolgten Gedanken gestatten und den Übergang zu einem hoffentlich adäquateren philosophischen Überdenken der psychoanalytisch begründeten Anthropologie bilden. Dabei werde ich mich von Grünbaums eigenem Ausspruch von 1969 leiten lassen: „Critical severity is linked here with friendly respect" („Hier ist kritische Strenge mit freundlichem Respekt verbunden").[1]

Die Reaktion auf Grünbaums Kritik in der Populärpresse und den Kreisen akademischer Psychologen war die, daß nun endlich einem dogmatischen Hauptunternehmen unserer Zeit der berechtigte und längst überfällige Todesstoß versetzt worden sei.[2] Andererseits begrüßten prominente Analytiker wie Wallerstein, Shapiro, Holt und Holzman im großen und ganzen die als wohlmeinend und sogar als wohlwollend und sicher bestens ausgewiesen und informiert aufgefaßte Kritik; dabei waren die letzteren beiden enthusiastisch, die ersteren vorsichtiger. Was im allgemeinen dankbar angemerkt und angenommen wurde, waren Grünbaums eloquente Widerlegungen der hermeneutischen Ansprüche, derjenigen nämlich, daß die Analyse keine Kausalitätsinteressen habe und sich ganz irrigerweise den Rigorositäten der Naturwissenschaften zu unterziehen bemühe; vielmehr sei sie doch eine Geisteswissenschaft, eine „Semantik des Begehrens" und der „Selbstreflexion als Wissenschaft" (s. oben, Kap. 7). Grünbaum weist nach, daß dies den Absichten Freuds total zuwiderlaufe und überdies die hermeneutische Philosophie selbst auf eine völlige Verkennung der Wissenschaftlichkeit sowohl der sogenannten Natur- wie der Geisteswissenschaften hinauslaufe. Jene Dichotomie sei völlig verfehlt.

Der andere Grund für die Dankbarkeit der analytischen Kommentatoren liegt in

---

[1] Dieses Kapitel begann zunächst als eine formale Diskussionsantwort auf die auf Einladung des „Departments of the Philosophy of Science", Johns Hopkins University, Baltimore, 9. April, 1986 gegebene Vorlesung Grünbaums, „The validity of hidden motives in psychoanalytic theory". In den folgenden Monaten gab ich meine Kommentare in mehreren Foren und hatte einen weitreichenden Austausch über die darin vertretenen Gedanken mit Grünbaum und einer Anzahl von Kollegen und Freunden (Gray, Dreyfus, Kommor, Thomä, Kächele, Paniagua, Nathanson, Schermer). Am 19. Dez. 1986 wurde der Essay als Vortrag beim Herbsttreffen der Amerikanischen Psychoanalytischen Gesellschaft gehalten und von Shapiro und Compton formell diskutiert. Allen Diskussionsteilnehmern bin ich sehr dankbar für ihre Anregungen.

[2] „Psychoanalysis has proved a fiasco. It is by far the most costly and time-consuming of all psychotherapies, yet it has not been shown to be more curative than a single one of its hundred-plus rivals… I venture to say that things *have* changed fundamentally – that, though the players are still on the field, the outcome of the game is no longer in doubt…" (Crews, „The future of an illusion", *New Republic*, 21. Januar, 1985).

Grünbaums Kritik an Popper, der die Psychoanalyse der Unverfälschbarkeit ihrer Theorien bezichtigt hatte. Grünbaum demonstriert anhand mehrerer Arbeiten Freuds, daß Freud methodologisch weit gewitzter als die philosophischen Bemäkler und die hermeneutischen Reformer gewesen sei und mehrfach Widerlegbarkeitskriterien angeführt und auch de facto angewendet habe.

Was gerade die sich ihm gegenüber anerkennend verhaltenden analytischen Kommentatoren an Grünbaum würdigen, ist sein hartnäckiges Befragen und Prüfen mehr der *wissenschaftlichen Qualität* als der *wissenschaftlichen Natur* der Psychoanalyse (Rubinstein, Holzman, Edelson, Wallerstein, Holt, Eagle, Thomä und Kächele). Ich teile diese Einstellung. Aber was ich hier vorlegen werde, beansprucht, tiefer zu gehen und sich auf die Fragen der *angemessenen Wahrheitskriterien* und der *spezifisch psychoanalytisch relevanten Kausalität* zu beziehen.

10.1.2 Der Eckstein des Kausalverständnisses – Die Unterminierung der Theorie der spezifischen Ursache

> „Ein Anrecht auf Überzeugung hat erst derjenige, der ähnlich wie ich jahrelang an demselben Material gearbeitet und dabei dieselben neuen und überraschenden Erfahrungen selbst erlebt hat."
> (Freud, *GW 11*, S. 250)

Barbara von Eckardt gab die folgenden Zusammenfassung von Grünbaums Kritik an der Psychoanalyse:

> 1) Die therapeutische Wirksamkeit der charakteristischen Teilfaktoren der Freudschen psychoanalytischen Theorie steht ernsthaft in Frage. 2) Die klinischen Daten sind so vielen epistemologischen Belastungen unterworfen, daß sie nahezu nutzlos sind für die Grundhypothesen der Freudschen Theorie. 3) Selbst wenn die klinischen Daten nicht epistemologisch kontaminiert wären und als vollgültig angenommen werden könnten, wären sie außerstande, die Zentralpostulate der klinischen Theorie Freuds wie auch die Brauchbarkeit der Methode der freien Assoziation als Forschungsinstrument zu stützen (1985, S. 383).

Soweit ich ihn verstehe, behauptet Grünbaum, daß das gesamte Gebäude der analytischen Theorie und Praxis auf „zwei hauptsächlichen induktiven Inferenzen" über Kausalität aufgebaut sei: 1) Die ursprünglich von Breuer und Freud beobachteten dramatischen Besserungen seien der Aufhebung von Verdrängungen zuzuschreiben; und 2) sei Verdrängung kausal notwendig sowohl für Ursprung wie auch für Aufrechterhaltung der Neurose. Dann fügt Grünbaum als dritten und mit jenen Inferenzen verbundenen Punkt die Freud zugeschriebene Behauptung von „der forschungsgemäß zwingenden Kraft, Verdrängungen durch freie Assoziationen aufzuheben", oder, in einer Variante, „die angebliche Fähigkeit der freien Einfälle auf seiten des Patienten, Ursachen zu beglaubigen," hinzu.[3] Da finde sich aber 4), wie

[3] „Investigative cogency of lifting repressions via ‚free associations'", „the purported ability of the patient's free associations to certify causes" (1986 a).

schon Freud selbst geahnt habe, eine Beschmutzung der reinen Wissenschaftlichkeit, und diese Verunreinigung sei von Placebowirkung und Suggestion in das analytische Forschungsfeld hinein verschleppt worden. Freud habe dieser von ihm auch schon erkannten Gefahr der Verschmutzung durch das von Grünbaum so getaufte Übereinstimmungsargument entgegentreten wollen: „Die Lösung seiner Konflikte... glückt doch nur, wenn man ihm solche Erwartungsvorstellungen gegeben hat, die mit der Wirklichkeit in ihm übereinstimmen" (1916/1917 S. 470).

Freud habe aber selbst zugeben müssen, daß dies Übereinstimmungsargument schadhaft sei und von der Suggestion überspielt werden könne; es sei daher als epistemologisch ebenso mangelhaft wie die ersten 3 abzulehnen. Was aber den 5. Anspruch angehe, den von der angeblich überlegenen therapeutischen Wirksamkeit der Analyse, einer Überlegenheit, die sich auf das Beheben der Ursachen der neurotischen Erkrankung zu berufen glaube, so sei dieser Anspruch sowohl von der Infragestellung der vorgängigen 4 Punkte wie von den bisherigen Ergebnisforschungen („outcome research") ganz außer Kraft gesetzt worden. Es habe sich nämlich erwiesen, daß nicht nur andere Therapiemethoden ebenso gute, wenn nicht noch bessere Resultate zu erzielen vermögen, sondern daß auch Freud selbst habe zugeben müssen, es kämen Spontanheilungen vor. Dem entspreche es denn auch, daß, horribile dictu, manchmal sogar *keine* Therapie noch wirksamer sei als die Analyse. Das stelle jedoch die Wissenschaftlichkeit der Psychoanalyse und ihrer Grundannahmen zutiefst in Frage.[4]

Ich glaube, die wesentliche Aussage in Grünbaums Vortrag ist die folgende:

> Der Knotenpunkt [von Freuds] *eigentümlicher* Verdrängungstheorie liegt *nicht* einfach darin, daß wir *verdrängte* Erinnerungen, Gedanken, Begehren und Gefühle *beherbergen*. Vielmehr ist er darin zu suchen, daß Sexualverdrängungen die *entscheidenden Pathogene* der Geistesstörungen seien, daß verdrängte infantile Wünsche die *Anstifter* unserer Träume seien, und daß allerhand verdrängte *unangenehme* Gedanken unsere *Fehlleistungen* des Gedächtnisses, der Zunge, des Ohres, der Augen, der Feder, usw. *verursachen*....[5]

Da aber Freud schon früh erkannt habe, daß die persönliche emotionelle Beziehung stärker als der von der Hypnose herbeigeführte kathartische Prozess sei, kommt Grünbaum zur Schlußfolgerung, daß hiermit „die Verdrängungsätiologie ihrer therapeutischen Unterstützung beraubt und somit der Eckstein der Psychoanalyse selbst völlig untergraben worden sei."[6] Dabei bieten aber auch die Zusatzbe-

---

[4] „... despite the appeal to the latter [the clinical evidence] by these champions of psychoanalysis the operation of hidden motives in Freud's sense has yet to be cogently tested on an adequate scale. And until it is, the widespread belief in psychoanalytic theory in some segments of our culture is hardly well-founded."

[5] „The nub of his *distinctive* theory of repression is *not* just that we *harbor repressed* memories, thoughts, desires, and feelings. Instead, it is that sexual repressions are the *crucial pathogens* of mental disorders, that repressed infantile wishes are the *instigators* of our dreams, and that sundry repressed, *unpleasant* thoughts *engender* our *slips* of memory, of the tongue, the ear, the eye, the pen, etc..." (Hervorhebungen im Original).

[6] „Once the repression etiology was thus bereft of therapeutic support the very cornerstone of psychoanalysis had been completely undermined."

hauptungen des Übereinstimmungsarguments und der therapeutischen Wirksamkeit keine Hilfe mehr. Das doppelflüglige Monstrum der Placebowirkung und der Suggestion habe schon dazumal das ganze Gebäude zum Einsturz gebracht.

10.1.3 Eine erste Antwort

> „Alles, was zur Verursachung dieses Krankheitsfalles mitgewirkt hat?"
> (Freud, *GW 11*, S. 257f.)

Untersuchen wir diese Behauptung nun etwas genauer! Ist es wirklich wahr, daß, „wie ich [Gr.] behaupte, die zentrale kausale und erklärende Bedeutung unbewußter Denkaktivität für das psychoanalytische Lehrgebäude *durchgehend* auf [jenen] zwei kardinalen induktiven Inferenzen beruht"?[7]

Während Freud und Breuer tatsächlich 1893 angenommen haben mögen, daß Verdrängung die alleinige Ursache für Erkrankung sei, „das entscheidende Pathogen" (in Grünbaums Ausführung), und Freud auch noch 1895 daran festhielt, daß Verdrängung in der Tat „die spezifische Ursache" sei, sah er sie doch schon damals als Teil einer ganzen komplizierten ätiologischen Struktur an.

Auch diese Spezifitätsbehauptung erwies sich mit zunehmender Erfahrung als unzureichend. Für die therapeutische Wirksamkeit mußte überdies ein zweiter Kausalfaktor, neben dem der Aufhebung der Verdrängung, eingeschaltet werden, nämlich eben jene schon erwähnte „persönliche emotionelle Beziehung". Weit davon entfernt, dies als eine erkenntniskritische Katastrophe anzusehen, hielt Freud dies für eine Entdeckung, die eben ein Neudurchdenken der grundlegenden Kausalbezüge notwendig machte. Was Grünbaum, wie übrigens auch Masson, als tödliche Verwundungen und unheilbare Mängel an Freuds Ehrlichkeit und der Integrität der Psychoanalyse ansehen, nämlich die zwei Enttäuschungen von 1895 und 1896, wurde seither von jedem Analytiker im Gegenteil als enorme Bereicherung und Vertiefung der Einsicht aufgefaßt. Verdrängung eines namhaften Traumas als wesentliche, einzige oder doch spezifische Ursache war zwar dahingefallen; das bedeutete jedoch keineswegs, daß ihre kausale Rolle völlig diskreditiert worden wäre. *An die Stelle unilinearer Korrelation von Kausalität und Spezifität trat die Notwendigkeit multikausaler Komplexität;* anstatt eines *einfachen Entweder–oder* bedurfte es der oft verwirrenden Regeln der *Komplementarität*, wie z. B. in den Ergänzungsreihen späterer Schriften.[8]

---

[7] „The central causal and explanatory significance of unconscious ideation *throughout* the psychoanalytic theoretical edifice rests, I claim, on [those] two cardinal inductive inferences".

[8] Dies bedeutet auch, wie es Erdelyi in der Diskussion von Grünbaums Ansichten in dem Sonderheft von *Behavioral and Brain Sciences*, Juni 1986, vertritt: „... psychoanalysis has a far wider scope than the retrospective discovery of etiologies ... Etiology is hardly the ubiquitous preoccupation of psychoanalysis" (BBS, S. 234). Er fügt das Caveat, das auch den Mittelpunkt meiner Entgegnung darstellt, bei: „The issue is not either-or or all-or-none. The scientist is not

Da Freud sich nicht damit zufrieden geben konnte, diesen zweiten Faktor der persönlichen emotionellen Beziehungen mit dem Modewort „Suggestion", diesem „Omnibus-Begriff" (Thomä und Kächele 1985), zu belegen, prägte er den neuen Begriff der *Übertragung* und gab diesem eine breitere und tiefere Bedeutung, als sie der vag beschreibende und scheinbar erklärende („question begging") Begriff der Suggestion besaß. Er unterteilte Übertragung in mehrere Komponenten und Varianten und verlieh ihr jene *erklärende* geschichtliche Dimension, die ihre Verbindung mit Ursachen widerspiegelte.

Noch nicht befriedigt mit dieser Gruppe von Modifizierungen, sah er sich bekanntlich gezwungen, eine dritte Gruppe hinzuzufügen, nämlich die der Phänomene des *Widerstands* – neuerdings zunächst ein bloß beschreibender Begriff. Davon leitete er die *zentrale pathogene Rolle der Konflikte* ab, die Rolle verschiedener Abwehrformen (die Verdrängung miteinbeschließend, aber nicht ausschließlich diese) und die Bedeutung einer Reihe von Affekten, namentlich von 1926 an die der Angst. Damit hatte sich eine neue Sichtweise, eine wiederum erklärende, sich wirklich auf Ursachen beziehende Dimension eröffnet.

Die Behauptung, daß der Kollaps einer unilinearen ätiologischen Spezifität und ihr Ersatz durch eine multikausale und interaktionelle Erklärung, deren Zentrum in innerem, v.a. unbewußtem Konflikt liegt, Bankrott und Katastrophe des ganzen Unterfangens bedeute, scheint mir eine *Pars-pro-toto*-Begründung zu sein. Während Grünbaum in den Diskussionen seine Hochschätzung für das multikausale Denken beteuert, kann ich seine Darstellung des Freudschen Ätiologiebegriffs nicht anders verstehen als ich dies eben getan habe – nämlich als unilinear und pars pro toto.[9] Diese seine Leseweise kann bestimmt Unterstützung in Freuds Frühschriften finden, berücksichtigt aber nicht den weit umfassenderen Kausalitätsbegriff, der das Freudsche Werk als ganzes und die sich in den folgenden 30 Jahren entwickelnde Theorie und Technik durchzieht.

Was Grünbaum demnach als Niederlage und Kollaps der kausalen Erklärung ansieht, ist in Wahrheit ein Wechsel von der Ansicht, daß Verdrängung *das* spezifische Pathogen sei, zu der durchgehenden Methode, den *inneren unbewußten Konflikt* als das eine bedeutsame Pathogen, das dieser bestimmten Untersuchungsweise zugänglich ist, anzusehen, als Pathogen, dessen Rolle innerhalb eines Konzerts von Ursachen aber von Fall zu Fall variiert, eben nach den Gesetzen der Ergänzungsreihen, also der Komplementarität.[10]

---

an armchair methodologist: He must make the best of imperfect (if improvable) tools. The clinical method has not only weaknesses but also strengths" (ebd., S. 235). Es sei hier angemerkt, daß Grünbaum auf alle Kritiken in diesem Sonderheft geantwortet hat.

[9] Zum Beispiel, „that sexual repressions are *the crucial pathogens*", oder: „once the repression etiology was thus bereft of therapeutic support, the very cornerstone of psychoanalysis had been completely undermined" – beides Beispiele aus seiner zusammenfassenden Darstellung in der Johns Hopkins University.

[10] Marmor bemerkt: „One wonders... whether the causal significance of conflict in the genesis of at least some psychopathology... does not still retain much of its validity. Grünbaum does

Durch Grünbaums Schriften kann man diese Tendenz, einen Teilerfolg zum vollständigen Mißerfolg umzukrempeln, verfolgen. Er beschreibt wissenschaftliche Fragen nach Maßstäben und in Ausdrücken eines absoluten Entweder-oder, nicht nach Maßstäben von Teilursachen und Teilerfolgen, in Ausdrücken von Mehr-oder-weniger oder Sowohl-Als-auch.

Das empirische Vorgehen selbst muß sich freilich oft und zeitweilig auf eine Art von Pars-pro-toto-Schluß stützen: Man sieht sich veranlaßt, eine Variable auszuwählen und dabei den Rest konstant zu halten – *ceteris paribus*. Das Problem stellt sich dabei nicht nur dann ein, wenn es eine große Vielzahl von Variablen gibt, sondern besonders auch, wenn man die *Beschränkung der ceteris paribus Klausel* übersieht. Sehr oft ereignet es sich nämlich, daß *„cetera non sunt paria“*! Dann aber wird das Pars-pro-toto-Schließen zum Trugschluß, zu einer Form des von Cassirer so gut beschriebenen und dokumentierten mythischen Denkens.

Gerade wenn man diese Art des Schließens vermeidet, ist man gerne bereit, Grünbaum zuzugestehen, daß weder Suggestion noch die Bedeutung unspezifischer Faktoren wie Unterstützung, Versicherung und gemeinsam gehegte Erwartungen ausgeschaltet werden können. Dies haben aber kritische psychoanalytische Autoren immer wieder selbst betont (vgl. z. B. Gray 1982; oder Luborskis Kommentar in Hinsicht auf die Inferenzen von der retrospektiven klinischen Methode der Psychoanalyse und auf die Fügsamkeit – „compliance“ – des Patienten: all dies „should be a matter of degree rather than all or none“; BBS, S. 247). Es ist ein Problem, nicht ein Todesurteil. Ich werde darauf noch ausführlicher eingehen.

10.1.4 Zu den Fragen „kausaler Beglaubigung“ und der Spezifität der Kausalität

> „Wir legen es dem Kranken auf, sich in einen Zustand von ruhiger Selbstbeobachtung ohne Nachdenken zu versetzen und alles mitzuteilen, was er dabei an inneren Wahrnehmungen machen kann: Gefühle, Gedanken, Erinnerungen, in der Reihenfolge, in der sie in ihm auftauchen.“
> (Freud, *GW 11*, S. 297)

In bezug auf die *freien Assoziationen* behauptet Grünbaum, sie seien „das Kennzeichen kausaler Beglaubigung“ („a hallmark of causal certification“). Er spricht wiederholt von ihrer „angeblichen Fähigkeit, Ursachen zu bezeugen“ („purported ability to certify causes“). Doch hat er es unterlassen, irgendwelche Zitate anzuführen, die eine solch unbedingte Aussage rechtfertigten. Das einzige Freudzitat in seinem Buch, das sich vielleicht als eine so allgemeine und apodiktische Behauptung deuten läßt, nämlich die Beschreibung der Methode in der Traumdeutung (GW 2, S. 532 f.), ist noch immer mit der üblichen Auffassung vereinbar, daß freie Assoziationen keine Ursachen beglaubigen, sondern uns lediglich Hinweise auf solche geben. Es bedarf, wie Freud hinzufügt, mehrerer Zusatzannahmen, wie die der

not deal with this issue...“ (*Behavioral and Brain Sciences*, Bd. 9, Juni, 1986, im weiteren zit. als BBS, S. 249).

„Zielvorstellungen", die sich auf den Analytiker beziehen, und der Deutungstätigkeit selbst, die mit solchen Einfällen arbeitet. Assoziieren und Deuten sind zwei durchaus verschiedene, obzwar verknüpfte Handlungen; wie könnte die erstere etwas „beglaubigen"? Einfälle stellen Anspielungen, Hinweise, Wegweiser dar, sie geben uns Möglichkeiten, keine Gewißheiten. Sie sind ein Hilfsmittel, keine Bestätigung, und als solches versuchen sie, Raum zu schaffen, indem die gewöhnlichen Hemmungen, die der üblichen Konversation innewohnen, vermindert werden. Im übrigen sind es ja eben die Hindernisse gegen die Einfälle, die interessanter und wichtiger zu sein pflegen als die Einfälle selbst – wie die spätere Entwicklung der Technik zeigte (s. besonders Anna Freud, Waelder und Fenichel, auch neuerdings Cremerius). Wie in bezug auf die Verdrängung handelt es sich hier um vielfache Kausalverknüpfungen und eine komplexe Technik, Pfade zu den verschiedenen Schichten der Ursachen zu finden, soweit diese überhaupt zugänglich sind. Genau wie die Ursachen sich als ein kompliziertes Netz erwiesen, so sind die Mittel, mit denen man sich Zugang zu diesen zu verschaffen verspricht, vielfältig.

Die Methode des „freien" Assoziierens ist eines der Mittel, mit denen auf *mögliche* Ursachen hingewiesen wird, keine Verbürgung der Kausalität, wie Grünbaum behauptet.[11] Der Beobachter, das selbst-beobachtende Ich miteinbeschlossen, sammelt diese von äußerlichen Konventionen und Hemmnissen weniger behinderten Einfälle, sieht auf die Übertragungsphänomene, ist aufmerksam auf alle Anzeichen von Affekten, studiert die Abfolge von Phänomenen, die Rückschlüsse auf Abwehrtaktiken erlauben, und verbindet all dies mit dem immensen Angebot an Details einer ganzen Lebensgeschichte. Was von wirklichem Interesse während des Behandlungsprozesses ist, was für systematische Forschung wichtig wäre, und was für den untersuchenden Philosophen faszinierend sein könnte, ist gerade die Frage, wie diese Bedeutungsnetze und Ursachenverknüpfungen in ihrer Vielfalt von Motiven und sich gegenseitig bestätigender und sich selbst sabotierender Zirkel entdeckt werden, nicht, wie man Ursachen beglaubigen und unilineare Bezüge herstellen kann. Diese Fragestellung bedeutet aber eine entschiedene Absage an das Pars-pro-toto-Räsonnement.

Dadurch, daß er sich auf die erste und einseitige Erklärung der Spezifität von therapeutischer Wirksamkeit und Pathogenizität beschränkt, hat Grünbaum sich die Augen vor der komplexeren Theorie und der Praxis verschlossen, die mit Angst, Abwehr und Über-Ich zu tun hat; er übersieht daher v. a. die *methodologische Zentralität* von *innerem Konflikt*, wie auch die durch diese methodologische Zentralität bedingte *kausale Zentralität von innerem Konflikt*, wie ich in Kap. 7 ausgeführt habe. Dieser für die Geschichte der Analyse absolut zentrale Begriff wurde demnach nicht einmal der Zitierung in seinem Buchindex oder in der vorgelegten Fassung des Vortrags für würdig gehalten.[12]

---

[11] Dabei will er das von ihm gebrauchte Wort „certify" nicht als „to make certain" etc, sondern als „to offer evidence for" verstanden wissen.

[12] „At times Grünbaum pays insufficient attention to the centrality of *conflict* in Freudian theory". So stellt auch Wachtel fest (BBS, S. 264).

In Wirklichkeit beantwortet sich die Frage nach der Spezifität der Verursachung nur im Individuum und dort nur so, daß die Gesamtheit komplexer Konflikte in einer Hierarchie von Schichten inneren Erlebens und äußerer Beziehungen berücksichtigt wird. Das Spezifische scheinen dabei Prozesse, nicht Einzelfaktoren oder sogar Gruppen von Faktoren zu sein.

Dies führt zu einem grundsätzlicheren Einwand gegen Grünbaums Argument, einem Einwand, den ich Albert Dreyfus verdanke (und wenigstens implizit in den Diskussionartikeln von Wallerstein [1986] und Spruiell [1987]):

> Therapie ist ein Wechselspiel von Kräften, zwischen intrapsychischen Kräften und zwischenmenschlichen Kräften. Eine Variable aus einem derartig multivariablen System herauszugreifen, das Suchen nach einfachen Beziehungen zwischen Ursachen und Wirkungen, widerspricht der Idee des Prozesses, diesem komplexen System von Interaktionen. Grünbaums Vorgehen ist unvereinbar mit dem Gesichtspunkt des Prozesses als eines solchen Wechselspiels von Kräften, einem Gesichtspunkt übrigens, der frappierende Konvergenz mit dem gegenwärtigen Denken in der Physik aufweist[13] (persönliche Mitteilung).

Ich weiß nicht, ob die Theorie als geschlossenes System verstanden werden darf und als solches *universelle* Angaben über Kausalität und Spezifität machen darf oder soll; es scheint mir jedoch, daß wir lediglich Wahrscheinlichkeiten aufzuweisen vermögen, und nicht allgemeine Gültigkeiten (s. unten).

Helmut Thomä erhebt, ebenfalls gegenüber dem vorliegenden Vortrag, einen vergleichbaren Einwand:

> Grünbaum übersieht vollständig das A und O der Psychoanalyse, nämlich den Dialog, das besondere, regelgeleitete *Gespräch*. Er hat keinen Sinn dafür, daß die menschliche (Selbst-)Reflexionsfähigkeit, die in seiner Symbolisierungsfähigkeit gründet, eine ontologische Differenz zur übrigen belebten und unbelebten Natur ausmacht... die psychoanalytische Methode als eine humanwissenschaftliche gründet meines Erachtens in einer ontologischen Differenz (persönliche Mitteilung).

In einem jüngst geschriebenen Aufsatz (1988) tadelt Grünbaum die von Freud in den Fallstudien (spezifisch: den Fällen des „Rattenmannes“ und des „Wolfmannes“) benutzte Methode, sich Kausalschlüsse aufgrund von „thematischer Ähnlichkeit“ („thematic affinity“) zwischen angeblicher Ursache und Symptomen zu gestatten:

---

[13] „At Freud's time, especially the early period of theory formation, causality was considered the only basis for science. Since that time the consensus has become that therapy is a process, an interplay between intrapsychic forces and interpersonal influences which underlie the course of treatment in the context of the patient-doctor relationship. Grünbaum treats it as the multivariable system from which one variable can be selected for study while the others are presumed to stay invariable. This runs counter to the idea of process, an evolving system where all the parts respond to any change in one variable. The focus is on process, hence on a complex system of interaction, not on simple cause and effect relationships. This is extraneous to Grünbaum's thinking, but strikingly convergent with the current way of thinking in physics.“

> Thus, we recall, in his case history of the rat man, he appealed to the thematic kinship between the biting episode and the rat obsessions, even as he succumbed to the explanatory blandishment of an inferred etiologic linkage between them. But it was highly unwarranted to draw the causal inference that, *unless* the paternal punishment for biting was the specific pathogen for the patient's obsessions with the oriental rat punishment, the occurrence of both of them in his life was quite improbable... None of these additional rat-theme-laden events go beyond thematic affinities to furnish cogent evidence for the *causal relevance* of these prior episodes to the rat obsessions, *even collectively*. Far from validating Freud's etiologic inferences, even the wealth of thematic affinities impressively discerned by him are quite insufficient to support his claim that the thematically cognate antecedents *made a difference* to the *occurrence* of the rat obsessions. I have argued that it is always fallacious to infer a causal linkage between thematically kindred events from the *mere* thematic or „meaning" connection between them.

Grünbaum nimmt also an, daß Freud in seiner Falldarstellung die Ähnlichkeit der Themen der zwanghaften Beschäftigung mit den Ratten in der Gegenwart und in der ursprünglichen Episode, in der der Patient als Kind jemanden gebissen hatte und dafür vom Vater heftig geschlagen wurde, als Rechtfertigung dafür nahm, eine zwingende kausallogische Beziehung zwischen den beiden herzustellen. Die von Freud vorgebrachte Entschuldigung über die Unvollständigkeit der Darstellung einer Analyse („Mein Bericht über all dies kann freilich nur sehr unvollständig ausfallen"; GW. 7, S. 432) wird zwar erwähnt („pleading here, as elsewhere ..."), aber nicht gewürdigt (wohl eher: abgetan).

Dazu läßt sich bemerken: Das frühere Erlebnis (die Beißepisode) wird von Freud gewiß als ein notwendiger, doch, so weit ich feststellen kann, keineswegs als ein zureichender Grund behandelt. Was ihn am wesentlichsten in dem Kausalzusammenhang interessierte, war vielmehr der Konflikt hinter den Geschehnissen:

> Der Krankheitskonflikt war im Wesen ein Widerstreit zwischen dem fortwirkenden Willen des Vaters und seiner eigenen verliebten Neigung. Nehmen wir Rücksicht auf die Mitteilungen, die der Patient in den ersten Stunden der Behandlung gemacht hatte, so können wir die Vermutung nicht abweisen, daß dieser Widerstreit ein uralter gewesen sei und sich schon in den Kinderjahren des Kranken ergeben habe (GW. 7, S. 422).

Grünbaum behauptet, daß für Freud das entscheidende Pathogen die durch die unbewußte Erinnerung an die grausame Bestrafung verursachte verdrängte Feindseligkeit gegen den Vater gewesen sei: „And as Freud told us, the crucial pathogen of the rat obsession was furnished by repressed hostility toward the father, engendered by the unconscious memory of the cruel paternal castigation for biting". Die Frage sei, ob dieser durch die Bestrafung verursachte Haß (namentlich in deren Spezifität für Masturbation) das spezifische Pathogen für die zwanghafte Beschäftigung mit dem Tod des Vaters gewesen sei: „It is very important to appreciate that the etiologic issue here is *not* whether a hypothesized paternal punishment for a *sexual* offense engendered hatred toward the father; instead the issue is whether *that* particular hatred was the pathogen of the obsessive fear of the father's death! And clearly, evidence for the former is not adequate support for the latter."

Geht man durch die Freudsche Fallschilderung, die, wie alle solche Berichte bruchstückhaft bleiben muß, so findet man m. E. weder einen Anspruch auf eine *volle* kausale Erklärung durch einen solchen Zwischenfall noch eine im gewohnten naturwissenschaftlichen Sinne vollgültige lineare Kausalkette. So bedeutsam jenes Ereignis auch gewesen sein mag, so dient es mehr als *Symbol* und als verdichtende *Illustration* denn als behauptetes Ende der Kausalforschung. Nochmals: eine allenfalls notwendige, nicht aber eine genügende Erklärung. Sogar die Frage dieser „Notwendigkeit" muß offen bleiben. Lassen sich nicht andere Manifestationen des *äußeren* Konflikts zwischen Vater und Sohn denken, die zum *inneren* Konflikt entscheidend hätten beitragen können?

Die kausale Verbindung scheint mir vielmehr zwischen zwei *ähnlichen Konflikten*, nicht bloß zwischen Elementen von „thematischer Affinität" zu liegen, etwa in diesem Sinn: Es gibt eine Gruppe von mehr oder weniger bewußten, gegenwärtigen Konflikten, die sich in Zwängen über Gestalten der Gegenwart kundgeben. Diese manifesten Konflikte erweisen sich immer wieder im Material als verbunden mit einer Gruppe unbewußter Konflikte von Liebe und Rache, von sexueller Rivalität und Schuld, von ohnmächtiger und hilfloser Schwäche und Scham, die sich weitgehend auf den Vater richten: unversöhnliche Wünsche und Gefühle diesem gegenüber, ausgedrückt (nicht verursacht) durch das Beißen als Wunsch *und* als Strafe und symbolisiert durch die Ratte. Klinisch gibt es wohl ungezählte andere Verbindungen zwischen jenem unbewußten Konflikt und den heutigen Manifestationen, die aber *nicht* in einem solchen Abriß darstellbar sind. *Das Wichtige ist die kausale Verbindung zwischen den beiden Konflikten.*

Um was es dabei geht, ist nichts weniger als die *Komplexität der Konfliktkausalität*, eine Komplexität, die aller postulierten Unilinearität widersprechen muß. Ja, wir können noch weitergehen: In einem sehr tiefen und nur teilweise erfaßbaren Sinne widerstrebt diese Konfliktkausalität in ihrer Vielschichtigkeit, Komplexität und Sprunghaftigkeit dem *linearen Denken überhaupt.*

Die Konfliktkausalität ist nicht-linear, etwa wie die Berechnung der Dynamik der Wellen, der meteorologischen Phänomene, der Ökonomie und Ökologie nonlinear ist (Gleick 1987). Das heißt einfach, daß ihre Komplexität derart ist, daß Kausalbehauptungen nur in Annäherungen, nicht mit zwingenden Deklarationen vorgebracht werden *können.*

Die Frage ist deshalb nicht so sehr, ob Freud selbst in solchen *(uni)linearen Kausalbeziehungen* gedacht hat, wie Grünbaum dies offenbar postuliert, sondern ob *die analytische Erklärungsweise mit solcher Linearität der Erklärung steht und fällt.* Das Entscheidende scheint mir nun eben darin zu liegen, daß es *schlechte* Analyse wäre, *eine* Kausallinie dieser Art als Erklärung anzunehmen. Es ist gerade die Komplexität und Zirkularität der Konflikte, die das analytische Kausalverständnis so überaus schwierig und so äußerst faszinierend machen. Sollten wir etwa lieber den verlorenen Schlüssel unter der Lampe suchen, da es dort so schön hell ist?

Um die Frage wieder aufzugreifen, ob es eben dieser besondere Haß (beim „Rattenmann") ist, der das spezifische Pathogen der Zwangsbefürchtungen abgibt („the issue is whether *that* particular hatred was the pathogen of the obsessive fear of the father's death!"), so nimmt die Frage selbst eo ipso eben eine derartige *lineare Kausalität* an. Tatsächlich handelt es sich immer um das höchst komplexe und verwirrende Zusammenwirken von Konfliktgruppen (ich erwähnte 5 solch relevanter Gruppen im 2. Kapitel).

Freud beruft sich auf die „volle Analogie" zwischen der Übertragungsphantasie und der frühkindlichen Realität (S. 421). Grünbaum sieht diese Analogie als „eine Falle und einen Wahn" („Freud's appeal to the above ‚perfect analogy' is a snare and a delusion"), einen „kolossalen Fehler" an, da sie beweisen wolle, was sie selbst voraussetze: „This claim seems to be a portentous blunder, because *it begs the etiologic question by just assuming that recapitulatory phantasies focused on the analyst are also* **pathogenically** *recapitulatory*" (Hervorhebungen vom Autor). Wie können Übertragungsphantasien zwingende Evidenz für eine solche Ätiologie sein? fragt er:

> No matter how strongly recapitulatory, how can phantasies focused on the doctor be cogent evidence that a hypothesized infantile prototype (or simulacrum) of the conflict had been the crucial *original pathogen* of the patient's death-obsessions? It is just fallacious, I submit, to claim with Freud, as many analysts do, that the conflictually recapitulatory character of the patient's transference phantasy is cogent evidence for identifying the mother's earlier conflict-reactivation as the precipitating cause of the Rat Man's illness.

Die Wiederholung eines Konflikts sage nichts darüber aus, daß das Szenario ursprünglich von pathogener Wichtigkeit („pathogenically relevant") gewesen sei. Wie könne man das denn wissen, fragt er. Diese Art der Schlußfolgerung sei und bleibe doch zirkulär: „Having fallaciously identified a conflict as a pathogen because it reappears in the transference, Freudians conclude that pathogens must reappear in the transference. And, in this way, they beg the question I have just asked."

Ich glaube, daß auch hier wieder die Antwort auf die radikale Infragestellung in einem verschieden aufgefaßten Kausalverständnis zu suchen ist. Die Übertragung ist gewiß ein Stück der Evidenz, im großen Zusammenhang von vielen schwächeren und gleich starken Evidenzstücken: sie bedeutet starke Evidenz im Zusammenhang, doch *allein* noch keine „zwingende Evidenz"; und auch eine starke Evidenz ist noch kein 100%iger Beweis, nur eine mehr oder weniger große Wahrscheinlichkeit. Es handelt sich dabei wohl eher um *Indizien*, als um „zwingende Evidenz".

Öffnen sich dann aber noch weitere bisher nicht vorgebrachte Zusammenhänge plötzlich dem Verständnis und kommt eine dramatische Veränderung seitens des Patienten dazu, die auf die Aufweisung solcher Zusammenhänge folgt, nicht aber nach anderen Deutungen, wird die Wahrscheinlichkeit der angenommenen Kausalrolle bekräftigt.

Die Übertragung ist in der Tat ein „unerschütterlichster Beweis" für die Weiterexistenz und Virulenz von Konflikten, die sich hundertfach im Laufe einer Lebensgeschichte aufweisen lassen. Es ist die *Kohärenz und Kontinuierlichkeit* solcher Konfliktmuster, die wohl die stärkste Evidenz für deren pathogene Relevanz abgibt. Doch eindeutig beweisend, „cogent evidence"? Wohl kaum, wenigstens nicht in meiner Erfahrung. Es gibt keine solche absolute Beweiskraft bei der Komplexität der Vorgänge.

Grünbaum hat aber überdies ganz recht, in diesem Zusammenhang auf den verfälschenden Einfluß von Freuds suggestivem Insistieren auf die eine oder andere Antwort hinzuweisen. Ich werde bald auf die Frage der Suggestion zurückkommen.

10.1.5 Ursache von Traum und Träumen

„... ich habe diese Dinge nicht gemacht, sondern bloß gedeutet."
(Freud, *GW 11*, S. 276)

Nun zu Grünbaums Kritik an der Traumtheorie und zu den Fragen der Wirksamkeit und der Erforschung der Behandlungsergebnisse.

Konflikte werden gewöhnlich während der Behandlung Teil für Teil, Schicht für Schicht bewußt gemacht. Es ist schwer anzunehmen, daß Konflikte wirklich ein für allemal gelöst werden können, obzwar Freud sich in diesem Sinne ausdrückte. Vielmehr findet man sie in allmählich oder dramatisch verminderter und damit weniger pathogener Form; sie haben ihre Macht weitgehend eingebüßt. Ebenso wie die Symptome verschwinden, ebenso wie die schädlichen Wiederholungen dahinschwinden oder korrigiert werden, wie die Angst oder der Schmerz oder der Zorn abnehmen und die innere Freiheit und Kreativität zunehmen – so verwandeln sich die Träume. An Stelle einer Vielzahl von Alpträumen mit Gewalttätigkeit und massiver Angst, so finden wir bei einem befriedigenden Behandlungsverlauf zunehmend ruhigere Bildabfolgen oder sogar Träume, die Schöpferisches ankündigen oder unterstützen. Die Wünsche haben ihre zwingende Gewalt z.T. verloren. Auch hier ist es wieder eine Sache des *Mehr oder Weniger*, nicht des *Entweder–oder*.

Zwar schreibt Freud beispielsweise über den „Nachweis, daß dieser überwundene Wunsch als Traumerreger nachweisbar ist" (GW 11, S. 207), spricht dann aber gleich auch über die kausal bedeutsame Rolle der Stärke der Traumzensur, also der Abwehr (S. 223 f.) und geht dann auf die Beschreibung der ganzen Komplexität der Kausalität über (S. 230).

Auch diesmal hat es Grünbaum vorgezogen, etwas *Relatives in etwas Absolutes* zu verwandeln, dadurch nämlich, daß er einen stets gegenwärtigen und machtvollen Faktor, den kindlichen Wunsch, so behandelt, als ob gerade er die einzige Motivkraft wäre. Er veranstaltet dieses Auto da Fé, ohne aus Freuds Schriften irgendeinen Beweis für eine derartige Ausschließlichkeit (im Sinn der „einzigen Ursache, des einzigen Anreizes, der einzigen Bedeutung") anzuführen. Ist das nicht wiederum ein Pars-pro-toto-Argument?

Überdies gibt es heute wohl keinen Analytiker, der Freud beipflichten würde, daß „das Träumen" selbst, im Gegensatz zu „den Träumen", durch psychologische Kräfte verursacht sei. Doch kann man es wirklich als angemessen betrachten, Freud dafür vor den Gerichtshof der Wissenschaftsgeschichte zu zitieren, daß es ihm versagt geblieben war, das Elektroenzephalogramm und damit den REM-Schlaf zu entdecken – ganz ähnlich, wie er nun dafür verurteilt wird, daß er zu Beginn einer unilinearen Theorie der Pathogenizität gehuldigt habe?

Ist es zudem wirklich intellektuelle Fairneß, wenn die wissenschaftlichen Beweiskriterien, die heutzutage im Schwange sind, auf die Pionieruntersuchungen vor 90 Jahren angewendet werden? Die einzigen mildernden Umstände für eine derartig unzeitgemäße Gerichtssitzung kann freilich in dem in unseren Reihen grassierenden Dogmatismus gesucht werden, der es verbieten will, aufgrund der heutigen Erkenntnisse das damals Gedachte in Frage zu stellen. Doch kann der von manchen geübte antiintellektuelle Mißbrauch eine so pauschal erhobene Anklage rechtfertigen, wie sie der Buchumschlag, die Kurzfassung des Vortrages und auch manche Seitenhiebe im Buch zeigen?

10.1.6 Fälle und Beweise

Ein prinzipieller Irrtum von Grünbaum scheint mir darin zu liegen, daß er die Fallstudien als Beweisversuche, nicht als Illustration von Typen auffassen will. Hinter jeder Fallbeschreibung steht, wie Kächele (1981) richtig betont, eine große Anzahl von Fällen.[14]

Das Vorlegen von Beweisen ist andererseits ein äußerst schwieriges Unterfangen, soweit es die allgemeine Anwendbarkeit betrifft, und mag sehr wohl, angesichts der Spezifität von Prozessen, *nicht* von einzelnen kausal wirkenden Faktoren, prinzipiell unangemessen sein.

Allzu selten hat sich unsere Literatur darum bemüht, dem Kriterium für eine gute Falldarstellung dadurch gerecht zu werden, daß sie uns erlaubte, über eindrückliche Beschreibung und selbstgewisse Behauptung hinauszugehen und in gültiger Weise die klinische Evidenz und deren Erklärungsmächtigkeit zu bewerten. Stattdessen verstecken sich gewöhnlich die klinischen Daten hinter allgemeinen Behauptungen, begrifflichen Konstruktionen und unbelegten, ja unbelegbaren genetischen Spekulationen. Deren Gültigkeit wird vorausgesetzt, weder illustriert noch bewiesen.

Spence hat solche grundlegende Kritik an Freuds Fallbeschreibungen geleistet. Edelson kritisiert die überwiegende Mehrzahl der analytischen Arbeiten dafür, daß sie sich begnügen, ihre Ansprüche mit „enumerativem Induktivismus" zu begründen – nämlich der Anhäufung von anekdotischen Beispielen, deren Beweiskraft eben in solcher Wiederholung gesehen wird.

Nicht daß diese Aggregate notwendigerweise ganz der praktischen Nützlichkeit zu entbehren brauchen. Sie mögen einen didaktischen oder auch, wie Grünbaum zu Recht anführt, einen heuristischen Wert besitzen.

Zudem besteht der Mißstand in vielen Arbeiten darin, daß beschreibende Begriffe so behandelt werden, als wären sie erklärend. Dieser Taschenspielertrick läßt sich bewerkstelligen, indem man gute zusammenfassende „labels" als eine Art abkürzender („stenographischer") Abstraktion benützt und dann plötzlich dank

[14] Dies entschuldigt freilich die armselige Qualität der meisten klinischen Berichte keineswegs.

ihrer Latinität ihnen die wissenschaftlich-erklärende Würde zu verleihen scheint (s. die entsprechende Kritik durch Leites, durch Slap und Levine, und durch Eagle, sowie im Schlußkapitel von *Flucht vor dem Gewissen*).

10.1.7 Was wirkt?

Die Frage nach der therapeutischen Wirksamkeit trifft etwas von entscheidender Wichtigkeit, doch auch etwas, was praktisch äußerst schwierig zu lösen ist.

Wirksam in bezug worauf? Um einen Patienten vom manifesten Problem des „Alkoholismus" oder eines überwältigenden Depressionszustandes zu befreien, mag manchmal eine einzige Stunde genügen. Doch die einen Rückfall hervorrufenden schweren Angstanfälle mögen zu ihrer erfolgreichen Behandlung Hunderte von Stunden in Anspruch nehmen. Erst allmählich mag die Behandlung eine schließlich dramatisch wirkende Veränderung und Verschiebung („shift") erzielen: jene überwältigenden Affekte, die durch Drogen oder Alkohol unterdrückt werden mußten, erscheinen weniger und weniger prominent. Die in *Flucht vor dem Gewissen* vorgelegten Erfahrungen lehren uns, daß es oft erst eine gewissenhafte Kombinierung von Modalitäten ist – von intensiver (analytischer) Psychotherapie mit Verhaltenstherapie und Medikation –, die eine umfassende Besserung bei so schweren Formen neurotischer Erkrankung herbeizuführen vermag. Wie man aber so differenzierte „shifts" und Veränderungen in jedem Fall einer wissenschaftlichen, objektiv nachvollziehbaren Prüfung unterwerfen könnte, scheint mir eine gewaltige, obwohl nicht prinzipiell unlösbare Aufgabe zu sein. Die wenigen vergleichenden Studien, die Grünbaum heranzieht, um die Ansprüche auf die Wirksamkeit psychoanalytischer Behandlung zu entkräften, sind selbst so mangelhaft und einseitig, daß sie gewiß kaum der Lobpreisungen eines Denkers von seiner Statur würdig sind, des Lobs, das er dem Freudschen Programm verweigert; sind doch, in Parloffs Worten, die meisten Studien einseitig darauf angelegt, die Überlegenheit der Verhaltenstherapie zu „beweisen"; dies ist um so fragwürdiger, als auch die Forschungs"grants" gewöhnlich in diese Richtung geschleust werden.[15] Qualität und Ausmaß der Ver-

[15] 1984 führte Parloff unter dem schlagenden Titel „Psychotherapy research and its incredible credibility crisis" aus: „... the research evidence so carefully examined does not adequately represent the psychotherapies most frequently practiced" (S. 97). „Behavior therapists were dismayed to learn that the touted superiority of their procedures over the conventional psychodynamic therapies had not been confirmed..." (S. 98). „In contrast to the relatively modest role of behavior therapy in overall clinical practice, psychotherapy outcome research which is limited to carefully controlled studies is based largely on the investigation of behavior therapy in clinical and laboratory settings. The inappropriateness of delegating such a dominant role to the behavior therapies is recognized by some behavior therapists, who acknowledge that psychoanalytically oriented therapies remain the dominant force in American psychiatry and clinical psychology... Of the nearly 500 studies reviewed by Smith et al., only about 13% may be classed as psychodynamic or insight therapies, even when the most flaccid criteria of classification are used (6% psychodynamic, 6% dynamic eclectic and 1% Adlerian)" (S. 101).

gleiche sind mehr als fragwürdig.[16] Ähnliches führte Grawe in seinem Lindauer Vortrag im Mai 1987 aus: daß man von Pauschalisierungen und stereotypen Beurteilungen wegkommen und mehr auf die *qualitativen Unterschiede* achten solle. Weit von der Eysenckschen Behauptung entfernt, daß die Spontanheilungsrate höher sei als die auf Psychotherapie erfolgende, lasse sich aus 3500 Untersuchungen über Behandlungsergebnisse schließen, daß 80% der behandelten Patienten am Ende besser dran seien. Die aus den sehr mangelhaften Untersuchungen gezogenen Schlüsse gehen weit über die wissenschaftliche Grundlage hinaus und haben mehr mit dem Wunsch abzuwerten als mit Objektivität zu tun (so erklärt Grawe).

Besitzen diese nun wirklich mehr Beweiskraft („probative value") als die sorgfältig gesammelten und in ihrer eigenen Art ebenfalls kontrollierten Beobachtungen, die Freud zur Formulierung seines Übereinstimmungsarguments bewogen haben?

So kann man es dabei bewenden lassen, daß das, was Grünbaum als analytische Methode zu kritisieren beliebt, eine Verzerrung der wirklichen Methode darstellt, und was er in der Theorie umzustoßen sich abmüht, 5 Strohmänner sind, nicht die Grundlagen der Psychoanalyse.

10.1.8 Die unbefragten Voraussetzungen

Schließlich finde ich bedauerlich, daß Grünbaum es sowohl in diesem Buch als auch in seinen anderen einschlägigen Artikeln geflissentlich unterlassen hat, in *klarer* Weise die philosophische Grundlage seiner Kritik darzustellen. Er zwingt den Leser auf seinen eigenen Boden von *äußeren objektiven beobachtbaren Quantifizierungen*, ohne eine genügende Rechtfertigung dafür vorzulegen. Er verteidigt seine Methode des Neo-Baconschen Induktivismus sowohl gegen Popper wie auch gegen die Hermeneuten, ohne sie so darzulegen, daß auch der darin nicht spezialisierte Leser sie mit anderen prominenten philosophischen Stellungen vergleichen könnte. Wenigstens vor mir bleiben seine A-priori-Annahmen, die hinter seiner Polypolemik lauern, verschleiert. Obgleich man nicht von ihm erwarten kann, daß er einen philosophischen Babysittingdienst für naive Leser aufzieht, schiene mir wirklich eine kurze Erklärung seiner Voraussetzungen fairer.

---

[16] „The survey by Shapiro and Shapiro included so few dynamic therapies (and the quality of these was so dubious) that reliable conclusions regarding comparative efficacy based even on the restricted measures used cannot be derived. The measurement of outcome was limited to the criteria and instruments of particular interest to the behaviorally oriented investigator rather than the dynamically oriented psychotherapist" (Parloff, S. 102).

10.2 Die Fragwürdigkeit der analytischen Situation als Forschungsinstrument

10.2.1 Das wirkliche Problem: die Qualität des Zusammenpassens und die Quantität der Daten

Hingegen möchte ich jetzt, nachdem ich die Hauptschläge seiner Kritik abgewehrt habe, zu einer konstruktiven Anwendung einiger seiner Ideen schreiten. Bei weitem sind diese nicht alle entkräftet und wertlos. Trotz seines Spotts und der Einseitigkeit seines Räsonnements hat er auf ein wichtiges Problem hingewiesen. Es gibt wohl kaum eine Form der Therapie, bei der Elemente der Suggestion und der Placebowirkung fehlen, und die Psychoanalyse ist dagegen nicht gefeit. Diese beiden Elemente sind notwendige, aber nicht hinreichende Ursachen, um tiefgreifende Veränderungen herbeizuführen. Die Frage ist: Was sind die spezifischen Faktoren, die bestimmte Veränderungen herbeiführen? Genau so, wie Freud in bezug auf die Verursachung der Krankheit nach einer *Hierarchie der Spezifität* fahndete – eine Hierarchie, die wir heute, wie gesagt, anders formulieren würden –, können wir versuchen, eine Hierarchie der Wirksamkeit technischer Interventionen aufzustellen.

Und darin müssen wir leider Grünbaum Recht geben: Was ist das für eine Wissenschaft, in der man sich einer solchen Kakophonie von Behauptungen und Gegenbehauptungen, Theorien und Gegentheorien ausgesetzt sieht und wo gegensätzliche Formen der Behandlungstechnik oft mit der Anmaßung und dem absoluten Wahrheitsanspruch eines Protagoras verkündigt werden? Ist dies nicht ein Skandalon, das gerade so übel ist wie das von Kant beklagte?

Das heißt, wir müssen uns fragen: Was ist die Wahrheitskraft unserer Behauptungen? Wie gültig ist unsere Evidenz? Dazu muß ich nun etwas weiter ausholen, ehe ich mich mit dem Kern der Kritik befasse.

Dies ist tatsächlich eine Frage, ein Grundzweifel, veranlaßt durch einen Mißstand, der mich seit der Zeit beschäftigt hat, als ich mich in dieses Gebiet gewagt habe. Trotz meiner eigenen damaligen Vorurteile *gegen* Freud und *für* die philosophisch weit ansprechenderen Entwürfe von Jung, Jaspers und Buber, sah ich mich veranlaßt, von dem Angebotenen das auszuwählen, was bei der Behandlung Schwerkranker half und zu beurteilen, was nicht half, und da stellte es sich bald heraus, daß es die technischen Schriften Freuds waren, die mir bei der schwierigsten Arbeit allein halfen. Durch Versuch und Irrtum – „trial and error" – gelang es allmählich, die Interventionen und Verstehensweisen, die von geringer oder keiner Hilfe oder gar schädlich waren, von denen abzugrenzen, die einen mittelmäßigen oder ausgezeichneten Effekt zeigten. Allmählich setzte ich das, was mehr wirkte, mit dem, was richtiger war, gleich. Wahrheit wurde für mich, wenigstens in diesem Bereich, ein *relativer und pragmatischer* Begriff. Doch selbst bei *einem* Patienten erwies es sich als schwierig, den Evidenzwert der gefundenen Bedeutungen zu sammeln und weiter zu vermitteln. Dasselbe beobachteten die Patienten oft selber: wenn sie, was als besondere „punctus salientes" erlebt worden waren, Verwandten oder Freunden mitteilen oder in anderen Stunden wiederholen wollten, fanden sie das oft sehr schwierig, wenn nicht ganz unmöglich. Es erwies sich als eine unglaublich schwierige Aufgabe, den Evidenzwert, den man plötzlich in einer Neuordnung von Tausenden von Informationen zu entdecken glaubt, und die affektive Wertigkeit solcher Einsicht darzustellen und anderen glaubhaft zu machen. Und doch ist es sinnvoll. Die *Qualität* der Übereinstimmung ließ sich an einer immensen *Quantität* der Daten erkennen; wie man aber diese Qualität bestätigen und mitteilen kann, ist und bleibt, wie Grünbaum zu Recht sagt, ein schwieriges methodologisches Problem.

So gibt es offenkundig etwas, das mehr Sinn vermittelt als anderes. Deutungen sind Versuche, ungezählte Daten zu *organisieren*. Sie beruhen damit auf einem Prozeß, der über das der gewöhnlichen diskursiven Logik hinausgeht. Gewisse Verbindungen leisten es, andere nicht. Gewisse konnten von mir vorausgesagt werden, die meisten aber nicht. So stellt es sich heraus, daß der Deutungsprozeß (wie in *Flucht vor dem Gewissen* sowie oben in Kap. 7 dargelegt wurde) im besten Sinne eine gemeinsame Arbeit ist, nicht die orakelhafte Verkündigung eines Meisters. Dabei handelt es sich ja v. a. um ein gemeinsames Suchen nach Antworten, und zwar eine sehr schwierige Suche, die in erster Linie darauf zielt, zerrissene Verbindungen wieder anzuknüpfen, viel mehr als die dramatische Entdeckung irgendwelcher verdrängter Erinnerungen. Ein großer Teil der Arbeit besteht in solcher Wiederanknüpfung zerrissener Bedeutungsfäden und im Wiederantreffen verborgener innerer Sequenzen und Phantasien, „an der Grenze der Wahrnehmung". Solche versteckten Sequenzen von Gefühlen und Bildern, die hinter den Oberflächenthemen des mehr oder weniger ununterbrochenen Sprechens auf des Patienten Seite liegen, lassen sich recht leicht in ihrer momentspezifischen Form bemerken, wenn man z. B. die Hauptinhalte zusammenfassend überblickt – Revue passieren läßt – und dem Patienten zu seiner „Begutachtung" vorlegt.

Damit kommt man aber nicht um die m. E. entscheidende Frage der *Qualität* herum: Es gibt gute Stunden, und es gibt schlechte Stunden, gute Perioden und schlechte Perioden; es gibt gute Therapien und schlechte Therapien, ja, und es gibt gute Therapeuten und gute Techniken und es gibt schlechte, auf lange Sicht hin schädliche, ja katastrophale Therapeuten und Methoden. Daran ist schlechthin kein Zweifel mehr möglich: die therapeutische Macht und Wirkung läßt sich sowohl zum Guten wie zum Schlechten ausüben, und ihre Stärke bezeugt sich in beiden Richtungen. Doch warum und wie? Was verleiht der Arbeit diesen Aspekt der Qualität, von gut und schlecht? Warum und wie bekommen die Patienten selbst ein Gespür dafür, was ihnen hilft und wie, welche Ziele erreicht werden, und wo das Versagen liegt? Und vielleicht am pointiertesten: Wie kann das augenblicklich besonders wirksame Hilfsmittel („expedient") zum Nachteil für die langfristige Entwicklung werden?

Eine der vordringlichsten Fragen ist daher diese: „Was habe ich falsch gemacht im einen Fall und richtig im anderen, falsch in der einen Stunde oder mit der einen Bemerkung und richtig in der anderen Stunde und mit einem anderen Wort?" Es ist diese Frage von Richtig und Falsch, die, wie ich es immer verstanden habe, Freud in dem, was Grünbaum treffend das *Übereinstimmungsargument* genannt, gemeint hat: wie *paßt* oder stimmt das, was wir finden, gerade im jetzigen Moment mit *etwas* im

Innenleben des Patienten überein? Warum ist es gerade eine von Tausenden von theoretischen Möglichkeiten, die mehr oder weniger paßt, aber nicht andere? Warum paßt es in einer Stunde, aber oft schon weniger gut in der nächsten, es sei denn, man füge etwas bei oder revidiere es etwas? Warum bleiben gewisse Einsichten über lange Strecken hin bestehen, während andere modifiziert oder sogar überholt werden? Sicherlich ist es richtig, daß die Theorie mir zeitweilig hilft, Möglichkeiten aufzuweisen, wie man die Stücke des Puzzlespiels ordnen könnte. Aber sie gibt weder mir noch dem Patienten *die* richtige und passende Antwort, sondern lediglich Wegzeichen dahin, *wo* nach einer möglichen Antwort zu suchen sei. Schließlich ist Psychoanalyse die Kunst des Spezifischen. Die klinische Theorie vermag uns bloß eine Karte der Verallgemeinerungen zu geben, nicht einen Kodex universeller Gültigkeit.

Außenstehende sind zumeist außerstande, zu verstehen, wie schwierig eine solche Therapie wirklich ist, wie oft man sich hilflos, verloren und verständnislos fühlt, ratlos in bezug darauf, was das alles bedeuten mag. Falls dann aber eine Theorie sich i. allg., und immer wieder gerade auch bei den schwersten Fällen, fähig erweist, Anhaltspunkte bei solch klinischen Aporien zu geben, während Dutzende anderer sich als unwirksam, zwar nicht als falsch, aber doch als zu wenig tiefgreifend und umfassend in solchen Krisen erweisen, so sagt dies, denke ich, viel aus über den Wahrheitswert einer solchen Theorie. In extremen, aber keineswegs seltenen Fällen kann dies wirklich zu einer Sache von Leben und Tod werden: ob man das zu finden vermag, was wirkt, oder nicht. Und was wirkt, muß subjektiven Wahrheitswert auch für den Patienten haben. Alles, was unsere Theorien behaupten können, ist also dies: dieses hat sich in mehr Krisensituationen bewährt als jenes (s. oben Kap. 7).

Heute haben wir es mit millionenfacher Erfahrung zu tun, wo sich solche Hilfe angeboten und bewährt, d. h. wo sich das „Übereinstimmungsargument“ als *relativ* tragfähig erwiesen hat. Diese praktische Seite wird von Grünbaum völlig übergangen.

10.2.2 *Der „gute Esel“ der Suggestion, die Metapher vom geführten Schaf und die Weisheit der „docta ignorantia“*

Ich wende mich nun jenem doppelten Monstrum der Suggestion und des Placeboeffekts zu, das in der Grünbaumschen Kritik bezichtigt wird, zum Einsturz der Hauptsäulen der Freudschen Theorie und Praxis geführt zu haben:

Zwar muß man dem Kritiker vollauf beistimmen, daß weder Suggestion noch andere unspezifische Faktoren wie Unterstützung, Bestätigung und gemeinsam gehegte Erwartungen je völlig eliminiert werden können; doch muß man sich beeilen, hinzuzufügen, daß tiefsinnige Autoren in unserem Gebiet es seit langem unternommen haben, diesen Einfluß zu untersuchen und, wo möglich oder wo nötig, einzuschränken. Es ist nicht eine Angelegenheit, die einen verheerenden Einfluß auf unser Gebiet auszuüben braucht, aber doch eine, die sorgfältiges Studium und technisch stets großer Aufmerksamkeit bedarf. Ich stimme Grünbaum aber völlig bei, wenn er sagt, daß dies Problem uns durchwegs verfolgt habe und wohl von den meisten Theoretikern ungenügend beachtet worden sei.

Zunächst ist die Frage aber eine der Quantität: Bis zu welchem Grad sind die Daten „verwirrt durch die Suggestion von Seiten des Analytikers" („confounded by the analyst's suggestion"; 1984, S. 277)? Wo Grünbaum Grund dafür sieht, das ganze analytische Unternehmen in den Anklagestand zu versetzen, würden die meisten Analytiker, die methodologisch gewissenhaft und undogmatisch sind, ihr berufliches Gewissen prüfen: „Wie können wir die Beeinflussung der Dynamik durch unsere Autorität weitmöglichst vermindern?"

Auch hier ist es wiederum eine Frage des Mehr oder Weniger. Im Gegensatz zu den meisten anderen Anordnungen psychologischer Versuche oder Behandlungen besteht die der Analyse gerade in der größtmöglichen Anstrengung, Suggestiveinflüsse so weit wie möglich herabzusetzen oder ganz auszuschalten. Überdies hängt es von der Kunst des einzelnen Therapeuten ab, bis zu welchem Grad er diese weiter herabzusetzen vermag: dadurch, daß er verurteilende, beschämende Bemerkungen vermeidet, durch seine Spontaneität, dadurch, daß er seine Technik und das Schweigen vorsichtig und flexibel anwendet und sich darin v. a. nach den Bedürfnissen des Patienten, nicht nach der Notwendigkeit der Reinhaltung technischer Regeln richtet. Auch so kann sich Suggestion wieder einschleichen oder mag selektiv sogar nötig sein. Sind solche Suggestiveinwirkungen unumgänglich, so hat man sich zu fragen: Wie haben sie das interaktionelle Feld bestimmt (Cremerius)?[17] Doch gibt es keine Versuchsanordnung in der Psychologie und schon gar nicht diejenigen, die von Grünbaum so extravagant gepriesen werden, die von solchen Suggestiveinflüssen frei wären. Versteht man Suggestion in so weitem Sinne wie Grünbaum, dann besitzen gewiß auch Fragebögen und alle soziologischen, epidemiologischen und experimental-psychologischen Methoden überaus eindringende Suggestivkraft. Alle ihre Ergebnisse werden von derartig unkontrollierbaren Effekten bestimmt wie die Auferlegung von Autorität durch Zwangswahlen zwischen Entweder-oder-Antworten, Quantifizierungen und entpersönlichten Versuchssituationen. Kann man allen Ernstes annehmen, daß die kalte, mechanische Weise, deren sich die „wissenschaftlich-psychologische" Forschung üblicherweise befleißigt, in ihrem durchwegs unpersönlichen, ja dehumanisierten Vorgehen, keine suggestiven Einflüsse ausübt? Sicherlich beseitigt sie *eine* Art der Kontaminierung, aber nur um diese durch eine andere, mindestens ebenso gravierende zu ersetzen.

Die Frage kann doch nur diese sein: Wie können wir solches Eindringen und

---

[17] Ich stimme völlig mit Cremerius überein, wenn er schreibt: „Es gibt bestenfalls spezifischere und weniger spezifische Operationen zur Bewußtmachung des Unbewußten. Alles, was geschieht, alles, was gegeben ist, alles, was sich verändert, alle Maßnahmen, auch das Deuten selbst, und alles, was der Patient tut oder nicht tut, ist Gegenstand in einem dynamischen Feld, das es zu verstehen gilt... Damit sind auch das Durcharbeiten und die vielen operationalen Methoden, die erforderlich sind, um aus Einsicht Veränderung entstehen zu lassen, ein ebenbürtiger Partner des Deutens geworden. Wir müssen uns jetzt nicht mehr entschuldigen, wenn wir z. B. beim Durcharbeiten erzieherische Methoden anwenden, wenn wir manipulieren und provozieren. Denn wir treten damit nicht aus der psychoanalytischen Situation heraus, werden weder Pädagogen noch Nicht-Analytiker. Vielmehr dient dies dem einen und einzigen Prozeß, das dynamische Feld so zu beeinflussen, daß Einsicht *und* Veränderung möglich werden" (S. 169 f.).

solche Verfälschung reduzieren, und wie können wir diejenigen, die unvermeidlich gegenwärtig sind, messen oder abschätzen? Ihre völlige Abwesenheit zu fordern und zu erwarten ist psychologisch naiv. Überdies sind die Resultate von Doppelblindexperimenten in Psychologie und Psychotherapie bis jetzt nicht sehr eindrücklich. Von einigen Ausnahmen abgesehen, besteht ihr Erfolg vorwiegend darin, daß sie Ungenauigkeit durch Irrelevanz ausgetauscht haben. Mir scheint, daß ihre Evidenz zwar die der Psychoanalyse ergänzt und zu ihr komplementär ist, aber ihrerseits ebensosehr „epistemisch mangelhaft" ist wie die der Analyse.[18]

Wie steht es nun in bezug auf Grünbaums Hauptvorwurf, das Ausmaß dieser doppelten Kontaminierung, die sowohl Praxis wie Theorie hoffnungslos unterminiere?

Zweifellos ist es richtig, daß ein guter Teil wirksamer Behandlung in einer vertrauensvollen Beziehung besteht – in der Erwartung auf seiten des Patienten, daß er vom Analytiker nicht gerügt oder verurteilt und bestraft werde, ferner dem Glauben, daß ihm dabei geholfen werde, aus einer bislang überwältigenden und sinnlosen Not Sinnhaftigkeit zu machen. Es mag auch spannend und von großem Anreiz sein, zusammen mit einem erfahrenen Mitmenschen nach der Antwort auf Probleme, die Jahrzehnte angedauert haben, zu suchen, Schritt für Schritt einer immer genauer passenden Lösung entgegen zu gehen und auf diese Weise einen Ausweg aus den erzwungenen Wiederholungen zu entdecken. Alle diese stellen allgemein unterstützende, unspezifische Faktoren von großem Wert dar. In dem Sinne dürften sie einer Placebowirkung entsprechen. Rechnet man außerdem die allgemeine Erwartung hinzu, daß innere Prozesse sinnvoll, nicht zufällig sind, dann ist die Basis jedes psychologischen Verstehens eine Art Placebowirkung. Das gilt freilich für die Wissenschaft schlechthin: sie geht von der A-priori-Annahme aus, daß die zu studierenden Phänomene nicht willkürlich sind, sondern nach gewissen Gesetzen und Regelmäßigkeiten ablaufen.

Andererseits kann die Erwartung, etwas, gleich was, zu finden, kaum schon selbst für die tiefen Änderungen beansprucht werden, die bei einer erfolgreichen Psychoanalyse beobachtet werden können.

Ermutigung und Versicherung sind gewiß bei erfolgreichen Behandlungen immer gegenwärtige Suggestiveinflüsse. Doch sind diese unspezifischen Faktoren wirklich das Wesentliche bei dieser Form der Therapie? Wie steht es denn mit den deutenden und abklärenden Interventionen, die zusammen das Hauptziel der Grünbaumschen Anklage ausmachen?

Wüßte ich nun tatsächlich, was dem Patienten aufzusuggerieren ist, und überreichte ich ihm dies als autoritative Deutung, so müßte man dies gewiß Suggestion nennen. Dies mag oft so praktiziert werden, ist aber eine Karikatur der optimalen

---

[18] Shevrin kommentiert: „Moreover, if you deny reality testing to neurotic patients, you cannot maintain it for experimental subjects. If Grünbaum is altogether right about the analytic clinical method, then there is no relying on reasonableness in any context... the clinical method is the only way we can be in touch with certain phenomena" (BBS, S. 258 f.).

Methode. In Wirklichkeit taste ich mich zusammen mit dem Patienten voran, von Vermutung zu Vermutung, von einer versuchsweisen Formulierung und Frage zur nächsten. Charakteristischerweise wird eine Frage von mir, wie: „Könnte es so sein, daß...?", „Wäre es gesucht, dies in folgender Weise zu verbinden...?" oder: „Haben Sie eine Idee, was dies bedeuten könnte?" vom Patienten in seiner eigenen Weise aufgegriffen und in eine bessere, passendere und überdies gefühlsnähere Deutung verwandelt. Und im Fortgang der Arbeit bleibt dies bestehen oder es fällt wieder dahin, wird modifiziert, in einen breiteren Zusammenhang gerückt usw. (s. oben, Kap. 7).

Kann der als Deutungsprozeß skizzierte komplizierte Prozeß wirklich gültig dem Begriff der Suggestion untergeordnet und durch ihn befriedigend erklärt werden? Das Bild, das Grünbaum vorzuschweben scheint, ist das des Analytikers, der die Antworten schon a priori kennt und dies Wissen nun so anwendet, daß er den Patienten wie ein Schaf hinter sich her führt. In Tat und Wahrheit ist es doch vielmehr so, daß der Analytiker sich oft zunächst eher verwirrt und mit Fragen überwältigt sieht, aus denen er die wohl momentan hilfreichste auszuwählen sich bemüht, um Ordnung in der ungeheuren Vielfalt zu schaffen.

Die von Grünbaum entworfene Indoktrinierung und deren Wirksamkeit scheint mir nichts weniger als phantastisch zu sein. Wenn er die Kunst kennt, wo man Suggestion mit solcher Heilwirkung anzuwenden vermag, möchte ich diese gerne von ihm erlernen; sie würde meine Arbeit gewiß unermeßlich abkürzen.

Meine Antwort besteht daher in der Gegenfrage: Wie vermag ich durch Suggestion zu wirken, wenn ich nicht einmal weiß, was ich zu suggerieren habe? Jedes Individuum ist für mich ein großes Rätsel, bei dessen allmählicher Lösung ich wahrhaft hoffe, viel Neues zu lernen und herauszufinden, während ich ihm helfe, dasselbe zu tun. Es ist eigentlich eher meine wissenschaftliche Neugier, die zum Problem werden könnte, als der Wunsch suggestiv zu wirken.

Dazu kommt ein noch schwerwiegenderer Einwand gegen Grünbaums „Erklärung": Psychoanalyse ist letztlich und im wesentlichen immer ein ärztliches, auf Heilung zielendes Eingreifen. Die vordringlichste Notwendigkeit liegt darin, herauszufinden, was wirkt, warum und wie. Darauf kommt man immer wieder zurück, in der Form von 1000 Hypothesen: „Wir wissen die Antwort noch nicht, doch wie können wir einen Sinn in dem finden, was sich als so schwierig erweist, für Sie im Durchleben, für uns im Verstehen?" Wenn diese *docta ignorantia* auch noch Suggestion ist, wie unterscheiden wir sie dann von der Wald- und Wiesenvarietät, von der Art: „Ich weiß die Antwort schon, und ich sage sie Ihnen; glauben Sie mir einfach, und alles wird schon gut werden!", jener Art, die von den meisten Internisten und Chirurgen ihren Schützlingen zugemutet wird.

Nähmen wir diese Gleichsetzung an, fügten wir dann in unserem Wortschatz nicht noch einen weiteren allgemein anwendbaren Sammelbegriff all den anderen hinzu, die schon unser Gebiet überwuchern? Ich fände es in der Tat eine zweifelhafte Errungenschaft und eine fragwürdige wissenschaftsphilosophische Leistung, etwas, das präziser, differenzierter und von größerer erklärender und klinischer

Brauchbarkeit ist, zu verwerfen und an seine Stelle etwas zu setzen, das so ungenau, global und wenig durchstudiert ist wie dieser „Omnibusbegriff".[19] Und damit wären wir immer noch mit dem wirklich wichtigen Problem konfrontiert, wie schlechte von guten Suggestionen, wirksame von unwirksamen zu scheiden sind. Und warum nur 1 aus 1000? Warum sollten wir das besser Bekannte durch das weniger Bekannte erklären? Dies sind alles Fragen, die von Grünbaum vertuscht oder übersprungen werden.

Bestimmt gibt es keinen Eingriff, keine Stunde, kein Fallbeispiel, die immun gegen den Faktor der Suggestion wären, gegen die Ausnützung des Wunsches auf seiten des Patienten, dem Analytiker als einer Autorität zu Gefallen zu leben – insofern hat Grünbaum Recht. Aber Freuds Übereinstimmungsargument findet seine beste Begründung in der fortwährend gemachten Beobachtung, daß sich angesichts der Konstanz dieses Faktors eine immense Variabilität von Annahmen anbietet, unter denen einige wenige oft unerwarteterweise zutreffen, manche anderen oft ebenso unerwarteterweise fehlschlagen. Der Wunsch, der Autorität zu gefallen, erlaubt natürlich keine derartige Differenzierung.

Nichts ist daher erklärt oder verstanden, wenn man die Last dieses Problems dem geduldigen Esel Suggestion auflädt.[20] Grünbaum beantwortet die gestellten Fragen nicht, außer daß er an einer Stelle zur strahlenden Lösung der „Kongenialität" (S. 148) greift. Dadurch wandert er ganz bewußt um eine der wichtigsten Fragen des ganzen Gebietes herum. Auf solchen Tiefsinn hatte Horaz die treffende Antwort: „Parturiunt montes, nascetur ridiculus mus!"

Es sei auch noch angemerkt, daß eine bedeutende Schwierigkeit darin besteht und gerade die Kunst in der Analyse ausmacht, die positive Übertragung nicht auszunützen, sondern an jeder Form der Übertragung zu arbeiten, wo solche Arbeit mit Takt und tieferem Verstehen vereinbar ist. Indem man dabei von der Suggestion spricht, verschiebt man dieses schwierige praktische Problem, ohne es zu lösen.

Ist man jedoch davon überzeugt, daß Suggestion und Placeboeffekt eine solch schreckliche und verderbliche Kontaminationsmacht auf Wahrheitswert und Beweiskraft ausüben, wie es Grünbaum darstellt, dann ist man dazu verpflichtet, Methoden vorzuschlagen, diese doppelte Gefahr zu mindern, eine Verpflichtung übrigens, die Grünbaum entschieden von sich weist: „That is your problem, not mine!" Mir scheinen unabhängige Untersuchungen sorgfältig aufgezeichneten Materials weit in dieser Richtung zu gehen.

---

[19] „Aufgrund der bisherigen Ergebnisse der prozessual orientierten Therapieforschung kann für die zukünftigen verfeinerten Untersuchungen die Voraussage gemacht werden, daß sich die Omnibusbegriffe Suggestion und Einsicht in ein breites Spektrum kommunikativer Prozesse auflösen werden" (Thomä u. Kächele 1985, S. 381).
„So little is known about the effects of suggestion or the power and nature of the placebo effect that devout Freudians might be poorly served by following Grünbaum's suggestion that this technique [the analysis of transference] has not stood the test of empirically based research" (Caplan, BSS, S. 229).

[20] „... the element of ‚suggestion' is neither the exclusive nor even the most salient aspect of the nonspecificity hypothesis" (Parloff, S. 107).

In bezug auf die von vielen kritisch erwähnte und auch von Grünbaum zitierte „Hervorrufung" („eliciting") von theoriekorrespondierendem Material – daß der Patient aus Gefügigkeit dem Jungianer Archetypen, dem Freudianer den Oedipuskomplex, dem Kohutianer narzißtische Spiegelungen und dem Kleinianer Spaltungen und projektive Identifizierungen anbiete – möchte ich eine etwas andere Ansicht vorlegen: Meine klinische Erfahrung zeigt eigentlich immer wieder, daß die von den verschiedenen Schulen als beweisend reklamierte Evidenz ubiquitär ist. Ich glaube, es sei nicht so sehr eine Sache der selektiven und suggestionsbedingten Mobilisierung, sondern eher eine Frage, ob man als Therapeut dabei wonneschmunzelnd stehen bleibt, da man nun das Gesuchte – die „Ursache" – aufgefunden zu haben meint – also am Ende, am Ziel des gemeinsam beschrittenen Pfades, angelangt ist –, oder ob man die Suche weiterführt.

Entscheidend ist erst, was auf längere Sicht, bei alternativen Arten des Vorgehens, als Ergebnis sich ergibt. Dies ist daher nicht so sehr eine Angelegenheit, die der Fügsamkeit auf seiten des Patienten zuzuschreiben ist, als vielmehr eine, die davon bestimmt wird, was der Therapeut als *ausreichend* betrachtet. Die Frage ist, ob das bestimmte Material alles sei, was man als wesentlich ansieht und anwendet, also ob man es als den Mittelpunkt sowohl der Neurosengenese wie der therapeutischen Wirksamkeit ansehe, oder ob man es lediglich als ein Zwischenglied betrachte. Die Gefügigkeit des Patienten tritt erst da ins Spiel, wo er sich anscheinend verändert, da er sich zum Glauben an die *Erklärungskraft* des Gebotenen genötigt fühlt. Und in dem Falle ist es dann freilich die Suggestion, die ihr Hexenwerk treibt. Auf seiten des Therapeuten handelt es sich um das vorher schon angemerkte Taschenspielerstück der Transformierung des Beschreibenden ins Erklärende. Nur große Vorsicht und intellektuelle Ehrlichkeit, nur Zurückhaltung und Takt verhindern es da, daß der von seiner Theorie Beglückte diese Zauberei vermeidet.

Zum Abschluß dieser Gedankengänge zur Frage der Suggestion und der Natur der therapeutischen Interaktion möchte ich erwähnen, daß es freilich einen anderen Faktor von größter Bedeutsamkeit gibt, der weder Suggestion, noch Placeboeffekt, noch Übertragung ist – und das ist die Auswirkung der Persönlichkeit des Therapeuten. Diese ist vielleicht der allerwichtigste und mächtigste der unspezifischen Faktoren – die Summe von Eigenschaften wie menschliche Wärme, Interesse am Individuellen und Spezifischen, Wille und Fähigkeit zuzuhören, Fähigkeit, große Bedeutungsbögen zu erfassen, und Begabung, Metaphern treffend, gerade richtig zu brauchen. Wie eine solche *Qualität* der Persönlichkeit abzuschätzen ist, die dann umgekehrt die Qualität all dessen, was er tut, bestimmt – das freilich beansprucht die Erfindungsgabe des Experimentalphilosophen über Genüge.

10.3 Die Frage der Verifizierung und die Metapher der Reinheit

> „Das System ist nicht so sehr der Ausgangspunkt als das Lebenselement der Argumente."
> (Wittgenstein 1969/ 1972, S. 16)

In der Wissenschaft ist es das Vordringlichste, den schon eroberten Bereich zu pflegen und gegen das Wiedereindringen des Urwalds zu schützen, sagte Waelder.[21] Im folgenden gebe ich kein volles Programm für eine solche von Grünbaum verlangte Verifizierung, sondern verknüpfe lediglich seine sich darauf beziehenden Gedanken mit dem Hauptthema meines Buches. Andere, wie Edelson und Thomä u. Kächele, haben den Versuch in eindrucksvoller Weise unternommen.

Grünbaum postuliert, daß, während die klassische analytische Situation ausgezeichnet daraufhin angelegt sei, klinisch wertvolles Wissen und theoretische Begriffe zu entwickeln, deren endgültige Verifizierung strikterer Methoden als der der analytischen Praxis bedürfe.

Ich stimme mit ihm darin überein, daß die klassische Behandlungssituation einen ausgezeichneten Wert für die Erzeugung – „generating" – klinischer Hypothesen, fruchtbarer Erfahrung und theoretischer Begriffe besitze; daß sie indes für die Verifizierung des Erlangten stringenterer Verfahren bedürfe. Doch fragt man sich: Muß man dabei denn gleich und notwendigerweise auf außerklinische Methoden zurückgreifen, wie dies von Grünbaum postuliert wird (doch kommt er auf S. 245 und 265 f. nahe an das, was ich hier meine)? Wie ausgeführt, glaube ich, daß eher das Gegenteil der Fall ist: Einzig die Objektivierung und Systematisierung dessen, was spezifisch psychoanalytisch – also „intraklinisch" – angestrebt und geleistet wird, ist der dieser Methode und der zu ihr gehörenden theoretischen Modelle angemessene Prüfungsgrund.

Weit genauer und gewissenhafter als von Grünbaum wird jedoch die Kritik der Wissenschaftlichkeit, namentlich der Verifizierung, von Thomä u. Kächele (1985) ausgeführt, wenn sie zum Abschluß des 1. Bandes ihres Lehrbuches schreiben:

> Es ist also ein sehr hoher Anspruch, psychoanalytische Forschung in der psychoanalytischen Situation... mit dem Heilungsinteresse verbinden zu wollen. Dieser Anspruch muß unerfüllt bleiben, wenn sich der Analytiker nicht der voneinander unabhängigen Komponenten *Heilung*, *Gewinnung* neuer Annahmen, *Prüfung* von Annahmen, *Richtigkeit* von Erklärungen und *Nützlichkeit* von Wissen bewußt ist (S. 383).

Die 1. und 5. ihrer Komponenten beziehen sich auf *praktische* Belange, die 2. auf *heuristische* Ziele und die 3. und 4. auf die Beweisführung, in Grünbaums Vokabular, auf *probative* (beweisführende) Ziele. Alle 5 sind integrale Teile der wissenschaftlichen Arbeit. Keine soll angeschwärzt, keine soll dann, wie es oft bei Grünbaum mit großer rhetorischer Macht geschieht, mit Epitheta wie „gräßlich mangelhaft, verheert und verwüstet" versehen werden, wenn nur eine oder zwei

---

[21] „In science, as in most other affairs, we should first try to keep what we already have – cultivate the land that has been cleared and guard it against a return of the jungle and against corrosion – and then try to improve on it or to enlarge it" (Waelder 1960, S. X).

dieser Komponenten vorhanden oder überhaupt gegenwärtig durchführbar sind.

In diesem Sinne behaupten denn auch Thomä u. Kächele (1985) von der Forschung, daß „die Gültigkeit der psychoanalytischen Theorie von der Entstehung seelisch (mit)bedingter Erkrankungen nicht mit denselben Kriterien geprüft werden kann wie die Theorie der Behandlungstechnik" (S. 368). Das eingehende methodenphilosophische Studium dieser schwierigen Fragen, die durch Grünbaums radikale Herausforderung ganz ins Zentrum des Interesses gerückt sind, führt zur Schlußfolgerung, daß „es voreilig wäre, Zusammenhangsbehauptungen von wahrer Einsicht und therapeutischem Erfolg als gesichert (und quasi naturgesetzlich) anzunehmen" (S. 381). Nicht jede analytische Therapie sei schon eo ipso Forschung, so wertvoll sie auch für die Generierung von Annahmen und für Zwecke der Heilung sein möge. Auch gebe es Aspekte der Theorie, die ihre Klärung erst durch Untersuchungen außerhalb der psychoanalytischen Behandlung und deren systematischen Erforschung finden werden (S. 382).

So kann denn der erkenntniskritisch gewissenhafte Psychoanalytiker Grünbaum sehr wohl darin beipflichten, daß die klinische Situation als solche noch nicht der Schmelztiegel ist, in dem das pure Gold der bewiesenen wissenschaftlichen Wahrheit zu finden ist. Wäre dies der Fall, dann müßten wir uns nicht mehr um die Plethora von Schulen, nicht mehr um die widersprüchlichen Behauptungen in bezug auf Wahrheit und richtige Technik scheren. Wir benötigen offenbar etwas, das über die analytische Praxis hinausgeht, um die Ansprüche zu verifizieren.

Doch kann er sich wohl mit Grünbaum nicht einverstanden erklären, daß wir dafür ausschließlich auf außerklinisches Material, namentlich epidemiologische Untersuchungen, für solche Bestätigung oder Widerlegung zurückgreifen müssen. Auch wird er mit Grünbaum kaum übereinstimmen, wenn dieser meint, daß, solange wir nicht solchen schlechthin gültigen Beweis haben, das meiste ungültig und unwiderruflich kontaminiert sein müsse.

In Anbetracht der Vehemenz seiner Kritik und seiner Forderung nach wahrhaft wissenschaftlicher Überprüfung wird er es auch überaus überraschend und mit der intellektuellen Unparteilichkeit kaum vereinbar finden, daß Grünbaum weder die umfassenden, systematischen, kontrollierten Forschungsprogramme, die das klinische Prozeßmaterial und die Behandlungsergebnisse untersuchen (Thomä u. Kächele, Luborsky, Sampson und Weiss u. a. m.) noch die überaus eindrückliche klinische und außerklinische Erforschung der Frühkindheit wie auch der späteren Entwicklungsstadien, die unser Verstehen in den letzten Jahren revolutioniert haben (man denke dabei v. a. an die Arbeiten von Stern und Lichtenberg), überhaupt erwähnt.

In bezug auf die ersteren bemerkt Thomä richtig: „Entscheidend ist, daß er die klinische und psychologische Forschungsmethodologie nicht kennt, die in der kombinierten Verlaufs- und Ergebnisforschung ausreichend viele Parameter und Variablen erfaßt, um die vielfältig abhängige ‚necessary condition thesis' zu beweisen" (persönliche Mitteilung). Selbst mit einer solch kombinierten Methode von Prozeß- und Ergebnisforschung ist es zwar keine einfache Aufgabe, aber auch keineswegs hoffnungslos, von der Gewinnung von Hypothesen, vom Auffinden möglicher Verbindungen und von der Untersuchung der therapeutischen Wirksamkeit allmählich zu einem Niveau der wissenschaftlich wohl begründeten Wahrheit voranzuschreiten.

Zudem haben namentlich die letzteren, die Forschungen der Frühkindheit, manches an der analytischen Theorie bestätigt, manches andere sehr unwahrscheinlich gemacht. Die auch wissenschaftsphilosophisch überaus wichtige Frage ist jedoch, wie man die klinische Erfahrung mit jenen anderen Erfahrungsgruppen theoretisch in Einklang bringen könnte.

Zwar entstammen die letzteren dem von ihm allein gewürdigten extraklinischen Bereich, aber das kann doch wohl nicht von der ersten Art behauptet werden. Von beiden Seiten findet sich eben die erstaunliche Konvergenz („consilience"), von der er immer wieder spricht, sie aber als eine leere „promissory note" in der Analyse ansieht.[22]

Dafür verspricht er sich um so mehr von epidemiologischen Untersuchungen; doch wären diese ungefähr so wertvoll wie die Nachprüfung der „Stringtheorie" in einer Textilfabrik.[23]

Das für mich und diesen Zusammenhang Wesentliche besteht freilich darin, daß auch mit den erwähnten kombinierten Prozeß- und Ausgangsforschungen sich bei den Kindheitsbeobachtungen *keine absolute Wahrheit* entdecken läßt und wir dabei immer mit bloßen Wahrscheinlichkeiten (mit einem „Mehr-oder-weniger-sicher") auskommen müssen. Es ist auch so keine einfache Aufgabe, von der Erzeugung von Hypothesen, dem Auffinden wahrscheinlicher Verbindungen und dem Studium therapeutischer Wirksamkeit auf ein Niveau befriedigender wissenschaftlicher Wahrheit zu gelangen.

Die mit beiden Verfahrensgruppen erzielte wissenschaftliche Erkenntnis der „Wahrheit" mag schließlich näher der in der Soziologie oder den Geschichtswissenschaften als der in der Physik oder Biologie erreichten sein.[24] Der *Absolutismus scheint mir gleichermaßen eine Verletzung der Wahrheit zu sein*, trete dieser nun in Gestalt eines Methodenpurismus in der Analyse, in der einer unkritischen Annahme von Beobachtungen als Prinzipien der Erklärung in der Therapie oder als philosophischer Purismus in der Erkenntniskritik auf. „There is always an easy solution to

---

[22] Masling kommentiert: „My only disappointment with Grünbaum's book is its failure to make explicit how much experimental evidence relevant to the merit of the theory is already available... Psychoanalytic theory has proved, perhaps unexpectedly, to be extraordinarily heuristic" (BBS, S. 250). Kline weist auf die „more than 1000 objective studies of psychoanalytic theories" hin und tadelt Grünbaum dafür, er habe „a poor grasp of experimental psychology" (BBS, S. 246). Grünbaum antwortet auf diesen Einwand, ich glaube, wiederum *pars pro toto*, mit dem Hinweis auf seine divergente Bewertung einzelner Forschungsergebnisse in bezug auf die Psychodynamik der Paranoia and die Traumtheorie.

[23] „The inadequate status of epidemiological data concerning therapeutic efficacy in most areas of medicine should give the defenders of the Freudian enterprise pause before they yield to Grünbaum's critique of this element of the tally argument" (Caplan, BSS, S. 229).

[24] Unsere Evidenzfindung ist der archäologischen sehr ähnlich, wie sie vom Staatsarchäologen von Florida, Miller, beschrieben wird: „Truth in archeology is usually an *accumulation of supporting evidence*" (*New York Times*, 19. Mai, 1987, C 3).

every human problem – neat, plausible and wrong“ (HL Mencken, zit. nach *Baltimore Sun*, 28. Februar, 1988, S. 6 E; ich zitierte den Satz in *Flucht vor dem Gewissen*, S. 4, aus dem Gedächtnis). Wir haben es nicht mit absoluter Sicherheit, sondern mit *wahrscheinlichen Verknüpfungen und Beziehungen* zu tun, eben wie in der Geschichte und der Archäologie.

Es überrascht dann um so gewaltiger, wenn man von Grünbaum belehrt wird, die Evidenz gerade in der Archäologie sei „unvergleichlich besser geprüft und unterstützt“ als in der Psychoanalyse und überdies auch noch, im schroffen Gegensatz zu dieser, epistemologisch „rein“, d. h. „unkontaminiert“ („incomparably better tested and supported“ und epistemologisch „uncontaminated“, S. 275). Betrachtet man die Kontroversen in Bezug auf Herkunft und Kulturschaffen der Etrusker, auf den Zeitpunkt des Exodus, auf die Sprache und geographischen Hinweise in den Ebla-Dokumenten oder auf die Heimat der Indoeuropäer, und beobachtet man die dabei aufgewirbelten Leidenschaften, so käme man gewiß, würde ich meinen, zu einer gegenteiligen Schlußfolgerung.

Der Wahrheitswert der Psychoanalyse kann nicht durch die Untersuchung dessen, was Freud oder die Theorie behauptet, entdeckt und einem wissenschaftlichen Beweis näher gebracht werden, sondern allein dadurch, daß man die therapeutischen Daten selbst daraufhin *studiert*, inwieweit sie uns Evidenz für die postulierten Phänomene von *cessante causa cessat effectus* liefern. Wie schon erwähnt, besitzen so viele Deutungen geringen, keinen oder sogar einen negativen Wirkungswert und müssen daher als falsch beurteilt werden. Andere wenige passen, treffen und vermögen eine plötzliche Veränderung herbeizuführen.

Die Fragen der philosophischen Kritik, die – wie die Grünbaums – die Grundlagen selbst bezweifelt (namentlich seine Behauptung, daß alle analytischen „Erkenntnisse“ hoffnungslos durch Suggestion „kontaminiert“ seien), lassen sich, wie Thomä u. Kächele (1985) dargelegt haben, nur auf dem Boden empirischer Prozeßforschung, nicht im Rahmen philosophischer Diskussionen entscheiden. Überdies werden sich die Omnibusbegriffe „Suggestion“ und „Einsicht“ wohl in ein breites Spektrum kommunikativer Prozesse auflösen lassen (S. 381). Die Antworten auf solche Fragen werden v. a. erst durch die exakte Erforschung der Veränderungsprozesse in der psychoanalytischen Therapie gefunden werden.

Über das spezifische Vorgehen, den Kausalverbindungen nachzuspüren – eben die Prüfung der Beobachtungen von *cessante causa cessat effectus* –, anhand von objektivierbaren Materialuntersuchungen – genauer von „guten“ und von „schlechten“ Stunden, am ehesten anhand von stenographischen oder Tonbandaufnahmen – habe ich in *Flucht vor dem Gewissen* (Kap. 1) genügend berichtet. Die Frage dabei ist nicht: Sind diese Theorien wahr?, sondern: Wie erklären wir, daß schwere und komplizierte Neurosen nach bestimmten, oft sehr präzisen, sicher nicht willkürlichen Eingriffen gelöst oder doch zumindest stark modifiziert werden können, während sie zu anderen Zeiten und bei anderen Interventionen sich als völlig resistent oder sogar negativ beeinflußt erweisen? Was ist die am meisten befriedigende Erklärung für den Erfolg und für das Versagen bei jedem einzelnen Fall?

Andererseits verleiht dies dem Patienten noch keineswegs eine „epistemische

Herrschaft", wie Grünbaum behauptet (nämlich daß der Patient in der Psychoanalyse zum Alleinrichter über die Wahrheit erkoren werde); diese ist vielmehr der Dyade, dem Zweierteam von Patient und Therapeut, zuzusprechen, und auch der nur auf die lange Sicht. Beide sind aktive Teilnehmer, beide sind Beobachter. Auch bedeutet Erfolg in dieser begrenzten Form noch nicht automatisch, daß ein unwiderlegbarer Beweis für die hergestellten Zusammenhänge erbracht worden sei; doch darf ihm damit auch nicht alle Beweiskraft abgesprochen werden.

Sicher ist es sehr schwierig, vielleicht sogar prinzipiell unmöglich, die Gründe für die Einzelerfolge mit dem individuellen Patienten zu objektivieren und zu verifizieren, also die individuell gefundenen Wahrheiten zu „beweisen", diese dann auf andere Individuen mit „Sicherheit" zu extrapolieren, von diesen wiederum in Form von klinischen Theorien der erfaßten Verbindungen zu verallgemeinern, und von da zu einer allgemeinen Theorie der Verknüpfung von Ursache und Wirkung zu gelangen.

Und da hat m. E. Grünbaum Recht: der Wissenschaftsanspruch der Psychoanalyse steht und fällt mit diesem letzten Postulat, dem der *Kausalitätserklärung*, wie ich schon eingehend in Kap. 7 dargelegt habe. Daß er uns mit großer Intensität darauf aufmerksam macht, ist sein bedeutendes Verdienst und auch die einzige Rechtfertigung, warum meine Auseinandersetzung mit ihm einen so hervorragenden Platz in diesem Werk finden kann. Erst auf dieser Ebene stoßen wir zum eigentlichen Sinn, dem größeren Bedeutungszusammenhang vor.

In der Tat halte ich diesen Punkt für entscheidend, wenn die Psychoanalyse ihre Respektabilität als eine Form der wissenschaftlichen Forschung und der therapeutischen Hilfeleistung beibehalten will. Daß diese Fragen mit ihrer ganzen Schärfe neu gestellt werden, dafür kann die Psychoanalyse, trotz aller Vorbehalte, Grünbaum dankbar sein.

Doch in bezug auf alle diese Fragen von Validierung und Verifizierung, damit die des *Beweises* (der von Grünbaum mit besonderer Dringlichkeit gestellten Forderung nach „probative value"), haben wir es nochmals nicht mit Fragen des „Entweder-oder", sondern mit solchen des „Mehr oder Weniger" und des „Sowohl-Als-auch" zu tun. Die Insistenz auf Beweis, die Abweisung der analytischen Theorie als unbewiesen und letztlich in ihrer Praxis als unwissenschaftlich, zwingt uns, die Frage nach der dieser Kritik zugrundegelegten Philosophie aufzuwerfen.

> Wir sind dann, wie im Falle der Rechtspflege, auf Indizien angewiesen, welche uns eine Entscheidung einmal mehr, ein andermal weniger wahrscheinlich machen können... Es wäre ein Irrtum zu glauben, daß eine Wissenschaft aus lauter streng bewiesenen Lehrsätzen besteht, und ein Unrecht, solches zu fordern. Diese Forderung erhebt nur ein autoritätsüchtiges Gemüt, welches das Bedürfnis hat, seinen religiösen Katechismus durch einen anderen, wenn auch wissenschaftlichen, zu ersetzen. Die Wissenschaft hat in ihrem Katechismus nur wenige apodiktische Sätze, sonst Behauptungen, die sie bis zu gewissen Stufengraden von Wahrscheinlichkeit gefördert hat. Es ist geradezu ein Zeichen von wissenschaftlicher Denkungsart, wenn man an diesen Annäherungen an die Gewißheit sein Genüge finden und die konstruktive Arbeit trotz der mangelnden letzten Bekräftigungen fortsetzen kann (Freud 1916/1917, GW 11, S. 44 f.).

10.4 Die philosophische Grundfrage – relative und absolute Wahrheit

„Ich habe aber eine starke Abneigung
gegen Vereinfachungen auf Kosten der Wahrheitstreue."
(Freud, *GW 11*, S. 291)

Die Frage, was Forschung und Verifizierung sei, führt zurück auf die nach der „wissenschaftlichen Methode", und damit darauf, was die Natur des Wissens und die Kriterien von Validität und Beweis sind. So kann die Praxis der psychoanalytischen Forschung nicht umhin, sich wie letztlich alle Wissenschaften auf eine philosophische Grundlage zu stellen. Wissenschaft schreitet nicht allein, vielleicht nicht einmal hauptsächlich, durch die Entdeckung neuer Fakten voran, sondern dank epistemologischer Durchbrüche.[25]

Daß dabei eine Dialektik von epistemologischem und wissenschaftlich-faktenorientiertem Denken besteht, wurde von Cassirer in seiner Einstein-Monographie von 1921 betont.[26]

10.4.1 Das pragmatische Kriterium der Wahrheit

„Aber das Ende ist nicht die unbegründete Voraussetzung,
sondern die unbegründete Handlungsweise."
(Wittgenstein 1969/1972, S. 17)

Grünbaums Werk kreist um die Frage: Was ist beweiskräftig, probativ? Es endet mit der Antwort: Beweis kann nur außerklinisch gefunden werden. Die Frage ist damit: Was kann und soll nun als wirklich beweiskräftig angesehen werden? Daher: Was ist der Standard der Wahrheit? Seine Antwort scheint zu sein: Wahrheit ist die eindeutige, nicht von anderen Faktoren kontaminierte Erkenntnis der Kausalität.

Wie gesagt muß man ihm darin beipflichten, daß weit höhere Ansprüche an die Beweiskraft analytischer Feststellungen zu stellen sind, als dies gemeinhin geschieht.

Auch hat er Recht, wenn er wiederholt behauptet, daß die Fragen der therapeutischen Veränderung und der Wirksamkeit der Therapie nicht von den Fragen über die Validität der Theorie getrennt werden können. Und es ist auch richtig, daß das

---

[25] „According to the history of science, the long-term rewards of successful speculation have been the setting-up of new frameworks with fundamental ideas and the integration thereby of apparently disconnected branches of science. Men such as Newton, Maxwell, Darwin and Einstein are known primarily not as great experimenters or observers, but as critical and imaginative creators of new intellectual systems. This group, of course, also includes Freud" (Guttman, 1965, S. 132).

[26] „The general theory of relativity seems herein to be only the ultimate consequence of an intellectual movement which receives its decisive motives equally from epistemological and physical considerations. The working together of the two points of view has always come to light with special distinctness at the decisive points in the evolution of theoretical physics" (S. 353).

Übereinstimmungsargument, wie schon Freud selbst bemerkt hat, Spalten aufweist, in die man hinein fallen kann. Offenkundig besteht eine Verknüpfung zwischen Behandlung und Forschung, nach Freud (1927) ein „Junktim zwischen Heilen und Forschen". Daß dies Junktim nicht automatisch und selbstverständlich ist, haben Thomä u. Kächele wiederholt und scharf herausgearbeitet. Grünbaum geht auch so weit zuzugeben, daß die analytische Theorie, wenngleich nicht bewiesen, doch heuristisch wertvoll sein möge. Dies Eingeständnis wird freilich, so scheint es wenigstens mir, von den mannigfachen Entwertungen und Verspottungen wieder zunichte gemacht.

Jetzt nehme ich diese Frage der Verbindung von Heilen und Forschen in einem neuen Zusammenhang auf, nämlich dem des prinzipiellen philosophischen Dilemmas: ob man das Problem der wissenschaftlichen Wahrheit dogmatisch oder pragmatisch angehen solle – ob sie absolut, d. h. von unseren Erkenntnisbedingungen unabhängig, oder aber relativ zur Methode und zur Nützlichkeit der gewonnenen Einsichten für den Gewinn weiterer Erkenntnis sei.

Stellen wir die Frage anders, heißt sie: Sollen wir wirklich so entmutigt und zynisch in bezug auf die wissenschaftlichen Probleme der Psychoanalyse sein? Müssen wir uns als Stiefkinder der Philosophie und als anmaßende Usurpatoren von Wahrheit und Erkenntnis betrachten, die es verdienen, mit dem „Kanon" ehrlicher Wissenschaftlichkeit gezüchtigt zu werden?

Blicken wir ein wenig über den Gartenzaun, der uns von unseren Nachbarn trennt.

In der Wissenschaftsausgabe der *New York Times* vom 11. Februar 1986 liest man: „Sogar nach 60 Jahren intensiven Überprüfens, Experimentierens und Debattierens scheinen die Quantenphysiker, die sich darum bemühen, die Fragen über die Natur der Wirklichkeit zu beantworten, einer schlüssigen Übereinstimmung nicht näher gekommen zu sein."[27]

Wie tief fragwürdig die Begriffe der Objektivität, der Kausalität und des logischen Kanons in einem Gebiet, das immer als Vorkämpferin wissenschaftlicher Genauigkeit gegolten hat, geworden sind, wird aus den folgenden Zitaten noch ersichtlicher:

Henry (1986) schreibt:

> Wir sind bei zwei logisch gewissen und völlig gegensätzlichen Schlüssen angelangt. Jedes Photon passiert beide Wege; jedes Photon passiert nur einen Weg... Das untersuchte Objekt ist ein Gespenst... In anderen Worten, das Bild einer Außenwelt, das jeder von uns aus unseren täglichen Beobachtungen aufbaut, ist trügerisch. Es gibt keine objektiv existierende Außenwelt; es gibt lediglich unsere Beobachtungen selber und Muster solcher Beobachtungen.[28]

---

[27] „Even after some 60 years of intense scrutiny, experimentation and debate, the quantum physicists concerned with answering such questions (about ‚reality') seem no closer to conclusive agreement than ever."

[28] „We have come to two logically certain and completely opposite conclusions. Each photon goes around both ways; each photon goes around one way only.... the object in question is a

Einer der bedeutendsten Physiker unserer Zeit, Wheeler, führt zum selben Thema aus:

> Zeit und Raum sind Weisen, gemäß denen wir denken, nicht Bedingungen, unter denen wir leben... Die meisten Gebiete, deren Erkundung im Pionierstadium steht, sind nicht genügend erkundet, daß sie völlig einer logischen Analyse zugänglich sein könnten. In solchen Gebieten gilt, was Charles Kettering einst gesagt hat: „Hüte dich vor der Logik. Logik ist eine organisierte Weise, mit Selbstvertrauen fehlzugehen." Vielmehr muß man an ein anderes menschliches Vermögen appellieren, das des Urteils – welches sich gewöhnlich die Intuition zu Hilfe rufen muß... Mag das Universum in einem seltsamen Sinn erst durch die Teilnahme der Teilnehmer zum Dasein gebracht werden? ... Der vitale Akt ist der Akt der Teilnahme... Welche Wahl wir treffen, hat einen unwiderruflichen Einfluß darauf, was von da an geschehen wird. Wir sind von Beobachtern zu Teilnehmern befördert worden. In einem merkwürdigen Sinne ist dies ein partizipatorisches Universum.[29]

Um nun wieder auf die Polemik von Grünbaum zurückzukommen: diese beruht auf einer grundlegenden und zentralen philosophischen Fragestellung: Was bedeutet wissenschaftliche Wahrheit? Meint diese das, was mit beträchtlicher Wahrscheinlichkeit innerhalb gewisser Bedeutungszusammenhänge und praktischer Anordnungen hilft? Oder kann sie nur dann anerkannt werden, wenn sie solch strikten Regeln des „eliminativen Induktivismus" oder der Verfälschbarkeit folgt, wie er sie zu vertreten scheint?[30]

---

ghost.... In other words, the picture of an ‚external world' that each of us builds up from our daily observations is a fraudulent one. There is no objectively existing external world; there are simply our observations themselves, and patterns among those observations... Elucidating the nature of the patterns in the observations is the business of physics, and of biology, and of science in general..." (S. 13).

[29] „... time and space are modes by which we think, not conditions in which we live... Most fields of pioneering endeavor are not well enough surveyed to be entirely accessible to logical analysis. In such fields, as Charles Kettering... once put it, ‚Beware of logic. Logic is an organized way to go wrong – with confidence.' One has rather to call on another human faculty, judgment – which generally has to call intuition to its help... May the universe in some strange sense be ‚brought into being' by the participation of those who participate?... The vital act is the act of participation... What choice we make has an irretrievable influence on what will happen from then on. We have been promoted from observers to participators. There is a strange sense in which this is a participatory universe" (1985, S. 31 f.).

[30] Edelson definiert diese epistemologische Richtung wie folgt: „Eliminative inductivism is a name for the view that evidence shall count as support for a hypothesis, shall confer scientific credibility upon a hypothesis, only if:
a) the evidence is entailed by, is deducible from, or is a positive instance of, the hypothesis (that the evidence confirms the hypothesis is necessary, but not sufficient, for it to count as support for the hypothesis);
b) the evidence justifies preferring the hypothesis to some other rival hypothesis (that is, justifies believing the hypothesis rather than this rival);
c) the evidence has been obtained in a way that eliminates from consideration plausible alternative explanations, which otherwise might have been held to account for it" (1984, S. 4 f.).
In dieser Formulierung scheint mir die an die Wissenschaftlichkeit gestellte Forderung durchaus annehmbar und mit psychoanalytischer Forschung im Prinzip vereinbar zu sein.

Leider hat Grünbaum weder in seinem Buch noch in den anderen mir zugänglichen Arbeiten klar ausgesprochen, was für ihn die A-priori-Bedingungen der Wahrheit sind, doch der indirekten Evidenz, z. B. der von Edelson gegebenen Skizze, entnehme ich, daß die Abstützung auf das Entweder–oder und die Linearität der spezifischen Kausalität, die ich eingangs in Frage gestellt habe, zu deren Grundlage zählen. Es scheint mir daher, als habe Grünbaum mit dem von ihm aufgestellten 6-gliedrigen Kanon jenes Pars-pro-toto-Vorurteil schon in die Voraussetzung dafür, was allein wissenschaftliche Untersuchung bedeute, eingebaut, und als habe er damit die Grundlage selbst so beschränkt, so eingeengt, daß sie der Natur der Prozesse, mit denen wir zu tun haben, ganz zuwiderläuft. Ich meine, die Regeln seines Kanons, die nach ihm allein der wissenschaftlichen Methode genügen, widersprechen der Natur der psychologischen Prozesse im allgemeinen, nicht allein denen, die von der Psychoanalyse studiert werden oder mit denen die Psychotherapie zu tun hat.[31]

Da Edelson ausdrücklich auf Mill als Mitbegründer des von Grünbaum vertretenen „eliminativen Induktivismus“ verweist, ist die folgende Feststellung von Cassirer besonders angebracht:

> Aber die Logik John Stuart Mills... hat trotz all ihren Bemühungen ihr Ziel nicht erreicht. Gerade die entschiedensten und konsequentesten Anhänger des Empirismus sahen sich genötigt, die von Mill eingeschlagene Bahn wieder zu verlassen: denn es zeigte sich, daß auf ihr ein Anschluß an das wirkliche naturwissenschaftliche Denken, insbesondere an das Denken der exakten Physik, nicht zu erreichen war. Die berühmten fünf Grundregeln der Induktion, die Mill gegeben hat...: sie alle sind mit großem Scharfsinn aufgestellt und durchgeführt. Aber diese Regeln, die als Richtschnuren (*Canons*) für die Induktion gedacht waren, sind im Grunde doch nur *methodologische Fiktionen* geblieben. Das wirkliche induktive Denken und Schließen bewegt sich in völlig anderen Bahnen, als sie hier vorgezeichnet wurden (Cassirer, 1936, 1957, S. 174).

In nuce ist dies das Verdikt über jede „Kanonisierung“ in der Wissenschaft.

Im Verlaufe der Jahrzehnte der Arbeit als Psychoanalytiker und Psychotherapeut werden einem Wahrheitsansprüche und Fragen nach dogmatisch gültiger Beweiskraft immer fragwürdiger. Man lernt, *pragmatischer* zu denken und kommt dazu, mit dem besonders pragmatischen Denker Goethe zu sagen: „Was fruchtbar ist allein ist wahr.“

Auch erweist es sich, daß die Evidenz, die man in einer Stunde gewinnt, ad hoc gültiger, umstandsbedingter, pragmatisch nützlicher Art ist. In diesem Sinne fängt man daher an sich zu fragen, ob Wahrheit nicht einfach das sei, was hilft, ich meine auf lange Sicht hin und in manchen neuen Zusammenhängen immer wieder hilft. Solch *philosophischer Pragmatismus* führt weniger in die Versuchung des Pars-pro-toto-Räsonnements oder dazu, päpstliche Bullen gegen die Ketzer zu schleudern.

[31] Farrell äußert einen ähnlichen Einwand: Grünbaum „seems to be controlled by a picture of epistemic relevance and legitimacy, in which the concepts of falsification and demonstration play central roles. Such a picture is quite inappropriate when we try to get to grips with the character of psychoanalytic work“ (BBS, S. 237).

Er kann keineswegs der Wichtigkeit der Logik entraten, denn die Logik selbst hilft unter den meisten Umständen.

So verwandelt sich der philosophische Konflikt in die Frage: Sollen wir uns von dem leiten lassen, was während unserer therapeutischen Arbeit und der spezifischen Zielsetzung der langfristigen Behebung der neurotischen Probleme hilfreich und wirksam ist, oder von dem, was gemäß einem Beweiskanon sein *sollte?*

Die sich nach dem pragmatisch fundierten Wahrheitsbegriff richtende Antwort ist, daß wir beim Vergleich mehrerer Methoden sagen können: Wenn du diese Methode anwendest, dann machst du diese Beobachtungen und erzielst diese Ergebnisse, und dann erweisen sich bestimmte theoretische Konstruktionen oder Modelle als besonders nützlich dafür, das Material zu organisieren, Voraussagen (inkl. solche der Widerlegbarkeit) zu machen und neue Erkenntnisse zu erzielen, die ihrerseits diese Eigenschaften aufweisen. *Die Wahrheit hängt also von der Methode ab; sie ist keine absolute Wesenheit.* Damit verschiebt sich aber das erkenntnistheoretische Interesse von Fragen des Beweises zu *solchen des Wertes.*

Praktisch gesehen heißt das: Wie jeder andere Wissenschaftler versucht auch der Analytiker, eine *Gesetzlichkeit* zu entdecken. Paßt die von ihm gefundene Gesetzlichkeit zu mehr und mehr Tatsachen und bestätigen sich die erschlossenen Verbindungen in immer neuen Zusammenhängen, so nimmt er an, daß er sich in der Tat einer tieferen *Wahrheit* annähert. Doch bleiben andere Erschließungen durchaus denkbar, gewöhnlich solche spezifischerer Art. Dann versucht man zu finden, inwieweit auch diese wieder zutreffen. Die Frage stellt sich dann: Wo stellt man die Suche ein, wo bleibt man stehen? Die Antwort heißt: Dort, wo man die (gewöhnlich im Augenblick) entscheidende Kausalität annimmt. Das heißt aber: dort, wo ein entscheidender Unterschied im Erleben des Patienten gerade dank *dieser* Verbindung und keiner anderen geschieht.

Man muß daher auch an der Weisheit zweifeln, a priori anzunehmen, es gäbe einzig und allein *eine* wissenschaftliche Methode, *eine* Art, die Wahrheit zu finden und zu beweisen, wie das der logische Positivismus und scheinbar auch Grünbaums eliminativer, Neo-Baconscher Induktivismus zu tun versuchen. Falls das, was in allen vernunftgemäß veranschlagten Unternehmungen hilft, diesem a priori aufgestellten Postulat einer einheitlich angelegten Wissenschaft und der einen wissenschaftlichen Methode unterzogen werden kann, so mag das ausgezeichnet sein. Doch will es scheinen, daß sich eine derartige Forderung gar leicht als ein metaphysisch begründetes Prokrustesbett entpuppt, nicht weniger als es Existentialismus und Popperismus – oder auch manches in unserer Metapsychologie oder der Jungschen Mystik – zuvor gewesen sind (Northrop 1931; Beres 1965).

Die Gefahr ist dabei nicht gering, daß der *Zweifelzwang* das Wahrscheinliche und Hilfreiche zum Unbrauchbaren und Unbewiesenen entwertet und es schließlich ganz verwirft, statt die Grenzen der Beweisbarkeit anzuerkennen. Fehler aufzuweisen ist ein Ding – radikale und *prinzipiell unerfüllbare Forderungen* zu erheben ist ein anderes.

Statt der Aufforderung zu folgen, sich von *einer* starren wissenschaftlichen

Methode, der sich die Forschung und die Theorie und schließlich auch die Behandlung zu beugen haben, am Gängelband führen zu lassen, sollte man wohl eher von der Annahme ausgehen, daß, wenn etwas nicht zur postulierten wissenschaftlichen Methode paßt, dies eben für diese Methode bedauerlich ist. Cela n'empêche d'exister.

Wissenschaftliche Methode und wissenschaftliche Kriterien, z.B. dafür, was als „beweiskräftig" (als „probativ") angesehen werden soll, stehen *nicht als unbedingte Ideale* vor uns, etwa als Embleme einer „L'art-pour-l'art"-Philosophie, also als Selbstzweck. Vielmehr haben sie sich entwickelt, um den gesicherten Fortschritt zu neuen Einsichten zu ermöglichen und die Verwerfung von Scheinlösungen zu gestatten, die der Vertiefung des Wissens und des Könnens im Wege stehen. Verwandeln sich indes die gewöhnlichen Kriterien der Forschung zum „Käfig für den Adler", beginnen sie Eingebung und schöpferischen Impetus für neues Wissen einzuengen, dann ist etwas mit den der Forschung gesetzten Kriterien und Bedingungen nicht in Ordnung, soweit diese auf das besondere Gebiet angewendet werden. Der Fehler liegt nicht bei der betreffenden Wissenschaft selber, gleichgültig wie brauchbar diese Kriterien in anderen Gebieten auch sein mögen. Allgemeiner gesagt: Wenn das, was man als wissenschaftliche Methode betrachtet, einen verdorrenden und verkümmernden Einfluß ausübt, dann stimmt etwas nicht mit dieser Methode, nicht unbedingt mit der betreffenden Wissenschaft, solange diese systematisch nach Gesetzlichkeit und Erklärungsprinzipien sucht, die soweit als möglich im Einklang, nicht in wildem Widerspruch mit dem Gesamtgebiet des Wissens stehen. Es ist daher immer die Sache der Einzelwissenschaft, ihre eigene wissenschaftliche Methode zu entwickeln.

Haben wir andererseits ein Gebiet, in dem die Behauptungen wissenschaftlicher Wahrheit sich gegensätzlich widersprechen und ausschließen, so ist es unerläßlich, solchen Behauptungen höhere Standards zu setzen. Dies ist aber tatsächlich der Fall in der Psychoanalyse. Die Schultraditionen, die Gruppenkonflikte, die persönliche Indoktrinierung und damit die doktrinäre Urteilssucht („judgmentalness"), die Abwesenheit eines objektiven Maßstabes – sie alle verbünden sich zu einer üblen Wissenschaftlichkeit, die sehr wohl Tadel und Verdammung durch wissenschaftliche und philosophisch kritische Geister verdient. Letztlich ist es jedoch die *intellektuelle Ehrlichkeit*, die sowohl die Fülle der Beobachtungen und deren tiefere Gesetzlichkeiten als auch die erkenntniskritische Strenge miteinander zu verbinden verlangt.

Mag es also nicht darauf hinauslaufen, daß *die Wahrheit eine Sache der Methode*, nicht die einer absoluten Wirklichkeit ist?[32] Daß *der Kausalitätsbegriff nicht absolut ist, sondern vom Zusammenhang* – also v.a. auch von der praktischen Zielsetzung – abhängt, eben von dem Punkt in der Kausalreihe, an dem man sich entscheidet innezuhalten? Ist die Form der Verursachung, die in der klassischen Mechanik gilt, dieselbe wie in der Quantenmechanik, in der Biologie oder in der

[32] „... the material produced by psychoanalytic method is perspective- and method-dependent..." (Farrell, BBS, S. 237).

Psychologie? Warum sollte die von psychologischen Tests erlangte Evidenz soviel mehr Beweiskraft besitzen als die klinische Evidenz? Warum sollten Vergleiche zwischen Gruppen größere Gültigkeit besitzen als Vergleiche innerhalb eines Individuums – wobei man den einzelnen als seine eigene Kontrolle benützt („using the person/subject as his own control")? Von welcher Art ist dieser selbst wieder mythische Glaube an die angeblich größere Objektivität und daher überlegene Wahrheit dessen, was „zu zählen und zu trennen", also in mathematischen Formeln (spezifisch: in linearen Gleichungen) zu erfassen ist? Der ganze Versuch, die Wahrheit auf statistische Weise zu erfassen, ist seinerseits äußerst kompliziert und mit methodologischen Fallgruben versehen.

10.4.2 Die Enge des Kausalverständnisses

> „Wenn wir die Frage ‚warum' unterdrücken, werden wir oft erst die wichtigen *Tatsachen* gewahr; die dann in unseren Untersuchungen zu einer Antwort führen."
> (Wittgenstein 1945–1949, S. 442)

„Das Woher eines Symptoms löst sich also in Eindrücke auf, die von außen gekommen sind, die notwendigerweise einmal bewußt waren und seither durch Vergessen unbewußt geworden sein mögen. Das Wozu des Symptoms, seine Tendenz, ist aber jedesmal ein endopsychischer Vorgang, der möglicherweise zuerst bewußt geworden ist, aber ebensowohl niemals bewußt war und von jeher im Unbewußten verblieben ist" (Freud, GW 11, S. 294). Wie könnte je eine Untersuchung der Art, wie sie Grünbaum vorschlägt, über das mögliche „Woher" hinausgehen und auch das „Wohin" untersuchen? Zu diesem entscheidend wichtigen Kausalanteil des „Wohin" gibt es im Prinzip nur *eine* Art der Zugangsweise – die nämlich, die im Zusammenwirken von Introspektion und Beobachtung besteht, am ehesten in Form einer nicht-zudringlichen Beziehung. Aufgrund der *Trias* von *sich wiederholenden Erlebnis- und Verhaltensmustern* („repetitive patterns of experience and behavior"), von *Phantasien und Gefühlen in der gegenwärtigen Beziehung* und von *Träumen* lassen sich Zusammenhänge erahnen, „clues" für das Verborgene finden, die auf wichtige *Knotenpunkte* hinweisen. Diese Knotenpunkte stellen *Faktoren in komplexen Geweben von Ursachen* dar (Freud, GW 11, S. 277). Wie kann man da von *einem* "crucial pathogen", von *einer* Ursache träumen?

Es ist wiederum die *Enge des Kausalverständnisses*, die Problem und Nemesis der Grünbaumschen Argumentation ausmacht (dies im Gegensatz zu Kettners Sicht, der von „Grünbaums liberalem Kausalitätsbegriff" spricht). So gibt es denn nicht nur einen *psychologischen Reduktionismus*, dessen Freud öfters bezichtigt wurde, sondern es gibt ebensowohl einen *philosophischen Reduktionismus*.

Grünbaums Argument über Kausalität gründet in der Humeschen Auffassung (zit. nach Vicchio, persönliche Mitteilung). Für Hume besteht eine kausale Bedingung zwischen A und B nur dann, wenn die folgenden 3 Bedingungen erfüllt sind:

1) die Ursache A geht der Folge B zeitlich voraus („temporally antecedent"); 2) A und B müssen sich im Raum berühren („spatial contiguity"); und 3) A-ähnliche Geschehnisse sind immer mit B-ähnlichen Geschehnissen verbunden. Humes Schlußfolgerung aus diesen 3 Bedingungen ist die, daß kausale Beziehungen nur durch die Erfahrung hergestellt werden können; es bestehe keine logische Verbindung zwischen A und B.

Grünbaums strikte Forderungen an die Kausalbehauptungen folgen *implicite* diesen Bedingungen.

Gegen dieses Kausalitätsverständnis ist vorzubringen: 1) Das zeitliche Vorausgehen ist nicht notwendig. In vielen Fällen besteht eine Gleichzeitigkeit von Ursache und Wirkung (z.B. Erhitzen des Wassers und dessen Sieden). 2) Räumliche Kontiguität ist ebenfalls nicht notwendig. Die Planeten werden von der Sonne ohne direkte Berührung kausal beeinflußt. Gedanken werden erweckt und führen zu Handlungen, ohne daß sichtbare Berührung mit Wahrnehmungen notwendig wären. 3) A-ähnliche Geschehnisse können zu Ergebnissen führen, die von B-ähnlichen höchst verschieden sein können: „Das Flattern eines Schmetterlings in Beijing führt 2 Wochen später zu einem Hurricane in New York" (Gleick 1987). Und umgekehrt können sehr verschiedene Ursachen zu sehr ähnlichen oder den gleichen Resultaten führen. Ursachen sind nicht in sich abgeschlossene Billardkugeln. Der Begriff der „Familienähnlichkeiten" (Wittgenstein) kommt dabei entscheidend mit ins Spiel.

Da Grünbaum die 3. Bedingung der Ähnlichkeit (die der „thematic affinity") weitgehend ablehnt, muß er die ersten beiden Forderungen für Gültigkeit der Kausalität annehmen: daß A immer *vor* B stattfinden müsse und daß direkte „Berührung" („mental contiguity") zwischen A und B bestehe. M.a.W. wenn die Kausalität mehr als thematische Affinität sein soll, dann sieht er sich auf 1) und 2) zurückgeworfen; und diese beiden haben sich als falsch erwiesen.

Grünbaum interessiert sich zudem lediglich für „großformatige ätiologische Hypothesen" (Kettner), die gerade bei den psychoanalytisch relevanten Zusammenhängen an die Peripherie des Interesses und der Verstehensmöglichkeit rutschen mußten.

Das Wesentliche, was Grünbaum übersieht, ist der Zusammenhang – *die entscheidende Bedeutung des ganzen Zusammenhangs*, ob dieser nun die Einzelstunde oder die Einzelbehandlung, die Gesamterfahrung des einzelnen Analytikers oder das Erfahrungsgut aller gewissenhaft ihr Métier ausübenden Analytiker betrifft. So ist es denn gerade die *Kohärenz* dieses Zusammenhangs der Erfahrung, die die beste Evidenz für die vorgeschlagenen Lösungen darstellt, und zwar gerade für die durch das Postulat der *pathogenen Wirkung unbewußter innerer Konflikte* möglichen Lösungen. Dabei ist die *Unbewußtheit* rein deskriptiv, nicht erklärend; diese Eigenschaft stellt eine notwendige, nicht aber eine hinreichende Bedingung dar. Es ist der Konflikt, der dabei erst das Entscheidende ausmacht (s. die Metapher vom Wächter; Freud, GW 11, S. 305). Die Unbewußtheit ist selbst schon das Ergebnis davon, daß der Konflikt nicht gelöst werden kann. Die Verdrängung „ist aber nur die Vorbedingung für die Symptombildung" (ebd., S. 307); sie ist in sich selbst nicht die *eine*

Ursache, so sehr Grünbaum seine ganze Widerlegung auf der einen Prämisse aufbaut, daß in der psychoanalytischen Theorie „repression is held to play the cardinal explanatory role" (Grünbaum 1984, S. 200).

Aus dem *Zusammenhang* erweist sich denn auch das „Übereinstimmungskriterium" (Grünbaums „tally argument") als schlagend. Die Widerlegung durch Grünbaum verflüchtigt sich: sie ist unangemessen, da sie auf einer „zwingenden", linearen Kausalität beharrt und diese Zusammenhänge als unwesentlich beiseiten schiebt. Zwar öffnet die nötige „psychische Arbeit", die die „innere Veränderung im Kranken" und das neue Wissen herbeiführt (Freud, GW 11, S. 291), das Tor für (potentiell verfälschende) suggestive Beeinflussung, doch ist deren Wirkung so schlagend vorübergehend und partiell, daß man nicht wohl von einer Auflösung neurotischer Symptome sprechen darf.

Freud selbst mag seine neue Art der Kausalitätsfeststellung sowohl durch intuitives, doch autoritäres Aufzwingen von Zusammenhangsbezügen wie auch durch eine mehr oder weniger lineare Darstellung in ihrem wissenschaftslogischen Wert geschmälert haben. Doch wäre es anders als in Form einer solchen Vereinfachung möglich gewesen, die gefundenen Regelmäßigkeiten darzustellen? Zudem erweisen sich derartig vereinfachte Darstellungen, wie uns auch die Naturwissenschaften zeigen, sowohl als wissenschaftstheoretische Demonstration unumgänglich wie auch als dramatische Unterrichtsstücke und Lehrmodelle unersetzlich.

All dies bezeugt jedoch wiederum das Vorhandensein eines komplexen Kausalsystems, sowohl in der Pathogenität wie in der therapeutischen Wirksamkeit.

Läßt man sich in das lineare Kausalnetz einfangen, strampelt man sich nicht wieder davon frei.

Diese ganze Diskussion zwingt uns aber, weit vorsichtiger mit Kausalbehauptungen, namentlich solchen linearer Natur, zu sein und weit vorsichtiger mit der Evidenzkraft von Assoziation und „Übertragungs"-Phänomenen.

Grünbaum fragt zum Abschluß seiner Arbeit von 1988: „Does the network character of Freud's account compensate at all for its severe taxation of our credulity?" Er antwortet: „I think not."

Die Antwort sollte vielleicht eher diese sein: Nur die genauere Darstellung des Fallmaterials aus den Stunden selbst, besonders den kritischen Stunden, erlaubt es uns, die volle Evidenzkraft, die solchen Hypothesen eignet, zu überprüfen. Die Evidenzkraft der kritisierten Fallberichte ist nicht armselig; sie ist aber auch nicht „genügend", wenn man „zwingender Evidenz" nachjagt. Sie sind bestenfalls Ansätze und Demonstrationen, sich an eine überaus komplexe, vielschichtige Form der Kausalität anzunähern. Als solche Annäherungen sind sie nicht schlechter als die physikalischen Modelle, ob diese nun den freien Fall oder das Pendel betreffen, von den weit komplexeren Vorgängen ganz zu schweigen. Solche Modelle sind notwendige, hilfreiche und nützliche Idealisierungen, Vereinfachungen, Abstraktionen, die zwar ständig von der Komplexität der physikalischen Vorgänge in der Wirklichkeit Lüge gestraft werden, doch nicht deswegen ihres Wertes beraubt werden können.

Bei jedem Patienten erarbeiten wir derartige Modelle des Verstehens; sie sind Strukturen, die uns helfen, die Regelmäßigkeit dessen, was wir in der inneren Vielschichtigkeit entdecken, mehr oder weniger übersichtlich zu ordnen. Es handelt sich um „Muster der Kausalität" („patterns of causality"), nicht um beweisende Evidenz von klaren Linien von Ursache und Wirkung. Die Darstellung zwingt uns dann – das ist ganz unvermeidlich – etwas linear darzustellen, was niemals linear sein kann, etwa wie eine Landesmappe ungezählte Einzelheiten auslassen und das Dreidimensionale auf einfache Symbole in 2 Dimensionen reduzieren muß.

Wer soll denn solche Linearität tadeln?

10.4.3 Der Standpunkt entscheidet

> „Wo sich wirklich zwei Prinzipe treffen, die sich nicht mit einander aussöhnen, da erklärt jeder den Andern für einen Narren und Ketzer."
> (Wittgenstein 1969/1972, S. 81)

Es gibt kein psychologisches Experiment, klinisch oder außerklinisch, dessen Geltung unbestreitbar und jenseits jeglicher Suggestion wäre. Ich finde daher, daß Bescheidenheit in bezug auf Wahrheitsansprüche am Platz ist. Wenn es keine absolute Wahrheit gibt und *jeder Wahrheitsanspruch relativ zur Methode und zu dem, was a priori vorausgesetzt wird*, ist, so bedeutet dies zum vierten Mal: kein Entweder–oder, sondern ein Mehr oder Weniger! Das einzige, was wir behaupten können, ist, daß wir gewisse Einsichten gewinnen und gewisse Veränderungen erzielen, wenn wir in konsistenter Weise das Innenleben unter dem einen Gesichtspunkt des inneren Konflikts untersuchen. Dies wird zu einer Wenn-dann-Aussage: Wenn man diesen methodologischen Ausgangspunkt wählt, nähern wir uns der inneren Wahrheit, von welcher Art auch immer diese sein mag.

Einfach gesagt gibt es einerseits Beobachtungs- und Interventionsmethoden, andererseits Theorien, die diesen Methoden Ordnung und Begründung verleihen, die *brauchbarer* und von *weiterer Anwendbarkeit* sind als andere – sie passen besser, sind machtvoller, sind umfassender. *Doch ist keine absolut wahr*. Daher ist die „Wahrheit", soweit wir sehen können, relativ zur benutzten Methode, gleichgültig wie überschäumend die Behauptungen auf „objektive Wahrheit" und volle „Korrespondenz" auch sein mögen.

„Die Begründung aber, die Rechtfertigung der Evidenz kommt zu einem Ende; – das Ende aber ist nicht daß uns gewisse Sätze unmittelbar als wahr einleuchten, also eine Art *Sehen* unsrerseits, sondern unser *Handeln*, welches am Grunde des Sprachspiels liegt" (Wittgenstein 1969/1972, S. 28).

Im Grunde ist das ja alles nur eine Neuformulierung der *Kantschen* Auffassung, daß unsere Verstehensweisen das begrenzen, was wir erkennen können. Das „Ding an sich", die absolute Wahrheit, ist uns prinzipiell unzugänglich. *Das Erfassen der Wahrheit wird von der Perspektive bestimmt*. Es gibt mehr als eine kohärente Sichtweise. Statt eines kanonischen Entweder–oder bedürfen wir epistemologischer Selbstbescheidung.

„Man könnte sich vorstellen, daß gewisse Sätze von der Form der Erfahrungssätze erstarrt wären und als Leitung für die nicht erstarrten, flüssigen Erfahrungssätze funktionierten; und daß sich dies Verhältnis mit der Zeit änderte, indem flüssige Sätze erstarrten und feste flüssig würden" (Wittgenstein 1969/1972, S. 15).

So finden wir denn auch bei William James das Wort, die Gefahr für die Wahrheit bestehe in anderen Formen der Wahrheit. Der Mythos der *einen* wissenschaftlichen Methode – mit ihrem Kanon des Beweises – nimmt an, es gäbe nur eine Art der Wahrheit. Kanon – κανών – bedeutet auf Griechisch ursprünglich einen geraden, steifen Stock, eine Rute. Vielleicht ist Meßrute oder Stock nicht die einzige Metapher, die wir bei unserer Suche nach der Wahrheit anwenden sollten.

Wir kommen einfach nicht um einen *Pluralismus in der Wahl der Erklärungsprinzipien* herum. Wird eines absolut gesetzt und werden alle anderen davon abhängig gemacht, kommt es zu Verfälschungen.

Was büßten wir ein, besäßen wir keinen ahistorischen, theorienunabhängigen Wahrheitsbegriff? Ich zitierte Rortys Frage schon zuvor. Der Neo-Baconsche Induktivist würde wohl darauf antworten: „Die Grundlage aller wissenschaftlicher Ansprüche und Behauptungen – den Beweis für Ursachen" („the certification of causes"). Tatsächlich weist Grünbaum eine derartige Haltung als „ungezügelte methodologische Duldsamkeit" („unbridled methodological permissiveness") mit Entrüstung von sich und fragt, wie man dann den wissenschaftlichen Ansprüchen eines Zaubermeisters und Teufelsaustreibers entgegnen würde („that I would dearly like to know how Dr. Wurmser would reply to an exorcist who claims the following: Mental disorders are caused by demonic possession and must be treated by exorcism").

Darauf läßt sich in zweifacher Weise antworten: „Zeig mir *deine* langfristigen Resultate". „Und wie paßt *dein* Erklärungsschema in den weiteren Zusammenhang des heutigen Wissensstandes? Müßten wir, um deiner behaupteten Gesetzlichkeit willen, all unser übriges Wissen über den Haufen werfen?"

Damit bin ich aber weiter gegangen als es eine rein *pragmatische* Auffassung der Wahrheit beinhaltet. Hier stoßen wir doch eigentlich auf den philosophischen Felsengrund.

10.5 Kohärenztheorie und Komplementarität

> „Was sonst, z. B. bei der Deutung der Symbole, als Willkür imponiert, das wird dadurch beseitigt, daß in der Regel der Zusammenhang der Traumgedanken untereinander, der des Traumes mit dem Leben des Träumers und die ganze psychische Situation, in welche der Traum fällt, von den gegebenen Deutungsmöglichkeiten die eine auswählt, die anderen als unbrauchbar zurückweist."
> (Freud, *GW 11*, S. 235)

Die von Grünbaum vertretene Striktheit des Wahrheitsbegriffs ist als *Korrespondenztheorie* bekannt: Wahrheit besteht in der „Treue zur objektiven Realität" („truth is ‚fidelity to objective reality'") und muß durch empirische Untersuchung der Fakten bestätigt, verifiziert werden; in Bertrand Russells Worten: „Thus a belief is true when there is a corresponding fact, and is false when there is no corresponding fact".[33]

Daneben besteht aber als zweite die von mir bis jetzt ihm entgegengehaltene *pragmatische* Theorie der Wahrheit: die Nagelprobe für die Wahrheit – das „experimentum crucis" – finde sich in der Nützlichkeit und Fruchtbarkeit einer Erkenntnis. Wahr sei, was uns richtig zu leiten vermöge und was sich uns als praktisch wertvoll erweise.[34]

Eine dritte, zusätzliche und ganz besonders wichtige ist jedoch die *Kohärenztheorie*, die darin besteht, daß wir ein Urteil als wahr annehmen, wenn es mit den anderen Urteilen übereinstimmt und zusammenpaßt, die wir als wahr annehmen.[35] „*Systematisches Zusammenpassen* ist nicht nur unser Kriterium für die Wahrheit; es ist *recht eigentlich das, was wir unter Wahrheit verstehen*", sagt Blanshard.[36]

„*Ein Ganzes* von Urteilen wird uns plausibel gemacht... Unser Wissen bildet ein großes System. Und nur in diesem System hat das Einzelne den Wert, den wir ihm beilegen" (Wittgenstein 1969/1972, S. 21, 52).

---

[33] In „The Problems of Philosophy", Kap. 12. Ich verdanke diesen Hinweis, wie überhaupt die hier verkürzt dargestellte Einführung zu den 3 Wahrheitsbegriffen, Herrn Prof. Stephen Vicchio (der Russellhinweis stammt aus seinen Vorlesungsnotizen, 1987 b).

[34] William James spricht von „the truth's cash value in experiential terms" (in: *Pragmatism*, zitiert nach Vicchio, Vorlesungsnotizen). John Dewey führt dazu aus: „That which guides us truly is true – demonstrated capacity for such guidance is precisely what is meant by truth ... The hypothesis that works is the true one; and *truth* is an abstract noun applied to the collection of cases, actual, foreseen and desired, that receive confirmation in their works and consequences" (Dewey: *Reconstruction in Philosophy*, S. 156 f.; zit. nach Titus et al. 1986, S. 248 f.).

[35] Titus et al. sprechen von der „*coherence, or consistency, theory*": „A judgment is true if it is consistent with other judgments that are accepted as true. True judgments are those logically coherent with other relevant judgments" (S. 245 f.).

[36] „*Systematic coherence is not only the criterion we use for truth; it is what in the end we mean by truth*" (*Nature of Thought*, Kap. 27; zit. nach Vicchio 1987 b).

Titus et al kommen zum überzeugenden Schluß, daß jeder dieser drei Wahrheitsbegriffe unter gewissen Umständen Wert und Geltung besitze, aber nicht allgemeingültig sei. Die drei Theorien seien *komplementär*, ergänzten einander und widersprächen sich nicht. Sie seien in *einer* Definition der Wahrheit zu kombinieren:

> Truth is the faithful adherence of our judgments and ideas to the facts of experience or to the world as it is; but since we cannot always compare our judgments with the actual situations, we test them by their consistency with other judgments that we believe are valid and true, or we test them by their usefulness and practical consequences (S. 209).

Ich sehe in dieser Formulierung *ein viertes, übergreifendes Wahrheitsverständnis, das der Komplementarität oder Dialektik:* daß die Wahrheit nicht durch die Absolutsetzung einer Methode, eines Kriteriums oder eines Begriffsgerüsts zu erfassen ist, sondern immer vielfach schillernd, mehrdeutig und vielschichtig ist. Dies *widerspricht* freilich dem naturwissenschaftlichen Kanon (außer dem der Quantenmechanik) und der *Absolutsetzung der Mathematisierung als Bedingung der Wissenschaftlichkeit.*

Sowohl der pragmatische wie der Kohärenzbegriff der Wahrheit erlauben eine gültige Antwort auf Grünbaums Herausforderung, ohne daß man bei der positivistischen Korrespondenztheorie Zuflucht nehmen müßte. Dem rigorosen Induktivisten sage man aber: „Gibt es denn keinen mittleren Pfad zwischen ungezügelter Duldsamkeit und kanonischer Starre? Ist denn alles bloß als ein scharfes Entweder–oder aufzufassen?“

Dies *pragmatisch-kohärenzorientierte Argument* hat auch zu Fragen und Einwänden von seiten mancher psychoanalytischer Freunde geführt. Sie finden namentlich den pragmatischen Teil beunruhigend relativistisch und im Widerspruch zum Wesen der Freudschen und Hartmannschen Begründungsweise (Paniagua, Schermer, und ganz besonders Lawrence Friedman[37]).

Ich denke in der Tat, die moderne Wissenschaft läßt uns kaum eine andere Wahl als die Ansicht, daß die entdeckte Wahrheit von der *gewählten Methode* der Beobachtung und der Intervention abhängt, genau so, wie umgekehrt die Methode von der *Theorie der Wahrheit* abhängt, die man ihr zugrundegelegt hat. Solche Systeme der Methode und Theorie ergänzen sich gegenseitig, sind also einander *komplementär.* „Die letzte Wahrheit“ („ultimate truth“), was immer diese auch sei, dürfte in weit größerer Distanz liegen, als die Anhänger einer Theorie oder des Wahrheitskriteriums der *Korrespondenz* anzunehmen belieben; und zugängliche Wahrheit, obzwar nur eine Teilwahrheit, mag weit näher sein, als es den wissenschaftlichen Rigoristen lieb wäre: „Das ist doch kein wirkliches Denken! Wie

---

[37] „....I am uneasy about the Rorty option: I think it is 1) a self-dissolving skepticism, and 2) it does not do justice to a fact that I take as an almost primitive datum, namely, the wonder of science. Like the existence of pain, if that isn't accepted to begin with, I find it hard to care what clever doubts can be raised“ (zit. nach persönlichem Brief).

könnte dem die Ferne etwas antun!"[38] heißt es im *Lun Yü* (IX. 30, s. auch VII, 29). Der Unterschied liegt in der Reichweite der Anwendbarkeit und der beschreibend-erklärenden Kraft sowohl der Methode wie der Theorie.

Damit meine ich konkret das Folgende: Es gibt eine Fülle von Beobachtungen, die bei bestimmten Zugangsweisen zu Patienten gemacht werden können. Ob es nun Grünbaums Hexenmeister sei, ob es die Betrachtungsweise von Jeffrey Masson und Alice Miller sei, oder die jeweilig von Adler oder Jung, von Klein, Kernberg, Kohut und Mahler bestimmte – sie alle gestatten es, gewisse ihre Beobachtungen zusammenfassende Aussagen zu machen und deren Wahrheitswert aufgrund der heranzuziehenden Daten zu behaupten. Diese Behauptungen mögen radikal von denen abweichen, die Sigmund und Anna Freud gemacht haben, oder die sich bei der Frühkindheitsforschung ergeben haben. Ich glaube, die Frage ist dann nicht die, ob jene Beobachtungen und sogar die zusammenfassenden Aussagen richtig oder falsch seien. In der Tat glaube ich, sie sind in einem Sinne allesamt „richtig". Doch ist es erst ihr Gebrauch als *Erklärungen*, ihr Anspruch auf umfassende Erklärungskraft, d. h. darauf, daß sie, und sie allein, die objektive Wahrheit in bezug auf die *Ursache* dafür, was sie beschreibend dargetan haben, vorstellen. Es ist dieser Anspruch, der ständig von der klinischen wie der außerklinischen Erfahrung entkräftet wird. Dasselbe mag im übrigen auch für manche von Freuds eigenen Theorien über die frühe Kindheit und die grundlegende Struktur des Psychischen gelten, ebenso wie er selbst die verursachende Rolle der Verdrängung relativieren mußte (um nochmals des Durchbruchpunkts für die Grünbaumsche Offensive zu gedenken).

Doch was heißt das anderes, als daß der *Anspruch auf Stärke* und *Breite ihrer Erklärungskraft* in Frage gestellt wird, nicht die Genauigkeit und Objektivität der Beschreibung. Spezifischer gesagt ist es die Beanspruchung *einer* Hauptursache und die daraus gezogene Rechtfertigung für ihre technischen Empfehlungen, die zum schließlichen Sturz solcher Theorien führt.

Was sind die Fragen, die wir an eine Theorie stellen müssen, wenn sie erklärend sein will?[39]

1) Ist die Theorie innerlich übereinstimmend („consistent"), und stimmen die aus ihr zu ziehenden Folgerungen mit den Erfahrungen überein?

2) Berücksichtigt sie alle wesentlichen Tatsachen, die der Erklärung bedürfen? Oder widerspricht sie gewissen direkt relevanten Beobachtungen?

3) Stimmt sie damit überein, was wir schon in bezug auf die Welt für wahr halten? Und wenn sie diesem widerspricht, gibt es zwingende Gründe, warum wir sie dem, was wir gedacht haben, vorziehen sollen?

4) Gestattet sie die meisten Deutungen der menschlichen Erfahrung, die Anspruch auf Wahrscheinlichkeit erheben können?

Der Behaviorismus widerspricht dem 1. Punkt (wir leben unser Leben nicht

[38] Wèi zhi sī yě. Fú kě yüăn zhi yŏu?

[39] Der folgende Abschnitt stützt sich ganz besonders auf Diskussionen mit Stephen Vicchio.

nach dieser Theorie); die platonische Ansicht, daß Tugend Wissen sei, widerspricht dem 2. (Leidenschaften überwältigen das Wissen, wie es Euripides in der *Medea* und im *Hippolytos* dargelegt hat; und es gibt moralische Leute, die nichts von den ewigen Formen wissen); der Glaube an die ausgleichende Gerechtigkeit („retributive justice") scheitert an der Erkenntnis der Geschichte, sowohl im kleinen wie im großen, widerspricht also dem 3. Punkt; die Ansicht, daß das Leben und die Erfahrung unwirklich, ein Traum seien („Maya") oder das ptolemäische Universum widersprechen dem 4.

Wie steht es mit der Psychoanalyse? Ich glaube, die Antwort liegt darin, daß sie in allen 4 Punkten den Erfahrungen, die mit dem bestimmten Zugang zum Seelischen gemacht werden können, besser Rechnung zu tragen vermag als ihre Rivalinnen und dabei mit dem Rest unserer Erfahrungswelt nicht in unlösbaren Widerspruch gerät.

„Nicht einzelne Axiome leuchten mir ein, sondern ein System, worin sich Folgen und Prämissen *gegenseitig* stützen" (Wittgenstein 1969/1972, S. 21).

10.6 Wissenschaftliche Methode als Mittel zum Zweck, nicht als Selbstzweck

„... es ist der überkommene Hintergrund, auf welchem ich zwischen wahr und falsch unterscheide."
(Wittgenstein 1969/1972, S. 15)

Die meisten wissenschaftsphilosophischen Betrachtungen der Psychoanalyse gehen von Fragen aus wie: Was ist echte Wissenschaftlichkeit? Was ist wissenschaftliche Methode? Was vereinigt gewisse Gebiete als Wissenschaften und kann dazu dienen, diese anderen gegenüberzustellen, die nicht wissenschaftlich sind?

Was sind die für die Forschung und damit für die wissenschaftliche Methode allgemein als bindend und nötig angesehenen Bedingungen? Und in welcher Weise sind diese relevant für die Psychoanalyse?

1) Der Prozess der Wissenserwerbung, der theoretischen Bewertung dieses Wissens und der Weg zurück von der Theorie zu neuer Erfahrung – mit anderen Worten, das ständige Hin und Her von Induktion und Deduktion (Randall 1963, S. 43) – soll in *systematischer und ordentlicher Weise* verlaufen. Weder in unserem Gebiet noch in manchen anderen kann dieses Kriterium absolut sein. So anwendbar und nützlich es auch sein mag, so sehr kann es von einem Punkt an erstickend, unproduktiv, ja prinzipiell falsch werden. Ordnung muß geschaffen werden, soweit es sich um die grundlegenden Metaphern und die hauptsächlichen Modelle handelt, die führenden Kategorien, die der Sammlung und der Darstellung von Daten und dem wissenschaftlichen Austausch dienen. Doch gerade innerhalb dieser Modelle und Metaphern treten die neuen Paradoxe auf. Und die solche Paradoxe symbolisierenden Metaphern lassen sich oft gerade nicht auf jene schließliche Klarheit,

Ordentlichkeit und unzweideutige Bestimmtheit zurückführen, welche als Ziel in den Naturwissenschaften angestrebt wird.

Dennoch darf eine solche scheue Skepsis nicht in die selbstgefällige Annahme unsystematischen, disziplinlosen Vorgehens umschlagen. Im Gegenteil, wir müssen das Maximum an Ordentlichkeit, Klarheit und Systematisierung, das erreichbar ist, mit einem Respekt für die Beschränktheit ihres Wertes verbinden – dort nämlich, wo es um das Wesen der betreffenden Wissenschaft geht. Die Schwierigkeit besteht eben darin, wo diese Grenze zu finden sei.

2) Mehrfach habe ich über die Krönung der Zahl als der mythischen Herrscherin über unser Zeitalter gesprochen. Als Sonderfall des ersten Punktes hat es denn auch oft den Anschein, als ob jede Forschung, die wissenschaftlich sein wollte, auch mathematisch zu sein habe. Die *Gleichsetzung von Wissenschaft und mathematischer Formulierung* besitzt einen ehrwürdigen Status und wird ganz allgemein und als nahezu selbstverständlich angenommen. Das hat seine guten historischen Gründe. Die in Kap. 6 erwähnte philosophische Revolution, die mit Aristoteles' radikalem, d.h. nichtmathematischem Empirizismus brach und einem Empirismus das Wort gab, der durch den durchgehenden Gebrauch von durch die Vernunft vorbestimmten Ordnungsprinzipien gemäßigt war, also der von Kopernikus, Galileo, Descartes und Newton durchgeführte philosophische Umsturz begann mit einer fast religiösen Hinwendung zur Mathematik. Am Ende des 15. Jahrhunderts drückte dies Nikolaus Cusanus so aus: „Wir haben keine Gewißheit des Wissens außer dem, was wir dank unserer Mathematik wissen" („Nihil certi habemus in nostra scientia nisi nostra Mathematica"; zit. nach Cassirer 1937, 1969, S. 100). Wenige Jahrzehnte später wiederholt Leonardo da Vinci diesen Gedanken: „Keine Untersuchung kann sich als wahre Wissenschaft ausgeben, solange sie sich nicht mathematischen Demonstrationen unterzieht" („Nessuna investigazione si può dimandare vera scienza, s'essa non passa per le mathematiche dimostrazioni"; Cassirer, 1927, 1963, S. 154). Noch schärfer wurde der Gedanke 150 Jahre später von Descartes formuliert: „Alles in der Natur geschieht für mich in mathematischer Form" („Apud me omnia fiunt mathematice in natura"; Cassirer, 1939, 1969, S. 70). Diese Gleichsetzung von Wissenschaft und Mathematik übte im Verlauf der Jahrhunderte ein immer festeres und strengeres Regiment aus, schließlich in einem solchen Ausmaß, daß alle noch so wissenschaftlichen Unternehmungen, die sich der Herrschaft der Zahl weder fügen wollten noch konnten, entweder in ein angeblich nichtwissenschaftliches Reich der „humanities" verbannt wurden – v. a. Geschichte und Literaturwissenschaft –, oder mehr und mehr durchdringenden statistischen Kontrollen unterworfen wurden – v. a. die Soziologie und die akademische Psychologie.

Nehmen wir an, daß die Psychoanalyse weder (nur) eine Naturwissenschaft noch (nur) eine Geisteswissenschaft (oder, wie man heute gerne sagt, eine „hermeneutische" Wisenschaft) ist, so müssen wir zu dem Schluß kommen, daß es der bessere Teil der Weisheit sein wird, nicht ein Übermaß an Genauigkeit von unserer Forschung zu erwarten: „... wer an höhere Sicherheiten und elegantere Ableitungen gewöhnt ist, der braucht nicht weiter mitzugehen. Ich meine nur, der soll psychologische Probleme überhaupt in Ruhe lassen" (Freud, GW 11, S. 99).

Das bedeutet nicht, daß mathematische Verfahren davon ganz auszuschließen wären. Doch so tauglich sie als Hilfsmittel systematischer Untersuchungen auch sein mögen, so können und dürfen die mathematischen Standards und statistischen Verfahren sich nicht zu letztlich gültigen Schiedsrichtern aufschwingen – zumindest soweit wir dies heute zu erkennen vermögen.

Vor allem muß aber jene fast apriorische Grundgleichung, die Gleichsetzung nämlich von Genauigkeit und dem Ideal wissenschaftlicher Wahrheit, in dieser Absolutheit bezweifelt werden.

3) Die Fähigkeit der *Voraussage* wird gewöhnlich als entscheidendes Kriterium für Wissenschaftlichkeit angesehen; doch ist es so, wie Waelder wiederholt betont hat, daß es Wissenschaften gibt, bei denen die Voraussage nur eine geringe Rolle spielt, z.B. die Paläontologie oder die Archäologie, obwohl auch diese eindrückliche Ausnahmen aufweisen können, namentlich Goethes Postulat und Entdeckung des Zwischenkieferknochens beim Menschen, die Auffindung von Troia und Mykene durch Schliemann, von Dilmun durch Bibby und jüngst von Ebla durch Mattiae.

In unserem Gebiet, so scheint es mir, wurde die Voraussage als Forschungswerkzeug bislang nur ganz ungenügend angewendet. Sie könnte ganz erheblich zum Wachstum unserer Wissenschaft beitragen, gebrauchte man sie in einer geordneten, disziplinierten und objektiven Weise.

4) Das Kriterium des *heuristischen Wertes*, daß nämlich ein Begriff und eine Methode zu neuen Funden führen solle, wird besonders häufig vernachlässigt. Um der Klarheit und Genauigkeit willen wird diese Bedingung der Fruchtbarkeit vergessen. Gerade je schärfer die Kritik, desto ärmer an wirklichen Einsichten scheint sie zu sein. Ein guter Teil dessen, was man „Forschung" („research") nennt, ist – nicht allein in der Psychoanalyse, sondern auch in manchen anderen Wissenschaften – erstaunlich ertragsarm oder ertragslos und letztlich irrelevant.

5) Das Kriterium der *Objektivierung und Wiederholung („replication")* könnte in der Psychoanalyse von größerem Nutzen sein, als man gemeinhin annimmt. Offensichtlich können wir nicht Laboratoriumsversionen davon ersinnen, wohl auch kaum Kontrollgruppen im wirklichen Sinne. Doch was ohne weiteres möglich erscheint, ist die naturalistische Sammlung von Daten, die dann, wie es in der Archäologie und den Geschichtswissenschaften überhaupt geschieht, der Prüfung und Auswertung durch unparteiische Außenseiter unterworfen werden kann. Dies kann in einer sehr systematischen Weise geschehen, die selbst mathematische Maßnahmen und Kontrollen mitumfaßt.

6) Das Kriterium der *inneren Integration* des Wissens in einem System, das möglichst frei von logischen Widersprüchen ist, wird in großem Umfang und im ganzen eher erfolgreich angewendet – in der Tat in einem solchen Ausmaß, daß die Psychoanalyse als die detaillierteste und am gründlichsten systematisierte Verstehensform des menschlichen Innenlebens betrachtet werden kann. Und doch hat sie als

solche auch ihre großen Mängel, wie ihr früher erwähntes, ständiges Überwechseln („Hin- und Herrutschen") von der Beschreibung zur Erklärung und zurück, die „fallacy of misplaced concretion" („der Trugschluß der verfehlten Konkretheit"; Whitehead), die vorzeitige Geschlossenheit („closure") und ihre als dogmatisch gesichert genommenen und deduktiv gebrauchten Modelle und Metaphern zeigen.

7) Theorie und durch Forschung gewonnene Daten müssen in einer *kohärenten und systematischen* Weise mit dem von allen anderen Wissenschaften gesammelten und geordneten Wissen *korreliert* werden. Astrologie ist bestimmt ein wunderbar integriertes und systematisiertes Wissenssystem, innerlich widerspruchsfrei, scheinbar objektivierbar und noch zudem durch und durch mathematisch. Doch kann sie keine glaubhafte Kandidatin für wissenschaftlichen Status sein, nicht allein ihres grellen Mangels an Standards für empirische Verifizierung wegen, sondern eben wegen ihrer grundlegenden Gegnerschaft allen anderen modernen, nichtmythischen Formen des Wissens gegenüber. Dieses Kriterium, das wir die Forderung nach *äußerer Integration* nennen und mit dem *Kohärenzbegriff* der Wahrheit gleichsetzen können, wurde nicht selten in der Entwicklung der Psychoanalyse verletzt (Energiekonzept, Triebbegriff, Affekttheorie, Theorie der frühkindlichen Entwicklung, besonders der Kognition und Perzeption). Ein in sich selbst übereinstimmendes („self-consistent") System genügt nicht und führt nur zu häufig zu einer antiintellektuellen Selbstgefälligkeit und zu blinder Dogmatik.

Doch geht aus dem allen hervor, daß es *keine notwendigen und hinreichenden Bedingungen dafür gibt, etwas als Wissenschaft zu bezeichnen.* Vielmehr können wir manches beschreiben, das manche, doch nicht alle miteinander gemeinsam haben. Es handelt sich um *Familienähnlichkeiten,* weder um strikte Abgrenzungen noch um absolut definierende Bestimmungen. Und diese Familienähnlichkeiten bilden demnach ein lockeres Netzwerk:

> Wir sehen ein kompliziertes Netz von Ähnlichkeiten, die einander übergreifen und kreuzen. Ähnlichkeiten im Großen und Kleinen... Ich kann diese Ähnlichkeiten nicht besser charakterisieren als durch das Wort „Familienähnlichkeiten"; denn so übergreifen und kreuzen sich die verschiedenen Ähnlichkeiten, die zwischen den Gliedern einer Familie bestehen: Wuchs, Gesichtszüge, Augenfarbe, Gang, Temperament, etc. etc. – Und ich werde sagen: die ‚Spiele' bilden eine Familie (Wittgenstein 1945–1949, S. 324 f.).

Und könnte es damit nicht auch „Familienähnlichkeiten der Arten der Kausalität" geben? Weisen andere Ebenen der Realität nicht andere Formen der Kausalbezüge auf? Besteht nicht in allen Wissenschaften eine Grundkomplementarität von *linearer Regelmäßigkeit* und von *non-linearer „Unordnung" oder „Unregelmäßigkeit"?*

Ja, wäre es dann nicht so, daß *die Kausalität selbst sich der thematischen Affinität unterordnete* (Vicchio)? Und damit auch: Muß die metaphorische Erfassung des Menschen ontologisch einer Erfassung durch die Kausalität unbedingt unterlegen sein?[40].

---

[40] R. Wiehl, persönliche Mitteilung; s. auch Grassi; s. oben Kap. 9.

10.7 Die Verfehlung der Komplementarität

> „Eine Hauptursache philosophischer Krankheiten – einseitige Diät: man nährt sein Denken mit nur einer Art von Beispielen."
> (Wittgenstein 1945–1949, S. 465)

Die Fage nach der Wahrheit hat die Philosophen seit zweieinhalb Jahrtausenden beschäftigt. Im Gegensatz zu Grünbaum halte ich mich an eine Antwort, die in einem umfassenderen Wahrheitsbegriff gründet, einem komplementären Wahrheitsbegriff, der Korrespondenz, Kohärenz und namentlich philosophischen Pragmatismus vereinigt, anstatt sich auf zum voraus gefaßte und strikt aufrechterhaltene Wahrheitskriterien, einen Kanon der Beweiskraft, zu versteifen.

Ich teile Rortys Ansicht, daß „wir weniger Methodologie und Metaphysik brauchen, weniger philosophische Umdeutung der Aktivität der Psychoanalyse."[41]

Ist die Psychoanalyse weder eine Naturwissenschaft noch eine Geisteswissenschaft, sondern eine Wissenschaft sui generis, so ist es ihr Recht, aber auch ihre Pflicht, allmählich ihre eigenen Kriterien für wissenschaftlichen Beweis und Gesetzlichkeit zu entwickeln.[42]

So gibt es denn in der Tat auch eine *hermeneutische Dimension* der Psychoanalyse, die kein Denken nach den Richtlinien der Grünbaumschen Textkritik ganz zu beseitigen vermag. Die verschiedenen Bedeutungsschichten, die Vorgänge symbolischer Verdichtung und Substituierung, die Gesetze des „mythischen Denkens" (des „Primärprozesses") und der Abwehrfunktionen, die in der Über-Ich-Dynamik enthaltenen wertphilosophischen Aspekte, die Durchschlagskraft gewisser Metaphern und die ebenso schlagende Dürftigkeit von statistisch errungenen Begriffsschemata – die Untersuchung all dieser Phänomene läßt sich weit mehr mit Textanalysen und Geschichtsforschung als mit Physik und Biologie vergleichen. Und das gilt wohl auch für die daraus resultierenden Abstraktionen.

Doch ist die Psychoanalyse mehr als eine Hermeneutik. Sie auf eine solche reduzieren wollen, kommt wirklich, wie Grünbaum betont, einer Trivialisierung des Freudschen Programmes gleich.

Es gibt ebensowohl eine *naturwissenschaftliche Dimension* der Psychoanalyse,

---

[41] „... we need less methodology and metaphysics – less philosophical reinterpretation of the activity of psychoanalysis" (*Freud, morality, and hermeneutics*, 1980, S. 185).

[42] Eine deratig radikale Differenz findet sich im Beitrag von Caws zur BBS-Diskussion von Grünbaums Arbeit: „... the natural domain of which it [psychoanalysis] is the science is *the idiosyncratic world of the individual patient*, not the class of human beings over which the natural science of psychology applies. In other words, I think that clinical findings *cannot reliably be extrapolated beyond the case from which they are drawn.* Every new patient who walks into the analyst's office is a new world to be explored ... and the task of analysis is the establishment of causal connections that hold *within* the complex structure of that patient's cognitive and emotional life" (BBS, S. 230 f.; ich habe mich darauf schon in Kap. 1 von *Flucht vor dem Gewissen* berufen).

der entsprechend die Bedeutungen selber, mitsamt manchem anderen, als Ursachen wirken und als solche auch studiert werden müssen. Grünbaums Argumentation entspricht dem naturwissenschaftlichen Aspekt der Psychoanalyse vorzüglich.

Doch gibt es eine dritte und fundamentalere Dimension, die sich m. E. weder auf die erste noch auf die zweite reduzieren läßt. Diese dritte Dimension stellt einen eigenen Wissenschaftsbereich dar, mit unabhängigen Erfordernissen der Beweisführung, des Kausalverständnisses und des rationalen Diskurses. Seine Logik differiert von der, die in den beiden andern Hauptbereichen brauchbar und nötig ist. Sie ist die Logik, die auf der *Philosophie des Konflikts* beruht und der die Arbeit dieses Bandes wie auch seiner Vorgänger gewidmet ist.

Im Grund mag denn das Paradox darin bestehen, daß wir sowohl in der theoretischen Erfassung wie auch in der praktischen Wirksamkeit *nach einem einzelnen, einfachen und zusammenhängenden Modell der Seele suchen* müssen und gezwungen sind, von einem solchen Bild aus zu operieren, während sich die Seele nicht so einfach fassen läßt, ebenso wenig wie die Welt der Atome. Es gibt Ansätze des Verstehens, nicht mehr, und Ansätze, die noch überdies widersprüchlich sind. Und es gibt Ansätze, die fruchtbarer sind als andere.

Freilich gilt auch dabei noch immer Herakleitos' Wort: „Einer Seele Grenzen kannst du niemals finden, jeden Pfad hinschreitend, so tiefen Grund – Logos – hat sie."

Insgesamt fand ich Grünbaums Werk intellektuell stimulierend, ein notwendiges Korrektiv gegen Selbstgewißheit und Einseitigkeit, gegen Rigidität und Dogmatismus innerhalb der organisierten Psychoanalyse. Das Problem des *Absolutismus* ist tatsächlich etwas, das uns auch von innen her bedroht; Freud selbst war alles andere als gefeit gegenüber dieser Bedrohung, wie es Rubinstein in seiner Grünbaum-Festschrift aufgewiesen hat.[43]

„Wenn man die Probleme des Aristoteles ansieht, so erstaunt man über die Gabe des Bemerkens und für was alles die Griechen Augen gehabt haben. Nur begehen sie *den Fehler der Übereilung, da sie von dem Phänomen unmittelbar zur Erklärung schreiten,* wodurch denn ganz unzulängliche theoretische Aussprüche zum Vorschein kommen" (Goethe, Bd. 18, S. 57 f).

[43] Rubinstein (1983) zitiert aus einem 1907 von Breuer an August Forel geschriebenen und von Sulloway zitierten Brief: „Freud was a man given to absolute and exclusive formulations: this is a psychical need, which, in my opinion, leads to excessive generalization" (S. 174). Rubinstein sieht darin den wirklichen Grund für Breuers Distanzierung von Freud und fügt hinzu, Freud habe „a striking penchant for quick generalizations which more than once turned out to be ill founded... [He] had an overblown belief in the power of inductive inference as he practiced it" (S. 180). Er schließt daraus: „It is the clinical part of psychoanalysis that is really disturbing. It is top-heavy with theory but has only a slim evidential base" (S. 187). Holt betont denselben Punkt: „Freud believed that one made a generalization into a scientific law by stating it in the most universal and dogmatic terms" (BBS, S. 243).

Unberechtigte Dichotomien und Verallgemeinerungen überwuchern psychoanalytische Dissertationen und werden nur zu oft begleitet von einem mangelnden Respekt für Evidenz, einem gleitenden Kausalverständnis und, was vielleicht das Verheerendste überhaupt ist: einer Haltung der Urteilssucht („judgmentalness") und Selbstgerechtigkeit, die sowohl den einfachsten Behandlungserfordernissen wie denen des wissenschaftlichen Vorgehens zuwider läuft. Die Macht nimmt die Stelle ein, die einem ganz anderen Wert zugehören sollte – dem in die Tiefe lauschenden Respekt, der Ehrlichkeit und Offenheit, der ewigen Unabgeschlossenheit unseres Verständnisses. In einem tiefen Sinne gründet dies in der *Verfehlung der Komplementarität*, auf die sich Konfuzius in seinem schon früher zitierten Wort richtete: „Lernen und nicht denken ist nichtig. Denken und nicht lernen ist gefährlich".[44]

Wie zu Beginn des zweiten Teiles bemerkt, handelt es sich bei der im Wort aus dem *Lun Yü* anklingenden Komplementarität um die nie völlig aufhebbare Spannung zwischen Ehrlichkeit und Respekt und damit um die zwischen Wert und Wahrheit, zwischen mitmenschlicher Bindung und innerer Erkenntnis.

Es ist hier, daß das Messer der Grünbaumschen Operation ansetzt: beim Selbstwiderspruch, der unzulässigen Verabsolutierung und der Selbstverleugnung innerhalb der Psychoanalyse. Teiresias gleich, weist Grünbaum mit seiner blinden Scharfsichtigkeit auf ihren Mangel und ihre tragische Widersprüchlichkeit hin.

Doch vertritt er andererseits genau das, was ich in Kap. 6 als die zentrale Verleugnung und damit als die tragische Wunde in der westlichen Kultur beschrieben habe – die Einseitigkeit des Technisch-Mathematischen gerade im Felde des Wissens und des Könnens, die Absolutsetzung eines sehr wichtigen Wertes, die Mißachtung anderer sehr wichtiger Werte. Damit verkennt er in entscheidender Weise die tiefe Wahrheit und das Versprechen der Psychoanalyse, über ihre eigene Verstricktheit hinauszuwachsen.

So muß man schließlich Grünbaum energisch widersprechen und ihm gegenüber weiterhin die Ansicht vertreten, daß wir es *in der psychoanalytischen Arbeit* mit verborgenen Wirklichkeiten zu tun haben, deren Versteckheit aufgrund bestimmter Motive erfolgt und aufrechterhalten wird und die selbst gewissen Regelhaftigkeiten folgt. Wie diese Motive und Regelmäßigkeiten am besten zu ordnen sind, das sind Fragen empirischer Untersuchungen, nicht kanonischer Postulate, mögen diese nun von analytischen Theoretikern oder von Wissenschaftsphilosophen erhoben werden. *Theorien sind Wegweiser und Landkarten, keine getreuen Abbilder der Wirklichkeit.* Was wir zu tun haben, um den Wahrheitsgehalt und die Rationalität des Gesprächs zu vermehren, ist gewiß ein schwieriges, doch damit auch nicht schon ein hoffnungsloses Unterfangen. In der Zwischenzeit müssen wir uns damit begnügen, was

---

[44] „Xüé ér bù sī, zé wăng. Sǐ ér bù xüé, zé daǐ." (*Lun Yü*, II, 15).
Einen ganz ähnlichen Gedanken zitiert der konservative politische Kommentator George F. Will während der „Iran-contra" Hearings: „In one of his plays, Tom Stoppard writes: ‚Skill without imagination is craftsmanship and gives us many useful objects such as wickerwork picnic baskets. Imagination without skills gives us modern art.' Modern art, and foreign policies such as arms sales to Iran. Where were the senior conservatives in whom skill and imagination are supposed to be joined?" (*Baltimore Sun*, 12. Juli, 1987, 7 E).

wahrscheinlich ist, sehen, was hilft, und die Risiken vermindern, auf welche uns Grünbaum verdienstvollerweise wieder aufmerksam gemacht hat.

Auch hier finden wir also Verblendung und tragische Wahrheit; auch hier stoßen wir auf die Spaltung in der Wirklichkeit.

Die Autorität von Aristoteles mag gerade in diesem Zusammenhang besonders fragwürdig erscheinen, da seine ultraempirische Orientierung die Wissenschaft den „Gartenpfad“ hinunter, nämlich hinab zur fast ausschließlichen Fixierung auf die Erfahrung durch direkte Wahrnehmung geführt, und durch diese einseitige Orientierung an der *Korrespondenztheorie der Wahrheit* nicht unwesentlich zu ihrer Stagnation für beinahe 1900 Jahren beigetragen hat. Dennoch ist es, ehe wir uns der Vertiefung des Gewonnenen, namentlich der Komplementaritätstheorie der Wahrheit zuwenden, vielleicht – im Sinne einer analytischen Ironie – besonders angemessen, mit der folgenden Antwort aus der Nikomachischen Ethik an den heute glänzendsten Vertreter einer radikalen Korrespondenztheorie zu enden: „Es ist das Kennzeichen eines gebildeten Menschen, in jedem Gebiet in dem Ausmaße nach Genauigkeit zu suchen, wie es dessen Natur zuläßt.“

11 „Im heiligen Kreise lebendiger Bildung" – Innerer Konflikt und Komplementarität*

> „Denken und Tun, Tun und Denken, das ist die Summe aller Weisheit, von jeher anerkannt, von jeher geübt, nicht eingesehen von einem jeden. Beides muß wie Aus- und Einatmen sich im Leben ewig fort hin und wider bewegen; wie Frage und Antwort sollte eins ohne das andere nicht stattfinden."
> (Goethe, *Wilhelm Meisters Wanderjahre*, 2.10, Bd. 18, S. 22)

Konflikt, Gespaltenheit und Verleugnung, tragische Dimension und verblendendes Entweder–oder – bleibt die Psychoanalyse dabei stehen? Gibt es nicht weit Größeres, Umfassenderes in ihrem Menschenbild, so sehr dieses auch einem Torso gleichen mag und gleichen muß? Und hat nicht der Einfluß Goethes auf die ursprüngliche Gestaltung der Psychoanalyse uns etwas sehr Wichtiges zu vermitteln, das in der *expliziten* Formulierung des psychoanalytischen Menschenverständnisses nicht immer so klar zur Geltung kommt? Also eine Art verborgener Botschaft?

Die Bedeutung, die durch diesen Band hindurch dem Konfliktdenken als dem methodologischen und damit auch theoretischen Fundament der Psychoanalyse zugemessen wird, bedarf als ihres Gegenstücks der Aufforderung, „jenen großen, unvereinbar scheinenden Gegensatz um so mehr in uns zu vereinigen, als ein großer und einziger Meister... das Wunder wirklich schon geleistet hat"[1]. Dazu soll uns aber der eine „poetische Geist" helfen, der die Dialektik zwischen diesen beiden Polen – Konflikt und Komplementarität – wie kein anderer herausgearbeitet hat und wohl eigentlich dem Geist der Psychoanalyse immer noch am nächsten steht.

11.1 Dialektische Weisheit und Idealisierung

„...erscheinen uns denn die schönsten Farben des Lebens nur auf dunklem Grunde?" heißt es zu Beginn des 7. Buches in *Wilhelm Meisters Lehrjahren*. „Zart Gedicht, wie Regenbogen, / Wird nur auf dunklen Grund gezogen; / Darum behagt dem Dichtergenie / Das Element der Melancholie" (*Sprichwörtlich*).

---

* Dieses Kapitel entstand aus dem Aufsatz „Goethes Bedeutung für die Psychoanalyse – zeitgemäße Betrachtungen über Analyse, Synthese und Form", der in verkürzter Form auf Englisch in der *Psychoanalytic Inquiry* erschienen ist. Ich hielt ihn auf Deutsch in der Psychoanalytischen Gesellschaft der Schweiz, Zürich, 8. Februar 1982.

[1] In „Shakespeare und kein Ende" (Goethe Bd. 32, S. 189).

Was ist der dunkle Grund, aus welchem und in welchem sich der schöpferischste und vielfältigste Geist der deutschen Kultur entfaltete? Ein zurückgezogener, hypochondrischer Vater, ein geisteskranker Oheim; die einzige Schwester, die einer Gemütskrankheit (vielleicht Anorexia mentalis) erlag, sobald sie, die „Äbtissin" hätte werden sollen, sich ehelichem Verkehr zu ergeben hatte („der Gedanke, sich einem Manne hinzugeben, war ihr widerwärtig"); ein schizophrener Fremdling, der durch das Elternhaus geisterte. Goethe selbst voll Angst, sich zu verheiraten, mit allen Zeichen der Klaustrophobie: sein Traum, von einer Frau in einen Sack gebunden, in den Fluß geworfen und ertränkt zu werden; oder sein Wort von „der zusammenschlagenden Falle einer weiblichen Umarmung" (wieder in: *Wilhelm Meisters Lehrjahre*). Nach losen Beziehungen zu verschiedenen Dirnen und Knaben ließ er sich doch endlich mit der frivolen, dem Trinken und Schlemmen ergebenen Christiane Vulpius ein, die er erst heiratete, als sie krank und monströs aufgedunsen war. Sein einziger Sohn, ein streitsüchtiger Alkoholiker, der vorzeitig den Folgen seiner Ausschweifungen erlag; Goethe selber „trinkt gern und viel". Um ihn herum, den Favoriten des herzoglichen Haushalts, den gewiegten Politiker und Verwalter, herrschten blutige Armut und Hunger, Grausamkeit und Gefühllosigkeit, Ausbeutung der Armen und Mißhandlung, ja Hinrichtung von in den Dienst gepreßten und unwilligen Soldaten; Menschenhandel und Sklaverei.

Leiden und Tod beim anderen vermochte er nicht zu ertragen. Schwester, Mutter und Gattin mußten die letzten Monate, Tage, Stunden ohne ihn verbringen – ohne Gruß und Besuch, kaum daß er es vermerkt hätte. Was ihn beschäftigte am Tage des Hinscheidens seiner Frau war seine Farbenlehre, nicht ihre Agonie.[2]

Trotzdem sinkt all dies zu einem kleinlichen Nörgeln und neidischen Herabzerren herab, verglichen mit seiner überragenden Größe. „Falls ich trotz allem überlebe, schulde ich es Goethe", schrieb Elias Canetti während des Londoner „Blitzes". Was Shakespeare der englischsprechenden Welt bedeutet, stellt Goethe für die europäische Kultur dar, nicht nur, obwohl hauptsächlich, für deren deutschsprachigen Teil. „Es sind keine Gedichte! Man glaubt vor den aufgeschlagenen ungeheuren Büchern des Schicksals zu stehen, in denen der Sturmwind des bewegtesten Lebens saust, und sie mit Gewalt rasch hin und wieder blättert" (*Wilhelm Meisters Lehrjahre*, 3.Buch, Kap. 11, Bd. 15, S. 169). Wilhelm sagte es über Shakespeare, doch wie viele fühlen das nicht auch über Goethe! Und dies zu Recht!

Und doch – mag es da nicht ein tieferes Unbehagen, eine größere Düsternis geben, gegen die sich die Leuchtspur seines Werkes abhebt?

Was vielleicht durchgehend und am meisten auffällt, ist – trotz seiner dialektischen Weisheit und des machtvoll tiefen Wissens um inneren Konflikt und Schmerz, und trotz all seiner Wertlegung auf innere Einsicht und Weltbegreifen – das *Überwiegen der Idealisierung* und damit das „downplaying", die Minderachtung aggressiver und zerstörerischer Kräfte, die Vermeidung, die psychische Geringschät-

---

2 Das meiste von dem eben Aufgeführten entnehme ich Friedenthals hervorragender Biographie: *Goethe – sein Leben und seine Zeit* (1963) sowie *Dichtung und Wahrheit*.

zung und *Verleugnung* von Haß und Häßlichkeit, von Rache und Grausamkeit, ja auch von Leiden und Todesangst, als menschlichen Gewalten. Trotz Mephisto bemerken wir eine zunehmende Neigung, das Böse zu verleugnen, fast zu verniedlichen; tatsächlich entpuppt sich sogar der Teufel selbst als ein recht leidlicher, wenngleich etwas aufsässiger Geselle. Man muß sich fragen, inwiefern diese Betonung des Idealen einerseits Goethes Versuch darstellt, mit all dem inneren und äußeren Grauen fertig zu werden, das auch ihn umgab. Ist es andererseits nicht eben ganz besonders diese Idealisierung, welche die seinen Werken innewohnende und andauernde Zauberkraft ausübt? Ist nicht überdies alles Schöpferische in seinem innersten Wesen gerade ein Überwinden des Bösen, ein Hinausschreiten über Verzweiflung, Grausamkeit und Grauen, vermöge idealer Form?

Und dennoch, wenn man eine große Zahl von Goethes Dichtungen in kurzer Folge liest, namentlich die nach der Reise nach Italien (1786–1788) geschriebenen, mischt sich in Bewunderung und Ehrfurcht ein zunehmendes Mißbehagen, ein vages Gefühl, das in die Fragen ausläuft: Ist hier nicht etwas Wesentliches ausgelassen? Wo ist es? Was denn ist es? Wie verhält es sich mit der fast gezwungen wirkenden Betonung von Behagen und Heiterkeit, die doch so sehr zu seinem Leben und Lebensgefühl im Widerspruch steht? Solche Fragen stellen sich doch nicht, wenn man Shakespeare, ja sogar Schiller liest, obzwar gerade der letztere in seiner Monographie *Über naive und sentimentalische Dichtung* Goethes psychologischen Realismus seinem eigenen Idealismus gegenüber lobt. Worauf ich anspiele, könnte sich am ehesten in einem Vergleich des maßlosen „Terrors" in *King Lear*, *Macbeth* und *Othello* mit der makellosen Vollkommenheit zeigen, mit der Torquato Tasso's paranoide Entwicklung in höchster Meisterschaft von Form und Ausdruck, jedoch ohne jenes abgründige Grauen dargestellt wird. Oder im Vergleich des wiederholten „In seines Nichts durchbohrenden Gefühle" in Schillers *Don Karlos* mit dem tiefen und doch entrückten „der Menschheit ganzer Jammer faßt mich an" der Kerkerszene im *Faust*.

„Wenn wir ... die Menschen nur nehmen wie sie sind, so machen wir sie schlechter; wenn wir sie behandeln, als wären sie, was sie sein sollten, so bringen wir sie dahin, wohin sie zu bringen sind", sagt Therese in *Wilhelm Meisters Lehrjahre* (8. Buch).

Mag diese Betonung des Idealisierten, diese Abwendung vom Grauenhaften und Bösen vielleicht teilweise eine Antwort auf die Frage geben, warum Goethe heute manchen so besonders irrelevant erscheint, so vielen Zeitgenossen nichts mehr zu sagen vermag, warum er so frappierend fremd, unzugänglich und unbekannt geworden ist – zu Unrecht, muß ich beifügen? Kaum ein Gebildeter in den USA hat je etwas von ihm gelesen. Die meisten seiner übersetzten Werke sind in Amerika praktisch unauffindbar und unerhältlich und die Übersetzungen oft recht kümmerlich. Die englischsprechende Welt ist recht eigentlich zu einer Welt ohne Goethe geworden, und mir scheint, daß die kontinentale Kultur da wohl nicht lange zurückbleiben wird.

Sollte es etwa daran liegen, daß die heute so gängige, zynische Herabsetzung und Verwerfung der Tradition und die Geringschätzung aller Ideale, die sich auf die höheren Ebenen von Sublimation und Komplexität, von Umfänglichkeit und Reichhaltigkeit berufen, kurz, daß die Verleugnung überhaupt von allem oder vielem in uns und um uns herum, was mit Werthierarchie und Autorität zu tun hat, das genaue Gegenstück dessen ist, was uns als Goethes unablässiges Pochen auf Ideale beeindruckt – auf Vornehmheit, Wahrheit und Ehrfurcht? Und ist diese teilweise Ablehnung der Werte, eben das, was ich im vorausgehenden (klinischen) Band als *Flucht vor dem Gewissen* dargestellt habe, nicht eng mit dem Überhandnehmen von Grauen, Rache und Grausamkeit, mit der nackten Drohung des Bösen verknüpft, nicht verwandt mit der pandemischen Vergiftung durch das Ressentiment? Wir sprechen über das Überwiegen der „Abwehr gegen das Über-Ich", über „Kompromiß der Integrität" (Rangell), über Schamlosigkeit und allgemeinen Wertverlust, über das gerade im Gewissen wirkende, verzehrende Ressentiment.

Goethe verhüllte und dämpfte im Gegensatz dazu, wie gesagt, mehr und mehr alles, was sich auf rücksichtslose Grausamkeit und Boshaftigkeit bezog. Botschafter einer inneren Wirklichkeit, die ihm nicht genugsam im Dienste jener Ideale bezähmt und bezwungen war, Botschafter wie Lenz, Beethoven und Kleist, mußten von ihm an der Türschwelle abgewiesen und als unverständlich und unbehaglich verworfen werden.

Dieses sein Verhalten gegenüber Idealen und gegenüber Aggression, trotz dessen Zaubermächtigkeit in der Dichtung, mag uns irgendwie verschoben und fern anmuten, weltfremd im eigentlichsten Sinne, uns ganz besonders, die wir die Generation der Massenausrottung sind, uns, die wir ins Mark getroffen sind von der Donnerstimme aus den Abgründen von Terror und Verachtung, von Neid und Grausamkeit. Die Ironie all dessen ist noch gewaltiger, da jene Stimme aus dem Abgrund des Menschseins die eines Volkes war, das von Goethes Wort und Gedanken gebildet, geprägt, auferzogen worden war.

Und doch leuchtet der Ursprung dieser Abwehr auf: In einem kleinen Aufsatz erwähnt er, wie schon im Zusammenhang mit der Studie über das Ressentiment (Kap. 4) angeführt wurde, „die vieljährige Richtung meines Geistes gegen die französische Revolution" und spricht über „die grenzenlose Bemühung, dieses schrecklichste aller Ereignisse in seinen Ursachen und Folgen dichterisch zu gewältigen." Er sehe klar, wie über die vielen Jahre hin „die Anhänglichkeit an diesen unübersehlichen Gegenstand so lange Zeit her mein poetisches Vermögen fast unnützerweise aufgezehrt" habe (*Bedeutende Fördernis durch ein einziges geistreiches Wort*, Bd. 39, S. 188).

In der Dichtung Goethes, die von manchen als die größte angesehen wird (so Balzac in den *Illusions perdues*), dem *Torquato Tasso*, sagt der Herzog: „Es liegt um uns herum / Gar mancher Abgrund, den das Schicksal grub; / Doch hier in unserm Herzen ist der tiefste." Hier und mancherorts sonst in Goethes Werk klingt das an, was für uns alle eine unheilbar narzißtische Verwundung im Menschenbild geworden ist, eine, die maßlos tiefer ist, wie jüngst Yael Danieli sagte, als die von Kopernikus, Darwin und Freud bewirkte dreifache Verletzung des Selbstwertgefühls des Menschen. Es klingt an, wie von ferne und gedämpft; doch es wirkt als der „dunkle Grund".

Und doch – nach all dem, was ich gesagt habe, bleibe ich zutiefst davon überzeugt, daß Goethes Dichtwerk eine weit mächtigere Bedeutung für uns – für unser Zeitalter, für unseren Beruf – hat, als man gemeinhin annehmen möchte. Ich halte eine Welt ohne Goethe, eine Kultur, die sich seiner nicht mehr bewußt ist, für ein Unglück. Es ist ein gegenwärtiges, nicht ein künftiges Unglück.

11.2 Die Spannung der Widersprüchlichkeit

Für uns Analytiker findet sich in seinen Schöpfungen ein unendlicher Reichtum an Beziehungen, an bedeutungsvollen Bildern und Begriffen, an Seh- und Verstehensweisen. Überdies besteht für uns ein Überfluß an Verknüpfungen zwischen seinem Leben und seinem Gesamtopus, über das er ja, im 7. Buch von *Dichtung und Wahrheit*, aussagt: „Alles was daher von mir bekannt geworden, sind nur Bruchstücke einer großen Konfession...", welche vollständig zu machen seine Autobiographie ein gewagter Versuch sei.

Wieviel psychologischer Tiefsinn ist z.B. im folgenden Satz desselben Werkes (im 15. Buch) enthalten, wenn er über seinen guten Freund, den Arzt Zimmermann, einen berühmten, doch eitlen und sich mißverstanden und unterschätzt wähnenden Mann, sagt, er habe seine Kinder mit Härte und Tyrannei behandelt: „Denn auch jene Härte gegen seine Kinder war Hypochondrie, ein partieller Wahnsinn, ein fortdauerndes *moralisches Morden*, das er, nachdem er seine Kinder aufgeopfert hatte, zuletzt gegen sich selbst kehrte." Aggression narzißtischer Herkunft, erst als verheerende Kindsmißhandlung, hernach gegen das Selbst gewendet in psychotischer Depression (die damalige Bedeutung von Hypochondrie), der Begriff des Seelenmordes – all dies steht modernem psychoanalytischen Verständnis, ja sogar der entsprechenden heutigen Ausdrucksweise nahe. Weshalb? Nicht zuletzt deshalb, weil Freud in sehr vielem ohne tiefe Kenntnis von Goethe kaum denkbar wäre.

In ähnlichem Sinne in den *Leiden des jungen Werther:*

> Und nennen Sie mir den Menschen, der übler Laune ist und so brav dabei, sie zu verbergen, sie allein zu tragen, ohne die Freude um sich her zu zerstören! Oder ist sie nicht vielmehr ein innerer Unmut über unsere eigene Unwürdigkeit, ein Mißfallen an uns selbst, das immer mit einem Neide verknüpft ist, der durch eine törichte Eitelkeit aufgehetzt wird?

Nash K. Burger nannte dies Werk mit Recht „einen der ersten psychologischen Romane", seinen Helden „einen der frühesten existentiellen Helden" (*New York Times*, 29. Dezember, 1974).

Und ist es uns dann wieder völlig fremd, wenn der Dichter in der *Natürlichen Tochter* den tiefsinnigen, ungewöhnlich anmutenden Ausspruch macht: „Was bedeutend schmückt, / Es ist durchaus gefährlich."? Form sei hiermit nicht allein wesentlichst bedeutungstragend, sondern gerade dadurch vermöchte sie dem Inhalt selbst Gewalt anzutun, oder umgekehrt laufe sie Gefahr, vom Inhalt verletzt zu werden, wie es Sigurd Burckhardt (1970) ausführt: „Sind Form wie auch Inhalt je Aussagen, müssen sie entweder übereinstimmen, oder das Werk zerfällt unter dem Druck ihres Widerspruchs" (S. 67). Die Tiefenperspektive gerade der größten poetischen Literatur (Shakespeare, Goethe, Aeschylus) mag zum guten Teil durch die gewagte und doch gelungene Spannung einer solchen Widersprüchlichkeit im Sinne des „double bind" bewirkt sein – daß eben die von Goethe bezeugte Gefahr angetönt und doch beherrscht wird. Ähnliches kennen wir aus der „Traumdeutung" und der Pathologie der Mitteilungsvorgänge (den Störungen und Abarten „geteilter fokaler Aufmerksamkeit") – daß die inneren Konflikte in eigentümlicher Weise dargestellt, ja versöhnt erscheinen, nämlich im Zusammenspiel der Gegensätze in Form eines mythischen oder dichterischen Symbols (ich sprach früher vom „Rad" und vom „Pfad"), sei es als Traumbild, als Symptom, als Metapher, sei es in den merkwürdig vermischten Affekten und Stimmungen, sei es in der Doppelheit des Lebens und der Widersprüchlichkeit von Wort und Gefühl.

Oder, wenn wir üblicheren psychoanalytischen Untersuchungsweisen folgen wollten, könnten wir der besonderen Intensität seiner Neugierde, seines Triebes zu wissen, zu lernen, mit seinen Augen aufzunehmen, nachgehen und uns fragen, wieso dieser machtvolle Trieb sein Leben von frühester Kindheit an beherrschte. Wir könnten Freuds Analyse der Deckerinnerung in *Dichtung und Wahrheit* zu vertiefen suchen – die Deutung nämlich, daß sich das Zerschlagen der Tongeschirre auf den Tod seiner jüngern Rivalen beziehe. Oder was hat es, so könnten wir fragen, mit dem wiederholten Thema der verlassenen Geliebten, die dann sterben muß, auf sich, mit dieser unbeabsichtigten radikalen Verschuldung in der Liebe? Was mit der tödlichen Wirkung einer Art von Urszene auf das seltsame Zwitterwesen Mignon, diese keusch-leidenschaftliche, so zauberhafte Gestalt, Kind eines Bruder-Schwester-Inzestes, das in früher Pubertät zu sterben verurteilt ist? Was mag das alles mit dem sonderbar verwirkten Schicksal Cornelias, seiner so intim (*wie* intim?) geliebten Schwester, zu tun haben?

Sodann könnte man historisch dem für ihn wesentlichen Begriff des eingeborenen Triebes und Instinktes, wie er der Idee der durchgreifenden Erziehung entgegengestellt wurde, nachgehen – rückwärts zu Rousseaus Philosophie von Natur und Erziehung, und voran zu den frühen Triebbegriffen von Nietzsche und den späteren von Freud.

Und diese beiden Gedankenreihen – jene betreffs früher Kindheit und diese in bezug auf die Geschichte von kulturgeschichtlich entscheidenden Begriffen – könnten in eine biographische Fragestellung verwoben werden, nämlich in die, wie der alte Widerstreit zwischen Natur und Gesellschaft, der sich, als Physis gegen Nomos, auf die Griechen zurückführen läßt, in der überaus seltsamen, fast wunderlichen Erziehung, die der schrullige Vater den beiden Kindern angedeihen ließ, neu aufgelegt worden sei – in den merkwürdigen Familienverhältnissen zwischen einem gequälten, düsteren, erfolglosen Vater; einer überaus freisinnigen, sexuell offenen, wahrscheinlich recht verführerischen, weit jüngeren Mutter; einer eifersüchtig nahen, jedoch geschlechtsscheuen Schwester; und dem frühen Tod mehrerer Geschwister?

Angesichts der Fülle von Leben und Dichtwerk und der ungewöhnlichen Komplexität sah ich mich jedoch außerstande, die Paradoxa, die innere, doch durch seine Persönlichkeit umfaßte Widersprüchlichkeit seines Wesens durch das Teilwissen, das mir zur Verfügung steht, zu erklären, ohne ihm Unrecht zu tun. Nicht daß ich solch psychologisches Verstehenwollen als an sich unstatthaft ablehnen würde oder daß ich Goethe zu sehr idealisierte und solche Anhimmelung zu erschüttern fürchtete – aber ich sehe mich einer solchen Aufgabe nicht gewachsen, ganz besonders, wenn ich mit Zweifel und Verwunderung Fehlurteile betrachte, die bei der analytischen Beurteilung Goethes unterlaufen sind.

Um wieviel wahrer ist heute, was Schiller, nach der Lektüre von *Wilhelm Meisters Lehrjahren*, in einem Brief an Goethe schrieb:

> Wundern Sie sich nicht mehr, wenn es so wenige gibt, die Sie zu verstehen fähig und würdig sind. Die bewunderungswürdige Natur, Wahrheit und Leichtigkeit Ihrer Schilderungen entfernt bei dem gemeinen Volk der Beurteiler allen Gedanken an die Schwierigkeit, an die Größe der Kunst, und bei denen, die dem Künstler zu folgen imstande sein könnten, wirkt die genialische Kraft, welche sie hier handeln sehen, so feindlich und vernichtend, bringt ihr bedürftiges Selbst so sehr ins Gedränge, daß sie es mit Gewalt von sich stoßen (2. Juli 1796)

Von Hofmannsthal fügt diesem Zitat seine eigenen Worte hinzu: „Denn nichts ist schwerer anzueignen, schwerer auch nur wahrzunehmen, als das Große und Erhabene, trotzdem oder eben weil es nichts anderes ist als das Reinste und Wahrste des Natürlichen" (Bd. 2, S. 524).

Statt dessen werde ich hier eine Idee, eine Begriffstruktur, auswählen, die von zentraler Bedeutung für Goethe war, welche jedoch auch unter seinem Einfluß sowohl für Freuds Psychoanalyse als auch für Jungs analytische Psychologie und durch deren Vermittlung in der einen oder anderen Weise für manche heutigen psychoanalytischen, psychotherapeutischen und philosophischen Strömungen bestimmend geworden ist.

Darüber hinaus ist es sinnvoll, diese Ausführungen hier im Zusammenhang mit der philosophischen Kontroverse über den wissenschaftlichen Wahrheitsbegriff (Kap. 10) und als Überleitung zu den Schlußgedanken (Kap. 12) anzuschließen.

Ich beziehe mich auf das Begriffspaar „Analyse und Synthese", auf die davon abgeleitete Bedeutung von „Form" und „Metamorphose" und damit auf die Bedeutsamkeit der gegenseitigen Bedingtheit von Konflikt und Komplementarität. Was ich vorlege, kann selbst nur Bruchstück und Skizze sein – nicht mehr, eine Auslese erkenntniskritischer Gedanken, soweit sie von direkter Bedeutung für die Epistemologie der Psychoanalyse sind, nicht eine wirkliche philosophische Erfassung Goethes.

Die Verwandtschaft von Goethes Denken mit der Kernwirklichkeit psychoanalytischen *Tuns* läßt uns sehen, daß die auf der Korrespondenztheorie der Wahrheit beruhende positivistisch-empiristische Kritik der philosophischen Grundlage der Psychoanalyse nicht gerecht zu werden vermag, sondern daß das philosophische Fundament entscheidend verbreitert und vertieft werden muß, um die Beobachtungen selbst wie auch die Methodik der Forschung zu akkommodieren, anstatt umgekehrt.

11.3 Analyse, Synthese und Form

Im *West-östlichen Divan* begegnen wir zwei Strophen, die seiner Bewußtheit mancher Zeiten, Kulturen und Traditionen Ausdruck verleihen: „Mein Erbteil wie herrlich, weit und breit!/ Die Zeit ist mein Besitz, mein Acker ist die Zeit." „Wer nicht von dreitausend Jahren / Sich weiß Rechenschaft zu geben,/ Bleib im Dunkeln unerfahren, / Mag von Tag zu Tage leben." So geziemt es sich demnach auch uns, den Blickraum zu erweitern.

Im Zuge der sorgfältigen Untersuchung der Natur der Liebe im *Phaidros* sagt Sokrates, der im poetischen Gewebe der platonischen Dialoge wohl für weit mehr als nur den historischen Sokrates steht: „Wir haben zwei Prinzipien (oder Ideen, Methoden, Formen) benutzt" (dyoin eidoin). „Was denn sind sie?" „Zunächst das Zusammenführen und Zusammenschauen des vielfältig zerstreuten [einzelnen] in einer Idee, so daß man jenes einzelne, worüber man zu lehren beabsichtigt, durch Umgrenzung klar mache... Das zweite Prinzip [oder Untersuchungsmethode] ist das Zerschneiden in Artenspezies (kat'eide diatemnein), den naturgegebenen Trennungslinien gemäß." Diese beiden Prozesse des Zusammenziehens in eine Einheit des Verstehens und des Zerteilens in natürliches einzelnes werden von Plato „Synagogé" und „Diairesis" genannt. „Ich selbst liebe diese beiden sehr", sagt Sokrates, „sie helfen mir zu sprechen und zu denken. Und wenn ich jemandem begegne, der in der Natur sowohl in das Eine wie auf das Manche zu schauen vermag, folge ich ihm... Ich nenne sie Dialektiker, Leute, die denken, abwägen, diskutieren." Hernach wendet Sokrates diese Doppelmethode auf diejenige Kunst an, die wohl unserem Begriff der Psychotherapie am nächsten kommt, nämlich auf die Rhetorik, die Kunst, die Seele zu leiten und zu bezaubern (psychagogia). Der Redner, der überzeugen will, soll die Natur der Seele im ganzen wie die der verschiedenen Charaktere kennen, die gute wie die üble Zeit (und Form) des Sprechens (eukairian te kai akairian). Die Einzelteile soll er abgrenzen und unterteilen, bis er zum Unteilbaren komme, doch solle er der Natur der Seele im ganzen gewahr bleiben, jeglicher Seele für sich selbst, und so seinen Zugang ganz der Natur jeder Seele anpassen.

Solcherweise gibt es denn für Platon ein stetes Hin und Her von Analyse und Synthese, von Zerteilung und Vereinigung. Zusammen bilden sie die große Zweiheit disziplinierter Untersuchung. Einzig die durchgehende *Komplementarität dieser zwei philosophischen Prinzipien* könne zu voller wissenschaftlicher und philosophischer Einsicht führen. Während der Vorsokratiker Empedokles schon Liebe (philia) mit dem „Machen von einem aus manchem" gleichgesetzt hatte und Streit (neikos) mit dem „Machen von manchem aus einem", war dies doch eine mythische Polarität verblieben. Erst als sie systematisch und diszipliniert von Platon und Aristoteles als Doppelmethode der Untersuchung auf alle Wissenschaften, die des Innenlebens mit einbegriffen, angewendet wurde, führte sie zur Begründung dessen, was wir als wissenschaftliche Methode kennen.

Eine sehr wichtige Folge dieser methodologischen Doppelheit wird gewöhnlich ausgelassen: daß eine wahrhaft synthetische Sichtweise letztlich teleologisch ist – daß es auf das Zusammenfügen dessen, was „natürlich wächst" (= Physis), in der richtigen Einheit, in der passenden und gemäßen Form, abzielt, in *der* Form, die im konstanten Lebenslauf ständig umgeformt wird. Analyse sieht in ihrem Wesentlichsten auf die Ursprünge, während Synthese sich auf die Ziele, auf das Zweckhafte, auf die „richtige Form" bezieht. Und Telos ist natürlich Ziel, Zweck, Ende.

Natur, nicht als mathematisches Universum, sondern als etwas, das sich entwikkelt, wächst und stirbt, als etwas, das geformt wurde und sich fortgehend weiterformt, wird denn auch von Aristoteles in seiner *Physik*, der Naturphilosophie, definiert als „die Gestalt und das Aussehen solcher Dinge, die in sich den Anfang der Bewegung besitzen, wobei solche Form nicht trennbar ist außer durch sprachliche Formulierung" (kata ton logon), logisch. Weiter sagt er, daß „Natur ein Werden ist, ein Weg zu etwas – die Rückkehr zur vollkommenen Form, von der es bei Geburt angefangen hat. Natur ist nicht ein Woher, sondern ein Wohin. Die Form ist daher Natur" (ouchi ex hou, all' eis ho. *He ara morphe physis*). Und schließlich: „Die Natur ist das Ziel, um dessentwillen der Rest besteht... Das Ziel meint nicht eine Art von Beendigung, sondern nur das Beste... Auch wir selbst sind irgendwie ein Ziel." Solches Erreichen des rechten und besten Zieles wird von Aristoteles mit einem von ihm geprägten Wort „Entelechie" genannt, „die Erfüllung des Telos", seine „Verwirklichung". „Da Natur zweckhaft ist, soll sie als solche erkannt werden."

Solch Ziel oder Zweck ist nicht die einzige Ursache, aber eine sehr wichtige, die nicht vergessen werden darf. Aristoteles wiederholt dies wieder und wieder: „Naturdinge sind ganz genau jene, die sich fortwährend einem Ziele zubewegen dank eines Prinzips, einer arché, das ihnen innewohnt." „Wie in künstlichen Gebilden, so gilt auch für die Natur, daß das Prinzip der Ursache von der Definition und der Bedeutung des Zieles abgeleitet wird."

Diese aristotelische Anschauung, die sowohl analytisch wie synthetisch zu begreifen sucht, wird heute zumeist als überholt angesehen, wurde sie doch, so sagt man, durch das analytisch-mathematische Verständnis der Natur von Descartes, Newton, Leibniz und Kant ersetzt.

Es ist üblich geworden, Goethes wissenschaftliche Ansichten herablassend zu belächeln und gar, um ein extremes Beispiel anzuführen, in dem leidenschaftlichen Beharren auf seiner Farbenlehre und der Feindseligkeit gegen Newton einen weiteren Beweis für seine angebliche Psychose zu sehen, oder doch zum mindesten die blöde Schrulle eines ekzentrischen Greises, der in diesen Stümpereien seine Pflichten als größter deutscher Dichter und Olympier arg vernachlässigte.

Indes ist all dies, was man so gemeinhin als sein Haschen nach unwissenschaftlichen Phantomen abzutun beliebt, nichts weniger als Irrationalität und Psychopathologie. Statt dessen kann es sinnvoller als Fortsetzung einer ehrwürdigen philosophischen Tradition angesehen werden, einer Tradition, die in Platon und wahrscheinlich schon in Sokrates verwurzelt ist, insofern es sich um *die Komplementarität von Analyse und Synthese* handelt, in Aristoteles, soweit es sich auf die *Komplementarität von mechanischen Ursachen und Form, Wesen, Zweck* oder Ziel, mithin teleologischer, finaler Kausalität bezieht – und zwar wird dieser Rückbezug von Goethe klar ausgedrückt. Goethes Morphologie, seine Betonung von Wachstum, Form und Umformung, sein Wiederaufgreifen des aristotelischen Begriffs der Entelechie und die unbedingte Würde, die er dem Bildungsgedanken verleiht – all dies wird bewußt verknüpft mit Aristoteles' Lebensverständnis und damit dessen Philosophie menschlicher wie kosmischer Ordnung.

Im ganzen, bei all seinem Interesse an der Natur des Menschen und des gesamten Kosmos, lag für Goethe das wahre Zentrum des Begreifens im *Leben;* es war ein wahrhaft antikes Weltverstehen: „Und es ist kein Traum, keine Phantasie: es ist ein *Gewahrwerden der wesentlichen Form*, mit der die Natur gleichsam nur immer spielt und spielend das mannigfache Leben hervorbringt", schreibt er in einem frühen Brief aus seinem lebenslangen Aufenthalt in Weimar.

Freilich, so wird man einwenden, ist nun diese Tradition immerhin außer Kraft gesetzt und, von Descartes an bis Einstein, der Würde, rational, geschweige denn wissenschaftlich zu sein, beraubt worden. Und doch: Ist sie lediglich antik? Ist sie wirklich veraltet? Besteht die Natur nur darin, was die moderne Physik, wie gemeinhin verstanden, und deren Ableitungen zu begreifen behaupten? Oder ist es nicht so, daß sich die Lebenserscheinungen in ihrer unbegrenzten Formenvielfalt solch moderner Mathematisierung immer wieder entziehen? Ist es nicht eher gerade so, daß das modernste Verstehen des Lebens, als Pflanze, als Tier, oder als Psyche, keineswegs aristotelischer Begriffe teleologischen Charakters zu entbehren vermag – daß diese sich durchs Hintertörchen einschleichen, um den Anschein zu vermeiden, daß ihre Gegenwart die vorgebliche mathematisch-statistische Reinheit verunreinigte? Haben doch gerade moderne Biologie und Physik den alten Faden wieder aufgenommen.

„Es ist an der Zeit", sagt z.B. ein so bedeutender Forscher wie Adolf Portmann (1973), „das Beispielhafte eines Versuchs, wie ihn Goethe uns in der Metamorphose der Pflanzen geschenkt hat, wieder zu erleben." Er fährt fort, daß die heutige Entwicklung zu „einer entsetzlichen Verödung unserer Beziehung zu lebendigen Gestalten" führe und schließt mit diesem Vorschlag: „Neue Formen einer Naturkunde werden nötig, einer Naturkunde, die nicht schwacher Abglanz einer Wissenschaft ist, sondern zu einem vertieften Umgang mit der Welt der lebendigen Gestalten führt und uns Natur zu einer wirklichen Heimat macht. Ehrfurcht vor dem offenbaren Geheimnis des Lebendigen – das ist die große Forderung an eine solche neue Naturkunde".

Karl Pribram (1980) spricht von der „Hologramm-ähnlichen Ordnung der Wirklichkeit" und von der uns erfaßbaren Welt als nicht-objekthaft, als nichtdinghaft, sondern als aus quantenmäßig bestimmten Mikrowellen bestehend. Wenn er beifügt, daß die Wissenschaft ebenfalls „finale" Ursachen zu erforschen habe, ist er einem aristotelischen Naturbegriff näher als er annimmt.[3] Und wenn Leon Cooper (1980), ein Nobelpreisträger in Physik, jüngst schreibt:

> Unter den ältesten und am meisten geehrten Beschäftigungen des Menschen befindet sich das Schaffen von Ordnung... Die tiefen und scheinbar unverrückbaren Begriffe sind das Ergebnis der Wechselwirkung zwischen unserem relativ vorurteilslosen geistigen

[3] „Science as a catalogue of proximate causes in the Aristotelian sense, mechanistic in the Newtonian image, must give way to a science in which ‚final' causes are also searched and researched, and a science in which causality in the space-time domain must be, on occasion, suspended, if not generally superseded" (S. 33 f.).

> Mechanismus und den elementarsten, sich wiederholenden und primären Ordnungen der Welt, in der wir leben[4],

so steht er dem Aristotelischen Diktum „Natur ist für alles die Ursache von Ordnung" (he gar physis aitia pasi taxeos; Physik, 8. Buch) nicht ferne.

Aber ich bin meinem Thema vorangeeilt, weit über Goethes Zeit hinaus – freilich bloß aus einem Grunde: um darzulegen, wie ernst wir den philosophischen Kern aller seiner Schriften nehmen müssen.

Jetzt zurück zu den Quellen und zu seiner Ansicht von Analyse und Synthese – von ihrem gegenseitigen Konflikt und ihrer komplementären Zusammengehörigkeit.

„Wer eine Synthese recht prägnant in sich fühlt, der hat eigentlich das Recht zu analysieren, weil er am äußeren Einzelnen sein inneres Ganze prüft und legitimiert" (*Dichtung und Wahrheit*, 19. Buch, Bd. 24, S. 283). Im Zusammenhang mit der Beschreibung seines von frühester Zeit an regen Untersuchungstriebes, seiner unstillbaren Neugierde, verteidigt er sein frühkindliches Zerrupfen von Blumen und Vögeln: „Ist doch Kindern dieses nicht zu verdenken, da ja selbst Naturforscher öfter durch Trennen und Sondern als durch Vereinigen und Verknüpfen, mehr durch Töten als durch Beleben sich zu unterrichten glauben." „Trennen und Zählen lag nicht in meiner Art", oder „das, was er mit Gewalt auseinander zu halten suchte, mußte nach dem innersten Bedürfnis meines Wesens zur Vereinigung anstreben" (Friedenthal 1963, S. 355).

In dem hübschen Aufsätzchen „Glückliches Ereignis" beschreibt er, wie er zufällig auf seinen großen „Geistes-Antipoden" gestoßen sei, von dem er sich durch eine „ungeheure Kluft zwischen unsern Denkweisen" getrennt fühlte und dessen Werke ihn teilweise „äußerst anwiderten" und ihm sogar als „wunderliche Ausgeburten" erschienen. Wer war dieser Gegenspieler, dieser aus der Verleugnung auftauchende Schatten seiner selbst? Es war Friedrich Schiller. Unabhängig voneinander hatten sie eines Abends einer Sitzung der naturforschenden Gesellschaft beigewohnt:

> Wir gingen zufällig beide zugleich heraus, ein Gespräch knüpfte sich an, er schien an dem Vorgetragenen teilzunehmen, bemerkte aber sehr verständig und einsichtig und mir sehr willkommen, wie eine so zerstückelte Art, die Natur zu behandeln, den Laien, der sich gern darauf einließe, keineswegs anmuten könne. Ich erwiderte darauf, daß sie den Eingeweihten selbst vielleicht unheimlich bleibe und daß es doch wohl noch eine andere Weise geben könne, die Natur nicht gesondert und vereinzelt vorzunehmen, sondern sie wirkend und lebendig, aus dem Ganzen in die Teile strebend darzustellen (Bd. 39, S. 176 f.).

Derselbe Gedanke erscheint gegen Ende seines Alterswerkes *Wilhelm Meisters Wanderjahre* (3. Buch, 3. Kap.) in bezug auf den anatomischen Unterricht des Chirurgen: „... daß Aufbauen mehr belehrt als Einreißen, Verbinden mehr als Trennen". Er gibt jedoch der ganzen methodologischen Dualität ihr Recht: „Ein Jahr-

---

[4] „... among the most ancient and honored of human occupations is the creation of order... The deep and seemingly unbudgeable concepts are the results of the interaction of our relatively unbiased mental apparatus with some of the most elementary, repeated, and primitive orderings of the world we live in" (S. 5, 15).

hundert, das sich bloß auf die Analyse verlegt und sich von der Synthese gleichsam fürchtet, ist nicht auf dem rechten Wege; denn nur beide zusammen, wie Aus- und Einatmen, machen das Leben der Wissenschaft." („Analyse und Synthese", Bd. 39, S. 194).

Gleicherweise im Aufsatz „Bildung und Umbildung organischer Naturen" von 1807:

> Dem Verständigen, auf das Besondere Merkenden, genau Beobachtenden, Auseinandertrennenden ist gewissermaßen das zur Last, was aus einer Idee kommt und auf sie zurückführt. Er ist in seinem Labyrinth auf eine eigene Weise zu Hause, ohne daß er sich um einen Faden bekümmerte, der schneller durch und durch führte; und solchem scheint ein Metall, das nicht ausgemünzt ist, nicht aufgezählt werden kann, ein lästiger Besitz; dahingegen der, der sich auf höhern Standpunkten befindet, gar leicht das einzelne verachtet und dasjenige, was nur gesondert ein Leben hat, in eine tötende Allgemeinheit zusammenreißt. In diesem Konflikt befinden wir uns schon seit langer Zeit (Bd. 39, S. 7 f.).

Derselbe Gedanke wird bald danach im gleichen Band „Zur Morphologie" wieder aufgegriffen und weiter entwickelt. Wegen der großen philosophischen Bedeutung dieser Gedanken zitiere ich sie nun in extenso:

> Wenn wir Naturgegenstände, besonders aber die lebendigen, dergestalt gewahr werden, daß wir uns eine Einsicht in den Zusammenhang ihres Wesens und Wirkens zu verschaffen wünschen, so glauben wir zu einer solchen Kenntnis am besten durch Trennung der Teile gelangen zu können, wie denn auch wirklich dieser Weg uns sehr weit zu führen geeignet ist. Was Chemie und Anatomie zur Ein- und Übersicht der Natur beigetragen haben, dürfen wir nur mit wenig Worten den Freunden des Wissens ins Gedächtnis zurückrufen.
> Aber diese trennenden Bemühungen, immer und immer fortgesetzt, bringen auch manchen Nachteil hervor. Das Lebendige ist zwar in Elemente zerlegt, aber man kann es aus diesen nicht wieder zusammenstellen und beleben. Dieses gilt schon von vielen anorganischen, geschweige von organischen Körpern.
> Es hat sich daher auch in dem wissenschaftlichen Menschen zu allen Zeiten ein Trieb hervorgetan, die lebendigen Bildungen als solche zu erkennen, ihre äußern sichtbaren, greiflichen Teile im Zusammenhange zu erfassen, sie als Andeutungen des Innern aufzunehmen und so das Ganze in der Anschauung gewissermaßen zu beherrschen. Wie nah dieses wissenschaftliche Verlangen mit dem Kunst- und Nachahmungstriebe zusammenhänge, braucht wohl nicht umständlich ausgeführt zu werden.
> Man findet daher in dem Gange der Kunst, des Wissens und der Wissenschaft mehrere Versuche, eine Lehre zu gründen und auszubilden, welche wir die Morphologie nennen möchten (B. 39, S. 8 f.).

11.4 Form, Metamorphose und Schauen

Er fährt mit dem Gedanken fort, daß wir im Deutschen das Wort „Gestalt" besitzen, um so „den Komplex des Daseins eines wirklichen Wesens" darzustellen. Doch findet er diesen Begriff zu abstrakt, all zu fern von dem, was lebt und sich bewegt, zu abgeschlossen und fixiert. Statt dessen schlägt er *„Bildung"* vor – „daher unsere Sprache das Wort Bildung sowohl von dem Hervorgebrachten, als von dem Hervorgebrachtwerdenden gehörig genug zu brauchen pflegt.“ „Das Gebildete wird sogleich wieder umgebildet, und wir haben uns, wenn wir einigermaßen zum lebendigen Anschauen der Natur gelangen wollen, selbst so beweglich und bildsam zu erhalten, nach dem Beispiele mit dem sie uns vorgeht.“ Dies denn ist für Goethe die *Morphologie*, das Studium „des fortwährenden Umbildens“, der Versuch, durch die Schichten der Verhüllungen dazu durchzudringen, wo „das Leben sein schaffendes Gewebe hervorbringt.“

Goethe erblickte sein Hauptinteresse darin, die Grundformen zu finden, die sich in vollkommener Entfaltung zeigen. Sein Leben hindurch verfolgte er solche Umformung, *Metamorphose*, die volle Ausprägung des zugrundeliegenden Urprinzips, gewissermaßen die vollkommenste Entfaltung des Eigentlichen im Lebewesen, doch sichtbar nur in der steten Umbildung; es ist die Bildung seines Wesens – dessen, was man vom Englischen her heute häufiger als das Selbst[5] bezeichnet –, wie es jedem gegebenen Momente angemessen ist. „Es ist die Metamorphose, die Verwandlung des nur zu ahnenden Urprinzips in das Gestaltete, Geprägte der ausgebildeten Naturerscheinung“ (Friedenthal, S. 354). Dieser Gedanke der Metamorphose und nie abgeschlossenen Selbstwerdung war zentral für sein dichterisches Selbstverständnis; „Und so lang du das nicht hast, / Dieses: Stirb und Werde! / Bist du nur ein trüber Gast / Auf der dunklen Erde“ (*West-östlicher Divan*). Aber er war für ihn nicht minder zentral als der würdigste Untersuchungsgegenstand in Wissenschaft und Philosophie.

Indes „alles, was geschieht, ist Symbol, und indem es vollkommen sich selbst darstellt, deutet es auf das Übrige;“ daher ist es offenbar, daß das *Sehen* solcher Form seinerseits von höchster Erkenntniswürde ist: „Das Höchste wäre, zu begreifen, daß alles faktisch schon Theorie ist. Die Bläue des Himmels offenbart uns das Grundgesetz der Chromatik. Man suche nur nichts hinter den Phänomenen; sie selbst sind die Lehre.“ So steht es in den *Betrachtungen im Sinne der Wanderer*. In *Dichtung und Wahrheit* heißt es: „Das Auge war vor allen andern das Organ, womit ich die Welt faßte.“ Und Friedenthal zitiert: „Ich suche mit meinen Augen zu ergreifen, zu durchbohren.“

Man erinnert sich eines der schönsten Gedichte Goethes, in dem er, spät in seinem Leben, poetisch *die Zentralität von Sehen und Schauen* ausdrückte. Wir finden es gegen das Ende des zweiten Teils des *Faust*, in dem, was von Hofmannsthal „Goethes tiefstes Freudenlied“ nannte. Ich meine Lynkeus’, des Turmwächters Lied: „Zum Sehen geboren, / Zum Schauen bestellt, / Dem Turme geschworen / Gefällt mir die Welt... // Ihr glücklichen Augen, / Was je ihr gesehn, / Es sei, wie es wolle, / Es war doch so schön!“[6]

[5] Doch ein Substantiv, das auch Goethe gelegentlich verwendet.

[6] In diesem Zusammenhange erinnert mich Martin Stern an den Weg Wilhelm Meisters: vom Schauspieler, der gesehen wird und die anderen nackt sieht, über das homoerotische Erlebnis mit dem nackt badenden Knaben, der dann ertrinkt und hätte gerettet werden können, zum Wandel vom Prosektor zum „Proplastiker“, und der endgültigen Berufswahl als Wundarzt, der schließlich, dank seiner Kenntnis des nackten Körpers, seinen Sohn vom Ertrinkungstode zu retten vermag. Und doch sei es auch hier immer das Tun, nicht das Betrachten allein, das zur wesentlichen Selbsterkenntnis führe.

Deshalb, dieser Verhaftung an das Erschauen der sich wandelnden, doch im Eigentlichen sich treu bleibenden Form wegen, ist ihm das scharfe Trennen und das kritische Ausscheiden in der Philosophie, namentlich der Kants, sehr zuwider; es stört ihn in seinem natürlichen Gang (Friedenthal, S. 445). Sein Kampf gegen Newton, der „Prozeß Goethe gegen das Spektrum“, wie es genannt worden ist (ebd., S. 369), ist aus dieser Vorliebe für Synthese, seinem Mißbehagen, ja zuweilen Haß gegen das Aufteilen, Trennen und Zählen zu begreifen. Mathematik, die „Rechenkunst“ oder „Rechnerei“ hat für ihn nichts zu tun mit einer wahrhaften Erfassung der Natur. Warum soll die Natur auf die „Marterbank gelegt werden“, bis sie ihre Geheimnisse gestehe? (Friedenthal, S. 363). „Daran erkenn ich den gelehrten Herrn! / Was ihr nicht tastet, steht euch meilenfern, / Was ihr nicht faßt, das fehlt euch ganz und gar, / Was ihr nicht rechnet, glaubt ihr, sei nicht wahr, / Was ihr nicht wägt, hat für euch kein Gewicht, / Was ihr nicht münzt, das, meint ihr, gelte nicht!“ (*Faust*, 2. Teil, 1. Akt).

11.5 „Die Summe aller Weisheit“

Eine ähnliche Dialektik, die gleiche Komplementarität wie die zwischen Analyse und Synthese betrifft Denken und Tun: „Denken und Tun, Tun und Denken, das ist die Summe aller Weisheit.“ Beide gehören zusammen, das eine solle am anderen geprüft werden (*Wilhelm Meisters Wanderjahre*, 2. Buch, 9. Kap.). Und dasselbe gilt für Innerlichkeit und Außenbezug, für Selbstverständnis und Gegenstandsbeziehungen[7], für die Einbildungskraft und für äußere Tätigkeit, für Wachstum und Vergehen, für Struktur und Funktion, für reinen, nackten Instinkt und Selbstkontrolle, für Wollen und Sollen, für Wollen und Vollbringen, für Notwendigkeit und Freiheit, für Vollbringen und Sollen oder Realem und Idealem, für die Pflege der eigenen Persönlichkeit und für die Selbsthingabe in Liebe. Alle ergänzen sich gegenseitig und bedürfen einander.

So wirkt Daimon mit dem Zufall, der Liebe, der Nötigung und der Hoffnung – im Gedicht „Urworte – Orphisch“ – zur Gestaltung des Schicksals zusammen; im Vielfältig-sich-Ergänzenden schaut er im „Gesetz, wonach du angetreten“ nach der hier ins Zentrum gerückten Entelechie: „Und keine Zeit und keine Macht zerstükkelt / Geprägte Form, die lebend sich entwickelt“; aber allein steht keine dieser Kräfte. Sie alle ergänzen sich und bedingen einander, auch wenn sie in Gegensätze und Widerstreit auseinandertreten.

„Ist das ganze Dasein ein ewiges Trennen und Verbinden, so folgt auch, daß die Menschen im Betrachten des ungeheuren Zustandes auch bald trennen, bald verbinden werden“ (*Betrachtungen im Sinne der Wanderer*, S. 57).

---

[7] Also, im gegenwärtig modischen Jargon, für „Selbstpsychologie“ und für „Objektbeziehungspsychologie“.

11.6 Innerer Konflikt und Synthese in der Psychoanalyse

All dies ist nun aber besonders bedeutsam für unsere Arbeit als Analytiker und für unser Denken. Das bisher in diesem Kapitel Dargestellte sollte lediglich der Vorbereitung der Aufgabe dienen, einige dieser verborgenen Fäden aufzuweisen.

„Niemand hat vielleicht herrlicher als er die erste große Verknüpfung des Wollens und Sollens im individuellen Charakter dargestellt", sagt Goethe in seinem Essay *Shakespeare und kein Ende* von 1815 über jenen „außerordentlichsten und wunderbarsten aller Schriftsteller" (wie sich Jarno Wilhelm Meister gegenüber ausdrückt, *Lehrjahre*. 3. Buch, 11. Kap.).

> Die Person, von der Seite des Charakters betrachtet, soll: sie ist beschränkt, zu einem Besonderen bestimmt; als Mensch aber will sie. Sie ist unbegrenzt und fordert das Allgemeine. Hier entspringt schon ein *innerer Konflikt*, und diesen läßt Shakespeare vor allen andern hervortreten. Nun aber kommt ein äußerer hinzu, und der erhitzt sich öfters dadurch, daß ein unzulängliches Wollen durch Veranlassungen zum unerläßlichen Sollen erhöht wird... Genug, ein Wollen, das über die Kräfte eines Individuums hinausgeht, ist modern... Das Wollen... ist der Gott der neuen Zeit... (Bd. 32, S. 187 f.).

Wir würden es – nicht ohne Bedenken – mit dem analytischen Konflikt zwischen Ich und Über-Ich gleichsetzen und lediglich hinzufügen, „daß Gegenwärtiges gleichfalls ein einzelner Versuch sei, um zu zeigen, wie die verschiedenen poetischen Geister jenen ungeheuren und unter so viel Gestalten hervortretenden Gegensatz auf ihre Weise zu vereinigen und aufzulösen gesucht" (S. 189).

Jederman weiß, wie intensiv und dauerhaft Goethes Einfluß auf Freud war. Nicht allein entschied sich Freud für das Studium der Naturwissenschaften und Medizin unter dem Eindruck der Ode „Die Natur", die, obwohl sehr wahrscheinlich vom schweizerischen Freund Tobler 1782 geschrieben, später von Goethe unter seinen eigenen Werken aufgenommen wurde und sicherlich in voller Übereinstimmung mit seinen Ansichten stand. Nicht allein zitierte Freud Goethe immer wieder in seinen Arbeiten und schrieb in einem literarischen Stil, dessen klassische Schönheit wohl am meisten diesem größten Bildner und Umbildner der deutschen Sprache und des deutschen Selbstverständnisses verdankt. In manchen unübersetzbaren und unauffälligen Wendungen spielt er, ohne direkt zu zitieren, auf jenes Gedankengut an. Was ich aber v. a. herausarbeiten möchte, ist dies: gerade der Nachdruck, den Goethe auf Synthese legte, begleitet wie ein Kontrapunkt Freuds Theorie, seine Fallbeschreibungen und seine Behandlungsmethode. Psychoanalyse in ihrer besten Ausprägung, so weit ich dies aus meiner eigenen Erfahrung heraus beurteilen kann, besteht gerade darin, *die versteckte Form dessen, was zusammengehört, in enormer Synopsis zu erschauen* und solche zerstreuten Elemente in einer neuen Form zu vereinigen, die der Patient unmittelbar als seine ganz eigene, auf ihn bezogene Wahrheit zu erkennen vermag.

Dennoch bezog sich Freud nur selten in ausdrücklicher Weise auf das Thema der Synthese. Ein solcher Hinweis findet sich in dem Vortrag von 1918, *Wege der psychoanalytischen Therapie:*

> Der Vergleich mit der chemischen Analyse findet seine Begrenzung darin, daß wir es im Seelenleben mit Strebungen zu tun haben, die einem *Zwang zur Vereinheitlichung und Zusammenfassung* unterliegen. Ist es uns gelungen, ein Symptom zu ersetzen, eine Triebregung aus einem Zusammenhange zu befreien, so bleibt sie nicht isoliert, sondern tritt sofort in einen neuen ein.

Hier schaltet er eine die angesprochene Metapher ausführende Fußnote über die „ungewollten Synthesen dank der freigewordenen Affinitäten und der Wahlverwandschaft der Stoffe" in der Chemie ein; es ist einer der vielen impliziten Hinweise auf Goethes Gleichnisse. Ich zitiere weiter:

> Ja, im Gegenteil! Der neurotisch Kranke bringt uns ein zerissenes, durch Widerstände zerklüftetes Seelenleben entgegen, und während wir daran analysieren, die Widerstände beseitigen, wächst dieses Seelenleben zusammen, fügt die große Einheit, die wir sein Ich heißen, sich alle Triebregungen ein, die bisher von ihm abgespalten und abseits gebunden waren. So vollzieht sich bei dem analytisch Behandelten die Psychosynthese ohne unser Eingreifen, automatisch und unausweichlich. Durch die Zersetzung der Symptome und die Aufhebung der Widerstände haben wir die Bedingung für sie geschaffen. Es ist nicht wahr, daß etwas in dem Kranken in seine Bestandteile zerlegt ist, was nun ruhig darauf wartet, bis wir es irgendwie zusammensetzen (GW 12, S. 186).

Die *Kraft zur Synthese* wird als unserer Natur eigentümlich behauptet. Die Arbeit der Analyse liege also gerade darin, diese durch Auflösung des Konflikts zu befreien, nicht ihr von außen nachzuhelfen.

In *Hemmung, Symptom und Angst* (1926) wird es noch klarer, worin diese Kraft der Synthese besteht: „Das Ich ist eine Organisation... seine desexualisierte Energie bekundet ihre Herkunft noch in dem Streben nach Bindung und Vereinheitlichung, und dieser Zwang zur Synthese nimmt immer mehr zu, je kräftiger sich das Ich entwickelt." Gerade die Tatsache des Kompromisses in der Symptombildung zeigt diese synthetische Wirkung des Ich (GW 14, S. 125). Ebenso in der ungenügend beachteten Verteidigungsschrift: „Die Frage der Laienanalyse", ebenfalls 1926: „Das Ich ist eine Organisation, ausgezeichnet durch ein sehr merkwürdiges Streben nach Vereinheitlichung, nach Synthese." (GW 14, S. 223).

Das Streben nach Synthese (ich nannte es in *Flucht vor dem Gewissen* einen „Trieb zur psychischen Selbsterhaltung") hat die Natur einer rätselhaften Urkraft.

Worauf ziele ich jedoch mit diesen Zitaten ab? Je mehr die Psychoanalyse zur Ich-Analyse wurde und wird – ein Prozeß, der m. E. noch immer voranschreitet und sich sogar noch nicht genügend durchgesetzt hat –, je mehr sie sich auf Rekonstruktion nicht allein der genetischen Verläufe, der großen Bedeutungsbrücken in der persönlichen Geschichte, sondern eben auch ganz spezifisch der Abwehr- und Integrationsvorgänge im Ich richtet, desto wesentlicher wird diese Betonung der Psychosynthese – nicht so sehr expressis verbis, aber faktisch, in klinischer Tat und Wahrheit.

Auch die andere Seite solch synthetischer Betrachtungsweise fehlt uns nicht – die der teleologischen Begründung, zwar horribile dictu für die ganz naturwissenschaftlich Orientierten, doch von denen begrüßt, die es als ein Vorrecht unserer „Fröhlichen Wissenschaft" ansehen, sich ihre eigene wissenschaftliche Methode zu entwickeln und nicht anderen, ihr fremden Wissenschaftsmethoden hörig zu sein: „In seinen höheren Tätigkeiten ist das Ich im Lösen von Problemen tätig und hernach ein teleologischer Begriff", schreibt Robert Waelder (1967).

> Er [der Begriff des Ich] erklärt psychische Aktivitäten in Ausdrücken der Zwecke, denen sie dienen. Er ist der aristotelischen Entelechie nahe verwandt, der präexistierenden Form, die die Entwicklung von Pflanze und Tier nach der Natur leitet, oder der *vis medicatrix naturae* des mittelalterlichen Arztes, der Heilkraft der Natur.

Freud wurde in späteren Jahren, fügt Waelder bei, „zunehmend toleranter gegenüber teleogischen Verstehensweisen".[8]

Herbert Fingarette, ein Philosoph, der sich besonders in das Wesen der Psychoanalyse einzufühlen vermag, schreibt in seinem Buch *The self in transformation* (1963):

> Der Trieb nach Sinnhaftigkeit (the drive toward meaning) ist autonom, verschieden vom Lustziel. Es bleibt eine Tatsache, daß wir manchmal Sinn nur erwerben können auf Kosten der Lustbefriedigung. Diese Annahme eines Triebes nach Sinnhaftigkeit entspricht der psychoanalytischen Annahme von der primären Autonomie von Ichfunktionen, besonders der synthetischen Ichfunktion. Das *Ich* ist nämlich der Name für diesen *einheitsschaffenden Trieb nach Sinnhaftigkeit* und der spezifischen Formen und Ergebnisse dieses Triebes. Die Einheit des Ich, Ich-Integration überhaupt, ist eine Sinneinheit (a unity of meaning).

Psychoanalyse sei die vorzügliche Behandlungsmethode, „die Sinnhaftigkeit im Leben aufs höchste zu steigern." Das Ziel des Therapeuten bestehe ja darin, „neue Beschreibungen, neue Bedeutung *jetzt* den Ereignissen zu geben, die *damals* anders beschrieben und begriffen wurden." „Wirkung und Absicht der Psychoanalyse schließen, in Praxis und Theorie, tatsächlich eine Phase der Reorganisierung, der Synthese, mit ein."[9]

---

[8] „But the ego can be so described [as a *vis a tergo*, a force pushing from behind] only on the lowest level of its activities, viz., that of reflex action; in its higher operations it is a *problem-solving agent* and thus a *teleological* concept. It explains psychic activities in terms of the purposes they serve. It is a close relative of Aristotle's *entelechy*, the preexisting form which guides the development of plant or animal according to nature; or a relative of the medieval physician's *vis medicatrix naturae*, the healing power of nature... That the ego is, in fact, largely a teleological concept may be seen from Freud's extensive definition in his last comprehensive treatise on psychoanalysis, ‚An Outline of Psychoanalysis', written thirteen years after *Inhibitions, Symptoms and Anxiety*" (Waelder, *Inhibitions, Symptoms, and Anxiety: Forty Years Later*, 1967, in 1976, S. 340 f.)

[9] „... the drive toward meaning is autonomous and distinct from the pleasure-aim. It remains a fact that sometimes we can purchase meaning only at the expense of pleasure. This assumption of a drive toward meaning corresponds to the asumption in psychoanalytic theory of the primary autonomy of ego functions, especially of the synthesizing ego functions. For *‚ego' is the name for this unifying drive toward meaning* and the specific forms and outcomes of that drive. The ego's unity, ego-integration as such, is a unity of meaning" (1963, S. 26 f.). Es sei das Ziel des Therapeuten „to provide new descriptions, new meanings *now* for the events which were described or conceived differently *then*" (S. 28). „The psychoanalyst aims at establishing rational, voluntary self-control through dynamic meaning-schemes" (S. 39). „This tying together is done in the course of thoughtful living in the therapeutic transference, not by means of

Nicht gar so verschieden vom Dichter wählt der gute Analytiker die rechte Form und die richtige Zeit, um das, was zerteilt und abgesondert ist, zusammenzubringen, gewöhnlich in einer höchst prägnanten Metapher, einem wirkungskräftigen Bild. Und je weiter die Behandlung voranschreitet, desto umfassender werden solche Synthesen. Eben diese umspannende Einheit ist Teil der Schönheit gut geleisteter analytischer Arbeit. Nichts dabei von „Trennen und Zählen"! Es ist die *Form* mehr als alles andere, die hier „zählt". Solche Form indessen, solch Beisammensein in einer Einheit, die spezifisch, eben wesentlich, auf dieses Individuum zu dieser Zeit paßt, hat die Mitbedeutung, daß diese Form Teil des individuellen Ideals ist: es ist ein Ziel, ein Telos, eines Lebens spezifische Bedeutung.

Dies mag mythisch, sogar mystisch anmuten. Und doch ist dies genau der Eindruck, den man, wenn man Freud liest, empfängt: Gerade wie ein Kunstwerk seine besonders passende, seine eigene „gute und richtige Form" besitzt, und wie jede auch noch so kleine Veränderung seine „Richtigkeit" stören, ja zerstören muß, so trägt jede Person solch eine „richtige Form" in sich. Der Analytiker muß, so Freuds Absicht, dem Analysanden helfen, sich von den Schlacken, dem Unrat, den Verzerrungen, die der neurotische Prozeß – d. h. der unlösbare unbewußte Konflikt – in ihm bewirkt hat, zu befreien.

In anderen Worten, einem anderen Gleichnis: angesichts des Fortwirkens von innerem Wachstum, Umwandlung und Zerfall, in der ständigen Metamorphose der Seele, in der dauernden Bewegung von Konfliktschaffung und Konfliktlösung zwischen den verschiedenen Teilen der Persönlichkeit, richtet sich die Linse des analytischen Mikroskops besonders auf jene rigiden Konflikte und erstarrten, versteinerten Konfliktlösungen – den „Wiederholungszwang" –, die diese unablässige Metamorphose behindern. Die Eingriffe des Analytikers sind präzise so gewählt und in der sorgfältigsten und taktvollsten Weise so ausgeführt, daß sie dem Patienten jene Flexibilität des Kennens und Könnens („knowing") zurückgeben, damit er allmählich auch seine Freiheit des Tuns wieder erwerbe und dadurch sich ebenfalls einen viel weiteren Bereich von Wahl, Tätigkeit und Wahrnehmung verschaffe – „das Tun am Denken, das Denken am Tun zu prüfen." Sie sind daraufhin angelegt, dem wählenden und entscheidenden Ich wieder eine Möglichkeit gegenüber dem abwehrenden und im Konflikt befangenen Ich zu gewähren (um dies etwas figürlich-konkret auszudrücken). Wir mögen uns Lotharios Worte entsinnen, daß „das schönste Ziel die Harmonie mit sich selbst sei" und spezifischer gleich anschließend: „Was ist das höchste Glück des Menschen, als daß wir das ausführen, was wir als recht und gut ansehen? Daß wir wirklich Herren über die Mittel zu unsern Zwecken sind" (*Wilhelm Meisters Lehrjahre*, 7. Buch).

Ebenso finden wir im Aufsatz von 1815, *Shakespeare und kein Ende:* „Das

---

verbalistic ingenuities" (S. 43). „The misdirected charges that Freudian psychoanalysis merely ‚analyzes' but does not ‚synthesize' arise out of the failure to appreciate that notions of ‚synthesis' and ‚decision' are largely observational terms in which one reports after the fact. The effect and point of psychoanalysis include what, in fact and in its own theoretical terms, is truly a phase of reorganization, of synthesis" (S. 58).

Höchste, wozu der Mensch gelangen kann, ist das Bewußtsein eigner Gesinnungen und Gedanken, das Erkennen seiner selbst, welches ihm die Einleitung gibt, auch fremde Gemütsarten innig zu erkennen.“

Und wie sehr stimmt dies Ziel mit den oft zitierten zwei Strophen Suleikas überein: „Volk und Knecht und Überwinder / Sie gestehn, zu jeder Zeit: / Höchstes Glück der Erdenkinder / Sei nur die Persönlichkeit. // Jedes Leben sei zu führen, / Wenn man sich nicht selbst vermißt; / Alles könne man verlieren, / Wenn man bliebe was man ist.“

Dies eine Ziel der Selbstintegration ist freilich sogleich gepaart mit dem ergänzenden Gegenziel idealer „Objektbeziehung“, wenn Hatem antwortet: „Kann wohl sein! So wird gemeinet; / Doch ich bin auf andrer Spur: / Alles Erdenglück vereinet / Find ich in Suleika nur. // Wie sie sich an mich verschwendet, / Bin ich mir ein wertes Ich; / Hätte sie sich weggewendet, / Augenblicks verlör ich mich“ (*West-östlicher Divan*).

Das Wesentliche scheint mir nun eben darin zu liegen, daß Freud in Theorie und Praxis so handelte, als ob er an solch teleologisches Verstehen glaubte. Die gesamte Psychoanalyse schafft, wirkt und denkt, als ob solch ein *„Abzielen auf die richtige Form“* uns innewohne, als ob es zum Wesen unseres ganzen Innenlebens gehöre. Jede einzelne gut geführte analytische Stunde ist von diesem aristotelischen Begriff der „Entelecheia“ bestimmt, dem Gedanken, wie „das richtige Ende oder Ziel, der Telos, zu erreichen und zu erfüllen“ sei.

Es war der philosophische „Zeitgeist“ („Tagesgeist“ nannte ihn Goethe), der Freud daran hinderte, diesen entscheidenden philosophischen Schritt ausdrücklich zu machen. Gute Wissenschaft sollte doch analytisch sein und sich ganz auf rückblickende Ursachenforschung beschränken. Aristoteles mußte ganz durch das kartesische Bild der Welt als eines Mechanismus ersetzt werden. Dabei war es jedoch gerade Freuds Größe, daß er den Phänomenen und den Schlußfolgerungen daraus, den Theorien, die diese Erscheinungen ordneten, sichteten und organisierten, gestattete, ihm die ihnen eigene Logik zu diktieren und sich nicht unterfing, ihnen umgekehrt ein vorgefaßtes philosophisches Gerüst aufzuzwingen und sie dahinein zu zwängen – obwohl ihm gar manche eben dies vorgeworfen haben. Ich meine damit, daß seine *explizite* Philosophie nicht übereinstimmte mit jener Philosophie, die in allem, was er beobachtete, was er daraus schloß und wie er als Therapeut handelte und wirkte, durchaus *implizit* war. Diese Doppelheit, ja Gegensätzlichkeit von Sagen und Tun wurde jüngst auch von Cremerius in bezug auf die Diskrepanz zwischen den technischen Vorschriften Freuds und seinem wirklichen therapeutischen Verhalten beleuchtet.

Ich erwähnte im letzten Kapitel das Problem des philosophischen Reduktionismus. Gewiß können gewisse Modelle Freuds nicht nur zu psychologischem, sondern auch zu philosophischem Reduktionismus mißbraucht werden. Blickt man indes auf das ganze System des Freudschen Denkens, so ist man von dessen Vielfalt, den multiplen, kühnen und doch philosophisch immer wieder selbstkritischen Ansätzen und der stets unternommenen Rückkehr zur Erfahrung beeindruckt. Im steten Rückgang sowohl zu den unauflöslichen Konflikten wie den wesentlichen Formen des Daseins spricht sich eben der *philosophische Pluralismus* aus, der dem philosophischen Reduktionismus radikal entgegengesetzt ist.

Freud gestattete dieser impliziten Philosophie, ihre Autonomie zu wahren. Sie aber ist mit der zunehmenden Annahme und Vertiefung der Ich-Analyse für uns alle zum führenden Paradigma geworden. Das heißt aber auch, daß die Psychoanalyse ihrem Wesen nach nicht zu den Naturwissenschaften, so wie sie wenigstens bis heute meistens aufgefaßt werden, zu zählen ist, was natürlich, wie ausgeführt, auch nicht heißt, daß man sie besser bei den Geisteswissenschaften unterbrächte. Eher denke ich, daß auch dies wieder ihre Konstituierung als eine dritte, unabhängige Wissenschaftsform begründet.

11.7 Komplementäre Paradigmen – Konfliktlösung gegenüber Psychagogik

Andere nahmen zwar ihren Ausgang von Freud, doch stießen sie hernach ganz in eine Gegenrichtung vor. Obgleich sie eine synthesenorientierte, teleologische Philosophie forderten und deshalb das analytische Vorgehen in den Hintergrund verbannten, drängten sie dann de facto ihre eigenen Schemata und Bilder von außen her den Phänomenen auf und verlangten in der Behandlung eine Ganzwerdung, die ihrer Wertphilosophie entsprach. Das Versteinernde und Zerreißende innerer Konflikthaftigkeit wurde auf den Abfallhaufen geworfen, um den schöngeistigen Bildern Raum zu geben.

Eine Anzahl synthetischer Mythen und Konfigurationen setzte sich an die Stelle der mühseligen, allmählichen Entwicklung des Patienten und seiner Herausarbeitung dessen, was so sehr eigentümlich und sein eigen ist. Einige wenige großartige und eindrückliche Muster für das Selbst und den anderen, für Gott und Metamorphose ließen sich da anwenden, um, wiederum de facto, die unglaubliche individuelle Vielfalt und den inneren Reichtum auf einige wenige statische Bilder zu reduzieren.

Führend unter ihnen war C.G. Jung. Es war kein Zufall, daß er sich selbst als wirklichen Urenkel Goethes sah. Er war der Enkel jenes berühmten Basler Arztes, früheren deutschen Rebellen und verbannten Studentenführers Carl Gustav Jung, der, dem Gerücht zufolge, ein illegitimer Sohn Goethes gewesen sein soll. Dieser wurde das konkrete Ideal seines Enkels, sein Identifikationsvorbild. Diese Legende mag, wie Ellenberger, dem ich all diese Angaben verdanke, schreibt, einer der Anlässe dafür gewesen sein, die Gestalt des weisen alten Mannes von Kindheit an bis ins hohe Alter immer wieder zu erschauen und zu verkörpern; schon die Erscheinung des „Archetyps“ des alten Königs im Traum des Dreijährigen zeigte die Züge dieser mythischen Figur. „Ihm schien es, als ob er zwei Persönlichkeiten hätte: die des nervösen kleinen Knaben, wie er der Umwelt erschien, und, allen unbekannt, die eines prominenten Mannes des 18. Jahrhunderts“, schreibt Ellenberger.[10] Bewußt kultivierte Jung diesen Mythos. Und die Figur des alten Weisen wie auch die Betonung von Form und Umwandlung, von Synthese und Natur, von innerer Doppelnatur und Komplementarität, bildeten ein Gerüst der Jungschen Theorien und leiteten ihn angeblich auch in seiner Praxis.

Das synthetisch-intuitive Verstehen, welches, geführt vom Leitbild des Ganzen, zu den Teilen hinuntersteigt, wurde von Kant *„Intellectus archetypus“* genannt und der göttlichen Vernunft, nicht dem Menschen zugeschrieben. Die diskursive – wir würden sagen analytische – Fähigkeit nannte er *„Intellectus ectypus“*. Goethe aber identifizierte den „intellectus archetypus“ mit seiner eigenen anschauenden Erfassung der Natur: „Hatte ich doch erst unbewußt und aus innerem Trieb auf jenes Urbildliche, Typische rastlos gedrungen...“ Und dies Urbild, dieser Prototyp, vom „intellectus archetypus“ erschaut, wurde nun von Jung „Archetyp“ genannt.

Jungs Selbstpsychologie, die sich auf den führenden Archetypen, oder, wie wir sie jetzt nennen würden, den narzißtischen Konfigurationen aufbaut, den Archetypen der „Persona“ (oder der Maske), des „Schattens“ (oder des Verdrängten), der „Anima“ oder des „Animus“ (oder des idealisierten anderen), und schließlich den Symbolen für das grandiose Selbst – dem Geist, dem weisen Alten und dem Mandala – ebenso wie seine religiösphilosophischen Postulate, wonach das *gespaltene Selbst* wieder seiner ursprünglich gemeinten Einheit zurückzuführen ist –, all dies steht der Goetheschen Psychologie sehr nahe. „Jung sieht das Menschenleben als eine Reihe von Metamorphosen. Vom Auftauchen des Kindes aus dem kollektiven Unbewußten bis zur Vollendung (Vervollständigung) des Selbst besteht ein lebenslanger Verlauf“, schreibt Ellenberger. „Das natürliche Lebensende (oder Ziel) ist nicht Senilität, sondern Weisheit.“[11] Seine Therapie nannte er daher „synthetisch-hermeneutisch“.

So ist denn der Nachdruck auf umfassenden Bildsymbolen anstatt auf Konfliktlösung, seine Betonung solcher bewußten optischen Phantasien anstelle verdrängter und verdrängender Kräfte, seine Ermutigung, ja Stimulierung des Schöpferischen und sein Bekenntnis zu einer Ethik der Selbsterfüllung und Weisheit – so ist denn all dies im Grunde ganz Goethesches Gedankengut, besonders im Sinne der „Bildung“. Schon aus diesen Ausführungen wird übrigens sogleich ersichtlich, wie ähnlich Kohuts Selbstpsychologie diesem Ideengut ist. Dabei glaube ich nicht so sehr an historische Entlehnung oder Übermittlung – eine solche wurde von anderen (z.B. Harold Blum) mit Entrüstung verneint –, sondern an eine tiefe Verwandtschaft, die aus der menschlichen Natur, den gestellten Problemen und dem Charakter der analytischen Behandlung als gemeinsame Antwort erwächst. Selbstpsycholo-

---

[10] „It seemed to him that he had two personalities: that of the nervous and difficult boy as he appeared to his environment, and also, unknown to all, that of a prominent man of the eighteenth century. Though Jung never named the personage, this second personality was most probably that of Goethe as a reflection of the grandfather's legend“ (Ellenberger 1970, S. 664, 738).

[11] „Jung sees human life as a series of metamorphoses. From the emergence of the infant out of the collective unconscious to the completion of the self there is a lifelong process... The natural end of life is not senility but wisdom“ (S. 711 f.).

gie à la Jung und den heutigen Neo-Jungianern (und ich denke da sowohl an Kohut wie an das, was ich von der „Daseinsanalyse“ kenne) ist mithin letztlich erzieherisch und psychagogisch, nicht psychoanalytisch. Was vielleicht am bemerkenswertesten ist: es tritt dabei das Biographische sowohl wie auch das Mikroskopische, momentan sich Wandelnde, Schicht für Schicht, Maske für Maske Spielende, das so typisch für unsere psychoanalytische Situation ist, hinter den mächtigen Bildnissen ganz zurück. Am allerwichtigsten ist dabei aber die Verschiebung in den Hintergrund, ja, die Außerkraftsetzung der Arbeit am inneren Konflikt, des Denkens in Konfliktbegriffen und des Verständnisses der Konfliktnatur der Seele.

Ich bin jedoch auch davon überzeugt, daß, wenn dieser bedeutende Schriftsteller und sein reiches Werk, das sich, wie gesagt, auf eine *psychagogische Form der Psychotherapie an Stelle der Konfliktorientierung der Psychoanalyse* richtet, besser bekannt werden wird, wir erkennen werden, wievieles an gegenwärtigem Denken, namentlich an Kohuts System, schon in jenem enthalten ist, überdies in einer sorgfältig ausgearbeiteten und überaus belesenen Version. Gerichtet ist es auf die Entwicklung der Schöpferischkeit, nicht auf die Auflösung neurotischen Konflikts. Glover bemerkte zudem mit Recht, daß, was Jung das Unbewußte nenne (z.B. das „kollektive Unbewußte“), dieses in seiner traditionellen Bedeutung zu verstehen sei, wie es übrigens auch von Goethe nicht selten als Adjektiv gebraucht wird; es beziehe sich auf das vorbewußte System der Psychoanalyse: außerhalb der absichtsvollen Wahrnehmung, gewiß von großem schöpferischen Potential, tatsächlich der Urgrund des Schöpferischen, jedoch nicht abgewehrt wie das „dynamisch Unbewußte“. Während auch dies letztere nicht völlig einzigartig für Freud ist – Nietzsche kannte es und die Hypnosetherapeuten, wie Janet und Forel, waren damit vertraut – sind doch die Vorläufer spärlich, verglichen mit dem breiten, nichtdynamischen Verstehen des Unbewußten, wie es Jung eigen war.

Aber damit kehre ich zu Goethe zurück:

Aufgrund von Goethes zentraler Polarität von Analyse und Synthese gelangen wir hiermit zu zwei Grundformen oder Fundamentaltypen psychotherapeutischer Wirksamkeit. Man mag sich auf *Analyse als Methode* konzentrieren und *die Synthese als Ziel* auffassen. Dies ist unsere psychoanalytische Arbeit der Konfliktlösung – das mühselige Studium der Trichotomie von Wunsch, Angst und Abwehr, Moment für Moment, im Hier und Jetzt, als Memento des Vergangenen und als Schlüssel für das Künftige. Goethe sprach wiederholt und nachdrücklich vom „Streit in meiner Seele“, er prägte, soweit ich weiß, den Begriff des „inneren Konflikts“; doch glaube ich nicht, daß er Einsicht hatte in das, was wir eigentlich unter psychoanalytischer Konfliktlösung, eben dem Verständnis des *unbewußten Konflikts*, verstehen.

Demgegenüber mag man sich auf die *Synthese als Methode* konzentrieren und philosophisch, wenn nicht sogar religiös-mystisch, eine innere *transzendierende Ganzheit* und die *Integration in eine kosmische Ordnung als Ziel* angeben. Dieses Vorgehen treffen wir in der bescheideneren, der philosophischen Formulierung als Erziehung an, als die sokratische Psychagogie, als Kohuts „Wiederherstellung des Selbst“. In ehrgeizigerer, nämlich religiöser Version erblicken wir es in Jungs „Individuation“. Goethe sprach von der „Einheit unseres Geistes“, wie sie sich in unablässiger, zweckgerichteter Tätigkeit erweise: „Tätig zu sein.... ist des Menschen erste Bestimmung“ (*Lehrjahre*, 6. Buch). Darüber hinaus finden wir in den *Wanderjahren* dies als philosophischen Hauptwert: daß die oberste Ehrfurcht die Ehrfurcht vor sich selbst sei.

So behauptet die erste Grundform der Psychotherapie, sie wolle ihr Zentrum in Konflikt und Schlichtung, in Teilen, die sich bekämpfen und versöhnen, sehen. Die zweite sieht sich im Selbst verankert, das sich in steter Umwandlung befindet und „immer strebend sich bemüht“, das Ideal seiner selbst zu erreichen. Damit schauen wir von einer neuen Warte aus zurück auf den technischen Konflikt, die technische Komplementarität, die ich in *Flucht vor dem Gewissen*, Kap. 2, eingehend erörtert habe und hier nur kurz rekapituliere.

Es handelt sich demnach um zwei grundlegende Paradigmen, das eine psychoanalytisch, das andere erzieherisch; jenes befreit die Metamorphose, das innere Wachstum, dieses führt, leitet und steuert es. Beide ergänzen sich. Wo Konflikt das führende Problem ist, ist die Psychoanalyse das geeignetere Modell, das im pragmatischen Sinne wahrere. Wo irgend etwas, auf welcher Ebene auch immer, zu fehlen scheint, wo es ein Defizit oder einen Defekt gibt, mag Erziehung vorzuziehen sein.

Diese *Komplementarität*, dieses Sichergänzen, reicht jedoch tiefer: Es gibt keine psychoanalytische Behandlung, in der solche erzieherischen Elemente, solche psychagogischen Beimischungen völlig fehlen: „... und auch bei den meisten anderen wird sich hie und da eine Gelegenheit ergeben, wo der Arzt als Erzieher und Ratgeber aufzutreten genötigt ist“ (Freud 1918). Das reine Gold der Analyse müsse reichlich mit dem Kupfer der direkten Suggestion legiert werden. Doch die Warnung folgt sogleich: „Aber dies soll jedesmal mit großer Schonung geschehen, und der Kranke soll nicht zur Ähnlichkeit mit uns, sondern zur Befreiung und Vollendung seines eignen Wesens erzogen werden.“ Umgekehrt gibt es wohl auch keine wirksame Erziehung in jenem tiefen und umfassenden Sinne der „Bildung“ und schon gar keine wirksame Psychotherapie, die wahrhaft psychoanalytischer Beimischungen gänzlich entbehren könnte und ohne eine tiefe Einsicht in die während der Entwicklung unablässig entstehenden Konflikte auskäme.

Spezifisch ist die psychoanalytische Arbeit dadurch ausgezeichnet, daß bei ihr der Anker im inneren Erleben, der Fokus auf dem inneren Konflikt und nicht auf dem Ziel, wie er etwa zu lösen sei, liegt. Es ist „Erlauben der Selbstständigkeit“, nicht Überredung. Die Deutungen dienen dazu, diese fokale Aufmerksamkeit zu schärfen, die Selbstreflexion zu klären, nicht darin, ihr eine Lösung vorzulegen oder aufzudrängen. Parallel dazu wird die Übertragung nicht benutzt, um Widerstände zu brechen, sondern sie dient als mikroskopische Linse, jene Angst- und Abwehrformen zu studieren. Hier ist es Erforschung, Schauen, Suchen, dort ist es Autorität, Macht, Überwindung. Beide sind jedoch durchaus vollwertige, gültige, vornehme Formen der Hilfeleistung. In beiden wird eine Art Konversion, eine Form tief gefühlter Bekehrung erstrebt. *Wie* aber solche Wandlung zu erzielen sei, darin liegt der Unterschied. Es handelt sich um eine Verschiebung des Brennpunktes *vom Glauben an eine richtungweisende Autorität* zur *selbsttätigen* und sich selbst wiederholenden, *sich selbst überzeugenden Einsicht*. Der entscheidende Unterschied liegt darin, daß das, was durch den Abwehrvorgang *auseinandergerissen* und in seiner Verbundenheit unbewußt gemacht worden ist, wieder zusammengebracht wird - was Goethe von der Kunst forderte: „... der Geist ist es, der *Verknüpfungen zu entdecken* und dadurch Kunstwerke hervorzubringen hat... Er lernt denken, *das Passende gehörig zusammenzubinden...*" (*Betrachtungen im Sinne der Wanderer*, Bd. 18, S. 41).

Die Autorität *zwingt* zusammen, was die Einsicht ins eigene Erleben zusammen*bringt* und zusammenwachsen läßt. Was die immer wieder vollziehbare Einsicht zusammenfügt, wächst mehr und mehr zusammen. *Die Synthese* wird *erstrebt, nicht gemacht*. Der Zusammenhang wandelt sich von einem nicht mehr gewußten zu einem, der mehr und mehr von innen her vertraut, nicht von außen her eingeredet und auf Überzeugung angewiesen ist.

Umgekehrt ist es das Wichtige beim Erzieherisch-Psychagogischen, eine gute Über-Ich-Figur zu sein und in taktvoller Weise dem Patienten zu helfen, innerhalb der Grenzen der Realität zu handeln. Der Fokus liegt dabei mehr auf dem Erreichen des *Zieles*, nämlich auf der Übernahme bestimmter Werte und auf der Anpassung an die äußere Wirklichkeit.

Soweit nun das Konkret-Empirische dieser beiden Typen, die von Fall zu Fall sich in verschiedenem Verhältnis befinden, dieselbe Würde besitzen und, wenn sie gut sein sollen, größter Kunst und Bedachtsamkeit bedürfen.

Im Vorangehenden dienten mir Jung und Kohut nur als beiläufig benutzte Paradebeispiele für das eine Grundparadigma, und auch vieles in Freuds Schriften und privaten Aufzeichnungen (s. z. B. Cremerius 1984) kann mahnend zeigen, daß er sich oft weit von dem Idealbild des anderen entfernte. Mir scheint, daß es gerade die Entwicklung der sorgfältigen Abwehranalyse ist, die das Schwergewicht mehr und mehr in diese Gerichtetheit auf die Wandlung durch Einsicht und weg von der suggestiven Beeinflussung und Autoritätsausübung verschiebt.

Die Frage ist dabei also nicht so sehr „Jung oder Freud?", sondern vielmehr die, ob das Erzieherisch-Leitende oder das auf zusammenfügende, konfliktlösende Einsicht gerichtete Modell im gegebenen Moment und v. a. im gegebenen Fall vorzuziehen sei. Die zentrale Frage ist doch in all dem: Was wirkt wirklich - bei wem, wann, in welcher Weise? Welches ist die optimale Kombination technischer Elemente in der gegebenen Situation - auf kurze und auf lange Sicht?

Was hat aber all dies, abgesehen von jener erkenntnistheoretischen Grundlage, noch mit Goethe zu tun? Soweit ich erkenne, zunächst gar nicht mehr viel. Die Beziehung scheint mir eher indirekt zu sein, vorerst besonders in der synthetisch-teleologischen Weltanschauung zu liegen. Zu belegen vermag ich es hier nicht im einzelnen, doch scheint es mir, daß wir eine solche Verschiebung des Schwerpunktes vom psychagogischen zum konfliktlösenden Paradigma im Fortschritt Wilhelm Meisters von den *Lehr-* zu den *Wanderjahren* verfolgen können.

Zwar finden wir einige Hinweise auf Psychotherapie selbst in beiden Werken: In den *Lehrjahren* wird erwähnt, „die Mittel vom Wahnsinne zu heilen" seien sehr einfach (es handelte sich um des Harfenspielers Melancholie):

Es sind eben dieselben, wodurch man gesunde Menschen hindert, wahnsinnig zu werden. Man errege ihre Selbsttätigkeit, man gewöhne sie an Ordnung, man gebe ihnen einen Begriff, daß sie ihr Sein und Schicksal mit so vielen gemein haben, daß das außerordentliche Talent, das größte Glück und das höchste Unglück nur kleine Abweichungen von dem gewöhnlichen sind.... (5. Buch, 16. Kap.).

Diese Art von Tätigkeits- oder Beschäftigungstherapie und Überredungs- und Gruppenbehandlung fällt doch ganz ins erzieherische Modell. Noch recht ähnlich in den *Wanderjahren:* „Seelenleiden, in die wir durch Unglück oder eigne Fehler geraten, sie zu heilen vermag der Verstand nichts, die Vernunft wenig, die Zeit viel, entschlossene Tätigkeit hingegen alles" (2. Buch, 11. Kap.). Doch ermutigt er den „Geist- und Sinnforscher" dazu, in Gleichnissen zu reden (1. Buch, 10. Kap.) und spricht von den heilenden Kräften der Dichtkunst: „Innig verschmolzen mit Musik heilt sie alle Seelenleiden aus dem Grunde, indem sie solche gewaltig anregt, hervorruft und in auflösenden Schmerzen verflüchtigt" (2. Buch, 5. Kap.). Natürlich erinnert dies an die Aristotelische Katharsis, und doch ist uns, aus dem Zusammenhang von ärztlicher Wirkung und der von Hilarien wirksam übernommenen Rolle, die Ähnlichkeit wenigstens mit der Handhabung der Übertragung ersichtlich.

Und doch meine ich etwas anderes. Die Bedeutung der *Bildung* Wilhelm Meisters verschiebt sich im Laufe dieses gewaltigen und leider nur mehr ungenügend bekannten Romans *vom Erzieherisch-Äußerlichen zum Selbsttätig-Innerlichen.* Vielleicht gelingt es mir, dies anzudeuten (und nicht mehr als das), wenn ich nun zitiere:

Wie kann sich der Mensch gegen das Unendliche stellen, als wenn er alle geistigen Kräfte, die nach vielen Seiten hingezogen werden, in seinem Innersten, Tiefsten versammelt, wenn er sich fragt: Darfst du dich in der Mitte dieser ewig lebendigen Ordnung auch denken, sobald sich nicht gleichfalls in dir ein beharrlich Bewegtes, um einen reinen Mittelpunkt kreisend, hervortut? (1. Buch, 10. Kap.)

Wie gesagt – das könnten (freilich lediglich dem Sinne, nicht dem Ausdrucke nach!) zwar Worte Jungs oder Binswangers oder Kohuts sein, aber es scheint mir, daß es weit eher, wie ausgeführt, dem tieferen Sinn und Wesen des analytischen Prozesses als dem des psychagogischen entspricht.

Der eine sagt's, der andere tut's. Wir sind zurückgekehrt zur Spaltung, zum feindseligen Gegensatz von Form und Inhalt („was bedeutend schmückt, es ist durchaus gefährlich"), dem Widerstreit von Denken und Tun – und damit nochmals zum gefährlichen Auseinanderbrechen von Dialektik und Komplementarität, der Nemesis der Psychoanalyse. Doch will ich diesen Abschnitt nicht mit Rabban Gamliels Fluch und im Geiste der Antithese schließen.

Die Komplementarität und Kombination beider grundlegenden Betrachtungsweisen wurde von Thomas Mann in seinem Essay von 1932, *Goethe als Repräsentant des bürgerlichen Zeitalters* zum mindesten angedeutet. Er spricht da von

der Epoche eines idealistischen Individualismus, die den deutschen Kulturbegriff recht eigentlich begründet hat und deren humaner Zauber, bei Goethe besonders, in einer eigentümlichen psychologischen Verbindung von autobiographischer Selbstausbildung und Selbsterfüllung mit dem Erziehungsgedanken besteht, und zwar so, daß die Erziehungsidee Brücke und Übergang bildet aus der Welt des persönlich Innermenschlichen in die Welt des Sozialen.

So sind denn beide Grundtypen, beide Ideen, verschmolzen in dem einen, ganz zentralen, vielschichtigen Begriff der *Bildung* – „dem Hochbegriff der ‚Bildung', der Natur und Kultur in sich vereinigt", nennt ihn Thomas Mann –, der dem, was die Griechen unter *Paideia* verstanden, sehr nahe steht. Wir aber sollten uns fragen, inwiefern unsere psychoanalytische *Technik* in Selbsterkenntnis wie Behandlung, eben als psyches therapeia, als Pflege der Seele, nämlich in ihren beiden Bedeutungen und Grundformen, auch zu diesem Oberbegriff der Bildung zu rechnen ist, wie es im Protagoras anklingt.[12]

Doch erhebt sich hinter diesem wichtigen Traktandum etwas noch weit Grundsätzlicheres – das immer wieder anklingende erkenntniskritische Prinzip der Komplementarität. Und hier mag recht eigentlich das Wesentlichste dessen liegen, was wir auch heute noch von Goethe lernen können, lernen müssen.

11.8 „Denn nur also beschränkt war je das Vollkommene möglich"[13]

Der in Kap. 7 schon zitierte popperianische Wissenschaftsphilosoph Blight behauptet, das Komplementaritätsprinzip wurzle lediglich in unserer zeitweiligen Unwissenheit und Unfähigkeit; und Grünbaum findet die ausgedehnte Anwendung dieses Prinzips außerhalb der Nuklearphysik völlig unzulässig.

Diese negative Auffassung wird von den Physikern der Gegenwart keineswegs geteilt. Weit davon entfernt als Verlegenheitslösung angesehen und abgetan zu werden, wird es auch heute noch als absolut zentral für die Quantenmechanik betrachtet und durchwirkt deren gesamte Struktur weit über den ursprünglichen Ansatz hinaus. Sein Inhalt wird im Lehrbuch der Quantenmechanik von Messiah (fast identisch mit der Bohrschen Formulierung) wie folgt angegeben:

> … unter verschiedenen Versuchsbedingungen gewonnene Befunde („evidences") lassen sich nicht innerhalb eines Bildes fassen. Sie müssen hingegen in dem Sinn als komplementär betrachtet werden, als erst die Gesamtheit der Beobachtungsresultate die möglichen Typen der Information über die Gegenstände der mikroskopischen Physik erschöpfend gibt (S. 153).

---

[12] Helmuth Stolze hat in einer schönen Arbeit *Bildung für Psychotherapeuten?* 1975 manche der gleichen Punkte wie ich in diesem Kapitel gemacht; doch hat er den Bildungsbegriff vertieft: er sieht ihn, mit Kerschensteiner, als „Wiederverlebendigung des objektivierten Geistes". „Erst dort, wo der Sinn den Sinnenden selbst verändert, ihn (um-)bildet, ereignet sich Bildung." Die mit der wirklichen Bildung gemeinte Selbstveränderung sei mehr als Selbsterfahrung. „Bildung als Ziel ist der psychotherapeutischen Ausbildung und Weiterbildung immanent" (S. 259–266).

[13] Goethe, *Metamorphose der Tiere*, Bd. 2. S. 155.

Unvereinbare Quantitätsbezeichnungen, wie Position und Moment, sind komplementär in dem Sinne, daß man nicht beiden gleichzeitig genaue Werte beimessen kann; die quantitativen Beschränkungen werden durch die Unschärfebeziehungen spezifiziert (Bohr, zusammengefaßt von Zaret). Diese Komplementarität gilt nicht allein, wie in der ursprünglichen Formulierung des Prinzips, für das komplementäre Verhältnis von Wellentheorie und Partikelerklärung des Lichts; sie erstreckt sich auf alle Wellen und alle Partikel in der Kernphysik. Sie bezieht sich auf Energie gegenüber Zeit. Sie bezieht sich auf die Komponenten der Richtung des angularen Momentes von Partikeln und Wellen. Überdies scheint experimentelle Verifizierung, die beim Spin der in gegensätzlicher Richtung sich bewegenden Partikeln durchgeführt wurde, das Komplementaritätsprinzip zu bestätigen („Bell's theorem"). Wie der Formalismus der klassischen Mechanik dazu benutzt werden kann, frühere Beobachtungen in der Mechanik, z.B. Keplers Gesetze der Planetarbewegung, „vorauszusagen", so erlaubt der Formalismus der Quantenmechanik die „Voraussage" des Bohrschen Prinzips der Komplementarität.[14]

Darüber hinaus hat ein epistemologischer Durchbruch von solcher Radikalität eine allgemeinere Bedeutung. Lösungen von sonst unlösbaren Aporien lassen sich, obgleich mit Vorsicht, übertragen auf andere „quandaries" – zumindest per analogiam, um so mehr, als die Bohrsche Form der Komplementarität auch nicht eine philosophische Creatio ex nihilo bildete.

Wie steht es jedoch mit der Anwendung des Komplementaritätsprinzips auf die Theorien der Psychoanalyse? Besteht die von Modell postulierte Komplementarität von Naturwissenschaft (Soma, Verallgemeinerung, Kausalerklärung) und Hermeneutik (Geschichtlichkeit, Einzigartigkeit, Verstehen) zu Recht? Ist die Analogie mit der Quantenmechanik gerechtfertigt?

Ich glaube nicht, wenigstens nicht auf dieser Ebene der Theorie. Ich sehe in dieser Gegenüberstellung eher eine Vermischung der hierarchischen Ebenen als eine echte Komplementarität. Die Naturwissenschaften behandeln das, was sich *unterhalb* der Psyche befindet, und die Hermeneutik befaßt sich mit Gegenständen auf Ebenen, die sich *oberhalb* der in der Psychoanalyse studierten psychischen Vorgänge befinden. Die Einsichten in beiden gewaltigen Gebieten sind von Bedeutung für das Begreifen des Seelischen, können aber nur mit Vorsicht auf dieses angewendet, übertragen werden – mutatis mutandis, teilweise metaphorisch, teils in der Weise, wie die Gesetzlichkeit des Niederen nur in einem begrenzten Ausmaß die Gesetze dessen, was höher ist, bestimmt. Es scheint mir daher besser, das Komplementaritätsprinzip nicht auf so verschiedenartige Perspektiven von so unterschiedlichen Ebenen anzuwenden.

Dennoch glaube ich, daß es einen eminenten Platz in der psychoanalytischen Theorie besitzt – insbesondere wenn es selbst nur als Spezialform des Konfliktprinzips als eines universellen epistemologischen Begriffs aufgefaßt wird. Man kann in

[14] Ich verdanke diese Informationen über die Stellung des Komplementaritätsprinzips in der gegenwärtigen Physik, also 60 Jahre nach dessen ursprünglichen Formulierung, meinem Sohn, Daniel Wurmser; s. auch seine Arbeit: *Compactified Vacuum in Ten Dimensions* (1987).

diesem Sinne von *Komplementarität als dem epistemologischen (theoretischen) Äquivalent des Konfliktbegriffs* sprechen, wenn wir z. B. die genaue Beobachtung der Übertragung im Gegensatz zur Aufmerksamkeit auf die genetische Rekonstruktion diskutieren – also das Hier und Jetzt gegenüber dem Dort und Damals. Wir sehen die Wirkung dieses „Prinzips“ – sei es wiederum in analoger oder identischer Weise – im Gegensatz von Trieb- (Impuls-, Es-)Deutungen gegenüber der Fokussierung auf Abwehr; oder in der Wahl vorwiegend erzieherischer Eingriffe im Sinne von Suggestion und Autoritätsausübung gegenüber dem Vorzug von in spezifischerem Sinne psychoanalytischen, also konfliktorientierten Eingriffen; oder mehr in affektiv-erlebend-kathartischen Methoden gegenüber mehr kognitiver, auf Einsicht gerichteter Behandlung. In klinischen Techniken wie in den psychoanalytischen Theorien gibt es manches Oszillieren zwischen solchen Polaritäten. Wenn man sich auf die eine Seite der Polarität konzentriert, entgleitet die andere notwendigerweise. Je nach der momentanen klinischen Zustandslage mag der eine oder der andere Pol vorzuziehen sein. Die *gleichzeitige Anwendung beider* mag ein technisches und theoretisches Ideal darstellen, doch ist sie gewöhnlich, wie in der Physik, nicht direkt erreichbar, erst in der Zusammenschau später möglich. In jedem gegebenen Zeitpunkt scheint die eine Form der Beobachtung regelmäßig die ihr gegenüberstehende auszuschließen, und erst im Verlauf der Zeit (die freilich sehr kurz sein mag) lassen sie sich kombinieren. Trotzdem behält der gute Analytiker beide theoretischen Pole fortwährend im Sinn, genau wie er versucht, den Patienten die beiden Seiten inneren Konflikts erleben zu lassen.

Eine andere, ich glaube die bedeutsamste Form der Komplementarität, die durch Kohuts Theorien besonders aktuell gemacht wurde, betrifft den Gegensatz von Defizitmodell und Konfliktmodell für das Kausalverstehen der Psychopathologie (s. auch die wichtigen Arbeiten von Krystal und Khantzian). Es handelt sich dabei um die Polarität zweier Paradigmen: das erstere ist das eines holistischen, synthetischen, teleologischen Menschenverständnisses, das letztere das eines partikularistischen, analytischen, trieb- und konfliktorientierten. Das erstere, das der Selbstpsychologie, mit der Betonung von Defiziten und Wiederherstellung eines harmonischen und in sich vollkommenen, sich selbst erfüllenden Ganzen, ist mehr aristotelisch, das letztere, mit dem Akzent auf Teilen und Konflikt, mehr platonisch. Dabei handelt es sich weder beim einen noch beim anderen um mehr oder weniger Wahrheit. Die Frage ist nicht die: Welches ist korrekter?, sondern: Welches ist nützlicher in einem gegebenen Zusammenhang. Bei der begrifflichen Erfassung der Entwicklung, namentlich der frühen Entwicklung, ist das erste Modell mit dem Gewicht, das es auf das Lernen und Sichanpassen legt, nützlicher; dasselbe gilt für die Formulierung schwerer Entwicklungsstörungen. Man darf auch nicht vergessen, daß jede Neurose mehr oder weniger massive Funktionsdefizite aufweist, wie wir von Freuds frühem Disput mit Janet und Breuer her wissen.

Wollen wir mehr als Erzieher auftreten, ist das Defizitparadigma als Fokus angemessener; das Konfliktmodell ist dabei peripher.

Im Gegensatz dazu wird bei unserer psychotherapeutischen und besonders der analytischen Arbeit mit den Neurosen der Konflikt zum Fokus, zum Zentrum unseres Interesses. Defizit, Lernen, die Bilder und Konfigurationen des ganzen Selbst rücken an die Peripherie der Aufmerksamkeit. Sie sind nicht unwahr, aber weniger nützlich in bezug auf die zu lösenden Aufgaben. Technisch kann das eine wie das andere empathisch oder nicht empathisch, taktvoll oder taktlos sein; das hängt ganz von der gestellten Aufgabe ab.

Im ganzen halte ich, wie ich in *Flucht vor dem Gewissen* ausgeführt habe, selbst bei sehr schwerer Pathologie die konsequente Anwendung der Theorie vom inneren Konflikt auf lange Sicht für eine größere Hilfe, die von größerer Erkenntniskraft und klinisch bedeutsamer ist.

Doch können wir gerade bei den schweren Neurosen („Borderlinepathologie", „pathologischem Narzißmus"), des anderen, mehr direktiven, suggestiven Vorgehens nie ganz entraten. Im klinischen Zusammenhang gebrauchte ich dafür die Metapher von der *Kombination des horizontalen mit dem vertikalen Vorgehen.* Obwohl diese Unterscheidung nicht vollkommen zutrifft, läßt sich dabei bemerken, daß der Kausalfaktor überwältigender („globaler") Affekte, der wohl zumindest teilweise aus präverbalen Schichten stammt, mehr durch das Horizontalvorgehen beeinflußt werden kann, während innerer Konflikt durch Einsicht, also durch das Vertikalvorgehen angegangen werden kann. Dies ist hingegen eine zwar praktisch hilfreiche, doch theoretisch fragwürdige Unterscheidung, sind es doch gerade jene überwältigenden Affekte, die ihrerseits in die unlösbaren, großenteils unbewußten und pathogenen Konflikte eingehen. Und umgekehrt bewirken solche Konflikte sehr häufig ein Wiedereinbrechen archaischster Affekte.

Die beiden Paradigmen sind auch insofern komplementär, als jedes von ihnen *alles in der Psychologie zu erklären vermag*, aber *nicht alles unter allen Umständen gleich gut erklärt*. Diese beiden Formen des menschlichen Selbstverständnisses haben sich während zweieinhalb Jahrtausenden in manchen Varianten zu behaupten und ihre Gültigkeit zu erweisen vermocht. Eine etwas frühere Version dieser Antithese bestand in der Kontroverse zwischen Freud und Jung, eine spätere zwischen traditioneller dynamischer Analyse und Daseinsanalyse. Ich neige sogar zur Ansicht, daß die holistisch-synthetische Philosophie, die auf Aristoteles' Entelechie basiert, gerade darum umfassender und vorgängig ist, da sie der Biologie besonders angemessen ist; denn die menschliche Psychologie ist ja umhüllt von der Biologie. Hingegen ist das Konfliktmodell viel geeigneter für das Verständnis dessen, was spezifisch und einzigartig menschlich ist.

Dies heißt aber auch, daß zwar die gegensätzlichen Modelle einen gleichen Wahrheitsanspruch besitzen, aber für verschiedene Ziele taugen, daß diese aber nur dann auch optimal nützlich sind, wenn sie nicht in wildem Durcheinander herbeigezerrt und durcheinander gewürfelt, sondern gesondert, zielbewußt und dabei mit großer Klarheit und Konsequenz angewendet werden.

Ich denke, daß dieses philosophische Prinzip der Komplementarität und dessen disziplinierte und kritische Anwendung nicht die Aufmerksamkeit in unseren Diskussionen erhalten hat, die es verdient.

Im Zusammenhang mit der Frage der Unterscheidung der Begriffe von Konflikt und Komplementarität ist es schließlich wesentlich, sich auf ein vertieftes *formales* Konfliktverständnis in der modernen Psychoanalyse zu berufen. Rangell (1963b) unterscheidet zwischen 2 verschiedenen Typen und Bedeutungen von Konflikt: 1) einem *Oppositionstyp,* von Kräften, die sich in einer feindseligen Begegnung bekämpfen, und 2) einem *Dilemmatyp,* der Notwendigkeit der Wahl zwischen miteinander wettstreitenden Alternativen (S.104). Sich auf diese Unterscheidung stützend beschreibt Anton Kris in einer Reihe neuer Studien (1983 a, b, 1984, 1985, 1986, 1987) die verschiedene Dynamik und Behandlung von *konvergenten* und *divergenten* Konflikten, die den eben genannten entsprechen. Die ersteren seien Konflikte der *Abwehr,* die letzteren solche der *Ambivalenz.* Bei den konvergenten Konflikten finde man z. B. Wunsch und Verbot vor, wobei der Wunsch seinen Ausdruck suche, das Verbot ihn zu hindern suche. Bei den divergenten Konflikten handle es sich nicht um die Behebung einer Verdrängung, sondern im Grunde um „den Widerstand dagegen, eine Wahl zwischen zwei wesentlichen Wünschen zu treffen" und die Angst, dabei unweigerlich einen Teil dessen verlieren zu müssen, was einem wichtig scheine (1985, S.560). „Die Kräfte ziehen in entgegengesetzten Richtungen, was vom Patienten so erlebt wird, als ob er auseinander gerissen würde." Es wird als ein schmerzliches Entweder- oder empfunden. „Bei den Konflikten der Ambivalenz ist die Annahme des bevorstehendem Verlusts bewußt oder kann leicht bewußt gemacht werden, doch wird eine Lösung nicht durch das Gewahrwerden dieser Annahme bewirkt. Die Lösung erfordert vielmehr einen der Trauer ähnlichen Prozeß, mit einem schmerzlichen Alternieren der im Konflikt stehenden Elemente, um jene Annahme zu ändern" (S.562). Dieselben Elemente treten in beide Arten von Konflikten ein, und beide Konflikttypen kombinieren sich miteinander (1984, S.227). In einem 1986 gehaltenen Vortrag fügt Kris hinzu: „Der technische Zugang, den ich hilfreich gefunden habe, zeigt, daß das, was unvereinbar zu sein scheint, sich als eines Kompromisses fähig erweist, wenn ein der Trauer ähnlicher Prozeß befördert werden kann und wenn sich die zugrunde liegende Überzeugung des Entweder- oder beheben läßt" („The technical approach that I have found useful demonstrates that what appears irreconcilable may prove to be subject to compromise if a process akin to mourning can be promoted and if the underlying sense of either- or can be mastered").

Dabei scheint es sich darum zu handeln, daß eben die auseinanderstrebenden Kräfte der divergenten Konflikte in ihrer Komplementarität erkannt und erlebt werden können, statt als unversöhnliche Gegensätze erfahren zu werden. Die *Lösung divergenter Konflikte läge dann in in der Einsicht in die Komplementarität der Gegensätze,* während die Lösung von konvergenten Konflikten in der Aufhebung der inneren Hindernisse und Verbote läge, namentlich in der Behebung von Verdrängung, also in der Abschaffung oder Verminderung eines der beiden Gegenspieler.

So ist das Komplementaritätsprinzip von größerer Brauchbarkeit als nur in bezug auf den Gegensatz von Defizit und Konflikt à la Kohut, von Analyse und Synthese, von organisch und psychologisch oder von subjektiv und objektiv. Ich halte seine *disziplinierte* Anwendung als eine Methode philosophischen Verstehens für praktisch unbegrenzt brauchbar. Es ist m. E. einer der Hauptfehler in der Geschichte der Psychiatrie und noch mehr in der der Psychoanalyse gewesen, immer wieder in Dichotomien zu denken – eine besondere Einsicht herauszugreifen, diese allen anderen entgegenzustellen und damit den ganzen Dialog zu einem Entweder–oder zu *polarisieren.*

Polarisierung ist Komplementarität, die als Feindschaft mißverstanden wird, innerer Konflikt, der als Krieg aufgefaßt wird, und der Begriff der „Spaltung“ eine Metapher, die konkret genommen und zu einem Dogma absoluter, nicht relativer Wahrheit gemacht wird. Sie erweist sich im Erleben der zerbrochenen Wirklichkeit als eine das Dasein beherrschende Erfahrung.

Eine solche Polarisierung wird dadurch erleichtert, daß eine ähnliche *Unschärfe* oder *Unbestimmtheit* wie im Prototyp – oder Analogon – des Prinzips in der Physik besteht: wenn der Blick auf den einen Typus von Phänomenen, z. B. Übertragung, gerichtet wird, scheint dessen Gegentypus, hier die Rekonstruktion, dem Beobachter zu entgleiten. Es scheint, daß die endlosen Polemiken über Theorie und Technik ihre Wurzeln vielleicht teilweise in dem Problem solch *technisch unvermeidbarer Unbestimmtheit* haben: daher werden dann jene starren Entweder–oder–Positionen eingenommen, die hernach durch selektiv präsentiertes klinisches Material verteidigt werden müssen. Nur einer Gruppe der Komplementärphänomene werden klinische Würde und theoretische Richtigkeit zuerkannt, die andere Gruppe wird auf eine ganz untergeordnete Stufe abgeschoben.

Einem anderen hervorragenden Beispiel für einen derartigen Absolutismus und eine irreführende Dichotomie („Spaltung“) im Dienste der wissenschaftlichen Wahrheitsfindung habe ich das vorhergehende (10.) Kapitel gewidmet.

Kurzum, das Vorbild der Physik, bei dem man zwar stets beide Beobachtungsmethoden im Sinn behalten muß, aber faktisch immer nur eine allein zu gegebener Zeit anwenden darf, mag auch für die Psychoanalyse gelten. Vielleicht erfolgt dieser Einsatz des Komplementärprinzips lediglich durch Analogie, doch dürfte er in manchen der gegenwärtigen Auseinandersetzungen nützlich sein.

… denn zwiefach bestimmte
Sie das höchste Gesetz, beschränkte jegliches Leben,
Gab ihm gemeßnes Bedürfnis und ungemessene Gaben…
Zweck sein selbst ist jegliches Tier, vollkommen entspringt es
Aus dem Schoß der Natur und zeugt vollkommene Kinder…
… denn alle lebendigen Glieder
Widersprechen sich nie und wirken alle zum Leben.
Also bestimmt die Gestalt die Lebensweise des Tieres,
Und die Weise, zu leben, sie wirkt auf alle Gestalten
Mächtig zurück. So zeiget sich fest die geordnete Bildung,
Welche zum Wechsel sich neigt durch äußerlich wirkende Wesen.
Doch im Innern befindet die Kraft der edlern Geschöpfe
Sich im heiligen Kreise lebendiger Bildung beschlossen.
Diese Grenzen erweitert kein Gott, es ehrt die Natur sie:
Denn nur also beschränkt war je das Vollkommene möglich.“[15]

---

[15] Goethe, s. Fn. 14.

12 „Übergewaltige Gäste aus einer fremden Welt"[1] – Die Autonomie der Psychoanalyse als einer eigenen symbolischen Form

ὁ ἄναξ οὗ τὸ μαντεῖόν ἐστι τὸ ἐν
Δελφοῖς οὔτε λέγει οὔτε κρύπτει ἀλλὰ σημαίνει

(Der Gott, dessen Orakel zu Delphi ist, spricht
nicht aus und verbirgt nicht, sondern gibt ein Zeichen.)
(Heraklit)

12.1 Neue metaphorische Systeme

Hier mag man verwundert innehalten und rückblickend ausrufen: Ist nicht das in diesem Band vorgelegte Material in wunderlicher Weise selbst zersplittert, ja recht eigentlich in zwei heterogene Teile zerspalten? Zunächst gibt es da gewisse Arten des Erlebens, die des Tragischen, die des Bösen und die des inneren und äußeren Verleugnens. Bei ihnen allen wird über eine Gespaltenheit, eine seltsame Doppelheit des ganzen Selbst- und Welterlebens gesprochen und wiederholt auf die Absolutsetzung eines Wertes oder Zieles allen anderen gegenüber Gewicht gelegt. Die mannigfachen Phänomene werden im kuriosen und eigentlich nicht weiterführenden Gleichnis vom „Rad der Täuschung" gesammelt.

Dann aber ändert sich die Weise der Darstellung abrupt. Nach dieser Wende findet man sich unerwartet in der Mitte einer erkenntniskritischen Auseinandersetzung über Wesen und Stellung der Psychoanalyse innerhalb des theoretischen Wissens. Wie gehört dies denn zusammen? Außer daß es sich da um Fragmente, um disparate, in ihrer Zerstückeltheit fast willkürliche Ansätze aus einer keiner Integrierung unterworfenen Erfahrung handelt, kann man da keinen einheitlichen Entwurf, nichts Großes an Synthese sehen.

Gemach! Vielleicht sollten wir uns nicht so sehr beeilen, die sich widersprechenden Stücke der Erfahrung und des Denkens auch schon gleich zu einem neuen theoretischen Kuchen zusammenzubacken, sondern auch hier wiederum zurücktreten und sehen, wie das Disparate zusammentreten mag.

Ja gewiß, die beiden Hauptteile gehören zum weiten Umkreis des Verständnisses des Menschen. Mithin sind beide Teile *Fragmente einer psychoanalytischen Anthropologie*. Doch ist das erste Inhalt, das zweite Form, das erste gehört zum Verstandenen, das zweite zur Weise des Verstehens.

Die sich über die Jahre allmählich herausbildende Ansicht, die den mir bis zur endgültigen Niederschrift und Zusammenschau verborgenen Hintergrund dieses

[1] Freud, *GW 11*, S. 287.

Werkes ausmacht, ist die Überlegung, daß die Philosophie nicht so sehr mit dem Staunen oder Erstaunen und Sich-Wundern anfange, sondern aus dem Leiden und damit aus der Unversöhnlichkeit mit der Ungerechtigkeit erwachsen sei. Auch darin glaube ich nicht an ein Entweder–oder, sondern, daß es wie in allem menschlichen Tun und Trachten mehr oder minder zentrale Absichten, die oft im Konflikt miteinander stehen, gebe, und daß dabei eben dieses Leiden von besonderer Wichtigkeit sein dürfte. Aus ihm entstünden dann alle die so bewegenden Fragen über das Wesen von Welt, Wirklichkeit und Persönlichkeit, vom Sinn des Ganzen wie des Teiles, von Freiheit und Bestimmtheit der Seele, von Innen und Außen und ganz besonders von der Natur und vom Zweck des Bösen.

Ausgehend von Beobachtungen, die das Selbst- und Welterleben in mannigfacher Weise als „gespalten“, als zerbrochen oder doppelt zeigten, konzentrierte ich mich auf drei hauptsächliche klinisch-literarische Erscheinungsformen: das gegen die Ungerechtigkeit des Daseins *Trotzen und Zerbrechen im Tragischen*, das *durch das Ressentiment begründete „absolut Böse“* und die eine *doppelte Wirklichkeit vorspiegelnde innere und äußere Verleugnung*. Alle drei sind zwar in mannigfaltiger Weise miteinander verbunden und überdecken sich zuweilen, doch rechtfertigt sich ihre getrennte Behandlung, da sie oft genug als gesonderte klinische und kulturelle Gestalten auftreten. Klinisch sind sie verschiedene Ausformungen dessen, was in *Flucht vor dem Gewissen* als „schwere Neurose“ dargestellt wurde.

Im ersten Fall ist es der Konflikt zwischen dem Scham- und dem Schuldanteil des Gewissens und damit auch regelmäßig zwischen einander entgegengesetzten Loyalitäten, der zur Unbedingtsetzung eines Wertes oder Ideals und so zu einer übersteigert-einseitigen Verpflichtung führt, die in der Vernichtung des Wertträgers selbst enden muß.

Im zweiten Fall greift das verletzte Rechtsgefühl, also die verratene innere Autorität selbst, zur Rache, um Unrecht, Unehre und Schmerz auszulöschen, indem all das, was an die Schmach und Verwerfung gemahnt, vernichtet werden muß. „Die zerstörerische Wut ist die Spalte auf der vulkanischen Insel des Ressentiments,“ drückt es einer meiner Patienten aus.[1]

Im dritten Fall wird die Wirklichkeitswahrnehmung selbst entzweigespalten; die Gegensätze werden weder durch Selbstvernichtung noch durch die Vernichtung anderer ausgelöscht, sondern die Lüge soll als Brücke über den inneren Abgrund dienen, und zwar v.a. über den Abgrund der Scham und des Schmerzes. Tiefer reicht die Macht der Verleugnung – die Zauberei der „wahrhaften Lüge“ (des „hos alethos pseudos“).

Doch woher stammt all das, was ist die Wurzel dieser drei Weisen des kranken Menschseins?

Die Antwort aus der klinischen Erfahrung, die durch die *Methode selbst begründete* Antwort war die: es ist die *Massivität von innerem Konflikt*. Dessen Inhalt mag von Fall zu Fall, ja von Situation zu Situation sich ändern, doch das Faktum der Schwere und Radikalität des inneren Konflikts und seiner weitgehenden Unbe-

---

[1] „The anger is the fissure on the volcanic island of resentment.“

wußtheit bleibt. Dies ist die einzige Kausalantwort, die wir aus der psychoanalytischen Erfahrung mit Sicherheit ableiten und zur Diskussion beitragen können. Sie macht im Grunde das psychoanalytische Menschenverständnis aus; es ist ein Verstehen und Erklären aus innerem Konflikt, wobei Verstehen und Erklären nicht im Gegensatz, sondern eben in geordneter Wechselwirkung auch in der menschlichen Selbstergründung stehen. Dies ist die Ursächlichkeit, die wir klinisch beobachten und oft auch allmählich lösen können – eine Kausalität, die wir zwar therapeutisch nicht aufheben können, wie Habermas meinte, aber durch deren Verständnis wir, wie Grünbaum zu Recht gefordert hat, die Wirkung der Ursachen aufzuheben hoffen. Zwar ist sie keine von außen her so ohne weiteres feststellbare und meßbare Kausalität. Zugänglich ist sie eben nur *durch* das Medium des Dialogs und der Selbstbeobachtung. Trotzdem ist es ein Kausalverständnis und wenigstens im Prinzip nicht jenseits aller möglichen objektivierbaren, systematischen Sichtung und Überprüfung. Gründe sind einfach Sonderformen der inneren Kausalität, über die man nachgedacht hat.

Das Entscheidende im gesamten Buch, also in beiden Hauptteilen, ist die zentrale Stellung, die sowohl inhaltlich wie auch formal dem Konzept des inneren Konflikts zukommt. Nicht nur handelt es sich dabei um eine *Psychologie des inneren Konflikts*, sondern recht eigentlich auch um eine *philosophische* Ausdeutung und Erweiterung dieser bestimmten psychologischen Fokussierung.

So werden denn sowohl erhaltene metaphorische Systeme benutzt und umgestaltet wie auch neue „Modelle“ als ausgedehnte Metaphern eingeführt, metaphorische Gestaltungen, die aus dem „Dunstkreis der Mittelmäßigkeit“, also über das Quantitative, Durchschnittliche hinaus emporragen. In ihnen allen wird das gefaßt, was ich hier als inneren Konflikt in tausendfältiger Art und Formung beschrieben habe, und zwar wie er sich sowohl im Klinischen wie auch im Literarischen zeigt. Dies haben sich, wie die früheren Bücher, auch die ersten 6 Kapitel dieses Bandes zum Ziel gesetzt, die damit zur Neubesinnung auf die eigentliche Natur der Psychoanalyse hinleiten sollen. Es ist eine Neubesinnung, welche die Absicht des zweiten Teils dieses Bandes ausmacht. Dabei beschäftigt dieser sich mit der Psychoanalyse natürlich vordringlich als einer Form theoretischen Wissens, doch, darin gründend, auch als einer Technik oder Kunst, und schließlich sogar, allen Vorläufern zum Trotz, als einer radikal neuen Form der Erkenntnis und als einer in ihrer disziplinierten Durchführung revolutionären Methode des Sehens, Handelns und Sichtens. Diese muß, wie alle anderen großen wissenschaftlichen Durchbrüche, auch zu einer philosophischen Revolution führen.

Ich spreche von einer radikal neuen Form der Erkenntnis. Dies ist nur bedingt wahr. Ansätze dazu finden sich, wie wir immer wieder sehen konnten, durch die Geistesgeschichte hindurch. Es wäre in der Tat ein Lebenswerk, von diesem Ansatz aus eine solche neuartige, wohl selbst revolutionäre Philosophiegeschichte zu schreiben, die *das Begriffspaar von Konflikt und Komplementarität zu ihrem Zentrum* bestimmte. Dies kann jedoch nicht meine Absicht sein.

Hier möchte ich lediglich einige abschließende Gedanken zum zentralen Thema äußern, die sich bei der rückblickenden Durchsicht des vorgelegten Materials einstellten.

12.2 Konflikt im Dialog, im Lernen und in der Treue

So sind wir denn von der Erwägung der *Natur des Leidens und des Bösen* ausgegangen und zur Betrachtung der *Natur der Wirklichkeit* vorangeschritten. Dabei sind wir stets um den Mittelpunkt des Problems der *Natur unserer Entscheidungen*, also der *Frage von Zwang und Freiheit* gekreist.

Nimmt die Philosophie denn ihren Anfang – *einen* Anfang – mit dem *Leiden am Bösen*, so wird sie auch einen Leitfaden am inneren Konflikt finden, der sie zu immer neuen, zu immer tieferen Erkenntnissen führt. Doch ans Ende wird sie nie gelangen.

Im *Theaitetos* sagt der platonische Sokrates, das Denken stelle eine Rede vor, in welcher sich die Seele bei sich selbst ergehe, und zwar darüber, was sie erforschen wolle. Es sei ein Gespräch der Seele mit sich selbst[2] – eine Form des Logos oder des Dialegesthai –, wobei sie sich befrage und darauf Antwort erteile, wo sie sich selber ja und nein sage. Wenn sie sich dann auf etwas festlege und wirklich darauf beharre, so nenne man das eine gefaßte Meinung (doxa). Dieses Meinen und Sichvorstellen sei ein Reden, nicht zu einem anderen, nicht mit der Stimme, sondern im Schweigen sich selbst gegenüber (189e – 190a). Ganz ähnlich heißt es im *Sophistes:* Gedanken und Sprechen seien dasselbe, nur daß das innere Gespräch der Seele mit sich selbst[3], das sich lautlos vollziehe, Gedanken genannt werde (263e). Wird diese Diskussion, äußerlich oder innerlich, dieses Hin und Her von Frage und Antwort zur Findung der Wahrheit benutzt, nämlich als Suche nach dem unwandelbaren Wesen, dem „Eidos“ jeder Sache, so handelt es sich dabei um die Dialektik: „Scheint dir nun nicht, fragte ich, daß die Dialektik uns wie ein Schlußstein auf den Wissenschaften liegt[4], und daß über diese hinaus keine andere Wissenschaft mehr mit Fug gestellt werden kann, sondern daß hier der Bereich der Wissenschaften ein Ende hat?“ (*Staat*, 534e). Erst wer den Überblick (synopsis) besitzen könne über die Verwandtschaft der wissenschaftlichen Unterrichtsgegenstände (mathemata) untereinander und mit der Natur des wesenhaften Seins (tes tou ontos physeos), besitze auch die Fähigkeit zur Dialektik, zur Erkenntnis des wahrhaften Seins (ep’ auto to on met’aletheias; 537). Wer aber die Einsicht in den schmeichlerischen Schein, mit dem man aufgewachsen sei, gewinne, der müsse sich als Rebell, als widergesetzlich (paranomos) vorkommen. Im Widersprechen gegen alles werde nun nichts mehr für wahr gehalten. Darum sei bei der Unterrichtung in der Dialektik alle Vorsicht geboten. Schritt für Schritt müsse sie vorgehen.

---

[2] „Logon hon aute pros hauten he psyche diexerchetai peri hon an skope.“

[3] „Ho men entos tes psyches pros hauten dialogos.“

[4] „Hosper thrinkos tois mathemasin he dialektike hemin epano keisthai.“

Wenn sie nun so 50 Jahre alt geworden sind, so muß man die davon, die in allen Stücken und in jeder Beziehung sowohl in den Zweigen der Praxis wie in den Wissenschaften die Probe gehalten und sich ausgezeichnet haben, endlich zum Ziele führen und sie anhalten, den Lichtstrahl ihrer Seele (ten tes psyches augen) nach dem allen Dingen Licht spendenden Urlicht (eis auto... to pasi phos parechon) zu wenden und nach Anschauung des wesenhaften Guten (to agathon auto) nach dessen Ideale (paradeigmati) ihr übriges Leben lang der Reihe nach das Leben des Staates, der Bürger und ihrer eigenen Personen einzurichten (540 a).

So gelangt der Weise durch das dialektische Vorgehen von Rede und Widerrede, von Ja und Nein, von Trennung und Wiedervereinigung, also von Analyse und Synthese zur Erkenntnis der absoluten Wahrheit. In dem Sinne ist der Dialog, und zwar in Gestalt der aus ihm erwachsenden Kunst und Wissenschaft der Dialektik, nichts anderes als eine systematische Methode, miteinander in Konflikt stehende Meinungen, Vorstellungen, Gedanken innerlich wie auch äußerlich zu lösen. *Dialektik im platonischen Sinne ist also die Methode der Konfliktlösung in der Erkenntnis.*[5]

Nehmen wir ein zweites Beispiel: „Der Meister sprach: ‚Ich war 15, und mein Wille stand aufs Lernen. Mit 30 stand ich fest. Mit 40 hatte ich keine Zweifel mehr. Mit 50 war mir das Gesetz des Himmels kund. Mit 60 war mein Ohr aufgetan. Mit 70 konnte ich meines Herzens Wünschen folgen, ohne das Maß zu übertreten.'" (*Lun Yü*, II/4). Hier ist es das absolute Wertbewußtsein, das für Konfuzius das Wesen der Wahrheit ausmacht. Durch das Lernen (xüé) gelangt man zur inneren „Aufrichtigkeit" (lì) und dem Lösen der Zweifel, des Verdachtes (huò) . Aus dieser Konfliktlösung, „Zweifellosigkeit" (bù huò) erwächst die innere Einheit und Festigkeit, mit der sich das Handeln dem „Wissen des Beschlusses des Himmels" (zhī tiān mìng) zu fügen vermag, dem inneren Hören gehorcht und die Einheit von Wunsch (yù) und Gewissen (als „Nichtübertreten des Quadrates", bù yú jǔ) erreicht.

Auch hier finden wir eine Art der Konfliktlösung. Doch liegt dabei das Schwergewicht mehr auf der Einsicht in das Maß des Richtigen (jǔ) , und der Folgerichtigkeit des Handelns gemäß dem, was das Rechte, das vom Himmel oder von der Natur Verfügte sei. Auch dies ist etwas Feststehendes, Ewiges, das den Wünschen der Seele entgegenstehen kann, aber nicht muß. Man kann den Wünschen der Seele folgen (cóng xīn suǒ yù), ohne das Rechte zu übertreten, ohne also dem Gewissen zuwiderzuhandeln.

„Sieh, was ein Mensch wirkt. Schau, was seine Motive sind. Forsche, wo er seine Ruhe (Befriedigung) findet. Wie kann sich da einer verbergen? Wie kann sich da einer verbergen?" (*Lun Yü*, II/10). Das Tun, das Woher und das Wohin seines Handelns zeigen den Charakter; sie widersprechen jeglichem Versuch der Selbstverstellung.

---

[5] Ich folge der bei Lambert Schneider herausgegebenen und von Schleiermacher, Teuffel und Wiegand durchgeführten Übersetzung der platonischen Dialoge, halte mich aber näher an den Text selbst. In der Auswahl wurde ich durch Roland Halls Abhandlung über die Dialektik (1967) bestimmt.

Ist es bei Platon der Gegensatz zwischen der Wahrnehmung des Wandelbaren und der tiefen Erkenntnis des Ewigen, so ist es bei Kung Fu Tse vielmehr der Widerspruch zwischen Unfügsamkeit und Rebellion gegenüber dem Richtigen, der Festigkeit und dem ehrfürchtigen Gehorsam gegenüber ewig festgesetzten Normen des Handelns und der inneren Einstellung. Innere Ehrlichkeit (xìn, das „Stehen zum eigenen Wort“) und Loyalität dem anderen gegenüber (zhōng), Selbstkontrolle, unablässiges Lernen, Selbstverbesserung: diese machen zusammen die Weisheit aus; diese sind das Ziel der „Konfliktbewältigung“ (wenn wir uns diesen modernen Begriff erlauben dürfen), der Überwindung der Zweifel: „Ist der Edle nicht gesetzt, so scheut man ihn nicht. Was das Lernen betrifft, so sei nicht beschränkt. [Halte dich eng an die Gewissenhaften und Treuen.] Mache Treu und Glauben zur Hauptsache. Habe keinen Freund, der dir nicht gleich ist. Hast du Fehler, scheue dich nicht, sie zu verbessern“ (*Lun Yü*, I/8; so übersetzt Richard Wilhelm – etwas frei – die entsprechende Stelle).[6]

Kurz nach der Stelle über die Erforschung des Woher, des Wohin und des gegenwärtigen Tuns lesen wir den schon früher zitierten Satz von Gegensatz und Gleichgewicht zwischen Denken und Lernen, zwischen empfangener Autorität und selbsttätigem Nachsinnen, zwischen Sichfügen und eigenem Bewußtsein: „Lernen und nicht denken ist nichtig. Denken und nicht lernen ist gefährlich“ (II/15). So wandelt sich Konflikt zum Gleichgewicht der Gegensätze, zur wechselseitigen Bedingtheit und Ergänzung.

Aus einem dritten Bereich des Erlebens, des Fühlens und des Denkens: „Täuschungsreich ist das Herz über alles, und lebensgefährlich. Wer vermag es zu ergründen?“ (akov hallev mikkol weanusch hu. Mi jeda'ennu? Jeremia, 17/9). Unmittelbar davor heißt es:

> Verflucht ist der Mann, der auf Menschen vertraut und das Fleisch zu seinem Arm macht, während sein Herz von dem Herrn weicht! Er wird sein wie der kahle Strauch in der Steppe, er wird nicht erleben, daß Gutes kommt; im Glutland der Wüste wird er wohnen, im unwirtlichen Salzland. Gesegnet ist der Mann, der auf den Herrn vertraut und dessen Hoffnung der Herr ist! Er wird sein wie ein Baum, der am Wasser gepflanzt ist, der nach dem Bach seine Wurzeln ausstreckt. Er hat nichts zu fürchten, wenn die Hitze kommt, seine Blätter bleiben grün; auch im Jahr der Dürre bangt ihm nicht, er hört nicht auf, Früchte zu bringen (Jeremia, 17/5–8).

Hier ist die Spannung diejenige zwischen dem „Weichen des Herzens von Gott“ (min Jahwe jassur libbo) und dem „Vertrauen auf Gott, der Sicherheit in Gott“ (ascher jivtach be Jahweh we haja Jahwe mivtacho). Auch dies ist nicht ein Gegensatz von zwei Charaktertypen, sondern eine innere Wahl, ein innerer Gegensatz, wie es dann die unmittelbare Fortsetzung zeigt von der „Abgründigkeit“ oder der „Lügenhaftigkeit der Seele“ und ihrem Verfallen an die Schuld.

Doch auch hier wandelt sich der innere Konflikt zur gegenseitigen Bedingtheit

---

[6] Dem chinesischen Text folge ich wiederum mit Hilfe der Legge-Ausgabe, mit englischem Kommentar und Übersetzung, sowie der deutschen Übersetzung von Richard Wilhelm.

und Relativität. In den „Sprüchen der Väter" (*Pirqei Avot* III/21/22) wird dieselbe Metapher, die wir eben bei Jeremia angetroffen haben, (als Zitat, schenne'emar) wieder aufgegriffen, doch mit einer diskreten Sinnverschiebung:

> Rabbi El'asar ben Asarja sagte: Wer keine Thorakenntnis besitzt, der hat keine Humanität; wer keine Humanität besitzt, hat keine Thorakenntnis (im en tora, en derech-erez; im en derech erez, en tora). Wer keine Weisheit (chochma) besitzt, hat keine Gottesfurcht (jir'a); wer keine Gottesfurcht besitzt, hat keine Weisheit. Wer keine Erkenntnis (da'at im Sinne von Wissen) besitzt, hat keine Einsicht (bina, im Sinne von Unterscheidungsvermögen); wer keine Einsicht besitzt, hat keine Erkenntnis. Wer kein Mehl besitzt, hat keine Thorakenntnis; wer keine Thorakenntnis besitzt, hat kein Mehl. Er pflegte zu sagen: Jeder, dessen Weisheit mehr als seine Werke ist (sche chochmato merubba mimma'assaw), wem gleicht er? Einem Baume, dessen Zweige viele und dessen Wurzeln nur wenige sind. Der Wind kommt, reißt ihn aus und stürzt ihn um. So heißt es: Er wird dem Dornstrauch in der Steppe gleichen und nicht schauen, wenn das Gute kommt. In der Öde wird er wohnen, in der Wüste, salzigem, unbewohntem Lande. Aber jeder, dessen Werke mehr als seine Weisheit sind, wem gleicht er? Einem Baume, dessen Zweige wenige und dessen Wurzeln viele sind. Wenn selbst alle Winde der Welt kämen und ihn bestürmten, so würden sie ihn nicht von der Stelle bewegen. So heißt es: Er wird einem Baume gleichen, gepflanzt am Wasser, der am Strom seine Wurzeln ausstreckt; er merkt nicht, wenn die Hitze kommt, und sein Laub bleibt grün, im Jahre der Dürre sorgt er nicht, und hört nicht auf Früchte zu bringen.[7]

Das Bild des Widerspruchs, des absoluten Konflikts zwischen Gottvertrauen und Vertrauen auf das Dingliche und Gesellschaftliche beim Propheten Jirmijahu (Jeremia) hat sich bei Rabbi El'asar zum Gleichnis für das gestörte Gleichgewicht von Denken und Tun zugunsten des ersteren gewandelt. Auch hier wird, wie bei Platon und Konfuzius, nunmehr die Wechselseitigkeit, also die Komplementarität stärker als die absolute Konflikthaftigkeit betont. Das Einseitige führt zum Verderben; Konflikt strebt immer zur Einseitigkeit.

Und aus unserer Zeit ein viertes Beispiel, von dem wir ausgegangen sind, dem „Menschen in der Revolte":

> Ce malaise devant l'inhumanité de l'homme même, cette incalculable chute devant l'image de ce que nous sommes, cette ‚nausée' comme l'appelle un auteur de nos jours, c'est aussi absurde. De même l'étranger qui, à certaines secondes, vient à notre rencontre dans une glace, le frère familier et pourtant inquiétant que nous retrouvons dans nos propres photographies, c'est encore l'absurde[8] (Camus 1942, S. 31).

---

[7] Das Jeremia-Zitat übersetzte ich nach der Zwingli-Bibel; dasjenige aus den *„Sprüchen der Väter"*, einem Teil der *Mischna* (die selbst Teil des *Talmud* ist), aus der Bambergerübersetzung im Gebetbuch, das der Verlag Goldschmidt in Basel herausgegeben hat.

[8] „Dieses Unbehagen vor der Unmenschlichkeit des Menschen selbst, dieser unberechenbare Sturz vor dem Bilde dessen, was wir sind, dieser ‚Ekel', wie ein zeitgenössischer Schriftsteller es nennt, ist auch das Absurde. Auch der Fremde, der uns in gewissen Augenblicken in einem Spiegel begegnet, der vertraute und doch beunruhigende Bruder, den wir auf unseren eigenen Photographien sehen, ist wiederum das Absurde" (S. 18).

Die Welt bricht entzwei zwischen dem Wunsch nach Ordnung und Rationalität und der Realisierung, daß innerhalb und außerhalb von uns immer wieder die Irrationalität, das Chaos, das Unberechenbare und die absolute Ungerechtigkeit auftauchen und in den goldenen Ring der Ordnung einbrechen. Auch das ist ein innerer Konflikt, einer von gewaltiger Spannung: „Pour toujours, je serai étranger à moi-même" („Ich werde mir selbst immer fremd bleiben"; S. 36, resp. S. 22). Dies auszuhalten, diesem zu trotzen, der Wahrheit mutig ins Gesicht zu schauen – dieses ist das tragische Weltgefühl des Modernen. „Conscience et révolte, ces refus sont le contraire du renoncement" („Bewußtsein und Auflehnung – diese abschlägigen Antworten sind das Gegenteil von Verzicht"; S. 80, resp. S. 50).

Der Konflikt scheint unaufhebbar; die Komplementarität der Gegensätze verschwindet im Abgrund des Grauens und des Größenwahns, der Rücksichtslosigkeit der Macht. Die Ehrfurcht („Aidos") und die Rücksicht („Nemesis") haben, wie Hesiod es so wunderbar gesagt hat, ihre hellen Gestalten in bleiche Mäntel gehüllt, die weitstraßige Erde verlassen.

Und doch, dieser Philosophie von Absurdität und tragischer Auflehnung zum Trotz, ist es nicht der Siegeszug des demokratischen Gedankens, ist es nicht die Grundidee vom Ausgleich der Gegensätze und dem Gleichgewicht gegenteiliger Auffassungen, die der Absolutheit von Konflikt, von „contradiction" und „confrontation" mutig entgegentritt? Ist es nicht auch hier wieder so, daß das tragische Grundgefühl der tiefen und unauflösbaren Konflikthaftigkeit des Daseins sich immer wieder zur Versöhnung in der Komplementarität wandelt. Die Gegensätze erscheinen zwar nicht aufgehoben, der Konflikt bleibt bestehen, aber er wandelt sich immer wieder zu einer sich ergänzenden Wechselseitigkeit.

Sind das tragische Bewußtsein, das Ressentiment, die Lüge und die Krankheit die einzigen Weisen, sich mit dem radikalen Konflikt des menschlichen Daseins auseinanderzusetzen?

Das Postulat in diesem Buch, das der Psychoanalyse zugrundegelegte Verlangen und ihr Versprechen sind es, dem Konflikt, wo immer er zu finden ist, mutig zu begegnen und ihn, soweit es möglich ist, durch Wahl und Entscheidung neu zu lösen und, wo dies nicht möglich erscheint, zu einem Ausgleich zu kommen. Darüber hinaus eröffnet sie die Möglichkeit, ein Gebäude der Wissenschaft vom Seelischen auf dem Fundament des Konfliktverstehens zu errichten. Das bedeutet aber nun schließlich, alles in diesem Buch Angelegte in einer philosophischen Synopsis zu überblicken. In dieser Synopsis sollen aber die Abgrenzung der symbolischen Form der Psychoanalyse und schließlich die Hierarchie ihrer Abstraktionen deutlich werden.

12.3 Die Form der theoretischen Symbole

Es ist die Quelle endloser Widersächlichkeit und Unruhe, daß die meisten unserer theoretischen Symbole von solchen der beiden Nachbargebiete symbolischer Formen (Natur- und Kulturwissenschaft) geborgt wurden. Ich verteidigte diese Übertragung in Kap. 9. Hier füge ich einige weitere Gedanken an.

Da in keinem neuen Untersuchungsfeld die Begriffe ex nihilo geschaffen werden, muß man immer zu metaphorischen Annäherungen greifen: „Denn eben, wo Begriffe fehlen, /Da stellt ein Wort zur rechten Zeit sich ein", sagt Mephisto mit großem Sarkasmus über die Theologie. Doch brauchen wir eben solche Worte als Bilder des Bekannten, die für das Unbekannte eintreten sollen. In Freuds (vorwiegend aus politischen Gründen) ungenügend betrachteter Schrift *Die Frage der Laienanalyse* (1926) heißt es: „In der Psychologie können wir nur mit Hilfe von Vergleichungen beschreiben. Das ist nichts Besonderes, es ist auch anderwärts so. Aber wir müssen diese Vergleiche auch immer wieder wechseln, keiner hält uns lange genug aus" (S. 222).

Dabei gibt es keinen Platz für Verschämtheit und Verlegenheit über die Janusnatur so vieler analytischer Begriffe!

Zwar ist es wohl so, daß manche Symbole janusköpfig sind. Sie blicken sowohl in die Richtung psychoanalytischer Erfahrung als auch in die der biologischen oder physikalischen Naturwissenschaften oder ins Literarisch-Mythologisch-Historische. Zu den ersteren gehört z.B. der „Grenzbegriff" des Triebes (Freud 1915, S. 121 f.), zu den letzteren der des Ödipuskomplexes. Doch muß eine derartige Öffnung in die Richtung anderer weiter Symbolgebiete die *grundlegende Autonomie der Psychoanalyse als eines selbständigen Gebietes symbolischer Formen* schmälern? Autonomie bedeutet, eigene Gesetze aufzustellen. Trotz unserer gemeinsamen Grenzen mit diesen anderen „Ländern" und trotz des intensiven wechselseitigen Grenzverkehrs haben wir das Recht, ja die Pflicht, unser eigenes System von Symbolen und Gesetzen zu entwickeln.

„Wir haben jetzt die schwierige Aufgabe, ihm [dem unparteiischen Fragensteller] klarzumachen... daß die Analyse ein Verfahren *sui generis* ist, etwas Neues und Eigenartiges, was nur mit Hilfe neuer Einsichten – oder wenn man will, Annahmen – begriffen werden kann" (Freud 1926, GW 14, S. 216).

Diese Absicht ist also diametral dem von den Positivisten hochgehaltenen Ideal von der „Pyramide der Wissenschaft" (vgl. Horton u. Coppolillo 1972) entgegengesetzt. Dessen Postulat wurde sehr scharf von Carnap ausgesprochen: die Sprache der Physik sei die einzige intersubjektive Sprache und könne deshalb die einzige Sprache der Wissenschaft sein (zit. nach Cassirer 1942, 1961, S. 41)[9]. Doch dürfte eine so ausschließliche Definition der Wissenschaft selbst ebenso metaphysischer

[9] „Von der Wissenschaft verlangt man..., daß sie nicht nur subjektive Bedeutung hat, sondern für die verschiedenen Subjekte, die an ihr teilhaben, sinnvoll und gültig ist. Die Wissenschaft ist das System der intersubjektiv gültigen Sätze. Besteht unsere Auffassung zu Recht, daß die physikalische Sprache die einzige intersubjektive Sprache ist, so folgt daraus, daß die physikalische Sprache *die* Sprache der Wissenschaft ist."

Natur sein wie ihre Vorgängerin in Comtes und Taines Pyramidenstruktur vor über 100 Jahren. Sie drückt eine Weltanschauung aus, die selbst nicht wieder verifizierbar ist: Keine Beobachtung rechtfertigt uns, der Sinneswahrnehmung das Primat über andere Wahrheitskriterien zu verleihen (s. auch Cassirer 1942, 1961, S. 45). Andere Beobachtungen führen zu anderen Formen der Logik und des Symbolismus, zu ihren eigenen autonomen Erkenntnisstrukturen und Wahrheitserfordernissen. In Freuds Worten:

> Gerade weil ich sonst bemüht bin, alles andersartige, auch das biologische Denken, von der Psychologie ferne zu halten, will ich an dieser Stelle ausdrücklich zugestehen, daß die Annahme gesonderter Ich- und Sexualtriebe, also die Libidotheorie, zum wenigsten auf psychologischem Grunde ruht, wesentlich biologisch gestützt ist (1914, S. 144).

Trotz solcher „Grenzbegriffe“ muß die Autonomie des psychologischen Staates verteidigt werden.

Psychoanalyse als Wissenschaft besitzt, wie gesagt, Grenzen mit beiden symbolischen Formen theoretischer Erkenntnis – mit den Naturwissenschaften und den Kulturwissenschaften, doch gehört sie weder zu den einen noch zu den anderen. Sie ist eine neue symbolische Form, die in ihren Grenzgebieten Begriffe mit ihren Nachbarn teilt – die biologischen Kausalkonzepte und die über die Jahrtausende entwickelten reichen Sinnstrukturen der Kulturwissenschaften. Doch ist es ihre wesentlichste Aufgabe, ihre eigene „Syntax“, ihre eigenen „Relationsgefüge“ und ihre eigenen Gesetze von sinnvollen, symbolischen Zusammenhängen zu entwikkeln. Umgekehrt werfen ihre eigenen Einsichten neues Licht sowohl auf die Natur- wie auf die Geisteswissenschaften. Doch am entschiedensten ist zu betonen, daß *die Psychoanalyse ein „Urphänomen“ im Goetheschen Sinn bleibt, eine unreduzierbare, autonome symbolische Form.*

Das hat aber die folgende Mitbedeutung, welche sowohl eine Voraussetzung ihrer Sondernatur wie auch eine Folgerung daraus ist: Die Erfahrung zwingt uns mit unausweichlicher Kraft zu der Einsicht, daß *die Psychoanalyse als eine Struktur theoretischer Gesetze mit der Philosophie des Positivismus, eines radikalen Empirismus*, zumindest in der heute die amerikanische Szene beherrschenden Form, *unvereinbar ist*, ebenso wie sie sich mit den metaphysischen Systemen und existentialistischen Propositionen der vergangenen und gegenwärtigen europäischen Szene als unvereinbar erwiesen hat. Der gleiche Gedanke wurde von Waelder am Ende seines Lebens ausgedrückt.[10]

Unterwerfen wir die Psychoanalyse den strikten Erfordernissen anderer Bereiche, heute namentlich solchen der Naturwissenschaften und der Sprachkunde, und deren philosophischen Wortführern, so reduzieren wir sie in Theorie, Praxis und schöpferischer Wirkung zu einem amputierten Stumpf, der nicht mehr funktionstüchtig ist. Wir verlieren uns in leeren Wortspielen und semantischen Verrenkun-

---

[10] „The various doctrines advanced by philosophers of science or of history, from positivism to historicism, contain (greater or lesser) elements of truth and have therefore their areas of applicability. But their claims have often extended beyond this area of legitimate application... In particular, the currently prevailing scientistic and positivistic assumptions appear to be largely ideological, i. e. rooted in attitudes and aspirations rather than in facts“ (1970, S. 324).

gen, um „nichtwissenschaftliche", „metaphysische" Aussagen oder aber die Zauberformeln der bösen „Hexe Metapsychologie" peinlich zu vermeiden.

Da indes kein menschliches Bemühen und ganz besonders auch keine Wissenschaft ohne implizite oder explizite philosophische Entscheidung existieren kann, haben wir die Verpflichtung zu untersuchen, welche Richtung des Denkens, welche Grundwahl am ehesten sowohl mit dem Überleben wie mit dem Wachstum unseres Gebietes vereinbar ist. Mag dies nicht am ehesten anhand einer *kritischen Philosophie* gelingen, die zwar ursprünglich von Kant ausgeht, aber uns durch die moderne Philosophie der symbolischen Formen vermittelt erscheint?

Es ist schwer zu sagen, ob dies als Fundament genügen wird. Mein Eindruck ist, daß sich eine solche kritische Philosophie selbst radikalen Änderungen unterziehen muß, wenn sie sich ernsthaft mit der neuen, durch die psychoanalytischen Beobachtungen und Theorien gestellten Herausforderung auseinandersetzt.

Endlich ist dies der Ort, einige Gedanken über die Kriterien für wissenschaftliche Gültigkeit, die für die Entwicklung neuer und wirklich eigener Forschungsstrategien von entscheidender Wichtigkeit wären, anzufügen. Es ist leichter, das anzugeben, was alle Wissenschaften gemeinsam haben, als was sie voneinander scheidet: Klarheit, Objektivität, die Fähigkeit der Voraussage, und v.a. ihre Fruchtbarkeit (d.h. ihre „Spürkraft", ihre Macht, zu neuen Erkenntnissen und Wirkungsmöglichkeiten zu führen).

Beschränkt man den Ehrentitel der Wissenschaftlichkeit auf die innerlich konsequenten („self-consistent") Zusammenhangsordnungen, die auf mathematische Relationen reduzierbar sind, dann ist die Psychoanalyse keine Wissenschaft und kann und wird es im Prinzip auch nie werden. Nennen wir hingegen alle jene Bemühungen wissenschaftlich, die innerlich konsequente *Abstraktionssysteme* schaffen, deren *Symbole* einerseits in gesetzmäßiger Weise mit weiten Bereichen von beobachtbaren und replizierbaren („being replicated") Phänomenen verknüpft sind und andererseits untereinander in einer *genauen gesetzmäßigen Hierarchie* korreliert sind und für die wir *Experimente* besitzen, womit wir jene Gesetze zwischen den verschiedenen Schichten der Symbole und den direkt beobachtbaren Phänomenen prüfen können, dann ist die Psychoanalyse ganz bestimmt prinzipiell (wenn auch bei weitem nicht immer de facto) ein Gebiet wissenschaftlicher Untersuchung – ebenso wie die Gebiete der Geschichte, der Archäologie und der literarischen Studien. Dabei ist ihr „Kanon" der Symbolisierung und ihre eigene Methodologie von Experiment und Beweis klar von den in anderen Gebieten symbolischer Systematisierung gültigen verschieden.

Man muß Kohut beipflichten, wenn er sagt, daß hier Erklärung und Verstehen zusammenkommen, ja weitgehend übereinstimmen.[11] Doch muß diese Konjunktion in disziplinierter und kritischer Weise geschehen.

[11] „With psychoanalysis man has succeeded in transforming introspection and empathy into the tools of an empirical science ... Mystical introspection may understand, but it does not

Dieser von Kohut als Revolution bezeichneten Entwicklung kann man freilich nur dann Gerechtigkeit widerfahren lassen, wenn man den Wissenschaftsphilosophen nicht das unumschränkte Recht einräumt, uns *ihre* Kriterien zu diktieren. Vielmehr erweist es sich als erforderlich, daß wir kritisch unsere eigene Epistemologie entwickeln.

Das heißt aber auch, daß unsere Forschungsmethodologie sich radikal von der in anderen Gebieten angewendeten zu unterscheiden hat.

12.4 Ein grundlegender Zweifel

> „Das Kind lernt, indem er dem Erwachsenen glaubt.
> Der Zweifel kommt *nach* dem Glauben.“
> (Wittgenstein 1969/1972, S. 23)

In der erkenntniskritischen Untersuchung im zweiten Teil habe ich Cassirers Begriff der symbolischen Form als Ankerpunkt benutzt und mich dadurch im großen und ganzen auf Kants kritische Philosophie gestützt. Doch bildete sich im Verlauf eine viel tiefere Frage in mir, eine Frage, die im Fundament des wissenschaftlichen Verständnisses des modernen Menschen selber eine Spalte aufreißt. Ist es die Wissenschaft von der Seele allein, die in der Weise, wie ich es hier getan habe, herausgelöst werden soll aus dem Zusammenhang der Naturwissenschaften? Stellt sich nicht die Forderung nach einem parallelen Vorgehen für die Wissenschaft vom Leben überhaupt in nahezu ebenso imperativer Weise? Wie kann man je hoffen, man könne das Wesen des „Bios“ mit einem mathematischen, mechanistischen, d. h. nichtteleologischen Raster erfassen? Ist Goethes Morphologie und damit Aristoteles’ Entelechiebegriff nicht vielleicht einer wahren Wissenschaft des Lebens, *sui iuris et sui generis*, viel näher als eine Biologie, die sich nach dem Vorbild der modernen Physik gestaltet hat? Verletzen wir nicht auf eine beinahe sakrilegische Art die Würde der Biologie durch solche physikalistischen Reduktionen (ihrem großen Wert zum Trotz), genau wie es geschieht, wenn wir die Wissenschaft der Seele („mind“) in die Naturwissenschaften aufzulösen versuchen oder aber sie den Wissenschaften von den Erzeugnissen und Schöpfungen der Seele, also den Geisteswissenschaften unterwerfen wollen? Dieses Infragestellen der Grundlagen der modernen Philosophie überhaupt, besonders wie sie von Descartes und Kant geschaffen wurden, entwertet die hier begonnene Untersuchung nicht, sondern sie erweitert und vertieft sie durch das in Kap. 11 Ausgeführte.

---

explain; and preanalytic scientific psychology explains, but it does not understand. Psychoanalysis, by contrast, explains what it has understood. This combination of empathetic-introspective data-gathering with abstract formulation and theoretical explanation in the field of complex mental states, however, constitutes a revolutionary step in the history of science“ (1973, S. 14).

Schließlich stellt sich in diesem Zusammenhang noch eine weitere Frage: Wir haben es unterlassen, das „Eidos" der Psychoanalyse von einem Bereich des Symbolismus abzugrenzen, der von Cassirer oder von der Psychoanalyse kaum behandelt wird – von der Wertphilosophie im allgemeinen, der Ethik im besonderen. Wollen wir damit behaupten, die Psychoanalyse sei wertfrei?

Nein, wertfrei ist sie gewiß nicht, und ich habe im vorhergehenden mehrfach auf solche Wertprobleme als sehr wesentliche hingewiesen. Die *eine* Voraussetzung für das ganze analytische Unternehmen, die allem anderen vorausgeht, ist die *Wertentscheidung, wie man am besten* einen störenden, psychisch verkrüppelnden *inneren Konflikt mindern oder lösen* und damit, wie man die innere Zwanghaftigkeit („compulsiveness") vermindern, die innere Freiheit vermehren könne. Alles andere Eindringen von Werturteilen seitens des Therapeuten kann am besten als inneres *Signal* dafür angesehen und behandelt werden, daß er etwas nicht versteht, oder daß er sich zu hilflos fühlt, um Einfluß zu nehmen, oder als Antwort auf die *Übertragung der Abwehr* seitens des Patienten oder schließlich, daß der Patient nicht analytisch behandelt werden soll wegen der dringenden Notwendigkeit *erzieherischer und schützender Maßnahmen* (ggf. einschließlich Medikamenten). Die Wahl der Analyse ist daher selbst ein komplexes Werturteil und stellt einen gegenseitig bindenden, obwohl weitgehend impliziten Kontrakt dar.

Dabei ist die Ehrlichkeit und Offenheit seitens des Patienten ebenso sehr eine Conditio sine qua non, wie es diese als Grundeigenschaften auf seiten des Therapeuten sein müssen. Wie kann man jemandem trauen, der nicht selber absolut ehrlich ist? Dabei schließen sich Ehrlichkeit, Diskretion und Takt nicht nur nicht aus; sie bedingen sich gegenseitig, wiederum in einer komplementären Weise. Doch das soll in anderem Zusammenhang aufgegriffen werden.

12.5 Die Hierarchie der Abstraktionen in der Psychoanalyse

> „... I also am sure that there is no such thing as free thinking inasmuch as all thinking must be bound by its own laws."
> (James Joyce, *A portrait of the artist as a young man*, S. 187)

Wiederholt habe ich schon bemerkt, daß jede symbolische Form eine innere Hierarchie aufweist. Es ist notwendig, dies nun auch, fast als Schlußgedanken, im einzelnen auszuführen.

Es mag von Vorteil sein, zunächst kurz zu untersuchen, wie sich die Physik mit diesem Problem auseinandergesetzt hat. Die Abstraktionsleiter in physikalischer Theorie besteht aus den folgenden 4 Stufen (Cassirer 1936, 1957):

1) *Maßaussagen:* Die unmittelbaren Wahrnehmungsdaten werden in Bestimmungen von Maß und Zahl verwandelt; dies ist die Bedingung für jedes physikali-

sche Urteil (S. 164). Dieser Übergang von unmittelbarer Sinneswahrnehmung zur experimentellen Beobachtung und ihre systematischen Ausnutzung hat nicht nur zu einer außerordentlichen Bereicherung der Kenntnis geführt, sondern zu einer höchst bedeutsamen Konzentrierung und Vereinheitlichung; doch gleichzeitig brachte sie einen Verlust der Fülle und Farbe der Sinneswelt. Die von den physischen Maß- und Gesetzesbegriffen entworfene Welt gleiche einem Reich der Schatten (S. 167).

2) *Gesetzesaussagen:* Je reicher das empirische Material sei, um so leichter sei es, dieses in wenige große Grundformen einzufügen. „Die Vielfältigkeit ist nicht Disparatheit; sie ist die Aufforderung zu neuen Einheitsbildungen, und sie ist es, die derartige Bildungen erst ermöglicht" (S. 171). Dies sei besonders mittels des mathematischen Funktionsbegriffs möglich; es stelle eine unveränderliche, allgemeine und ideale Form dar, in die ständig neue Inhalte eingepaßt werden könnten (S. 172). Diese Gesetze bestünden aus *mathematisch formulierten Relationsgefügen*, die ihrerseits wieder zu ganz neuen Zusammenhängen führten. Sie besäßen ihre eigene hervorragende „Spürkraft". Am wesentlichsten verändere sich das *Hier–So* der Maßaussagen in den Gesetzes-Aussagen zum *Wenn-So* (S. 175 f.). Es handle sich um eine radikale *Veränderung der Dimension.*

3) *Prinzipienaussagen:* Sie seien keine Gesetze, sondern *Regeln*, um Gesetze zu suchen und zu finden. Sie erlaubten eine umfassende und ordnende Sicht ganzer großer Wirklichkeitsbereiche und bezögen sich nicht auf Erscheinungen, sondern auf die Form der Gesetze, mit denen diese Erscheinungen geordnet werden könnten. Sie seien gleichsam die Geburtsstätte von Gesetzen und besäßen eine radikal andere Dimension als die Gesetze. *Messungen führten zu individuellen Aussagen, Gesetze zu generellen Aussagen und Prinzipien zu universellen Aussagen.* Die wissenschaftliche Erfahrung sei völlig von diesem logischen Rhythmus, dem Dreischritt von (meßbaren) Tatsachen, Gesetzen und Prinzipien bestimmt (S. 190 f.). Doch selbst das allgemeinste Prinzip sei einer noch höheren Jurisdiktion unterworfen, dem Gipfel der Hierarchie (S. 192).

4) *Kausalität:* Dieses sei ein *regulatives Denkprinzip*, das uns dazu veranlasse, immer ausgedehntere Kenntnis gesetzmäßiger Ordnung zu suchen. Es sei, im Kantschen Sinne, eine transzendentale Aussage, die sich nicht auf Gegenstände, sondern auf die Möglichkeit, Gegenstände überhaupt zu erkennen, beziehe. Einen Erfahrungsbeweis für die universelle Gültigkeit der Kausalität könne es deshalb nicht geben. Es sei das Erfordernis, die Welt als geordnet und gesetzmäßig zu erfahren, „die allgemeine Forderung der Gesetzlichkeit" (S. 268). Der Kausalbegriff sei nach Kant nichts anderes „als eine *Anweisung zur Bildung bestimmter Erfahrungsbegriffe*" (Hervorhebung von Cassirer): „Daß alles, was geschieht, eine Ursache habe, kann gar nicht aus dem Begriffe dessen, was überhaupt geschieht, geschlossen werden; vielmehr zeigt der Grundsatz, wie man allererst von dem, was geschieht, einen bestimmten Erfahrungsbegriff bekommen könne" (Kant 1787 – B, S. 357; zit. nach Cassirer 1936, S. 273).

Diese Vier-Stufen-Hierarchie habe in der modernen Physik Vorrang vor den Begriffen der physikalischen Gegenstände und Objektivität erlangt. Die *Gesetze* seien die physikalische Wirklichkeit, nicht die Dinge oder Objekte (S. 278 f.): „Der Gesetzesbegriff wird jetzt dem Gegenstandsbegriff *vorgeordnet*, während er ihm früher nachgeordnet und untergeordnet war."

Die offenkundige Frage für uns ist, ob wir diese epistemologische Leistung *mutatis mutandis* auf die Psychoanalyse übertragen können. Früher oder später wird dies notwendig sein, falls wir das Postulat der grundlegenden wissenschaftlichen Autonomie verwirklichen wollen. Solch ein Versuch wurde von Waelder (1962) gemacht; ich habe ihn in Kap. 8 zusammengefaßt. Ohne den großen Wert seines Schemas zu schmälern, können wir uns nun fragen, ob wir eine genauere Parallele zwischen der Vier-Stufen-Hierarchie in der Physik und der Abstraktionsleiter in der Psychoanalyse herstellen können, wobei wir uns nun auf die früher erworbenen Erkenntnisse stützen können.

1) Beginnen wir mit den „unmittelbaren Sinnesdaten", in unserem Fall mit dem *Bewußtseinsfluß* im Patienten oder in uns selbst, einem sich ständig verändernden Panorama dessen, was sich mittels der introspektiv-empathischen Methode (zu erkennen) „gibt" (Kohut 1959, 1977; Gray 1973). Was ist die erste Ebene von „Bestimmungen", die „Maß" und „Zahl" entsprechen könnten? Was wäre das Äquivalent zur experimentellen Beobachtung und ihrer systematischen Ausbeutung?

Offensichtlich ist das primäre Modell für das psychoanalytische Experiment die *therapeutische Intervention*, das ganze, von Eduard Bibring (1954) beschriebene Spektrum an therapeutischen Eingriffen und deren taktische („technical") und strategische („curative") Anwendungsweisen – vorzüglich die *Deutung* („interpretive technique"), doch neben ihr die *Klarstellung* („clarifying technique"), die *Manipulation* („manipulative technique"), die *Abreaktion* („abreactive technique") und die *Suggestion* („suggestive technique"). Jede Deutung, jede Klarstellung, jede Rekonstruktion und zusammenfassende Synthese ist ein Experiment („test"), die Wahrheit zu erproben. Diesem „experimentellen" Eingriff entspricht auf seiten des Patienten die emotionelle wie intellektuelle *Einsicht*, v. a. seine Reaktion in Gestalt neuen Materials und des subjektiv erlebten, affektiven Durchbruchs, besonders in der Übertragung. Diese Antwort auf die Intervention bildet mit ihr in dem, was ich als den Deutungsprozeß dargestellt habe, ein Kontinuum und erlaubt es dem Analytiker, sein weiteres experimentierendes Vorgehen zu korrigieren oder ihm Neues hinzuzufügen. Es ist ein *Experiment mit Worten* und eine *Reaktion auf dieses Experiment v. a. in Form von Gefühlen, wie sie sich ihrerseits in Worten ausdrücken.*

So würde ich denn das Äquivalent zur Ebene der Messungen in diesem *Stratum der psychoanalytischen Primärdaten* sehen: dem Kontinuum von *unausgesprochener Voraussage, Deutung, Einsicht* (oder deren Ausbleiben, als Ausdruck von *Widerstand*), *und korrigierter Intervention* – die insgesamt in einer *zusammenfassenden Synthese*, einer *globalen Rekonstruktion* gipfeln (oder in Fingarettes Ausdruck: in einem „umgreifenden Schema von neuorganisiertem Sinnzusammenhang"), zu dem Patient und Analytiker gemeinsam gelangen. Einen besonders wichtigen Teil in dieser „meaning reorganization" nimmt ihre Formulierung in Begriffen der „Primärgruppenbeziehungen", namentlich der Beziehungen innerhalb der Familie ein (Fingarette 1963, S. 59). Was ich in Kap. 2 über die 5 Hauptkonflikte ausgeführt habe, bezieht sich, in ihrer ganz konkreten und individuellen Ausgestaltung, auf das auf dieser Ebene Faßbare. Dennoch ist dieses Stratum unendlich reicher und kann zu weit tieferen Einsichten führen.

Mutatis mutandis geschieht ein ähnlicher Prozeß in der schöpferischen Selbstanalyse des Analytikers und in seltenen mitmenschlichen Begegnungen, in tiefen Freundschaften, in denen, wie Platon im 7. Brief schrieb, „mit einem plötzlichen Lichtschein ein Verstehen über jedes Problem aufleuchtet" (341 b).

Auf dieser Ebene gibt es Voraussage, Klarheit des Verstehens, eine Fruchtbarkeit von ad hoc aufgestellten Hypothesen, sogar eine Form der Objektivität, falls diese Primärdaten mit Beobachtern geteilt werden, in Supervision oder Forschungskolloquien. Auf diese Weise erfüllen sie grundlegende wissenschaftliche Kriterien. Doch läßt sich auf diese Schicht die Methodik der Messung und der Zählung nur ganz peripher anwenden, nämlich wenn z. B. die „mikroskopischen" Voraussagen im Doppelblindversuch auf ihre Akkuratheit geprüft werden. So muß denn die Forschungsstrategie radikal verändert werden, um sie den Forderungen dieser Wissenschaft anzupassen. Nichts anderes gilt aber auch für die Geschichte oder die Sprachwissenschaft. Diese Beobachtungen bleiben indes, wie die Messungen in der Physik, eindeutig *individuell.*

2) Was sind die Äquivalente zu den physikalischen Gesetzen? Ich denke, es gelingt uns am ehesten, uns der Wahrheit zu nähern, wenn wir in diesen die 6 Beobachtungsgruppen sehen, die wir zur Abgrenzung des „Eidos" benutzt haben. Alle 6 sind von *allgemeiner* Natur. Sie sind nahe an den Beobachtungen und befinden sich dennoch auf einer höheren Ebene der Abstraktion (und der Symbolisierung). Sie sind nicht „substanziell", nicht dinghaft-konkret, nicht einmal „tatsächlich" („factual"), sondern erschlossen. Sie stellen für die auf der Ebene der 1. Ordnung der Erkenntnisformen gewonnenen Daten *Funktionen* dar, *„Relationsgefüge"* (im selben Sinn wie etwa grammatische oder mathematische Verhältnisse). Diese Züge – die Vielfältigkeit der Bedeutungen und die Paradoxie, die Konflikte und Spaltungen, die Ausstoßung („walling off"), die Kräfte und ihre Verschiebbarkeit, das formelle Zusammenpassen und die Kontemplations-Handlungs-Dialektik – können nun alle als *eidetische Korrelationen* zusammengefaßt und überschaubar gemacht werden. Sie lassen sich am besten in der idiomatischen Sprache der Gefühle und Phantasien ausdrücken, nämlich *metaphorisch, den Gesetzen des mythischen Denkens gemäß.* Diese Gesetze *ordnen* und *beschreiben* das mythische (Primärprozeß)denken in metaphorischer Form – durch die *Konkretheit der Symbole, die Kontaktnatur der Kausalität, den Pars-pro-toto-Zusammenhang, den Substanzcharakter und die Verschiebbarkeit der Eigenschaften, Wirkungen und Attribute und die Polarisierung des Selbst- und Welterlebens.* Doch dürfen jene Ordnungskategorien selbst nicht mythischer, sondern sie müssen wissenschaftlich-theoretischer Natur sein: sie ordnen von äußeren Bezugspunkten aus die Daten in Reihen der Bedeutung.

Ein etwas anderes metaphorisches Bild, das ich für etliche dieser Beobachtungen gewählt habe, nämlich spezifisch für die extremen Manifestationen schwerer Neurose, ist das des „Rades der Täuschung".

3) Was mag den „Prinzipien" der Physik entsprechen? Wohl am ehesten die Gruppe umfassender und großer *Modelle* als *ausgedehnte Metaphern*, die wir gewöhnlich unter die *Metapsychologie* reihen. Der Schritt von der 2. zur 3. Ebene wird durch den Versuch bezeichnet, universell anwendbare Prinzipien aufzustellen, mit deren Hilfe man Bedeutungsschemata reorganisieren, die sich wiederholenden Typen der Teilpersönlichkeiten bezeichnen, die „innere Wand" und die grenzensprengenden Energien erklären kann.

Die oft dramatische und stets anthropomorphe Sprache, die für diese Modelle gewählt wird, mag uns konkreter anmuten und so scheinbar auf einer niedrigeren Abstraktionsebene stehen als die für das „Eidos" benutzte. Bestimmt ist dies der schwächste Teil des Gebäudes. Gerade dort brechen denn auch gewöhnlich die Feuer der Kontroverse und des Selbstzweifels aus. Dennoch überzeugt uns ihre Anwendung und Brauchbarkeit („operational use"), daß sie den „eidetischen Korrelationen" übergeordnet sind und von ihnen durch eine „umgekehrte Epoché" (Ricoeur 1970, S. 121 f.), durch eine „antiphänomenologische Haltung", getrennt werden,[12] wobei Beschreibung durch Systematisierung ersetzt wird. Diese Modelle erweisen sich manchmal als von größtem *heuristischen* Wert zur Auffindung neuer Verbindungen (Grünbaum), doch neigen sie wie alle Prinzipien dazu, absolut gesetzt zu werden und zu erstarren. Obgleich sie „Klassen von Klassen" sind, wandeln sie sich immer wieder unbemerkt zu Wesenheiten um und werden konkretisiert, verdinglicht, ähnlich wie es Cassirer (1936, S. 140) für die Naturwissenschaften beschrieb: Nicht einmal das abstrakteste Symbol sei frei von dem Zwang, sichtbar und dinglich gemacht, also hypostasiert zu werden:

> Aber es sind eben diese *Mittel* der Beherrschung, die alsbald wieder ein eigenes Sein, eine eigene Wirklichkeit und Bedeutsamkeit erlangen, vermöge deren sie auf den menschlichen Geist zurückwirken und sich ihn unterwürfig machen. Das Instrument beginnt gleichsam ein eigenes Leben anzunehmen: es wird hypostasiert, und es wird in dieser Hypostase zu einer selbständigen, eigentümlichen und eigenwilligen Kraft, die den Menschen in ihren Bann zieht... So merkwürdig und paradox es scheinen mag, so ist doch selbst die „abstrakteste" Symbolbildung von diesem Zwange zum unmittelbar Bildhaften, und damit von dem Zwange zur Verdinglichung nicht frei. Auch sie hat ständig

[12] „Whereas the Husserlian epoché was a reduction *to* consciousness, the Freudian epoché is seen as a reduction *of* consciousness; thus we speak of it as an epoché in reverse. This reversal is achieved only when we posit instinct (*Trieb*) as the fundamental concept *(Grundbegriff)*, with everything else being understood as a vicissitude *(Schicksal)* of instincts. I will attempt to make this substitution understandable by continuing to sift out the antiphenomenological characteristics of Freud's approach. The epoché in reverse implies that we stop taking the ‚object' as our guide, in the sense of the vis-à-vis of consciousness, and substitute for it the ‚aims' of the instincts; that we stop taking the ‚subject' as our pole of reference, in the sense of the one to whom or for whom ‚objects' appear. In short, we must abandon the subject-object problematic as being that of consciousness" (S. 121 f).

> gegen die Gefahr der Substantialisierung und Hypostasierung zu streiten; und in dem Augenblick, wo sie dieser Gefahr unterliegt, erfährt der Erkenntnisprozeß einen eigentümlichen Rückschlag.

Wir kommen nicht ohne unsere großen ausgedehnten Metaphern aus – die Sprache vom Unbewußten, das Bildgefüge von den inneren Hauptstrukturen, das Gebäude der von Freud selbst als „Prinzipien“ bezeichneten, wie Lust-Unlust-, Realitäts- und Konstanzprinzipien, das genetische Modell, das Modell der Energieäquivalenzen, wohl auch das Modell des Selbst. Doch suchen wir noch immer nach neuen, umfassenden, metaphorisch formulierten Modellen, deren „Spürkraft“, deren *heuristische* Stärke und *Fruchtbarkeit* sich den alten überlegen erweisen könnten, ohne daß diese damit beseitigt werden müßten – gerade wie auch in der Physik die meisten alten Metaphern und Modelle nicht ausgeschaltet werden, sondern in neue eingehen oder zu Randfiguren werden. Auch dort sind die Änderungen weniger revolutionär, als man unter Kuhns Einfluß geneigt sein könnte anzunehmen; er selbst spricht von „paradigm *shifts*“ (1970), also von Verschiebungen eher als von Umsturz.

Neue Metaphern werden aufgrund neuer Erfahrungen auftauchen: mit neuen Patientenklassen, die mit neuen Methodenvarianten studiert würden. Auch dabei sähe man keine absolute Diskontinuität, sondern eine ordentliche Ausdehnung und Modifizierung. Das hieße wohl in konkreter Weise eine weit systematischere, durchgreifende Erforschung der Abwehr und der möglichen Strukturdefizite von Süchtigen, Kriminellen, Psychotikern und wohl auch, am anderen Ende des Spektrums, von höchst schöpferischen Persönlichkeiten.

Die kühnste und von Freud oft unternommene Anwendung von Prinzipien liegt im Zusammenbringen großer Bereiche von Phänomenen aus der Mythologie, der Religion, der Literatur und der Philosophie innerhalb psychoanalytischer Modelle. Sie entspricht der Leistung des Energieprinzips in der Physik, das weit verstreute Gebiete in einer Zusammenschau zu vereinigen vermochte: Elektrizität, Magnetismus, Thermodynamik und Optik (Faraday, Maxwell, Hertz).

Persönlich halte ich, wie ich in diesem Buch und in *Flucht vor dem Gewissen* ausgeführt habe, das *Modell des strukturellen Konflikts* bei weitem für das brauchbarste, ungeachtet (ja wohl gerade wegen) dessen klar anthropomorpher Züge. Dieses Kernmodell von Wünschen, vielfältigen Ängsten und anderen Affekten und Affektsignalen und ständig spielenden und gleitenden Abwehrformen besitzt sehr wichtige topographische, genetische und dynamische Facetten. Die anderen beiden Modelle, das adaptive und das ökonomische, betrachte ich als eher untergeordnet, als Hilfsstrukturen, solange es um das im „Eidos“ beschriebene Verfahren geht.

Überdies ist es wohl klar geworden, daß in meinem Bewußtsein sehr oft auch *poetische* und *philosophische* Modelle auftauchen, die sich auf die eigentümliche Paradoxie und Dialektik des seelischen Lebens beziehen. So sind es gerade die „neuen“ metaphorischen Systeme des Tragischen, des Zwergs und seines Ressentiments und der Doppelheit der Lüge, die das Fundament dieses Bandes bilden.

Dazu kommt, daß – praktisch wie symbolisch – in der Polarität und Komplementarität der beiden Modelle therapeutischer Wirksamkeit – der *Konfliktlösung* und der *Erziehung und Suggestion* – eine grundlegende und machtvolle Brauchbarkeit liegt.

Doch welche Verschiebung im „Eidos" wird notwendig, wenn wir von der Zentralität des Konflikts zu der von Entwicklung und Defizit übergehen? Es mag eine Sache der Wertentscheidung sein, ob man diesen Wechsel („shift") als einen, der sich innerhalb der Psychoanalyse als Wissenschaft abspielt, ansehen oder ihn vielmehr in einem wichtigen, anderen, doch komplementären Teil der Psychologie sehen möchte. Methodologisch und historisch scheinen beide so verschieden zu sein, daß für sie eher gelten möge: *Contraria sunt complementa.*

4) Das Äquivalent zur *regulativen Idee der Kausalität* ist die unbeweisbare und doch völlig unersetzliche Annahme des *psychischen Determinismus.* Dieses Postulat verlangt eine Ordnung („orderliness") gemäß einer tieferen Gesetzlichkeit für unser Innenleben, damit es uns überhaupt möglich ist, dieses zu erfahren. Jede Erfahrung beruht auf der Erwartung solcher Gesetzlichkeit; das gilt ebenso für die Außenwelt. Es handelt sich um das „Prinzip universeller Verursachung" („principle of universal causation"): „Every event has its cause(s)" (Solomon, S. 357). Wir befinden uns hier auf dem sicheren Boden Kantscher Kritik.

12.6 Die dritte Antinomie

Doch öffnet sich hier erneut ein tiefes Paradox, und zwar eines, das schon in der *Mischna* ausgesprochen wurde (in den *Pirqei Avot*, den „Sprüchen der Väter", 3/19), wo Rabbi Aqiva sagt: „Alles ist voraus bestimmt und doch gibt es die Wahlfreiheit" (hakól zafúi wehareshút netuná הַכֹּל צָפוּי וְהָרְשׁוּת נתוּנָה).

Wie dieser *methodisch notwendige Determinismus* mit *Willensfreiheit und Verantwortlichkeit* zu vereinbaren sei, ist eine schwierige, doch zentrale philosophische Frage. Das Reich der inneren Natur und das der Ethik sind scharf getrennt: die Determinierung folge ganz verschiedenen Kategorien im Seinsbereich und in dem Reiche des Sollens, heißt es in der von Cassirer (1936, 1957, S. 366 f.) vertretenen Kantschen Sicht.

Kant stellt die beiden Behauptungen als dritte Antinomie der reinen Vernunft („Dritter Widerstreit der transzendentalen Ideen"; 1781, 1787, S. 462) einander gegenüber:

> Thesis: Die Kausalität nach Gesetzen der Natur ist nicht die einzige, aus welcher die Erscheinungen der Welt insgesamt abgeleitet werden können. Es ist noch eine Kausalität durch Freiheit zur Erklärung derselben anzunehmen notwendig.
> Antithesis: Es ist keine Freiheit, sondern alles in der Welt geschieht lediglich nach Gesetzen der Natur.

Diese Behauptungen stehen nicht im Konflikt miteinander, da sie ganz verschiedenen Dimensionen der Betrachtungsweise angehören: der Standpunkt ist radikal verschieden:

> Die zwei Aufgaben also: wie reine Vernunft *einerseits* a priori Objekte *erkennen*, und wie sie *andererseits* unmittelbar ein Bestimmungsgrund des Willens d.i. der Kausalität des vernünftigen Wesens in Ansehung der Wirklichkeit der Objekte (bloß durch den Gedanken der Allgemeingültigkeit ihrer eigenen Maximen als Gesetzes) sein könne, sind sehr verschieden (Kant 1788, 1.1.1, S. 54).

Diese Verschiedenheit des *theoretischen* Standpunkts vom *praktischen* wird in folgender Weise bestimmt:

> Um nun den scheinbaren Widerspruch zwischen Naturmechanismus und Freiheit in ein und derselben Handlung... aufzuheben, muß man sich ... erinnern,... daß die Naturnotwendigkeit, welche mit der Freiheit des Subjekts nicht zusammen bestehen kann, bloß den Bestimmungen desjenigen Dinges anhängt, das unter Zeitbedingungen steht, folglich nur den des handelnden Subjekts als Erscheinung... Aber ebendasselbe Subjekt, das sich anderseits auch seiner, als Dinges an sich selbst, bewußt ist, betrachtet auch sein Dasein, *so fern es nicht unter Zeitbedingungen steht*, sich selbst aber nur als bestimmbar durch Gesetze, die es sich durch Vernunft selbst gibt, und in diesem seinem Dasein ist ihm nichts vorhergehend vor seiner Willensbestimmung, sondern jede Handlung... ist im Bewußtsein seiner intelligiblen Existenz nichts als Folge, niemals aber als Bestimmungsgrund seiner Kausalität, als Noumens, anzusehen (Kant 1788, 1.1.3, S. 118).

Er spricht von der mechanisch-notwendigen Kausalität des *Erkennens* gegenüber der sinnlich unbedingten Kausalität des *handelnden* Wesens. Das Bestimmtsein des ersteren steht der Freiheit des letzteren gegenüber.

Doch denke ich, wir können eine solche Schlußfolgerung nicht ohne weiteres, nicht ohne eine vertiefte philosophische Erprobung annehmen.

Freiheit ist zunächst die Willensentscheidung, wenn betrachtet nach den Kriterien innerseelischer Wirklichkeit, also von einem subjektiven Standort aus gesehen. Determinismus ist Willensentscheidung, wenn sie von außen her, objektiv, um- und mitweltbezogen betrachtet wird. *Untersucht* man die Entscheidung, ist sie völlig vom Quantitativen der Wünsche, Befürchtungen, Wertungen und Abwehrvorgänge bestimmt – also „unfrei", im Sinne von „bestimmt". *Erlebt* man dieselbe Entscheidung als etwas Eigenes, Innerliches, wird sie zwar von den inneren Kräften bestimmt und doch kann uns niemand des *Gefühls* von mehr oder weniger Freiheit dabei berauben. Dieses Erleben der Freiheit ist nie absolut, sondern stets ein Mehr-oder-Weniger. Ist nämlich gerade diese subjektive Freiheit massiv vermindert, empfinden wir also eine ungebührliche Einengung unseres bewußten Willens, können wir darauf schließen, daß wir entweder durch unlösbare Konflikte gefangen oder durch biologische Vorgänge behindert sind. Das Biologische und das Seelische sind verschiedene Ebenen, mit ihrer je eigenen Gesetzlichkeit; doch sind sie nicht unabhängig voneinander. Die Beeinflussungen (Kausalvorgänge) laufen in beiden Richtungen.

Die Konflikte mögen bewußt und mitweltlich bestimmt sein; doch meistens handelt es sich bei den wirklich schweren Einengungen der Willensfreiheit um Konflikte, die innerpsychisch und weitgehend unbewußt geworden sind.

Mag es so sein, daß das, was wir als Freiheit und Zurechnungsfähigkeit („accountability") bezeichnen, nichts anderes als die *(subjektive) Empfindung* einer völlig anderen gesetzlichen Ordnung, der autonomen Willensstruktur (Cassirer 1936, 1957, S. 368)[13] ist, und zwar eben dessen, was wir als das geordnete, nämlich das *rationale Funktionieren des Ich* anzusehen gewohnt sind?

Betont Aristoteles, das Merkmal der Freiwilligkeit liege im Ursprung der Handlung im eigenen Selbst, der Person als Gesamtheit (*Nikomachische Ethik*)[14], so verändert der Psychoanalytiker den Standpunkt: es ist nun vielmehr die Frage, inwieweit die Determinanten innerhalb oder außerhalb des bewußt abwägenden, beobachtenden und entscheidenden Ich zu finden sind. Die Persönlichkeit selbst wird unterteilt; sie wird als nichteinheitlich erlebt. Erst aus dem Konfliktbegriff erwächst die Unterscheidung von Freiheit und Zwang psychischer Akte. Wir nennen frei das, wo das bewußte Ich die letztlich bestimmende Instanz („determining agent") ist. Das heißt freilich nicht, daß dieses nicht selbst auch wieder kausal bestimmt wäre. Freiheit und kausale Bestimmtheit sind Merkmale (Eigenschaften) von Vorgängen, die auf zwei verschiedenen Ebenen ablaufen: der Unterschied bezieht sich auf die Faktoren, die von „außen" her, namentlich auch von „außerhalb des Ich" her dieses zu zwingen suchen, gegenüber der Funktionsfähigkeit des Ich. Dieses Urteil selbst ist daher sehr wohl durch die Antezedentien sowohl innerhalb wie außerhalb des Ich bestimmt und in dem Sinn nicht „frei".

Freiheit und Zwang sind damit relative Begriffe: Je mehr die Fähigkeit des Ich beibehalten ist, die verschiedenen Motive, die es von außen her zu bestimmen versuchen, abzuwägen und zu beurteilen, desto mehr besitzen wir das subjektive Gefühl der Freiheit. Je weniger dies der Fall ist, je mehr also diese Motive das Ich zu überwältigen scheinen, desto mehr empfinden wir das Gefühl der Zwanghaftigkeit, also dessen, was ich in Kap. 2 als ausschlaggebendes Merkmal der Psychopathologie hingestellt habe. Es handelt sich gemeinhin auch hier um ein Mehr oder Weniger, nicht um ein Entweder-oder. Die Frage dieser Relativität stellt sich in der Behandlung jede Neurose.

Wenn der eigene Beitrag des Ich gegen Null absinkt, sprechen wir über innere Zwanghaftigkeit („compulsiveness") und sind überzeugt von der Unfreiheit der betreffenden Handlungsweise. Diese Unfreiheit ist damit etwas ganz anderes als die Bestimmtheit durch Ursachen. Der Erfolg der Behandlung bemißt sich durch eine Verschiebung des Gleichgewichts vom Vorwiegen des Zwanghaften in Erleben und Handeln zum Vorwiegen des Gefühls der Freiheit. Für die Zwanghaftigkeit drängt sich das Bild auf, daß der Patient durch tiefen Sand vorwärts zu gehen sucht und, ungeachtet dessen, wie sehr er sich darum bemüht, vorwärts zu schreiten, dabei kaum von Fleck kommt.

---

13 „Auch in ihm [dem Freiheitsproblem] handelt es sich um ein Problem *sui generis;* um eine Frage, die nicht durch einfache Rückführung auf die Naturgesetze gelöst werden kann, sondern die sich auf einen eigenen und selbständigen *Typus* von Gesetzlichkeit, auf die ‚autonome' Gesetzlichkeit des Willens gründen muß" (Cassirer 1936, 1957, S. 368).

14 Ähnlich heißt es bei David Hume: „By liberty, then, we can only mean *a power of acting or not acting according to the determinations of the will,*" und bei John Stuart Mill: „Freedom means nothing other than acting in accordance with one's own character, desires, and wishes" (beide zit. nach Solomon, S. 371 f.).

Das soll freilich nicht heißen, daß wir nun mit dem Ich einen Homunculus etablieren und damit das Problem einfach von der Person als ganzen auf das Ich verschieben. Vielmehr ist es die Feststellung, daß es sich bei *Zwang* und *Bestimmtheit* um zwei grundverschiedene Probleme handelt, und zwar um Probleme auf verschiedenen Ebenen der Untersuchung. Der Gegensatz von *Zwang und Freiheit* spielt sich ganz im Inneren, und zwar auf dem Feld des inneren Konflikts ab. Er wird primär in der Subjektivität zu entscheiden sein.

Der Gegensatz von *Bestimmtheit und Indeterminismus* handelt demgegenüber im Bereich des „angebbaren seelischen Zusammenhangs“ (Freud 11, S. 254), wie er sich auf einer höheren Abstraktionsebene, nämlich bei der Untersuchung im Lichte jener regulativen Idee der Kausalität ergibt. Er wird primär objektiv, nämlich wissenschaftlich entscheidbar:

> Die Behauptung, daß sie [die Symptomhandlung] nicht zufällig ist, sondern ein Motiv hat, einen Sinn und eine Absicht, daß sie in einen angebbaren seelischen Zusammenhang gehört, und daß sie als ein kleines Anzeichen von einem wichtigeren seelischen Vorgang Kunde gibt (ebd).

Dieser seelische Zusammenhang, die absolute Determiniertheit innerer Vorgänge steht nicht im Gegensatz zur Freiheit, sondern zur Unordnung und Regellosigkeit, also zur Anarchie und der prinzipiellen Unmöglichkeit, unser Innenleben zu verstehen. Es ist vielleicht das Hauptanliegen der Psychoanalyse, gerade dieser Annahme der „Randomness“, der „Zufälligkeit“ entgegenzuwirken.

Rangell (1986, 1987) betont deshalb zu Recht, daß die automatische Verknüpfung von Willen und Freiheit als Willensfreiheit aufzulösen sei. Man könne sehr wohl von Wahl, Entscheidung und Willen sprechen, ohne dabei auf eine metaphysische Freiheit zurückgreifen zu müssen.

Das Gefühl der Freiheit ist subjektiv, die Geltung des Willens objektiv. Dieses rationale Funktionieren besteht aber im ausgleichenden *Entscheiden zwischen den widersprüchlichen Forderungen des Gewissens (Über-Ich), der Triebwünsche und Gefühle (Es) und der äußeren Wirklichkeit.* Dieser subjektive Sinn der Freiheit kann, wie alle anderen subjektiven Erfahrungen, in Symbolen kodifiziert und dergestalt objektiviert werden. Er wäre aber auf die niedrigeren Abstraktionsebenen beschränkt und daher der 4. Ebene, eben der regulativen Idee des Determinismus, untergeordnet und würde von ihm transzendiert.

Freiheit und Determinismus schließen einander demnach nicht aus. Sie sind selbst (in einem oberflächlichen Sinn) „komplementär“ und bestimmt durch die „Methode“, den Zugang, den man gegebenenfalls gewählt hat – genauer: durch die Ebene der Abstraktion.

Die großen philosophischen Fragen stellen sich überhaupt als Paradoxien und damit als unlösbare Konflikte heraus. Die Vernunftantinomien können nie eindeutig und endgültig beantwortet werden. Die Antwort hängt vom Zusammenhang ab. Die Frage bestimmt die Antwort. Die Antwort ist relativ.

In der Behandlung ergibt es sich, daß die tiefen Konflikte nicht wirklich völlig gelöst werden, auch wenn sie mehr oder weniger bewußt geworden sind. Stattdessen kommt es mehr und mehr zur *symbolischen Synthese der Gegensätze als Ziel* der Therapie. Das Ziel ist die Annahme der Komplementarität der Gegensätze, nicht wirklich deren Aufhebung. Leben ist undenkbar ohne Konflikt. Erstrebt ist deren optimale Spannung; zu wenig und zu viel ist unerträglich

Wäre es indessen hier nicht angemessen zu fragen: Ist dies nicht die Stelle, wo die moderne Philosophie ein Postulat erreicht hat, das noch bedeutsamer ist als das allgemeine der A-priori-Annahme der Ordnung, der inneren und äußeren Kausalität? Ist es nicht eine entscheidende Spezifizierung der letzteren?

Es ist die *Idee der Komplementarität* als des philosophischen Gegenstückes zur Konflikthaftigkeit und damit die wesentliche Doppelheit der psychischen Ursächlichkeit.

12.7 Komplementarität und Konflikt als die das Seelische bestimmende Form der Kausalität

Qū zé quán	曲則全	(Nachgeben ist Ganzwerden
Wǎng zé zhí	枉則直	Krummsein ist Geradewerden.
Wā zé yíng	窪則盈	Leere wird zur Fülle.
Bì zé xīn	敝則新	Zerschlissen wird neu.
Shǎo zé dé	少則得	Dürftigkeit wird Erhalten.
Dūo zé huò	多則惑	Vielheit ist Täuschung.
Shì yǐ shèng rén bào yī	是以聖人抱一	So umfaßt der Weise das Eine.
Wéi tiān xià shì.[15]	爲天下式	Er wird zum Vorbild der Welt.)
		(Lao Tse, *Tao Te King*, 22)

Ist diese höchste Methode des „Denkens über das Denken" selbst nur eine viel gründlichere und wirkungsvollere Reformulierung dessen, was seit Platon als Dialektik bekannt gewesen ist? In der Tat, eine Reformulierung, die eine *technische Regel* für jede wissenschaftliche Methode, nämlich das Hin und Her von Synthese und Analyse, von der Kausalität der Frage „Woher?" und der Kausalität der Frage „Wozu?", *in eine führende regulative Idee des Erkennens überhaupt verwandelte*? Ist es nicht mehr als eine Neufassung der Hegelschen Philosophie?

Oder ist es im Gegenteil so, daß wir hier den Vorhof einer neuen, wahrhaft modernen Philosophie mit größter Kühnheit betreten? Mag es uns dabei nicht anmuten, daß es sich mit dieser Idee – der Idee nämlich, daß man gewisse grundle-

[15] Die Übersetzung von Richard Wilhelm lautet:
Was halb ist, wird ganz werden.
Was krumm ist, wird gerade werden.
Was leer ist, wird voll werden.
Was alt ist, wird neu werden.
Wer wenig hat, wird bekommen.
Wer viel hat, wird benommen.
Also auch der Berufene:
Er umfaßt das Eine
und ist der Welt Vorbild.

gende Widersprüche als unversöhnbar stehenlassen müsse – so verhalten könnte, wie es Mephistopheles meinte: „Das Beste, was du wissen kannst,/Darfst du den Buben doch nicht sagen"?

Damit denke ich allerdings gar nicht an den heute so häufigen und oft geistlosen Eklektizismus, der mehr einem Herausklauben von Rosinen aus einem Kuchen als einer ernsthaften Bemühung um Wissen und Können gleicht. Statt dessen bezieht sich das Komplementärdenken auf *die disziplinierte, gründliche Anwendung eines Denkmodells*, eines Systems der Erklärung und der therapeutischen Intervention, *bis ganz zu dessen Grenze hin* und erst, wo es ganz versagt, auf die ebenso radikale, ebenso systematische Anwendung seines Gegenmodells. Ich erwähnte dies in bezug auf das Konflikt- und Defizitmodell: das eine wie das andere Modell kann alles erklären, doch nicht alles gleich gut. Jedes hat seinen Brennpunkt und seine Peripherie.

So bedarf denn die moderne regulative Idee der Komplementarität der Kombination mit der Aristotelischen Grundunterscheidung von *„Wesen"* („essentia", ti esti, to ti en einai, auch als ousia) und *„Zufälligem"* („accidentia", symbebekota), was ich hier *die Polarität von Fokus und Peripherie* genannt habe. Die Beziehung zwischen dem hier entwickelten „Eidos" und dem Fokus besteht darin, daß, je weiter vom Brennpunkt weg man blickt, desto verzerrter die Sicht dessen wird, was zentral und wesentlich ist. So überbeansprucht die Konflikttheorie die Untersuchung der Entwicklung, und die Überbetonung genetischer Betrachtungen stört die regelrechte Auflösung inneren Konflikts. Wiederum ist es nicht eine Sache von „richtig oder falsch", sondern davon, was am besten geeignet ist, ein gegebenes Ziel (der Erkenntnis oder der Einwirkung) zu erreichen.

Eine ähnliche Komplementarität besteht m.E. zwischen transaktionellen Untersuchungen und solchen der intrapsychischen Vorgänge: Vermutlich ist das ganze „Eidos" in der Sozialpsychologie tief verschieden von dem hier entworfenen. Doch ist es besonders der Fokus, der ein anderer ist: der Blick richtet sich auf Handlung und Kommunikation, auf Fragen der Macht, der Machtkonflikte und der Machtverteilung- und -ausgleichung. Während das psychoanalytische „Eidos" manches in vielfältigen mitmenschlichen Beziehungen (und damit in der Sozialpsychologie überhaupt) zu beleuchten vermag, so kann man doch nicht einfach das eine auf das andere reduzieren. Wie ich früher ausgeführt habe, kann das psychoanalytische Eidos auf die Soziologie, die Politik usw. angewendet werden, wie man daher auch von einer psychoanalytischen Erfassung solcher Erscheinungen und ganzer Bereiche sprechen kann. Doch heißt das nicht, daß man dabei optimal vorgeht und eben damit das „Wesen" des betreffenden Gebietes trifft. Während Abwehr gegen die Außenwelt und Übertragung eine interaktionelle Seite besitzen, so sind sie doch im „Eidos" der Psychoanalyse verankert, und dieses ist im wesentlichen intrapsychisch.

Wieder und wieder muß man betonen, daß die Bewegung von einem Zentralfokus und einem „Eidos" oder Paradigma weg und auf ein anderes hin, das gleich solid, doch dazu komplementär ist, einzig *von den zu untersuchenden Problemen diktiert* und mit aller Strenge („stringency") durchgeführt werden soll; es darf nicht als ein Verrat der Relevanz abgetan werden. Wie Lawrence Friedman mit einem Zitat von Luria bemerkt: „... der Ursprung des *Denkens* findet sich immer in der

Gegenwart einer *Aufgabe*" („the origin of *thought* is always the presence of a *task*"; persönliche Mitteilung).

Durch die Geschichte der Psychoanalyse hindurch ist es ihr Fluch gewesen, beharrlich auf Dichotomien und Ausschließlichkeiten zu pochen. Immer wieder werden unselige Entweder-oder-Forderungen aufgestellt, die der tiefen, die Seele beherrschende und darum die Psychologie bestimmende Komplementarität nicht Rechnung tragen. Ich sagte es schon: Polarisierung ist Komplementarität, die als Feindschaft mißverstanden wird.

Wie wir gesehen haben, spiegelt sich diese regulative Idee der Komplementarität in der durchgehenden Paradoxie aller Züge des „Eidos". Sie wurde zwar weitgehend aus der klassischen Metapsychologie ausgelassen, doch dürfte sie sehr wohl eine wesentliche neue Entwicklung darstellen, wobei, durch die Erfahrung belehrt, der Denker die Spitze der theoretischen Pyramide ersetzen wird, in derselben Weise etwa, wie er die Teleologie in Gestalt der Ich-Psychologie wieder einzuführen hatte.

Das führt aber wieder zu dem Punkt zurück, der sich allmählich als der Zentralgedanke dieses ganzen Werkes herausentwickelt hat: daß *Konflikt* zwar, wie beschrieben, ein Hauptzug des „Eidos" und damit etwas ist, das ich als „Gesetz" bezeichnet habe; doch scheint es mir, daß er viel mehr ist als das. Er ist selbst, zusammen mit der Komplementarität und der inneren Gesetzlichkeit (dem psychischen Determinismus), *die dritte regulative Idee* für das Verständnis des Seelischen in der Psychoanalyse. Er ist mehr als eine Erfahrungstatsache – er ist eine *methodische und logische Voraussetzung für die ganze psychoanalytische Theorie und Praxis.* Damit ist es, wie ich schon mehrfach erwähnt habe, nicht so, daß es dabei nur um Triebkonflikte ginge. *Konflikt und Komplementarität sind nicht allein psychologische Bezugspunkte; sie bilden vielmehr ein Begriffspaar, das ein philosophisches Fundament ausmacht. Auf diesem Fundament kann schließlich eine neue Philosophie aufgebaut werden.*

In welchem Maße aber gerade die Metapher mit der ihr eigenen inneren Gegensätzlichkeit von Bedeutung und dynamischer Spannung dazu geeignet ist, Konflikthaftigkeit auszudrücken, soll abschließend nochmals betont werden.

12.8 Sui iuris

So zeigt es sich denn am geratensten, die Psychoanalyse als einen gesonderten Bereich der symbolischen Erfassung und Gestaltung der Wirklichkeit aufzufassen, der weitgehend unabhängig, von eigenem Wesen und besonderer Gesetzlichkeit ist – sui generis et sui iuris. Ziemt sich das nicht für die Wissenschaft von der Seele?

Naturwissenschaft ruht nicht, bis sie alles in *mathematische Relationen* aufgelöst hat. Die Geisteswissenschaften führen ihre Phänomene auf *formal-stilistische Relationen* zurück. Mag es sein, daß die Psychoanalyse alles auf *Relationen von Polaritäten* zu bringen hat? Ist ihr Idiom das der *Metaphern für Paradoxe, für vielfache Refraktionen von Konflikten und Polaritäten?* Lebt sie schließlich im Geiste der sokratischen Ironie, immer wieder, wie das Schöpferische überhaupt, jedes Wissen neu in Frage stellend, beunruhigend, stetsfort unterwegs?

„Rastlosigkeit und Würde – das ist das Siegel des Geistes.“

Und zeigt sie daher nicht mehr als alle anderen symbolischen Aktivitäten des Menschen *die alles beherrschende janusartige Regel von Konflikt und Komplementarität?*

12.9 Zentrum und Peripherie des Erkennens und Bewertens

> „Muß ich nicht irgendwo anfangen zu trauen? D.h. ich muß irgendwo mit dem Nicht-zweifeln anfangen; und das ist nicht, so zu sagen, vorschnell aber verzeihlich, sondern es gehört zum Urteilen.“
> (Wittgenstein 1969/1972, S. 22)

Aus den in diesem Buch durchgeführten Erwägungen ergibt sich eine eigentümliche Vordergrund-Hintergrund-Dynamik, recht eigentlich eine Konflikttheorie der philosophischen Anthropologie selbst.

Man kann nämlich den Menschen vom Gesichtspunkt des Erkennens, des Wissens aus zu verstehen versuchen. Dabei rückt der Punkt der *absoluten Gewißheit der Erkenntnis* ins Zentrum. Alles, was bezweifelt werden kann, wird zunächst einmal ausgeschieden. Man fahndet nach dem, was a priori, vor jeder einzelnen Erfahrung, die dem erkenntniskritischen Zweifel unterworfen werden könnte, schon da ist – sei es das eigene denkende Ich (wie bei Descartes), und damit auch insbesondere die Formen der Anschauung und des Denkens, die erst die Möglichkeiten jeglicher Erfahrung darstellen (wie es Kant in der *Kritik der reinen Vernunft* unternommen hat), sei es das Bewußtsein des Transzendenten, Göttlichen, das allem Individualbewußtsein vorausgeht (z.B. bei Anselm von Canterbury, überhaupt in der christlichen Denktradition; in unserer Zeit etwa bei Rosenzweig, Buber und Jaspers), sei es die Existenz des Kosmos (Platon, Aristoteles, in unserer Zeit Löwith). Die ganze Philosophie konzentriert sich dann auf die Frage, was a priori sicher und unbezweifelbar sei, also eine absolute Wahrheit darstelle, von der aus man das Ganze der Wirklichkeit auf sicherer Grundlage erfassen könnte. Da es aber wohl nichts Gewisseres als die Zahl gibt, endet diese Erfassung des Menschen bei der *Absolutsetzung des Zählbaren*, mithin des *Quantitativen.*

Oder man versucht, das Wesen des Menschen von *Trieb und Willen* aus zu ergründen – wie es Schopenhauer und Nietzsche auf die eindrücklichste Weise getan haben. Das buddhistische Menschenverständnis scheint mir ebenfalls darauf zu beruhen, daß der Wunsch als das Böse angeschaut wird, das der Existenz zugrunde liegt und beseitigt werden muß, um die Auslöschung des menschlichen Individualdaseins zu bewirken. Das Nichtdasein wird als das Gute aufgefaßt. Die Grundlage der Freudschen Metapsychologie, also des psychoanalytischen Menschenverständnisses, wie es meistens explizit übernommen wurde, ist ebenso triebzentriert. Die Grundlage bildet eine *Lust-Unlust-Ökonomie*, wie sie von Platon in *Philebos* und *Protagoras* vorweggenommen wurde, eine Art der Pseudomathematisierung, die eine erklärende Brücke zu den quantifizierenden Naturwissenschaften schlagen sollte.

Eine dritte prinzipielle Entwurfsart des Menschenverständnisses geht von der *inneren und äußeren Autorität* aus, die miteinander weitestgehend identifiziert werden. Ideale und Gewissen, also innere Autorität, werden mit dem Respekt vor der äußeren Autorität gleichgestellt und solche Unterwerfung unter die als ungeschieden erlebte, also *als unbedingt postulierte Autorität*, zum Wesen des Menschseins überhaupt deklariert. Alles andere – Wunsch, Triebhaftigkeit und individueller Wille, Erkenntnis, Wissen und individuelles (Selbst)bewußtsein – wird als nebensächlich angesehen und dementsprechend mit Geringschätzung, ja mit Mißachtung behandelt. Zentral wird die Unterwerfung mit allen Gefühlen und Wünschen, mit einer *absoluten Aufrichtigkeit*, unter das durch die Autorität repräsentierte *Gemeinwohl*. Diese Autorität mag sich als *unbezweifelbare Pflicht des einzelnen gegenüber einem als unbedingt erlebten Gesetz* bekunden. Wir sahen diese Art der Zentral- und Absolutsetzung mit besonderer Stärke in der chinesischen, spezifisch der neokonfuzianischen Tradition ausgeprägt; doch auch die jüdische Lebensführung und Denktradition nähert sich dieser Art des anthropologischen Modells.

Eine vierte Weise, das Wesen des Menschen zu ergründen, zentriert in der *Sünde* und deren Aufhebung – der *Erlösung* von der als unbedingt erlebten Verworfenheit und Schlechtigkeit der menschlichen Natur. Ursünde und Uropfer, also absolute *A-priori-Verurteilung* und vom Individualwillen unabhängige Begnadigung – also durch göttliche *Gnade* – stellen das zentrale Menschenverständnis im Christentum dar. Wille, Wahl, Trieb, Wissen und Autorität rücken mehr zur Peripherie oder werden schließlich überhaupt geleugnet.

Eine fünfte Weise ist die von Cassirer vertretene: dabei wird die Schaffung der *Bedeutung*, das *Suchen nach dem Sinn* zum unbezweifelten Ausgangspunkt gemacht. Das *Symbol* diene als Brücke, um vom Sinnlichen zum Sinn zu gelangen. Die ganze Wirklichkeit wird demnach aufgrund der Aktivität der Symbolisierung begriffen.

Im Gegensatz zur Absolutsetzung der Trieb- und Lustökonomie, also zur expliziten Metapsychologie, glaube ich, daß das Eigentlichste der Psychoanalyse: ihre große philosophische Würdigkeit, anderswo liegt – in der *Zentralität des inneren Konflikts als dem archimedischen Punkt für das Menschenverständnis*, einer (6. Form der) Zentralität freilich, die keineswegs die anderen Entwürfe außer Kraft zu setzen versucht, aber im Grunde besagt: *Neben* jene anderen Weisen, den Menschen und ganz besonders sein Innenleben und dessen Pathologie zu verstehen, lohnt es sich vielleicht, einmal nicht vom unbezweifelbaren Wissen oder von Gewissen, Werten und Autorität oder von Trieb und Lust oder von der Sünde oder eben vom Symbolischen auszugehen, sondern vom inneren Konflikt – dem Konflikt *zwischen* Lust und Realität, zwischen entgegengesetzten Werten und Wünschen, zwischen Trieb und Wissen, zwischen äußerer Autorität und Loyalität zu sich selbst, namentlich also vom derart verinnerlichten Konflikt, daß alles, was äußere Wirklichkeit und Autorität war, nun auch in unserem Inneren seine Kraft ausübt.

Innerhalb dieses Konfliktverständnisses gibt es schließlich zwei Möglichkeiten: Entweder werden die die Konflikte ausmachenden, einander entgegenstehenden Faktoren rein quantitativ bewertet. Diese sollen die Willensentscheidung völlig bestimmen. Dann bleibt kein Raum mehr für den Begriff des freien Willens.

Oder es wird die zentrale Bedeutung des Menschseins überhaupt in der Freiheit des Willens gesehen, einer Freiheit, die über alle inneren und äußeren Dilemmata triumphiert. Die (unter dem ersten Punkt angeführte) Unbezweifelbarkeit des sich selbst erkennenden Ich wird auf die Unbezweifelbarkeit des autonom entscheidenden, sittlichen Ich ausgedehnt (Kant). Doch führt die dabei scheinbar gelöste Frage der Bedingtheit nur wieder in die Konflikthaftigkeit zurück. Keine Antwort ist endgültig, die Antinomie bleibt unaufhebbar, solange man die gegensätzlichen Ebenen außer Acht läßt.

„Ich habe ein Weltbild. Ist es wahr oder falsch? Es ist vor allem das Substrat alles meines Forschens und Behauptens. Die Sätze, die es beschreiben, unterliegen nicht alle gleichermaßen der Prüfung... Die Schwierigkeit ist, die Grundlosigkeit unseres Glaubens einzusehen" (Wittgenstein 1969/1972, S. 23 f.)

Je nachdem, wo man den unbedingten, den absoluten Mittel- oder Ausgangspunkt des Menschenverständnisses wählt, wandelt sich die Struktur der Wahrheit, ja das Kriterium dafür, was als wahr angenommen wird. *Die Wahrheit hängt also vom Zusammenhang ab. Die Perspektive bestimmt das Verständnis von Ursache und Wirkung und diktiert, wo man innehält mit der Frage nach dem Ursprung.*

Die Einseitigkeit des Wahrheitsbegriffes führt jedoch stets zu einer Schiefheit im Verhältnis zur menschlichen Wirklichkeit.

12.10 Die Demütigung des Einzelnen

Einen solchen absoluten Punkt für das Verständnis des Seins zu wählen, ist unvermeidlich. Doch Verstehen heißt Bewerten; Wahrheit und Wert sind nicht scharf getrennt. Auch das ernsteste Bemühen, objektiv zu werden, kann der Verlockung nie ganz widerstehen, Werturteile mit einfließen zu lassen. Dabei ist es das Wichtige für den psychologischen Forscher von Kulturen, diese Bewertung mit zu verstehen, sich ihrer bewußt zu werden. Je umfassender und durchgreifender man aber alles von diesem einen Gesichtspunkt, den man als unbedingt gewählt (oder gesetzt) hat, zu begreifen versucht, desto größer wird diese Versuchung, Selbst, Menschenwelt und Kosmos entsprechend zu bewerten. Das heißt aber, daß immer mehr oder minder große Anteile der Wirklichkeit verleugnet werden müssen. Je einseitiger also eine Bewertung, um so weiter und tiefer das Nicht-sehen-Können und Nicht-hören-Wollen.

Was ich eben ausgeführt habe, mag „von der Gedanken Blässe angekränkelt" erscheinen. So mag es eine Hilfe sein, kurz vor dem Abschluß noch einmal von Form zu Inhalt, vom Allgemeinen zum ganz Konkreten, Spezifischen umzuschwenken.

Eine nach dem Abbruch ihrer 25jährigen Ehe unter schweren Angstanfällen und depressiven Verstimmungen leidende Frau, selbst Kind einer Ehe, die einem endlosen und unentschiedenen Krieg glich, in dem der weit ältere Vater, ein sehr erfolgreicher Journalist und Unternehmer, sich vor den Frauen überhaupt „fürchtete", seine Gattin ständig herabsetzte und hinterging, während diese ihre tiefe Bitterkeit gegenüber allen Männern und ihre Verachtung jeder Schwäche gegenüber ihren Töchtern einimpfte, sagt in ihrer Analyse, spezifisch im Zusammenhang mit dem Thema des Ressentiments der Frauen in ihrer Familie: „Ich habe eine geflickte Identität. Sie ist wie mit groben Fäden ungenau zusammengenäht und fällt ganz leicht wieder auseinander. Spielt man mit verschiedenen Wahrheiten herum, bricht die Wirklichkeit entzwei. Es gibt mehr als eine Dimension für die Realität ... Alles in meiner Familie ist nur auf Erfolg ausgerichtet. Wie kann man liebenswert sein, wenn man sich immer im Wettstreit befindet? Die Vereinigten Staaten haben diesen Fetisch über den Wettkampf. Er ist einem anerzogen, dieser Trieb zum Erfolg (drive for success). Hier heißt es: Entweder bist du erfolgreich oder du bist nichts. Man vernachläßigt die anderen wichtigen Seiten der Persönlichkeit. Man geht durchs Leben wie eine gejagte Kugel, rasend rasch und hart und man schlägt gefährlich an ... Niemand nahm mich ernst. Ich wurde völlig verneint (totally negated). Es ist ein großer Luxus, den ich hier [in der Analyse] habe: denken zu dürfen, meine eigenen Metaphern haben zu können, die tieferen Wirklichkeiten zu entdecken." Mit der Inthronisation des Quantitativen als Alleinherrscher, eben gerade auch in Form des unerbittlichen („kapitalistischen") Wettstreites, wird das verloren, was wir bei Lagerkvist als den Wert der *trygghet* angetroffen haben: das Vertrauenkönnen, die Geborgenheit – die Sicherheit, als Selbst anerkannt zu werden und doch Teil der Gemeinschaft bleiben zu dürfen. Damit nimmt aber dann ein nagendes, zorniges Ressentiment überhand: „Sein Blut klebt an meinen Händen", sagt die Patientin über ihren nun von ihr geschiedenen Gatten, „und ich hasse das Gefühl, ihn entmannt zu haben." Sie meint ihr giftiges Ressentiment ihm gegenüber, dem Erbgut ihrer Mutter (247. Stunde).

Aus einer anderen Welt: „Es schien, daß ganz Peking [während der ‚Kulturrevolution'] von einer Art versteckter Krankheit infiziert war, die die Stadt schwächte und sie allmählich von innen her verfaulen ließ ... Die grundlegenden Beziehungen zwischen den Menschen waren verzerrt worden, hatten alle ihre Wärme eingebüßt, und Loyalität bedeutete nichts mehr ... Es schien, die Gesellschaft hatte keinen Platz mehr für Leute von Prinzip ... Ich hätte jenen Offizier und alle die ‚Revolutionäre' erschlagen können, die mir meine Träume in Fetzen zurück ins Gesicht geschleudert hatten ... Ich hatte zu leicht vergessen, daß ich vor langer Zeit und für immer zum Außenseiter gebrandmarkt worden war" (Liang Heng und Judith Shapiro, 1983, 1988, S. 235, 219).

„Die Kader glauben, was Mao seiner Nichte, Wang Hairong, gesagt hat: ‚Je mehr man lernt, um so dümmer wird man.' Sie sehen die Intellektuellen noch immer als das an, was uns Mao genannt hat, ‚die stinkenden Neunten'" – die neunten in einer Liste von „üblen Elementen" (Butterfield, S. 290). Das Individuelle wird angesichts einer allgemeinen stereotypen Kategorie, die auf Verurteilung und Haß beruht, völlig ausgelöscht.

Beim Einzelnen haben wir es allmählich gelernt, daß es unserem Verständnis ganz besonders hilft, unser Augenmerk auf die Über-Ich- und Abwehrseite zu richten. Vielleicht mag dasselbe für die Kulturwelt gelten: Was wird ausgelassen und vermieden, was wird befürchtet? Was wird absolut gesetzt?

Nehmen wir die eben skizzierte Vordergrund-Hintergrund-Dynamik des Menschenentwurfs – also eine Art Dynamik des anthropologischen Verstehens und Wertens – so können wir wenigstens auf eines hindeuten: Betont das Erkennen ganz das Allgemeine, wie es die abendländische Philosophie mit so viel Erfolg getan hat, wird die „reine Vernunft", gleichsam ein abstrahiertes, entpersönlichtes „Ich" oder „Selbst" des Denkens, Anschauens und Entscheidens, zum Ausgangspunkt des Erkennens gewählt, kommt es bald zur Herabsetzung und schließlich zur Außerachtlassung der weiten Lebensbereiche, die mit all den zahllosen individuellen Verschiedenheiten, dem Nicht-Einheitlichen, dem nicht mathematisch Zählbaren zu tun haben. Die Welt verliert ihre Qualität und wird auf das Quantifizierbare reduziert.

In einem soeben (Sommer 1988) erschienenen Essay beschreibt der Wissenschafts- und Erkenntnisphilosoph Stephen Toulmin, wie seit Descartes die „praktische Philosophie" ganz zugunsten der „theoriezentrierten Philosophie" vernachläßigt worden sei: „In vier Themengruppen und Gedankenbereichen waren sie [die Philosophen des 17. Jahrhunderts] besonders wenig interessiert: dem ‚Mündlichen', dem ‚Besonderen', dem ‚Lokalen' und dem ‚Zeitgemäßen'" (S. 338). An die Stelle der gesprochenen Auseinandersetzung in Dialog und Disputation trat die geschriebene Beweisführung in der Form von Ketten von Sätzen, deren formale Beziehung miteinander für ihren Wert bürgten: „Formal Logic was In, Rhetoric was Out" (S. 339). Die konkreten Probleme der ethischen Praxis wurden zugunsten zeitloser, universeller Prinzipien aufgegeben: „General Principles were In, Particular Cases were Out" (S. 340). Geschichte und Ethnographie treten bei Descartes zurück hinter der Würde der Geometrie. „Die Vernunft sucht stets nach abstrakten, allgemeinen Ideen und Prinzipien, die das Besondere zusammenhalten können." „Abstract Axioms were In, Concrete Diversity was Out" (ebd). Waren es zuvor die Aspekte der Zeitgebundenheit, die das Interesse der Philosophen fesselten – konkrete Fragen von Recht und Medizin, bei denen „time is of the essence" – so wandte sich dieses nun der permanenten zugrundeliegenden Struktur der Natur zu: „Fragen der praktischen Relevanz und Zeitgemäßheit wurden infolgedessen als gar nicht wirklich ‚philosophisch' beiseite geschoben. Nach den 1630er Jahren spielten Recht und Medizin nur noch am Rand eine Rolle in der Diskussion ... the Permanent is In, the Transitory is Out." So sei das Ganze der praktischen Philosophie ignoriert worden (S. 340 f.). Doch von diesem Extrem kehre das Pendel nun zurück, sei es doch so, daß gerade im Klinischen (wie im Recht, der ethischen Praxis überhaupt) die Kenntnis der Besonderheit, des Einzelnen, des Konkreten, dem Verständnis durch allgemeine Wissenschaftsbegriffe vorauseile und sicherer als diese sei[16]. „Wir befinden uns in der Mitte eines anderen Pendelschlags, zurück von einem platonischen theoriezentrierten Stil der Philosophie zur Wiederannahme von praktischeren, aristotelischen Interessen" (S. 349).[17]

Wird diese philosophische Haltung zur ausschließlichen Einstellung gegenüber dem Menschlichen, so wird, wie ich immer wieder betont habe, der Mensch in seinem Innersten entwürdigt und beschämt. Und die Scham führt zum Aufstand des Ressentiments. Wie wir aus der klinischen Erfahrung wissen, sucht es in regressiver Form, in mythischem Gewand, jene verloren gegangene Qualität: das absolut Gute, die Reinheit und die Lust stehen ebenso absoluter Bosheit, höllischem Schmutz und Abscheu entgegen. Die Affekte und Triebe sind selbst gespalten: in solche, die im Dienste eines archaischen Über-Ich stehen gegenüber solchen, die mit Liebe zum Anderen und höherer („selbstloserer") Ideale zu tun haben.

Es wäre wohl möglich, sich ähnliche Folgeerscheinungen auch bei den anderen dynamischen Entwürfen vorzustellen – z. B. wie die absolute Vorherrschaft im konfuzianischen System des Familienverbandes und des kollektiven Über-Ich als Ritual und Formalismus zum bitteren Aufstand dagegen führte, einem Aufstand, der doch eben die despotischsten Grundzüge beibehielt und noch verstärkte[18] –; doch wäre eine weit genauere Untersuchung dafür nötig, als es hier angemessen wäre.

In diesem Zusammenhang der abschließenden Gedanken sei aber das Bedeutsamste noch einmal aufgegriffen: Mit Fug und Recht kann unsere Zeit das *Jahrhundert des Ressentiments* genannt werden. Es ist ganz besonders das *Ressentiment gegen den Intellekt*, und zwar nicht allein gegen die Vernunft, sondern spezifisch auch gegen den Verstand und die höhere Intelligenz überhaupt. Wissenschaft, Technik, Kultur sind so hoch komplizierte Gebilde, an der immer nur eine kleine Minderzahl der Menschen mitschaffen – eine eigentliche „Aristokratie des Geistes".

Das Ressentiment neigt in extremem Maße zur Verallgemeinerung und Verschiebung, haben wir gesehen. Es wird sehr leicht „paranoid". Der Paranoide ist aber eben dadurch charakterisiert, daß er, wie wir das im Zusammenhang mit dem

16 „Knowledge of clinical particulars does not rest only on their being individual ‚instances' of established ‚laws', since it always outruns the scope of those laws . . . any belief that detailed clinical knowledge is a simple application of science misses the central points – that knowledge of particular cases is prior to, and more certain than, any understanding of general scientific concepts and theories" (S. 346).

17 „Understood in these terms, the 17th century transition by which modern philosophy and modern science were launched involved a pendulum swing away from limited, practical, Aristotelian concerns to a Platonist program for developing general theories and solutions. Conversely, when Wittgenstein and Rorty claim that the present position of philosophy is ‚the End of the Road' for the subject, they overdramatize the situation. Rather, we are in the middle of yet another pendulum swing back, from a Platonically oriented, theory-centered style of philosophy toward the re-acceptance of more practical, Aristotelian concerns" (S. 349).

18 „Was that any different . . . from the feudal notion that you were born to a certain place in a hierarchy and kept it all of your days?" (Liang Heng und Judith Shapiro, S. 261).

„Zwerg“ beobachten konnten, den inneren Konflikt überhaupt verleugnet und ihn wieder ganz in einen äußeren verwandelt. Er ist daher von allen Patienten der dem psychoanalytischen Bemühen am schroffsten entgegengesetzte. Es ist dabei nicht so sehr ein besonderer Konflikt, sondern die Konflikthaftigkeit an sich, die jener Pauschalverleugnung und Externalisierung unterliegt. Und doch läßt sich hinzufügen, daß es ganz besonders die Schamproblematik, die mit Scham verknüpften Konflikte sind, die der paranoiden Verarbeitung verfallen. Vielleicht können wir vom Klinischen nochmals extrapolieren:

Die drei gewaltigen paranoiden Katastrophen dieses Jahrhunderts, deren Orkan drei der hauptsächlichen kulturschaffenden Gebiete (Rußland, Europa, China) erfaßte und verwüstete, waren Aufstände des Ressentiments, und zwar, wie wir vermutet haben, eines Ressentiments, das im Grunde wohl nicht allein durch den *Triebverzicht*, wie es Freud angenommen hat, verursacht wurde[19], sondern ganz wesentlich auch aus der *Scham*, der Demütigung gespiesen wurde: „Ich verstehe es nicht mehr, ich komme nicht mehr mit. Ich bin zurückgeblieben und habe die Hoffnung aufgegeben, mir mein Recht auf geraden Wegen zu verschaffen. Mein Gerechtigkeits- und Ehrgefühl ist zutiefst verwundet worden.“ Es war der Aufstand des Zukurzgekommenen, dessen, der wähnte, daß andere einen ungerechten Vorsprung errungen hätten, ein Aufstand gegen die Kultur und gegen die hauptsächlichen Symbole dieser Kultur oder gegen ausgewählte Wertträger. Diese auf kollektiven Wahnsystemen gebauten politischen Bewegungen, die mit den Namen von Stalin, Hitler und Mao Ze Dong (nach 1956?) verknüpft sind, doch in ungeheurer Massenbegeisterung weit über die Grenzen einzelner Nationen hinausstürmen konnten, nährten sich von der klinisch-mythischen Trias von Absolutsetzung, Spaltung und Zwang. Ihre „Philosophie“ lebte in radikalen Dichotomien und Stereotypien. Ihre Praxis bediente sich der „Großen Lüge“ und der totalen Bezwingung des Einzelwillens. Ihr Ressentiment richtete sich gegen drei miteinander verbundene Werte und die diese Werte verkörpernden Eigenschaften und Persönlichkeiten: Schöpferischkeit, Intelligenz und die Macht der geistigen Wirkung. Damit war jenes Ressentiment der geschworene Feind der Individualität.

Hinter dem Ressentiment, dessen Macht auch heute immer wieder, in ungezählten Formen, spürbar und, wie fast jede Wahlkampagne bezeugt, wieder mobilisierbar ist[20], lauert eben die Urkraft der Scham – die Kränkung des eigenen Selbstge-

---

[19] „Ursprünglich ist ja der Triebverzicht die Folge der Angst vor der äußeren Autorität; man verzichtet auf Befriedigungen, um deren Liebe nicht zu verlieren.“ Doch wegen der Errichtung der inneren Autorität, des Gewissens, komme es nun zur Angst vor dem Über-Ich, der Gewissensangst, bei der böse Tat und böse Absicht gleichgesetzt werden, daher Schuldbewußtsein, Strafbedürfnis. „Jeder Triebverzicht wird nun eine dynamische Quelle des Gewissens, jeder neue Verzicht steigert dessen Strenge und Intoleranz ...“ (Freud 1930, S. 486 ff).

[20] In einem Leitartikel (Op-Ed) der *Baltimore Sun* (8. Sept., 1988, S. 23 A) von Christopher Matthews unter dem Titel „Resentment and Ridicule“ heißt es: „Two brands of negative politics are being practiced in this year's presidential race. One is the politics of resentment, the other the politics of ridicule. The first, played by George Bush, is working. The second, played by Michael Dukakis, is not... Mr. Bush is smiling heartily these days because he has gotten hold

fühls angesichts des inneren Auges. Das Urbedürfnis, sich selbst zu behaupten, man selbst sein zu wollen, ist in seinen Tiefen verletzt worden.

Ließe es sich freilich in diesem Sinne auch als eine Art von Triebverzicht auffassen? Bestimmt! Doch wäre es dies wohl in einem anderen Sinne, dem weiteren Begriff (des Triebes der psychischen Selbsterhaltung) entsprechend, als es Freud verstanden hat.

Gewiß würde man sich über den Verlust der Triebkontrolle schämen. Ist es jedoch nicht viel mehr der Verlust der Affektkontrolle und des Respekts für die eigene Individualität als der Triebkontrolle, der pathogenetisch zählt, der eben jenes Gefühl der Nichtigkeit und des Liebesunwertes schafft, das den Kern der Scham ausmacht?

Jeder der drei gigantischen Ausbrüche von Massenparanoia – Nazismus, Stalinismus und die „Große Proletarische Kulturrevolution" – richtete sich gegen eine Autorität, mußte die Ehrfurcht gegen das Hergebrachte, die alten schwachen Väter, vernichten und durch die Vergottung des „Retters", des überstarken neuen Vaters, ersetzen. Damit war es mit einer Zerstörung der Familie verbunden, gerade wo diese – die alte Familientradition – das Individuelle auszulöschen trachtete. Je stärker die grausame Gewissensmacht der Autorität in der Erziehung betont wurde (wie ja auch von Freud betont), desto tiefer erwies sich die Scham über die eigene Schwäche, desto gefährlicher mußte die eigene Gefühlswelt erscheinen, und desto gefährdeter und zugleich auch gefährlicher erwies sich die Individualität.

Je tiefer die Scham, desto bitterer das Ressentiment. Je heftiger dieses Ressentiment, um so schärfer die mythische Verallgemeinerung und Dichotomisierung und um so verheerender die Rachsucht.

Es handelte sich also in gewissen Kulturen um den weitverbreiteten Konflikt zwischen dem tiefverwurzelten „Trieb" der psychischen Selbstbehauptung, also dem Wunsch für Individuation, für Selbstachtung, für die Bewahrung der eigenen Identität einerseits, der gebotenen Ehrfurcht vor einer dieses individuelle Selbst und seine Identität verachtenden elterlichen Autorität, der unlösbar geworden war und fortwährend drohte, die innere Einheit der Kultur zu zerbrechen.

Läßt sich vielleicht dieser Ausbruch von Massenscham und Massenwahn eben darauf zurückführen, daß die Beurteilung und die Verurteilung in der Erziehung ganz nach unpersönlichen Kategorien erfolgte – also durch den Triumph einer Philosophie, die das Individuelle ganz auf dem Altar der Allgemeinheit opferte?

Ist dies nicht eben auch die Sünde der modernen Kultur überhaupt, daß sie ihre philosophische Würde in den allgemeinen Kategorien erblickt, seien diese nun solche der Erkenntnis, der Triebkraft, der Autorität oder der Sündhaftigkeit, und zwar

---

of a dirty little secret about this country. He's discovered what Ronald Reagan and Richard Nixon and Joseph McCarthy knew long ago: the most reliable motive in American politics is not hope or idealism but cold, hard resentment. More often than not, we don't vote for someone or something; we vote against."

gerade gleichzeitig (und im Widerspruch zu jener Philosophie) mit der politischen Verkündigung der Freiheit und Gleichheit aller Einzelnen?

Wurde damit nicht ein ungeheurer Konflikt geschaffen zwischen der sozial-kulturellen Wirklichkeit und dem angepriesenen Ethos? Läge dann nicht eine wichtige Bedeutung jenes Ressentiments im Aufstand gegen jenen Sieg des Allgemeinen, Gegen-Individuellen, im Aufstand gegen die Entwürdigung des Einzelnen?

Doch warum dann die Rache gerade am Individuellen, Schöpferischen und Intelligenten?

Vielleicht eben deswegen: Man spürt, was man verloren hat; man empfindet, gerade das Wesentliche sei einem geraubt worden. Man ist eifersüchtig auf die, welche diesem Raube widerstanden haben und denen eine Versöhnung jenes gewaltigen Konfliktes in der Kultur gelungen ist. Die Beschämung ist am tiefsten, wenn man sich selbst angesichts derjenigen sieht, die die Doppelheit der Wirklichkeit auszuhalten und dem Widerstreit zu trotzen vermocht. Man haßt sie, weil sie die Konflikthaftigkeit selbst zu einer neuen Quelle der Bemeisterung und damit der Macht umwandeln konnten.

Ich meine dies nicht als eine umfassende Erklärung jener unheilvollsten Geschehnisse; doch scheint es mir ein wichtiges, ihnen gemeinsames Element zu sein, dessen Verständnis auch für die Zukunft von Hilfe sein könnte. Bestehen nicht manche jener Voraussetzungen, namentlich die Einseitigkeit der Philosophie des Allgemeinen gegenüber der Proklamation der Individualität, weiterhin?

„Die Schicksalsfrage der Menschenart scheint mir zu sein, ob und in welchem Maße es ihrer Kulturentwicklung gelingen wird, der Störung des Zusammenlebens durch den menschlichen Aggressions- und Selbstvernichtungstrieb Herr zu werden“, schreibt Freud am Ende von *Das Unbehagen in der Kultur* (1930, S. 506). Dem können wir hinzufügen: „ganz besonders auch den Formen, die der Scham Herr zu werden versuchen.“

In der Psychoanalyse besitzt der Einzelne seine höchste Würde, und doch kann er in ihr auch seine tiefste Beschämung erleben. In ihr versöhnen sich das Allgemeine und das Besondere. Wird diese Doppelheit verkannt, verrät die Psychoanalyse ihre Aufgabe.

12.11 Die Doppelheit unserer Wirklichkeit

Es ist unaufhebbar, daß wir in zwei Welten leben, der Welt außer uns und der Welt in uns. Es ist zwar wahr, daß diese Räumlichkeit von Innen und Außen selbst metaphorisch ist. Doch findet sich diese Metapher in den hauptsächlichen Kultursprachen und literarisch-philosophischen Schöpfungen als etwas Unreduzierbares vor.

Diese Doppelheit ist keineswegs nur eine historisch ableitbare Version des kartesianischen Dualismus von res extensa und res cogitans. Sie ist vielmehr selbst eine Grundtatsache des Erlebens, die sowohl konflikthaft wie auch komplementär ist – eine Voraussetzung für eben jene „Spaltung“, die wir in der Pathologie wie im Mythischen in ihrer Extremform angetroffen haben.

Man mag den Dualismus scheinbar überwinden; doch verwandeln sich solche Überwindungen unverzüglich ins mystische und ekstatische Erleben einer Vereinigung mit dem Ganzen. Sie halten der Vernunft nicht stand, sondern gleiten vom Fühlen – der Herrschaft globaler Affekte – rasch ins Mythische über. Dabei erblikken wir die Welt gleichsam durch die Linse der polarisierenden Gesetzlichkeit des Innerseelischen.

So sahen wir denn, in einem Wechsel der Metapher, das Mythische als die urtümliche Sprache der Seele und das Wissenschaftliche zuerst als die Sprache der Sachen an. Genauer: das Mythische äußert sich über die Vorgänge in der Seele, als ob sie solche der Umwelt wären; das Wissenschaftliche drückt zunächst die Beziehungen und Funktionen im Bereich des Sachlichen aus.

Was ist die Philosophie? Das Zwiegespräch der Vernunft über die Beziehungen zwischen den beiden Welten. Genauer: die Suche nach Wahrheit und Wert, die beiden Welten gemeinsam sind, und nach den Beziehungen zwischen den Wahrheiten und Werten in beiden.

Was ist die Kunst? Die Mitteilung des Innerseelischen an die Mitwelt und das Empfangen solcher Mitteilung durch die Mitwelt. Dabei nehmen das Sachliche und das Seelische beide gleichberechtigt teil. Vielleicht kann man es auch derart sagen: die Form und der Inhalt erscheinen zwar mehr oder weniger sachlich, doch sind sie gleichzeitig und weit bedeutsamer mitgeteilte (shared) Innerlichkeit.

Was ist die Rolle des Konflikts in diesen Bezügen? Er nimmt an allen teil – doch für das Verständnis des Seelischen ist er das erklärende Prinzip. Damit gilt er sowohl für das Mythische in der Kultur als auch für das Kranke beim einzelnen und in der Gesellschaft als die wesentliche, obgleich nicht ausschließliche Kausalerklärung. Die biologische Bestimmtheit des Seelischen (z. B. durch Drogen, Neurotransmitters, Tumoren und andere organische Veränderungen der Hirnanatomie) reicht weit über das Konfliktverständnis hinaus; das durch sie beeinflußte Seelische kann nicht aufgrund der Konfliktpsychologie verstanden werden. Noch läßt sich die psychische Entwicklung des Individuums einfach völlig konfliktpsychologisch verstehen. Lernvorgänge lassen sich nicht auf Konflikte zurückführen.

So soll die Betonung der Wichtigkeit *eines* Zugangs nicht zur Verrammelung anderer Zugangsweisen führen. Auch hier ergänzen sich die verschiedenen Verstehens- und Beeinflussungsweisen, und damit auch die verschiedenen Wahrheitsbegriffe.

Ist nicht Religion der Glaube an eine tiefe Ordnung und Sinnhaftigkeit des Ganzen, gepaart mit der *Ehrfurcht* vor den großen Zusammenhängen, mit all diesen innewohnenden Paradoxien und dem Geheimnis dieser Gegensätze? Daß man die Gegensätze, die unlösbar scheinen, als sinnvoll empfindet und sie nicht gewaltsam durchhaut, sondern sie annimmt? Sicher kann man daher im tiefen Sinn religiös sein, ohne an Gott zu glauben.

Die Vernunft: Ordnung zu schaffen dadurch, daß Reihen gesucht, unsichtbare Beziehungen gesehen und Symbole dafür gefunden werden, die diesen Beziehungen zunächst bildhaft, hernach abstrakt gerecht zu werden suchen – für beide Bereiche und für sich selbst. Vernunft: das stellungnehmende, urteilende, beobachtende Ich, und v.a. dessen synthetische Funktion. Wie arbeitet sie? Durch Erfassung von Formen, die die Beziehungen ausdrücken, und dann die Findung der diesen Formen gemäßen Symbole. Wissenschaft: die systematische vernunftgemäße Erfassung eines ganzen Erfahrungsbereichs.

Dann die Frage: was ist die der Erfahrung angemessene Methode? Die Erfassung der einem bestimmten Erfahrungsgebiet eigenen Gesetzlichkeit, namentlich der diesem Bereich eigentümlichen Form und Komplexität der Kausalität und die auf dem Verständnis dieser Gesetzlichkeit beruhenden Einwirkungsmöglichkeiten, macht die wissenschaftliche Methode aus. Dazu gehören ständige Rivalitätsannahmen, einander widersprechende Kausalitätsannahmen und Voraussagen, die durch den Einzeleingriff oder Gruppierungen solcher Eingriffe ständig bestätigt oder widerlegt werden können. Diese Eingriffe, Kausalitätsannahmen und Voraussagen müssen sich objektivieren lassen. Das „Ipse dixit“ ist kein wissenschaftliches Argument. Worte können in der Tat zur „avodá sará“, zum Götzendienst entarten.

In diesem Sinne ist die Psychoanalyse, wenn sie ihrem eigenen Ideale nachlebt, eine Wissenschaft des Seelischen par excellence. Doch mehr als jede andere läuft sie immer wieder die Gefahr, ins Mythische abzusinken. Die endlosen Zänkereien, Rechthabereien und Spaltungen sind Ausdruck dieses inneren Verfalls, der unablässig an ihr nagt.

Die Frage der Wissenschaftlichkeit ist schließlich auch die: Sind die „logischen“ Gesetze absolut gültig?

Ohne Zweifel gelten sie für die Vorgänge und Beziehungen in der Außenwelt, wenigstens weitgehend, und doch, wie wir im Zusammenhang mit der Grünbaumdiskussion gesehen haben, auch dort nicht unumschränkt. Selbst in der Physik gibt es unauflösbare Paradoxien, also logische Widersprüche.

Ebenso wahr ist es, daß sie nicht in derselben Weise für die Innenwelt gelten, besonders nicht für die unbewußten Prozesse. Doch gesetzlos sind auch diese nicht. Die große Frage bleibt: Wie müssen diese revidiert werden, um der „Logik des Herzens“ Rechnung zu tragen? Wie weit reicht diese? Gehorcht sie einzig dem Lust-Unlust-Prinzip? Oder ist sie eher und fundamentaler, also allgemeiner durch die Konfliktnatur des Seelischen bestimmt?

Vor allem fanden wir: In der Logik des Konflikts ist der Satz vom Widerspruch aufgehoben. Und die Konfliktkausalität kann nicht auf lineare Beziehungen reduziert werden.

Die beiden Werke, die nun hiemit zum Abschluß gelangt sind, versuchten auf ihre begrenzte, durch ihren Zugang beschränkte Weise eine Antwort auf diese Fragen zu geben. Die Antwort kann nicht abschließend und vollständig sein.

12.12 Schlußwort

> πολλὰ τὰ δεινὰ κοὐδὲν ἀνθρώπου
> δεινότερον πέλει
>
> (Vieles Gewaltige lebt, und doch nichts gewaltiger denn der Mensch.)
> (Sophokles, *Antigone*, 332 f.)

Hast du jedoch die Frage, die du dir eingangs gestellt hast, auch wirklich beantwortet?

Welche Frage?

Die: Was bedeutet das, der Bruch in der Wirklichkeit? Du hast ihn auf den inneren Bruch, die Spaltung des menschlichen Selbst, also auf die allgemein menschliche Tatsache des inneren Konflikts und auf dessen Unvermeidlichkeit zurückgeführt. Du hast behauptet, die Natur des Menschen sei Konflikt, ebenso wie sie in der Symbolisierung oder der handfertigen Benutzung von Werkzeugen oder dem Gebrauch der Vernunft bestehe. Du hast viele Formulierungen für diesen inneren Bruch angeführt und auch dafür, wie die Menschen damit fertig zu werden versuchen – durch Verabsolutierung, Polarisierung, Leiden und das Bewußtsein des Tragischen oder der Absurdität, durch globale Verleugnung und durch die Lüge, durch Drogen und auch andere antitragische Verhüllungen und Selbsttäuschungen, durch das ständige Wiederholen dessen, was zur Lösung führen soll, aber es nicht vermag. Doch ist dies korrekt? Ist die Spaltung der Wirklichkeit „einfach so" auf inneren Konflikt zurückzuführen?

Gewiß wäre es viel leichter, einen monumentalen Mythos, der diesen Bruch „erklären" soll, zu erfinden – vom Körper, von seinen bösen Trieben und deren Feindschaft gegen die Seele, wie es die Pythagoreer, Platon und das Christentum getan haben, oder umgekehrt von der bösen Gesellschaft und ihrer Triebfeindlichkeit, die in der Sehnsucht nach der Natur überwunden werden soll (so das seit Rousseau die romantische Philosophie, auch teilweise die Psychoanalyse bestimmende Konzept) – den Mythos vom unlösbaren Widerspruch von Geist und Leben, von Kultur und Natur.[21] Es sei die Gesellschaft, die dem unbändigen modernen

[21] „The opposition beween nature and society is Rousseau's interpretation of the *cause of the dividedness of man.* He finds that the bourgeois experiences this dividedness *in conflict between self-love and love of others, inclination and duty, sincerity and hypocrisy, being oneself and being alienated.* This opposition between nature and society pervades all modern discussion of the human problem," führt Allan Bloom in seinem soeben veröffentlichten Buch *The closing of the American mind* aus (S. 169 f.; Hervorhebung von mir).

Drang nach Freiheit und Gleichheit widerstrebe. Oder es sind die mythischen Erklärungsversuche von Libido und Energie, vom Vernichtungstrieb, von Narzißmus und Wiederholungszwang, die dem Eros, namentlich dem Wunsch, sich mit dem anderen zu vereinen, entgegenwirken. Dann ist es wiederum der einzelne, der im Widerspruch zur Gemeinschaft stehe und sich im trotzigen „non serviam“ des widerborstigen Luzifer gegen die göttliche Ordnung wende. Alle wurden sie angeklagt, mannigfachste Lösungen wurden angepriesen – die Grundtatsache der inneren Geteiltheit bleibt unerschütterlich vor uns stehen.

Von den Beobachtern der frühen Kindheit vernehmen wir den wichtigen Zusatz, daß es der Erwerb der Sprache und die sich öffnende Kluft zwischen der unaussprechlichen Ganzheitserfahrung und der sich in beschränkten Kategorien der Worte abspielenden Verständigung sei, die zum Bruch im Selbst und zwischen Selbst und den anderen führe, also wieder etwas Unbedingtes gegenüber dem Bedingten und Begrenzten.

So ist es zumeist der Mythos von etwas Absolutem, einer letzten Ursache, die entweder als Widersächliches und Böses dem Guten entgegentritt, oder aber als unbedingt Gutes der bösen Tatsächlichkeit und ihrer Beschränktheit und chaotischen Natur entgegensteht.

Im Grunde ist es eine Tautologie zu sagen: die Spaltung des Erlebens ist Ausdruck des inneren Konflikts (oder: des verinnerlichten Konflikts zwischen innerem Motiv und Umgebung). Auch wenn wir alle jene Bestimmungen als solche mythischen Charakters in Frage stellen, zwar ihre beschränkte Gültigkeit anerkennen, in ihnen aber nicht *die* Erklärung erblicken können, was verbleibt dann außer einer solchen Tautologie? Ist es möglich, spezifischer zu sein?

Vielleicht liegt die Antwort darin: Die innere Spaltung – und damit sowohl der Konflikt als auch dessen Versöhnung als Komplementarität – ist gerade der A-priori-Punkt, von dem aus Erleben und Einsicht zu verstehen sind. Dieser ist das absolut Gegebene, das Unbedingte, von dem aus der Rest zu ergründen ist. Gegensatz, Widerspruch, Widerstreit, Ausgleich – wäre das ein Grundgesetz des menschlichen Seins, auf allen seinen Ebenen, im Körperlichen, im Seelischen, im Geistigen? Unaufhebbar, unüberwindbar, nicht reduzierbar auf etwas Absolutes, auf irgendeinen Einzelfaktor, ist es selbst der „Pfad“, auf dem das Leben sich bewegt, „der Logos, der so tief ist, daß du ihn nicht auffinden kannst, so weit du auch suchen mögest“.

Doch wie steht es mit der Vernunft, die die Gesetze der physischen Welt aufdeckt? Gilt in ihr dieselbe Gesetzlichkeit von Widerstreit und Ausgleich? Mag dann, da die Vernunft unser Instrument ist, auch die Erkenntnis der Welt, die Wahrheitsfindung, durch unsere eigene Natur von Konflikt und Komplementarität bestimmt sein? Oder ist es vielleicht eher so, daß diese Gesetzlichkeit in der Natur überhaupt liegt, in der Innenwelt des Menschen wie in der Außenwelt? Die moderne Wissenschaft der physikalischen Natur wie die der Seele scheinen hier zu konvergieren.

Doch „Konflikt" ist leer, und so ist „Komplementarität"; es sind formale, nicht inhaltliche Begriffe. Sie bedürfen spezifischer Inhalte. Es sind diese spezifischen Inhalte, deren Untersuchung meine 3 Bücher (*Die Maske der Scham, Die Flucht vor dem Gewissen* und *Die zerbrochene Wirklichkeit*) gegolten haben. Dabei hat die gewählte Perspektive mehrere Gruppierungen von grundlegenden Konflikten, die hier nicht mehr wiederholt werden sollen, in scharfem Relief immer wieder angetroffen. Damit lassen sich diese ständig wiederholten und wiederholbaren Erfahrungen aber auch zu Aussagen über die Natur des Menschen verwenden. Namentlich sind es die Konflikte zwischen Werten, zwischen inneren Autoritäten, also Gewissens-, Ideal- und Loyalitätskonflikte, die die tiefe *innere Hierarchie* des menschlichen Seelenlebens erahnen lassen und jeweils die Gespaltenheit des Erlebens ganz besonders zu beherrschen scheinen.

Eines Tages badete Rabbi Jochanan im Jordan, als Resch[22] Laqisch ihn sah und sich hinter ihn in den Jordan warf. Rabbi Jochanan sagte zu ihm: „Stürz dich in die Thora!" Resch Laqisch antwortete: „Deine Schönheit sollte für die Frauen sein." „Kehrest du um, gebe ich dir meine Schwester zur Frau; ihre Schönheit ist größer als meine." Resch Laqisch willigte ein, doch wie er sich umwandte und seine Waffen aufheben wollte, vermochte er es nicht mehr zu tun. Hernach lehrte ihn Rabbi Jochanan in den Schriften, und er wurde zu einem großen Gelehrten. Eines Tages war eine Diskussion im Lehrhaus, an welchem Punkt ihrer Herstellung Schwert, Messer, Dolch, Speer, Sichel und Sense unrein werden können. Erst wenn die Herstellung beendigt ist. Und wann ist diese fertig? Rabbi Jochanan bestimmte: „Wenn sie im Ofen gestählt worden sind." Doch Resch Laqisch behauptete: „Wenn sie im Wasser geglänzt worden sind." „Ein Räuber versteht sich auf das Stehlen", entgegnete ihm Rabbi Jochanan. Resch Laqisch erwiderte: „Und womit hast du mir geholfen? Dort wurde ich Meister genannt, und hier werde ich Meister genannt." „Dadurch, daß ich dich unter die Flügel der Schechina [der Anwesenheit Gottes] gebracht habe." Doch Rabbi Jochanan war tief verletzt darüber, und Resch Laqisch erkrankte. Resch Laqischs Frau kam zu ihrem Bruder und weinte vor ihm: „Verzeihe ihm um meines Kindes willen", bat sie ihn. Rabbi Jochanan antwortete: „‚Überlaß mir deine vaterlosen Kinder; ich will sie am Leben erhalten'" (Jeremia 49/11). „Dann tu es für mein Witwentum!" „‚Und laß deine Witwen sich mir anvertrauen!'" (ebd.), ermutigte er sie. Resch Laqisch starb, und Rabbi Jochanan versank in tiefe Trauer. Da fragten sich die anderen Gelehrten: „Wer soll hingehen und sein Leid erleichtern? Rabbi El'asar ben Pedath soll hingehen, seine Deutungen sind sehr feinsinnig." So ging er hin und saß vor ihm; und bei jedem Ausspruch von Rabbi Jochanan bemerkte er: „Es gibt eine Stelle in der Lehre, die deine Ansicht unterstützt." „Bist du wie der Sohn von Laqischa?" klagte Rabbi Jochanan: „Wenn ich mich zu einem Gesetz äußerte, pflegte Bar Laqischa 24 Einwendungen zu erheben, worauf ich 24 Antworten gab. Dies führte zu einem tieferen Verständnis für das Gesetz. Demgegenüber sagst du mir immer, es gebe eine Baraitha[23], die mich unterstütze. Weiß ich das nicht schon von mir aus, daß meine Bestimmungen stimmen?" Und er zerriß seine Kleider und weinte: „Wo bist du, oh Sohn des Laqischa, wo

[22] „Resch" ist Abkürzung für „Rabbi Schim'on".

[23] „Baraitha (or Boraitha), traditions and opinions of Tannaim not embodied in the Mishna as compiled by R. Judah han-Nasi" (Jastrow 1950, S. 189).

bist du, oh Sohn des Laqischa – hecha at Bar Laqischa, hecha at Bar Laqischa?“[24] Und er grämte sich, bis ihn sein Geist verließ. Darauf beteten die Gelehrten für ihn, doch seine Seele kam zur Ruhe (verschied) (*Baba Metzia*, 84 a).[25]

Das gute Leben und die gerechte Ordnung sind das Ergebnis von Konflikt und wechselseitiger Ergänzung, und so sind es die Ungerechtigkeit und die Zerstörung der Welt. Das erstere ist nur möglich, wenn der Mensch Einsicht hat in die grundsätzliche Gesetzlichkeit von Konflikt und Komplementarität; das letztere scheint v. a. im Konflikt um die Beschämung und das ressentimentgeladene Gewissen und deren Abwehr durch die Pauschalverleugnung begründet zu sein.

Beläßt uns diese Grundsätzlichkeit, diese Unauflösbarkeit der Konfliktnatur des Menschen nicht in einem Zustand der Ungewißheit und der unheilbaren Spaltung?

Weshalb denn nicht? Sollen wir des Mutes ermangeln, diese innere Gegensätzlichkeit auszuhalten und den Widersprüchen in Erleben und Verständnis die Stirn zu bieten? Nur das Zusammengesetzte, Widersprüchliche ist wahr, lasen wir bei Lagerkvist; einfach und einheitlich sind ja eigentlich bloß die Lüge und die Täuschung.

Das Unbedingte und das Maß – in der Erkenntnis ihres unschlichtbaren Gegensatzes liegt die tragische Wahrheit.

---

24 .... הֵיכָא אַת בַּר לַקִישָׁה, הֵיכָא אַת בַּר לַקִישָׁא

25 Ich folgte hier der englischen Übersetzung des Talmud, herausgegeben von I. Epstein; der Teil von Baba Metzia wurde von H. Freedman übersetzt.

13 Literatur

Abend SM, Porder MS, Willick MS (1983) Borderline patients: Psychoanalytic perspectives. Int Univ Press, New York

Aeschylus (1955) Aeschyli septem quae supersunt tragoediae. Recensuit Gilbertus Murray. Oxford Univ Press, Oxford

Aristoteles (1874) Über die Dichtkunst von der Seele. In: Susemihl F (Hrsg) Aristoteles' Werke (gr-dt), Bd 4. Engelmann, Leipzig (gr Text aller Aristoteleszitate aus der Loeb-Ausgabe, Harvard Univ Press)

Arlow JA (1969a) Unconscious fantasy and disturbances of conscious experience. Psychoanal Q 38: 1-27

Arlow JA (1969b) Fantasy, memory and reality testing. Psychoanal Q 38: 28-51

Arlow JA (1979) The genesis of interpretation. J Am Psychoanal Assoc [Suppl] 27: 193-206

Balzac H de (1846, 1977) La comédie humaine, vol 7: La cousine Bette. Bibliothèque de la Pléiade (dt. 1986: übers. von E. Sander. Goldmann, München); vol 5: Illusions perdues; vol 10: La peau de Chagrin (dt. 1905: übers. von A. Brieger. Ledermann, Berlin). Gallimard, Paris

Baron JL (1956, 1965) A treasury of Jewish quotations. Yoseloff, South Brunswick

Basch MF (1974) Interference with perceptual transformation in the service of defense. Annu Psychoanal 2: 87-97

Basch MF (1983) The perception of reality and the disavowal of meaning. Annu Psychoanal 11: 125-154

Beardsley MC (1967, 1972) Metaphor. In: Edwards P (ed) The encyclopedia of philosophy. Macmillan, New York, pp 284-289

Beebe B, Sloate P (1982) Assessment and treatment of difficulties in mother - infant attunement in the first three years of life. Psychoanal Inquiry 1: 601-623

Bellow S (1976) To Jerusalem and back. A personal account. Viking, New York

Benjamin W (1928, 1972) Ursprung des deutschen Trauerspiels. Suhrkamp, Frankfurt am Main

Benseler-Kägi (1931) Griechisch-deutsches Schulwörterbuch. Teubner, Leipzig

Beres D (1965) Structure and function in psychoanalysis. Int J Psychoanal 46: 53-63

Bibring E (1954) Psychoanalysis and dynamic psychotherapy, similarities and differences. J Am Psychoanal Assoc 2: 745-770

Binswanger L (1953) Grundformen und Erkenntnis menschlichen Daseins. Niehans, Zürich

Binswanger L (1957) Schizophrenie. Neske, Pfullingen

Black M (1962) Models and metaphors. Cornell Univ Press, Ithaca

Blight JG (1981) Must psychoanalysis retreat to hermeneutics? Psychoanal Contemp Thought 4: 147-206

Bloom A (1987) The closing of the American mind. Simon & Schuster, New York

Bodde D (1953, 1976) Harmony and conflict in Chinese philosophy. In: Wright AF (ed) Studies in Chinese thought. Univ Chicago Press (Midway reprint)

Bok S (1978) Lying. Moral choice in public and private life. Pantheon, New York

Bok S (1982) Secrets. On the ethics of concealment and revelation. Pantheon, New York

Brenner C (1976) Psychoanalytic technique and psychic conflict. Int Univ Press, New York

Brenner C (1982) The mind in conflict. Int Univ Press, New York

Brock-Sulzer E (1982) Der europäische Roman des 19. Jahrhunderts. Mirio Romano, Kilchberg

Brody S (1982) Psychoanalytic theories of infant development and its disturbances: A critical evaluation. Psychoanal Q 51: 526–597

Burckhardt S (1970) The drama of language. Essays on Goethe and Kleist. Hopkins, Baltimore

Burkert W (1972) Homo necans. De Gruyter, Berlin

Bursten B (1973) Some narcissistic personality types. Int J Psychoanal 54: 287–300 (1986: Essential papers on narcissism, ed by Morrison AP, pp 377–402)

Butterfield F (1982) China – Alive in the Bitter Sea. Bantam, Toronto

Calderon de la Barca P (1623, 1964) La vida es sueño. Dell, New York

Cameron A (1968) The identity of Oedipus the king. New York Univ Press, New York

Camus A (1942) Le mythe de Sisyphe. Essai sur l'absurde. Gallimard, Paris (dt. 1986: Der Mythos von Sisyphos. Ein Versuch über das Absurde. Übers. von HG Brenner u W Rasch, Rowohlt, Hamburg)

Cancrini A (1970) Syneidesis. Il tema semantico della ‚con-scientia' nella Grecia antica. Ateneo, Roma

Canetti E (1980) Masse und Macht. Fischer, Frankfurt am Main

Caruth E, Ekstein R (1966) Interpretation within the metaphor. Further considerations. J Am Acad Child Psychiatry 5: 35–45

Cassirer E (1906, 1907, 1920, 1974) Das Erkenntnisproblem in der Philosophie und Wissenschaft der neueren Zeit, Bd I–III. Wiss Buchgesellschaft, Darmstadt

Cassirer E (1910, 1980) Substanzbegriff und Funktionsbegriff. Untersuchungen über die Grundprobleme der Erkenntniskritik. Wiss Buchgesellschaft, Darmstadt

Cassirer E (1921, 1957) Zur Einsteinschen Relativitätstheorie. In: Zur modernen Physik. Wiss Buchgesellschaft, Darmstadt, S 1–125

Cassirer E (1923 a, 1923 b, 1929) Philosophie der symbolischen Formen, Bd 1–3: Wiss Buchgesellschaft, Darmstadt (1956: Bd 1; 1958: Bd 2–3)

Cassirer E (1927, 1963) The individual and the cosmos in Renaissance philosophy. Harper & Row, New York (Harper Torchbooks)

Cassirer E (1936, 1957) Determinismus und Indeterminismus in der modernen Physik. In: Zur modernen Physik. Wiss Buchgesellschaft, Darmstadt, S 127–397

Cassirer E (1937, 1969) Wahrheitsbegriff und Wahrheitsproblem bei Galilei. In: Krampf W (Hrsg) Philosophie und exakte Wissenschaft. Klostermann, Frankfurt am Main, S 90–114

Cassirer E (1939, 1969) Descartes' Wahrheitsbegriff. In: Krampf W (Hrsg) Philosophie und exakte Wissenschaft. Klostermann, Frankfurt am Main, S 62–89

Cassirer E (1940, 1973) Das Erkenntnisproblem in der Philosophie und Wissenschaft der neueren Zeit, Bd 4. Wiss Buchgesellschaft, Darmstadt

Cassirer E (1942, 1961) Zur Logik der Kulturwissenschaften. Fünf Studien. Wiss Buchgesellschaft, Darmstadt

Cassirer E (1944, 1962) An essay on man. Yale Univ Press, New Haven (dt. 1960: Was ist der Mensch? Versuch einer Philosophie der menschlichen Kultur. Kohlhammer, Stuttgart)

Cassirer E (1946 a, 1949) Der Mythus des Staates. Philosophische Grundlagen politischen Verhaltens. Artemis, Zürich München

Cassirer E (1946 b, 1953) Language and myth. Transl by SK Langer. Dover, New York

Chan Wing-tsit (1967, 1986) Chinese theory and practice, with special reference to humanism, pp 11–30; The story of Chinese philosophy, pp 31–76; Syntheses in Chinese Metaphysics, pp 132–148. In: Moore CA (ed) The Chinese mind. Essentials of Chinese philosophy and culture. Univ Hawaii, Honolulu

Chinesisch-deutsches Wörterbuch (1985) Shan Wu Yin Shu guan, Beijing
Cohen RS (1983) Adolf Grünbaum: A memoir. In: Cohen RS, Laudan L (eds) Physics, philosophy and psychoanalysis. Essays in honor of Adolf Grünbaum. Reidel, Dordrecht
Confucius (Kung Fu Tse) (1966) Confucian analects (Lun Yü). Original Chinese text, engl transl James Legge. Paragon Book Reprint, New York (dt. Übers. 1921: R Wilhelm, Kung Fu Tse: Gespräche. Diederichs, Jena)
Cooper L (1980) Source and limits of human intellect. Daedalus 109: 1-18
Creel HG (1970) What is Taoism? And other studies in Chinese cultural history. Univ Chicago Press, Chicago
Cremerius J (1984) Vom Handwerk des Psychoanalytikers: Das Werkzeug der psychoanalytischen Technik, 2 Bde. Frommann-Holzboog, Stuttgart
Danto AC (1959) Meaning and theoretical terms in psychoanalysis. In: Hook S (ed) Psychoanalysis, scientific method and philosophy. A symposium. Univ Press, New York, pp 314-318
Daube D (1949, 1975) Rabbinic methods of interpretation and hellenistic rhetoric. In: Corré A (ed) Understanding the Talmud. Ktav, New York
Dévéreux G (1970) The structure of tragedy and the structure of the psyche in Aristotle's Poetics. In: Hanly C, Lazerowitz M (eds) Psychoanalysis and philosophy. Int Univ Press, New York, pp 46-75
Dickens C (1836-1837, 1964) Pickwick papers. Signet Classic, New American Library, New York
Dickens C (1837-1839, 1949) Nicholas Nickleby. Dent, London
Dickens C (1837-1839, 1966) Oliver Twist. Penguin Books, Harmondswort, Middlesex, England
Dickens C (1840-1841, 1972) The old curiosity shop. Penguin Books, Harmondsworth, Middlesex England
Dickens C (1843-1844, 1965) Martin Chuzzlewit. Signet Classic, New American Library, New York
Dickens C (1843, 1939) A christmas carol. In: Five Christmas novels. Heritage Club, New York
Dickens C (1844, 1939) The chimes. In: Five Christmas novels. Heritage Club, New York
Dickens C (1846-1848, 1964) Dombey and son. New American Library, New York
Dickens C (1848, 1939) The haunted man and the ghost's bargain. In: Five Christmas novels. Heritage Club, New York
Dickens C (1849-1850, 1962) David Copperfield. Signet Classic, New American Library, New York
Dickens C (1852-1853, 1964) Bleak house. Signet Classic, New American Library, New York
Dickens C (1854, 1961) Hard times. Signet Classic, New American Library, New York
Dickens C (1855-1857, 1974) Little Dorrit. Penguin Books, Harmondsworth, Middlesex England
Dickens C (1859, 1936) A tale of two cities. Signet Classic. New American Library, New York
Dickens C (1860-1861, 1963) Great expectations. Signet Classic, New American Library, New York
Dickens C (1864-1865, 1971) Our mutual friend. Penguin Books, Harmondsworth, Middlesex England
Dickens C (1870, 1961) The mystery of Edwin Drood. Signet Classic, New American Library, New York
Dodds ER (1951, 1968) The Greeks and the irrational. Univ Calif Press, Berkeley Los Angeles

Doi Takeo (1971, 1986) The anatomy of dependence. Kodansha, Tokyo
Dostojewski FM (oJ) Die Brüder Karamasoff. Übers von Nora Urban. Kaiser, Klagenfurt
Eckardt B von (1985) Adolf Grünbaum: Psychoanalytic epistemology. In: Reppen J (ed) Beyond Freud: A study of modern psychoanalytic theorists. Analytic Press, Hillsdale/NJ, pp 353-403
Edel L (1953-1972) Henry James. Biographie in 5 Bänden. Lippincott, Philadelphia
Edelson M (1984) Hypothesis and evidence in psychoanalysis. Univ Chicago Press, Chicago
Edelson M (1985) The hermeneutic turn and the single case study in psychoanalysis. Psychoanal Contemp Thought 8: 567-614
Edwards P (ed) (1967, 1972) The encyclopedia of philosophy. Macmillan, Free Press, New York; Collier Macmillan, London (Artikel von Körner über E. Cassirer, Bd II, S 44-46; Artikel von Feyerabend über W Heisenberg, Bd III, S 466-467)
Eissler KR (1959) On isolation. Psychoanal Study Child 14: 29-60
Eissler KR (1963, 1983) Goethe. Eine psychoanalytische Studie. Übers P Fischer, 2 Bde. Stroemfeld/Roter Stern, Basel
Eissler KR (1971) Discourse on Hamlet and HAMLET. A psychoanalytic inquiry. Int Univ Press, New York
Eliot G (1871-1872, 1964) Middlemarch. Signet Classic, New American Library, New York
Ellenberger H (1970) The discovery of the unconscious. Basic Books, New York
Else GF (1967) The origin and early form of Greek tragedy. Harvard Univ Press, Cambridge/Mass
Emde RN (1983) The prerepresentational self and its affective core. Psychoanal Study Child 38: 165-192
Euripides (1964) Griechischer Text. Hrsg von AS Way. Harvard Univ Press, Cambridge/MA (Loeb Classical Library)
Fenichel O (1941) Problems of psychoanalytic technique. In: Brunswick D (ed) Psychoanalytic quarterly, New York
Fenichel O (1945) Psychoanalytic theory of neurosis. Norton, New York
Ferenczi S (1939) Bausteine zur Psychoanalyse, Bd 3. Huber, Bern
Fergusson F (1949, 1972) The idea of a theater. Princeton Univ Press, Princeton
Feuer L (1963) The scientific intellectual. The psychological and sociological origins of modern science. Basic Books, New York
Fingarette H (1963) The self in transformation. Psychoanalysis, philosophy and the life of the spirit. Harper & Row, New York (Harper torchbooks)
Fingarette H (1969) Self-deception. Routledge & Kegan, London
Fingarette H (1972) Confucius - the secular as sacred. Harper & Row, New York (Harper torchbooks)
Forrest DV (1973) On one's own onomy. Psychiatry 36: 266-290
Fowler FG (1926, 1954) A dictionary of modern English usage. Clarendon, Oxford/England
Fraiberg S (1982) Pathological defenses in infancy. Psychoanal Q 51: 612-635
Frenkel-Brunswick E (1974, [1]1954) Psychoanalysis and the unity of science. In: Heiman N, Grant J (eds) Selected Papers. Psychological Issues (Bd 8, 3, Monographie 31). Int Univ Press, New York, pp 161-231
Freud A (1936, 1946) Das Ich und die Abwehrmechanismen. Imago, London
Freud A (1965) Normality and pathology in childhood: Assessments of development. The writings of Anna Freud, vol 6. Int Univ Press, New York
Freud S (1892) Ein Fall von hypnotischer Heilung, nebst Bemerkungen über die Entste-

hung hysterischer Symptome durch den „Gegenwillen". (Gesammelte Werke, Bd 1, S 1-18)
Freud S (1895a) Entwurf einer Psychologie. In: Aus den Anfängen der Psychoanalyse 1887-1902. Imago, London (1950: Fischer, Frankfurt)
Freud S (1895b) Studien über Hysterie. (GW Bd 1, S 75-312)
Freud S (1900, 1942) Die Traumdeutung. Imago London (GW Bd 2/3)
Freud S (1905a) Über Psychotherapie. (GW Bd 5, S 13-26)
Freud S (1905b) Drei Abhandlungen zur Sexualtheorie. (GW Bd 5, S 27-145)
Freud S (1909) Bemerkungen über einen Fall von Zwangsneurose. (GW Bd 7, S 379-463)
Freud S (1912) Totem und Tabu. (GW Bd 9)
Freud S (1914a) Erinnern, Wiederholen und Durcharbeiten. (GW Bd 10, S 126-137)
Freud S (1914b) Zur Einführung des Narzissmus. (GW Bd 10, S 138-171)
Freud S (1915) Triebe und Triebschicksale. (GW Bd 10, S 210-233)
Freud S (1916/17) Vorlesungen zur Einführung in die Psychoanalyse. (GW Bd 11)
Freud S (1917) Eine Kindheitserinnerung aus „Dichtung und Wahrheit". (GW Bd 12, S 13-26)
Freud S (1918a) Aus der Geschichte einer infantilen Neurose. (GW Bd 12, S 27-157)
Freud S (1918b) Wege der psychoanalytischen Therapie. (GW Bd 12, S 181-194)
Freud S (1919) Das Unheimliche. (GW Bd 12, S 227-268)
Freud S (1920) Jenseits des Lustprinzips. (GW Bd 13, S 1-70)
Freud S (1921) Massenpsychologie und Ich-Analyse. (GW Bd 13, S 71-162)
Freud S (1923) Das Ich und das Es. (GW Bd 13, S 235-290)
Freud S (1924) Der Untergang des Ödipus-Komplexes. (GW Bd 13, S 395-402)
Freud S (1925) Die Verneinung. (GW Bd 14, S 9-16)
Freud S (1926) Hemmung, Symptom und Angst. (GW Bd 14, S 111-206)
Freud S (1926) Die Frage der Laienanalyse. (GW Bd 14, S 207-296)
Freud S (1927) Fetischismus. (GW Bd 14, S 309-318)
Freud S (1930) Das Unbehagen in der Kultur. (GW Bd 14, S 419-506)
Freud S (1932) Neue Folgen der Vorlesungen zur Einführung in die Psychoanalyse. (GW Bd 15)
Freud S (1937) Die endliche und die unendliche Analyse. (GW Bd 16, S 57-100)
Freud S (1937) Brief an Romain Rolland. (Eine Erinnerungsstörung auf der Akropolis) (GW Bd 16, S 250-257)
Freud S (1940a) Die Ichspaltung im Abwehrvorgang. (GW Bd 17, S 59-62)
Freud S (1940b) Abriß der Psychoanalyse. (GW Bd 17, S 63-140)
Friedenthal R (1963) Goethe - sein Leben und seine Zeit. Weidenfeld & Nicholson, London
Fung Yu-Lan (1931/1934) A history of Chinese philosophy. Princeton Univ Press, Princeton (engl. 1952/53: Übers von D Bodde)
Gadamer HG (1978) Die Idee des Guten zwischen Plato und Aristoteles. Winter, Heidelberg
Gadamer HG (1980) Hegels Dialektik. Sechs hermeneutische Schriften. Mohr, Tübingen
Gaensbauer TJ (1985) The relevance of infant research for psychoanalysis. Psychoanal Inquiry 5: 517-530
Galenson E (1986) Some thoughts about infant psychopathology and aggressive developments. Int Rev Psychoanal 13: 349-354
Gebsattel VE von (1954) Prolegomena einer medizinischen Anthropologie. Springer, Berlin
Glatzer NN (1948, 1971) Hammer on the rock. A Midrash reader. Schocken, New York
Gleick J (1987) Chaos. Making a new science. Viking Penguin, New York
Glover E (1950) Freud or Jung. Allen & Unwin, London

Goethe JW von (1961) Gesamtausgabe. Dtv, München
Goldman EF (1969) The tragedy of Lyndon Johnson. Knopf, New York
Grassi E (1979) Die Macht der Phantasie. Syndikat/Athenäum, Königstein
Grassi E (oJ) Das heimatliche Unheimliche. In: Borchmeyer D, Heimeran T (Hrsg) Weimar am Pazifik. Niemeyer, Tübingen
Gray P (1973) Psychoanalytic technique and the ego's capacity for viewing intrapsychic activity. J Am Psychoanal Assoc 21: 474-494
Gray P (1982) „Developmental lag" in the evolution of technique for psychoanalysis of neurotic conflict. J Am Psychoanal Assoc 30: 621-656
Gray P (1986) On helping analysands observe intra-psychic activity. In: Richards A, Willick M (eds) Psychoanalysis: The science of mental conflict. Essays in honor of Charles Brenner. The Atlantic Press, Hillsdale/NJ
Gray P (1987) On the technique of analysis of the superego. An introduction. Psychoanal Q 56: 130-154
Green A (1975) Orestes and Oedipus. Int Rev Psychoanal 2: 355-364
Griechische Tragiker (oJ) Aischylos, Sophokles, Euripides. Hrsg von WH Friedrich, übers von JG Droysen, KWF Solger, JA Hartung. Winkler, München
Grossman WI (1986) Notes on masochism: A discussion of the history and development of a psychoanalytic concept. Psychoanal Q 55: 379-413
Grossman WI, Simon B (1969) Anthropomorphism. Motive, meaning and causality in psychoanalytic theory. Psychoanal Study Child 24: 78-111
Grünbaum A (1957) Determinism in the light of recent physics. I. Complementarity in quantum physics and its philosophical generalization. J Philos 54: 713-727
Grünbaum A (1984) The foundations of psychoanalysis. Univ of California Press, Berkeley (Diskussion des Buches in Behav Brain Sci 1986, 9: 217-284)
Grünbaum A (1985) Explication and implications of the placebo concept. In: White L, Tursky B, Schwartz GE (eds) Placebo: Theory, research, and mechanisms. Guilford, New York, pp 9-36
Grünbaum A (1986a) The validity of hidden motives in psychoanalytic theory (Lecture). Johns Hopkins Univ, Baltimore
Grünbaum A (1986b) Further reflections on the scientific value of clinical data and the case study method in psychoanalysis (lecture). Am Psychoanal Assoc, New York
Grünbaum A (1988) The role of the case study method in the foundations of psychoanalysis. In: Nagl L, Vetter H (eds) Die Philosophen und Freud. Oldenburg, Wien (Wiener Reihe)
Guépin JP (1968) The tragic paradox. Myth and ritual in Greek tragedy. Hakkert, Amsterdam
Guttman SA (1965) Some aspects of scientific theory construction and psychoanalysis. Int J Psychoanal 46: 129-136
Habermas J (1973) Erkenntnis und Interesse. Suhrkamp, Frankfurt am Main
Hadas M (1963) Hellenistische Kultur. Klett, Stuttgart
Hall R (1967) Dialectic. In: Edwards P (ed) Encyclopedia of philosophy. Macmillan, New York, pp 385-389
Hartmann H (1960) Psychoanalysis and moral values. Int Univ Press, New York
Hartmann H (1964) Essays on ego psychology. Selected problems in psychoanalytic theory. Int Univ Press, New York (dt Ausg 1972: Ich-Psychologie. Studien zur psychoanalytischen Theorie. Klett, Stuttgart)
Häsler AA (1968) Das Boot ist voll. Die Schweiz und die Flüchtlinge, 1933-1945. Verlag Ex Libris, Zürich
Haynal A, Molnar M, de Puymège G (1980) Le fanatism. Histoire et psychoanalyse. Stock/Monde Ouvert, Paris

Henry RC (1986) John Wheeler's quantum ghost. Johns Hopkins Magazine, Febr 1986: 12-13
Herodotus (1905) Historiae. Hrsg von H Kallenberg. Teubner, Leipzig
Hesiod (1947) Works and days (Erga kai hemerai); Theogonia. Ed by HG Evelyn-White. Harvard Univ Press, Cambridge/MA (Loeb Classical Library) (engl. 1959: transl by R Lattimore. Univ Michigan Press, Ann Arbor)
Hirsch ED (1967) Validity in interpretation. Yale Univ Press, New Haven
Hofmannsthal H von (1973) Ausgewählte Werke in zwei Bänden. Fischer, Frankfurt am Main (Aufsatz 1911 „Wilhelm Meister" in der Urform, Bd 2, S 517-525)
Hofstadter R (1948) The American political tradition. Vintage Book, Knopf, New York
Holt RR (1975) The past and the future of ego psychology. Psychoanal Q 44: 550-576
Holt RR (1981) The death and transfiguration of metapsychology. Int Rev Psychoanal 8: 129-144
Holt RR (1985) The current status of psychoanalytic theory. Psychoanal Psychol 2: 289-315
Holton G (1973) Thematic origins of scientific thought. Kepler to Einstein. Harvard Univ Press, Cambridge/Mass
Holton G (1986) The advancement of science, and its burdens. Daedalus 115: 75-104
Home HJ (1966) The concept of mind. Int J Psychoanal 47: 43-49
Horaz, zit. nach der Loeb-Ausgabe. Harvard Univ Press, Cambridge/MA
Horton PC, Coppolillo HP (1972) Unconscious causality and the pyramid of science. Arch Gen Psychiatry 26: 512-517
Hsieh Yu-wei (1967, 1986) Filial piety and Chinese society. In: Moore CA (ed) The Chinese mind. Essentials of Chinese philosophy and culture. Univ Hawaii Press, Honolulu
Hu Shih (1967, 1986) The scientific spirit and method in Chinese philosophy. In: Moore C (ed) The Chinese mind. Univ Hawaii, Honolulu, pp 104-131
Ibsen H (1917) Sämtliche Werke. Hrsg v J Elias u P Schlenther. S Fischer, Berlin
Jacobsen T (1976) The treasures of darkness. A history of Mesopotamian religion. Yale Univ Press, New Haven
Jacobson E (1964) The self and the object world. Int Univ Press, New York
Jacobson E (1971) Depression. Int Univ Press, New York
Jaeger W (1933, 1943) Paideia. The ideals of Greek culture, vol 1. Blackwell, Oxford; vol 2 & 3: Oxford Univ press, London (engl 1965/69: transl by G Highet)
Jaeger W (1923, 1967) Aristotle. Fundamentals of the history of his development. Oxford Univ Press, London
James H (1865, 1968) The limitations of Dickens. In: Zabel MD (ed) The portable Henry James. Viking, New York, pp 429-436
James H (1884, 1968) The art of fiction. Viking, New York, pp 387-414
James H (oJ) The art of the novel. Critical prefaces. Ed by RB Blackmur. Scribner, New York
Janet P (1908/1911) Les obsessions et la psychasthénie, 2 vols. Alcan, Paris
Jastrow M (1903, 1950) Dictionary of Talmud Babli, Yerushalmi, Midrashic Literature and Targumim. Pardes Publ House, New York
Johnson E (1952) Charles Dickens. His tragedy and triumph, 2 vols. Simon & Schuster, New York
Jones E (1953, 1960) Das Leben und Werk von Sigmund Freud, Bd 1. Huber, Bern Stuttgart Wien
Joyce J (1916, 1968) A portrait of the artist as a young man. Viking, New York
Kächele H (1981) Zur Bedeutung der Krankengeschichte in der klinisch-psychoanalytischen Forschung. Jahrb Psychoanal 12: 118-177

Kant I (1781-A, 1787-B, 1956) Kritik der reinen Vernunft. Meiner, Hamburg
Kant I (1788-A, 1792-B, 1878) Kritik der praktischen Vernunft. Reclam, Leipzig
Kaufmann W (1969) Tragedy and philosophy. Doubleday, Garden City
Kearns D (1976) Lyndon Johnson and the American dream. Harper & Row, New York
Kernberg OF (1975) Borderline conditions and pathological narcissism. Aronson, New York
Kernberg OF (1976) Object-relations theory and clinical psychoanalysis. Aronson, New York
Kernberg OF (1984) Severe personality disorders. Yale Univ Press, New Haven
Kettner M (1987) Erwachen aus dem dogmatischen Schlummer. [Besprechung von Grünbaum A (1984) The foundation of psychoanalysis. A philosophical critique. Berkeley] Psyche (Stuttg) 41: 749-760
Khantzian EJ (1974) Opiate addiction: A critique of theory and some implications for treatment. Am J Psychother 28: 59-70
Khantzian EJ (1978) The ego, the self and opiate addiction: Theoretical and treatment considerations. Int Rev Psychoanal 5: 189-198
Khantzian EJ (1987, unpublished) Substance dependence, repetition and the nature of addictive suffering.
Khantzian EJ, Mack JE (1983) Self-preservation and the care of the self. Ego instincts reconsidered. Psychoanal Study Child 38: 209-232
Klausmeier F (1978) Die Lust, sich musikalisch auszudrücken. Rowohlt, Reinbek
Klein GS (1973a) Is psychoanalysis relevant? In: Rubenstein BB (ed) Psychoanalysis and contemporary science, vol 3. Macmillan, New York; Collier Macmillan, London, pp 3-21
Klein GS (1973b) Two theories or one? Bull Menninger Clin 37: 102-132
Klein M (1932) The psycho-analysis of children. Hogarth, London
Kluge F (1975) Etymologisches Wörterbuch. De Gruyter, Berlin
Kohut H (1959) Introspection, empathy and psychoanalysis. J Am Psychoanal Assoc 7: 459-483
Kohut H (1971) The analysis of the self. Int Univ Press, New York
Kohut H (1973) Psychoanalysis in a troubled world. In: The annual of psychoanalysis, vol 1. Quadrangle/The New York Times Book, New York, pp 3-25
Kohut H (1977) The restoration of the self. Int Univ Press, New York
Kohut H, Wolf ES (1978, 1986) The disorders of the self and their treatment: An outline. In: Morrison AP (ed) Essential papers on narcissism. New York Univ Press, New York, pp 175-196
Kris AO (1983a) The analyst's conceptual freedom in the method of free association. Int J Psycho-Anal 64: 407-411
Kris AO (1983b) Determinants of free association in narcissistic phenomena. Psychoanal Study Child 38: 439-458
Kris AO (1984) The conflicts of ambivalence. Psychoanal Study Child 39: 213-234
Kris AO (1985) Resistance in convergent and in divergent conflicts. Psychoanal Q 54: 537-568
Kris AO (1986) Some clinical applications of the distinction between divergent and convergent conflicts. Vortrag, Wisconsin Psychoanal. Gesellschaft. Int J. Psycho-Anal., in press
Kris AO (1987) Fixation and regression in relation to convergent and divergent conflicts. Bulletin Anna Freud Centre. 10: 99-117
Kris E (1951) Ego psychology and interpretation in psychoanalytic therapy. Psychoanal Q 20: 15-30
Kris E (1975) The selected papers. Yale Univ Press, New Haven

Krystal H (1974, 1975) The genetic development of affects and affect regression. Annu Psychoanal 2: 98-126, 3: 179-219

Krystal H (1977) Self- and object-representation in alcoholism and other drug dependence: Implications for therapy. In: Psychodynamics of drug dependence. US HEW Government Printing Office, Washington/DC (NIDA Research Monograph, vol 12, pp 88-100)

Krystal H (1978a) Trauma and affect. Psychoanal Study Child 36: 81-116

Krystal H (1978b) Self representation and the capacity for self care. Annu Psychoanal 6: 209-246

Krystal H (1982) Adolescence and the tendencies to develop substance dependence. Psychoanal Inquiry 2: 581-617

Kubie LS (1947) The fallacious use of quantative concepts in dynamic psychology. Psychoanal Q 16: 507-518

Kubie LS (1954) The fundamental nature of the distinction between normality and neurosis. Psychoanal Q 23: 167-204 (Zit. nach Kubie 1978)

Kubie LS (1960) Psychoanalysis and the scientific method. J Nerv Ment Dis 131: 495-512

Kubie LS (1962) The fallacious misuse of the concept of sublimation. Psychoanal Q 31: 73-79

Kubie LS (1966) A reconsideration of thinking, the dream process and „the dream". Psychoanal Q 35: 191-198

Kubie LS (1970) The retreat from patients. Int J Psychiatry 9: 693-711

Kubie LS (1978) Symbol and Neurosis. Selected papers, ed by HJ Schlesinger. Int Univ Press, New York (Psychol Issues Monogr, vol 44)

Kuhn TS (1962, 1970a) The structure of scientific revolutions. Univ Chicago Press, Chicago

Kuhn TS (1970b) Logic of discovery or psychology of research? In: Lakatos L, Musgrave A (eds) Criticism and the growth of knowledge. Cambridge Univ Press, London

Lagerkvist P (1925, 1982) Gäst hos verkligheten. Bonniers, Stockholm

Lagerkvist P (1930) Själarnas maskerad. Bonniers, Stockholm

Lagerkvist P (1933, 1976) Bödeln. Bonniers, Stockholm (dt 1946: Der Henker. Übers von V Arpe. Bermann-Fischer, Stockholm)

Lagerkvist P (1944, 1951) Dvärgen. Bonniers, Stockholm (dt 1946: Der Zwerg. Übers von V Arpe, Bermann-Fischer, Stockholm)

Lagerkvist P (1947) De vises sten. Bonniers, Stockholm

Lagerkvist P (1950, 1984) Barabbas. Bonniers, Stockholm (franz Ausg 1951: mit Brief von André Gide. Stock, Paris)

Lagerkvist P (1956) Sibyllan. Bonniers, Stockholm

Lagerkvist P (1960) Ahasverus död. Bonniers, Stockholm

Lagerkvist P (1966) Pilgrimen. Bonniers, Stockholm

Lagerkvist P (1967) Mariamne. Bonniers, Stockholm

Lagerlöf S (1891, 1978) Gösta Berlings saga. Delfinserien. Bonniers, Stockholm

Langer SK (1942) Philosophy in a new key. A study in the symbolism of reason, rite, and art. Mentor Book, New American Library, New York (dt 1972: Philosophie auf neuem Wege. Das Symbol im Denken, im Ritus und in der Kunst. Fischer, Frankfurt am Main)

Langer SK (1953) Feeling and form. A theory of art. Routledge & Paul, London

Langer SK (1956, 1964) On a new definition of „symbol". In: Philosophical sketches. Johns Hopkins Press, Baltimore

Langer SK (1967, 1970) Mind. An essay on human feeling, vol 1. The Johns Hopkins University Press, Baltimore

Langer SK (1972, 1974) Mind. An essay on human feeling, vol 2. The Johns Hopkins University Press, Baltimore
Langs R (1976) The bipersonal field. Aronson, New York
Lao Tse (Lao Tzu) (1981) Tao Te King. Übers ins Engl von Tam C Gibbs. North Atlantic Books, Richmond/CA (mit Kommentar von Man-jan Cheng); 1979: Wing-tsit Chan. In: A Rump, Übers von Wang Pis Kommentar. Univ Press, Hawaii (dt Übers 1986: R Wilhelm, Diederichs Gelbe Reihe, Köln; nach Übers 1945 von O Sumitomo. Classen, Zürich)
Laqueur W (1980) Was niemand wissen wollte. Die Unterdrückung der Nachrichten über Hitlers „Endlösung". Übers von O Weith. Ullstein, Frankfurt am Main
Leites N (1971) The new ego. Science House, New York
Lesky A (1972) Die tragische Dichtung der Hellenen. Vandenhoeck & Ruprecht, Göttingen
Levenson JR (1953) „History" and „value": The tensions of intellectual choice in modern China. In: Wright AF (ed) Studies in Chinese thought. Univ Chicago Press, Chicago, pp 146-194
Levenson JR, Schurmann F (1969) China: An interpretive history. Univ California Press, Berkeley
Levin FM (1981) Metaphor, affect, and arousal: How interpretations may work. Annu Psychoanal 8: 231-245
Lewin BD (1965) Teaching and the beginnings of theory. Int J Psychoanal 46: 137-139
Lewin BD (1968) The image and the past. Int Univ Press, New York
Lewin BD (1970) The train ride. A study of one of Freud's figures of speech. Psychoanal Q 39: 71-89
Lewin BD (1971) Metaphor, mind and manikin. Psychoanal Q 40: 6-39
Lewis HB (1971) Shame and guilt in neurosis. Int Univ Press, New York
Liang Heng, Shapiro J (1983, 1988) Son of the revolution: Fontana Collins, Glasgow
Lichtenberg JD (1983) Psychoanalysis and infant research. Analytic Press, Hillsdale
Lichtenberg JD (1986) The relevance of observations of infants for clinical work with adults. Vortrag vom 26.5.86. Schweiz Psychoanal Gesellschaft, Zürich
Lichtenberg JD (1987, unpublished) Psychoanalysis and motivation (Entwurf)
Lichtenberg JD, Slap JW (1973) Notes on the concept of splitting and the defense mechanism of the splitting of representations. J Am Psychoanal Assoc 21: 772-787
Lidz T (1983) The regression of psychiatry. 3rd Sullivan-lecture. Sheppard-Pratt Hospital
Lifton RJ (1986) The Nazi doctors. Basic Books, New York
Lipton SD (1977a) The advantage of Freud's technique as shown in his analysis of the rat man. Int J Psychoanal 58: 255-274
Lipton SD (1977b) Clinical observations on resistance to the transference. Int J Psychoanal 58: 463-472
Loch W (1976) Psychoanalyse und Wahrheit. Psyche (Stuttg) 30: 865-898
Loch W (1983) Die Frage nach dem Sinn. Das Subjekt und die Freiheit, ein psychoanalytischer Beitrag. Jahrb Psychoanal 15: 68-99
Loewald HW (1980) Papers on psychoanalysis. Yale Univ Press, New Haven
Loewenstein RM (1951) The problem of interpretation. Psychoanal Q 20: 1-14
Loewenstein RM (1957) Some thoughts on interpretation in the theory and practice of psychoanalysis. Psychoanal Study Child 12: 127-150
Löwith K (1960) Der Weltbegriff der neuzeitlichen Philosophie. Winter, Heidelberg
Luborsky L (1984) Principles of psychoanalytic psychotherapy. A manual for supportive-expressive treatment. Basic, New York
Lynd HM (1961) On shame and the search for identity. Science Edition, New York
Mahler MS (1968) On human symbiosis and the vicissitudes of individuation. I. Infantile psychosis. Int Univ Press, New York

Mahler MS, Pine F, Bergmann A (1975) The psychological birth of the human infant, symbiosis and individuation. Basic Books, New York
Mahony P (1979) The place of psychoanalytic treatment in the history of discourse. Psychoanal Contemp Thought 2: 77-111
Mandt AJ (1988) The nature of philosophy: Kant, Fichte and Rorty in the modern conversation. The Philosophical Forum 19: 197-223
Mann T (1901, 1931) Buddenbrooks. Fischer, Berlin
Mann T (1912, 1954) Der Tod in Venedig. Fischer Bücherei, Frankfurt am Main
Mann T (1933) Joseph und seine Brüder. Fischer, Berlin
Mann T (1918, 1977) Ironie und Radikalismus. In: Kurzke H (Hrsg) Essays, Bd 2. Fischer Taschenbuch, Frankfurt am Main, S 41-58
Mann T (1929, 1978) Die Stellung Freuds in der modernen Geistesgeschichte. In: Kurzke H (Hrsg) Essays, Bd 3. Fischer Taschenbuch, Frankfurt am Main, S 153-172
Mann T (1932, 1977) Goethe als Repräsentant des bürgerlichen Zeitalters. In: Mann M (Hrsg) Essays, Bd 1. Fischer Taschenbuch, Frankfurt am Main, S 216-243
Mann T (1936, 1978) Freud und die Zukunft. In: Mann 1932, S 173-192
Mann T (1938, 1978) Schopenhauer. In: Mann 1932, S 193-234
Mann T (1947, 1978) Nietzsches Philosophie im Lichte unserer Erfahrung. In: Mann 1932, S 235-264
Mann T (1939, 1977) Die Kunst des Romans. In: Mann M (Hrsg) Essays, Bd 1. Fischer Taschenbuch, Frankfurt am Main
Mann T (1952, 1977) Der Künstler und die Gesellschaft. In: Kurzke H (Hrsg) Essays, Bd 2. Fischer Taschenbuch, Frankfurt am Main, S 326-336
Martin J (1983) William Faulkner: Construction and reconstruction in biography and psychoanalysis. Psychoanal Inquiry 3: 295-340
Meissner WW (1970, 1972) Notes on identification. Psychoanal Q 39: 563-589, 40: 277-302, 41: 224-260
Meissner WW (1978) The paranoid process. Aronson, New York
Meissner WW (1986) Narcissistic personalities and borderline conditions: A differential diagnosis. In: Morrison AP (ed) Essential papers on narcissism. New York Univ Press, New York, pp 403-437
Messiah A (oJ) Quantum mechanics, 2 vols. Wiley, New York
Meyer M (1971) Ibsen - a biography. Doubleday, Garden City
Midrash Rabbah, zitiert nach der hebr Ausgabe, Gebr Lewin Epstein, Jerusalem (oJ); engl Übers 1983, hrsg von H Freedman, M Simon. Soncino, London
Modell AH (1978 a) Affects and the complementarity of biologic and historical meaning. Annu Psychoanal 6: 167-180
Modell AH (1978 b) The nature of psychoanalytic knowledge. J Am Psychoanal Assoc 26: 641-658
Modell AH (1984) Psychoanalysis in a new context. Int Univ Press, New York
Momigliano A (1975) The fault of the Greeks. Daedalus 104/2: 9-19
Morrison AP (ed) (1986) Essential papers on narcissism. New York Univ Press, New York
Müller-Pozzi H (1985) Identifikation und Konflikt. Die Angst vor Liebesverlust und der Verzicht auf Individuation. Psyche (Stuttg) 39: 877-904
Muschg A (1981) Literatur als Therapie. Ein Exkurs über das Heilsame und das Unheilbare. Suhrkamp, Frankfurt am Main
Muschg W (1948, 1969) Tragische Literaturgeschichte. Francke, Bern
Musil R (1952) Der Mann ohne Eigenschaften. Rowohlt, Hamburg
Naef-Hinderling A (1983) The search for the culprit: Dickens's conflicting self- and object-representations. Francke, Bern

Nagel E (1959) Methodological issues in psychoanalytic theory. In: Hook S (ed) Psychoanalysis, scientific method and philosophy. A symposium. New York Univ Press, New York, pp 38-56
Nagel E (1961) The structure of science. Problems in the logic of scientific explanation. Harcourt, Brance & World, New York
Nathanson DL (1985) Denial, projection and the empathic wall. Papers presented at Int Conf on Denial, Jerusalem
Nathanson DL (1986) The empathic wall and the ecology of affect. Psychoanal Study Child 41: 171-187
Nathanson DL (1987a) A timetable for shame. In: Nathanson DL (ed) The many faces of shame. Guilford, New York, pp 1-63
Nathanson DL (1987b, in preparation) The shame/pride axis. In: Block H (ed) The role of shame in symptom formation.
Neusner J (1978) History and purity in first-century Judaism. History of Religions 18: 1-17
Nietzsche F (1871, 1976) Die Geburt der Tragödie aus dem Geiste der Musik. Kröner, Stuttgart
Nietzsche Fr (1885, 1976) Jenseits von Gut und Böse. Kröner, Stuttgart
Nietzsche F (1886, 1976) Morgenröte. Kröner, Stuttgart
Nietzsche F (1887, 1976) Zur Genealogie der Moral. Kröner, Stuttgart
Northrop FSC (1931, 1971): The logic of the sciences and the humanities. Meridian, New York
Nunberg H (1961) Curiosity. Int Univ Press, New York
Oates WJ (1963) Aristotle and the problem of value. Princeton Univ Press, Princeton
Oberholzer O (1958) Pär Lagerkvist. Studien zu seiner Prosa und seinem Drama. Winter, Heidelberg
Ornstein NJ (1987) Regan's mismanagement style. New York Times, 25. Februar 1987
Parloff MB (1984) Psychotherapy research and its incredible credibility crisis. Clin Psychol Rev 4: 95-109
Platon (oJ) Sämtliche Werke. Lambert Schneider, Berlin
Polanyi M (1965) On the modern mind. In: Scientific thought and social reality. Psychol Issues 32: 131-149
Popper KR (1957) The poverty of historicism. Harper, New York
Popper KR (1959) The logic of scientific discovery. Harper, New York
Popper KR (1962) Conjectures and refutations: The growth of scientific knowledge. Basic Books, New York
Portmann A (1973) Goethe und der Begriff der Metamorphose. Goethe-Jahrbuch 90: 11-21
Pribram KH (1980) The role of analogy in transcending limits in the brain sciences. Daedalus 109: 19-38
Randall JH (1960, 1967) Aristotle. Columbia Univ Press, New York
Randall JH (1963) How philosophy uses its past. Columbia Univ Press, New York
Rangell L (1963a) The Scope of intrapsychic conflict: Microscopic and macroscopic considerations. Psychoanal. Study Child 18: 75-102
Rangell L (1963b) Structural problems in intrapsychic conflict. Psychoanal. Study Child 18: 103-138
Rangell L (1968) A point of view on acting out. Int J Psychoanal 49: 195-201
Rangell L (1974) A psychoanalytic perspective leading currently to the syndrome of the compromise of integrity. Int J Psychoanal 55: 3-12
Rangell L (1980) The mind of Watergate. Norton, New York
Rangell L (1981) Psychoanalysis and dynamic psychotherapy: Similarities and differences twenty-five years later. Psychoanal Q 50: 665-693

Rangell L (1982) The self in psychoanalytic theory. J Am Psychoanal Assoc 30: 863-892
Rangell L (1986) The executive functions of the ego: An extension of the concept of ego autonomy. Psychoanal Study Child 41: 1-40
Rangell L (1987) A core process in psychoanalytic treatment. Psychoanal Q 56: 222-249
Reider N (1972) Metaphor as interpretation. Int J Psychoanal 53: 463-469
Ricoeur P (1970) Freud and philosophy. An essay on interpretation. Yale Univ Press, New Haven London
Ricoeur P (1976) Interpretation theory: Discourse and the surplus of meaning. Texas Christian Univ Press, Fort Worth
Roiphe H, Galenson E (1981) Infantile origins of sexual identity. Int Univ Press, New York
Rorty R (1979) Philosophy and the mirror of nature. Princeton Univ Press, Princeton
Rorty R (1980a) Freud, morality and hermeneutics. New literary history. Univ of Virginia Press, Charlottesville, pp 178-185
Rorty R (1980b) A reply to Dreyfus and Taylor / A discussion. Rev Metaphys 34: 39-55
Rorty R (1982) Consequences of pragmatism. Univ of Minnesota Press, Minneapolis
Rorty R (1984) Freud and moral psychology. Vortrag in der Washington Psychoanalytic Society, 19. Okt. 1984
Rosenzweig F (1921, 1954) Der Stern der Erlösung. Lambert Schneider, Heidelberg
Rousseau JJ (1765, 1965) Les confessions. Présenté par Jean Guéhenno. Gallimard, Paris
Rubenstein RL (1978) The cunning of history. The Holocaust and the American future. Harper Colophon, New York
Rubinstein BB (1983) Freud's early theories of hysteria. In: Cohen RS, Laudan L (eds) Physics, philosophy and psychoanalysis. Reidel, Dordrecht, pp 169-190
Ryberg A (1964) Pär Lagerkvist in translation. A bibliography. Acta Bibliotheca Regiae Stockholmiensis
Ryle G (1949) The concept of mind. Penguin, Harmondsworth
Sacks S (1978) On metaphor. Univ Chicago Press, Chicago
Sampson H, Weiss J (1983) Testing hypotheses. The approach of the Mount Zion Psychotherapy Research Group. In: Greenberg L, Pinsof W (eds) The psychoanalytic process. Guilford, New York
Sandemose A (1933, 1980) En flykting korsar sitt spår (En flyktning krysser sitt spor) (Übers ins Schwed v C Johnson. Donnelley, Harrisonsburg/VA)
Sandler J, Freud A (1972/73, 1985) The analysis of defense: The ego and the mechanisms of defense revisited. Int Univ Press, New York
Schafer R (1970) The psychoanalytic vision of reality. Int J Psychoanal 51: 279-298
Schafer R (1972) Internalization. Process or fantasy? Psychoanal Study Child 27: 411-436
Schafer R (1973a) The idea of resistance. Int J Psychoanal 54: 259-285
Schafer R (1973b) Action. Its place in psychoanalytic interpretation and theory. Annu Psychoanal 1: 159-196
Schafer R (1975) Psychoanalysis without psychodynamics. Int J Psychoanal 56: 41-55
Schafer R (1976) Emotion in the language of action. In: Gill M, Holzman PS (eds) Psychology versus metapsychology. Psychoanalytic essays in memory of George S Klein. Int Univ Press, New York
Scheler M (1955) Vom Umsturz der Werte. Francke, Bern (Gesammelte Werke, Bd 3)
Schiller F (oJ) Sämtliche Werke. Hrsg. von P. Merker. Reclam, Leipzig
Scholem G (1957) Die jüdische Mystik in ihren Hauptströmungen. Rhein-Verlag, Zürich
Scholem G (1962, 1977) Martin Bubers Deutung des Chassidismus. In: Judaica 1. Suhrkamp, Frankfurt am Main

Schottländer F (oJ) Blendung durch Bilder. In: Mitscherlich A (Hrsg) Entfaltung der Psychoanalyse. Klett, Stuttgart, S222-235
Schur M (1966) The id and the regulatory principles of mental functioning. Int Univ Press, New York
Scowcroft B, Deutch J, Woolsey RJ (1987) A way out of Reykjavik. New York Times Magazine 25. Jan., 1987
Seeskin K (1987) Job and the problem of evil. Philos Literature 11: 226-241
Sewall RB (1959, 1969) The vision of tragedy. Yale Univ Press, New Haven
Shakespeare W (1948) The complete works (edited by GB Harrison). Harcourt, Brace & World, New York (dt Übers 1943: AW Schlegel, L Tieck, hrsg von H Matter. Birkhäuser, Basel)
Sharpe EF (1940) An examination of metaphor. Psycho-physical problems revealed in language. In: Fliess R (Hrsg) The psychoanalytic reader. Int Univ Press, New York, pp272-286
Shope RK (1973) Freud's concepts of meaning. In: Rubenstein BB (ed) Psychoanalysis and contemporary science, vol 2. Macmillan, New York, Collier-Macmillan, London, pp276-303
Simon B (1973) Plato and Freud. The mind in conflict and the mind in dialogue. Psychoanal Q 42: 91-122
Slap JW, Levine FJ (1978) On hybrid concepts in psychoanalysis. Psychoanal Q 47: 499-523
Slochower H (1949) Ernst Cassirer's functional approach to art and literature. In: Schilpp PA (ed) The philosophy of Ernst Cassirer. Tudor, New York, pp633-659
Slochower H (1970a) Mythopoesis. Mythic patterns in the literary classics. Wayne State Univ Press, Detroit
Slochower H (1970b) Psychoanalytic distinction between myth and mythopoesis. J Am Psychoanal Assoc 18: 150-164
Snell B (1930, 1966) Besprechung von F. Zucker, Syneidesis - Conscientia. In: Gesammelte Schriften. Vandenhoeck & Ruprecht, Göttingen, S9-17
Snell B (1948) Die Entdeckung des Geistes. Claassen & Goverts, Hamburg (engl Ausg 1960: The discovery of the mind. The Greek origins of European thought. Harper, New York)
Solomon RC (1977) Introducing philosophy: Problems and perspectives. Harcourt Brace, New York
Sophokles (1967) Sophoclis fabulae (edited by AC Pearson). Oxford Classical Texts. Clarendon, Oxford
Spence DP (1982) Narrative truth and historical truth. Norton, New York
Spence DP (1983) Narrative persuasion. Psychoanal Contemp Thought 6: 457-481
Spruiell V (1987) The foundation of psychoanalysis: An essay on a philosophical book by Adolf Grünbaum. Int Rev Psychoanal 14: 169-184
Steele RS (1979) Psychoanalysis and hermeneutics. Int Rev Psychoanal 6: 389-412
Steiner G (1961, 1968) The death of tragedy. Hill & Wang, New York
Sterba R (1934) The fate of the ego in analytic theory. Int J Psychoanal. 15: 117-126
Stern DN (1985) The interpersonal world of the infant. A view from psychoanalysis and developmental psychology. Basic Books, New York
Stern M (1986) Autobiographie und Identität. In: Benedetti G, Wiesmann L (Hrsg) Ein Inuk sein. Interdisziplinäre Vorlesungen zum Problem der Identität. Vandenhoeck & Ruprecht, Göttingen S257-270
Stolze H (1975) Bildung für Psychotherapeuten? Prax Psychother 20: 259-266
Stone L (1984) Transference and its context. Aronson, New York
Strachey J (1934, 1969) The nature of the therapeutic action of psychoanalysis. Int J Psychoanal 50: 275-292

Szondi P (1961, 1978) Versuch über das Tragische. In: Schriften, Bd 1. Suhrkamp, Frankfurt am Main

Tabin JK (1985) On the way to self. Ego and early Oedipal development. Columbia Univ Press, New York

Talmud, zitiert nach der aramäischen Ausgabe des babylonischen Talmud (1962). Hrsg von Rabbi M Zioni, Jerusalem u Bne Braq; engl Übers 1936, hrsg von Isidore Epstein. Soncino, London

Thomä H, Kächele H (1973) Wissenschaftstheoretische und methodologische Probleme der klinisch-psychoanalytischen Forschung. Psyche (Stuttg) 27: 205-236, 309-355

Thomä H, Kächele H (1985) Lehrbuch der psychoanalytischen Therapie, Bd 1. Springer, Berlin Heidelberg New York Tokyo

Thomson G (1941, 1966) Aeschylus and Athens. Lawrence & Wishart, London, Kulturpress, Budapest

Thucydidis Historiae (1966) Ed by HS Jones, JE Powell. Clarendon, Oxford

Titus HH, Smith MS, Nolan RT (1986) Living issues in philosophy. Wadsworth, Belmont/CA

Tomkins SS (1978) Script theory: Differential magnification of affects. Nebraska Symposium of Motivation, pp 201-236

Tomkins SS (1982) Affect theory. In: Ekman P (ed) Emotion in the human face. Cambridge Univ Press, Cambridge, pp 353-395

Toulmin S (1988) The recovery of practical philosophy. Amer. Scholar 57: 337-352

Trilling L (1950, 1955) The opposing self. Viking, New York

Trilling L (1971) Sincerity and authenticity. Harvard Univ Press, Cambridge/MA

Trunnell EE, Holt WE (1974) The concept of denial or disavowal. J Am Psychoanal Assoc 22: 769-784

Tuchman BW (1980) The decline of quality. New York Times Magazine Nov 2, 38-104

Turbayne CM (1970, 1971) The myth of the metaphor. Univ of South Carolina Press, Columbia

Tzermias P (1976) Tourismus und Gastfreundschaft in Griechenland. Neue Zürcher Zeitung 20. Aug, S 57

Unamuno M de (1921, 1954) Tragic sense of life. Übers v JE Crawford Flitch. Dover, New York

Valérie P (1943) Tel quel. Gallimard, Paris

Vicchio SJ (1985, 1988) Augustine, Neo-Platonism and human nature. Vortrag (In Vorbereitung)

Vicchio SJ (1987 a) A careful disorder. Chronicles of life, love and laughter. Christian Classics, Westminster/MD

Vicchio SJ (1987 b) Notes on theories of truth. Vorlesungsaufzeichnungen im Notre Dame College, Baltimore

Vicchio SJ (1987 c) The voice from the whirlwind. Historical and contemporary perspectives on the problem of evil. Clarke, Edinburgh

Voth HM (1970) The analysis of metaphor. J Am Psychoanal Assoc 18: 599-621

Wälder R (1936) Zur Frage der Genese der psychischen Konflikte im frühen Kindesalter. Int Z Psychoanal 22: 513-570

Waelder R (1960) Basic theory of psychoanalysis. Int Univ Press, New York

Waelder R (1962) Psychoanalysis, scientific method and philosophy. J Am Psychoanal Assoc 10: 617-637

Waelder R (1965) Psychoanalytic avenues to art. Int Univ Press, New York

Waelder R (1967) Progress and revolution. Int Univ Press, New York

Waelder R (1970) Observation, historical reconstruction and experiment: An epistemological study. In: Hanly C, Lazerowitz M (eds) Psychoanalysis and philosophy. Int Univ Press, New York, pp 280-326

Waelder R (1976) Psychoanalysis: Observation, theory, application, ed by Guttman SA. Int Univ Press, New York
Wallerstein RS (1976) Psychoanalysis as a science: Its present status and its future tasks. In: Psychology versus metapsychology. Psychol Issues 36: 198-228
Wallerstein RS (1986) Psychoanalysis as a science: A response to the new challenge. Psychoanal Q 55: 414-451
Walsh WH (1975) Kant's criticism of metaphysics. Univ Chicago Press, Chicago
Weil E (1975) What is a breakthrough in history? Daedalus 104/2: 21-36
Weinstein F (1980) The dynamics of Nazism. Academic Press, New York
Wheeler JA (1985) Interview mit J. Bernstein. Johns Hopkins Magazine, Okt, pp 23-33
Wheelwright P (1962, 1975) Metaphor and reality. Indiana Univ Press, Bloomington
Wieger L (1927, 1965) Chinese characters, their origin, etymology, history, classification and signification, transl by L Davrout. Paragon Book Reprint. Dover, New York
Wieseltier L (1986) What went wrong? New York Times Magazine, 7. Dez 1986
Wilhelm R (1921) Kung Fu Tse: Gespräche. Lun Yü. Diederichs, Jena
Winnicott DW (1965) The maturational processes and the facilitating environment. Studies in the theory of emotional development. Int Univ Press, New York
Wittgenstein L (1945-1949, 1960) Philosophische Untersuchungen. In: Anscombe GEM, Rhees R (Hrsg) Schriften. Suhrkamp, Frankfurt am Main, S 279-544
Wittgenstein L (1969, 1972) Über Gewißheit / On certainty, ed by GEM Anscombe, GH von Wright. Harper & Row, New York (Harper Torchbooks)
Wurmser D (1987) Compactified vacuum in 10 dimensions. Dissertation. Johns Hopkins Univ, Baltimore
Wurmser L (1974) Psychoanalytic considerations of the etiology of compulsive drug use. J Am Psychoanal Assoc 22: 820-843
Wurmser L (1977a, 1983) A defense of the use of metaphor in analytic theory formation. Psychoanal Q 46: 466-498 (dt Übers von D Haupt: Plädoyer für die Verwendung von Metaphern in der psychoanalytischen Theoriebildung. Psyche (Stuttg) 37: 673-700)
Wurmser L (1977b) The Janus face of psychiatry. J Nerv Ment Dis 164: 375-379
Wurmser L (1978) The hidden dimension. Psychodynamics in compulsive drug use. Aronson, New York
Wurmser L (1981a) The mask of shame. Johns Hopkins Univ Press, Baltimore
Wurmser L (1981b) Is psychoanalysis a separate field of symbolic forms? Humanities and Society 4: 263-294
Wurmser L (1984a) More respect for the neurotic process. J Substance Abuse Treat 1: 37-45 (dt Ausg 2. Febr 1984: Mehr Respekt für den neurotischen Prozeß. Vortrag, Burghölzli)
Wurmser L (1984b) The role of superego conflicts in substance abuse and their treatment. Int J Psychoanal Psychother 10: 227-258
Wurmser L (1984c) Goethes relevance for psychoanalysis. Psychoanal Inquiry 4: 533-554
Wurmser L (1986a) Verleugnung, Impulshandlung und Identitätskonflikt. Z Psychoanal Theorie Prax 1: 95-112
Wurmser L (1986b) Die innere Grenze. Das Schamgefühl. Ein Beitrag zur Überich-Analyse. Jahrb Psychoanal 18: 16-41
Wurmser L (1986c) Flucht vor dem Gewissen. Vortrag. Int Symposium über Suchtmodelle. Baden/Wien
Wurmser L (1986d) Gedanken zu Grünbaums Kritik an der Psychoanalyse. Schweiz Psychoanal Gesellschaft, Zürich
Wurmser L (1986e) Rezension: H Thomä und H Kächeles „Lehrbuch der psychoanalytischen Therapie. Bd 1". Psyche (Stuttg) 40: 1030-1038

Wurmser L (1986f) Die schwere Last von tausend unbarmherzigen Augen. Forum der Psychoanal 2: 111-133

Wurmser L (1987a) Shame: The veiled companion of narcissism. In: Nathanson DL (ed) The many faces of shame. Guilford, New York, pp 64-92

Wurmser L (1987b) Widerstreit im Überich und Identitätsspaltung - die Folgen frühödipaler Probleme. In: Stork J (Hrsg) Über die Ursprünge des Ödipuskomplexes. Frommann-Holzboog, Stuttgart-Cannstadt, S 69-108

Wurmser L (1987c) Flucht vor dem Gewissen. Analyse von Über-Ich und Abwehr bei schweren Neurosen. Springer, Berlin Heidelberg New York Tokyo

Wyman DS (1984) The abandonment of the Jews. America and the Holocaust, 1941-1945. Pantheon, New York

Yerushalmi YH (1982) Zakhor. Jewish history and Jewish memory. Univ Washington Press, Seattle

Zaret M (1983) Vorlesungsnotizen in Quantenmechanik. Johns Hopkins Univ Press, Baltimore

14 Personenverzeichnis

Abba Siqra 261
Achilles 132, 134
Adler, A. 354, 378, 407, 435
Agurski, M. 260
Ajax 2
Ambrosiaster 273
Anaximander 384
Anderson, K. 128
Anselm 500
Antäus 36
Antigone 80–83, 107, 117
Apollo(n) 41, 43, 96–98, 349, 351
Aqiva (Rabbi) 493
Aristoteles 59, 76, 84–89, 91–94, 109, 118, 167, 173, 211, 240, 252, 280, 358, 360, 363, 373, 377, 384, 387f., 437, 441, 443, 451–454, 460, 462, 468, 471f., 486, 495, 498, 500, 505
Arlow, J. A. 345, 371
Äschylus (Aischylos) 1, 43, 84–90, 101, 103, 105, 113f., 124, 263, 347, 349, 359, 449
Augustinus 273, 334

Baal Schem Tov (Baalschem) 258
Bacon, F. 408
Balzac, H. de 62, 137–142, 165, 214, 447
Barbie, K. 254
Baron, J. L. 273
Bar Qamza 134, 262
Basch, M. F. 229
Beardsley, M. C. 211, 388f.
Beebe, B. 170
Beethoven, L. v. 447
Bellow, S. 260
Benjamin, W. 31, 34f., 57, 59, 100–102, 137, 183
Benvenisti, M. 260
Beres, D. 72, 356, 370, 387, 426
Bergman, I. 201
Bergmann-Herold, C. XII
Berlin, I. VIII
Berna, J. XII
Berna, R. XII
Bibby, G. 438
Bibring, E. 489
Binswanger, L. 292, 300, 468
Black, M. 211, 344, 388
Blackmur, R. B. 214
Blake, W. 128
Blanshard, B. 433
Blight, J. G. 304f., 330, 469
Blonski, J. 254
Bloom, A. 244, 282, 511
Blum, H. 464
Bocaccio, G. 343
Bodde, D. 263, 265
Bohr, N. 306, 329, 469f.
Bok, S. 221f.
Boss, M. 300
Breuer, J. 395, 397, 441, 471
Brock-Sulzer, E. 194
Brody, S. 170
Brown, L. 128
Brücke, E. 380
Buber, M. 257f., 260, 409, 500
Burckhardt, S. 448
Burger, N. K. 448
Burkert, W. 240
Bursten, B. 156
Bush, G. 506
Butterfield, F. 504

Calderon, P. 60, 80, 108
Cameron, A. 48, 72, 115
Camus, A. 4f., 7, 67f., 106, 481f.
Cancrini, A. 227
Canetti, E. 141, 296, 445
Caplan, A. 415, 419
Carnap, R. 483
Caruth, E. 371, 390
Cassirer, E. 17–22, 29, 31, 33, 92f., 242, 256f., 273, 292f., 295, 326, 339f., 342, 350, 352f., 361–367, 370f., 377, 379–386, 390, 399, 422, 425, 437, 483f., 486–493, 495, 501
Caws, P. 440
Chan Wing-Tsit 118, 124, 133, 184, 267f.
Chanina (Rabbi) XII
Charcot, J.-M. 341
Cheng Man-Jan 268
Class, M. 227
Classen, W. 268, 290
Compton, A. 394
Comte, A. 484

Cooper, L. 453 f.
Coppolillo, H. P. 483
Corneille, P. 95
Creel, H. G. 281
Cremerius, J. 26, 28, 30, 32, 72, 116, 400, 412, 462, 467
Crews, F. 394
Cusanus, N. 437

Danieli, Y. 447
Dante Alighieri 242, 379
Danto, A. C. 375
Darwin, C. 422, 447
Daube, D. 258
David 134
Descartes, R. 227, 333, 437, 452 f., 462, 486, 500, 504, 508
Deutch, J. 245
Dévéreux, E. F. 356
Dévéreux, G. 94, 108 f.
Dewey, J. 433
Dickens, C. XII, 11, 16, 51, 184–227
Dilthey, W. 298, 301
Dionysos 84–89, 96–98, 118, 359
Dodds, E.R. 54 f., 76
Doi, T. 132
Dostojewski, F. 104, 141, 213 f., 219, 245, 350 f
Dreyfus, A. XI, 394, 401
Du Bois-Reymond, E. 31
Dukakis, M. 506

Eagle, M. N. 395, 407
Eckardt, B. v. 395
Eckhart („Meister") 222
Edel, L. 217, 347
Edelson, M. 328, 330, 395, 406, 417, 424 f.
Edwards, P. 384
Eicke-Spengler, M. XII
Eickhoff, F.-W. XII, 52
Einstein, A. 381, 422, 453
Eissler, K. R. 229, 347, 391
Ekstein, R. 371, 390
El'asar ben Asarja (Rabbi) 481
Eliezer ben Hyrkanos (Rabbi) 126 f.
Eliot, G. 193, 214, 222
Ellenberger, H. 463 f.
Else, G. 84–89, 118 f.
Empedokles 451
Epstein, I. 127, 514
Erdelyi, M. H. 397
Erinnye (Erinnys) 85

Euklid 341
Euripides 90, 97 f., 112, 204, 349, 436
Eysenck, H. J. 408

Faraday, M. 492
Farrell, B. A. 425, 427
Faxén, M. XI, 128, 287
Faulkner, W. 104
Faust 280
Fechner, G. T. 341
Fenichel, O. 344, 353, 400
Feng Yu-Lan 266
Fergusson, F. 119, 215
Feuer, L. 277
Feyerabend, P. 309
Fichte, J. G. 380
Fingarette, H. 263–267, 271, 293, 330, 345, 349, 460 f., 489f.
Forel, A. 441, 465
Forrest, D. V. 386
Fowler, F. G., 205 f.
Franzke, E. XII, 128
Fraiberg, S. 71, 170
Freedman, H. 120, 514
Frenkel-Brunswick, E. 367
Freud, A. 230, 400, 435
Freud, S. 8, 17 f., 23–33, 36, 57, 83, 108, 191, 200, 208, 216, 229, 239, 274 ff., 283, 287, 294–311, 316 ff., 326, 329, 334, 337, 340, 342, 344 ff., ff., 433–435, 437, 440 f., 447–450, 458–467, 471 f., 483 f., 492, 496, 500, 506–508
Fridell, M. XII
Friedenthal, R. 345, 445, 454–457
Friedman, L. 434, 498
Frost, R. 386

Gadamer, H.-G. 280, 300, 358
Galilei, G. 280, 324, 341, 380, 384, 437
Gamliel (Rabban) 125–127, 261, 282, 468
Gibbs, T. C. 124, 133, 184, 267 f.
Gide, A. 142, 194
Glatzer, N.N. 119 f., 127, 271
Gleick, J. 403, 429
Glover, E. 25, 465
Goethe, J.W.v. XI f., 1, 4, 31, 33, 49, 67, 72, 106 f., 137 f., 146, 204, 213 f., 217, 263, 279 f., 283, 335, 345, 347, 349 ff., 353, 356, 379 f., 392, 425, 438, 441, 444–474, 484, 486
Goldman, E. F. 248
Gotthelf, J. 214

Graf-Baumann, T. XII
Grassi, E. 368, 373, 439
Grawe, K. 408
Gray, P. XII, 25, 333, 341, 394, 399, 489
Green, A. 347
Grossman, W. 390f.
Grünbaum, A. 28ff., 32f., 151, 277f., 283, 292ff., 296, 304–306, 316, 318f., 326, 393–443, 469, 477, 491, 510
Guépin, J.-P. 119, 360
Guttman, S. A. 422

Haas, J. P. 4
Habermas, J. 295, 300–303, 477
Hadas, M. 258
Haglund, B. 128
Hall, R. 479
Ham 223
Hamann, J. G. 368
Hardy, T. 214
Harlow, B. 11
Harriman, A. 249
Harrison, G. B. 137
Harrison, J. 84
Hartmann, H. 24, 334, 343, 351, 370, 383, 386, 434
Hartocollis, P. 356
Häsler, A. A. 253
Haupt, D. 356
Hawthorne, N. 104
Haynal, A. XII, 167
Hegel, F. 4, 107, 113, 239, 280, 380, 497
Heisenberg, W. 324, 326, 384
Helmholtz, H. 380
Henry, R. C. 423
Heraklit VII, 93, 118, 343, 441, 475
Herbart, J. F. 341
Herder, J. G. 368
Herodotus 377
Hertz, H. 371, 375, 492
Hesiod 67, 196, 203, 482
Hett, W. S. 360
Hillel 258
Hiob 80, 110, 113ff., 124, 273
Hitler, A. 168–170, 240, 282, 506f.
Hoffmann, E. T. A. 208, 351
Hofmannsthal, H. v. 356, 450, 456
Hofstädter, R. 246f.
Hölderlin, F. 91
Holt, R. R. 304, 330, 370, 394f., 441
Holton, G. 277, 309, 329
Holzman, P. S. 304, 394f.
Home, H. J. 292, 295, 300f., 368
Homer 51, 54, 87f., 134, 350
Horaz 112, 415
Horton, P. C. 483
Howard, J. W. 247
Hsieh, B. XI
Hsieh Yu-Wei 265f.
Hu Shih 238
Hugo, V. 141, 214
Hume, D. 428f., 495
Husserl, E. 340f., 491

Ibsen, H. 54, 60, 106, 200, 211, 213, 283f.

Jacobsen, T. 18
Jacobson, E. 26, 72, 224
Jäger, W. 48, 55, 89f.
Jago 135–137, 165
James, H. 190f., 203, 214f., 217, 347, 350
James, W. 329, 432f.
Janet, P. 341, 465, 471
Jaspers, K. 104, 296, 409, 500
Jastrow, M. 413
Jefferson, T. 246f.
Jehuda haNassi 262, 513
Jeremias 1f., 480f., 513
Jesajah 206, 261
Jesus 255
Jochanan (Rabbi) 513f.
Jochanan ben Sakkai 261f.
Johnson, E 195, 212, 221f.
Johnson, L. B. 248–253
Jokaste 371
Jones, E. 380
Joyce, J. 214, 487
Jung, C. G. 354, 365, 378, 409, 416, 426, 435, 450, 463–468, 472

Kächele, H. XII, 32, 342, 394f., 399, 406, 415, 417f., 420,423
Kafka, F. 204, 214f.
Kain 321
Kant, I. 245, 261, 299, 343, 368, 380ff., 390, 409, 431, 452, 457, 464, 485f., 488, 493f., 500, 502
Kassandra 58, 69, 102
Kaufmann, W. 62, 102f.
Kearns, D. 248
Keller, G. 196f., 214, 216, 255
Kennedy, J. F. 249f.
Kennedy, R. 250
Kepler, J. 31, 470

Kernberg, O. 26, 116, 435
Kettering, C. 424
Kettner, M. 428 f.
Khantzian, E. J. 471
Kielholz, A. 311
Kierkegaard, S. 61
Klein, G. 370
Klein, M. 354, 416, 435
Kleist, H. v. 447
Kline, P. 419
Kohelet 124, 184, 256
Kohut, H. 26, 75, 298, 354, 360, 378, 387, 416, 435, 464 f, 467 f., 471, 473, 485 f., 489
Kommor, M. 394
Konfuzius (Confucius,Kung Fu Tse, Kong Zi) XIII, 2, 11, 118, 124, 133,238, 262 –272, 435, 442, 479 ff., 501, 505
Kopernikus, N. 437, 447
Kreon 48, 60, 80–83, 117
Kris, A.O. 473
Kris, E. 6, 295, 303
Krystal, H. 471
Kubie, L. S. 49 f., 235, 342, 367 f., 384, 387
Kuhn, T. S. 277, 296, 299, 309, 337, 492

Lagerkvist, P. VII, XII, 16, 64, 128, 218, 232, 276, 503, 514
Lagerlöf, S. 197, 214
Laible, E. XII
Langer, S. K. 292, 339, 347, 364–368, 372–375, 390
Langs, R. 342
Lao Tse (Lao Zi) 124, 133 f., 184, 267 f., 290, 379, 497
Laqueur, W. 259
Lattimore, R. 134
Lavater, J. C. 146
Legge, J. 2, 124, 133, 238, 267 f., 480
Leibniz, G. W. 381, 452
Leites, N. 407
Lenz, J. M. R. 447
Leonardo da Vinci 350, 437
Lessing, G. E. 102
Levenson, J. R. 263, 269
Levin, F. 211
Levin, L. 128
Levine, F. J. 407
Lewin, B. D. 370 ff., 388
Lewis, A. 247
Lewis, C. I. 298
Liang, H. 503, 505
Lichtenberg, J.D. XII, 71, 128, 171, 418
Lidz, T. 234, 237
Lifton, R. J. 240, 243
Loch, W. XII
Loewenstein, R. M. 313, 315
Löwith, K. 500
Luborsky, L. 399, 418
Lynd, H. M. 220
Lynd, R. 34

Mahler, M. S. 26, 227, 435
Mahony, P. 313, 315
Maimonides 257
Mann, T. 18, 189 f., 203, 205 f., 209 f., 212, 214 ff., 232, 241, 295 f., 308, 314, 336, 341 ff., 346, 468 f.
Mao Ze Dong 503 f., 506 f.
Margenau, H. 33
Marlowe, C. 105
Marmor, J. 398 f.
Marshall, J. 247
Martin, J. 300, 302
Marx, K. 197
Masling, J. 419
Masson, J. 397, 435
Masterson, J. 26
Matthews, C. 506
Mattiae, P. 438
Maxwell, J. C. 422, 492
McBrien, R. P. 254
McCarthy, J. 507
Meissner, W.W. 26
Melville, H. 104, 351
Mencken, H. L. 420
Messiah, A. 469
Meyer, C. F. 208
Meyer, M. 211, 213
Meyerhoff, H. 276 f.
Mill, J. S. 425, 495
Miller, A. 435
Miller, J. 254
Modell, A. H. 302, 306 f., 470
Mohlin, P. 128
Momigliano, A. 377
Moore, C. A. 238
Morrison, A. 26
Moses 273 f.
Müller-Braunschweig, C. 72
Murray, G. 84, 89, 118 f.
Muschg, A. 203 f.
Muschg, W. 103 f., 212
Musil, R. 213 ff., 350

Naef-Hinderling, A. 223
Nagel, E. 375
Narcissus 75, 360
Nathanson, D. N. 394
Neusner, J. 256 f.
Newton, I. 18, 298, 422, 437, 452 f., 457
Nietzsche, F. 84, 86, 96–98, 106, 112, 118, 130 ff., 149, 164, 190, 228, 239, 277, 334, 351, 449, 465, 500
Nixon, R. M. 248, 507
Northrop, F. S. C. 426
Noss, J. B. 265

Oates, W. J. 91
Oberholzer, O. 145, 151
Ödipus 19, 48, 60, 72, 75, 96 f., 115, 351, 371
Ornstein, N. J. 245
Ornstein, P. 26
Othello 135–137

Pandora 12
Paniagua, C. 394, 434
Parloff, M. B. 407 f., 415
Pascal, B. 350
Peisistratos 86 ff.
Pelagius 273
Picht, L. XII
Planck, M. 381
Plato(n) 2, 9, 21, 37, 91, 93, 117, 123, 125, 242, 272 f., 280, 291, 341, 343 f., 350, 356–363, 370, 377, 379, 436, 451 f., 478–481, 490, 497, 500, 505, 511
Poe, E. A. 208
Polanyi, M. 277, 306, 309, 328
Popper, K. R. 278, 295 f., 304 f., 337, 395, 408, 426, 469
Portmann, A. 453
Pribram, K. 453
Prometheus 12, 96 f., 100
Protagoras 409, 469
Proust, M. 214
Puymège, G. de 167
Pythagoras 511

„Rabbi", s. Jehuda haNassi
Randall, J. H. 360, 436
Rangell, L. 173, 193, 248, 333, 384, 447, 472 f., 496
Rapaport, D. 24 f., 27
Reagan, R. 245, 507
Regan, D. 245
Reich, A. 72
Reichenbach, H. 387
Reider, N. 345, 390
Resch Laqisch 513 f.
Richards, I. A. 388
Ricoeur, P. 292, 295, 300, 302 f., 347, 351, 365, 491
Rinkley, D. 26
Rohatyn, F. 246
Roosevelt, F. D. 253
Rorty, R. 29, 277, 287, 293, 296–300, 309, 330–335, 432, 434, 441, 505
Rose, R. J. 62
Rosenthal, A. M. 254 f.
Rosenzweig, F. 101, 259, 500
Rounds, R. A. 356
Rousseau, J.-J. 4, 12, 449, 511
Rubenstein, R. L. 240, 253
Rubinstein, B. B. 395, 441
Russell, B. 361, 433
Rutz, W. VIII
Ryberg, A. XI, 128
Ryle, G. 381

Sacks, S. 211
Sampson, H. 418
Sandemose, A. 130
Sandler, J. 230
Sartre, J.-P. 337
Saul 134
Schafer, R. 108–110, 292, 295, 297 f., 300 f., 346, 354, 368, 370 ff., 378, 381
Scheler, M. 64, 98–100, 106, 130 ff., 162, 164
Schelling, F. W. 380
Schermer, V. 394, 434
Schiller, F. 43, 58, 69, 94 ff., 98 ff., 106, 113, 244 f., 248, 250, 263, 329, 350, 446, 450, 454
Schlessinger, N. 356
Schliemann, H. 438
Schlosser-Goethe, C. 445, 449
Schnitzler, A. 214
Schnoll, S. 234
Scholem, G. 257 f., 360
Schopenhauer, A. 189, 346, 380, 500
Schurmann, F. 263
Scowcroft, B. 245
Secharia ben Avqulas 135, 262
Seeskin, K. 273
Sewall, R. B. 80, 104–106, 109, 114, 117
Shakespeare, W. X, 3, 49, 124, 135–137, 141, 189 f., 206, 210, 263, 284, 287, 332, 344, 347, 349 f., 379, 444 ff., 449, 461

Shapiro, J. 503, 505
Shapiro, T. 394
Sharpe, E. F. 371
Shevrin, H. 413
Shope, R. K. 384
Shultz, G. 11
Simmel, G. 107
Simon, B. 379, 390 f.
Simon, M. 135
Slap, J. W. 407
Sloate, P. 170
Slochower, H. 351, 364
Snell, B. 55, 76, 227, 349
Sokrates 2, 98, 238, 258, 311, 341, 349, 358, 370, 451 f., 465, 478 f.
Solomon, R. C. 493, 495
Solon 87
Sophokles 2, 41, 48, 64, 80, 90, 115, 124, 204, 253, 263, 351, 371, 511
Spence, D. P. 300, 302 f., 313, 406
Spruiell, V. 401
Stalin, J. W. 506 f.
Steele, R. S. 300, 302
Steiner, G. 106
Stern, D. 71, 226 f., 239 f., 373, 418
Stern, M. 163, 456
Stevenson, R. L. 351
Stolze, H. 469
Stoppard, T. 442
Strachey, J. 312 f.
Sullivan , H. S. 378
Sulloway, F. 441
Sumitomo, O. 124, 290
Sundkvist, E. VIII
Szondi, P. 60, 80, 106–108, 113, 122

Taine, H. A. 484
Teiresias 442
Terenz 167
Ternan, E. L. 222
Thespis 86 f.
Thomä, H. XII, 32, 342, 395, 399, 401, 415
Thomson, G. 51, 84 ff.
Thukydides 242, 343
Titus, H. H. 433 f
Tobler, G. C. 458
Tolstoi, L. 214
Toulmin, S. 504 f.
Tower, J. 245
Trilling, L. 4, 141, 191 ff., 197, 211
Tuchman, B. 278 f.
Turbayne, C. M. 370
Tzermias, P. 358

Unamuno, M. de 62, 115

Valérie, P. 220, 225
Vespasian 261
Vicchio, S. X f., 3, 24, 128, 245, 273 f., 428, 433–436, 439
Vinci, Leonardo da s. Leonardo da Vinci
Voss, J. H. 54 f.
Voth, H. M. 371
Vulpius, C. 445

Wachtel, P. L. 400
Waelder, R. (Wälder) 148, 283, 303, 313, 378 f., 383, 390, 400, 417, 438, 460, 484, 489
Waldheim, K. 254
Wallerstein, R. S. 304, 394 f., 401
Warnecke, J. 358
Weinstein, F. 167–170
Weiss, J. 418
Weizmann, C. 260
Whately, R. 388
Wheeler, J. A. 424
Wheelwright, P. 211, 338 f.
Whitehead, A. N. 439
Wieger, L. 268
Wiehl, R. 439
Wieseltier, L. 245
Wilhelm, R. 2, 133 f., 264, 267, 480, 497
Will, G. F. 442
Winnicott, D. W. 156
Wittgenstein, L. 24, 298, 309, 417, 422, 428 f., 431–433, 436, 439 f., 486, 500, 502, 505
Wolf, E. 26, 297 f.
Wolter, F. XII
Woolsey, R.J. 245
Wurmser, D. XI, 470
Wyman, D. S. 253

Xerxes 377

Yerushalmi, Y. H. 257, 276 f.

Zaret, M. 470
Zeus 359
Zhu Xi (Chu Hsi) 268
Zimmermann, I. XII
Zimmermann, J. G. 448
Zwingli, H. 2, 481

15 Sachverzeichnis

Abgestimmtsein (in der Therapie) 309
Abhängigkeitsscham 13, 70, 72, 122, 227, 231
Abkömmlinge, vorbewußte („derivatives") 310
Absolutheit 1–37, 56, 78 f., 111, 392, 419, 441, 512
- der Abwehr 79, 171, 230
- der Affekte 100, passim
-, ~anspruch 12 ff.
-, - der mathematischen Weltauffassung 277 f.
- im Gewissen 14, 56, 161, 164
-, Ideal der 76, 230, 242, 259
- und Lernen 259
- der Liebe 180
- des Man-selbst-sein-Wollens 180
- und Relativität (Spannung zwischen „absolut" und „relativ") 5, 13
- der Selbstverurteilung 149
-, ~setzung (Verabsolutierung) 8, 74, 76, 111, 137, 162–183, 231, 238, 287, 405, 475–478, 506, 511
-, - des eigenen Rechts 260
-, - vs. Wahrheitsfindung 330, 474
-, Suche nach 61
- eines Wertes 14–16, 181, 476, 479 f.
- des Wissenschaftsideals 31, 393–443, 474
-, Willen für 5
- des Willens Gottes 256–262, 274
- des Zahlendenkens 354, 500, 503
Abstraktion 341, 356–367, 485
- als Abziehung des Individuellen 360
- als Form einer Reihe 361
-, ~hierarchie 292, 338, 365 ff., 378 f., 390 ff., 485, 487–493
- als Notwendigkeit der Verbindung 360
- als Verallgemeinerung 360–365
Absurdität 5, 106, 481 f., 511
Abwehr (passim)
-, ~analyse 467, 492, 504
-, Formen der 228 f., 288
-, globale (absolute) 16, 56, 72, 79, 226, 230
-, innere und äußere 225–227
-, Konflikte der 473
-, ~sequenzen 327
-, ~strategien 326 f.
- und Symbolisierung 74
- in der Theorie 398–408, 440
- gegen das Tragische 51, 64–68, 227
- beim Tragischen 111, 122 f.
- durch Triebform 165
- gegen das Über-Ich 116, 146 ff., 447
-, Übertragung der 487
- gegen die Werte 145
Affekt(e) 226, 306, 312, 398, 400, passim
-, ~abwehr 129 f.
-, ~blockierung 229
-, Globalität (Absolutheit) 55, 72, 100, 148, 252, 509
-, ~psychologie 27
-, ~regulation 72, 122, 507
-, - in der Tragödie 109
-, Signalqualität der 326
-, ~theorie 72, 239
-, ~übertragung 73
-, überwältigende 323 f., 407, 472
-, ~umkehrung als Abwehr 129, 317–319
Aggression 32, 62, 75–78, 83, 120, 130 ff., 161–183, 230, 236, 288, 445–448, 508
Agnoia 63, 94
Agon 84 f., 101, 123
Aidos 482
Aktionssprache 301
Alkohol(ismus) 51, 65 f., 148, 233 f., 407, 445
altruistische Abtretung 173
Ambivalenz 159, 215, 224, 274, 473
Analsadismus 116, 146 f., 158, 161–175
Analyse 213–217, 239, 450–474, 479, 497
- als Methode 465
Ananke (s. auch Zwang) 48, 51 f., 94, 118 f., 351
Anarchie 296
-, anarchischer Aufstand 239
-, „anarchischer Charakter" 116
Angst 144 f., 147, 185, 217 f., 222, 232, 235, 259, 312, 398, passim
-, Grund~ 209
-, Kastrations~ 129
- als Signal 202
-, Trennungs~ 323 f.
animal symbolicum 364
Anpassung 50, 467

Anthropologie 34, 37, 394, 475–514
–, Konflikttheorie der 500–511
Anthropomorphismus 383, 386–392, 491 f.
antiintellektuell 406
Antinomie 493–497
Antisemitismus 130, 253–255
Antithese(n) 468
– bei Dickens 191–225
– in der Wissenschaft 330
Antitragisches 11, 64–68, 89, 111, 116, 511
Apeiron 384
aphairesis 358, 360
A-priori 392, 408, 425 f., 438, 497, 500–502, 512
–, ~-Annahme der Kontinuität des Seelischen 313, 413
–, ~-Verurteilung 501
Archäologie 419 f.
Archetyp 463 ff.
Arzttum 237 f.
Assoziationen, freie 395–408, 430
Ate 53–57, 61, 90, 232, 252
Aufklärung 216, 308
Aufrichtigkeit 197
aurea catena 282
Auschwitz 102
Ausschließlichkeit 330
Authentizität (der Werte) 334, 342
Autonomie 351, 354
Autor, Rolle des 185
Autorität 25, 32, 238, 335, 412–416, 430, 447, 466–469, 471, 501, 507
– und masochistische Übertragung 312

Bedeutung 501
–, ~netze 400
–, ~schichten 342 f.
–, Vielfalt der 342 f.
Begriff als Relationsgefüge 363
– als Verknüpfung des Widerstreitenden 362
Behaviorismus 435 f.
„Bell's theorem" 470
Beschreibung 25, 74, 238, 322, 351, 398, 406 f., 416, 435, 439
Beweis 421 f.; s. auch „probativ"
Beweisbarkeit, Kriterium der 327
Bewußtseinsfluß 489
Bewußtseinsspaltung 219
Bezogenheit 71
Bildung 455 f., 468 f.
Biologie (biologisch) 235, 486 f., 509
Birjone 261 f.
„Borderline" 26, 32, 36, 119, 162, 166, 235, 288, 343
Böse, das (als Problem) 3, 6 f., 37, 123, 137, 161–183, 274–276, 475–478
–, das „absolut Böse" 144, 240, 476
–, – als entfesselte Macht des Gewissens 162
–, Leiden am 262
Bruch in der Wirklichkeit 184–227
Buddhismus 3, 500
Bürokratie (Bürokratisierung, Bürokratisches) 239, 281
–, System in China 270

Chassidismus 258
„checks and balances" 246
China 16, 255, 262–272, 348, 376, 385, 501
Chor 80–127, 185
– und Mäßigung 111, 120 f.
Chorismos 358
Christentum 272–276, 501
– und der Holocaust 253–255
– und das Ressentiment 130
– und das Tragische 117, 183
Chutzpa(h) 275
collegium trilingue 377
Constitution 247

Dämonisches (Dämonisierung) 101, 209, 232, 260, 282
Dao 366
Daseinsanalyse 465, 472
Deduktion 436
Defekt als konfliktbedingt 324
Defektpsychologie 235, 324, 466, 493
– im konfuzianischen Denken 264
Delophilie 73
Demokratie 245, 247, 280, 482
Depersonalisierung 53, 176, 224, 229, 240, 281, 317
Depression 209, 222–225, 232, 317, 407, 448
Desillusionierung 207, 222–225
Determinismus 493–497
Deuten (Deutung) 271, 307, 309, 400, 404, 420, 466, 489
– als Annäherungsversuch 311
– und Autorität 312, 466–469
–, der Fokus des 315
–, das Hier und Jetzt 315
–, Idealfokus des 316

Deuten als Lösung eines Rätsels 314
– und Metapher 315
– als Organisieren von Daten 410
–, (Deutungs)prozeß 299, 310–314, 410f., 412, 414, 489
–, –, Definition 327
–, Passen der 311, 313
– am „Punkt der Dringlichkeit" 312, 326
–, Qualität 310f., 314, 316
–, Spezifität 312f., 327, 345
–, Trieb~ 312
– des Vorbewußten 310
– als Vorschlag 311
–, Zentralität des Affekts 313
– von Zusammenhängen 326
– als Zusammenknüpfen des Zerrissenen 310–312, 467
–, Zusammenpassen („fit") 311, 345
Diairesis 451
Dialektik (das Dialektische) 35, 98, 105–108, 113, 230, 238, 258f., 273, 326, 329, 345ff., 350, 434, 451, 468, 478f., 490, 492, 497
– von Konflikt und Komplementarität 444–474
– der Weisheit 444–448
Dialog 350, 353, 479, 504
Dichotomie (Dichotomisierung) 75, 239, 244, 390, 394, 442, 473f., 499, 506ff.
didaktischer Wert 406
Diskrepanz zwischen Selbstbildern 220
diskursiv 373f., 410, 464
docta ignorantia 411
Dogmatismus 32, 406, 423, 439, 441, 474
Doppeldichte 213
Doppelheit, innere 185–188, 219–225, 246
– von Henker und Opfer 170
– von Lüge und Wahrheit 289
– von Phantasie und Rationalität 318
– von Sieg und Sühne 222
– im Stil 190, 203–216
– der Wirklichkeit 184–227, 242, 318, 508–511
– im Politischen 248ff.
Doppelleben 7, 9
Doppelschau 86, 111, 120–122
Doppelwissen 184ff.
„double bind" 449
„doubling" 243
Drogensucht s. Toxikomanie
Durcharbeiten 412
Ehrfurcht 120, 241, 265, 272, 276, 282, 447, 453, 466, 482, 509f.
–, Ablehnung der 282f., 294, 447, 507
Ehrgefühl 163
Eidos 340–347, 354f., 357, 373, 389, 478, 487, 490–493, 498
–, eidetische Korrelationen 490
Eifersucht 130ff., 135–142, 165, 179, 231
Eigengesetzlichkeit 351
Einsicht 105, 119, 215, 310, 345, 410–416, 420, 466–469, 489, passim
–, „die Schneide affektiver ~" 312
„elective despotism" 246, 280
Emblem 211f., 214, 349
Empathie 309, 345
Empirismus 292, 381, 384, 390, 425, 437, 450, 484
Energie(begriff) 375, 378, 383f., 391, 512
Entelechie 280, 283, 452, 457, 460, 462, 472, 486
Entfremdung 45, 53f., 176, 199, 208, 229, 239, 281
Entmenschung 156
Entpersönlichung 240, 283
Enttäuschung 219–225
Entweder-oder-Setzung 28, 75, 79, 89, 123, 161, 183, 189, 239, 302, 393–408, 421, 473–478, 499
Entwertung 322ff.
Epidemiologie 418–421
Epistemologie 354f., 393–443, 450, 471, 486, 489
– vs. Hermeneutik 298f.
–, „epistemologischer Behaviorismus" (Rorty) 297
Epoché 341–347, 491
Erbsünde 273f., 501
„Ergänzungsreihen" 398
Ergebnisforschung 418–421
Erkenntnistheorie 294
– und Konfliktdenken 328–331
Erklärung 25ff., 74, 238, 288, 290, 316–326, 351, 378, 384, 389, 398, 403, 406f., 416, 427, 435, 439, 441, 477
–, Beziehungscharakter der 388
–, Wirkkraft der (pragmatisches Kriterium) 325
Eros 359, 378, 512
Erstarrung 170
Erziehung 466–469, 471, 487, 493
Ethik 487, s. auch Wert
Exhibitionismus 223

Existenzphilosophie 292
Experiment in Psychoanalyse 489 f.
Externalisierung 123, 170, 251, 506

Fall *Andreas* 59 f.
- *Dilecta* 9, 67, 130, 185–188, 220–222
- *Elasar* 129 f., 149, 317–319
- *Hilda* 45–48, 61
- *Ingmar* 51 ff., 70
- *Jakob* 224, 310
- *Regula* 172 f., 324
- *Thomas* 319–322
- *Vera* 54 f., 57 f., 63 f., 68 ff., 130, 165
Fälle 406 f.
„Familienähnlichkeiten" 439
Fanatismus (Fanatiker) 167–170, 232, 261 f.
Faszination 73, 121, 231
Fetischismus 317
Flucht 259
- vor dem Gewissen 11 f., 16, 283, 447
- vor den Patienten 235
Form 345, 383, 448–474
-, Sehen der 455 ff.
Formalität (Formalismus) 270, 281
Freiheit 50 f., 405, 478, 487, 493–497, 508
Frühkindheitsforschung 418–421, 435, 439, 512
Funktionsbegriff 25, 290, 341 f., 357, 370, 381, 386–392, 488, 490

Galuth 255–262, 275
Gegenideal 230
Gegenidentifizierung 222–225
Gegenidentität 53, 222–225, 230
Gegenübertragung 323
Gegenwirklichkeit 224
Geheimnis 185–188, 219–225, 232, 241
-, ~kontrolle 221
- und Macht 221
Geisteswissenschaft 293–309, 336–355, 394, 437, 440, 463
- und Formbegriff 339, 352
-, Stil und Sinnhaftigkeit 352
Gemeinschaft 270, 281
Gerechtigkeit 80–127, 210, 261, 275, 300
-, Absolutsetzung der 116 ff., 125, 256, 259
, ~anspruch 163
-, ~bedürfnis 72, 78, 101, 130, 141
-, ~gefühl 64, 163–165
- und Dialektik 114
- und Weisheit 116
Geschichte 256–262
Geschlechtstrieb 274
Gesetz (Gesetzlichkeit) 117, 121, 256–262, 272, 354, 381 f., 385 f., 426 f., 488, 501, 510
- als Metapher 385 f.
- der Verbindungen 390
Gesetzesaussagen 488–490
Gewissen (Gewissenskonflikte) 42, 44, 68–71, 72 f., 231, 501 f., 507 f., 513, passim
-, ~angst 176
- als „böser Zwerg" 161–175
- ohne Ideale 145
-, Perversion des 154, 170 f., 181, 255
- und Ressentiment 131, 166–175, 255
Glaubenssysteme 270–284
Globalität 56, 74, 79, 116, 186, s. auch Affekte
- von Abwehr 16, 56, 72, 79, 148, 252
- von Angst 252
- von Gewissensanspruch 164
- von Identifizierungen 72, 172, 252
- von Introjektionen 72
- der Verleugnung 173
Golem 281
„Gott des Wollens" 294
„Great Society" 249 f.
Grenze(n) 61–63, 96–98, 117, 187, 230 f., 252, 344
-, ~situationen 104
„Große Wasserscheide" 300–309, 330
Grotesk 209

Halacha(h) 270, 275, 281
Hamartia 76, 90, 94, 120, 252, 273
Handlungssysteme und Verleugnung 270–284
Harmonie 21, 92 f., 262–269, 276, 345, 461
Heiligkeit 256 f.
Heilung des Bruches 274
Hermeneutik (hermeneutisch) 29 f., 258, 271, 292–309, 318, 325, 330, 348, 394 f., 408, 437, 440, 464, 470, 484 f.
heuristisch 375, 387, 406, 417, 419, 423, 438, 491 f.
Hierarchie (hierarchische Ordnung) 263, 272, 276, 281 f., 328, 340
- der Abstraktionen 309, 354, 365 ff., 378 f., 482, 487–493
-, innere 513
- von Schichten 401, 470
- der Spezifität 409
Hinduismus 3
Holocaust *(Schoah)* 14 f., 102, 153, 240, 253–255, 323

homo necans 240
humanistisch 297
Hybris 48, 61–63, 75–78, 81, 90, 96, 103, 120, 187, 230
Hyperbole 207
Hypnose 396
hypokrites 85, 88
Hypostase 491

Ich 269, 495–497
–, abwehrendes 185, 461
–, ~analyse 459, 463, 499
–, beobachtendes 495
– der Entscheidung 184, 265, 333, 461, 495
– der Komplementarität 184
–, ~schwäche 235
–, ~spaltung 200, 219, 229, 463f.
–, synthetische Funktion des 459–463
–, teleologischer Begriff des 330, 459–463
– als „Trieb für Sinnhaftigkeit" 330, 460
– der Wahl 184, 265f., 333, 480, 495ff.
– der Zerrissenheit 184
Ideal(e) 62, 75–78, 115, 153, 190, 356ff., 513, passim
–, Absolutsetzung 76, 78f., 183, 242, 259
–, Abwehr gegen 145
–, Aggression im Dienste des 61–63, 75–79, 120–122, 180, 230
–, ~bildung 226
–, echteres 210
–, ~einheit 213
–, ~formen 357
– der Gründer 251
– des Helfers 251
– der Macht 146, 157
–, narzißtisches 157
–, Pathologie der 169
–, Selbst~ 224
Idealisierung 63, 75–78, 120, 168, 186–188, 224, 230, 241, 312, 430, 444–448
Idealismus 381f., 468f.
Idealität der Zahlen 280f.
Idee 356ff., 451
Identifizierung 72, 224, 251
–, Konflikt von 219–225, 248–253
– mit der Macht 172
– mit dem Opfer 129f., 254
Identität 71f., 196, 258, 261, 270, 275f.
– und Scham 114
– und Schuld 275
–, ~spaltung 53f., 56f., 176f., 219, 243, 251, 503
–, starre Struktur der 262
– und Trotz 114, 270
–, verleugnete 224
–, Verwundung der 332
Ideogramme 268, 271, 348
Impulshandlungen 57, 74, 262
Indiskretion 222
Individualismus 468f., 507
Individuation (Individualität) 71, 96, 226f., 270, 281, 465f., 507
–, Vernichtung des Individuums 96, 240, 280, 502–508
Induktion 436–439
Induktivismus, eliminativer (neo-Baconscher) 406, 408, 424ff., 432, 434
Inkommensurabilität von Innerlichkeit und Anpassung 224f.
Inkongruenz von Erwartung und Ausgang 224
Innenwelt
–, Eigengesetzlichkeit der 334
– und „interaktionelles Feld" 342
„innerer Henker" 158, 170
„innerer Richter" 95
„innere Wand" 344
Innerlichkeit 272
Integration des Wissens 438f.
intellectus archetypus, ectypus 464
Intelligenz 506ff.
„interaffective sharing" 240
Introjektion 72
Inzesttabu 187
Ironie 141, 184ff., 199, 204–207, 210, 214f., 218, 223, 447, 500
Irrationalität 106, 115
Isolierung 229, 321
Isomorphismus 130, 148
– von Theorie und Phänomenen 388
Israel 260–262, 270, 385

Jantelagen 130
Judentum 16, 253–262, 269–276, 501

Kämpfen als Abwehr 170
Kabbala(h) 258, 282
Kairos 311
Kanon 423, 425, 432, 485
Kassandra-Konfiguration 16, 57f., 61, 77
Kastrationsangst 165
kategorisches Gewissen 158
kategorischer Imperativ 71, 179, 245
Katharsis 94, 217, 396, 468

Kausalbedeutung der Wirkkraft 324f.
Kausaleinwirkung 321f.
Kausalität
–, ~begriff als relativ 427–436
–, finale 452ff.
–, Konflikt~ 29, 318f., 477, 510
–, Kontaktnatur der 18f., 490
–, lineare 283, 397–408, 425, 428, 430, 510
–, mechanische 29
–, multikausal 397
–, Muster der 431
– als regulative Idee 488, 493–499
–, statistische 29
Kausalketten, Beginn von 324
Kausalnexus 316
Kausalverständnis (Kausalerklärung) 18, 283, 288, 305, 388f., 393–443
–, Innehalten des/der 325f., 416, 426, 502
–, durch die Methode beschränkt 324f.
– in der Psychoanalyse 25, 27–30, 290, 293, 316–326, 393–443, 475–514
– in der Tragödie 88
Kindesmißbrauch 234, 448
Klaustrophobie 445
klinische Theorie 378
kognitive Dissonanz 209
– Doppelheit 211
– Regression 238
Kohärenz der Erfahrung 269
– der Konfliktmuster 404f.
– des Soziallebens 272
–, ~theorie der Wahrheit 304, 389, 429, 431–436, 439–443
Kokain 52, 65f., 234
Kombinierung der Modalitäten 407, 472
Kommunion 274
Kommunismus 270
Komödie 85
Komplementarität (Wechselspiel, Ergänzung) 16, 22ff., 33f., 89, 109, 119, 123, 262, 267f., 275, 397f., 401, 413, 433–474, 480–514
– von Allgemeinem und Individuellem 91, 504f.
– von Analyse und Synthese 330, 450–474
– von Assoziieren und Analyse 329
– von Bewußtseinsteilen 329
– von Denken und Tun 457, 481
– von Defizitmodell und Konfliktmodell 471
– von Ehrlichkeit und Respekt 442
– von Energie und Zeit 470
– und „Ergänzungsreihen“ 330, 398
– von Form und Metamorphose 345, 450–474
– von Gerechtigkeit und Selbstvervollkommnung 300
– von Gerechtigkeit und Liebe 329
– von innerem Gezwungensein und innerer Freiheit 334
– und Konflikt 444–474
– von Konfliktlösung und Psychagogik 463–469, 471f.
– von linearer Regelmäßigkeit und nonlinearer „Unregelmäßigkeit“ 439
– von mechanischer und teleologischer Kausalität 329f., 452ff.
– von Methodenform und Erklärungsweise 325, 434
– von Notwendigkeit und Freiheit 351
– von Persönlichkeitsteilen und Selbst als Ganzem 334
– von Philosophien 355
–, ~prinzip 33, 306, 469–474
–, –, Definition 329
– als regulative Idee 498f.
– von Selbstpsychologie und Objektbeziehungspsychologie 457
– von „sichtbar“ und „symbolisch“ 345
– von Trieb- und Abwehrdeutungen 471
– von Übertragung und Rekonstruktion 471
–, Verfehlung der 440–443
– von *vita activa* und *vita contemplativa* 345ff.
– des Wahrheitsbegriffs 440, 444–474
– von Wellen und Partikeln 470
– von Wert und Wahrheit 294, 442
Komplexität der Konfliktkausalität 398–408, 430, 510
Kompromiß 275, 473
– der Integrität 447
Konflikt (innerer Widerstreit) – passim
–, Abwehr von 15
– der Affektregulation 72
–, analer 69, 71
–, ~analyse vs. Systemanalyse 328
– als A-priori 501f., 512
–, äußerer 269, 319, 326
– im Begriff 362f., 389
– als Beziehungsbegriff 386
– als Denkweise 328, 444
– beim Deuten 312, 326
–, Dilemmatyp von 473

Konflikt, divergenter 473
–, Eifersuchts ~ 321
– in der Erkenntniskritik 328
– von Falschheit und Echtheit 197 f.
– von Form und Inhalt 468
– als funktioneller Begriff 28
– als Gegenbegriff zu dem des Systems 328
– im Gewissen (im Über-Ich) 8, 13, 44, 69–73, 77, 122, 177, 231, 502, 513
– zwischen Gefühlen 3, 328
– von Glaube und Vernunft 273
– von Ich und Affekt 319
– von Ich und Trieb 319
– von Ich und Über-Ich 267, 319, 458
– von Ideen 328
– von Identifizierungen 219–225, 248–253
–, Identitäts ~ 71 f.
–, – von Identität und Gerechtigkeit 261 f.
–, Individualität und Autorität 276
–, Individuations ~ 71
– zwischen Individuum und Organisation 240
–, ~kausalität 316–326, 399–408, 477–514
–, Kernkonflikte 71–74, 121 f., 230 f.
– und Komplementarität 22
–, konvergenter 473
– von Körper und Seele 273
– von (persönlichem) Leiden und Sinnhaftigkeit (des Ganzen) 274 ff., 482
–, ~losigkeit 243
–, ~lösung
–, – als Zweck der psychoanalytischen Intervention 327, 334, 492 f.
–, – in der Erkenntnis 479
–, Loyalitätskonflikte 15, 42 f., 52 f., 56, 69, 72, 74
– als Machtkampf 321
– zwischen Maßlosigkeit und Maßhalten 118
– als Metapher 184, 386
–, mörderisches Selbst gegenüber normalem Selbst 243
– zwischen mythischem Helden und philosophischem Chor 21
– zwischen Mythos der Zahl und Recht des Individuums 282
–, narzißtischer 69, 72
– zwischen Natur und Gesellschaft 449
–, ödipaler (Dreieckskonflikt) 69, 71, 122, 177, 231, 321
–, Oppositionstyp von 473
–, oraler 69, 72
–, als pathogener 429, passim
–, Philosophie des 5, 35, 441, 470 ff., 477 f.
–, –, philosophische Herabsetzung von 263
–, – als philosophischer Schlüsselbegriff 328, 470 f.
–, ~prinzip 470 f.
– zwischen Qualität und Quantität 236–238, 278–284, 294
–, ~psychologie 27 f., 477, 509
– als regulative Idee 497–499, 501 f.
– zwischen Respekt und Ehrlichkeit 294
– zwischen Rationalität und Irrationalität 5, 106, 482
–, Schamkonflikte 12
– zwischen Scham und Wut 232
– von Schein und Sein 197–200
– als Schwäche 169
–, struktureller 492
– und „Spaltung“ 225–227
–, tragischer 63, 348–350
–, Trennungs ~ 71
– von Trieben 328
–, unbewußter 50 f.
– als Ursache 27 f., 290
–, Ursprung des Konfliktbegriffs 458
– als Urwiderspruch 97
–, ~vermittlung durch Machtverteilung 247 f.
– von Verstocktheit und Großzügigkeit 191–197
– von Werten 95 f., 98–100, 137, 328, s. auch Werte
– als „Widerstreit“ im Begrifflichen 362–367
– zwischen dem Willen für das Absolute und der Einsicht in das Relative 4 f., 7
–, Wissenschaft vom 22–32, 474–514, passim
–, zentrale pathogene Rolle des 398–408
–, –, methodologische vs. kausale Zentralität 400, 501
Konformismus (Konformität) 130, 239, 281
Konfrontierung 238
Konfuzianismus 262–272
Konkretisierung 357, 474, 490 ff.
Kontaminierung 396–416, 418, 420, 422
Konventionsgläubigkeit 145, 178, 210
Konvergenz der Erkenntnis 419
Konversion 466
Konzentration 229
Korrespondenztheorie der Wahrheit 431–436, 440–443, 450, 484

Korruption in der Psychiatrie durch Macht etc. 237
Krise 94, 115
kulturelle Identität 196
„Kulturrevolution“ 269, 503f., 506f.
Kulturwissenschaften 382, 392, 484
Kunst als direkte Präsentation 350
– als symbolische Form 339, 509
Künstler als sozialer Revolutionär 196

Lagerkvists *Dvärgen* s. Zwerg
Leiden 3, 6, 59f., 94f., 96f., 101, 114, 185, 204, 228, 259, 288, 446, 476, 478, 511
Li (Ritual, moralische Ordnung) 264–272, 281
Libido 32, 147, 512
Liebe 153ff., 173, 178f., 349
–, ~besessenheit 186
–, göttliche 276
linear s. Kausalität
Logik 424, 426, 441, 452, 484
– des Konflikts 510
–, logische Ebenen 291
Logos 85–89, 101, 118, 357, 360, 366, 441, 512
Loyalität(skonflikte) 15, 42f., 52f., 56, 69, 72, 74, 146, 159, 163–166, 231, 502f., 513
Lüge(n) 3, 6, 9ff., 12f., 23, 67f., 132f., 151, 187, 229, 232, 242f., 251f., 279, 289, 322, 342, 476, 482, 506, 511
–, Lebenslüge 65
– und Scham 67f.
Lun Yü (Analects; Konfuzius) 2, 11, 118, 124, 134, 238, 262–272, 435, 442, 479f.
Lust, moralische 95
–, tragische 93f.
–, ~-Unlust-Ökonomie 501

Macht, Ideal der 146, 157f., 161–175, 191–197, 231, 236f., 442
– der Geschlechtlichkeit 187
–, ~gier 180
–, ~mißbrauch 195
– im moralischen Konflikt 245–253
– Psychoanalyse der 354
–, ~trieb 282
magisch(e) 280
– Phantasien 239
– Verwandlung 187
Man-selbst-sein-Wollen 178f., 227
Marihuana 65f.
Maske 132, 201, 210, 232, 277, 342, 348, 350
Masochismus 171, 317–319
–, maligner 59
Maß 13, 21, 76f., 92f., 94, 111, 117, 120, 230f., 252, 262
–, ~aussagen 487f.
–, ~losigkeit 61, 77, 94, 111, 117, 120, 230f., 278
Masse 354
Mathematik (Mathematisierung) 453, 457
–, Absolutsetzung der 434, 442
–, Identität von Mathematik und Natur 30, 277–284, 452f.
– als „regulative Idee“ 354
–, Zentralität der 280, 354
mathematische Beziehungen als Grundlage der Naturwissenschaften 350, 352, 358, 360, 370, 428, 452ff., 485, 488
mathematische Symbole 381
mathematischer Rationalismus 277–284, 354, 368
Medikation 407
Melancholie 209f., 444, 467f.
Messias 241
Metamorphose 455ff., 461, 464
Metaphern (metaphorisch) 8, 17, 33, 44, 74, 77, 83, 108, 161, 236, 289–291, 333, 344, 352, 356–392, 436, 439, 449, 490ff., 499
–, *metaphora* 344, 387
–, Definition 367, 387–389
– beim Deuten 311, 440, 461
– und „interactional links“ 344
– als Konfliktsymbolisierung 389–392, 499
– für Konflikt 344, 346, 349, 389–392
– und logischer Konflikt 389, 392
– und psychoanalytische Theorie 344, 346, 351–353, 356–392
–, Notwendigkeit der 386–392, 483
–, unerwartete 210–212, 214, 218
– als vieldeutige Symbole 344, 346, 351–353, 499
– in der Wissenschaft 371–377
metaphorische Modelle 352
metaphorische Realität 374
metaphorische Systeme 27, 37, 475–478
metaphorische Tätigkeit 33
Metaphysik 392, 483f.
Metapsychologie 24, 295, 301, 314, 378f., 383f., 426, 485, 491f., 499, 501
Methaqualon 65
Methode bestimmt Theorie 238
Midrasch 257, 271
–, ~Rabba 119, 273, 366

Mimesis 93, 102, 108
Mischna 125, 127, 241, 256 f., 262, 481, 493
Mitleid 94 f.
Mitteilungsbedürfnis 73
Modelle 436, 439, 441, 477, 491 f.
Moralismus 194
Moralität 300, 333
–, ~anspruch 164
–, Dualität der 334 f.
– und Ressentiment 130 ff.
Moralkritik 239
Mord 179, 275, 349
–, ~gedanken 177
–, moralischer 283
–, ~verbot 187
Morphologie 452, 455 f., 486
Motivationssysteme 171
mythisch (das Mythische) 13, 24, 112, 118, 123, 226, 238, 242, 250, 252, 360, 366, 381, 391 f., 399, 432, 451, 509 f.
– Gegensätze 227, s. auch Polarisierung, „Spaltung"
mythische Entitäten 19–22, 25, 32
mythisches Denken 17–22, 74, 79, 168, 207, 257, 260, 287, 339 f., 355, 442, 490, 509
Mythisierung 387
Mythos der mathematischen Rationalität 279, 434, 437 f.
– der Moderne 277–284
– als symbolische Form 339
–, Projektion 240
–, Schutzsystem 57
– als Gegenmacht zur tragischen Wahrheit 242
–, Trieb als 379
–, Verleugnung 240

Narzißmus (narzißtisch) 26, 32, 36, 56, 62 ff., 75–79, 83, 116, 119 f., 146 ff., 150, 154, 162–165, 187, 193 f., 230, 235, 288, 317, 360, 378, 448, 512
– als Abwehr 171, 250, 283
–, maligner 116, 167–170, 255
– des Ressentiments 141
narzißtische Konfigurationen 464
– Verwundung 447
Nationalismus 255, 270
Natur 337, 451–474
–, ~wissenschaft(en) 31, 37, 293–309, 336–355, 360, 382–386, 392, 394 f., 425, 430, 436, 440, 463, 484, 491
–, – und mathematische Beziehung 338 f., 352, 368, 434
Nazismus 144, 240, 243 f., 507
„negative therapeutische Reaktion" 116
Neid 129–133, 163, 166, 173, 179, 231, 318, 448
Nemesis 75 f., 120, 233, 482
Neugier 73, 122, 231, 241, 449
Neukantianismus 292
Neurosen, schwere 26, 29, 32, 45, 57, 74 f., 108, 112, 116, 119, 162, 287, 476, passim
Nomos 449
Notwendigkeit 49–51, 54
– der Verbindung 363
numerische Beziehungen 352, 384
– Gleichheit 279 f.

Oberflächlichkeit 66
Objektbeziehung(spsychologie) 457, 462
Objektivierung (Objektivität) 417, 423, 438, 490
Ödipuskomplex 58, 64, 71 f., 483
Ona'ah 127, 232
Ontologie 256 f.
Opfer(tod) 57–61, 101 f., 123, 175 f., 179, 276, 288, 323
Opiate 234
Originaltext 325

Paideia 469
Paradigma 91, 93, 203, 463–469, 479, 492, 498
Paradoxon (Paradoxie) 3, 6, 23, 33 f., 89, 97, 100 ff., 105 f., 123, 149, 191, 320, 342 f., 346, 350, 360, 436, 441, 450, 491 f., 493–497, 499, 509 f.
–, ethisches 113–115
– der inneren Welt 283
paranoid 146, 148, 169 f., 243, 446, 505 ff.
pars pro toto 19, 207, 307, 316, 367, 398–408, 419, 425, 490
Passivität 320
Pathologie der Ideale 169
Pathos 59, 84–89, 94, 100 ff., 107, 123, 288, 345
Pauschalverleugnung 173–183
Peripetie 63 f., 94
persona 350
Perversion der Psychiatrie 236
Phänomenologie 292
phänomenologische Reduktion 340
Phantasie 345, 377, passim

Philosophie (das Philosophische) 13, 21, 23 ff., 123, 227, 238, 242, 259, 270, 287, 354 f., 392, 422–443, 475–514
–, chinesische 262–272
–, Denken und Leiden 37
– des Konflikts 5, 35, 441, 470 ff., 477 f.
– und Psychoanalyse 28–30, 238, 287
Phobien (phobisch) 16, 57 f., 234
phobischer Kern 187
Physik 277 f., 483, 487–493
Physis 280, 449, 451–457
Pirqei Avot 261, 481, 493
Placebowirkung 396–416
Pluralismus, philosophischer 432, 463
Polarisierung 8, 23, 32, 74, 111, 226, 230, 238 f., 242, 252, 255, 287, 474, 490
Polarität(en) 215, 343, 346, 348–350, 383, 392, 451, 471, 492, 499
– von Fokus und Peripherie 341, 498–502
Positivismus 277, 292, 330, 381, 392, 426, 434, 450, 483 f.
Pragmatismus (pragmatisch) 296–300, 335, 371, 389, 417
pragmatisches Wahrheitskriterium 325, 331, 334, 389, 422–428, 431, 433–436, 440–443, 466
„Primat der Vernunft“ 308
principium individuationis 96, 226
Prinzipien 385, 488, 491–493
„probativ“ 417, 421 ff., 427
Projektion 166, 170, 174, 240, 251
Prometheus-Pandora-Konfiguration 11 f., 16, 67, 188
Protest 288
Prozeß 401
–, ~forschung 418–421
–, Spezifität von 406
Psalm 1 f.
Pseudoidentität 53
Pseudostupidität 319
psychagogia 451
psychische Energie 32
psychischer Selbstbehauptungstrieb 56, 71, 122
Psychoanalyse (psychoanalytisch)
–, Anthropologie 394, 475–514
–, Architektur 345
– als autonomer Bereich symbolischer Formen 354, 474–514
–, dauerhafte Veränderung als Ziel 331
–, Definition des Deutungsprozesses 327
–, Definition der 338
– als Dialog 353
– und disziplinierte Anwendung von Metaphern 345
–, Epistemologie der 354 f.
–, Ethik der 300, 331–335
–, Fokus und Peripherie 341
–, Form 345
–, Forschung in der 417–421
– als Harmonie 345 f.
– als Hermeneutik 293–309
– als individuelle Teleologie 335
– und „innere Wand“ 344, 346
– als Kausalwissenschaft 29, 291, 314, 393–443
– und Konflikt 6, 22–32, 287–355, passim
–, Krise der 377, 390
– als Kunst 315
– als die Kunst des Spezifischen 411
– als Magie 337
– als „mechanistische“ Wissenschaft 298
–, Wichtigkeit der Metaphern 344–346
– als Mythologie 337, 391
–, Mythologie als Form der 355
– als Naturwissenschaft der Seele 294–296
– und Philosophie 292, 492
– und (Wirkung der) Persönlichkeit 416
–, poetische Dimension der 353, 492
–, Qualität 331, 409 ff.
–, Quantität der Daten 409
–, Selbstzerstörung 32
–, Stellung der 292–309
– als symbolische Form 392, 474–514
–, Synthese der Form 345 f., 353
–, Technik der 310–316, 327, 331–335, 409–416, 418, 466, 489 f., s. auch Deuten
– und Teleologie 283 f.
– therapeutische Wirksamkeit 396, 407 f.
– und Vielfalt der Bedeutungen 342 f., 346
– und Vielfalt der inneren Persönlichkeiten 343, 346
–, Vorurteil gegen 233–238, 263
– als Weg vom Mythischen zum Philosophischen 238 f.
–, Wahrheitskriterien der 395–443
– und Wertfragen 293–335
–, Wert und Wahrheit in der 300
–, Wertrevolution 333
–, „Wesensbild“ der 336–355
– als Wissenschaft 284, 291–309
– – *sui generis* 327, 347, 354 f., 383, 392, 499
– – *sui iuris* 347, 351, 354 f., 383, 392, 499 f.

Psychoanalyse als „Wissenschaft der Geschichte“ 303
– als Wissenschaft vom Konflikt 326–331
–, wissenschaftliche Qualität 395
–, Zweck der Intervention in der 327, 331
psychoanalytische Situation als Forschungsinstrument 409–416
– Ursachenforschung 321, 395–408, 416, s. auch Kausalität, Kausalverständnis, Erklärung
– Vernunft 309
Psychophobie 65, 73, 148, 233f., 333
Psychose 239
Psychosynthese 459
Psychotherapie 234–238, 407, 451
– gegenüber Psychoanalyse 326, 466ff.

Qualität 408–411
– der Persönlichkeit 416
Quantenphysik 423f., 434, 469f.
Quantifizierung 408, 501
Quantität 412, 500
– vs. Qualität 278–284, 294, 503ff.
quantitative Beziehungen 384, 477

Rachsucht 128–183, 186, 232, 248, 318, 349, 446, 476, 507f.
„Rad der Täuschung“ 287–293, 331, 342, 347, 366, 392, 475, 491
Rationalisierung 155, 251
Realangst 130
Realismus 446
Rebellion 275
Rechtsgefühl 70, 72, 113, 130f., 136, 288, 476
Rechtsverlangen 164
Reduktionismus 428, 462f.
Regression der Psychiatrie 234–238
regulative Idee s. Kausalität, Komplementarität, Konflikt, Mathematik
Reifizierung 387
Reinheit 256f.
Rekonstruktion 304, 318, 459, 471
Relation zwischen Begriffen 361, 488
Relativität s. Absolutheit, passim
Religion 509f.
Rén (Menschlichkeit) 265, 270
Repräsentation, symbolische 380
Ressentiment 6, 13, 16, 59, 63ff., 68ff., 73f., 78, 98, 120, 125, 128–183, 192, 196, 223, 232, 236, 240, 248, 255, 260ff., 265, 269, 283, 288, 318, 323, 476, 482, 492, 502–508
– im Gewissen 166, 282, 514
– gegen Intellekt 505–508
– gegen Symbole der Konfliktnatur 169
–, Verallgemeinerung, Verschiebung 133
Reue 349
Revolte 4
Ritual 281, s. auch *Li, Halacha*
Roman als Enthüllung 188–191

Sadismus 159f., 232, 262, 321
– im Dienst eines Ideals 166
Sadomasochismus 288
Scham (Beschämung, Demütigung) 2, 10, 59f., 78, 125–127, 129f., 135, 147, 154, 163, 196, 201, 240, 248, 262, 502–508, passim
–, Abhängigkeitsscham 13, 70, 227
–, Abwehr gegen die 188
–, ~angst 155, 250
– und Bloßstellung 221
– im Chinesischen (chi) 266, 268
–, Familienscham 52, 210, 220–225
– und Geheimnis 221
– und Identität 114, 149
–, Kastrations~ 188
–, ~konflikte 12f., 29
–, ~losigkeit 241, 275, 447
–, ~prävention 221
–, ~-Schuld-Dilemma 43–48, 57, 68–71, 80–83, 115, 335, 348–350, 476
–, ~skala 70, 82f.
– und Überraschung 220
–, Verleugnung aus 66f.
Schicksal 89f., 103f.
schöpferisch 281, 446, 464f., 500, 506
Schuld 1f., 59f., 123, 249, 273, 323, 480, 506, passim
–, Blut~ 349
– der Eigenwilligkeit 275
–, Metaphern für 209
–, Trennungs~ 13, 70, 227
– über Triumph 223–225
–, unbewußtes ~gefühl, entlehntes 52, 201, 210
–, ~skala 70, 82f.
Schweigen 101
Seder 257
„Seelenmord“ 284, 448
Sehnsucht 61
Selbst 456
–, ~analyse 217
–, ~ausdruck 122
–, ~behauptung 178, 231

–, ~betrug 231 f.
– im Christentum 276
– in chinesischer Kultur 272, 276
–, falsches 156
–, gegensätzliches 191
–, ~gesetzlichkeit 294
–, gespaltenes 464, 511
–, ~hingabe 173
– im Judentum 275
–, individuelles, als *telos* 332, 458–469
–, ~integration 462
–, ~losigkeit 192
–, ~loyalität 154
–, ~mitleid 192
–, ~psychologie 457, 464
–, ~reflexion 301, 307, 314, 401, 466
–, ~sabotage 239
–, ~sucht 178 f.
–, ~täuschung 301, 314, 343 f., 346, 351
–, ~verachtung 150
–, ~verlust 179, 231
–, ~verneinung 239
–, ~verrat 237
–, ~verwirklichung 178
–, wahres ~ vs. „Collages" (Rorty) 297, 332
– in westlicher Kultur 272
Sendungsbewußtsein 251
Sequenz, bei Dickens 218
Shi-Jing 2
Sinn s. Bedeutung, Symbol(e)
Sohar 270
Sozialkritik 193–197, 212
sozialrevolutionärer Humanismus 197
Spaltung 2 f., 6 f., 32, 78 f., 109, 111 f., 119, 125, 162, 169, 174, 184, 186–188, 225–227, 230, 274, 343, 348–350, 474, 480, 506, 511
– als Abwehr 26
– infolge Abwehr 55 f., 122 f.
– zwischen „absolut und relativ" 13
– des Erlebens 11, 212, passim
– als Grundtatsache des Daseins 343
– der Identifizierungen 224
– der Identität s. Identität
– im Mythischen 21
– der Seele 105, 218 f.
– des Selbst 55, 176 f., 226 f.
– zwischen Welt und Geist 4
– der Wirklichkeit 143, 176, 183–227, 394
Spannung 214
Spezifität 345, 347–355
– der Ursache 395–408
Spiegel als Symbol 359
Stenosymbol 338 f.
Stil 339, 352
Stoa 385
Stolz 114, 154, 276
Strafe (passim)
–, Bedürfnis nach 506
– der Demütigung 223
Strukturmodell 386
Substanz
–, ~begriff 19–22, 25, 370, 381, 390
–, ~denken 19–22, 238 f., 490
–, ~mißbrauch 234
Sucht 242
Suggestion 25, 30, 238, 396–416, 420, 430 f., 466, 489, 493
Sühne 101
Sünde 1, 273, 501
Symbol(e) (Symbolisierung, symbolisch) 17–22, 91, 92 f., 102 f., 226, 291, 401, 449, 456, 464, 483–486, 501, 511
–, *symbolon* 358 f.
– und Abstraktion 356–367
– als A-priori 501
–, Bedürfnis für 73
– als Brücke zwischen Sinn und Sinnlichem 363–365, 501
–, Buchstaben ~ 271
–, diskursive 373 f.
–, Etymologie 358 ff.
– als funktional 371
–, Gesetze der 355
–, Hierarchie der 354
– und Konflikt 21, 212, 362–367
–, präsentative 373 f., 376
–, psychoanalytische 365 ff.
–, Repräsentation 380
–, Steno ~ 338 f.
–, „tensive" 339
–, Trieb zur Symbolbildung 74, 92 f.
–, unbewußte 50
symbolische Formen 293, 336–340, 354 f., 484 f.
– Synthese 497
Symmetrie 92 f.
Symplegades als Metapher für Konflikt 349
Synagogé 451
Synekdoché 307
Synthese (Trieb zur) 56, 93, 330, 458–463
– und Analyse 213–216, 239, 450–474, 479, 497
– zur Form 345 f., 353

Synthese, Mythen der 463–469
– als Ziel 465
– als Zwang zur Vereinheitlichung 459
Systemdenken 278, 281, 328
–, Systembegriff als Gegenbegriff zu dem des Konflikts 328

Talmud XII f., 114, 125–127, 134 f., 241 f., 256–262, 270, 272 f., 481, 514
Taoismus 262 f., 359
Tao Te King *(Dao De Jing)* 124, 267 f., 290
Technologie 270, 278–284
Teleologie 280, 283 f., 330, 451–457, 460–463, 467, 499
–, individuelle 335, 459–469
Telos 280, 332, 452, 461 f.
Theatophilie 73
„thematische Ähnlichkeit" 401–405
Theorie 377, 392, 401, 411, 418, 442, 456, 462, 483–486, passim
– als erklärende 435 f.
Thora 256, 258
Tiefenhermeneutik 301
Todestrieb 32, 288, 378
Todesangst 176 f., 218, 446
Toxikomanie 29, 148, 233, 333, 407
tragisch (das Tragische) 41–127, 174, 227, 394, 475–478, 492, passim, s. auch Abwehr gegen das Tragische, Antitragisches
– als Bewegung vom Mythischen zum Philosophischen 21, 111, 121 f., 238 f.
–, tragisches Bewußtsein 175, 259, 482, 511
–, tragischer Bogen 121, 124 f., 183
– Charakter 8, 41–64, 115 f.
–, tragische Dichtung, Tragödie(n) 8, 80–127
–, –, ekstatisch-mythische Theorie 84 f.
–, –, und Logos 85–89
–, – als Konflikt von Charakter und Schicksal 89 f., 103 f.
–, – als Konflikt zwischen moralischen Werten 95 f.
–, – als Prozeß 101 f.
–, Dilemma 16
–, Dimension 44, 259, 331
–, Dynamik 174
–, Einsicht 105, 111, 114, 120, 443
–, Empörung 101, 113
–, Entscheidung 174
–, Erleben 5, 8, 112 f.
–, Fehler 230, 252, s. a. Hamartia
–, Geschick 233
–, Knoten 99
–, Konflikt 8, 41–48, 247–253, 348–350
– in der Kultur 233
–, Leiden 11, 101
–, Lust 93
– und Metaphern 387
–, Paradox 105, 113–115, 183
–, Pathos 59, 84–89, 94, 100 ff., 107, 123, 183
– im Politischen 244–253
–, Protest 118
–, Tragödie als Repräsentation psychischer Teilpersönlichkeiten 108 f., 349 f.
– und Schicksalsfluch 89 f., 104
–, Schuld 99 f., 107
–, Schweigen 101, 183
–, Sequenz 64 f., 111
–, Sichtweise 35
–, Trauer 99, 113, 118
–, Trotz 101, 183
– und Ungerechtigkeit 113
– und Verleugnung 168, 229–233
–, Wahl 11, 88, 259, 348
–, Weltbetrachtung (-anschauung) (tragic vision) 8, 104–106, 112–116, 184, 482
–, –, tragische gegenüber theoretischer Weltbetrachtung 98
–, Widerspruch 106, 442
–, Wunde 61, 106, 442
Träumen 405 f., 428, 449
Trauma (Traumatisierung, traumatisch) 130, 158, 168, 170, 217, 221 f., 317 f., 323
Trauer 99, 113, 118, 208
–, Metaphern für 209
–, ~spiel und Tragödie 100–102
–, unterschlagene 203
Trennung
–, ~angst 323
–, ~schuld 13, 70, 72, 122, 227, 231
„trial and error" 409
Trieb 449, 496, 500 ff., 511 f.
–, ~begriff 351
– zur psychischen Selbsterhaltung 56, 71, 227, 231, 459, 507 f.
–, ~psychologie 27
–, ~regression 165
– nach Sinnhaftigkeit 460
–, ~theorie 239
– der Symbolbildung 74
–, ~umkehrung als Abwehr 129
–, ~verzicht 506–508
Triumph 222–225

Trotz 4, 101, 113, 120, 239, 259, 270
trygghet 175, 179, 503

„Übereinstimmungsargument" 396, 408, 410 f., 423, 430
Übergeschichtlichkeit 259
Über-Ich 269, 400, 496, 505 f., passim
–, Abwehr gegen 116, 239, 447
–, anal-sadistisches 158, 161–175
–, ~-Analyse 30, 335, 412–416, 440, 466 f., 504
–, Aufstand gegen 187, 210
–, ~-Konflikte 72 f., 77, 226, 502, 505, passim
–, ~-Lacuna 235
–, präödipales 72, 116, 158, 161–175
– und Scham 266
–, ~-Spaltung 53, 57, 68–73, 243 f.
–, ~-Übertragung 69, 322, 467
– als Wächter der ödipalen Wirklichkeit 187
– und Wiederholungszwang 110
Überraschung 209, 214, 217
– der Beschämung 220–225
– der Enttäuschung 223
– als Sieg über Angst 219–225
Übertragung 384, 387, 399 f., 404, 428, 430, 468, 471, 489
– der Abwehr 487
– von Affekt 73
– Ausnutzung der 415 f., 466
– als *metaphora* 344, 387
–, mythische Natur der 345
– von Über-Ich-Teilen 69, 322
Umkehrung von Gefühlen (Affektumkehrung als Abwehr) 170, 317–319
Unberührbarkeit 154 f.
unbewußt 269, passim
– bei Lao Tse 267
Ungerechtigkeit(sgefühl) 112–127, 130 f., .162–165, 260, 262, 318, 476
Unheimliche, das 207–210, 214, 218, 223
(uni)linear s. Kausalität
Unterdrückung 229
„Urphänomen" 484
Urschmerz 60
Urszene 449

Verachtung 262
– der Ideale 150 ff.
Verblendung 2, 39, 53–57, 83, 107, 115, 119, 230 f., 251, 443
– im Politischen 244–253
Verbrechen und Sühne 200
Verdichtung 341, 348
Verdrängung 165, 208 f., 228 f., 251, 321, 473
–, ~ätiologie 396–408, 429 f., 435
Vergessen 208
– der Geschichte 279 f.
Vergeltung 223
Vergleichung 210
Verhaltenstherapie 407
Verifizierung 417–421
Verinnerlichung 189
Verkehrung ins Gegenteil als Abwehr 162
– von Mitteln und Zwecken 236 ff., 240 ff., 279 ff.
Verleugnung 9, 14, 16, 51–53, 63, 72, 130, 185–188, 226, 228–284, 318, 393, 442, 446 f., 475–478
–, absolute 76, 78 f., 173, 224, 230, 232
–, Definition 228 f.
– der Geschichte 256–262
– in der Gesellschaft 233–244, 502
– des Gewissens 200–202
–, globale 199, 227, 511
– und Handlungssysteme 270–284
– der Ideale 150
– der Individualität 155 f., 235–239
– des inneren Konflikts 146–183, 262–272, 333
– in der Kultur 228–284, 502–508
–, mythische 240
–, Pauschal~ 173–183, 228, 232, 288, 506, 514
–, Rückkehr des Verleugneten 200
– aus Scham 65 f.
– des Todes 272–276
– beim Tragischen 229–233
– des Über-Ich 239
Vermeidung 170, 229
Verneinung 63, 65, 229
– von innerem Konflikt 233 f.
Vernunft 216, 309, 493–497, 510 ff.
Verschiebung 207, 321, 344–346, 351 f., 384, 490
„versteckter Abszeß" („hidden imposthume") 189 f.
Verzicht 228
Vielfältigkeit und Paradoxie des Sinnes 342 f., 346–348
Vielfalt von Teilpersönlichkeiten 343, 346, 348–350

vita activa 345 ff.
vita contemplativa 345 ff., 377

Wahl(freiheit) 263, 344, 480
Wahrheit
–, absolute 419, 422–432, 474
–, ~anspruch 291, 409
–, Einseitigkeit des ~begriffs 278, 393
–, Gegensatz von innerer und äußerer 225
–, Gegensatz von psychologischer und historischer 274
– als geschichtlich abhängig 309
– Kohärenztheorie der 304
–, ~kriterien 395–443
–, Natur der 37
–, pragmatische Theorie der 309, 325, 409
– als relativ (zur Methode) 409, 422–432, 474, 502
–, tragische 259, 514
– als Übereinstimmung mit der Realität 308
–, ~wert 411
– und Wert 30, 300, 309, 426, 442, 502
–, Widersprüchlichkeit der 258
Wahrscheinlichkeit 401, 404, 419 ff.
Wendung der Aggression gegen die eigene Person 170, 323
– vom Passiven ins Aktive (Abwehr) 156, 166, 170, 174, 186–188, 251, 323 f.
Wert(konflikte) 8, 12–16, 30, 48, 52, 95 f., 98–100, 166, 196, 229, 244
–, Authentizität der 334
–, Einseitigkeit 103
–, ~erleben 210
–, ~fragen und Wahrheit 300
–, innere Freiheit als psychoanalytischer Wert par excellence 334
–, ~gefühl 196, 210, 479
–, ~hierarchie 93, 105, 447
– des Individuellen 280
– und Narzißmus 76, 230
–, ~philosophie 487
–, ~prioritäten 249
– und Ressentiment 130, 447
–, ~revolution 333
–, ~struktur 171
–, ~träger 239
–, Umstürzen der 145, 447
–, ~urteile in der Psychoanalyse 293
–, ~verkehrung 135
–, ~vernichtung 99, 145, 447
–, ~verzerrung 141
wertphilosophische Entscheidung der therapeutischen Strategie 312, 331, 467
– Erwägungen 331–335, 378, 440, 463
„Wesensbild" 340–347, 478 f.
Widerlegbarkeit, Kriterium der 327
Widerstand 398, 466
Wiederholungszwang 24, 48, 55, 74, 108, 110, 120, 129, 139 f., 170, 174, 242, 262, 288, 413, 428, 461, 511 f.
– als Verbindung von Mythischem und Neurotischem 112, 120
Willen 493–497, 500 ff.
–, ~freiheit 37, 51, 493–497
Wirkkraft der Erklärung (pragmatisches Wahrheitskriterium) 325
Wissenschaft, Definition 338 f., 510
– als diskursives, systematisches Ordnen 350
–, ~ideal, Verabsolutierung von 31
–, ~kriterien 381–383, 422–443
– als symbolische Form 338 f.
–, Zweck der 339
wissenschaftliche Methode 330, 336, 422, 426 ff., 436–439, 451
– –, Mythos der *einen* 432
– Qualität 395
Wunde 59, 61, 78
Wunsch 405
Wut 59 f., 239 f., 349

Xiao (Treue, Pietät) 264–272

Yi Jing (I Ching) 268

Zahlen 279–284, 382
Zerbrochenheit der Wirklichkeit 231, 252, 273, 274, 287, 331, 343, 474, 503, 511, passim
Zerreißen des Sinnzusammenhangs 310–314, 325, 344, 410, 467
Zerrissenheit des Bewußtseins 4, 239
– der Wahrheit 11
Zirkularität 319, 325, 403
– der Konflikte 403 f.
Zionismus 260–262
Zusammenhangsverbindungen 310–314, 325
Zusammenpassen 311, 345, 467
Zwang (Zwangsläufigkeit, Zwanghaftigkeit) 8, 32, 48–51, 54, 74, 78 f., 111, 118, 162, 287, 394, 405, 478, 487, 495–497, 506

– zu lügen 322
–, zwingende Macht der Gefühle 344f., 346, 351f.
– zur Vereinheitlichung 459

Zweifelzwang 426
Zwerg (*Dvärgen*, Lagerkvist) 16, 64, 128–183, 232f., 239, 243, 492, 506
Zynismus 106, 259, 446f.